Informatik aktuell

Herausgeber: W. Brauer
im Auftrag der Gesellschaft für Informatik (GI)

Horst Reichel (Hrsg.)

Informatik - Wirtschaft - Gesellschaft

23. GI - Jahrestagung
Dresden, 27. September - 1. Oktober 1993

Springer-Verlag
Berlin Heidelberg New York
London Paris Tokyo
Hong Kong Barcelona
Budapest

Herausgeber

Horst Reichel
Technische Universität Dresden
Institut für Theoretische Informatik
Mommsenstr. 13, 01069 Dresden

CR Subject Classification (1993): A.0

ISBN-13: 978-3-540-57192-6   e-ISBN-13: 978-3-642-78486-6
DOI: 10.1007/978-3-642-78486-6

Satz: Reproduktionsfertige Vorlage vom Autor/Herausgeber

33/3140-543210 – Gedruckt auf säurefreiem Papier

VORWORT

Die Gesellschaft für Informatik führt ihre 23. Jahrestagung an der Fakultät Informatik der Technischen Universität Dresden und damit erstmals in einem neuen Bundesland durch. Mit dem Motto

Informatik – Wirtschaft – Gesellschaft

soll das breite Wirkungsfeld der Informatik in der Einheit von disziplinären und interdisziplinären Aspekten dargestellt werden. Mit dieser Orientierung soll insbesondere auf die Entwicklungsherausforderungen in den neuen Bundesländern und auf die Öffnung der osteuropäischen Staaten eingegangen werden. Die tiefgreifenden und komplizierten Wandlungen in Wirtschaft, Verwaltung und in den politischen Strukturen sind für die Informatik Herausforderung und Chance zugleich. Indem die 23. Jahrestagung die breite und vielfältige Palette der neuen Anwendungsmöglichkeiten und die disziplinären Entwicklungslinien der Informatik sichtbar macht, soll ein Impuls dafür geliefert werden, daß eine moderne und effiziente Infrastruktur entsteht, welche die neuen Möglichkeiten der Informations– und Kommunikationstechnik bewußt nutzt und fördert, daß sich die Industrie in den neuen Bundesländern auf dem Markt der Informationstechnik mit innovativen Produkten und Technologien etabliert und daß sich Industrie und Verwaltung der neuen Möglichkeiten effizient bedienen.

Diese hochgesteckten Ziele fanden eine erfreuliche Resonanz. In 6 Hauptvorträgen und 14 Fachgesprächen werden disziplinäre Entwicklungslinien, Anwendungserfahrungen und neue Anwendungsmöglichkeiten präsentiert.

In den Hauptvorträgen wird neben einer Positionsbestimmung für die Informations– und Kommunikationstechnik besonderes Augenmerk auf den Wissenstransfer von der Forschung zu den Anwendungen und auf die Wechselwirkungen von Informatik und Gesellschaft gelegt. Das Programmkomitee ist sehr froh, mit Herrn Bruce Shriver einen prominenten ausländischen Gast für den Hauptvortrag *The Redefinition of the Computer Industry* gewonnen zu haben.

Das breite Spektrum der 14 Fachgespräche widerspiegelt disziplinäre Schwerpunkte wie verteilte und parallele Rechnersysteme, Kooperation und Konkurrenz, objektorientierte Software, visuelle Programmiersprachen, sichere Software, Software Engineering und KI und neue Paradigmen in Informationssystemen und Datenbanken, es widmet sich innovativen Informationssystemen, orientiert an Architekturen und ausgerichtet auf die Wettbewerbsfähigkeit, es gibt Unternehmen, insbesondere in den neuen Bundesländern, Hinweise zur Organisation der Informationsversorgung, es stellt sich den Fragen der personal– und sozialgerechten Gestaltung von Informationsprozessen und der Ergonomie von CAD–Systemen, es gibt Anregungen zur IT–Unterstützung von Verwaltungsprozessen und es macht auch die vielfältigen Wechselbeziehungen zwischen Kultur und Informatik sichtbar. Insgesamt wurden in den Fachgesprächen 109 Beiträge zur Präsentation auf der GI–Jahrestagung angenommen.

Das Programmkomitee dankt an dieser Stelle ganz besonders den Koordinatoren der Fachgespräche und deren zahlreichen Helfern beim Zusammentragen und Begutachten der Beiträge.

Das Programm der 23. Jahrestagung umfaßt neben den Hauptvorträgen und den Fachgesprächen noch Vorstellungen von vier F/E–Projekten, vier Podiumsdiskussionen, ein Anwenderforum und ein Industrieprogramm. Mit Ausnahme der Beiträge zum F/E–Projekt *Projekte und Erfahrungen der Arbeitsgemeinschaft der deutschen KI-Institute* konnten diese Beiträge jedoch nicht in den Tagungsband aufgenommen werden. Die Beiträge zum Anwenderforum stehen den Tagungsteilnehmern in einem gesonderten Band zur Verfügung. An dieser Stelle möchte der Herausgeber den Autoren herzlich danken, die sich der großen Mühe unterzogen haben, ihren Beitrag von zehn auf maximal sechs Seiten zu reduzieren. Der Herausgeber ist sich der Kosequenzen für das fachliche Ansehen der GI–Jahrestagung voll bewußt, aber eine Herausgabe von zwei Tagungsbänden, die für die 109 angenommenen Beiträge in den Fachgesprächen und für die 6 Hauptvorträge notwendig gewesen wären, ließ der schließlich zur Verfügung stehende finanzielle Rahmen leider nicht zu.

Abschließend sei an dieser Stelle den zahlreichen Helfern innerhalb und außerhalb der Fakultät Informatik herzlichst gedankt, die durch ihre engagierte Mitarbeit und ihre konstruktiven Vorschläge die Vorbereitung und Durchführung der 23. Jahrestagung und die Herausgabe des Tagungsbandes ermöglicht haben. Nicht zuletzt sind wir der Geschäftsführung der GI für die kontinuierliche Unterstützung und die hilfreichen Hinweise und dem Springer–Verlag für die aufmerksame Zusammenarbeit bei der fristgemäßen Herstellung des Tagungsbandes verpflichtet. Allen Förderern der 23. Jahrestagung möchten wir an dieser Stelle danken und ihnen versichern, daß ihre Hilfe wesentlich zur Vorbereitung der Tagung beigetragen hat. Darin eingeschlossen ist auch der Dank and das Frauenhofer–Institut für Graphische Informationsverarbeitung Darmstadt für die Gestaltung des Abends der Dresdner Bevölkerung. Unser ganz besonderer Dank gilt der IBM Deutschland Informationssysteme GmbH, die uns durch eine großzügige finanzielle Unterstützung einen wesentlichen Teil unserer Sorgen abgenommen hat.

Dresden, im Juni 1993 Horst Reichel

Tagungsleitung
Prof. Dr. J. Meinhardt, Technische Universität Dresden

Programmkomitee
Prof. Dr. W.Coy Universität Bremen
Prof. Dr. M. Frank, Technische Universität Dresden
Dipl.-Math. Dipl.-Oec. E. Fuchs, Berliner Verkehrsgesellschaft
Prof. Dr. U. Furbach, Universität Koblenz-Landau
Prof. Dr. O. Herrlich, Technische Universität Dresden
Prof. Dr. W. Kalfa, Technische Universität Chemnitz
Prof. Dr. I. Kerner, Technische Universität Dresden
Prof. Dr. Knolmayer, Universität Bern
Prof. Dr. H.C. Mayr, Universität Klagenfurt
Prof. Dr. J. Meinhardt, Technische Universität Dresden
Prof. Dr. H. Reichel (Sprecher), Technische Universität Dresden
Prof. Dr. W. Reisig, Technische Universität München
Prof. Dr. H.U. Simon, Universität Dortmund
Prof. Dr. Stetter, Universität Mannheim
Prof. Dr. E. Stoschek, Technische Universität Dresden
Prof. Dr. W. Uhr, Technische Universität Dresden
Dr. W. Wünschmann, Technische Universität Dresden

Tutorien
Dr. M. Laska, Deutsche Informatik-Akademie GmbH, Bonn

Industrieprogramm
Prof. Dr. D. Jungmann, Technische Universität Dresden
Dr. B. Bellmann, Technische Universität Dresden

Anwenderforum
Prof. Dr. W. Schwarz, Technische Universität Dresden

Studierendenprogramm
Frau A. Pinnau, Technische Universität Dresden

Inhaltsverzeichnis

Hauptvorträge

Fachgespräche

F&E–Projekte

Hauptvorträge

The Redefinition of the Computer Industry
Abstract

B. Shriver

Präsident der IEEE Computer Society

Relentless advances in technology are dramatically affecting the computer industry itself. The legacy systems and glass houses of only a decade ago are becoming transformed into interconnected networks of high-performance workstations and desktop personal computers. Ultra-high speed digital highways are basically changing the nature of telecommunication and the services it provides. This talk will explore these technology changes and the impacts they are having on the globalization of a variety of industries and, in particular, the computer industry. Implications about curricula, research, development, and technology transfer in universities will also be discussed.

The changing of the guard barriers and opportunities

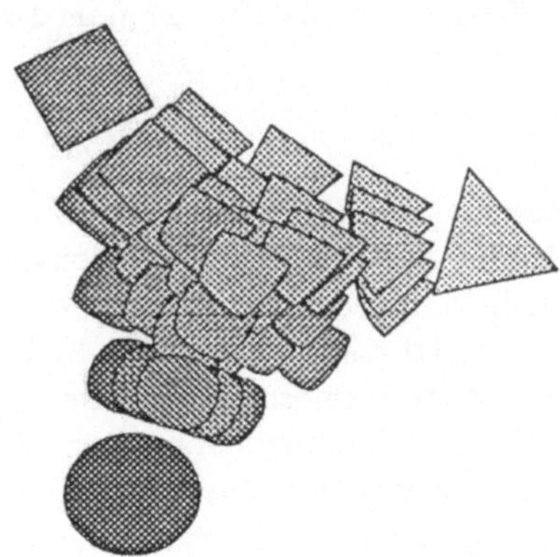

Agenda

- Passages
- Changes & trends
- Performance gains & where they're coming from
- Core technologies
- Application / architecture fit
- Migration paths & investments
- What will happen?

Passages 1

- **Proprietary platforms, single-vendor focus**
  - Open systems, multivendor leverage
- **Sequential applications**
  - Distributed and parallel computing
- **Centralized systems**
  - Networks of networks
- **Monolithic operating systems**
  - Microkernel operating systems

Passages 2

- **Character-based, dumb terminals**
  - GUIs, intelligent workstations
- **Text and data focus**
  - Multimedia support
- **Application coding**
  - Application generation
- **Procedural programming**
  - Object-oriented programming

Passages 3

- ■ Flat files, hierarchical databases
  - □ Relational & object-oriented databases
- ■ Large database batch applications
  - □ SQL-server based processing
- ■ Simple reports
  - □ Decision support systems
- ■ Independent departmental & division systems
  - □ Enterprise-wide information access

A changing world

- ■ Changing the traditional hardware/software push/pull
- ■ Changing distribution channels; decreased margins in industry; increased competition in existing and new marketplaces
- ■ Changing impact of new technologies on products, services, and corporate organization and infrastructure
- ■ Changing skill base requirements of corporate work force

Where is the industry going?

❶ Distributed and parallel computing will increasingly dominate the computing landscape

❷ The use of embedded processors will continue to grow exponentially

❸ The boundary between computers & communications will increasingly blur

❹ High-performance graphics, visualization, imaging, and multimedia will become increasingly important

Where is the industry going?

❺ The fundamental building block of MP systems will be a 4 processor shared memory MP chip

❻ First order solutions to security in distributed systems will be deployed

❼ There will be an increased use of sophisticated simulation and rapid prototyping technology

❽ Applications will become increasingly integrated

❾ Systems will continue to increase in complexity

An aside

❸ **The boundary between computers and communications will increasingly blur**

Every major change in the methods of communications precipitates a major change in the structure of society.

Figures of merit by 1995

- ■ 1000s of TPS at less than $1000/delivered TPS
  - ☐ versus $15,000-$40,000/delivered TPS today
- ■ 1000s of MIPS at $50 or less/delivered 32-bit MIP
  - ☐ versus $1,000-$5,000/delivered MIP today.
- ■ 10s of GFLOPS at $500-$1,000/delivered 64-bit FLOP
  - ☐ versus $15,000-$60,000/delivered MFLOP today
- ■ 100 Megabit/sec LANs @ 300/seat
  - ☐ versus 10 Megabit/sec LANs @ 200/seat today

Where are these gains coming from?

- Improvements in technology: e.g., VLSI (lithography, process, and yield) and packaging
- Improvements in infrastructure: e.g, lower-cost, increasingly higher performance networking and interconnection technologies
- Re-examination of traditional tradeoffs between architecture & implementation and between hardware &software
- Developments in compiler technology -- complexity moved from hardware to compiler
- Shrink-wrapped software and improvements in software developments tools

Additional contributing factors

- SMP - near linear improvements in throughput and application transparency
- Distributed computing - interoperability, availability, and performance
- Parallel computing - dramatically new performance and price/performance points
- Graphics, visualization, imaging and multimedia are increasing our productivity, understanding, and functionality

Core technologies 1

- Algorithms for distributed & parallel computing
- Simulation, specification, design, debugging, and performance measurement technology <u>complementing</u> the programming paradigms, languages, and operating systems
- Parallelizing and optimizing compiler technology

Core technologies 2

- Microkernel operating systems (distributed and real-time) and associated hardware support for light weight multitasking and message passing
- Multivendor connectivity and interoperability
- Fast bus and high I/O bandwidth technology supporting graphics, imaging, visualization, multimedia, and networking

Core technologies 3

- Large capacity, high-performance disk array and hierarchical storage system technology
- Virtual shared memory & associated hardware support; effective and scalable cache design
- Scalable hardware and software for distributed, SMP, and MP (SIMD and MIMD) systems
- Basic electronic & optics fabrication, process, and packaging technology

Mainframes by mail order

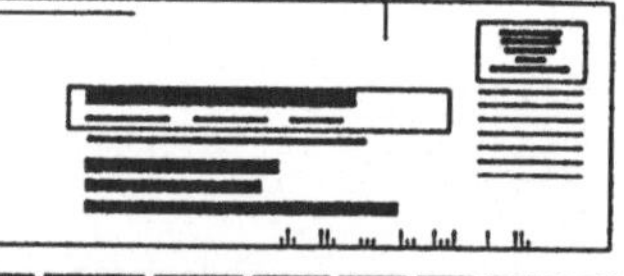

- DEC's Alpha
- HP's PA-RISC
- IBM's POWER (Rios)
- IBM/Motorola's PowerPC
- INMOS' Transputer Series
- Intel's Pentium, 80x86, & ix60
- Intergraph's Clipper Series
- Motorola's 680x0 and 88x00
- SGI's MIPS Rx000 Series
- SPARCs (UltraSPARC, HyperSPARC, etc.)

Application / Architecture Fit

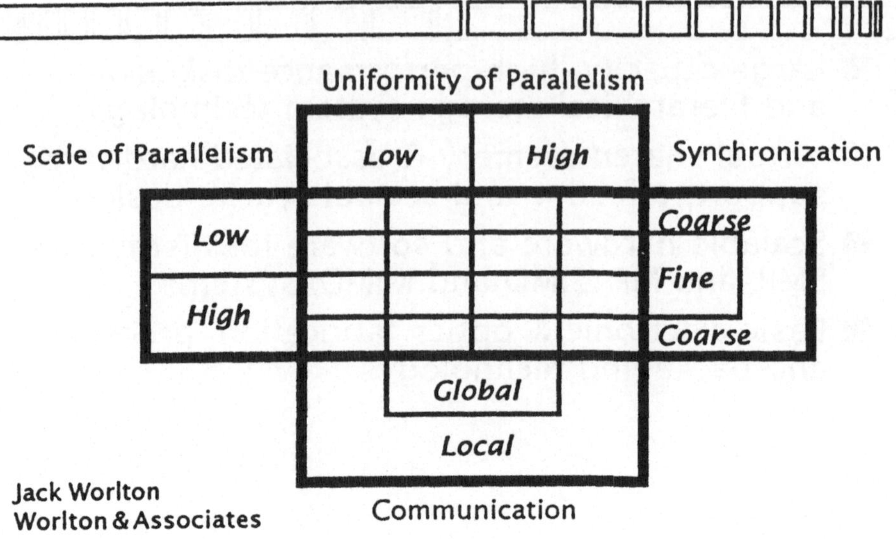

The MPP Bandwagon

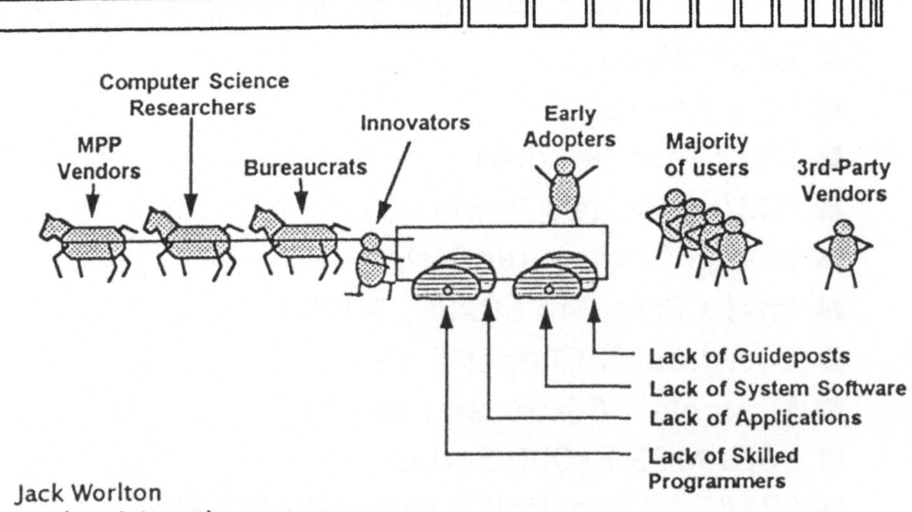

The productivity paradox

40-year time lag
Infrastructure
Organizational structure

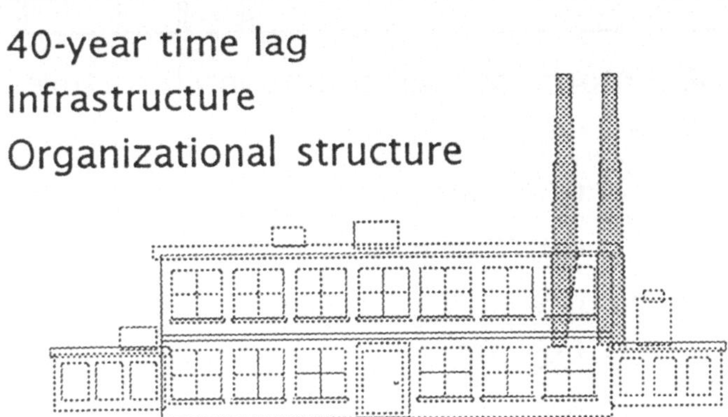

- **Computer-based enterprise systems**: distributed networks of computers, data, applications, and resources.

- **Goal**: cooperatively access and share these facilities in a transparent, convenient, timely, and secure way.

Cooperative computing and interoperability

- **Enterprise computing architecture**
- **Inter-networking**
  - desktop
  - department
  - division
  - facility
  - enterprise
- **Cooperating applications (API's)**
- **Cooperating tools (frameworks)**

"Starter" enterprise systems include

- **Application development environment for distributed computing and data**
- **A set of business information services**
  - traditional office and desktop automation
  - document and image management
- **Workflow and workgroup applications**
- **Reliable & economical LAN, MAN, WAN, and GAN services**
- **GUI desktop environment with full multimedia support**

Everybody is impacted

- Everybody
- Selective investment in critical core technologies and products is required

Migration paths and investments

- Develop, support, articulate, and put in place a migration path consistent with the computing shifts / trends
- Variability in core technology investment is dependent on migration path, product line, and leadership position in the industry
    - develop and own technology
    - form strategic partnerships
    - support one or more development teams
    - track industrial and academic environments
- The human resource -- all of the challenges are not technical

What will happen?

① Some will survive, some will not

② Sustained investments in core technologies and in people is required by those who intend to survive

③ Organizational structures will undergo significant change

☐management cultures / mindsets

☐technical cultures / mindsets

④ Progress will be made in newer technologies, notably optical, neural, molecular

Wissensbasierte Systeme: Vom Labor in die Anwendung
Abstract

W. Wahlster

Universität Saarbrücken
Lehrstuhl Informatik
Im Stadtwald 36
6600 Saarbrücken

In den letzten Jahren sind Methoden der Künstlichen Intelligenz (KI) für viele Anwendungsfelder von einer risikoreichen Vorfeldtechnologie zu einer stabilen Kerntechnologie gereift. Techniken der Wissensverarbeitung fließen immer stärker in die konventionelle Systementwicklung ein. Nach einer Ernüchterungsphase von 1988-1990, die durch überzogene Erwartungen in die Expertensystemtechnik ausgelöst wurde, ist derzeit weltweit ein stetiges Ansteigen von Anwendungen der Wissensverarbeitung zu verzeichnen, besonders im Bereich der Sprachtechnologie, der interaktiven Planungssysteme sowie der intelligenten Benutzerschnittstellen und Multimedia-Systeme. Die Künstliche Intelligenz hat sich aufgrund der erfolgreichen Förderung durch die DFG und das BMFT, des gelungenen Aufbaus von F&E-Gruppen in der Industrie und der Einrichtung von Centers of Excellence - wie das DFKI - inzwischen zu einem der wenigen Forschungsgebiete der Informatik entwickelt, auf denen Deutschland in Europa eindeutig die Spitzenposition einnimmt und in Teilbereichen mit den besten Gruppen in den USA und Japan konkurrieren kann. Der Vortrag behandelt ausgewählte Beispiele für den erfolgreichen Technologietransfer von der Grundlagenforschung in reale Anwendungen und zeigt grundlegende Forschungsprobleme auf, die in strategischen Projekten mit internationalen Allianzen angegangen werden müssen, um die Wettbewerbsfähigkeit der deutschen Informatik im nächsten Jahrtausend zu sichern. Neben der Effizienz und Robustheit gehört heute die Skalierbarkeit innerhalb großer Softwaresysteme, die Verteilbarkeit und Parallelisierbarkeit sowie die Transparenz und Bedienbarkeit für den Endnutzer zu den mit höchster Priorität verfolgten Entwurfszielen. Der Vortrag verdeutlicht die enge Vermaschung des Erkenntnisfortschrittes innerhalb der Teilgebiete der Künstlichen Intelligenz und benachbarter Informatik-Disziplinen wie Logik und Berechnung, Programmiersysteme, Verteilte Systeme, Effiziente Algorithmen und Datenbanksysteme und zeigt, daß die KI gute Chancen hat, in der Kerninformatik der Zukunft aufzugehen.

Die Schaffung zukunftsweisender Verwaltungsstrukturen als Gestaltungsprozeß

Klaus Lenk
Institut für öffentliche Planung
Universität Oldenburg
Postfach 2503
D-26111 Oldenburg

1. Informationsarbeit in der Verwaltung

Die Informatik bringt überall dort Veränderungen im Arbeiten, wo Menschen mit Informationen umgehen, um zu handeln, ihr Wissen umzubauen oder zu kommunizieren. Damit können sich die Anordnungen zu gemeinschaftlichem Arbeiten, die wir Organisation nennen, verändern. Die Gestaltungsfreiheit wächst. Auch die dispositive Seite der Arbeit in Organisationen, die wir uns mit wenigen Strukturmerkmalen zu beschreiben angewöhnt haben, wird davon berührt. Und Management als die Kunst zu erreichen, daß die Arbeit getan wird, besteht ebenfalls in Information.

Die öffentliche Verwaltung liefert besonders eindringliche Beispiele für die Veränderungen, die die Informatik für das Umgehen mit Information bringt. Denn hier steht Information im Mittelpunkt des Geschehens. Sie ist nicht nur das Medium von Organisation und Management, sie dient nicht nur der geistigen Vorwegnahme stofflicher Produktionsprozesse wie im Industriebetrieb. Vielmehr produziert die Verwaltung auf weite Strecken nichts anderes als informationellen Output: etwa in Gestalt des sogenannten Verwaltungsaktes, also der bindenden Verwaltungsentscheidung, mit der gesellschaftliche Beziehungen geregelt werden sollen. Stärker als in der Wirtschaft sind daher die Produktionsprozesse in der Verwaltung selbst informationeller Natur. Während die Wirtschaftsinformatik ihren Schwerpunkt im Organisieren, Steuern, Managen von Produktionsprozessen findet, tauchte die Informatik auch historisch in der öffentlichen Verwaltung zunächst auf der Werkstattebene auf. In der Rentenversicherung, den Finanzämtern, bei der Kraftfahrzeugregistrierung gab es viele Fälle nach gleichartigen Kriterien zu entscheiden, ohne daß doch solche Entscheidungen im Rechtssinne immer auch menschliche Wahlakte enthielten.

Kein Wunder daher, daß zunächst von *Verwaltungsautomation* die Rede war und daß heute noch im öffentlichen Sektor das Image der Informationstechnik hiervon geprägt ist. Die Parallele zur Fabrikautomation hat es nahegelegt, Idealen der vollständigen Programmierbarkeit von Verwaltungsentscheidungen nachzueifern. Das traf sich mit älteren Vorstellungen vom Richter als *bouche de la loi* und ließ die Verwaltung lange Zeit die gesellschaftlichen Wandlungstendenzen übersehen, die das Ende einer überwiegend auf Befehl und Gehorsam gegründeten Organisationswirklichkeit ankündigen.

Gab man die Befehle nicht mehr Menschen, sondern Maschinen, so konnte man ihrer Ausführung gewiß sein. Mehr noch, man konnte die Maschinen nutzen, um den Menschen einen Rahmen vorzugeben, in dem sie zum bloßen Anhängsel wurden - vordergründig der Maschine, dahinter aber einer vorgefügten Ordnung. Damit sollen nicht die Launen autokratischer Vorgesetzter angeprangert werden. Es geht um mehr. Die öffentliche Verwaltung ist der Arm des Staates zur Durchsetzung der gesamten Rechtsordnung bzw. zur Umsetzung des in Rechtsform gegossenen Willens des Souveräns. Sie muß verläßlich und berechenbar handeln. Daß der Gesetzgeber nicht alles vorhersehen kann und daß das Recht durch Menschen mit ihren Schwächen umgesetzt wird, wird durch ein kunstvolles Filigranwerk von Institutionen, Interorganisationsbeziehungen, Regeln und Verfahrensweisen aufgefangen, so gut es eben geht. Die ersten Generationen einer Technik des maschinellen Umgehens mit Information mußten gerade der öffentlichen Verwaltung wie gerufen kommen. Das im Bewußtsein dominierende Modell der bürokratischen Organisation konzipierte Vollzugsapparate wie Maschinen. Auf die untrennbare Verbindung von Zweckrationalität und Herrschaft der Programmierenden ist oft genug hingewiesen worden. Was liegt näher, als eine die Zweckrationalität verkörpernde Technik zur Stabilisierung von Organisationen zu nutzen, die verläßliche Ergebnisse hervorbringen sollten?

So entstanden die administrativen Großsysteme der sechziger und siebziger Jahre. In den rechtlich durchstrukturierten Bereichen der finanziellen Umverteilung (Sozialversicherung, Steuerverwaltung) sind sie konzeptionell und auch programmtechnisch mehrere Jahrzehnte alt, entwickelt von umgeschulten Mitarbeitern des öffentlichen Dienstes, fernab der Informatik als Wissenschaft. Vielen Informatikern sind sie kaum bekannt. Trotz *Downsizing* existieren die meisten heute noch - in *COBOL* oder *Assembler* geschrieben, vielfach ergänzt und repariert. Die Kritik der zuständigen Fachwissenschaften (Verwaltungswissenschaft, Politikwissenschaft, Arbeitswissenschaft) entzündete sich zunächst daran, daß die planende Vorwegnahme der durch sie strukturierten Verwaltungsarbeit unvollständig war. Auch Ministerialbeamte kennen die tägliche Arbeit der niederen Verwaltung im Grunde nicht. Die Implementation der technischen Systeme und ihre Inkorporierung in die Organisationen konnte nicht gelingen ohne Zutun der Betroffenen und ohne erhebliche Belastungen; zu neuen Formen der "Ergänzungsarbeit" mußte gefunden werden, um den Betrieb am Laufen zu halten.

Der Einsatz der Informationstechnik in diesen Phasen betraf neben dem Bescheidschreiben und neben Registrierungsaufgaben und Statistiken vor allem das, was als die kleine Münze der Rechtsinformatik bezeichnet werden kann, die automatische Subsumtion [4]. Die Rechtsinformatik ist nicht primär eine Theorie des richterlichen Handelns. Sie ist vielmehr eine Theorie des routinehaften Verwaltungshandelns, das Individualgerechtigkeit und gesellschaftlichen Konsens sichern soll durch Fixierung von Individualansprüchen, von Eigentums- und sonstigen gesellschaftlichen Beziehungen. In der Justiz reduziert sich die Informatikanwendung immer noch auf Serviceangelegenheiten und Kanzleigeschäfte. Das Hin- und Herwandern des Blicks zwischen Sachverhalt und Tatbestand, die Auswahl und Fortbildung des Rechts mit Gespür für den gesellschaftlichen Wandel, alles das, was die hohe Kunst der Juristen ausmacht, kann hingegen im routinehaften Handeln vernachlässigt werden. Hier sind die rechtstheoretisch einfacheren Vorstellungen noch angebracht, von denen die Rechtsinformatik bislang ausging.

Dies alles beherrscht die Köpfe bis heute, so daß unser Thema - die Schaffung zukunftsweisender Verwaltungsstrukturen als Gestaltungsprozeß - mühsam freigelegt werden müßte, wenn es nicht längst aus der amerikanischen Managementliteratur zu uns herüberschwappen würde. Unter dem Etikett "Organization of the future" wird dargestellt, wie sich Organisationen von ihrer räumlichen Basis zu lösen scheinen. Sie verlagern Produktionsstätten von einem Land ins andere, sie zapfen Expertenwissen auf allen Kontinenten an, sozusagen in Realzeit. Sie dezentralisieren und stellen gleichzeitig die laufende Information der Spitze sicher, so daß diese ihr letztes Wort jederzeit sprechen kann. Sie rechnen mit der schwankenden Motivation und Zuverlässigkeit von Menschen, indem sie ihnen Handlungsfreiräume in wohldefiniertem Rahmen einräumen.

2. Das Potential der Informatik

Fragt man nun, welche Potentiale der Informatik hinter dieser Entwicklung stehen, so kann die Antwort so manchen enttäuschen, der Computer nutzen wollte, um Menschen an strenges und folgerichtiges Denken zu gewöhnen. Denn es geht hier nicht primär um die Automation der Subsumtion oder sonstige Logikanwendungen. Es geht auch nicht um die Information auf Knopfdruck, wie sie der IuD-Welt bzw. den großen Registern in der Verwaltung (Einwohnerwesen, Ausländerzentralregister usw.) entspricht. Aber die prinzipielle Verfügbarkeit gespeicherter Information jederzeit und überall führt uns auf die richtige Spur. Diese Verfügbarkeit ist primär ein Effekt der Kommunikationstechnik. In der veränderten Telekommunikation dient der Computer in untergeordneter Rolle als Hilfe beim Schalten und Übermitteln, sowie als *message agent*. Ferner sind Computer eigenständige Teilnehmer in Netzen, über deren Verhalten wir noch wenig wissen und die dringend des Schutzes vor Fernmanipulation bedürfen.

Daneben geht es auch noch um andere Verwendungsweisen der Informationstechnik:
- Monitoring von Natur und Gesellschaft: hier treffen sich Fernerkundung und die Orwell-Technik; Informationsaufnahme, nicht Verarbeitung steht im Mittelpunkt.
- Steuerung technischer Aggregate, im Haus, im Auto oder wo auch immer: aus unserer Sicht sind diese ingenieurmäßigen Anwendungen der Informatik *mittelbar* von Bedeutung, weil sie die Qualität der herkömmlichen Technik entscheidend verändern können, also deren Eignung für den Verwendungszweck beeinflussen.
- Generierung von Modellen, die menschliches Denken anregen: Organisationsmodelle, Planung, Simulation, Animation, Kunst.

Unabhängig von der Kommunikationstechnik verbinden sich die eigentlichen Informatikkomponenten zu einem neuen Bild vom Computer als *persönlichem Assistenten*. Müller-Merbach [13] spricht vom Tandem Mensch-Maschine. In der Tat strampeln beide, nur einer lenkt. Hat man dies erkannt, so geht die Entwicklung in eine doppelte Richtung. Zum einen weg von der unhinterfragten Ertüchtigung des maschinellen Stramplers durch Softwareingenieure, die das Geschäft des Assistierten nicht so recht kennen können, trotz aller Verfeinerungen der Anforderungserhebung. Weg aber auch vom heimlichen und effektiven Einbau einer Rationalität in Großsysteme, bei denen weder Nutzer-Mensch noch Maschine lenken, sondern einer an der Spitze, der es besser weiß, oder eben sein Softwareingenieur.

Die IT-gestützte Telekommunikation und die neue Assistentenrolle des Computers erweitern die Spielräume der Gestaltung von Verwaltungsarbeit in ungeahntem Maße, und zwar nicht entlang der Linien, die für die ersten IT-Generationen typisch waren. Hier trennen sich die Wege von Rechts- und Verwaltungsinformatik. Erstere kreist immer wieder um die Grundfragen der juristischen Subsumtion und die vorgelagerte Informationsbereitstellung, wobei sie nicht nur neue technische Werkzeuge, sondern auch neue Informatikkonzepte assimiliert und für das Verständnis des Zusammenhangs von Information und Entscheidung fruchtbar macht. Die Verwaltungsinformatik hingegen richtet ihr Interesse auf die öffentliche Verwaltung als großes Konglomerat von Arbeitssystemen, das politisch beeinflußt, rechtlich gesteuert und unter gesellschaftlichen Erfolgszwang gestellt ist. Anders als die Wirtschaftsinformatik muß sie aber immer beachten, daß die Produktion von rechtlich relevantem Informations-Output nach wie vor eine entscheidende Rolle spielt.

Sie hat sich damit viel vorgenommen. Denn die Konsequenzen des informatischen Potentials für die Organisation des Öffentlichen sind weitaus aufregender als die schon breit diskutierte "Organisation der Zukunft" in der Wirtschaft.

3. "Information Polity" statt öffentlicher Verwaltung?

Vergegenwärtigen wir uns nochmals die Lage. Die Erbringung der Arbeitsleistung wird räumlich unabhängig vom Punkt der Übergabe dieser Leistung, soweit es um Informationsleistungen bzw. die informationellen Komponenten von physischen Dienstleistungen und Sachgüterproduktion geht. Für die Verwaltung bedeutet dies nicht weniger als die Infragestellung ihrer raumbezogenen, an "Land und Leuten" orientierten Grundstruktur. Soweit Zuständigkeiten auf den Sitz unmittelbar an der Informationsquelle oder am Informationsspeicher gegründet sind, werden sie obsolet, auch wenn die Positionsinhaber mit Informationstechnik ihre Macht bewahren und stärken wollen und auch wenn der Datenschutz die vorfindlichen Zuständigkeitszersplitterungen aufgreift und verfestigt, um den Mißbrauch von Informationen durch deren künstliche Vorenthaltung zu bekämpfen.

Das läßt die Frage aufkommen, ob die Verbindung von Grundwerten des öffentlichen Handelns mit einer büromäßigen, auf Schriftlichkeit gegründeten Verwaltungskultur nach wie vor zwingend ist. In der britischen Verwaltungswissenschaft wurde bereits die Frage gestellt, ob nicht das Leitbild der *Public Administration* abzulösen sei durch eines der *Information Polity* [20]. Das führt auf Anhieb weiter als die diffusen Reden über Globalisierung. Es weist vor allem weit über das hinaus, was gegenwärtig geschieht. Die Verwaltung nutzt zunehmend Informationstechnik, um ihre Tausende und Abertausende von informationellen und physischen Produktionsprozessen qualitativ zu verbessern, zu flexibilisieren, zu verbilligen, zu verstetigen und zuverlässiger zu gestalten. Wir beobachten einen deutlichen, gemessen am Informatikpotential aber noch recht zögernden Wandel in den Arbeitsformen, in den Gepflogenheiten des Umgehens mit Informationen und in Ansätzen auch in den Organisationsstrukturen. Ausgelöst wird er durch die Übernahme von mehr oder weniger fertigen Informatikkonzepten und IT-Anwendungen. In der Regel kommt beides aus der Privatwirtschaft und wird in der Verwaltung auf seine Tauglichkeit abgeklopft. Je nach dem Ergebnis dieser Überprüfung diffundiert dann eine Innovation rasch oder auch nicht. Vorwürfe der mangelnden Innovationsfähigkeit des öffentlichen Sektors sind schnell bei der Hand, obwohl selten die Frage gestellt wird, ob die Richtung des informationstechnischen Fortschritts nicht in vielem an den Notwendigkeiten des effektiven, effizienten, zuverlässigen, sicheren und transparenten Handelns öffentlicher Stellen schlicht vorbeiführt. Obwohl sie inzwischen auf Standardisierung drängt, ist die Verwaltung immer noch ein großer, stiller und leicht zufriedenstellender Kunde von Hardware-, Software- und Konzeptlieferanten. Ein Beispiel: Umweltinformationssysteme werden heute so wie Executive Information Systems (EIS) konzipiert. So wie der klassische Stoff des Rechnungswesens werden Daten ausgewertet, welche die natürliche Umwelt betreffen. Berichte werden erstellt, ohne daß die Berechtigung solchen Vorgehens und der Nutzen für das Management diskutiert würde.

Aus der Sicht der Akteure in der öffentlichen Verwaltung ist das alles sehr verständlich. Sie fordern Leistungen der Informatik an, die das Vorfindliche verbessern, so wie es heutigem, an die Beschränkungen manuellen Arbeitens gewohntem Denken entspricht. Wo man zaghaft den Abschied vom Gegebenen schon versucht, schrecken sogleich die eigenen Versäumnisse. Denn man vergaß zu analysieren, welche latenten Funktionen im gegenwärtigen Handeln verborgen sind. Der Weg zum papierlosen Büro ist auf absehbare Zeit noch nicht gangbar, weil die elektronischen Äquivalente zur Schriftlichkeit viel Entwicklungsarbeit erfordern [16].

Auch wenn die Arbeiten zur Sicherung der Zuverlässigkeit und Nachvollziehbarkeit (Transparenz) des Verwaltungshandelns im Übergang auf papierlose Verwaltungsverfahren bald geleistet werden, so bleibt die Beziehung zwischen Information und Verwaltungshandeln doch weiter ungeklärt. *Information* ist noch nicht zum integrierenden Konzept der Verwaltungswissenschaft geworden. Daher finden Verwaltungspraxis und Politik das geistige Fundament noch nicht vor, auf dem sie weitblickend neue Strukturen ihres Wirkens aufbauen könnten. Die Informatikforschung tastet sich an Grundfragen der Informationsarbeit und des kommunikativen Handelns heran. Aber die Verwaltungspraxis und die ihr zuarbeitenden Wissenschaften experimentieren in den Tag hinein. Mit neuen technischen Geräten und Verfahren kann man dieser Praxis daher auch neue Konzepte unterschieben, auf die sie dann eingeht.

Was die Verwaltung aus eigener Kraft schafft, sind Systematisierung, Überblick und Ordnung. So entstehen fein gegliederte Systeme von Richtlinien zur Kanalisierung des IT-Einsatzes [7] wie die "Leitaussagen zur Informationstechnik in der öffentlichen Verwaltung" [8]. Mit ihrer Betonung der politischen Verantwortung für die Informationstechnik, der Schaffung von Rahmenkonzepten für Teilbereiche der öffentlichen Verwaltung, mit einheitlichen Architekturvorgaben und Standards decken sie dringenden Bedarf ab. Dennoch verharren sie noch ganz in den gewachsenen Dimensionen des Informationstechnik-Einsatzes in der Verwaltung einschließlich der Organisation dieses Einsatzes selbst, anstatt den immer nur angedeuteten Zusammenhang von Informationstechnik und Verwaltungsmodernisierung endlich zu konkretisieren. Bei IT-Verantwortlichen in Verwaltungsorganisationen blitzt die Vision einer künftigen Verwaltungsstruktur auf. Aber sie bleiben ihrer Rolle verhaftet als IT-Verantwortliche, auch wenn sie merken, daß Manager wie Organisatoren hoffnungslos überfordert sind [1].

Die Schilderungen des Zusammenhangs zwischen einem grundlegenden Neubau der Verwaltung und den Veränderungen, welche die Informationstechnik in unsere Welt bringt, dürften etwa den Erzählungen entsprechen, die im Europa des 14. Jahrhunderts über China kursierten. Schlagworte wie "schlanke Produktion" oder "Outsourcing" lenken eher ab von den grundlegenden Fragen, indem sie informationstechnische Ressourcen einzuspannen suchen für die Umsetzung von neuen Organisations- und Steuerungskonzepten, deren Entstehung im übrigen durchaus zusammenhängt mit Ahnungen vom Potential der Informatik. In allen einschlägigen Darstellungen des neuen öffentlichen Managements wird die Informationstechnik erwähnt, aber eben auch nur erwähnt [2].

Zur Debatte steht nicht weniger als die Frage, ob öffentliche Verwaltung als unser Königsweg zur Umsetzung von Politik und zur Rechtsverwirklichung, als Staat in Aktion nach wie vor auf Grundlagen der Arbeitsteilung und des bürokratischen Handelns aufbauen muß, die sich über Jahrtausende bewährt haben, in der Produktion, in der Destruktion bzw. im militärischen Schutz vor dieser und schließlich auch in der Organisation der sogenannten geistigen Arbeit. Globale Verfügbarkeit von Information und die Domestizierung des Computers mischen die Karten weltweit neu. Die Technik wird Unternehmen, Cliquen und kriminellen Banden dienstbar, die ihre Organisationsmacht dadurch ungeheuer steigern können. Den Regierungen von Territorialstaaten entziehen sie sich, so daß diese Regierungen um die Wohlfahrt des Staatsvolkes bangen müssen [12]. Was bedeutet also Regieren in einer Welt mit Informationstechnik?

Wir stolpern in die Zukunft mit Konzepten aus einer schon versunkenen Welt. Der Neubau der Verwaltung in den neuen Bundesländern erfolgt nach Bauplänen, die über 20 Jahre alt sind. Konsequent wird das nordrhein-westfälische Modell der Gebietsreform auf Brandenburg übertragen. Bislang waren genügend große Einzugsbereiche erforderlich, um teuren Sachverstand angemessen auszulasten. Dies trifft nicht mehr zu. Weiterhin werden jedoch optimale Einzugsbereiche für die Auslastung von örtlich präsenten Spezialisten definiert, ohne daß man sich die Frage vorlegt, ob diese nicht genauso gut irgendwo auf dem Erdball sitzen könnten. Während so in den neuen Ländern über die Verteilung von Zuständigkeiten zwischen Kreis und Gemeinde nachgedacht wird, erforscht die GMD mit großem Aufwand die Unterstützung ministerieller Gruppenarbeit im Hinblick auf die zwei Standorte der mittelfristig verteilten deutschen Hauptstadt (Projekt POLIKOM). Die Perspektive einer multimedialen Kommunikationsunterstützung nicht nur der hohen, sondern auch der niederen Verwaltung wird schon bald die Notwendigkeit einer Gebietsreform in ein neues Licht tauchen.

Aber nicht nur die hier geforderte Verwaltungswissenschaft, für welche Information das integrierende Konzept sein muß, sondern auch andere Wissenschaften lassen uns im

Stich. Besonders schmerzlich ist dies im Fall der Organisationstheorie. Für Betriebswirtschaftslehre und Verwaltungswissenschaft, zunehmend auch für die Politikwissenschaft ist sie eine Grundlagenwissenschaft. Sie ergeht sich heute in einem Pluralismus der Beschreibung vorgefundener Gebilde, die sie Organisation nennt und deren Daseinsgrund sie nicht mehr zu fassen vermag. Angesichts der abbröckelnden Motivation und Leistungsbereitschaft von Menschen in Organisationen geht es ihr darum, diese Menschen zu dem zu bewegen, was die Gesellschaft und ihre Repräsentanten an der Organisationsspitze von ihnen erwarten. Die Abstinenz der Organisationsforschung gegenüber den durch die Informationstechnik aufgeworfenen grundsätzlichen Fragen ([17], S. X) vermag daher keineswegs zu überraschen. Von der herrschenden Organisationstheorie führt kein ausgetretener Weg zur Integration von Information in Organisationsbetrachtungen [14]. Der Neuansatz einer Organisationslehre muß von Einsichten über das Wesen von menschlicher und maschineller Informationsarbeit ausgehen ([18], S. 41ff.).

4. Gestaltung durch Modellkonzepte

Wie sehen nun konkret zukunftsweisende Verwaltungsstrukturen aus? Und können sie bewußt geschaffen werden, durch Gestaltungsprozesse ähnlich denen, die uns aus der Entwicklung einzelner (großer) Informationssysteme vertraut sind? Die theoretische Bestimmung der Leistungen des Regierens und Verwaltens in einer globalen, von Informationstechnik mitgeprägten Gesellschaft steht noch aus. Aber Kenntnis der Technik und Ahnungen über die Zukunft befähigen uns zu einem wichtigen Schritt. Er liegt in der Ausformulierung von Modellkonzepten. In Kenntnis des informatischen Potentials können neue Verfahrensweisen und Situationen des Verwaltens mit Informationstechnik von ganz unterschiedlicher Mächtigkeit modelliert werden. Modellkonzepte schlagen eine Brücke zwischen politischen Zielsetzungen und technischen Möglichkeiten; die Ziele sind ihrerseits abhängig von der Art, wie die Technik die Gesellschaft durchdringt, aber auch von dem, was technisch zu ihrer Verwirklichung machbar ist.

Die Schaffung solcher Modellkonzepte ist eine gedankliche Aufgabe, der Arbeit eines Architekten vergleichbar, welcher Baustoffeigenschaften und Konstruktionsprinzipien mit erkannten Bedürfnissen zur Deckung bringen will. Man kann nicht sagen, daß sie zu den Kernaufgaben der Informatik gehört; aber wenn sie nirgends anders wahrgenommen wird, so gilt es sich darauf zu besinnen, daß die Informatik die Einbettung des von ihr Geschaffenen in sein Umfeld mit bedenken muß, damit die von ihr geschaffenen Systeme ihr Feld in sinnvoller Weise beeinflussen [5].

Modellkonzepte können sich zunächst auf Teilaspekte richten. So kann ein konzeptionell durchdachtes Bürgerauskunftssystem viele Schwierigkeiten im Kontakt von Bürgern mit der Verwaltung ausbügeln. [10]. Hingegen wurden im Rausch der Begeisterung für die "Neuen Medien" kurzlebige Informationssysteme geräuschvoll eingeweiht, die danach recht schnell versandeten. Vielleicht ging es vor allem darum zu zeigen, wie nützlich die Technik ist.

Weiter ausgreifend können Modellkonzepte ausgearbeitet werden für die räumliche Verteilung der Verwaltungsarbeit. Ein Objekt wäre beispielsweise die europäische Vernetzung von Verwaltungen. Der gemeinsame Rückgriff auf Experten, die irgendwo sitzen, ohne Rücksicht auf Sprachbarrieren, ist ein lohnendes Ziel neben dem schon praktizierten Datenaustausch zur Verbrechensbekämpfung. Ein solches Modellkonzept für die künftige Zusammenarbeit der Verwaltungen sucht man leider noch vergebens. Die Kommission der EG läßt primär die technische Infrastruktur beforschen. So kann der bisherige Stil hemdsärmeliger Gestaltung von Anwendungssystemen nicht verlassen werden, der nicht nur Akzeptanzprobleme aufwirft, sondern auch gravierende ungeplante Folgen mit sich bringen kann.

Ein Beipiel für die Entwicklung von Modellkonzepten haben wir für die sogenannten Bürgerbüros zu geben versucht [11]. Mit einem Einzugsbereich von 500 bis 1000 Einwohnern in Fuß- oder Fahrradentfernung eröffnen sie den Zugang zu vielen Dienstleistungen, zu Geld-, Post-, Informations- und Verwaltungsdiensten. Damit wird Fachkompetenz, die aus Kostengründen nur an wenigen Stellen vorgehalten werden kann, über ein dicht geknüpftes Netz von Servicestellen zugänglich. Ermöglicht wird dies dadurch, daß viele Leistungen im multimedialen Kontakt erbracht werden. Die Mitarbeiter im Bürgerbüro arbeiten zusammen mit Sachbearbeitern in den Zentralen der einzelnen Dienstleistungsanbietern wie Kommune, Kreis, Sparkasse, Postamt. Wege werden minimiert und der persönliche Kontakt mit Bürgern wird gestärkt. Dennoch entspricht die Servicequalität höchsten Anforderungen, und der Rückzug von Dienstleistungsanbietern aus dem ländlichen Raum aus wirtschaftlichen Gründen wird vermieden. Der Engpaß für die Realisierung liegt in den Entwicklungskorridoren der Strategien der großen Dienstleistungsanbieter. Sie müssen es lernen zu kooperieren, und sie müssen sich intern umorganisieren.

5. Systemgestaltung: Objekte, Subjekte, Verfahren

Die Entwicklung von Modellkonzepten bezeichnet aber nur die Spitze eines tiefgegliederten Gestaltungsprozesses. Geeignete Verfahren und Methoden der *Organisations*gestaltung unter Einbezug informatischer Entwicklungsverfahren fehlen. Der Brückenschlag zwischen der Welt der Softwareentwicklung und einer ingenieurmäßigen Gestaltung von Verwaltungsorganisationen steht noch aus. Jahrzehntelang waren die technischen Elemente des sozio-technischen Informationssystems der einzige zu gestaltende Gegenstand. Die Menschen und die Organisation hatten sich dem technischen Teil des Informationssystems anzupassen, ohne daß die Freiheitsgrade menschlichen Verhaltens mehr als nur beiläufiges Interesse gefunden hätten.

Objekt der Gestaltung ist nunmehr aber zunächst das Gesamtsystem, in dem Menschen und Computer zusammen tätig sind. Diese Gestaltung erfordert neuartige Verfahren, Methoden und Sprachen. Die Anforderungserhebung konnte bis jetzt noch vom technischen Systementwurf her rückwärts konzipiert werden [7], als Vorfeld der informatischen Gestaltung. Dieses Ausgreifen überkommener Werkzeuge und Methoden kann sich nicht beliebig fortsetzen, weil es der Komplexität menschlichen Arbeitens nicht gerecht wird. Stellt man Menschen wieder in den Mittelpunkt, so muß dies zur Bescheidenheit beim technikbezogenen Gestalten führen [6], solange uns die Worte zur Beschreibung des Ganzen fehlen. Ein neuer Anlauf zu einem Organisationsengineering, das Detailentwurf gestattet, ist überfällig [9]. Seine Sprachen müssen dazu anregen, nicht nur das festzuhalten, was für die Softwareentwicklung wesentlich ist. Sie müssen gleichermaßen auf die Arbeit von Menschen und Maschinen bezogen sein.

Die Gestaltungsprozesse, die nunmehr zusätzlich ablaufen müssen, um zukunftsweisende Verwaltungsstrukturen geplant und verantwortbar hervorzubringen, unterscheiden sich von der Softwaregestaltung aber nicht nur durch ihr umfassenderes Objekt. Auch ihr Subjekt fordert eine Neubesinnung heraus. "Anwender" und Hersteller bzw. Informatiker wirken bislang zusammen. Betrachtet man nur die Spitze des Anwenders, so kann man von einer Allianz von Arbeitgebern und Technikentwicklern sprechen, unter Ausschluß nicht nur der Arbeitnehmer, sondern des betroffenen Rests der Welt ([19], S. 41ff.). Läßt man "innerhalb" des Anwenders einige der künftig betroffenen Nutzer an der Systementwicklung partizipieren, so ist nur wenig gewonnen. Die undifferenzierte Partizipation mag bessere Anforderungserhebung, mehr Zufriedenheit und Technikakzeptanz bringen. Für eine nicht nur "sozialverträgliche", sondern gesellschaftlich günstige Gestaltung von Gesamtsystemen reicht sie nicht aus. Andere intern und extern Betroffene werden vernachlässigt; wir unterscheiden zudem die Betroffenheit wegen des Ansinnens, sich gegen die Produkte von dank der Informationstechnik organisationsmächtigeren Akteuren behaupten zu müssen, von einer Betroffenheit als Informationsobjekt, die mit dem wenig schönen Ausdruck "Verdatung" bezeichnet wurde ([18], S. 184ff.)

Wer in welcher Eigenschaft zu welchem Zeitpunkt mit welchem Gewicht im Gestaltungsprozeß mitzureden hat, wird nunmehr entscheidungsbedürftig. Darüber hinaus muß vorhandenes Wissen über künftige Betroffenheitsrisiken eingebracht werden; Ergebnisse der Wirkungsforschung müssen zu Gestaltungskriterien umgeprägt werden. Leben die künftig Betroffenen noch nicht oder wissen sie noch nichts über ihre Betroffenheit, so bedarf es politischer Entscheidungen und ihrer Durchsetzung mittels rechtlicher Restriktionen von Gestaltungsprozessen. Beides, die strukturierte Beteiligung im Gestaltungsprozeß und die wissenschaftlich aufgeklärte politische Entscheidung darüber, was technisch in der Gesellschaft zugelassen werden soll, würde den Versuch einer *Technikfolgenbewältigung durch Systemgestaltung* (Steinmüller) kennzeichnen, vor dem wir noch zurückscheuen. Vor allem angesichts der Betroffenheitsdimensionen und auch der Wirkungssteigerung herkömmlicher Technikprodukte mittels Informationstechnik erscheint uns die künftige Aufgabe politischer Technikgestaltung allzu komplex. Im besonderen Fall der Gestaltung neuer Verwaltungsstrukturen kommt noch hinzu, daß die "Anwender"-Organisationen, die heute noch Gestaltungsträger sind, um ihrer Mitglieder willen existieren (Bürger einer Gemeinde, Mitglieder einer Universität), und daß diese Mitglieder als Souverän sich grundsätzlich auch anders organisieren könnten. Politische Entscheidungen sind zur Vereinfachung mithin unumgänglich. Nur die analytische Klärung ihres komplexen Gegenstands wird diese Entscheidungen akzeptabel und bestandsfähig machen.

6. Ausblick: Perspektiven für die Informatik

Ohne es zu wollen, ja ohne es wissen zu wollen, wächst die Informatik in die Rolle einer Organisationswissenschaft hinein. In Informatikkonzepten sind organisatorische Figuren eingeschlossen. Sie steigen gleichsam von den untersten Arbeitsschichten der Informationsverarbeitung nach oben, wirken strukturbildend in Bereichen, in denen Menschen informationstechnischen Output handhaben oder Input vorbereiten. Sie lassen schließlich manche überkommenen und von oben her gedachten Organisationsstrukturen wie eine leere Hülse erscheinen, wie ein Korallenriff. Man kann die gesellschaftliche Leistung der Informatik auch im Bereitstellen von vielen Organisationsbausteinen unterschiedlicher Größe erblicken. Leider ist die Zusammenstellung des Baukastens ([3], S. 90ff.) nur in seltenen Fällen die Sache derer, die die Bausteine entwickeln. Allzusehr folgt die Informatik noch Verhaltensmustern aus ihrer Pionierzeit. Die Bausteine werden einfach hingelegt. Der Informatiker ists zufrieden und wendet sich dem nächsten Projekt zu.

Dennoch arbeitet sich die Informatik von unten nach oben vor. Das stößt sich zunehmend an hergebrachten Vorstellungen über das Organisieren. Der Organisator bildet Stellen und strukturiert dann die Abläufe, genauer gesagt nur den sichtbaren Teil von Abläufen. Das Organisieren hat er gelernt an Verrichtungen, die Handgriffe sind. Und seine Objekte sind physischer Art, beispielsweise ein Papierbündel namens "Akte". Geistige Arbeit läßt sich mit seinem Instrumentarium nicht fassen. Weil dieser Organisator damit über die neue Arbeitsteilung zwischen Mensch und Maschine nichts aussagen kann, wird er schlicht obsolet.

Auf dem Feld des Öffentlichen läßt sich das auch als Wühlarbeit zugunsten einer schleichenden Verwaltungsreform unterhalb der Aufmerksamkeitsschwelle geplanter Organisations- und Funktionalreformen sehen [15]. Wir achten inzwischen darauf, daß das Wühlen des Informatikmaulwurfs die Grundsätze des öffentlichen Handelns dort nicht unterhöhlt, wo sie bewahrt werden müssen. Wir sollten aber darüber hinaus das Wirken dieses Maulwurfs so genau analysieren, daß wir ihn für eine besser regierte und verwaltete Welt arbeiten lassen können.

Literaturverzeichnis:

[1]   Beeckmann, Hartmuth. Gestaltungspotentiale durch die Informationstechnik. In: online 1989, Heft 2, S. 58-63.

[2]   Bellamy, Chris, und Alice Henderson. The UK Social Security Benefits Agency: a case study of the information polity? In: Information and the Public Sector 2 (1992), S. 1-26.

[3]   Bonin, Hinrich. Die Planung komplexer Vorhaben der Verwaltungsautomation, Heidelberg 1988.

[4]   Fiedler, Herbert. Theorie und Praxis der Automation in der öffentlichen Verwaltung. Zur Konzeption einer anwendungsorientierten "Informatik" für Recht und Verwaltung. In: Die öffentliche Verwaltung 1970, S. 469-472.

[5] Fiedler, Herbert. Rechtsinformatik. In: Ergänzbares Lexikon des Rechts, 2/435, Neuwied 1988.

[6] Hofstede, Gert Jan. Modesty in Modelling: on the Applicability of Interactive Planning Systems. With a Case Study in Pot Plant Cultivation. Diss. Wageningen, Amsterdam 1992.

[7] Kaack, Heino. Verwaltungsinformatik und "Requirements Engineering". In: Bonin, Hinrich E.G. (Hrsg.), Verwaltungsinformatik. Konturen einer Disziplin, Mannheim u.a. 1992, S. 68-81.

[8] Kooperationsausschuß ADV Bund/Länder/Kommunaler Bereich (KoopA ADV). Leitaussagen zur Informationstechnik in der öffentlichen Verwaltung, einschließlich IT-Szenario des KoopA ADV. Beschlüsse vom 12./13. Oktober in Fulda. Herausgegeben von der Bundesvereinigung der kommunalen Spitzenverbände und der Kommunalen Gemeinschaftsstelle für Verwaltungsvereinfachung (KGSt). Köln 1992.

[9] Lenk, Klaus. Conceptual Foundations of Information Systems Design in Public Administration. In: Bazewicz, M. (Hrsg.). Information Systems Architecture and Technology, ISAT'92, Wroclaw 1992, S. 149-159.

[10] Lenk, Klaus, Martin Brüggemeier, Margret Hehmann und Werner Willms. Bürgerinformationssysteme, Opladen 1990.

[11] Lenk, Klaus, und Renate Irps. Mehr Dienstleistungsqualität im ländlichen Raum durch Bürgerbüros. In: VOP 14 (1993), Heft 3.

[12] Mowshowitz, Abbe. Virtual Feudalism: A vision of political organization in the Information Age. In: Informatization and the Public Sector 2 (1992), S. 213-231.

[13] Müller-Merbach, Heiner. Der mündige Benutzer als Partner bei der Systemgestaltung. In: IBM-Nachrichten 38 (1988), Special II, S. 7-13.

[14] Peters, Gangolf. Organisation und Information. Über den Zusammenhang von Interessen, Erwartungen, Kenntnissen und Handlungen. Diss. Utrecht. Enschede 1989.

[15] Reinermann, Heinrich. Vor einer "Verwaltungsreform"? Informationstechnisch motivierte Ziele und "Systemkonzepte" der Verwaltungspolitik. In: Reinermann, Heinrich, u.a. (Hrsg.). Neue Informationstechniken - Neue Verwaltungsstrukturen? Heidelberg 1988, S. 38-50.

[16] Reinermann, Heinrich. Verwaltungsorganisatorische Probleme und Lösungsansätze zur papierlosen Bearbeitung der Geschäftsvorfälle. Die GGO I im Lichte elektronischer Bürosysteme. Bundesministerium des Innern, Schriftenreihe Verwaltungsorganisation, Bd. 15, Bonn 1992.

[17] Schneider, Ursula. Kulturbewußtes Informationsmanagement. München/Wien 1990.

[18] Siemens AG (Hrsg.) Informationstechnik. Versuch einer Systemdarstellung, München 1989.

[19] Steinmüller, Wilhelm. Technikfolgenbewältigung durch Systemgestaltung. Universität Bremen, FB Mathematik und Informatik, Report Nr. 10/1991, Oktober 1991.

[20] Taylor, John A., und Howard Williams, Public Administration and the Information Polity. In: Public Administration 69 (1991), S. 171-190.

KORREKTE SOFTWARE: VOM EXPERIMENT ZUR ANWENDUNG[1]

MANFRED BROY
Fakultät für Informatik
Technische Universität München

MARTIN WIRSING
Institut für Informatik
Universität München

Kurzfassung

Eine konsequent auf Korrektheit ausgerichtete Entwicklungsmethodik für Softwaresysteme wird in vereinfachter Form beschrieben und an zwei Beispielen erläutert. Ein solcher Ansatz zielt auf eine Integration von Qualitätssicherungsmaßnahmen in Hinblick auf Zuverlässigkeit und Korrektheit in allen Phasen des Entwicklungsprozesses. Für die Korrektheit von Software-Systemen ist es notwendig, Anforderungen in den Entwicklungsphasen exakt zu beschreiben und für die Implementierungsentscheidungen zu verifizieren. Welche Teile einer Entwicklung formal spezifiziert und welche verifiziert werden, ist dabei den Qualitätserfordernissen anpaßbar.

1. Einleitung

Ein wesentlicher Faktor der Qualität von Softwaresystemen ist ihre Zuverlässigkeit. Diese ist gegeben, wenn ein Softwaresystem im Sinne der Aufgabenstellung funktioniert und auch auf Fehler angemessen reagiert. Umgangssprachlich wird dann auch häufig allgemein von der *Korrektheit des Softwaresystems* gesprochen. Bei genauerer Betrachtung ergibt sich allerdings, daß es nur dann sinnvoll ist, von der Korrektheit eines Softwaresystems zu sprechen, wenn wir uns auf eine bestimmte Aufgabenstellung beziehen und die Übereinstimmung der Implementierung mit dieser Aufgabenstellung sicherstellen. Nur wenn Anforderungen im Sinne einer Aufgabenstellung festgelegt sind, ist auf nichtsubjektiver Basis beschrieben, was es heißt, daß das System korrekt arbeitet. Eine zentrale Voraussetzung für den Begriff der Korrektheit eines Systems ist somit eine genaue Spezifikation der Anforderungen.

Die Korrektheit von Softwaresystemen wird im wesentlichen von den folgenden zwei Faktoren bestimmt:

- von der Qualität der Anforderungsspezifikation (Adäquatheit im Sinne der Anwendung),

- von der Qualität der Implementierung in Hinblick auf die Einhaltung der Anforderungen (Korrektheit bezogen auf die Anforderungsspezifikation).

Den ersten Faktor, die vollständige, zutreffende, „korrekte", konsistente Erfassung der Anforderungen, nennen wir die *Adäquatheit der Anforderungen*. Den zweiten Faktor, die Übereinstimmung der Implementierung mit den Anforderungen nennen wir die *Korrektheit* der Implementierung im Hinblick auf die Anforderungen.

Fehler werden bei der Softwareherstellung in beiden Bereichen gemacht. Eine unzutreffende Erfassung der Anforderungen, wie eine inkorrekte Realisierung adäquater Anforderungen in einer Implementierung, führen zu einer „inkorrekten" Software.

In der Praxis ist es noch weitgehend üblich, Software mit Vorgehensmethoden zu entwickeln, die Fehler in den genannten zwei Sparten nicht nachdrücklich vermeiden. Stattdessen wird vorgesehen, daß im Anschluß an die eigentliche Programmentwicklung durch umfangreiche Tests Fehler entdeckt, lokalisiert und korrigiert werden. Dieses scheinbar sehr pragmatische Vorgehen kann methodisch nicht befriedigen

---

[1]Teile der Forschungsarbeiten entstanden im Forschungsprojekt KORSO – korrekte Software. KORSO ist ein vom Bundesministerium für Forschung und Technologie gefördertes Verbundprojekt.

und ist auch in Hinblick auf Kosteneffektivität fragwürdig. Das Aufbauen umfangreicher Testumgebungen ist kostspielig und langwierig. Zahlreiche Fehler werden durch Testen nicht aufgedeckt. Besonders verhängnisvoll scheint aber die psychologische Haltung des Entwicklers zu sein, Fehler als unvermeidbar und in Hinblick auf anschließende Tests als wenig problematisch anzusehen. Gerade das Gefühl, daß der Test ohnehin zur Fehlerbeseitigung dient, scheint ein unbedingtes Bemühen um Korrektheit entbehrlich zu machen. Im Sinne der heutzutage viel diskutierten Prinzipien einer „lean production" mit dem Grundsatz der in den Produktionsprozeß integrierten Qualitätssicherung ist es kosteneffektiver, die Software-Entwicklung entschiedener auf Fehlerfreiheit auszurichten. Dies erfordert allerdings ein Vorgehensmodell, in das Qualitätssicherungsmaßnahmen für die Sicherstellung der Korrektheit integriert sind.

Die konsequente Vermeidung von Fehlern oder zumindest ihre frühzeitige Beseitigung erfordert diszipliniertes, sorgfältig geplantes Vorgehen in der Entwicklung. Überprüfungen dürfen dabei nicht bis in die Testphase verlagert werden, sondern müssen in jeder Phase vorgenommen werden. Sie bestehen nicht nur aus Reviews durch Dritte, sondern auch aus internen Überprüfungen durch logische Ableitung und die Verifikation gewisser Korrektheitsbedingungen.

Nicht unumstritten ist der Grad der Formalisierung, der für ein korrektheitsorientiertes Vorgehen angemessen ist. Soll die Anforderungsspezifikation und die Implementierung im harten mathematischen Sinn überprüfbar sein, so ist eine vollständige Formalisierung der Anforderungsspezifikation erforderlich. Dann kann auch, bei Vorliegen der entsprechenden Verifikationsregeln, die Implementierung formal, und insbesondere mit Maschinenunterstützung, verifiziert werden.

2. Zielsetzung heutiger Forschung

Historisch gesehen behandelten erste Beiträge zum Thema Programmkorrektheit Fragen der Programmverifikation für Anweisungen mit Zusicherungsmethoden ([Floyd 67], [Hoare 69]). Erste Verifikationsunterstützungssysteme wurden für diese Vorgehensweise entworfen. Allerdings zeigte sich schnell, daß eine – auch eine rechnergestützte – Verifikation fertiger Programme („post mortem"- Verifikation) nicht angemessen ist. Die Durchführung der Verifikation erfordert viele Überlegungen, die Analysen aus der Entwicklung wiederholen, und führt so zu einer unnötigen Verdoppelung des Aufwands (einen frühen Ansatz für die schrittweise Verfeinerung von Programm und Beweis beschreibt [Dijkstra 76]). Umgekehrt ist das Ziel von Qualitätssicherungsmaßnahmen, die auf Korrektheit ausgerichtet sind, Fehler möglichst früh zu erkennen. Für spät entdeckte Fehler ist der Aufwand für ihre Beseitigung unangemessen hoch. Viel geschickter ist es, Korrektheitsüberlegungen so in den Entwicklungsprozeß zu integrieren, daß sie Fehler möglichst vermeiden und, falls dies mißlingt, frühzeitig aufdecken helfen (vgl. [CIP 84]).

Im Vergleich zu der Situation vor zwanzig Jahren haben sich die Voraussetzungen für einen konsequent auf Korrektheit ausgerichteten Ansatz zur Softwareentwicklung in den folgenden Bereichen entscheidend verbessert:
- Theoretische und methodische Grundlagen (vgl. etwa [Jones 86], [CIP 84]),
- maschinengestützte Verifikationssysteme (vgl. etwa [Boyer, Moore 89], [Nipkow 89], [Reif 92]),
- Abstraktheit und Eignung der Programmiersprachen für Verifikation (vgl. etwa [Guttag, Horning 93]),
- verminderte Anforderungen an die Effizienz von Implementierungen,
- bessere methodische Einsichten (vgl. etwa [KorSo 93]).

Durch die weiter steigende quantitative und qualitative Komplexität der Software- und Hardwaresysteme, die unter anderem die alleinige Korrektheitssicherung durch den Einsatz von Testmethoden nicht mehr praktikabel erscheinen läßt, kommt mathematischen Methoden der Qualitätssicherung eine steigende Bedeutung zu. In einer Reihe von nationalen und internationalen Projekten wird die Weiterentwicklung und Vervollständigung der Grundlagen für konsequent auf Korrektheit ausgerichtete Software- und Systementwicklung betrieben. Auf Grund dieser verbesserten Voraussetzungen existieren eine Vielzahl von ambitionierten Projekten in diesem Bereich:
- National: DFG-Schwerpunkt Deduktion, gefördert durch die DFG; VSE gefördert durch die BSI; KORSO gefördert durch das BMFT (vgl. [KorSo 93]).

- International: PROCOS gefördert durch die EG (vgl. [Procos 92]); SPARTA, ein Projekt der Firma DIGITAL Equipment.

Gerade in der Bundesrepublik ist im Bereich Korrektheit die Chance für einen Ausbau und einer Umsetzung der vorhandenen Stärken gegeben. Die thematischen Schwerpunkte der Forschungs- und Entwicklungsarbeiten in diesen Projekten liegen in folgenden Bereichen:
- Erfassung und Formalisierung von Anforderungen, formale Spezifikation,
- Erfassung korrektheitsrelevanter Eigenschaften von Software mit Mitteln der mathematischen Logik,
- Entwicklungsmethodik,
- Erzeugung der Verifikationsbedingungen für Entwicklungsschritte,
- Maschinengestützte Verifikation der Verifikationsbedingungen.

Im Einzelnen finden sich in den oben genannten Projekten folgende Arbeitsziele:
- Nachweis der Machbarkeit einer korrektheitsorientierten Softwarentwicklung,
- Verbesserung einer angemessenen methodischen Unterstützung,
- Aufwand und Umfang der Korrektheitssicherungsmaßnahmen frei kalibrierbar,
- Organisatorische Maßnahmen zur Erhöhung der Effektivität von Qualitätssicherung,
- Konzeption von Werkzeugunterstützung,
- Integration in pragmatische Software-Engineering-Ansätze.

Zu betonen ist ist dabei, daß die Formalisierung der Anforderungen und die Verifikation der Implementierung nicht aus dogmatischen Gründen[1] angestrebt werden, sondern pragmatisch als Möglichkeit der Qualitätssteigerung und -sicherung.

3. Korrektheitsorientierte Softwareentwicklung

Im folgenden stellen wir zur Illustration exemplarisch einen Ansatz, der im Projekt KORSO entwickelt wird, in vereinfachter Form vor. KORSO ist ein Verbundprojekt einschlägiger Forschergruppen im Bereich Korrektheit von Softwaresystemen. Ziel ist die Vervollständigung und Aufbereitung in Hinblick auf eine praktische Umsetzung der Grundlagen für eine auf Korrektheit ausgerichtete Entwicklungstechnik für Software. KORSO ist in vier Arbeitskreisen organisiert. In Klammern sind die verantwortlichen Koordinatoren angegeben:
- Sprachen, Beschreibungstechnik (Prof. Ehrich, Universität Braunschweig),
- Methodik (Prof. Wirsing, Universität München),
- Werkzeugunterstützung (Prof. Menzel, Universität Karlsruhe),
- Fallbeispiele (Prof. Loeckx, Universität Saarbrücken).

Das Projekt KORSO arbeitet mit dem folgenden Rahmen für die Entwicklung von Programmen:

• Erarbeitung der Anforderungen:	Formalisierung des Anwendungsgebiets,
• Validierung:	Sicherstellung der Adäquatheit,
• Konzeption der Lösungen:	Strukturierungsprinzipien, programmierspezifische Formen,
• Wahl der Algorithmen:	Ableitung von Gleichungen, Induktionsprinzipien für Iteration und Rekursion,
• Repräsentationen der Daten:	Implementierungsrelationen,
• Codierung:	Umsetzung in Programmkonstrukte,
• Optimierung:	Formalisierung der Effizienz,
• Systempflege:	Modifikation von Spezifikationen.

Wir unterscheiden wie üblich in der Software- und Systemkonstruktion auch für Korrektheitsfragen das „Entwickeln im Kleinen" und das „Entwickeln im Großen". Das Entwickeln im Kleinen umfaßt die Aspekte:

---

[1] Das gelegentlich vorgebrachte Argument, daß ja die Korrektheit eines Verifikationssystems selbst sichergestellt sein muß, und dies ohne ein Verifikationssystem nicht möglich ist, ist von dogmatischer, theoretischer Natur und hält einer pragmatischen Überprüfung nicht stand.

- Erfassung von Zusammenhängen in Regeln,
- Erfassung von System- und Programmeigenschaften,

während das Entwickeln im Großen folgende Aspekte berücksichtigen muß:

- Strukturierung in Einheiten,
- Relationen zwischen Beschreibungseinheiten.

Von zentraler Bedeutung ist das Konzept der Verfeinerung. Dadurch wird eine kontrollierte Weiterentwicklung von Einheiten gewährleistet. Dies wird im folgenden Absatz im Detail erläutert.

Die Entwicklung großer Systeme vollzieht sich in mehreren Schichten. Jede Schicht beschreibt eine spezielle Sicht auf das Zielsystem. Die in der Entwicklung aufeinander folgenden Schichten enthalten in der Regel mehr und mehr Details über das Zielsystem. Sie beschreiben das Zielsystem damit auf unterschiedlichen Abstraktionsebenen. Der Übergang von einer Schicht auf die nächste kann als Verfeinerung betrachtet werden. Um die Komplexität solcher Entwicklungsaufgaben bewältigen zu können ist, neben einer angemessenen Strukturierung durch Abstraktion, Modularität das wichtigste Konzept, dem in Korso ein großer Teil der Untersuchungen gewidmet ist.

4. Ein axiomatischer Rahmen für die Programmentwicklung

In diesem Abschnitt präsentieren wir den Korso-Ansatz zur Programmentwicklung an einem Beispiel. Wir verwenden einen sehr rigorosen, bewußt puristischen und vereinfachten Ansatz, um ein strikt auf Korrektheit ausgerichtetes Vorgehen zu demonstrieren. Dabei stellen wir auf allen Abstraktionsebenen die Sichten auf das zu entwickelnde System durch Spezifikationen dar. In anderen Ansätzen wird häufig mit unterschiedlichen Sprachen für die Spezifikationen (beispielsweise Zusicherungen) und die Programme gearbeitet. Dies führt auf Korrektheitsbeweise durch sogenannte annotierte Programme. Wir bevorzugen einen Ansatz, bei dem Anforderungsspezifikation, Entwürfe (Architekturen), wie auch Programme durch axiomatische Spezifikationen dargestellt werden. Dies erlaubt einen einheitlichen Sprachrahmen für die gesamte Entwicklung. Das Ergebnis einer Entwicklungsphase ist eine Familie von axiomatischen Spezifikationen und kann wieder als Vorgabe (Ausgangspunkt) für die Entwicklung in der darauffolgenden Phase dienen.

Wir arbeiten mit folgendem betont puristischen Konzept axiomatischer Spezifikation (vgl. [Wirsing 90]). Eine Spezifikation SPEC = (Σ, AX) besteht aus

- einer Signatur $\Sigma = (S, F)$ *(syntaktische Schnittstelle)* wobei

    - S eine Menge von Sorten (Namen für Trägermengen),

    - F eine Menge von Funktionssymbolen mit festgelegten Funktionalitäten sind;

- einer Menge von Gesetzen AX *(semantische Schnittstelle)*; die Elemente von AX sind prädikatenlogische Formeln über der Signatur Σ.

Zur Ableitung von Eigenschaften aus den Gesetzen setzen wir voraus, daß ein logischer Kalkül in Form einer Ableitungsrelation $\vdash$ gegeben ist. Wir beschreiben diesen Kalkül hier nicht.

Die Entwicklungsschritte werden durch Paare von Spezifikationen dargestellt, die in einer Verfeinerungsrelation stehen. Die Verfeinerungsrelation wird wie folgt notiert:

$$(\Sigma', AX') \to (\Sigma, AX)$$

Diese Formel steht für die Aussage: (Σ', AX') *ist Verfeinerung von* (Σ, AX). Diese Beziehung ist gegeben, wenn folgende zwei Aussagen gelten:

Die Signatur Σ' umfaßt die Signatur Σ, $\qquad\qquad\qquad\qquad AX' \vdash AX$

Daraus ergeben sich direkt die Verifikationsbedingungen zur Etablierung der Verfeinerungsrelation. Wir betrachten die folgenden zwei Klassen von Entwicklungsschritten für Spezifikationen:

(1) <u>Axiomatische Erweiterung</u>: Hinzufügen beliebiger Sorten, Funktionen, Axiome (so daß die Spezifikation $\Sigma \cup \Sigma'$, $AX \cup AX'$ syntaktisch wohlgeformt ist). Trivialerweise gilt:

$$(\Sigma \cup \Sigma', AX \cup AX') \rightarrow (\Sigma, AX)$$

(2) <u>Axiomatische Verfeinerung</u>: Nachweis von Eigenschaften für Spezifikationen, Elimination redundanter Axiome:

$$AX' \vdash AX$$

$$(\Sigma, AX') \rightarrow (\Sigma, AX)$$

Bei jedem Verfeinerungsschritt sind als Verifikationsbedingung die „alten" Axiome AX aus den „neuen" Axiomen AX' abzuleiten, während bei der Erweiterung durch Definition nur (syntaktische) Namenskonflikte vermieden werden müssen. Bei beiden Schritten tritt allerdings die Frage der Konsistenz auf. Diese ist gegeben, wenn die neuen Axiome AX' die Form von rekursiven Funktionsgleichungen haben; andernfalls ist der Nachweis schwierig und erfordert zumeist die Angabe eines Modells. Das Ende der Entwicklung ist erreicht, wenn alle Axiome der erreichten Spezifikation in konstruktiver Form (rekursive Funktionsgleichungen) sind. Dann kann aus der Spezifikation mechanisch ein Programm generiert werden.

Eine weitere Relation von stärker syntaktischer Natur zwischen Spezifikationen stellt die *Stützrelation* dar. Sie ist eine syntaktische Relation und dient zur angemessenen Strukturierung der entwickelten Beschreibungen. Die Aussage

$$S_2 \text{ - - } > S_1$$

steht für „Spezifikation S_2 *stützt sich auf* Spezifikation S_1" („S_2 ist eine *Anreicherung* von S_1"). Dies bedeutet, daß in der Spezifikation S_2 auf die Spezifikation S_1 bezug genommen wird.

Die im Laufe einer Entwicklung anfallenden Spezifikationen und die zwischen ihnen bestehenden Relationen werden jeweils in einen Entwicklungsgraphen eingetragen, der aus den Spezifikationseinheiten und den Relationen dazwischen besteht. Wir demonstrieren diese Form des Vorgehens an einem elementaren Beispiel. Als Syntax verwenden wir die Spezifikationssprache SPECTRUM (vgl. [SPECTRUM 92]).

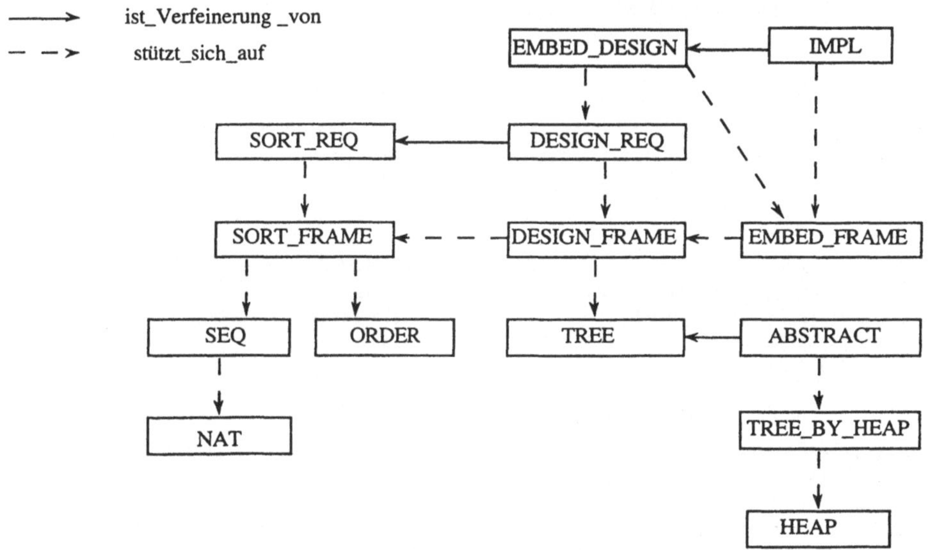

Abb. 1 Entwicklungsgraph für Heapsort

Beispiel: Sortieren

Wir betrachten als erstes elementares Beispiel die Entwicklung eines Sortieralgorithmus. Wir wählen bewußt ein vergleichsweise einfaches Beispiel, um die gesamte Entwicklung darstellen zu können (für komplexere Beispiele, wie die Verifikation eines Compilers vgl. [Broy 92]). Zur Illustration stellen wir den Entwicklungsgraphen aus Abb. 1 an den Anfang der Entwicklung. Dieser Entwicklungsgraph enthält als Ausgangseinheiten die Spezifikationen SEQ, NAT, ORDER, TREE und HEAP, die die Standarddatenstrukturen der (endlichen) Sequenzen, der natürlicher Zahlen, linearen Ordnungen, binären Bäume und Haldenspeicher abstrakt beschreiben. Die Spezifikation IMPL beschreibt einen einfachen Sortieralgorithmus, der eine Sequenz in einen Sortierbaum transformiert und dann den Baum wieder zu einer sortierten Sequenz linearisiert.

Im folgenden beschreiben wir die Entwicklung dieses Verfahrens aus einer abstrakten Anforderungsspezifikation für das Sortieren und seine Implementierung auf einer Haldenstruktur. Wir beginnen mit der Bereichsspezifikation, das heißt, mit der Spezifikation des relevanten Eigenschaften des Anwendungsgebietes. Wir verwenden folgende polymorphe Spezifikation der Sequenzen, die sich auf die Spezifikation NAT natürlicher Zahlen stützt (wir verzichten auf die Angabe der Spezifikation NAT, die Standard ist):

$$
\begin{array}{lll}
\text{SEQ} = \{ & \textbf{enriches} \quad \text{NAT,} & \\[4pt]
& \textbf{sort} \quad\quad \text{Seq } \alpha, & \text{- \textit{die Trägermenge der Sequenzen}} \\[4pt]
& \langle\rangle : \quad\quad \text{Seq } \alpha, & \text{- \textit{die leere Sequenz}} \\
& \langle\_\rangle : \quad\quad \alpha \to \text{Seq } \alpha, & \text{- \textit{einelementige Sequenz}} \\
& \_{}^\circ\_ : \quad\quad \text{Seq } \alpha \times \text{Seq } \alpha \to \text{Seq } \alpha, & \text{- \textit{Konkatenation}} \\[4pt]
& \#\_ : \quad\quad \text{Seq } \alpha \to \text{Nat,} & \text{- \textit{Länge einer Sequenz}} \\
& \text{ft:} \quad\quad \text{Seq } \alpha \to \alpha, & \text{- \textit{erstes Element}} \\
& \text{rt:} \quad\quad \text{Seq } \alpha \to \text{Seq } \alpha, & \text{- \textit{Sequenz ohne das erste Element}}
\end{array}
$$

Seq α **generated_by** $\langle\rangle$, $\langle\_\rangle$, $\_{}^\circ\_$,

$$
\begin{array}{ll}
s_1{}^\circ(s_2{}^\circ s_3) = (s_1{}^\circ s_2){}^\circ s_3, \quad\quad & x^\circ\langle\rangle = x = \langle\rangle^\circ x, \\
\text{ft}(\langle a\rangle^\circ s) = a, & \text{rt}(\langle a\rangle^\circ x) = x, \\
\#\langle\rangle = 0, & \#(\langle a\rangle^\circ s) = 1 + \#s \quad\quad \}
\end{array}
$$

Die Bereichsspezifikation für das Sortieren setzt die Existenz einer linearen Ordnung voraus. Eine Ordnung für Elemente der Sorte Elem ist durch die Spezifikation ORDER gegeben.

$$
\begin{array}{lll}
\text{ORDER} = \{ & \textbf{sort} \quad \text{Elem,} & \\[4pt]
& \_\leq\_ : \quad \text{Elem} \times \text{Elem} \to \text{Bool,} & \\[4pt]
& x \leq x, & \text{- \textit{Reflexivität}} \\
& x \leq y \wedge y \leq x \Rightarrow x = y, & \text{- \textit{Antisymmetrie}} \\
& x \leq y \wedge y \leq z \Rightarrow x \leq z, & \text{- \textit{Transitivität}} \\
& x \leq y \vee y \leq x, & \text{- \textit{Linearität}} \\[4pt]
& \text{min :} \quad \text{Elem} \times \text{Elem} \to \text{Elem,} & \\[4pt]
& \text{min}(x, y) = \textbf{if } x \leq y \textbf{ then } x \textbf{ else } y \textbf{ fi} & \}
\end{array}
$$

Die Spezifikationen SEQ und ORDER bilden die *Bereichsspezifikation* für unsere Problemstellung. Abgestützt auf die Bereichsspezifikation geben wir folgende Anforderungsspezifikation für das Sortierproblem. Wir strukturieren diese Spezifikation in einen Rahmen SORT_FRAME, der die syntaktische Schnittstelle für das Sortierproblem durch die Funktion sort vorgibt und eine Hilfsfunktion einführt:

$$
\begin{array}{lll}
\text{SORT\_FRAME} = \{ & \textbf{enriches} \quad \text{ORDER, SEQ,} & \\[4pt]
& \text{sort:} \quad\quad \text{Seq Elem} \to \text{Seq Elem,} & \\[4pt]
& \_\,©\,\_ : \quad\quad \text{Elem} \times \text{Seq Elem} \to \text{Nat,} & \text{- \textit{x © s gibt die Anzahl der x in s}}
\end{array}
$$

$$x \textcircled{c} \diamond = 0,$$
$$x \textcircled{c} (\langle y \rangle \circ s) = \textbf{if } x = y \textbf{ then } 1 \textbf{ else } 0 \textbf{ fi} + (x \textcircled{c} s) \qquad \}$$

Die eigentliche Anforderungsspezifikation stützt sich auf die Spezifikation SORT_FRAME. Sie ist durch die Spezifikation SORT_REQ gegeben:

SORT_REQ = { **enriches** SORT_FRAME,

$\qquad x \textcircled{c} s = x \textcircled{c} \text{sort}(s);$ *- s und sort(s) haben die gleichen Elemente*

$\qquad \text{sort}(s) = s_1 \circ \langle x \rangle \circ \langle y \rangle \circ s_2 \Rightarrow x \leq y$ *- sort(s) ist geordnet* }

Damit ist die Anforderungsspezifikation abgeschlossen.

Nun folgt die Entwurfsphase. Wir entscheiden uns für die Durchführung des Sortierens von Sequenzen durch Sortieren von Bäumen. Zuerst führen wir folgende Spezifikation DESIGN_FRAME als Entwurfsrahmen ein. Sie enthält die grundlegende Idee für Sortierbäume (Funktion isrtr) und die entsprechenden Axiome. Für das Umformen von Sequenzen in Sortierbäume (Funktion mksrttree), für das Umformen von Sortierbäumen in sortierte Sequenzen (Funktion treetoseq) enthält die Spezifikation nur die syntaktische Festlegung:

DESIGN_FRAME = { **enriches** SORT_FRAME + TREE,

$\qquad$ mksrttree: $\qquad$ Seq Elem $\rightarrow$ Tree Elem,

$\qquad$ treetoseq: $\qquad$ Tree Elem $\rightarrow$ Seq Elem,

$\qquad$ isrtr: $\qquad$ Tree Elem $\rightarrow$ Bool,

$\qquad$ isrtr(etree),
$\qquad$ $\text{isrtr}(\text{cons}(t_1, r, t_2)) = ((\text{isetree}(t_1) \vee r \leq \text{root}(t_1)) \wedge$
$\qquad\qquad\qquad\qquad\qquad (\text{isetree}(t_2) \vee r \leq \text{root}(t_2)) \wedge \text{isrtr}(t_1) \wedge \text{isrtr}(t_2)),$

$\qquad$ _ $\textcircled{c}$ _ : $\qquad$ Elem $\times$ Tree Elem $\rightarrow$ Nat, *- x $\textcircled{c}$ t gibt die Anzahl der x in t*
$\qquad$ $x \textcircled{c} \text{etree} = 0,$
$\qquad$ $x \textcircled{c} \text{cons}(t_1, y, t_2) = \textbf{if } x = y \textbf{ then } 1 \textbf{ else } 0 \textbf{ fi} + (x \textcircled{c} t_1) + (x \textcircled{c} t_2) \}$

Diese Spezifikation stützt sich auf die Struktur der Bäume, die durch die Spezifikation TREE beschrieben ist.

TREE = { **sort** $\qquad$ Tree α,

$\qquad$ etree: $\qquad$ Tree α,
$\qquad$ cons: $\qquad$ Tree $\alpha \times \alpha \times$ Tree $\alpha \rightarrow$ Tree α,
$\qquad$ left, right: Tree $\alpha \rightarrow$ Tree α,
$\qquad$ root: $\qquad$ Tree $\alpha \rightarrow \alpha$,
$\qquad$ isetree: $\qquad$ Tree $\alpha \rightarrow$ Bool,

$\qquad$ Tree α **generated_by** etree, cons,

$\qquad$ isetree(etree) = true,
$\qquad$ $\text{isetree}(\text{cons}(t_1, d, t_2)) = \text{false},$

$\qquad$ $\text{left}(\text{cons}(t_1, d, t_2)) = t_1,$
$\qquad$ $\text{right}(\text{cons}(t_1, d, t_2)) = t_2,$
$\qquad$ $\text{root}(\text{cons}(t_1, d, t_2)) = d$ $\qquad\qquad\qquad$ }

Wir verwenden folgende Entwurfsspezifikation, die festlegt, daß durch die Umformung einer Sequenz in einen sortierten Baum durch die Funktion mksrttree und die Umformung des Ergebnisses in eine Sequenz durch die Funktion treetoseq eine sortierte Sequenz erzeugt wird:

DESIGN_REQ = { **enriches** DESIGN_FRAME,

$\qquad$ $\text{sort}(s) = \text{treetoseq}(\text{mksrttree}(s)),$

$$x \text{ } © \text{ } mksrttree(s) = x \text{ } © \text{ } s,$$

$$isrtr(mksrttree(s)),$$
$$isrtr(t) \Rightarrow x \text{ } © \text{ } t = x \text{ } © \text{ } treetoseq(t),$$
$$isrtr(t) \wedge treetoseq(t) = s_1 \text{ } ° \text{ } \langle x \rangle \text{ } ° \text{ } \langle y \rangle \text{ } ° \text{ } s_2 \Rightarrow x \leq y \qquad \qquad \}$$

Dies führt auf folgende (einfach zu zeigende) Verifikationsbedingung:

$$\text{DESIGN\_REQ} \rightarrow \text{SORT\_REQ}$$

Damit ist der Anforderungsteil für die Entwurfsphase abgeschlossen. Wir wenden uns nun der konstruktiven Beschreibung und damit der algorithmischen Realisierung der Funktionen treetoseq und mksrttree zu, die die Sortierfunktion realisieren.

Wir verwenden wieder einen Rahmen, der die syntaktische Festlegung enthält. Wir betten die Funktion mksrttree mit Hilfe der Funktion embsrttr ein.

EMBED_FRAME = {   **enriches** DESIGN_FRAME,

$$embsrttr : Seq \text{ } Elem \times Tree \text{ } Elem \rightarrow Seq \text{ } Elem \qquad \}$$

Die folgende Spezifikation liefert eine Einbettung der Funktion treetoseq:

EMBED_DESIGN = {   **enriches** EMBED_FRAME + DESIGN_REQ,

$$isrtr(t) \Rightarrow embsrttr(s, t) = s \text{ } ° \text{ } treetoseq(t) \qquad \}$$

Die Spezifikation IMPL gibt konstruktive Beschreibungen für die Funktion embsrttr und die Funktion mksrttree. Sie sind problemlos in funktionale Programme umsetzbar.

IMPL = {   **enriches** EMBED_FRAME,

$$embsrttr(s, etree) = s,$$

$$embsrttr(s, cons(t_1, x, t_2)) = embsrttr(s \text{ } ° \langle x \rangle, mktree(t_1, t_2)),$$

$$mktree : Tree \text{ } Elem \times Tree \text{ } Elem \rightarrow Tree \text{ } Elem,$$

$$mktree(t_1, etree) = t_1,$$
$$mktree(etree, t_2) = t_2,$$
$$\neg isetree(t_1) \wedge \neg isetree(t_2) \Rightarrow mktree(t_1, t_2) =$$
$$\qquad \qquad \qquad \textbf{if } root(t_1) \leq root(t_2)$$
$$\qquad \qquad \qquad \textbf{then } cons(mktree(left(t_1), right(t_1)), root(t_1), t_2)$$
$$\qquad \qquad \qquad \textbf{else } cons(t_1, root(t_2), mktree(left(t_2), right(t_2))) \text{ } \textbf{fi},$$

$$mksrttree(\langle \rangle) = etree,$$
$$mksrttree(\langle x \rangle) = cons(etree, x, etree),$$
$$\#s_1 \leq \#s_2 \leq \#s_1 + 1 \Rightarrow mksrttree(s_1 \text{ } ° \text{ } s_2) = mktree(mksrttree(s_1), mksrttree(s_2)) \text{ } \}$$

Es ergibt sich folgende Verfeinerungsrelation, die durch strukturelle Induktion verifiziert werden kann:

$$\text{IMPL} \rightarrow \text{EMBED\_DESIGN}$$

Die nun vorliegenden Gleichungen für die entscheidenden Funktionen embsrttr und mksrttree entsprechen bereits rekursiven Programmen. Wir könnten die Entwicklung hier abbrechen.

Wir fahren in der Entwicklung jedoch fort, um den Wechsel der Datenstruktur im vorliegenden Ansatz zu demonstrieren. Wir verfolgen das Ziel, den Algorithmus auf eine Heap-Darstellung für Bäume zu stützen. Die Struktur der Geflechtsstrukturdarstellung von Bäumen durch Heaps wird durch die Spezifikation HEAP festgelegt.

HEAP = {   **sort**   Heap, Ref α,

eheap :	Heap,	
nil :	Ref α,	
new :	Heap $\rightarrow$ (Heap $\times$ Ref α),	

$$\text{put}: \qquad \text{Heap} \times \text{Ref } \alpha \times \alpha \times \text{Ref } \alpha \times \text{Ref } \alpha \to \text{Heap},$$

$$\text{get\_1, get\_2}: \quad \text{Heap} \times \text{Ref } \alpha \to \text{Ref } \alpha,$$
$$\text{get\_0}: \qquad \text{Heap} \times \text{Ref } \alpha \to \alpha,$$
$$\text{valid}: \qquad \text{Heap} \times \text{Ref } \alpha \to \text{Bool},$$

Heap, Ref α **generated_by** nil, new, eheap, put,

$\neg$valid(eheap, r),

$\neg$valid(h, nil),

valid(h, t) $\Rightarrow$ valid(put(h, t, a, b, c), r) = valid(h, r)

(k, t) = new(h) $\Rightarrow$ $\neg$valid(h, t) $\wedge$ valid(k, r) = (valid(h, r) $\vee$ (r = t)),

valid(h, t) $\wedge$ (k, r) = new(put(h, t, a, b, c)) $\wedge$ (k', r') = new(h) $\Rightarrow$ put(k', t, a, b, c) = k,

valid(h, t) $\Rightarrow$ get_0(put(h, t, a, b, c), r) = **if** t = r **then** a **else** get_0(h, r) **fi**,
valid(h, t) $\Rightarrow$ get_1(put(h, t, a, b, c), r) = **if** t = r **then** b **else** get_1(h, r) **fi**,
valid(h, t) $\Rightarrow$ get_2(put(h, t, a, b, c), r) = **if** t = r **then** c **else** get_2(h, r) **fi**   }

Die Funktion valid erlaubt, für ein gegebenes Element der Sorte Heap und ein Element der Sorte Ref zu überprüfen, ob die Referenz für den Heap gültig ist. Falls sie gültig ist, dann liefern die Funktionen get_0, get_1 und get_2 für dieses Argumentpaar wohldefinierte Resultate.

Eine Implementierung von Bäumen durch Heaps erhalten wir unmittelbar wie folgt. Wir reichern HEAP um die typischen Funktionen auf Bäumen an. Bei einem solchen schematischen Vorgehen für die Konstruktion einer Datenrepräsentation ergibt sich folgende Schwierigkeit:

- Bei der Anreicherung arbeitet die so eingeführte Funktion cons' mit zwei verschiedenen Halden für ihre Baumparameter. Dies stimmt nicht mit der üblichen Implementierung überein, wo beide Bäume und auch das Resultat der Funktion cons' auf einer Halde dargestellt werden.

Wir reichern deshalb HEAP in zwei Schritten zu einer Implementierung von TREE an. Im ersten Schritt wählen wir als Repräsentation eines Baums ein Paar bestehend aus einer Halde und einer Referenz. Mehrere Bäume können über der gleichen Halde durch verschiedene Referenzen dargestellt werden. Ausgedrückt wird diese Repräsentation nur durch die Implementierung der Funktionen von TREE, bei der sowohl die Parameterliste wie das Resultat eine zusätzliche Sorte Heap enthalten. Dies gilt auch für die nullstellige Funktion etree.

TREE_by_HEAP ={   **enriches** HEAP,

    etree': Heap $\to$ Heap $\times$ Ref α,

    cons': Heap $\times$ Ref $\alpha \times \alpha \times$ Ref $\alpha \to$ Heap $\times$ Ref α,

    left', right': Heap $\times$ Ref $\alpha \to$ Heap $\times$ Ref α,

    root': Heap $\times$ Ref $\alpha \to \alpha$,

    isetree': Heap $\times$ Ref $\alpha \to$ Bool,

    etree'(h) = (h, nil),
    (k, t) = new(h) $\Rightarrow$ cons'(h, r_1, x, r_2) = (put(k, t, x, r_1, r_2), t),
    left'(h, r) = (h, get_1(h, r)),
    right'(h, r) = (h, get_2(h, r)),
    root'(h, r) = get_0(h, r),
    isetree'(h, r) = (r = nil)   }

Darauf stützen wir die Spezifikation ABSTRACT zur Darstellung der Bäume durch Elemente der Sorte Heap ab. Die Korrespondenz wird durch eine Abstraktionsfunktion abs explizit gemacht. Die Abstraktionsfunktion abs ist eine partielle Funktion. Dies ist wichtig, da nicht alle Paare aus Elementen der Sorte Heap und Ref eine Repräsentation von Bäumen darstellen. Würde man unterstellen, daß die Abstraktionsfunktion total ist, so führt dies auf einen Widerspruch.

ABSTRACT = {   **enriches**   TREE_BY_HEAP + TREE,

abs : Heap, Ref α → Tree α,

Tree α **generated_by** abs,

abs(h, nil) = etree,

r ≠ nil ⟹ abs(h, r) = cons(abs(h, get_1(h, r)), get_0(h, r), abs(h, get_ 2(h, r)))   }

Wieder ist zu verifizieren:

ABSTRACT –> TREE.

Unter anderem erhalten wir folgende abgeleitete Theoreme für ABSTRACT:

etree = abs(etree'(h)),

isetree(abs(h, r)) = abs(isetree'(h, r)),

cons(abs(h, r_1), d, abs(h, r_2)) = abs(cons'(h, r_1, d, r_2)).

Ersetzt man TREE durch ABSTRACT in DESIGN_FRAME und erzeugt daraus neue Versionen von EMBED_FRAME und IMPL, lassen sich Heap-Implementierungen der Funktionen von IMPL schematisch ableiten. Beispielsweise gilt dann

mksrttree(‹d›) = abs(cons'(h, nil, d, nil))

Dies folgt aus

mksrttree(‹d›) =

cons(etree, d, etree) =

cons(abs(h, nil), d, abs (h, nil)) =

abs(cons'(h, nil, d, nil)).

Damit haben wir einen Endstand in der Entwicklung erreicht. Wir haben diesen letzten Teil des Beispiels so ausführlich beschrieben, um zu demonstrieren, daß wir durch axiomatische Spezifikationen die Schnittstellen zwischen unterschiedlichen Abstraktionsebenen beschreiben können. Dies ist eine entscheidende Voraussetzung für die Formalisierung der Entwicklung.   **Ende_des_Beispiels**

Das Beispiel demonstriert das prinzipielle Vorgehen. In jeder Phase werden die axiomatischen Grundlagen, die syntaktischen und semantischen Anforderungen (Schnittstellen) und die Entwurfsentscheidungen beschrieben.

Ein kritischer Punkt in dieser rein axiomatischen Vorgehensweise ist die Sicherstellung der Konsistenz. Beschränkt man sich in den Axiomen nicht auf konstruktive Form (rekursive Gleichungen), so können durch fehlerhaft formulierte Axiome Inkonsistenzen eingeschleppt werden. Diese werden unter Umständen erst dann spürbar, wenn wir versuchen zu konstruktiven Axiomen überzugehen. Gelingt der Übergang, dann ist damit ein Konsistenzbeweis für Ausgangsspezifikation erbracht.

Beispiel: Interaktives Sortieren

Als zweites Beispiel behandeln wir die Entwicklung einer Komponente für interaktives Sortieren. Das Beispiel demonstriert auch, daß der von uns verfolgte Ansatz mächtig genug ist, um auch verteilte Systeme zu behandeln. Abb. 2 gibt den Entwicklungsgraph wieder.

Wir beginnen wieder mit der Bereichsspezifikation. Zum Sortieren stützen wir uns auf folgende polymorphe Spezifikation der Datenströme. Ströme sind (endliche oder unendliche) Sequenzen von Elementen. Sie dienen zur Modellierung von Kommunikationsgeschichten auf Kanälen (für eine ausführlichere Darstellung der Modellierung verteilter Systeme durch Ströme vgl. [FOCUS 92]):

STREAM = { **enriches** SEQ,

      sort   Stream α,

      $\langle\rangle$:   Stream α,

      $\_\hat{\ }\_$:   Seq $\alpha \times$ Stream $\alpha \to$ Stream α,

      ft: Stream $\alpha \to \alpha$,

      rt: Stream $\alpha \to$ Stream α,

      Stream α **generated_by** $\langle\rangle$, $\_\hat{\ }\_$,

      $x\hat{\ }(y\hat{\ }z) = (x\hat{\ }y)\hat{\ }z$,

      $x = \langle\rangle\hat{\ }x$,

      $ft(\langle a\rangle\hat{\ }x) = a$, $rt(\langle a\rangle\hat{\ }x) = x$ }

Die Spezifikation der Ströme erfolgt ebenfalls mit axiomatischen Mitteln. Allerdings haben die auftretenden Funktionen eine Reihe von besonderen Eigenschaften in bezug auf die Striktheit, die wir hier bewußt nicht weiter behandeln. Einzelheiten finden sich in [Spectrum 92]. Weiter enthält die Menge der Ströme auf unendliche Ströme. Dies läßt sich durch nichtstrikte Konstruktorfunktionen und eine Verallgemeinerung des Erzeugungsprinzips behandeln.

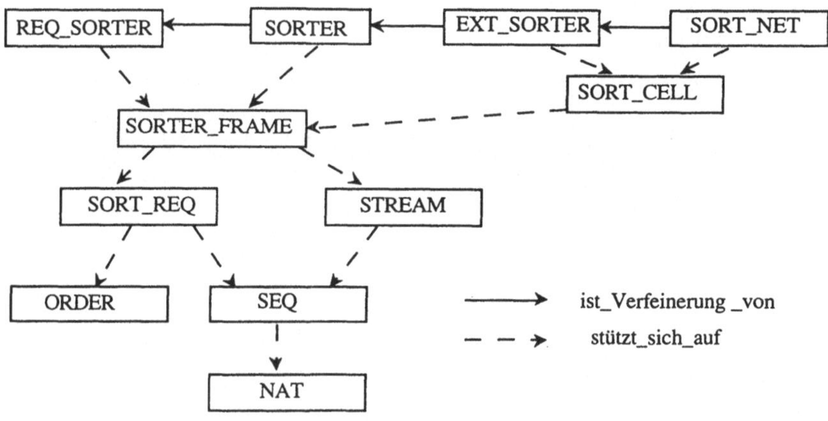

Abb. 2 Entwicklungsgraph für interaktives Sortieren

Die Bereichsspezifikation (die Spezifikation der relevanten Eigenschaften des Anwendungsgebiets) für das Sortieren schließt die Existenz einer Ordnung ein. Diesmal benötigen wir noch ein weiteres Signal ? als Element der Sorte Elem. Wir definieren ? als maximales Element.

    ORDER = { **sort** Elem, ? : Elem, $\leq$: ..., e $\leq$?   }

Wir verwenden für die Anforderungsspezifikation folgenden Rahmen:

SORTER_FRAME = {   **enriches** STREAM + SORT_REQ,

          f: Stream Elem $\to$ Stream Elem   }

In Abb. 3 wird eine graphische Darstellung der Sortierkomponente gegeben, die durch die Funktion f dargestellt wird. Die Sortierkomponente besitzt einen Eingangskanal, auf dem sie Daten und Anforderungssignale empfängt und einen Ausgabekanal, auf dem sie Daten und Anforderungssignale ausgibt.

Abb. 3 Interaktive Sortierkomponente als Datenflußknoten

Abgestützt auf die Bereichsspezifikation und den Rahmen erhalten wir folgende Anforderungsspezifikation für das interaktive Sortieren (wir schreiben $?^n$ für die Sequenz, die aus n Kopien des Signals ? besteht):

REQ_SORTER = {   **enriches SORTER_FRAME,**

$$?©s = 0 \Rightarrow f(s\widehat{\ }?^{\#s}\widehat{\ }y) = sort(s)\widehat{\ }f(y) \qquad \}$$

Wir verwenden folgende Entwurfsspezifikation:

SORTER = {   **enriches SORTER_FRAME,**

$$m \le min(x\widehat{\ }y) \wedge ?©(x\widehat{\ }\langle m\rangle\widehat{\ }y) = 0 \Rightarrow f(x\widehat{\ }\langle m\rangle\widehat{\ }y\widehat{\ }\langle ?\rangle\widehat{\ }z) = \langle m\rangle\widehat{\ }f(x\widehat{\ }y\widehat{\ }z),$$

$$min: Seq\ Elem \rightarrow Elem,$$

$$min(\langle\rangle) = ?,$$
$$min(x) \le a \Rightarrow min(\langle a\rangle\widehat{\ }x) = min(x),$$
$$min(x) \ge a \Rightarrow min(\langle a\rangle\widehat{\ }x) = a \qquad \}$$

Es ergibt sich folgende Verifikationsbedingung:

SORTER –> REQ_SORTER

Nun behandeln wir verteiltes Sortieren.

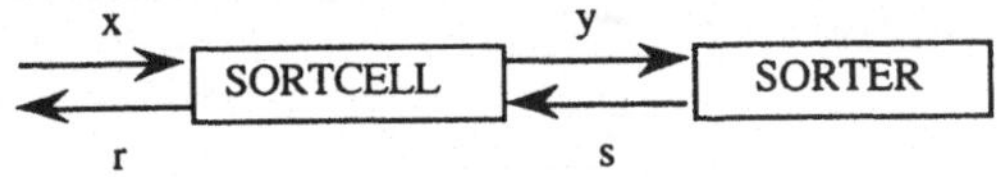

Abb. 4 Sorter mit Sortierzelle als Datenflußnetz

Wir verwenden folgende Entwurfsspezifikation für verteiltes Sortieren:

EXT_SORTER = {   **hide f' from enriches SORT_CELL + rename SORTER by [f to f']**

$$f'(\langle ?\rangle\widehat{\ }x) = \langle ?\rangle\widehat{\ }f'(x),$$

$$f(x) = r \Leftarrow (r, y) = g(?)(x, f'(y)) \ \}$$

Das Verhalten der Sortierzelle ist wie folgt definiert (die Funktion g definiert das Verhalten der Sortierzelle):

SORT_CELL = {   **enriches SORTER_FRAME,**

$$g: Elem \rightarrow ((Stream\ Elem)^2 \rightarrow (Stream\ Elem)^2),$$

$$g(?)(\langle a\rangle\widehat{\ }x, s) = g(a)(x, s) \qquad \Leftarrow a \ne ?,$$
$$g(?)(\langle ?\rangle\widehat{\ }x, s) = (\langle ?\rangle\widehat{\ }r, y) \qquad \Leftarrow (r, y) = g(?)(x, s),$$
$$g(b)(\langle ?\rangle\widehat{\ }x, s) = (\langle b\rangle\widehat{\ }r, \langle ?\rangle\widehat{\ }y) \qquad \Leftarrow (r, y) = g(ft(s))(x, rt(s)) \wedge b \ne ?,$$
$$g(b)(\langle a\rangle\widehat{\ }x, s) = (r, \langle max(a,b)\rangle\widehat{\ }y) \qquad \Leftarrow (r, y) = g(min(a,b))(x, s) \wedge b \ne ? \wedge a \ne ?\}$$

Es ergibt sich folgende Verifikationsbedingung:

EXT_SORTER –> SORTER

Schließlich erhalten wir durch unendlichmaliges Einsetzen des Datenflußnetzes aus Abb. 4 für die Sortierkomponente das in Abb. 5 dargestellte unendliche Netz.

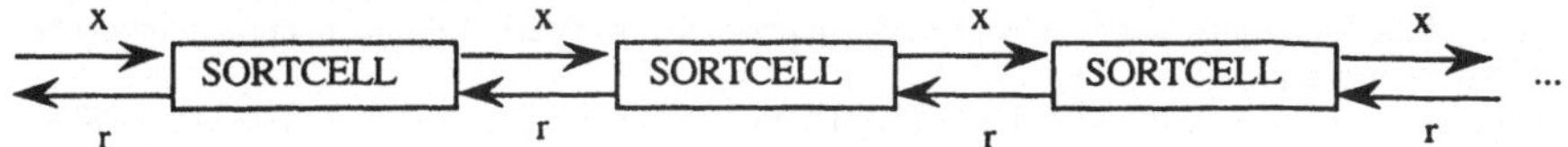

Abb. 5 Sorter mit Sortierzelle als Datenflußnetz

Dieses Netz entspricht dem in der Spezifikation SORT_NET gegebenen rekursiven Programm für die Sortierzelle.

SORT_NET = {   **enriches** SORT_CELL,

$$f(x) = r \Leftarrow (r, y) = g(?)(x, f(y)) \}$$

Es ergibt sich folgende Verfeinerung:

SORT_NET –> EXT_SORTER

Das beendet das zweite Beispiel auf abstrakter, aber konstruktiver Ebene. Eine Umsetzung in ein Programm, das auf einem verteilten System ausgeführt wird, beschreibt [Broy, Dendorfer, Stølen 93].

Ende_des_Beispiels

Das Beispiel – so einfach es ist – demonstriert dennoch die Mächtigkeit des gewählten Ansatzes. In einem einheitlichen logischen Rahmen können Voraussetzungen und Annahmen (Bereichsspezifikation), Anforderungen, Entwürfe und Implementierungen beschrieben werden. Verteilte Systemstrukturen können ebenso eingeschlossen werden wie Hardwarestrukturen.

Für praktische Zwecke ist der beschriebene Ansatz natürlich zu puristisch, zu mächtig und zu wenig auf die Perzeptionsmuster der heutigen Entwickler zugeschnitten. Auf Möglichkeiten, pragmatischere Beschreibungstechniken einzubeziehen, gehen wir im folgenden Abschnitt kurz ein.

5. Themenfelder, Resultate, Ausblicke

In dem vorangegangenen Abschnitt haben wir einen Ansatz für eine streng deduktive Programmentwicklung in einer rigorosen Form dargestellt. Für eine stärkere Praktikabilität lassen sich die angeführten Vorgehensweisen mit konventionellen Ansätzen des Software Engineerings kombinieren. Dies erfordert eine Einbeziehung von pragmatisch motivierten Software-Engineering-Beschreibungstechniken wie etwa
- Entity-Relationship-Modelle,
- Datenflußdiagramme,
- Ablaufdiagramme,
- Klassenbildung und Vererbung

in die Welt der logischen, axiomatischen Beschreibungen. In der Tat lassen sich die aufgeführten Beschreibungstechniken und Diagramme als in der Regel graphische Darstellungen axiomatischer Spezifikationen auffassen. Einen Geschmack für diese Art der Umsetzung gibt das Beispiel des verteilten Sortierens, bei dem Datenflußdiagramme zur Illustration verwendet werden und deren Umsetzung in Spezifikationen.

Dies führt auf folgende Perspektive einer streng deduktiven Programmentwicklung. Der Benutzer eines Unterstützungssystems spezifiziert und entwirft sein Softwaresystem mit den oben aufgelisteten Mitteln des Software Engineerings. Im Unterstützungssystem wird dies implizit in axiomatische Spezifikationen umgesetzt, entsprechende Überprüfungen können durchgeführt und auf Bedarf können Verifikationsbedingungen erzeugt werden.

Das Projekt KORSO bemüht sich verstärkt um die Integration korrektheitssichernder Maßnahmen in die Programmentwicklung. Dies betrifft folgende Aspekte:
- Beschreibungstechnik: SPECTRUM, Typ-Theorie, Troll-Light, Special, Opal,
- Objektorientierung,
- Verteilte Systeme,

- Fallstudien: Elektronische Patientenakte, Fertigungszelle, Stellwerk, Kommunikationsprozessor, Scannergenerator,
- Erprobung von Beweisern: KIV, TATZELWURM, LP, ISABELLE, DEVA, LAMBDA, INKA, PVS, LEGO etc. etc.
- Methodik: Entwickeln im Kleinen und Großen,
- Werkzeugskonzeption,
- Integration mit pragmatischen SE-Ansätzen.

Ein wesentlicher Teil der Grundlagen ist mittlerweile erarbeitet. Was zu tun bleibt ist eine konsequente praktische Umsetzung, der Ausbau der Werkzeugunterstützung, Experimentieren mit realistischeren Fallbeispielen und der schrittweise Transfer in die industrielle Anwendung.

6. Abschließende Bemerkungen

Abschließend scheint es uns zunächst angebracht, auf die Grenzen formaler Methoden hinzuweisen. Auch sie schaffen keine absolute Sicherheit. Wie in allen technischen Bereichen muß man sich vor zu viel Vertrauensseligkeit auch im Zusammenhang mit formaler Verifikation hüten. Eine erfolgreiche formale Verifikation eines Softwaresystem besagt lediglich, daß das Programm den formalen Anforderungen entspricht. Es sagt in keiner Weise, daß die Anforderungen im Sinne der Anwendung adäquat sind.

Formale Verifikation stellt also nicht sicher, daß Software im intuitiven Sinn fehlerfrei ist. Sie stellt allerdings sicher, daß die Entwicklung in sich konsistent ist. Deshalb sind Techniken der mathematischen Spezifikation von Anforderungen und Verifikation von Entwürfen und Implementierungen ein wichtiges Hilfsmittel für den Software-Ingenieure. Selbst wenn diese Techniken nicht immer konsequent angewendet werden, so stellen sie doch eine wichtige konzeptuelle Grundlage für den Entwicklungsprozeß dar. Sie erlauben, nach Bedarf Teile der Entwicklung in beliebiger Präzision darzustellen und zu verifizieren.

Als wesentliche Voraussetzung und Ergebnisse laufender Arbeit im Bereich der Sicherstellung der Korrektheit sind folgende Punkte herauszustellen:
- Programmentwicklung im logischen Kalkül ist grundsätzlich machbar.
- Die Auffassung von Programmen als Spezifikationen ist methodisch fruchtbar.
- Verifikation ist im Prinzip durchführbar (auch mit Maschinenunterstützung).
- Der Aufwand ist noch hoch, Skalierbarkeit auf große Systeme ist eine offene Frage.

Unsere Fähigkeit, Softwaresysteme skalierbar, auf Korrektheit ausgerichtet entwickeln zu können ist von prinzipieller Bedeutung für die Software- und Systemtechnik. Gerade für komplexe, heterogen aufgebaute (eingebettete) Systeme ist es schwierig, die Korrektheit des Zusammenspiels ohne mathematische Mittel sicherzustellen. Korrektheitsorientierte Qualitätssicherung und -nachweise werden in den kommenden Jahren immer stärker auch von praktischer Bedeutung sein, wenn verstärkt Forderungen nach einem nachgewiesenermaßen zuverlässigen Softwareprodukt Teil des Pflichtenheftes werden. Auch im Hardware-Bereich wird die Forderung nach Verifikation nachdrücklicher (vgl. [MacKenzie 91]).

Referenzen

[Broy 92]
M. Broy: Experiences with Software Specification and Verification Using LP, the Larch Proof Assistent. DIGITAL Systems Research Center, SRC 93, 1992

[Broy, Dendorfer, Stølen 93]
M. Broy, C. Dendorfer. K. Stølen: HOPSA - High Level Programming Language for Parallel Computations. EuroArch 93, im Erscheinen

[Dijkstra 76]
E.W. Dijkstra: A Discipline of Programming. Englewood Cliffs: Prentice-Hall 1976

[Floyd 67]
R.W. Floyd: Assigning Meanings to Programs. Proc. of Symposia in Applied Mathematics of the Amer. Math. Soc. **19**, 1967, 19-32

[FOCUS 92]
M. Broy, F. Dederichs, C. Dendorfer, M. Fuchs, T.F. Gritzner, R. Weber: The Design of Distributed Systems - an Introduction to FOCUS. Technische Universität München, Institut für Informatik, TUM-I9203, Januar 1992, siehe auch: Summary of Case Studies in FOCUS - a Design Method for Distributed Systems. Technische Universität München, Institut für Informatik, TUM-I9203, Januar 1992

[Hoare 69]
C.A.R. Hoare: An Axiomatic Approach to Computer Programming. Comm. ACM 12, October 1969, 576-580, 583

[KorSo 93]
M. Broy, S. Jähnichen (Hrsg.): Korrekte Software durch formale Methoden. GMD Karlsruhe 1993

[Procos 92]
D. Björner, H. Langmaack, C.A.R. Hoare: Provably Correct Systems. ProCoS I Final Delivery, März 1992

[Boyer, Moore 89]
R.S. Boyer, J.S. Moore: The Addition of Bounded Quantification and Partial Functions to a Computational Logic and Its Theorem Prover. In: M. Broy (Hrsg.): Constructive Methods in Computing Science. Springer NATO ASI Series, Series F: Computer and System Sciences, Vol. 55, 1989, 95-145

[CIP 84]
M. Broy: Algebraic methods for program construction: The project CIP. SOFSEM 82, also in: P. Pepper (ed.): Program Transformation and Programming Environments. NATO ASI Series. Series F: 8. Berlin-Heidelberg-New York-Tokyo: Springer 1984, 199-222

[Guttag, Horning 93]
J.V. Guttag, J.J. Horning: A Larch Shared Language Handbook. Science of Computer Programming 6:2, 1986, 135-157

[Jones 86]
C.B. Jones: Systematic Program Development Using VDM. Prentice Hall 1986

[MacKenzie 91]
D. MacKenzie: The Fangs of the VIPER. Nature Vol. 352, 1991, 467-468

[Nipkow 89]
T. Nipkow: Term Rewriting and Beyond - Theorem Proving in Isabelle. Formal Aspects of Computing 1, 1989, 320-338

[Spectrum 92]
The Munich Spectrum Group: M. Broy, C. Facchi, R. Grosu, R. Hetler, H. Hussmann, D. Nazareth, F. Regensburger, K. Stoelen: The Requirement and Design Specification Language SPECTRUM: An Informal Introduction. Institut für Informatik, Technische Universität München, Internal Report 1992

[Reif 92]
W. Reif: Verification of Large Software Systems. In: Shyamasundar (ed.): Foundations of Software Technology and Theoretical Computer Science, New Delhi, Lecture Notets in Computer Science, 1992

[Rushby, Henke 93]
J.M. Rushby, F.v. Henke: Formal Verification of Algorithms for Critical Systems. IEEE Transactions on Software Engineering 19:1, 1993, 13-23

[Wirsing 90]
M. Wirsing: Algebraic Specification. Handbook of Theoretical Computer Science, Vol. B, Amsterdam: North Holland 1990, 675-788

Frauen und Informatik?
Kontroversen um geschlechtsbasierte Orientierungen in der Informatik

Britta Schinzel
Institut für Informatik und Gesellschaft
Friedrichstr. 50
79098 Freiburg im Breisgau

Vier Fragen

Die Kontoversen lassen sich kurz durch gegensätzliche Antworten auf vier Fragen beschreiben:

1. Haben Frauen gleiche Chancen in der Informatik wie Männer?

Die meisten Menschen werden diese Frage bejahen. Die Unterrepräsentanz der Frauen ist dann nur entweder durch mindere Begabung oder durch geringeres Interesse von Frauen an der Informatik gegenüber anderen Fächern oder gegenüber dem Wunsch nach Mutterschaft und Hausfrauendasein erklärbar.

2. Gibt es geschlechtsbasierte Arbeitskulturen, Strukturen oder Inhalte der Informatik, d.h. wirkt sich die männliche Dominanz in irgendeiner Weise auf die Informatik aus?

3. Gibt es geschlechtsspezifische Unterschiede beim Umgang mit Computern und informatischen Problemen?
Die meisten Menschen werden die Fragen 2 und 3 verneinen. Läßt man sich jedoch vorsichtig auf ein "ja" ein, so erhebt sich die dritte Frage.

4. Ist es sinnvoll, Geschlechtsunterschiede in der Informatik zu thematisieren oder legt man dadurch nicht Frauen und Männer erneut auf spezifische Rollenmuster fest, die ihnen die Möglichkeiten und Freiheiten nehmen, sich davon unbeeinflußt in der Informatik zu bewegen?
Diese Frage spannt eine Kontroverse unter problembewußten Frauen und Männern auf.
Ich möchte Sie nicht auf die Folter spannen und die erste Frage mit "nein", die zweite und dritte mit "ja" beantworten, während die vierte Frage eine differenziertere Behandlung erfordert.

Wenn ich in der Folge Geschlechtsunterschiede zwischen Männern und Frauen aufweise, so gehe ich davon aus, daß diese geschlechtsspezifischen Merkmale soziale Konstrukte sind, d.h. historisch geworden und nicht biologisch bedingt.

Der Objektivitätsanspruch in Naturwissenschaft und Technik verweist Fragen nach geschlechtsspezifischen Ausprägungen dieser Fächer, insbesondere auch der Informatik, in den Bereich des
Absurden. Demgegenüber legt jedoch die heute festzustellende vorwiegend männliche Population
in der Informatik die Frage nach den Gründen nahe. Die Frauenforschung untersucht, ob und
wenn ja welche maskulinen Konnotationen, Definitionen oder gar Eigenschaften diesem Fach
zugeordnet werden, ihm vielleicht gar inhärent sind und woher sie kommen. Sie fragt auch nach
den Konsequenzen aus der geringen oder abnehmenden Präsenz von Frauen in der Informatik
in Schule, Studium und Beruf.

Zunächst muß ein weitverbreitetes Vorurteil ausgeräumt werden (dessen Existenz im
Zusammenhang mit den oben erwähnten Konnotationen steht) nämlich das der geringeren
weiblichen

Eignung

Die ungleichen Chancen von Männern und Frauen im informationstechnischen Bereich lassen
sich nicht aus einer solchen Annahme begründen. Zahlreiche psychologische Untersuchungen
über kognitive Geschlechtsunterschiede ergaben, daß das unausgewogene Zahlenverhältnis
zwischen Männern und Frauen in Naturwissenschaften und Technik nicht durch Intelligenz- und
Begabungsunterschiede erklärt werden kann.

Auch erweist sich die Meinung von der Technikdistanz der Frauen aufgrund neuerer
Untersuchungen als nicht zutreffend. Mädchen und Frauen nehmen geschlechtshomogene
Freizeitangebote und Weiterbildungsangebote im Bereich der informationstechnischen Bildung
sehr gerne wahr, wenn ihnen dazu Gelegenheit gegeben wird. So korreliert eine positive Haltung
zu Computern mit der Vertrautheit mit dem Gerät und - berücksichtigt man diese Vertrautheit
- dann korreliert die positive Einstellung nicht mit dem Geschlecht [Lo91]. Durch mangelnden
Zugang zum PC - nur ca. 40% der Mädchen der Aachener Studie [Schin 91] [Fu92][Fu 93] haben
privat einen Computer des Vaters oder Bruders zur Verfügung, aber 80% der Jungen besitzen
dagegen selbst einen PC - ergeben sich sehr ungleiche Vorerfahrungen. Eine Untersuchung von
[Bro87] über die Annahme der neuen Technologien zeigte ebenfalls, daß von einer Feindlichkeit
der Frauen gegen die Technik nicht die Rede sein kann, vor allem nicht in der praktischen
Verwendung und der Bereitschaft, sich die neuen Techniken anzueignen. Fragt man jedoch direkt
das Vorurteil ab, so sieht man ein interessantes Phänomen: die Geringschätzung von Frauen
gegenüber Technik korreliert mit dem Familienstand und dem Alter, besser der Jugend des
Mannes. Verheiratete Frauen verarbeiten ihre durch die Ehe erfahrenen Behinderungen zum
Weiterlernen und zu beruflicher Entwicklung, indem sie sich in den herrschenden Vorurteilen
einrichten. Die Vorurteile sind außerdem nicht so sehr ein Problem der älteren, sondern gerade
der jüngeren Frauen. Die überraschende Festigkeit der Meinung gerade bei jüngeren Männern,
daß Frauen für die neue Technik nicht geeignet seien, läßt vermuten, daß Fragen der Konjunktur

und der Kampf um die weniger werdenden Arbeitsplätze einen viel stärkeren Faktor bei der Verankerung von Vorurteilen einnehmen als das zumeist angenommen wird.

Ebenso ist die Annahme, daß die mathematische Orientierung androzentrisch sei und Frauen weniger liege, durch alle empirischen Ergebnisse über die Beliebtheit mathematischer Fächer widerlegt. Frauen mögen Mathematik ebenso gerne wie Männer, nur ist ihr Selbstbewußtsein auf diesem Gebiet (zu Unrecht) geringer als das der Männer [Ho87] [Br89].

Statt dessen sind es wohl männlich geprägte Arbeitskulturen und Rollenvorstellungen, sowie sich daraus ergebende Selektionsmechanismen, die Frauen an der Teilnahme an diesen Studienrichtungen und Berufen hindern bzw. während ihrer Ausübung behindern.

Die verschiedenen Erfahrungen, die Mädchen und Jungen, Frauen und Männer im Laufe ihrer Entwicklung machen, und die unterschiedlichen Alltagsrealitäten, innerhalb derer sie leben, wirken sich offensichtlich auch in der Informatik aus. Da diese Unterschiede weitgehend unbekannt sind und in den Curricula fast ausschließlich die männlichen Orientierungen als allgemeingültige berücksichtigt werden, führt dies zu unbeabsichtigter Benachteiligung der Mädchen und in der Folge zu deren wachsendem Desinteresse an der Informatik.

Geschlechtsspezifische Orientierungen, Lern- und Arbeitsstile

Um diese Behauptung zu erläutern und zu untermauern, will ich einige Untersuchungsergebnisse über Informatikunterricht[1], Studium und Beruf darstellen. Dabei zeigen sich übereinstimmend folgende geschlechtsspezifischen Unterschiede:

Bevor Mädchen in der Schule am Computer arbeiten, wollen sie wissen, wozu diese gebraucht und wo sie praktisch angewandt werden können, wozu sie prinzipiell in der Lage sind. Es geht ihnen also zunächst darum, die Zusammenhänge zu begreifen [Fau87]. Erst danach setzen sie sich gerne an den Rechner. Dabei haben sie ein stärkeres Bedürfnis als Jungen nach kooperativer Arbeit. Sie verstehen das Umgehen-können mit Computern eher als Einordnen- können, also als die Frage, was man im Prinzip damit machen kann und wie [Dic88].

Jungen können es nicht erwarten, die Computer auszuprobieren, spielen mit der Tastatur, versuchen meist auch ohne Vorkenntnisse durch Versuch und Irrtum weiterzukommen. Sie wollen die Maschine beherrschen, Fehler hervorrufen. Zusammenarbeit mit anderen Schülern ist selten. Für Jungen scheint der Umgang mit Computern ein Prestigemoment zu haben, das Konkurrenzverhalten hervorruft. Das unterschiedliche Vorgehen der Mädchen, nämlich erst über Sinn, Zweck und Fähigkeiten des Computers Auskünfte zu erfragen, wird ihnen von den sofort an den Geräten ausprobierenden Jungen als Unfähigkeit ausgelegt.

---

[1]   in Wien[89], Münster [Sa88], Konstanz [F86], Frankfurt [Fau87] und Aachen [Schin91] [Fu92] [Fu93]

Das Interessensspektrum der Schülerinnen ist allgemein breiter und ausgewogener als das der Jungen [Schi89] [Sa88]. Dies gilt vor allem für Mädchen, die in Mädchenschulen unterrichtet werden, während Mädchen von koedukativen Schulen stark in rollentypische Interessenslagen gedrängt werden oder sich drängen lassen (siehe auch unsere Schuluntersuchung in [Schin89] [Fu92] [Fu93]). Sehr viele Informatikstudentinnen sind daher Abgängerinnen von Mädchenschulen [Me85] .

Für die spezielle Auswahl von Frauen, die das Studienfach Informatik belegen, gelten die aus der Schule erwähnten geschlechtstypischen Differenzen zu den männlichen Orientierungen und Aneignungsformen ebenso wie für die weibliche Gesamtheit. Doch die Einübung in informatische Methoden und Arbeitsweisen prägt im Studium beide Geschlechter gleichermaßen. Dennoch existieren einige Unterschiede, deren mangelnde Berücksichtigung sich zu einer Hürde für Frauen aufbaut.

So scheint der kognitive Lern- und Problemlösevorgang nicht nur von den Denktraditionen des Faches und vom Individuum selbst, sondern auch vom sozialen Geschlecht geprägt zu sein. Man unterscheidet zwischen zwei verschiedenen Lern- und Denkstilen [Br89] [Gi88]. Der erste ist regelbasiert, das Lernmaterial wird in linearer Reihenfolge angeboten. Die Studierenden folgen den Regeln, zunächst ohne zu verstehen, warum die Regeln gültig sind. Verstehen wird durch Erfahrung und Experiment gewonnen, d.h. durch unbeabsichtigtes Verletzen der Regeln und Entdecken der Konsequenzen dieser Verletzungen. Lernen ist so durch Versuch und Irrtum gesteuert. Der andere Lernstil ist der holistische Lernstil, bei dem erst ein generelles Verständnis erreicht werden muß, bevor detaillierte Regeln angegeben werden können. Dieser ganzheitliche Lernstil verwendet das allgemeine Verständnis, um einen Rahmen herzustellen, innerhalb dessen die Regeln organisiert werden können. Dabei ist das Verständnis des Zusammenhangs, in dem die verschiedenen Komponenten miteinander in Beziehung stehen, und des Prozesses, durch welchen sie zu einer Problemlösung beitragen, notwendig, bevor die einzelnen Regeln gelernt werden können. Die unterschiedlichen Lernstile haben Konsequenzen sowohl bei der Präsentation des gesamten Stoffes des Studiums, der theoretischen Zusammenhänge wie der praktischen Kenntnisse und der Programmierpraxis.

Sie zeigen sich vor allem sehr drastisch beim Einstieg in die Computerarbeit und die Programmierung. Männer probieren Tastatur und Programm aus und warten, was passiert. Frauen haben einen stärker planenden Zugang: sie entwerfen das Programm theoretisch mit allgemeiner Lösung, während Männer durch Versuch und Irrtum vorankommen wollen und oft aus Beispielen heraus eine Lösung entwickeln. Analog erscheint es den meisten Männern einfach, einer Menge von Prozeduren oder Regeln zu folgen, auch wenn sie diese nicht verstehen. Sie lernen dann durch Experiment und Spiel, wie und warum z.B. ein Rechner funktioniert. Frauen hingegen bedürfen zunächst eines Verständnisses, was sie dabei tun und warum, bevor sie sich wohl genug dabei fühlen, mit der Maschine zu spielen.

Diese Feststellungen besagen nichts über Befähigung, den Computer zu nutzen und zu programmieren, sie zeigen nur, daß es dabei verschiedene Methoden gibt.

Männer sind demnach also meist regelbasierte Lerner und Frauen ganzheitliche.

Meist werden die Gründe für diese verschiedenen Lernstile in den unterschiedlichen Kinderspielen von Jungen und Mädchen [Lever, in: Gi88] [He78] [Br89] gesehen. Die männlichen Spiele sind eher solche, in denen Regeln gelten und geübt und entwickelt werden (Fußball etc.), die Mädchenspiele sind meist Einzelspiele, weniger konkurrenzorientiert und meist eingebettet in ein Szenario, in das isolierte Ereignisse eingebaut werden. Jungen also sind eher gewöhnt, nach Regeln zu spielen, die sie auch ohne rationale Begründung als verbindlich anerkennen.

Ähnliches wie für die Lernstile könnte auch für die kognitiven Problemlösestrategien gelten: Wenn man auch davon ausgehen kann, daß individuelle und fachspezifische Differenzen der Problembewältigungsstrategien sehr viel größer sind als geschlechtsspezifische, so bleiben doch signifikante Charakteristika sozialisationsbedingter geschlechtsbezogener Denkhaltungen bestehen.

Beispielsweise wird mit den bevorzugten Gebieten innerhalb der einzelnen Fächer auch bestimmten Problemlösungen der Vorrang gegeben. So in der Mathematik mit Logik und Algebra den feiner gesponnenen abstrakteren Argumentationsweisen (die meisten Mathematikerinnen in Deutschland befinden sich in den Fächern Algebra und Logik[2]); in der Informatik mit Software-Engineering dem Sichbewegen in einem großen Raum von Möglichkeiten; mit Funktionalen und Objektorientierten Programmiersprachen den logischen prädikativen Formalisierungen; mit Theorie den abstrakteren Spezifikationen in mathematischen Modellen.

Die für die Informatik wichtigen Methoden der Mathematik, nämlich algebraische und logische, werden von Frauen in der Mathematik gerade bevorzugt. Damit leistet die Informatik dieselbe Selektion mathematischer Fächer, die innerhalb der Mathematik von Frauen selbst vorgenommen wird. Dies ist ein Nachweis für die Adäquatheit informatischer Methoden für Frauen im mathematisch-technischen Bereich.

Möglicherweise sind auch die zeitbezogenen Vorstellungsmuster von Frauen im Problemlöseprozeß selbst verschieden von denen der Männer. Schwank [Schwa88] unterscheidet zwischen Problemvorstellung und Problemlösung. Bei beiden Variablen liegt der Unterschied in einer eher statischen Haltung der Frauen gegenüber einer eher dynamischen der Männer. Frauen also betrachten ein Problem eher deskriptiv als Gesamtstruktur von Beziehungen und lösen es, indem sie zuerst ein Gesamtbild der Lösung herzustellen versuchen, ehe sie im einzelnen diese ausführen, während Männer das Problem eher als einen dynamischen Prozeß sehen und analog im Lösungsprozeß zunächst einer vorläufigen Idee folgen, diese aber erst im Laufe der Entwicklung allmählich zu einer Lösung vervollständigen. Die erste Vorgehensweise heißt prädikativ, die zweite funktional. Es ist klar, daß solche Unterschiede in den Vorstellungs- und Denkmustern unterschiedliche Modellbildungen und Lösungen hervorbringen können, ohne

---

[2]Mitteilungen der Deutschen Mathematiker-Vereinigung 1991

daß damit Wertungen verknüpft werden sollten.

Solche Beobachtungen sind, für die Mathematik jedenfalls, sehr umstritten, zu wenig läßt sich der Problemlösevorgang an der dokumentierten Fassung ablesen. Für den Programmentwurf in der Informatik können analoge Ergebnisse für sicher gehalten weren. Eine Korrespondenz zu diesen Beobachtungen liegt in der Tatsache, daß prädikatives Denken in Funktionalen Programmiersprachen gebraucht wird, funktionales aber in Imperativen Sprachen. Frauen in der Informatik scheinen funktionale und objektorientierte Sprachen gegenüber imperativen zu bevorzugen. Schließlich sind in Logik und Algebra mehr prädikative als dynamische Muster vorherrschend im Vergleich zu anderen Sparten der Mathematik.

Geschlechtsspezifische Inhalte

Die inhaltlichen Schwerpunkte von Frauen, die in der Informatik forschen, zeigen, daß sie sich zu einem höheren Prozentsatz an breiteren, interdisziplinären, in sozialem Kontext stehenden Gebieten beteiligen als Männer, daß sie - im Vergleich zu Männern zu einem größeren Anteil - theoretische Ansätze bevorzugen (ein in allen Naturwissenschaften bekanntes Phänomen, das möglicherweise mit der Abneigung der Frauen, ihr Fach für den späteren Beruf zu instrumentalisieren, zusammenhängt), d.h. sie favorisieren sowohl Theoretische Informatik, als auch innerhalb der nichttheoretischen Fächer den Theoriebezug. Vor allem aber beteiligt sich der größte Prozentsatz an Frauen unter den Frauen, sowie an Frauen im Vergleich zu Männern an Software-Engineering. Dies ist ein Gebiet, das relativ offene Lösungsmöglichkeiten zuläßt und der Kreativität breiten Raum bietet [Fu ff]. Ein zwar sehr kleines Gebiet, nämlich Theorie des Lernens und maschinelles Lernen wird zu extrem hohem Anteil von Frauen besiedelt.

Umgekehrt gibt es in der Informatik Gebiete, die vorzugsweise von Männern behandelt werden, besser, die Frauen meiden. Dies sind sicher die hardwarebetonten Teilgebiete, sowie solche, die ihre Nähe zu militärischen Anwendungen haben.

Die Beobachtung solch unterschiedlicher Forschungsschwerpunkte und -methoden gründet die These, daß Frauen das Potential hätten, die Entwicklung der Informatik in "menschenfreundlicher" Richtung zu beeinflussen.

Daran knüpft sich die Hoffnung, daß Frauen in die Informatik ein gesteigertes Problembewußtsein, kritischeres sinnbezogeneres Entwickeln, die Mitberücksichtigung sozial- und arbeitswissenschaftlicher Erkenntnisse in Informatiklösungen in stärkerem Maße einbringen werden als dies von männlichen Informatikern heute geschieht. Frauen scheinen bei der Softwareentwicklung nicht so ausschließlich wie Männer die technische Seite zu sehen, sondern auch die potentiellen Wirkungen auf Arbeitsprozesse, Kommunikation und Menschen. Sie sind also eher in der Lage, die Herstellungsprozesse der Technik und die Arbeitsprozesse, in denen sie benutzt wird, zusammenzubringen [Reisin in einem informellen Gespräch]. Die

Gegenposition wendet sich gegen die Ausnutzung weiblicher Bereitschaft zu Leistungen, die gerade im technischen Berufsfeld nicht oder zu wenig honoriert werden und deren Erbringung Frauen Konkurrenznachteile eintragen.

Filter für und Benachteiligungen von Frauen

Dies alles mag Frage 3 und teilweise Frage 2 beantworten und somit ergeben sich erste Antworten auf Frage 1.

Die Autorin des berühmt gewordenen Programmierlehrbuches "Go-Stop-Run" [Br88] betont die negative Wirkung der Mißachtung von geschlechtsbezogenen Lernunterschieden beim Versuch, Frauen in technologie-basierte Studiengänge und Arbeitsplätze zu integrieren. Da die Curricula gerade in diesen Fächern für den dominanten Lerntypus, nämlich den männlichen, ausgelegt sind, favorisieren sie Männer und diskriminieren Frauen.

Denn nicht nur die dichotomen Zugangsweisen im Fach Informatik, auch weitere institutionelle und "klimatische" Bedingungen, spezifisch männlich geprägt, grenzen Frauen aus. Sie müssen sich Kompetenzaberkennung, soziale Isolierung, Boykottierung, Hänseleien oder Ironisierungen gefallen lassen. Allein die Tatsache ihres Geschlechts, zusätzlich hervorgehoben durch ihre Minderheitenposition, scheint auszureichen, um ihre Kompetenz in Frage zu stellen und damit zusammenhängend ihr Selbstbewußtsein zu schwächen. Überdies wird Kompetenz auf technischen Gebieten als unfeminin betrachtet und entsprechend sanktioniert.

In männlich/technischer Umgebung müssen Frauen nicht nur sexistische Witze, Beispiele oder - in moderner Form- Computersex ertragen, sie sind auch von Gesprächen und Verbrüderungen in der Freizeit ausgeschlossen [Sp91], [Ha81]. Die Hacker-Kultur enthält keine Frauen.

Nicht die fachlichen Anforderungen also sind das Problem, sondern soziale Filter, Barrieren und Zumutungen, die Studentinnen u.U. daran hindern, das Studium zu Ende zu führen, bzw. nach erfolgreichem Studienabschluß eine berufliche und/oder wissenschaftliche Laufbahn in diesem Fach einzuschlagen.

Eine Untersuchung, die wir selbst zur Förderung des weiblichen wissenschaftlichen Nachwuchses in der Informatik durchgeführt haben [Fu ff], erwies u.a., daß Frauen im Durchschnitt kürzere Anstellungsdauern und kürzere Zeitverträge (d.h. solche von geringerer Stundenzahl) erhalten als ihre männlichen Kollegen. Mehr noch: obwohl mehr als die Hälfte der besetzten Stellen Planstellen sind, erhalten Frauen auch dort durchschnittlich kürzere Verträge. Auch Roloff [Ro89] stellt als einen der Gründe für die im Vergleich zur Studentinnenzahl geringere Promotionsrate von Frauen in der Informatik fest, daß sie vergleichs-weise weniger Hochschulstellen, die eine Promotion ermöglichen, besetzen können und eher auf außeruniversitäre Berufstätigkeit, Stipendien oder private Mittel zurückgreifen müssen. Dies ist jedoch nicht nur ein Problem in der Informatik, sondern gilt insgesamt für den weiblichen wissenschaftlichen Nachwuchs in Deutschland, wie eine Studie im Auftrag des BMBW zeigte.

Als Hauptfinanzierungsquelle für Promotionsvorhaben konnten 62% der Männer Hochschulverträge angeben, aber nur 44% der ohnehin schon wenigen promovierenden Frauen. Schlimmer noch, von denjenigen, die ihre Promotion mit einer Hochschulstelle finanzieren konnten, haben fast 90% der Frauen, aber nur 60% der Männer eine Teilzeitbeschäftigung an der Hochschule gehabt. Der zweite Belastungsfaktor ist die Befristung der Verträge. Nur 15% der Frauen haben unbefristete Verträge, aber 32% der Männer. Die durchschnittliche Beschäftigungsdauer der Frauen unter den Postdoktoranden beträgt 4,6, die der Männer 5,5 Jahre, die durchschnittliche Vertragslänge bei den Frauen 2,7, bei den Männern 3,8 Jahre. Selbst für kürzere Beschäftigungszeiten mußten die Frauen also mehr Verträge als die Männer abschließen, d.h. aber auch, immer wieder das Arbeitsvorhaben unterbrechen und Sorge über dessen Weiterführung haben [Pf9o].

Das Bewußtsein, nur für kurze Zeit ein bestimmtes Forschungsfeld zu bearbeiten, und die beruflich unsichere Zukunft tragen selbstverständlich weder zu einer langfristigen planbaren Berufsperspektive bei, noch bewirken sie innerhalb der Kollegenschaft einen durchsetzungsfähigen und anerkannten Status.

Sie sehen also, daß von Gleichberechtigung in der Wissenschaft nicht die Rede sein kann.

Hinzu kommt, daß von Frauen zwar dieselben beruflichen Normen und zumeist noch bessere Leistungen erwartet werden als von ihren männlichen Kollegen, ohne daß ihnen allerdings zufriedenstellende Zukunftsperspektiven geboten würden. Diese können immer nur heißen: Doppelbelastung oder Verzicht. Für die meisten der in unserer Studie [Fu ff] befragten Informatikerinnen (80%) gilt, daß sie Beruf und Familie miteinander verbinden wollen. 60% der befragten Frauen beurteilen jedoch ihre Zukunftsprojektion mit großer Skepsis. Sie glauben nicht an die gewünschte Vereinbarkeit, nicht einmal ein Drittel zeigt diesbezüglich Optimismus. Natürlich bremst eine solche Einschätzung der eigenen Möglichkeiten den Impuls zu forschen und die Bereitschaft, den eigenen beruflichen Lebensweg in Bahnen zu lenken, deren Scheitern trotz des notwendigen vollen Einsatzes der ganzen Person in die naturwissenschaftlich-technische Arbeit erwartet werden muß.

Jedoch sind nicht nur Vertragssituation und Berufsperspektiven verantwortlich für die Entmutigung von Frauen. Frauen und Männer werden auch sonst an der Universität verschieden behandelt. In der amerikanischen Literatur (z.B. [Sp91]) werden andauernde, subtile und daher oft nicht bewußt werdende Diskriminierungen (subtle bias) als Hauptursache dafür gesehen, daß Frauen in männerdominierten Wissenschaften Selbstvertrauen und Impetus verlieren: Frauen werden häufiger unterbrochen als Männer, sie werden weniger angesprochen, gefragt, weniger Augenkontakt wird mit ihnen aufgenommen; man kennt ihre Namen meist nicht; man nimmt ihre Absicht, wissenschaftlich arbeiten zu wollen, nicht ernst; sie werden als weniger befähigt und interessiert betrachtet und behandelt, kurz, es wird ihnen die Information vermittelt, daß sie hier nicht hingehören.

Die Erfahrungen in der Studienzeit und die mangelnden weiblichen Vorbilder, also kaum weibliche Dozenten und Professoren, erzeugen Fremdheit und Isoliertheit in bezug auf die

Wissenschaftskultur und die Karriere und wirken verunsichernd. Selbstsicherheit und Überzeugungskraft müssen erst mühsam durch viele Erfahrungen aufgebaut werden, ohne auf ein gängiges Verhaltensrepertoire zurückgreifen zu können, und stellen sich demgemäß erst in sehr viel höherem Alter ein als bei Männern.

Thematisierung von geschlechtsspezifischen Unterschieden in der Informatik

Je stärker die männliche Dominanz an einer Universität, um so schlimmer für die Frauen: ein Studium an den Technischen Hochschulen Karlsruhe oder Aachen erfordert eine wesentlich höhere Toleranzschwelle und damit stärkere psychische Bewältigungsleistungen als z.B. ein solches in Berlin oder Bremen [Ja87] und vermutlich auch Koblenz oder Hildesheim. Und während es in Berlin oder Hamburg durchaus möglich ist, über Frauenprobleme zu sprechen und für eine Studentin, sich dieser Probleme bewußt zu werden, so impliziert eine Bewußtwerdung an den Universitäten Karlsruhe oder Aachen unter Umständen eine so starke Divergenz zur Studienumgebung, daß danach das Studium kaum mehr fortgeführt werden kann.

Dies führt uns bereits zur vierten Frage, ob die sozial konstruierten Geschlechtsunterschiede in der Informatik thematisiert werden sollten und in welchem Zusammenhang. Zu Beginn des Studiums haben alle Studentinnen den Wunsch als möglichst gleich, und dies bedeutet als möglichst gleichwertig mit ihren männlichen Kommilitonen betrachtet zu werden. Für sie ist gerade die Universität ein Ort, wo zumindest ideell die Frage der Geschlechter aus der Sicht gerät. Ja, ihre Ablehnung weiblicher Klischees scheint eine Voraussetzung dafür zu sein, daß sie überhaupt Informati-kerinnen geworden sind. Die Transzendenz der Geschlechterfrage ist also gerade die Bedingung, ein solches Studium aufnehmen zu können, da scheinbar nur sie zur gleichberechtigten Teilnahme an diesem Studium berechtigt. Das Selbstbild der meisten Naturwissenschaftlerinnen und Technikerinnen beruht deshalb auf der Elimination der Geschlechterdifferenz.

Bei einer solchen Ausgangslage würde das Angebot geschlechtshomonogener Tutorien als das Angebot zu Nachhilfeleistungen mißinterpretiert werden. Dies gilt umso mehr, je größer der männliche Druck an dem speziellen Studienort und in dem speziellen Studium ist. Janshen und Rudolph [Ja87] betonen die Unterschiedlichkeit von spezifischen Studienkulturen sowohl einzelner Fächer als auch verschiedener Universitäten. Das heißt, an Universitäten wie Berlin oder Bremen kann es sehr wohl möglich sein, ab dem 1. Semester geschlechtshomogene Tutorien und Lehrveranstaltungen durchzuführen, während es zum Beispiel an den Technischen Hochschulen Karlsruhe oder Aachen als inakzeptabel erscheinen kann. Dies mag sich mit der fortschreitendem Studium sehr wohl ändern. Für viele Studentinnen jedoch, aber auch für sehr viele Wissenschaftlerinnen ist die Annahme gleicher Ausgangslagen und das damit bedingte Ausschalten aller Wahrnehmungen, die diese in Frage stellen könnten, absolute Bedingung,

Studium oder Beruf durchzustehen, auch wenn geschlechtsrollen-bedingte dann als individuelle Probleme oder handicaps interpretiert werden müssen. Aus diesem Grund muß mit solchen Lehrangeboten äußerst vorsichtig und auf die spezielle Situation abgestimmt umgegangen werden.

Aber auch unter problembewußten Frauen ist diese Frage sehr umstritten. Einerseits erscheint eine Diskussion geschlechtsspezifischer Rollenmuster und Verhaltensweisen unverzichtbar, um ein Bewußtsein für Notwendigkeit zu schaffen, die erwähnten Benachteiligungen von Frauen in universitären Strukturen, Curricula etc. abzubauen. Andererseits ruft manchmal die schiere Erwähnung solcher Benachteiligungen bei vielen an solchen Veränderungen zu beteiligenden solches Unverständnis oder Abwehr hervor, daß mehr Schaden als Nutzen für Frauen entstehen kann. Überdies besteht auch die begründete Befürchtung, daß damit neue Rollenzuweisungen an Frauen (und Männer) vorgenommen werden, welche sie erneut festlegen. Aus der Überzeugung, daß die meisten erwähnten geschlechtsspezifischen Unterschiede sozialisationsbedingt bzw. sozial konstruiert sind, erscheint es tatsächlich prekär, solche Festlegungen vorzunehmen.

Die abnehmende Präsenz von Frauen in der Informatik in Schule, Studium und Beruf ist ein ernstzunehmendes Zeichen. Es kann nicht darum gehen, Schuldzuweisungen an Männer oder Frauen vorzunehmen. Vielmehr ist es notwendig, Androzentrismen in Denkstrukturen, Haltungen, Erkenntnisinteressen, Arbeitskulturen und Habitus aufzuspüren und auszugleichen.

An dieser Stelle möchte ich mich bei Dr. Christiane Funken und Cathrin Freyer für zahlreiche hilfreiche Hinweise bedanken, bei Ursula Schillinger und Brigitte Schneider für die Schreib- und Korrekturarbeiten.

Literatur

[Br88] Brecher, D. "Run, Stop, Go", Orlanda-Frauen-Verlag, 1988, Berlin.
[Br89] Brecher, D.: Gender and Learning: Do Women learn differently? in: Women, Work and Computerization: Forming New Alliances, von K. Tijdens, M. Jennings, I. Wagner und M. Weggelaar (eds.); Elsevier Science Publ. (North-Holland) 1989.
[Bre89] Brehmer, I., Küllchen, H. und Sommer, L: Mädchen, Macht (und) Mathe. Geschlechtsspezifische Leistungskurswahl in der reformierten Oberstufe, Düsseldorf 1989.
[Bro87] Brosius, G., Haug, F. (Hrsg): Frauen\Männer\Computer. EDV im Büro. Empirische Unt ersuchungen. Argument Sonderband 151, Berlin/Hamburg 87.
[Bru85] Brunk, M. u.a.: Die Situation von Informatikerinnen in Studium, Beruf und familiären Bereich. Informatik-Berichte 85-07 der TU Braunschweig, 1985.
[Dic88] Dick, A., Faulstich-Wieland, H.: Der hessiche Modellversuch. Mädchenbildung und Neue Technologien, in: Login, 1, 1988, S. 20-24.

[Er76] Ernest, John: Mathematics and Sex, American Mathematical Monthly, p.595-614, October 1976.

[Fau87] Faulstich-Wieland, H.: Frauen und Neue Technologien, IFG 1987

.[Fa87] Fauser, R., Soziale Voraussetzungen für eine informationstechnische Grundbildung. Eine empirische Voruntersuchung bei Eltern und Jugendlichen der 8. und 9. Schulklasse. Arbeitsbericht 3, Projekt: Informationstechnische Bildung, Universität Konstanz 1987.

[Fa86] Fauser, R., Schreiber, N. (Hrsg.): Sozialwiss. Überlegungen, empirische Untersuchungen und Unterrichtskonzepte zur informationstechnischen Bildung. Projekt Informationstechn. Bildung. Arbeitsberichte. Universität Konstanz 1986.

[Fo86] Fox Keller, Evelyn: Liebe, macht und Erkenntnis (Hanser) München 1986.

[Fu92] Funken, Ch.: Geschlechtsunterschiede im Informatikunterricht, aus Grabosch A. und Zwölfer A.(Hrsg.): Frauen und Mathematik, Attempo Verlag, Tübingen, 1992.

[Fu93] Funken, Ch.: Ist die Koedukation ein Fortschritt? Computer und Unterricht 9, 1993.

[Fu ff]Funken, Ch., Schinzel, B.: Zur Lage des weiblichen Wissenschaftlichen Nachwuchses in der Informatik. Zur Veröffentlichung eingereicht.

[Gi88] Gilligan, C.: Die andere Stimme. Lebenkonflikte und Moral der Frau, München, Zürich 1988.

[Ha81] Hacker, S.: The Culture of Engineering: Woman, Workplace and Machine, Womens Studies Int. Quart., Vol.4, 1981.

[He78] Hennig, M., Jardim, A.: Frau und Karriere, Rowohlt Hamburg 1978. Hoffmann, U.: Computerfrauen, Rainer Hampp Verlag, München 1987.

[Ho87] Horstkemper, M.: Schule, Geschlecht und Selbstvertrauen. Eine Längsschnittstudie über Mädchensozialisation in der Schule. Weinheim, München 1987.

[Ja91] Jansen, S.: Naturwissenschaftlerinnen und Ingenieurinnen: Von der Forderung nach Gleichstellung zur feministischen Forschung, Frauen in Naturwiss. u. Technik e.V. Schriftenreihe Band 1, (Feministischer Buchverlag Anke Schäfer, Postfach 5266) Wiesbaden 1991.

[Ja86] Janshen, D.: Frauen und Technik. in K. Hausen und H. Nowotny (Hrsg.) Wie männlich ist die Wissenschaft?, Suhrkamp, Frankfurt 1986.

[Ja87) Janshen, D., Rudolph, A.: Ingenieurinnen, Frauen für die Zukunft, Berlin 1987.

[Lo91] Lovegrove, G., Segal, B. (Eds.): Women into Computing, Selected Papers 1988-1990; Workshops in Computing; Springer Berlin, Heidelberg, N.Y., 1991.

[Ma74]Maccoby, E., Jacklin, C.N.: The Psychology of Sex Differences. Stanford University Press 1974.

[Me85] Metz-Göckel, S.: Arbeitsbericht Forschungsprojekt Studien und Berufsverläufe von Frauen in Naturwissenschaft und Technologie- Chemikerinnen und Informatikerinnen, Dortmund 1985.

[Mi89] Miksch, Silvia: Schülerinnen & Computer: Eine Welt von Unterschieden?; in Gero Fischer et al (Hrsg.) Geordnete Welten, Verlag für Gesellschaftskritik, Wien 1989.

[Mö86] Möller, M.: Mädchen und Jungen im Informatikunterricht - Ergebnisse aus zwei Befragungen an gymnasialen Oberstufen in Aachen und Münster; Vortrag im Seminar Gesellschaftliche Probleme der Informatik, RWTH Aachen 1986.

[Pf9o] Pfarr, H.: Diskriminierung im Erwerbsleben. Ungleichbehandlung von Männern und Frauen in der Bundesrepublik Deutschland. Vortrag Ringvorlesung, RWTH Aachen, 1990, in Gilles, Schinzel (Hrsg.): Bei gleicher Qualifikation, Aachen 199o.

[Ro89] Roloff, Ch.: Von der Schmiegsamkeit zur Einmischung. Professionalisierung der Chemikerinnen und Informatikerinnen, Pfaffenweiler 1989.

[Ro89,2] Roloff, Ch.: Wie entsteht ein Männerberuf?; in Schelhowe(Hrsg.): Frauenwelt-Computerräume, GI-Fachtagung Springer Informatik- Fachberichte 221, 1989.

[Ro90] Roloff, Ch. Informatik und Karriere; Zur Situation von Informatikerinnen in Studium und Beruf, GI-Jahrestagung Stuttgart 1990, Springer Lecture Notes in Computer Science, Berlin, Heidelberg.

[Ro87] Roloff, Ch., Metz-Göckel, S., Koch, Christa u.a.: Nicht nur ein gutes Examen. Forschungsergebnisse aus dem Projekt Studienverlauf und Berufseinstieg von Frauen in Naturwissenschaft und Technologie - Die Chemikerinnen und Informatikerinnen. Dortmunder Diskussionsbeiträge zur Hochschuldidaktik, Bd. 11, 1987.

[Sa88] Sander, W.: Projekt "Schüler und Computer" - Bedeutung und Formen des Interesses, der kognitiven Orientierung und des Lernerfolges bei Informatikschülern und -schülerinnen; FB Erziehungswissenschaft, Universität Münster.

[Sp91] Spertus, E.: Why Are There So Few Female Computer Scientists? AI Techn. Reports 1315, Publ. NE 43-818, Mass. Inst. of Techn., Artif. Intell. Lab., Cambridge/Mass. 1991.

[Scha81] Schafer, A.T.: Women and Mathematics, Mathematics Tomorrow, N.Y. 1981.

[Schau89] Schauer, H., Pamer, W.: Eine explorative Studie über Motivation und Einstellungen (Wiener) Informatikstudenten, Oldenburg, Wien, München 1989.

[Sche89] Schelhowe, H. (Hrsg): Frauenwelt - Computerräume. Springer Lecture Notes in Computer Science 1986.

[Sche92] Schelhowe, H.: (Positionspapier) "Geschlechtsspezifische Organisationsform und Inhalt der Informatik-Ausbildung beseitigen", 3. Arbeitstreffen Theorie der Informatik, Bederkesa Oktober 1992.

[Schie87] Schiersmann, Ch.: Computerkultur und weiblicher Lebenszusammenhang. Hrsg. Bundesminister für Bildung und Wissenschaft: Schriftenreihe Studien zu Bildung und Wissenschaft Nr.49, Bonn 1987.

[Schin91] Schinzel, B.: Frauen in Informatik, Mathematik und Technik, Informatikspektrum (1991) 1; Springer Berlin, Heidelberg, N.Y.

[Schin92] Schinzel, B.: "Informatik und weibliche Kultur", in Coy et al (Hrsg.) "Sichtweisen der Informatik", Vieweg 1992.

[Schin93] Schinzel, B.: "Naturwissenschaftlich - Technische Kultur: Christliche Spuren und Geschlechtsspezifik", in S.M. Daecke (Hrsg.): Naturwissenschaft und Religion. Ein interdisziplinäres Gespräch, BI Wissenschaftsverlag, Mannheim 1993.

[Schin93,2] Schinzel, B. et al.: Überlegungen zum Informatik-Curriculum (zur Veröffentlichung eingereicht)

[Schwa88] Schwank, I.: Zur Analyse kognitiver Strukturen algorithmischen Denkens Arbeitsbericht Nr.1 des Forschungsinstituts für Mathematikdidaktik, Osnabrück, 1988.

[Schwa89] Schwank, I.: Individuelle Unterschiede bei der Konstruktion mentaler Modelle von algorithmischen Begriffen: prädikative versus funktionale kognitive Strukturen, Beiträge zum Mathematikunterricht 1989.

[Wa85] Wagner, I.: Frauen in den Naturwissenschaften: Institutionelle und Cognitive Widerstände; in Feyerabend, P. und Thomas Ch.: Grenzprobleme der Wissenschaften, (Verlag der Fachvereine) Zürich 1985, S 215-225.

ZVS, Sonderauswertung, Dortmund April 1993.

Ohne Pinsel, Ölfarbe und Leinwand.
Entwicklungstendenzen der künstlichen Kunst

Frieder Nake
Informatik
Universität Bremen
28334 Bremen

Man datiert den Beginn der Computerkunst auf das Jahr 1965. Wie jede solche Festlegung, ist auch diese problematisch. Sie greift aus der Fülle von Versuchen, mit Computern Kunstwerke zu erzeugen, einen bestimmten Strang heraus. Als Objekte werden nur Einzelbilder zugelassen, alle anderen Möglichkeiten ästhetischer Kreation werden negiert. Als Ereignis werden drei bestimmte Ausstellungen in Galerien gegriffen: im Februar 1965 Georg Nees in der Studiengalerie des Instituts von Max Bense an der TH Stuttgart, im April 1965 Michael A. Noll (und Bela Julesz mit wahrnehmungspsychologischen Experimenten) in der Howard Wise Gallery in New York und im November 1965 der Verf. und Georg Nees in Niedlichs Galerie in Stuttgart.[1]

Berechtigt ist diese Datierung, obwohl natürlich auch anderswo und vorher mit Computern Bilder gemacht worden waren, wenn wir folgende Überlegung akzeptieren. Jedes Objekt, gleichgültig für welchen Zweck und in welcher Absicht es geschaffen wurde, kann ästhetischer Betrachtung unterworfen werden. Indem ich dies tue, mache ich das Objekt zum *ästhetischen* Objekt. So vorzugehen, genießt keinen Vorrang vor irgendeiner anderen Betrachtung, z.B. der physikalischen oder ethischen.

Das ästhetische Objekt wird nun weiter zum *Kunstwerk*, wenn ich es in Kunstgeschichte und -theorie einordne. Dieser Vorgang ist in höchstem Maße problembeladen und subjektiv. Das ändert jedoch nichts daran, daß er stattfindet und letztlich nur so – subjektiv, wertend, vorurteilsbehaftet – stattfinden kann. Die drei erwähnten Mathematiker, die die Technik der Computergrafik nutzten, um bildliche ästhetische Objekte zu erzeugen, blieben dabei nicht stehen, sondern schoben ihren Anspruch einen Schritt weiter.[2] Indem sie ihre Bilder in Galerien zeigten, an Orten des Kunstgeschehens also, stellten sie – ob berechtigterweise oder nicht, steht hier nicht zur Debatte – die Behauptung auf: „Dies ist Kunst". Sie handelten, bewußt oder unbewußt, ganz wie Marcel Duchamp oder die Dadaisten oder Timm Ulrichs und viele andere mehr.[3] Soweit bekannt, gibt es *vor* dem Jahr 1965 kein entsprechendes Ereignis, und so mag denn die Computerkunst damals angefangen haben.[4]

---

[1] Franke [9:106] erwähnt eine weitere Ausstellung im April 1965 in Ann Arbor, die mir unbekannt ist.

[2] Dies geschah, nebenbei gesagt, unabhängig voneinander.

[3] Diese zu Recht als Künstler geltenden Personen hatten Urinoirs, Schmierzettel und Zigarettenkippen oder sich selbst in Museen und Galerien verbracht und diese Objekte der Kunst-Behauptung unterworfen.

[4] Ben F. Laposky (1953) und Herbert W. Franke (1959), vielleicht auch andere, hatten früher schon Analoggrafiken öffentlich gezeigt [9:100]. Unsere Einengung schließt also das Analoge aus und zielt nur auf das Digitale. – Erwähnt sei, daß die Zeitschrift *Computers and Automation* (heute *Computers and People*) schon 1963 erstmals zu einem *Computer Art Contest* aufrief. Die Amerikaner nehmen solche Begriffe oft leichter. Die ersten beiden Wettbewerbe brachten relativ geringe Resonanz und waren bis auf geringe Ausnahmen technisch geprägt. Auch hier stellt 1965 einen Einschnitt dar, als Michael Noll den Preis gewann. 1966: der Verf., 1967: Charles Csuri.

Im knappen Rahmen dieses Beitrages verbietet es sich – und es wäre auch relativ langweilig –, die Geschichte der bildnerischen Computerkunst nachzuzeichnen. Sie ist hinreichend gut an anderen Stellen dokumentiert.[5] Auch werde ich mich nicht mit den neuesten spannenden, vielversprechenden und aufregenden bildnerischen Computeranwendungen befassen, die vom Tafelbild weggehen: Holografie, Animation, Video und interaktive Kunst.[6] Sie liegen mit Sicherheit näher an jenem ästhetischen Ort, an dem das neue Medium Computer zu seinem adäquaten Gegenstand findet, oder richtiger gesagt: Video und interaktive Kunst sind jenen ästhetischen Formen näher, die zu finden und zu schaffen Computer eine spezifische Eignung aufweisen. Technische Mittel müssen den ihnen gemäßen Gegenstand ja oft genug erst schaffen. Dies gilt verstärkt, wenn das technische Mittel zum Instrumentarium ästhetischer Gestaltung gemacht wird.

Ich bleibe im Rahmen der kommenden Betrachtung also beim einfachen Bild, das an der Wand hängt, wenn ich vom Kunstwerk spreche. Dieses wird es weiterhin geben, es wird weiterhin Interesse auf sich ziehen und an ihm, das mir vertraut ist, lassen sich ein paar Fragen erörtern, die ähnlich auch für die ganz neuen medialen Formen ästhetischer Objekte aufzuwerfen sind.

Ich werde eine allgemeine und einige besondere Betrachtungen anstellen. Allgemein möchte ich auf den Zeichencharakter des Kunstwerkes wie des Computerdinges hinweisen. Wenn beide sich so einerseits begegnen, liegt in ihrem Zeichencharakter doch andererseits auch ihre Differenz begründet. Sie führt zur besonderen Künstlichkeit der Computerkunst, die zu Recht eine künstliche Kunst zu nennen ist.

Im besonderen möchte ich dann Arbeiten von vier Kunstschaffenden betrachten, an denen ich auf die zwei Hauptlinien des Umgangs mit und der Einstellung zu Computern aufmerksam machen möchte: auf die Verwendung von Standardprogrammen als Quasi-Werkzeugen der Bearbeitung von Bildmaterial und auf die selbständige Programmierung als neue Form der Bewältigung des widerständigen Materials.

Die technische Reproduzierbarkeit auf der Spitze

Walter Benjamins Essay „Das Kunstwerk im Zeitalter seiner technischen Reproduzierbarkeit" [2] wird des öfteren herangezogen, wenn es um die Einordnung der Computerkunst in die Kunstgeschichte und Kunsttheorie geht. Tut man dies, so muß man den Aufsatz zunächst seinem geschichtlichen Zusammenhang entreißen und auf seine allgemeine Aussage reduzieren. Dieser Aufsatz ist eine Kampfschrift. Benjamin versucht darin, der Kunsttheorie Begriffe zu geben, die „für die Zwecke des Faschismus vollkommen unbrauchbar ... zur Formulierung revolutionärer Forderungen in der Kunstpolitik (dagegen) brauchbar" sind. Der Aufsatz erschien erstmals 1936 in französischer Übersetzung. Die deutsche Fassung wurde erst 1955 gedruckt.

---

[5] Fast alle mir bekannten Zeittabellen enthalten allerdings Ungenauigkeiten. Mit die besten Quellen dürften sein: [9], [7], [10], [26], [19]. Jeweils aktuelles reichhaltiges Material enthalten die Dokumentationen der jährlich durchgeführten SIGGRAPH Art (and Design) Show. Die Ausgaben der Zeitschrift *IEEE Computer Graphics & Applications* stellen stets einen Künstler mit neuen Produkten vor.

[6] Die Literatur hierzu schäumt über. Ein paar vielleicht eher zufällige Hinweise sind [29], [8], [22], [24], [12], [27]. Einen Einblick geben die Dokumentationen des jährlich seit 1987 in Linz vergebenen Prix Ars Electronica, zuletzt [14]. Er wird für Computergrafik, -animation und -musik, neuerdings aber auch für interaktive Kunst verliehen. – Eine Fülle von Material, auch historischer Art, und theoretischer wie praktischer Auseinandersetzung mit vielen Aspekten der technologischen Einflüsse auf die Kunst enthält [23], eine sehr lesenswerte Aufsatzsammlung.

Fotografie und Film sind die Techniken, an die Benjamin denkt, wenn er sich mit der „Aura" des Kunstwerkes befaßt. Die technische – d.h. nicht nur handwerkliche – Reproduktion „löst das Reproduzierte aus dem Bereich der Tradition ab." Eingebettet in den Zusammenhang der Tradition ist das Kunstwerk einzig. Sein Ursprung liegt im Ritual, das, wenn es stattfindet, hier und jetzt und damit einzig und allein für und mit den Anwesenden stattfindet. Das technisch reproduzierte Kunstwerk hingegen, seiner im authentischen Original fußenden Aura entrissen, gründet in Politik, so Benjamin. Der Kultwert des Kunstwerkes verschiebt sich immer deutlicher zum Ausstellungswert. Ein Film kann in vielen Städten und Kinos gleichzeitig und in gleicher Qualität gezeigt werden, ein Schauspiel immer nur an einem Ort und stets verschieden.

Während wir uns selbst ins Theater bewegen müssen, um die Darstellung der dort anwesenden und agierenden Schauspieler wahrnehmen zu können, verhilft uns die Vermittlung einer aufwendigen technischen Apparatur (und bald auch der zu ihrem ökonomisch nützlichen Funktionieren notwendigen sozialen Organisation) zum Film. Umgekehrt agiert der Schauspieler des Films vor einer Apparatur, die sein Agieren festhält, indem sie es einsaugt, und nicht vor einem lebendigen Publikum. Die Apparatur bestimmt das künstlerische Hervorbringen total: Dieses geschieht nicht mehr als eines und einmaliges, sondern als vieles und wiederholtes. Szenen, Sätze, Gesten, Schnitte bis hin zu rein technisch bestimmter Produktion machen den Film aus. Dieser wird ein Ganzes erst dann, wenn er gezeigt wird, also bereits vervielfältigt und – soweit die künstlerische Hervorbringung betroffen ist – erledigt ist. Während der künstlerischen Hervorbringung aber ist er ein Flickwerk, dessen Einheit höchstens in seinem Plan, also nur der Absicht nach, in einer beschreibenden Zeichenwelt, existiert. Das Kunstwerk, indem seine Aura zerstört wird, zerfällt in Elemente, deren Arrangement wir Struktur nachsagen.

Nicht, daß es bei den alten oder auch modernen Meistern nur idyllisch, einsam schaffend und ohne Arbeitsteilung zugegangen wäre. Aus Teilen bestehen auch ihre Werke, Planung kennen sie sehr wohl auch und Entwurf wie Experiment gibt es lange schon auf dem Weg zum auratischen Werk. Der Unterschied liegt im Prinzip: *Für* die Apparatur wird jetzt gespielt. Das Aufnahmemedium induziert damit die Zerlegung des Werkes als *notwendigen* Schritt. Mit dem Computer als künstlerischem Arbeitsmittel erreicht diese Elementarisierung und Strukturalisierung einen Höhepunkt. Elemente und Strukturen müssen explizit gemacht und vorgelegt werden, um manipuliert werden zu können.

Hierin scheint mir der Kern des Geschehens zu liegen, das für Benjamin im Verlust der Aura durch technische Reproduzierbarkeit liegt (van Gogh im Supermarkt). Die ersten Computergrafiken haben längst ihre eigene Aura gewonnen. Die Computerbilder perfekt reproduzierbar zu halten und dennoch jedem durch unmerklich minimale Pixelabweichungen bürokratisch genau den Stempel des Einmaligen zu verpassen, wäre ein Leichtes.

Benjamin gibt einen für unsere Betrachtung der Computerkunst wichtigen Hinweis zum Verhältnis von Hand- und Kopfarbeit: „Mit der Photographie war die Hand im Prozeß bildlicher Reproduktion zum ersten Mal von den wichtigsten künstlerischen Obliegenheiten entlastet, welche nunmehr dem ins Objektiv blickenden Auge allein zufielen."

Das Auge ist eines der Sinnesorgane, von denen ausgehend dem Hirn Signale zufließen, die Anlaß für Assoziationen, Überlegungen, Entschlüsse, Reaktionen, für geistige Tätigkeit also, werden. Eine ähnliche, wenn auch einem ganz anderen Bereich menschlicher Existenz geschuldete Beobachtung macht Marx. Er weist uns darauf hin, daß das Auge des Arbeiters als Kontrollorgan dann separat in Erscheinung tritt, als die industrielle mechanische Produktion in den großen Maschinenhallen der Textilindustrie ihre Triumphe feiert. Die Befreiung der Anzahl der Werkzeuge von der organischen Schranke des Handarbeiters beim Übergang auf die Maschine, die das Werkzeug in vielfach verdoppelter Form gleichzeitig führt, läßt den Arbeiter auf seine Sinnesorgane schrumpfen, die er nun schärfen und einsetzen muß, um den gleichmäßigen Gang der Maschinerie zu kontrollieren [15:394].

In beiden Fällen sehen wir, wie handwerkliche Geschicklichkeit, Geübtheit und Einmaligkeit von einem Apparat eingesogen werden, wodurch das vorherige intensive Zusammenspiel von Kopf und Hand aufgebrochen wird. Natürlich haben Künstler und Arbeiter vor der Ankunft des Apparates auch ihre Sinnesorgane benutzt. Sie haben sie so selbstverständlich benutzt, daß sie als besondere Kapazität gar nicht groß auffielen. Nun aber wird die Hand entlastet, wird quasi arbeitslos, der Kopf kriegt dafür umso mehr zu tun. Der Fortgang der Entwicklung führt notwendigerweise dazu, daß gewisse der eben erst als gesondert auftretenden geistigen Tätigkeiten wiederum der Maschinisierung verfallen. Die dafür nützliche Maschine ist der Computer.

Der immaterielle Charakter der Computerdinge

Gelegentlich ist darauf hingewiesen worden, daß Daten und Programme einen immateriellen Charakter hätten [6]. Dies darf man natürlich nicht auf die Goldwaage legen. Daten und Programme sind immer an stoffliche Träger gebunden. Doch die stofflichen Qualitäten dieser Träger sind so untergeordnet, so nachrangig gegenüber dem, was der Träger uns bezeichnet und bedeutet, daß wir gern geneigt sind, ihn ganz zu ignorieren. Daten sind eben mehr als pure Stofflichkeit. Sie verweisen auf anderes. Das andere, auf das Daten verweisen, ist, worauf es ankommt. Daten stehen also für anderes und bedeuten uns deswegen oft jenes andere, das sie nicht sind. Der immaterielle Charakter der Computerdinge erweist sich so als ihr *Zeichencharakter*. Dinge, die für Dinge stehen, solche also bezeichnen und uns etwas bedeuten, nennen wir *Zeichen* [5].

Zeichen, obwohl ohne Ding nicht gegeben, *sind* nicht Dinge, sondern Relationen [28]. Mit besonderer Klarheit hat Charles S. Peirce herausgestellt, daß eine triadische Relation notwendig ist, um den Begriff des Zeichens adäquat zu erfassen. Das Zeichen als *Mittel* (Träger, Repräsentamen) bezeichnet ein *Objekt*, das bei mir als Interpreten einen *Interpretant* (seine Bedeutung) hervorruft.

Die dreistellige Relation des Zeichens gibt Anlaß zu vielfältigen Zeichenprozessen (Semiosen), in denen der Begriff des Zeichens sich entfaltet. Zwei Extreme der Semiosen sind in unserem Zusammenhang zu erwähnen.

Im ersten Fall gehen wir davon aus, daß der Interpretant eines Zeichens – also die Bedeutung, die ich dem roten Licht der Verkehrsampel assoziiere, nämlich: „anhalten und warten", vielleicht aber auch einmal: „nun erst recht" – selbst wieder als Zeichen aufgefaßt werden kann bzw. muß. Dann kann ich aber den jetzigen Interpretanten des Zeichens Z zum Mittel eines anderen Zeichens Z' machen usf. Dieser Vorgang ist eine Form der Superzeichenbildung (vgl. Abb. 1).

Im zweiten Fall reduzieren wir die dreistellige Zeichenrelation Z auf den in sie eingehenen Zeichenträger M. Statt des vollständigen Zeichens haben wir es mit seinem stofflichen Substrat zu tun. Das Zeichen schrumpft auf ein Signal, könnten wir sagen.

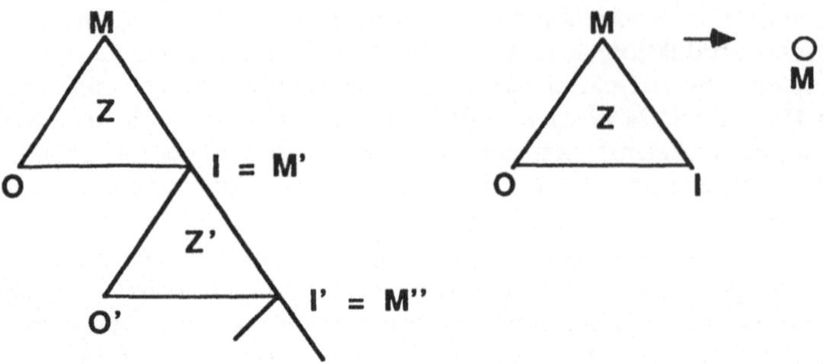

Abb. 1: Superzeichenbildung (links) und syntaktische Reduktion (rechts), zwei Semiosen

Es steht nicht mehr für etwas, sondern wird schiere Existenz. Wenn es *uns* auch unmöglich ist, ein Signal vollständig jeder Bezeichnung und Bedeutung entkleidet aufund wahrzunehmen, so ist diese syntaktische Reduktion doch geeignet, das Geschehen im Computer zu beschreiben. Genau diese Reduktion nämlich ist es, die wir vornehmen müssen, wenn wir Software entwickeln. Jeder Algorithmus setzt bekanntlich voraus, daß wir einen Bereich oder Gegenstand oder Prozeß unserer Erfahrung und Umgebung formal beschreiben. Formalisierung gelingt aber nur dann, wenn wir einen Vorgang schematisch und interpretationsfrei in explizite ("schriftliche") Zeichenform bringen [11]. Im Algorithmus beschreiben wir den Vorgang ja so, daß er ohne Ansehung dessen, was wir damit sagen wollen (z.B. "dies ist die Lösung eines Anfangswertproblems" oder "das ist eine zu 95% korrekte Silbentrennung"), dennoch mit absoluter Sicherheit reproduzierbar abläuft. Die algorithmische Brille läßt Zeichen und Zeichenprozesse auf Signale und Signalprozesse zusammenschmoren.

Die Schematisierung und Interpretationsfreiheit lösen das Zeichen als bloßes Zeichending aus seiner Existenz als Relation heraus. Sie reduzieren es auf nichts als bedeutungslose, wenn auch geregelte Kombination von Zeichenkörpern, die die Elemente eines Repertoires sind. Eben dies ist die Ebene, die in der Semiotik als "Syntaktik" bezeichnet wird. Ist sie sogar in berechenbare Form gebracht, so haben wir die Gegenstände in ihrer computergerechten Form vor uns: auf Zeichen, auf Syntaktik, auf Berechenbarkeit – also dreimal – reduzierte Welt.

Der immaterielle Charakter der Computerdinge ist uns nun erklärbar. Er ist Schein, der auf dem Zeichencharakter der Computerdinge beruht. Das Ironische an der Sache ist, daß das Zeichen, um von einem Computer bearbeitet werden zu können, gerade all seine transzendierenden Momente – die also, die es recht eigentlich erst zum Zeichen werden lassen – verlieren und auf pure Stofflichkeit, also Materialität, reduziert werden muß. Denn was immateriell am Zeichen ist, ist sein relationaler Charakter. Den aber stößt das, was uns, die wir Computer benutzen oder programmieren, als volles Zeichen gegenwärtig ist, ab, wenn wir es durch unsere Tätigkeit an der Peripherie eines Computer "eingeben". Diese "Eingabe" preßt in Wirklichkeit unser vollständiges, assoziations- und konnotationsreiches Zeichen zusammen zum bloßen elektromagnetischen Signal. Wer programmiert, muß solche Vorgänge und Wirkungen stellvertretend vorausdenken. Die Programmierkunst liegt zum erheblichen Teil darin, einen bedeutungslosen Prozeß so zu organisieren, daß er für die Benutzenden stets dieselbe Bedeutung hat.

Der Eingabe-Vorgang selbst, die sich anschließende Verarbeitung und die Ausgabe geschehen so mühelos und beiläufig, daß wir das Geschehen die meiste Zeit über so wahrnehmen, als sei es nicht stofflich geprägt. Diese Illusion verleitet uns zur Annahme der Immaterialität der Computerdinge.

Da sie zwar Illusion, doch begründet, gleichsam notwendige Illusion ist, wollen wir sie aufgreifen und Benjamins Aufsatztitel fortdenken. Müßte er nicht heute, angesichts der Computer und deren Verwendung in der Kunst, lauten: „Das Kunstwerk im Zeitalter seiner *immateriellen Produzierbarkeit*"? Womit zweierlei angesprochen ist: der Zeichencharakter des Kunstwerkes und das Verschwinden des Originals, also die Gleichsetzung von Produktion und Reproduktion.

Künstliche Kunst

Der Zeichencharakter verbindet Kunstwerk und Computerding. In ihm taucht die Semiotik als eine für Ästhetik und Informatik gleich bedeutsame Grundlage auf. Indem ich das Kunstwerk als ein Zeichen auffasse, eröffne ich die Möglichkeit seiner Interpretation.[7] Es ist – konkret – zunächst stets das, was da als Ölfarben auf Leinwand aufgetragen, getrocknet und fixiert worden ist; aber es ist in einem anderen Sinne natürlich viel mehr als Farbflecke auf einer Leinwand. All das, was es darüber hinaus noch ist, stelle ich betrachtend erst fest, also her – oder, im Falle des mir langweiligen, uninteressanten oder unverständlichen Werkes, gerade nicht.

Ähnlich stark an Zeichenhaftigkeit gebunden sind die Computerdinge. Während der Gebrauchswert eines Brotes oder Tisches in deren nackter Stofflichkeit begründet ist, liegt der des Computerdinges in dessen Zeichenhaftigkeit. Brot und Tisch sind erst stofflich, dann auch Zeichen. Kunstwerke sind erst Zeichen, dann auch stofflich.[8]

Max Bense, der wichtigste Begründer einer semiotischen und informationstheoretischen Ästhetik [3], hat beide Tatsachen für die Computerkunst in seinem Wort von der „künstlichen Kunst" zusammengefaßt. Damit spricht er an, daß Objekte die mit Computerhilfe geschaffen werden und als ästhetische Objekte der Frage nach ihrem Kunstwert unterworfen werden sollen, in doppelter Weise der Zeichenthematik unterliegen: Sie sind als Computerdinge bereits zeichenhaft (also künstlich), bevor sie zum Kunstwerk erklärt werden und damit erneut der Künstlichkeit anheimfallen.[9] Wenn es einen besonderen Sinn, einen Reiz, eine Herausforderung und Möglichkeit in der Computerkunst gibt – die wir lieber „künstliche Kunst" zu nennen uns angewöhnen sollten –, dann sind diese hier zu suchen: in der doppelten Zeichenhaftigkeit. Die Differenz zwischen Zeichen als Mittel (stoffliche Dimension) und Zeichen als Interpretant (bedeutende Dimension) ist der Ort des Geistigen (Nadin [18]). Die künstliche Kunst okkupiert ihn gleich zweimal, verfügt also über zwei Unterschiede, die sie zweimal zur Unterscheidung, mithin zur Kreation nutzen kann.

Solange das ästhetische Objekt „im" Computer in Bearbeitung ist, zeigen sich seine Künstlichkeit, seine scheinbare Immaterialität, sein Zeichencharakter in der Abwe-

---

[7] Die semiotische Auffassung der Kunst ist heute weit verbreitet. Sie wurde insbesondere von Bense [4] und vielen seiner Schüler ausgearbeitet. Auf andere Weise stellt Nadin [18] sie dar.

[8] In der konkreten Kunst wird dies bewußt zum Anlaß des Schaffens von Werken genommen, deren Bedeutung in ihrer Stofflichkeit liegt.

[9] Eine Episode aus den allerersten Tagen der Computerkunst sei hier eingeflochten. Die erste bekanntgewordene Ausstellung fand im Februar 1965 in der sog. Studiengalerie der TH (heute Universität) Stuttgart, also in den Institutsräumen Benses statt. Georg Nees stellte aus [20]. Angesichts der Grafiken von Nees und der Benseschen emphatischen Interpretation breitete sich unter anwesenden Stuttgarter Künstlern (u.a. Heinz Trökes, Herbert Kapitzki, Anton Stankowski) eine erhebliche Unruhe aus. Bense vermochte diese mit seinem Wort von der „künstlichen Kunst" in gewisser Weise einzudämmen.

senheit all dessen, was das Kunstwerk zuallererst ausmacht. Während das Bild aus Schichten von Ölfarbe auf Leinwand bestehen mag, ist sein computerinternes Vorbild eine Ansammlung von abstrakten Codierungen, denen ein Ausgabegerät die Interpretation „bringe am Ort (x,y) einen Farbfleck von Normgröße in der Farbe c an" zukommen lassen mag. Dabei sind die konkreten Werte von (x,y) und c relativ zu weiteren Interpretationshilfen, z.B. zu einem Koordinatensystem und einer Farbtabelle, mit denen erst ein physikalischer Ort und eine sichtbare Farbe für (x,y) und c festgemacht werden.

Im Formalismus, der jeder Computerisierung einer geistigen Tätigkeit vorausgehen muß, treten Manipulation und Interpretation von Zeichen auseinander. Darauf macht Sybille Krämer [11] eindrucksvoll aufmerksam. Was beim Künstler, der mit Pinsel, Ölfarben und Leinwand arbeitet, im lebendigen Prozeß seiner Arbeit eine Einheit von Hand und Kopf bildet[10], das wird getrennt, wenn Teile dieser Arbeit maschinisiert werden. Im geschichtlichen Rückblick wird deutlich, daß diese Maschinisierung *außen* ansetzt, d.h. am Material und am Werkzeug. Diese ergreift die Maschine zuerst und macht sie – die selbst dem jetzt zu maschinisierenden Prozeß peripher zu sein scheinen – zu Ereignissen ihrer Peripherie, um aber rasch ins Innere, Konzeptionelle einzudringen[11]:

• mit Ausgabegeräten wie Zeichentisch, Plotter, Bildschirm wird es zunächst möglich, die stoffliche Bild*erzeugung* zu maschinisieren. Der Künstler braucht sein Werkzeug und sein Material nicht mehr meisterlich anzuwenden. Der Computer steuert ein standardisiertes Werkzeug und gibt ein standardisiertes Material aus;

• diese Steuerung verlangt Datenstrukturen und Algorithmen, die bildliche Darstellungen zu speichern und zu transformieren gestatten. Damit dringt die Maschine in die *Konzeptionierung* des Bildes vor, zu den Entscheidungsprozessen seiner Entstehung. Das ist der Kern der Maschinisierung geistiger Tätigkeiten in diesem Bereich;

• die Formalisierung und Algorithmisierung bildnerischer Entscheidungsprozesse entfernen den Künstler immer weiter von seinem Material. Das Werk wird ihm entfremdet. Fortschritte der Computertechnik ermöglichen jedoch, daß er mit neuen Eingabegeräten und -techniken wieder direkter auf das entstehende Bild einwirken kann. Er manipuliert nun die Konzeption, die damit zum neuen Material wird.[12]

Unter dem Aspekt von Arbeitsmittel und Arbeitsgegenstand können wir, sicherlich vergröbernd, diese drei Bewegungen der Maschinisierung künstlerischen Tuns, die ähnlich auch anderswo zu beobachten sind, folgendermaßen kennzeichnen:

• die Maschine ergreift Material und Werkzeug, der Mensch beobachtet und kontrolliert sie aus einer gewissen Distanz und greift korrigierend ein;

• die Automatisierung ergreift das Bild und viele Bildprozesse so total wie möglich bis hin zu Simulationen von Kreativität und Intuition. Das Bild wird dadurch verdop-

---

10 Wir erliegen mit solch einer Formulierung durchaus nicht der romantischen Schwärmerei, die Hand und Kopf vereint wähnt, selbst wenn kühl gerechnet und ausgeführt wird wie z.B. bei Vasarely: Was maschinisiert wird, ist vorher von uns und „in" uns hundertmal schon separiert worden. Der Maschine verfällt nur, was wir selbst maschinenähnlich zu tun im Stande sind und auch tun [1]. Was getrennt gedacht werden kann, *ist* gesellschaftlich noch nicht getrennt. In der Maschine wird es.

11 Es wird nicht verwundern, wenn die Mimikry des Peripheren zu Werken führt, deren Ort in der Kunstgeschichte peripher bleibt. Neues bereitet sich am Rande vor, wird aber zum Neuen erst dann, wenn es das alte Innere ergreift. Historisch war es im Falle der Computerkunst auch so. Der Vorwurf „aber das ist doch keine Kunst" geht deswegen daneben, ganz ebenso wie die penetrante Wiederholung, es sei aber doch (Kunst).

12 Mit der neuen, (in gewissem Sinne nur scheinbar) direkten Manipulation entfernt sich der Künstler gleichzeitig noch mehr von der Interpretation. Hier liegt die Wurzel für die Obsession der technischen Erklärung der künstlichen Kunst.

pelt und tritt uns nun in seiner alten, sinnlich wahrnehmbaren, aber peripheren Erscheinung und in seiner abstrakten, aber explizit gemachten Struktur entgegen. Die Aufgabe des Menschen verändert sich, sie ist neu, nicht nur Vereinseitigung einer alten;

• zur „interaktiven" Manipulation von Sichten des abstrakten Doppels des Bildes entstehen neue Techniken, die im Umgang so wirken, als werde die Maschine wie ein Werkzeug gehandhabt. In der Entfernung vom stofflichen Äußeren des Bildes hat der Künstler Teile des transzendierenden Inneren des Bildes so explizit gemacht, das sie nun das neue Äußere werden, das er aus geringer Distanz bearbeitet. Derartiges führt dann wohl zu Begriffen wie „Wissensverarbeitung".

Mit der Maus — und mit durch sie vermittelten virtuellen Eingabegeräten wie Pinsel, Bleistift, Sprühdose — kommt das Werkzeug also in die Hand des Künstlers zurück. Ein langer, gefahrvoller und herausfordernder Weg durch die Welt des Symbolischen mündet, vielleicht überraschenderweise, in neuem Instrumentellem. Die Vermittlung von Subjekt und Objekt gewinnt im Zeigen wieder eine Art von Stofflichkeit. Der Index („Mauszeiger") erweist sich als Zeichenklasse der Nähe in der Ferne. Nicht mehr schmierige Ölfarbe auf eine rauhe Leinwand trägt der Künstler auf, sondern virtuelle, künstliche Farbe auf eine virtuelle, künstliche Bildfläche. Farbe und Leinwand sind Metaphern für Codierungen von Daten. Der Computer ist nicht intelligent und kreativ geworden während dieser Entwicklung. Jedoch hat die Verdoppelung des zu bearbeitenden Bildes in das Bild als Ausgabe-Erscheinung und als algorithmische Struktur, also als Bild und manipulierbares Zeichen von Bild, dazu geführt, daß die Manipulation des letzteren auf relativ intelligente Weise organisiert werden kann.

Noch immer kein Meisterwerk

Es fällt auf, daß in der Musik Computer, wenn schon, dann ganz selbstverständlich verwendet werden, ohne betonten Hinweis auf das technische Mittel, während im Fall der Bilder der Hinweis auf das Mittel selten fehlt. Auch heute, wo die Qualität der Bilder, ihre thematische Spannweite wie ihre formalen Repertoires deutlich zugenommen haben, stellen die Betrachtenden eher die Frage: „und wie macht der Computer das?", als daß sie neugierig darauf wären, was es im Bild alles zu entdecken gibt. Diese Dominanz des Instrumentariums kann nur mit einer Unterlegenheit der Aussagen erklärt werden.

Es ist deswegen nicht verwunderlich, daß die Fragen nach den Meisterwerken nicht verstummen. John Lansdown wies 1982 auf die hohen Erwartungen hin, die in England 1968 an die Computerkunst gestellt und im Verlauf nicht erfüllt wurden [13]. Die große internationale Ausstellung *Cybernetic Serendipity* hatte 1968 Scharen von Menschen in das Londoner Institute of Contemporary Art gelockt [21]. Im Oktober des Jahres war die Computer Arts Society gegründet worden, im Frühjahr 1969 zelebrierte sie ihr *Event One* und glaubte mit großem Stolz, das Jahrtausend in der Hand zu haben.

Die Aktivitäten der 1966 in New York gegründeten Vereinigung *Experiments in Art and Technology* nahmen zu und Kontur an. In Deutschland wurde die Ausstellung *Auf dem Weg zur Computerkunst* auf die Wanderschaft durch die Goethe-Institute rund um die Welt geschickt (ab 1968). Die Biennale Venedig vereinte in einer experimentellen Sonderschau 1970 künstliche Kunst und Konstruktivisten. Von den vielen Ausstellungen und Manifestationen rund um die Welt, die Ende der sechziger Jahre ihren Ausgangspunkt hatten, ist am anspruchsvollsten, was Boris Kelemen ab 1968 in Zagreb organisierte. Begegnungen breiter internationaler Zusammensetzung brachten dort Mathematiker und Künstler aus Ost und West in drei aufeinander abgestimmten Symposien und Ausstellungen zusammen, mit denen die Op Art Ausstellungs-Serie *Tendencije* fortgesetzt wurde. In der Zeitschrift *bit international* (9 Hefte zwischen 1968 und 1972) ist vieles dessen dokumentiert, was die Computerkunst damals bedeutete und bewegte.

Aber außer Edward Ihnatowicz' kybernetischer Skulptur *Senster* sei, so Lansdown, kein Meisterwerk entstanden, und außer den vielen kommerziellen Anwendungen gebe es Anfang der 80er Jahre keine ästhetische Breitenwirkung der Computerkunst. Und fast zehn Jahre später führt Delle Maxwell in einem Beitrag zur SIGGRAPH *Art and Design Show* 1991 [16] fast die gleiche Klage. Noch immer könne die Computerkunst nicht nach den strengen Maßstäben gemessen werden, die in der Kunst üblich seien.

Nun ist dem zwar entgegenzuhalten, daß Computerbilder heute doch in einer Reihe von Museen existieren,[13] und daß immer wieder Galeristen Gruppenausstellungen wagen, in denen es weniger um die technische, als um die ästhetische Botschaft geht. Auch ist ein deutlicher Anstieg der Qualität der Bilder nicht zu leugnen, was schon von daher zu erwarten ist, daß mit dem PC die Computertechnik in die Studios und Kunst- und Designhochschulen eingezogen ist. Schließlich ist – auf der Ebene der Medienkünste zumindest – zu konstatieren, daß drei sehr ambitionierte Neugründungen ausschließlich dem Thema „Kunst und Informationstechnologie" gewidmet sind: das Zentrum für Kunst und Medientechnologie in Karlsruhe, die Kunsthochschule für Medien in Köln und das Institut für Neue Medien in Frankfurt. Dies ist jedoch nicht der Ort einer kunsttheoretischen Rechtfertigung. Ich will im zweiten Teil dieses Aufsatzes vielmehr mit wenigen Beispielen auf typische Möglichkeiten künstlicher Kunst hinweisen. Bewußt versage ich es mir dabei, im Sinne algorithmischen Aufwandes spektakuläre Bilder heranzuziehen.

Malen vs. programmieren

In der Computergrafik unterscheidet man gängigerweise einen Objektraum und einen Bildraum. Im Objektraum sind jene (zwei- oder dreidimensionalen) Objekte angesiedelt, die ins Bild gesetzt werden sollen. Er beherbergt die Modelle, die algorithmisch behandelt werden sollen. Im Bildraum befinden sich die bildlichen zweidimensionalen Darstellungen der Modelle.

Beim Umgang mit Software können wir einen direkten und einen indirekten Umgang unterscheiden. Beim indirekten Umgang wirken wir über Kommandos und Beschreibungen, also symbolisch, durch Benennungen, auf die Gegenstände ein. Der Gegenstand selbst wird ebenfalls durch Benennung zum Operanden gemacht.

Beim direkten Umgang erreichen wir, daß eine gewünschte Operation auf einen bestimmten Gegenstand einwirkt, indem wir auf den Gegenstand zeigen. Selbstverständlich muß die Operation selbst ebenfalls bekannt gemacht sein. Dies kann z.B. dadurch geschehen, daß ein die Operation bezeichnendes Zeichen auf den bezweckten Gegenstand geschoben wird.

Für unsere Zwecke reicht diese grobe Kennzeichnung aus. Mit den beiden Differenzierungen können wir die vier typischen Anwendungssituationen der Abb. 2 unter-

---

13 Der deutsche Sammler Hans Joachim Etzold dürfte der erste gewesen sein, der seiner umfangreichen Sammlung moderner Kunst eine Gruppe von Computerbildern eingliederte. Sie sind im Städtischen Museum Abteiberg Mönchengladbach zu besichtigen [25].

scheiden. Die beiden Fälle, die Szenen zu beschreiben oder direkt aufzubauen gestatten, sind dann interessant, wenn eine Modellwelt explizit manipuliert werden soll. Das

	Umgang indirekt	Umgang direkt
Objektraum	Szene beschreiben	Szene aufbauen
Bildraum	Bild beschreiben	Bild malen

Abb 2. Vier Anwendungsfälle der Computergrafik

ist z.B. für Architekturentwurf der Fall. Wir wollen im weiteren zwei paradigmatische Situationen betrachten: das direkte Malen mit der Maus (die *Paint*-Situation) und das Beschreiben eines Bildes in einem Programm (der Künstler als Programmierer). Diese beiden Anwendungsarten werden oft gegeneinander gestellt. „Muß der Künstler bzw. die Künstlerin selbst programmieren, also erst einmal programmieren lernen?" steht als Frage im Raum. Wer ein Paint-Programm benutzt, muß lediglich den Umgang hiermit erlernen. Das umfaßt die Bedeutung der Operationen (was kann ich tun?), nicht aber deren Ablauf (wie funktioniert das?). Wir werden sehen, daß auch heute gute Gründe für die selbständige Programmierung sprechen.

Scharen von künstlerisch mehr oder weniger Begabten benutzen heute Malprogramme. Sie folgen einem stets gleichbleibenden Prinzip: Die Bildschirmoberfläche wird zum größten Teil als Mal- (oder Zeichen-)Fläche aufgefaßt. Mit sog. Werkzeugen können darauf Einfärbungen vorgenommen werden. Die Wirkung der Werkzeuge ist abhängig von grafischen Attributen. Die Operationen können fast ausschließlich als Zeigehandlungen ausgeführt werden, was den Eindruck einer direkten Materialeinwirkung hervorruft. Aus Bilddatenbanken kann Bildmaterial als Vorlage zur Weiterverarbeitung oder zum Einsetzen als Bildteil abgeholt werden. Die Collagetechnik erfährt erstaunliche Höhepunkte.

Nessim, Kiwus, Mohr, Cohen

Anspruchslose und anspruchsvolle Zeitschriften, Bücher und Ausstellungen sind voll von ebensolchen Bildern dieser Kategorie. Barbara Nessim ist eine recht erfolgreiche New Yorker Künstlerin, die oft auch kommerziell für Nachrichtenmagazine und Zeitschriften arbeitet. Seit 1982 hat sie Zugang zu Computern. Sie führt seit Jahren Notizbücher mit sich, in die sie ständig rasche Skizzen zeichnet. In ihrem Studio greift sie gelegentlich auf eines dieser Skizzenbücher zurück und vollzieht am Computer nach, was sie mit dem einfacheren Medium des Zeichenstiftes auf Papier vorgeleistet hatte (s. Abb. 3). Sie empfindet dies als „Malen mit projiziertem Licht"[14]..

Nessim hat eine eigene Themen- und Formensprache entwickelt, die oft um die Beziehungen von Frauen und Männern kreist und einfache, teilweise grobe Linien mit großflächigen (manchmal nachträglichen Hand-) Colorierungen verbindet. Scharen von groben Strichen bringen Bewegung, meist kreisende, in ihre Bilder. Sie setzt ihre herkömmliche Zeichen- und Malweise mit dem Computer fort und stört sich nicht daran, wenn die Möglichkeiten des Programms sie auf wenige Stricharten und Farben einschränken.

---

[14] Moholy-Nagy war nicht der einzige Künstler, der sich stets auf der Suche nach dem „Malen mit dem Licht" befand.

Da Nessims Themen stets um den Menschen kreisen und da ihre Linien und Farben den typischen Computer-Linien und -Farben fernbleiben, dennoch aber in ihrer Gleichmäßigkeit (Farbton, Linienstärke) einen maschinellen Anklang besitzen, geht eine leicht befremdliche Spannung zwischen Sujet und Form von Nessims Bildern aus. Dies mag gewollt sein. Wenn sie es nicht thematisch aufnehmen kann, wird es zur Mode werden.

Wir sehen in solchen *gepainteten* Bildern ein wichtiges Thema der Kunst in diesem Jahrhundert auftauchen: die bewußte Aufgabe des Duktus. Hier führt die Hand ein klobiges Zeichengerät (die Maus), das eher wie ein Stück Seife wirkt, und bringt grobe, gezackte und gestufte, dennoch gebogene und geschwungene Linien zu Papier. Ist das bereits Manierismus?

Ein Autodidakt im reinsten Sinne des Wortes ist der Stuttgarter Wolfgang Kiwus (s. Abb. 3). Erst seit wenigen Jahren benutzt er Computer, bedingt durch eine Umschulung wegen Arbeitslosigkeit. Mit einem feinen ästhetischen Sinn begabt, wandte er sich rasch von den buchhalterischen Bemühungen der Umschuler ab und einem primitiven PC zu, den er selbst zu programmieren begann. Der Umgang mit seinem Material nahe an der Maschine wurde ihm wesentlich. Wie kann der Künstler hoffen, widerständiges Material in eine Form zu zwingen, die seinem Willen entspricht, wenn er dieses Material gar nicht erfährt?

Die künstliche Kunst, so hatten wir gesehen, nimmt den Schaffenden den Zugang zum zeichnerischen Material ab. Den Stift führt die Maschine. Der gestalterische Wille kann sich nur auf vorgelagerte Zeichenebenen beziehen. Fast will es so scheinen, daß ihm Makrostrukturen gemäß sind, die noch abstrakt, als Struktur eben und noch nicht sichtbarlich, geformt oder beschrieben werden.

Kiwus hat Teile des Textes *Der geistige Mensch und die Technik* von Max Bense (1947) Buchstabe für Buchstabe in den Computer gebracht. Auf diese vorgegebene Struktur wendet er nun lokale Operationen an, die Buchstaben verfremden, von ihrem Ort entfernen, mit anderen zu neuen Gruppierungen zusammenbringen u. dgl. mehr. Es entstehen teilweise kaligrafische, flache Bilder, teilweise reliefartige Texturen. Was, ohne den Gesamteindruck des Bildes zu verändern, in jeder Einzelheit auch anders sein könnte, wird von einer Makrostruktur zusammengehalten, die teilweise der willentlichen Vorgabe des Künstlers geschuldet ist, teilweise aber auch erst aus der visuellen Kombination der lokalen Ereignisse entsteht. Man kann sich in diese Zeichenwelten vertiefen, ohne dabei ständig an den Computer zu denken, dessen Einsatz für solche Bilder unabdingbar notwendig ist.

Das gilt auch für die meisten der Bilder von Manfred Mohr. Er dürfte der Künstler sein, der sich am längsten und intensivsten (seit 1968) mit Computern befaßt. Mohr hat es stets abgelehnt, als „Computerkünstler" bezeichnet zu werden. Dennoch ist seine Bildproduktion auf die Maschine, die er selbst programmiert, angewiesen.

Manfred Mohr organisiert stets sehr strenge Zeichenwelten (Abb. 3). Diese werden durch eine Eigenschaft – sagen wir wieder: Makrostruktur – zusammengehalten. Auf niedriger Ebene, wo elementare Zeichen anliegen, setzt Mohr die Kombinatorik ein, um aus der Vielzahl möglicher Geschehnisse im Rahmen der Makrostruktur einige Fälle herauszuholen. Das serielle Prinzip ist für ihn deswegen konstitutiv, und seine Ausstellungen verlangen stets nach Gruppen gleichartiger Bilder.

Mohr hat sich viel mit dem Würfel, später mit dem vierdimensionalen Hyperwürfel befaßt. Die Kanten des Würfels werden zu den Schwärzungen der Mohrschen Zeichen. Dem geht eine Störung der regelmäßigen und symmetrischen Verhältnisse im Würfel voraus: Das stabile, langweilige Gebilde wird so zur Quelle instabiler spannungsreicher Zeichen. Mohr läßt Kanten weg, verdreht Würfelteile gegeneinander, beschneidet durch „Fenster", zerlegt und projiziert Würfel.

Bemerkenswert an diesem Vorgehen ist, daß der selbst programmierte Computer Mohr zum Arbeitsmittel wurde, das, wenngleich automatenhaft eingesetzt, durch Mohrs umfassende Beherrschung der Maschine in seinen Händen wie ein Werkzeug wirkt. Größte Autonomie des Künstlers tritt hier gepaart mit zu Zeiten großer Selbständigkeit der Maschine auf. Da Mohr sie programmiert, kennt er sich aus und bleibt Herr über alle Entscheidungen, ganz so wie Barbara Nessim als Benutzerin eines Standardprogramms.

Es scheint unsinnig, eine prinzipielle Entscheidung darüber treffen zu wollen, welche der beiden Vorgehensweisen vorzuziehen sei. Mohr könnte für seine ästhetischen Probleme mit einem *Paint*-Programm wenig anfangen, und für Nessims Zeichnen und Einfärben wäre es ein unverhältnismäßig großer Aufwand, wollte sie selbst programmieren. Ihren bildnerischen Zwecken entsprechen beide in ihrem Vorgehen. Wenn die ästhetische Bewertung des einen besser ausfällt als des anderen, so kann dies nicht den Programmen oder Umgangsweisen, sondern nur den Bildern geschuldet sein. Genauso aber muß es sein.

Eine besondere, ganz andere Absicht verfolgt der seit langem in Kalifornien lebende englische Maler Harold Cohen. Er setzt ganz auf die künstliche Intelligenz: Die Maschine soll so malen lernen wie er, Cohen, selbst. Nach seinem Tode noch soll es neue Originalwerke in seinem Stil geben.

Cohen hat ein umfangreiches Programm namens Aaron entwickelt, das in seinem Kern eine mittlerweile stark angewachsene Menge von Regeln kontrolliert. Selbstverständlich verfügt die Maschine über einen Ausgabe-, einen Zeichenteil. Ein Tuschestift wird über große Papierflächen geführt und hinterläßt dort bizarre Liniengebilde. Waren diese in früheren Jahren abstrakt, d.h. ihre Interpretanten ohne Anklang an die figürliche Welt, mit der wir vertraut sind, so fügen die Linien sich heute längst zu menschlichen Figuren (Abb. 3) in Umgebungen voller Pflanzen oder Steine zusammen. Ihren unverwechselbaren Reiz erfahren Cohens (oder Aarons, wie er sicherlich bevorzugen würde zu sagen) Zeichenvorlagen jedoch erst dadurch, daß er sie von Hand aquarelliert. Dabei bevorzugt er leuchtende, klare Farben, die seinen Bildern eine mexikanisch naive Frische geben.

Möglich geworden ist dieses automatische Zeichnen von Zeichen erstaunlich hoher Figuralität dadurch, daß es Cohen gelungen ist, solche Regelsysteme zu erfinden, die die in etwa gewünschten Linienzusammenschlüsse erzwingen (genaueres ist in [17] nachzulesen). Es versteht sich, daß Cohens Streben danach geht, auch die Farben regelgeleiteten Entscheidungen zu entwerfen. Wie wir wissen, ist dies ein grandioses Problem.

Was können wir an den vier Beispielen verallgemeinernd erkennen? Zunächst ist festzuhalten, daß es sich bei den vier Personen um Kunstschaffende, nicht um Informatiker o.ä. handelt. Ihr Interesse ist nicht der Computer, sondern das Bild. Weiter beobachten wir, daß es diesen Personen gelungen ist, eigene Zeichenwelten zu schaffen. Für alle vier spielt der Computer bei der Kreation ihrer Bilder eine wichtige Rolle. Die Bedeutung, die die Maschine für das Schaffen der vier besitzt, nimmt aber von Nessim über Kiwus und Mohr zu Cohen deutlich zu. Dabei berühren Nessims und Cohens Bilder sich in den figürlichen Gegenständen, während ihre Haltung gegenüber der Maschine beide kraß voneinander trennt: Cohen arbeitet bewußt und überzeugt daran, einen Teil seines Wissens und Wollens so explizit zu beschreiben, daß es ihm aus der Maschine als quasi fremd, wenn auch vertraut, gegenübertritt. Nessim hingegen arbeitet ganz traditionell und hat ein nur instrumentel-handwerkliches Verhältnis zur Maschine.

Vermutlich sehen alle vier sich selbst als unabhängig von der Maschine. Kiwus und Mohr suchen bewußt die Auseinandersetzung mit der Maschine auf deren eigenem Terrain, dem der Programme. Haben sie das Programmieren einmal gelernt, so steigern sie damit ihre Unabhängigkeit. Nessim ist abhängig von fremden Programmierern. Cohen hingegen programmiert die Maschine dorthin, wo sie unabhängig von ihm wird (soweit das überhaupt geht).

Zugespitzt können wir behaupten, daß die Möglichkeiten künstlicher Kunst in den betrachteten vier Fällen auf Steigerung der Autonomie der Künstler bzw. des Algorithmus hin genutzt werden. In allen Fällen nämlich werden bildnerische Probleme maschinell gelöst, die aus der Anwesenheit der Maschine einen Reiz gewinnen. Was bei Nessim nur Verlängerung ihrer handwerklichen Geschicklichkeit ist, wird bei Kiwus und Mohr zum notwendigen Beitrag der Maschine im Sinne einer Rationalisierung.[15] Sie verlängern, wie man gelegentlich sagen hört, ihr Denken oder ihr Hirn. Cohen hingegen wird zum Lieferanten seiner Maschine, deren Autonomie und schließliche Überlegenheit ihm am Herzen liegen. Nessims, Mohrs und Kiwus' Maschinen werden ohne sie nichts schaffen. Cohens Maschine aber soll ihn überleben, er möchte in ihr fortwirken.

Wenn der Ort des Geistigen in der Differenz zwischen Zeichenträger und Interpretant zu suchen ist und wenn die maschinelle Bearbeitung von Zeichen zuerst danach verlangt, von den Bedeutungen der Zeichen, ihren Interpretanten, zu abstrahieren, so bleibt *in* der Maschine kein Ort für das Geistige. Der Versuch, nach dem eigenen Tod den in Regelwerken konservierten „Geist" maschinell am Leben zu erhalten, muß scheitern. Er wird in öder Langeweile enden. Auf der doppelten Differenz der Zeichenhaftigkeit künstlicher Kunst besondere ästhetische Ereignisse zu begründen, scheint hingegen durchaus viel zu versprechen. Selbst im traditionellen Fall der schlichten Organverlängerungs-These der Technik, dort also, wo Maschinisierung von Arbeit beginnt, schimmert dies schon durch (Nessim). Einen eigenen Reiz aber gewinnt künstliche Kunst dort, wo sie die Maschinisierung eigentlicher geistiger Tätigkeit umfaßt und nicht allein auf die Kontrolle der Hand gerichtet ist.

Literatur

[1] Bammé, Arno; Günter Feuerstein; Renate Genth; Eggert Holling; Renate Kahle; Peter Kempin: *Maschinen-Menschen, Mensch-Maschinen. Grundrisse einer sozialen Beziehung.* Reinbek: Rowohlt 1983

[2] Benjamin, Walter: *Das Kunstwerk im Zeitalter seiner technischen Reproduzierbarkeit.* Frankfurt/Main: Suhrkamp 1963

[3] Bense, Max: *Aesthetica.* Baden-Baden: Agis Verlag 1965

[4] Bense, Max: *Die Unwahrscheinlichkeit des Ästhetischen und die semiotische Konzeption der Kunst.* Baden-Baden: Agis Verlag 1979

[5] Bense, Max: *Semiotik. Allgemeine Theorie der Zeichen.* Baden-Baden: Agis-Verlag 1967

---

[15] Mohr könnte seine Bilder auch selbst berechnen, doch er würde dabei Fehler machen und es würde ihn viel Mühe kosten.

[6] Brödner, Peter; Detlef Krüger; Bernd Senf: *Der programmierte Kopf. Eine Sozialgeschichte der Datenverarbeitung*. Berlin: Wagenbach 1981

[7] Dietrich, Frank: Visual intelligence: The first decade of computer art (1965-1975). *IEEE Computer Graphics & Applications* 5,7 (July 1985) 32-45

[8] Fleck, Robert (Hrsg.): *Zur Rechtfertigung der hypothetischen Natur der Kunst und der Nicht-Identität in der Objektwelt*. Köln: Buchhandlung Walther König 1992

[9] Franke, Herbert W.: *Computergraphik – Computerkunst*. (Zweite, überarbeitete und erweiterte Aufl.) Berlin, Heidelberg, New York: Springer Verlag 1985

[10] Goodman, Cynthia: *Digital visions. Computers and art*. New York: Harry N. Abrams 1987

[11] Krämer, Sybille: *Symbolische Maschinen. Die Idee der Formalisierung in geschichtlichem Abriß*. Darmstadt: Wiss. Buchges. 1988

[12] Krueger, Myron W.: *Artificial reality II*. Reading, Mass.: Addison-Wesley 1991

[13] Lansdown, R. John: Whatever happened to computer art? In: D.S. Greenaway, E.A. Warman (eds.): *Proc. Eurographics '82*. Amsterdam: North-Holland 1982, 85-89

[14] Leopoldseder, Hannes: *Der Prix Ars Electronica 92*. Linz: Veritas-Verlag 1992

[15] Marx, Karl: *Das Kapital*. Bd. I. Berlin (DDR): Dietz-Verlag 1972 (MEW Bd. 23)

[16] Maxwell, Delle: The emperor's new art? In: Isaac Victor Karlow (ed.): *Computers in art and design*. New York: ACM 1991, 95-105

[17] McCorduck, Pamela: *Aaron's code. Meta-art, artificial intelligence, and the work of Harold Cohen*. New York: W.H. Freeman 1991

[18] Nadin, Mihai: *Die Kunst der Kunst. Elemente einer Metaästhetik*. Stuttgart, Zürich: Belser Verlag 1991

[19] Nake, Frieder: *Ästhetik als Informationsverarbeitung*. Wien, New York: Springer Verlag 1974

[20] Nees, Georg; Max Bense: *computergrafik*. rot 19. Stuttgart: edition rot 1965

[21] Reichardt, Jasia (ed.): *Cybernetic serendipity. The computer and the arts*. Studio International Special Issue 1968

[22] Rötzer, Florian (Hrsg.): *Digitaler Schein. Ästhetik der elektronischen Medien*. Frankfurt am Main : Suhrkamp 1991

[23] Rötzer, Florian: Ästhetik des Immateriellen. Das Verhältnis von Kunst und Neuen Technologien. Teile I und II. *Kunstforum* Bd. 97 (Nov./Dez. 1988) und 98 (Jan./Feb. 1989)

[24] Schaub, Mischa: *Code_X: multimediales Design*. Köln: DuMont Buchverlag 1992

[25] Städt. Museum Abteiberg Mönchengladbach (Hrsg.): *Sammlung Etzold – ein Zeitdokument*. Katalog zur Ausstellung 12.10.1986 - 20.4.1987

[26] Steller, Erwin: *Computer und Kunst. Programmierte Gestaltung: Wurzeln und Tendenzen neuer Ästhetiken*. Mannheim: BI Wissenschaftsverlag 1992

[27] Waffender, Manfred (Hrsg.): *Cyberspace. Ausflüge in virtuelle Wirklichkeiten*. Reinbek: Rowohlt 1991

[28] Walther, Elisabeth: *Allgemeine Zeichenlehre*. Stuttgart: DVA 1979

[29] Zec, Peter: *Holographie. Geschichte, Technik, Kunst*. Köln: DuMont Buchverlag 1987

Abb. 3. Barbara Nessim: Memory Swirls, 1986 (o. links); Wolfgang Kiwus: ohne Titel, 1992 (o. rechts); Manfred Mohr: P-361-E, 1984; (u. links), Harold Cohen: eine Zeichnung von Aaron (u. rechts)

Fachgespräche

Innovative Informationssysteme - Orientierung an Architekturen und Ausrichtung auf die Wettbewerbsfähigkeit (Fachbereich 5 Wirtschaftsinformatik)

Die zunehmende Größe von Informationssystemen und deren wachsende Komplexität lassen die Architektur von Informationssystemen zunehmend in das Interesse der Diskussion rücken. Neben Referenzarchitekturen und Client-Server-Architekturen werden weitere strukturelle Merkmale betrieblicher und überbetrieblicher Anwendungssysteme diskutiert.

Im Fachgespräch werden die wesentlichen Strukturierungsmöglichkeiten (Gestaltung von Architekturen) und ihre Vorgehensweisen dazu verdeutlicht und konkrete Beispiele neuerer und praktisch eingesetzter Architekturvorstellungen präsentiert. Besonderes Interesse wird dabei neuen Vorgehensweisen und Referenzmodellen entgegengebracht.

Unternehmen investieren zum Teil in Informatik-Lösungen, um ihre Marktposition und damit die Wettbewerbsfähigkeit beim Absatz der eigenen Produkte oder Dienstleistungen zu verbessern. Man spricht in diesem Zusmmenhang auch von strategischer oder wettbewerbsorientierter Informationsverarbeitung. Es wird aufgezeigt, welche Wirkungen innovative Informatik-Lösungen für die einsetzenden Unternehmen haben, auf welchen Eigenschaften der Informatik-Lösung diese Wirkungen beruhen und wie derartige Anwendungsideen von Unternehmen identifiziert werden können.

Koordination: Prof. Dr. H. Krcmar, Universität Stuttgart-Hohenheim
Prof. M. Schumann, Universität Göttingen

Zur Begriffsvielfalt bei Informationssystem-Architekturen: Ein Vorschlag für eine einheitliche Terminologie

Dr. Knut Hildebrand
Universität Würzburg, Lehrstuhl für BWL und Wirtschaftsinformatik
Josef-Stangl-Platz 2, 97070 Würzburg

1 Vom Wort zum Begriff

Die Informationssystem-Architektur dient unter anderem dazu, einen umfassenden Überblick über die Informationsverarbeitung im Unternehmen zu geben. Von daher gesehen nimmt die Informationssystem-Architektur eine zentrale Rolle im Informationsmanagement ein. Doch was ist damit gemeint? Was bedeutet die Verwendung des Wortes "Architektur" im Zusammenhang mit Informationssystemen? - Nun, damit soll aufgezeigt werden, daß gewisse Affinitäten zur Baukunst vorhanden sind. Beispielsweise spricht man ja auch von Rechnerarchitektur, Softwarearchitektur usw. [vgl. Krcm90, Stru90, Zach87].

Allerdings gibt es bis jetzt erst wenige Ansätze für eine einheitliche Terminologie und Systematik [vgl. Krcm90]. Schließlich werden Informationssystem-Architekturen in der Literatur praktisch erst seit Mitte der 80er Jahre diskutiert [vgl. Hase90]. Anhand von ausgewählten Ansätzen soll im folgenden die derzeitige Begriffsvielfalt beispielhaft verdeutlicht werden. Darauf aufbauend wird ein Vorschlag zu einer einheitlichen Terminologie vorgestellt. Er ist als ein Versuch zu verstehen, Wörter zu finden und damit Begriffe zu prägen, die klar und eindeutig definiert sind; die Benennung eines Begriffs und seine Bedeutung, beschrieben durch die zugeordneten Merkmale, sollten möglichst frei von Vagheit und Ungenauigkeit sein, so daß sich seine Intention leicht offenbart.

2 Konzepte, Namen und Beziehungen

Ein erstes Beispiel für den Begriffsreichtum ist die teilweise synonyme Verwendung von "Informationsarchitektur" und "Informationssystem-Architektur". So wird etwa bei der Business Systems Planning von IBM die Bezeichnung "information architecture" verwendet, womit Informationssysteme und ihre Daten gemeint sind [vgl. IBM84]. *Klotz/Strauch* verstehen unter der Informationsarchitektur die Abbildung des Einsatzes der "Information" im Unternehmen, dargestellt in einer übergeordneten Sichtweise. Die zentrale Aufgabe ist es, die verschiedenen Informationsarchitektur-Elemente in Beziehung zu setzen, mit dem Ziel, eine integrative Planung der informationellen Ressourcen zu ermöglichen [vgl. Klot90].

Noch differenzierter geht *Mertens* vor. Für ihn setzt sich die Informationsarchitektur aus den zwei Komponenten "Anwendungsarchitektur" und "Informationstechnikarchitektur" zusammen. Die erste ist eine stark verdichtete Sicht auf die Anordnung von Vorgängen bzw. Prozessen und Programmkomplexen, die zweite bezieht sich auf die Hardware-Bausteine [vgl. Mert91].

Der andere Begriff, die Informationssystem-Architektur, beinhaltet unter anderem folgende Elemente:
- die Anwendungsarchitektur,
- die Datenarchitektur und
- die Netzwerkarchitektur.

Jede einzelne besteht aus einer technischen, d.h. informationsverarbeitungsorientierten, und einer funktionalen, d.h. geschäftsprozeßbezogenen Komponente [vgl. IBM88].

Österle et al. geben dagegen diese Definition: "Die Informationssystem-Architektur stellt einen Rahmenplan für die Entwicklung von Applikationen, Datenbanken und der Organisation des Unternehmens dar. Die IS-Architektur stellt Modelle und Standards der Funktionen, der Daten, der Organisation und der Kommunikation im Unternehmen zur Verfügung. Die IS-Architektur ist dynamisch. Sie passt sich den geschäftlichen Anforderungen an." [Öste91].

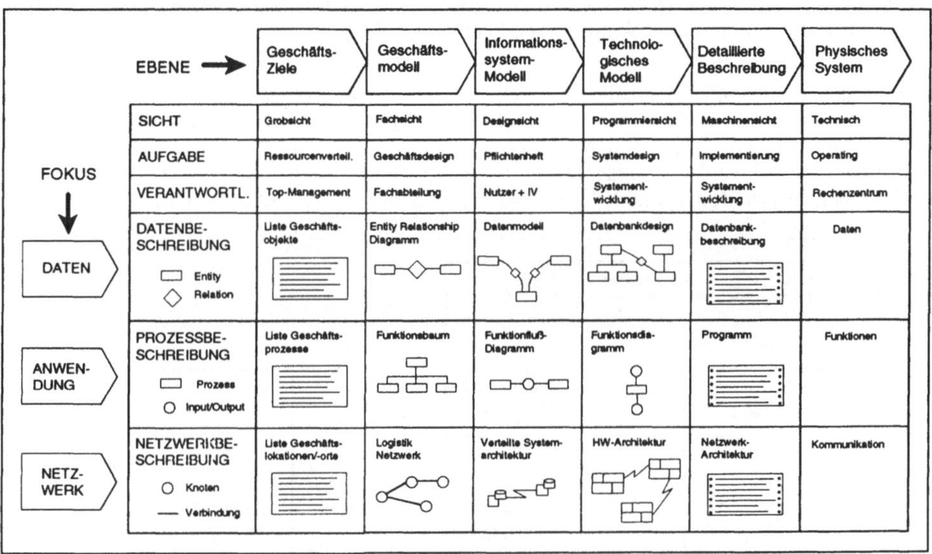

Abb. 1: Elemente von Informationssystem-Architekturen [vgl. Tulo91]

Noch umfangreicher ist die Betrachtungsweise von *Zachman*, der nicht von einer einzigen Informationssystem-Architektur spricht, sondern von einem Set. Für die verschiedenen Sichtweisen (Abb. 1) auf das komplexe Objekt Informationssystem-Architektur sind einmal die Ebenen (Spalten der Matrix) von Bedeutung, die von den Geschäftszielen bis zum physisch implementierten System reichen. Zum anderen differenziert *Zachman* über alle Ebenen in Daten, Anwendungen (Prozesse/Funktionen) und Netzwerk [vgl. Zach87].

Wie diese Beispiele zeigen, gibt es für den Begriff "Informationssystem-Architektur" unterschiedliche Auffassungen und Synonyme. Um es auf einen Nenner zu bringen: Die Informationssystem-Architektur ist die informationsbezogene Darstellung eines Unternehmens, die von den Unternehmenszielen bis zur technischen Basis reicht; im Mittelpunkt stehen Daten, Funktionen und Kommunikation. Insbesondere ganzheitliche Aspekte kennzeichnen die folgenden Modelle von *Scheer* und *Krcmar*.

3 ARIS-Informationsmodell von Scheer

Eine integrative Sicht bietet das ARIS-Informationsmodell - ARIS steht für **Architektur** integrierter Informationssysteme - von *Scheer*. Ausgangspunkt sind die Unternehmensziele, die durch bestimmte Funktionen des Informationssystems unterstützt werden sollen. Neben den Funktionen, die auf der obersten Ebene ihre logische Verdichtung in Geschäftsprozessen (Vorgangsketten) erfahren, wird auf der linken Seite das Modell der Datenstrukturen, gruppiert um den zentralen Begriff des Informationsobjekts, dargestellt (Abb. 2). Ein Informationsobjekt umfaßt Ereignisse und Zustände, die durch Attribute in einer Datenbank beschrieben werden. Inhaltlich zusammengehörende Informationsobjekte können wiederum in einem Datenmodell vereinigt werden [vgl. Sche91, Hild92].

Das Organisationsmodell enthält die unter- und übergeordnete Organisationseinheiten, von der Abteilung über den Betriebsbereich bis hin zum gesamten Unternehmen. Die Beziehungen zwischen den drei Komponenten Organisationsmodell, Datenmodell und Funktionsmodell finden zum einen ihren Niederschlag in der Ablaufsteuerung, zum anderen in der zugrundeliegenden Informationstechnik/IT-Ressourcenausstattung [vgl. Sche90, Sche91, Hild92].

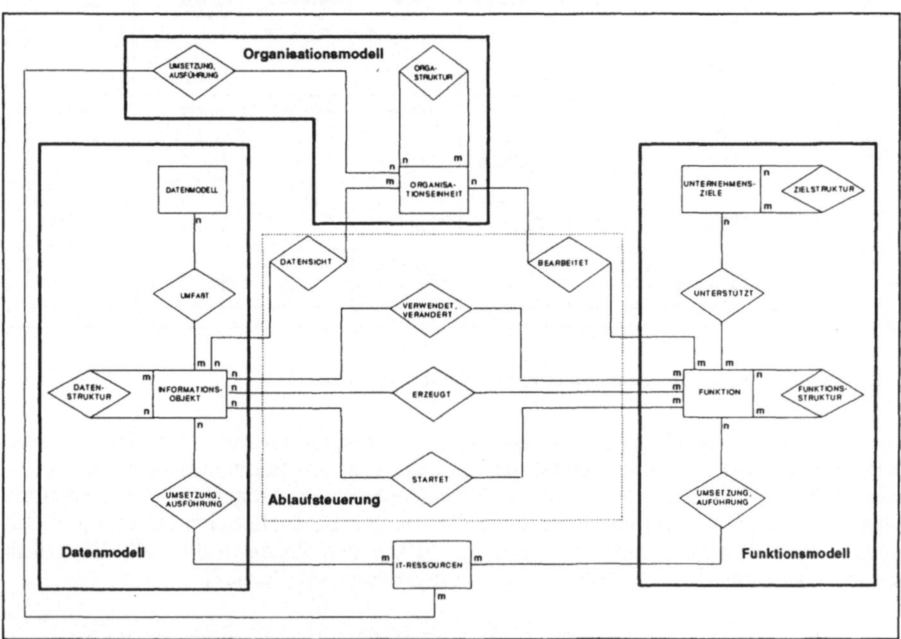

Abb. 2:   Informationssystemmodell der ARIS-Architektur [Sche90]

Das Modell von *Scheer* ist auf einer relativ hohen Ebene entwickelt und als Entity-Relationship-Modell (ERM) dargestellt; es ist als allgemeingültiger Vorschlag zu verstehen. Vorteilhaft ist insbesondere, daß es eine weite Spanne umfaßt, die von den Unternehmenszielen bis zu den technischen Ressourcen reicht; alle wesentlichen Modelle - Organisation, Daten und Funktionen - sind integriert. Übergreifende Begriffe, wie z.B. "Anwendungsportfolio", werden nicht explizit erwähnt.

4 Ganzheitliche Informationssystem-Architektur von Krcmar

Krcmar wählt für die Darstellung seines ganzheitlichen Ansatzes von Informationssystem-Architekturen das Modell eines Kreisels (Abb. 3). In diesem Kreisel stehen alle Teile in mehreren Schichten miteinander in Beziehung und unterstützen gemeinsam die in der Strategie formulierten und konkretisierten Unternehmensziele (oberste, gleichzeitig aber auch durchgängige Schicht). Die darunterliegende Ebene umfaßt die Prozeß- und Aufbauorganisationsarchitektur. Beide Sichtweisen sind eng miteinander verbunden, wobei sich der Schwerpunkt von der Aufbauorganisation zur vorgangskettenorientierten Betrachtung (Process Management) zu verschieben scheint [vgl. Krcm90].

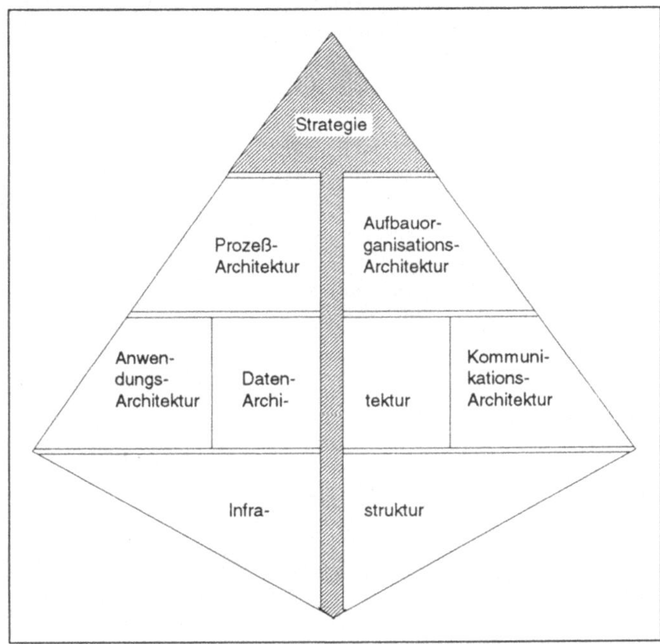

Abb. 3:   Ganzheitliches Modell der Informationssystem-Architektur [Krcm90]

Die dritte Scheibe des Kreisels ist aufgebaut aus der Anwendungsarchitektur (Funktionen, d.h. Prozesse und ihre rechnerbasierte Unterstützung), der Datenarchitektur und der Kommunikationsarchitektur (Informationsflüsse). Als unterste Schicht beschreibt die Technologiearchitektur bzw. Infrastruktur die benutzte Informations- und Kommunikationstechnologie [vgl. Krcm90].

Anders als *Scheer*, der den Schwerpunkt auf die Modelle legt, verwendet *Krcmar* den Begriff "Architektur" für die Elemente seines ganzheitlichen Ansatzes. Auch stellt das Konstrukt des Kreisels - im Gegensatz zum ERM - eine hierarchisch geordnete Struktur dar, deren Mittelpunkt die Geschäftsstrategie bildet. Allerdings werden Begriffe, die über einzelne Architekturaspekte hinausgehen, nicht näher thematisiert.

5 Vereinheitlichung - der Weg zu einer klaren Terminologie

Wie die vorstehenden Ausführungen zeigen, sind im Umfeld Informationssystem-Architekturen relativ viele Wortschöpfungen zu finden. Im folgenden werden die vorhandenen Begriffe zusammengefaßt und zueinander in Beziehung gesetzt, um ein System zentraler Begriffe zu erhalten, das die Terminologie hinreichend erschließt und das Gebiet leichter zugänglich macht.

Eine erste Verdichtung und Strukturierung der Begriffe zeigt Abbildung 4, in der der Zusammenhang zwischen Informations-Infrastruktur und Anwendungsportfolio - im weiteren Sinne - deutlich gemacht wird. Unter der <u>Informations-Infrastruktur</u> werden hierbei die Einrichtungen, Mittel und Maßnahmen verstanden, welche die Voraussetzung für die Produktion von Information und Kommunikation im Unternehmen schaffen: die Hardware (Informations- und Kommunikationstechnik), die Datenbanken, die Applikationen und das Personal [vgl. Hein90].

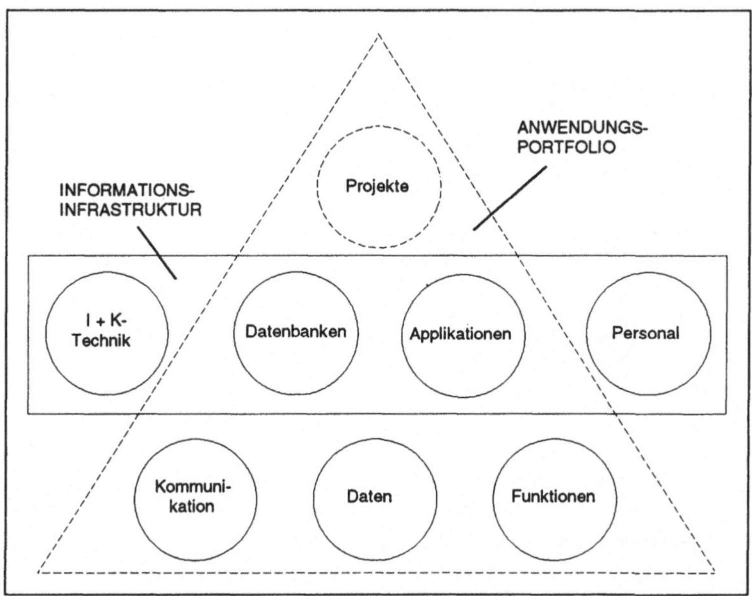

Abb. 4:   Beziehung zwischen Informations-Infrastruktur und Anwendungsportfolio

Das <u>Anwendungsportfolio</u> enthält: die Daten-, Funktions- und Kommunikationsmodelle sowie die darauf aufbauenden Datenbanken (Datenbankarchitektur) und Applikationen (Anwendungssystemarchitektur). In der etwas weiter gefaßten Darstellung kann man auch die Veränderungen der IS-Architektur in Form von Projekten (Projektportfolio, Migrationsplan oder Realisierungsstrategie) dazu rechnen [vgl. Öste89, Hild92].

Aufbauend auf den oben beschriebenen Zusammenhängen kann jetzt das ganzheitliche Modell von *Krcmar* noch etwas erweitert werden. Die oberste Ebene bildet dabei die Geschäftsstrategie, die die Geschäftsziele, -felder und -objekte umfaßt. Darunter sind die Geschäftsprozesse und die Organisation zu finden, wobei unter dem Begriff Organisation auch die personelle Komponente subsumiert wird [vgl. Krcm90]. Die Geschäftsstrategie, die Prozesse und die Organisation ergeben zusammen die <u>Unternehmensarchitektur</u> (Abb. 5).

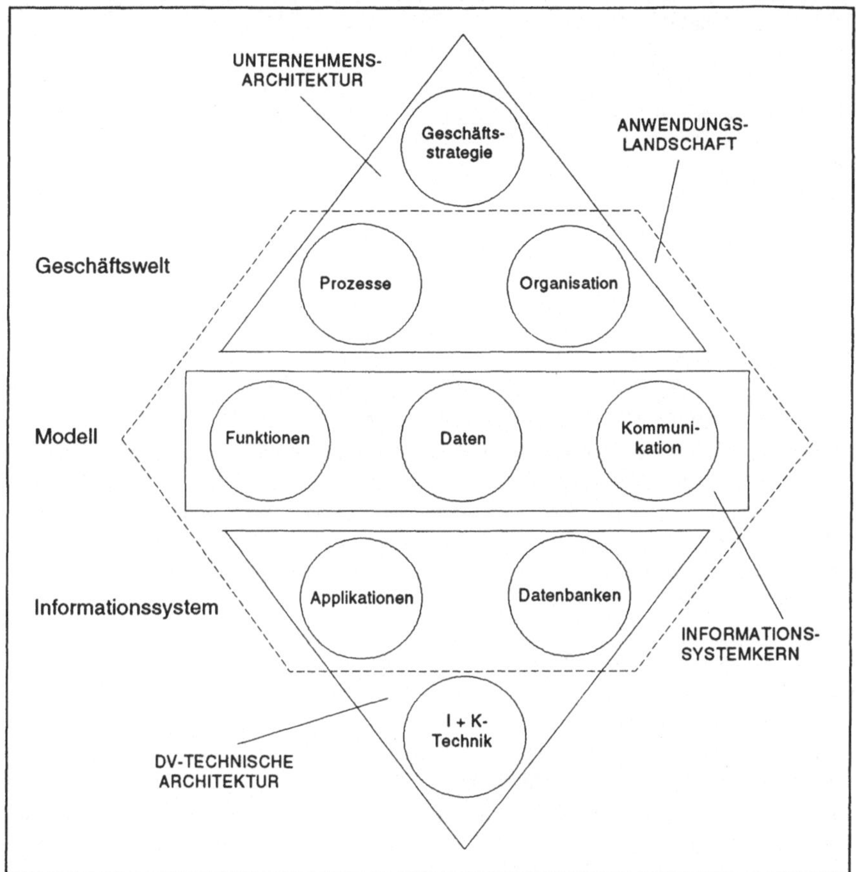

Abb. 5:   Erweitertes ganzheitliches Modell einer Informationssystem-Architektur [vgl. Hild92]

Die mittlere Schicht des Modells, der <u>Informationssystemkern</u>, steht gewissermaßen als Puffer zwischen der <u>Unternehmensarchitektur</u> und der <u>DV-technischen Architektur</u>, d.h. letztendlich zwischen der Geschäftsstrategie und den Hard- und Software-Plattformen. Sie bildet damit den Kern der Informationssystem-Architektur, da sie über die konzeptionelle Modellierung von Daten (unternehmensweites Datenmodell - UDM), Funktionen (Unternehmensfunktionsmodell - UFM) und Kommunikation (Datenflüsse/Kommunikationsstruktur) die Verbindung zu den Prozessen/der Organisation auf der einen Seite und Applikationen und Datenbanken auf der anderen Seite schafft. Änderungen der Geschäftsstrategie, der Organisation oder der Unternehmensprozesse werden erleichtert, da sie nicht unmittelbar auf die technische Infrastruktur durchschlagen, sondern vorher im Informationssystemkern abgefangen bzw. integriert werden [vgl. Krcm90, Hild92].

Auf dem Informationssystemkern bauen die Datenbanken und Applikationen auf. Die Verbindung von Anwendungssystemen und ihren Daten wird auch als <u>Informationsarchitektur</u> bezeichnet [vgl. IBM84]. Dadurch bekommt der ganzheitliche Aspekt die ihm zustehende Bedeutung und die eher künstliche Trennung - in Daten und Funktionen - wird überwunden. Der Informationssystemkern bildet zusammen mit der Informationsarchitektur und der unteren Ebene der Unternehmensarchitektur (Prozesse, Organisation) die als Hexagon eingezeichnete Anwendungslandschaft, die somit von der fachlichen Ebene der Geschäftsprozesse bis zum Anwendungsportfolio - im engeren Sinne, d.h. ohne Projekte - reicht.

Schließlich umfaßt die DV-technische Architektur die Applikationen und Datenbanken sowie die Informations- und Kommunikationstechnik. Diese unterste, technische Ebene besteht aus der Hardwarearchitektur, der dazugehörenden Systemsoftware und der Netz- bzw. Kommunikationsarchitektur.

Literatur

Hase90   Hasenkamp, U.; Syring, M.: Bibliographie zum Thema Anwendungsarchitektur, in: Wirtschaftsinformatik, 5/1990, S. 446-450.

Hein90   Heinrich, L.J.; Burgholzer, P.: Informationsmanagement: Planung, Überwachung und Steuerung der Informations-Infrastruktur, 3. Aufl., München, Wien 1990.

Hild92   Hildebrand, K.: Ein Referenzmodell für Informationssystem-Architekturen, in: Information Management, 3/1992, S. 6-12.

IBM84   IBM Corporation (Hrsg.): Business Systems Planning: Information Systems Planning Guide, 4. Aufl., Atlanta 1984.

IBM88   IBM Deutschland GmbH (Hrsg.): Information Systems Management, Band 5, Organisation des IS-Bereichs, Stuttgart 1988.

Klot90   Klotz, M.; Strauch, P.: Strategieorientierte Planung betrieblicher Informations- und Kommunikationssysteme, Berlin u.a. 1990.

Krcm90   Krcmar, H.: Bedeutung und Ziele von Informationssystem-Architekturen, in: Wirtschaftsinformatik, 5/1990, S. 395-402.

Mert91   Mertens, P.: Integrierte Informationsverarbeitung 1, Administrations- und Dispositionssysteme in der Industrie, 8. Aufl., Wiesbaden 1991.

Öste89   Österle, H.: Wettbewerbsfähigkeit durch Informationssystem-Architekturen: Management Summary, Arbeitsbericht Nr. IM2000/CCIM2000/1.2 des Instituts für Wirtschaftsinformatik der Hochschule St. Gallen, St. Gallen 1989.

Öste91   Österle, H.; Brenner, W.; Hilbers, K.: Unternehmensführung und Informationssystem: Der Ansatz des St. Galler Informationssystem-Managements, Stuttgart 1991.

Sche90   Scheer, A.-W.: Modellierung betriebswirtschaftlicher Informationssysteme, in: Wirtschaftsinformatik, 5/1990, S. 403-421.

Sche91   Scheer, A.-W.: Architektur integrierter Informationssysteme: Grundlagen der Unternehmensmodellierung, Berlin u.a. 1991.

Stru90   Strunz, H.: Zur Begründung einer Lehre von der Architektur informationstechnikgestützter Informations- und Kommunikationssysteme, in: Wirtschaftsinformatik, 5/1990, S. 439-445.

Tulo91   Tulowitzki, U.: Anwendungssystemarchitekturen im strategischen Informationsmanagement, in: Wirtschaftsinformatik, 2/1991, S. 94-99.

Zach87   Zachman, J.A.: A Framework for Information Systems Architecture, in: IBM Systems Journal, 3/1987, S. 276-292.

Aufbau und Inhalt einer System-Architektur für Kreditinstitute

Joachim Schmalzl

McKinsey & Company, Inc.

Königsallee 60C
40215 Düsseldorf

Prof. Dr. Matthias Schumann

Abteilung Wirtschaftsinformatik II
Georg-August-Universität Göttingen
Platz der Göttinger Sieben 7
37073 Göttingen

1 Die System-Architektur als Gesamtkonzeption

Mit Hilfe der System-Architektur kann die geeignete DV-Unterstützung von Unternehmen vollständig und übersichtlich dargestellt werden. Der Ansatz soll dazu dienen, die DV-Landschaft in ihren Grundstrukturen langfristig zu planen sowie die einzelnen Komponenten auf das zu unterstützende Geschäftssystem auszurichten und ihre Interdependenzen abzustimmen. Folgewirkungen von Einzelentscheidungen sind damit leichter ermittelbar, die Darstellung kann aufgrund des hierarchischen Aufbaus der Architektur (vom allgemeinen zum speziellen) dem jeweiligen Kommunikationszweck angepaßt werden. Die Disaggregation der vielfältigen Beziehungen auf überschaubare, aber dennoch wirklichkeitsnahe Strukturen verbessert darüber hinaus grundsätzlich die Kommunikation zwischen den DV-Gestaltern und -Nutzern im Unternehmen.

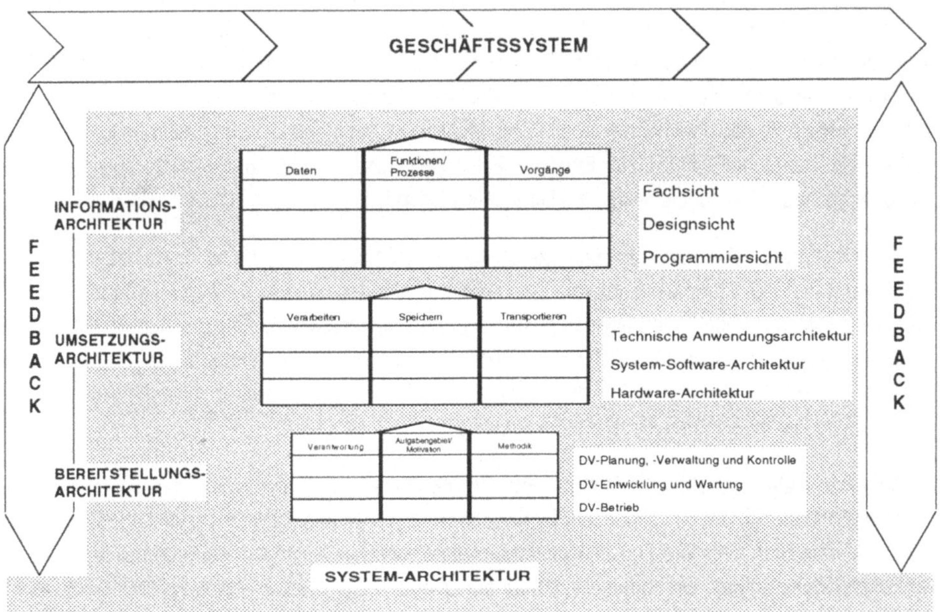

Abb. 1: Geschäftssystem und System-Architektur

Die System-Architektur umfaßt die Hauptgruppen Informations-Architektur, Umsetzungs-Architektur und Bereitstellungs-Architektur. Sie sind auf das Geschäftssystem ausgerichtet. Dabei sind Rückwirkungen der einzelnen Komponenten aufeinander sowie durch das zu stützende Geschäftssystem zu berücksichtigen. Abbildung 1 erläutert die Zusammenhänge in einer Übersicht.

Der System-Architektur-Ansatz wird im folgenden am Beispiel der Kreditinstitute näher beschrieben. Die Branche ist zum einen gekennzeichnet durch eine hohe Informationsintensität. Zum anderen machen wachsende DV-Problemfelder - Abkehr von spartenorientierten hin zu komplexeren kundenorientierten Anwendungen bei gleichzeitig verminderter freier Entwicklungskapazität durch hohen Wartungsanteil - einen grundlegenden Wandel erforderlich.[1]

2 Komponenten der System-Architektur

Die Architekturelemente werden innerhalb der Architektur-Hauptgruppen Informations-Architektur, Umsetzungs-Architektur und Bereitstellungs-Architektur mit ihren möglichen Ausprägungen getrennt beschrieben.

Die Informations-Architektur umfaßt die Daten-, Funktions- und Vorgangssicht. Der notwendige Prozeß, die ungeordnete, unstrukturierte Information des realen Geschehens als Daten zu sammeln sowie in die geeignete Struktur und dann in Speichermedien umzusetzen, wird durch hierarchisch differenzierte Modellebenen erleichtert. Ziel ist es, ein unternehmensweites Datenmodell (uwDM) zu entwickeln, das redundanzfrei, detailliert und vollständig die reale Welt beschreibt. Es setzt sich pragmatischerweise aus mehreren Projektdatenmodellen (PDM), jeweils begrenzten und überschaubaren Ausschnitten, zusammen. Als abstrakte Beschreibung der vielfältigen Informationsflüsse im Unternehmen sowie als Navigationshilfe für das unternehmensweite Datenmodell empfiehlt sich das Unternehmensdatenmodell (UDM), ein Top-Modell mit 150-200 Entitäten. Zur Konstruktion der einzelnen Modelle sowie der verwandten Methoden sei auf die bekannte Literatur verwiesen.[2]

Das unternehmensweite Festlegen (und das Erkennen) gleichartiger Begriffe ist für Kreditinstitute Voraussetzung, um z.B. Integrationsanforderungen aus der Allfinanzstrategie erfüllen zu können. Nur so läßt sich sicherstellen, daß Informationen produktübergreifend zusammengeführt, Bankdienstleistungen spartenübergreifend kombiniert und über beliebige Dimensionen vornehmbare Auswertungen für Marketing- und Controllingzwecke durchgeführt werden können. Darüber hinaus sind wiederverwendbare Datenstrukturen identifizier- und nutzbar[3].

Während die Datensicht statische Informationen berücksichtigt, wird in der Funktionssicht der Informationstransformationsprozeß beschrieben. Funktionen werden in einem Funktionsmodell abgebildet, das einerseits eine Hierarchie von Funktionsbäumen unterschiedlicher Aggregationsstufen mit deren exakter Beschreibung enthält. Ein anderseits, darauf aufbauendes "Endprodukt" eines Funktionsmodells ist

---

[1] vgl.: Porter, M.E./Millar, V.E., information, 1985, S. 151ff; Heitmüller, H.-M., Informatikzentrum, 1991
[2] vgl.: Rhefus, H., Datenarchitektur, 1992; Scheer, A.-W., UDM, 1988
[3] vgl.: Rhefus, H., Datenarchitektur, 1992; Klein, J., Modell, 1990, S. 6-10; Scheer, A.-W., UDM, 1988, S. 1111-1113, Himmler, U., Spartengrenzen, 1992, S. 32-34

ein Set identifizierter Funktionen, die als mehrfach einsetzbare Bausteine oder als zentrale Module gestaltet werden können. So sind Funktionen spezifizierbar, die sich in vielen zukünftig zu entwickelnden Anwendungen einsetzen lassen. Ein typisches Beispiel ist die "Zinsberechnung" oder "Bestandsermittlung", die in allen Abwicklungsprogrammen genutzt werden können. Vielfach genügt es, Parameter für die späteren Funktionsmodule festzuhalten und entsprechende Übergabeschnittstellen vorzubereiten.[4]

Vorgänge verbinden Funktionen und Daten durch eine Ablauflogik, so daß die jeweiligen Perspektiven verknüpft werden. Die Komplexität, die sich aus der Vielzahl der möglichen Abläufe im Unternehmen ergibt, wird dadurch verringert, daß spezifische Typen von Transaktionen gebildet sowie die Schnittstellen zu anderen Typen festgelegt werden. Nur für diese findet a priori eine Modellierung statt. Neben typischen technischen Transaktionen (Pflege von Daten) sind zweierlei fachliche Transaktionstypen denkbar. In einer Makroperspektive werden Geschäftsprozeßketten beschrieben, die in einem Vorgangssteuerungssystem münden können. In einer Mikroperspektive sind bestimmte Geschäftsprozesse (Kundendatenerfassen) als eine interne Logik zu bestimmen, die aus Konsistenzgründen unveränderbar bleiben soll.

Um die Informations-Architektur effizient erstellen zu können, sollte die dafür geeignete Umsetzungs-Architektur definiert und realisiert werden. Die technische Anwendungsarchitektur als oberste Ebene umfaßt alle Komponenten einer Software-Entwicklungsumgebung wie Treiber, Compiler und Generatoren sowie Datenbanken zum Erstellen und Ablaufen der Anwendungsprogramme. Für Kreditinstitute wird dieser Teilbereich, wie Untersuchungen im amerikanischen Bankenmarkt zeigen, immer wichtiger. Nur durch Einsatz leistungsfähiger Entwicklungsumgebungen könnten die dringend anstehenden Aufgaben bewältigt werden - so der Ersatz vieler großer, nur schwer zu wartender Altanwendungen, beispielsweise im Sparverkehr.[5] Ebenso enthalten ist die logische Verteilung der Daten (zentral oder verteilt) und die Bündelung der einzelnen Funktionen zu funktionsfähigen Anwendungen. Die für neue Beratungsansätze notwendigen kundenorientierten Programme mit spartenübergreifender Datenintegration - Stichwort "Kundengesamtobligo" - müssen hier berücksichtigt werden. Die Verbindungsstruktur, von besonderer Bedeutung für die Kopplung dezentraler, verteilter Einheiten, wird durch die Routing-Konzepte, die physikalische und logische Netzstruktur (Topologie) und die Übertragungsmethoden beschrieben.

Auf den tieferliegenden Ebenen sind die Systemsoftware-Architektur und die Hardware-Architektur abzubilden. Auf allen Ebenen der Umsetzungs-Architektur bietet sich eine Unterteilung in Verarbeiten, Speichern und Transportieren in Anlehnung an die grundlegenden Arbeiten von J.A. Zachman an.[6]

Die Bereitstellungs-Architektur umfaßt die drei Ebenen DV-Planung, -Verwaltung und -Kontrolle, DV-Entwicklung und Wartung sowie DV-Betrieb. Auf den einzelnen Ebenen werden neben Aufgabenbeschreibungen die jeweilige Verantwortung, das spezifische Aufgabengebiet mit Motivation sowie die dabei angewandte Methodik - auszugsweise - betrachtet.

---

[4] vgl.: Scheer, A.-W., Architektur, 1992, S. 139ff; Balzert, H., Software-Systeme, 1982, S. 262ff
[5] vgl.: o.V., Revolution, 1992, S. 25f
[6] vgl.: Sowa, J.F./Zachman, J.A., architecture, 1992

3 Interdependenzen innerhalb der System-Architektur

Die System-Architektur soll mit der umfassenden Strukturierung nicht nur alle relevanten Teile der DV-Unterstützung systematisch, vollständig und überschneidungsfrei erfassen, sondern auch die Interdependenzen und damit den Abstimmungsbedarf sichtbar machen und den erforderlichen Prozeß zur Koordination der einzelnen Architekturbestandteile unterstützen. Die Gesamtbetrachtung ermöglicht es, Auswirkungen anstehender Einzelentscheidungen aufzudecken: Durch die erhöhte Transparenz potentieller Implikationen und deren Bewertung lassen sich die Grundlagen für die Entscheidungsfindung verbessern. Abbildung 2 zeigt die wichtigsten Abstimmungsbereiche auf.

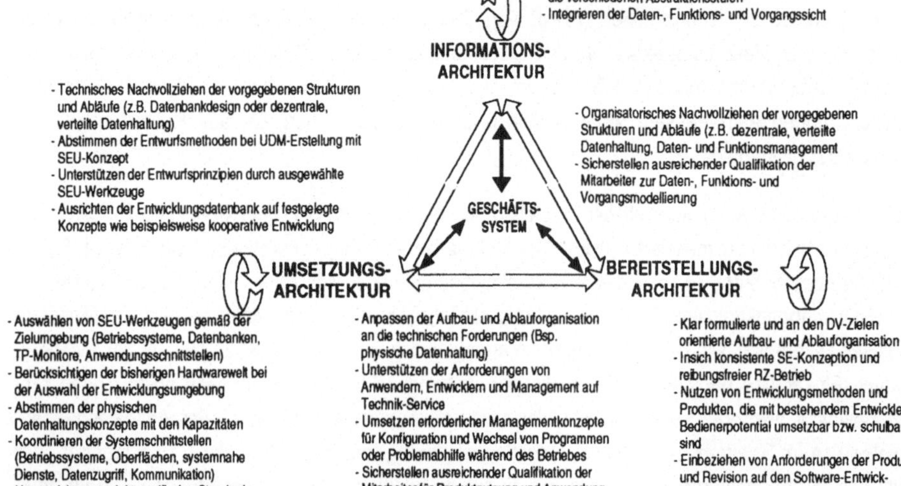

Abb. 2: Abstimmungsbedarf der Architekturelemente

Für den praktischen Einsatz sind toolgestützte Verfahren denkbar. Hierbei werden die Architekturelemente systematisch erfaßt und die einzelnen Beziehungen nach ihrem Abhängigkeitsgrad zu klassifiziert und verfolgt.

Der Freiheitsgrad der Architekturplanung wird allerdings nicht nur durch diese Abhängigkeiten eingeschränkt; die Architekturelemente werden auch bewußt durch übergreifende Konzepte, beispielsweise für Client-Server-basierende Anwendungen, miteinander verknüpft.

4 Ausblick

Architekturansätze erfreuen sich, zumindest in der wissenschaftlichen Betrachtung, steigender Beliebtheit. Hinsichtlich der Anwendung sind aber - nicht nur für Kreditinstitute - noch wichtige Fragen offen.

Die Schwierigkeiten einer Bewertung des Architekturansatzes liegen neben der hohen Komplexität auch in dem Options-Charakter des Vorhabens begründet. Eine wohlformulierte Architektur führt nicht zu unmittelbaren Erfolgen, sondern verursacht zunächst hohe Kosten. Neben den reinen Planungs- und Konzeptionskosten entstehen Kosten für die Erstellung von Infrastruktur-Grundlagen sowie die aufwendige Migration. Die erhofften Kostenersparnisse werden erst nach den Investitions-Phasen erreicht. In Abbildung 3 ist dies stark vereinfacht dargestellt.

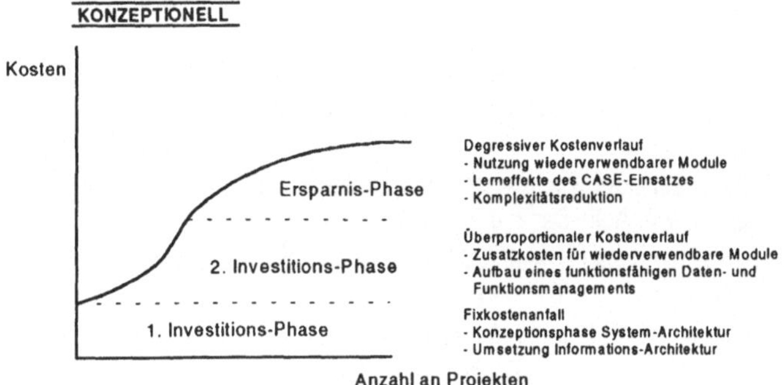

Abb. 3: Verlauf von DV-Kosten bei Nutzung des Architekturansatzes

Hierbei gilt es jedoch zu prüfen, ob die durch technologischen und geschäftsgetriebenen Wandel notwendige Fortschreibung der Architektur jemals den erhofften degressiven Kostenverlauf erreichen läßt oder nicht wieder neue Investitions-Phasen anstehen. Verschärft wird die Problematik, wenn durch ein "over-architecture" die Ersparnis-Phase erst zu einem sehr späten Zeitpunkt einsetzt. Wirtschaftlichkeit und damit Relevanz des Ansatzes werden sich erst nach Auswertung konkreter Architekturprojekte beurteilen lassen.

Kreditinstitute, die einen Gesamt-Architekturansatz scheuen, könnten sich beschränken auf bestimmte zu unterstützende Geschäftsgebiete - hierbei bieten sich Abwicklungsprogramme wegen den zu erwartenden deutlichen Effektivitätssteigerungen an - oder auf Teilarchitekturen wie die Informations-Architektur. Vorteil ist eine bessere Durchsetzbarkeit, Nachteil ein Verzicht auf das Erreichen aller potentiell möglichen Einsparungen.

Ein alternatives Vorgehen wäre möglich, wenn für die gesamte Branche Basis-Architekturmodelle, beispielsweise für den Bereich der Backoffice-Anwendungen, verfügbar wären. Diese Basis-Architekturen könnten dann als Grundlage für die kreditinstitutsspezifische Architekturplanung dienen.

Literatur

Balzert, H. (Software, 1982): Die Entwicklung von Software-Systemen: Prinzipien, Methoden, Sprachen, Werkzeuge, Mannheim u.a., 1982

Heitmüller, H.-M. (Informatikzentrum, 1991): Informatikzentrum der Sparkassenorganisation - ein strategisches Instrument im Bankenwettbewerb, in: bank und markt, 20. Jg., 1991, Heft 9, S. 5-12

Himmler, U. (Spartengrenzen, 1992): Die Überwindung der Spartengrenzen im Aktiv-/Passivgeschäft, in: bank und markt, 21. Jg., 1992, Heft 4, S. 32-34

Klein, J. (Modell, 1990): Vom Informationsmodell zum integrierten Informationssystem, in: Information Management, 5. Jg., 1990, Heft 2, S. 6-16

o.V. (Revolution, 1992): Financial Services: A Revolution in Applications Software, in: Technology Strategies, MCB Business Strategy Publication, o. Jg., 1992, Heft 12, S. 23-26

Porter, M.E./Millar, V.E. (information, 1985): How information gives you competitive advantage, in: Harvard Business Review, 63. Jg., 1985, Heft 4, S. 149-160

Rhefus, H. (Datenarchitektur, 1992): Top Down und/oder Bottom Up - Kritische Erfolgsfaktoren auf dem Weg zu einer Unternehmens-Datenarchitektur, in: Information Management, 7. Jg., 1992, Heft 3, S. 32-37

Scheer, A.-W. (Architektur, 1992): Architektur integrierter Informationssysteme - Grundlagen der Unternehmensmodellierung, 2., verb. Aufl., Berlin u.a., 1992

Scheer, A.-W. (UDM, 1988): Unternehmensdatenmodell (UDM) als Grundlage integrierter Informationssysteme, in: ZfB, 58. Jg., 1988, Heft 10, S. 1091-1114

Sowa, J.F./Zachman, J.A. (architecture, 1992): Extending and formalizing the framework for information systems architecture, in: IBM Systems Journal, 31. Jg., 1992, Heft 3, S. 590-616

EINE ARCHITEKTUR FÜR DAS MANAGEMENT ÖFFENTLICHER KOMMUNIKATIONSDIENSTE

Gerhard Schwab
Softlab AG
Mitteldorfstrasse 6
CH-3072 Ostermundigen / Schweiz

1. AUSGANGSLAGE: DIE EUROPÄISCHEN PTTs IM FREIEN MARKT

Der Telekommunikationsmarkt ist weltweit und besonders in Europa im Umbruch. Die Globalisierung und Liberalisierung der Märkte führt zu verschärfter Konkurrenz und zwingt die PTTs zu stärkerer Marktorientierung und Senkung der Produktionskosten. Dafür bildet ein leistungsfähiges, <u>durchgängig</u> automatisiertes und <u>integriertes</u> **Telekommunikations-Management** die Voraussetzung.

Die Schweizerische PTT Telecom hat dazu als Basis eine einheitliche und durchgängige **Architektur** für alle Management Systeme definiert.

2. EINE ARCHITEKTUR FÜR DAS TELEKOMMUNIKATIONS-MANAGEMENT

2.1. Das Architekturmodell

Die Komponenten einer Architektur für das Management von Telekommunikationsdiensten sind im folgenden Modell veranschaulicht [NMTI 93]:

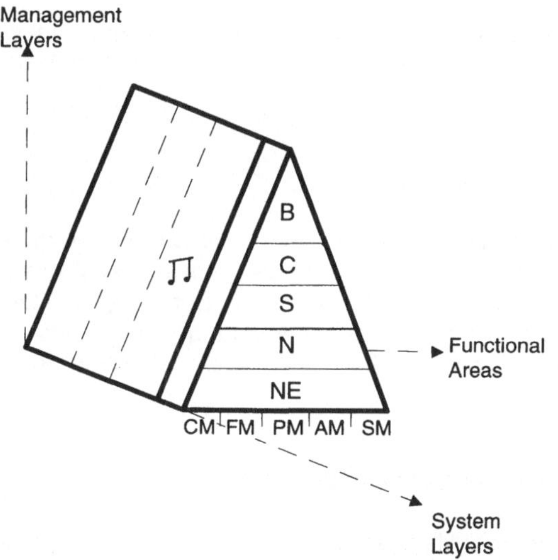

B ... Business Management
C ... Customer Management
S ... Service Management
N ... Network Management
NE ... Network Element Management

CM ... Configuration Management
FM ... Fault Management
PM ... Performance Management
AM ... Accounting Management
SM ... Security Management

Abb. 1: Dimensionen einer Management-Architektur

Management Layers stellen eine hierarchische Strukturierung aller Aufgaben und Verantwortlichkeiten eines Anbieters von Telekommunikationsdiensten dar. Kriterien für die Schichtendefinition bilden dabei die Objekte des Managements, von einzelnen Netzelementen über Netze, Dienste, Kunden und Marktsegmente bis zum Business eines Dienstanbieters als Ganzem.

Diese Definition der Layers basiert auf den CCITT-Empfehlungen zum **Telecommunications Management Network** [TMN 91], die heute bei PTTs wie bei Herstellern gleichermassen akzeptiert sind. Um dem Ziel einer stärkeren Marktorientierung der PTT Telecom besser Rechnung zu tragen, wurden dabei die vier Management Layers von TMN um den **Customer Management Layer** erweitert.

Functional Areas bezeichnen die verschiedenen Aufgabenbereiche des Telekommunikations-Managements und entsprechen den Festlegungen der ISO-Standards für OSI Systems Management.

System Layers strukturieren ein Management-System unter dem Realisierungsgesichtspunkt in weitgehend austauschbare Schichten von der Hardware-Ebene bis zu den spezifischen Enduser-Applikationen. Dabei wird zwischen der **Anwendungs-Plattform** mit den Schichten Hardware, Systemsoftware (i.w. das Betriebssystem) und Applikations-Support einerseits und den ebenfalls hierarchisch noch weiter strukturierten **Management Applikationen** andererseits unterschieden. Diese Trennung ist insbesondere deshalb wichtig, da höhere Schichten erfahrungsgemäss eine höhere Lebensdauer haben als tiefere Schichten. Während eine Applikation i.a. fünf bis fünfzehn Jahre im Einsatz ist, möchte man den Technologiefortschritt im Bereich der Hardware und Systemsoftware in viel kürzeren Zyklen nutzen können.

In diesem dreidimensionalen Modell werden nun die einzelnen **Management Systeme** positioniert. Sie sind untereinander zu einem **Management Network** verbunden.

2.2. Das Informationsmodell

Das **Informationsmodell** definiert alle relevanten Begriffe, beschreibt die Objektklassen, ihre Attribute und Methoden, sowie die Beziehungen der Objekte untereinander. Es liefert die gemeinsame Sprache, ist Drehscheibe für alle Fachdiskussionen und bildet den Ausgangspunkt und Referenz für die projektspezifischen Datenmodelle und die Realisierung der Management Datenbanken.

3. GRUNDPRINZIPIEN EINER MANAGEMENT-ARCHITEKTUR

Die Definition einer Management-Architektur wird geleitet von einigen Grundprinzipien, die sowohl organisatorische als auch technologische Belange betreffen. Dazu gehören

- Standortunabhängigkeit
- Dienstebenen-Konzept

- Trennung von Management Network und Service Network
- Trennung von Applikationen und Plattform
- Einsatz von leistungsfähigen Standardplattformen
- Objektorientierung
- Offenheit und Konformität zu Standards
- Skalierbarkeit und Domain-Konzept

Diese Prinzipien sind detailliert in [NMTI 93] beschrieben.

4.   DIE TK-MANAGEMENT-ARCHITEKTUR BEI DER SWISS PTT TELECOM

Kein Dienstanbieter beginnt beim Management heute "auf der grünen Wiese". Auch bei der Schweizerischen PTT Telecom besteht bereits eine Vielzahl von Management Systemen, die ein grosses Investitionsvolumen darstellen. Ihre Migration in eine zukünftige Architektur ist, vor allem wirtschaftlich gesehen, ein wichtiges Anliegen. Deshalb wurde zweierlei definiert:

- eine **Idealarchitektur**, die noch keine Rücksicht auf bestehende dedizierte Lösungen für einzelne Netze nimmt und daher *universell einsetzbar* ist
- eine **Migrationsstrategie** für die bestehenden Systeme

4.1.   Idealarchitektur

Auf der Basis der Anforderungen der Betreiber und Kunden wurde die gesamthaft benötigte Funktionalität in einzelne Applikationen strukturiert und deren Zusammenwirken anhand ihrer Schnittstellen beschrieben.

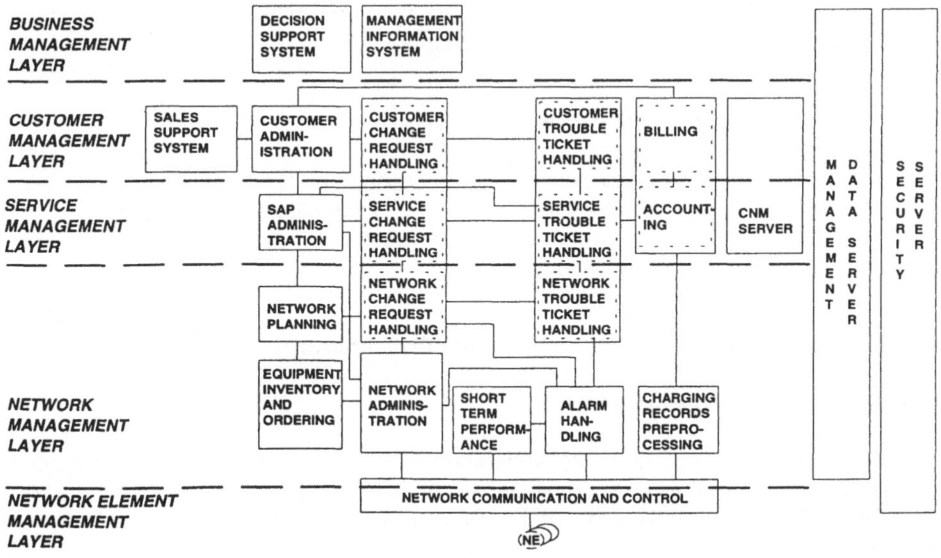

Abb. 2:   Idealarchitektur - Applikationsebene

4.2.   Migrationsstrategie - Die Realisierung der Architektur

Die beschriebene Idealarchitektur ist im Prinzip für jeden Dienstanbieter und Netzbetreiber anwendbar. Die Umsetzung für die spezifischen Schwerpunkte eines Anwendungsbereichs wird im konkreten Fall in folgenden Schritten abgewickelt:

1   Festlegung des Funktionsumfangs und des Betrachtungsbereichs

Anhand des Architektur- und Informationsmodells wird das Betrachtungsfeld abgesteckt: Welche Management Layers sollen betrachtet werden? Welche Marktsegmente, Kundengruppen, welche Dienste, Netze, Technologien?

2   Positionierung der Anforderungen

Gibt es spezifische Bedürfnisse der betrachteten Dienste und Netze, die vom allgemeinen Fall der Idealarchitektur als Referenz abweichen?

3   Abbildung der heutigen Management-Systeme

Die bestehenden dienstspezifischen Management Applikationen und Systeme werden analysiert: welche Teile der Idealarchitektur decken sie ab? Was fehlt? Was ist andererseits in der Idealarchitektur unberücksichtigt?
Ebenso werden die verwendeten Daten den Objekten des Referenz-Informationsmodells zugeordnet.

4   Realisierungsstrategie

Wo müssen Applikationen und Datenbanken erweitert oder angepasst werden? Welche Applikationen müssen neu entwickelt oder beschafft werden? Wie sehen Prioritäten und Zeitplan aus?

5.   DIE ROLLE DER ARCHITEKTUR IN DER PROJEKTARBEIT

Die Architektur gibt verschiedenen Benutzergruppen Hilfestellungen bei ihrer täglichen Arbeit: dem Applikationsplaner und Projektleiter, dem Operator im Technischen Betrieb, dem Entwickler der Management Applikationen und indirekt auch dem Benutzer dieser Applikationen.

5.1.   Die Architektur: ein Leitfaden für die Projektierung

Projektdefinition und Pflichtenheft

In der Pflichtenheftphase stellt die Architektur einen Leitfaden für den Auftraggeber dar, indem sie Einbettung der Applikationen in ihre Umgebung, Anforderungen an ihre Funktionalität, Benutzeroberfläche und Qualität bereits in grobem Rahmen vorgibt.

Das Pflichtenheft wird durch die Architektur ein gutes Stück konkreter als sonst üblich, da einige Designvorgaben (z.B. Schnittstellen) von der Architektur her bereits abgeleitet werden können.

Ausschreibung der Realisierung und Offerten-Evaluation

Jeder Ausschreibung für die Realisierung einer Management-Applikation werden die relevanten Teile des Architekturdokuments beigelegt. Das führt zu einer Vereinheitlichung sowohl der Ausschreibung selbst, als auch der eingereichten Offerten. Der Evaluationsaufwand wird dadurch erheblich reduziert.

Überwachen der Realisierung und Abnahme der Ergebnisse

Für das Projekt-Controlling und die begleitende Qualitätssicherung durch die PTT liefert das architekturbasierte *Projekthandbuch* die nötigen Anleitungen und Ablaufbeschreibungen, sowie Standardgliederungen für die einheitliche Projekt-dokumentation.

5.2. Die Architektur: ein Handbuch für die Entwicklung

Offertstellung

Die Ausschreibung enthält in Auszügen aus den Architekturdokumenten sehr konkrete Vorgaben über die Einbettung der zu entwickelnden Applikation. Das erleichtert die Erstellung der Offerte.

Realisierung

Die Realisierung wird effizienter durch die Verwendung von leistungsfähigen Plattformen und gemeinsamen Datenbanken. Die Entwicklung verschiedener Applikationen kann weitgehend unabhängig voneinander laufen, auf der Basis der Funktionsverteilung und vordefinierten Schnittstellen.

Ein erheblicher Teil der Funktionalität, insbesondere im Network Management Layer, braucht nicht neu entwickelt zu werden, sondern entsteht durch Anpassung von bestehenden Management Systemen an die Architektur. Dafür sind in der Architektur **Migrationswege** vorgezeichnet, die von den Entwicklern einer einzelnen Applikation nicht antizipiert werden könnten. Irrwege und Sackgassen-Entwicklungen können somit vermieden werden.

5.3. Die Architektur: eine Hilfe beim Betrieb

Integration der Applikation und Inbetriebnahme

Die Integration einer Applikation in eine komplexe Umgebung, wie sie eine grosse Management Plattform darstellt, ist ein schwieriges Unterfangen. Die Architektur mindert das Problem auch hier durch Vereinheitlichung. Die standardisierten Plattformen mit der einheitlichen Umgebung für die Applikationen lassen die Integration grossteils zur Routinearbeit werden.

Betrieb

Neben dem Plattform-Management bekommt der Betrieb der Applikationen und zugehörigen Daten ein immer stärkeres Gewicht. Eine neu geschaffene Organisationseinheit für Datenmanagement übernimmt die Aufgaben:

⇨   Pflege des Information Models
⇨   Datenstandardisierung
⇨   Datenbankverwaltung

5.4. Die Architektur: Vorteile für den Endbenutzer

Natürlich sollte der Benutzer der Management-Applikationen nicht mit den Details der Architektur belastet werden. Er wird jedoch indirekt ebenfalls profitieren:

⇨   die einheitlichen Prinzipien der Benutzeroberfläche reduzieren den Einarbeitungsaufwand
⇨   gemeinsame Datenbanken machen Mehrfacheingaben von Daten überflüssig, Konsistenzprobleme entfallen

6.   ZUSAMMENFASSUNG

Die Schweizerische PTT Telecom begegnet der Herausforderung des liberalisierten Marktes mit einer klaren Vorwärtsstrategie. Dazu gehört auch eine aktivere Rolle bei der Entwicklung und Beschaffung der Applikationen und Computer-Systeme für den Technischen Betrieb. Eine einheitliche und umfassende Architektur schafft dabei den Rahmen für eine effiziente und koordinierte Weiterentwicklung aller Management Systeme.

7.   LITERATUR

[NMTI 93]   Swiss PTT: "Network Management / Telematics Architecture", Technical Documentation, 1993
[ISO 88]   ISO7498-4: Information Processing Systems - Open Systems Interconnection Basic Reference Model, Part 4: Management Framework
[TMN 91]   CCITT Draft Recommendation M.3010, November 1991 Principles for a Telecommunication Management Network

Objektorientierte Anwendungsentwicklung und relationale Datenbanktechnologie: Eine Überbrückung zwischen Schichten von Informationssystemarchitekturen

E. Stickel
Europa-Universität Viadrina
Lehrstuhl für Wirtschaftsinformatik
Postfach 776
O-1200 Frankfurt/Oder

O. Rauh
Fachhochschule Heilbronn/Künzelsau
Daimlerstr. 35
W-7118 Künzelsau

1 Einleitung

Objektorientierte Datenbanksysteme (OODBS) sind seit einigen Jahren aktiver Gegenstand der Informatikforschung. Eine Reihe von OODBS haben inzwischen das Prototypen-Stadium verlassen und sind kommerziell verfügbar. Aus diesem Grund werden diese Datenbanksysteme auch für die Informationsverarbeitung in den Unternehmen interessant.

Für die Implementierung von OODBS werden häufig objektorientierte Programmiersprachen (OOP) wie etwa C++ oder Smalltalk verwendet. Die Implementierungssprache beeinflußt natürlich dann die Eigenschaften des Datenbanksystems, unterstützt aber andererseits die Anwendung objektorientierter Methoden bei der Entwicklung von Anwendungssystemen. So ist es möglich, Anwendungssysteme in einer objektorientierten Programmiersprache zu realisieren und gleichzeitig anfallende Daten ohne die Gefahr von Schnittstellenproblemen *(impedance mismatch)* persistent in einem (zur Sprache "passenden") Datenbanksystem abzulegen. Bei Einsatz eines Datenbanksystems, welches auf der OOP C++ basiert, können in aller Regel bestehende C-Programme eingebunden werden. Über Schnittstellen zur Sprache C ist auch die Einbindung anderer konventioneller prozeduraler Programmiersprachen möglich (etwa COBOL, Pascal, ...). Dies stellt einen wesentlichen Beitrag zur Investitionssicherung innerhalb der Anwendungsprogrammierung dar. Andererseits ist zu beachten, daß die relationale Datenbanktechnologie in der betrieblichen Praxis erst seit relativ kurzer Zeit für größere teilweise zeitkritische Anwendungen eingesetzt wird. Viele Unternehmen müssen sich heute noch mit der Problematik der Migration von (hierarchischen) Datenbeständen auf relationale Datenbanktechnologie auseinandersetzen. Der Einsatz moderner objektorientierter Datenbanktechnologie ist für solche Unternehmen sicherlich kein aktuelles Thema.

Im folgenden Beitrag wird eine Vorgehensweise präsentiert, die es ermöglicht, objektorientierte Anwendungsentwicklung unter Einsatz eines relationalen Datenbanksystems zu realisieren. Die Anwendungsentwicklung erfolgt unter Verwendung einer objektorientierten Programmiersprache (hier C++). Entwickelte Klassenschemata werden in einer relationalen Datenbank persistent gespeichert. Zur Generierung der relationalen Datenbank wurde ein Compiler entwickelt, der Klassenschemata in Relationenschemata umsetzt. Gleichzeitig werden Klassenmethoden für das Laden und Speichern veränderter Daten vom Compiler generiert. Daraus resultiert ein flexibler Ansatz, der die Vorteile der objektorientierten Entwicklung von Anwendungssystemen mit den Vorteilen der ausgereiften relationalen Datenbanktechnologie verbindet.

Im nächsten Abschnitt wird kurz auf die Problematik des objektorientierten Paradigmas eingegangen. Im dritten Abschnitt wird die Architektur des verwendeten Compilers skizziert. Schließlich wird die Anwendung des Ansatzes in drei konkreten Projekten aus der Bank- und Versicherungsbranche beschrieben.

2 Objektorientierung

In der betrieblichen Praxis werden zur Entwicklung eines Fachkonzeptes heute häufig die Methode "Strukturierte Analyse (SA)" für die Funktionsmodellierung sowie die "Entity-Relationship-Methode (ERM)" für die Datenmodellierung eingesetzt. Charakteristisch für diese klassischen Ansätze ist die Trennung zwischen Daten- und Funktionssicht. An dieser Vorgehensweise werden im wesentlichen immer wieder drei Punkte kritisiert (vgl. [Ferstl, Sinz; 1991; S. 479]): (1) Daten- und Funktionssicht sind nicht genug verzahnt, sie stehen teilweise isoliert nebeneinander. Dies ergibt sich aus der weitgehend unabhängigen Entwicklung der Daten- und Funktionsschemata. Die Verbindung erfolgt ausschließlich über das externe Schema, wobei deutliche Defizite bei der methodischen Unterstützung zur Erstellung dieses externen Schemas erkennbar sind. (2) Der verwendete Top-Down-Ansatz der schrittweisen Verfeinerung beruht im wesentlichen auf einer hierarchischen Zerlegung des Gesamtsystems in immer kleinere Einheiten. Gerade die Entity-Relationship-Methode unterstützt diesen Zerlegungsprozeß nur unzureichend. (3) In der betrieblichen Praxis wird es immer wichtiger, andere Programmiertechniken effizient einzusetzen. Erwähnenswert sind deklarative und wissensbasierte Ansätze. Dies ist bei Anwendung der klassischen Methoden nicht vorgesehen beziehungsweise wird nicht unterstützt. In der Literatur werden einige Methoden zur Erstellung eines Fachkonzeptes auf Basis des objektorientierten Entwurfsparadigmas diskutiert. Einen durchgehenden Ansatz, der später auch das Design von Anwendungssystemen unterstützt, findet man beispielsweise in [Coad, Yourdon; 1990a] beziehungsweise [Coad, Yourdon; 1991b].

Zur permanenten Speicherung anfallender Daten ist ein Datenbanksystem unverzichtbar. Die meisten der heute verfügbaren objektorientierten Datenbanksysteme ergänzen die bereits oben angesprochenen Eigenschaften einer objektorientierten Programmiersprache um die Fähigkeit, Daten dauerhaft zu speichern (*Persistenz*), die Möglichkeit des Mehrbenutzerbetriebs (*Concurrency Kontrolle, Recovery-Konzepte*), um Konzepte zur transaktionsorientierten Vorgangsbearbeitung sowie um Möglichkeiten zur verteilten Verarbeitung. Solche OODBS werden auch als *verhaltensmäßig* objektorientierte Systeme bezeichnet. Das Problem des "impedance mismatch" kann so offenbar gelöst werden. Strukturell objektorientierte Systeme enstehen durch Anreicherung bekannter Datenmodelle (etwa relationales Modell beziehungsweise ERM) um die Möglichkeit, komplexe Datenstrukturen zu definieren. *Voll objektorientierte* Systeme sollten einen von Atkinson et. al. vorgestellten Forderungskatalog erfüllen (vgl. [Atkinson et. al.; 1989]). In [Sinz, Amberg; 1992] werden Nutzen und Defizite heute verfügbarer objektorientierter Datenbanksysteme zusammengestellt. Auf der Nutzenseite stehen die Fähigkeit zur Modellierung komplexer Datenstrukturen, die für die Qualitätssicherung wichtige Datenkapselung und damit verbundene lose Kopplung von Objekten sowie die Auflösung des bereits angesprochenen "impedance mismatch". Hauptdefizit, das insbesondere für die betriebliche Praxis gravierende Folgen hat, ist das Fehlen von Standards, die Tatsache, daß OODBS nur von kleinen Firmen vertrieben werden (Unsicherheit über Fortbestand), und der in aller Regel bestehende Zwang, als DML eine objektorientierte Programmiersprache benutzen zu müssen.

Insbesondere der letzte Punkt soll nochmals aufgegriffen werden. Abfragesprachen kommerziell verfügbarer Produkte basieren häufig auf Smalltalk oder C++, also insbesondere auf Programmiersprachen, die keinen deklarativen Charakter besitzen. Dies erschwert ad hoc Abfragen an das System erheblich. Auf die grundsätzliche Unvereinbarkeit des deklarativen Sprachkonzeptes mit objektorientierten Ansätzen hat bereits Ullman hingewiesen (vgl. [Ullman; 1991]). Schränkt man allerdings die Möglichkeiten ein, beliebig komplexe Benutzertypen definieren zu können, so gibt es einige Ansätze zur Verbindung deklarativer und objektorientierter Sprachkonzepte (vgl. [Bancilhon; 1989] und [Carace et. al.; 1990]).

3 Aufbau und Funktion des Schemacompilers

Die gegenwärtig verfügbare Version des Compilers unterstützt die Generierung eines relationalen Schemas aus C++-Klassendefinitionen (vgl. [Berger, Stickel; 1993]). An einer Übertragung auf die Programmiersprache Smalltalk wird gegenwärtig gearbeitet. Um den Compiler unabhängig von den verschiedenen verfügbaren C++-Compilern sowie den diversen verfügbaren relationalen Systemen zu halten, wird eine strikte Trennung zwischen Front-End und Back-End des Schemacompilers vorgenommen. Das Front-End kann an die jeweiligen Besonderheiten des C++-Compilers (diverse Standard-Datentypen), das Back-End entsprechend an die Besonderheiten des relationalen Datenbanksystems angepaßt werden. Dieses Konzept hat sich insbesondere vor dem Hintergrund heterogener relationaler Datenbanksysteme auch in der Praxis bewährt. Abb. 1 verdeutlicht die Architektur des Compilers.

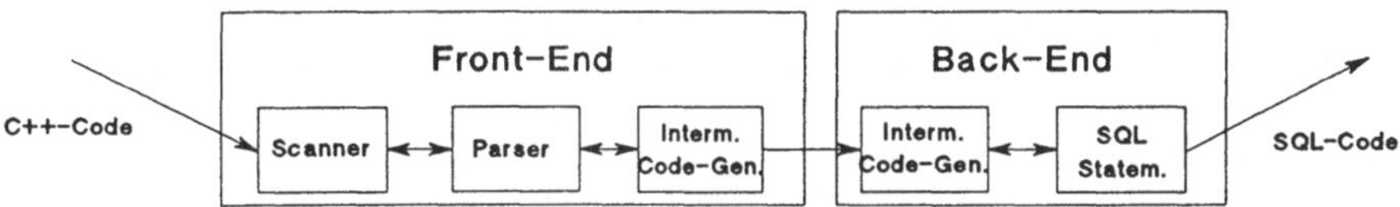

Abb. 1 Aufbau des Schemacompilers

C++-Klassendefinitionen (Header-Files) bilden die Eingabe des Schemacompilers. Als Ausgabe erhält man SQL-Code zur physischen Generierung der Datenbank. Ebenso werden vom Compiler Klassenmethoden zum Laden und Speichern der Daten aus der relationalen beziehungsweise in die relationale Datenbank erzeugt.

C++-Anwendungsprogramm	Relationale Datenbank
Klasse	Relation
Elementarer Datentyp	Attribut
Zeiger auf elementaren Datentyp	Relation, referenziert über Fremdschlüssel
Komplexer Datentyp	Relation(en), referenziert über Fremdschlüssel
Teilklasse	gleiche OID wie Oberklasse

Abb. 2 Übersicht über den Transformationsprozess

Abb. 2 verdeutlicht die vorgenommenen Transformationen, um C++-Klassendefinitionen in ein relationales Schema abzubilden. Objektidentität ist eines der Schlüsselkonzepte des objektorientierten Paradigmas. Diese Anforderung ist nicht leicht in einem relationalen System zu implementieren (vgl. dazu etwa [Richter; 1991, S. 4] und [Kung; 1990]). In unserem Fall wird für jede Relation ein Attribut OID zur Aufnahme des Objektidentifikators angelegt. Dieses Attribut dient gleichzeitig als Primärschlüssel der Relation.

Beziehungen zwischen Klassen müssen im relationalen Schema über Fremdschlüssel implementiert werden. Falls das relationale System die Formulierung referentieller Integritätsbedingungen unterstützt, wird dies bei der Generierung des SQL-Codes berücksichtigt. Der Zugriff von C++-Anwendungsprogrammen auf die relationale Datenbank erfolgt mit Methoden, die in [Richter; 1991, S. 10f]) vorgestellt wurden. Alle von einer Lade- oder Speicheroperation direkt oder indirekt referenzierten Objekte werden geladen beziehungsweise gespeichert (transitive Hülle). Eventuelle Zyklen innerhalb der Klassenstrukturen werden durch die Load- und Save-Methoden entdeckt und geeignet behandelt.

Wir verdeutlichen die grundsätzliche Vorgehensweise anhand eines einfachen Beispiels. Die C++-Klassendefinitionen seien wie im oberen Teil von Abb. 3 gegeben. Der untere Teil zeigt die vom Compiler generierten SQL-Befehle. Dabei nehmen wir zur Vereinfachung an, daß das relationale Zielsystem nur die Datentypen INTEGER, CHAR und LONG VARCHAR zuläßt. Zur Verdeutlichung wurden ebenfalls "sprechende" Relationen- und Attributnamen gewählt. Der Schemacompiler generiert abstrakte Bezeichnungen sowohl für Attribute als auch für Relationen. Zur Modellierung von Zeigerstrukturen durch den Compiler ist anzumerken, daß es nicht ausreicht, einfach die Werte des referenzierten Objektes als Attribut zu speichern. Ein bestimmtes Objekt kann mehrfach referenziert werden. Veränderungen des Objektes müssen für alle referenzierenden Objekte sofort wirksam werden. Dies gelingt über die Vergabe einer OID und Abspeicherung in einer separaten Relation. Besonders wichtig ist zu beachten, daß die OID, mit welcher ein Tupel identifiziert werden kann, das zu einer C++-Unterklasse korrespondiert, natürlich mit der OID der Oberklasse übereinstimmt. Dies ist ein wichtiger Aspekt, um Objektidentität im relationalen Schema abzubilden und wird möglich, da bei Save- und Load-Methoden die Kenntnis der C++-Klassenstruktur ausgenutzt werden kann.

Das erzeugte relationale Schema ist etwas komplexer als ein vergleichbares Schema, das man bei Entwicklung der Anwendung ohne Schemacompiler anlegen würde. Auf der anderen Seite ist das erzeugte Schema so angelegt, daß Save- und Load-Operationen automatisch vom Compiler realisierbar sind und eine vernünftige Performance resultiert.

Die Abfrage und Pflege der so erzeugten relationalen Datenbank erfolgt ausschließlich über die zur Generierung des Schemas herangezogenen C++-Anwendungsprogramme. Dadurch kann die Gültigkeit von Integritätsbedingungen garantiert werden. Möglichkeiten zur Einführung eines deklarativen Sprachkonzeptes werden gegenwärtig untersucht. Die Addition weiterer Klassen zu bestehenden C++-Anwendungen führt zur Addition weiterer Relationen beziehungsweise zum Hinzufügen weiterer Attribute an bestimmte Relationen. Eine Erweiterung des vorgestellten Schemacompilers unterstützt diesen Pflegeprozess.

4 Erfahrungen aus dem Praxiseinsatz

In [Stickel, Rauh; 1993] wurde ein auf Basis des objektorientierten Paradigmas entwickeltes Fachkonzept eines flexiblen versicherungstechnischen Systems für Lebensversicherungsunternehmen vorgestellt. Dieses System erlaubt die effiziente Konstruktion von Verträgen mit nahezu beliebigen Beitrags- und Leistungsspektren. Ein Prototyp dieses Systems wurde unter Verwendung der 4GL objektorientierten Entwicklungsumgebung ENFIN erstellt. Die Struktur der relationalen Datenbank wurde mit der Entity-Relationship-Methode modelliert. Als Problem erwies sich dabei die Realisierung notwendiger Load- und Save-Mechanismen, da die Klassenstrukturen nur unzureichend auf die Strukturen des relationalen Schemas abgestimmt waren (impedance mismatch). Dies ist sicherlich ein grundsätzliches Problem einer derartigen Vorgehensweise. Zwischenzeitlich wurde ein zweiter Prototyp des Systems in C++ realisiert. Zur persistenten Speicherung der anfallenden Daten wurde über den Schemacompiler ein zugehöriges relationales Schema erstellt und die entsprechenden Load- und Save-Methoden generiert. Die oben skizzierten Probleme traten dabei nicht mehr auf.

In [Seitz, Stickel; 1992] wurde ein für ein großes regionales Kreditinstitut entwickeltes Produktdatenmodell vorgestellt. Dabei ergaben sich Probleme bei der Abbildung dieses Modells in ein relationales Datenbanksystem. Zwischenzeitlich wurde eine Übertragung des Produktmodells in C++-Klassenschemata vorgenommen. Mit Hilfe des Schemacompilers konnte daraus eine relationale Datenbank physisch generiert werden. Wichtige Integritätsbedingungen wurden als Teil der C++-Anwendungsprogramme modelliert.

```
            class mitarbeiter
            {
            struct adresse
                    {
                    char  *strasse;
                    int   hausnummer;
                    int   plz;
                    char  *ort;
                    }     *anschrift
            char      *name;
            float gehalt;
                        };
```

```
            class manager : public mitarbeiter
            {
            char        *abteilung;
            };
```

```
            class arbeiter : public mitarbeiter
            {
            class manager *vorgesetzter;
            int         schicht;
            };
```

```
CREATE TABLE ZEIGER-TEXT
(OID                        INTEGER NOT NULL,
 TEXT                       LONG VARCHAR(32700),
 PRIMARY KEY(OID))
```

```
CREATE TABLE ADRESSE
(OID                        INTEGER NOT NULL,
 VERWEIS-STRASSE            INTEGER,
 HAUSNUMMER                 CHAR(2) FOR BIT DATA,
 PLZ                        CHAR(2) FOR BIT DATA,
 VERWEIS-ORT                INTEGER,
 PRIMARY KEY(OID),
 FOREIGN KEY(VERWEIS-STRASSE)
     REFERENCES ZEIGER-TEXT
     ON DELETE RESTRICT ON UPDATE RESTRICT,
 FOREIGN KEY(VERWEIS-ORT) REFERENCES ZEIGER-TEXT ...)
```

```
CREATE TABLE MITARBEITER
(OID                        INTEGER NOT NULL,
 ANSCHRIFT                  INTEGER,
 NAME                       INTEGER,
 GEHALT                     CHAR(4) FOR BIT DATA,
 EINTRITT                   INTEGER,
 PRIMARY KEY(OID),
 FOREIGN KEY(ANSCHRIFT) REFERENCES ADRESSE ...
 FOREIGN KEY(NAME) REFERENCES ZEIGER-TEXT ...)
```

```
CREATE TABLE MANAGER
(OID                        INTEGER NOT NULL,
 ABTEILUNG                  INTEGER,
 PRIMARY KEY(OID),
 FOREIGN KEY(ABTEILUNG) REFERENCES ZEIGER-TEXT ...)
```

```
CREATE TABLE ARBEITER
(OID                        INTEGER NOT NULL,
 VORGESETZTER               INTEGER,
 SCHICHT                    CHAR(2) FOR BIT DATA,
 PRIMARY KEY(OID),
 FOREIGN KEY(VORGESETZTER) REFERENCES MANAGER ...)
```

Abb. 3 Beispiel

Ursprünglich wurde der Schemacompiler für ein Rechenzentrum, das mehr als 500 Regionalbanken betreut, entwickelt (vgl. [Berger, Stickel; 1993]). Neuere Anwendungen werden dort mit C++ als Programmiersprache realisiert, wobei die Basisklassen für alle Anwender verbindlich vorgegeben werden. Die flexible Architektur des Schemacompilers erlaubt die Kombination unterschiedlicher C++-Compiler mit unterschiedlichen relationalen Datenbanksystemen. Ebenso kann dem Bedürfnis der Benutzer nach Generierung individueller Klassenschemata Rechnung getragen werden.

5 Ausblick

Vorgestellt wurde ein Schemacompiler zur Generierung relationaler Schema aus C++-Klassendefinitionen. Durch Anwendung dieses Compilers können die Vorteile der objektorientierten Anwendungsentwicklung mit den Vorteilen relationaler Datenbanksysteme verbunden werden. Der Schemacompiler ist individuell konfigurierbar und erlaubt so die Verknüpfung diverser C++-Compiler mit diversen relationalen Datenbanksystemen.

Nach Definition der C++-Klassen dienen die Header-Files als Eingabedaten für den Compilierungsprozess. Als Ausgabe erhält man SQL-Befehle zur physischen Generierung sowie C++-Methoden zum Laden und Speichern von Daten aus beziehungsweise in die relationale Datenbank. Eine neue Version des Compilers unterstützt auch die Modifikation des relationalen Schemas bei Addition zusätzlicher beziehungsweise Modifikation bestehender C++-Klassen.

Die skizzierte Vorgehensweise ist insbesondere unter dem Aspekt der Investitionssicherung hervorzuheben. Eine spätere Migration auf ein kommerziell verfügbares OODBS wird leichter möglich. Als Weiterentwicklung ist an eine Übertragung dieses Konzeptes auf die Sprache Smalltalk gedacht. Darüber hinaus werden Untersuchungen über die Verwendung einer deklarativen Abfragesprache bei Einschränkung der Möglichkeiten zur Definition komplexer Datentypen untersucht.

Literatur

[Atkinson et. al.; 1989] Atkinson, M., Bancilhon, F., DeWitt, D., Dittrich, K., Maier, D., Zdonik, S.: The Object-Oriented Database System Manifesto. Proc. Deductive and Object-Oriented Database Systems 1989, Kyoto.
[Bancilhon; 1989] Bancilhon, F.: Query Languages for Object-Oriented Database Systems: Analysis and a Proposal. In: Härder, T. (Hrsg.): Datenbanksysteme in Büro, Technik und Wissenschaft. GI/SI-Fachtagung, Zürich, 1.-3.3.89. Springer-Verlag, S. 1-18.
[Carace et al.; 1990] Carace, F., Ceri, S., Crespi-Reghizzi, S., Tanca, L., Zicari, R.: Integrating Object-Oriented Data Modeling with a Rule-Based Programming Paradigm. Proc. ACM SIGMOD Conference on Management of Data. ACM-Press. S. 225-236.
[Berger, Stickel; 1993] Berger, E., Stickel, E.: A Compiler to Create Relational Database Schemes From Application Programs Written in C++. In: Magnusson, B., Meyer, B., Perrot, J.-F.: Tools 10. Proc. Tools Europe '93, Versailles. Prentice Hall, Englewood Cliffs NJ, S. 75-86.
[Coad, Yourdon; 1991a] Coad, P., Yourdon, E.: Object-Oriented Analysis. Second Edition. Prentice Hall, Englewood Cliffs NJ.
[Coad, Yourdon; 1991b] Coad, P., Yourdon, E.: Object-Oriented Design. Prentice Hall, Englewood Cliffs NJ.
[Ferst, Sinz; 1991] Ferstl, O., Sinz, E.: Ein Vorgehensmodell zur Objektmodellierung betrieblicher Informationssysteme im Semantischen Objektmodell (SOM). Wirtschaftsinformatik 33, H. 6, S. 477-491.
[Kung; 1990] Kung, C.: Object Subclass Hierarchy in SQL: A Simple Approach. CACM Vol. 7, S. 117-125.
[Richter; 1991] Richter, R.: Persistenz in objektorientierten Programmiersprachen. Dissertation, München.
[Seitz, Stickel; 1992] Seitz, J., Stickel, E.: Data Structures for Product Design in Financial Institutions. In: S.W.I.F.T. (Hrsg.): Proc. BANKAI Workshop on Intelligent Information Access Brussels 1991. Elsevier Pub. Amsterdam, S. 47-59.
[Sinz, Amberg; 1992] Sinz, E., Amberg, M.: Objektorientierte Datenbanksysteme aus der Sicht der Wirtschaftsinformatik. Wirtschaftsinformatik 34, H. 4, S. 438-441.
[Stickel, Rauh; 1993] Stickel, E., Rauh, O.: Konzeption und Realisierung eines integrierten Verwaltungs- und Vertriebssystems für Lebensversicherungsunternehmen. Zeitschrift für Versicherungswesen H. 3, S. 54-61.
[Ullman; 1991] Ullman, J. D.: A Comparison between Deductive and Object-Oriented Database Systems. In: Deloble, C., Kifer, M., Masunaga, Y. (Hrsg.): Deductive and Object-Oriented Databases. Second International Conference DOOD 1991. LNCS 555. Springer-Verlag Berlin, New York, S. 263-277.

Darstellung und Vergleich ausgewählter Methoden zur Bestimmung von IS-Architekturen

Gerhard Knolmayer, Dieter Spahni

Institut für Wirtschaftsinformatik der Universität Bern[*]

Hallerstrasse 6

CH-3012 Bern

Zusammenfassung

Der Beitrag greift eine unter der Bezeichnung Business System Planning (BSP) in Literatur und Praxis intensiv behandelte Fragestellung der Bestimmung von IS-Architekturen auf. Während die frühen Veröffentlichungen zum BSP kaum Informationen darüber geben, wie die (offenbar intuitiv vorgenommene) Umstrukturierung der BSP-Matrix erfolgen soll, wurden später heuristische Verfahren für diese Aufgabe vorgeschlagen. Der Beitrag gibt einen Überblick über die bisherigen Vorschläge, diskutiert die Eignung weiterer Heuristiken (u.a. genetischer Algorithmen) und beschreibt Erfahrungen, die mit dem Einsatz der gemischt-ganzzahligen Programmierung zur Lösung dieses modifizierten quadratischen Zuordnungsproblems gemacht wurden. Abschließend wird ein auf die betrachtete Problemstellung spezialisierter Branch-and-Bound-Algorithmus skizziert.

1. IS-Architekturen und Business System Planning

Gegenstand der ersten Phase des Information-Engineering-Konzeptes ist die strategische Planung von Informationssystemen. Die von CASE-Anbietern für diese Planungsphase angebotenen Tools verwenden oftmals Matrizen zur Gegenüberstellung verschiedener in der Planungsphase relevanter Objekte; die wohl wichtigste Matrix stellt Geschäftsprozesse und Datenklassen einander gegenüber. In dem von IBM vorgeschlagenen BSP enthalten die nichtleeren Elemente dieser Matrix die Symbole C oder U, mit denen die Generierung (Create) oder Verwendung (Use) von Datenklassen durch Prozesse beschrieben wird [IBM 80: 48ff; HeB 87: 230ff; LeP 87; Mar 90: 147ff]. Die Zeilen und Spalten dieser Matrix sollen derart permutiert werden, daß "fast alle" Symbole in auf der Hauptdiagonale liegenden Untermatrizen ("Blöcken") angeordnet werden, um die Bildung möglichst isolierter Subsysteme zu unterstützen. Die damit verbundene Gliederung eines unternehmens- oder bereichsweiten Informationssystems und die Strukturierung der zwischen diesen Subsystemen bestehenden Datenflüsse wird als Erstellung einer IS-Architektur bezeichnet (zu verschiedenen Architekturbegriffen vgl. [Krc 90]). Eine IS-Architektur bildet die Informationsbedürfnisse der Organisation auf hohem Abstraktionsniveau unabhängig von aufbauorganisatorischen, personenbezogenen und technischen Gegebenheiten ab [Vet 88: 189; BSM 89]. Die BSP-Methode besitzt erhebliche praktische Bedeutung: "The ideas of BSP have been taught in various forms in thousands of IBM training classes and are the basis of various IBM guides on systems planning." [Mar 90: 138]

---

[*] Teile des Projektes wurden durch den Schweizerischen Nationalfonds zur Förderung der wissenschaftlichen Forschung unterstützt.

Ein Beispiel einer BSP-Matrix [Mar 82: 192] gibt Abb. 1a. Verwandte Darstellungen verwenden z.B. die Symbole R (Read) für Lesen, U (Update) für Verändern und/oder W (Write) für Schreiben und lassen mehrere Einträge je Matrixelement zu [Mar 90: 152]. Ob eine über Create und Use hinausgehende Differenzierung zweckmäßig ist, hängt von den Zielen und dem Detaillierungsgrad der durchzuführenden Analyse ab. Im folgenden werden Matrizen betrachtet, deren nichtleere Elemente ausschließlich die Ausprägungen C oder U annehmen.

			U	C					
				U			U	U	U
	U	U	U						
C			C						
				U	C	C			
	C	C	C						
			C		U	U			
C			C						
				U	C	C			
	C	C	C						
			C		U	U			
							C		
									U
							U	U	U
			U					U	
								U	C
								C	

Abb. 1a: Ursprüngliche BSP-Matrix

C									
U	C								
	U								
		C							
U	U	U			U				
U	U	U							
			C	C	U				
			C	C	U				
					C		U		
U					U				
						C	C		
							C	C	C
							C	C	C
			U	U			C		
						C	C		
			U	U			C		
							U	U	U

Abb. 1b: Strukturierte BSP-Matrix

2. Darstellung der Methoden

2.1. Intuitive Vorgehensweisen

Wie die Gruppierung der Zeilen und Spalten einer BSP-Matrix zustande kommt, wird häufig nicht dargestellt. Ursprünglich blieb die Reihenfolge, in der die Geschäftsprozesse in den Zeilen der BSP-Matrix angeführt wurden, unverändert; die (Datenklassen repräsentierenden) Spalten der Matrix wurden so angeordnet, daß entlang der Hauptdiagonale Untermatrizen entstehen, innerhalb derer alle Datenerzeugungsprozesse und viele Datenverwendungsprozesse liegen [IBM 80: 48ff]. Diese algorithmisch nicht näher präzisierte Vorgehensweise wurde offensichtlich gewählt, um die Komplexität der Zuordnungsaufgabe bei manueller Vorgehensweise beherrschbar zu machen. Allerdings gehen durch diese Einschränkung erhebliche Freiheitsgrade für die Strukturierung der Matrix verloren.

2.2. Heuristiken

2.2.1. Eindimensionale Gruppierung

2.2.1.1. ISMOD

Das von IBM angebotene Programmpaket "Information System Model and Architecture Generator" (ISMOD) basiert auf den Prinzipien von BSP, unterstützt jedoch ausschließlich die Clusterung von Geschäftsprozessen zu Prozeßgruppen, welche untereinander einen geringen Datenfluß aufweisen [Hei 85; Vet 88: 189ff; IBM 90]. Mit Hilfe eines Interaktionsfaktors werden die Prozesse hierarchisch geclustert; eine Strukturierung der Datenklassen unterbleibt. Damit löst ISMOD eine gegenüber BSP eingeschränkte Problemstellung.

2.2.1.2. Konventionelle Cluster-Heuristiken

Für die in BSP angestrebte Gruppenbildung könnte man grundsätzlich konventionelle Cluster-Heuristiken, wie sie in Statistik-Paketen bereitgestellt werden, in Betracht ziehen. Diese sind jedoch kaum anwendbar, da die Problemstellung von *zwei* verschiedenen Objekttypen (Geschäftsprozesse, Datenklassen) ausgeht, konventionelle Cluster-Heuristiken jedoch nur *einen* Objekttyp gruppieren. Zudem fügen diese Heuristiken einzelne Objekte nach und nach zu Gruppen zusammen oder teilen bestehende Gruppen in Untergruppen auf. Dieser Aggregations- bzw. Disaggregationsprozeß erfordert die Ermittlung von Distanzen zwischen einzelnen Objekten und Gruppen von Objekten. Die Heuristiken gehen davon aus, daß sich diese Distanz z.B. als Summe, Mittelwert bzw. Zentralwert der Distanzen von Objekt X zu allen Objekten der Gruppe ermitteln läßt. Bei der vorliegenden Problemstellung trifft dies jedoch nicht zu.

2.2.2. Zweidimensionale Gruppierung

2.2.2.1. Verfahren der Gruppentechnologie

Zweidimensional gruppierende Cluster-Methoden wurden insbesondere in Verbindung mit der Gruppentechnologie [Kus 90: 206ff] entwickelt, um Teile und Maschinen so zu gruppieren, daß die Komplettbearbeitung von Teilen möglichst in Fertigungszellen durchführbar wird. Von den in der Gruppentechnologie entwickelten Verfahren erscheint für die Bestimmung von IS-Architekturen insbesondere der Cluster Identification Algorithm (CIA) [KuC 87] von Bedeutung, welcher isolierbare Fertigungszellen identifiziert: In der von uns betrachteten Problemstellung kann der CIA (auf die C-Einträge angewandt) die kleinsten isolierbaren Blöcke und damit deren maximale Anzahl B bestimmen. Dieser Ansatz kann sowohl als Basis heuristischer als auch optimierender Lösungsverfahren dienen. Mit den meisten anderen gruppentechnologischen Verfahren ist keine endgültige Festlegung der Blöcke verbunden; vielmehr sind nach den von ihnen gelieferten Ergebnissen die Subsystemgrenzen intuitiv festzulegen.

2.2.2.2. Genetische Algorithmen

In den letzten Jahren hat die Anwendung genetischer Algorithmen [Gol 89] auf verschiedene komplexe Entscheidungsprobleme große Aufmerksamkeit gefunden. Wie alle Heuristiken garantieren auch die genetischen Algorithmen keine optimale Lösung. In verschiedenen Anwendungen weisen sie ein gutes Konvergenzverhalten auf. An unserem Institut wird zur Zeit ein entsprechendes Verfahren zur Architekturbestimmung implementiert; die so erhaltenen Resultate werden mit jenen der Optimierungsmethoden verglichen.

2.3. Optimierungsmethoden

2.3.1. Überblick

Werden Optimierungsmethoden für die betrachtete Problemstellung eingesetzt, so sind u.a. folgende Eigenschaften der Optimallösung festzulegen:

1. Wieviele auf der Hauptdiagonale liegende Blöcke K sollen definiert werden?

2. Wieviele Zeilen R soll jede Untermatrix mindestens besitzen?

3. Wieviele Spalten S soll jede Untermatrix mindestens besitzen?

Da jedes C in einem auf der Hauptdiagonale angeordneten Block liegen muß, sind mehrere Geschäftsprozesse, die gemeinsam Daten einer bestimmten Datenklasse generieren, der gleichen Untermatrix zuzuordnen. Ebenso müssen mehrere Datenklassen, an deren Generierung der gleiche Geschäftsprozeß beteiligt ist, der gleichen Untermatrix zugeordnet werden.

2.3.2. Optimierung mit gemischt-ganzzahliger Programmierung (GGP)

Die betrachtete Problemstellung kann als modifiziertes quadratisches Zuordnungsproblem formuliert werden, das zur Klasse der NP-harten Probleme gehört [Bur 84]. Um Möglichkeiten einer Optimierung des skizzierten Gruppierungsproblems auszuloten, wurden für in der Literatur betrachtete BSP-Matrizen mehrere äquivalente, d.h. bei Einsatz beliebig großer Rechenressourcen grundsätzlich zur gleichen Optimallösung führende Modellformulierungen erarbeitet und mit Hilfe des Programmpakets MPSX-MIP/370, Version 2, auf einem IBM-Großrechner 3090-38J gelöst. Dabei zeigte sich, daß der entstehende Rechenaufwand trotz des Einsatzes der in der Optimierungssoftware verfügbaren Preprozessoren stark von der gewählten Modellformulierung beeinflußt wird und die Ermittlung der optimalen Struktur mittels GGP nur für kleine und mittlere BSP-Matrizen in Betracht kommt [Kno 93].

Für die skizzierte Problemstellung kann eine Reihe äquivalenter GGP-Modelle definiert werden. Für die in Abbildung 1a dargestellte BSP-Matrix mit 17 Prozessen und 10 Datenklassen existiert bisher kein Lösungsvorschlag. Die für K=3 Blöcke von mindestens R=S=2 Zeilen und Spalten mit GGP gefundene Lösung zeigt Abb. 1b. Je nach verwendeter Formulierung lagen die Zeilenzahlen der Modelle zwischen 305 und 1385, die Spaltenzahlen zwischen 919 und 1617 und die benötigten Rechenzeiten zwischen 0.26 und 25.38 CPU-Minuten.

Für eine weitere BSP-Matrix mit 19 Prozessen und 12 Datenklassen ermittelten wir für unterschiedliche Werte von K, R und S Optimallösungen, deren Zielfunktionswerte deutlich über jedem der in [KiS 91] angegebenen Lösung liegen. Die für diese Parameterkonstellationen mit "geeigneten" Formulierungen erforderlichen Rechenzeiten lagen zwischen 1.8 und 48 CPU-Minuten.

Für ein Modell mit 37 Prozessen und 24 Datenklassen [Mar 82: 67] konnte am Großrechner mit MPSX-MIP in insgesamt 6 CPU-Stunden keine einzige ganzzahlige Lösung ermittelt werden. Mit Hilfe der Optimization Systems Library (OSL) [WR 92] wurden auf einer IBM RS/6000-320 nach mehr als 4 Tagen Rechenzeit im Single-User-Betrieb insgesamt 6 ganzzahlige Lösungen gefunden; ein Optimalitätsnachweis gelang während dieser Zeit jedoch nicht.

2.3.3. Ein spezialisierter Branch-and-Bound-Algorithmus

Unter Berücksichtigung der problemspezifischen Besonderheiten läßt sich die numerische Komplexität der Problemstellung, welche in der Existenz von n!·m! Permutationen der n Zeilen und m Spalten der BSP-Matrix begründet ist, drastisch reduzieren. Wesentliche Ansätze für ein entsprechendes Branch-and-Bound-Verfahren (BBV) werden im folgenden skizziert [Spa 93].

Nach Einsatz des CIA reduziert sich die Zahl der zu betrachtenden Lösungsvarianten auf die Anzahl der Kombinationsmöglichkeiten der B Blöcke. Die daraus resultierende Problemstellung ist als lineares Programm mit ausschließlich booleschen Variablen formulierbar. Dieses Programm erfordert bei Existenz von B Blöcken die Berücksichtigung von $(B^3-3B^2+2B)/2$ Nebenbedingungen. Für diese Problemstellung werden spezielle Lösungsverfahren vorgeschlagen [Bur 72: 201ff].

Spezielle BBV sind in der Lage, durch schrittweise Korrektur der Zielfunktionskoeffizienten auf die oben angesprochenen Nebenbedingungen zu verzichten. Die gewählte Baumkonstruktion erlaubt zudem, die oberen Schranken der Knoten dieses Maximierungsproblems anzupassen, nachdem zugehörige Subknoten betrachtet worden sind; dadurch können irrelevante Knoten frühzeitig ausgeschieden werden.

Die Implementierung entsprechender Verfahren in ANSI-C unter Berücksichtigung unterschiedlicher Branch-and-Bound-Strategien löst auf einem IBM RS/6000-320 verschiedene Problemstellungen in wesentlich geringerer Zeit als die skizzierten Optimierungsrechnungen mittels GGP. Für die in Abbildung 1a dargestellte BSP-Matrix wurden die optimalen Lösungen in ca. 0.02 CPU-Minuten bestimmt. Beim Vergleich mit dem skizzierten Modell der GGP ist zu beachten, daß Zahl und Größe der Blöcke beim spezialisierten Branch-and-Bound-Verfahren nicht vorgegeben werden müssen. Dies ist deshalb von großer Bedeutung, weil eine parametrische Veränderung von K, R und/oder S bei GGP zu einem hohen Rechenaufwand führt.

3. Vergleich der Methoden

Für die Ermittlung von IS-Architekturen sind vielfältige und leistungsfähige Methoden einsetzbar, die gegenüber den heute verfügbaren Programmsystemen bessere und flexiblere Lösungen ermitteln können. Darüber hinaus zeigt sich, daß der Einsatz von Optimierungsverfahren trotz der Komplexität der Problemstellung durchaus in Betracht kommt.

Literatur

BSM 89   Brancheau, J.C., Schuster, L., March, S.T., Building and Implementing an Information Architecture, in: Data Base 20 (1989), Nr. 2, S. 9-17.

Bur 72   Burkard, R.E., Methoden der Ganzzahligen Optimierung, Springer Verlag: Wien, New York 1972.

Bur 84   Burkard, R.E., Quadratic assignment problems, in: European Journal of Operational Research 15 (1984), S. 283-289.

Gol 89   Goldberg, D.E., Genetic algorithms in search, optimization, and machine learning, Reading et al.: Addison-Wesley 1989.

Hei 85   Hein, K.P., Information System Model and Architecture Generator, in: IBM Systems Journal 24 (1985), S. 213-235.

HeB 87   Heinrich, L.J., Burgholzer, P., Informationsmanagement, München-Wien: Oldenbourg 1987.

IBM 80   IBM (Hrsg.), Business Systems Planning: Handbuch zur Planung von Informationssystemen, IBM-Form GE 12-1400-1, o.O.: IBM Deutschland 1980.

IBM 90   IBM (Ed.), Informations System Model and Architecture Generator, Operation Guide, Release 1.3, IBM-Form SB11-5989-2, 1990.

KiS 91   Kiewiet, D.J., Steegwe, R.A., Conceptual Modeling and Cluster Analysis: Design Strategies for Information Architectures, in: J.I. DeGross et al. (Eds.), Proceedings of the 12th International Conference on Information Systems, Baltimore: ACM 1991, S. 315-326.

Kno 93   Knolmayer, G., The Application of Mixed Integer Programming to the "Business Systems Planning"-Problem, Paper submitted to the DGOR/NSOR Conference, Amsterdam 1993.

Krc 87   Krcmar, H., Bedeutung und Ziele von Informationssystem-Architekturen, in: Wirtschaftsinformatik (1990), Nr. 5, S. 395-402.

KuC 87   Kusiak, A., Chow, W.S., An Efficient Cluster Identification Algorithms, in: IEEE Transactions on Systems, Man, and Cybernetics 17 (1987), S. 696-699.

Kus 90   Kusiak, A., Intelligent Manufacturing Systems, Englewood Cliffs: New Jersey 1990.

LeP 87   Lederer, A.L., Putnam, A.G., Bridging the Gap: Connecting Systems Objectives to Business Strategy with BSP, in: Journal of Information Systems Management 4 (1987), Nr. 3, S. 40-46.

Mar 82   Martin, J., Strategic Data-Planning Methodologies, Englewood Cliffs: Prentice-Hall 1982.

Mar 90   Martin, J., Information Engineering, Book II, Planning and Analysis, Englewood Cliffs: Prentice-Hall 1990.

Spa 93   Spahni, D., Solving the "Business System Planning"-Problem Using Specialized Algorithms, Paper presented at the SOR Conference, Köln 1993.

Vet 88   Vetter, M., Strategie der Anwendungssoftware-Entwicklung - Planung, Prinzipien, Konzepte, Stuttgart: Teubner 1988.

Wil 92   Wilson, D.G., Rudin, B.D., Introduction to the IBM Optimization Subroutine Library, in: IBM Systems Journal 1 (1992), S. 4-10.

Wettbewerbswirkungen durch IV-Systeme
- Empirische Befunde und Systematisierung -

Heinz Linß
Georg-August-Universität Göttingen
Institut für Wirtschaftsinformatik
Platz der Göttinger Sieben 7
37073 Göttingen

1   Einleitung

Der Beitrag stellt Wettbewerbswirkungen, die durch verschiedene Arten und Ausprägungen von IV-Systemen verursacht werden, dar und zeigt ihren Einfluß auf die Porterschen Wettbewerbsgrößen auf. Diese Größen sind *Einfluß der Lieferanten*, *Einfluß der Kunden*, *Konkurrenten/Konkurrenzverhältnisse*, Bedrohung durch *potentielle Konkurrenten* und *Substituierbarkeit/Austauschbarkeit der Produkte* (wie leicht fällt es einem Abnehmer, den Lieferanten zu wechseln oder andere Produkte zu verwenden) [Porter 1988, S. 25 ff. und Irving 1987, S. 54 ff.]. Dazu werden IV-Systeme nach ihrer Integrationsrichtung unterschieden. Basis hierfür sind empirische Untersuchungen, die im Rahmen des Projekts EDNA (Empirische Daten zur Nutzeffektauswertung) am Institut für Wirtschaftsinformatik vorgenommen wurden.

IV-Systeme können in innerbetriebliche und zwischenbetriebliche Anwendungen unterteilt werden. Innerbetriebliche Systeme haben primär die Aufgabe, Tätigkeiten oder Abläufe im Unternehmen zu unterstützen. Nutzeffekte, die duch diese Systeme verursacht werden, treten deswegen am einzelnen Arbeitsplatz, in anderen Abteilungen oder im gesamten Unternehmen auf. Indirekt können aber auch Nutzeffekte, die Wettbewerbswirkungen betreffen, über Wirkungsketten im zwischenbetrieblichen Bereich nachgewiesen werden. So kann z.B. ein IV-System zur Außendienstunterstützung über den direkten Nutzeffekt der aktuelleren Informationsbasis zu effektiveren Kundenbesuchen führen. Diese haben vielleicht wiederum Einfluß auf die Kundenbindung, da der Kunde aufgrund der besseren Beratung zusätzliche Aufträge an dieses Unternehmen vergeben wird. Da sich Wettbewerbswirkungen nur indirekt ergeben, lassen sie sich vor Einführung eines Systems schlecht abschätzen. Mit diesen Systemen ist es somit nur schwer möglich, den Wettbewerb gezielt zu beeinflussen. Sie werden im Folgenden nicht näher betrachtet.

Der Schwerpunkt soll hier bei zwischenbetrieblichen Systemen liegen, die dadurch gekennzeichnet sind, daß sie die Grenzen rechtlich selbständiger Unternehmen überschreiten. Beispiele sind elektronische Systeme zwischen Lieferanten und Kunden zur Bestellabwicklung, Anwendungen zwischen Herstellern und Zulieferern, mit denen beide Partner ihre Produktion koordinieren oder Anwendungssysteme zur Zahlungsverkehrsabwicklung im Bereich der Banken. Durch zwischenbetriebliche Systeme werden Verbindungen zu anderen Marktteilnehmern aufgebaut. Sie haben deshalb auch einen direkten Einfluß auf den Wettbewerb.

2   Wettbewerbswirkungen

Wettbewerbswirkungen lassen sich grob in drei Klassen einordnen [Sedran 1991, S. 19]:

❏ *Kostenvorteil*; Produkte oder Dienstleistungen können im Vergleich zur Konkurrenz billiger angeboten werden oder Kosten, die beim Kunden entstehen, lassen sich durch das IV-System senken,

❏ *Zeitvorteil*; Abläufe werden beschleunigt und

❏ *Differenzierung*; hochspezialisierte Produkte oder Dienstleistungen werden angeboten oder neu zur Verfügung gestellt.

Nutzeffekte, die durch zwischenbetriebliche IV-Systeme entstehen, lassen sich direkt oder indirekt (über Wirkungsketten) mindestens einem der drei Wettbewerbswirkungen zuordnen. Damit ist es möglich, auf die Porterschen Wettbewerbsgrößen Einfluß zu nehmen.

Der Erfolg eines IV-Systems hängt entscheidend davon ab, ob die erzielten Wettbewerbswirkungen auch langfristig aufrechterhalten werden können. Für den First-Mover bedeutet dies, daß er Marktbarrieren aufbauen muß. In Anlehnung an Schumann ergeben sich folgende Marktbarrieren [Schumann 1988, S. 518 f.]:

❏ Kapitalbedarf: Marktbarrieren können aufgebaut werden, wenn der Kapitalbedarf zur Entwicklung und Einführung eines Systems sehr hoch ist. Dies zielt auf die Wettbewerbsgrößen *potentielle* und *bestehende Konkurrenten*. In Märkten, bei denen der Einfluß einer Seite (Abnehmer oder Lieferant) groß ist, ist es unter Umständen möglich, die Kosten an den Lieferanten bzw. Abnehmer weiterzugeben. Dieser wird dann bemüht sein, ein größeres Volumen über das neue System abzuwickeln, um die ihm aufoktroyierten Ausgaben zu relativieren (bessere Verteilung der Fixkosten). Somit verstärkt sich die Abhängigkeit des *Lieferanten* bzw. des *Kunden*.

❏ Umstellungs-/Wechselkosten: Besteht für den Kunden ein großer Aufwand, den Lieferanten zu wechseln, stärkt sich die Wettbewerbsposition des Lieferanten gegenüber den *Konkurrenten* und dem *Einfluß des Kunden*. So wird von einem System zwischen holländischen Gastwirtschaften und einer Brauerei berichtet, bei dem automatisch die Bierfüllung eines Tanks im Lokal ermittelt und an ein Dispositionssystem der Brauerei weitergeleitet wird. Im vorher vereinbarten Rahmen liefert die Brauerei automatisch die fehlende Biermenge nach [CZ 1993, S. 24]. Die Brauerei setzt hierfür 600 - 1000 - Liter Tanks ein. Die Gastwirtschaften werden kaum bereit sein, zu einem Konkurrenten zu wechseln, wenn das Produkt und der Service gut sind. Weiterhin könnten Konkurrenten diesem Kunden kein ähnliches System parallel anbieten, da ein Großteil des Gastwirtschaftsbedarfs bereits gedeckt ist. Die Marktbarriere entsteht hier durch hohe Wechselkosten zu einem anderen Anbieter.

❏ Technologische Barriere: Neue technologische Entwicklungen lassen sich einsetzen, um einen Wettbewerbsvorsprung gegenüber Konkurrenten zu erzielen. So haben BMW und M.I.T. ein interaktives Multimedia-Programm entwickelt, bei dem der Kunde seinen Neuwagen selbst zusammenstellen kann und dieser anschließend wirklichkeitsgetreu angezeigt wird [CW 1992, S. 31]. Es entsteht ein Vorteil gegenüber *potentiellen Konkurrenten*, die noch nicht in der Lage sind, ein gleichartiges System anzubieten.

Eine anderes Beispiel sind Unternehmen, die bei zwischenbetrieblichen Systemen keine Standard-Protokolle zur Datenübertragung verwenden. Hier können allerdings zwei Tendenzen beobachtet werden. Zum einen schließen sich mehrere Konkurrenten zusammen und bieten ein vergleichbares System an, das, um Wechselkosten innerhalb der Gruppe zu umgehen (Gleichberechtigung aller Partner), auf bestehenden Standards basiert. Zum anderen übernehmen andere Lieferanten diese Übertragungsprotokolle, wenn der Markteinfluß einer Seite (z.B. des Kunden) sehr groß ist und es bilden sich branchenspezifische Standards, wie es die Automobilindustrie mit dem VDAFS-Standard für CAD-Daten zeigt.

Die Beispiele verdeutlichen, daß technologische Barrieren die *Konkurrenzsituation* beeinflussen. Die Wettbewerbsvorteile sind im Gegensatz zu den anderen hier genannten Marktbarrieren nur von kurzer Dauer, da diese Technologien von Followern leicht zu imitieren sind. Im zweiten Beispiel besteht sogar die Gefahr, daß der First-Mover vom

Markt abgeschnitten wird, wenn die Kunden zu einem System wechseln, das auf Standard-Protokollen aufbaut und bei dem mehrere Anbieter gleichzeitig erreichbar sind.

◻ Zugangsbeschränkungen: Diese Marktbarriere läßt sich vor allem bei Bestell- oder Reservierungssystemen einsetzen. Sie entstehen, wenn es z.B. aus Platzgründen nicht möglich ist, Systeme verschiedener Anbieter gleichzeitig zu verwenden. Dies ist im oben genannten holländischen Brauereibeispiel der Fall. *Potentielle Konkurrenten* werden somit ausgeschlossen.

3 Einfluß der Integrationsform von IV-Systemen

Zwischenbetriebliche IV-Systeme können entlang der Wertschöpfungskette eingesetzt werden (vertikale Integration) und verbinden somit Anbieter und Abnehmer miteinander. Andererseits ist es möglich, daß sich verschiedene Unternehmen der gleichen Wertschöpfungsstufe zusammenschließen (horizontale Integration; z.B. Unternehmen, mit komplementären Produkten) und über ein gemeinsames IV-System Produkte oder Dienstleistungen anbieten oder nachfragen.

3.1 Vertikale Integration

Zwischenbetriebliche IV-Systeme, die Beziehungen zu Lieferanten oder Kunden aufbauen, treten in unterschiedlichen Ausprägungen auf. So haben z.B. Systeme, die dem unverbindlichen Informationsaustausch dienen, andere Wettbewerbswirkungen und zielen auf andere Wettbewerbsgrößen als Systeme, die strukturelle Änderungen, wie ablauforganisatorische Umgestaltungen, in den Unternehmen notwendig machen. Man kann hierbei die vier Integrationsgrade elektronischer Datenaustausch, Nutzung gemeinsamer Datenbestände, Zusammenfassen/Verlagern von Einzeltätigkeiten und automatisches Abwickeln von Einzeltätigkeiten unterscheiden [Schumann 1992, S. 15 f.].

◻ Elektronischer Datenaustausch: In der ersten Stufe handelt es sich um substitutive Systeme, bei denen der bisher manuel vorgenommene Austausch von Informationen nun elektronisch abgewickelt wird.

So führte das Elektrounternehmen Osram GmbH einen beleglosen Bestelldatenaustausch mit Kunden ein, um die Durchlaufzeit bei der Auftragsabwicklung zu verkürzen. Wettbewerbswirkungen ergeben sich hier durch die *Zeiteinsparung*, da es Osram möglich ist, schneller als die *Konkurrenten* zu liefern. Eine *Differenzierung* über das Produkt ist in dieser Branche kaum möglich, da das Spektrum relativ einheitlich ist [Schumann 1988, S. 518 ff.].

IV-Systeme dieser Art zielen vorwiegend auf die Wettbewerbswirkungen *Kosten-* und *Zeitvorteil*. Die *Differenzierung* durch eine neue Technologie gegenüber Konkurrenten spielt nur eine untergeordnete Rolle. Langfristig gesehen läßt sich nur in gerigem Maße Einfluß auf die Wettbewerbsgrößen nehmen. Dies liegt daran, daß substitutive Systeme von Konkurrenten leicht zu imitieren sind und somit nur eine kurzfristige Wirkung haben [Sedran 1991, S. 19].

◻ Nutzung gemeinsamer Datenbestände: In der zweiten Stufe können ein oder mehrere Unternehmen selbständig auf Datenbestände eines oder mehrerer Partnerunternehmen zugreifen. Dies entspricht einer Datenintegration zwischen zwei Unternehmen.

Für Hersteller ist es so z.B. möglich, auf Lagerbestandsinformationen von Lieferanten zuzugreifen oder Informationen über den Produktionsfortschritt zu erhalten. Dies ist auch umgekehrt denkbar, wenn der Zulieferer Einblick in den Fertigungsfortschritt des Herstellers hat, wie das Beispiel des Kfz-Zulieferers Wackenhut zeigt. Dort steuert der

Fertigungsfortschritt des Kfz-Herstellers die Fertigung des Zulieferers [Beck 1992, S. 107]. Gerade bei einer Just-in-Time-Versorgung ist eine genaue Abstimmung notwendig.

IV-Systeme, die einen Zugriff auf Daten anderer Unternehmen durchführen, lassen sich vor allem in monopolistischen oder oligopolistischen Märkten durchsetzen, bei der eine Seite sehr großen Einfluß hat. Das Unternehmen hat interne Nutzeffekte durch den *schnellen* und *kostengünstigen* Zugriff und die besseren Planungsinformationen und kann diesen Nutzen an seine Kunden weitergeben. Außerdem wird der *Einfluß auf Lieferanten* bzw. *Kunden* erhöht, da es möglich ist, deren Abläufe und Entscheidungen stärker zu kontrollieren.

Lieferanten, die den Zugriff auf eigene Daten gewähren, sind in der Lage, sich durch diesen Service von anderen Konkurrenten zu *differenzieren*. Weiterhin kann angenommen werden, daß Hersteller aus diesem Grund häufiger und in größerem Umfang Produkte beziehen und seltener den Lieferanten wechseln. Der Lieferant nimmt durch dieses IV-System über die *Differenzierung* Einfluß auf die Wettbewerbsgrößen *Konkurrenten* und *Substituierbarkeit*.

Kunden werden dagegen den Zugriff auf eigene Daten nur gewähren, wenn eine gewisse Abhängigkeit zum Händler besteht.

❑ Zusammenfassen und Verlagern von Einzeltätigkeiten: In der dritten Ebene findet (zusätzlich) eine Funktionsintegration statt. Einzelne Tätigkeiten, die von zwei oder mehreren Unternehmen ausgeführt werden, lassen sich zusammenfassen und von einem einzigen Unternehmen durchführen.

Systeme dieser Art finden sich z.B. häufig bei der Qualitätskontrolle zwischen Abnehmern und Lieferanten. Die Wareneingangsprüfung kann beim Hersteller entfallen, da sie bereits vom Lieferanten in Form einer Qualitätskontrolle des Endprodukts stattgefunden hat. Voraussetzung hierbei ist, daß Absprachen zwischen Hersteller und Lieferant über die Prüfvorschriften und die Qualitätsdefinitionen bestehen. Ein weiteres Beispiel ist der US-Apotheken-Großhändler McKesson, der die Lagerbestandsführung seiner Kunden mit übernimmt und automatisch Vorschläge für die Platzierung von Waren im Regal unterbreitet [Schumann 1988, S. 518 f.].

Vorteile für den Abnehmer sind die geringeren Koordinationskosten und das Vermeiden von Doppelarbeit. Lieferanten können sich in stärkerem Maße, als dies bei der dritten Integrationsstufe möglich ist, von *Konkurrenten* durch das neue Leistungsangebot *differenzieren*. Weiterhin nimmt das zwischenbetriebliche System Einfluß auf die *Substituierbarkeit* des Lieferanten, da hohe Umstellungskosten beim Abnehmer entstehen würden.

Systeme der dritten Stufe finden sich in Verbindung zu vorgelagerten Stufen der Prozeßkette. Verbindungen zu nachgelagerten Stufen wären nur in monopolistischen Strukturen denkbar, da in diesem Fall der Kunde Aufgaben des Herstellers/Händlers mit übernehmen würde.

❑ Automatisches Abwickeln von Einzeltätigkeiten: Systeme der vierten Stufe automatisieren zwischenbetriebliche Arbeitsprozesse nahezu vollständig.

Ein Beispiel hierfür sind automatische Bestellsysteme, wie das holländisches Brauereibeispiel zeigt. Auch das System AUTOPART der Volkswagen AG kann hier zugeordnet werden. Vertragspartner von Volkswagen werden über das System automatisch vom Großhandel mit Ersatzteilen beliefert. Bei zu hohen Lagerbeständen werden Waren wieder selbständig zurückgenommen [Seitz 1984, S. 210 ff].

Im Gegensatz zu Bestellsystemen der dritten Stufe wird der Bestellvorschlag nicht nur unterbreitet, sondern die Lieferung auch automatisch veranlaßt. Diese Art von Systemen sind mit den höchsten Wechselkosten verbunden. Die Gefahr der *Substitution* ist für den

Lieferanten gering. Für den Kunden ergibt sich der Vorteil, die Lagerbestandsführung, zumindest für ein bestimmtes Spektrum, automatisch durchführen zu lassen und so *Kosten* zu sparen. Dies zielt aus Lieferantensicht auf die Wettbewerbswirkungen *Kostenvorteil* beim Kunden und *Differenzierung* durch die Dienstleistung. Diese Systeme haben aus Kundensicht den Nachteil, daß sie eine große Abhängigkeit zu einem *Lieferanten* aufbauen.

3.2   Horizontale Integration

Schließen sich Unternehmen einer Wertschöpfungsstufe zusammen, können sie vereint gegenüber (1) Lieferanten oder gegenüber (2) Kunden, für die sich gemeinsame Beziehungen ergeben, auftreten.

❑ Bei der ersten Art von Systemen bilden einzelne, kleine Unternehmen strategische Allianzen, um ihre Machtposition gegenüber Lieferanten zu stärken [Albach 1991, S. 664]. Die Systeme unterscheiden sich vor allem im Integrationsgrad, der vom unverbindlichen Bestellvorschlag bis zum automatisch ausgeführten Einkauf reicht. Ein Beispiel für eine unverbindliche Integration ist das System EUROSELECT. Ein holländischer Lebensmitteleinzelhändler hat ein europaweites Bestellsystem für kleine und mittelgroße Einzelhandelsunternehmen ins Leben gerufen. Durch die horizontale Integration sollen die Nachteile, die kleine Einzelhändler in bezug auf Informationen (Preise, Qualität der Produkte) und Verhandlungsstärke haben, ausgeglichen werden. Das System EUROSELECT sammelt Bestellwünsche, holt Informationen über Preise und Qualität bei den Lieferanten ein und gibt Bestellvorschläge an die Einzelhändler weiter. Diese können nun direkt über das System bestellen [Klein 1993, S. 830 ff.]. Die Wettbewerbsposition der Einzelhändler wird durch dieses System gegenüber den *Lieferanten* ebenso wie gegenüber den großen Einkaufsketten deutlich verbessert (*Konkurrenzsituation*).

❑ Unter Systemen der zweiten Art kann man elektronische Märkte einordnen. Darunter werden IV-Anwendungen verstanden, die Angebote von verschiedenen Unternehmen einer Branche üblicherweise in einer Datenbank vorhalten und den Interessenten durch Datenbankzugriff Informationen über die eingespeicherten Produkte bzw. Dienstleistungen des Marktes liefern. Beispiele sind Reservierungssysteme der Reisebranche oder elektronische Börsenhandelssysteme.

Man kann beobachten, daß sich elektronische Märkte z.B. aus Bestellsystemen weiterentwickeln, bei denen Angebote von Konkurrenten aufgenommen werden. Der Anbieter *differenziert* sich durch diese Dienstleistung von anderen Konkurrenten. Im Flugbuchungssystem SABRE, das ursprünglich für eine bessere Sitzplatzauslastung der eigenen Fluggesellschaft entwickelt wurde, sind Flüge des Betreibers American Airlines bevorzugt angeboten worden. Damit nahm das Unternehmen Einfluß auf die *Konkurrenzsituation*. Aufgrund eines Gerichtsentscheids mußte American Airlines die bevorzugende Auswahl aufgeben [Cash 1985, S. 199 ff.].

Langfristig entwickeln sich neutrale Märkte [Malone 1986, S. 16 ff.]. Diese erhöhen die Transparenz innerhalb des Marktes und die *Substituierbarkeit* der Anbieter steigt. Werden Informationen über alle zustande gekommenen Abschlüsse vom Markteigner ausgewertet und so Entscheidungen in bezug auf das Marketing des eigenen Angebots getroffen, wirkt sich dies auf die *Konkurrenzsituation* innerhalb des elektronischen Marktes positiv aus. Sehr große Vorteile bestehen gegenüber *Konkurrenten*, die nicht am elektronischen Markt teilnehmen. Mitte der 80er Jahre drangen amerikanische Reservierungssysteme in den europäischen Tourismusbereich ein. Um keine Marktanteile zu verlieren, schlossen sich einige europäische Fluggesellschaften zusammen und gründeten die elektronischen

Märkte AMADEUS und GALILEO [Amadeus 1991, S. 1]. Die Follower-Systeme dienten also dazu, Übergriffe des First-Movers zu verhindern und Marktanteile zu halten.

4 Zusammenfassung

Wettbewerbsvorteile durch zwischenbetriebliche IV-Systeme, deren Schwerpunkte bei Zeit- und Kostenvorteilen liegen, sind nur von kurzfristiger Dauer, da im allgemeinen keine Marktbarrieren aufgebaut werden und Konkurrenten diese Systeme leicht imitieren können. Langfristige Wettbewerbsvorteile lassen sich vor allem durch eine Differenzierung über zusätzliche Dienstleistungen erreichen. Dies verringert die Gefahr, daß ein Lieferant durch einen anderen substituiert werden kann. Die Substituierbarkeit nimmt mit zunehmendem (vertikalen) Integrationsgrad deutlich ab. IV-Systeme, die Unternehmen der gleichen Wertschöpfungsstufe miteinander verbinden, verbessern die Position der Unternehmen gegenüber den Konkurrenten, die nicht daran beteiligt sind. Wie das Beispiel EUROSELECT zeigt, verstärken strategische Allianzen weiterhin die Verhandlungsmacht gegenüber Lieferanten.

5 Literatur

[Albach 1991]   Albach, H., Strategische Allianzen, strategische Gruppen und strategische Familien, ZfB 62 (1992) 6, S. 663 ff.

[Amadeus 1991]   Amadeus PR Team, Informationen zu AMADEUS - Konzept und Ziele, Frankfurt am Main 1991.

[Beck 1992]   Beck, W. Bedarfssynchrone Materiallogistik in der Kfz-Zulieferindustrie, HMD 29 (1992) 168, S. 104 ff.

[Cash 1985]   Cash, J.I., Interorganizational Systems: An Information Society Opportunity or Threat? The Information Society 3 (1985) 3, S. 199 ff.

[CW 1992]   o.V., Traum-BMW auf Laptop aussuchen, Computerwoche 19 (1992) 20, S. 31.

[CZ 1993]   o.V., Elektronik im Tank, Computer Zeitung 24 (1993) 17, S. 24.

[Irving 1987]   Irving, R.H. und Higgins, C.A., Office Management Systems, Chichester u.a. 1987.

[Klein 1993]   Klein, S. und Kronen, J.H., EUROSELECT: The Strategic Rationale of an EDI Network and its Cooperative Arrangements in the Grocery Wholesale Industry, in: Nunamaker, J.F. und Sprague, R.H. (Hrsg.), Proceedings of the Twenty-Sixth Annual Hawaii International Conference on System Sciences, Vol. IV, Washington u.a. 1993, S. 830 ff.

[Malone 1986]   Malone, T.W., Yates, J. und Benjamin, R.I., Electronic Markets and Electronic Hierarchies: Effects on Informations Technonology on Market Structures and Corporate Stragegies, in: Proceedings of the 7th International Conference on Information System, San Diego 1986, S. 16 ff.

[Porter 1988]   Porter, M.E., Wettbewerbsstrategie: Methoden zur Analyse von Branchen und Konkurrenten, Frankfurt am Main 1988.

[Schumann 1988]   Schumann, M. und Hohe, U., Nutzeffekte strategischer Informationsverarbeitung, Angewandte Informatik 30 (1988) 12, S. 515 ff.

[Schumann 1992]   Schumann, M., Betriebliche Nutzeffekte und Strategiebeiträge der großintegrierten Informationsverarbeitung, Berlin u.a. 1992.

[Sedran 1991]   Sedran, T., Wettbewerbsvorteile durch EDI?, Information Management 6 (1991) 2, S. 16 ff.

[Seitz 1984]   Seitz, N., Automatische Disposition in einem Kooperationssystem, in: Zentes, J. (Hrsg.), Moderne Warenwirtschaftssysteme im Handel, Berlin u.a. 1984, S. 210 ff.

Strategische Informationssysteme und Electronic Data Interchange

Torsten Eistert
Lehrstuhl für Wirtschaftsinformatik
Universität Hohenheim (510H)
D - 70599 Stuttgart
Tel 0711 459 3345
Email eistert@ruhaix1.rz.uni-hohenheim.de

1 Einführung

"EDI or D.I.E" (Nelson 1991:24). Mit diesem Schlagwort wird die elementare Bedeutung des elektronischen Datenaustauschs zwischen Unternehmen für den Unternehmensfortbestand in das richtige Licht gerückt. So meinen jedenfalls viele Experten, die der neuen Technologie strategische Bedeutung für den immer härteren Wettbewerb der Zukunft zusprechen. Spätestens mit diesem Zusatz "strategisch" wird der Bezug zu den Strategic Information Systems (SIS, Wiseman 1988) klar, die im Gegensatz zu den operativ ausgerichteten Transaktionssystemen die Wettbewerbsstrategie der Unternehmung unterstützen (Krcmar 1986). In diesem Beitrag werden nach einer begrifflichen Klärung des Zusammenhangs SIS-EDI strategische EDI-Systeme einer detaillierten Analyse unterzogen. Insbesondere wird der Wandel vom "competitive advantage" hin zur "strategic necessity" (Benjamin u.a. 1990, 1991) anhand der "klassischen" SIS-Beispiele nachvollzogen und auf die künftige Verbreitung von EDI in Deutschland übertragen. Abschließend wird ein Wechsel der Zielrichtung weg vom Ziel der Errichtung temporärer Wettbewerbsvorteile im Sinne Schumpeters hin zu einer tiefgehenden informatorischen Integration von EDI postuliert.

2 EDI und SIS - Zusammenhang und Abgrenzung

Beim Electronic Data Interchange (EDI) werden standardisierte Daten wie Bestellungen, Aufträge, Rechnungen und Lieferavise, die bisher in Papierform erstellt und verschickt wurden, durch den elektronischen Datenaustausch ersetzt. Unbestrittene Definitionsmerkmale für EDI stellen die Strukturiertheit der Daten und die elektronische Datenübertragung dar. Strittig ist zwischen verschiedenen Definitionen[1] einerseits, ob nur der Austausch zwischen rechtlich selbständigen Unternehmen EDI darstellt oder auch innerbetriebliches EDI existiert, andererseits ob nur Geschäftsdokumente elektronisch ausgetauscht werden oder auch beispielsweise Konstruktionsdaten via EDI versandt werden können.

Die Diskussion um EDI konzentrierte sich anfangs auf die Erzielung von Effizienzvorteilen und die Papierreduktion durch die Vermeidung der Mehrfacherfassung von Daten. Sehr schnell wurden allerdings die durch EDI erzielbaren Wettbewerbsvorteile erkannt, was zusammen mit der Entdeckung strategischer Anwendungen der Datenverarbeitung zu einer Flut von Beiträgen zu diesem Thema geführt hat (vgl. bspw. Wiseman 1988, Johnston/Vitale 1988, Mertens/Plattfault 1986, Jackson 1989). Betrachtet man die klassischen Beispiele strategischer IS-Anwendungen, Reservierungs- und Bestellsysteme, muß hier eindeutig von elektronischem Austausch strukturierter Daten zwischen Unternehmen, also in gewissem Sinne EDI gesprochen werden. EDI und SIS hängen demnach sehr stark zusammen, überschneiden sich jedoch nicht vollständig. Um eine

---

[1]   Im englischen Sprachraum, werden EDI zu den IOS (interorganizational systems) und in unterschiedlicher Weise davon abgegrenzt, vgl. eine Definitionssammlung in Benjamin u.a. (1991:104f.).

Abgrenzung vorzunehmen, bietet sich eine Trennung auf Prozeßebene an. Wie in Abbildung 1 dargestellt, zeichnen sich SIS im Gegensatz zu operativen Systemen vor allem durch ihre Außenorientierung, nämlich die unmittelbare oder mittelbare Wirkung auf die Wettbewerbsposition, aus. Die Wettbewerbsorientierung ist unabhängig davon gegeben, ob Prozesse innerhalb der Organisation oder inter-organisationale Prozesse betrachtet werden[2]. Im Gegensatz dazu kommt EDI definitionsgemäß nur bei inter-organisationalen Prozessen zur Anwendung, obwohl sowohl die "strategische" Außenwirkung als auch die innerbetriebliche Effizienzsteigerung angestrebt wird.

IS Prozesse Orientierung	intra-organisationale Prozesse	inter-organisationale Prozesse
Innenorieniert	Operative IS	EDI
außenorientiert	SIS	SIS - EDI

Abb. 1:   EDI und SIS - Zusammenhang und Abgrenzung

Im folgenden wird gemäß der Zielrichtung dieses Beitrags das Augenmerk auf den stark schraffierten Quadranten der Abbildung gelegt: Strategische EDI-Systeme sind Systeme, die inter-organisationale Prozesse betreffen und Wettbewerbswirkung zeitigen.

3   EDI und strategische Wettbewerbsvorteile

Gerade im Bereich der Informations- und Kommunikationstechnologien ist es zur Mode geworden, von der strategischen Bedeutung oder den strategischen Auswirkungen zu sprechen, Auch in zahlreichen Veröffentlichungen zum Thema EDI ist man nicht müde geworden, die durch EDI erreichbaren Wettbewerbsvorteile zu preisen. Da nie genau geklärt wird, was denn das strategische Element ausmacht, herrscht ein gewisse "semantische Anarchie" (Hinterhuber 1991: 7). Im folgenden werden zwei klassische Beispiele für SIS kurz beschrieben und dann mit der Realität für den Bereich EDI kontrastiert.

3.1   Klassische Beispiele strategischer EDI-Informationsysteme

Das Flugreservierungssystem SABRE und das Bestellsystem American Hospital Supply gehören zu den am meisten zitierten Beispielen der SIS-Literatur.

- **American Airlines (SABRE),**

Die Flugreservierungsanwendung von American Airlines gilt als klassisches Beispiel einer strategischen Anwendung (vgl. Wiseman 1988, Hopper 1990). Zusätzlich zum Erfolg der internen Rationalisierung wurde ein beträchtlicher Vorteil dadurch erzielt, daß das System Buchungen bei American Airlines begünstigte und damit den Marktanteil des Carriers steigerte. Außerdem mußten konkurrierende Fluggesellschaften bei Buchung über SABRE Gebühren an American zahlen. Allerdings ließ die Konkurrenz nicht lange auf sich warten. Andere Fluggesellchaften versuchten

---

[2]   Dieser Punkt wird nicht immer so gesehen: "Operational systems are intra-organizational, strategic information systems usually inter-organizazional in nature". Suomi (1992: 93). In einer Beispielsammlung zu SIS kommen Mertens u.a. jedoch auf über zwei Drittel innerbetrieblicher Systeme, vgl. Mertens u.a. (1989: 114).

sowohl alleine (United Airlines mit Apollo)) als auch in Gruppen (Lufthansa u.a. mit Amadeus), ähnliche Systeme zu installieren, wobei allerdings der first mover eine beträchtliche Eintrittsbarriere dadurch aufgebaut hatte, daß die Reisebüros nicht willig waren, mehrere Terminals zu installieren.

- **American Hospital Supply (AHS)**

Beim Auftragsannahmesystem von AHS wird den Krankenhäusern die Möglichkeit zur Bestellung auf elektronischem Wege gegeben, wobei -im Gegensatz zu SABRE- nur Produkte eines Anbieters bestellt werden können. Auch das AHS-Beispiel (später Baxter Healthcare) stellt ein oft zitiertes SIS dar, weil die Kundenanbindung vor allem durch die später hinzugefügte Möglichkeit, das Materialverwaltungssystem des Krankenhauses mit dem Bestellsystem zu verbinden, stark stieg (Krcmar 1986).

3.2   Die Realität wettbewerbsnotwendiger EDI-Anwendungen

Auch wenn die oben beschriebenen Anwendungen den jeweiligen Unternehmen Wettbewerbsvorteile verschafften, muß die strategische Euphorie als überzogen angesehen werden:

> "Unfortunately, the reality of developing and maintaining electronic linkages between companies is not as easy or as profitable as the optimistic preaching of IOS advocates would leave us to believe". (Benjamin u.a. 1991:104)

Auch war die erreichten Wettbewerbsvorteile nur von kurzer Dauer und auf die Exklusivität der Datenaustauschbeziehung gegründet. Im Sinne Wiseman´s (1988) lagen wohl eher "contestable" als "sustainable" competitive advantages vor. Zwei Entwicklungen zeigen die Fragwürdigkeit strategischer Vorteile durch EDI auf:

- **Oligopolistische Strukturen erzwingen EDI**

Betrachtet man die am weitesten verbreiteten EDI-Applikationen in Deutschland, so muß von durch marktmächtige Industrieunternehmen ihren Zulieferern aufgezwungenen Implementierungen gesprochen werden. In der Automobilindustrie, die im Bereich EDI am weitesten fortgeschritten ist, wird dies besonders deutlich, wenn bei einigen Herstellern seit Beginn der 90er Jahre die EDI-Fähigkeit als knock-out Kriterium für eine Lieferbeziehung gilt. Aber auch in der Chemieindustrie und in der Hausgeräteindustrie sind es wenige große Industrieunternehmen, die durch eine einmalige, oft gemeinsam in branchenweiter Übereinstimmung getroffenen Entscheidung die Verbreitung von EDI vorantreiben. Damit entspringt in solchen Situationen für einen Lieferanten die Entscheidung zur Implementierung von EDI nicht einem strategischen Plan, sondern ist schlicht und einfach eine Frage des Überlebens. Auf der oligopolistisch strukturierten Abnehmerseite kann von einem strategischen Vorteil eines dieser Unternehmen durch den Einsatz von EDI ebenfalls nicht die Rede sein, da ja in branchenweiten Foren *gemeinsam* die Verbreitung von EDI unter Lieferanten gefördert wird. Erreicht eines dieser Unternehmen einen Zeitvorteil bei der Implementierung, trägt es durch die Mitgliedschaft in der Branchenvereinigung mit dazu bei, diesen Vorteil wieder zu beseitigen.

- **Von elektronischen Hierarchien zu elektronischen Märkten**

Schafft es ein Lieferanten, ein exklusives Bestellsystem mit seinen Kunden aufzubauen und diesem dabei einen Mehrwert zu vermitteln, wird ein strategischer Differenzierungsvorteil erreicht. Wie Malone u.a. (1987) aber vermitteln, wohnt diesen so aufgebauten ."elektronischen Hierarchien" die

Tendenz inne, sich zu "elektronischen Märkten" zu entwickeln, in denen bei Bestellsystemen mehrere Lieferanten ihre Produkte anbieten. Auch zwingen legale Restriktionen den Systembetreiber dazu, im Systeme nicht einseitig Produkte zu bevorzugen. In diesem Fall geht dem Systembetreiber der strategische Vorteil für seinen Produktvertrieb verloren, auch wenn ein möglicherweise profitables neues Geschäftsfeld Systembetrieb entstanden ist. Die durch das System geschaffene erhöhte Transparenz stellt im Endeffekt einen Vorteil für die Abnehmer dar, während der Wettbewerbsdruck auf die Unternehmen erhöht wird und die Margen für alle Wettbewerber im Markt geschmälert werden.

4 Auf dem Weg zu neuer Selbstverständlichkeit des EDI-Einsatzes

EDI ist auf dem Wege, zunehmend zu einer Selbstverständlichkeit in der Wirtschaftsrealität zu werden. Mit der wachsenden Verbreitung von EDI, d.h. einer steigenden Anzahl von Teilnehmern und einem damit einhergehenden Wandel der EDI-Technologie von einer Schrittmacher- zu einer Basistechnologie sinkt jedoch die Möglichkeit der Realisierung von Wettbewerbsvorteilen für das einzelne Unternehmen, wie es in der folgenden Abbildung schematisch dargestellt ist. Damit verlieren strategische EDI-Systeme auch das strategische Element, das ihnen in einer früheren Phase der EDI-Durchdringung durchaus innewohnte.

Stellenwert von EDI		Schlüssel - Technologie	Basis- Technologie
Anzahl der EDI-Teilnehmer	nur Pioniere	wichtige Wettbewerber	(beinahe) alle Unternehmen
Realisierung von Wettbewerbsvorteilen	Chance zum Agieren (Leader)	Follower	Zwang zum Reagieren

--> Zeit

Abb.2: EDI-Durchdringung und Wettbewerbsvorteile (verändert aus Müller-Berg (1992: 184))

Auch wenn Deutschland sich bezüglich des Ausmaßes der Durchdringung von EDI einige Schritte hinter den EDI-Pionierländern USA, Großbritannien und Niederlanden befindet, zeichnet sich durch folgende Entwicklungen ein Trend zur Selbstverständlichkeit des Einsatzes ab:

- **Die Entwicklung von EDIFACT**

Von proprietären Datenformaten und branchenspezifischen Standards geht die Entwicklung hin zu dem internationalen, branchenübergreifenden Standard EDIFACT. Die Entwicklung der Nachrichtentypen für diesen Standard zieht sich aufgrund der Vertretung aller Interessengruppen in den Normungsgremien sehr lang hin, kann 1992 aber doch einige Vereinbarungen vorweisen[3]. Mit der Anzahl potentiell ansprechbarer Handelspartner steigt die Attraktivität eines Standards (Picot u.a. 1991) und damit auch von EDI stark an. Schwieriger als der EDI-Neuanfang mit EDIFACT gestaltet sich der Übergang von bereits etablierten Standards der Branche (VDA, SEDAS) oder der Länder (ANSI X.12, Tradacoms).

- **Zunehmendes Engagement von Branchenvereinigungen**

Eine entscheidende Rolle für die Verbreitung von EDI innerhalb eine Branche kommt den Branchenvertretungen zu. So hat die Entscheidung der Centrale für Coorganisation (Einzelhandel),

---

[3]   Eine Liste der verfügbaren Nachrichtentypen findet sich bspw. bei Müller-Berg (1992:180)

zukünftig den etablierten SEDAS-Standard durch die allgemeine Norm EDIFACT abzulösen, Signalwirkung für alle Unternehmen des Einzelhandels in Deutschland. Anhand der aktiven Teilnahme dieser Gruppierungen in den Normungsgremien der UN/EDIFACT läßt sich feststellen, daß das Bewußtsein um die Vorteile aktiven Mitwirkens in Normbildungsprozessen gewachsen ist.

- **Steigende Bedeutung von VANs (Value Added Networks)**

Die Anbieter von Mehrwertdiensten (VANs) spielen eine wichtige Rolle für die Kommunikationsseite von EDI. So ist zum Beispiel General Electric in der Hausgerätebranche Deutschlands nicht nur Wegbereiter des Datenaustausch beim Branchenersten BSHG, sondern initiierte auch den Arbeitskreis "Weiße Ware", in dem sich die Konkurrenten zusammenschlossen, um gemeinsam ihre Lieferanten von den Vorteilen des Elektronischen Datenaustauschs zu überzeugen. Eine ähnliche Entwicklung hatte vorher in der Pharmabranche stattgefunden.

Die Mehrwertdiensteanbieter richten Mailboxen ein und übertragen die Daten auf dem unternehmenseigenen Netzwerk. Darüber hinaus werden in steigenden Maße Konvertierungsprogramme angeboten, so daß die "Standardzugehörigkeit" eine Handelspartners nicht zum knock out-Kriterium für die Anbindung werden kann. Neben der Abwicklung der Datenübertragung wird dem Kunden auch die Möglichkeit geboten, vom Erfahrungsschatz des VANs bei der Implementierung der Anwendung bei anderen Kunden zu profitieren, um "typische" Fehler der Anbindung nicht wieder zu begehen.

- **Zunehmendes Bewußtsein der Notwendigkeit von EDI**

Das allgemeine Bewußtsein für EDI ist gestiegen. Viele Unternehmen haben erkannt, daß früher oder später kein Weg an EDI vorbeiführt und schwenken um von einem passiven Warten auf die perfekte Lösung hin zu einer aktiven Mitgestaltung künftiger Geschäftsprozesse.

- **Ganzheitliche Betrachtung der Informationsvernetzung**

Die inhärent vorhandenen Interdependenzen der Informationsflüsse innerhalb des Wertschöpfungsprozesses werden bewußter wahrgenommen. Informationsintegration über Unternehmens- und Branchengrenzen hinweg ist erst auf Grundlage einer ganzheitlichen Betrachtung des Wertschöpfungsprozesses möglich. Zwar beschränkt sich ein Großteil dieser an Bedeutung gewinnenden Konzepte noch auf innerbetriebliche Geschäftsprozesse, aber die Erweiterung auf eine ganzheitliche Prozeßbetrachtung ist absehbar. Die schon oft geforderten aber in den seltensten Fällen bereits stattfindenden Integration von Banken und Speditionen in den Informationsfluß erfährt damit eine breitere Grundlage.

5   Sind strategische EDI Systeme passé?

Müssen strategische Informationssysteme als Produkt der 80er Jahre betrachtet werden und für die Zukunft als bedeutungslos angesehen werden? Manche Autoren scheinen dieser Meinung zu sein:

> The era of conventional SIS is over. Worse, it is dangerous to believe that an information system can provide an enduring business advantage (Ciborra 1991:289)

Wenn man den Aufbau von Markteintrittsbarrieren durch exklusive Beziehung zu Handelspartnern als das wesentliche Ziel eines strategischen EDI-Systems betrachtet, muß dieser Einschätzung recht gegeben werden. Im Bereich EDI ist der Zug in Richtung Standardisierung zu weit fortgefahren, als daß proprietäre Systeme noch eine Zukunft hätten. Dennoch bleibt EDI ein aktuelles Thema auch für die Strategen unter den IS-Managern und Vorständen, weil Wettbewerbsauswirkungen weiterhin existieren, wenn auch nicht mehr im ostentativen Sinne der klassischen SIS-Beispiele, sondern mittelbar. Der Fokus beim zielgerichteten Einsatz *inter-organisationaler* Systeme muß wieder auf *intra-organisationale* Prozesse gelegt werden, um die durch EDI erreichbaren Effizienzverbesserungen wirklich anzugehen(vgl. Krcmar u.a. 1993). Durch Reorganisation von Geschäftsprozessen im Unternehmen läßt sich das durch EDI-Systeme geschaffene Effizienzsteigerungspotential umsetzen. Dadurch läßt sich durch steigende Wettbewerbsfähigkeit in hart umkämpften Märkten indirekt doch ein Wettbewerbsvorteil erzielen.

Literatur:

Benjamin, R.I.; De Long, D.W.; Scott Morton, M.S: Electronic Data Interchange: How much competitive advantage?, in: Long Range Planning, Nr.1, 1990, S. 29-40, auch: EDI Forum, Special Edition: Introduction to EDI, 1991, S. 104-111.

Ciborra, C.: From thinking to tinkering: the grassroots of strategic information systems, in: Proceedings of the 12th ICIS December 16-18, New York 1991.

Gurbaxani, Vijav; Whang, Seungjin: The Impact of Information Systems on Organizations and Markets, in: Communications of the ACM, Nr.1, 1991, S. 59-73.

Hinterhuber, H.: Strategisches Management ist mehr als nur ein Schlagwort, in: Blick durch die Wirtschaft, 20.3.1991, S.7.

Hopper, M. D.: Rattling SABRE-New ways to compete on Information, in: Harvard Business Review, Nr. 3, 1990, S. 1118-125.

Jackson, C.: Building Competitive Advantage through Information Technology, in: Long Range Planning, Nr.4, 1989, S. 29-39.

Johnston, H.R.; Vitale, M.R: Creating Competitive Advantage with interorganizational systems, in: MIS Quarterly, Nr.6, 1988, S. 153-165.

Kcmar; H.: Innovationen durch strategische Informationssysteme, in: Dichtl, E.; Gerke, W.; Kieser, A.. (Hrsg.): Innovation und Wettbewerbsfähigkeit, Wiesbaden 1986, S. 227-246.

Krcmar, H.; Bjørn-Andersen, N.; Eistert, T.; Griese, J.; Jelassi, T.; O'Callaghan, R.; Pasini, P.; Ribbers, P.: EDI in Europe - Empirical analysis of a multi-industry study, Arbeitspapier Nr.42, Lehrstuhl für Wirtschaftsinformatik, Universtität Hohenheim, Stuttgart 1993

Malone, T.W., Yates, J.; Benjamin, R.I.: Electronic Markets and Electronic Hierarchies, in: Communications of the ACM, Nr.6, 1997, S. 487-497.

Mertens, P.; Schumann, M., Hohe, U.: Informationstechnik als Mittel zur Verbesserung der Wettbewerbsposition - Erkenntnisse aus einer Beispielsammlung, in: Spremann. K.; Zur, E.: Informationstechnologie und strategische Führung, München 1989, S. 109-135.

Müller-Berg, M.: EDI - Neue Kommunikationstechnologien gewinnen zunehmend an Bedeutung, in: ZfO, Nr.3, 1992, S. 178-185.

Nelson, G.A.: EDI or DIE, The future impact of EDI on US business, in: EDI Forum, Special Edition: Introduction to EDI, Chicago 1991.

Picot, A.; Neuburger, R.; Niggl, J: Ökonomische Perspektiven eines "Electronic Data Interchange". In: IM Information Management, Nr.2; 1991, S. 22-29.

Schumann, M.: Abschätzung von Nutzeffekten zwischenbetrieblicher Informationsverarbeitung, in: Wirtschaftsinformatik, Nr.4, 1990, S. 307-319.

Suomi, Reima: On the concept of inter-organizatonal information systems, in: Journal of Strategic Information Systems, Nr.2, S. 93-100.

Wiseman, Ch.: Strategig Information Systems, Homewood/IL 1988.

Durch Computerunterstütztes Lernen zu Wettbewerbsvorteilen in der unternehmensexternen Kommunikation

Martin G. Möhrle
Lehrstuhl für Betriebsinformatik und Operations Research
von Prof. Dr. Heiner Müller-Merbach
Universität Kaiserslautern, Postfach 3049
67653 Kaiserslautern

1 Überblick

Computerunterstütztes Lernen (CUL) trägt und ergänzt die unternehmensexterne Kommunikation mit Ansprechpartnern wie Kunden, Absatzmittlern, potentiellen Mitarbeitern, Kapitalgebern und Lieferanten. Mit der hier vorgeschlagenen Methodik LOLA (Lehrende-Objekte-Lernende-Analyse) werden relevante Einsatzbereiche identifiziert und spezifiziert. Durch den CUL-Einsatz kann sich ein Unternehmen in verschiedenen Bereichen gezielt Vorteile gegenüber den Wettbewerbern schaffen.

Jedes Unternehmen steht in *vielfältigem kommunikativem Kontakt mit externen Ansprechpartnern*. Dazu gehören *Kunden*, die über Produkte und deren Eigenschaften informiert werden wollen, *Absatzmittler*, denen Vermarktungskonzepte vermittelt werden sollen, *neue Mitarbeiter* bzw. *Bewerber*, die allgemein über das Unternehmen Bescheid wissen wollen, *Kapitalgeber* wie Aktionäre und Banken, die ein besonderes Interesse an finanzwirtschaftlichen Kennzahlen des Unternehmens haben, oder *Lieferanten*, denen die Qualitätspolitik nahegebracht werden soll.

Viele Kontakte mit externen Ansprechpartnern - im folgenden unter dem Begriff der *unternehmensexternen Kommunikation* subsumiert - können durch *Computerunterstütztes Lernen (CUL)* unterstützt und ausgebaut werden. CUL-Anwendungen haben in den letzten zehn Jahren durch *technologische Trends* neuen Auftrieb erhalten, insbesondere durch objektorientierte Oberflächen, Hypertext/Hypermedia, Telematik/CSCW und Wissensbasierung (vgl. die Übersicht bei Möhrle 1993 sowie die dort zitierte Literatur).

Spezifische Vorteile einer Kommunikation über das Medium CUL im Vergleich zu Printmedien sind insbesondere die *wechselseitig interaktive Dialoggestaltung* und dadurch das *individuelle Eingehen* auf den Dialogpartner (vgl. Steppi 1989, S.46). Der CUL-Einsatz führt in vielen Fällen zu einer teilweisen Substitution herkömmlicher Kommunikationsmedien, vor allem führt er aber zu - jeweils im Einzelfall unterschiedlichen - *Wettbewerbsvorteilen*.

2 Grundlagen und Vorgehensweise von LOLA (Lehrende-Objekte-Lernende-Analyse)

Hier sei die Methodik *LOLA (Lehrende-Objekte-Lernende-Analyse)* vorgeschlagen, mit der relevante Einsatzbereiche des CULs *systematisch identifiziert* werden. Es wird dabei untersucht, welche Personen oder betriebliche Einheiten als *Lehrende* auftreten können, welche Personen oder betriebliche Einheiten als *Lernende* in Frage kommen, und welche Wissensgebiete, d.h. welche *Lernobjekte*, vermittelt werden sollen. LOLA umfaßt im wesentlichen *vier Schritte*:

● **LOLA-Schritt 1:** Identifikation und Clusterung der potentiellen Lehrenden und Lernenden.
● **LOLA-Schritt 2:** Analyse der Interessen der Lernenden und der paarweisen aufgabenorientierten Beziehungen zwischen Lehrenden und Lernenden.
● **LOLA-Schritt 3:** Beurteilung des Wissensbedarfs der Lernenden zur reibungslosen Kommunikation mit den Lehrenden und Ableitung der transferierbaren Lernobjekte.
● **LOLA-Schritt 4:** Untersuchung der einzelnen Transfers auf CUL-Affinität.

3 Umsetzung von LOLA auf die unternehmensexterne Kommunikation

Das Konzept von LOLA sei im folgenden für die *unternehmensexterne Kommunikation* präzisiert. Als *Lehrende* treten dabei stets die Mitarbeiter eines Unternehmens auf. In ganzheitlicher Betrachtung der Beziehungen zwischen einem Unternehmen und seiner Umwelt werden die *externen Ansprechpartner* als *Lernende* angesehen (Abschnitt 3.1). Über die *Interessen* der externen Ansprechpartner (Abschnitt 3.2) können der notwendige Wissensbedarf und indirekt die zu transferierenden *Lernobjekte* ermittelt werden (Abschnitt 3.3). Eine Vielzahl von Lernobjekten erweist sich dabei als *CUL-affin* (Abschnitt 3.4).

3.1 LOLA-Schritt 1: Identifikation und Clusterung der externen Ansprechpartner

Jedes Industrieunternehmen steht in Kommunikationsbeziehungen mit einer Vielzahl externer Ansprechpartner. Deren Identifikation und Clusterung knüpft an zwei *ganzheitliche Sichtweisen* eines Unternehmens an: an die Sicht eines Verbundsystems *betrieblicher Funktionsbereiche* und an die ergänzende Sicht des *Gesamtunternehmens* (repräsentiert im Anspruchsgruppenkonzept).

Zur Einteilung eines Unternehmens in *betriebliche Funktionsbereiche* eignet sich der Ansatz von Müller-Merbach und Sommer (1982): Sie stellen neben dem Verbund der betrieblichen Funktionsbereiche insbesondere die jeweiligen *Beziehungen zwischen einem Funktionsbereich und der dazugehörigen Unternehmensumwelt* heraus, wodurch sich ein detaillierter Anknüpfungspunkt für die aufgabenorientierten Beziehungen ergibt (siehe LOLA-Schritt 2). Im einzelnen nennen sie sieben Komponenten der Unternehmensumwelt, denen sich *externe Ansprechpartner* unmittelbar zuordnen lassen (in Klammern stehen jeweils die von Müller-Merbach und Sommer verwendeten Begriffe):

● *Gesellschafter und Eigentümer eines Unternehmens* (Gesellschafter),
● *potentielle Mitarbeiter* (Arbeits- und Personalmarkt),
● *Kunden* (Absatzmarkt),
● *Absatzmittler* (Absatzmarkt),
● *Lieferanten von Werkstoffen sowie von Vorprodukten* (Beschaffungsmarkt),
● *Lieferanten von Investitionsgütern* (Investitionsgütermarkt),
● *staatliche Organe* (Staat),
● *Banken und andere Fremdkapitalgeber* (Kapitalmarkt).

Darüber hinaus liefert ein anderer betriebswirtschaftlicher Ansatz, das *Anspruchsgruppenkonzept* (auch bekannt als *Stakeholder Analysis*, vgl. Rowe 1985, S.107-109, vertiefend Heß

1991, S.64-131) zusätzliche externe Ansprechpartner. Sie stehen mit dem Unternehmen *insgesamt* - häufig repräsentiert durch die *Unternehmensleitung* - in Kontakt. Hierzu gehören:

- *öffentliche Interessenverbände* (z.B. Bürgerinitiativen),
- *Vertreter von Medien* (Presse, Funk, Fernsehen), schließlich
- *Forschungseinrichtungen und Universitäten.*

3.2 LOLA-Schritt 2: Analyse der Interessen der Lernenden

Zwischen jedem externen Ansprechpartner und einem Unternehmen bestehen potentiell Kommunikationsbeziehungen. Viele der Kommunikationsbeziehungen richten sich an den *speziellen Interessen* des externen Ansprechpartners aus und begründen damit eine *Informationsaufgabe* des Unternehmens (Tabelle 1, Spalte 2). Zwei Beispiele:

- Zunächst seien die Interessen eines potentiellen Mitarbeiters analysiert: Ein *potentieller Mitarbeiter* könnte sich allgemein für den Aufbau und die Tätigkeitsgebiete eines Unternehmens interessieren, speziell für die Einstellungsmöglichkeiten, das erreichbare Einkommen, die Aufstiegsmöglichkeiten und den Verantwortungsumfang innerhalb des Unternehmens.
- Dagegen wird für eine *Bank oder einen anderen Fremdkapitalgeber* in erster Linie die Rentabilität und Sicherheit einer Kapitalanlage von Bedeutung sein.

3.3 LOLA-Schritt 3: Beurteilung des Wissensbedarfs der Lernenden und Ableitung der transferierbaren Lernobjekte

Erfolgreiche Kommunikation basiert auf dem gegenseitigen Verstehen der vermittelten Informationen. Dabei hängt das Verstehen einer Information vom *Kontext*, in dem sie vermittelt wird, und vom *Vorwissen* des Empfängers ab (vgl. Möhrle und Kellerhals 1992, S.70-72). Zur reibungslosen Kommunikation benötigen die externen Ansprechpartner eines Unternehmens ein *Grundwissen* (Tabelle 1, Spalte 3). Es seien die beiden Beispiele aus LOLA-Schritt 2 aufgegriffen:

- Für einen *potentiellen Mitarbeiter* erscheint ein Grundwissen über den Aufbau des ihn interessierenden Unternehmens, dessen Führungskonzepte und Weiterbildungsangebote hilfreich.
- Eine *Bank oder ein anderer Fremdkapitalgeber* benötigt Grundwissen über die zentralen Einflußfaktoren auf die genannten beiden Größen Rentabilität und Sicherheit, u.a. auf Struktur, Märkte, strategische Position und Aussichten eines Unternehmens.

Insbesondere für Ansprechpartner, die vorher noch nicht mit dem Unternehmen in Berührung gekommen sind, leitet sich aus dem Bedarf an Grundwissen die *Notwendigkeit* ab, entsprechende Lernobjekte zu transferieren.

3.4 LOLA-Schritt 4: Untersuchung der einzelnen Transfers auf CUL-Affinität

Für die notwendigen Transfers stehen *unterschiedliche Medien* zur Verfügung, u.a. Bücher, Broschüren, mündliche Auskünfte, Video-Einspielungen und CUL. Zur Beurteilung, inwieweit ein Wissenstransfer *CUL-affin* ist, also in besonderer Weise von CUL als Medium profitiert, seien drei Kriterien angelegt:

Externe Ansprechpartner	Interessen	Wissensbedarf	CUL-Affinität
1) Gesellschafter und Eigentümer	• Einkommen/Gewinn • Erhaltung, Verzinsung und Wertsteigerung des eingesetzten Kapitals	• Struktur, Märkte, strategische Position und Aussichten des Unternehmens, Organisation, Verflechtungen mit anderen Unternehmen	mittel (+oo)
2) Potentielle Mitarbeiter	• Einkommen • soziale Sicherheit • sinnvolle Betätigung	• Führungskonzepte, Tätigkeitsfelder, Personalbedarf, Anforderungen an Mitarbeiter	sehr hoch (+++)
3) Kunden	• qualitativ und quantitativ befriedigende Marktleistung zu günstigen Preisen • Service, günstige Konditionen	• Produktbeschreibungen, Problemlösungskompetenz des Unternehmens	sehr hoch (+++)
4) Absatzmittler	• Gewinnspanne zwischen An- und Verkaufspreis • Unterstützung bei Marketingaktivitäten	• wie 3), zusätzlich Marketing-Know-how, Vertragsgestaltung	mittel (+oo)
5) Lieferanten von Werkstoffen	• stabile Liefermöglichkeiten • günstige Konditionen • Zahlungsfähigkeit der Abnehmer	• Anforderungen an Lieferanten und Werkstoffe, Qualitätsphilosophie des Unternehmens, Vertragsgestaltung	hoch (o++)
6) Lieferanten von Investitionsgütern	• wie 5), zusätzlich starker Einbezug in die Weiterentwicklung des Produktionspotentials	• wie 5), zusätzlich Produktionstechnologie	hoch (o++)
7) Staatliche Organe	• Steuern • Sicherung von Arbeitsplätzen • Erhaltung einer lebenswerten Umwelt	• Sicherheitskonzepte, Unternehmensentwicklung, Flächenbedarf, Emmissionen	gering (ooo)
8) Banken und andere Fremdkapitalgeber	• sichere Kapitalanlage • befriedigende Verzinsung • Vermögenszuwachs	• wie 1)	mittel (+oo)
9) Öffentliche Interessenverbände	• Beiträge an kulturelle und Bildungsinstitutionen	• Kultur- und Bildungsförderung	mittel (oo+)
10) Vertreter von Medien	• frühzeitige und umfassende Information über medienrelevante Aspekte	• Unternehmens- und Branchenentwicklung	hoch (++o)
11) Forschungseinrichtungen/Universitäten	• Zuwendungen für Drittmittelforschung • Information über technische Probleme und innovative Lösungsansätze	• Technische Probleme, innovative Lösungen, Kooperationsmöglichkeiten und -gestaltung	hoch (o++)

Tabelle 1: Übersicht über die Ergebnisse der LOLA-Schritte 1 bis 4. Spalte 2 wurde in enger Anlehnung an Ulrich und Fluri 1992, S.79, erstellt. Spalte 4 enthält neben der Gesamteinschätzung der CUL-Affinität in Klammern die Einzelschätzungen für den Nutzen, den Umfang möglicher Nutzerkreise und die Aktualitätserfordernis.

● **Nutzen durch Interaktivität und Adaptivität:** In vielen Fällen reicht der Nutzen des CULs für die Lernenden - und indirekt auch für die Lehrenden - durch Interaktivität und Adaptivität über den Nutzen anderer Medien hinaus (vgl. Bodendorf 1990, S.39). Dies gilt beispielsweise bei *komplexen Lernobjekten* sowie in Fällen, in denen der Lernstoff in besonderer Weise (z.B. durch *Simulationen*) gefestigt werden soll.

● **Hohe Anzahl von möglichen Nutzern:** Eine einmal erstellte CUL-Anwendung kann problemlos und kostengünstig vervielfältigt werden. Eine hohe Anzahl an möglichen Nutzern begünstigt daher den Einsatz dieses Mediums.

● **Geringe Aktualitätserfordernis:** Die Erstellung einer anspruchsvollen CUL-Anwendung dauert verglichen mit einfachen Printmedien *lange*. Götz und Häfner (1992, S.123-125) geben einen *Mindestbedarf von 150 Stunden* für die Neukonzeption einer einstündigen CUL-Anwendung an, der sich durch komplexe Graphiken, simulative Elemente und andere Einflüsse um ein Vielfaches erhöhen kann. Eine CUL-Anwendung sollte also *eher langfristig konstantes Wissen* vermitteln, und *nur in ausgesuchten Fällen sollten aktuelle Informationen* ergänzt werden.

Die drei Kriterien seien wiederum für die potentiellen Mitarbeiter und die Banken präzisiert:

● Die für die *potentiellen Mitarbeiter* relevanten Wissenstransfers sind in *starkem* Maße CUL-affin: Es handelt es sich um umfangreiche und komplexe Lernobjekte, für die ein umfangreicher Nutzerkreis vorhanden ist. Auch ist die Aktualitätserfordernis vergleichsweise gering.

● Dagegen sind die für *Banken oder andere Fremdkapitalgeber* relevanten Wissenstransfers nur in *mittlerem* Maße CUL-affin: Zwar sind die Lernobjekte komplex, was für CUL als Medium spricht. Jedoch ist der Nutzerkreis eher eingeschränkt, und bei vielen Aspekten besteht eine hohe Aktualitätserfordernis.

Insgesamt zeigen sich die grundsätzlichen *breiten Einsatzmöglichkeiten* des CULs in der unternehmensexternen Kommunikation, mit einem Schwerpunkt bei Kunden und potentiellen Mitarbeitern (Tabelle 1, Spalte 4).

4 Vielfältige Vorteile gegenüber Wettbewerbern

Die in Abschnitt 3 herausgearbeiteten Felder des CUL-Einsatzes bilden zunächst nur *Möglichkeiten*. Die Vorteilhaftigkeit einer Möglichkeit läßt sich an den erreichbaren *Wettbewerbsvorteilen* eines Unternehmens messen. Sie bestehen neben der Reduktion von Kosten vor allem aus *Differenzierungsvorteilen* gegenüber Wettbewerbern (vgl. die Einteilung bei Porter 1992, S.14-22, und die Ausführung der Differenzierung bei Kotler und Bliemel 1992, S.459-472), also aus der Frage "Was hebt das Unternehmen positiv von Konkurrenzunternehmen ab und kann - direkt oder indirekt - zur Erreichung der Unternehmensziele genutzt werden?" In Tabelle 2 sind für die einzelnen externen Ansprechpartner *spezielle Differenzierungsvorteile* aufgezeigt.

Es ist sehr stark vom einzelnen Unternehmen abhängig, welcher Differenzierungsvorteil sich in welcher *Intensität* auswirken kann. Gleichwohl bestätigt die Vielfalt der Differenzierungsvorteile die eingangs aufgestellte These der *hohen Relevanz des CULs für die unternehmensexterne Kommunikation*.

Externe Ansprechpartner		Differenzierungsvorteile
1) und 8)	Kapitalgeber (sowohl Eigen- als auch Fremdkapital)	Vertiefung des Verständnisses für die Unternehmensentwicklung, dadurch Verbesserung des Zugangs zu Kapitalgebern
2)	Potentielle Mitarbeiter	Wissen über personalpolitische Aspekte bei potentiellen Mitarbeitern, dadurch klarere Erwartungshaltung bei Bewerbungen und Gesprächen
3)	Kunden	Vertiefung der Kenntnis einzelner Produkte und des Sortiments bei Kunden, dadurch mögliche Umsatzerhöhung und Abgrenzung gegenüber Konkurrenten (vgl. zwei Fallstudien aus dem deutschen Maschinenbau bei Möhrle 1992)
4)	Absatzmittler	Bessere Produktkenntnis und gesteigertes Verkaufsrepertoire bei den Absatzmittlern, dadurch mögliche Umsatzerhöhung und verbessertes Unternehmensimage
5) und 6)	Lieferanten	(sowohl von Werkstoffen als auch von Investitionsgütern): Kenntnis der Anforderungen an Produktqualität und Lieferungsgepflogenheiten, dadurch Reduzierung der Transaktionskosten
9)	Öffentliche Interessengruppen	Wissen über Kultur- und Bildungsprogramme bei den Interessengruppen, dadurch verbessertes Unternehmensimage
10)	Vertreter von Medien	Vertiefte Kenntnis der Unternehmensentwicklung bei den Vertretern der Medien, dadurch reflektiertere Berichterstattung
11)	Forschungseinrichtungen/Universitäten	Wissen über technische Probleme und Möglichkeiten bei den Forschungseinrichtungen/Universitäten, dadurch verbesserter Zugriff auf externes Know-how

Tabelle 2: Spezielle Differenzierungsvorteile durch den CUL-Einsatz in verschiedenen Feldern der unternehmensexternen Kommunikation

Literatur

● Bodendorf, Freimut: Computer in der fachlichen und universitären Ausbildung. München, Wien: Oldenbourg 1989.
● Götz, Klaus; Häfner, Peter: Computerunterstütztes Lernen in der Aus- und Weiterbildung, 3. Auflage. Weinheim: Deutscher Studien Verlag 1992.
● Heß, Gerhard: Marktsignale und Wettbewerbsstrategie. Stuttgart: M+P-Verlag 1991.
● Kotler, Philip; Bliemel, Friedhelm: Marketing-Management, 7.Auflage. Stuttgart: Poeschel 1992.
● Möhrle, Martin G.: Wettbewerbsvorteile durch Informationstechnik. Einsatz von Lernprogrammen im Maschinenbau, in: Wirtschaftswissenschaftliches Studium, 21(1992)12, S.631-632.
● Möhrle, Martin G.: Die technologische Dynamik des Computerunterstützten Lernens, in: technologie & management, 42(1993)2, S.59-64.
● Möhrle, Martin G.; Kellerhals, Rainer: Wissenschaftliches Arbeiten mit SOKRATARIS. Interaktives Erstellen von Definitionen am Personal-Computer. München, Wien: Oldenbourg 1992.
● Müller-Merbach, Heiner; Sommer, Hartmut: Die betrieblichen Funktionsbereiche im Verbund, in: Wirtschaftswissenschaftliches Studium, 13(1982)6, S.263-270.
● Porter, Michael E.: Wettbewerbsvorteile, 3.Auflage. Frankfurt: Campus 1992.
● Rowe, Alan J.: Strategic Management and Business Policy, 2nd Edition. Reading, Massachusetts: Addison-Wesley 1985.
● Steppi, Hubert: CBT - Computer Based Training. Planung, Design und Entwicklung interaktiver Lernprogramme. Stuttgart: Klett 1989.
● Ulrich, Peter; Fluri, Edgar: Management, 6.Auflage. Bern, Stuttgart: Haupt 1992.

Multimediale Kundenselbstbedienung im Bankgeschäft[*]

A. Henrich, W. Johannsen, M. Kloidt
Organisation und Betrieb
Deutsche Bank AG
6236 Eschborn

1. Einleitung

Verteilte Multimedia-Systeme zeichnen sich dadurch aus, daß unabhängige Informationen zeitabhängiger und zeitunabhängiger Medien integriert verarbeitet, kommuniziert, gespeichert und dargestellt werden. Die Multimedia-Fähigkeiten der Rechner werden zu grundlegenden Veränderungen der Nutzungssituationen führen ([STEI91]). So werden sie zu einem effizienten und attraktiven Instrument zur direkten Kommunikation zwischen Menschen.

Advanced Communication Experiments (ACE) im Rahmen des RACE-Forschungsprogrammes der EG haben zum Ziel, das Bewußtsein der potentiellen Nutzer um die Möglichkeiten moderner Kommunikationsinfrastruktur zu fördern sowie ein Feedback für die Planung der zukünftigen Service-Infrastruktur zu geben ([RACE92]). Im Projekt BANK (**B**anking **A**pplications using I**B**C **N**etwork) wird der Nutzen von Breitbandnetzen und Multimedia-Technik im Bankensektor evaluiert. Das Konsortium des RACE BANK Projektes besteht aus zwei Banken (Générale de Banque, B; Deutsche Bank, D), drei Software-Partnern (GSI, F; Norcontel, IRL; Financial Courseware, IRL) und zwei Unternehmen aus dem Bereich Telekommunikation / Informationstechnik (IBM, F/D; Siemens, D).

2. Projektziel

2.1. Ausgangslage

Selbstbedienungseinrichtungen für Bankprodukte sind zu einer Selbstverständlichkeit geworden. Besonders einfache, standardisierte Bankdienstleistungen wie Kontoauszüge, Geldauszahlungen oder auch Überweisungen werden heute mittels Selbstbedienungsgeräten in und außerhalb der Schalterräume angeboten.

Die Vorteile dieser Entwicklung kommen beiden, den Kunden und ihrer Bank zugute. Die Kunden erhalten einen preisgünstigen, bequemen und ständig nutzbaren Zugang zu den Bankdienstleistungen, während sich den Banken ein neuer, kostengünstiger und sicherer Vertriebsweg eröffnet als Ergänzung zu den Vertriebsaktivitäten des stationären Netzes ([KRU92]). Mit der Selbstbedienungstechnik hat eine Bank das Potential, ein breites Spektrum von Bankdienstleistungen an publikumsintensiven Plätzen wie Flughäfen oder Industriebetrieben ohne zeitliche Beschränkung anzubieten ([EWE92]).

Die Leistungsfähigkeit moderner Informationstechnik und die hohe Kundenakzeptanz werden zu einer quantitativen und qualitativen Erweiterung des Selbstbedienungsangebotes führen. Selbstbedienungseinrichtungen dienen nicht mehr nur der Transaktionsabwicklung, sondern werden zunehmend auch zu einem Marketing-Instrument. Komplexere Produkte wie Kredite, Hypothekendarlehen, Geldanlage und Portfoliomanagement bilden die kommende SB-Produktgruppe. Allen Produkten

---

[*] Die in diesem Papier beschriebenen Arbeiten wurden von der Europäischen Gemeinschaft gefördert im Rahmen des Projektes R2027 (BANK) des RACE-II Programmes

dieser Gruppe ist gemeinsam, daß der Kunde über eine Reihe von Optionen zur Ausgestaltung des Produktes verfügt und somit häufig auf Beratung angewiesen ist. Um die enge Bindung zwischen Kunde und Bank nicht zu beeinträchtigen, muß der Kunde jederzeit auf die Beratung seines Betreuers in der Bank zurückgreifen können. Zukünftige Selbstbedienungseinrichtungen werden sich also auszeichnen durch:

I   Einfache Bedienerführung
I   Hochqualitative Präsentation von Produktinformationen
I   Beratung durch Bankmitarbeiter auf Nachfrage

Multimediatechnik wird in der Kundenselbstbedienung bei Banken bereits häufig zur Produktpräsentation eingesetzt (sog. Kiosk-Systeme oder Point-of-Information-Systeme). Bestenfalls im Stadium einer prototypischen Erprobung sind die Möglichkeiten des Einsatzes von Multimedia-Kommunikation in der Kundenselbstbedienung, um persönliche Beratung via SB-Terminal anbieten zu können ([MARK92]).

2.2. Forschungsziel

Die prototypische Entwicklung erweiterter Selbstbedienungseinrichtungen des Bankgeschäfts bildet das Primärziel des RACE/BANK Projektes. Mit den Anwendungen, die auf Multimedia-Techniken beruhen, soll als zweites Projektziel der Bedarf an breitbandigen Telekommunikationsdiensten evaluiert werden.

Die Frage nach der benötigten Telekommunikationsleistung und -infrastruktur ist aus Kostengesichtspunkten von erheblicher Bedeutung für die flächendeckenden Corporate Networks der Großbanken. Da Banken bereits heute zu den Betreibern der größten firmeneigenen Rechnernetze gehören, ist eine frühzeitige Bedarfsabschätzung der zu erwartenden Telekommunikationsleistungen zu den wichtigsten Planungsgrundlagen der informationstechnischen Entwicklung zu zählen.

3. Lösungsansatz

3.1. Szenario-Auswahl

Breitbandkommunikation und Multimediatechniken können in einer Reihe von geschäftlichen Anwendungsbereichen zu einer Stärkung der Wettbewerbsfähigkeit führen. Sie bilden die informationelle Basis für moderne organisatorische Gesamtkonzepte, welche die Verkürzung von Entscheidungswegen, netzwerkartige Organisationsstrukturen und flexible Kooperation mit Kunden und Zulieferern beinhalten ([BUL92]).

In Vorstudien wurden im RACE BANK Projekt u.a. die folgenden Arbeitsgebiete aus dem Bankensektor herausgearbeitet, die einen Einsatz von Multimedia-Technik und Breitbandkommunikation sinnvoll erscheinen lassen: Im Interbankenhandel oder der dokumentäre Auslandszahlungsverkehr kann die synchrone Kooperationsunterstützung durch Desktop-Video-Konferenzen die schnelle Lösung komplexer Problemstellungen erleichtern. Bei der Realisierung moderner Händlerarbeitsplätze spielt die Integration von Medien wie Text, Grafik, Live Video (z.B. Nachrichtensender) und von Kommunikationstechniken wie Telefonie oder Desktop-Video eine wichtige Rolle. Breitband-WANs können zur Infrastruktur für leistungsfähige weltweite Risk-Management-Systeme werden, die auf der Kopplung von LANs und dem schnellen Austausch großer Datenmengen basieren.

Für das Projekt RACE BANK wurde das Gebiet Privatkundengeschäft ausgewählt. Das Szenario umfaßt die Unterstützung von Selbstbedienung und stationärem Vertrieb in den Zweigstellen mit Multimedia-Präsentation und -Kommunikation. Die

Gründe für die Auswahl des Privatkundengeschäfts waren: (1) Die neuen technischen Möglichkeiten werden nicht nur als Hilfsmittel für die Bankbediensteten, sondern auch als Marketing-Möglichkeiten im direkten Kundenkontakt untersucht. (2) Im Gegensatz zu den meisten anderen angedachten Gebieten hat die Bank im gewählten Szenario die Kontrolle über alle "Endpunkte der Kommunikation" und ist deshalb nicht auf ein Mitziehen von Partnern angewiesen, wie dies z.B. im dokumentären Auslandszahlungsverkehr der Fall gewesen wäre.

3.2. Szenario-Beschreibung

Das ausgewählte Szenario umfaßt folgende Nutzungsmöglichkeiten bzw. Interaktions-Modi:

<u>Selbstbedienung</u>: Der Kunde ruft an einem Multimedia-Kundenterminal Produktinformationen ab und kann einen Vertragsabschluß vorbereiten und durchführen. Der Kunde kann dabei jederzeit eine Desktop-Video-Konferenz initialisieren, um sich von einem Bankmitarbeiter beraten zu lassen.

<u>Persönliches Beratungsgespräch vor Ort</u>: Der Filialmitarbeiter wird durch ein Multimedia-Terminal unterstützt, auf dem er dem Kunden beispielsweise Renditeentwicklungen visualisieren kann. Der Filialmitarbeiter kann sich mit Hilfe einer Desktop-Video-Konferenz von einem Experten bei der Kundenberatung unterstützen lassen.

Die folgende Abbildung gibt einen Überblick über das betrachtete Szenario. Dabei ist zusätzlich ein zentraler Server für Multimedia-Dokumente mit Produktinformationen berücksichtigt, die sowohl der Kunde am Selbstbedienungsterminal als auch der Kundenberater an seinem Arbeitsplatz interaktiv abfragen kann. Teile der multimedialen Dokumente werden dabei in Abhängigkeit von Kosten- und Performance-Überlegungen auch lokal in den Filialen gehalten.

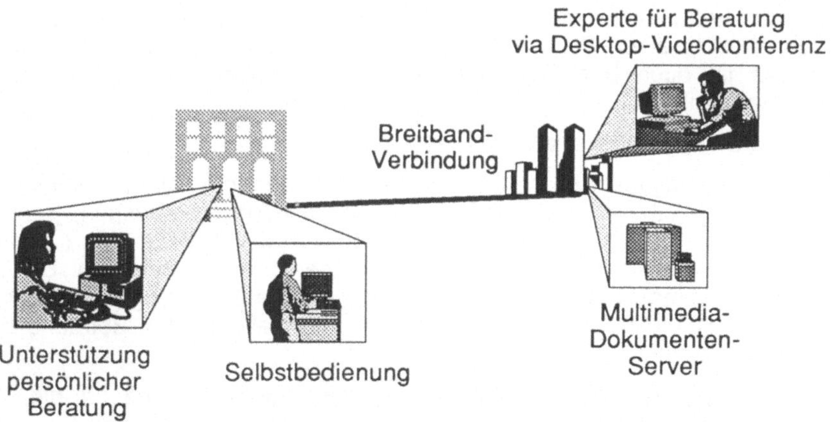

Abb. 1: Überblick des betrachteten Szenarios

3.3. Phasen der Geschäftsanbahnung am Selbstbedienungs-Terminal

Die Phasen der Geschäftsanbahnung in der Selbstbedienung entsprechen weitgehend dem allgemeinen Kaufprozeß für Bankdienstleistungen: Ersten Marketing-Informationen folgt eine Beratung, die auf individuelle Bedürfnisse eingeht, und schließlich der Geschäftsabschluß. Die einzelnen Phasen eines SB-Geschäftsablaufs können wie folgt beschrieben werden:

<u>1.) Aufmerksamkeit wecken</u>: Wenn kein Kunde das Kundenterminal nutzt, wird auf dem Bildschirm eine Animation (Video, graphische Animation) gezeigt. So wird das Interesse der Kunden geweckt und sie werden mit instruktiver Information in die Nutzung des Gerätes eingewiesen.

<u>2.) Allgemeine Produktinformation</u>: Dem Kunden werden die Bankprodukte dargestellt, die zur Befriedigung seines Kundenwunsches geeignet sind. Die allgemeine Produktinformation wird in einer hochgradig interaktiv ausgelegten Multimedia-Applikation angeboten. Der Kunde kann zielgerichtet und flexibel die für ihn geeigneten Informationen abrufen. Die multimedial aufbereitete Information ist attraktiv, und der Kunde behält das interaktiv Erfragte gut im Gedächtnis. Ein interaktives Selbstbedienungs-System ist in hohem Maße zeitlich und örtlich verfügbar und trägt so zu einer Ausweitung des Kundenservice bei. Hinzu kommt, daß viele Kunden Scheu haben, mit sehr wenig Vorinformation einen Berater anzusprechen. Sie werden die Anonymität der Selbstbedienung zumindest für allgemeine Informationen vorziehen.

<u>3.) Individuelle Produktinformation und Vertragsvorbereitung</u>: Nach der allgemeinen Produktinformation führt die Einbeziehung kundenspezifischer Daten zu einer individuellen Produktinformation und damit in Richtung Vertragsvorbereitung. Typischerweise umfaßt die individuelle Produktinformation Beispielrechnungen. So könnte das System z.B. Anlagepläne entwickeln, welche die persönlichen Bedürfnisse und die steuerliche Situation des Kunden berücksichtigen.

<u>4.) Vertragsabschluß und Dokumentation</u>: Das System ermöglicht einen Vertragsabschluß am Kundenterminal, sofern das Bankprodukt dafür geeignet ist. Für den Abschluß einiger Geschäfte genügt die ec-Karte mit PIN (elektronischer Vertragsabschluß), andere Geschäfte werden schon aus rechtlichen Gründen Papierdokumente erfordern. Wenn ein Auftrag mit der Unterschrift des Kunden benötigt wird, werden am Selbstbedienungsgerät zwei Kopien des Vertrages ausgedruckt - eine für den Kunden und eine für die Bank. Die Kopie für die Bank kann der Kunde dann unterschrieben in einen Scanner geben, der das Dokument einbehält. In der Anfangsphase ist auch das Einwerfen des unterschriebenen Vertrages in einen "Briefkasten" denkbar.

3.4. Beratung per Desktop-Video-Konferenz

Der Kunde kann zu jedem Zeitpunkt in dem beschriebenen Ablauf die Unterstützung eines entfernten (d.h. nicht an der Lokation des SB-Terminals tätigen) Bankmitarbeiters in Anspruch nehmen. Die Option der Desktop-Video-Konferenz bereichert die reine Selbstbedienung um den Aspekt der persönlichen Beratung. Der Bankmitarbeiter übernimmt, sobald er eingeschaltet wird, die Steuerung des Sitzungsablaufs. Ihm obliegt die Auswahl der Themen und Informationen. Die Beratung umfaßt die folgenden Komponenten:

<u>Video- und Audio-Verbindung</u>: Mehrere Realisierungsalternativen für die Video-Verbindung sind denkbar. Möglicherweise möchte der Kunde nur den Bankberater sehen und nicht selbst von einer Kamera "beobachtet" werden. Jedoch wird es für den Bankberater leichter sein, sich auf den Kunden einzustellen, den er sieht. Im Fall der bidirektionalen Video-Übertragung ist zu überlegen, ob die beiden Partner nur den jeweils anderen oder auch sich selbst sehen können, um das eigene Erscheinungsbild zurechtzurücken. Die Evaluierung mit Hilfe des ersten Prototypen wird sicherlich ersten Aufschluß zu dieser Fragestellung geben.

<u>Präsentations-Dokumente</u>: Während der Desktop-Video-Konferenz kann der Bankmitarbeiter vorbereitete Präsentations-Dokumente einspielen. Er kann dabei

sowohl auf Dokumente der allgemeinen Produktinformation zurückgreifen als auch eigene Dokumente verwenden. Er kann Zeigeoperationen auf den Präsentations-Dokumenten vornehmen. Er kann auch eigene kundenspezifische Präsentations-Dokumente mit seinen Anwendungsprogrammen erstellen.

<u>Gemeinsame Formular-Bearbeitung</u>: Elektronische Formulare werden in den Phasen Individuelle Produktinformation (Beispielrechnung) und Vertragsabschluß verwendet. Im Rahmen der Beratung per Desktop-Video können Kunde und Berater Felder in dem für beide sichtbaren Formular ausfüllen. Im Normalfall wird der Bankberater den Großteil der Informationen eingeben (in Absprache mit dem Kunden). Jedoch könnte der Kunde es vorziehen, persönliche Angaben über die Tastatur einzugeben, so daß niemand im SB-Bereich mithören kann.

<u>Papier-Dokumente</u>: Während des Austauschs zwischen Bankmitarbeiter und Kunde kann die Notwendigkeit entstehen, einander Papier-Dokumente zu zeigen. Diesem Zweck könnte z.B. ein Scanner oder eine Dokumenten-Kamera dienen. Ein Beispiel für die Notwendigkeit dieser Option ergibt sich, wenn man dem Kunden auf diesem Wege auch Kleinkredite anbieten würde. In diesem Fall könnten Dokumente, die auf mögliche Sicherheiten hinweisen, von Interesse sein.

3.5. Zusammenspiel von Selbstbedienung und persönlichem Vertrieb

Das ausgewählte Szenario "Privatkundengeschäft" umfaßt zwei Nutzungsmöglichkeiten: Selbstbedienung und Unterstützung persönlicher Beratung in den Zweigstellen. Die Selbstbedienung steht im Mittelpunkt eines Prototypen, der für die Deutsche Bank erstellt wird. Die Unterstützung der persönlichen Beratung mit Hilfe von Multimedia-Dokumenten und Desktop-Video-Konferenzen zu Experten bildet den Schwerpunkt eines parallel zu erstellenden Prototypen für die Générale de Banque.

Das Privatkundengeschäft wird auch in Zukunft Selbstbedienungseinrichtungen und persönliche Beratung als komplementäre Vertriebswege beinhalten. Es ist zu erwarten, daß die Bedeutung und Akzeptanz der Selbstbedienungsoption insbesondere in den frühen Phasen des Verkaufsprozesses hoch sein wird, während in den späteren Phasen die persönliche Beratung dominieren wird. Diese Überlegung führt zu der folgenden Abbildung, die die bevorzugte Komunikationsweise in Abhängigkeit von der erreichten Phase darstellt (Pfeile deuten Übergänge an).

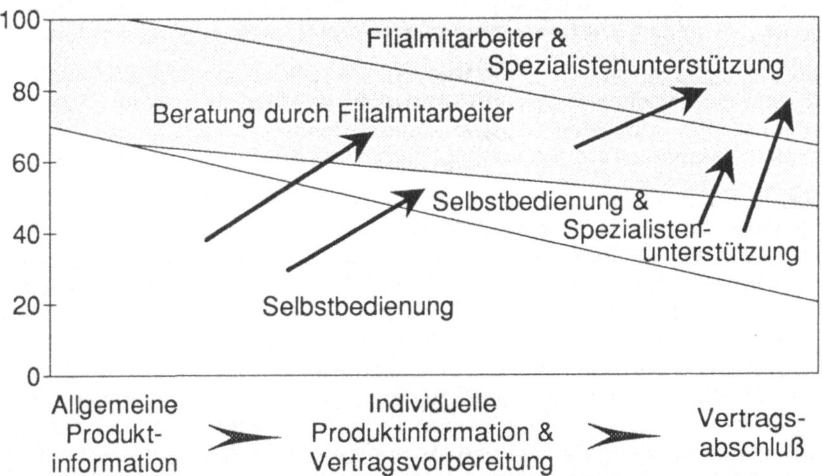

Abb. 2: Bevorzugte Komunikationsweise in Abhängigkeit von der erreichten Phase

4. Systemkomponenten

Die Realisierung der geschäftlichen Szenarien erfolgt in zwei Schritten: Ein erster Prototyp mit eingeschränkter Funktionalität und lediglich lokaler Kommunikation wird bis Juli 1993 realisiert. Ein zweiter Prototyp mit der vollen Funktionalität und der Einbeziehung öffentlicher Breitbandnetze wird bis Juli 1994 fertiggestellt. Um den Anforderungen der Anwendung gerecht zu werden, sind aus Anwendersicht 5 Systemkomponenten zu realisieren.

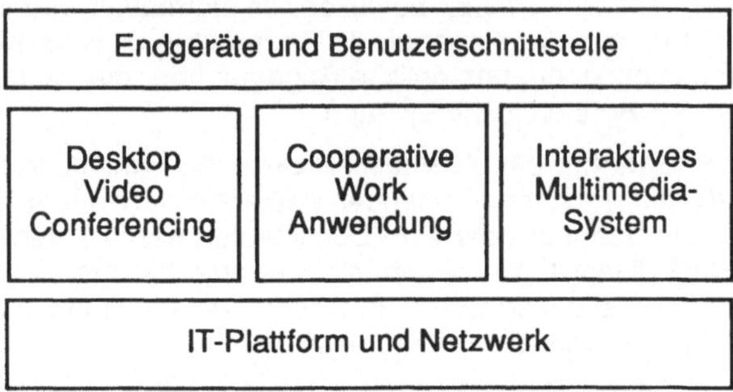

Abb. 3: Systemkomponenten aus Anwendungssicht

<u>Endgeräte und Benutzerschnittstelle</u>: Die Benutzerschnittstelle eines Multimedia-Selbstbedienungsterminals integriert verschiedene Endgeräte zur Ein- und Ausgabe. Das Selbstbedienungs-Endgerät wird mit Touch Screen, einfacher Tastatur, Kamera, Telefonhörer und Kartenleser ausgestattet sein. Das Gegengerät des Bankberaters wird dessen gewohnter PC mit Maus sein, erweitert um Kamera und Mikrophon / Kopfhörer. Der Bildschirm des Selbstbedienungs-Geräts wird in einen Bereich für den Arbeitskontext und einen Bereich für Live Video während der Beratung aufgeteilt.

<u>Interaktives Multimedia-System</u>: Die Gestaltung des interaktiven Multimedia-Systems erfolgt mit einer am Markt erhältlichen Autorensoftware (Mediascript [NTC92]), welche die ausgewählte Plattform (OS/2, ActionMedia Board) unterstützt. Die Dokumente der interaktiven Multimedia-Anwendung werden im ersten Prototypsystem lediglich lokal gespeichert. Für die zweite Version ist die Verteilung der Multimedia-Dokumente auf Dokumentenserver und Clients vorgesehen.

<u>Desktop-Video-Konferenz</u>: Die Übertragung der zeitkritischen Audio- und Video-Ströme in herkömmlichen PCs und Netzwerken erfordert eine Vorab-Reservierung der Ressourcen in Endsystem, Netzwerk und Gateways. Die Basis der Realisierung bildet eine Implementierung des verbindungsorientierten Netzwerk-Protokolls ST-2.

<u>Cooperative-Work-Anwendung</u>: Um einen gemeinsamen Arbeitskontext parallel zur Desktop-Video-Konferenz herzustellen, muß der Bankberater den Inhalt des Anwendungsfensters auf dem Selbstbedienungsterminal sehen sowie Zeigeoperationen und Veränderungen vornehmen können (z.B. Felder eines Formulars ausfüllen). Außerdem muß der Bankberater die Möglichkeit haben, zusätzliche Informationen von seinem Rechner aus im Selbstbedienungsterminal darzustellen (ebenfalls mit Zeigemöglichkeit). Die Anforderungen werden realisiert, indem die Fensterinhalte, die sich die Kommunikationspartner zeigen möchten, als komprimierte Bitmaps übertragen werden. Eingaben von beiden Teilnehmern werden an die das Fenster generierende Anwendung geleitet und lösen eine Aktualisierung des Bitmap-Inhalts auf beiden PCs aus. Mit diesem generischen und aufgrund der Komprimierung effi-

zienten Replikationsmechanismus kann eine beliebige Bank- oder sonstige Anwendung für die kooperative Bearbeitung geöffnet werden.

<u>IT-Plattform und Netzwerkunterstützung</u>: Der RACE BANK Prototyp integriert Multi-
media-Präsentation und Multimedia-Kommunikation. Mit IBM PS/2 und ActionMedia
II Karten wurde eine IT-Plattform ausgewählt, die voll digital ist und qualitativ
hochwertiges Video-Display ermöglicht. Als lokales Netzwerk wurde die Token-Ring-
Architektur (16 Mbit/s) ausgewählt. Im zweiten Prototypen wird angestrebt, zwei To-
ken-Ring-LANs über das deutsche ATM-Pilotnetz zu verbinden ([BAU93]).

5. Resümee

Multimedia- und Breitbandtechnologien bilden die Basis für neuartige Selbstbedienungseinrichtungen im Bankbereich. Sie eröffnen auch solchen Bankprodukten neue
Vertriebswege, die bisher als zu komplex für die Selbstbedienung galten. Dieselbe
Technik ermöglicht zudem die Nutzung dieser Einrichtungen als Marketing-Instrument.

Das Projekt RACE BANK hat die Erstellung eines prototypischen Selbstbedienungs-
gerätes für Bankprodukte mit multimedialer Informationsbereitstellung und integriertem Video-Conferencing zum Ziel. Die Funktionalität wird sich auf standardisierte
Bankprodukte und die Anlage-Beratung konzentrieren. Ein zweiter Projektschwer-
punkt [BAU93] konzentriert sich auf die Kommunikationsinfrastruktur.

Für standardisierte Bankprodukte umfaßt der anwendungsseitige Lösungsansatz die
Phasen Attraktion, allgemeine und produktspezifische Information, die Leistungs-
abwicklung und die Beratung via Videokonferenz. Das damit umrissene Szenario
wird auf eine Systemarchitektur abgestützt, deren wesentliche Komponenten Desktop-Video-Konferenz, Cooperative-Work-Anwendung und interaktive multimediale
Informationsbereitstellung sind.

Die Entwicklung eines ersten prototypischen Systems ist für Ende 1993 vorgesehen;
die Gesamtkonfiguration wird 1994 abgeschlossen sein.

6. Literatur

[BAU93]   **Bauer, D., Humer-Hager, T.**: *Multimedia Communications in a Banking
           Environment*, in: Proceedings der Multimedia Communications '93, Banff,
           Kanada (erscheint demnächst)
[BUL92]   **Bullinger, H.-J., Fröschle, H.-P., Hofmann, J.**: *Multimedia - Von der
           Medienintegration über die Prozeßintegration zur Teamintegration.* In: Of-
           fice Management 6/1992, S. 6-13
[EWE92]   **Ewe, J.**: *Mit High-Tech-SB-Terminals den Kunden weit entgegen.* In:
           Bank und Markt 10/92, S. 41-43
[KRU92]   **Krupp, G.**: *Anmerkungen zur Zukunft des Privatkundengeschäfts.* In:
           Bank und Markt 12/92, S. 7-14
[MARK92]   **Markoff, J.**: *New NCR teller machine offers banking by video.* In: New
           York Times, 5.Mai 1992, p20 p40 5 col
[NTC92]   **Network Technology Corporation:** *Media Script OS/2 Desktop Edition
           User Guide*, 1992
[RACE92]   **Commission of the European Communities:** *Research and technology
           development in advanced communications technologies in Europe*, 1992
[STEI91]   **Steinmetz, R., Herrtwich, R.G.**: *Integrierte verteilte Multimedia-Systeme.*
           In: Informatik Spektrum 14 (1991), Heft 5, S. 249-260

DIAMOND

Der Einsatz von

innovativen Informationstechnologien

in der Produktion

am Beispiel der KHD AG, Köln

von

Dipl.-Kfm. Uwe Höhne, KHD AG, Köln

1. Zielsetzung des Projekts

KHD ist ein führender Hersteller von luftgekühlten Dieselmotoren in der Welt. Monatlich werden im Kölner Werk durchschnittlich 10.000 bis 12.000 Motoren gefertigt. Um weiterhin eine technologisch führende Position im Bereich der Motorenfertigung zu gewährleisten, sollten innovative Informationstechniken zur Unterstützung der Qualitätssicherung eingesetzt werden. Das konkrete Ziel war, ein Frühwarnsystem zur Vermeidung von Revisionsursachen zu erstellen.

Damit sollte zum einen eine Dezentralisierung der Qualitätsverantwortung erreicht werden. Zum anderen sollte ein frühzeitiger Know-How-Aufbau im Bereich dieser innovativen Informationstechniken erfolgen, um eine langfristige Positionssicherung zu erreichen.

Neben diesen eher strategisch orientierten Zielen gab es zusätzlich eine Reihe operativer Ziele, deren Verwirklichung mit dem Projekt "DIAMOND" erreicht werden kann. Durch die Unterstützung des Testlaufs der Motoren im Bereich Prüffeld sollte das Erkennen von Revisionsgründen verbessert werden, da ohne die Hilfe des Systems ein Prüfingenieur dazu gezwungen ist, den Motor beim ersten Auftreten eines Fehlers abzuschalten.

Mit der Unterstützung des Systems ist man in der Lage, weitere Prüfpunkte in der Kennfeldkurve des Motors anzufahren und die Ergebnisse zu einer verbesserten Aussage zu nutzen. Mit Hilfe dieser Daten ist auch der Bereich Revision in der Lage, eine bessere Aussage zum Revisionsgrund zu treffen.

Darüber hinaus ist die getroffene Aussage bezüglich des Revisionsgrundes weniger subjektiv und begründet sich nicht nur im "Gefühl" des Prüfingenieurs. Mittels der vorhandenen Datensammlung können statistische Auswertungen erstellt werden, die eine von einzelnen Meinungen unabhängige Revisionsursache erkennen lassen.

Durch die objektive Revisionsaussage lassen sich mehrfache Revisionen eines Motors verhindern, da sofort die richtige Reparaturmaßnahme durchgeführt werden kann. Diese Maßnahme führt zu einer nachhaltigen Reduzierung der Prüffeldbelastung.

Die verbesserte Diagnose der Revisionsursache läßt die Qualität der durchgeführten Revisionsarbeiten deutlich steigen. Es werden statt ganzer Baugruppen gezielt defekte oder schadhafte Teile ausgetauscht. Dadurch wird zusätzlich eine deutliche Verkürzung der Revisionszeit erreicht. Die Motoren können nach Fehlerursachen vorsortiert und bei Vorhandensein der benötigten Ersatzteile zielgerichtet instandgesetzt werden. Bisher war es üblich, die zerlegten Motoren wieder zusammenzusetzen, zwischenzulagern und auf das Eintreffen der Ersatzteile zu warten.

Mithin kann über dieses Vorsortieren der Motoren und eine Rückkopplung mit Lager bzw. Wareneingang die Auslastung in der Revision besser geplant werden. Die vorhandene Kapazität läßt sich auf diese Weise optimal auf die betrieblichen Notwendigkeiten einstellen.

Nicht zuletzt ausschlaggebend ist, daß auf diese Weise das Wissen von Experten in der Revision gesichert und allgemein zugänglich gemacht werden kann.

2. Abgrenzung des Projektumfeldes

In einem ersten Schritt wurde das Projektumfeld analysiert. Es galt zu klären, wie sich die aktuelle Informationsstruktur innerhalb der Revisionsabteilung darstellt. Außerdem mußten hardware- und softwaretechnische Voraussetzungen abgestimmt werden.

Anschließend wurden die späteren Benutzergruppen (Revisionsabteilung und Qualitätssicherung) festgelegt und deren spezifischen Anforderungen ermittelt. Von Anfang an stand dabei eine gezielte Benutzerpartizipation im Vordergrund.

Für die Arbeit der Revision ergaben sich als Hauptanforderungen:

- einfache Unterstützung bei der Vorgabe der Arbeits- und Prüfanweisungen,
- Berücksichtigung der durchzuführenden Arbeitszeiten,

- genauere Kapazitätsplanung der bereitzustellenden Prüffeldkapazität (Nacht und Wochenendschichten).

In der Analysephase ergab sich recht schnell, daß die Qualitätssicherung anders gelagerte Anforderungen an das System stellte. Über eine Vernetzung sollten die ermittelten Fakten in allen beteiligten Bereichen verfügbar gemacht werden. Bei Ermittlung eines fehlerhaften Bauteils beispielsweise sollte direkt überprüft werden, ob ein Ersatzteil in Lager oder Wareneingang verfügbar ist oder anderenfalls direkt eine Bestellanweisung an den Disponenten erfolgen muß.

Falls eine Revisionsursache durch Fehler in der Montage verursacht würde, sollte eine direkte Information an die zuständigen Vorarbeiter erfolgen, um so weitere Fehler unmittelbar zu verhindern.

Zum Abschluß der Analysephase wurde ein Katalog der Problemaspekte erstellt und festgelegt, welche Aufgaben das neue System übernehmen sollte. Als besonders kritisch wurden folgende Punkte angesehen:

- Qualitätsmängel der Zulieferteile

- fehlerhafte Grundeinstellung der Motoren

- ungenügende Fehlerbeschreibung

- erfolglose Erstrevision

- unterschiedliche Erfahrung und Qualifikation der Werker in Kenntnistiefe und -breite

3. Lösungspotential der eingesetzten Informationstechniken

Im nächsten Schritt wurden die Lösungspotentiale der in Frage kommenden Informationstechniken untersucht. Dabei konnte aufgezeigt werden, daß jede Technik einen Schwerpunkt zur Lösung dezidierter Probleme aufwies. Dies veranlaßte das Projektteam dazu, die bestehenden Probleme durch die Integration von Neuronalen Netzen, Expertensystemen und Datenbanken zu lösen.

Signifikante Lösungspotentiale von künstlichen Neuronalen Netzen:

- hohe Leistungsfähigkeit bei komplexen Problemen der Mustererkennung,

- große Toleranz bei auftretenden Fehlern,

- Fähigkeit der Schlußfolgerung auch bei verrauschten Mustern,

- schnelle Reaktionszeit.

Dem standen - nach Ansicht des Projektteams - einige Probleme der Anwendung gegenüber:

- keine formale Unterstützung des Entwicklungsprozesses,

- keine formale Unterstützung bei der Auswahl der geeigneten Nutzarchitektur,

- Informationsdefizit über den praktischen Einsatz von künstlichen Neuronalen Netzen.

Lösungspotentiale von Expertensystemen und Datenbanken:

- Diagnose durch den Bediener,

- geringe zeitliche Belastung der Experten,

- Partizipation der Benutzer bei der Systemerstellung,

- Möglichkeit des Prototyping zur gemeinsamen Systemerstellung,

- zentrale Sammlung des Revisions-Know-Hows,

- von der Benutzersicht unabhängige interne Speicherung,

- Bewältigung von Massendaten,

- Fähigkeit des Mehrbenutzerbetriebs.

Aber auch diesen Vorteilen standen nach Ansicht des Projektteams einige Nachteile gegenüber:

- Komplexität der Modellbildung,

- Abgeschlossenheit des Ergebnisraumes nicht vorhanden,

- Zusammenhang zwischen System und Fehler nicht linear darstellbar.

Schließlich gelangte das Projektteam zu der Überzeugung, daß eine Integration der Techniken den höchsten Zielerreichungsgrad aufweisen würde. Durch die Nutzung der unterschiedlichen Lösungspotentiale konnte gewährleistet werden, daß hauptsächlich die Stärken des jeweiligen Softwarewerkzeuges genutzt werden konnten. Da die Mitarbeiter im Umgang mit Expertensystemen und Datenbanken schon eine gewisse Erfahrung hatten, ließ sich durch den Einsatz bekannter Techniken eine Zeiteinsparung bei der Realisierung herausarbeiten. Der Einsatz der KNN ließ einen Technologievorsprung vor den Mitbewerbern erwarten.

4. Realisierungsphase "DIAMOND"

Es war von Anfang an abzusehen, daß innerhalb der Realisierungsphase noch mit erheblichen internen Widerständen zu rechnen sein würde. Da über diese innovativen Informatiklösungen noch wenige aussagefähige Projektberichte existieren, war eine Gegenüberstellung der Vor- und Nachteile ein schwieriges Unterfangen. Die vielerorts eingekehrte Ernüchterung gegenüber dem Einsatz von Expertensystemen sowie das relativ unbekannte Gebiet der Neuronalen Netze eröffnet DV-Praktikern ein unbegrenztes Feld der Kritik. Aus diesem Grund war die Projektorganisation wie auch die Integration in die betriebliche

Organisation von entscheidender Bedeutung. In diesem Umfeld war die ökonomische Alimentierung einiger Ergebnisse besonders wichtig. Zusätzlich zu allen erwarteten qualitativen Verbesserungen konnte das Projekt durch eine Armortisationsrechnung mit einem ROI < 3 Jahre gerechtfertigt werden.

Projektorganisation

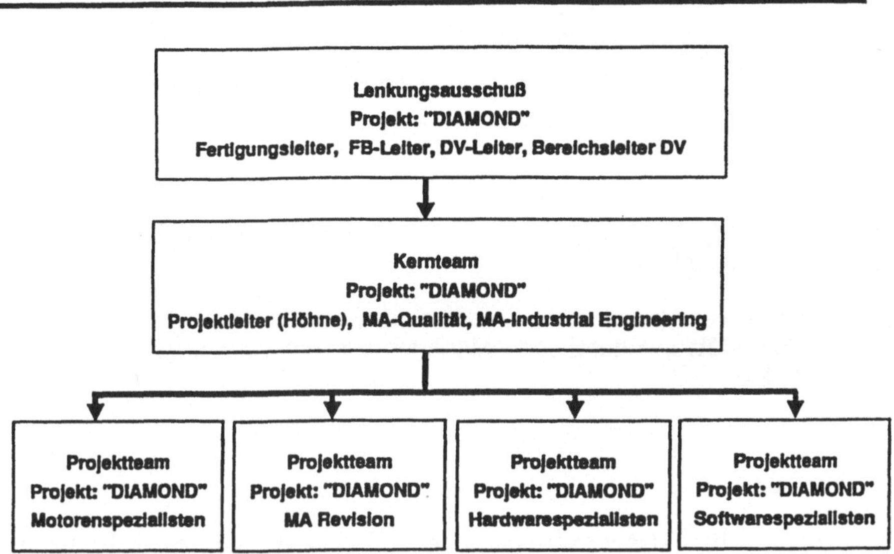

Abschließend sollen noch die Erwartungen erläutert werden, die mit der Realisierung von "DIAMOND" verbunden waren:

- gezielte und einheitliche Reparaturmaßnahmen durch fehlerabhängige Anleitung,

- Ermittlung des geeigneten Reparaturumfanges aufgrund der Analyse der erfolgten Reparaturmaßnahmen,

- direkte Einbringung der Analyseergebnisse in die laufenden Reparaturarbeiten,

- sofortige Bereitstellung von neu gewonnenem Revisionswissen für alle Mitarbeiter,

- Ermittlung des Zeitbedarfs für Prüfabnahme und Revision,

- Aufbereitung und Strukturierung des Wissens,

- Einsparung von Ersatzteilen, Werkstattkapazität und Verbrauchsmaterialien,
- Lernfähigkeit der Systeme aus Erfahrung.

5. Schlußbetrachtung

Zusammenfassend sollen noch einige Kernaussagen zum Einsatz dieser innovativen Softwaretechniken festgehalten werden.

Eine motivierende Kommunikation und Partizipation der Mitarbeiter, die ihr Expertenwissen in die neuen Systeme einbringen sollen, ist eine Grundvoraussetzung für das Gelingen solcher Vorhaben.

Zusätzlich muß deutlich gemacht werden, daß nur durch eine fundierte Ausbildung der beteiligten Mitarbeiter ein ökonomischer Einsatz der Systeme gewährleistet werden kann.

Des weiteren versteht es sich von selbst, daß solche Projekte ohne eine genügende Unterstützung durch das Management von vornherein zum Scheitern verurteilt sind.

6. Literatur

H.-J. Appelrath: "Wissensbereitstellung in Expertensystemen: Inferenzmechanismen auf relationalen Datenbanken", Dissertationsschrift, Universität Dortmund, Abteilung Informatik, 1983.

H.-J. Appelrath: "Die Erweiterung von DB- und IR-Systemen zu wissensbasierten Systemen", Tagungsband Deutscher Dokumentartag '84, Verlag Saur, München, 1985.

B.G. Buchanan, E.H. Shortliffe: "Rule-Based Expert Systems", Addison-Wesley Publishing Company, Reading, Massachusetts, 1984.

E.F. Codd: "A Relational Model of Data for Large Shared Data Banks", CACM, Vol.13, No.6, Juni 1970, S. 377-387.

G. Drabich-Waechter: "Erste Schritte und zweckmäßige Gestaltung bei der Entwicklung eines Expertensystems", Tagungsunterlagen, o.S., 1987.

W. Frank: "Einsatz von Expertensystemen in der Qualitätssicherung", Tagungsunterlagen, S.1-16, 1987.

H. Gallaire, J. Minker, J.M. Nicolas: "Logic and Databases: A Deductive Approach", Computing Surveys, Vol.16, No.2, Juni 1984, S. 153-185.

C. Habel: "Logische Systeme und Repräsentationsprobleme", Tagungsband GWAI 83 (Neumann, ed.), Informatik-Fachbericht Nr.76, Springer-Verlag, Berlin-Heidelberg-New York, 1983, S.118-142.

T. Härder, N. Mattos, F. Puppe: "Zur Kopplung von Datenbank- und Expertensystemen", in: State of the Art, H.3, S.23-34, 1987.

F. Hayes-Roth, D.A. Waterman, D.B. Lenat: "Building Expert Systems", Addison-Wesley Publishing Company, Reading, Massachusetts, 1983.

G. Neipp: "CIM: Auch eine Philosophie muß sich rechnen lassen", VDI-Nachrichten, Nr.11, 1986

P. Mertens, E. Plattfaut: "Informationstechnik als strategische Waffe", Arbeitspapier Informatik-Forschungsgruppe VIII, der Friedrich-Alexander-Universität Erlangen-Nürnberg, 1986.

G. Warnecke, P. Mertens: "Auswahlkriterien für Expertensystem-Entwicklungswerkzeuge", in: ZwF, 82.Jg, H.2, S.82-86, 1987.

L. Winterhalder: "Mit CAQ die wirtschaftliche Zukunft sichern", in: MEGA, 2.Jg, H.3, S.19-22, 1987.

St. von Zelewski: "Das Leistungspotential der künstlichen Intelligenz - eine informationstechnisch-betriebswirtschaftliche Analyse", Bonn, 1986.

Organisation eines ganzheitlichen Informationsmanagements - Orientierung an den Kernkompetenzen einer Unternehmung

Christian Momm
c/o Universität Kaiserslautern
Lehrstuhl für Betriebsinformatik und Operations Research
Prof. Dr. Heiner Müller-Merbach
Postfach 3049
67653 Kaiserslautern

Informationsmanagement zielt auf die wirtschaftliche Nutzung von Information, gestützt auf den effektiven Einsatz moderner Informations- und Kommunikationstechnologien (IKT). In Anlehnung an das japanische Managementkonzept der "Organizational Intelligence" werden fünf Orientierungen des Informationsmanagements (IM) skizziert. Durch diese IM-Orientierungen wird jeweils eine bestimmte Kernkompetenz einer Unternehmung gestärkt, indem Informationsprozesse gestaltet und gesteuert werden. Typische Gestaltungs- und Steuerungsmaßnahmen werden aufgezeigt und anhand aktueller Beispiele erläutert. In einem ganzheitlichen IM sind die verschiedenen Orientierungen auf dreifache Weise integriert: hinsichtlich der Aufgabenträger, der Maßnahmen sowie hinsichtlich der sich wandelnden Wettbewerbsbedingungen.

1 Organisation eines ganzheitlichen Informationsmanagements: Leitidee "Organizational Intelligence"

Informationsmanagement (IM) unterstützt das Management einer Unternehmung hinsichtlich der wirtschaftlichen Nutzung von Information durch den effektiven Einsatz moderner IKT. *Management* gestaltet und steuert die *Wertschöpfungsprozesse* einer Unternehmung, und *IM* gestaltet und steuert die *Informationsprozesse*, die den Wertschöpfungsprozessen zugrundeliegen.

Als Grundlage für die Zusammenarbeit zwischen Management und IM sei die *Organisation des IM* skizziert. In Anlehnung an das japanische Managementkonzept der *"Organizational Intelligence"* (O.I.) (Matsuda 1993, S.13) ist dabei zwischen IM *"als Produkt"* und IM *"als Prozeß"* zu unterscheiden:

● *IM "als Produkt"* gestaltet und steuert Informationsprozesse in bezug auf die Kernkompetenzen einer Unternehmung.
● *IM "als Prozeß"* erfordert vier Teilprozesse, die in den Managementprozeß eingebettet werden.

2 Informationsmanagement als Produkt: Gestaltung und Steuerung der Informationsprozesse

IM gestaltet und steuert die *Informationsprozesse*, die dem betrieblichen Wertschöpfungsprozeß zugrundeliegen. Dafür eignen sich vielfältige *Maßnahmen*. Die japanische O.I. unterscheidet fünf unterschiedliche *Informationsprozesse* (vgl. Matsuda 1993, S.13-16):

● In *Informationswahrnehmungsprozessen* wird getrennt zwischen relevanter und irrelevanter Information über anzustrebende Ziele, über deren Erreichung, über Zielkonflikte, Chancen und Risiken, über Stärken und Schwächen einer Unternehmung.

● Durch *Informationsspeicherungsprozesse* werden Informationsverluste sowie redundante Beschaffung von Information vermieden. Information kann gespeichert sein als (Experten)wissen in Personen, in organisatorischen Regeln, in Daten-, Wissens- und Methodenbanken sowie in Normen, Gewohnheiten und unternehmungsspezifischem Sprachgebrauch.

● In *Lernprozessen* werden die übrigen Informationsprozesse an veränderte Ziele, Aufgaben etc. angepaßt.

● In *Kommunikationsprozessen* wird Information übermittelt über Informationsübertragungskanäle, interaktiv in Gruppen oder über Computer als Kommunikationsmedien (vgl. Winograd/Flores 1989, S.206).

● In *Planungs- und Entscheidungsprozessen* wird Information entweder logisch deduktiv oder intuitiv verdichtet und verknüpft. Entscheidungs- und Planungsmethoden des Operations Research sowie Kreativitätstechniken seien genannt.

Diese fünf Informationsprozesse können durch verschiedene *Maßnahmen* gestaltet und gesteuert werden:

● *Informationswahrnehmungsprozesse* können verbessert werden z.B. durch Rückmeldungen von Erfolgen und Mißerfolgen sowie durch ganzheitliches Verständnis und Bewußtsein (vgl. Schneider 1990, S.344).

● *Informationsspeicherungsprozesse* können z.B. durch Dokumentation von und erleichterten Zugang zu verfügbarer Information sowie durch deren bedarfsgerechte Aktualisierung verbessert werden.

● *Lernprozesse* können gefördert werden z.B. durch geeignete Lernsituationen, ein geeignetes Lernklima, geeignete Lernmedien sowie durch Motivation zu Lernbereitschaft.

● *Kommunikationsprozesse* können verbessert werden z.B. durch Verhinderung oder Kompensation von Störungen, Überbrückung von Unterbrechungen sowie gegenseitige Abstimmungsmaßnahmen.

● *Planungs- und Entscheidungsprozesse* können verbessert werden z.B. durch bessere Information sowie durch effektivere Methoden (z.B. OR-Methoden).

Die Umsetzung dieser Maßnahmen erschöpft sich nicht im *Einsatz moderner IKT*. Darüber hinaus sollte entsprechend die *Organisation* gestaltet und die *Unternehmungskultur* beeinflußt werden (vgl. Schneider 1990).

3 Informationsmanagement als Prozeß: Vier Teilprozesse, eingebettet in den Managementprozeß

IM als Prozeß verbessert wettbewerbsentscheidende Informationsprozesse, die die wettbewerbsentscheidenden Kernkompetenzen einer Unternehmung unterstützen. Dies erfordert *vier Teilprozesse*:

● *Analyse* wettbewerbsentscheidender Informationsprozesse,
● *Generierung* von Verbesserungsvorschlägen für die Informationsprozesse,
● *Auswahl* geeigneter Verbesserungsvorschläge,
● *Umsetzung* der Verbesserungsvorschläge.

IM als Prozeß ist in den Managementprozeß integriert. IM arbeitet in jedem Teilprozeß mit anderen betrieblichen Funktionen zusammen, und zwar mit dem *Management*, der *strategi-*

schen Unternehmungsplanung, der *EDV-Entwicklung*, dem *Controlling*, der *Organisationsgestaltung und Personalentwicklung*:

● Die *Analyse* wettbewerbsentscheidender Informationsprozesse basiert einerseits auf der strategischen Unternehmungsplanung, von der die wettbewerbsentscheidenden Kernkompetenzen definiert werden, sowie andererseits auf einer Wirksamkeitskontrolle der Informationsprozesse durch das Controlling.

● *Verbesserungsvorschläge* für die Informationsprozesse sollten *generiert* werden mit Vertretern betroffener Unternehmungsbereiche sowie mit der Organisationsgestaltung und Personalentwicklung. Sollkonzepte des IKT-Einsatzes und der Organisationsgestaltung seien dabei leitend. Diese sollten die Vertreter betroffener Bereiche mit der Organisationsgestaltung sowie der EDV-Entwicklung erstellen.

● *Geeignete Verbesserungsvorschläge* sollte das Management mit der EDV-Entwicklung sowie der Organisationsgestaltung und Personalentwicklung *auswählen*.

● *Verbesserungsvorschläge* sollten mit der EDV-Entwicklung sowie der Organisationsgestaltung und Personalentwicklung *umgesetzt* werden.

4 Fünf (im Grunde bereits bekannte) Orientierungen des Informationsmanagements

IM gestaltet und steuert die dem betrieblichen Wertschöpfungsprozeß zugrundeliegenden Informationsprozesse. Je nachdem auf welche Kernkompetenz IM zielt, ergeben sich *fünf IM-Orientierungen* (Abb.1).

Jede IM-Orientierung wird charakterisiert durch

● einen *angestrebten Wettbewerbsvorteil* und die dazu benötigte *Kernkompetenz*,
● den im betrieblichen Wertschöpfungsprozeß relevanten *Kernprozeß*,
● die jeweils relevante *Steuerungsinformation* über den Kernprozeß und
● geeignete *Aufgabenträger*.

An den geeigneten Aufgabenträgern wird ersichtlich, daß die fünf IM-Orientierungen im Grunde bereits bekannt sind. Da Management nicht nur mit Personen, Produkten, Maschinen etc. umgeht, sondern vor allem mit Information darüber (vgl. Müller-Merbach 1985, S.15), haben sich bereits entsprechende Teilfunktionen des Managements etabliert wie z.B. Controlling, FuE-Management, Qualitätsmanagement.

Gleichwohl hebt jede der fünf IM-Orientierungen die entscheidenden Informationsprozesse in bezug auf eine Kernkompetenz hervor und konzentriert sich auf Maßnahmen des IKT-Einsatzes zu deren Gestaltung und Steuerung.

5 Aktuelle Gestaltungs- und Steuerungsmaßnahmen der fünf Orientierungen des Informationsmanagements

Für jede der fünf IM-Orientierungen seien *Gestaltungs- und Steuerungsmaßnahmen* der Informationsprozesse aufgezeigt (Abb.2). Aktuelle Entwicklungen des IM seien hervorgehoben und an *Beispielen* verdeutlicht, einerseits die *Informationsprozesse* und andererseits die *IM-Orientierungen* betreffend:

● *Informationsprozesse*: Unter den Informationsprozessen werden Informationswahrnehmungsprozesse bisher kaum berücksichtigt. Nur einige neuere Gestaltungsansätze zielen hierauf, z.B. kulturorientiertes IM (vgl. Schneider 1990), der umfassende Einsatz computerge-

	kosten-orientiertes IM	prozeß-orientiertes IM	flexibilitäts-orientiertes IM	markt-orientiertes IM	innovations-orientiertes IM
angestrebter Wettbewerbs-vorteil	Kostenvorteil	Zeitvorteil	Flexibilitäts-vorteil	intensivere Marktdurch-dringung	technologischer Vorsprung
Kern-kompetenz	Rationali-sierung	effiziente Auftrags-abwicklung	wirkungsvoller Ressourcen-einsatz	kunden-individuelle Problem-lösung	Innovation
Kernprozeß	Leistungs-erstellung	Auftrags-abwicklung, Logistik	Planung und Steuerung des Ressourcen-einsatzes	Kundendienst, Service	Innovations-prozeß
Steuerungs-information über Kern-prozeß	Kosten	Zeiten, Mengen	Ressourcen-verfügbarkeit	Kunden-wünsche, Qualität	"Technologie-druck" und "Marktsog" neuer Technologien
Aufgaben-träger	Controlling	Prozeß-management	strategisches Controlling	Markt-forschung, Qualitäts-management	FuE-Management

Abbildung 1: Fünf Orientierungen des Informationsmanagements (IM)

stützt erstellter Graphiken zur Informationspräsentation (vgl. Müller-Merbach 1991) sowie spezielle kreativitätsorientierte IKT-Konzepte der japanischen O.I. (vgl. Momm 1993, S.46). Neuere Formen des IKT-Einsatzes unterstützen Lernprozesse (vgl. Thome 1991, Möhrle 1993) und Kommunikationsprozesse (vgl. Winograd/Flores 1989).

● *IM-Orientierungen*: Der internationale Wettbewerb erfordert zunehmenden IKT-Einsatz beim flexibilitätsorientierten, marktorientierten und innovationsorientierten IM.

Einige *aktuelle Beispiele* sollen diese Entwicklungen verdeutlichen (siehe Abb.2):

● In einem *Beschluß-Informationssystem* (vgl. Kleinhans 1992) werden Gremienbeschlüsse dokumentiert und mit Schlagworten versehen. Anhand der Schlagworte wird die Beschlußin-formation per electronic mail versendet und kann recherchiert werden. Beschlußinformation wird dadurch schneller und ohne Informationsverluste verfügbar.

● Ein *mobiles EDV-gestütztes Produkt- und Zeichnungsinformationssystem* unterstützt Außendienstmitarbeiter bei der Kundenberatung. Anhand von Produktmerkmalen können technische Produkte aus einem umfangreichen Sortiment ausgewählt werden und eine Kon-struktionszeichnung ausgedruckt werden (vgl. Claus 1993).

● *Lernprogramme* informieren Kunden über komplexe technische Produkte und deren War-tung und Handhabung (vgl. Möhrle 1993).

● Um Doppelentwicklungen zu vermeiden, wurde in einer Hochtechnologieunternehmung ein *EDV-gestütztes Know-how-Informationssystem* erstellt, das auf Mitarbeiter mit speziellem Wissen hinweist (vgl. Reller 1992).

Informationsprozesse	kostenorientiertes IM	prozeßorientiertes IM	flexibilitätsorientiertes IM	marktorientiertes IM	innovationsorientiertes IM
Informations-wahrnehmungs-prozesse	Kostenbewußtsein	Prozeßdenken	strategische Orientierung	Servicementalität, Qualitätsbewußtsein	Förderung von Kreativität
Informations-speicherungs-prozesse	Kostenrechnungs-system	Organigramm	Finanzplan, Personalplan, Investitionsplan	Marktforschungs-berichte, Wissen der Kundendienstmitarbeiter	FuE-IS, externe Datenbanken, FuE-Know-how
Lernprozesse	Gemeinkostenwert-analyse, Null-Fehler-Programme, Job-Rotation	Gruppenkonzepte	Selbstorganisation	Job-Rotation, Total-Quality-Management	Seminare, Schulungen, Kongresse, Messen
Kommunikations-prozesse	Berichtswesen	Betriebsdaten-erfassung, KANBAN, PPS-Systeme	Berichtswesen	Qualitätszirkel, Point-of-sale-IS	betriebliches Vorschlagswesen
Planungs- und Entscheidungs-prozesse	Kalkulation, Deckungsbeitrags-rechnung, Operations Research	Produktionsplanung/-steuerung, Lagerplanung/-steuerung	integrierte Unternehmungsplanung	strategische Planung	FuE-Planung, Kreativitätsmethoden
aktuelle Beispiele	Target-Costing, Prozeßkostenrechnung	Just-in-Time	Beschluß- IS	Produkt-IS, Lernprogramme	Know-how-IS, Technologie-IS

Abbildung 2: Maßnahmen des Informationsmanagements (IM), gegliedert nach fünf unterschiedlichen IM-Orientierungen

● Zur umfassenden Technologieinformation aus externen Datenbanken wurde ein *Technologie-Informationssystem* relevanter Schlüsseltechnologien für die Bundesrepublik Deutschland konzipiert (vgl. Becker 1992).

● Als Grundlage für ein umfassendes betriebliches FuE-Management wurde ein *FuE-Informationssystem* (vgl. Möhrle 1991) entworfen.

6 Ganzheitliches Informationsmanagement durch dreifache Integration

In einem ganzheitlichen IM sind die fünf IM-Orientierungen auf dreifache Weise integriert, und zwar hinsichtlich der *Aufgabenträger*, der *Maßnahmen* sowie hinsichtlich der *sich wandelnden Wettbewerbsbedingungen*:

● *Aufgabenträger*: Die unterschiedlichen Aufgabenträger der jeweiligen IM-Orientierung (Abb.1) müssen *koordiniert* werden. Hierzu eignen sich Organisationsformen wie z.B. Abteilungen oder Gruppen (vgl. Bleicher 1991, S.109).

● *Maßnahmen*: Einerseits müssen die Maßnahmen verschiedener IM-Orientierungen aufeinander abgestimmt werden, andererseits muß abgewägt werden zwischen unterschiedlichen Maßnahmen des IKT-Einsatzes, der Organisationsgestaltung und der Unternehmungskulturbeeinflussung. Hinweise auf geeignete Verfahren gibt Schumann (vgl. 1993).

● *sich wandelnde Wettbewerbsbedingungen*: Wegen sich wandelnder Wettbewerbsbedingungen können im Zeitablauf unterschiedliche Wettbewerbsvorteile und IM-Orientierungen vorrangig werden.

Literatur

● Becker, Thomas: Entwurf eines volkswirtschaftlichen Technologie-Informationssystems. Dissertation, Universität Kaiserslautern 1992.
● Bleicher, Knut: Organisation, 2. Aufl. Wiesbaden: Gabler 1991.
● Claus, Raimund: Entwurf eines Sollkonzepts für ein mobiles EDV-gestütztes Produktinformationssystem für den Außendienst. Diplomarbeit, Universität Kaiserslautern 1993.
● Kleinhans, Christian: Anwenderorientierter Systementwurf für ein Beschlußinformationssystem. Diplomarbeit, Universität Kaiserslautern 1992.
● Matsuda, Takehiko: "Organizational Intelligence" als Prozeß und als Produkt, in: technologie & management, 42(1993)1, S.12-17.
● Möhrle, Martin G.: Informationssysteme in der betrieblichen Forschung und Entwicklung. Bad Homburg: DIE 1991.
● Möhrle, Martin G.: Die technologische Dynamik des Computerunterstützten Lernens, in: technologie & management, 42(1993)2, S.59-64.
● Momm, Christian: Organizational Intelligence: Das japanische Managementkonzept der Zukunft?, in: technologie & management, 42(1993)1, S.45-46.
● Müller-Merbach, Heiner: Eine informationsorientierte Betriebswirtschaftlehre, in: Heinrich, Lutz J.; Lüder, Klaus (Hrsg.): Angewandte Betriebswirtschaftlehre und Unternehmensführung. Herne, Berlin: Neue Wirtschafts-Briefe 1985.
● Müller-Merbach, Heiner: Entwurf zweidimensionaler Wirtschaftsgraphiken, in: technologie & management, 40(1991)2, S.24-33.
● Reller, Jan: Entwurf eines Know-how-Informationssystems für den FuE-Bereich. Vortragsmanuskript, Mainz 1992.
● Schneider, Ursula: Kulturbewußtes Informationsmanagement - Ein organisationstheoretischer Gestaltungsrahmen für die Infrastruktur betrieblicher Informationsprozesse. München, Wien: Oldenbourg 1990.
● Schumann, Matthias: Wirtschaftlichkeitsbeurteilung für IV-Systeme, in: Wirtschaftsinformatik, 35(1993)2, S.167-178.
● Thome, Rainer: Hypermedia als Basis für Selbstlernsysteme, in: technologie & management, 40(1991)2, S.20-23.
● Winograd, Terry; Flores, Fernando C.: Erkenntnis - Maschinen - Verstehen. Zur Neugestaltung von Computersystemen. Berlin: Rotbuch 1989.

Personal- und sozialgerechte (Um-) Gestaltung von Informationsprozessen (Fachbereich 5 Wirtschaftsinformatik)

Der Entwurf von informationsverarbeitenden Prozessen ist keine einmalige Aktivität, sondern mu vom ständigen Wandel der Anforderungen ausgehen. Diese entwickeln sich nicht im luftleeren Raum, sondern stellen das Ergebnis von Verhandlungen unterschiedlichster Interessenten dar, darunter insbesondere das Personal der Anwenderorganisation und die Interessenvertretung etwaiger Betroffener.

Das Fachgespräch soll zum einen eine „Domänenanalyse" vornehmen, um die tatsächliche Problemsituation in der Praxis genau zu umreien. Zum anderen sollen Modelle, Methoden und Werkzeuge der Informatik diskutiert werden, die zum Management eines situationsgerechten Wandels von Informationsprozessen einen Beitrag liefern knnen. Beiträge sind u.a. aus folgenden Themenbereichen erwnscht:

- konkrete Anforderungen aus der Sicht von Wissenschaft und Praxis
- Prozemodellierung und -management
- (Modell-/rechnergesttzte) Partizipationskonzepte
- Systemkonzepte (z.B. intelligente kooperative Informationssysteme).

Koordination: Prof. Dr. M. Jarke, RWTH Aachen

STEPS - ein softwaretechnischer Projektansatz und seine arbeitswissenschaftliche Begründung

Christiane Floyd und Ulrich Piepenburg
Universität Hamburg

1 Einleitung

Vorgehensmodelle zur Softwareentwicklung gibt es mittlerweile so viele, wie es Ansichten darüber gibt, was angemessenes softwaretechnisches Vorgehen ist. Die meisten Modelle entstanden ohne explizite Berücksichtigung arbeitswissenschaftlicher Grundlagen.
Das STEPS-Vorgehensmodell wurde in den 80er Jahren an der TU-Berlin unter der Leitung von C. Floyd entwickelt [4] und dort auch evaluiert [5]. Heute wird es in Hamburg mit der Entwicklung geeigneter Unterstützungswerkzeuge weitergeführt. Schon in der Entstehungszeit gab es einen engen Diskussionszusammenhang mit den Berliner Arbeitspsychologen um W. Volpert, der in den Schwerpunktsetzungen dieses Vorgehensmodells spürbar wird. STEPS sieht die Softwareentwicklung als eine Verflechtung von Herstellung und Einsatz; die Anforderungsermittlung im Kontext rechnergestützter Arbeitsgestaltung [8]; die Benutzungsschnittstellengestaltung als Schlüssel für eine angemessene Systemgestaltung; die Softwareentwicklung als einen von Menschen getragenen Arbeitsprozeß; und die Projektorganisation als Gestaltung kooperativer Prozesse [10]. Allerdings steht bis heute die explizite arbeitswissenschaftliche Begründung des in STEPS vorgeschlagenen Vorgehens aus. Der vorliegende Beitrag soll helfen, diese Lücke auszufüllen. Die Behandlung von STEPS beschränkt sich hier auf die oben genannten Aspekte. Fragen der technischen Umsetzung werden in diesem Beitrag ausgeklammert.

2 Die STEPS-Perspektive

Softwaretechnische Ansätze machen - oft unrealistische - Annahmen darüber, wie die Praxis *sein sollte*. Das bedeutet, daß wir in unserer eigenen Praxis der Softwareentwicklung standardisierte Ansätze auf ihre Brauchbarkeit im konkreten Anwendungszusammenhang *überprüfen* und sie aufgrund der gemachten Erfahrungen *revidieren* müssen. Man muß sich deutlich machen, daß Softwareentwicklung in einer Vielfalt von Situationen stattfindet, d.h. in je einmaligen von den Beteiligten getragenen Prozessen. Allgemein gültige softwaretechnische Kenntnisse sind notwendig kontextfrei und müssen daher in der Projektsituation *kontextspezifisch aktualisiert* werden.
Software als Produkt existiert als *Familie von Versionen* und darauf abgestimmten definierenden Dokumenten. Softwaretechnik kann sich nicht nur mit Software als eigenständigem Produkt befassen. In der Softwaretechnik muß der Einsatzkontext des avisierten Softwareproduktes berücksichtigt werden. Es genügt nicht, eingangs die Anforderungen des Einsatzkontextes im Entwicklungsprozeß zu berücksichtigen. Gerade in größeren Entwicklungsprojekten vollzieht sich der Entwicklungsprozeß oft über mehrere Jahre hinweg, in denen sich die ursprünglich erhobenen Anforderungen des Einsatzkontextes z. T. drastisch ändern können. *Herstellung und Einsatz von Softwareprodukten sind* daher als *miteinander verschränkt* zu betrachten.
Es besteht eine *Prozeß-/Produktkomplementarität*, was bedeutet, daß sowohl die Herstellung des Produktes als auch der kooperative Erkenntnisprozeß der Beteiligten gleichwertig betrachtet werden muß. Im Gegensatz zur herkömmlichen Sicht von Softwareentwicklung als Produktion

wird Softwareentwicklung als Design betrachtet (ein umfassender Prozeß von Entwurf und Gestaltung). Gestaltet wird nicht nur das Produkt, sonderen auch der Entwicklungsprozeß und die Arbeitsbedingungen beim Einsatz. Insofern ist Softwareentwicklung immer auch Arbeitsgestaltung. Design ist vom Grunde her *perspektivenabhängig*, daher werden die je spezifischen Sichtweisen über den Entwicklungsprozeß zu einer zentralen Kategorie.

Softwareentwicklung ist eine genuin *kooperative Tätigkeit*. Methoden der Softwareentwicklung müssen daher die kooperativen Prozesse, die zu Erkenntnissen und Entscheidungen führen, unterstützen und absichern. Die Anwendung von softwaretechnischen Methoden ist ein Lernprozeß für Methodenentwickler und -anwender. Softwareentwicklung zielt einerseits auf das *ingenieurmäßige Herstellen* von Software ab. Andererseits können *von Menschen getragene Gestaltungsprozesse* nur mit Ansätzen aus den Humanwissenschaften behandelt werden.

Die Entwicklung von Software etabliert schließlich eine *Verantwortung für das Produkt* und damit zugleich auch *Verantwortung gegenüber den Betroffenen*, da Software immer in menschliches Arbeitshandeln und Beziehungen eingreift. Die Verwobenheit von Verantwortung und dem zugrundeliegenden Menschenbild wird damit deutlich. STEPS orientiert sich an den übergeordneten Gesichtspunkten Qualität und menschengerechte Gestaltung. Durch methodische und technische Unterstützung wird angestrebt, Autonomie und Persönlichkeitsförderlichkeit bei Entwicklung und Einsatz in ausgewogener Weise mit Wirtschaftlichkeit und Rationalisierung zu verbinden.

3 Das zyklische Projektmodell

Die oben genannten Grundannahmen führen dazu, den Softwareentwicklungsprozeß *nicht* als linearen, an Phasen orientierten vordefinierten Ablauf, in dem *ein Produkt* entwickelt wird, zu konzeptionieren, sondern als einen zyklischen Prozeß, in dem sich Schritte der Konstruktion und der Evaluation systematisch abwechseln, und in dem in jedem Entwicklungszyklus eine *Systemversion* hergestellt und eingesetzt wird [11].

Damit wird auch deutlich, daß dieser Ansatz aufs Engste an Prinzipien des Prototyping [2, 3] gekoppelt ist. Es ist bekannt, daß sich beim (anfänglichen) Einsatz von Softwaresystemen immer notwendige Veränderungen bzw. Erweiterungen gegenüber der Anforderungsdefinition ergeben. Solche Veränderungen sind zwar nicht planbar, müssen aber von einem Projektmodell, das sich an der Praxis ausrichtet, methodisch einbezogen werden. Das auf Systemversionen ausgerichtete Projektmodell erlaubt es, bei jedem Entwicklungszyklus Revisionen methodisch einzuplanen. Die an der Sytementwicklung Beteiligten vollziehen zwei Arten von kreativen Aktivitäten: einerseits schaffen sie mit dem System ein Produkt; andererseits vollziehen sie mit dem Projekt einen Entwicklungsprozeß. Diese beiden Dimensionen bedingen sich gegenseitig und zeigen sich im Verlauf der Systementwicklung in *produkt-* bzw. *prozeßbezogenen Aktivitäten*. Werden die prozeßbezogenen, also die auf die Gestaltung der Arbeits-, Kommunikations- und Lernprozesse bezogenen Aktivitäten vernachlässigt, so leiden die auf die unmittelbare Herstellung des Produktes bezogenen Aktivitäten und umgekehrt.

Die Grundlage für die Projektarbeit bilden prozeßbezogene Aktivitäten. Die Projektetablierung dient zur Festlegung des organisatorischen Rahmens, zur Verständigung über die Modalitäten der Zusammenarbeit zwischen den Beteiligten, zur Erarbeitung von Vorgaben für das Systemkonzept und zur Erstellung eines Projektplanes. Daraus ergeben sich die produktorientierten Aktivitäten sowie die Wahl und Ausgestaltung der einzelnen Entwicklungszyklen.

In einem *Erstzyklus* wird die Erstversion des Systems erstellt und im Einsatz evaluiert. Der Funktionsumfang der Erstversion kann so gewählt sein, daß nur ein ausgewählter Teil der später softwaremäßig unterstützten Aufgaben in die Erstellung einbezogen wird. Das hat den Vorteil,

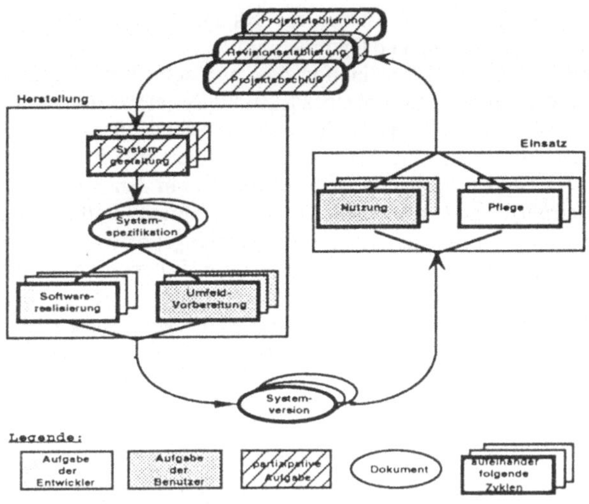

Abb. 1: STEPS - Projektmodell

daß eingangs Veränderungen insbesondere für den Benutzer leichter zu überblicken sind und sich zugleich die kooperativen Arbeitsbedingungen der verschiedenen Beteiligten leichter etablieren können. Es muß aber gewährleistet sein, daß die Erstversion einsatzfähig ist und ebenso wie alle weiteren Versionen die Arbeitsprozesse der Benutzer sinnvoll unterstützt. Jeder weitere *Revisionszyklus* bezieht sukzessive erweiternd die zu implementierenden Aufgaben, wie auch die revidierten Anforderungen ein und führt zur Erstellung und zum Einsatz einer neuen Systemversion.

Bei der *Systemgestaltung* werden in Kooperation zwischen Entwicklern und Benutzern die Anforderungen ermittelt und die Nutzungsweisen gestaltet. Dies beinhaltet Arbeits- und Aufgabenanalyse sowie die Überprüfung und ggf. Änderung der Aufbau- wie auch der Ablauforganisation. Im Vordergrund stehen dabei wechselseitige Kommunikations- und Lernprozesse zwischen den Benutzern und den Entwicklern, die nach und nach zu einer gemeinsamen Sicht und damit zu einem gemeinsamen Modell über das zu erstellende System führen. Schließlich werden hier Anforderungen an die Handhabung, Funktionalität, Architektur und Qualitätsmerkmale des Systems erhoben und festgelegt. Die Systemgestaltung vollzieht sich in Zyklen von Analyse, Synthese und Revision. Technisch können diese Prozesse durch exploratives Prototyping bei der Ermittlung von Anforderungen oder durch experimentelles Prototyping, z.B. bei der Gestaltung der Mensch-Rechner-Interaktion unterstützt werden.

Als Grundlage für die weitere Arbeit dient die *Systemspezifikation*. Sie legt einerseits die Systemfunktionen, das Datenmodell und die Benutzungsschnittstelle sowie das vorausgesetzte Basissystem (Hard- und Software) fest, andererseits enthält sie die zugehörigen Vorgaben für die Vorbereitung des Einsatzumfeldes, z.B. Reorganisation der Ablauforganisation oder auch durchzuführende Qualifizierungsmaßnahmen.

In der *Softwarerealisierung* werden in kooperativer Weise innerhalb des Entwicklerteams die von Phasenmodellen bereits bekannten Tätigkeiten des Softwareentwurfs, der Programmierung wie auch der Funktions- und Leistungsüberprüfung der Version durchgeführt. Auch hier vollziehen sich Zyklen von Analyse, Synthese und Revision, die durch experimentelles Prototyping und die Entwicklung geeigneter Ausbaustufen unterstützt werden können.

Als Ergebnis entsteht die *Systemversion*. Sie besteht aus dem Softwaresystem, das auf dem Zielrechner installiert ist sowie aus allen Dokumenten, die von Benutzern (z.B. Auswertungs- und Bewertungsunterlagen) und den Enwicklern (z.B. Handbücher, Kommentare) erstellt wurden. Während die *Nutzung* der Version normalerweise ausschließlich durch die Benutzer

erfolgt, befassen sich die Entwickler während des Einsatzes des Systems mit der Pflege der Sytemversion, insbesondere mit der Fehlerbehebung und Optimierung.
Soweit die produktbezogenen Aktivitäten. Die Koordination des laufenden Entwicklungsprozesses erfolgt über herkömmliche Meilensteine (Systemspezifikation, Systemversion) sowie über *Referenzlinien*. Letztere treten im Modell nicht auf, da sie sich - aufbauend auf die Projektetablierung - aus dem laufenden Prozeß ergeben. Eine Referenzlinie definiert eine Anzahl von Zwischenprodukten (z.B. Glossare, Prototypen, Konventionen) zusammen mit dem anvisierten Termin, vereinbarten Qualitätskriterien und Verantwortlichkeiten für ihre Erstellung und Bewertung. Sie gestatten daher die laufende Anpassung des Entwicklungsprozesses an die veränderlichen Gegebenheiten der Projektsituation. Sie bilden auch Aufsatzpunkte für die Qualitätssicherung.
Das zyklische Projektmodell hebt das lineare Phasenmodell auf. Überwunden wird die Kopplung der Tätigkeits- und Diskursbereiche an vorgegebene zeitliche Phasen und an eine bestimmte Art von vordefinierten Dokumenten. Das Projektmodell gestattet es, den dynamischen Verlauf eines Projekts situationsspezifisch zu gestalten, ohne methodisches Arbeiten aufzugeben.

4 Die arbeitswissenschaftliche Begründung

STEPS bezieht sich auf die Gestaltung von Systemen, die in menschliches Arbeitshandeln eingebettet sind (z.B. in Büro und Verwaltung). Interessanterweise entsteht daraus die Situation, daß jene arbeitsorientierten Kriterien, die in STEPS als Maxime für die Gestaltung der rchnergestützten Arbeitsprozesse herangezogen werden, auch auf die Projektsituation selbst anwendbar sind. In Folgenden wird das STEPS-Vorgehen selbst entlang arbeitswissenschaftlicher Kriterien beurteilt. Die Kriterien sind z. T. ausführlich dargestellt in [6, 7, 9, 12]).

Ganzheitlichkeit und Vollständigkeit von Aufgaben: Im STEPS-Projektmodell bedeutet das eine klare Abkehr von Prinzipien einer strikt arbeitsteiligen Systementwicklung (z.B. des "chief-programer-teams" [1] oder der Softwarefabrik). Die Forderung, den Zusammenhang zwischen Herstellung und Einsatz von Softwaresystemen zu berücksichtigen, führt beinahe zwangsläufig dazu, daß alle Beteiligten in Kenntnis darüber sein müssen, welche potentiellen Auswirkungen auf andere (Projektbeteiligte) ihre jeweiligen Arbeitsergebnisse mit sich bringen. Eine Trennung zwischen den Aufgabenbereichen der Systemanalyse, der Gestaltung der Mensch-Rechner-Schnittstelle, der Programmierung und der Anwendungsexpertise aus den Fachbereichen wird in STEPS aufgehoben. Deutlich wird dies in der Aktivität der Systemgestaltung. Dies ist eine partizipative Tätigkeit, die sinnvoll nur unter Beteiligung aller Projektmitglieder erfolgen kann. Natürlich existieren auch in STEPS Kompetenzbereiche, die einer bestimmten Beteiligtengruppe zugeordnet werden. Aber von grundlegender Bedeutung ist, daß alle Beteiligten von den Aufgaben und Zielen der anderen wissen. Genau dadurch wird Ganzheitlichkeit und Vollständigkeit der zu vollführenden Aufgaben gewährleistet.

Erhalt von Handlungs- und Entscheidungsspielräumen: Die Konzeption des Entwicklungsprozesses in STEPS als ein kooperativer, von Kommunikation zwischen den Prozeßbeteiligten getragener Vorgang weist darauf hin, daß hier ständig ein an den aktuell anstehenden Aufgaben orientierter Aushandlungsprozeß über Vorgehensweisen und Ziele stattfindet. Damit ist gewährleistet, daß jeder Beteiligte die Chance erhält, seine spezifischen Kenntnisse und Erfahrungen in den Entwicklungsprozeß einzubringen. Dies sichert die Möglichkeit, individuelle Handlungs- und Entscheidungsweisen zur Ausführung zu bringen und sich weitaus weniger fremdbestimmten Vorgaben über Bearbeitungsweisen unterordnen zu müssen.

Rückdelegation: Auch dieser Forderung kommt die grundsätzlich partizipativ angelegte Vorgehensweise in STEPS entgegen: einerseits in den zentralen Tätigkeiten der Systemgestaltung, andererseits in den spezialisierten Phasen, z.B. der Umfeldvorbereitung. Dort sind es die später Betroffenen, die Planung und Ausführung übernehmen. Es sollte deutlich sein, daß dies in krassem Gegensatz zu gängigen Vorgehensweisen in der Softwareentwicklung ist, wo üblicherweise die Entwickler bestimmen, wie sich nach Einführung eines Systems das Arbeitsumfeld entwickelt. Noch schlimmer: dies wird zumeist gar nicht explizit geplant. Vielmehr sind die Umfeldbedingungen zumeist ungeplantes "Abfallprodukt" der Systemeinführung.

Vertikale Integration (job enrichment): In STEPS gibt es nicht mehr die klassischen Delegationsverfahren. Als Beispiel mag die Systemanalyse dienen: nun gibt es nicht mehr die klare Trennung zwischen den Mitarbeitern aus den Fachbereichen und den Analytikern, wobei die Mitarbeiter allenfalls aufgefordert werden, ihre tägliche Arbeitspraxis zu beschreiben und die Analytiker die "wirklich wichtige" Arbeit der Systemanalyse leisten. Die Anforderungs-ermittlung, die nun in der Phase der Systemgestaltung aufgehoben ist, wird partizipativ durchgeführt., d.h. Sachbearbeiter erhalten den für sie meist neuen Bereich der Analysetätigkeit, Analytiker erhalten die für sie meist unbekannte Aufgabe, die tägliche Arbeitspraxis nachzuverfolgen (am besten, indem sie leichtere Aufgaben auch selbst einmal ausführen).

Horizontale Integration (job enlargement): Die horizontale Integration ist eine wichtige arbeitswissenschaftliche Forderung in Arbeitsbereichen, die sich in hohem Maße durch monotone Tätigkeiten auszeichnen. In der Software-entwicklung gibt es solche Tätigkeitsanteile nur in sehr geringem Umfang. Insbesondere bei STEPS verschiebt sich die Forderung der horizontalen Integration auf die Forderung nach einem planmäßigen Arbeitswechsel. Denn es geht in STEPS auch zentral darum, ein Verständnis für die Tätigkeiten der anderen Projektmitglieder zu entwickeln, um als Folge in optimaler Abstimmung mit den anderen eigene Teilprodukte zu erstellen.

Planmäßiger Arbeitswechsel: Einen wichtigen Stellenwert im STEPS-Konzept nehmen die Aktivitätsschwerpunkte der Projekt- bzw. der Revisionsetablierung ein. Oben klang bereits an, daß sich die Projektmitglieder dabei auf funktionelle Rollen, die sie im Verlauf des Zyklus einnehmen, festlegen. Diese Festlegungen sind allerdings nicht bindend für alle folgenden Zyklen - im Gegenteil: es gilt, bewußt, etwa bei Eintritt in einen Revisionszyklus, die funktionellen Rollen unter den Projektmitgliedern zu tauschen (natürlich nur, soweit dies die fachliche Kompetenz zuläßt). Dies dient dem Zweck, im Laufe des Projekts Verständnis für die Rolle des anderen zu entwickeln. Nehmen wir als Beispiel den Entwickler, der immer nur Funktionen der Basismaschine programmieren soll und, demgegenüber, der Entwickler, der Oberflächenentwicklung betreiben soll. Natürlich sind beide voneinander abhängig. Aber jeder hat seine spezifischen Entwicklungsprobleme, vor denen er steht und die oft sogar gegenläufig zu den Problemen des anderen sind. Erst die Möglichkeit, die Rollen und damit die Aufgaben zu tauschen führt dazu, Verständnis für die Sachprobleme des anderen zu entwickeln und in der Folge den Versuch zu starten, sie gemeinschaftlich zu lösen.

Teilautonome Arbeitsgruppen: Die Trennung im STEPS-Konzept nach partizipativen Tätigkeiten und solchen, die spezialisierten Gruppen zugeteilt werden, führt dazu, letztere als autonome, also in ihrem jeweiligen Verantwortungsbereich eigenständige Gruppen zu konzeptionieren. So steht die Aufgabe der Softwarerealisierung oder der Pflege ganz in der Kompetenz der Entwickler, während die Aufgabe der Umfeldvorbereitung und der Nutzung ganz in den Kompetenzbereich der Benutzer fällt.

Andere Kriterien: Als Ziele humaner Arbeitsgestaltung werden darüber hinaus in der Arbeitspsychologie Kriterien genannt, die in hierarchisierter Form zur Bewertung von Arbeitsgestaltungsmaßnahmen herangezogen werden [6, 7]. Von den genannten Kriterien lassen sich einige nicht pauschal als Bewertungsgröße für das STEPS-Vorgehen verwenden. So sind die Kriterien "Schädigungslosigkeit" und "Beeinträchtigungsfreiheit" nur im Zusammenhang mit der Beurteilung einer konreten Aufgabe, in STEPS also einer konkreten Entwicklungsaufgabe, sowie der konkreten Arbeitsbedingungen einzuschätzen. Die Frage nach der "Ausführbarkeit" läßt sich bezogen auf STEPS tendenziell beantworten: STEPS ist darauf angelegt, den Projektbeteiligten in ihrer Aufgabenbewältigung Arbeitsbedingungen (materiell wie auch vom Projektklima) zu schaffen, die es dem einzelnen ermöglichen, Resourcen optimal zu nutzen, sowie ein Höchstmaß an Transparenz in der Kooperation mit anderen zu schaffen. Dem Kriterium "Persönlichkeitsförderlichkeit" wird in der STEPS-Sicht in mehrfacher Weise Rechnung getragen: durch die Sicht, daß die Anwendung softwaretechnischer Methoden immer auch ein Lernprozeß für Methodenentwickler und -anwender etabliert; durch die Sicht, daß die Herstellung eines Softwareproduktes im Zusammenhang mit einem kooperativen Erkenntnisprozeß der Beteiligten verknüpft ist und schließlich auch durch die Sicht, nach der die Verantwortlichkeit für ein Produkt und die gleichzeitige Verantwortlichkeit gegenüber den von diesem Produkt Betroffen eine beständige Diskussion um die zugrundeliegenden Menschenbilder nötig erscheinen läßt.

Das Ziel, Autonomie und Persönlichkeitsförderlichkeit bei Entwicklung und Einsatz in ausgewogener Weise mit Wirtschaftlichkeit und Rationalisierung zu verbinden, erscheint aus arbeitswissenschaftlicher Sicht mit dem STEPS-Ansatz effektiver erreichbar, als mit traditionellen Verfahren.

5   Literatur

[1] Baker, F.T. & Mills, H.D.: *Chief Programmer Teams*. Datamation, (12/73) 1973, 58-61.

[2] Budde, R., Kautz, K., Kuhlenkamp, K., Züllighoven, H.: *Prototyping*. Springer-Verlag, Heidelberg 1992,.

[3] Floyd, C.: *A Systematic Look at Prototyping*. In: R. Budde, K. Kuhlenkamp, L. Mathiassen, H. Züllighoven (Hrsg.): Approaches to Prototyping. Proc. of the Working Conf. on Prototyping, Springer, Heidelberg 1984, 1-18

[4] Floyd, C., F.-M. Reisin, G. Schmidt: *STEPS to Software Development with Users*. In: C. Ghezzi, J.A. McDermid (Hrsg.): ESEC´89, Lecture Notes in Computer Science Nr. 387, Springer, Heidelberg 1989, S. 48-64

[5] Floyd, C., M. Mehl, F.-M. Reisin, G. Schmidt, G. Wolf: *Projekt PEtS: Partizipative Entwicklung transparenzschaffender Software für EDV-gestützte Arbeitsplätze*. Endbericht.an das Ministerium für Arbeit, Gesundheit und Soziales des Landes Nordrhein-Westfalen, TU-Berlin 1990

[6] Frieling, E. & K. Sonntag: *Arbeitspsychologie*. Huber, Bern 1987.

[7] Hacker, W.: *Arbeitspsychologie*. Huber, Bern 1986.

[8] Keil-Slawik, R.: *Systemgestaltung mit Aufgabennetzen*. In: Maaß, S. & Oberquelle, H. (Hrsg.): Software Ergonomie '89. Teubner, Stuttgart 1989, S. 123-133.

[9] Kleinbeck, U. & Rutenfranz, J. (Hrsg.): *Arbeitspsychologie*. Hogrefe, Göttingen 1987.

[10] Pasch, J.: *Dialogischer Softwareentwurf*. Dissertation, TU-Berlin 1991.

[11] Reisin, F.M. & Schmidt, G.: *STEPS: Ein Ansatz zur evolutionären Systementwicklung*. Comp.Magazin (17), 7/8, 1988

[12] Ulich, E.: Arbeitspsychologie. Poeschel, Zürich 1992

Aufgabenorientierte Assistenz in Projektspezifischen Entwicklungsprozessen

Thomas Rose

Department of Computer Science
University of Toronto
Toronto, Ontario
Canada M5S 1A4
`rose@cs.toronto.edu`

Dieser Aufsatz diskutiert Werkzeuge für die Verwaltung von Informationsprozessen am Beispiel der Software-Entwicklung. Ein wichtiges Entwurfsziel für diese Werkzeuge ist die flexible Ausführung und ständige Umgestaltung von Entwicklungsprozessen, da das Software-System und die Systemumgebung sich ständig ändern. Projektspezifische Entwicklungsprozesse, die formal durch das Konzept der Aufgabe (task) modelliert werden, beschreiben in erster Linie die Entwicklung eines speziellen Systems. Computer-gestützte Werkzeuge ermöglichen die informelle Akquisition von "know how" über Entwicklungsprozesse durch die Dokumentation individuell ausgeführter Aufgaben, den Entwurf und die Verbesserung abstrakter Aufgabenmuster auf der Basis individueller Erfahrungen, sowie die Ausführung mit flexiblen Überwachungs- und Ausführungshilfen. Als Fallstudie für die Anforderungen an die Prozeßausführung und -umgestaltung dient die Entwicklung eines großen Informationssystems für die Überwachung des Kühlsystems eines Kraftwerks.

1 Motivation

Große Informationssysteme nutzen unterschiedliche Implementierungstechnologien, wie Datenbanken, Expertensystemumgebungen, Programmiersprachen und Realzeitkomponenten zur Erfassung von Betriebsdaten oder zur Steuerung technischer Systeme. Der Idealfall einer einheitlichen Implementierungsplattform kann nicht mehr angenommen werden. Die Systemarchitekturen werden zunehmend komplexer, da fortlaufend neue oder funktional erweiterte Komponenten mit vorhandenen Komponenten zu integrieren sind. Ein zunehmender Anteil der Systemfunktionalität ergibt sich überhaupt erst durch die Kopplung und Integration von Komponenten. Die Gesamtfunktionalität wird durch die fortlaufende Erweiterung und Verfeinerung der Integration erweitert, anstatt durch die Erweiterung einzelner Komponenten. Die Nutzung vorhandener Komponenten und die Auswahl der auf die Anforderungen einer Umgebung ausgewählten Werkzeuge führt zu einer gewissen Einzigartigkeit dieser Systeme. Eine Verallgemeinerung und Übertragung des bei "Meyer & Co." gesammelten Wissens ist nicht unmittelbar möglich. Die Situation verschärft sich vielfach noch dadurch, daß nur Kode vorhanden ist.

Die Entwicklung derartiger Systeme stellt besondere Anforderungen an die Verwaltung von Entwicklungsprozessen. Allgemeines Wissen über die Entwicklung derartiger Systeme ist nicht bekannt und muß für jedes System zunächst einzeln erworben werden. Ziel unserer Arbeiten ist die Entwicklung von Werkzeugen für die Erfassung, Verwaltung und Nutzung des Wissens für die Entwicklung und Verwaltung eines speziellen Informationssystems, das sehr groß und heterogen ist. APACS (Advanced Process Analysis and Control System) [7] ist ein konkretes Beispiel für ein großes und heterogenes Informationssystem. Aufgabe des APACS ist die Überwachung des Kühlsystems eines Kraftwerks und

---

Diese Arbeit wird z. T. durch das Federal Networks of Excellence Programme des Institute of Robotics and Intelligent Systems (IRIS) gefördert.

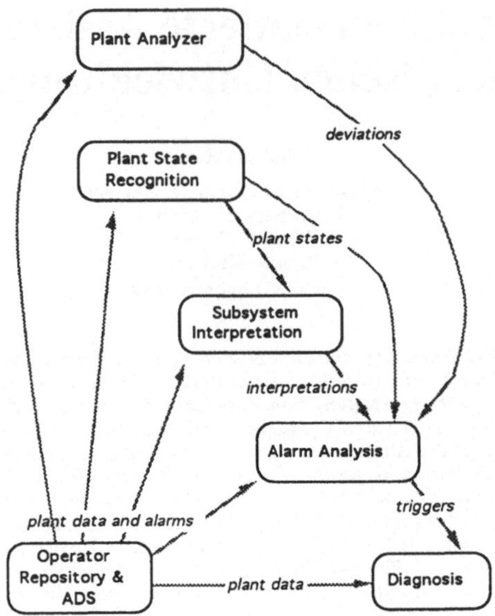

Abb. 1: Architektur des APACS

die Beratung des Bedienungspersonals über Gegenmaßnahmen im Falle einer Störung. Für die Entscheidungsunterstützung des Bedienungspersonals sind Störmeldungen nach Dringlichkeit zu ordnen, Bewertungen des Systemzustands anzubieten und mögliche Fehlerursachen zu finden. APACS umfaßt Komponenten für die Beobachtung eingehender Betriebsdaten und die Erkennung von Abweichungen (Plant Analyzer), die Erkennung möglicher Störungen (Plan State Recognition), die Beschreibung von Subsystemen des Kühlkreislaufs und die Interpretation von Ereignissen in diesen Subsystemen (Subsystem Interpretation), die Ausblendung sekundärer oder unbedeutender Alarmmeldungen (Alarm Analysis) und die Diagnose von Alarmmeldungen (Diagnosis), um plausible Erklärungen abzuleiten und verursachende Fehlerquellen zu ermitteln (Abb. 1).

Die Entwicklung des APACS durchläuft mehrere Iterationen, während der verschiedene Prototypen für die einzelnen Komponenten entstehen, teils um das Verhalten und die Leistung der Komponenten zu erkunden, und teils um verschiedene Werkzeuge für die Implementierung einzelner Komponenten zu testen. Hierbei werden für die Implementierung der Komponenten ganz unterschiedliche Werkzeuge eingesetzt. Für die Alarmanalyse werden beispielsweise kommerziell verfügbare Expertensystemumgebungen eingesetzt, wie G2 oder RTWORKS. Anwendungsingenieure akquirieren Wissen über die Alarmmeldungen und können die Alarmanalyse direkt mit kommerziellen Expertensystemumgebungen modellieren. Die Diagnosekomponente ist hingegen in LISP implementiert, und verlangt eine umfangreiche Analyse des technischen Prozesses und der Interaktionen mit anderen Komponenten. Beispielsweise werden in der Bewertung von Abweichungen und der Interpretation von Ereignissen in anderen Komponenten bereits Annahmen getroffen, die die Diagnosekomponente zu berücksichtigen hat. Zusätzlich müssen Inferenzmechanismen und Diagnosekonzepte entwickelt werden, die die Behandlung einer angemessenen Klasse von Alarmmeldungen innerhalb einer gegebenen Zeitspanne ermöglichen.

Die Entwicklung basiert überwiegend auf Prototyping, anstatt auf der Wasserfallmethodik mit Anforderungsspezifikation, Entwurf und Implementierung. Im Verlaufe der Entwicklung des APACS hat

- Choose new fault;
- Run cases on engineering simulator: collecting data;
- Knowledge acquisition: interview expert to determine causal paths and relevant data;
- Determine what added functionality Alarm Analysis and Subsystem Interpretation require in order to generate required triggers;
- Implement added Alarm Analysis and Subsystem Interpretation functionality;
- Modify and expand diagnosis knowledge base;
- Modify diagnosis inference engine if necessary;
- Test integrated version.

Abb. 2: Erweiterung der Diagnosekomponente

sich die Architektur auch wesentlich gewandelt. Es stellt sich nun die Frage, wie man die APACS-Entwickler unterstützen kann. Ausgangspunkt für die Beantwortung dieser Frage ist die Beobachtung, daß die Entwicklung jedes Prototyps einer Komponente Wissen erzeugt: welche Werkzeuge benutzt wurden und warum, wer wann konsultiert wurde, welche Aktivitäten für die Integration einer Komponente unternommen wurden, welche Abhängigkeiten zwischen Komponenten bestehen und in welcher Reihenfolge Entwicklungsaktivitäten ausgeführt werden.

Dieses Wissen dokumentiert sich in *Szenarien*. Ein Szenario beschreibt, welche Aktivitäten ein Entwickler ausführt, um ein Ziel zu realisieren bzw. eine Aufgabe zu erfüllen. Ein Beispiel ist die Auswahl einer Expertensystemumgebung für die Implementierung der Alarmanalyse: welche Kriterien entscheiden über die Auswahl, und warum wurde ein bestimmtes Werkzeug nicht ausgewählt, obwohl es die Kriterien erfüllt. Ein anderes Szenario zeigt sich in der schrittweisen Erweiterung der Diagnosekomponente um die Behandlung eines neuen Störfalls (Abb. 2). Zunächst wird ein neuer Störfall ausgewählt, was nicht der Entwickler der Diagnosekomponente beliebig entscheiden kann, sondern mit Kraftwerksexperten und Kollegen abzustimmen hat. Anschließend werden durch Simulationsmodelle und Experteninterviews die notwendigen Daten und Regeln erworben. Erst wenn dieser Schritt abgeschlossen ist, und die Erkennung und Auswirkungen von Ereignissen analysiert sind, beginnt der eigentliche Entwurf der notwendigen Erweiterungen. Umgekehrt lehrt dies aber auch für die Wartung, daß Änderungen in der Diagnose durch Experteninterviews und Simulationsmodelle zu bestätigen sind. Diese Aktivitäten zeigen die Abhängigkeiten zwischen Diagnose, Alarmanalyse und Subsystemerkennung, die alle mit verschiedenen Werkzeugen implementiert werden. Wenn für die Diagnose Abweichungen für die Lokalisierung einer Fehlerursache nachzufragen sind, so ist sicherzustellen, daß die Subsystemerkennung diese Daten auch bereitstellt. Parallel hat die Alarmanalyse alle Meldungen zu berücksichtigen, die in der Subsystemerkennung generiert werden.

Szenarien werden durch das Konzept der Aufgabe erfaßt. *Aufgaben (task)* repräsentieren formal Aspekte von Szenarien und werden in einem Repository verwaltet, das die im Verlaufe der Entwicklung des APACS gesammelten Erfahrungen dokumentiert. Das Konzept der Aufgabe ist bereits aus anderen Bereichen als der Software-Entwicklung bekannt. In Büroinformationssystemen wird es für die Modellierung von Geschäftsvorgängen genutzt. In Anforderungsspezifikationen beschreiben Aufgaben die Unternehmensaktivitäten, die ein Informationssystem zu unterstützen hat. Aus kognitiver Sicht hat sich das Konzept bewährt, um die Aktivitäten von menschlichen Individuen zur Realisierung von Zielen zu modellieren [5]. In unserem Kontext sind Aufgaben projektspezifische Entwicklungsprozesse im Gegensatz zu Software-Prozeßmodellen, die sich mit der Modellierung allgemeinerer und projektunabhängiger Aktivitäten befassen, wie etwa "edit-compile-link-test" Schleifen [9].

2 Anforderungen an die Aufgabenverwaltung in APACS

Aus den Beobachtungen der APACS-Entwicklung lassen sich vier notwendige Eigenschaften für die
Modellierung von Aufgaben und die Unterstützung der Aufgabenausführung ableiten.

- *Dekomposition* — Aufgaben werden in (Unter-) Aufgaben zerlegt und sind untereinander
  abhängig. Die Zerlegung kann durch eine Zielreduktion oder Arbeitsaufteilung bedingt sein, und
  kann verschiedene Formen annehmen. Sie kann konjunktiv (sequentiell oder andere Reihenfolgeabhängigkeiten) oder disjunktiv sein, aber auch konditionale Verzweigungen enthalten.

- *Abstraktionsebenen* — Manche Aufgaben repräsentieren nur konkrete, einmalig unternommene
  Aktivitäten. Andere Aufgaben entsprechen allgemeinen Mustern für Aktivitäten, um ein Ziel zu
  erreichen. Es sind sowohl individuelle Aufgaben als auch Aufgabenschemata zu unterstützen.

- *Evolution* — Während des Entwicklungsprozesses wird fortlaufend Wissen über APACS
  akkumuliert. Ausgehend von vergleichbaren individuellen Aufgaben werden Aufgabenschemata
  entworfen, die später als Muster für individuelle Aufgaben dienen, wie etwa die Erweiterung der
  Diagnosekomponente um einen Störfall. Die Aufgabenschemata im Repository verändern sich
  somit fortlaufend während eines Entwicklungsprojekts [4], um Erfahrungen mit der Nutzung
  eines Schemas zu integrieren oder ausgesuchte Qualitätsziele zu realisieren.

- *Flexible Überwachungs- und Ausführungsmodi* — Wie sich schon für Software-Prozeßmodelle
  und Büroinformationssysteme gezeigt hat, ist die strikte Einhaltung von Aufgabenschemata zu
  restriktiv. Flexible Ausführungsmodi sind notwendig [1]. Manche Aufgaben erfordern aber die
  strikte Einhaltung von Abhängigkeiten, andere hingegen verfügen nur über lose Bedingungen,
  die keine zwingende Reihenfolge vorschreiben. In einer Zwischenform werden Aktivitäten
  kritisch kommentiert, indem auf Verletzungen von Abhängigkeiten hingewiesen wird, die
  Einhaltung aber nicht erzwungen wird [2].

3 Die APACS-Umgebung

Die gegenwärtige Entwicklungsumgebung umfaßt fünf Werkzeuge für die Erfassung, Verwaltung und
Nutzung des APACS *"know how"* [8].

- Das *Aufgabenrepository* verwaltet die Aufgaben für die Entwicklung des APACS, die formal
  mit der konzeptuellen Modellierungssprache *Telos* [6] repräsentiert werden. Das Datenmodell
  für die Aufgabenmodellierung unterstützt verschiedene Typen von Aufgabendekompositionen
  und Abhängigkeiten. Es berücksichtigt die Beschreibung von Vor- und Nachbedingungen,
  assoziierten Zielen und Seiteneffekten. Aufgaben können durch Spezialisierung und
  Generalisierung strukturiert werden, um somit im Verlaufe des Projekts zu einem semantischen
  Netz über APACS *"know how"* zu reifen.

- Der *Aufgabeneditor* ermöglicht die informelle Erfassung von Aufgabenbeschreibungen durch
  eine formularbasierte Benutzerschnittstelle. Jedes Aufgabenformular hat Felder für den
  Aufgabennamen, allgemeinen Typ der Aufgabe, Unteraufgaben, betroffene APACS-Komponen-
  ten, Bedingungen, Abhängigkeiten, Ziele und Kurzbeschreibungen. Die Namen der Aufgaben
  und Komponenten werden formal als Bezeichner übernommen, wenn Formulareinträge in
  Repositoryeinträge übersetzt werden. Hauptzweck dieses Werkzeugs ist, ein angemessenes
  Vehikel für die Erfassung von Aufgaben bereitzustellen.

- Der *Ausführungsmonitor* überwacht die Ausführung von Aufgaben. Der Monitor kennt drei
  Formen der Überwachung. Im *erfassenden* Modus werden ausgeführte Aufgaben einfach
  protokolliert. Es werden keine Reihenfolgeabhängigkeiten geprüft. Sind zwingende Reihen-

folgeabhängigkeiten bekannt, dann wechselt der Monitor in einen *verordnenden* Modus. In diesem Modus steuert der Monitor die Ausführung einer Aufgabe, indem er die Reihenfolge der Aufgaben vorschreibt und ggf. Aufgaben automatisch aktiviert. Die Abhängigkeiten zwischen Aufgaben werden als zwingend interpretiert. Im *kritisierenden* Modus werden verschiedene Abschwächungen der Abhängigkeiten berücksichtigt. Manche Verletzungen verursachen nur Warnungen, die ein Entwickler zurückweisen kann.

- Der *Aufgabentutor* hilft in der Präzisierung laufender Aufgaben. Basierend auf den Aggregations- und Spezialisierungshierarchien in der Aufgabenrepräsentation werden Aufgaben extrahiert, die einen Aggregations- oder Spezialisierungsbezug zum gegenwärtigen Arbeitskontext haben. Aufbauend auf diesem Wissen, kann ein Entwickler seine aktuelle Aufgabe präzisieren, indem er verfügbare Spezialisierungen von (Unter-) Aufgaben nutzt, oder Teile einer anderen Aufgabe wiederverwendet .

- Ein *Ähnlichkeitsfilter* ermöglicht die Exploration von Aufgabenschemata. Der Zweck ist der Entwurf generischer Schemata für eine Klasse von Aktivitäten, die in mehreren individuellen Aufgaben gemeinsam vorkommen. Mit dem Ähnlichkeitsfilter werden Repositoryeinträge gesucht, die syntaktisch nicht übereinstimmen, aber ähnlich sind [3]. Die Ähnlichkeit wird durch Übereinstimmungskriterien und Beziehungen zu anderen Einträgen spezifiziert. Der Algorithmus für die Messung der Entfernung zwischen ähnlichen Einträgen nutzt die Spezialisierungs- und Instantiierungstaxonomien der im Repository vorhandenen Einträge. Die Kriterien für die Ähnlichkeit werden vom Entwickler in einer Anfrage explizit spezifiziert. Sie sind damit sichtbar und lassen sich dynamisch dem jeweiligen Arbeitskontext anpassen.

In der Anfangsphase werden Aufgaben lediglich mit dem Aufgabeneditor dokumentiert. Mit der Zeit zeichnen sich Schemata ab (*das hab' ich doch schon 'mal gemacht*), die dann mit dem Ähnlichkeitsfilter gesucht und entworfen werden. Mit dem Ähnlichkeitsfilter können auch Aufgaben für den Entwurf einmalig auszuführender Aktivitäten gesucht werden, die in einem Ähnlichkeitsbezug stehen. Manche Aufgaben stehen in einem engen Spezialisierungsbezug. Beispielsweise haben sich feste Aufgabenmuster für die Integration von Komponenten herausgebildet. In Abhängigkeit von der Art der Änderung wird, etwa mit dem Aufgabentutor, ein Aufgabenschema gewählt, mit dem sichergestellt werden soll, daß alle Abhängigkeiten zwischen Komponenten berücksichtigt werden. Es ist Sache des Ausführungsmonitors, ob auch alle Integrationstest ausgeführt werden.

Das Aufgabenrepository ist projektspezifisch und bleibt eng mit dem APACS verbunden. Eine Übertragung auf andere Projekte und Software-Systeme erscheint unmittelbar nicht möglich. Übertragbar sind aber die Werkzeuge, mit denen das projektspezifische *"know how"* über die Entwicklung eines Systems erfaßt, verwaltet und genutzt werden kann. Sie unterstützen die flexible Ausführung und ständige Umgestaltung von Informationsprozessen, wie hier am Beispiel von Entwicklungsprozessen gezeigt. Laufende Prozesse können an konkrete Situationen angepaßt werden, als auch für zukünftige Aufgaben umgestaltet werden.

4 Gegenwärtiger Stand und weitere Arbeiten

Ein Prototyp der oben vorgestellten Umgebung ist gegenwärtig intern im Einsatz. Zwei weitere Werkzeuge für die Interaktionsunterstützung und die Auswahl von Implementierungswerkzeugen befinden sich noch in der Entwicklung.

- *Interaktionsunterstützung* — Die APACS-Entwickler sind geographisch über mehere Orte verteilt und müssen ihre Aufgaben durch Interaktionen koordinieren. Hier helfen intelligente Interaktionsagenten [11], Entwickler von routinemäßigen Kommunikationsaufgaben zu befreien, wie die automatische Weiterleitung von Anfragen unter Berücksichtigung von Organisationswissen oder die Generierung von Antworten auf Standardanforderungen, etwa die Bereitstellung bestimmter Schnittstellenspezifikationen einer APACS-Komponente.

Wartung von Implementierungsplattformen — Bei der Entwicklung des ersten APACS-Prototyps hat sich die Auswahl geeigneter Implementierungswerkzeuge als sehr schwierig herausgestellt. Für die Entwicklung von Software-Systemen wie APACS ist aber gerade die Auswahl dieser Werkzeuge sehr entscheidend. Die Dokumentation der Auswahlkriterien, der eigentlichen Eigenschaften der Werkzeuge, der Anwendungserfahrungen und der zumeißt erst spät erkannten Unverträglichkeiten kann für zukünftige Projekte sehr wertvoll sein. Die formale Beschreibung der Auswahl eines Werkzeugs, des Einsatzes und der gemachten Erfahrungen als Software-Prozeß ist Ausgangspunkt für eine Lösung dieses Problems. Mit Umgebungsgeneratoren wie METAVIEW [10] läßt sich dann aus einer derartigen Prozeßbeschreibung eine entsprechende Software-Umgebungen für die Konfiguration und Wartung einer Implementierungsplattform erzeugen.

Danksagung

Mein besonderer Dank gilt Professor John Mylopoulos für seine hilfreichen Beiträge zu den vorgestellten Arbeiten. Weiterhin danke ich David Lauzon, den Mitgliedern des APACS-Teams und den Mitwirkenden des Projekts IRIS B-1 "Development of Intelligent Information Systems" für ihre Unterstützung.

Literatur

[1]   R. Balzer (1990). What we do and what we don't know about software processes. *Proc. 6th Intl. Software Process Workshop*, Hakodate, Japan, 61-64.

[2]   D. Heimbigner (1990). Proscription versus prescription in process-centered environments. *Proc. 6th Intl. Software Process Workshop*, Hakodate, Japan, 99-102.

[3]   D. Lauzon, T. Rose (1993). Task-oriented and similarity-based retrieval. (eingereicht zur Veröffentlichung).

[4]   N.M. Madhavji (1992). Environment evolution: the PRISM model of change. *IEEE Trans. on Software Engineering 18*, 5, 380-392.

[5]   D.E. Mahling, W.B. Croft (1988). Relating human knowledge of tasks to the requirements of plan libraries. *Intl. Journal of Man-Machine Studies 31*, 61-97.

[6]   J. Mylopoulos, A. Borgida, M. Jarke, M. Koubarakis (1990). TELOS: a language for representing knowledge about information systems. *ACM Trans. on Information Systems 8*, 4, 325-362.

[7]   J. Mylopoulos, B.M. Kramer, H. Wang, M.E. Benjamin, Q.B. Chow, S. Mensah (1992). Applications of expert systems to process control. *Proc. 31st Annual Conf. of Metallurgists*, The Metallurgical Society of CIM, Edmonton, Alb.

[8]   J. Mylopoulos, T. Rose, C. Woo (1993). Task-oriented development of intelligent information systems. *Proc. Intl. Conf. on Intelligent and Cooperative Information Systems*, Rotterdam, Niederlande, 206-219.

[9]   L. Osterweil (1987). Software processes are software too, *Proc. 9th Intl. Conf. on Software Engineering*, Monterey, Cal., 2-14.

[10] L.B. Protsko, P.G. Sorenson, J.P. Tremblay, D.A. Schaefer (1991). Towards the automatic generation of software diagrams. *IEEE Trans. on Software Engineering 17*, 1, 10-21.

[11] C.C. Woo, F.H. Lochovsky (1992). Knowledge communication in intelligent information systems. *Intl. Journal of Intelligent and Cooperative Information Systems 1*, 1, 203-228.

Benutzergerechte, aufgaben-angemessene und effiziente Leitstände

Anforderungen an die Softwaregestaltung

H.-J. Bullinger, M. Thines, H.-P. Laubscher, T. Otterbein und R. Bamberger
Institut für Arbeitswissenschaft und Technologiemanagement
Universität Stuttgart
Nobelstr. 12c
70569 Stuttgart

1 Einleitung

Inhalt des Artikels ist die Vorstellung der Vorgehensweise und erster Ergebnisse des Verbundvorhabens "PLANLEIT" Leitstände für die Werkstattsteuerung, das vom BMFT gefördert wurde. Das Ziel des Projektes war die Entwicklung und Evaluierung benutzerfreundlicher, aufgabenangemessener und effizienter Leitstände mit Hauptaugenmerk auf das Erfahrungswissen von Werkstattmitarbeitern und Meistern.

2 Zielsetzung und Modellrahmen

Ziel des Verbundvorhabens PLANLEIT ist die Konzipierung, Gestaltung und Erprobung von benutzerfreundlichen, aufgabenangemessenen und effizienten Leitständen für die Werkstattsteuerung.

Unterstützt werden sollen Planungs- und Steuerungsaufgaben der Meister und Facharbeiter in der Einzel- und Kleinserienfertigung in dezentralen teilautonomen Gruppen der Fertigung und Montage in mittelständischen Unternehmen (Abb. 1). Die Anforderungen und Gestaltungsempfehlungen wurden partizipativ zusammen mit den Anwendern erarbeitet werden.

Als methodischer Modellrahmen für die Zielsetzung dieses Vorhabens

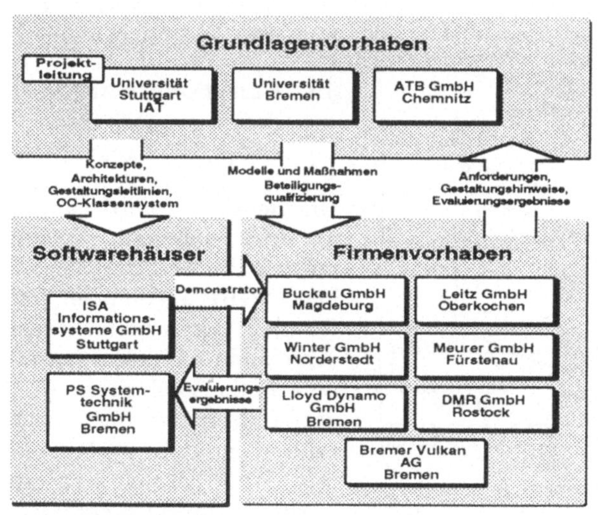

Abb. 1: Projektstruktur des Verbundvorhaben PLANLEIT

wurde die VDI-Richtlinie 5005, die in systematischer Weise Gestaltungs- und Bewertungshilfen zur Verfügung stellt (vgl. VDI 90 /1!), herangezogen. Erweitert wurde der methodische Zielrahmen der Interaktion zwischen Benutzer und Informationssystem um die Modellkomponenten Beteiligungsqualifizierung und organisatorischer Rahmen.

Aufbauend auf die partizipativ mit den Firmen erarbeiteten Soll-Organisationen der Werkstattsteuerung wurden Anforderungen und Gestaltungshinweise an einen Leitstand erarbeitet. Im Sinne des Modellrahmens waren die Ziele **Benutzergerechtheit** im Bereich der Bedienbarkeit des Leitstandes, **Aufgabenangemessenheit** im Hinblick auf Effizienz der Mensch-Rechner-Interaktion und der Aufgabenteilung zwischen Mensch und Rechner, sowie einer **effizienten Planungs- und Entscheidungsunterstützung** nach Keen (Keen 87 /2/) maßgeblich.

Aus den oben genannten Zielsetzungen wurde als weiteres Ziel die Anpaßbarkeit des Systems abgeleitet. Anpaßbar bedeutet hierbei die leichte Adaption unterschiedlicher Organisationen, Aufgaben und Benutzer.

3. Partizipativer Analyse- und Gestaltungsprozess

Die in PLANLEIT eingesetzten Analyse- und Gestaltungsmethoden sind in Abbildung 2 mit ihren Einsatzfeldern dargestellt. Die Analyse darf nicht auf den informationsverarbeitenden Aspekt reduziert werden, wenn man das Ziel hat, zugleich humane und produktive Arbeitsbedingungen schaffen und sichern zu wollen. Für eine Systemgestaltung gemäß den Zielsetzungen des Projektes muß daher die Analyse und Einbettung der einzelnen Aufgaben in den Kontext der gesamten Tätigkeiten des Benutzers eingefügt werden.

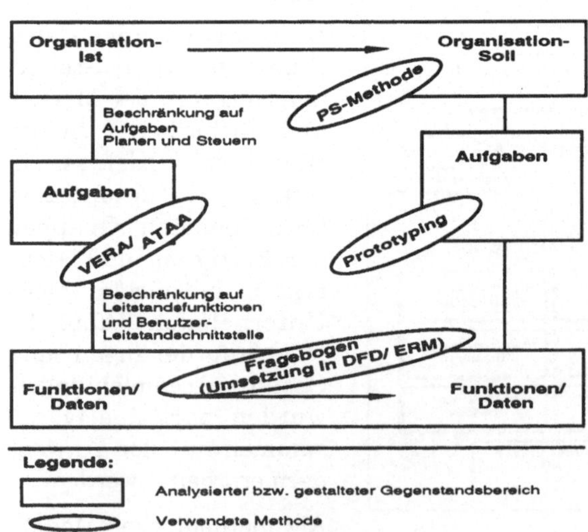

Abb. 2: Partizipativer Analyse- und Gestaltungsprozess

3.1. Funktionale Anforderungen der Benutzer an Leitstände

Die Benutzeranforderungen an den Leitstand wurden mit der PS-Methode /3/ erhoben. Weitere Analysen im Hinblick auf arbeitswissenschaftliche Aspekte sowie informationstechnische Fragestellungen wurden in detaillierten Untersuchungen mit Hilfe eines Fragenkatalogs und morphologischen Kästen ermittelt.

Die PS-Methode liefert einen guten Einstieg in die Problematik und zwar für *alle* Beteiligten. Die Methodik regt die Einbindung aller Beteiligten, also insbesondere der Meister und Facharbeiter, an. Die Methode zielt auf die Untersuchung und Gestaltung der organisatorischen Arbeitsabläufe des Untersuchungsbereiches, während die Methoden VERA und ATAA arbeitsplatzbezogen analysieren, also mehr ins Detail gehen. Mit VERA und ATAA lassen sich die Arbeitsabläufe vor und nach Unterstützung durch einen Leitstand analysieren.

Keine derzeit verfügbare Methode ermöglicht es jedoch, alle für die Aufgaben- und DV-Systemgestaltung relevanten Merkmale zu analysieren. Die Gestaltungsrelevanz für die Gestaltung der Benutzungsschnittstelle ist bei allen Methoden als eher gering einzuschätzen. Deshalb wurde zusätzlich ein Untersuchungsleitfaden entwickelt, der vor allem die nicht durch die Verfahren abgedeckten Merkmale berücksichtigen sollte. Kennzeichnend sind vor allem die Erfassung von Kommunikations- und Kooperationsbeziehungen und die

	ZIEL (HIERARCHIE)/ zu welchem Zweck Sicherstellung der Durchführung kundenspezifischer Aufträge	FREIHEITSGRADE EINGRIFFSMÖGLICHKEITEN unter welchen Bedingungen möglichst geringe Abweichungen vom Standardarbeitsplan	
URSACHEN FÜR SITUATION/ warum kundenspezi-fische Aufträge erfordern von den Standardarbeitsplänen abweichende Arbeitspläne bei der Einplanung	SIGNALE AUS SITUATION/ woraufhin Fehlen eines entsprechenden Planes bei der Erstellung oder Auswahl des Arbeitplanes	MAßNAHMEN/ was tun; woran; wie; wann; wo **Generieren von Arbeitsplänen** Festlegung des technologischen Fertigungsablaufs im Meisterbüro	FOLGEN/ wozu; wofür; (warum) Verplanung kundenspezifischer Aufträge ermöglicht
	INFO IN Arbeitspapiere: Zeichnung, späteste Endtermine für Meisterei; Standardarbeitspläne aus Erfahrungswissen; Belegungsplan	MITTEL; PARTNER womit; mit wem Zeichnung	INFO OUT Arbeitsplan mit Bearbeitungszeiten

Abb. 3: Teiltätigkeit „Generieren von Arbeitsplänen"

Ermittlung der Datenflüsse.

Aus den Analysen konnten über 60 Teilaufgaben zur Planung und Steuerung des Werkstattgeschehens herausgearbeitet werden, die mit Data Flow Diagramms dargestellt und durch ER-Diagramms mit dem nötigen Detaillierungsgrad für die SW-Entwicklung und die spätere objekt-orientierte Modellierung versehen werden.

Im nächsten Schritt wurden aus den Analyseergebnissen die Teiltätigkeiten der Meister herausgearbeitet und in einem Relationsnetz (in Anlehnung an Hacker 92 /4/) dargestellt. Hierbei wird jede Teiltätigkeit durch die Kette von Ziel, Signal, Ursache, Info-In, Maßnahme, Folge und Info-Out als ein abgeschlossenes System dargestellt. Diese Tätigkeitsmuster konnten den Meistern zur Verifizierung der Untersuchungsergebnisse vorgelegt werden.

Die für die Firmenuntersuchung entwickelte Vorgehensweise der Befragung mit einem morphologischen Kasten läßt Rückschlüsse von Aufgaben und Tätigkeiten in der Werkstatt auf das Planungsumfeld zu. Dieses Zurückverfolgen von Aufgaben auf Merkmale der einzelnen Betriebe ermöglicht die Herleitung eines im Hinblick auf das Untersuchungsfeld gültigen Rahmens für das Zielprofil, den Gestaltungsempfehlungen und das Anwendungsmodell.

4. Ableitung eines Modells des Entscheidungsprozesses

Aus den Ergebnissen empirischer breit angelegter Analysen wurde aus einem Ausgangsmodell ein umfassendes, detailliertes Funktions- und Kontrollmodell erstellt, das am Beispiel der Funktion „Planen" in Auszügen im folgenden dargestellt ist. Die unabhängigen Entscheidungsfunktionen basieren auf der Beschreibung der einzelnen Aufgabenstellungen (Ausgangs- und Zielzustand) durch die Verwendung eines Graphenmodells (Huthmann al. 92 /5/).

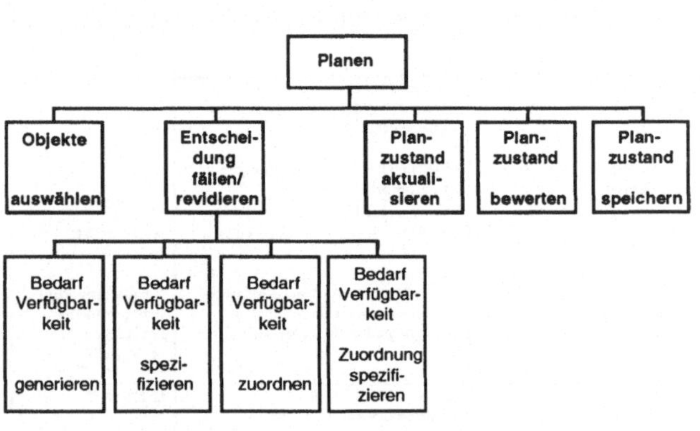

Abb. 4: Elementarfunktionen von Planen

Das Einplanen von Arbeitsgängen (AVO) erfolgt durch das Heranziehen von abstrakten AVOs. Abstrakte AVOs beinhalten bis auf Zeitangaben für die Ausführung und Mengen alle Angaben wie auch die planerischen AVOs. Die Instantiierung der abstrakten AVOs beinhaltet die Spezifikation von Terminen bzw. die Festlegung von Wertebereichen.

Für die Bedarfe und Verfügbarkeiten von Ressourcen können Entscheidungen gefällt aber auch revidiert werden. Der durch die Entscheidungen entwickelte Planzustand wird entsprechend den in der Kontrollstruktur des Programms vorgegebenen Festlegungen nach jeder weiteren Spezifikation aktualisiert. Daran schließt sich die Bewertung des Planzustandes an. Falls der Planzustand bezüglich bestimmter Vorgaben (z. B. Fälligkeitstermin eines Auftrages) „akzeptiert wird", können weitere Entscheidungen gefällt werden. Für den Fall, daß Restriktionen nicht berücksichtigt worden sind, müssen Entscheidungen revidiert werden. Die letzte Funktion von Planen ermöglicht die Speicherung des Planzustandes, entweder simulativ oder fest.

5. Modell wesentlicher Leitstandobjekte

5.1. Das Modell für Arbeitspläne

Basierend auf den Analysen in den Anwenderfirmen und der Erarbeitung von Gestaltungsempfehlungen wurde ein Leitstandsbaukasten konzipiert (Otterbein 92 /6/. Dieser Leitstandsbaukasten umfasst Benutzerwerkzeuge und ein objektorientiertes Anwendungsmodell. Ziel des Anwendungsmodells ist es, eine allgemeingültige genügend detaillierte Abbildung der Werkstattsteuerung vorzunehmen. Die Berücksichtigung der aufgenommenen Anforderungen der verschiedenen Anwenderfirmen ermöglicht die Allgemeingültigkeit und Vielseitigkeit des Modells.

Innerhalb eines Leitstandes sind zur Durchführung der Planung und Steuerung die Objekttypen Auftrag (Fertigungsaufträge und Arbeitsgänge), Arbeitsplan und Resource vorzufinden. Die Beziehung der vom Objekttyp Arbeitsplan abgeleiteten Objekte ist in Abb. 5 als ERM dargestellt. Durch diese Grundtypen werden Bereiche vorgegeben, die durch Klassen modelliert werden.

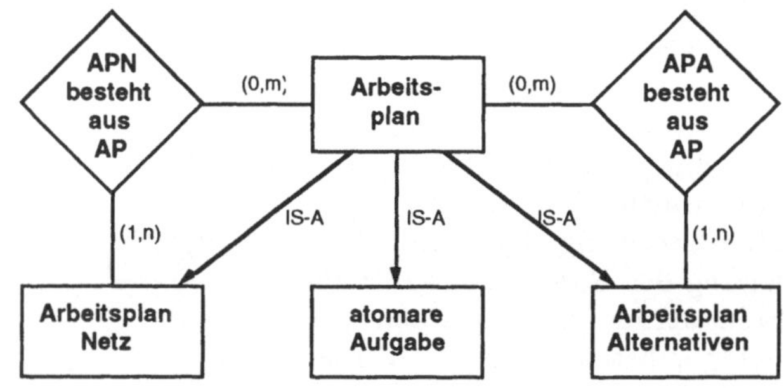

Abb. 5:   ERM der Arbeitspläne

5.2. Ein allgemeines Kooperationsmodell

Der Leitstand steht mit seiner Umgebung in Verbindung, indem er Aufträge von und an andere Leitstände empfängt und verteilt sowie Rückmeldungen an und von diesen Leitständen gibt und erhält. Daneben bestehen noch intensive Interaktionen mit dem Benutzer.

Ein über die hierarchische Beziehung der Auftragserteilung hinausgehendes Kooperationsmodell kann aus der Geschäftsbeziehung verschiedener gleichberechtigter Firmen abgeleitet werden. Hat Firma A (der potentielle Auftraggeber) einen Bedarf an einem Produkt der Firma B (der potentielle Auftragnehmer), so stellt sie eine Anfrage. Der Auftragnehmer antwortet mit einem Angebot. Der Auftraggeber kann aufgrund des Angebotes sodann den Auftrag erteilen. Dieses Verfahren ist eine Verallgemeinerung der hierarchischen Vorgehensweise, sofort einen Auftrag zu erteilen. In letzterem Falle ist es dem Auftragnehmer nur nicht gestattet, den betreffenden Auftrag abzulehnen, und die Schritte Anfrage und Angebot entfallen.

5.3. Das Modell für Aufträge

Aufgrund des dargestellten Kooperationsmechanismus sowie der geforderten Substrukturierung können Aufträge wie folgt modelliert werden:

Ein in den Leitstand eingehender Auftrag, der dem Fertigungsauftrag entspricht, ist entweder ein Arbeitsvorgang oder besteht aus einem oder mehreren Subaufträgen. Diese Subaufträge stehen aufgrund des Arbeitsplanes in einer Reihenfolgebeziehung. Kann der Fertigungsauftrag komplett innerhalb des Leistandes erledigt werden, so genügt diese Strukturierung, denn durch Zerlegung der Subaufträge in Sub-Subaufträge usw. können beliebig substrukturierte Aufträge verwaltet werden.

Um auch Anfragen und Aufträge an benachbarte Systeme verwalten zu können, kann ein Subauftrag eine Menge von Anfragen enthalten. Diese besteht aus allen Anfragen, die bezüglich des Subauftrages an andere Systeme gestellt wurden sowie einem Auftrag, der nach Prüfung der Angebote an eine Systeme erteilt wird.

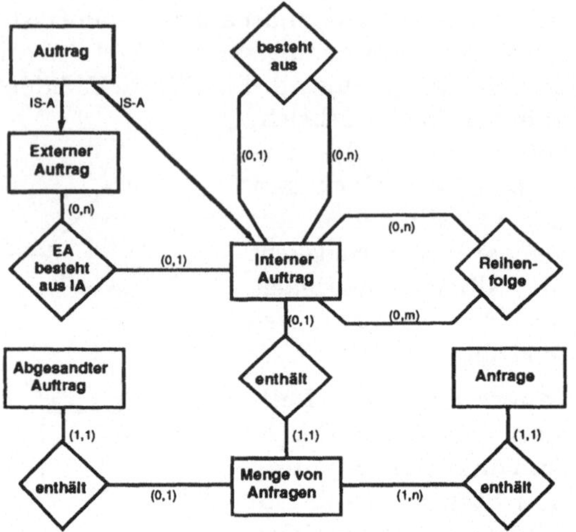

Abb. 6:   ERM für Aufträge

6. Literatur

1   VDI-5005: Software-Ergonomie in der Bürokommunikation. Verein Deutscher Ingenieure (Hrsg.). Berlin: Beuth Verlag GmbH. Oktober 1990.

2   Keen, P.G.W.: Decision Support Systems: The Next Decade. Decision Support Systems 3, 1987, S.253-265

3   Scheel, J.: Erfolgspotential Ablauforganisation. TÜV Rheinland. Köln 1990.

4   Hacker, W.: Expertenkönnen. Erkennen und Vermitteln. Verlag für Angewandte Psychologie. Stuttgart. 1982

5   Huthmann, A.; Laubscher, H.-P.; Bamberger, R.: Bericht Arbeitspaket 3 und 4 im BMFT-Projekt PLANLEIT. IAT der Universität Stuttgart. 1992

6   Otterbein, T.: Bericht Arbeitspaket 7 im BMFT-Projekt PLANLEIT. IAT der Universität Stuttgart. 1992

Arbeitsorientierte Gestaltung von Informationsprozessen.

M. Rauterberg, O. Strohm & E. Ulich

Institut für Arbeitspsychologie, Eidgenössische Technische Hochschule Zürich

Zusammenfassung: Die arbeitsorientierte Gestaltung von Informationsprozessen umfaßt sowohl die Gestaltung des Arbeitssystems, in dem neue Technologien eingesetzt werden, bzw. eingesetzt werden sollen, als auch die Gestaltung des Erstellungs- und Einführungsprozesses selbst. Im vorliegenden Beitrag werden zunächst Konzepte und Kriterien für die Gestaltung von Arbeitssystemen vorgestellt, welche sowohl für Arbeitssysteme allgemein, als auch auf Software-häuser im Besonderen zutreffen. Dabei spielen Aufgabenorientierung und das Konzept der "vollständigen Tätigkeit" eine zentrale Rolle. Daraus abgeleitet sind Fragen zur Mensch-Maschine-Funktionsteilung zu klären, bevor Arbeitsgestaltung durch Softwaregestaltung sinnvoll ergänzt werden kann. Basierend auf diesen generellen Konzepten und Gestaltungs-kriterien wird eine Aufbau- und eine dazu passende Ablauforganisation für die Softwareerstellung vorgestellt und diskutiert.

1. Einleitung

Für Arbeitspsychologen, Informatiker und betriebliche Praktiker resultieren aus den technologischen Entwicklungen der achtziger Jahre neuartige Fragestellungen, deren Beantwortung umso dringlicher ist, als die inzwischen verfügbare Technologie selbst weder die Ablauf- noch die Aufbauorganisation zwingend determiniert. So bestehen auf der einen Seite Möglichkeiten, neue Kombinationen von fort-geschrittener Technologie und qualifizierter menschlicher Arbeit - mit herausfordernden Arbeitsin-halten und weitgehender Selbstregulation in Gruppen - zu schaffen. Auf der anderen Seite bestehen aber auch vielfältige Möglichkeiten, mit Hilfe der gleichen Technologie vorhandene Formen der Arbeitsteilung zu unterstützen oder sogar zu verstärken. Damit stehen viele Unternehmen vor der Entscheidung, ob - prinzipiell formuliert - der Mensch als verlängerter Arm der Maschine mit Rest-funktionen in einer 'Automatisierungslücke' - und potentieller Störfaktor - zu betrachten ist oder die Maschine als verlängerter Arm des Menschen mit Werkzeugfunktion zur Unterstützung der menschlichen Fähigkeiten und Kompetenzen. Diese entgegengesetzten Positionen bezeichnen wir als 'technikorientiert' bzw. 'arbeitsorientiert'. Technikorientierte Konzepte zielen in erster Linie darauf ab, *Technik* zu gestalten. Die Strukturierung von Aufbau- und Ablauforganisation ist hier ebenso wie die Entwicklung und der Einsatz menschlicher Qualifikationen dem Vorrang der Technik nachgeordnet. Arbeitsorientierte Konzepte zielen demgegenüber darauf ab, *Arbeitssysteme* zu gestalten, d.h. die Entwicklung und den Einsatz von Technik, Organisation und Qualifikation gemeinsam zu optimieren. Um einem Mißverständnis vorzubeugen: arbeitsorientierte Konzepte sind keine technikfeindlichen Konzepte. Vielmehr werden durch die gleichzeitige Berücksichtigung von Organisation und Mitarbei-terqualifikation die Voraussetzungen für erfolgreichen Technikeinsatz überhaupt erst geschaffen.

2. Gestaltung des Arbeitssystems

Für [Hacker-86:61] ist der Arbeitsauftrag bzw. seine Interpretation oder Übernahme als Arbeitsaufga-be "die zentrale Kategorie einer psychologischen Tätigkeitsbetrachtung..., weil mit der 'objektiven Lo-gik' seiner Inhalte entscheidende Festlegungen zur Regulation und Organisation der Tätigkeiten erfol-gen". Im Beitrag von [Volpert-87:14] heißt es dazu: "Der Charakter eines 'Schnittpunktes' zwischen Organisation und Individuum macht die Arbeitsaufgabe zum psychologisch relevantesten Teil der vor-gegebenen Arbeitsbedingungen". Beide Zitate machen deutlich, daß für tätigkeits- bzw. handlungsthe-oretisch orientierte Arbeitspsychologen die Arbeitsaufgabe zum wichtigsten Ansatzpunkt der Arbeits-gestaltung wird. Deshalb ist auch vom "Primat der Aufgabe" die Rede [Ulich-91]. Damit läßt sich eine Brücke schlagen zu den Konzepten soziotechnischer Systemgestaltung, auch wenn diese von Hacker und Volpert nicht explizit berücksichtigt wurden.

Aufgabenorientierung und das Konzept der "vollständigen Tätigkeit": Im Rahmen der sozio-technischen Systemkonzeption spielt der Begriff der Aufgabenorientierung ('task orientation') eine bedeutsame Rolle. Aufgabenorientierung bezeichnet einen Zustand des Interesses und Engage-ments, der durch bestimmte Merkmale der Aufgabe hervorgerufen wird. [Emery-59:53] beschreibt zwei Bedingungen für das Entstehen von Aufgabenorientierung: (1) Die arbeitende Person muß Kon-trolle haben über die Arbeitsabläufe und die dafür benötigten Hilfsmittel. (2) Die strukturellen Merk-male der Aufgabe müssen so beschaffen sein, daß sie in der arbeitenden Person Kräfte zur Vollen-dung oder Fortführung der Arbeit auslösen.

Faßt man die Angaben von [Emery-59] sowie [Emery-82] zusammen, so sind es im wesentlichen die folgenden Merkmale von Arbeitsaufgaben, die das Entstehen einer Aufgabenorientierung begünstigen: Ganzheitlichkeit, Anforderungsvielfalt, Möglichkeiten der sozialen Interaktion, Autonomie, Lern- und Entwicklungsmöglichkeiten. Bei [Rice-58] und [Emery-59] findet sich eine Anzahl von Hinweisen auf die besondere motivationale Bedeutung der Ganzheitlichkeit bzw. Vollständigkeit ("wholeness") von Aufgaben. Merkmale der Vollständigkeit, die es bei Maßnahmen der Arbeitsgestaltung zu berücksichtigen gilt, sind in Tabelle 1 zusammengefaßt. Nun ist ganz offensichtlich, daß vollständige Tätigkeiten oder Aufgaben in dem hier beschriebenen Sinn in zahlreichen Fällen - vermutlich sogar mehrheitlich - wegen des damit verbundenen Umfanges nicht als Einzelarbeitstätigkeiten gestaltbar sind sondern nur als Gruppenaufgaben.

Tabelle 1   Merkmale vollständiger Tätigkeiten (nach Angaben von [Hacker-86], [Volpert-87], [Ulich-89a]).

(1)   Das selbständige Setzen von Zielen, die in übergeordnete Ziele eingebettet werden können.

(2)   Selbständige Handlungsvorbereitungen im Sinne der Wahrnehmung von Planungsfunktionen.

(3)   Auswahl der Mittel einschließlich der erforderlichen Interaktionen zur Zielerreichung.

(4)   Ausführungsfunktionen mit Ablauffeedback zur allfälligen Handlungskorrektur.

(5)   Kontrolle mit Resultatfeedback und der Möglichkeit, Ergebnisse der eigenen Handlungen auf Übereinstimmung mit den gesetzten Zielen zu überprüfen.

Arbeitsgestaltung und Softwaregestaltung: Eines der wichtigsten Probleme der Arbeitssystemgestaltung mit Einsatz moderner Technologie besteht darin, ein gemeinsames Verständnis aller betroffenen Personengruppen über die Mensch-Maschine-Funktionsteilung und damit über den zu automatisierenden Anteil im Arbeitssystem herzustellen. Um die gemeinsame Optimierung des sozialen und des technischen Teilsystems zu realisieren, bedarf es unter anderem valider Kriterien für die Mensch-Maschine-Funktionsteilung [Hoyos-90] [Dunckel-93]. Eine verbreitete, rein technikorientierte Strategie zur Funktionsverteilung zwischen Mensch und Maschine ist die "maximale Automatisierung". Will man jedoch den spezifischen Fähigkeiten des Menschen Rechnung tragen, so wird ein Vergleich zwischen Mensch und Maschine angestellt [Hoyos-90]. [Hoyos-90] weist zu Recht darauf hin, daß solche Vergleiche sich zumeist ausschließlich an den Leistungsmöglichkeiten von Mensch und Maschine orientieren und damit die "Gesamtrolle des Menschen im System" nur ungenügend erfassen. Ausserdem gäben allgemeine MABA-MABA-Listen (men-are-better-at, machines-are-better-at; [Lanc-75]) "zunächst nur ein vages Bild und eine erste Orientierung; erst im Gesamtspektrum einer Aufgabenzuteilung läßt sich die Rolle des Menschen erkennen und bewerten". Schließlich sei "die Aufgabenverteilung zwischen Mensch und Maschine bei bestimmten Aufgabentypen und konkreten Problemlösungen keine einmalige Entscheidung..., sondern eine kontinuierliche Tätigkeit, die iteratives Vorgehen und laufende Überprüfung erfordert" [Hoyos-90:15].

Nach [Bailey-89:189] lassen sich die folgenden fünf Strategien für eine Mensch-Maschine-Funktionsteilung (MMF) unterscheiden: (1) *comparison allocation:* die MMF wird gemäß den MABA-MABA-Listen [Lanc-75] vorgenommen; diese Strategie setzt jedoch voraus, daß sich der Mensch mit der Maschine vergleichen läßt [Hoyos-90]; (2) *leftover allocation:* diese – im technischen Kontext sehr beliebte – Strategie ist auf maximale Automatisierung ausgerichtet und beläßt lediglich die nicht automatisierbaren Funktionen beim Menschen; (3) *economic allocation:* bei dieser Strategie wird versucht, die insgesamt preiswerteste Lösung zu erreichen; (4)*humanized task approach:* bei dieser Strategie sollen durch die gefundene Lösung primär die menschlichen Fähigkeiten gefördert werden; der Technikeinsatz dient lediglich der Unterstützung und Kompensation menschlicher Fähigkeiten; (5)*flexible allocation:* hierbei kann der Benutzer weitgehend frei entscheiden, wie und mit welchen Mitteln, bzw. Werkzeugen er seine Aufgaben erledigt; durch diese Strategie wird dem differentiell-dynamischen Gestaltungsprinzip nach [Ulich-78] optimal Rechnung getragen.

Eines der Hauptprobleme traditioneller Softwareentwicklung liegt darin, daß die bisher primär daran beteiligten Personengruppen häufig nicht erkennen, daß Softwareentwicklung zumeist auch Arbeits- und/ oder Organisationsgestaltung ist. Dies erfordert notwendiger Weise eine interdisziplinäre Zusammenarbeit zwischen Arbeits- und Organisations-Experten einerseits und Softwareentwicklungs-Experten andererseits [Rauterberg-91], [Rauterberg-92a]. Wegen der umfangreichen Qualifikation in dem jeweiligen Fachgebiet ist es nur sehr begrenzt möglich, auf eine interdisziplinäre Zusammenarbeit zu verzichten.

3. Gestaltung des Softwareerstellungsprozesses

Viele Softwareprojekte sind durch komplexe, innovative und zeitkritische Problemstellungen gekennzeichnet. Das Projektmanagement dient dazu, diese schwierige Situation zu bewältigen und sollte daher als ganzheitliches Vorhaben verstanden werden, das die für ein Projekt notwendigen planenden, steuernden, überwachenden, methodischen und personalbezogenen Aktivitäten umfaßt. Als Erfolgskriterien sind ergebnisbezogen die Leistung und Qualität des Systems, der Kosten- und Zeitaufwand für dessen Entwicklung sowie prozeßbezogen die Zufriedenheit aller Projektbeteiligten und -betroffenen mit dem Projektverlauf und dessen Ergebnis von Relevanz [Weltz-92] [Spinas-93]. Man kann feststellen, daß traditionelle Organisationsmodelle bei der Softwareentwicklung mit Problemen verbunden sind, welche Zweifel daran aufkommen lassen, ob in solchen Projektstrukturen in effizienter Weise benutzer- und aufgabenangemessene Software entstehen kann [Weltz-92] [Spinas-93].

Traditionelle Softwareentwicklung: Analysiert man Softwareentwicklungsprozesse, so erkennt man eine Reihe von Problemen und Schwachstellen. Die Ursachen hierfür sind sowohl in den verwendeten theoretischen Konzepten und den traditionellen Vorgehensweisen (insbesondere Projektmanagement), als auch in unzureichenden Kostenrechnungsmodellen begründet. Aufgrund der Analyse zahlreicher Beispiele aus der Praxis der Softwareentwicklung liegt in der Literatur eine Sammlung von Lösungsmöglichkeiten vor, welche übereinstimmend auf die Bedeutung der Partizipation aller betroffenen Gruppen hinweist. Die Analyse dieser Fallbeispiele läßt drei wesentliche Barrieren erkennen: die Spezifikations-Barriere, die Kommunikations-Barriere und die Optimierungs-Barriere [Rauterberg-91]. Die Tatsache, daß die Behebungskosten für Fehler, welche erst in der Benutzungsphase entdeckt werden, ca. 100 bis 1000 mal größer sind als die Kosten für ihre Behebung in der Anforderungsphase, läßt eine Optimierung vor allem in den frühen Phasen des Softwareentwicklungsprojektes als zwingend notwendig erscheinen [Boehm-81:40]. Da jedoch die frühen Phasen primär durch das Management sozialer Prozesse gekennzeichnet sind, müssen hier entsprechende Konzepte und Methoden aus den Sozial- und Arbeitswissenschaften angewendet werden.

Ein soziotechnisches Konzept für die Softwareentwicklung: Nach dem soziotechnischen Systemansatz bestehen Organisationen aus einem sozialen Teilsystem (den Organisationsmitgliedern mit deren individuellen und kollektiven Interessen und Qualifikationen) und einem technischen Teilsystem (den Betriebsmitteln und technologischen Bedingungen). Unter dieser Perspektive läßt sich auch die Organisation von Softwareentwicklungsprojekten betrachten. Das technische Teilsystem ist dabei durch die Projektaufgaben auf strategischer und operativer Ebene wie auch durch mögliche Methoden, Instrumente und Werkzeuge zur Erfüllung dieser Aufgaben definiert. Das soziale Teilsystem ist durch die Projektbeteiligten mit ihren projektspezifischen Bedürfnissen, Interessen und Qualifikationen definiert. Für die konkrete Gestaltung der Aufbau- und Ablauforganisation, sowie die Wahl der Entwicklungsmittel ergeben sich in Abhängigkeit von den Projektzielen und der Projektklassifikation vielfältige Optionen, die im Sinne der Gestaltungskriterien des soziotechnischen Systemansatzes sowie einer interessenausgleichenden Berücksichtigung der verschiedenen Projektbeteiligten und -betroffenen genutzt werden sollten. Hinsichtlich der Aufbauorganisation eines Projektes sind diese Optionen z.B. mit folgenden Fragen verbunden: Aus welchen Personen setzt sich das Projektteam zusammen? Welche Rollen nehmen die verschiedenen Projektbeteiligten ein? Welche Kompetenzen haben die Projektbeteiligten? Liefern die Benutzer lediglich fachspezifische Informationen und evaluieren ad hoc die Lösungsvorschläge der Entwickler oder arbeiten sie aktiv an der Konzeption und Realisierung des Systems im Projektteam mit? Werden neben dem Projektteam themenspezifische Arbeitsgruppen eingerichtet?

Eine starke Integration von Benutzern in die Aufbauorganisation mittels gemischten Projektteams und Arbeitsgruppen ist natürlich auch mit Implikationen für die Ablauforganisation und die benötigten Entwicklungsmittel verbunden. So ist etwa ein iterativ-zyklisches oder inkrementelles Vorgehen unter Einsatz von Prototyping oder Versioning ein adäquates Pendant zu einer Aufbauorganisation mit Teamarbeit. Diese Formen der Ablauforganisation werden wiederum durch den Einsatz von Projektentwicklungsmitteln wie Aufgabenanalysen, Programmiersprachen der 4. Generation, Werkzeugen wie Masken- und Dialoggeneratoren etc. am besten unterstützt bzw. überhaupt erst praktikabel. Spätestens zu diesem Zeitpunkt kommen Fragen bzgl. Investitionen in die Entwicklungsumgebung und Qualifizierungsmaßnahmen für die Projektarbeit auf. Diese Fragen bzw. Implikationen zeigen die Notwendigkeit und zugleich auch die Vorteile eines soziotechnischen bzw. ganzheitlichen Vorgehens bei der Planung und Gestaltung von Software-Projekten. Nur diese Sichtweise ermöglicht schließlich, die einzelnen Elemente des Projektmanagements gemeinsam zu optimieren und aufeinander abzustimmen.

Teamorganisation bei Softwareentwicklungsprojekten: In zahlreichen neueren Projektmanagementbüchern wird übereinstimmend Teamarbeit als die adäquate Arbeitsorganisation für die Abwicklung von Projekten dargestellt. Die Ergebnisse einer Meta-Analyse zu Projekterfolgskriterien

[Gemünden-90] zeigen, daß sehr verschiedene Merkmale eines Projektteams wie z.B. Fachkompetenz, Entscheidungskompetenzen, Partizipation, Motivation, Fluktuation/Kontinuität im Zusammenhang mit Projekterfolgskriterien stehen. "Es fällt auf, daß personalen Faktoren ein wesentlich höheres Gewicht zukommt als technokratischen Instrumenten" [Gemünden-90:13]. Das Verständnis darüber, wie Teamarbeit zu gestalten ist, damit eine kompetente und motivierte Aufgabenausführung in einem Projektteam erfolgt, ist allerdings in der betrieblichen Praxis sehr unterschiedlich. Starke Funktions- und Arbeitsteilung in und zwischen Projektteams führt zu einem Mangel an Transparenz, Eigeninitiative und Verantwortungsübernahme bei den Teammitgliedern, die Lern- und Entwicklungsmöglichkeiten bei der Arbeit sind eingeschränkt, geringe Motivation und Produktivität können die Folge davon sein. Die Gestaltung von Projektteams sollte sich an folgenden sozio-technischen Prinzipien orientieren (nach [Ulich-91]): (1) relative Unabhängigkeit des Projektteams, (2) innerer Aufgabenzusammenhang im Projektteam, sowie (3) Einheit von Produkt und Projektorganisation. Aus der Anwendung dieser drei Kriterien folgt, daß einer Gruppe von Analytiker-Programmierern eine ganzheitliche Projektaufgabe - welche idealtypischerweise möglichst viele interdependente Teilaufgaben eines Software-Lebenszyklus umfaßt - zur weitgehend selbständigen Bearbeitung übertragen wird [Spinas-93]. In gemischten Teams wird eine solche Gruppe z.B. durch Benutzervertreter ergänzt. Die Übertragung einer ganzheitlichen Projektaufgabe bzw. eines ganzheitlichen Auftrages ist eine wesentliche Voraussetzung für das Verständnis einer gemeinsamen Aufgabe im Team. Dieses Verständnis ermöglicht ein höheres Maß an Selbstregulation und gegenseitiger Unterstützung [Ulich-91].

In einem selbstregulierten Projektteam werden neben der ganzheitlichen Projektaufgabe auch organisatorische Aufgaben wie die interne Koordination und Aufgabenverteilung, Feinbudgetierung und -planung etc. wahrgenommen und ausgeführt. Im Sinne der arbeitswissenschaftlichen Forderung für die industrielle Produktion, Qualität nicht zu erprüfen, sondern zu erzeugen, ist die begleitende Qualitätssicherung (QS) über alle Projektschritte des Software-Lebenszyklus, eine weitere Aufgabe des Projektteams. Eine wichtige Voraussetzung für die Arbeit in selbstregulierten Projektteams ist die soziale Integration. Deshalb sollte das Projektteam - für die Zeit der Projektarbeit - in einem gemeinsamen Büro oder zumindest räumlich nahe zusammenarbeiten, damit Kommunikation und Kooperation im Team erleichtert werden. In größeren Projekten, die den Einsatz mehrerer solcher Teams erfordern, ist eine wesentliche Funktion des Projektleiters die Koordination der verschiedenen Teams, damit konsistente Teilergebnisse entstehen, die zu einem Ganzen zusammengeführt werden können.

Der Aufteilung von großen Projektaufträgen in kleine, überschaubare und ganzheitliche Teilaufträge im Sinne einer produktorientierten Arbeitsteilung - welche auf der Basis einer modularen Systemkonzeption erfolgen kann - kommt in diesem Zusammenhang eine zentrale Bedeutung zu [Scacchi-91:308]. In einem sehr großen Projekt, welches die Einrichtung von mehreren selbstregulierten Projektteams erfordert, ist die Schaffung einer Projektstruktur überlappender Gruppen eine Notwendigkeit, um verteiltes Wissen und verschiedene Arbeitsergebnisse zu integrieren.

Damit sich die Vorteile der Arbeit in Projektgruppen einstellen, sind jedoch einige Bedingungen zu erfüllen: (1) die Projektaufgabe sollte für die Teammitglieder überschaubar sein, (2) die einzelnen Teilaufgaben sollten einen inneren Zusammenhang aufweisen, (3) das Projektteam sollte über vereinbarte Output-Ziele verfügen, (4) das Projektteam sollte über den Grad der Zielerreichung laufend Feedback erhalten, (5) die Teamgröße sollte der Aufgabenkomplexität optimal entsprechen. Ergebnisfeedback schon während der Entwicklung ist wiederum am besten durch den Einsatz von Prototyping und eine frühe und enge Zusammenarbeit mit den Benutzern zu erreichen.

Ablaufmodell für den Softwareentwicklungsprozeß: Ein wesentliches Problem der adäquaten Verzahnung der verschiedenen Optimierungs-Zyklen im Quadranten-Modell iterativer Softwareentwicklung (siehe Abb. 1) besteht in der *Synchronisation* dieser Zyklen. Sind an verschiedenen Stellen im partizipativen Softwareentwicklungs-Konzept gleichzeitig mehrere Optimierungs-Zyklen aktiv, so müssen diese adäquat synchronisiert werden [Rauterberg-91] [Hesse-92]. Dieser Aspekt ist deshalb besonders wichtig, weil nur so das Ausmaß an Inkonsistenzen innerhalb des gesamten Entwicklungsprozesses minimiert werden kann (-> 'simultaneous engineering'). Wenn z.B. parallel zur Implementationsphase weitere Rücksprachen und Anforderungsanalysen mit dem Anwender stattfinden, passiert es leicht, daß die Entwickler gemäß der stets veralteten Spezifikationen oftmals für den 'Papierkorb' programmieren. Die Ursache hierfür ist bei fehlender oder mangelnder Synchronisation dieser beiden Optimierungs-Zyklen in ihrer unterschiedlichen Zyklus-Dauer zu sehen [Rauterberg-91]. Einen wesentlichen Einfluß auf die Qualität des Softwareproduktes hat die Art und Weise der Kommunikation zwischen Entwickler und Anwender, sowie der Entwickler untereinander [Kraut-90].

Mittels Fallstudien und einer schriftlichen Umfrage in mehr als 100 Betrieben wurden Entwicklungsprozesse für Applikationssoftware untersucht [Strohm-91]. Die Ergebnisse zeigen deutlich, daß ein auf die frühen Phasen zentrierter Entwicklungsprozeß, aktive Benutzerbeteiligung, sowie der Einsatz von Prototyping zur Reduktion des Wartungsaufwandes, der Termin- und der Kostenüberschreitungen beiträgt [Rauterberg-92b]. Die Grundannahme des Wasserfall-Modells, daß alle Anforderungen in der Anfangsphase vollständig bekannt sind, exakt beschrieben werden können und sich nicht verändern, kann nicht länger aufrecht erhalten werden [Rauterberg-91]. Das Endprodukt entfernt sich, z.B. durch Modifikationen oder Restriktionen bei der Programmierung, von den ursprünglichen Benutzeranforderungen. Ferner wurde deutlich, daß schriftliche Systembeschreibungen, Pflichtenhefte und Diagramme von den Benutzern schwer verstanden und – insbesondere negative – Konsequenzen für die spätere Systembenutzung kaum erkannt werden können.

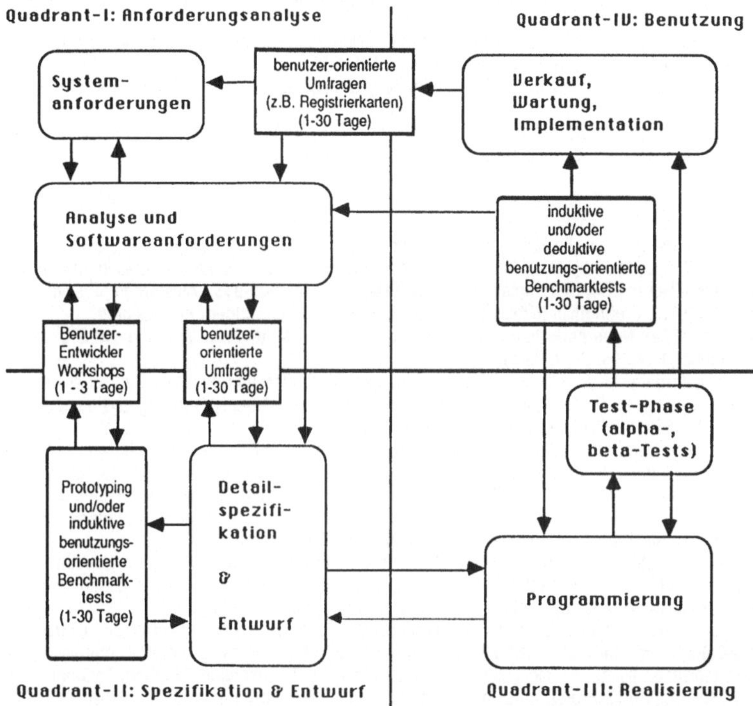

Abbildung 1 Übersicht über verschiedene Methoden der Benutzerbeteiligung bei Softwareentwicklung im Rahmen des zyklischen Quadrantenmodells [Rauterberg-91] [Spinas-93].

Innovative, erfolgreiche Entwicklungsprojekte hingegen weisen folgende Merkmale auf: ganzheitliche Aufgaben für die ProjektmitarbeiterInnen, aktive Benutzerbeteiligung, einkalkulierter Mehraufwand für analytische und konzeptionelle Arbeiten in den Anfangsphasen, Durchführung von Aufgabenanalysen, iterativ-zyklische Vorgehensweise im Projektablauf sowie Einsatz von Prototyping zur Anforderungspräzisierung und zur Gestaltung der Benutzungsoberfläche. Prototypen eignen sich nicht nur als anschauliche 'Verhandlungsobjekte' für Diskussionen zwischen Benutzern und Entwicklern, sondern tragen auch zur besseren Strukturierung von Ideen der Entwickler bei. Auf diesen Erkenntnissen aufbauend wurden die Organisation benutzerorientierter Softwareentwicklungsprozesse in konkreten Entwicklungsprojekten untersucht und mitgestaltet. In einem Softwareprojekt zur Entwicklung und Einführung eines Bürokommunikationssystems war das mit einem innovativen Vorgehen (Arbeitsanalysen, Prototyping, Benutzerbeteiligung) entwickelte System dem mit traditionellem Vorgehen (Phasenmodell/keine Partizipation) entwickelten Produkt hinsichtlich Benutzungsfreundlichkeit und Aufgabenangemessenheit deutlich überlegen. Am wichtigsten ist jedoch, daß wir anfangen zu lernen, Technik, Organisation und den Einsatz menschlicher Qualifikation gemeinsam zu planen und zu optimieren. Betrachten wir also die Technik als eine Option, welche es uns gestattet, unsere Lebens- und Arbeitsräume menschengerecht und lebenswert zu gestalten.

Literaturangaben

[Boehm-81] Boehm, B. (1981). Software Engineering Economics. Englewood Cliffs: Prentice Hall.

[Dunckel-93] Dunckel, H., Volpert, W., Zölch, M., Kreutner, U., Pleiss, C. & Hennes, K. (1993). Das KABA-Verfahren. Schriftenreihe Mensch-Technik-Organisation (Hrsg:. E. Ulich), Band 5. Zürich: Verlag der Fachvereine.

[Emery-59] Emery, F.E. (1959). Characteristics of Socio-Technical Systems. Document No. 527. London: Tavistock Institute of Human Relations.

[Emery-82] Emery, F.E. & Thorsrud, E. (1982). Industrielle Demokratie. Schriften zur Arbeitspsychologie (Hrsg.: E. Ulich), Band 25. Bern: Huber.

[Gemünden-90] Gemünden, G. (1990). Erfolgsfaktoren des Projektmanagements - eine kritische Bestandsaufnahme der empirischen Untersuchungen. Projekt Management, 1&2:4-15.

[Hacker-86] Hacker, W. (1986). Arbeitspsychologie. Schriften zur Arbeitspsychologie (Hrsg.: E. Ulich), Band 41. Bern: Huber.

[Hacker-87] Hacker, W. (1987). Software-Ergonomie: Gestalten rechnergestützter Arbeit? In: W. Schönplug & M. Wittstock (Hrsg.), Software-Ergonomie'87: Nützen Informationssysteme dem Benutzer? (S. 31-54). Stuttgart: Teubner.

[Hesse-92] Hesse, W., Merbeth, G. & Frölich, R. (1992). Software-Entwicklung. München, Wien: Oldenbourg.

[Hoyos-90] Hoyos, C. (1990). Menschliches Handeln in technischen Systemen. In: C. Hoyos & B. Zimolong (Hrsg.), Enzyklopädie der Psychologie, Band D III 2, Ingenieurpsychologie (S. 1-30). Göttingen: Hogrefe.

[Kraut-90] Kraut, R. & Streeter, L. (1990). Satisfying the need to know: interpersonal information access. In: D. Diaper et al. (eds.), Human-Computer Interaction – INTERACT'90 (pp. 909-915). Amsterdam: Elsevier.

[Lanc-75] Lanc, O. (1975). Ergonomie. (Urban Taschenbücher, Band 197). Stuttgart: Kohlhammer.

[Likert-72] Likert, R. (1972). Neue Aspekte der Unternehmensführung. Schriftenreihe "Führung und Organisation der Unternehmung", Band 14. Bern: Paul Haupt.

[Rauterberg-91] Rauterberg, M. (1991). Partizipative Konzepte, Methoden und Techniken zur Optimierung der Softwareentwicklung. In: P. Brödner, G. Simonis & H. Paul (Hrsg.), Arbeitsgestaltung und partizipative Systementwicklung (S. 95-125). Opladen: Leske & Budrich.

[Rauterberg-92a] Rauterberg, M. (1992). Partizipative Modellbildung zur Optimierung der Softwareentwicklung. In: R. Studer (Hrsg.), Informationssysteme und Künstliche Intelligenz: Modellierung (S. 113-128). Berlin : Springer.

[Rauterberg-92b] Rauterberg, M. & Strohm, O. (1992). Work Organization and Software Development. In: P. Elzer & V. Haase (eds.), Proceedings of 4th IFAC/IFIP Workshop on "Experience with the Management of Software Projects". Annual Review of Automatic Programming. 16 (2):121-128.

[Rice-58] Rice, A.K. (1958). Productivity and Social Organization: the Ahmedabad Experiment. London: Tavistock.

[Scacchi-91] Scacchi, W. (1991). Understanding software productivity: towards a knowledge-based approach. International Journal of Software Engineering and Knowledge Engineering. 1(3):293-321.

[Spinas-93] Spinas, P., Rauterberg, M., Strohm, O., Waeber, D. & Ulich, E. (1993, in Druck). Benutzerorientierte Software-Entwicklung. Konzepte, Methoden und Vorgehen zur Benutzerbeteiligung. Schriftenreihe Mensch-Technik-Organisation (Hrsg.: E. Ulich), Band 3. Zürich: Verlag der Fachvereine, Stuttgart: Teubner.

[Strohm-91] Strohm, O. (1991). Projektmanagement bei der Softwareentwicklung. In: D. Ackermann & E. Ulich (Hrsg.), Software-Ergonomie '91. Benutzerorientierte Software-Entwicklung (S. 46-58). Stuttgart: Teubner.

[Ulich-78] Ulich, E. (1978). Über das Prinzip der differentiellen Arbeitsgestaltung. Industrielle Organisation, 47, 566-568.

[Ulich-88] Ulich, E. (1988). Arbeits- und organisationspsychologische Aspekte. In: H. Balzert, H.U. Hoppe, R. Oppermann, H. Peschke, G. Rohr und N. Streitz (Hrsg.), Einführung in die Software-Ergonomie (S. 49-66). Berlin: de Gruyter.

[Ulich-89a] Ulich, E. (1989). Arbeitspsychologische Konzepte der Aufgabengestaltung. In: S. Maaß und H. Oberquelle (Hrsg.), Software-Ergonomie '89: Aufgabenorientierte Systemgestaltung und Funktionalität (S. 51-65). Stuttgart: Teubner.

[Ulich-89b] Ulich, E. (1989). Individualisierung und differentielle Arbeitsgestaltung. In: C. Graf Hoyos und B. Zimolong, (Hrsg.): Ingenieurpsychologie. Enzyklopädie der Psychologie. Göttingen: Hogrefe.

[Ulich-91] Ulich, E. (1991, 2. Auflage 1992). Arbeitspsychologie. Zürich: Verlag der Fachvereine, Stuttgart: Poeschel-Verlag.

[Volpert-74] Volpert, W. (1974). Handlungsstrukturanalyse als Beitrag zur Qualifikationsforschung. Köln: Pahl-Rugenstein.

[Volpert-87] Volpert, W. (1987). Psychische Regulation von Arbeitstätigkeiten. In: U. Kleinbeck und J. Rutenfranz (Hrsg.): Arbeitspsychologie. Enzyklopädie der Psychologie. Göttingen: Hogrefe, 1-42.

[Weltz-92] Weltz, F. & Ortmann, R. (1992). Das Softwareprojekt – Projektmanagement in der Praxis. Frankfurt: Campus.

Ein Modell zur sozialgerechten Integration von Qualitätsprozessen im Projekt WibQus[1,2]

Peter Szczurko, Lehrstuhl für Informatik V, RWTH Aachen[3]
Martin Thul, Lehrstuhl für Industriebetriebslehre und Arbeitswissenschaft, Universität Kaiserslautern

Der andauernde Wandel in Produkion und Dienstleistung, der durch steigendes Qualitätsbewußtsein ausgelöst wird, wirkt sich in fast allen Arbeitsbereichen eines Unternehmens aus. Die Erkenntnis, daß Qualität zunehmend durch präventive Maßnahmen erreicht werden kann, führt zu Änderungen von Verfahren, die von Unternehmensorganisation und Personal verkraftet werden müssen. In diesem Beitrag wird ein Ansatz vorgestellt, in dem technische und personelle Beziehungen gemeinsam in einem Basismodell für Qualitätsprozesse dargestellt werden. Das Modell entstand im Rahmen des Forschungsvorhabens "Wissensbasierte Systeme in der Qualitätssicherung", in dem ein Integrationskonzept für verschiedene Qualitätssicherungsmethoden entwickelt wird. Mit Hilfe der sozio-technologischen Systemgestaltung werden Differenzierungen betrieblicher Interessengruppen sowie unterschiedliche Auswirkungen beim Einsatz von EDV-Systemen in der Qualitätssicherung berücksichtigt.

1 Einleitung

Mit Blick auf den geöffneten europäischen Binnenmarkt ist die gewerbliche Wirtschaft gezwungen, dem Druck der Kunden nach Qualität in Produkten und Dienstleistungen verschärft Rechnung zu tragen [HACL88]. Im Wettlauf um Marktanteile wird versucht, das Vertrauen der Kunden durch sichere Umsetzung von Innovationen und den Einsatz neuer Technologien zu festigen. Entscheidend für den Erfolg ist ein integratives Qualitätsmanagement, das verschiedene Qualitätsziele in einem sozial und technisch vernetzten Unternehmen berücksichtigt [HSZU90].

Die Sicherung der Qualität ist eine Aufgabe, die in allen Phasen des Qualitätskreises durchgeführt werden muß. Der Qualitätskreis umfaßt alle Phasen des Produktlebenszyklus, beginnend mit der Ermittlung der Kundenanforderungen im Rahmen der Marktforschung bis hin zur After-Sales-Qualität, für die sich Kundendienst und Service verantwortlich zeigen. Bei der Bewältigung dieser Aufgaben werden korrektive Qualitätssicherungsmaßnahmen mehr und mehr durch präventive Maßnahmen, beispielsweise die FMEA oder die statistische Versuchsplanung, ergänzt.

---

[1] Die Arbeiten werden gefördert vom Projektträger des BMFT für Fertigungstechnik und Qualitätssicherung am Kernforschungszentrum in Karlsruhe im Rahmen des Programms Qualitätssicherung, Förderkennzeichen 02QF3004/1.

[2] An der Forschergruppe sind folgende Partner beteiligt: Prof. Dr.-Ing. Dr. h.c. T. Pfeifer (Laboratorium für Werkzeugmaschinen und Betriebslehre, RWTH Aachen und Fraunhofer-Institut für Produktionstechnologie, federführender Wissenschaftler der Forschergruppe), Prof. Dr. h.c. Dr.-Ing. W. Eversheim (Fraunhofer-Institut für Produktionstechnologie, Aachen), Prof. Dr. M. Jarke (Lehrstuhl für Informatik V, RWTH Aachen), Dr.-Ing. A. Koßler (Lehrstuhl für Fertigungsmeßtechnik und Qualitätssicherung, TU Dresden), Prof. Dr.-Ing. G. Warnecke (Lehrstuhl für Fertigungstechnik und Betriebsorganisation, Universität Kaiserslautern), Prof. Dr.-Ing. Dr. h.c. Dr. E.h. H.-J. Warnecke, (Institut für industrielle Fertigung und Fabrikbetrieb, Universität Stuttgart) und Prof. Dr. K. J. Zink (Lehrstuhl für Industriebetriebslehre und Arbeitswissenschaft, Universität Kaiserslautern).

[3] Die Arbeiten des ersten Autors wurden zusätzlich gefördert vom Ministerium für Wissenschaft und Forschung des Landes Nordrhein-Westfalen

Die isolierte Betrachtung qualitätsrelevanter Informationen einzelner Phasen hat dazu geführt, daß die bereits realisierten Ansätze wissensbasierter Systeme zwei große Schwachpunkte aufweisen. Zum einen handelt es sich bei diesen Ansätzen um "Insellösungen", zum anderen stehen vorwiegend technische Aspekte im Mittelpunkt. Organisatorische und personelle Rahmenbedingungen finden keine oder nur unzureichende Berücksichtigung.

2 Integrationsproblematik im Qualitätskreis

Im Rahmen des Forschungsvorhabens "Wissensbasierte Systeme in der Qualitätssicherung" (WibQus) wird ein unternehmensübergreifendes Qualitätsinformationsmodell entwickelt, wodurch der sachgerechte Informationsaustausch aller Komponenten des Qualitätskreises erreicht werden soll. Hierbei werden insbesondere präventive Methoden sowie die Rückführung von Qualitätsinformationen in die planenden Bereiche berücksichtigt.

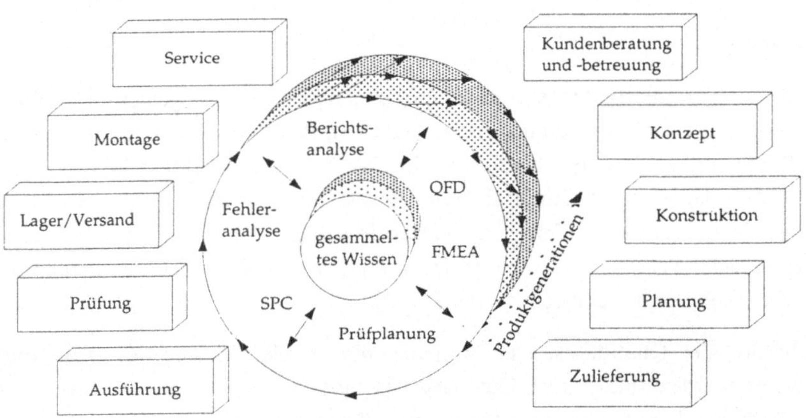

Abb. 1: Wissensbasierte Qualitätssicherungsmethoden im Qualitätskreis

Die EDV-technische Integration von Qualitätssicherungsmethoden und die Berücksichtigung sozio-technologischer Anforderungen ist für die Akzeptanz und die Umsetzbarkeit eines Gesamtsystems in einem Unternehmen gleichermaßen von Bedeutung. Die bestehenden und sich entwickelnden Wechselwirkungen in einem Gesamtsystem können bereits bei der Modellierung von Begriffen, Methoden und der Festlegung von Schnittstellen erkannt werden. Dabei wird das Ziel verfolgt, die Informationsprozesse nicht im nachhinein durch Mängellisten und korrektive Maßnahmen umzugestalten, sondern die unterschliedlichen Auswirkungen frühzeitig zu erkennen und bei der Realisierung zu berücksichtigen.

Durch die Dominanz vorliegender technischer Probleme besteht die Gefahr, daß die arbeits- und sozialwissenschaftlichen Aspekte in ihren Bedeutungen unterschätzt werden. Es besteht die Notwendigkeit, frühzeitig die Anforderungen der sozialgerechten Gestaltung von Informationsprozessen in der Qualitätssicherung aus unterschiedlichen Sichtweisen zu untersuchen und schon bei der Entwicklung eines unternehmensweiten Qualitätssicherungs- und Qualitätsinformationssystems zu berücksichtigen.

3 Integrationsansatz auf der Grundlage eines Basismodells für Qualitätsprozesse

Die bisherigen Ansätze zur Qualitätssicherung zeichnen sich dadurch aus, daß jeweils nur ein Teilbereich des Qualitätskreises abgedeckt wird [BLAE90]. Die existierenden wissensbasierten Realisierungen qualitätssichernder Methoden sind individuelle Lösungen. Es stellt sich das Problem, die Insellösungen durch Brücken geeignet miteinander zu verbinden. In den Bereichen Konstruktion, Arbeitsplanung, Fertigungssteuerung und Teilbereichen der Qualitätssicherung wurden wissensbasierte Methoden bereits als erfolgreich gegenüber konventionellen Systemen und Techniken herausgestellt [KRRA92]. Für diese Systeme wurden jedoch Repräsentationsform, Informationsflüsse und Informationsdarstellung für das jeweilige Problem spezifisch ausgewählt und erschweren eine Integration.

Um die Querbezüge zwischen den im Qualitätskreis anfallenden Daten in einem Gesamtsystem bereitstellen und analysieren zu können, müssen sie einem vorgegebenen gemeinsamen Datenschema angepaßt werden. Die Modelle, die den Partiallösungen zugrundeliegen, sind schon bezüglich der verwendeten Begriffswelt sehr unterschiedlich. Bei der Erstellung eines gemeinsamen Modells haben Objekte und Sachverhalte, die Gegenstand der Betrachtungen im Qualitätsprozeß sind, einheitliche Bezeichnungen und erhöhen die Kompatibilität der Teilkomponenten. Die Detaillierung der Begriffe nach DIN/ISO 9000 bis 9004 ist dazu nicht ausreichend. Die Beziehungen der Begriffe untereinander, sowie zu Qualitätssicherungsmethoden und den Personen im Qualitätskreis, die im folgenden als "Handelnde" bezeichnet werden, finden dort keine Berücksichtigung.

Das Basismodell enthält auf oberster Abstraktionsebene die vier Begriffe **Methode, Aufgabe, Objekt** und **Handelnder**, sowie deren Beziehungen untereinander (Abb. 2) [JGSZ92]. Ausgehend vom Basismodell wird ein Prozeßmodell für Qualitätssicherungsmethoden entwickelt. Durch die Einteilung der Qualitätsbegriffswelt in einzelne Ebenen wird eine Abstraktion der verwendeten Begriffe und Vorgehensweisen unterstützt (Abb. 3). Beziehungen oberer Ebenen können auf untere Ebenen vererbt und ebenso verfeinert werden wie die bezeichneten Objekte. Da die Qualitätssicherungsmethoden in der Regel räumlich und zeitlich verteilt ausgeführt werden und das dazu notwendige Wissen ebenfalls verteilt vorliegt, ist es sinnvoll, Wissen über den Stand der Ausführung, die Objekte und deren Beziehungen in diesen Meta-Ebenen in einer gemeinsam zugänglichen Wissensbank zur Verfügung zu stellen.

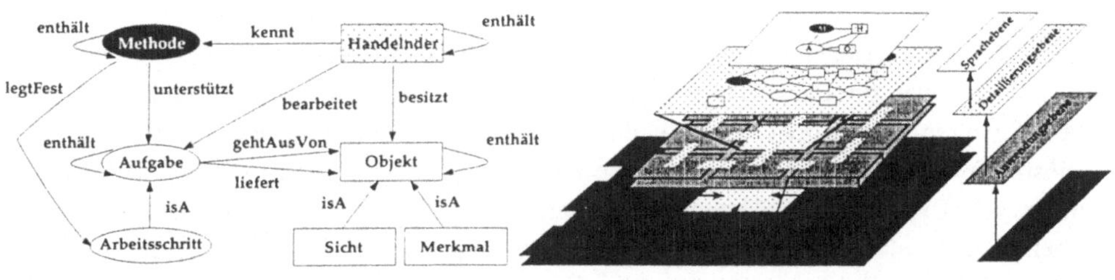

Abb. 2: Das Basismodell   Abb. 3: Das Ebenenmodell für Qualitätsprozesse

Eine effiziente Kommunikation zwischen den am Qualitätskreis beteiligten Teilsystemen nimmt eine Schlüsselfunktion für die Steigerung der Qualität ein. Für die Kommunikation wissensbasierter Teilsysteme wird eine Qualitätswissensbank erstellt, auf die alle Qualitätssicherungsmethoden zentral zugreifen können [JEGR92].

Die Teilsysteme sollen die zu bearbeitenden Aufgaben unabhängig voneinander durchführen können. Alle qualitätsrelevanten Daten, insbesondere die Ergebnisse der Teilsysteme sollen jedoch global zur Verfügung gestellt werden. Durch ein geeignetes Wissensmanagement wird eine Kontrolle über ausstehende und bereits durchgeführte Aufgaben ermöglicht und die kooperierenden Teilsysteme effizient unterstützt [JJSZ93].

4 Integrationsansatz aus arbeitswissenschaftlicher Sicht

Die fast ausschließliche Betonung technischer Aspekte (z.B. Funktionalität, Antwortzeitverhalten) und die Vernachlässigung der personellen (z.B. Qualifizierungserfordernisse, Partizipationsmodelle) und organisatorischen (z.B. Integration in die Ablauforganisation, Gruppenkonzepte) Rahmenbedingungen führt dazu, daß die Integration in das Arbeitssystem enorm erschwert wird [ZIHA90].

Der Einsatz von wissensbasierten Systemen hat im praktischen Alltag einen großen Einfluß auf die Qualität der Arbeitsbedingungen. Die differenzierte Betrachtung von betroffenen Interessengruppen ist deshalb so wichtig, weil diese im Laufe des Entwicklungs- und Einführungsprozesses unterschiedliche Prioritäten setzen. Die vordringlichsten Ziele aus Sicht des Anwenders sind beispielsweise schnellere, qualitativ bessere und kostengünstigere Arbeitsergebnisse, Sicherung und Vervielfältigung des betriebsinternen Expertenwissens, geringerer Qualifizierungsaufwand sowie Entlastung von Fachkräften. Die Benutzer hingegen sehen in der Erhaltung des "status quo" oder in einer Arbeitsbereicherung mit zunehmender Entscheidungskompetenz und weniger Abhängigkeit von Experten den Schwerpunkt ihrer Interessen. Experten schließlich erhoffen sich einerseits die Erhaltung ihres Marktwertes durch "Wissensmonopole", die Bewahrung des sozialen Status oder Vermeidung von "Wissenserosion", andererseits können sie jedoch einen größeren Freiraum für neue Tätigkeitsinhalte erwarten. Die Gruppe der Systementwickler schließlich favorisiert in der Regel eine präzise Aufgabenstellung mit eindeutiger Federführung, sowie klar definierte Anforderungen, die möglichst schnell in Programmieranweisungen umsetzbar sind.

Eine wichtige Zielsetzung der Benutzer ist die optimale Gestaltung ganzheitlicher Arbeitsinhalte, was im Bereich der Qualitätssicherung z.B. durch eine Reintegration von Prüftätigkeiten verwirklicht werden kann. Wissensbasierte Systeme bieten die Möglichkeit, Selbstprüfungskonzepte durch technische Hilfsmittel zu unterstützen. Durch das Bereitstellen von Expertenwissen kann dem Mitarbeiter die Möglichkeit gegeben werden, in erweitertem Umfang planerisch und dispositiv tätig zu werden. Ein wissensbasiertes System soll dem Benutzer ermöglichen, Entscheidungen zu überprüfen und Schlußfolgerungswege nachzuvollziehen. Unter Einbeziehung der Betroffenen muß ermittelt werden, welches relevante Hintergrundwissen für die Bearbeitung der jeweils anfallenden Aufgaben erforderlich ist und wie dieses abgebildet werden kann. Nur wenn dies gelingt, läßt sich das wissensbasierte System so gestalten, daß einerseits die Funktionalität des Systems gewahrt bleibt und andererseits der Benutzer in der Lage ist, das System eigenverantwortlich einzusetzen.

Die oben skizzierten Wechselwirkungen und Abhängigkeiten sind insbesondere bei der Entwicklung und Einführung von wissensbasierten Systemen in der Qualitätssicherung zu berücksichtigen. Um zu einer Lösung zu gelangen, die einerseits den betrieblichen Anforderungen gerecht wird, andererseits aber auch die Belange der Mitarbeiter berücksichtigt, ist es erforderlich, die Anforderungen und Wünsche aller betroffenen Zielgruppen zu erfassen und frühzeitig in den Entwicklungsprozeß einzubeziehen.

Mit Hilfe partizipativer Konzepte läßt sich ein geeigneter organisatorischer Rahmen schaffen, der es erlaubt, die betroffenen Mitarbeiter aktiv am Entwicklungs- und Einführungsprozeß zu beteiligen [ZIRI90a/b] und somit die Akzeptanz von Veränderungen zu verbessern. Fehlentwicklungen lassen sich weitgehend vermeiden, da durch das Erschließen des Fachwissens und der Kreativität der Mitarbeiter die Entwicklungen vor dem Hintergrund praktischer Erfahrungen und Erfordernisse durchgeführt werden.

Die praktische Umsetzung einer Mitarbeiterbeteiligung erfordert schließlich eine zielgerichtete und rechtzeitige Qualifizierung der Betroffenen. Neben der Förderung der fachlichen Kompetenz, die sich insbesondere auf die Vermittlung fachspezifischer Inhalte (z.B. Qualitätssicherungsmethoden, Methoden zur Wissenserfassung etc.) bezieht, sollten auch bei Bedarf die methodische (Problemlösungsverhalten) und soziale Kompetenz (z.B. Umgang mit Kollegen) der Mitarbeiter verbessert werden. Es müssen neben entsprechenden Partizipationsmodellen zielgruppenspezifische Qualifizierungskonzepte erarbeitet werden, die diesen Anforderungen Rechnung tragen.

Bei der Entwicklung des Basismodells im Forschungsvorhaben WibQus wurde diesen Anforderungen durch eine Erweiterung des Modells um den Handelnden Rechnung getragen. Die am Qualitätsprozeß beteiligten Menschen zeichnen sich durch ihre Rolle (z.B. Kunde, QFD-Experte, Qualitätsleiter etc.) und deren vielfältigen Beziehungen zu Objekten aus. Das Modell wurde dahingehend erweitert, daß Teamstrukturen geeignet abgebildet werden können und Zuständigkeiten sowie Verantwortlichkeiten innerhalb der Arbeitsprozesse sichtbar gemacht werden können. Qualität wird unter Einbeziehung des ganzheitlichen Aspektes von jedem Mitarbeiter innerhalb des Unternehmens produziert. Die gemeinsame Planung, Ausführung und Verbesserung von Aufgaben sowie die geeignete Aufteilung anfallender Aufgaben auf qualifizierte Mitarbeiter sind wesentliche Gesichtspunkte die bei der Entwicklung eines integrativen Systems eine Rolle spielen und die sich in dem Modell wiederspiegeln. Auf diese Weise kann es z.B. gelingen, Qualifikationserfordernisse rechtzeitig zu erkennen und geeignete Maßnahmen (Umstrukturierung an Arbeitsplätzen, Mitarbeiterschulungen zur Weiterqualifikation) einzuleiten.

5 Ausblick

Im Forschungsvorhaben "Wissensbasierte Systeme in der Qualitätssicherung" wird eine Integrationsumgebung angestrebt, in der einzelne wissensbasierte "Inseln" zur Qualitätssicherung miteinander verbunaen werden. Mit Hilfe eines Basismodells für Qualitätsprozesse werden die vielfältigen Begriffe der einzelnen Verfahren und deren Beziehungen untereinander modelliert. Über technische Fragestellungen hinaus, werden sozio-technologische Aspekte durch die Einbeziehung des Handelnden in dem Modell berücksichtigt. Es wird das Ziel verfolgt, die bestehenden Wechselwirkungen auf einem abstrakten Niveau darzustellen.

Es wurde eine gemeinsame Begriffsbasis für verschiedene Qualitätssicherungsmethoden entwickelt, um die Schnittstellen der isolierten Methoden, die durch Arbeitsschritte, Aufgaben und Datenobjekte festgelegt sind, für eine Realisierung des integrativen Systems festzulegen. In einem nächsten Schritt müssen die Arbeitsabläufe der Qualitätssicherungsmethoden untersucht werden, um die daraus resultierenden, spezifischen Anforderungen für die Handelnden in diesen Systemen hersauszustellen. Damit kann ein übergreifendes Modell der Abläufe in der Qualitätssicherung gewonnen werden.

6 Literatur

/BLAE90/ Bläsing J.P.; CAQ – Qualitätssicherung unter CIM-Zielen; Vieweg 1990

/BULL90/ Bullinger H.J.: Produktionsmanagament im Spannungsfeld zwischen Markt und Technologie, Hochschulgruppe Arbeits- und Betriebsorganisation, FB 3, 1990

/HACL88/ Hauser J.R., Clausing J., Wenn die Stimme des Kunden bis in die Produktion vordringen soll, Harvard Manager 4/1988

/HSZU90/ Herterich J., Schnauber H., Zülch J., Integratives Qualitätsmanagement: Der Mensch im Mittelpunkt des Qualitätsgeschehens, QZ 35, Heft 5, 1990

/JEGR92/ Jeusfeld M., Grob R.: Kommunikation als Schlüssel zur Qualitätssicherung, Gemeinsame Jahrestagung DGOR - ÖGOR, Aachen, Sept 1992

/JGSZ92/ Jeusfeld M., Gallersdörfer R., Szczurko P.: Ein Lösungsansatz zur Integration der Teilsysteme in WibQus, Arbeitspapier, RWTH Aachen, Juni 1992

/JJSZ93/ Jarke M., Jeusfeld M., Szczurko P.: Three Aspects of Intelligent Cooperation in the Quality Cycle, ICICIS Rotterdam, May 1993

/KRRA92/ Kratz N., Radermacher F.J., WBS als integrative Komponenten in Konstruktion und Produktion, in VDI-Berichte 992, 1992

/ZIHA90/ Zink K.J., Hauer R.: Arbeitswissenschaftliche Aspekte bei der Entwicklung und Einführung von Expertensystemen, in /BULL90/, S. 227 - 274

/ZIRI90a/ Zink K.J., Ritter A.: Benutzerpartizipation; Computer und Recht, 6. Jg. (1990), Heft 1, S.69–74

/ZIRI90b/ Zink K.J., Ritter A.: Quality Circles - Instrument zur Einführung, Nutzung und partizipativen Gestaltung neuer Informationstechnologien?, Computer und Recht, 6. Jg. (1990), Heft 2, S. 147–152

Organisations- und Dispositionsspielräume und ihre Bedeutung für die Gestaltung vernetzter Systeme*

Anja Hartmann / Markus Rohde
Universität Bonn, Institut für Informatik III,
Römerstraße 164, 53117 Bonn

1 Einleitung

Flexibilität gilt "als eine der hervorstechendsten Eigenschaften menschlicher Arbeit" (Widmer 1990, S.190). Sie ist für das Funktionieren von Organisationen sowie für die Menschen selbst unerläßlich.
Durch die sich immer schneller verändernde Umwelt erhöhen sich die an Organisationen gestellten Flexibilitätsanforderungen ständig. Ohne Flexibilität im Arbeitshandeln, ohne Prozeßorientierung, d.h. kurz gesagt ohne dynamisches Handeln sind Organisationen nicht lebensfähig. Es stellt sich demnach die Frage, wie Arbeitsvorgänge so gestaltet werden können, daß Organisationen den Entwicklungen Stand halten können. Dabei ist jedoch stets zu beachten, daß der Mensch im Mittelpunkt des Arbeitshandelns steht und seine Tätigkeit nach arbeitswissenschaftlichen und -psychologischen Kriterien zu gestalten ist.

Zwei wichtige Ansatzpunkte zur Gestaltung von menschlicher Arbeit und organisatorischem Handeln stellen die Konzepte **Dispositionsspielraum** und **Organisationsspielraum** dar.
Spielräume können sich auf verschiedene Ebenen erstrecken. In Anlehnung an Widmer (1990) unterscheiden wir im folgenden zwischen der Makroebene Organisation, d.h., wir befassen uns hinsichtlich der Gestaltung der Organisation mit dem Ansatz des Organisationsspielraums, und der Mikroebene Arbeitsplatz, bei der wir die Gestaltung des individuellen Arbeitsprozesses im Fokus haben. Organisations- und Dispositionsspielraum sind eng miteinander verbunden. Die Dispositionsspielräume des Einzelnen können durch Nutzung der Organisationsspielräume erweitert oder begrenzt werden.
Spielräume können darüber hinaus durch den Einsatz von Technik eine Vergrößerung oder Verkleinerung erfahren. Sydow (1985) sieht diese Gefahr sowohl auf den Bereich der Organisationsspielräume als auch auf die Arbeitsorganisation Einzelner bezogen.

Die Arbeit in Organisationen ist demnach von drei sehr unterschiedlichen Formen der Flexibilität geprägt:
-    organisatorische Flexibilität (d.h. Organisationsspielräume),
-    personale Flexibilität (d.h. individuelle Dispositionsspielräume: Handlungs-, Zeit- und Entscheidungsspielräume) und
-    technische Flexibilität (d.h. Anpassung der Funktionalität an die jeweiligen Bedürfnisse der BenutzerInnen).
Unseres Erachtens gilt es, die organisatorischen wie technischen Gestaltungsoptionen so zu nutzen, daß der Handlungsspielraum der Menschen (als normatives Kriterium menschengerechter Arbeit) erhalten bleibt.

* Das diesem Artikel zugrundeliegende Vorhaben wird mit Mitteln des Bundesministers für Forschung und Technologie unter dem Projekttitel "Entwicklung von Gestaltungsanforderungen bei vernetzten Systemen" (Förderkennzeichen 01HK321/2) gefördert.

2 Individuelle Dispositionsspielräume und Kooperationsmöglichkeiten

Aus arbeitspsychologischer bzw. -wissenschaftlicher Sicht ist die Forderung nach einer aktiven Teilnahme der betroffenen Akteure am Gestaltungsprozeß individueller Arbeitsumgebungen zu stellen (vgl. "beteiligungsorientierte Arbeitsgestaltung", Zölch 1992). Parallel hierzu zeichnet sich in der Diskussion um Arbeitsgestaltung ein grundlegendes Umdenken bezüglich individueller und kollektiver Arbeitsformen ab. Sowohl Humanisierungsaspekte als auch die unter dem Gesichtspunkt der Effektivitätssteigerung diskutierten lean production-Konzepte haben dazu beigetragen, daß in letzter Zeit verschiedene Modelle von **Gruppenarbeit** gegenüber den herkömmlichen Formen funktionaler Arbeitsteilung favorisiert werden. Aktuelle Software-Produkte tragen dieser Entwicklung durch die Bereitstellung von CSCW- oder 'Groupware'-Systemen Rechnung, welche zur technischen Unterstützung von kooperativer Arbeit und kommunikativen (Entscheidungs-)Prozessen dienen (vgl. Oberquelle 1991a).

Darüber hinaus muß eine aus arbeitswissenschaftlicher Perspektive humane Arbeitsgestaltung einem Anforderungskatalog genügen, der sich im wesentlichen auf vier hierarchische Humankriterien stützt. Neben der Ausführbarkeit und Schädigungslosigkeit der Arbeitstätigkeit sind hier insbesondere ihre Beeinträchtigungsfreiheit und Persönlichkeitsförderlichkeit zu fordern (vgl. Hacker 1980). Die aktuelle arbeitspsychologische Literatur greift im Gegensatz zu älteren Überlegungen bzgl. der Vermeidung möglicher Schäden und Beeinträchtigungen in diesem Zusammenhang zunehmend den umfassenderen Gedanken der **Förderung menschlicher Stärken** auf.

Menschengerechte Arbeitsgestaltung sollte demnach Möglichkeiten zur Entfaltung und Weiterentwicklung der Persönlichkeit gewährleisten. Grundlegend hierfür ist die Überzeugung, daß sich die Entwicklung von Einstellungen und Fähigkeiten erwachsener Menschen (nicht zuletzt) in der Auseinandersetzung mit ihrer Arbeitstätigkeit vollzieht.

Unter dem Humankriterium der **Persönlichkeitsförderlichkeit** werden dementsprechend die folgenden arbeitswissenschaftlichen Forderungen subsumiert (vgl. z.B. Hacker 1980, Hacker et al. 1989):

- **Ganzheitlichkeit** der Aufgaben, welche sich durch einen erkennbaren, sinnvollen Aufgabenzusammenhang sowie durch den Bedeutungsgehalt und Stellenwert der jeweiligen Arbeitsaufgabe im Kontext der Gesamtzielsetzung kennzeichnen läßt,
- abwechslungsreiche, unterschiedliche Fähigkeiten und Fertigkeiten ansprechende Arbeitsinhalte,
- die Einbeziehung verschiedener menschlicher Sinne sowie unterschiedlicher körperlicher Aktivitäten und Bewegungsformen,
- planende und kontrollierende Tätigkeiten umfassende Arbeitsaufgaben,
- die Durchschaubarkeit technischer Bedingungen und Nutzungsmöglichkeiten und der organisatorischen Strukturen des gesamten Arbeitsprozesses,
- notwendige Rückmeldungen über aktuellen Stand und Resultat der Arbeit,
- die Möglichkeiten zu beruflicher Qualifikation und Weiterentwicklung,
- **Autonomie** im Sinne von ausreichenden Handlungs-, Entscheidungs- und Zeitspielräumen der einzelnen Arbeitnehmer im gesamten Arbeitsprozeß,
- **Kooperationsförderlichkeit,** d.h. eine Form der Arbeitsteilung, welche eine gemeinsame Aufgabenerfüllung ermöglicht und
- **Kommunikationsförderlichkeit** der Arbeitsaufgaben, welche den Erhalt und die Pflege zwischenmenschlicher Kontakte und sozialer Beziehungen ermöglicht.

Unsere Aufmerksamkeit gilt hier den für die Autonomie konstitutiven, individuellen Dispositionsspielräumen sowie den Forderungen nach Kooperations- und Kommunikationsmöglichkeiten. Die Ambivalenz des Einsatzes von Groupware zeigt sich aus software-ergonomischer und arbeitswissenschaftlicher Perspektive in der Frage, ob die Vorgaben technischer Kooperations-Systeme dazu angelegt sind, Kommunikationsprozesse zu unterstützen, oder ob sie diese nicht vielmehr kanalisieren und die Dispositionsspielräume der Interaktionspartner durch Vorgabe nur bestimmter, strukturierter Funktions- und Verhaltensalternativen nachhaltig einschränken. Darüber hinaus ist zu bedenken, daß Groupware einerseits zu räumlicher und zeitlicher Entkopplung beitragen kann, indem Kommunikationsprozesse räumlich getrennt und zeitlich asynchron stattfinden können, andererseits aber auch die Befürchtung nährt, zwischenmenschlicher Interaktion entgegenzustehen, statt diese zu unterstützen. Letztere Befürchtung beruht auf der Annahme, daß der Einsatz von Kommunikationsmedien direkte face to face-Kontakte und informelle Beziehungen zurückdrängt und so schlimmstenfalls zu sozialer Isolation und Desintegration beiträgt.

Wir verstehen die skizzierten arbeitswissenschaftlichen Prinzipien nicht nur als Determinanten der nachstehenden organisations- und technikwissenschaftlichen Gestaltungskonzepte, sondern als normative Antezedenzbedingungen organisatorischer und technischer Entwicklungsprozesse (vgl. Zölch 1992).

3 Spielräume in der Organisationsgestaltung

Beim Organisationsspielraumansatz (vgl. Sydow 1985 und 1989 sowie Widmer 1990) wird davon ausgegangen, daß es verschiedene, im Sinne der Zielerreichung gleichwertige Möglichkeiten gibt, Organisationsaufbau und -ablauf zu gestalten.

So kann z.B. die Zuordnung von Aufgaben zu Stellen, die Zusammenfassung von Stellen zu Struktureinheiten, die Gestaltung von Arbeitsabläufen zwischen diesen Einheiten, die Kompetenzverteilung, der Dispositionsspielraum Einzelner, die Rolle, die Technik im Arbeitsprozeß spielen soll, die Einsatzbedingungen technischer Systeme, die Gestaltung der Technik und noch anderes mehr variiert werden.

Wie groß der Spielraum einer Organisation ist, hängt sowohl von der Art und Anzahl dieser Alternativen und deren Komplexität ab als auch von der Unterschiedlichkeit der Alternativen (vgl. Sydow 1985). Wichtig scheint uns, diesen Spielraum so zu nutzen, daß das normative Kriterium der Persönlichkeitsförderlichkeit gestärkt und gleichzeitig die Effektivität der Arbeitsorganisation gefördert wird.

Bei den Vertretern des Organisationsspielraumansatzes gibt es einen Konsens darüber, daß es kaum möglich ist, alle Alternativen zur Gestaltung einer Organisation festzustellen. Sydow (1985) und Widmer (1990) zum Beispiel plädieren deshalb dafür, die Organisationsspielräume über ihre Determinanten zu definieren.

Als Einflußfaktoren von Organisationsspielräumen gelten (vgl. Sydow 1985):
Die gegebene Arbeitsorganisation (d.h. z.B. räumliche, zeitliche und inhaltliche Arbeitsstrukturen sowie Fragen der Kooperation), das Umfeld der Organisation, die eingesetzte Technologie, Wirtschaftlichkeitskriterien, die in einer Organisation beschäftigten Menschen, ihre Qualifikation und Motivation (insbesondere Arbeitszufriedenheit und Leistungsbereitschaft) sowie ihre Leistungsfähigkeit, die Einflußmöglichkeiten von Beschäftigten und Interessenvertretungen und die Ziele der Arbeitgeber.

Innerhalb des Organisationsspielraumansatzes lassen sich des weiteren verschiedene Schwerpunkte der Organisationsgestaltung finden. So kann die Ausgestaltung der Spielräume entweder **ergebnisorientiert** oder **prozeßorientiert** erfolgen (vgl. Sydow 1989). Bei der ergebnisorientierten Gestaltung geht es darum, die Spielräume auszufüllen, d.h. z.B. die Organisationsstruktur zu definieren oder eine bestimmte Technik einzuführen (etwa die Implementierung eines Vorgangsverfolgungssystems durch die Organisations-/DV-Abteilung). Der prozeßorientierte Spielraumansatz hebt demgegenüber auf die Gestaltung des Gestaltungsprozesses ab, d.h. z.B. die Durchführung einer Organisationsentwicklungsmaßnahme. Beide Gestaltungsansätze sind wechselseitig voneinander abhängig. Sie unterscheiden sich aber wesentlich voneinander durch die an der Ausgestaltung der Organisationsspielräume beteiligten Akteure sowie die notwendigen technischen Eigenschaften.

Die ergebnisorientierte Ausgestaltung des Organisationsspielraums erfolgt im wesentlichen durch Mitglieder des Managements der verschiedenen Abteilungen sowie der Organisationsabteilung. Beim prozeßorientierten Spielraumansatz haben wir es dahingegen mit einer eher partizipativen Ausrichtung der Organisationsgestaltung zu tun. Insbesondere das Instrumentarium der Organisationsentwicklung (OE) zeichnet sich dadurch aus, daß es von den Betroffenen im Sinne der Selbstorganisation angewendet wird. Die KGSt (1984) formuliert die Ziele des OE-Ansatzes wie folgt:

> "OE ist der Veränderungsprozeß einer Organisation, der von den Betroffenen selbst getragen und gesteuert wird: Die Betroffenen überlegen, wo Schwierigkeiten liegen, vereinbaren einen Problemlösungsprozeß, suchen und bewerten gemeinsam Problemursachen und überlegen Maßnahmen zur Lösung der Probleme. Ein OE-Prozeß findet nur statt, wenn und solange die Betroffenen dies wollen, sie den Inhalt des OE-Prozesses bestimmen können und selbst unmittelbar mitwirken." (S.4)

In Anbetracht der zunehmenden - insbesondere informationstechnischen - Vernetzung von Organisationen und der damit einhergehenden Wechselwirkung zwischen Organisation und Technik schlagen Hartmann, Wulf (1992) eine Reformulierung des OE-Ansatzes hin zu einer "integrierten Organisations- und Technikentwicklung (OTE)" vor. Eines der grundlegenden Elemente dieses Ansatzes ist im Leitbild des "Gestaltungsdiskurses" zu sehen. Dies bedeutet, daß die Gestaltung von Arbeit, Technik und Organisation diskursiv erfolgen soll.
Das Leitbild des Diskurses ermöglicht die gleichzeitige Erfüllung mehrerer Ziele:
- das arbeitspsychologische Kriterium der Persönlichkeitsförderlichkeit kann umgesetzt werden,
- die Fähigkeit der Organisation zur Selbstregulation wird gesteigert,
- die Technikentwicklung kann nicht nur sach- sondern auch bedürfnisgerecht erfolgen.

Wir haben es folglich mit einem "Gestaltungsnetzwerk" zu tun. Der Veränderungsprozeß in einer Organisation setzt je nach Anlaß auf ganz verschiedenen Ebenen ein und diffundiert von diesen Stellen aus durch die Organisation. Die Existenz eines solchen Gestaltungsnetzwerkes wird ermöglicht durch das die Unternehmen zunehmend durchdringende Organisationskonzept der **Gruppenarbeit**. Das Konzept der Gruppenarbeit widerspricht einer hierarchischen Planung der Arbeits-, Technik- und Organisationsgestaltung. Es verändert nicht nur den Arbeitsprozeß als solchen, sondern fordert auch veränderte Formen der Entwicklung von Technik und Organisation. In diesem Zusammenhang stellt sich die Frage, wie Technik gestaltet sein muß, um Selbstorganisation mittels Gestaltungsdiskurses zu ermöglichen bzw. sogar zu fördern?

Es ist davon auszugehen, daß es während eines Gestaltungsdiskurses mittels OTE einen software-technischen Anpassungsbedarf an neue Bedürfnisse gibt. Damit diese Anpassungen im Sinne der Selbstorganisation von den Betroffenen selbst vorgenommen werden können, bedarf es einer flexiblen Technik. Je nach der Art des Eingriffs in diese Technik müssen dafür unterschiedliche Funktionalitäten zur Verfügung gestellt werden.
Im folgenden werden wir einige für den Anpassungsbedarf notwendige Funktionalitäten kurz vorstellen, die wir für die sach- und bedürfnisgerechte Gestaltung des Arbeitslebens als notwendig erachten.

4 Verschiedene technische Flexibilitätsformen als Voraussetzung für sach- und bedürfnisgerechte Arbeitsgestaltung

Zur Befähigung der ArbeitnehmerInnen zur aktiven Teilnahme an organisatorischen und technischen Entwicklungsprozessen (OTE-Ansatz, vgl. Hartmann , Wulf 1992) ist die Flexibilität technischer Systeme unmittelbare Voraussetzung. Bezüglich dieser technischen Flexibilität können in Abhängigkeit von der potentiellen Eingriffstiefe und -breite verschiedene Funktionalitätsebenen unterschieden werden. Unter Eingriffstiefe verstehen wir den Grad des Eingriffs in die technischen Systeme, die Eingriffsbreite beschreibt den Umfang der von einer Anpassung betroffenen Personen bzw. Organisationseinheiten.

Unter dem Begriff der **Steuerbarkeit** (ISO-Norm 9241, Part 10; vgl. auch Höller 1992, Oberquelle 1991b) werden Softwarefunktionen verstanden, die es den NutzerInnen ermöglichen, auf der Ebene der Programmanwendungen Anpassungen vorzunehmen. Dies bedeutet für die einzelnen NutzerInnen die Option, zwischen bestimmten, vorab implementierten, situationsspezifischen Handlungsalternativen wählen zu können.

Die nach dem Kriterium der Steuerbarkeit vorgenommenen Anpassungen der NutzerInnen an die eigenen Bedürfnisse haben temporäre Wirkung. Ein der Steuerbarkeit verwandtes Kriterium stellt die **Individualisierbarkeit** dar (vgl. ISO9241, Part 10). Individualisierbarkeit erlaubt den NutzerInnen die Voreinstellung der Programmanwendungen relativ zu einem Default-Status an ihre situationsspezifischen Arbeitsaufgaben und -bedingungen anzupassen. So kann z.B. die Benutzeroberfläche den eigenen Bedürfnissen entsprechend eingerichtet werden.

Die Kriterien Steuerbarkeit und Individualisierbarkeit sind aus ihrem Entstehungszusammenhang heraus für Einzelarbeitsplätze entwickelt worden. Ihrer Natur nach stellen sie Flexibilitätskriterien geringer Eingriffstiefe (z.B. Anpassung der Benutzeroberfläche) und geringer Eingriffsbreite (Einzelarbeitsplatzbezug) dar.

Für Groupware-Anwendungen, d.h. bei der technischen Unterstützung von interaktiven Kooperations- und Kommunikationsprozessen mehrerer Beteiligter innerhalb einer Organisation, sind unter dem Begriff der **Aushandelbarkeit** (vgl. Herrmann, Wulf, Hartmann 1993) Funktionen zu subsumieren, die der technischen Vermittlung von interindividuellen Abstimmungsprozessen über individuelle Nutzungswünsche in Gruppenzusammenhängen dienen. Diese Flexibilitätsform ist der Tatsache geschuldet, daß in kooperativen Arbeitszusammenhängen von der individuellen Auswahl einer Funktionsalternative mehrere NutzerInnen betroffen sein können und es somit zu situationsgebundenen Interessensgegensätzen zwischen den kooperierenden Interaktionspartnern kommen kann. Sinnvoll ist eine technische Unterstützung dieser situativen Aushandlungsprozesse insbesondere dann, wenn die miteinander interagierenden NutzerInnen räumlich verteilt arbeiten (vgl. Wulf 1993).

Minimale technische Grundbedingung dieser Aushandlungsmöglichkeiten ist eine Flexibilität der Software dergestalt, daß vordefinierte Handlungsalternativen als programmierte Funktionen zur freien Wahl bereitgestellt werden und daß über die situationsspezifische Nutzung dieser Optionen innerhalb der Anwendung über halb oder stark strukturierte Dialogschleifen zwischen allen betroffenen NutzerInnen ausgehandelt werden kann (vgl. auch Verhandlungsfähigkeit, d.h. die Möglichkeit zu technisch gestützter, unkontrollierter Kommunikation zur Koordination; Oberquelle 1991b)

Wie schon bei der Steuerbarkeit so haben wir es auch bei der Aushandelbarkeit mit einer Flexibilitätsanforderung mit temporärer Wirkung und geringer Eingriffstiefe (Auswahl aus Funktionsalternativen) zu tun. Eine auf Gruppen, Abteilungen oder auch ganze Organisationen (d.h. mit großer Eingriffsbreite) bezogene Flexibilitätsform mit andauernder Wirkung stellt die gruppenorientierte Konfigurierbarkeit dar.

Die **gruppenorientierte Konfigurierbarkeit** ermöglicht eine grundlegendere und zeitlich langfristigere Anpassung der Anwendungen und technischen Werkzeuge an die Bedürfnisse der

NutzerInnen. Sie geht als Gestaltbarkeitsfunktionalität über die oben angesprochene Aushandelbarkeit insoweit hinaus, als daß sie eine Übereinstimmung in der Arbeitsgruppe, Abteilung oder Organisation über die spezifische und für die Erledigung der Arbeitsaufgaben angemessene Auswahl an möglichen Funktionsalternativen darstellt. Diese Auswahl von Funktionsalternativen sollte Spielraum für die jeweils situationsspezifischen Aushandlungsprozesse lassen (vgl. Herrmann, Wulf, Hartmann 1993).

Die Software-Entwicklung ist somit gefordert, in ihren Anwendungen Plattformen oder Baukästen zur Verfügung zu stellen, die eine aufgaben- und organisationsangepaßte Konfigurierung einer Anfangsversion durch die jeweiligen Arbeitsgruppen unterstützt (vgl. Oberquelle 1991b).

Die Kriterien Aushandelbarkeit und gruppenorientierte Konfigurierbarkeit sind der Forderung geschuldet, daß technische Systeme organisatorische Strukturen nicht fest implementieren und damit Gestaltungsprozesse determinieren dürfen, sondern in einem iterativen und fortwährenden Prozeß an sich verändernde Bedingungen anpassbar sein müssen.

Wir haben in unserem Beitrag einige der aus organisations- und arbeitswissenschaftlichen Gründen technisch notwendigen Flexibilitätsformen vorgestellt. Es bleibt zu überlegen, wie die Umsetzung dieser Flexibilitätsformen in den Organisationen erfolgen kann und ob und inwieweit die von der Informatik zur Verfügung gestellten Flexibilitätsformen bereits ausreichend sind oder erweitert werden müssen.

5 Literatur:

Hacker, W., 1980: Psychologische Bewertung von Arbeitsgestaltungsmaßnahmen - Ziele und Bewertungsmaßstäbe, Berlin.

Hacker, W., Raum, H., Rentzsch, M., Völker, K., 1989: Bildschirmarbeit - arbeitswissenschaftliche Empfehlungen; Analyse und Gestaltung rechnergestützter Arbeit, Berlin.

Hartmann, A., Wulf, V., 1992: Integrierte Organisations- und Technikentwicklung - ein Ansatz zur partizipativen Gestaltung der Arbeitswelt? In: W. Langenheder, G. Müller, B. Schinzel (Hrsg.): Informatik cui bono?, Informatik aktuell zur GI-Fachtagung, Berlin, S.233-237.

Herrmann, T., Wulf, V., Hartmann, A., 1993: Software-ergonomische Gestaltungsanforderungen für Groupware. In: W. Müller, E. Senghaas-Knobloch (Hrsg.): Arbeitsorientierte Technikbewertung und Softwaregestaltung. Leitbilder, Methoden und "Werkzeuge". Münster (im Druck).

Höller, H., 1992: Die Determination der Kommunikationstechnik durch OSI-Normen und ihre Bewertung - dargestellt am Beispiel von Message Handling Systemen, Bremen.

ISO 9241: Ergonomic requirements for office work with visual display terminals (VDTs), Part 10: Dialogue Principles, Second Draft, July 1992.

KGSt - Kommunale Gemeinschaftsstelle für Verwaltungsvereinfachung, 1984: Das Konzept der Organisationsentwicklung (OE) und seine Anwendung in der kommunalen Organisationspraxis. Köln, Bericht Nr.2 / 1984.

Oberquelle, H., 1991a: CSCW- und Groupware-Kritik. In: H. Oberquelle (Hrsg.): Kooperative Arbeit und Computerunterstützung - Stand und Perspektiven, Stuttgart, S.37-61.

Oberquelle, H., 1991b: Perspektiven der Mensch-Computer-Interaktion und kooperative Arbeit. In: M. Frese, Chr. Kasten, C. Skarpelis, B. Zang-Scheucher (Hrsg.): Software für die Arbeit von morgen, Berlin, S.45-56.

Sydow, J., 1985: Organisationsspielraum und Büroautomation, Berlin.

Sydow, J., 1989: Zur Wahrnehmung organisatorischer Gestaltungsspielräume beim Einsatz neuer Bürotechnologien. In: K.-D. Jansen, U. Schwitalla, W. Wicke (Hrsg.): Beteiligungsorientierte Systementwicklung, Opladen, S.17-36.

Widmer, R., 1990: Informationstechnologien und Organisationsspielräume, Bern.

Wulf, V., 1993: Funktionale Modellierung benutzungsrelevanter Aspekte von Groupware. In: K.-H. Rödiger (Hrsg.): Software-Ergonomie '93, .Stuttgart , S.275-290.

Zölch, M., 1992: Partizipation contra kriteriengeleitete Aufgabenbewertung - eine Scheinalternative? In: W. Langenheder, G. Müller, B. Schinzel (Hrsg.): Informatik cui bono?, Informatik aktuell zur GI-Fachtagung, Berlin, S.243-247.

Ein Ansatz zur Unterstützung von Prozessen der diskursiven Entscheidungsfindung

Klaus Hug und Severin Isenmann
Forschungsinstitut für anwendungsorientierte
Wissensverarbeitung (FAW)
Helmholtzstraße 16
Ulm (Donau)
e-mail: isenmann@faw.uni-ulm.de

Abstract

Problemlösungsprozesse in Politik, Wirtschaft, aber auch in technischen Bereichen sind mehr als das sich Festlegen auf eine von mehreren scheinbar fest vorgegebenen Lösungen. Sie bestehen vielmehr aus vielen Teilprozessen wie die Identifikation des Problems selbst, dessen Beurteilung, der Erarbeitung von Lösungsalternativen, deren Diskussion und erst dann der Entscheidung. Diese Prozesse machen einen Diskurs zwischen den Vertretern der beteiligten Interessengruppen notwendig. Dieser Beitrag beschreibt zunächst einen Ansatz, der unter dem Namen IBIS (Issue-Based Information Systems) bekannt ist und dessen Umsetzung in ein computergestütztes System (HyperIBIS) unter Verwendung des Hypertext-Paradigmas. Nach einer kurzen Diskussion von Ansätzen aus dem Bereich des Computer-Supported Cooperative Work (CSCW) wird gezeigt, wie HyperIBIS zu einem System zur Unterstützung von argumentativen Entscheidungsfindungsprozessen in Gruppen erweitert werden kann.

1. Einleitung

Viele Entscheidungsprobleme in Bereichen wie Politik, Verwaltung oder Wirtschaft lassen sich mit rein mathematisch-technischen Verfahren der Entscheidungsfindung nicht befriedigend lösen. In der Regel sind von solchen Entscheidungen unterschiedlichste Gruppen in mannigfaltiger Weise betroffen. Je komplexer sich ein Problem oder eine zu treffende Entscheidung darstellt, um so mehr ist zu erwarten, daß hinsichtlich der Problembeurteilung und erst recht wenn es um eine Entscheidung geht, unterschiedliche Ansichten und Meinungen vertreten werden. Die zumeist kontroversen Positionen zu einem Problembereich resultieren aus den verschiedenen Perspektiven und Interessenlagen, aus denen heraus ein Problem betrachtet werden kann.

Lösungsansätze mit Hilfe formaler Methoden als richtig oder falsch zu klassifizieren ist kaum möglich. Je nach Perspektive, die von Beteiligten eingenommen wird, kann die eine oder die andere Lösung besser sein. Was beispielsweise aus Sicht eines Verkehrsplaners notwendig und sinnvoll scheint, kann aus der Sicht des Umweltschützers völlig falsch sein.

Um in einem solchen Umfeld Entscheidungen fällen zu können, müssen die Beteiligten in einen Diskurs über das zu bearbeitende Problem eintreten. Ziel des Diskurses ist es, das Problem zu identifizieren und unter verschiedenen Perspektiven zu verstehen. Umfassendes Problemverständnis und damit die Erarbeitung von Lösungsalternativen beruht dabei maßgeblich auf der Abklärung der unterschiedlichen Interessenlagen. Der hierzu notwendige Diskurs sollte in einer geordneten Art und Weise geführt und dokumentiert werden, die es den Diskursteilnehmern erlauben muß, ihre Positionen zu vertreten und die Positionen anderer nachzuvollziehen.

In den nächsten Abschnitten wird ein Ansatz und dessen softwaretechnische Realisierung vorgestellt, der die eben beschriebenen Prozesse unterstützt.

2. Der IBIS-Ansatz

Der IBIS-Ansatz [Kunz 70] (IBIS steht für Issue-Based Information Systems) geht davon aus, daß jeder Problemlösungsprozeß auf einem Diskurs zwischen den Beteiligten basiert. Dieser Diskurs wird von IBIS strukturiert, dokumentiert und gleichzeitig stimuliert. Die Elemente dieses Diskurses sind Issues, Antworten, Alternativen, Positionen und Argumente, die von den Beteiligten vorgebracht werden. Die zentralen Elemente sind dabei die Issues, die jeweils die Kristallisationspunkte des weiteren Diskurses sind. Diese Issues, die in Form von Fragen aufgeworfen werden, sind in mehrere Kategorien unterteilt [Kunz 70]:

- Deontische Fragen oder Entscheidungsfragen der Form »Soll x der Fall werden?« oder »Soll das Mittel y zur Erreichung von x angewendet werden?«
- Faktische Fragen der Form »Was ist der Fall?«
- Instrumentelle Fragen der Form »Mit welchen Mitteln kann x erreicht werden?«
- Explanatorische Fragen der Form »Was sind die Ursachen eines Zustandes?« oder »Was sind die Folgen einer Maßnahme?«
- Definitorische Fragen der Form »Was ist x?«

Durch diese Unterteilung in verschiedene »Wissensarten« wird insbesondere der Tatsache Rechnung getragen, daß allein aus Fakten weder Beurteilungen, noch das »Sein Sollende«, noch die zu ergreifenden Maßnahmen zur Erreichung eines Zieles abgeleitet werden können. Zu den Fragen werden (in Abhängigkeit ihrer Zugehörigkeit zu einer bestimmten Kategorie) Antworten gegeben, Handlungsalternativen erarbeitet, Positionen eingenommen. Antworten, Alternativen und Positionen werden durch Argumente (die aber auch selbst wieder Gegenstand von Diskursen sein können) unterstützt oder in Frage gestellt. Problemlösungsprozesse verlangen die intellektuelle Auseinandersetzung mit einen Problem und somit erfordert der Betrieb eines IBIS in der Regel keine Routineeingaben, sondern *intellektuelle Eingabe*. IBIS unterscheidet sich damit fundamental von Informationssystemen klassischer Prägung, deren Inhalte meist uninterpretierte Abbildungen von faktischem Wissen (z.B. Daten über Personen oder Vorgänge) sind.

3. HyperIBIS

Ein auf dem IBIS-Ansatz beruhendes Informationssystem ist nicht notwendigerweise an das Vorhandensein eines Computers gebunden. So wurden in der Vergangenheit verschiedentlich IBIS-basierte Systeme in Papierform erstellt [Reuter 83]. Allerdings mit unterschiedlichem Erfolg. Einerseits wurde teilweise kritisiert, daß ein IBIS Entscheidungsvorgänge transparent und damit nachvollziehbar macht, was (insbesondere im politischen Bereich) nicht gewünscht war, andererseits kommen − wird das System in Papierform betrieben − die dem Ansatz innewohnenden Stärken nur zum Teil zum Tragen. Das Aufkommen von Techniken der »Direkten Manipulation« [Shneiderman 83] sowie die sich durch Hypertext [Conklin 87, Kuhlen 91, Nielsen 90] bietenden neuen Möglichkeiten erlaubten es in jüngster Zeit, IBIS-artige Systeme auf Computern zu realisieren [Conklin 88, Isenmann 91].

Im folgenden soll kurz das System HyperIBIS vorgestellt werden. Das System unterscheidet sich von dem aus der Literatur bekannten gIBIS [Conklin 88] insbesondere durch die in HyperIBIS vorgegebene strenge Trennung zwischen verschiedenen Wissensarten (entsprechend den unterschiedlichen Kategorien von Issues), die in dieser Form in

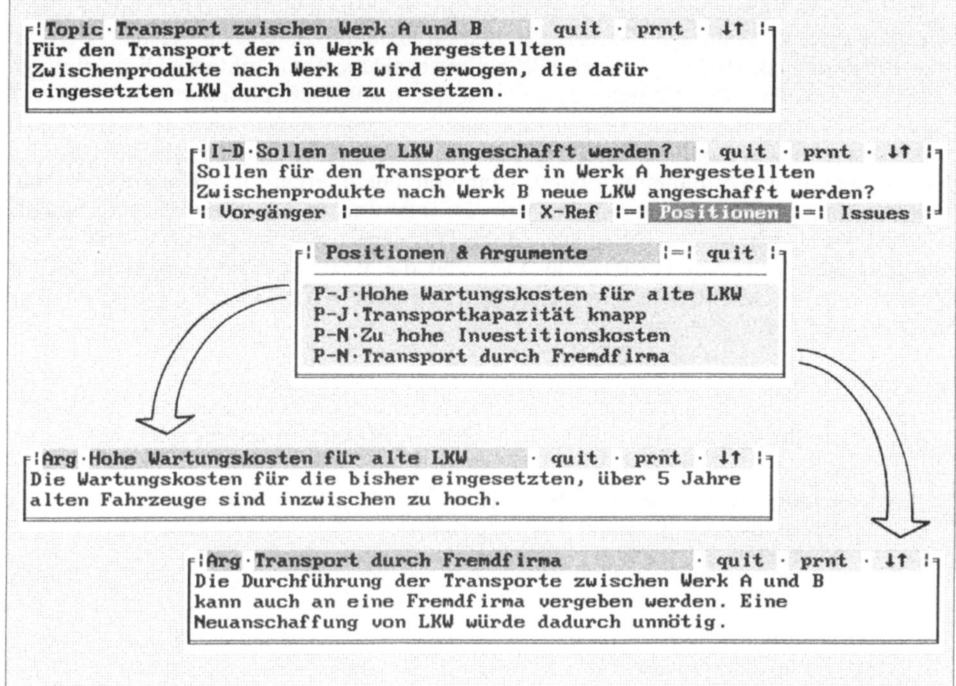

Abbildung 1. Diese Abbildung zeigt, wie sich HyperIBIS den Benutzern präsentiert. Jeder Hypertext-Knoten wird als eigenes Fenster auf dem Bildschirm dargestellt. Die zu dem deontischen Issue (I-D) im Moment vorhandenen vier Argumente sind in einem Auswahl-Fenster aufgelistet. Zwei der Argumente wurden ausgewählt und werden angezeigt.

gIBIS nicht vorgesehen ist. HyperIBIS ist ein Hypertextsystem, das speziell als Werkzeug zur Unterstützung des IBIS-Ansatzes konzipiert wurde. Den durch den IBIS-Ansatz gegebenen Diskurs-Grundelementen (Issues, Antworten, Argumente etc.) entsprechen in HyperIBIS verschiedene Kategorien von Hypertext-Knoten. Das Aufwerfen von neuen Issues, das Eintragen einer Antwort zu einem Issue, das Vorbringen eines Arguments, bedeutet also das Erzeugen eines neuen Hypertext-Knotens. Dieser wird dann über einen typisierten Link in den bestehenden Hypertext eingebunden.

Anhand eines Beispiels soll nun die Problemaufbereitung, wie sie mit HyperIBIS erfolgt, dargestellt werden, wobei der Schwerpunkt nicht auf den technischen Details der Bedienung des Systems liegen wird, sondern vielmehr ein Eindruck vermittelt werden soll, wie mit IBIS Problemfelder aufbereitet werden.

Ein Betrieb erwägt für den Transport von Zwischenprodukten von einem Werk A nach einem Werk B die Beschaffung neuer LKW. Als erstes könnte der deontische Issue »Sollen neue LKW beschafft werden?« aufgeworfen werden (siehe auch Abb. 1). Zu einem deontischen Issue können zunächst zwei Positionen eingenommen werden: »Ja« oder »Nein«. Eine dritte Position, die sogenannte »Null-Position«, die in etwa besagt, »diese Frage kann so überhaupt nicht gestellt werden«, ist ebenfalls möglich. Positionen müssen in IBIS immer mit Argumenten untermauert werden. In unserem Beispiel wird die Ja-Position (»Ja, es sollen neue LKW beschafft werden«) mit zwei Argumenten (»Hohe Wartungskosten für alte LKW« sowie »Transportkapazität knapp«) begründet. Die Nein-Position (»Nein, es sollen keine neuen LKW angeschafft werden«), wird ebenfalls durch zwei Argumente (»Zu hohe Investitionskosten« und »Transport durch Fremdfirma«) gestützt. Aufgrund der vorliegenden Argumente könnte nun versucht werden, die Frage der Anschaffung neuer LKW zu entscheiden. Aber wahrscheinlich wäre das Problem mit den vorliegenden Argumenten nur mangelhaft diskutiert. So könnte es sein, daß weitere Argumente (Pro oder Contra) vorgebracht werden oder daß die Evidenz von manchen Argumenten bezweifelt wird. Daher erlaubt HyperIBIS jederzeit das Aufnehmen neuer Argumente. Ebenso kann von jedem Argument aus ein neuer Issue aufgeworfen werden, an dem sich eine neue Debatte um das Argument selbst entzündet. Beispielsweise könnte das Argument »Hohe Wartungskosten für alte LKW« zum Aufwerfen eines faktischen Issues »Wie hoch sind die Wartungskosten?« führen, und in einem weiteren Schritt zu einem instrumentellen Issue »Wie können die Wartungskosten gesenkt werden?«.

Schaubild 1. Instrumenteller Issue zu alternativen Transportmöglichkeiten.

Instrumenteller Issue:	Wie können die in Werk A hergestellten Zwischenprodukte in das Werk B transportiert werden?
Alternative 1:	Eigene LKW-Flotte
Alternative 2:	Transport durch Fremdfirma
Alternative 3:	Bahn
⋮	

Das Argument »Transport durch Fremdfirma« gibt einen Hinweis darauf, daß das zu lösende Problem eventuell gar nicht die Anschaffung neuer LKW ist, sondern wie die Zwischenprodukte von Werk A nach Werk B transportiert werden können. Damit kann ein instrumenteller Issue (siehe Schaubild 1) aufgeworfen und das Problem auf einer anderen Ebene diskutiert werden. Dies verdeutlicht, daß jedes Problem als ein Symptom eines »höheren« Problems gesehen werden kann. Der Diskussionsprozeß hat zu einem erweiterten Handlungsspielraum und in der Folge zu völlig neuen Lösungsalternativen geführt.

Bisher wurde HyperIBIS hauptsächlich dazu benutzt, Diskurse, die zu bestimmten Problemen stattfinden, aufzubereiten, zu vermitteln und neue Fragen aufzuwerfen (siehe z.B. [Isenmann 92]). Der Schwerpunkt des Einsatzes von HyperIBIS lag dabei zumeist in der diskursbegleitenden Dokumentation. Interessant scheint aber die Nutzung des Systems als Medium für den Diskussionsprozeß selbst, der zwischen den Beteiligten stattfindet. Dies hat folgende Vorteile:

- Es nicht notwendig, daß sich die an der Diskussion um ein zu lösendes Problem teilnehmenden Personen an einem Ort treffen.
- Die Diskussion muß nicht zu einem bestimmten Zeitpunkt (während die Teilnehmer beisammen sind) stattfinden. Diskussionsbeiträge können jederzeit eingebracht werden.
- Der Diskurs findet von vorneherein in einer strukturierten Form statt, die durch den IBIS-Ansatz vorgegeben ist. Dies dient der Versachlichung der Diskussion.
- Die Dokumentation des Diskurses findet unmittelbar statt, sie ist Bestandteil des Diskurses. Verzerungen, die durch eine nachträgliche Dokumentation des Diskurses entstehen können, werden vermieden. Diskurse werden dadurch nachvollziehbarer und transparenter.

In den folgenden Abschnitten werden zunächst bestehende Ansätze zur Unterstützung von problemlösenden Gruppen diskutiert, um dann Anforderungen zur Erweiterung von HyperIBIS herzuleiten.

4. Bestehende Ansätze zur Unterstützung von problemlösenden Gruppen

Aus der Literatur sind unter dem Oberbegriff »Computer Supported Cooperative Work« (CSCW) [Greenberg 91, Greif 88] verschiedene Ansätze bekannt, deren Ziele die Unterstützung von Prozessen der Problemlösung und der Gruppenarbeit unter Verwendung rechnergestützter Informationsysteme sind.

Unter der Bezeichnung »Groupware-Systeme« [Johansen 88, Greenberg 91] werden Computersysteme zusammengefaßt, die Prozesse des Informationsaustausches zwischen mehreren Personen unterstützen. So gibt es Systeme zur Terminabsprache zwischen Gruppenmitgliedern (»group schedulers«), Systeme, die die Kommunikation zwischen den Teilnehmern einer konventionellen Sitzung (die Sitzungsteilnehmer befinden sich an einem Ort) erleichtern sollen (»screen-sharing systems«) oder Systeme, die Kommunikationskanäle zwischen räumlich oder auch zeitlich getrennten Gesprächspartnern herstellen (z.B. »electronic mail«, »bulletin boards«, »video conferencing«). Diese Systeme dienen damit primär der Unterstützung der technischen und organisatorischen Routinevorgänge im Kontext von meist komplexeren Problemlöseprozessen.

Unter dem Begriff »Entscheidungsunterstützende Systeme« (»decision support systems«) [Keen 78] werden meist Systeme verstanden, die auf die Unterstützung einer Einzelperson bei einer Entscheidung zielen. Entscheidungsunterstützende Systeme setzen aber voraus, daß sich die Entscheidungssituation formal beschreiben läßt. Eine Weiterentwicklung dieser Systeme sind »group decision support systems«, die die Tatsache berücksichtigen, daß Entscheidungsprozesse oft in Gruppen ablaufen. Zusätzliche Funktionalitäten dieser Group Decision Support Systeme sind mathematische Methoden zur Präferenzermittlung, Präferenzaggregation und zur Ermittlung möglicher Kompromisse [Krcmar 88]. Der Schwerpunkt liegt mehr auf dem Entscheidungsaspekt als bei der Diskussion des Problems, von Zielen oder der Erarbeitung von Lösungsalternativen.

Die eben skizzierten Ansätze unterstützen jeweils bestimmte Teilaspekte im Gesamtkontext von Problemlösungsprozessen. Kaum einer dieser Ansätze forciert jedoch in einer ähnlichen Weise wie IBIS den Diskurs um die Problemidentifikation oder die Erarbeitung von Problemlösungsalternativen.

5. Diskursführung über HyperIBIS

Die Benutzung von HyperIBIS als Medium zur Führung von Diskursen macht die Erweiterung des bestehenden Systems zu einem Mehrbenutzersystem erforderlich. Zunächst muß dabei der Mehrbenutzerbetrieb unter dem technischen Aspekt sichergestellt werden. Zusätzlich ergeben sich Fragen nach Systemfunktionalitäten, die den organisatorischen Ablauf der Diskussionen gewährleisten. Zu den technischen Aspekten des Mehrbenutzerbetriebs soll hier aber nicht Stellung genommen werden, vielmehr sollen Überlegungen zu Systemfunktionalitäten zur Gewährleistung eines geordneten Ablaufs von Diskursen im Mittelpunkt stehen.

In der Ausprägung als Einbenutzersystem finden in HyperIBIS sämtliche Veränderungen der Systeminhalte unter der Kontrolle *eines* Benutzers statt. Dieser hat damit ständig den Überblick über die neu in das System kommenden Fragen, Positionen, Argumente. Die in das System aufzunehmenden Diskurse finden dabei in der Regel außerhalb des Systems statt. Ziel des Mehrbenutzeransatzes ist es jedoch, die Diskurse unmittelbar über das System zu führen. Dabei ist es nicht mehr unbedingt notwendig, daß die am Diskurs Beteiligten zu einem Zeitpunkt über genau ein Thema diskutieren. Es ist möglich, zeitlich versetzt über ein Thema zu diskutieren, oder aber auch zu einem Zeitpunkt über mehrere verschiedene Themen. Bereits bei einer kleinen Anzahl von Beteiligten, die über das System Diskussionen über mehrere Teilprobleme führen, geht für den einzelnen jedoch sehr schnell der Überblick über die aktuell laufenden Teildiskussionen verloren. HyperIBIS als System für problemlösende Gruppen muß deshalb zusätzliche Funktionalitäten bereitstellen.

6. Strukturelle Erweiterungen

Neben der Vermittlung von rein inhaltlicher Information muß ein System, das die Funktion eines Mediums erfüllen soll, jedes Mitglied einer einen Diskurs führenden Gruppe über die Veränderungen der Systeminhalte und die Art der Veränderungen informieren. Zusätzlich sollen die Urheber von Diskussionsbeiträgen von der Resonanz erfahren. Dies sind die Voraussetzungen, um überhaupt über ein solches System Diskussionen führen zu können.

Wie erfährt ein Teilnehmer von Veränderungen der Systeminhalte? Hierzu wird das Konzept der »Statusflags« eingeführt. Die Statusflags beschreiben einerseits, ob ein Knoten für einen Diskursteilnehmer neu bzw. modifiziert ist und andererseits welche Haltung jeder einzelne Teilnehmer zu dem in einem Knoten stehenden Diskursbeitrag einnimmt. Ein Statusflag ist jeweils genau einem Knoten und einem Diskussionsteilnehmer zugeordnet. Jeder Knoten hat dabei genau n Statusflags, wobei n die Anzahl der Diskussionsteilnehmer ist. Schaubild 2 beschreibt im Detail, welche Zustände ein Statusflag einnehmen kann.

Schaubild 2. Erläuterung der möglichen Zustände der Statusflags.

Zustand	Beschreibung
neu	Dies ist der Default-Zustand, den alle Statusflags eines neu erzeugten Knotens einnehmen.
modifiziert	Dieser Zustand wird sämtlichen Statusflags eines bestehenden Knotens zugewiesen, wenn zu diesem Knoten neue Knoten hinzugekommen sind. Z.B. wenn zu einem instrumentellen Issue eine neue Alternative beschrieben wurde.
akzeptiert	Nimmt ein Diskussionsteilnehmer den Inhalt eines neuen Knotens zur Kenntnis und hat dem nichts hinzuzufügen, so wird das Statusflag auf diesen Wert gesetzt.
zu ergänzen	Nimmt ein Diskussionsteilnehmer den Inhalt eines neuen Knotens zur Kenntnis, meint aber, diesem (z.B. in Form eines Gegenargumentes) später noch etwas hinzufügen zu müssen, so erhält das Statusflag diesen Wert.

Während die Statuswerte »akzeptiert« und »zu ergänzen« individuell im Zusammenhang mit dem Lesen des Inhalts eines Knotens gesetzt werden, erfolgt die Vergabe der Werte »neu« und »modifiziert« immer für sämtliche Statusflags beim Hinzufügen neuer Knoten.

Kommt ein neuer Diskursbeitrag in Form eines entsprechenden Knotens ins System, so werden gleichzeitig diesem Knoten zugeordnete Statusflags erzeugt, deren Zustandswert »neu« ist. Das heißt, dieser Knoten ist für jeden der Diskussionsteilnehmer (außer dem Urheber) als neu gekennzeichnet. Über den Zustand »neu« des Statusflags können somit dem einzelnen Diskussionsteilnehmer neue Diskussionsbeiträge signalisiert werden. Außerdem eröffnet sich die Möglichkeit des unmittelbaren Zugriffs auf die

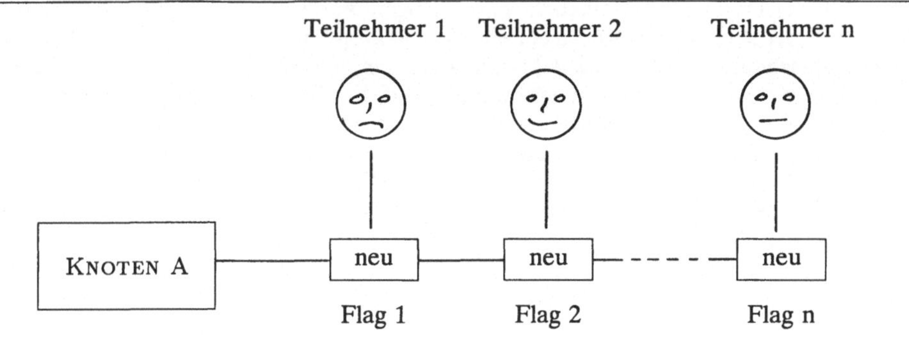

Abbildung 2. Darstellung des Konzepts der Statusflags

entsprechenden Knoten. Greift nun z.B. der Diskussionsteilnehmer »2« auf den Knoten »A« zu (Abb. 2), so verliert Statusflag »2« des Knotens »A« den Wert »neu«. Die anderen Flags bleiben unverändert, das heißt, für die anderen Diskussionsteilnehmer gilt der Knoten »A« weiterhin als neu. Der neue Wert des Flags »2« ergibt sich aus der Reaktion des Teilnehmers »2«. Hat er dem in Knoten »A« enthaltenen Beitrag nichts hinzuzufügen, so wird dem Flag »2« der Wert »akzeptiert« zugewiesen. Soll jedoch der in Knoten »A« enthaltene Beitrag später z.B. durch ein Gegenargument, das noch zu formulieren ist, ergänzt werden, so erhält Flag »2« den Wert »zu ergänzen«. Gleichzeitig wird Knoten »A« in eine »individuelle Agenda« des Teilnehmers »2« eingetragen. Über diese Agenda kann später wieder direkt auf die zu ergänzenden Knoten zugegriffen werden.

Der Urheber eines in einem Knoten enthaltenen Beitrags kann über das Konzept der Statusflags auch eine Rückmeldung darüber bekommen, inwieweit seine Beiträge zur Kenntnis genommen wurden. Wurde zu einem Beitrag ein neuer Knoten erzeugt, so kann der Urheber des Beitrags auch hierüber Rückmeldung erhalten, weil in diesem Fall die Flags den Wert »modifiziert« annehmen.

Das Konzept der Statusflags ermöglicht es also den Diskussionsteilnehmern zu erfahren, wo neue Diskussionsbeiträge in das System gekommen sind. Darüberhinaus ist damit die Möglichkeit einer flexiblen Reaktion auf diese Beiträge gegeben. Da in der Anfangsphase einer Diskussion praktisch immer neue oder modifizierte Beiträge im System sind, wird damit der Diskussionsprozeß vorangetrieben.

7. Zusammenfassung und Ausblick

Komplexe Problemlösungsprozesse erfordern Diskurse zwischen den von einer Problemlösung betroffenen Gruppen. Ein Ansatz (IBIS) zur Strukturierung und Dokumentation solcher Diskurse, und dessen Umsetzung in ein computergestütztes System (HyperIBIS) unter Verwendung von Techniken aus dem Bereich Hypertext wurde vorgestellt. Anhand eines kleinen Beispiels wurde gezeigt, wie sich eine Problemstellung und damit die möglichen Lösungsansätze, ausgehend von einer scheinbar klaren Fragestellung, im Verlauf einer Diskussion verändern können. Strukturelle Erweiterungen zur Unterstützung von Gruppen wurden vorgestellt.

Im Verlauf einer Diskussion werden in der Regel häufig Issues entschieden werden müssen. Wann und wie kann ein Issue entschieden werden? Ein Issue kann entschieden werden, wenn er nicht mehr diskutiert wird. Das heißt, daß alle Teilnehmer der Ansicht sind, daß der Diskussion nichts mehr hinzuzufügen ist, also im Sinne des oben eigeführten Konzepts sämtliche Statusflags den Wert »akzeptiert« besitzen. Ein Indikator für einen »entscheidungsreifen« Issue könnte auch sein, daß über einen längeren Zeitraum keine neuen Aspekte mehr hinzugekommen sind. In diesem Fall gilt es vor einer Entscheidung festzustellen, ob überhaupt alle Teilnehmer die Inhalte der relevanten Knoten zur Kenntnis genommen haben bzw. ob noch Ergänzungsbedarf besteht. Ist ein Issue in diesem Sinne entscheidungsreif, so kann eine Entscheidung ohne eine weitere Diskussion, da offensichtlich sämtliche einschlägigen Argumente im System nachvollziehbar vorliegen, z.B. durch eine demokratische Abstimmung erfolgen.

Bei den geplanten zukünftigen Entwicklungen stehen insbesondere die Untersuchung des Aspekts der Entscheidung von Issues und die Auswirkungen von entschiedenen Issues auf andere Issues im Mittelpunkt.

Literatur

[Conklin 87]   J. Conklin, Hypertext: An Introduction and Survey, *IEEE Computer*, 20 (9), pp. 17-41, (1987)

[Conklin 88]   J. Conklin and M. L. Begeman, gIBIS: A Hypertext Tool for Exploratory Policy Discussion, *ACM Transactions on Office Information Systems*, 6 (4), pp. 303-331, (1988)

[Greenberg 91]   S. Greenberg (ed.), »Computer-Supported Cooperative Work and Groupware«, Academic Press, London, (1991)

[Greif 88]   I. Greif (ed.), »Computer-Supported Cooperative Work: A Book of Readings«, Morgan Kaufmann Publishers, San Mateo, California, (1988)

[Isenmann 91]   S. Isenmann, W. D. Reuter und K.-P. Schulz, HyperIBIS — ein Informationssystem zur Umweltplanung, *in:* M. Hälker und A. Jaeschke, »Informatik für den Umweltschutz, 6. Symposium, München, 1991«, pp. 321-334, Springer-Verlag, (1991)

[Isenmann 92]   S. Isenmann, M. Lehmann-Waffenschmidt, W. D. Reuter und K.-P. Schulz, Diskursive Umweltplanung: computergestützte Behandlung „bösartiger" Umweltprobleme, *Zeitschrift für angewandte Umweltforschung*, 5 (4), pp. 466-485, (1992)

[Johansen 88]   R. Johansen, »Groupware: Computer Support for Business Teams«, The Free Press, London, (1988)

[Keen 78]   P. G. W. Keen and M. S. Scott-Morton, »Decision Support Systems: An Organizational Perspective«, Addison-Wesley, Reading, (1978)

[Krcmar 88]   H. A. O. Krcmar, Computerunterstützung für Gruppen — neue Entwicklungen bei Entscheidungsunterstützungssystemen, *Information Management*, 3/88, pp. 8-14, (1988)

[Kuhlen 91]   R. Kuhlen, »Hypertext — ein nichtlineares Medium zur Darstellung von Wissen und Erarbeitung von Information«, Springer-Verlag, (1991)

[Kunz 70]   W. Kunz and H. W. J. Rittel, Issues as Elements of Information Systems, *Working Paper No. 131*, Institute of Urban and Regional Development, University of California, Berkeley, California, (1970)

[Nielsen 90]   J. Nielsen, »Hypertext and Hypermedia«, Academic Press, (1990)

[Reuter 83]   W. D. Reuter, H. Werner, Thesen und Empfehlungen zur Anwendung von Argumentativen Informationssystemen, Arbeitspapier A-83-1, Institut für Grundlagen der Planung, Stuttgart, (1983)

[Shneiderman 83]   B. Shneiderman, Direct Manipulation: A Step Beyond Programming Languages, *IEEE Computer*, 16 (8), pp. 57-69, (1983)

Aushandelbarkeit und aktive Objekte

H. Berse, V. Wulf

Institut für Informatik III der Universtät Bonn
Römerstr. 164, 53117 Bonn

1 Einleitung

Hinsichtlich der software-ergonomischen Gestaltung stellen sich bei Groupware
neue Anforderungen, die daraus resultieren, daß ihre Funktionalität nicht mehr
an der Arbeit eines Einzelnen orientiert ist, sondern zur Unterstützung der
Kommunikations- oder Kooperationsbeziehungen mehrerer Nutzer dient. Aushandelbarkeit ist eine solche zusätzliche Gestaltungsanforderung, deren Implementierung Nutzer bei der Auswahl zwischen verschiedenen Funktionsalternativen unterstützt. Die Realisierung dieser Gestaltungsanforderung auf aktiven
Datenbanken soll am Beispiel aktiver Objekte zur Unterstützung kooperativer
Softwareentwicklung untersucht werden.

2 Aushandelbarkeit als Gestaltungsanforderung an Groupware

Im Gegensatz zu einzelplatz-orientierten Anwendungen kann der Umgang mit
Funktionen und Daten bei Groupware mehrere Benutzer mit ihren z. T. ge-
gensätzlichen Interessen berühren (vgl. [Herrmann 88] , S. 523ff; [Schmidt 91],
S. 8f; [Höller 92], S. 273ff). Aufgrund der sich daraus möglicherweise ergebenden
Konflikte ist eine flexible Gestaltung der Funktionalität erforderlich, die eine
Auswahl zwischen verschiedenen Alternativen erlaubt. Konfligierende Interessen können sich außerdem auch bei der Konsistenzerhaltung gemeinsam genutz-
ter Datenbestände ergeben. Im Gegensatz zu Daten in Einzelplatzanwendungen
können solche Datenbestände mehrere Benutzer betreffen und beispielsweise gemeinsame Arbeitsergebnisse, Kooperationsabsprachen oder gemeinsam genutzte
Ressourcen beinhalten. Ihre Veränderung kann deshalb konfliktträchtig und ab-
stimmungsbedürftig sein. Die Lösung dieser Konflikte sollte u. E. partizipativ
unter Mitwirkung der Betroffenen erfolgen.

Zur Unterstützung der Verhandlung und zur Realisierung von Konfliktlösun-
gen ist die groupware-spezifische Gestaltungsanforderung Aushandelbarkeit vorgeschlagen worden (vgl.[Höller 92], S. 268ff; [Herrmann 93] o. S.; [Wulf 93],
o. S.). Aushandelbarkeit unterstützt die Nutzer, situationsangemessen Konflikte
zwischen dem Aktivator einer Funktion und den davon betroffenen Nutzern zu
lösen. Dazu wird in dem Moment, in dem aktivierungsbedingte Konflikte auftreten können, ein Kanal innerhalb der Groupwareanwendung aufgebaut, über
den „Verhandlungsakte" zwischen den Betroffenen ausgetauscht werden. Fig. 1

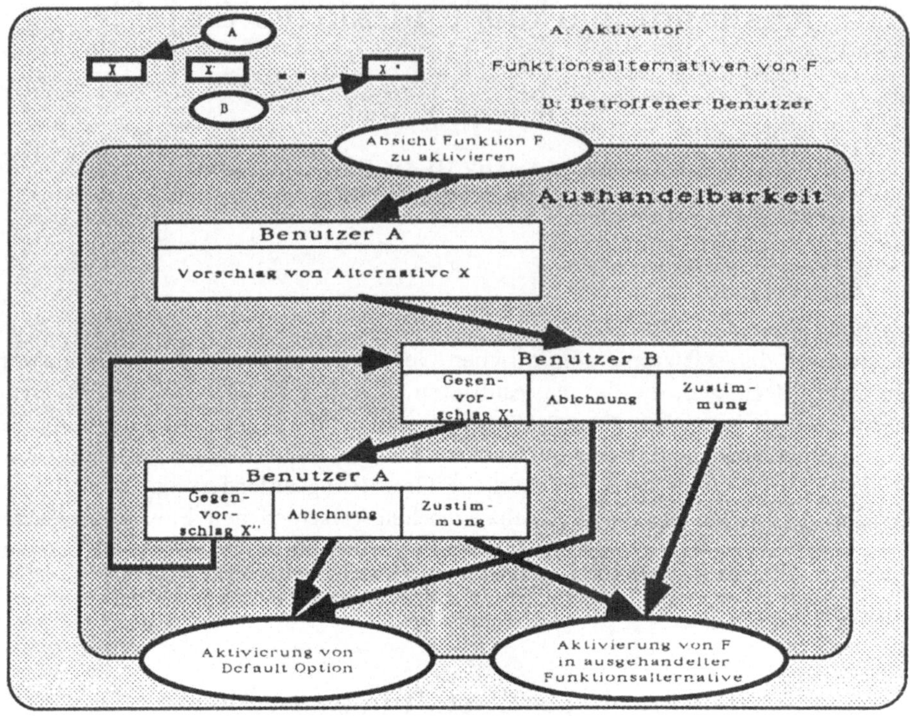

Fig. 1. Ablaufschema von Aushandelbarkeit

gibt einen Überblick über einen solchermaßen technisch unterstützten Aushandlungsprozeß.

Die Diskussion um eine menschengerechte Gestaltung einzelner Groupware-Anwendungen hat das Konzept *Aushandelbarkeit* konkretisiert. Bezüglich der Abstimmung der Benutzer bei der Auswahl zwischen Funktionsalternativen ist Aushandelbarkeit für ISDN-Telefonanlagen (vgl. [Hammer 93], S. 123ff), für computer-integrierte Telefonie (vgl. [Wulf 93]) und für Message-Handling-Systems gemäß der CCITT-Norm X.400 (vgl. [Höller 92], S. 285ff) vorgeschlagen worden. Hinsichtlich der technischen Unterstützung von Abstimmungsprozessen bei der Modifikation gemeinsamer Datenbestände sind für einzelne Anwendungskontexte ähnliche Mechanismen vorgeschlagen worden (vgl. [Jablonski 93], [Narayanaswamy 92], S. 258ff).

3   Aushandelbarkeit implementiert mit aktiven Objekten

Bisher wurde die Gestaltungsanforderung Aushandelbarkeit hergeleitet und erläutert. Im folgenden soll an Hand eines Anwendungsszenarios die Relevanz dieser Gestaltungsanforderung diskutiert werden und eine prototypische Implementierung auf der Basis aktiver Objekte vorgenommen werden.

3.1 Das Anwendungsszenario

In dem Szenario betrachten wir ein Softwarehaus, in dem eine Gruppe von Entwicklern den Auftrag hat, Programme zur Umstellung von Adreßdaten vom alten zum neuen Postleitzahlsystem der Bundesrepublik Deutschland für eine Vielzahl von Kunden (mit unterschiedlichen Adreß-Datei-Formaten) zu erstellen. Die Gruppe hat sich wie folgt geeinigt: Ein Programmierer erstellt ein Modul zur eigentlichen Adreßumstellung der Daten mit einem fest vorgegebenen Format , während die anderen Programmierer darauf aufbauend die Module für die jeweiligen Kunden vor Ort erstellen. Ein aktives Datenbanksystem wird zur Festlegung der Schnittstellen zwischen dem Grundmodul und den kundenspezifischen Modulen eingesetzt.

Die Gruppe erachtet es für sinnvoll, den Software-Entwicklungsprozeß in zwei Phasen zu unterteilen. In einer ersten Phase können die Schnittstellen von jedem Nutzer verändert werden. Später sollen die Schnittstellen jedoch fest sein. Ist eine Änderung trotzdem notwendig, so muß die gesamte Gruppe zuvor zustimmen. Der Zeitpunkt, zu dem die Gruppe von der Anfangsphase zur Phase fester Schnittstellen übergeht, muß ebenfalls von allen Gruppenmitgliedern verhandelt werden. Diese Verhandlungen sollen durch die Nutzung von Aushandelbarkeit unterstützt werden.

3.2 Aktive Datenbanken, aktive Objekte

In vielen aktiven Datenbanken wird der aktive Teil in Form von OPS5-ähnlichen Produktionsregeln beschrieben. Diese Regeln sehen wir als Objekte einer Datenbank an (wie es z. B. in HIPAC [DKB 88], [SIGMOD 89] der Fall ist). Ein aktives Objekt ist im folgenden ein Datenbankobjekt, dessen Aktivitäten durch Produktionsregeln beschrieben werden. Diese Regeln nennen wir *Trigger*. Die Beispiele wurden mit Sceptic [Hajnal 89] implementiert.

Jeder Trigger besteht syntaktisch aus drei Teilen: einem Ereignis (Event), einer Bedingung (Condition) und einer Aktion (Action). Tritt ein Ereignis auf, so können alle Trigger mit passendem Ereignis-Teil ausgeführt werden. Dazu muß Bedingung des Triggers wahr sein, d. h., das beschriebene Ereignis ist aufgetreten und die Prädikate, die den Bedingungsteil bilden, werden durch den aktuellen Datenbankzustand erfüllt. Ist dies der Fall, werden die Aktionen des Triggers ausgeführt. Gibt es mehrere Trigger zu einem Ereignis, so werden sie nach einer festgelegten Reihenfolge serialisiert. Hier ist dies die textuelle Reihenfolge der Trigger.

Im vorgestellten Anwendungsszenario erfolgt die Verknüpfung zwischen Aushandelbarkeit und aktiven Objekten in zweierlei Hinsicht:

1. Aushandelbarkeit zur kooperativen Steuerung aktiver Objekte: Das Verhalten aktiver Objekte ist vom Status des Prozesses der Programmerstellung

abhängig. Beabsichtigt einer der Nutzer den Status zu verändern, so löst dieses Ereignis als Aktion den Aufbau eines strukturierten Kommunikationskanals zwischen den betroffenen Benutzern aus. Als Ergebnis des Aushandlungsprozesses werden automatisch bestimmte Trigger aktiviert bzw. deaktiviert.

2. Aktive Objekte zur Initialisierung von Aushandelbarkeit: In der zweiten Phase versucht ein Programmierer eine Basisschnittstelle zu ändern. Dieses Ereignis bewirkt als Aktion ebenfalls den Anstoß eines Aushandlungsprozesses zwischen den betroffenen Nutzern.

3.3 Implementation des Anwendungsszenarios

```
% Update der Phase phase muss ausgehandelt werden
updated(phase(N)):
      true =>
      negotiate(all_users, update(phase(N), tacommit, tarollback).


% Aushandlung zwischen allen Nutzern muss einstimmig erfolgreich sein.
% Ersetze all_users durch den Aktivator und die Liste der Nutzer.
negotiate(all_users, Proposal, AgreeAction, DisagreeAction):
      activator(A), group(G) =>
      negotiate((A, G), Proposal, AgreeAction, DisagreeAction).


% Verhandlungen ohne Partner - fertig.
negotiate((A, []), Proposal, AgreeAction, DisagreeAction):
      true =>
      AgreeAction.


% Verhandlungen mit vielen, bei Zustimmung des ersten Verhandlung mit den
% naechsten, sonst keine Einigung
negotiate((A, [B|BR]), Proposal, AgreeAction, DisagreeAct):
      A \= B, is_user(A), is_user(B) =>
      communicate(A, B, Proposal),
      agreement(B, negotiate((A, BR), Proposal, AgreeAction, DisagreeAct),
          DisagreeAct, none).
```

Fig. 2. Trigger zur Implementierung von Aushandelbarkeit

Die Darstellung der Implementierung des Anwendungsszenarios beschränkt sich auf das Verfahren zur Festlegung einer neuen Projektphase. In Erweiterung der Darstellung in Fig. 1 wird bei dieser Implementierung davon ausgegangen, daß eine Gruppe von Nutzern an der Aushandlung beteiligt ist.

Fig. 2 zeigt den Trigger, der bei einem Phasenänderungswunsch (das Projekt geht in eine neue Phase) die Aushandlung dieses Wunsches in der Gruppe einleitet. Die Änderung soll nur durchgeführt werden, wenn Einstimmigkeit darüber vorliegt. Der Aushandlungsfall ist in der gleichen Figur als Trigger implementiert.

Das Ereignis `negotiate` wird durch vier Parameter näher bestimmt: die Verhandlungspartner[1], die vorgeschlagene Funktionsalternative, die Aktion bei Einigung und die Aktion bei Ablehnung.

Dabei hat ein Aushandlungsprozeß zwei Beteiligte. Dem Partner wird der Vorschlag des Aktivators mitgeteilt (`communicate(A, B, Proposal)`). Der Angesprochene kann annehmen, dann wird die entsprechende Aktion (`AgreeAction`) ausgeführt. Er kann ablehnen, was zur Ausführung einer anderen Aktion (`DisagreeAction`) auslöst. Die dritte Möglichkeit ist, einen Gegenvorschlag zu machen und damit eine neue Aushandlung in umgekehrter Richtung auszulösen. In den Beispielen finden jedoch Aushandlungen in der gesamten Gruppe statt. Diese wird durch eine Serie von Aushandlungen zwischen dem Aktivator und den anderen Mitgliedern realisiert. Hierbei können die Beteiligten jedoch nur zustimmen oder ablehnen, da Gegenvorschläge durch die Implementierung bei der Verhandlung mit dem nächsten Partner nicht berücksichtigt werden. Dies bedeutet, daß ein Vorschlag nur bei einstimmiger Annahme ausgeführt wird. Die erste Ablehnung verursacht die Ausführung der Ablehnungs-Aktion, die Aushandlung wird abgebrochen.

4 Resümee

Es wurde beispielhaft gezeigt, wie die Gestaltungsanforderungen Aushandelbarkeit umsetzbar ist. Um den Aushandlungsmechanismus flexibel an wechselnde Bedürfnisse im Anwendungsfeld anpassen zu können, sollten die Gruppenmitglieder konfigurieren können, nach wievielen Verhandlungsschleifen bzw. nach welcher Dauer ein Verhandlungsprozeß abgeschlossen sein sollte. Für den Fall, daß mit Hilfe des Aushandlungsmechanismus keine Einigung erzielt werden kann, muß im voraus flexibel anzugeben sein, welchen Zustand das System annehmen soll (Default-Option). In der Beispielimplementierung besteht sie in der Unterlassung der Aktivierung.

Voraussetzung für eine sinnvolle Nutzung von Aushandelbarkeit durch die Nutzer stellt funktionale Transparenz dar. Dies bedeutet, daß die Nutzer die Wirkungsweise der zur Auswahl stehenden Funktionsalternativen nachvollziehen können sollten (vgl. [Herrmann 93]). Die organisatorische Einbettung der Groupware-Systeme sollte sicherstellen, daß es neben der Nutzung von Aushandelbarkeit möglich ist, weniger strukturierte Kanäle zu gebrauchen bzw. face-to-face Treffen zwischen den Nutzern abzuhalten.

Bei der Implementierung der Aushandelbarkeit auf der Ebene aktiver Objekte stellt sich heraus, daß sich diese Gestaltungsanforderungen auch auf die den Objekten zugrunde liegenden Mechanismen auswirken. Das Transaktionskonzept in Datenbanken ist beispielsweise direkt betroffen. Ein Aushandlungsprozeß kann

---

[1] Gruppenverhandlungen werden durch den Betroffenen-Parameter `all_users` angestoßen, wobei die noch nicht gefragten Gruppenmitglieder intern in einer Liste geführt werden. Diese Liste wird von der Gruppe durch Konfiguration bestimmt.

eine Transaktion sehr lange blockieren, bevor er sie abschießt oder abbricht. Hier scheint es erforderlich, neue Ansätze in Transaktionskonzepten zu untersuchen. Deshalb sollten software-ergonomische Anforderungen schon sehr früh in die Gestaltung von Basistechnologien für CSCW-Anwendungen einfließen.

References

[DKB 88] Umeshwar Dayal, Active Database Management Systems, In *Proceedings of the International Conference on Data and Knowledge Bases: Improving Usability and Responsiveness*, Seiten 150–169, Jerusalem, Israel, June 28-30 1988, Morgan Kaufmann Publishers, Inc., Los Altos, California.

[Hajnal 89] S.J. Hajnal, J. Fox und P. J. Krause, Sceptic User Manual, Technischer Bericht, Imperial Cancer Research Fund, 1989.

[Hammer 93] V. Hammer, U. Pordesch und A. Roßnagel, Rechtsmäßige Gestaltung betrieblicher ISDN-Telefonsysteme, Technischer Bericht, Springer Verlag, Heidelberg u. a. 1993, im Druck.

[Herrmann 88] Thomas Herrmann, Grenzen der Software-Ergonomie bei betrieblichen ISDN-Anlagen, In Valk, Hrsg., *Proceedings der GI Jahrestagung 1988*, Seiten 521—532, Berlin, 1988.

[Herrmann 93] Thomas Herrmann, Volker Wulf und Anja Hartmann, *Kriterien zur software-ergonomischen Gestaltung von Groupware*, Münster, Hamburg, 1993.

[Höller 92] Heinz Peter Höller, *Die Determination der Kommunikationstechnik durch OSI-Normen und ihre Bewertung - dargestellt am Beispiel von Message Handling Systemen*, Dissertation, Universität Bremen, 1992.

[Jablonski 93] S. Jablonski, S. Barthel, T. Kirsche, T. Rädinger, Schuster H. und H. Wedekind. Datenbankunterstützung für kooperative Gruppenarbeit, *it+ti*, 35(1), 1993.

[Narayanaswamy 92] K. Narayanaswamy und N. Goldman, "Lazy" Consistency: A Basis for Cooperative Software Development, In *Proceedings of the Conference on Computer-Supported Cooperative Work*, Seiten 257 — 264, New York, 1992, ACM-Press.

[Schmidt 91] Kjeldt Schmidt, Riding a Tiger or Computer Supported Cooperated Work, In L. Bannon, M. Robinson und K. Schmidt, Hrsg., *Proceedings of the Second European Conference on Computer Supported Cooperative Work*, Seiten 1—16, Amsterdam, 1991.

[SIGMOD 89] Dennis R. McCarthy und Umeshwar Dayal, The Architecture of an Active Data Base Management System, In *Proceedings of the ACM SIGMOD International Conference on Management of Data*, Seiten 215–224, ?, 1989, ACM-Press.

[Wulf 93] Volker Wulf, Negotiability: A Metafunction to Support Personalizable Groupware, In *Proceedings of the 5th International Conference on Human Computer Interaction*, Amsterdam, 1993, im Druck.

Qualifikationsgerechte Unterstützung durch offene Arbeitsumgebungen - Leitideen für Werkzeuge der Logistikplaner

Matthias Kloth, Michael Hoenen
Fraunhofer Institut für Materialfluß und Logistik,
Joseph-von-Fraunhofer-Str. 2-4, 44227 Dortmund

1. Die Software-Krise aus Sicht der Logistikplaner

Die zunehmende Komplexität von Arbeitsprozessen und steigende Anforderungen an die Arbeitsergebnisse lassen mehr und mehr den Ruf nach Rechnerunterstützung laut werden. Aufgrund einer technisch-orientierten Sicht werden Software-Technologien allerdings oftmals nach falschen Grundsätzen ausgerichtet: Es wird versucht, das technisch Mögliche umzusetzen und Aufgaben zu automatisieren, statt den Problemlösungsprozeß des Experten zu unterstützen. Der Ersetzungscharakter derartiger Systeme ist nicht nur im Hinblick auf die Arbeitsbewältigung durch die Experten kritisch, sondern birgt auch Probleme bzgl. der Lösungsqualität sowie der Verantwortbarkeit von Lösungen.

Die Diskrepanz zwischen Ansprüchen und Wirklichkeit der Software-Technologie läßt sich am Beispiel von Aufgaben aus dem Bereich der Fabrikplanung verdeutlichen. Die Fabrikplanung umfaßt den Entwurf und die Organisation der Anlagen, Maschinen, Hilfsmittel und Prozesse zu einer nach verschiedenen Zielsetzungen zu optimierenden Einheit. Teilaufgaben der Fabrikplanung sind beispielsweise die Bestimmung von Fertigungsprozessen und -strukturen, die Auswahl von Lager- und Fördertechniken sowie die Anordnung entsprechender Anlagen auf einem Hallenlayout. Bei der Entwicklung dieses Layouts und der dahinter stehenden Technologien und Organisationskonzepte benötigt der Planungsexperte reichhaltige Erfahrung sowie Kreativität und Intuition, um trotz zum Teil gegenläufiger Zielsetzungen und Restriktionen ein ganzheitliches Optimum zu erreichen [Aggteleky 82].

Die für diese Aufgabenstellungen entwickelten Softwaresysteme weisen aufgrund ihrer technik-zentrierten Ausrichtung und des damit verbundenen Ersetzungscharakters gravierende Mängel auf. Um das Problem bearbeiten zu können, wird die Aufgabenstellung der Layoutplanung auf ein mathematisches, formal berechenbares Modell - das Koopman-Beckmanns-Problem - reduziert [Burkard 79]. Die eindimensionale Optimierung dieses Zuordnungsproblems läßt zuviele Einflußfaktoren außer Acht, so daß das Ergebnis vom Planer auf reale Anforderungen hin nachträglich zugeschnitten werden muß. Während er bei der Arbeit mit dem System zu Datentypisten degradiert wurde, muß er anschließend die unzureichenden Lösungsergebnisse des Systems manuell anpassen [Dangelmaier 90].

Selbst neue Software-Technologien wie Expertensysteme werden für Fabrikplanungsaufgaben [Fisher 86, Akin 88] als komplette Problemlöser konzipiert und lassen damit die Fähigkeiten und Kompetenzen der Experten unberücksichtigt. Als Auswirkung einer unzureichenden Beachtung der Arbeitsweisen und Vorstellungen der späteren Benutzer ist eine Dequalifizierung der Benutzer und eine Abnahme der Lösungsqualität zu befürchten.

2. Alternative Leitideen und ihre Umsetzung

Um von der technik-zentrierten Sicht der Software-Entwicklung mit ihren experten-ersetzenden Systemen zu einer sozio-technischen Sicht mit experten-unterstützenden Systemen zu kommen, sind alternative Leitbilder ebenso unumgänglich wie darauf abgestimmte Entwicklungsmodelle. Viele technik-zentriert entwickelte Softwaresysteme implementieren einen

„besten Weg" der Aufgabenbearbeitung („one-best-way"). Dabei wird gegen Humankriterien [Volpert 90] verstoßen, die bei der Systemgestaltung zu berücksichtigen sind. Wesentliche Voraussetzung für „humane" Arbeit sind das Vorhandensein von Handlungs- und Entscheidungsspielräumen sowie zeitliche Gestaltungsspielräumen bei der Ausführung der Arbeit und die Möglichkeit, die Arbeit selbständig zu strukturieren. Diese Voraussetzungen sind zu erfüllen, damit Experten ihre volle Leistungsfähigkeit erbringen können. Einschränkungen vermindern die Arbeitszufriedenheit und damit auch die Motivation und die Arbeitsleistung der Experten.

2.1 Leitideen für unterstützende Systeme

Vergleicht man menschliche Arbeit mit der Leistung von Computern, stellt man fest, daß fundamentale Unterschiede existieren. Menschen bevorzugen und beherrschen kreative Tätigkeiten, die auch Raum für intuitive Problemlösungen lassen, erzielen dabei jedoch i.d.R. nur mäßige Genauigkeit. Im Gegensatz dazu eignen sich Computer - auch wenn auf ihnen wissensbasierte Systeme laufen - eher für wiederholende Tätigkeiten, mit algorithmischen Problemlösungen, wobei sie jedoch eine hohe Genauigkeit erreichen.

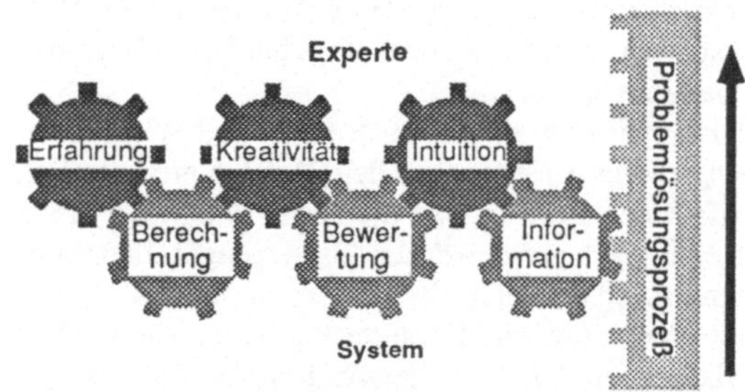

Abb. 1:
Zusammenwirken der Stärken von Mensch und Rechner während der Problemlösung

Neue Leitbilder berücksichtigen die Natur menschlichen Handelns. Beispiele sind *Assistenzsysteme* [Hoschka 90], *Arbeitsunterlagen* [Volpert 91],*Werkstatt* [Klotz 91]. Gemeinsame Zielsetzung dieser Leitbilder ist die Unterstützung des Benutzers in seiner Arbeit. Dabei werden unterschiedliche Wege beschritten. Während Assistenzsysteme mit einer Reihe von Kompetenzen (Verarbeitung ungenauer Anweisungen, adaptives Verhalten, Wissen über eigene Kompetenz, ...) ausgestattet werden sollen, um dem Benutzer als Partner zur Seite zu stehen, stellen die anderen Leitbilder den Menschen als Aufgabenbearbeiter in den Mittelpunkt. Nach diesen Leitbildern entwickelte Systeme sollen den Experten nicht in seiner Tätigkeit einschränken. Um flexibel vom benutzenden Experten eingesetzt werden zu können, sollen sie ein genaues Bild über ihre Benutzbarkeit vermitteln und nachvollziehbare Ergebnisse liefern. So können sie nicht nur „one-best-way" sondern „many-good-ways" der Bearbeitung einer Aufgabe mit Hilfe des Programmsystems unterstützen.

Um dem Anspruch der Unterstützung von Experten in ihrer Arbeitstätigkeit gerecht werden zu können, reicht es aber nicht aus, bei der Entwicklung neuer Software einzelne Aufgaben auszuwählen und deren Bearbeitung zu automatisieren (vgl. Problemreduktion in Kapitel 1), vielmehr muß der Arbeitsprozeß des Experten untersucht werden, den das Softwaresystem unterstützen soll. Das Ziel dieser Untersuchung ist es, die vielfältigen Wege zu ermitteln, die der Experte in seiner Arbeit beschreitet. Das Ergebnis ist ein Netzwerk verschiedener Aufgaben, deren Bearbeitung vom System unterstützt werden kann.

Um die Nutzbarkeit der Systemkomponenten sicherzustellen, ist eine genaue Beschreibung ihrer Funktionalität, d.h. ihrer Möglichkeiten und Grenzen nötig. Dies soll durch explizite Modellierung und Verwendung von Konzepte und Metaphern aus dem Erfahrungsbereich der Experten gewährleistet werden. Die Konstruktion/Modellierung des Systems spielt eine zentrale Rolle in der von uns verfolgten Entwicklungsmethodik.

2.2 Ein alternatives Entwicklungsmodell

Bekannte Phasenmodelle wie das Modell von [Buchanan 83] oder STEPS (Softwaretechnik für Evolutionäre Partizipative Systementwicklung [Floyd 90]) sind stark an Prototypen orientiert, deren Tauglichkeit im praktischen Einsatz geprüft werden. Bei STEPS werden neben den Prototypen, auch die entsprechenden Software- und Organisationsumfelder entwickelt.

Der prototypische Ansatz erlaubt die direkte Kontrolle der Ergebnisse in der Praxis, wobei die Erstellung der Prototypen mit einem hohen Aufwand verbunden ist. Auch der Weg über eine Reihe von evolutionären Prototypen erscheint problematisch. Notwendige Änderungen an einem (prototypischen) System gehen immer einher mit Änderungen an einem Produkt der Entwicklung, in das schon viel Arbeit des Entwicklers eingeflossen ist. Die Revision dieses Produktes ist im Kern ein destruktiver Prozeß, da evt. Teile der Arbeit verworfen werden müssen. Demzufolge ist die Gefahr groß, daß der Entwickler und an der Entwicklung beteiligte Benutzer mit einem falschen Antrieb an die Erprobung herangehen. Sie sind natürlich geneigt, durch den Praxiseinsatz zu „beweisen", daß ihr Produkt die Erwartungen erfüllt.

Ein weiterer Nachteil der Orientierung an Prototypen ist die „mikroskopische Sicht" der Tester. Aufgrund des kleinen Ausschnittes der Funktionalität, die im Prototyp realisiert ist, kann ein realistischer Test in der Praxis häufig nicht erfolgen. Das Ergebnis des Testeinsatzes ist häufig nur die Feststellung, daß dieses oder jenes Detail der Benutzungsoberfläche nicht den Wünschen der Benutzer entspricht. Dies kann die Farbe des Hintergrunds oder die Position eines „Buttons" sein. Mängel, die in einem unangemessenen Arbeitsablauf, den das System vorschreibt, oder auf fehlende Funktionalität zurückzuführen sind, werden vom Entwickler häufig mit dem prototypischen Zustand des Systems begründet, wobei die Behebung dieser Mängel in der weiteren Entwicklung bis zu diesem Zeitpunkt nicht geplant war und für die später häufig auch die notwendige Zeit fehlt.

Das folgende Phasenmodell wurde im Rahmen eines interdisziplinären Projektes zur Technikfolgenabschätzung (BMFT-Verbundprojekt „Veränderungen der Wissensproduktion und -verteilung durch Expertensysteme") entwickelt. Im Zentrum der Entwicklung steht die Konstruktion/Modellierung eines Systems und dessen organisatorischen Einsatzrahmens. Die Entwicklung selbst erfolgt in Partizipation mit Anwendern und späteren Benutzern. Dabei bilden die Ergebnisse der ersten Phase die „Kommunikationsplattform" für die an der Entwicklung beteiligten Personen. Der Fokus der Untersuchungen ist wesentlich weiter als bei „klassischen" Systementwicklungen. Neben der Aufgabe wird auch das gesamte Aufgabenumfeld betrachetet und evt. neu gestaltet.

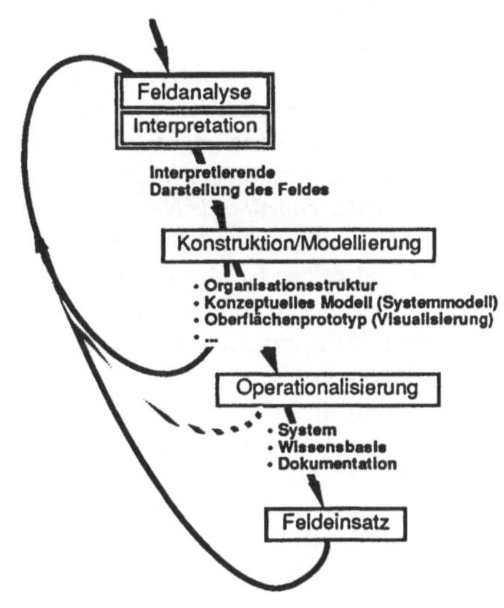

Abb. 2: Ein Phasenmodell zur partizipativen Entwicklung von Software

Der Entwicklungsprozeß selbst ist in zwei Phasen unterteilt. Eine erste zyklische Phase dient zur Ermittlung der Anforderungen an das System sowie der Konstruktion eines möglichen Systems. Dieser Zyklus wird solange durchlaufen, bis eine geeignete Lösung gefunden ist. Die Lösung selbst umfaßt neben einem konzeptuellen Modell des Systems auch den organisatorischen Rahmen des Einsatzfeldes. Damit spätere Benutzer die Leistungsfähigkeit des Systems und dessen Passung in ihre Arbeitsabläufe besser überprüfen können, erscheint nach der Definition des Systemumfangs der Einsatz von Oberflächenprototypen sinnvoll. Diese Prototypen sind geeignet, die Arbeit mit dem System zu simulieren, ohne großen Aufwand in deren Implementierung investieren zu müssen. In der folgenden Phase erfolgt die Umsetzung des geplanten und validierten Systemmodells und dessen Test in der Praxis. Aufgrund der Überprüfung des Entwurfes mit Anwendern und Benutzern sollte es möglich sein, in wenigen Iterationen das „endgültige" System zu realisieren.

3. Offene Arbeitsumgebungen für Logistikplaner

3.1 Nutzungsformen offener Arbeitsumgebungen

Die im folgenden beschriebene Entwicklung soll die Vorgehensweise und Wirkweise des alternativen Leitbildes und der dazu aufgeführten Entwicklungsmethodik verdeutlichen. Das Ziel dieser Entwicklung ist die Realisierung einer offenen Arbeitsumgebung für Logistikplaner zur Bewältigung von Fabrikplanungsaufgaben. Als zentrales Ergebnis der Aufgabenanalyse stellte sich heraus, daß aufgrund der Komplexität der Aufgabenstellungen sowie des Einflusses menschlicher Kreativität und Erfahrung auf die Lösungsqualität neben der problemlösenden noch weitere Nutzungsformen zur Verfügung stehen müssen.

Auf Basis einer angemessenen Aufgaben- und Funktionenverteilung zwischen System und Benutzer soll das Angebot verschiedener Nutzungsformen insbesondere die Handlungsspielräume des Benutzers erhalten und seine Qualifikation sichern helfen. Die wichtigsten Nutzungsformen lassen sich in vier Kategorien einstufen [Kloth 93].

* Die *problemlösende Nutzungsform* ist gekennzeichnet durch eine Aufgabenverteilung, bei der aufgrund einer Benutzereingabe das System Inferenzen durchführt und das Resultat präsentiert. Dem Vorteil einer schnellen Ermittlung von Teillösungen stehen die in Kapitel 1 genannten Probleme gegenüber. Abgemildert werden diese Nachteile durch Eingriffsmöglichkeiten des Benutzers (nicht-monotoner vs. monotoner Problemlöser).

* Die *hypothesenprüfende Nutzungsform* unterstützt eine Integration von Kreativität und Intuition des Benutzers und akribischer Berechnung und Konsistenzüberwachung des Systems. Aufgrund seiner Erfahrung ist der Experte oftmals sehr schnell in der Lage, zu gegebene Aufgabenstellungen Lösungen oder Teillösungen zu skizzieren. Diese werden vom System in den Lösungsprozeß integriert und bewertet.

* Bei der *medialen Nutzungsform* dient das System als Informationssystem, es speichert und präsentiert Informationen und ermöglicht den Austausch zwischen Benutzern. Hierzu gehören neben Hintergrundinformationen zur Domäne und dem System auch Erklärungen zum Systemverhalten und dem aktuellen Problemlösungsprozeß. Diese Informationen kann der Benutzer zur Unterstützung seines eigenen Entscheidungsprozesses heranziehen.

* Die *Nutzungsform Modifikation* betrifft einerseits Änderungsmöglichkeiten der Wissensbasis, aber auch den Interaktionsstil und die Dialogführung. Modifikationen dienen dazu, das System den Arbeitsweisen und Anforderungen individueller Benutzer anzupassen.

Im folgenden werden Systeme für Teilaufgaben der logistikorientierten Fabrikplanung vorgestellt, bei denen mit Hilfe der in Kapitel 2 präsentierten Konzepte die oben aufgeführten Nutzungsformen umgesetzt sind.

3.2 Die Aufgabe Transportmittelauswahl

Ein Teilsystem der offenen Arbeitsumgebung für Planer ist EXTRA (Expertensystem zur Transportmittelauswahl [Hellingrath 92]), ein System, das den Planer bei der Auswahl von

Transportmitteln zum innerbetrieblichen Transport unterstützt. In Abhängigkeit der Eigenschaften von Transportgut und -auftrag wird eine nach technischer Eignung geordnete Liste von Transportmitteln erstellt. Für diese Transportmittel können Investitions- und Betriebskosten abgeschätzt werden.

Der erste Prototyp wurde - bevor die in Kapitel 2 aufgeführten Methoden und Leitideen entwickelt waren - auf Basis einer Diagnoseshell als Problemlöser ohne Eingriffsmöglichkeiten des Benutzers realisiert. Bei der Weiterentwicklung dieses Systems wurden verschiedene Nutzungsformen zugefügt. Die Modifikations- und Erklärungskomponenten führen heute dazu, daß der Benutzer das System seinen Bedürfnissen anpassen und in seine individuellen Arbeitsweisen eingliedern kann. Grundlage dieser Nutzungsformen ist die domänenspezifische Präsentationen des Wissens, in der die Planer ihre Muster, Konzepte und Metaphern wiedererkennen.

In einer folgenden Version des Systems sind folgende Erweiterungen bzw. Neuentwicklungen von Nutzungsformen geplant:

- Die monotone Problemlösung wird ersetzt durch eine Nutzungsform, bei der der Benutzer jederzeit Eingriffsmöglichkeiten hat und Systementscheidungen zurücknehmen oder modifizieren kann.
- Eine hypothesenprüfende Nutzungsform erlaubt dem Planer einerseits eine manuelle Selektion von Fördermitteln mit anschließender Bewertung durch das System und andererseits eine "probeweise" Verwendung benutzerdefinierter Kriterien.
- Die Modifikations- und Erklärungskomponente unterstützen unter Verwendung editierbarer Tabellen den Umgang mit seitens des Planers bekannten Arbeitsunterlagen. Daher kann er Inhalte der Wissensbasis - auch für einzelne Fälle - ändern bzw. Erklärungen für eine abschließende Dokumentation der Ergebnisse nutzen.

3.3 Die Aufgabe Layoutplanung

Der bislang entwickelte Prototyp eines Layoutplanungsystems - ASSIST: Assistenzsystem für die innerbetriebliche Standortplanung - unterstützt den Planer bei der Erstellung struktureller oder detaillierter Layoutpläne. Neben der Auswahl von Produktions-, Lager- und Transportsystemen stellt die Organisation, Gruppierung und Anordnung dieser Elemente in ein Hallenlayout eine der zentralen Aufgaben der Fabrikplanung dar.

Bei der Erarbeitung des Layouts muß der Planer verschiedene, oftmals gegenläufige Zielsetzungen berücksichtigen (z.B. Durchsatz, Materialfluß, Lager- und Transportkosten, Integration von Gruppentechnologie und Just-In-Time-Produktion, ...). Die Layoutplanung erfordert aufgrund der vorab kaum festzulegenden Abhängigkeiten ein hohes Maß an Kreativität und Erfahrung von seiten des Planers.

Die erste Version von ASSIST stellt folgende Nutzungsformen zur Verfügung, um diesen Anforderungen zu genügen.

- Die hypothesenprüfende Nutzungsform erlaubt dem Planer, Lösungsskizzen zu erstellen, die anschließend vom System evaluiert werden. Dabei orientiert sich das System an Methoden und Metaphern, die dem Planer vertraut sind (Zeichnen- und Radier-Methode). Mit Hilfe einer expliziten Repräsentation der Design-Historie sowie einem einfachen Zugriff auf zurückliegende Zustände unterstützt ASSIST außerdem die iterative Vorgehensweise bei der Erstellung derartiger Layouts.
- Darüber hinaus ist das System bei der problemlösenden Nutzungsform in der Lage, ausgelöst vom Benutzer, eigene Entwurfsentscheidungen zu treffen (z. B. das Finden eines optimalen Platzes für ein Hochregallager). Der Benutzer kann das System veranlassen, unter Berücksichtigung von ihm ausgewählter Optimierungskriterien, eigenständig eine Teillayoutvariante zu erzeugen.

- Die mediale Nutzungsform wird durch eine vierstufige Erklärungskomponente unterstützt:
  - Eine Hilfe-Ebene liefert Informationen über ausführbare Funktionen und Kommandos sowie deren Auswirkungen.
  - Die Prozeß-Ebene erklärt den bisherigen Verlauf des Problemlösungsprozesses.
  - Die System-Ebene beschreibt Einsatzmöglichkeiten und insbesondere Grenzen des Systems.
  - Die Domänen-Ebene liefert Hintergrundinformationen zur Domäne Layoutplanung.

Der Bedarf weiterer Nutzungsformen (Modifikation, Teamarbeitsunterstützung) ist angedacht und wird in ersten Testeinsätzen von den Benutzern auf Anforderungen hin überprüft.

3.4 Ausblick

Neben den Weiterentwicklungen von EXTRA und ASSIST werden auch für andere Teilaufgaben der Logistikplanung unterstützende Systeme konzipiert und entwickelt. Das Problem der Auswahl von Lagertypen befindet sich zur Zeit in der ersten Analysephase. Ein weiterer Schwerpunkt ist die Erweiterung der bestehenden Systeme zur Unterstützung von Teamarbeit. Über die Erkenntnisse und Umsetzungen in der Domäne Logistikplanung hinaus sind die Leitideen einer offenen Arbeitsumgebung sowie die Vorgehensweise zu ihrer Entwicklung grundsätzlich anwendbar auf Bereiche, in denen Experten komplexe Aufgaben zu bewältigen haben.

Literatur

[Aggteleky 82]   Aggeteleky, B.: Fabrikplanung - Werksentwicklung und Betriebsrationalisierung, Band 2, Carl Hanser Verlag, München, Wien, 1982

[Akin 88]   Akin, O., Dave, B., Pithavadian, S.: Heuristic Generation of Layouts. In Artificial Intelligence in Engineering by Gero, J.S. (ed.), (Elsevier, Amsterdam, Oxford, New York, Tokio), 413 - 444, 1988

[Buchanan 83]   Buchanan, B.G., Barstow, D., Bechtel, R., Bennett, J., Clancey, W., Kulikowski, C., Mitchell, T., Waterman, D.A.; Constructing an Expert System in: Hayes-Roth, F., Waterman D., Lenat, D.; Building Expert Systems; Addison Wesley, 1983, S.127-168

[Burkard 79]   Burkard, R.: The asymptotic probabilistic behavior of quadratic sum assignment problems, Zeitschrift für Operation Research 23, 73 - 81, 1979

[Dangelmaier 90]   Dangelmeier, W.: Interaktive Anordnungsplanung, Fördertechnik 5, 12 - 20, 1990

[Fisher 86]   Fisher, E.L.: An AI-Based Methodology for Factory Design. In AI Magazine, Fall, 72 - 85, 1986

[Floyd 90]   Floyd, C., Castner, R., Keil-Slawik, M., Pasch, J., Reisin, F.-M., Schmidt, G.; Einführung in Software Engineering: STEPS, Arbeitsunterlagen zur Lehrveranstaltung, Technische Universität Berlin, Wintersemester 1990/91

[Hellingrath 92]   Hellingrath B., Hoenen M., Guschok G.: Transportmittelauswahl mit Expertensystemen, Technica 12/92, S. 16-22, 1992

[Hoschka 90]   Hoschka, P., Wißkirchen, P.: Assistenzcomputer, Der GMD-Spiegel 1/90, 1990, S.20-25

[Kloth 93]   Kloth, M., Hoenen, M., Busch, B., Geenen, M., Human-Centered Development of Knowledge-Based Systems. Erscheint in: H. Luczak, A. Çakir, G. Çakir (eds.): Work With Display Units by Luczak, H., Çakir, A., Çakir, G. (eds.), (Elsevier, Amsterdam), 1993

[Klotz 91]   Klotz, U.: Auf dem Weg zum (fast) gewöhnlichen Werkzeug, Technische Rundschau, Heft 39, 1991, S.24-33

[Volpert 90]   Volpert, W.: Verantwortbare Aufgabengestaltung für informatik-geprägte Arbeitsplätze, in: Proceedings der 20. GI-Jahrestagung in Stuttgart, Springer, Berlin, 1990, S.168-177

[Volpert 91]   Volpert, W.: Die Spielräume der Menschen erhalten und ihre Fähigkeiten fördern - Gedanken zu einer sanften KI-Forschung, in: Dokumentation der Tagung „Künstliche Intelligenz - Anspruch und Praxis im Unternehmen", Rüschlikon/Zürich, 1991

Anwendungsgerechte Funktionalität von DV-Systemen : Simultanes und an Prozessen orientiertes Arbeiten

K.-W. Jäger, N. Kratz
FAW Ulm

Zusammenfassung : Anhand von zwei konkreten Beispielen aus dem Bereich der Produktentwicklung und Produktionsvorbereitung wird aufgezeigt, wie veränderte Organisationsstrukturen und Arbeitsabläufe zu veränderten Anforderungen an eine DV-technische Unterstützung der betroffenen Mitarbeiter führen. Wissensbasierte Systeme können - entsprechend in existierende Anwendungssysteme eingebunden - in diesem Zusammenhang einen wesentlichen Beitrag zur Realisierung anwendungsgerechter Systemfunktionalität liefern. Abschließend werden Fragen bzgl. der Auswirkungen dieser Softwaretechnologie sowie der daraus folgenden Konsequenzen für die Systementwicklung diskutiert.

Einleitung

Maximale Flexibilität, d.h. im Rahmen der Produktionsvorbereitung insbesondere eine Verkürzung der Durchlaufzeiten bei gleichbleibender bzw. gestiegener Qualität, ist heute für viele Unternehmen ein zentrales Leistungsmerkmal für die Erhaltung ihrer Wettbewerbsfähigkeit in einem von zunehmener Konkurrenz geprägten Marktumfeld geworden. Viele Unternehmen haben vor diesem Hintergrund bereits mit einschneidenden Veränderungen in ihrer Organisationsstruktur und ihren Arbeitsabläufen reagiert und damit eng verbunden auch weitreichende Veränderungen der Arbeitsinhalte und Arbeitstechniken der Mitarbeiter in den betroffenen Unternehmensbereichen eingeleitet.

Schlagworte wie z.B. Simultaneous oder Concurrent Engineering prägen dabei derzeit die Diskussion im Umfeld der Produktionsvorbereitung. An vielen Arbeitsplätzen in den Bereichen Konstruktion und Arbeitsplanung haben sich vor diesem Hintergrund die durch DV-Systeme zu unterstützenden Tätigkeiten bereits gravierend verändert.

DV-technische Unterstützung des Konstruktionsprozesses

War die Produktionsvorbereitung früher durch einen stark arbeitsteiligen, streng sequentiell ablaufenden Prozeß mit definierten Rückkopplungsschleifen gekennzeichnet, so ist heute die Elimierung zeitaufwendiger Rückkopplungschleifen in der Produktionsvorbereitung, die durch die mangelhafte Berücksichtigung der Restriktionen und Anforderungen nachfolgender Prozesse entsteht, ein zentraler Ansatzpunkt für essentielle Verbesserungen.

Im Einzelnen ist zu beachten, daß Entscheidungen nicht länger nur lokal betrachtet werden können, sondern stets auch simultan ihre Auswirkungen auf den Gesamtprozeß zu berücksichtigen sind.

Typischerweise sollen heute in der Konstruktion an dem einzelnen Arbeitsplatz wesentlich mehr und weitergehende Entscheidungen getroffen werden als noch vor einigen Jahren. Dies macht es jedoch notwendig, dem jeweiligen Mitarbeiter auch entsprechende Assistenz- und Informationssysteme bereitzustellen, die - kontextbezogen - zusätzliches Wissen zur Verfügung stellen und den Anwender wesentlich weitgehender unterstützen als dies gegenwärtig realisiert ist. Hierzu bieten integrierte wissensbasierte Ansätze ein signifikantes Potential. Anhand eines konkreten Beispiels aus der wissensbasierten Unterstützung des Konstruktionsprozesses wird aufgezeigt, wie die simultane Berücksichtigung von verschiedenen Sichten auf den Konstruktionsprozeß (z.B. Fertigung, Montage, Kosten, etc.) durch die Integration von wissensbasierten Methoden und CAD so unterstützt werden kann, daß der Anwender den erweiterten Anforderungen gerecht wird.

Diese Anforderungen kann der Konstrukteur aber nur dann erfüllen, wenn ihm DV-technische Werkzeuge zur Verfügung gestellt werden, die bezüglich ihrer Funktionalität und Intergrationstiefe weit über heute verfügbare Systeme hinausgehen.

Mit dieser Zielsetzung wurde am FAW im Projekt CAD-KI ein Prototyp entwickelt, der beispielhaft anhand der Bereiche Fertigung und Kostenbetrachtung aufzeigt, wie es möglich ist, die verschiedenen, teilweise konkurrierenden Sichten auf den Konstruktionsprozeß mit einer integrierten Systemlösung zu unterstützen. Erst diese weitgehende Integration von verschiedenen Optimierungssichten gewährleistet eine leistungsfähige Unterstützung des Konstrukteurs bei der effizienten Erstellung qualitativ hochwertiger Entwürfe.

Wissensbasierte Unterstützung

Mit den bisherigen Arbeiten im Projekt CAD-KI wurden primär folgende Zielsetzungen verfolgt /1/:

*   Die Unterstützung erfolgt am CAD-Arbeitsplatz.
*   Die Unterstützung ist interaktiv und grundsätzlich zu jedem Zeitpunkt der
        Bearbeitung einer Konstruktionsaufgabe am CAD-System verfügbar.
*   Die Unterstützung umfaßt verschiedene Sichten auf den Konstruktionsprozeß.
*   In das System ist Wissen aus den nachgeschalteten Prozessen (Fertigung, Montage,
        etc.) sowie über Kostenstrukturen integriert.
*   Der Ansatz ist relativ einfach erweiterbar und übertragbar, sowohl im Hinblick auf
        das unterstützte Anwendungsgebiet (Drehteile) als auch auf verschiedene
        Basissoftware (CAD, Datenbanken).

Um diesen Anforderungen gerecht zu werden, wurde im Rahmen des Projektes eine verteilte Architektur auf der Basis eines *client-server*-Konzeptes entwickelt und im Prototyp umgesetzt (Abb. 1). Die zentrale Komponente ist dabei das verwendete CAD-System, es stellt insbesondere auch das Kommunikationsmedium zum Anwender dar.

Unter Nutzung von vordefinierten parametrisierbaren *Formelementen* erstellt der Konstrukteur am CAD-System die gewünschte Konstruktion. Sämtliche Eingaben und Modifikationen werden über eine definierte Schnittstelle auf der Basis von IPC (inter-process-communication) in einem festgelegten Protokollformat an das wissensbasierte Modul (KI-Modul) übertragen. Dieses überprüft die Konstruktion bezüglich der im KI-Modul hinterlegten *Gestaltungsregeln* und *Parameterabhängigkeiten*.

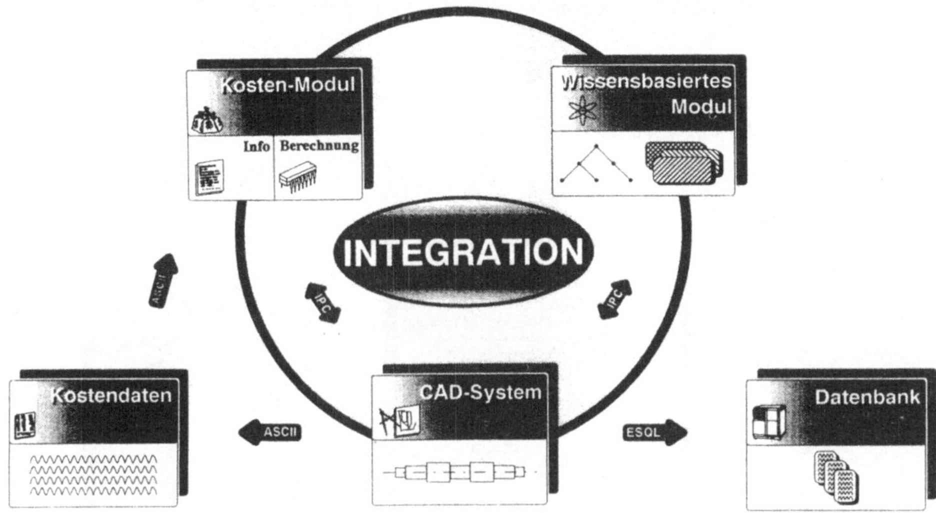

Abb. 1: Architektur des CAD-KI-Prototyps

Diese vordefinierten Gestaltungsregeln und Parameterabhängigkeiten, die für die jeweils aktuelle Konstruktion instanziiert werden, stellen das im System verfügbare fertigungstechnische Wissen dar. Anm.: Eine detaillierte Darstellung des KI-Moduls und insbesondere der verwendeten Repräsentations- und Inferenzmechanismen erfolgt in /2/,/3/.

Das Kostenmodul mit den Optionen Kostenberechnung und Kosteninformation ist in ähnlicher Weise in das Gesamtsystem integriert; eine detaillierte Beschreibung erfolgt in /3/. Eine abgeschlossene Konstruktion läßt sich über eine SQL-Schnittstelle in ein Formelemente-basiertes Datenmodell der Datenbank übertragen und steht so für eine weitere Bearbeitung, z.B. in der Arbeitsplanung, zur Verfügung. Dadurch ist die Durchgängigkeit innerhalb einer CIM-Gesamtkonzeption gewährleistet.

Anhand eines konkreten Konstruktionsschrittes soll im folgenden das Zusammenspiel der verschiedenen Module genauer beschrieben werden (Abb. 2): Nach der Erzeugung eines neuen Formelementes im CAD-Modul werden die entsprechenden Informationen in das KI-Modul übertragen. Hier wird eine entsprechende Repräsentationsform aufgebaut, auf der dann die relevanten Gestaltungsregeln und Parameterabhängigkeiten ausgewertet werden; der so vom System optimierte, konsistente Entwurf wird dann an das CAD-Modul übertragen. Auf der Basis dieses bereinigten Entwurfs wird anschließend das Kosten-Modul aufgerufen, welches die entsprechenden Herstellkosten berechnet und anzeigt. Modifiziert der Konstrukteur nun diesen Entwurf, z.B. durch die Eingabe höherer Anforderungen an die

Oberflächenbeschaffenheit für eine bestimmte Fläche, so kann er sich - nach Überprüfung der Konsistenz des modifizierten Entwurfes durch das KI-Modul - durch nochmalige Aktivierung des Kosten-Moduls direkt die Auswirkungen seiner Konstruktionsentscheidung auf die Herstellkosten berechnen lassen. Damit hat er die Möglichkeit einer direkten Rückkopplung bzgl. der Auswirkungen bestimmter konstruktiver Entscheidungen unter gleichzeitiger Gewährleistung der z.B. fertigungstechnischen Konsistenz seines Entwurfs, die z.B. durch das automatische Einfügen des Nebenformelementes Freistich gewährleistet wird.

Nur auf diese Weise lassen sich verschiedene Optimierungssichten auf die Konstruktion in sinnvoller Weise in den Konstruktionsprozeß integrieren, ohne den Konstrukteur bei seiner Tätigkeit zu behindern bzw. zu überfordern.

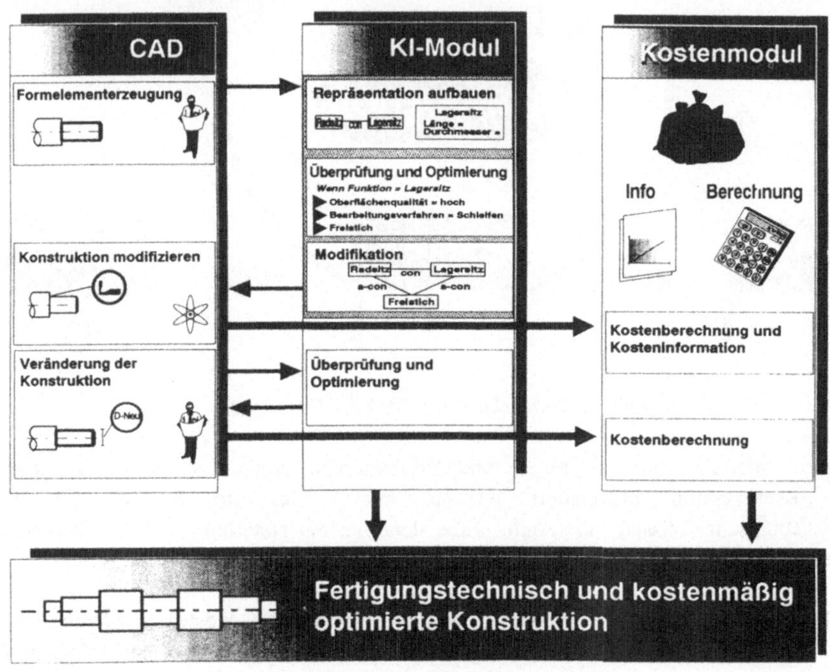

Abb. 2: Ablauf eines Konstruktionschrittes

Ein funktionsfähiger Prototyp des Systems CAD-KI wurde auf der Basis des CAD-Systems Pro/ENGINEER Vers. 5.0 in der Programmiersprache C auf einer UNIX-Workstation DN 4500 realisiert. Das wissensbasierte Modul wurde aufgrund der notwendigen Anforderungen an eine Symbolverarbeitung in der Programmiersprache Lucid-Common LISP Vers. 3.0 implementiert.

Die besondere Leistungsfähigkeit des hier vorgestellten Ansatzes liegt insbesondere in der realisierten Einbettung des wissensbasierten Ansatzes im KI-Modul in die Funktionalität und Oberfläche des CAD-Systems. Erst die hier aufgezeigte beispielhafte Integration der vom KI-Modul unterstützten fertigungstechnischen Sicht sowie der vom Kostenmodul durchgeführten Kostenbetrachtungen mit der Funktionalität des CAD-Arbeitsplatzes ermöglicht eine substantiell verbesserte Unterstützung des Konstrukteurs bei seiner Aufgabe, die in ihrem Umfang weit über die Summe der Einzelmodule hinausgeht.

Kommunikation

Während im ersten beschriebenen Ansatz versucht wird, daß Wissen verschiedener Arbeitsgebiete bzw. Personen mittels eines wissensbasierten System einem Mitarbeiter verfügbar zu machen, ist es in manchen Fällen wesentlich sinnvoller (z.B. da eine hinreichende Formalisierung der Aufgabenstellung nicht möglich ist) die entsprechenden Personen in Gruppen zusammen zu bringen. Gerade im Kontext von konstruktiven Entwicklungsaufgaben (speziell in den ersten Phasen des Konstruktionsprozesses) spielen aufgrund der hohen Komplexität der Problemstellungen, mit der Notwendigkeit des Zusammenführens von Spezialwissen (typischerweise von verschiedenen Personen), sowie der kurzen verfügbaren Durchlaufzeit und der damit verbundenen notwendigen hochgradigen Parallelisierung von Tätigkeiten (simultaneous engineering) Möglichkeiten zur Koordinierung von Gruppenarbeiten eine wesentliche Rolle.

Hier können Konzepte der rechnerunterstützten Gruppenarbeit (CSCW - computer supported cooperative work / groupware) einen wesentlichen Beitrag zur Steigerung der Effizienz solcher oft sehr komplexen Abstimmungsprobleme leisten /4,5/. Dies schließt Koordinierungs- und Dokumentationsprozesse ebenso mit ein wie Konsensbildungsprozesse. Die notwendige Unterstützung umfaßt dabei sowohl kommunikationsorientierte Techniken als auch eine konzeptionelle Unterstützung.
Im Rahmen der kommunikationsorientierten Ansätze ist die Koordinierung und Synchronisierung von Aktivitäten, die Dokumentation von Teilergebnissen sowie die Bereitstellung von notwendigen Kommunikationsmedien und -techniken (kontrollierte Rechnerzugriffe, Dokumentenaustausch, Multi-Media-Anwendungen, Video-Konferenzen etc.) zu betrachten.
Die konzeptionelle Unterstützung ist stark aufgabenspezifisch ausgeprägt und umfaßt beispielsweise die Modellierung der dynamischen Zusammensetzung der Gruppen (bestehend aus Personen- und Sachressourcen sowie ggfs. auch entsprechende Vertretungsregelungen). Daneben sind hier Modelle der Vorgehensweise bei der Problemlösung, der spezifischen Prüf-, Freigabe und Genehmigungsverfahren sowie der Sicherung der Vollständigkeit und Konsistenz von Entwicklungsergebnissen relevant.

In solchen Systemen liegt, gerade vor dem Hintergrund, daß heute viele Entwicklungen auf verschiedene Unternehmensstandorte verteilt durchgeführt werden, ein großes Potential zur Steigerung der Effizienz solcher Entwicklungsprojekte, nicht zuletzt auch im Hinblick auf die unter dem Stichwort "lean management" verfolgten Zielsetzungen.

Implikationen für die Systementwicklung

Anhand der beiden hier vorgestellten Beispiele wird deutlich, daß mit sich verändernden unternehmenspolitischen Rahmenbedingungen die jeweiligen Tätigkeiten und Abläufe den neuen Anforderungen angepaßt werden müssen und sich damit auch die Funktionalität der eingesetzten Softwaresysteme verändern muß. Letztendlich kommt aber gerade im Bereich der Produktentwicklung und der Produktionsvorbereitung dem Menschen und nicht den eingesetzten DV-Systemen eine zentrale Bedeutung für die Qualität der Arbeitsergebnisse zu. DV-technische Systeme bieten nur Unterstützungspotentiale und sind folglich bzgl. ihrer Wirkung auf die betroffenen Mitarbeiter zu sehen.

Gerade wissensbasierte Systeme (wie z.B. oben beschrieben) sind hierbei sehr differenziert bzgl. ihrer sozialen Implikationen zu betrachten /6/. Einerseits beinhalten sie gewisse Gefahrenpotentiale. So besteht die Gefahr, daß die Mitarbeiter solche Systeme als Normierung und damit als Einschränkung ihres Gestaltungsfreiraumes betrachten sowie eine gewisse Nivellierung der Arbeitsergebnisse erwarten. Insbesondere hoch qualifizierte Mitarbeiter werden daneben die Gefahr eines Kompetenzverlustes sehen, da Wissen durch die gebotene Unterstützung allgemein verfügbar wird. Dies kann zu gravierenden Akzeptanzprobleme führen und so eine effektive Einführung und sinnvolle Nutzung solcher Systeme verhindern.

Andererseits bieten solche Anwendungen jedoch auch große positive Potentiale. Durch die größere Tiefe der jeweiligen Aufgabenstellung ist eine weitergehende Identifikation mit den Arbeitsergebnissen möglich. Gleichzeitig wird Leistungs- und Verantwortungsdruck von den Mitarbeitern genommen, da durch die Unterstützung ein Mindestmaß an Konsistenz und Qualität gewährleistet wird, so daß eine Konzentration auf die zentrale Aufgabenstellung möglich wird. Dies ermöglicht eine positivere Einstellung zur geleisteten Arbeit.

In der Konsequenz liegt es somit in der gemeinsamen Verantwortung von System-entwicklern und Anwendern, Systeme so zu gestalten, daß die positiven Aspekte überwiegen und sinnvoll genutzt werden könnnen. Hierbei ist eine möglichst hohe, gleichzeitige Erfüllung der Gestaltungsparameter Technik, Organisation und Ergonomie anzustreben.
Dies setzt insbesondere eine frühzeitige Einbindung der späteren Nutzer in den Entwicklungsprozeß solcher Systeme voraus, um bestehende Ängste abbauen und einen hohen Grad an Akzeptanz realisieren zu können.

Literatur

/1/   Held, H.-J,; Jäger, K.-W,; Kratz, N.; Scheel, A.: Wissensbasierte Unterstützung der Konstruktion von Drehteilen. CAD-CAM-Report 9 (1990) H 12, S. 65-75.

/2/   Jäger, K.-W. ; Kratz, N.; Schneider, M.: Erweiterte Funktionalität von CAD - Systemen durch den Einsatz wissensbasierter Techniken. CAD-CAM-Report 11 (1992) H9.

/3/   FAW (Hrsg.): Abschlußbericht CAD-KI: Wissensbasierte Unterstützung der Konstruktion von mechanischen Bauteilen an einem CAD-Arbeitsplatz. FAW-Bericht B-91014. Forschungsinstitut für anwendungsorientierte Wissensverarbeitung (FAW), Ulm, 1991.

/4/   Greenberg, S. (ed.): Computer Supported Cooperative Work and Groupware. Academic Press, London, 1991.

/5/   Teufel, B.: Goup Planning. FAW - Technical Report TR-92013. Forschungsinstitut für anwendungsorientierte Wissensverarbeitung (FAW), Ulm, 1992.

/6/   Jäger, K.-W. (Hrsg.): CIM-Bausteine. Technische, wirtschaftliche, rechtliche und soziale Aspekte. Hüthig-Verlag, Heidelberg, 1990.

Mitarbeiterbeteiligung bei der Einführung eines neuen CAD-Systems

Klaus J. Zink   Martin Thul
Lehrstuhl für Industriebetriebslehre und Arbeitswissenschaft
Universität Kaiserslautern
Kurt-Schumacherstr. 26
6750 Kaiserslautern

1   Ansatz einer kleingruppenunterstützten CAD-Einführung

Prozeßinnovationen, wie beispielsweise die Einführung neuer Technologien, zeichnen sich dadurch aus, daß die Wechselwirkungen zwischen Mensch, Technik und Organisation, die im Verlauf eines solchen Prozesses auftreten, besonders stark ausgeprägt sind. Obwohl Prozeßinnovationen vorwiegend auf das technologische Subsystem eines Unternehmens abzielen, hat ein solcher Innovationsprozeß auch massive Auswirkungen auf das soziale Subsystem. Hieraus resultiert eine Reihe von potentiellen Problembereichen, die im Spannungsfeld von Mensch, Technik und Organisation angesiedelt sind.

Ein häufiger Fehler bei der Durchführung von Innovationsprozessen ist die Dominanz technischer Aspekte und die Vernachlässigung der personellen (z. B. vorhandene und erforderliche Qualifikationen) und organisatorischen Rahmenbedingungen (z. B. Integration in die Ablauforganisation, Gruppenkonzepte). Ein Innovationsprozeß, der nur den technischen Bereich eines sozio-technologischen Systems optimiert, liefert in vielen Fällen ein - aus technischer Sicht - optimal gestaltetes Ergebnis. Aber die spätere Integration in das Arbeitssystem wird, insbesondere bei Prozeßinnovationen, mangelhaft sein. Umfangreiche Änderungs- und Anpassungsmaßnahmen oder gar ein Versagen der Innovationen im Praxiseinsatz aufgrund mangelnder Akzeptanz seitens der Betroffenen können die Folge sein. Betrachtet man Arbeitssysteme, so muß deshalb, wie im sozio-technologischen Systemansatz gefordert, eine Optimierung des Gesamtsystems unter Berücksichtigung aller Interdependenzen erfolgen. Dies bedeutet, daß im Innovationsprozeß schon frühzeitig personelle, organisatorische und technische Fragestellungen gleichberechtigt berücksichtigt werden müssen.

Ein Weg, diesen Anforderungen gerecht zu werden, ist die aktive Einbeziehung der Betroffenen in die Gestaltung des Innovationsprozesses. Durch die frühzeitige Beteiligung der Mitarbeiter kann sichergestellt werden, daß die Entwicklung vor dem Hintergrund praktischer Erfahrungen und Erfordernisse erfolgt, wodurch die Gefahr von Fehlentwicklungen reduziert wird. Das kreative Potential der Mitarbeiter bleibt nicht ungenutzt, die Entwicklung läßt sich optimal auf die Bedürfnisse der Betroffenen abstimmen und die Akzeptanz von Veränderungen durch rechtzeitige und umfassende Information erhöhen. Darüber hinaus leisten

Partizipationsmaßnahmen einen wichtigen Beitrag, den veränderten Wünschen und Ansprüchen der Mitarbeiter hinsichtlich der Mitwirkungsmöglichkeiten gerecht zu werden.

Die Komplexität und die Vielzahl der zu bearbeitenden Aufgaben erfordern die Umsetzung von Prozeßinnovation im Rahmen von Projekten. Die systematische, zielgerichtete sowie effiziente Planung und Durchführung eines solchen Projektes ist aber nur mit Hilfe eines geeigneten Projektmanagements sicherzustellen. Eine Fallstudie, die im Rahmen des Forschungsvorhabens "Umsetzung arbeitswissenschaftlicher Inhalte mit Problemlösungsgruppen (z. B. Qualitätszirkeln)"[1] durchgeführt wurde, hatte das Ziel zu untersuchen, wie sich unterschiedlich strukturierte Kleingruppen in ein Projektmanagementkonzept einbinden lassen, um so die Betroffenen aktiv am Gestaltungsprozeß beteiligen zu können.

Gegenstand der Fallstudie war die Auswahl und Einführung eines neuen CAD-Systems bei der Fritz Eichenauer GmbH & Co.KG, einem mittelständischen Unternehmen der elektrotechnischen Industrie. Das in diesem Unternehmen vorhandene CAD-System, dessen Systempflege vom Hersteller in absehbarer Zeit eingestellt wird und das aufgrund technischer Unzulänglichkeiten den geänderten Anforderungen nicht mehr genügte, sollte durch ein neues, zukunftssicheres CAD-System ersetzt werden. Da das Unternehmen über ein integriertes betriebswirtschaftliches EDV-System verfügt, dessen einzelne Module in sämtlichen Funktionsbereichen des Unternehmens eingesetzt werden, kam der Integration des CAD-Systems in das vorhandene betriebliche Software-System eine besondere Bedeutung zu. Insbesondere sollten hierdurch die Möglichkeiten zur Weiterverarbeitung von Konstruktionsdaten optimiert werden, was eine bereichsübergreifende Zusammenarbeit bei der Projektdurchführung erforderlich machte.

Um dies zu ermöglichen und um die zu Beginn dieses Beitrages skizzierten Probleme zu vermeiden, wurde ein differenziertes Kleingruppenkonzept entwickelt. Mit seiner Hilfe sollte eine möglichst genaue Anforderungsdefinition durchgeführt und der Prozeß der Systemauswahl unterstützt werden. Das Konzept sah auch eine Beteiligung der Mitarbeiter in der Einführungs- und Nutzungsphase vor. Allerdings zeichnete es sich schon zu Beginn des Projektes ab, daß sich die Betreuung durch die Forschungsgruppe Arbeitswissenschaft aus zeitlichen Gründen auf die Auswahlphase beschränken mußte.

2 Kleingruppenunterstützte Projektorganisation

Die kleingruppenunterstützte Projektorganisation war dadurch gekennzeichnet, daß differenzierte Kleingruppen die Projektgruppe bei ihrer Arbeit aktiv unterstützten. Neben der optimalen Gestaltung der fachbereichsübergreifenden Zusammenarbeit ermöglicht diese

---

1) Das Vorhaben wurde mit Mitteln des Bundesministeriums für Forschung und Technologie unter dem Förderkennzeichen 01HG197A2 gefördert

Organisationsform eine bestmögliche Gestaltung der Informationsflüsse, die das Projekt betreffen (vgl. Abb. 1).

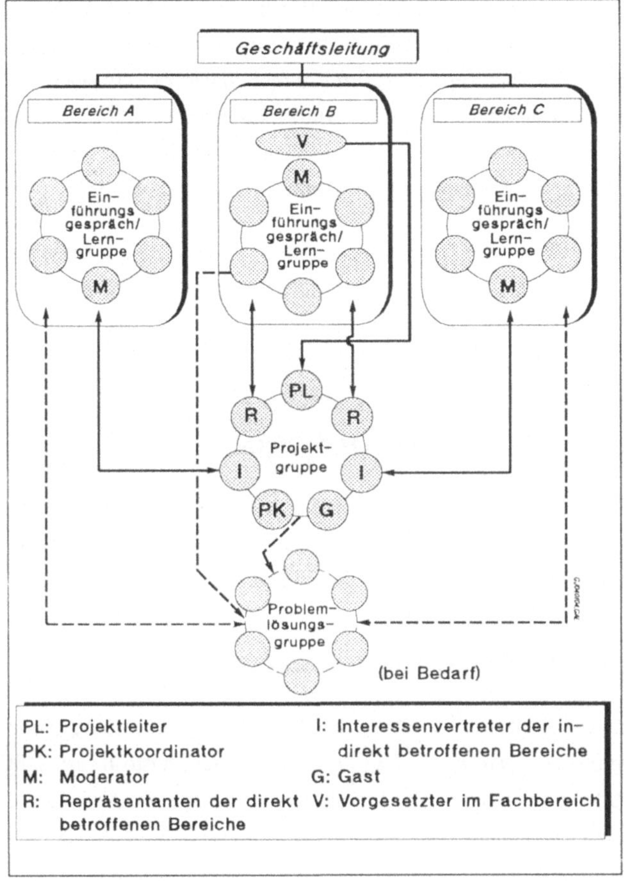

Abb. 1: Kleingruppenunterstützte Projektorganisation

Zu Beginn des Projektes setzte sich die **Projektgruppe** aus den Vertretern des direkt betroffenen Bereiches - der Konstruktionsabteilung - und Vertretern der Forschungsgruppe Arbeitswissenschaft der Universität Kaiserslautern zusammen. Der Projektleiter war ein Linienvorgesetzter des direkt betroffenen Bereiches, der durch einen **Projektkoordinator** fachlich unterstützt wurde. Im weiteren Verlauf des Projektes fand eine Erweiterung der Projektgruppe um Vertreter der indirekt betroffenen Bereiche (interne "Kunden" und interne "Lieferanten") statt. Die nunmehr **interdisziplinär** zusammengesetzte **Projektgruppe** sollte sicherstellen, daß bei der Projektdurchführung ein Interessenabgleich zwischen den betroffenen Fachbereichen ermöglicht, die unterschiedlichen Bedürfnisse der einzelnen Zielgruppen berücksichtigt und insbesondere das Fachwissen aller Beteiligten für die Projektumsetzung erschlossen werden konnte.

Die Vorgehensweise sah eine aktive Unterstützung der Projektgruppe durch differenzierte Kleingruppen vor. Zu diesem Zweck wurden in den direkt und indirekt betroffenen Bereichen von Mitgliedern der Projektgruppe moderierte **Einführungsgespräche** und **Lerngruppen** gebildet. Einführungsgespräche dienten dazu, bereichspezifische Probleme, die im Zusammenhang mit dem Projekt stehen, zu untersuchen und - wenn möglich - diese zu lösen. Darüber hinaus spielte im Rahmen der Gruppensitzungen der Austausch projektspezifischer Informationen eine wichtige Rolle. Da der Moderator des Einführungsgesprächs auch Mitglied der Projektgruppe war, konnte er die Gruppenmitglieder darüber informieren, warum welche Entscheidung getroffen wurde. Auf der anderen Seite hatte er auch die Möglichkeit, Informationen, die er von der Gruppe erhielt, an die Projektgruppe weiterzugeben und dort ihre Interessen zu vertreten. Bei Qualifikationsdefiziten, die in Zusammenhang mit dem Projekt standen, sah das Konzept die Bildung von **Lerngruppen** vor. Im Rahmen dieser Lerngruppen bestand die Möglichkeit, Wissensmängel durch gegenseitigen Informationsaustausch zu beseitigen und die Mitarbeiter auf einen gleichen Wissensstand zu bringen. Auch diese Gruppen sollten - soweit wie möglich - von den Mitgliedern der Projektgruppe moderiert werden.

Werden bei der Projektdurchführung Probleme aufgeworfen, deren Lösung ein spezifisches Fachwissen erfordert (z. B. Probleme, die im Rahmen der Einführungsgespräche unlösbar sind), können bei Bedarf **Problemlösungsgruppen** gebildet werden, in denen sich die zur Lösung der Probleme erforderlichen Fachleute zusammenfinden.

3   Vorgehensweise bei der Einführung des CAD-Systems

Die Vorgehensweise, die dem Projekt zugrundegelegen hat, ist in Abbildung 2 dargestellt. Hier wird deutlich, welche Aufgaben in den einzelnen Projektphasen angefallen sind, welche Zielgruppen bei der Bearbeitung mitgewirkt haben und welche Ergebnisse erarbeitet wurden.

4   Mitarbeiterbeteiligung bei der Anforderungsermittlung

Bei der Einführung eines EDV-Systems kommt der Phase der Anforderungsermittlung große Bedeutung zu. Je genauer die Anforderungen im Vorfeld definiert werden, desto besser läßt sich ein optimales System auswählen und später in das Arbeitssystem integrieren. Aus diesem Grund soll an dieser Stelle auf die Vorgehensweise in dieser Projektphase näher eingegangen werden.

Um ein möglichst genaues und umfassendes Anforderungsprofil zu erhalten, wurden Vertreter der direkt und indirekt betroffenen Bereiche hinsichtlich ihrer Anforderungen an das neue CAD-System befragt. Zu diesem Zweck wurden zielgruppenspezifische, moderierte Workshops durchgeführt, in deren Verlauf Auswahlkriterien und Gestaltungshinweise erarbeitet wurden. Auswahlkriterien waren dabei solche Anforderungen, die direkt zur Auswahl eines CAD-Systems herangezogen werden konnten, während die Gestaltungskriterien[2] vorwiegend die Systemgestaltung bei der Einführung des CAD-Systems betrafen. Aus diesen Gestaltungshinweisen ließen sich aber teilweise weitere, wichtige Anforderungskriterien ab-

---

[2]   Gestaltungshinweise, die vielfach arbeitswissenschaftliche Aspekte beinhalten, betrafen z. B. die Gestaltung der Arbeitsplätze, Pausenregelungen oder aber Aspekte der Zeichnungsgestaltung und Datenverwaltung.

leiten. Mit Hilfe dieser Anforderungskriterien, die noch um zusätzliche Aspekte wie Hardwareunterstützung, Kundenreferenzen oder Angaben über die Anzahl der bereits installierten Systeme ergänzt wurden, konnte ein Auswahlkatalog entwickelt werden, der die Grundlage für die Auswahl des geeigneten CAD-Systems bildete.

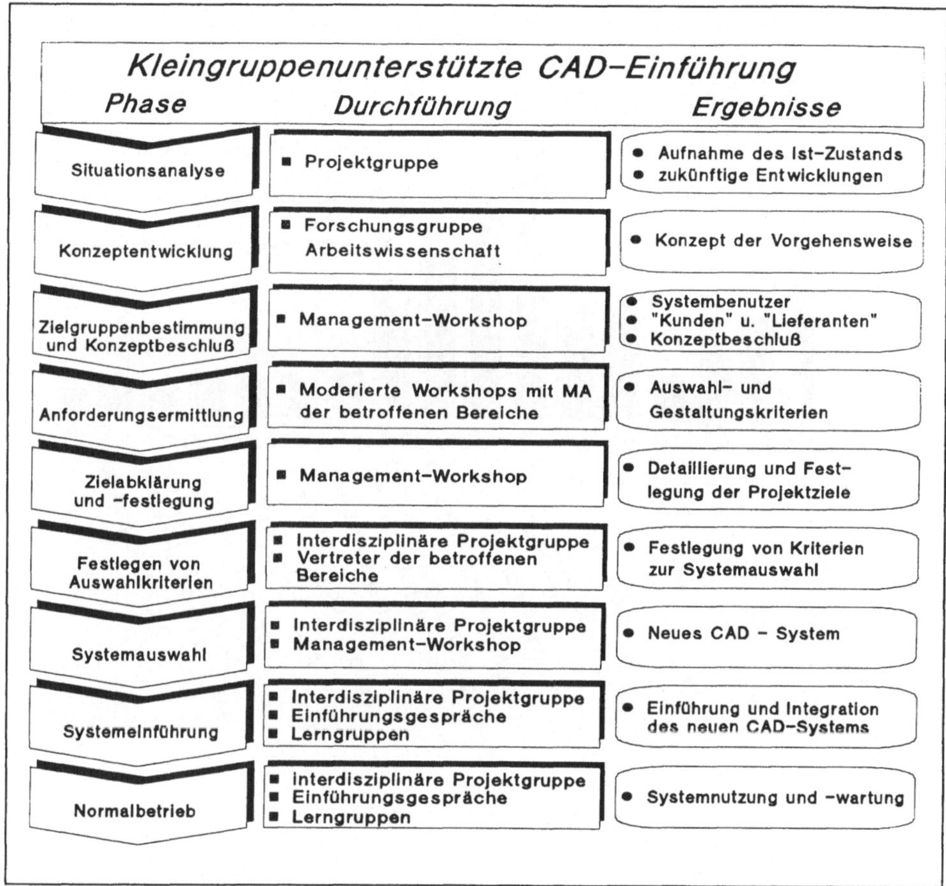

Abb. 2:   **Phasen des CAD-Projektes**

Zur Beurteilung der Qualität der Workshopergebnisse wird ein geeigneter Vergleichsmaßstab benötigt. Bei diesem Projekt bestand die Möglichkeit, die Anforderungen, zu denen die Workshops geführt haben, mit Expertenanforderungen zu vergleichen. Vor Beginn der Projektdurchführung hatten sich nämlich drei, mit der CAD-Thematik vertraute Mitarbeiter der Konstruktionsabteilung mit der CAD-Auswahl beschäftigt und entsprechende Anforderungen aus der Sicht der Fachabteilung formuliert. In der folgenden Abbildung werden diesen Expertenanforderungen die gesamten (Expertenanforderungen plus Workshopergebnisse) nach Abschluß der Workshops vorliegenden Anforderungen gegenübergestellt. Um zu verdeutlichen, daß die Einbeziehung direkt und indirekt betroffener Mitarbeiter in die Anforderungsermittlung nicht nur zu einer Vergrößerung der Anzahl der Anforderungen geführt hat, sondern daß sich dabei auch andere Blickwinkel auf die CAD-Problematik erschließen ließen, wurden die einzelnen Anforderungen in Kategorien eingeteilt. Das Ergebnis dieses Vergleichs ist in Abbildung 3 dargestellt.

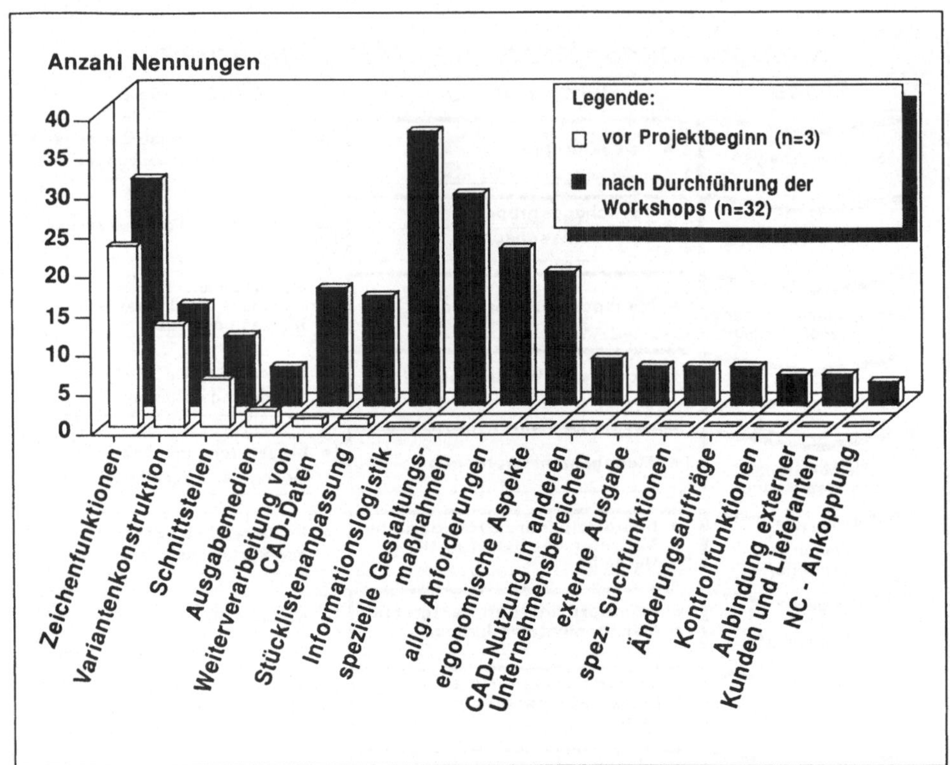

Abbildung 3: Anforderungen an das neue CAD-System

Die Darstellung zeigt sehr deutlich, daß die Fachexperten die Problematik der CAD-Auswahl primär aus der Sicht des direkt betroffenen Fachbereichs betrachteten und dabei funktionale Gesichtspunkte in den Vordergrund gestellt haben. Die Einbeziehung der betroffenen Mitarbeiter auch aus indirekt betroffenen Bereichen führte dazu, daß neue Anforderungsschwerpunkte aufgedeckt wurden, wobei der Kategorie "Verbesserung der Informationslogistik", die unter Integrationsaspekten von besonderer Bedeutung ist, die höchste Bedeutung zugemessen wurde. Insgesamt hat dieses Projekt gezeigt, daß durch eine aktive Einbeziehung direkt und indirekt betroffener Mitarbeiter in die Planungsphase eines Projektes, die Anforderungsermittlung effektiver und genauer durchgeführt werden kann. Dem Aufwand, der hierdurch verursacht wird, stehen bessere und genauere Planungsdaten gegenüber, wodurch sich das Risiko eines Fehlschlages der Prozeßinnovation deutlich verringern läßt.

Software Engineering und KI
(Fachbereich 1 Künstliche Intelligenz)

Die Erstellung von guter Software ist weiterhin ein ungelöstes Problem und es
scheint so, als ob wir von einer Ingenieurdisziplin immer noch weit entfernt
sind. In den letzten Jahren wurden aber Konzepte, Methoden und Techniken
in verschiedenen Teilgebieten der Informatik entwickelt, die eine Verbesserung
versprechen. Das Fachgespräch wird sich auf Modellierungsverfahren im Software und Knowledge Engineering konzentrieren. In dem Fachgespräch soll herausgearbeitet werden, wo die verschiedenen Fachdisziplinen voneinander lernen
können und welche gemeinsame Basis für die Entwicklung von Werkzeugen und
von Software-Systemen gefunden werden kann.

Koordination: Dr. O. Herzog, Software Architekturen und Technologien
IBM Deutschland GmbH

Office Automation Systems that are "Programmed" by their Users

Siegfried Bocionek[1] and Tom M. Mitchell[2]

[1] Siemens AG, ZFE ST SN 33, Otto–Hahn–Ring 6, 8000 München 83, Germany
[2] Carnegie Mellon University, School of Computer Science, 5000 Forbes Avenue, Pittsburgh, PA 15213-3891, USA

Abstract. To be highly useful, office automation systems require customization to individual users, work environments, and tasks. We consider the question of whether office automation systems can be developed that allow users who are not skilled programmers to easily "program", or customize, these tools themselves. In other words, can we deploy very general, non-customized programs that can be extended and adapted during usage? Besides the well-known *knowledge acquisition* and *automated learning* methods we propose an approach called *dialog-based learning* (DBL), that allows the user to teach the system directly while performing the task. It acquires knowledge through a dialog in which the user both *illustrates* the procedure using a grounded example, and *provides instructions* about how to perform the task in the general case. We focus discussion on CAP II (a program that schedules meetings by negotiation via email), and on RAP (a program that makes room reservation via email).

1   Introduction

We are interested in office automation systems that one might call *software secretaries*: software agents that provide assistance in managing work-related activities (e.g., reserving conference rooms, processing purchase orders), in much the same way as human secretaries. This concept seems attractive, since such software could make available to everyone within an organization secretarial assistance that is presently available only to a small fraction of workers.

The primary impediment to achieving widespread, inexpensive software secretaries is the software development, customization, and maintenance cost involved. Human secretaries typically require months in a new job before acquiring the varied types of necessary knowledge. Software secretarial assistants will have to be customized in the same way. The cost of (traditional) customization, however, is a major obstacle to the widespread appearance of software secretarial assistants.

One way to dramatically reduce these software costs would be to develop a single *user-independent* software secretary, and to endow it with features that allow it to be trained in the field. This paper considers the question of how to organize such field-customizable systems, if their users are not skilled programmers. Our work on the calendar assistant CAP [3] has shown that machine learning techniques can play a role in providing the kind of user customization desired. It has also shown the limitations of such fully automatic learning methods. This paper describes a successor system, CAP II, as well as a room reservation apprentice, RAP, which are currently being developed.

Both take a broader approach to customizing software in the field, by including a semi-automated knowledge acquistition technique called *dialog-based learning (DBL)* that engages the user in a dialog with the system to teach it office procedures.

There is good deal of related work in calendar and other workflow applications. Medina-Mora et al. [6] have proposed a general workflow model that fits many office tasks. A procedure for using contract net protocols to schedule meetings was reported by Sen and Durfee [8]. The communicating automata of CAP II are an extension to that approach. Another implementation of meeting negotiation through contract nets was done by Lux [5]. Based on a general "negotiation language", calendar agents were specified and interfaced to existing calendar tools (e.g., Xcalentool). While the above approaches have no learning capabilities, the negotiating calendar of Kozierok and Maes [4] does. The difference from our CAP II system in learning is that it uses mainly memory-based learning, while we explicitly construct general rules. Nakauchi et al. [7] have developed a related learning system for the processing of purchase orders. Their system learns rules that help the user complete the purchase order form.

2   CAP II: A learning, communicating, and negotiating Calendar APprentice

The calendar *apprentice* CAP [3] is a calendar program that learns to give advice to its user on how to set up a meeting (i.e. how long, where, when). The advice can be accepted or overridden by the user, and is generated by rules that are inductively learned from previous events that the user has entered on the calendar. E.g., the rule

```
IF AttendeeStatus = Undergrad
AND AttendeeDepartment = ComputerScience
THEN duration = 30
```
predicts that meetings with computer science undergraduate students should last 30 minutes. By applying its learning programs automatically each night to the most recently added calendar events (ID3 and Backpropagation are used), CAP learns rules such as the above, that characterize individual user preferences.

CAP II extends CAP by providing facilities that support autonomous negotiation of meeting dates via email. Once the user has indicated the desire for a meeting, CAP II generates a proposal and sends it to all attendees. If all recipients possess CAP II, their agents may negotiate until a commonly acceptable date is found. If one recipient does not have CAP II, the message is human readable and he may respond directly.

A collection of CAP II agents (see also [1]) forms a system of communicating finite state machines (FSM) that interact by means of a contract-net protocol similar to that of Sen and Durfee [8]. The involvement of non-CAP users is ensured by a readable, semi-structured email message format and some special supporting mechanisms such as suggesting at the end of each message how to reply. An example of an agent-generated email message (although for the RAP domain) is shown in Fig. 1.

In addition to learning rules characterizing users' preferences CAP and CAP II contain further knowledge-acquisition mechanisms. One example in CAP is the collection of data about persons when they are mentioned to the system the first time. This data, e.g. position and affiliation, provides the feature values refered to by the learned rules.

```
To:main.office@cs
From:jean@cs
Subject:Need a room on dec-24-1992, 2:30pm RAP-Requestxx123

I need a lecture room.
Please let me know if there is one available as follows.

   Date: dec-24-1992
   Time: 2:30 pm
   Duration: 90 min
   Seats: 30 - 50
   Speaker: M. Sassin, MIT

You can make your reply computer-understandable by
beginning your message with one of the following:
"No" or a room number
```

Fig. 1. A request for a lecture room as generated by a RAP agent

Additional knowledge acquisition in CAP II leads to the construction of a global alias list of user addresses. Since all acquisition works through questions that are asynchronously initiated by the agent, we consider this a simple application of dialog-based learning.

CAP and CAP II are examples of systems that increase their usefulness during operation. By learning the users' scheduling preferences they continuously reduce the effort needed by the user to schedule meetings. By autonomous negotiation they reduce the number of computer interactions (or analogous phone calls). The key point is that the user *himself* provides the system with the examples necessary to generate this additional functionality. However, he does not need to write code; just *using* the tool is sufficient.

3 RAP: (Proposal for) A Room APprentice that is "Completely" Programmed through its Usage

RAP (Room APprentice) is intended to be an agent that assists the user in reserving meeting and lecture rooms. It is a case study in the use of dialog-based learning to acquire general workflow procedures. In particular, RAP acquires new procedures for reserving rooms by watching the user during his regular email interaction, and requesting from the user details about the contents and semantics of the messages sent and received.

RAP models the way room reservations may be handled in a typical organization. A person who wishes to reserve a room first sends an email request to a particular secretary who administers rooms. If the response is negative, one might then send the same request to another secretary responsible for a different set of rooms, and so on. The task of each RAP agent is to learn to perform the complete search for a room automatically, on behalf of its user. RAP composes, sends and receives email messages until a room is found (or can't), then presents the result to the user.

Table 1. RAP's empty FSM

	ϵ	stop-RAP
global-start	—	goto global-stop
global-stop	clean-up process-exit	—

RAP is different from the calendar system CAP II in several ways. First, it copes with a different domain. Second, RAP does not give the user advice in the sense of CAP II. However, RAP is similar to CAP II in performing automated negotiations via email messages, although the negotiation of a RAP agent is simpler. The major difference is, however, that RAP is intended to synthesize its *operational structure* from scratch. The complete finite state machine (FSM) that drives the negotiation is *learned* during the operation of RAP by analyzing email messages which were sent and received by the user. The basis for this learning is our DBL approach.

Some task-independent rudimentary structure is pre-programmed into RAP. The specific RAP messages are filtered by means of keywords in the subject line (the word "RAP-Request" in Fig. 1 is used for filtering, the connected word "xx123" for identifying a specific event; those mechanisms work exactly like in CAP II [1]).

The pre-programmed behavior of RAP includes primarily the "empty" FSM that contains only start and stop states, and the "meta format" of the email messages. The strategy for adding states and transitions to the FSM is fixed. Sending email and notifying the user are the major actions.[3]

Table 1 shows the "empty" FSM with which RAP is initialized, with the states as indices of the rows and the vocabulary as indices of the columns. The only phrase that may be received by the "empty" FSM is *stop-RAP* which causes RAP to go to state global-stop and exit. In order to synthesize the automaton that characterizes the room reservation method, RAP has to learn the *vocabulary* (i.e. the message types) and the necessary *states*. In the case of learning the vocabulary, DBL will work as illustrated in the following example. Suppose the user sends an email request to the room administrator in the main office as shown in Fig. 1. RAP analyzes the message *before* sending it. It asks the user the following questions:

```
To which type of interaction does this message belong?
(room-request, positive-answer, counter-proposal, other)
```
Assume the user answers with "room-request" (under some "good-will assumption"; see [1]). Then RAP will next ask

```
Which is the meaning-carrying phrase in that message?
```
The user might answer "need a room" or only "need". This answer is added to the set of phrases that are possible for a room request, and will be used to identify the types of future messages received by RAP. If the user answers the first question with "other", RAP has to learn a *new type* as well. From the answers to the above questions the RAP agent builds up a thesaurus of the synonyms allowed for each message type.

---

[3] A discussion of the limitations and assumptions made in RAP can be found in [2].

Table 2. RAP's FSM after the learning of requests and positive answers

	ϵ	stop-RAP	room-request	positive-answer
global-start	—	goto global-stop	send-email goto s1	
global-stop	clean-up process-exit	—	—	—
s1	—	goto global-stop		notify-user(success) goto global-start

If the FSM does not yet contain the message type as selected by the user, a *new column* has to be added to its transition table. Sending the analyzed email becomes the action of the entry FSM[state, new-message-type]. To determine the transition, the user will be asked if this action was the last one of the event. If yes, the transition is `goto global-start`. Otherwise, a new state is generated and added as a new row.[4] For example, RAP has learned to go to state s1 (see Table 2) *always* when the user sends a request with keyphrase `"need a room"`, and if `"RAP-Request"` appears in the subject line of an outgoing email message.

Table 2 shows the FSM after also having learned the message type `positive-answer`. The contents of the empty field FSM[global-start, positive-answer] will be synthesized only if and when that case occurs, i.e. when a positive answer for a request is received "before" sending the request (which would become an error case).

4 Conclusion and Future Work

This paper has explored the feasibility of creating user-independent office automation software that can be easily customized in the field. We have presented two case studies based on systems currently under development: CAP II for calendar management, and RAP for room reservation tasks. Both of them are intended to evolve to more effective, user-customized systems, by acquiring specialized knowledge about their particular user's preferences, task, and work environment. They contain three distinct learning mechanisms for acquiring user-specific knowledge:

1. *Knowledge acquisition* methods directly query the user for specific information on an as-needed basis, e.g. the position or email address of people.
2. *Automated learning* of general rules from specific actions taken by the user. For example, the rules learned by CAP to characterize user scheduling preferences.
3. *Dialog-based learning* acquires new workflow procedures by observing the user perform the task manually, and engaging the user in a dialog to extract the general procedure from the specific steps observed in this instance.

Dialog-based learning appears especially promising for field customization of interactive office systems, because it *makes use of the user* who is available while performing the

---

[4] This strategy does not construct the minimal FSM because no merging of states happens. How to provide such an optimization is still under consideration (for details refer to [2]).

task, to resolve the ambiguity inherent in inducing general procedures from specific traces. Thus one can say that the user himself "programs", because his interaction is the basis for the newly synthesized code.

If successful, the advantages to be gained from such field-customized systems are obvious. Office software need not be "complete" from the beginning; it can be extended incrementally during operation. This makes initial development faster and cheaper, and reduces the cost of maintaining code to accomodate new office procedures.

The long-term goal of this research is to produce a software secretarial agent that can assist with a wide variety of tasks, and can be easily field-customized to individual users. We plan to provide more secretarial tools that include additional email negotiation such as processing purchase orders. The increased diversity of tasks and users will allow for transfer of information acquired for one task to others, and will enable one agent to share what it has learned with other agents.

A second future direction involves interfacing our agents to existing information sources like the CMU online phone book and the UNIX `finger` command. Interfacing to such pre-existing databases can significantly ease the problem of initially customizing to the work environment, as well as reducing the cost of updating the system over time (since those databases are already maintained by their providers). A third direction is to interface the system to an *electronic forms* system that allows communicating with remote users via structured pop-up menus, rather than text email messages.

Acknowledgments: We are grateful to all members of the Software Secretary group at CMU, who helped develop the programs and ideas presented here: Anand Chandani, Ratul Puri, Dan Ferrell, David Zabowski, Dayne Freitag, and Ryusuke Masuoka. This research was supported in part by Siemens, Digital, and a grant from ARPA.

References

1. S. Bocionek and T. Mitchell. CAP II: Making the Calendar Apprentice an Agent. Technical Report CMU-CS-93-to-appear, Carnegie Mellon University, School of Computer Science, Pittsburgh, PA, 1993.
2. S. Bocionek and M. Sassin. Dialog-Based Learning (DBL) for Adaptive Interface Agents and Programming-by-Demonstration Systems. Technical Report CMU-CS-93-to-appear, Carnegie Mellon University, School of CS, Pittsburgh, PA, 1993.
3. L. Dent, et al. A Personal Learning Apprentice. In *National Conference on Artificial Intelligence (AAAI-92)*, August 1992.
4. R. Kozierok and P. Maes. A learning interface agent for scheduling meetings. In *Int. Workshop on Intelligent User Interfaces*, Orlando, Fl, January 1993. ACM-SIGCHI.
5. A. Lux. A Multi-Agent Approach towards Group Scheduling. Research Report RR-92-41, DFKI, Kaiserslautern, Germany, August 1992.
6. R. Medina-Mora, T. Winograd, R. Flores, and F. Flores. The ActionWorkflow approach to workflow management technology. In J. Turner and R. Kraut, editors, *CSCW '92 (Sharing Perspectives)*, Toronto, Canada, November 1992. ACM Press.
7. Y. Nakauchi, et al. Groupware that Learns. In *Proc. of the IEEE Pacific Rim Communications, Computers and Signal Processing*. IEEE Press, May 1991.
8. S. Sen and E.H. Durfee. A formal study of distributed meeting scheduling: Preliminary results. In *Conference on Organizational Computing Systems*. ACM, November 1991.

Reuse-Oriented Knowledge Engineering with MoMo

Hans and Angi Voss

German National Research Center for Computer-Science (GMD)
Artificial Intelligence Research Division
PO Box 1316
D-W-5205 Sankt Augustin, FRG
e-mail: [hans.voss | angi.voss]@gmd.de

Abstract

The identification, explicit description, and utilization of generic problem solving methods such as heuristic classification, differential diagnosis, or model-based design is a major result of AI research in the field of knowledge-based systems. Having such methods at hand directly paves the way to reusing existing software and specifications when developing new applications. The language MoMo allows generic problem solving methods to be modeled in an implementation-independent but executable way, and to reuse and customize the models for specific applications. MoMo thus supports a reuse-oriented structured prototyping approach to software development for knowledge-based systems.[1]

1 Background of MoMo

By now it has been widely accepted that knowledge-based systems should first be modeled at a conceptual level before they are implemented, in whatever shell or language. One of the most prominent modeling frameworks is the KADS *model of expertise*, which is now being used all over the world. It introduces four layers, each with its own vocabulary, to describe different kinds of knowledge.

Soon after a key publication in 1986 [13], it was recognized that the modeling framework was too informally defined. Some researchers wanted a formal specification language suitable for system verification. Others demanded for an executable specification language that would allow incremental development and early prototyping. As a result, there now exist some logic-oriented formalizations of the KADS model of expertise (e.g. Forekads [12], KARL [2], ML2 [10]), and some languages that are more oriented towards easy operationalization (OMOS [8], MODEL-K [7], MoMo [11]).

This paper is about MoMo and how it supports the knowledge engineering process. MoMo is a successor of OMOS and MODEL-K. Its development has also been influenced by applying it to a kind of reverse engineering task. In this project, we are building MoMo models for configuring applications from different model-based diagnosis methods (extensions of the general diagnostic engine GDE [1]). The methods were implemented in Lisp by different teams at different sites and before the modeling effort was started. The model shall provide a view that exhibits the important conceptual differences while hiding any irrelevant implementation details [5].

---

[1] A slightly extended version of this arcticle will appear in the proceedings of SEKE'93, San Francisco Bay.

2 A glance at MoMo

In this paper we can only very briefly introduce the building blocks of MoMo. More detailed descriptions can be found in the long version of this paper [4] and in [11]. Figure 1 gives a survey of MoMo's modeling terms. MoMo's task and inference layers together constitute the *generic model*, which is an application-independent description of a problem solving method like skeletal-plan refinement, cover&differentiate, or heuristic classification.

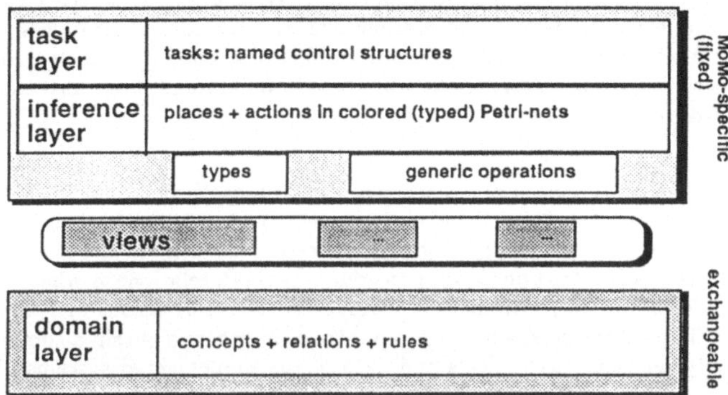

Figure 1: The structure of MoMo models

The inference layer is the heart of the model. It is easy to understand because it abstracts from any control aspects. Essentially, it defines the dataflow in terms of actions operating on places. Places are typed containers. They are linked via input and output arrows to actions. Input arrows introduce variable names that are used in the guard (or precondition) of an action and in the terms labeling the output arrows. The semantics is adopted from coloured Petri-nets [6]: An action is enabled if there are elements in each of its input places that together satisfy the guard. On firing, the input elements are removed from the input places and elements computed by the output expressions are added to the output places. The inference structure is visualized and can be simulated as any Petri-net. Figure 2 shows the graphical representation of a single action with its input and output places and its guard. The action is meant to select interesting, i.e. easily observable symptoms and assign them to their new role as observations. Names written below the places specify the type of their elements.

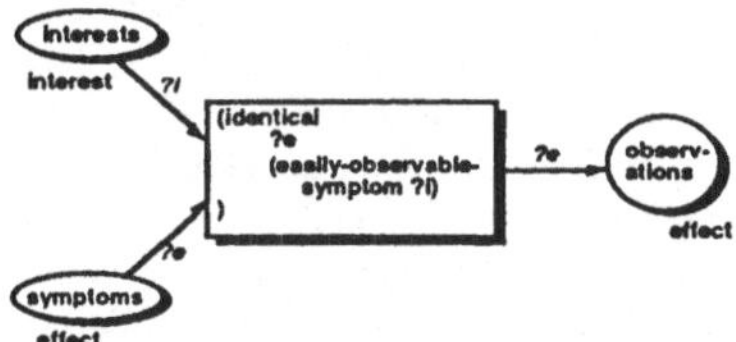

Figure 2: An action

The task layer is where control is defined. Tasks may have subtasks, but eventually execute actions from the inference structure as primitive tasks. The current version of MoMo offers the standard control structures loops, sequences, and conditionals as can be defined by Nassi-Shneiderman diagrams.

The next version of MoMo will support hierachical inference structures for modeling at different levels of granularity, and control structures that better exploit the non-determinsm of Petri-nets. Local and less rigid control constructs will allow to express which actions can be executed automatically and which should be under the control of the user. At an early stage of model building, one should not yet restrict control flow beyond the natural dataflow semantics. Most invocations would be under the control of the user at this stage. With growing experience, certain partial orderings will be preferred, and would be consolidated by local control strategies. In the extreme case, control could be entirely left to the system. This new approach for control specifications will support prototyping even better, and it will allow to build more interactive systems in a very natural and convenient way.

Views are needed in order to apply a generic model to a particular domain. For each abstract type at the inference layer, they have to define a concrete type, class, object, entity, relationship or whatever you have at the domain layer. For each operation occuring in the guards or expressions of the inference layer, a concrete operation, procedure, method, relation, or whatsoever, is needed. Views may range from simple renamings to complicated transformations or computations. The latter were needed in our reverse engineering application, in order to obtain a comprehensible view on the conceptually relevant mechanisms and data of the implemented systems. Finally, one or more places acting as inputs must be "filled" with concrete data. For maximal flexibility, a place may be realized by a pointer to a container at the domain, e.g. a set of entities or a relationship in a database, or by a container of pointers to data stored at the domain, or by a container with (copies of) such data.

The domain layer describes the application-specific knowledge needed to apply the generic problem solving method to a particular domain. For instance, heuristic classification can be used to diagnose stereo-equipment, diseases, mushrooms, etc. In principle, MoMo does not prescribe any particular domain layer language. We designed MoMo and its interpreter so that any language can be used for the domain that is reachable from Lisp and that has something to connect to types and generic operations. For our own purposes, we built a small language on top of CLOS and Common Lisp providing concepts, instances, rules, and extensional relations together with the corresponding view constructs. For every other language, the view constructs would have to be adapted.

3 The software life cycle with MoMo

MoMo does not enforce any particular order on how the model is to be constructed. One may start with a very comprehensive domain analysis and then develop a very customized method. Usually, however, domain, inference, and task levels will be elaborated interwovenly. The problem is that, without the method, you know at best intuitively what domain knowledge you need, and without the domain knowledge, you do not know how to solve your problems.

The optimal approach, therefore, is to utilize a library of generic models. You then start with some domain analysis enabling you to choose the most suitable generic model(s). Their generic types and operations can guide you considerably in the subsequent knowledge elicitation. Eventually, you would customize the models so as to account for any particularities of the domain and to serve as a better basis for communication with the user or client.

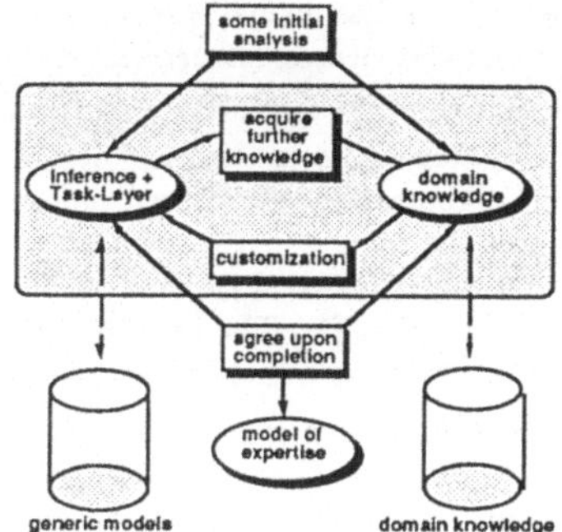

Figure 3: Intertwined domain analysis and model-based development

This procedure has been termed *model-directed (domain) knowledge acquisition*. It does not mean that the initially chosen models are taken for granted, rather it foresees cycles where inappropriate models are modified, refined, or even replaced. The question is, how can such insufficiencies be detected early? Of course, the analyst will notice sooner or later whether he can get the knowledge needed by the generic model. The situation is more intricate when the knowledge is available, but the method solves the wrong problems or the right problems in the wrong way. In our opinion, such semantic and pragmatic errors are best detected by early prototyping, definitely easier than by paper&pencil exercises or by formal verifications. Moreover, a knowledge engineer or system analyst, and the experts, will be much more encouraged to revise the model and to experiment with alternative solutions, because "seeing it run is fun".

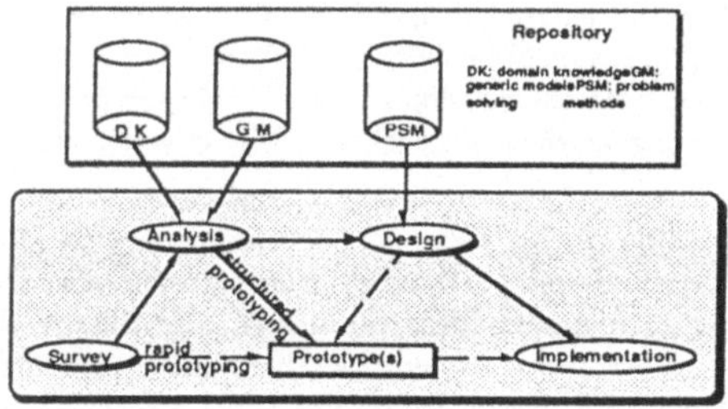

Figure 4: Knowledge engineering life cycle with MoMo

Prototyping thus plays a prominent role in the knowledge engineering methodology supported by MoMo. Figure 4 stresses this point. It also illustrates that prototyping is not confined to analysis as a method for requirements engineering, but might be used in other phases of development, in particular survey and design.

A very early prototype could be developed in the survey phase, given that a plausible model is in the library. This model should be executable with a minimum of domain knowledge to be elicited. If it is clear from the beginning that existing domain knowledge could or must be reused this is even better. Developing a prototype in the survey phase is what we would like to call *rapid prototyping*[2].

---

[2]Notice that in other camps a rapid prototype is often associated with the analysis phase.

In the analysis phase the process of detailed knowledge acquisition and model stabilization as described above takes place. We call this process *structured prototyping* because it generates an excutable system in the course of a structured analysis.

After analysis, one may proceed by developing a separate design model. It would be more attractive, however, to evolutionarily elaborate the structured prototype. This could include reusing previous implementations of the problem solving methods in order to optimize (parts of) the structured prototype. In our project on model-based diagnosis, we link kernel actions of the generic models directly to existing software modules [5]. The results of the modules, even if produced as side-effects, are played back into the conceptual models and filled into the corresponding places.

Preserving the conceptually well motivated structure of the structured prototype during design and even in the final implementation improves the transparency of design models and their implementation. This is of great value for program documentation and for maintencance. We further exploited it for generating better explanations that describe the program's behavior in terms of its conceptual model. With the predecessor of MoMo, MODEL-K, we have shown that such explanation components can be successfully based on the conceptual model and that much of its structure can be preserved in the implementation [9].

4   Conclusions

The times of isolated knowledge-based systems developed with unstructured rapid prototyping definitely belong to the past. The dissemination of knowledge-based systems into industrial environments critically depends on their integration with existing software. As a prerequisite for doing this in a convenient, secure and reliable way, suitable knowledge engineering methodologies must be combined with practised software development methodologies.

MoMo is being developed with this goal in mind. It applies the ideas of KADS, which strictly separates domain, inference, and control knowledge, and transforms them into an executable specification language. Thus, specifications developed with MoMo are prototypes for checking requirements. We also imagine, in suitable cases, to evolutionarily develop such a prototype into the final delivery system.

As explained in the long version of this paper [4], development with MoMo adopts several ideas from conventional software engineering, particularly from structured analysis. Moreover, it applies advanced methods like object-oriented analysis and design, and the use of repositories for a reuse-oriented development. Object-oriented knowledge analysis and representation as well as the reuse of generic problem solving methods are major results of AI research. In our view, these are the topics where AI will have great impact on future software engineering. With our work on MoMo we hope to contribute to these exciting prospects.

Acknowledgement   Many colleagues at GMD participate or have participated in developing MoMo. It certainly would not exist without its predecessors OMOS, developed by Marc Linster, and MODEL-K, developed by Werner Karbach and Angi Voss. Directly involved in the current work on MoMo are, beside the authors, Jürgen Walther, Thomas Hemmann, Friedrich Gebhardt, Isolde Toussaint, Stefan Dahmann, and Ralph Hensel. We gratefully acknowledge their contributions. Jürgen Walther also prepared the layout of this paper. Special thanks to him!

References

[1] J. de Kleer and B. C. Williams. Diagnosing multiple faults. *Artificial Intelligence*, 32:97–130, 1987.

[2] D. Fensel, J. Angele, and D. Landes. KARL:: A knowledge acquisition and representation language. In J.C. Rault, editor, *Proceedings of the 11th International Conference Expert systems and their applications*, volume 1 (Tools, Techniques & Methods), pages 513 – 528, Avignon, 1991. EC2.

[3] R. G. Fishman and C. F. Kemerer. Object-oriented and conventional analysis and design methodologies – comparison and critic. *Computer*, 25(10):22–39, 1992.

[4] Hans and Angi Voss. Reuse-oriented knowledge engineering with MoMo. Technical report, Gesellschaft für Mathematik und Datenverarbeitung (GMD), 1993.

[5] Th. Hemmann and H. Voss. A reusable and specializable interpretation model for model-based diagnosis. In Ch. Loeckenhoff, D. Fensel, and R. Studer, editors, *Proceedings 3rd KADS Meeting*, pages 189–205. Siemens AG, 1993.

[6] K. Jensen. Coloured Petri nets. In W. Brauer, W. Reisig, and G. Rozenberg, editors, *Applications and Relationships to Other Models of Concurrency, Advances in Petri Nets 1986 Part I*, volume 254 of *Lecture Notes of Computer Science*, pages 248 – 299. Springer, Berlin, 1987.

[7] W. Karbach, A. Voss, R. Schukey, and U. Drouven. MODEL-K: Prototyping at the knowledge level. In J.C. Rault, editor, *Proceedings of the 11th International Conference Expert systems and their applications*, volume 1 (Tools, Techniques & Methods), pages 501 – 511, Avignon, 1991. EC2.

[8] Marc Linster. *Knowledge acquisition based on explicit methods of problem-solving*. PhD thesis, University of Kaiserslautern, Kaiserslautern, February 1992.

[9] M. Sprenger. Explanations for KADS – KADS for explanations? Technical report, Gesellschaft für Mathematik und Datenverarbeitung (GMD), 1992.

[10] F. van Harmelen and J. Balder. $(ML)^2$: A formal language for kads models of expertise. ESPRIT Project P5248 KADS-II KADS-II/T1.2/PP/UvA/17/1.0, University of Amsterdam, November 1991.

[11] Jürgen Walther, Angi Voss, Marc Linster, Thomas Hemmann, Hans Voss, and Werner Karbach. MoMo. Technical report, Gesellschaft für Mathematik und Datenverarbeitung (GMD), 1992.

[12] Th. Wetter. First order logic foundation of the KADS conceptual model. In Wielinga et. al., editor, *Current Trends in Knowledge Acquisition*, pages 356–375. IOS Press, Amsterdam, 1990.

[13] B. Wielinga and J. Breuker. Models of expertise. In *ECAI-86*, Brighton, 1986.

[14] E. Yourdon. *Modern Structured Analysis*. Prentice-Hill International Editions, Englewood Cliffs, 1989.

Entwurf und Verwendung eines Metamodells für die Projektierung von Vermittlungstechnik

Gerd Gries[1], Holger Post[1] und Axel Schwanke[2]

[1] Institut für Informationssysteme und SW-Technologie, Fakultät Informatik, Technische Universität, Mommsenstraße 13, O-8027 Dresden, e-mail: gg1@irz.inf.tu-dresden.de
[2] Abt. OG, Philips Kommunikations Industrie AG, Thurn-und-Taxis-Str. 14, 8500 Nürnberg 10, Tel. 49 911 526 2691

Abstract. Ein Modell ist die Abstraktion eines Ausschnittes der Wirklichkeit mit dem Ziel, durch Weglassen nicht relevanter Aspekte die Verständlichkeit zu erhöhen. Ist auch dieses Modell immer noch zu komplex, so erscheint es sinnvoll, ein Metamodell als eine weitere Stufe der Abstraktion einzuführen [1]. Diese Notwendigkeit ergibt sich, wenn das Datenmodell eines komplexen Informationssystems sehr viele (> 100) Entitäten und Relationen umfaßt und ein effektives Arbeiten durch fast alle CASE-Tools nicht mehr ermöglicht wird.

Die Modellierung der Fachgebietsmodelle, die den Ausgangspunkt für das Metamodell bilden, erfolgt innerhalb des CASE-Tools I-CASE der Firma Westmount mit der Entity-Relationship-Methode (ERM) nach Chen sowie unter Verwendung der Strukturierten Analyse [2].

Der erste Abschnitt dieses Beitrags erläutert kurz das Anwendungsgebiet, die Projektierung technischer Systeme am Beispiel der Vermittlungstechnik. Danach werden die Metamodellierung allgemein und ein Ausschnitt des Metamodells, das zur Lösung konkreter Teilaufgaben bei der Entwicklung des Tools zur rechnergestützten Projektierung von Vermittlungstechnik zum Einsatz kommt, vorgestellt. Abschließend folgen Erfahrungen und ein Ausblick auf weitere Modellierungsmöglichkeiten.

1   Projektierung von Vermittlungstechnik

Die weltweite Liberalisierung der Telekommunikationsmärkte setzt die Anbieter einem immer härter werdenden Wettbewerb aus. Das zwingt sie einerseits, ihre Angebote noch mehr so zu gestalten, daß sie den Wünschen ihrer Kunden optimal entsprechen, und andererseits - trotz der zunehmenden Komplexität der Anlagen - zu einer zeit- und kostensparenden Projektierung überzugehen. An Vertrieb, Montage, Dokumentation und Service werden dadurch sehr hohe Anforderungen gestellt.

Die Projektierung von Anlagen für die Telekommunikation (TK) ist sehr vielfältig und umfaßt neben der Auswahl, Dimensionierung und Positionierung der Hardware-Komponenten, der Zusammenstellung und Parametrisierung der Software, dem Test auszuliefernder Anlagen auch die Erstellung der Dokumentations- und Installations-Unterlagen. Über das dafür notwendige Projektierungswissen verfügen nur wenige Fachexperten im Produktmanagement, die deshalb mit Routineaufgaben überlastet sind.

Um einen reibungslosen und schnellen Arbeitsablauf gewährleisten zu können, reichen herkömmliche Organisationsmittel wie Plantafeln, Karteikästen, Tabellenkalkulationsprogramme etc. nicht mehr aus. Gefordert ist die Anwendung neuer Methoden und Softwaresysteme, die den Arbeitsablauf optimal unterstützen und die Qualität und Flexibilität der Vertriebsorganisation sicherstellen.

Die Lösung dieser Anforderungen bietet das computergestützte Projektierungssystem **XTSS**. Kern von **XTSS** ist eine umfassende Datenbank, die alle relevanten Informationen über die verschiedenen Projekte und ihre Bauvorhaben, Produkte, deren Funktions- und Liefereinheiten sowie über alle konfigurierten und ausgelieferten TK-Anlagen enthält. Aufbauend auf diese Datenbank wurde eine Reihe von Modulen entwickelt, die die verschiedenen Projektierungsaufgaben unterstützen.

2 Metamodellierung

Ein Modell, die Abstraktion eines Ausschnittes der Wirklichkeit, wird mit dem Ziel geschaffen, durch Weglassen nicht relevanter Aspekte das Verständnis beim Betrachter zu erhöhen. Ist aber auch ein Modell immer noch zu komplex, so kann man ein Metamodell entwickeln - das Modell eines Modells. Damit wird eine zusätzliche Stufe der Abstraktion eingeführt [1].

Während in einem Modell einer Software beispielsweise mit Begriffen wie *Kunde*, *Artikelnummer* oder *Erzeuge_Lieferschein* gearbeitet wird, tauchen in einem Metamodell Begriffe wie *Entität*, *Attribut* oder *Prozeß* auf. Dieser Prozeß der Metamodellbildung läßt sich theoretisch bis zu einem allumfassenden *Etwas* weiterführen.

Umfaßt das Datenmodell eines Informationssystems weit über Hundert Entitäten und Relationships, ist ein sinnvolles und effektives Arbeiten mit den meisten CASE-Tools nicht mehr möglich. Hier kann ein Metamodell Abhilfe schaffen und neue Möglichkeiten für Navigation, Auswertungen oder Prüfungen bieten.

Beispiele für bereits existierende Metamodelle sind die Repository-Strukturen von CASE-Tools oder die Systemtabellen relationaler Datenbanken.

2.1 Ziele der Metamodellierung / des Metamodell-Werkzeugs

Mit der Metamodellierung werden mehrere Ziele verfolgt:

- Modellierung von Daten-, Funktions- und Dialogsicht technischer Informationssysteme
  - **Datensicht:** Darstellung der Datenbereiche, Entities, Relationships, Attribute und Datentypen; Herstellen von Zusammenhängen zu Tabellen
  - **Funktionssicht:** Überblick über Prozesse und Funktionen, deren Eingangs- und Ausgangsdaten, ihren Zusammenhang mit Kode-Templates sowie ihre Zerlegung in Unterfunktionen

- **Dialogsicht:** Darstellung durch Frames (Fenster), Beziehungen zwischen den Frames (Hierarchie, Aufrufart)
- **Verbindung zwischen den Sichten:** Prozeß – Daten (welche, deren Zugriffsart), Frames – Prozeß (welches Frame startet welche Funktion) Prozeß – Nutzer und deren Zugriffsrechte auf die Daten in den Prozessen

– Zusätzliche Auswertungs-, Prüfungs- und Navigationsmöglichkeiten im Modell

– Prüfung, welche zusätzlichen Informationen sinnvoll einbezogen werden können und wie Integration erfolgt (standardmäßig, als Erweiterungsoption)
- Spezialisierung in zusätzliche Typen von Relationen (is-a, has-parts, ...)
- Attribute als Ressourcen
- zusammengesetzte Attribute

– Generierung von Templates oder fertigem Kode für ...
- Tabellendefinition
- Frames mit Skripten, Prozeduren in Windows4GL
- Datenbankprozeduren, -regeln
- ESQL/C-Kode

– Besonderheit: Nutzbarmachen der Metainformationen für das Informationssystem;
Frames und Prozeduren, die mit beliebigen Datenobjekten arbeiten können, mit variablen Kode-Teilen für von den jeweiligen Daten abhängigen Verarbeitungsfunktionen

2.2   Integration in die Entwicklungsumgebeung

In der folgenden Abbildung (DFD 0) werden die Teilfunktionen des Metamodells in Verbindung mit ihren Systemgrenzen dargestellt, Grundlage aller Teilprozesse ist dabei die Metamodell-Datenbank.

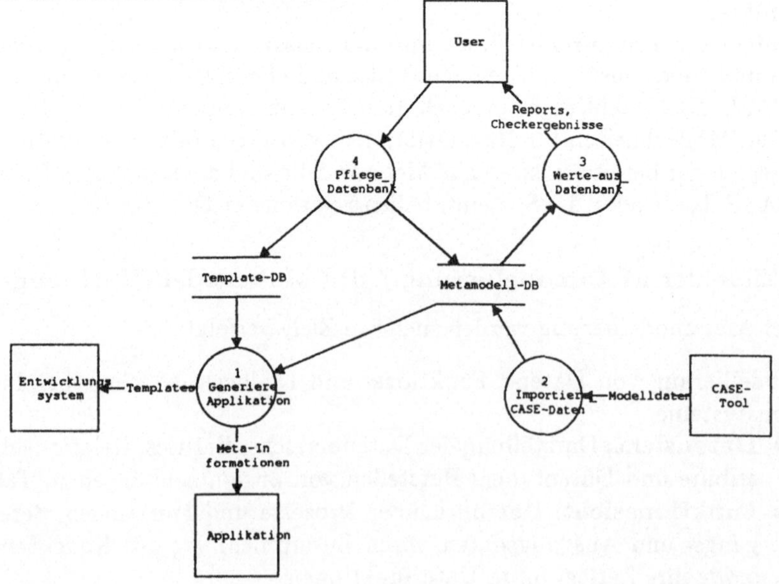

2.3 Modellierung des Metamodells

Um den Zusammenhang zwischen den verschiedenen Sichten, Bausteinen und Blöcken der Metaebene zu verdeutlichen, ist die Verwendung einer einheitlichen Beschreibungssprache vorteilhaft. Während auf der Fachebene Daten-, Funktions- und Dialogsicht oft eigene beschreibende Mittel (ER-, Datenstruktur-, Datenfluß- und Hierarchiediagramme, ...) erfordern, kann auf der Metaebene eine einheitliche Sprache verwendet werden. Voraussetzung dafür ist, daß sie in der Lage ist, von den sichtenspezifischen Inhalten zu abstrahieren und die Methoden auf die darzustellenden Objekte mit ihren Beziehungen zu reduzieren [3].

Die Metamodellsichten selbst werden mit Hilfe der Entity-Relationship-Methode (ERM) nach Chen mit Erweiterungen von Scheuermann, Schiffner, Torey und Weber beschrieben [4]. Sie findet sowohl in den meisten Softwareentwicklungs-Tools als auch Softwareprodukten ihren Einsatz, ist ausgereift und in vielen industriellen Projekten erprobt. Dabei ist diese Methode immer weiter verfeinert und so angepaßt worden, daß sie die Zusammenhänge detaillierter darstellt und direkt zu einer relationalen Datenstruktur im Sinne von Codd führt. Als ein Bestandteil der sogenannten strukturierten Methoden erfüllt das ERM die Anforderungen heutiger Entwicklungsumgebungen, die vor allem mit Sprachen der 3. und 4. Generation arbeiten sowie auf relationalen Datenbanken aufgebaut sind, am besten.

Beispielhaft dargestellt wird die bereits umfassend modellierte Datensicht, die eine zentrale Postion in jedem Informationssystem einnimmt. Darüberhinaus sind Erweiterungen dieser Sicht, um die Darstellungsmöglichkeiten ausdehnen zu können (Ressourcenabgleich, Part-Of-Hierarchie) sowie Ansätze für die Funktions- und Dialogsicht des Metamodells entworfen worden. Die dafür vorgesehenen Methoden, Konzepte und Techniken sowie deren Realisierung im CASE-Tool, vor allem bei der Verbindung der einzelnen Sichten, sind jedoch im Vergleich zur Datensicht noch nicht vollkommen ausgereift.

2.4 Datensicht - zentraler Bestandteil des Metamodells

Informations-Cluster, Informations-Objekte, Konnektoren, Attribute und Tabellen bilden die einzelnen Bestandteile des Datenmodells. Das Datenmodell unterteilt man zunächst in einzelne Informations-Cluster, die wiederum eine überschaubare Anzahl von Informations-Objekten enthalten. Jedes Informations-Objekt läßt sich entweder in Entity oder in Relationship spezialisieren. Entities können durch Informations-Cluster näher beschrieben werden, so entsteht eine Clusterhierarchie, in der die Datensicht schrittweise verfeinert wird.

Zwischen Entities und Relationships existiert jeweils genau ein Konnektor. Informations-Objekte werden durch Attribute näher beschieben. Diese Attribute können in Attributgruppen bzw. in elementare Attribute unterteilt werden, letztere können die Eigenschaft 'Schlüsselattribut' haben. Zu jedem elementaren Attribut gehört jeweils genau ein logischer Datentyp, in dem die systemabhängigen Datentypen (z.B. Ingres, C, ESQL/C, Ingres/Windows4GL) verborgen sind und der bei der Kodegenerierung in den jeweils erforderlichen physischen Typ konvertiert wird.

Informations-Objekte lassen sich auf Tabellen abbilden. Da der automatischen Tabellengenerierung aus ER-Diagrammen ein komplexer Mechanismus zugrunde liegt, wurde diese Beziehung aufgelöst in Abbildungen von Attributen und Relationships auf Tabellen-Attribute sowie den Import von Tabellen-Attributen aus anderen Tabellen.

Damit lassen sich alle Zusammenhänge darstellen, um ausgehend von der logischen eine abhängige physische Datenstruktur erzeugen zu können. Die Tabellen lassen sich in Views bzw. physische Tabellen unterteilen.

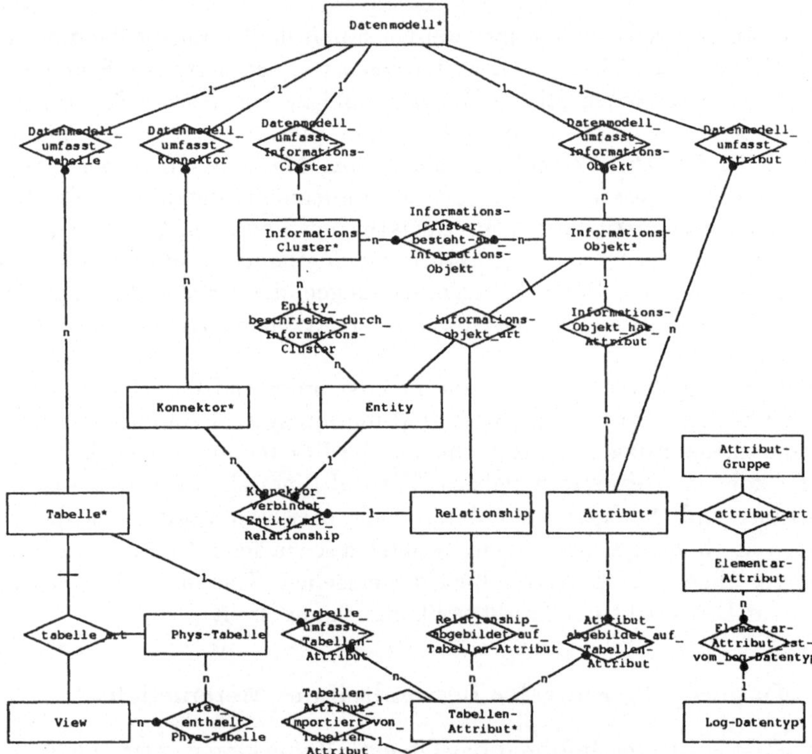

3 Erfahrungen und Ausblick

Die Wartung und Weiterentwicklung von **XTSS** hat deutlich gemacht, daß ein Modell zusammen mit dem System wächst. Relativ schnell wurde der Rahmen der Übersichtlichkeit überschritten, sinnvolles und vor allem effektives Arbeiten war kaum mehr möglich. Das Metamodell trägt wesentlich dazu bei, die Handhabbarkeit und Verständlichkeit zu wahren.

Ein weiterer Vorteil derart abstrakter Modelle ist die Vorgabe von Richtlinien, Methoden und Techniken für Software-Entwurf und -Design, für die Generierung von Kode-Templates sowie für die Durchführung von Auswertungen und

Prüfungen. Jedes Metamodell ist dabei eng an die verwendeten Methoden und Techniken gebunden, da es das Abbild der, das Fachgebiet beschreibenden Mittel darstellt. So wird sich zum Beispiel ein Metamodell für ein objektorientiertes Informationssystem wesentlich von dem hier vorgestellten unterscheiden.

Will man die im CASE-Tool abgelegten Daten für eigene Anwendungen verwenden, so ist dies bei Nutzung der komplizierten Repository-Struktur des Tools sehr schwierig. Zusätzliche Relationen und auch neue Attribute lassen sich nicht einfügen. Deshalb bietet ein eigenes Datenmodell, das als Repository die Grundlage des Metamodells bildet, wesentliche Vorteile. Die Daten stehen so in Beziehung, wie es für die beabsichtigten Aufgaben und Funktionen sinnvoll erscheint. Das verkürzt sowohl die Zugriffszeiten als auch die Einarbeitungszeit der Entwickler in die Datenstruktur. Anpassungen und Änderungen können ohne Schwierigkeiten eingefügt werden.

Einzelne Teilaufgaben, die von CASE-Tools nicht oder nur in begrenztem Maße zur Verfügung gestellt werden, lassen sich durch ein Metamodell relativ problemlos lösen. Bei der Generierung von Skripten zur Erzeugung von Datenbanktabellen oder Programmquellkode treten auch in modernen CASE-Tools immer noch unvorhersehbare Einschränkungen der Allgemeingültigkeit und sogar Fehler auf, so daß die Ergebnisse in einigen Fällen nicht zu verwenden sind. Durch die Abdeckung eines möglichst breiten Anwendungsspektrums können diese Tools vor allem in selten auftretenden Spezialfällen keine Lösung anbieten.

Während in einem CASE-Tool die Generierungsfunktionen fest vorgegeben sind, erlaubt das Metamodell dem Anwender eine stärkere Einflußnahme auf die Generierung durch die Definition neuer Relationship-Typen und durch das Einfügen von Modellerweiterungen. Denkbar sind auch verschiedene Sichten auf das Metamodell, um beispielsweise Objekte, die ausschließlich informativen Charakter tragen, nur bei Bedarf zur Verfügung stellen zu können. Auch die Modellierung und Verwaltung der Nutzer des Systems ließe sich noch wesentlich erweitern.

Bei der Spezifikation des neuen, überarbeiteten **XTSS-II**-Fachgebietsmodells kommt das Metamodell als ein Bestandteil der angewendeteten Entwicklungsumgebung bereits zum Einsatz. Durch gezielte Unterstützung des Entwurfs lassen sich die dabei erforderlichen Schritte vereinfachen und automatisieren sowie der dafür notwendige Zeitaufwand minimieren. Die unterschiedlichen Modelle können im Repository des Meta- bzw. Unternehmensmodells verwaltet werden.

References

1. Blaha, M.: Models of Models. In Journal of Object-Oriented Programming. September 1992.
2. Raasch, J.: Systementwicklung mit Strukturierten Methoden. Carl Hanser Verlag, München 1991.
3. Scheer, A.-W.: Architektur integrierter Informationssysteme. Springer-Verlag, Berlin, Heidelberg 1991.
4. WESTMOUNT. ISEE User Reference Manual, 1990.

Vorgehensmodelle und Methoden zur Systementwicklung

Zwischenbericht aus der Arbeitsgruppe "Vergleichende Analyse von Problemstellungen und Lösungsansätzen in den Fachgebieten Informationssystementwicklung, Software Engineering und Knowledge Engineering"

J. Angele, D. Landes, A. Oberweis, R. Studer
Institut für Angewandte Informatik und
Formale Beschreibungsverfahren
Universität Karlsruhe (TH)
76128 Karlsruhe
e-mail: {angele | landes | oberweis | studer}@aifb.uni-karlsruhe.de

1 Zielsetzung der Arbeitsgruppe

In der Informatik haben sich drei Teildisziplinen herausgebildet, die sich mit der methodischen Unterstützung des Entwicklungsprozesses von Softwaresystemen beschäftigen: Software Engineering, Information Systems Engineering und Knowledge Engineering. Historisch gesehen ist **Software Engineering (SE)** die älteste Teildisziplin, die insbesondere Beiträge zur Beschreibung des Entwicklungsprozesses durch Vorgehensmodelle und zur Beschreibung funktionaler Aspekte von Softwaresystemen geliefert hat. Im **Information Systems Engineering (ISE)** beschäftigte man sich zunächst primär mit der Modellierung statischer Aspekte von Informationssystemen durch semantische Datenmodelle, in den zurückliegenden Jahren gewannen dynamische Aspekte jedoch immer mehr an Bedeutung. In der jüngsten der drei Teildisziplinen, dem **Knowledge Engineering (KE)**, wurden ursprünglich hauptsächlich Fragen der methodischen Unterstützung der Wissenserhebung untersucht, seit kurzem findet jedoch der gesamte Entwicklungsprozeß wissensbasierter System zunehmend mehr Beachtung.

Betrachtet man aktuelle Arbeiten auf den drei Gebieten SE, ISE und KE, so zeigt sich, daß eine Vielzahl gemeinsamer Fragestellungen und Lösungsansätze existiert, daß andererseits aber auch grundsätzlich verschiedene Problemstellungen bearbeitet werden. Desgleichen ist die in den Teildisziplinen verwendete Terminologie zum Teil vollkommen verschieden - auch für gleiche bzw. sehr ähnliche Sachverhalte.

Auf diesem Hintergrund und angeregt auch durch zahlreiche Diskussionen auf dem 2. Workshop "Informationssysteme und Künstliche Intelligenz" (siehe [Stu92]) wurde von den entsprechenden GI-Fachgruppen Knowledge Engineering (FG 1.5.1), Software Engineering (FG 2.1.1) und Entwicklungsmethoden für Informationssysteme und deren Anwendung (FG 2.5.2) die Einrichtung einer Arbeitsgruppe beschlossen, die Problemstellungen und Lösungsansätze der drei Fachdisziplinen vergleichend analysieren soll, um so Gemeinsamkeiten und Unterschiede klarer charakterisieren und Wege zu einer besseren Integration der Teildisziplinen aufzeigen zu können.

Zur Fokussierung der Themenstellung der Arbeitsgruppe wurde festgelegt, sich zunächst mit den Themen "**Vorgehensmodelle**" und "**Methoden**" zu beschäftigen. Desweiteren einigte man sich in der Arbeitsgruppe darauf, die vergleichende Analyse anhand einer konkreten Fallstudie durchzuführen. Hierzu wurde als Aufgabenstellung die Entwicklung eines wissensbasierten Systems zur Tagungsverwaltung ausgewählt (in Abwandlung eines oft verwendeten IFIP Beispiels).

2 Beziehungen zwischen SE, KE und ISE

Es ist sicher nicht möglich, die Bereiche SE, KE und ISE eindeutig voneinander abzugrenzen. Abbildung 1 beschreibt die Zusammenhänge zwischen SE, KE und ISE.[1] Je nach persönlichem Standpunkt wird eine Definition und Abgrenzung der in Abbildung 1 mit I, II, ...,VII bezeichneten Bereiche unterschiedlich ausfallen.

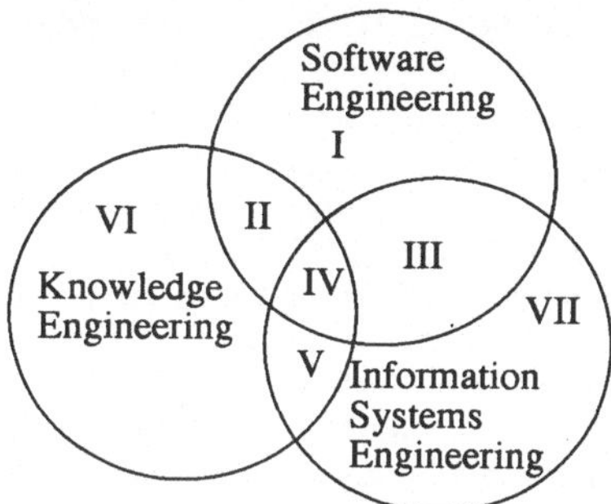

Abbildung 1:   Schema zur Einteilung der Querbeziehungen zwischen SE, KE, ISE

Nach dem Schema aus Abbildung 1 können z.B. die in den verschiedenen Bereichen relevanten Fragestellungen ebenso wie die existierenden Vorgehensmodelle und Methoden (bzw. auch Sprachen und Werkzeuge) klassifiziert werden.

Unter einem *Vorgehensmodell* soll hier ganz allgemein eine *Festlegung der bei der Entwicklung eines Systems durchzuführenden Arbeitsschritte* verstanden werden (vgl. [Chr92]). Beziehungen zwischen den Arbeitsschritten sind ebenso festzulegen wie Anforderungen an die zu erzeugenden Ergebnisse. System meint hier konventionelles Software-System, (rechnergestütztes) Informationssystem oder wissensbasiertes System.

Unter einer *Methode* wird eine systematische Handlungsvorschrift zur Lösung von Aufgaben einer bestimmten Art verstanden. Bei der Handlungsvorschrift kann es sich beispielsweise um die syntaktischen Regeln einer Beschreibungssprache handeln, die Methode wird dann nach der zugrundeliegenden Beschreibungssprache benannt, z.B. Entity-Relationship-Modellierung, Petri-Netz-Modellierung. Andere Methoden bzw. Prinzipien sind allgemeiner, z.B. Prototyping bzw. Simulation, schrittweise Verfeinerung oder auch Objektorientierung, und können mit unterschiedlichen Sprachen realisiert werden.

Die folgenden Abschnitte geben einige Beispiele (keine vollständige Aufzählung!) für

- gleichartige Fragestellungen im KE, SE bzw. ISE, sowie
- bereichsübergreifend eingesetzte Vorgehensmodelle und Methoden.

2.1 Gleichartige Fragestellungen im KE, SE bzw. ISE

- *Wie kann sichergestellt werden, daß das realisierte System den Anforderungen der Endanwender/des Experten entspricht? Wie können Endanwender/Experten in den Systementwicklungsprozeß einbezogen werden?*
  Hierzu gibt es besonders im SE Lösungsvorschläge, z.B. partizipative Systementwicklung nach [FRS89].
  - *Wie (durch welche Maßnahmen des Projektmanagements) kann die Wirtschaftlichkeit von Systementwicklungs-Projekten gewährleistet werden?*

---

1. Die Größenverhältnisse der Bereiche sind willkürlich gewählt und spiegeln nicht die realen Verhältnisse wider.

- *Wie können existierende Systeme (Datenbank, Wissensbank, Anwendungsprogramme,...) an veränderte Bedingungen der Umgebung bzw. an neue Anforderungen bzgl. Funktionalität angepaßt werden?*
- *Wie können die benötigten Informationen / das benötigte Wissen ermittelt werden?*
Dazu gehören Fragen der Wissensakquisition im KE-Bereich und der Informationsbedarfs-ermittlung und -analyse im ISE sowie der Analysephase im SE. Während im KE eine Vielzahl von Arbeiten zu diesem Aspekt existieren, wird er in den anderen Gebieten etwas vernachlässigt.
- *Wie können Daten, Wissen und Verhalten eines Systems beschrieben werden?*
- *Wie können Ausnahmen berücksichtigt werden?*
Die Beschreibung und sinnvolle Behandlung von Ausnahmen wird sowohl im KE als auch im ISE untersucht, eine Übersicht gibt [ObS91].
Semantische Integritätsbedingungen (z.B. "wenn X Angestellter, dann Alter(X) <= 65") werden im ISE verwendet, um bestimmte fehlerhafte Daten durch das System erkennen zu können. Ähnlich wie in Wissenbanken stellen sich Fragen der Widerspruchsfreiheit oder auch Redundanz für Mengen von Integritätsbedingungen (vgl. [Man90]).
- *Wie können existierende Entwicklungsdokumente, Software-Komponenten, Wissens- bzw. Datenbestände wiederverwendet werden?*
Zur Förderung von Wiederverwendung werden insbesondere in SE und ISE objektorientierte Vorgehensweisen vorgeschlagen. Im KE wurde die Wiederverwendung sog. Problemlösungsmethoden vorgeschlagen [BWS87].

Für eine vergleichende Beurteilung der Behandlung solcher gleichartigen Fragestellungen im KE, SE bzw. ISE ist zu prüfen, ob sich die in den unterschiedlichen Bereichen bereits existierenden Lösungsvorschläge tatsächlich substantiell voneinander unterscheiden.

2.2 Bereichsübergreifend eingesetzte Vorgehensmodelle und Methoden

- Die in der Praxis eingesetzten Vorgehensmodelle im SE, ISE und KE basieren vielfach auf Varianten des Phasenmodells aus dem SE. Arbeiten im Zusammenhang mit Vorgehensmodellen bilden einen Schwerpunkt der aktuellen SE-Forschung (vgl. beispielsweise die Reihe "European Workshop on Software Process Technology" [Der92]). In allen Bereichen beginnt sich die Auffassung durchzusetzen, daß Vorgehensmodelle für die Systementwicklung zunächst unabhängig von konkreten Methoden definiert werden sollten. Insbesondere das Spiralmodell [Boe88] wird als Vorgehensmodell für die Systementwicklung auch im Bereich wissensbasierter Systeme vorgeschlagen [AFL93].
- Im Bereich der Wissensrepräsentationssprachen bzw. Datenmodelle besteht schon seit Ende der 70er Jahre ein reger Transfer, der - ausgehend von den semantischen Netzen - insbesondere zur Entwicklung semantischer Datenmodelle geführt hat.
Ein eher untypischer Transfer in der entgegengesetzten Richtung - aus dem Bereich Datenmodelle in den Bereich der Wissensrepräsentationssprachen - stellt die Integration von statischen und dynamischen Integritätsbedingungen in Frame-Repräsentationssprachen dar, wie sie in [Rei87] vorgestellt wird.
- Ein weiteres, davon unabhängiges Beispiel für einen Transfer stellen die in [All83] vorgeschlagenen Konzepte zur Repräsentation von temporalem Wissen dar, die vielfach Eingang im Bereich der konzeptuellen Modellierung des ISE fanden, insbesondere bei der Verhaltensmodellierung.
- Einerseits zur Wissensrepräsentation und andererseits zur formalen Fundierung der vorhandenen Wissensrepräsentationsformalismen werden insbesondere in den Bereichen ISE und KE logikbasierte Formalismen angewandt [KLW90, CGT89].
- Prototyping bzw. Simulation zur Validierung von Entwicklungs-Dokumenten sind im KE, SE und ISE weit verbreitet.
- Hypertext wird zur Strukturierung von informalen bzw. semi-formalen Entwicklungs-Dokumenten sowohl im KE und SE als auch ISE eingesetzt [NeO92].

- Zur Repräsentation dynamischen Wissens werden Petri-Netze vor allem im Bereich ISE eingesetzt [NOS92]. Petri-Netze werden auch zur Wissensrepräsentation vorgeschlagen [DGM90, Fid86, Ker91, VVW93]. Um Petri-Netze in Verbindung mit Wissensrepräsentationssprachen einsetzen zu können, ist es sinnvoll, höhere Petri-Netz-Varianten zu verwenden, die eine Behandlung von Objekten mit komplexen Strukturen ermöglichen. Die Modellierung von Operationen auf solchen komplexen Objekten mit erweiterten Prädikate/Transitionen-Netzen beschreibt [ObS92].
- Methoden aus dem Bereich der Strukturierten Analyse [You89] (Datenflußdiagramme, Zustandsübergangsdiagramme, Pseudocode) werden seit neuerem auch im Bereich KE zur Beschreibung des dynamischen Verhaltens von Systemen eingesetzt [AFL93].

3 Die gewählten Vorgehensweisen in der Arbeitsgruppe

Nachfolgend wird die Vorgehensweise, sowie die Methoden und Werkzeuge, die die Mitglieder der Arbeitsgruppe für die Bearbeitung der Fallstudie einsetzen, kurz zusammengefaßt:

Im Projekt MIKE (Modellbasiertes und Inkrementelles Knowledge Engineering) [AFL93] (J. Angele, D. Fensel, D. Landes, R. Studer (Universität Karlsruhe) wird eine Methodensammlung zum Bau von Expertensystemen entwickelt und ein prototypisches Werkzeug konzipiert und realisiert. Dazu werden die Vorteile von Vorgehensmodellen, formalen Spezifikationssprachen und Prototyping in einen homogenen Ansatz integriert. Im Prozeßmodell von MIKE wird der Entwicklungsprozeß in die Phasen Akquisition, Design, Implementierung und Evaluierung unterteilt, die zyklisch durchlaufen werden, um das System inkrementell zu entwickeln. Die Akquisition wird ihrerseits in die Teilschritte Aufgabenanalyse, Modellbildung und Modellevaluierung unterteilt, die auch zyklisch durchlaufen werden, so daß das Ergebnis der Akquisition, das Modell der Expertise, inkrementell durch exploratives Prototyping erstellt werden kann. Das Modell der Expertise wird einerseits mit einer semiformalen Darstellung basierend auf Hypertext, im sog. Hypermodell [Neu93], und mit der formalen und ausführbaren Sprache KARL beschrieben. KARL integriert Elemente der Strukturierten Analyse und von objektorientierten Datenmodellen. Ausgehend von der Beschreibung der funktionalen Anforderungen im Modell der Expertise konzentriert man sich dann in einer Design-Phase auf Realisierungsaspekte und nicht-funktionale Anforderungen wie Effizienz, Wartbarkeit usw. Zur Beschreibung des sog. Hypermodells steht das Werkzeug CoMoKit (Universität Kaiserslautern / Universität Karlsruhe) zur Verfügung; für die Validierung des Modells der Expertise befindet sich ein Interpreter/Debugger für KARL in der Entwicklung.

H.J. Cleef (Universität Karlsruhe) teilt den Entwicklungsprozeß in 6 Schritte ein: (1) strukturierte Beschreibung und Spezifikation der Aufgabenstellung als ein System einschl. der Identifikation der benachbarten Systeme und der Schnittstellen, (2) strukturierte Beschreibung und Spezifikation des zu entwickelnden DV-Systems, (3) vollständige Modularisierung des DV-Systems und Spezifikation aller Module, (4) Implementation, (5) Integration, (6) Einführung. Als Methoden werden Structured Analysis & Information Modelling mit den Beschreibungsmitteln Datenflußdiagramme, E/R-Modell [ElN89], Data Dictionary für Schritte 1 und 2 eingesetzt und Structured / Modular Design nach DeMarco/Yourdon für Schritt 3. In Schritt 1 und 2 kommen ProMOD/SA und ProMOD/IM (Fa. CAP Debis GEI) zum Einsatz.

G. Kellermann und H. Voß (GMD) erheben als erstes das für die Problemlösung relevante Wissen und stellen Aufgabenstellung und erhobenes Wissen zunächst in informeller Form dar. Dieser Schritt orientiert sich an der Modern Structured Analysis-Methode sowie an Vorschlägen aus dem KADS-Projekt zum Organisations-, Task- und Kooperations-Modell [WSB92]. Im zweiten Schritt wird inkrementell ein konzeptuelles Modell entwickelt, das sich aus den vier Wissensebenen von KADS zusammensetzt und mit der ausführbaren Sprache MoMo (GMD) beschrieben wird. Das ausführbare konzeptuelle Modell wird als evolutionärer Prototyp weiter verfeinert. Für die Implementierung soll neben MoMo das Truth Maintenance System EXCEPT II (GMD) Verwendung finden.

M. Leppert (Siemens) verfolgt einen objekt-orientierten Ansatz nach Wirfs-Brock et al. [WWW90]. Dabei wird nach der anfänglichen Identifizierung relevanter Objekte in der Analysephase ein Objektmodell aufgebaut, in dem diese näher beschrieben werden, wobei besonderes Augenmerk darauf liegt, für welche Aspekte welche Objekte im besonderen zuständig sind und welche Kommunikationsbeziehungen vorliegen. Die Beschreibung des Objektmodells erfolgt mit Class-Responsibility-Collaborator-Karten und wird in der Konstruktionsphase in ein reales Modell umgesetzt.

Im Ansatz von F. Maurer (Universität Kaiserslautern) besteht die Spezifikation der Problemlösung aus Beschreibungen von Konzepten, Aufgaben und Agenten in Form eines Hypertextnetzwerks, das die Grundlage für die Evaluierung der Spezifikation darstellt. In einem anschließenden Schritt können Aufgaben operationalisiert werden. Erstellung und Evaluierung werden durch das Werkzeug CoMo-Kit (Universität Kaiserslautern / Universität Karlsruhe) unterstützt.

A. Oberweis und G. Scherrer (Universität Karlsruhe) verwenden das Vorgehensmodell Pro-MISE (Project Model for Information System Evolution): Die Phasen Planung, Anforderungsdefinition und -analyse, Entwurf, Implementation, Test und Dokumentation, Installation, Einsatz und Wartung werden zyklisch bearbeitet. Jede Phase enthält u.a. einen phasenbezogenen Planungsschritt sowie Validierungs- und Verifizierungsschritte. Diese Schritte sind selbst ebenfalls zyklisch zu durchlaufen. Jede Phase beginnt mit einem - so weit wie möglich formalen - Transformationsschritt, bei dem die Resultate der vorhergehenden Phasen in (initiale) Resultate der aktuellen Phase überführt werden. Als Methoden, Beschreibungssprachen werden u.a. Datenflußdiagramm-Hierarchien, Beziehungs-Matrizen, semantische Datenmodellierung (binäres ER-Modell, SHM), Modellierung mit höheren Petri-Netzen (Pr/T-Netze, NR/T-Netze), Prototyping/Simulation verwendet. Als Werkzeuge werden INCOME (Fa. PROMATIS [INC93]) bzw. INCOME/STAR (Weiterentwicklung Uni Karlsruhe [NOS92]) und ORACLE*-CASE eingesetzt. Diese stellen Editoren für die verschiedenen Diagramm-Typen, Generatoren (z.B. DB-Generator, Source-Code-Generator), Simulator für Pr/T-Netze sowie Analysewerkzeuge bereit.

H.J. Ott (Berufsakademie Heidenheim) verwendet ein Vorgehensmodell, das die Einbeziehung der Organisation, in die das EDV-System eingreift, in den Entwicklungsprozeß betont. Folgende Phasen sind vorgesehen (mit Schleifen und Rückkopplungen, d.h. i.a. kein lineares Durchlaufen): Projektdefinition, Spezifikation des bestehenden Ausgangs-Systems und Auswertung, Optimierung der Organisation in Modifikationszyklen und Dokumentation, Anforderungsanalyse, Spezifikation der Software, Codegenerierung und Testen. Das Vorgehensmodell ist weitgehend unabhängig von speziellen Methoden bzw. Beschreibunssprachen, eingesetzt werden können z.B. Organigramme, Gantt-Charts, SADT, Coad/Yourdon [CoY91a,b], ERM, Flußdiagramme, Entscheidungstabellen. Zur Unterstützung wird das Werkzeug SYSCASE eingesetzt, das Komponenten für die einzelnen Phasen bereitstellt.

T. Pirlein (IBM / Universität Karlsruhe) lehnt sich bei seinem Ansatz an die Methode von Ward und Mellor [WaM85] an, eine Weiterentwicklung von SADT. Dabei besteht die Spezifikation aus einem Data Schema, das die Datensicht auf die Problemlösung wiedergibt und mit der Logiksprache L_{LILOG} beschrieben wird. Die Prozeß- und Kontrollsicht auf die Problemlösung findet sich im Transformation Schema, dem zweiten Bestandteil der Spezifikation, das mit Hilfe von Datenflußdiagrammen sowie endlichen Automaten beschrieben wird. Durch die Einbettung von L_{LILOG} in die Wissensrepräsentationsumgebung LILOG-KR (IBM) und deren Integration in das CASE-Werkzeug Excelerator besteht die Möglichkeit, die Spezifikation lauffähig zu machen und so durch inkrementelles Prototyping zu evaluieren.

M. Riebisch (Universität Ilmenau) folgt dem Ansatz zur objektorientierten Analyse nach Coad/Yourdon. Bei seinem Phasenmodell werden die Phasen Problemraum, Mensch-Maschine-Kommunikation, Daten- bzw. Informationsmanagement, Wissensverarbeitung und Taskverwaltung unterschieden. Für jede dieser Phasen werden 3 Teilphasen unterschieden: Analyse, Strukturierung und Definition, die mit Analyse, Spezifikation und Entwurf im traditionellen Software Engineering gleichgesetzt werden. Somit wird also in jeder der 5 Hauptphasen ein bestimmter Aspekt des Systems innerhalb der 3 Teilphasen bis zum Entwurf hin ausgearbeitet. Die verwendeten Beschreibungselemente sind an den von Coad/Yourdon vorgeschlagenen Beschreibungsmitteln orientiert.

A. Schwanke (Philips) verwendet ein Vorgehensmodell, das die Schritte Datenmodellierung, Funktionenmodellierung und Dialogmodellierung vorsieht. Zur Datenmodellierung wird das Entity-Relationship-Modell eingesetzt, zur Funktionen- und Dialogmodellierung Structured Analysis.

4 Ausblick

Die Arbeitsgruppe hat ihre Arbeit im März 1993 aufgenommen und als erste Tätigkeit die Bearbeitung der Fallstudie "Wissensbasiertes System zur Tagungsverwaltung" festgelegt. Mit der Durchführung der Fallstudie sind folgende Ziele verbunden:

- Es soll ein gegenseitiges Verständnis der verschiedenen Vorgehensmodelle und Methoden, die zur Bearbeitung der Fallstudie eingesetzt werden, erreicht werden.

- Darauf aufbauend sollen Gemeinsamkeiten und Unterschiede der verwendeten Vorgehensmodelle und Methoden herausgearbeitet werden. Dabei ist speziell von Interesse, inwieweit bestimmte Aspekte der Aufgabenstellung von bestimmten Methoden besser behandelt werden können als von anderen.

- In einem weiteren Schritt soll dann analysiert werden, welche spezifischen Eigenschaften Vorgehensmodelle und Methoden aufweisen, die in den Teildisziplinen SE, ISE und KE entwickelt worden sind. Dabei ist dann auch die Frage zu beantworten, ob Unterschiede innerhalb der einzelnen Teildisziplinen kleiner sind als zwischen SE, ISE und KE.

Diese Analysen sollten den Ausgangspunkt bilden für eine Charakterisierung von Vorgehensmodellen und Methoden, die für die Entwicklung von Softwaresystemen eingesetzt werden können, die u.a. aus Datenbank- und wissensbasierten Komponenten aufgebaut sind.

Literatur

[AFL93]　J. Angele, D. Fensel, D. Landes, S. Neubert, R. Studer: Model-based and incremental knowledge engineering: the MIKE approach. Erscheint in: J. Cuena (Hrsg.): Proc. IFIP TC12 Workshop on Artificial Intelligence from the Information Processing Perspective, Madrid 1992, Elsevier, Amsterdam, 1993.

[All83]　J.F. Allen: Maintaining Knowledge about Temporal Intervals. In *Communications of the ACM 26(11)*, 1983, 832-843.

[Boe88]　B.W. Boehm: A Spiral Model of Software Development and Enhancement. In *ACM SIGSOFT 11(4)*, 1988, 21-42.

[BWS87]　J. Breuker, B. Wielinga, M.v. Someren, R. de Hoog, G. Schreiber, P. de Greef, B. Bredeweg, J. Wielemaker, J.-P. Billault: Model-Driven Knowledge Acquisition: Interpretation Models. Report Esprit Projekt P1098, Universität Amsterdam, 1987.

[Chr92]　G. Chroust: *Modelle der Software-Entwicklung*. Oldenbourg, München, 1992.

[CGT89]　S. Ceri, G. Gottlob, L. Tanca: What You Always wanted to Know About Datalog (And Never Dared to Ask). In *IEEE Transactions on Knowledge and Data Engineering 1(1)*, 1989, 146-166.

[CoY91a]　P. Coad, E. Yourdon: *Object-oriented Analysis*. 2. Auflage, Prentice Hall, Englewood Cliffs, 1991.

[CoY91b]　P. Coad, E. Yourdon: *Object-oriented Design*. Prentice Hall, Englewood Cliffs, 1991.

[Der92]　J.C. Derniame (Hrsg.): *Software Process Technology, Second European Workshop EWSPT'92* (Trondheim/Norwegen). LNCS 635, Springer, Berlin, 1992.

[DGM90]　A. DiStefano, F. Gibilisco, O. Mirabella: Modelling of distributed problem solving using logic modified Petri nets. In: C. Rattray (Ed.): Specification and Verification of Concurrent Systems, Springer, London, 1987.

[ElN89]　R. Elmasri, S.B. Navathe: *Fundamentals of Database Systems*. Benjamin/Cummings, Houston, 1989.

[Fid86]　M. Fidalek: Wissensdarstellung und -verarbeitung auf der Basis von Petri-Netzen. Arbeitspapiere der GMD 225, GMD, Sankt Augustin, 1986

[FRS89]　C. Floyd, F.-M. Reisin, G. Schmidt: STEPS to Software Development with Users. In: C. Ghezzi, J.A. McDermid (Hrsg.): Proc. 2nd European Software Engineering Conference ESEC'89. LNCS 387, Springer, Berlin, 1989, 48-64.

[INC93]　INCOME User Manuals: INCOME/Designer, INCOME/Dictionary, INCOME/ Generator, PROMATIS Informatik, Karlsbad, 1993.

[Ker91]   R. Kerr: *Knowledge-based manufacturing management*. Addison-Wesley, Sydney, 1991.

[KLW90] M. Kifer, G. Lausen, J. Wu: Logical Foundations of Object-Oriented and Frame-Based Languages. Technical Report 90/14 (2nd revision), Department of Computer Science, SUNY at Stony Brook, New York, August 1990.

[Man90] R. Manthey: Integrity and recursion: two key issues for deductive databases. In: D. Karagiannis (Ed.): *Information Systems and Artificial Intelligence: Integration Aspects*. LNCS 474, Springer, Berlin, 1990, 104-126.

[Neu93] S. Neubert: Model Construction in MIKE (Model Based and Incremental Knowledge Engineering). In *Proceedings of the 7th European Knowledge Acquisition for Knowledge-Based Systems Workshop EKAW'93* (Toulouse, France, September 6-10), 1993.

[NeO92] S. Neubert, A. Oberweis: Einsatzmöglichkeiten von Hypertext beim Software Engineering und Knowledge Engineering. In: R. Cordes, N. Streitz (Hrsg.): Proc. Hypertext und Hypermedia 92, München. Springer, Berlin, 1992, 162-174.

[NOS92] T. Németh, A. Oberweis, F. Schönthaler, W. Stucky: INCOME: Arbeitsplatz für den Programmentwurf interaktiver betrieblicher Informationssysteme. Forschungsbericht 251, Institut für Angewandte Informatik und Formale Beschreibungsverfahren, Universität Karlsruhe, 1992.

[ObS91] A. Oberweis, W. Stucky: Die Behandlung von Ausnahmen in Software-Systemen. In *Wirtschaftsinformatik 33(6)*, 1991, 492-502.

[ObS92] A. Oberweis, P. Sander: The specification of complex object behaviour by high-level Petri nets. Forschungsbericht 254, Institut für Angewandte Informatik und Formale Beschreibungsverfahren, Universität Karlsruhe, 1992.

[Rei87]   U. Reimer: *FRM: Ein Frame-Repräsentationsmodell und seine formale Semantik*. Springer, Berlin, 1987.

[Stu92]   R. Studer (Hrsg.): *Informationssysteme und Künstliche Intelligenz: Modellierung*. Informatik Fachberichte 303, Springer, Berlin, 1992.

[VVW93] A. Voß, H. Voß, J. Walther: Model-driven prototyping - prototype-driven modeling for knowledge-based systems. In *Proceedings of Requirements Engineering RE'93 - Prototyping -*, Bonn, 25-27 April 1993, H. Züllighoven (ed.), Teubner Verlag, 1993.

[WaM85] P.T. Ward, S.J. Mellor: *Structured Development of Real Time Systems, Vol. 1: Introduction and Tools*. Prentice Hall, Englewood Cliffs, 1985.

[WSB92] B.J. Wielinga, A.Th. Schreiber, J.A. Breuker: KADS: A Modelling Approach to Knowledge Engineering. In *Knowledge Acquisition 4(1)*, 1992, 5-53.

[WWW90]R. Wirfs-Brock, B. Wilkerson, L. Wiener: *Designing Object-Oriented Software*. Prentice Hall, Englewood Cliffs, 1990.

[You89] E. Yourdon: *Modern Structured Analysis*. Prentice Hall, Englewood Cliffs, 1989.

Entwicklung sicherer Software
(Fachgruppe 0.1.7 Semantik und Spezifikationen und Fachgruppe 2.1.4 Alternative Konzepte für Sprachen und Rechner)

Die Entwicklung sicherer Software ist einerseits ein wachsendes Bedürfnis und andererseits seit vielen Jahren ein vorrangiges Ziel der Softwaretechnologie. Mit dem Fachgespräch sollen
- der aktuelle Stand bezüglich konzeptueller Ansätze, Tools und Entwicklungsumgebungen dargestellt,
- Erfahrungen bei der Anwendung von Spezifikationssprachen, mit rechnergestützten Korrektheitsbeweisen, bei der Nutzung lauffähiger Spezifikationen u.a.m. präsentiert werden,
- die vorhandenen Defizite aufgezeigt
- und die Möglichkeiten und Voraussetzungen für eine breite Nutzung in der kommerziellen Softwareentwicklung diskutiert werden.

Koordination: Prof. Dr. J. Ebert Universität Koblenz-Landau
Prof. Dr. S. Jähnichen, TU Berlin
Prof. Dr. H. Reichel, TU Dresden

Korrekte Software: Nur eine Illusion?

Maritta Heisel
Technische Universität Berlin
FB Informatik – Softwaretechnik
Franklinstr. 28-29, Sekr. FR 5-6
D-10587 Berlin
heisel@cs.tu-berlin.de

Debora Weber-Wulff
Technische Fachhochschule Berlin
FB Informatik
Luxemburger Str. 10
D-13353 Berlin
dww@informatik.tfh-berlin.dbp.de

Zusammenfassung

Es wird oft behauptet, daß es zwar eine nette, akademische Übung sei, die Korrektheit von kleinen Programmen nachzuweisen. Es sei aber eine Illusion, daß korrekte Software weite Verbreitung in der Industrie erfahren könne. In diesem Artikel wollen wir uns mit dieser Illusion „Korrektheit" auseinandersetzen, und zeigen, warum wir der Meinung sind, daß Korrektheit eine kommende Realität ist.

aus einer amerikan. Zeitung

In diesem Artikel wollen wir der Frage nachgehen, wie das scheinbar illusorische routinemäßige Führen von Korrektheitsnachweisen für Software in der industriellen Praxis erreicht werden kann. Zunächst beschäftigen wir uns mit den gängigsten Argumenten für die Unmöglichkeit der Produktion von beweisbar korrekter Software. Im Anschluß zeigen wir, daß Korrektheit für sichere Software unabdingbar ist, obwohl ein Korrektheitsbeweis nicht alle Probleme lösen kann. Wir stellen einige Thesen zur praktischen Realisierbarkeit von Korrektheitsnachweisen auf. Insbesondere werden Anforderungen an Werkzeuge aufgestellt, die Softwareentwicklerinnen[1] beim Korrektheitsbeweis unterstützen sollen. Zum Schluß diskutieren wir, warum die genannten Voraussetzungen technisch und wirtschaftlich gesehen auch hinreichend sind, selbst wenn die Verwirklichung des Zieles noch Einiges an Zeit und Geld in Anspruch nehmen wird.

Wegen finanzieller Beschränkungen konnte dieser Beitrag nicht in voller Länge erscheinen. Der vollständige Beitrag kann bei den Autorinnen angefordert werden.

---

[1] Wir verwenden in diesem Artikel durchweg weibliche Bezeichnungen, meinen aber selbstverständlich unsere männlichen Kolleginnen mit.

Towards Correctness, Efficiency and Reusability
of Transformational Developments

Extended Abstract

Bernd Krieg-Brückner, Junbo Liu, Burkhart Wolff, Hui Shi
Universität Bremen[1]

1. Introduction

The methodology of program development by transformation, as it is represented in the PROSPECTRA project ([KKLT 91], [HK 93]), for example, integrates the tasks of program construction and verification. Both are carried out as fundamental parts of the development process. The implementor starts with a formal requirements specification defining the essential requirements in the interface that a software system or component must satisfy. This initial specification is then gradually refined into an optimised, executable, possibly machine-oriented specification. Refinement is achieved by stepwise application of pre-conceived, correctness-preserving transformations.

For reusability of transformational developments, one would like to abstract from a particular development (let us say a sequence of transformations) to a class of developments such that it becomes re-usable in a similar (but not identical) situation. This calls for powerful matching descriptions ("higher-order matching") and strategies for selecting a particular match (matching strategies).We outline here a meta-language that has a powerful application tactics (and strategy) sublanguage to alleviate the need for the tedious application of single rules (this is similar for proof systems). One way to aid the development of efficient meta-programs is to use the development methodology and system for the object specification language at the meta-level as well, with automatic translation to a specialised target language for manipulating object programs. Such a uniform approach was suggested in PROSPECTRA. In PROSPECTRA2[2], we envisage to use transformations at the meta-level as well to develop optimised meta-programs (tactics and strategies).

2. Transformational Development

Transformations are applied by the system with interactive guidance from the implementor and represent corresponding design decisions. Transformations are correct modulo applicability conditions; these conditions can be thought of as a means of determining the correctness of a general purpose transformation in a particular context. Applicability conditions are an integral part of a transformation, and transformations are considered to be the fundamental structures through which development goals are achieved.

Three aspects of transformations are important (judging from the experience of PROSPECTRA). Firstly, *parameterized* transformations provide a very powerful mechanism to reflect the developers' design decisions with respect to the corresponding domain knowledge. Secondly, *context-sensitive* transformations provide the possibility to apply a transformation locally where the transformation is a function of the global context that is used to guarantee its universal correctness. Lastly, a transformation subject to some *applicability condition* requires that some proof obligations be discharged in order to ensure that the transformation is correctness-preserving.

1. Universität Bremen, FB3 Informatik, Postfach 330440, D 28334 Bremen, Germany.
E-mail: {bkb, liu, bu, shi}@informatik.uni-bremen.de
2. This work is partially supported by the German Ministery of Research and Technology (BMFT) as part of the project "KORSO – Korrekte Software".

Let us consider an example from the catalogue in [HK93]: *"split of postcondition"* whose goal is to synthesize a recursive version of a function f from its predicative specification if the developer can supply as parameters an appropriate recursion function $H(x,y)$ and a starting value $E(x)$. A semi-formal notation is employed.The applicability conditions that have to be proved use a generated termination function t.

<table>
<tr><td>

axiom for all x: S; z: R =>
  $z = f(x)$ –> **B**(x, z) **and Inv**(x, z);

Parameters: $E(x)$, $H(x,y)$;

</td><td>

g: S # R --> R;
axiom for all x: S; y: R =>
$f(x) = g(x, E(x))$, **B**(x,y) –> $g(x,y) = y$,

</td></tr>
</table>

Applicability Conditions:
  Inv$(x, E(x))$, **Inv**(x,y) **and** $\neg$**B**(x,y) –> **Inv**$(x,H(x, y))$,
   for all x: S => **defined** $(t(x, E(x))$ **and** $B(x,t(x, E(x)))$ = true,
  where t: S # R --> R;
      axiom for all w: S; v: R => **B**(w,v) –> $t(w,v) = v$,

3. Correctness

In transformational development, the correctness is split into the correctness of the transformation (realising, for example, a development step from a formal requirement specification to a program, guaranteeing that the program meets its specification in some logical calculus) and the proof of the applicability conditions at the application.

We know of no transformation system in practical use whose transformation rules have actually been proved to be correctness-preserving according to the semantics of the object language. Tactics for application are usually buried in complex (meta-)programs and not available for formal reasoning (this is the same for proof systems). Thus a semantic framework is called for that allows formal reasoning at the meta-level (correctness of rules, their composition, and tactics) in relation to the semantics of the object language. The framework envisaged in PROSPECTRA2 tries to abstract from the semantics/logics of a particular object language such that a set of rules need not be adapted and proved over and over again for each new object language. Proofs at the meta-level should be possible with system support to guarantee eventual complete correctness of the approach.

Recent work considers logic representation in an arbitrary meta-logic, and related correctness problems. In [Liu 93], the framework given in [HST 89] for defining semantic interpretations of logic representations using the LF logical framework [HHP 87] as a meta-logic has been generalized. The requirements on a meta-logic besides LF (for there may be logics other than LF that are more suitable as meta-logics and more convenient for developing "object" logical systems) are investigated. This generalized framework is then used for building logic-independent specifications and developments. More concretely, some specification building operators in [ST 86] are investigated again, in a logic-independent manner, relying on the extended framework. Additionally, some new specification building operators are defined that treat the inter-logic aspects of structured specifications. This setting may eventually be considered as a firm semantic basis for developing logic-independent correctness-preserving transformations.

4. Efficiency

At the object-level, applicability conditions need to be established before a transformation rule can be applied. The requirement for efficiency calls for utmost automation, first of all to relieve the user from superfluous and tedious interactive proofs, secondly also to allow composition of rules and the use of rules in tactics without the need for intermediate user interaction. The solution in PROSPECTRA is to formulate context conditions in such a way that techniques from compiler construction can be applied to evaluate, and to incrementally re-evaluate after application of a rule, such conditions in an efficient way. The features of the meta-language to formulate context conditions will be defined in such a way that translation to attribution rules is possible. Context information not only encompass static semantic attributes and conditions such as those on typing or visibility of identifiers in the object language, but also e.g. the so-called "local theory" in PROSPECTRA that allows access to the axioms (derived lemmata etc.) from all specifications that are visible at a given position. This information (e.g. that an operation is associative) can obviously be used in interactive or automated proofs, but also in automatic simplification or normalisation (if a set of axioms can be interpreted as a set of terminating rewrite rules) and to obtain parameters for a transformation rule implicitly (e.g. the neutral element corresponding to an associative operation in a monoid). The need for effective parameterization in interactive dialogue with the user, appropriate graphical presentation and editing facilities, checking of static semantic conditions etc. was already recognised and dealt with in PROSPECTRA and will not be further discussed here.

5. Reusability through Extended Matching and Meta-Development

One of the greatest challenges is the reusability of transformational developments. One would like to abstract from a particular development (let us say a sequence of transformations) to a class of developments such that it becomes re-usable in a similar (but not identical) situation. The first consequence for a transformation system (and meta-language) to cater for re-usability is thus to give up the "point at a fragment of an object program and apply a transformation (from a menue of applicable transformations) here" paradigm (which was used in the PROSPECTRA system) in favour of "given an outlined area in an object program and a transformation, find a fragment where it matches and apply it"; thus, for a given area, a set of transformations may be applicable at a set of fragments each. This calls for powerful matching descriptions ("higher-order matching") and strategies for selecting a particular match (matching strategies).

Transformation can be seen as a form of deduction, applying transformation rules in a kind of rewriting process. In this sense it is quite analogous to semi-automatic, interactive theorem proving, from a theoretical and a practical point of view (the "transformational paradigm" has been used successfully in the Proof and Tactics Editor of the PROSPECTRA system). The distinguishing features are the extendible nature of a large number of quite complex transformation rules and the need for powerful applicability conditions; in contrast, the set of proof rules is usually fixed and well known, their number is relatively small, and the application of proof rules is generally context-free.

5.1 Extended Higher-Order Matching

An abstract notion of transformation has to cope with its *non-deterministic* nature. The major source for non-determinism is the existence of *several* redeces in a term for a rewrite step (see next section). Even the application of a rule may be non-deterministic. Consider our example. It is a design decision, which of two given conjuncts in a specification should be regarded as **B**, the predicate terminating the recursion, and **Inv**, the invariant predicate. Note that both denote fragments and thus correspond to higher-order functions requiring higher-order matching.

Instead of matching modulo a set of equations (denoting, for example, that the operator **and** is commutative), we introduce matching combinators that achieve the same effect but make the commutation of order explicit. Such matching combinators can be defined in so called *MC-equations* in a very general way, denoting, for example, permutations, sequencing of terms, etc. Let us consider the MC-equation for two simple matching combinators here:

```
switch:  bool –> pair T –> pair T
switch   false  (X, Y) = (X, Y)
switch   true   (X, Y) = (Y, X)

choose:  bool –> pair T –> pair T
choose   true   (X, Y) = X
choose   false  (X, Y) = Y
```

and an application to laws on booleans below:

morgan $\equiv$ **[not** (*choose* S **(and, or)** (X, Y)) $\Rightarrow$*choose* S **(or, and)** **(not** X, **not** Y)**]**

distrib1 $\equiv$ **[and** (*switch* S **(or** (X, Y), Z)) $\Rightarrow$
    or (and (*switch* S (X, Y))**, and** (*switch* S (X, Z))**)]**

absorb $\equiv$ **[not (not** X) $\Rightarrow$ X**]**

as well as an application to the transformation rule example above:

$z = f(x)$ –> **and** (*switch Sw* (**B**(x, z, **Inv**(x, z));

This way, either one or the other of two conjuncts is chosen as **B** or **Inv**, resp., depending on the value of *Sw* which is supplied as an additional parameter by the user (possibly with the value **false** as default). If the value of *Sw* is not supplied (i.e. *Sw* is an unbound variable), the matching algorithm can *guess* one of the possible arguments. For the class of MC-equations, matching combinators represent functions that are finitely and effectively reversible (see [SW 93] for more details). Guessing of combinator arguments increases the expressive power of the matching language and represents a source of non-determinism, similar to extended rewriting (see [Klop 92]).

5.2 Tactical Terms

Semantically, a rule $A \Rightarrow B$ denotes a relation on terms of a particular type, relating "matched terms" to "reduced terms". Hence, combining forms of rules (called *tactical terms*) represent higher-order relations. Tactical terms can represent the knowledge of "where" applying "which" rules "how often". We introduce the following atomic tactical terms:

$$S ::= [R] \qquad\qquad | \quad \text{-- embedding of rules, e.g. } [A \Rightarrow B]$$
$$S \circ S \qquad\qquad | \quad \text{-- composition of rewrite relations}$$
$$S_1 \blacktriangleright S_2 \qquad\qquad | \quad \text{-- try to apply } S_1; \text{ if not applicable, then } S_2$$
$$S \cup S \qquad\qquad | \quad \text{-- union}$$
$$c_i (S,..,S) \qquad\qquad | \quad \text{-- "match constructor } c_i \text{ if leaves match } S_j\text{"-relation}$$
$$V \qquad\qquad | \quad \text{-- variables}$$
$$\textit{/V.S} \qquad\qquad | \quad \text{-- recursion-operator}$$

The concept of higher-order relations as tactical terms has been used implicitly in term rewriting theory, e.g. for the *transitive closure* of a rewrite-relation R^*, for the *context-closure* $R^{\sim}$ (if r rewrites to t , then a term $C[r]$ rewrites to $C[t]$) or strategies like $\mathcal{F}_{po}$ *parallel outermost* or $\mathcal{F}_{li}$ *leftmost-innermost* (see [Klop 92]).

It turns out that it is possible to express these higher-order relations in terms of our tactical language (see also [WS 93]). If I represents the identical relation (written as $[\ x \Rightarrow x\ ]$), we can define the tactical combinator "apply as long as possible" or *normalize* using recursion[1]:

$$R^\wedge \equiv /x.\ (R \circ x) \blacktriangleright I$$

This combinator may motivate why reusability of transformational development is in fact of practical importance: Experience suggests that developments consists of very few heureka-applications of transformations, which definitely require user interaction, preceded and followed by large parts of normalizing and conditioning ("bring term t in a particular form") transformation compositions, where user interaction should be avoided.

5.3 Meta- Development of Tactical Terms

The semantics of the tactical language justifies a number of algebraic laws and theorems over tactical terms:

$$(R \cup S) \cup T \equiv R \cup (S \cup T), \qquad R \cup S \equiv S \cup R, \qquad R \cup R \equiv R$$

$$I \subseteq R_1 \to R_1 \blacktriangleright R_2 \equiv R_1, \qquad (R \blacktriangleright S) \blacktriangleright S \equiv R \blacktriangleright S, \qquad R \blacktriangleright (R \blacktriangleright S) \equiv R \blacktriangleright S$$

$$R^\sim \cup S^\sim \equiv (R \cup S)^\sim \qquad dom(R_1) \cap dom(R_2) \equiv \varnothing \to R_1 \cup R_2 \equiv R_1 \blacktriangleright R_2$$

The last conditional axiom states that relations with disjoint domains can be sequentialized via $\blacktriangleright$. This is the basis for a number of well-known facts over "non-overlapping rules" in term rewriting theory.

With these properties, we can transform the definition of disjunctive normal form computation into a more efficient deterministic version:

$$
\begin{aligned}
DNF \equiv\ & (absorb^\sim \cup morgan^\sim \cup distrib1^\sim)^\wedge && \text{-- exists since system is confl. and term.}\\
\equiv\ & (absorb \cup morgan \cup distrib1)^{\sim\wedge} && \text{-- context closure distributes over union}\\
\equiv\ & (absorb \blacktriangleright morgan \blacktriangleright distrib1)^{\sim\wedge} && \text{-- sequentialization}\\
\equiv\ & \mathcal{F}_{li}\ (absorb \blacktriangleright morgan \blacktriangleright distrib1) && \text{-- left innermost-strategy is normalizing}\\
& && \text{-- for left-normal rules (see [Klop 92])}
\end{aligned}
$$

This paradigmatic example may give a flavour of our concept of meta-development, specializing ineffective or inefficient tactical terms into (efficiently) executable ones, using general semantical knowledge over rewrite-relations or the specific syntactical form of rules involved. In general, transformations will be used at the level of meta-development as well .

---

1. The general treatment of recursion requires non-trivial domain theoretic constructions. In this –naive– presentation, we stick to an intuitive, model-theoretic interpretation of "relations" and use recursive tactical combinators only in contexts where they are defined.

6. References

[DJ 90]   N. Dershowitz, J-P. Jouannaud: Rewrite Systems. In: Handbook of Theoretical Computer Science. Elsevier, 1990.

[HHP 87]   R. Harper, F. Honsell, G. Plotkin. A Framework for Defining Logics. Proc. 2nd IEEE Symp. on Logic in Computer Science, Cornell, 1987, 194-204.

[HK 93]   B. Krieg-Brückner, B. Hoffmann (eds.): Program development by Specification and Transformation: The PROSPECTRA Methodology, Language Family, and System. LNCS 680, 1993.

[HL 78]   G. Huet, B. Lang: Proving and Applying Program Transformations Expressed with Second-Order Patterns. Acta Informatica, 11, 1978.

[HST 89]   R. Harper, D. Sannella, A. Tarlecki. Structure and Representation in LF. LFCS Report ECS-LFCS-89-75, Dept. of Computer Science, Uni. of Edinburgh.

[KB 89]   Krieg-Brückner, B.: Algebraic Specification and Functionals for Transformational Program and Meta Program Devlopment. in Diaz, J., Orejas, F. (eds): Proc. TAPSOFT'89 (Barcelona), Vol. 2. LNCS 352, 1989, 36-59.

[KKLT 91]   Krieg-Brückner, B., Karlsen, E., Liu, J., Traynor, O.: The PROSPECTRA Methodology and System: A Unified Development Framework. In Proc. VDM '91, Springer Verlag, LNCS 552, 1991, 361-397.

[Klop 92]   J.W. Klop: Term Rewriting Systems. Appeared in: S. Abramski, Dov. M. Gabbay, T.S.E. Maibaum (eds): Handbook of Logic in Computer Science, Chapter 1. Oxford Science Publications, 1992.

[Liu 93]   J.Liu: A Semantic Basis for Logic-Independent Transformation. Korso Report, Universität Bremen, 1993.

[ST 86]   Sannella, D., Tarlecki, A.: Extended-ML: an Institution Independent Framework for Formal Program Development. LNCS 240, (1986).

[SW 93]   Shi, H., Wolff, B.: Second-Order Matching with Matching Combinators. KORSO Report, FB3 Informatik, Universität Bremen, 1993.

[WS 93]   Wolff, B., Shi, H.: Towards a Meta-Language for Reusable Transformational Developments. KORSO Report, FB3 Informatik, Universität Bremen, 1993.

Generische Sprachen in Systemen zur formalen Softwareentwicklung *
— Extended Abstract —

Matthias Anlauff, Martin Beyer, Thomas Santen

TU Berlin, Softwaretechnik
Sekr. FR 5-6
Franklinstraße 28/29
10587 Berlin
email: {ma,beyer,santen}@cs.tu-berlin.de

Das vollständige, aus Kostengründen hier nicht veröffentlichte Papier kann bei den Autoren bezogen werden.

1   Einleitung

Formale Methoden werden eingesetzt, um von einer präzisen, d.h. mathematischen Beschreibung eines Problems zu einer korrekten Implementierung zu gelangen. In der Praxis wird bereits das im Gegensatz zur „formalen" Programmentwicklung „rigoros" genannte Vorgehen eingesetzt. Hier werden Beweisverpflichtungen aufgeschrieben, aber nicht in einem logischen Kalkül bewiesen. Dieses Vorgehen trägt zu einer Verbesserung der Zuverlässigkeit und Wartbarkeit der Software bei. Garantierte Korrektheit von Software bzgl. einer Spezifikation kann es aber nur geben, wenn alle Beweisverpflichtungen auch tatsächlich formal erfüllt werden.

Zur formalen Entwicklung beweisbar korrekter Software im industriellen Umfang ist eine umfangreiche Systemunterstützung unabdingbar. Zu den aus dem klassischen Software-Engineering bekannten Problemen bei der Verwaltung großer Softwareentwicklungen kommen die Probleme der formalen Behandlung des Entwicklungsprozesses hinzu. Das Vertrauen in die Korrektheit der Software beruht auf dem Vertrauen in die Korrekheit der entsprechenden Beweise. Daher ist eine sehr detaillierte Durchführung der Beweise in einem logischen Kalkül erforderlich. Die Länge der so entstehenden Beweise macht eine maschinelle Unterstützung bei der Beweisführung erforderlich.

Beim heutigen Stand der Wissenschaft und Technik kann nicht davon ausgegangen werden, daß alle Korrektheitsaspekte eines großen Softwaresystems in einem einzigen Formalismus behandelt werden, selbst wenn das in der Theorie möglich sein sollte. Zum Nachweis der Korrektheit von Softwaresystemen realistischer Größe wird es notwendig sein, diverse Spezialformalismen einzusetzen. Heute existiert bereits eine Reihe von Formalismen, die Softwaresysteme unter verschiedenen Gesichtspunkten behandeln, etwa verschiedene Spezifikationstechniken, spezielle Logiken für sequentielle Programme oder Prozeßsysteme, usw. Zur Arbeit mit diesen Formalismen werden spezialisierte Werkzeuge entwickelt, die zunächst einmal inkompatibel

---

* Diese Arbeit wird gefördert im Rahmen des BMFT-Verbundprojektes KORSO (Korrekte Software)

sind. Deshalb erscheint es sinnvoll, ein Werkzeug zur Entwicklung korrekter Software so zu konzipieren, daß diverse Spezialformalismen verwendet werden können und vorhandene Werkzeuge für diese Formalismen in das Gesamtsystem integriert werden.

Sollen diese Formalismen nebeneinander benutzt werden, muß gewährleistet werden, daß die entwickelte Software *als ganze* korrekt ist, d.h. die verschiedenen Spezialformalismen müssen zueinander in Beziehung gesetzt werden, Ergebnisse der Spezialwerkzeuge müssen zu einem Gesamtbild integriert werden.

Für diese Aufgabe sind *generische Sprachen*, die es erlauben, verschiedenste Formalismen in einem einheitlichen sprachlichen Rahmen darzustellen, hervorragend geeignet. In einem System zur Entwicklung korrekter Software finden sie drei Einsatzbereiche: Generische Sprachen

- bilden die Basis für die sprachliche *Integration* heterogener Formalismen und machen auf diese Weise Ergebnisse eines Spezialwerkzeuges anderen zugänglich,
- vereinfachen das *Korrektheitsmanagement* im Gesamtsystem,
- und ermöglichen es, die Korrektheit von Modifikationen des Entwicklungssystems selbst formal zu beweisen.

In den folgenden Abschnitten werden wir jeden dieser Punkte aus Platzgründen stark gekürzt unter Verwendung der generischen Sprache DEVA erläutern[2].

Abschließend wird ein Unterstützungssystem für die Arbeit mit DEVA beschrieben, das sich zur Zeit in der Entwicklung befindet.

2 Integration von heterogenen Formalismen

Wenn heterogene Formalismen in einem Softwareentwicklungsprojekt verwendet werden, setzt rechnergestütztes Korrektheitsmanagement die Integration der Formalismen in einer generischen Sprache voraus. Beispiele für solche generischen Sprachen sind LCF [Pau87], mural [JJLM91], NUPRL [CAB$^+$86], ECC [Luo91] oder LF [HHP93].

Im folgenden wird die generische Sprache DEVA [SWdGC89, Web91, WSL93], die in der Tradition der AUTOMATH-Sprachen [dB80, Ned80] steht, zur Illustration des Einsatzes solcher Sprachen verwendet.

Die Integration heterogener Formalismen vollzieht sich grundsätzlich in zwei Schritten. Zuerst werden die beteiligten Formalismen in DEVA dargestellt (vgl. [San93]), danach müssen die semantischen „Schnittstellen" identifiziert und dargestellt werden.

Soll ein Formalismus in DEVA dargestellt werden, ist zunächst eine geeignete *syntaktische* Darstellung zu finden. Der nächste Schritt in der Darstellung eines Formalismus besteht in der *Axiomatisierung* wesentlicher Ausschnitte der Semantik. Es wird im allgemeinen nicht das Ziel sein, die Semantik vollständig zu erfassen.

Schließlich werden die semantischen „Schnittstellen" zwischen in DEVA dargestellten Formalismen beschrieben.

---

[2] Beispiele finden sich in der vollen Fassung des Papiers.

Ein Beispiel für die Verbindung von verschiedenen Formalismen ist der Übergang von einer algebraischen Spezifikation S zu einem Programm P einer funktionalen Programmiersprache. Um diesen Übergang formal zu erfassen, muß eine Entwicklungsrelation „Implementierung" zwischen diesen beiden Klassen von Einheiten formuliert und axiomatisiert werden.

3   Korrektheitsmanagement bei der Softwareentwicklung

Ein Ziel der maschinellen Implementierung eines Systems zur Entwicklung beweisbar korrekter Software ist es, das Vertrauen in die Fehlerfreiheit der formal ausgeführten Beweise zu erhöhen. Aus diesem Grunde besteht eine wesentliche Anforderung an ein solches System in der Verwaltung und Koordination von Beweisaufgaben.

Korrektheitsmanagement ist die Buchführung über Abhängigkeiten zwischen Einheiten (Spezifikationen oder Moduln einer Programmiersprache) oder Teilen von Einheiten, die die ·Korrektheit von Entwicklungsschritten betreffen. Ziel ist es, einerseits sicherzustellen, daß alle einmal erzeugten Beweisverpflichtungen auch tatsächlich bewiesen werden, und andererseits unnötigen Beweisaufwand bei der Weiterentwicklung des Softwareprodukts zu vermeiden. Insbesondere muß verhindert werden, daß Beweisverpflichtungen anders als durch Beweise aufgehoben, also zum Beispiel gelöscht oder „vergessen" werden.

Es liegt nahe, sowohl *Entwicklungsrelationen* zwischen Einheiten als auch die *grobe Struktur* von Beweisen in dem einheitlichen Rahmen einer generischen Sprache darzustellen. Das Korrektheitsmanagement vereinfacht sich, da viele der Buchführungsaufgaben sich schon syntaktisch in der generischen Sprache kodieren lassen.

4   Korrektheit von Systemmodifikationen

Wie jedes Softwareprodukt muß auch ein System zur Entwicklung beweisbar korrekter Software während seiner Lebensdauer ständig an neue Erfordernisse angepaßt werden. Eine wesentliche Anforderung an Systemmodifikationen besteht darin, das Vertrauen in die Korrektheit der mit dem System entwickelten Software nicht zu zerstören.

Es erscheint in der Praxis sinnvoll, in einer generischen Sprache nur diejenigen Aspekte der Semantiken der Spezialformalismen auszudrücken, die zur Darstellung eines *Basissatzes* von Entwicklungsschritten und Relationen des Korrektheitsmanagements notwendig sind.

Nun ist es möglich, Systemmodifikationen, die die prinzipielle Mächtigkeit des Systems nicht erhöhen, formal in der generischen Sprache als korrekt zu beweisen. Solche Modifikationen sind sinnvoll, weil sie den Komfort für die Softwareentwickler erhöhen und das Arbeiten mit dem System vereinfachen. Außerdem kann sich auch der Beweisaufwand während der Programmentwicklung erheblich verringern, denn im Korrektheitsbeweis für die Systemmodifikation werden abstrakt Sachverhalte bewiesen, die sonst in *jeder* konkreten Entwicklung für den konkreten Fall jeweils neu bewiesen werden müßten.

5 Computerunterstützung formaler Softwareentwicklung in DEVA

Im folgenden werden einige Komponenten eines Systems beschrieben werden, das die formale Softwareentwicklung mit der generischen Sprache DEVA unterstützt. Dieses System befindet sich z.Z. noch in der Entwicklung, wesentliche Teile sind jedoch schon fertiggestellt.

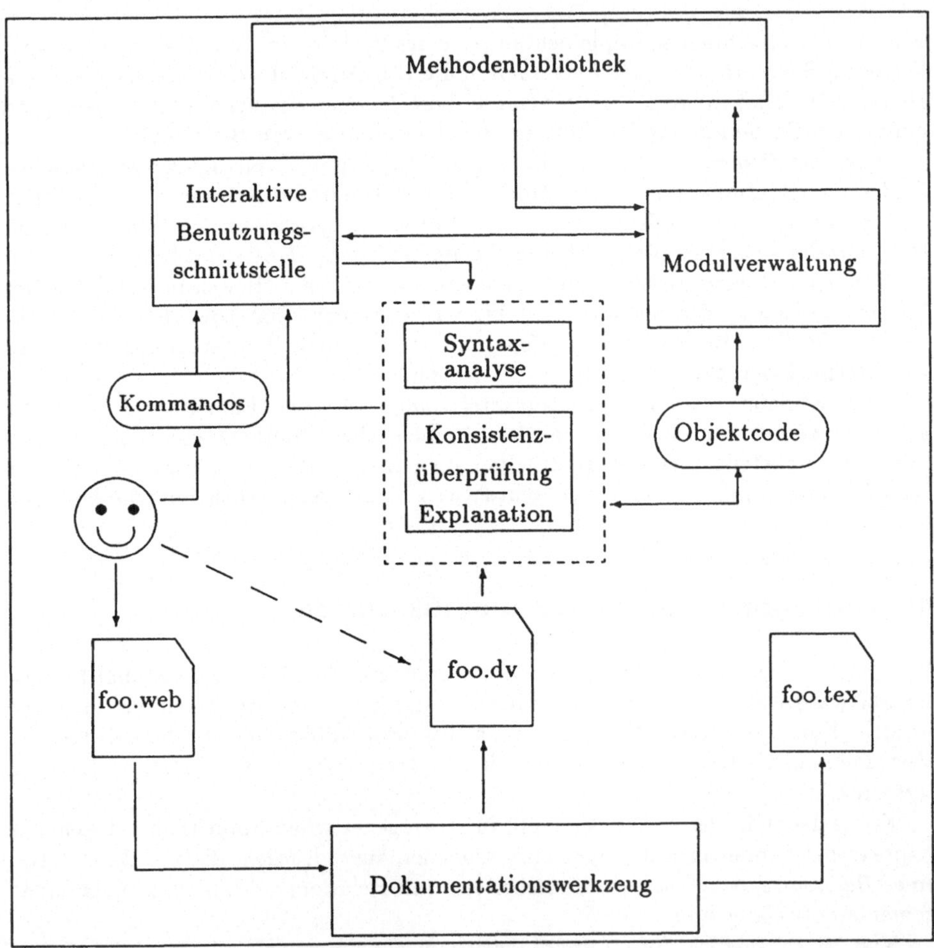

Fig. 1. Struktur des DEVA-Unterstützungssystems

Syntaxanalyse. Das System akzeptiert sämtliche Mixfix-Notationen mit einer beliebigen Anzahl von Operatoren, sowie eine spezielle Notation, mit der es möglich ist, benutzerdefinierte Listen gut lesbar aufzuschreiben. Durch spezielle Anweisungen ist es möglich, den neu eingeführten Operatoren Prioritäten und Assoziativitäten zuzuordnen. Durch diese erweiterten syntaktischen Möglichkeiten wird die Lesbarkeit der Formalisierungen erheblich gesteigert.

Konsistenzüberprüfung/Explanation. Der damit umschriebene Teil des Systems verbindet die Implementierung der Korrektheits- und Typisierungsregeln mit den *Explanation*-Regeln des DEVA-Metakalküls. Unter *Explanation* versteht man im weitesten Sinne das Auffüllen vom Entwickler nicht spezifizierter Teile, wie etwa das Einsetzen weggelassener Argumente bei Applikationen. Diese Verbindung der Teilaufgaben ist zweckmäßig, weil DEVA-Entwicklungen i.d.R. in einer in diesem Sinne unvollständigen Form vorliegen, so daß die Konsistenz der Eingabe als Nebeneffekt bei der Suche nach korrekten Vervollständigungen abfällt. Bei der Implementierung der Explanation werden z.T. sehr komplexe Algorithmen verwendet, deren Beschreibung den hier vorgegebenen Rahmen erheblich sprengen würde. Als Leistungsmerkmal sei erwähnt, daß die implementierten Explanationsalgorithmen neben DEVA-Texten erster Ordnung auch Argumente synthetisieren können, deren Typ höherer Ordnung ist.

Dokumentationswerkzeug. Das Dokumentationswerkzeug [BRS93] folgt dem Prinzip des „Literate Programming", d.h. der Benutzer verfasst nur ein einziges Dokument (`foo.web` in Fig.1), aus dem das Dokumentationswerkzeug zwei Ausgaben generiert: Eine Quelldatei (`foo.dv`), die das Unterstützungssystem weiterverarbeitet, und eine Datei (`foo.tex`), die Eingabe für ein Textformatierprogramm ist. Durch diese Vorgehensweise wird die doppelte Arbeit, die dem Entwickler normalerweise bei der Erstellung von getrennten Dokumentationsteilen entsteht, vermieden.

Methodenbibliothek. DEVA bietet als generische Entwicklungssprache keinerlei vordefinierten Methoden und Theorien an. In DEVA ist es demnach möglich, eine Vielzahl von Methoden auszudrücken, auf der man seine Entwicklungsschritte aufsetzen kann. Diese Methoden sind sowohl grundlegende Theorien (vgl. [BW93]), als auch Formalisierungen, mit denen spezialisierte Formalismen und Werkzeuge integriert werden. Aus diesem Grund ist die Methodenbibliothek für DEVA-Entwicklungen ein zentraler Bestandteil des Unterstützungssystems. Diese wird durch ein Modulverwaltungssystem effizient verwaltet, so daß man einerseits auf die bereits vorhandenen Einträge zurückgreifen und andererseits selbst neue Theorien oder Weiterentwicklungen bestehender Methoden hinzufügen kann.

Interaktive Benutzungsschnittstelle. Diese Schnittstelle bietet eine Kommandosprache an, mit der ein Entwickler in der Lage ist, interaktiv mit dem System zu arbeiten. Bei der Suche von Beweisen können zum Beispiel vom System Informationen abgefragt, oder Vorschläge zum weiteren Vorgehen bei der Entwicklung eingefordert werden. Eine wichtige Interaktionskomponente, der *Beweisdebugger*, ermöglicht ein schrittweises Nachvollziehen der Explanationsalgorithmen, die vom System auf den gerade betrachteten Entwicklungsteilen ausgeführt worden sind. Außerdem ist es über die interaktive Schnittstelle möglich, Informationen über in der Methodenbibliothek abgespeicherten DEVA-Kontexte abzufragen.

Insgesamt ist bei der Erstellung des Systems das Hauptaugenmerk auf die Unterstützung bei der *Buchführung* von Entwicklungen gelegt worden und nicht auf eine möglichst automatische Beweissuche. Letzteres kann zum einen wegen der Allgemeinheit der Sprache DEVA wohl kaum effizient bewerkstelligt werden; zum anderen ist eine automatische Beweissuche eher die Aufgabe der spezialisierten Werkzeuge. Allerdings sollte man für diese Fälle dem Entwickler die Möglichkeit geben, in den Beweissuchprozeß des Systems eingreifen zu können, was bis zu einem gewissen Grad mit dem vorliegenden System schon möglich ist.

References

[BRS93]   Maya Biersack, Robert Raschke, and Martin Simons. DEVAWEB: A WEB-like documentation system for DEVA. Technical report, Dept. of Computer Science, Technical University of Berlin, 1993. Forthcoming.

[BW93]   Martin Beyer and Matthias Weber. Library of basic theories. Technical report, Dept. of Computer Science, Technical University of Berlin, 1993. Forthcoming.

[CAB+86]   R.L. Constable, S.F. Allen, H.M. Bromley, W.R. Cleaveland, J.F. Cremer, R.W. Harper, D.J. Howe, T.B.Knoblock, N.P. Mendler, P. Panagaden, J.T. Sasaki, and S.F. Smith. *Implementing Mathematics with the Nuprl Proof Development System*. Prentice Hall, 1986.

[dB80]   N.G. de Bruijn. A survey of the project AUTOMATH. In J.P. Seldin and J.R. Hindley, editors, *To H. B. Curry: Essays on Combinatory Logic, Lambda Calculus and Formalism*, pages 579–606. Academic Press, 1980.

[HHP93]   Robert Harper, Furio Honsell, and Gordon Plotkin. A framework for defining logics. *Journal of the ACM*, 40(1):143–184, January 1993.

[JJLM91]   C.B. Jones, K.D. Jones, P.A. Lindsay, and R. Moore. *mural: A Formal Development Support System*. Springer, 1991.

[Luo91]   Zhaohui Luo. Program Specification and Data Refinement in Type Theory. In S. Abramsky and T.S.E. Maibaum, editors, *TAPSOFT '91 Vol.1, LNCS 493*, pages 143–168. Springer, 1991.

[Ned80]   R.P. Nederpelt. An approach to theorem proving on the basis of a typed lambda calculus. In W. Bibel and R. Kowalski, editors, *5th Conference on Automated Deduction, LNCS 87*, pages 182–194. Springer, 1980.

[Pau87]   Lawrence C. Paulson. *Logic and Computation, Interactive proof with Cambridge LCF*. Cambridge University Press, 1987.

[San93]   Thomas Santen. Formalization of the SPECTRUM methodology in DEVA: Signature and logical calculus. Technical Report 93-04, Dept. of Computer Science, Technical University of Berlin, 1993.

[SWdGC89] M. Sintzoff, M. Weber, P. de Groote, and J. Cazin. Definition 1.1 of the generic development language DEVA. Tooluse research report, Unité d' Informatique, Université Catholique de Louvain, 1989.

[Web91]   Matthias Weber. *A Meta-Calculus for Formal System Development*. Oldenbourg Verlag, 1991.

[WSL93]   Matthias Weber, Martin Simons, and Christine Lafontaine. The generic development language DEVA: Presentation and case studies. To appear in Springer LNCS, 1993.

<h1 style="text-align:center">Systematischer Software-Test mit der
Klassifikationsbaum-Methode</h1>

Klaus Grimm, Matthias Grochtmann
Daimler-Benz AG, Forschung Systemtechnik
Alt-Moabit 91b
1000 Berlin 21

1 Einleitung

Um Software möglichst fehlerfrei entwickeln zu können, bedarf es einer Vielzahl aufeinander abgestimmter, sich gut ergänzender konstruktiver, analytischer und organisatorischer Maßnahmen. Ein unverzichtbarer Bestandteil der Software-Prüfung ist ein systematischer Test. Ziel des Software-Tests ist es, durch Ausführung des Testobjekts mit ausgewählten Eingaben, Fehler in diesem zu finden. Gleichzeitig soll ein bestandener Test Vertrauen in die korrekte Funktionsweise des Testobjekts begründen. Beide Ziele lassen sich nur durch ein systematisches und gründliches Vorgehen beim Software-Test erreichen. Die wichtigste Aktivität ist dabei die Ermittlung von Testfällen, mit denen der Test durchgeführt werden soll, da hier Art und Umfang der Prüfung festgelegt werden und damit die Güte des Tests bestimmt wird. Ein Testfall legt eine bestimmte Eingabekonstellation fest, mit der das Testobjekt getestet werden soll. Er umfaßt eine Menge von Eingabewerten. Ein Testfall abstrahiert von einem wirklichen Testdatum und bestimmt dieses nur soweit, wie dies für die jeweils intendierte Prüfung notwendig ist.

Obwohl der Test die wichtigste und gebräuchlichste Methode zur Software-Prüfung ist, wird er in der Praxis weitgehend unsystematisch und damit ineffizient durchgeführt. Insbesondere zur Unterstützung der Testfallermittlung für den funktionalen Test, das heißt den Test auf der Basis der Spezifikation, fehlt es sowohl an wirksamen Verfahren als auch leistungsfähigen Werkzeugen.

Auf der Basis eines kurzen Überblicks über den Stand von Wissenschaft und Technik auf dem Gebiet des Software-Tests werden im folgenden zunächst die größten Schwierigkeiten bei der Systematisierung und Automatisierung des Tests identifiziert. Mit der Klassifikationsbaum-Methode wird ein neuer Ansatz zur systematischen Testfallermittlung, insbesondere für den funktionalen Test, vorgestellt und an einem Beispiel veranschaulicht. Anschließend werden Erweiterungen der Klassifikationsbaum-Methode für umfangreiche Testprobleme vorgestellt. Das Papier schließt mit einer Zusammenfassung und Wertung der Ergebnisse, einem Überblick über erste Einsatzerfahrungen sowie einem Ausblick.

2 State of the Art

Bei der Auswahl von Testfällen kann der Tester durch Testverfahren unterstützt werden, die einen Test nach bestimmten Kriterien verlangen. Zur Auswahl von Tests sind verschiedene methodische Ansätze entwickelt worden. Eine Klassifizierung, Charakterisierung und vergleichende Bewertung dieser Ansätze geben unter anderem Liggesmeyer (1990) und Grimm (1992).

Zwei wichtige Ansätze zur systematischen Testfallermittlung sind der Funktionstest ("Black-Box-Test") und der Strukturtest ("White-Box-Test"). Beim *Funktionstest* werden die Testfälle aus der Spezifikation, das heißt der Aufgabenbeschreibung des Testobjekts, abgeleitet. Dabei werden außer den Schnittstellen keine weiteren Informationen über das realisierte Programm selbst berücksichtigt. Beim *Strukturtest* werden die Testfälle aus der Struktur des zu testenden Programms abgeleitet. Die wichtigsten Ansätze gehen vom Kontroll- bzw. Datenfluß des Programms aus. Eines der gebräuchlichsten Verfahren ist der Zweigtest, bei dem im Laufe der Prüfung alle Verzweigungen des Programms mindestens einmal durchlaufen werden sollen.

Aus den Stärken und Schwächen der verschiedenen Testverfahren kann eine effektive Teststrategie abgeleitet werden. Sie besteht aus dem kombinierten Einsatz von Funktions- und Strukturtest, wobei dem Funktionstest entscheidende Bedeutung zukommt, da nur durch die spezifikationsbasierte Testfallermittlung geprüft werden kann, in welchem Umfang die spezifizierten Funktionen wirklich in das Programm umgesetzt worden sind.

Die wichtigsten Ansätze zum funktionalen Test basieren auf der Idee des Partition-Testing (Jeng und Weyuker, 1989). Beim Partition-Testing werden zunächst Teilmengen aus dem Eingabedatenraum des Testobjekts ausgewählt. Anschließend werden aus jeder Teilmenge Repräsentanten genommen, wodurch eine Menge von Testdaten gebildet wird. Die Teilmengen sollen dabei so gewählt werden, daß die sich aus den Repräsentanten ergebende Testdatenmenge für einen gründlichen Test ausreicht.

Die wichtigsten funktionalen Testverfahren sind der Äquivalenzklassentest, der Grenzwerttest und der Ursache-Wirkungs-Graph-Test (siehe Myers, 1979) sowie die 'Category-Partition Method' von Ostrand und Balcer (1988). Ein generelles Problem bei der Anwendung dieser Ansätze besteht in der unzureichenden Systematik beim Zerlegen des Eingabedatenraums in eine endliche Anzahl testrelevanter Teilmengen. Für einen effizienten funktionalen Test bedarf es einer leicht nachvollziehbaren und leicht erlernbaren Vorgehensweise, die den Tester unter anderem besser in die Lage versetzt, seine Fallunterscheidungen möglichst disjunkt und vollständig durchzuführen. Diese Vorgehensweise muß eine anschauliche Form der Testfallermittlung und -spezifikation gewährleisten, wie sie beispielsweise durch eine graphische Repräsentation erreicht werden kann, und die Möglichkeit einer leistungsfähigen Rechnerunterstützung bieten.

3 Die Klassifikationsbaum-Methode

Eine mögliche Lösung für die oben genannten Probleme beim funktionalen Test bietet die Klassifikationsbaum-Methode, indem sie eine weitreichende Unterstützung für die systematische Testfallermittlung liefert. Im folgenden wird zunächst die Grundidee der Methode erläutert. Anschließend wird die Methode im Detail eingeführt und auf ein konkretes Testobjekt angewendet.

3.1 Grundidee

Die grundsätzliche Idee der Klassifikationsbaum-Methode ist es, zuerst die Menge der möglichen Eingaben für das Testobjekt getrennt auf verschiedene Weisen, unter jeweils einem geeigneten Gesichtspunkt zu zerlegen, um dann durch Kombination dieser Zerlegungen zu Testfällen zu kommen.

Zunächst ist der Tester aufgefordert, für den Test relevante Gesichtspunkte aufzustellen. Jeder Gesichtspunkt soll eine eng begrenzte und damit übersichtliche Unterscheidung der möglichen Eingaben für das Testobjekt erlauben. Im folgenden Schritt wird unter jedem Gesichtspunkt eine Zerlegung der Menge der möglichen Eingaben vorgenommen. Diese Zerlegung ist eine Klassifikation im mathematischen Sinne, das heißt die Menge aller möglichen Eingaben wird disjunkt und vollständig in Teilmengen, sogenannte Klassen, zerlegt. Da die Zerlegung jeweils getrennt unter nur einem Gesichtspunkt erfolgt, ist sie relativ leicht durchführbar. Zu jedem Gesichtspunkt entsteht eine Klassifikation.

Vielfach ist es sinnvoll, Klassifikationen einzuführen, die nicht den gesamten Eingabedatenraum unterteilen, sondern nur eine Klasse einer anderen Klassifikation. Durch die rekursive Anwendung von Klassifikationen auf Klassen entsteht ein Baum von Klassifikationen und Klassen.

Ein Testfall entsteht durch die Kombination von Klassen unterschiedlicher Klassifikationen, wobei aus jeder eingeführten Klassifikation genau eine Klasse berücksichtigt wird. Ein Testfall ist also die durch Bildung des Durchschnitts der jeweils gewählten Klassen entstehende Schnittmenge. Bei der Kombination der Klassen ist auf logische Vereinbarkeit zu achten, das heißt die Schnittmenge darf nicht leer sein. Der Tester wählt insgesamt so viele Kombinationen als Testfälle, daß alle Gesichtspunkte ausreichend, auch in ihrer Kombination, berücksichtigt werden.

Die Methode bietet eine anschauliche graphische Darstellung der mehrstufigen Zerlegung in Form eines sogenannten Klassifikationsbaums. Dabei werden unterhalb der Wurzel des Baums die Klassifikationen der ersten Ebene als benannte Rechtecke dargestellt, darunter werden die Bezeichner für die jeweiligen Klassen angeordnet. Entsprechend werden die tieferliegenden Klassifikationen mit ihren Klassen jeweils unter der zugehörigen Klasse angeordnet. Um Klassenkombinationen als Testfälle festzulegen, wird der Klassifikationsbaum als Kopf einer Tabelle verwendet, in der die zu kombinierenden Klassen markiert werden.

3.2 Beispielhafte Anwendung der Methode

Ein Beispiel soll im folgenden die Methode detaillierter vorstellen und ihre Anwendung veranschaulichen. Das Testobjekt ist eine Prozedur

```
zaehle(IN liste : LIST OF ELEM, IN element : ELEM,
       OUT anzahl : INT)
```

welche die Anzahl des Auftretens eines Elements in einer Liste zählen soll. Auf **ELEM** sei eine Ordnung definiert.

Bild 1 zeigt einen Klassifikationsbaum zum Test dieser Prozedur.

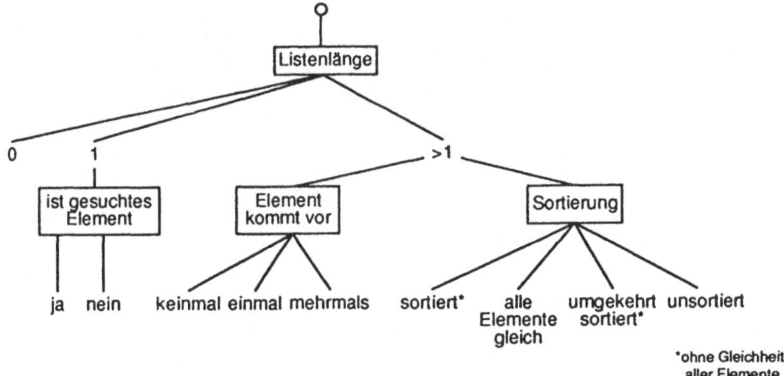

Bild 1: Klassifikationsbaum für die Prozedur "zaehle"

Die Wurzel des Baums stellt den gesamten Eingabedatenraum des Testobjekts dar. Sie kann als spezielle Klasse aufgefaßt werden. Im obigen Beispiel ist der Eingabedatenraum das kartesische Produkt einer Menge von Elementlisten mit einer Menge von Elementen.

In der folgenden Ebene des Baums werden die Klassifikationen notiert, die der Tester einführt, um den Eingabedatenraum aufzuteilen. Im Beispiel wird der Eingabedatenraum nur durch eine Klassifikation **Listenlänge** aufgeteilt. Die Unterscheidung nach der Anzahl der in der Liste enthaltenen Elemente ist eine elementare Einteilung für das gegebene Testobjekt. Insbesondere kann so der Spezialfall einer leeren Liste isoliert werden.

Zu jeder Klassifikation werden darunter die jeweiligen Klassen notiert. Im Beispiel gibt es die Klassen **0, 1** und **>1** für die Listenlänge. 0 und 1 sind als Spezialfälle beim Test zu berücksichtigen, andere Listenlängen werden in Bezug auf den Test als gleich angesehen.Die Klasse **>1** der Klassifikation **Listenlänge** wird beispielsweise durch zwei Klassifikationen **Element kommt vor** und **Sortierung** weiter aufgeteilt. Die Blätter des Baums sind die nicht mehr unterteilten Klassen.

Der obige Klassifikationsbaum enthält aus Gründen der Übersichtlichkeit nur einige, elementare Unterscheidungen. Eine mögliche Erweiterung des Baums bei einem realen, umfangreicheren Test ist beispielsweise die weitere Unterscheidung der Klasse **einmal** der Klassifikation **Element kommt vor** danach, ob das gesuchte Element am Anfang, am Ende oder innerhalb der Liste steht.

Bild 2 zeigt eine Kombinationstabelle für den Klassifikationsbaum des Beispiels. Es wurden beispielhaft vier Testfälle markiert. Testfall 1 beschreibt beispielsweise den Test mit einer leeren Liste (und einem beliebigen gesuchten Element), Testfall 2 den Test mit einer Liste von wenigstens zwei Elementen, die sortiert ist und in der das gesuchte Element genau einmal vorkommt.

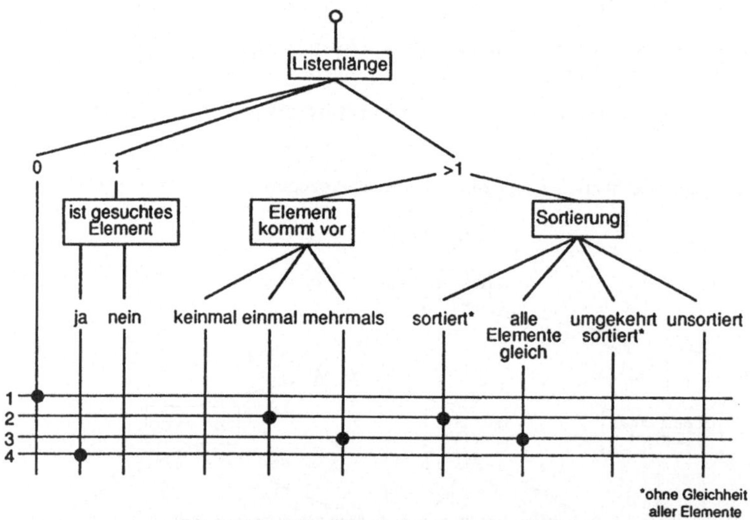

Bild 2: Testfälle für die Prozedur "zaehle"

Übergeordnete Klassen werden indirekt durch die Markierung der nicht mehr unterteilten Klassen bestimmt. In Testfall 2 des Beispiels wird durch die Markierung der Klassen **einmal** der Klassifikation **Element kommt vor** und **sortiert** der Klassifikation **Sortierung** auch die Klasse **>1** der Klassifikation **Listenlänge** bestimmt.

Im Rahmen der Klassifikationsbaum-Methode wird ein Testfall somit spezifiziert durch die Angabe einer Anzahl von nicht mehr unterteilten Klassen, so daß dadurch aus jeder Klassifikation der obersten Ebene des jeweiligen Klassifikationsbaums genau eine Klasse berücksichtigt wird und weiterhin aus jeder Klassifikation, die eine berücksichtigte Klasse unterteilt, ebenfalls genau eine Klasse berücksichtigt wird.

Die Anzahl der Testfälle ergibt sich aus der gewünschten Kombinatorik. Sinnvolles Minimalkriterium ist es, jede Klasse wenigstens einmal in einem Testfall zu berücksichtigen. Im Maximalfall wird jede logisch vereinbare Kombination als Testfall berücksichtigt. Als Faustregel kann gelten, daß Klassen so miteinander kombiniert werden sollten, daß die entstehenden Testfälle besonders fehlerträchtige Eingabesituationen beschreiben.

4 Erweiterungen für umfangreiche Testprobleme

Zur sorgfältigen Prüfung eines realen Testobjekts kann ein umfangreicher Test erforderlich werden, so daß dann mit der Klassifikationsbaum-Methode große Bäume und Testfalltabellen entstehen. Im folgenden soll gezeigt werden, wie bei der Anwendung der Klassifikationsbäume auf umfangreiche Testprobleme die Handhabbarkeit der Bäume gezielt unterstützt wird.

Darstellungen größerer Bäume werden ohne besondere Hilfsmittel leicht unübersichtlich und können häufig nicht mehr sinnvoll auf einem Blatt untergebracht werden. Um eine umfangreiche Baumbeschreibung auf mehrere Seiten aufteilen zu können, werden Verfeinerungsmechanismen für Teilbäume eingeführt. Ein *Verfeinerungssymbol* steht innerhalb eines Baums für einen kompletten Teilbaum. Die *Verfeinerung* des Teilbaums erfolgt getrennt. Es gibt jeweils einen Verfeinerungsmechanismus für Klassen und für Klassifikationen. Es kann rekursiv verfeinert werden.

Bild 3 zeigt ein Klassen- und ein Klassifikations-Verfeinerungssymbol in einem Klassifikationsbaum. Bild 4 zeigt die zugehörigen Verfeinerungen.

4.1 Klassen-Verfeinerungen

Das Klassen-Verfeinerungssymbol kann als eine spezielle Klasse unterhalb einer Klassifikation verwendet werden. Es steht für einen oder mehrere Teilbäume (mit zugehöriger Tabelle), die jeweils eine Klasse als Wurzel besitzen. Diese dem Symbol zugeordnete Verfeinerung wird getrennt beschrieben. Bei den Wurzel-Klassen der Verfeinerung handelt es sich also um Klassen der Klassifikation, unter der das Klassen-Verfeinerungssymbol angebracht wurde.

Das Klassen-Verfeinerungssymbol besteht aus einem unterstrichenen Bezeichner. Von dem Symbol aus muß direkt eine Spalte in die Tabelle führen. Die Anwendung von Klassifikationen auf das Symbol ist nicht erlaubt.

In der Spalte zu dem Verfeinerungssymbol werden jeweils die Zeilen durch das Setzen eines Punktes markiert, in denen in der zugehörigen Verfeinerung eine Klasse berücksichtigt wird. In der Verfeinerung wird der Tabellenanteil des Teilbaums ausgefüllt, wobei leere Zeilen Testfällen entsprechen, bei denen keine Klasse des Teilbaums berücksichtigt wird.

4.2 Klassifikations-Verfeinerungen

Das Klassifikations-Verfeinerungssymbol kann als eine spezielle Klassifikation unterhalb einer Klasse (oder der Wurzel) verwendet werden. Es steht für einen oder mehrere Teilbäume (mit zugehöriger Tabelle), die jeweils eine Klassifikation als Wurzel besitzen. Diese dem Symbol zugeordnete Verfeinerung wird getrennt beschrieben. Bei den Wurzel-Klassifikationen der Verfeinerung handelt es sich also um Klassifikationen zu der Klasse, unter der das Klassifikations-Verfeinerungssymbol angebracht wurde.

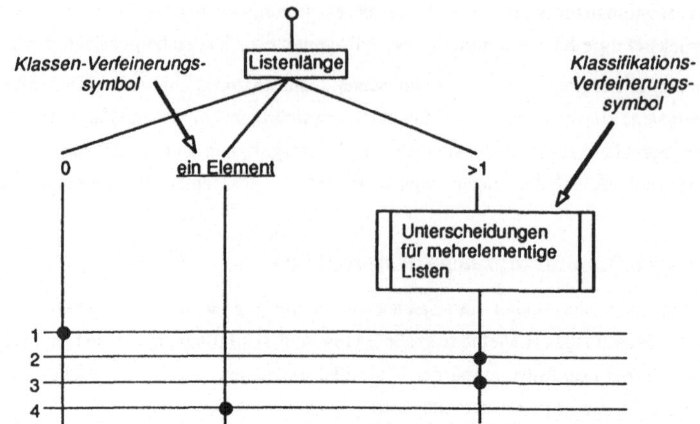

Bild 3: Verfeinerungssymbole im Klassifikationsbaum für die Prozedur "zaehle"

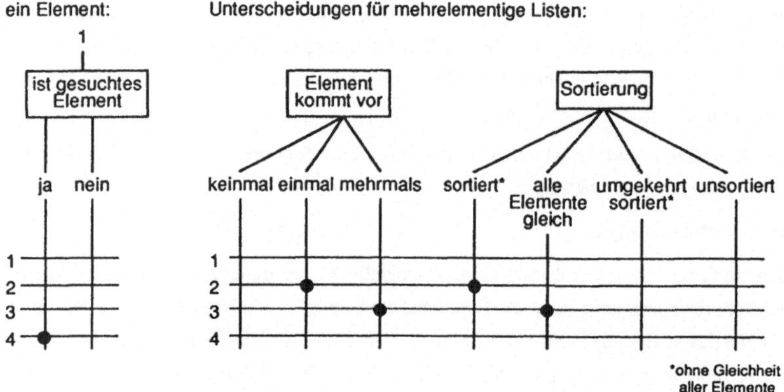

Bild 4: Verfeinerungen zum Klassifkationsbaum für die Prozedur "zaehle"

Das Klassifikations-Verfeinerungssymbol besteht aus einem bezeichneten Rechteck mit einem doppelt gezeichneten seitlichen Rand. Von dem Symbol aus muß direkt eine Spalte in die Tabelle führen. Die Anbindung von Klassen an das Symbol ist nicht erlaubt.

In der Spalte zu dem Verfeinerungssymbol werden jeweils die Zeilen markiert, in denen die Klasse, die durch die Klassifikations-Verfeinerung klassifiziert wird, berücksichtigt wird. In der Verfeinerung wird der Tabellenanteil des Teilbaums ausgefüllt, wobei leere Zeilen Testfällen entsprechen, bei denen die klassifizierte Klasse nicht berücksichtigt wird.

5 Zusammenfassung, Wertung und Ausblick

Die Klassifikationsbaum-Methode bietet eine systematische, anschauliche und gut dokumentierbare Vorgehensweise bei der Ermittlung von für den Test relevanten Testfällen. Sie ist eine Fortsetzung der "Category-Partition Method" von Ostrand und Balcer (1988), geht jedoch insbesondere in Bezug auf Systematik und Handhabbarkeit deutlich über die existierenden Ansätze hinaus.

Die Methode wurde bereits mit Erfolg an Beispielen aus der industriellen Praxis erprobt. Die wichtigsten Anwendungsfälle waren ein Erkennungssystem für Formularleser, ein Leitsystem für die Flugfeldbefeuerung eines Großflughafens sowie ein elektronisches See-Tagebuch.

Die Klassifikationsbaum-Methode hat sich in den Erprobungen stets als wertvolle Unterstützung für den Tester erwiesen. Sie zeichnete sich dabei durch eine gute Fehleraufdeckungsrate, gute Handhabbarkeit und leichte Erlernbarkeit aus. Von den Anwendern wurde während der Erprobungen besonders hervorgehoben, daß die Methode den Tester leitet, ohne seine Kreativität einzuschränken. Als ebenso hilfreich stellte sich heraus, daß Art und Umfang des Tests sehr gut dokumentiert und damit nachvollziehbar sind. Dies ist insbesondere bei der Abnahme eines Tests durch eine Zulassungsbehörde von entscheidender Bedeutung.

Einen wichtigen Anteil an der guten Akzeptanz der Klassifikationsbaum-Methode in der Praxis hat die bereits in allen wesentlichen Teilen fertiggestellte Werkzeugunterstützung für die Methode. Da sich die Methode stark auf die graphische Darstellung des Klassifikationsbaums und der zugehörigen Kombinationstabelle stützt, wurde ein syntaxgesteuerter, graphischer Editor entwickelt, der insbesondere die interaktive Bearbeitung eines Baums und das rechnergestützte Belegen der entsprechenden Tabelle erlaubt und eine umfangreiche Testfalldokumentation gewährleistet.

Über die bisher schwerpunktmäßig erprobte Anwendbarkeit zum Test von Software hinaus ist die Methode auch für Tests allgemeiner technischer Systeme geeignet wie beispielsweise eine Komponente eines Kraftwerks oder die Schubumkehr eines Flugzeugs. Insbesondere eignet sich die Methode für den Test von Hardware/Software-Systemen (embedded systems).

Der Einsatz der Klassifikationsbaum-Methode hat den zusätzlich positiven Effekt, daß das Problem und das Lösungsverfahren nochmals unter einem anderen Blickwinkel durchdrungen werden. Zum Beispiel können dadurch unvollständige oder widersprüchliche Angaben in der Spezifikation aufgedeckt werden.

Die bisherigen Erprobungen der Klassifikationsbaum-Methode konzentrierten sich auf konventionelle sequentielle Programme. In Zukunft sollen die Arbeiten noch stärker auf die Probleme beim Prüfen von parallelen Prozessen, verteilten und Realzeit-Systemen konzentriert werden, wo es unter anderem neben der Bewältigung noch größerer Komplexität wesentlich auf die Beachtung des zeitlichen Aspekts von miteinander kommunizierenden Prozessen bzw. unter Echtzeitbedingungen arbeitenden Rechnersystemen ankommt. Auch die speziellen Probleme beim Test großer Systeme werden weiter untersucht werden.

Literatur

Grimm, K. (1992). Systematisches Testen sicherheitsrelevanter Software – Methoden, Verfahren und Werkzeuge. In: H.-J. Kreowski (Hrsg.). Informatik zwischen Wissenschaft und Gesellschaft. Informatik-Fachberichte 309, Springer-Verlag, Heidelberg, S. 66-107.

Jeng, B., Weyuker, E.J. (1989). Some Observations on Partition Testing. In: Kemmerer, R.A. (Ed.). Proceedings of the ACM SIGSOFT '89 Third Symposium on Software Testing, Analysis, and Verification (TAV3), Key West, Florida, Dezember 1989, (Software Engineering Notes, Volume 14, Number 8, ACM Press), S. 38-47.

Liggesmeyer, P. (1990). Modultest und Modulverifikation: State of the Art. Angewandte Informatik, Band 4, BI Wissenschaftsverlag, Mannheim.

Myers, G.J. (1979). The Art of Software Testing. John Wiley and Sons, New York, 1979.

Ostrand, T., Balcer, M. (1988). The Category-partition Method for Specifying and Generating Functional Tests. Communications of the ACM, Volume 31, Number 6, Juni 1988, S. 676-686.

Formale Spezifikationen zur Auswertung von Testergebnissen

Hans-Martin Hörcher
DST Deutsche System–Technik GmbH
Geschäftsbereich AUSFALLSICHERE SYSTEME
Edisonstr 3, 2300 Kiel 14

1 Software für sicherheitskritische Anwendungen

Das Testen spielt in der Softwareentwicklung eine um so größere Rolle, je höher die Anforderungen an die Sicherheit des Systems sind. Nicht selten übersteigen die Aufwände für Test und Validation die für die eigentliche Erstellung um ein Vielfaches. Schon aus diesem Grunde ist es erforderlich, Fehler in Spezifikation oder Design so früh wie möglich zu erkennen, um spätere Softwareänderungen mit anschließender kostspieliger Wiederholung der Tests weitgehend zu vermeiden. Hier gewinnt der Einsatz formaler Methoden der Softwareentwicklung immer mehr an Bedeutung, da diese eine sehr viel präzisere Beschreibung des Systems erlauben, als dies mit "herkömmlichen" CASE Methoden möglich ist. Die Möglichkeit mathematischer Korrektheitsbeweise eröffnet hierbei neue Möglichkeiten. Doch auch beim Testen bieten formale Spezifikationen wertvolle Unterstützung.

Das Testen von Software besteht im Wesentlichen aus zwei Teilaufgaben: Die Auswahl von Testfällen und deren Umsetzung in Testdaten sowie die Auswertung der Ergebnisse eines Testlaufes. Während die Testdatenauswahl in der Regel einen einmaligen Vorgang darstellt (dessen Aufwand trotzdem nicht zu unterschätzen ist), kommt bei der Testauswertung das Mengenproblem besonders deutlich zum Tragen. Zum einen können die Testergebnisse sehr umfangreich werden, zum anderen muß der Test und damit seine Auswertung nach jeder Softwareänderung wiederholt werden. Im folgenden soll nun beschrieben werden, wie die Testauswertung durch Verwendung von Z Spezifikationen automatisiert und damit effizienter gestaltet werden kann.

Zunächst betrachten wir die Probleme, die beim traditionellen Vorgehen zur Testauswertung auftreten. Anschließend wird im Abschnitt 3 ein kleines Beispiel skizziert, an dem in den darauffolgenden Abschnitten die Ideen zur Automatisierung der Testauswertung vorgestellt werden.

2 Probleme beim Softwaretest

In der Regel werden zum Testen von Software bei der Auswahl der Testdaten Sollergebnisse formuliert, gegen die die beim Test beobachteten Istergebnisse verglichen werden sollen, um über den Ausgang des Tests zu entscheiden (vgl. [6]). Bei diesem Vorgehen treten jedoch eine Reihe von Problemen auf:

2.1 Umsetzung der Abstrahierungsvorschriften

Um einen automatisierten Abgleich von Ist- und Sollergebnissen zu ermöglichen, müssen diese hinreichend präzise formuliert werden. Hierzu ist es erforderlich, die erwarteten Systemreaktionen aus den Begriffen der Spezifikation bzw. des Anforderungsdokumentes in die Wertebereiche der Implementation zu übertragen, so daß sie genau der Systemreaktion entsprechen. Diese Aufgabe ist bei größeren Systemen kaum noch manuell lösbar.

2.2 Implizite Spezifikationen

In der Regel beschreiben formale wie informale Systemspezifikationen das gewünschte Systemverhalten (das *WAS*) *implizit*, d.h. ohne bereits einen Lösungsweg (das *WIE*) anzugeben. Hier ist es häufig nicht möglich, die zu erwartende Systemreaktion vorherzusagen. Ein vorhandenes Ergebnis kann jedoch anhand einer solchen Spezifikation auf seine Gültigkeit überprüft werden.

2.3 Mehrdeutigkeiten oder Unterspezifikationen

Häufig ist die Umsetzung einer Spezifikation in eine Realisierung mehrdeutig. Während auf Spezifikationsebene Mehrdeutigkeiten in der Regel nicht erwünscht sind und auch erkannt und beseitigt werden sollten, sind Freiheiten bei der Verfeinerung bzw. Implementierung die Regel und auch erwünscht, um eine Überspezifikation des Systems zu vermeiden. Hier gibt es eine Fülle von legalen Sollergebnissen, aus der das tatsächlich realisierte nicht vorhersagbar ist.

2.4 Regressionstest

Liegen nach dem ersten Test ausgewertete Ergebnisse vor, so liegt es nahe, beim Regressionstest die neuen Resultate gegen die alten zu vergleichen. In der Praxis wird dies jedoch, ähnlich wie in 2.3 beschrieben, durch die Vielzahl an erlaubten Lösungen unmöglich gemacht, so daß hier meistens ein erheblicher manueller Aufwand notwendig bleibt.

3 Beispiel: Fahrstuhlsteuerung

In diesem Abschnitt wird als Beispiel die Spezifikation einer Fahrstuhlsteuerung vorgestellt, an dem anschließend die Ideen zur automatierten Auswertung von Testergebnissen illustriert werden sollen. Das Beispiel kann hier nur kurz skizziert werden. Eine vollständige Beschreibung befindet sich in [1].

Der Fahrstuhl besteht aus einer Kabine, in der sich eine Tafel mit Knöpfen für die einzelnen Stockwerke befindet. Ein Druck auf den Knopf für das Stockwerk f löst das Ereignis GOTO(f) aus. An jedem Stockwerk befindet sich ein weiterer Knopf, um die Kabine zu rufen. Dieser löst ebenfalls das Ereignis GOTO(f) aus. Ein Sensor an jedem Stockwerk meldet ARRIVE(f), wenn die Kabine das Stockwerk f erreicht.

Das System löst folgende Reaktionen aus: Öffnen und Schließen der Tür sowie Steuerung der Kabine in den Zuständen *AUFWÄRTS*, *ABWÄRTS* oder *HALT*.

Die Spezifikation der Steuerung erfolgt mit Hilfe der Spezifikationssprache Z. Z ist geeignet zur Modellierung sequentieller, zustandsbasierter Systeme und wird daher bei DST häufig zur Modellierung von "embedded systems" Software eingesetzt. Für eine Einführung in Z wird auf [8, 7] verwiesen.

```
.0      INITIALIZE
.0.1      ⇒ OPEN DOOR
.0.2      ⇒ CABIN HALT
.1      GOTO 4
.1.1      ⇒ CLOSE DOOR
.1.2      ⇒ CABIN UP
.2      ARRIVE 2
.3      GOTO 8
.4      ARRIVE 3

→       PRECONDITION ESTABLISHED:
→       door = CLOSED, cab = UP, req = ⟨4, 8⟩

.5      ARRIVE 4
.5.1      ⇒ CABIN HALT
.5.2      ⇒ OPEN DOOR
```

Tabelle 1: Aktions/Ereignissequenz zu *ArriveFloor*

Wir betrachten hier exemplarisch die Operation, die das Erreichen des nächsten anzulaufenden Stockwerkes (ausgelöst durch den ARRIVE-Sensor) beschreibt. Dies geschieht mit Hilfe eines *operationellen Schemas*:

$$
\begin{array}{l}
\underline{\quad ArriveFloor} \\
\Delta LiftState \\
arrive? : FLOOR \\
\hline
arrive? = head\ req \\
flr' = arrive? \wedge req' = tail\ req \wedge door' = OPEN \wedge cab' = HALTED
\end{array}
$$

Im ersten Teil werden die Zustandsvariablen definiert, auf denen die Operation arbeitet. Es wird durch $\Delta LiftState$ der globale Zustand importiert, während durch *arrive?* das erreichte Stockwerk als Eingabeparamter der Operation übergeben wird.

Der zweite Teil des Schemas beschreibt die Wirkung der Operation. Die *Vorbedingung* (*arrive? = head req*) gibt an, wann die Operation aktiviert werden soll. Die restlichen Prädikate beschreiben die *Nachbedingung* der Operation: Die Kabine wird angehalten (*cab' = HALTED*), die Tür geöffnet (*door' = OPEN*) und das Stockwerk aus der Warteschlange gelöscht (*req' = tail req*).

Z-Spezifikationen sind also *implizit*, d.h. sie beschreiben das gewünschte Systemverhalten durch Angabe von Vor- und Nachbedingungen.

4 Test von Embedded Systems Software

Verfolgen wir das Beispiel aus dem vorigen Abschnitt weiter und betrachten den Modul-Integrationstest für die Operation *ArriveFloor*. Ein typischer Testfall hierzu wäre:

Vorzustand				Eingabe
door	*cab*	*flr*	*req*	*arrive?*
CLOSED	*UP*	3	⟨4, 8⟩	4

Mit ihm soll das Verhalten der Operation in dem angegebenen Vorzustand für die Eingabe *arrive* = 4 untersucht werden.

Tabelle 1 zeigt einen typischen Testlauf zu unserem Beispiel. Das Testprotokoll besteht aus den Ereignissen, die in das System hineingegeben werden (.0 – .5) und den ggf. hieraus resultierenden Reaktionen, gekennzeichnet durch vorangestellte Symbole '$\Rightarrow$'. So löst z.B. nach Eintreten des Ereignisses GOTO 4 (.1) der Testling, d.h. die Implementation der Fahrstuhlsteuerung, das Schließen der Tür (.1.1) aus und setzt die Kabine in Bewegung (.1.2).

Zur Durchführung des Tests muß zunächst der erforderliche Ausgangszustand gemäß Testfalldefinition hergestellt werden (Event .0 – .4). Erster Schritt bei der Testauswertung ist es, das Erreichen dieses Zustandes zu überprüfen. Anschließend kann der eigentliche Test durch Auslösen des Ereignisses ARRIVE 4 durchgeführt werden. Die Aktionen (.5.1, .5.2) müssen anschließend gegen die Spezifikation überprüft werden. Im nächsten Abschnitt soll nun gezeigt werden, wie diese Auswertung automatisiert werden kann.

5 Testauswertung aufgrund von Z-Spezifikationen

Die implizite Z-Spezifikation einer Operation definiert gültige Zustandsübergänge für das System, ohne jedoch eine Berechnungsvorschrift anzugeben. Die zu testende Implementierung ist gerade die Realisierung eines Algorithmus, der zu einem Ausgangszustand einen gemäß der Spezifikation legalen Folgezustand berechnet. Ansatz für die Automatisierung der Testauswertung ist es daher, den an der Implementierung beobachteten Zustandsübergang für einen Testfall anhand der Spezifikation auf seine Legalität zu überprüfen. Dadurch werden die in Abschnitt 2 beschriebenen Probleme der Vorabermittlung von Sollergebnissen vermieden.

5.1 Vorgehen

Zur Automatisierung der Testauswertung sind folgende Schritte erforderlich:

Testvorbereitung

- Für jede Operation *op* stelle Prädikate *pre_op* und *post_op* bereit, die Vor- und Nachbedingungen von *op* berechnen. Da Implementierungen für die in der Spezifikation verwendeten mathematischen Datenstrukturen mit Hilfe der VDM Class Library ([3]) direkt generiert werden können, beschränkt sich diese Aufgabe im Wesentlichen auf die Übersetzung von prädikatenlogischen Ausdrücken.

- Stelle ein Prädikat *inv_state* zur Überprüfung der Invarianten bereit.

- Realisiere eine Umsetzung zwischen den konkreten Daten aus dem Test und den abstrakten Daten der Spezifikation.

Testdurchführung

Testauswertung

- Umsetzung der Testergebnisse und Einsetzen in die Spezifikation.

- Prüfe, ob Zustandsvariablen und Eingabeparameter den Forderungen der Testdatenauswahl entsprechen.

- Berechne *pre_op* und *inv_state* mit dem Vorzustand. Ergibt diese *WAHR*, so wurde die Operation im Definitionsbereich ausgeführt, anderenfalls handelt es sich um einen Robustheitstestfall.

264

	Ereignis/Aktion	Operation	Input	$door'$	cab'	flr'	req'	$post\_op$
.0	INITIALIZE	*InitLift*		.	.	.	.	
.0.1	⇒ OPEN DOOR			OPEN	.	.	.	
.0.2	⇒ CABIN HALT			OPEN	HALTED	.	.	
	COMPUTE VARS			OPEN	HALTED	1	⟨⟩	*WAHR*
.1	GOTO 4	*GotoFloor*	4	OPEN	HALTED	.	.	
.1.1	⇒ CLOSE DOOR		4	CLOSED	HALTED	.	.	
.1.2	⇒ CABIN UP		4	CLOSED	UP	.	.	
	COMPUTE VARS		4	CLOSED	UP	1	⟨4⟩	*WAHR*
.2	ARRIVE 2	*PassFloor*	2	CLOSED	UP	.	.	
	COMPUTE VARS		2	CLOSED	UP	2	⟨4⟩	*WAHR*
.3	GOTO 8	*QueueRequest*	8	CLOSED	UP	.	.	
	COMPUTE VARS		8	CLOSED	UP	2	⟨4, 8⟩	*WAHR*
.4	ARRIVE 3	*PassFloor*	3	CLOSED	UP	.	.	
	COMPUTE VARS		3	CLOSED	UP	3	⟨4, 8⟩	*WAHR*
	PRECONDITION ESTABLISHED:							
	CHECK	door = CLOSED, cab = UP, flr = 3, req = ⟨4, 8⟩						*WAHR*
.5	ARRIVE 4	*ArriveFloor*	4	CLOSED	UP	.	.	
.5.1	⇒ CABIN HALT		4	CLOSED	HALTED	.	.	
.5.2	⇒ OPEN DOOR		4	OPEN	HALTED	.	.	
	COMPUTE VARS		4	OPEN	HALTED	4	⟨4, 8⟩	*WAHR*
	TEST PASSED							

Tabelle 2: Auswertung des Testfalles zu *ArriveFloor*

- Berechne *post_op* und *inv_state* mit dem Nachzustand. Ergeben diese *WAHR*, so war der Testfall OK, anderenfalls war der Test erfolgreich, da ein Fehler gefunden wurde.

Betrachen wir dieses Vorgehen anhand des Beispiels aus Abschnitt 3, so fällt auf, daß durch Beobachtung des äußeren Zustandes nur auf die Werte der Zustandsvariablen *cab* und *door* geschlossen werden kann. Auf den Inhalt der Warteschlange *req* läßt der äußere Zustand des Fahrstuhls dagegen keine Schlüsse zu.

Solche Zustandsvariablen, die nicht an der Schnittstelle des Systems beobachtet werden können, nennen wir *versteckt*. Diese müssen - falls möglich - aus den vohandenen Werten berechnet werden, oder aber als Bestandteil der Testauswertung vom Benutzer bereitgestellt werden. Auf die Berechnung versteckter Variablen wird in [5] genauer eingegangen. Variablen, deren Werte anhand der Systemschnittstelle rekonstruiert werden können, sollen hier *beobachtbar* genannt werden.

5.2 Beispiel: Test der Operation *ArriveFloor*

Tabelle 2 zeigt, wie die Auswertung des in Abschnitt 4 beschriebenen Testfalles für die Operation *ArriveFloor* ablaufen würde. Ausgangspunkt ist die zu dem Testfall gehörende Ereignis-/Aktionssequenz, wie sie aus der Testumgebung hervorgeht. Die Ereignisse werden bei der Umsetzung in die Spezifikation auf die entsprechende Operation abgebildet, wobei die Parameter aus dem Ereignis übernommen werden (z.B. GOTO 4 ⇒ *GotoFloor* mit $f? = 4$). Durch Analyse der generierten Aktionen lassen sich nun direkt Werteänderungen der beobachtbaren Variablen nachvollziehen (z.B. CLOSE DOOR ⇒ $door' = CLOSED$). Löst das System keine Aktionen aus, so bleiben auch die Werte der beobachtbaren Variablen unverändert.

Sind alle Aktionen zu einem Ereignis ausgewertet, so müssen Belegungen für die versteckten Variablen gefunden werden. Da in unserem Beispiel die Prädikate für flr' und req' die Werte explizit beschreiben, lassen sich diese automatisch berechnen (Compute

Vars). Sind alle Belegungen für den Nachzustand bekannt, kann die Nachbedingung der entsprechenden Operation ausgewertet werden.

Nach dem Ereignis ARRIVE 3 (.4) sollen die Voraussetzungen für den gewählten Testfall erreicht sein. Diese sind explizit aufgeführt und müssen nun anhand der aktuellen Variablenbelegungen neben der Vorbedingung von *ArriveFloor* überprüft werden. Danach kann der eigentliche Testfall ausgewertet werden. Da die anschließende Auswertung von *post_ArriveFloor WAHR* ergibt, kann das Ergebnis dieses Testfalls aktzeptiert werden.

6 Zusammenfassung

Die hier beschriebenen Konzepte werden z.Zt. bei DST in die Praxis umgesetzt ([5]) und die entstehenden Werkzeuge in vorhandene Spezifikations- und Testwerkzeuge integriert ([2, 9]). Darüberhinaus wird untersucht, inwieweit auch die Testdatenauswahl aus Z-Spezifikationen maschinell unterstützt werden kann ([10]).

Die Ideen zu diesem Ansatz der Testauswertung sind bei der DST aus intensiven Erfahrungen bei Entwicklung und Test von "embedded systems" Software hervorgegangen. Insbesondere bei der Entwicklung der Software für das Kabinenkommunikationssystem des Airbus A330/340 waren aufgrund der hohen Sicherheitsanforderungen enorme Testaufwände notwendig. Hier hat der Einsatz von Z während der Spezifikationsphase zu einer deutlichen Reduzierung der Kosten geführt, da eine Vielzahl von Fehlern bereits frühzeitig entdeckt wurde und so teure Wiederholungstests vermieden werden konnten. Nachdem die Testdurchführung durch Einsatz geeigneter Werkzeuge bereits weitgehend automatisiert wurde ([2]), läßt die Umsetzung der hier beschriebenen Ideen eine weitere, erhebliche Steigerung der Produktivität bei der Testauswertung erwarten.

Literatur

[1] U. Hamer, H.-M. Hörcher, J. Peleska: *Safer Software – an Introduction into Formal Software Engineering*
DST Deutsche System–Technik GmbH, Kiel, 1993

[2] H.-M. Hörcher: *Das DST-UnitTestbed zur automatisierten Durchführung von Unittests*
erscheint in: GI-Software Trends, Mitteilungen der Fachgruppe "Software-Engineering", Mai 1993

[3] H.-M. Hörcher, U. Schmidt: *Programming with VDM Domains*
in *VDM'90, VDM and Z*, pp.122-134, LNCS 428, Springer Verlag Heidelberg, 1990

[4] P.Liggesmeyer, H.M. Sneed, A. Spillner (Hrsg.): *Testen, Analysieren und Verifizieren von Software*
Reihe *Informatik Aktuell*, Springer Verlag, Heidelberg, 1992

[5] E. Mikk: *Übersetzung von Z-Spezifikationen zur automatisierten Auswertung von Testergebnissen*
Diplomarbeit Christian Albrecht Universität Kiel, in Vorbereitung

[6] G.J.Myers: *Methodisches Testen von Programmen*
R.Oldenbourg Verlag, München, 1989

[7] J.M. Spivey: *The Z Notation - A Reference Manual*
Prentice Hall International, 1992

[8] J.B. Wordsworth: *Software Development with Z*
Addison-Wesley, 1992

[9] *DST-fuzz Reference and User's Guide*
DST Deutsche System–Technik GmbH, Kiel, 1992

[10] *Application of Z Specifications for Black Box Testing*
Schulungsunterlagen FSW-Z, DST Deutsche System–Technik GmbH, Kiel, 1992

KORSO: Das Verbundprojekt "Korrekte Software"

Heinrich Hußmann
Institut für Informatik
TU München
80290 München

Jacques Loeckx
FB 14 (Informatik)
Universität des Saarlandes
66941 Saarbrücken

Wolfgang Reif
Inst. für Logik, Komplexität
und Deduktionssysteme
Universität Karlsruhe
76128 Karlsruhe

1 Einleitung

Seit 1990 fördert der Bundesminister für Forschung und Technologie das Verbundprojekt "Korrekte Software" (KORSO), eine Initiative im Bereich der Softwaretechnik für vertrauenswürdige Systeme. Das Projekt ist eine gemeinsame Anstrengung von vierzehn auf diesem Gebiet einschlägigen deutschen Forschungsgruppen und einem Industriepartner.

Die im Projekt entwickelten Techniken sind für die Herstellung von Software mit höchsten Qualitätsanforderungen konzipiert und dienen der systematischen Reduzierung fehlerbedingter Softwarerisiken. Hauptkennzeichen dieser zukunftsorientierten Teildisziplin der Softwaretechnik ist der rechnergestützte Einsatz formaler (mathematischer) Methoden zur Spezifikation, systematischen Entwicklung und Verifikation von Softwareprodukten.

Das KORSO-Projekt befaßt sich mit der Vervollständigung der theoretischen Grundlagen für beweisbar korrekte Software, deren Umsetzung in verbesserte Entwicklungsmethoden und innovative Werkzeugkonzepte sowie der Durchführung von Fallstudien. Charakteristisch für das Projekt ist zum einen das breite Spektrum von Anwendungen, das durch die entwickelten Spezifikationssprachen abgedeckt wird: Es reicht von klassischen (sequentiellen) Systemen über objektorientierte bis hin zu parallelen und verteilten Systemen. Zum anderen unterstützt die im Projekt entwickelte und angewandte Methodik in durchgängiger Weise alle Phasen der Software-Entwicklung formal, von der Spezifikation über die deduktionsorientierte Entwicklung bis hin zur Erzeugung lauffähiger Programme. Dabei sind evolutionäre Aspekte und Wiederverwendung mit eingeschlossen.

Dieser Beitrag gibt eine Übersicht über den Stand und die Perspektiven der KORSO-Sprachen, -Methodik, -Werkzeuge und -Fallstudien.

2 Sprachen in KORSO

Es liegt in der Natur eines so breit angelegten Projektes wie es KORSO ist, daß durch die Vorarbeiten der einzelnen Projektpartner sehr viele verschiedene sprachliche Formalismen eingebracht wurden.

Um einerseits die erwünschte Abdeckung eines breiten Anwendungsbereichs zu erreichen, andererseits aber die Probleme durch zu große Sprachvielfalt in Grenzen zu halten, wurden für die Arbeit in KORSO vier Sprachen (als sogenannte "Referenzsprachen") in den Mittelpunkt gestellt. Nur eine dieser Sprachen wurde im Projekt neu entwickelt, die anderen Sprachen stammen aus früheren Forschungsarbeiten und werden weiterentwickelt. Gemeinsam ist diesen Sprachen die Orientierung auf eine streng mathematische Semantik und einen Kalkül zur korrektheitserhaltenden Manipulation von Spezifikationen hin zu Programmen.

Die Sprache *SPECTRUM* wurde im Rahmen des KORSO-Projektes an der Technischen Universität München entwickelt. *SPECTRUM* basiert auf den Ansätzen der axiomatischen algebraischen Spezifikation und integriert eine Vielzahl bewährter Konzepte aus der funktionalen Programmierung, wie die Behandlung von Funktionen als Objekten, nicht-strikte Funktionen, parametrischen Polymorphismus und Sortenklassen. Somit ist der hauptsächliche Anwendungszweck die Entwicklung korrekter komplexer Algorithmen (etwa im Bereich der Systemprogrammierung), wobei funktionale Programme zur Formulierung von Algorithmen verwendet werden. Daneben hat *SPECTRUM* in einem gewissen Sinn eine zentrale Rolle im Projekt, da es, wie der Name suggeriert, eine große Bandbreite an verschiedenen Programmierstilen ermöglicht und sich somit als Basis einer semantischen Integration eignet.

Die Sprache *OPAL* (Technische Universität Berlin) ist in engem Zusammenhang mit *SPECTRUM* zu sehen. Es handelt sich hier um eine funktionalen Sprache, für die eine effiziente Implementierung durch automatische Transformation in imperative (*C*-)Programme vorliegt. Die Verfügbarkeit derart leistungsfähiger Übersetzer war eine Motivation für die Entscheidung, den Programmentwicklungsprozeß in *SPECTRUM* nur bis auf die Ebene funktionaler Programmierung fortzuführen. Die Verwendung von *OPAL* macht professionelle Software-Entwicklung mit funktionalen Programmen realistisch. Dem Programmierer steht die abstrakte, mit formalen Korrektheitsbeweisen unterstützbare funktionale Sprache zur Verfügung; auf der anderen Seite sind pragmatische Aufgaben, die typischerweise in C leicht lösbar sind (etwa der Zugriff auf Betriebssystem-Ebene), problemlos in das Endprodukt integrierbar.

Die Sprache *TROLL light* (Technische Universität Braunschweig) ist wesentlich stärker spezialisiert als die Sprachen *SPECTRUM* und *OPAL*. Der Einsatz dieser Sprache ist vorwiegend bei der Entwicklung von Informationssystemen sinnvoll. *TROLL light* bietet einen modernen objektorientierten Ansatz zur Beschreibung von Datenobjekten und deren dynamischem Verhalten. Spezifikationen in *TROLL light* sind meist ausführbar und bestehen im wesentlichen aus Schemata (templates) für Objekte mit komplex aufgebauten Attributen. Für die Struktur solcher Attribute bietet *TROLL light* keine eigene Unterstützung an, sondern setzt eine Datentyp-Spezifikation (etwa in *SPECTRUM*) voraus. Objekte können hierarchisch organisiert werden, das heißt Klassen sind ebenfalls Objekte. Objekte werden durch Ereignisse erzeugt und manipuliert; für ein Objekt kann ein Lebenslauf (im Sinne solcher Ereignisse) festgelegt werden.

Die Sprache *SPECIAL* (Universität Oldenburg) zielt dagegen stärker auf die Entwicklung von Anwendungen, für die Kommunikations- und Verteilungsaspekte bedeutsam sind. Das ist bereits daran erkennbar, daß die Zielsprache der Programmentwicklung *occam* ist. Zur Spezifikation solcher Programme werden verschiedene Sprachebenen angeboten, von einer sehr intuitionsnahen diagrammartigen Darstellung (Zeitdiagramme) über eine spezielle Variante der temporalen Logik (MCTL) bis hin zu bereits relativ expliziten Formulierungen in Trace-Logik. Für die Übergänge zwischen diesen Sprachebenen werden mathematisch fundierte Transformationen entwickelt. Ein typisches Einsatzfeld für die Sprachen aus der *SPECIAL*-Familie ist etwa die Beschreibung und Verifikation von Kommunikationsprotokollen.

Im Überblick ist zu erkennen, daß die KORSO-Sprachen ein breites Anwendungsfeld abdecken. Eine wichtige Fragestellung ist dabei die Integration der vier verschiedenen Formalismen. Im Sinne einer gemeinsamen semantischen Basis besteht die Möglichkeit, innerhalb des sprachlichen Rahmens von *SPECTRUM* die drei anderen Sprachen auszudrücken. Von dem Gesichtspunkt der praktischen Anwendung her ist es allerdings wesentlich wichtiger, aus den verschiedenen Ansätzen hybride Formalismen zu bilden, die für verschiedene Teilaspekte eines Problems das jeweils Beste aus mehreren Welten kombinieren. Im Rahmen des KORSO-Projekts sollen gerade zu dieser Frage Erfahrungen gesammelt werden, indem die verschiedenen Sprachen in gemeinsamen Fallstudien eingesetzt werden, insbesondere in der relativ komplexen Fallstudie einer elektronischen Patientenakte (siehe Abschnitt 5, "HDMS-A").

3 KORSO-Methodik

Es ist ein Ziel des KORSO-Projekts, nicht nur sprachliche Formalismen und mathematische Theorien zur Entwicklung korrekter Software zur Verfügung zu stellen, sondern auch das zielgerichtete Vorgehen bei der Lösung praxisnaher Probleme mit formalen Methoden zu untersuchen.

Im Gegensatz zu vielen Ansätzen der formalen Softwareentwicklung, die ein relativ starres Gerüst von Formalismen und Entwicklungsschritten vorgeben, ist der methodische Rahmen in KORSO sehr flexibel angelegt und erlaubt auch die Integration nicht-formaler Entwicklungsschritte, wie sie gerade für die frühen Phasen eines Projektes typisch sind.

Grundsätzlich steht im Mittelpunkt der KORSO-Methodik die schrittweise Bearbeitung eines "Entwicklungsgraphen", der alle im Laufe eines Projekts entstandenen Dokumente (Einheiten) und die wesentlichen Relationen zwischen diesen Einheiten enthält. Unter einer Einheit sind hier nicht nur formale Spezifikationen in einer KORSO-Sprache, sondern auch Programme und zusätzliche Information mit reiner Dokumentationsfunktion (Texte, Graphiken) zu verstehen. Von besonderer Bedeutung für die Entwicklung korrekter Software sind natürlich semantische Relationen zwischen Spezifikationen, insbesondere die Verfeinerungsrelation ("Alle Programme, die Spezifikation B erfüllen, erfüllen auch Spezifikation A" bzw. "Programm P erfüllt Spezifikation A"). Neben den semantischen Relationen enthält der Entwicklungsgraph zur Unterstützung eines modularen Arbeitsstils aber auch syntaktische Relationen (etwa "Einheit B stützt sich auf Einheit A").

Semantische Relationen tragen Attribute; so besagt eines der wichtigsten Attribute, ob diese Relation bereits als korrekt bewiesen wurde oder ob dieser Beweis nur angestrebt wird. Im Falle einer bewiesenen Relation wird auch ein Verweis auf ein Dokument über den Beweis verwaltet. Auch Einheiten des Projektgraphen tragen Attribute, die wesentliche semantische Information festhalten, etwa "Spezifikation ist logisch konsistent". Der Status "bewiesen" bzw. "angestrebt" wird bei solchen Attributen analog zu semantischen Relationen behandelt.

Der Projektgraph unterliegt einer ständigen Evolution über die Projektlaufzeit. Es ist deshalb sinnvoll, auch wichtige Teile einer Versions- und Konfigurationskontrolle mit dem Entwicklungsgraphen zu verbinden. So kann etwa ein Ausschnitt aus dem Graphen, der nur syntaktische und keine semantischen Relationen enthält, als eine in sich stabile Konfiguration verstanden werden. Dagegen kann ein gerichteter Teilgraph, der nur semantische Relationen enthält, als Entwicklungsgeschichte eines modularen Systemteils aufgefaßt werden.

Die wichtigsten Operationen zur Manipulation von Entwicklungsgraphen sind Entwicklungsschritte, die neue Einheiten aus vorhandenen Einheiten ableiten. Im allgemeinen entstehen bei einem solchen Schritt neue Einheiten sowie neue Relationen im Graphen. Eine neue semantische Relation kann oft nur als "angestrebt" eingetragen werden. Dies ist als eine Beweisverpflichtung zu verstehen, die mit Hilfe des von der Spezifikationssprache gegebenen Kalküls erfüllt werden muß, bevor die Relation als korrektheitserhaltend bezeichnet werden darf. Somit führt die Rechtfertigung einer semantischen Relation durch einen formalen Beweis zu einer weiteren wichtigen Manipulation des Graphen: Das Attribut "bewiesen" kann gesetzt werden, und es ist ein Verweis auf die Rechtfertigung festzuhalten.

Im Vergleich zu klassischen Entwicklungsmodellen ist das KORSO-Modell in der Nähe evolutionärer Ansätze einzuordnen. Es erlaubt aber durchaus auch die Darstellung einer klassischen "wasserfall-artigen" Phasenabfolge, und zwar als Teilgraph, der die Entwicklung einer Einzelkomponente des gesamten modularen Systems darstellt. Die Zugehörigkeit zu einer Phase kann als Attribut einer Einheit dargestellt werden. Eine systemweite Phaseneinteilung des Entwicklungsprozesses ist dadurch darstellbar, daß alle Einheiten einer Konfiguration innerhalb einer bestimmten Phase liegen.

4 Werkzeuge in KORSO

Entsprechend der Größe des KORSO Projekts gibt es auch eine Vielfalt von Werkzeugen, die von den einzelnen Partnern eingebracht, angewandt oder weiterentwickelt wurden. Die Bandbreite der Werkzeuge reicht von umfassenden formalen Entwicklungswerkzeugen bis zu Datenhaltungs- und Visualisierungssystemen. Weitere Beispiele sind Werkzeuge für den Spezifikationsentwurf, Rapid Prototyping, Verifikation von Implementierungen, Synthese von Einzelprogrammen sowie spezielle und generische

Beweissysteme. Eine von der Universität Karlsruhe zusammengestellte Klassifikation gibt einen Überblick über die gesamte Palette der Systeme.

In der ersten Phase des Projekts diente diese Palette von Werkzeugen als ideales Experimentierfeld für kleine Fallstudien sowie zur arbeitsbegleitenden Evaluation von Konzepten und Resultaten der einzelnen Gruppen. Die Behandlung mittlerer und größerer Fallstudien hat dann jedoch zu einer zunehmenden Konzentration und Konvergenz der eingesetzten Werkzeuge geführt und eine Reihe von Neu- und Weiterentwicklungen angestoßen. Für einige der Referenzsprachen können zum Projektende prototypische Entwicklungsumgebungen angeboten werden. Als weiterer Schritt in Richtung auf eine möglichst weitgehende Normierung sowie Konvergenz der Methoden und Werkzeuge wurde ein allgemeiner Architekturrahmen für KORSO entwickelt. Dieser Architekturrahmen kann als grobe Richtlinie für künftige Werkzeugentwicklungen im Bereich korrekter Software-Erstellung dienen. Er nennt essentielle Anforderungen an eine formale Entwicklungsumgebung, hebt die besonderen Anforderungen, die durch die Deduktion ins Spiel kommen, hervor und macht einen Vorschlag für die architektonische Ausgestaltung einer Werkzeugplattform.

Ein wesentliches Kennzeichen ist die Orientierung eines zukünftigen Werkzeugs an der Methodik der formalen Entwicklung, in deren Mittelpunkt die Erstellung und Manipulation des Entwicklungsgraphen steht. Entwicklungsgraphen spiegeln den aktuellen Stand einer formalen Entwicklung wider. Bei deren Erstellung spielt die Wiederverwendung von Komponenten oder ganzen Teilentwicklungen eine noch größere Rolle als in der konventionellen Software-Entwicklung.

Der Entwicklungsgraph unterliegt einem Korrektheitsmanagement, das die Korrektheit einzelner Entwicklungsschritte oder ganzer Sequenzen kontrolliert, und die Schnittstelle zu den Deduktionssystemen bildet. Das Korrektheitsmanagement erzeugt (für die Korrektheit hinreichende) Beweisverpflichtungen, die von den Deduktionssystemen bewiesen werden. Dabei ist der Nachweis von Beweisverpflichtungen trotz hoher Automatisierung der Deduktionssysteme im allgemeinen ein zeitaufwendiger und interaktiver Vorgang, der Expertise und ein systemunterstütztes Beweisengineering erfordert.

5 Fallstudien in KORSO

Die Durchführung von Fallstudien spielt im Rahmen des KORSO-Projektes eine wichtige Rolle. Sie soll zeigen, inwiefern die vorhandenen Sprachen, Werkzeuge und Methoden für die Praxis geeignet sind. Im folgenden werden einige Bemerkungen zu den vier wichtigsten Fallstudien gemacht.

Die erste Fallstudie behandelt die Spezifikation eines LEX-ähnlichen Scanners. Diese Fallstudie ist einfach, weil die Problemstellung klar definiert ist und die Problemlösung durch einen sequentiellen Algorithmus auf der Hand liegt. An der TU München wurde für diese Fallstudie eine axiomatische Spezifikation in *SPECTRUM* erstellt und an der Universität Saarbrücken eine ausführbare Spezifikation in *OBSCURE*. An der Universität Karlsruhe wurde mit Hilfe des Verifikationssystems KIV bewiesen, daß die *OBSCURE*-Spezifikation eine korrekte Implementierung der *SPECTRUM*-Spezifikation ist. Weitere Verfeinerungen des Beispiels werden derzeit an der TU Berlin und der Universität Ulm entwickelt. Eine wichtige Erfahrung aus dieser Studie ist die Einsicht, daß auch sorgfältig aufgestellte Spezifikationen Fehler enthalten können, da beim Beweisen mit dem KIV-System in beiden Spezifikationen (in *SPECTRUM* und *OBSCURE*) Fehler entdeckt wurden.

Die Fallstudie "Fertigungsanlage" befaßt sich mit der Steuerung einer Anlage, die unter anderem aus verschiedenen Förderbändern und einer Presse besteht. Es handelt sich um ein anschauliches Beispiel mit reaktiven Aspekten und Echtzeitproblemen. Die Spezifikation wurde in verschiedenen Sprachen (unter anderem in *TROLL light, SPECTRUM, RAISE*) und an verschiedenen Institutionen (FZI Karlsruhe, TU Braunschweig, LMU München, Universität Karlsruhe) spezifiziert. Ausgewählte Spezifikationen werden verfeinert zu einem Programm, das die Steuerung der Anlage übernimmt.

Eine weitere Fallstudie befaßt sich mit der Entwicklung eines Kommunikationsprozessors für direkte Verbindungsnetzwerke. Typisch für das Beispiel ist das "deadlock"-Problem. Ziel ist die Erstellung einer globalen Spezifikation für das Gesamtnetz und einer lokalen Spezifikation für die einzelnen Prozessoren. Weiter wird die Korrektheit der lokalen Spezifikation bezüglich der globalen Spezifikation sowie die Korrektheit einer Implementierung bezüglich der lokalen Spezifikation bewiesen. Beteiligt an dieser Fallstudie sind insbesondere die Universitäten Oldenburg und Saarbrücken, zum Teil auch die TU München.

Die aus der Praxis kommende und bei weitem anspruchsvollste Fallstudie trägt den Namen "HDMS-A". Dabei steht "HDMS" für "Heterogeneous Distributed Information Management System" und "A" für eine abstrakte, vereinfachte Version dieses Systems. HDMS ist ein System, das von der Projektgruppe Medizin-Informatik (PMI) für das Deutsche Herzzentrum Berlin entwickelt wird und das die rechnergestützte und kontrollierte Integration und Kommunikation von Patientendaten zum Ziel hat. In der Fallstudie HDMS-A wird ein "abstrakter" Teil dieses Systems spezifiziert. Typisch für das Problem sind die verteilten heterogenen Daten wie Labor- und Vitalwerte oder Resultate von Herzkatheteruntersuchungen. Weiter müssen bestehende Komponenten ("hardware" und "software") in das System integriert werden. Sicherheitsaspekte bezüglich des Datenzugriffs, Parallelität und reaktive Aspekte stellen weitere Probleme dar. Beteiligt an dieser Fallstudie sind unter anderem die TU Berlin, die TU München, die LMU München, FZI Karlsruhe und die Universitäten Karlsruhe, Saarbrücken, Oldenburg, Braunschweig, Ulm sowie die Siemens AG. Die Durchführung der Fallstudie hat insbesondere deutlich gemacht, daß Spezifikation und Verifikation nur einen Teilaspekt des formal orientierten "software engineering" darstellen. Insbesondere war die Präzisierung der Problemstellung zeitaufwendig. Spezielle Formalismen zur Beschreibung von "entity-relationship"-Modellen, die nach *SPECTRUM* übersetzt werden können, haben sich bei der Spezifikation des Systems als vorteilhaft erwiesen. Schließlich hat sich bei dieser Fallstudie die besondere Wichtigkeit einer weiterführenden Sprachen- und Werkzeugintegration für sequentielle und reaktive Probleme gezeigt.

6 Zusammenfassung

Zusammenfassend kann man sagen, daß durch das Projekt KORSO ein wesentlicher Schritt für die Entwicklung beweisbar korrekter Software von einer theoretischen Grundlagendisziplin hin zur Anwendung vollzogen wurde. Die Projektarbeit zeigt deutlich, daß neben der Erarbeitung von Grundlagenwissen heute in diesem Bereich zunehmend pragmatische Aspekte an Bedeutung gewinnen. Diese Aspekte umfassen die Bündelung und Integration vielfältiger Formalismen ebenso wie die Einbeziehung bewährter und nützlicher Darstellungstechniken aus der Systemanalyse oder den Einsatz heuristischer Verfahren für einen hohen Automatisierungsgrad der Werkzeugunterstützung.

Die Projektresultate stimmen optimistisch für einen baldigen Einsatz formaler Techniken zur Entwicklung hochqualitativer Systeme von realistischer Größe. Dennoch sollte nicht übersehen werden, daß gerade die Lösung von pragmatischen Fragen, wie sie im Projekt KORSO sichtbar gemacht und teilweise angegangen wurden, noch einen hohen Forschungs- und Entwicklungsaufwand bis zur wirklichen Praxisreife erfordern wird.

7 Literatur und weitere Informationen

Im Rahmen des Projekts KORSO ist eine Vielzahl von Publikationen entstanden. Aus Platzgründen wurde hier auf die Angabe eines ausführlichen Publikationsverzeichnisses verzichtet. Eine aktuelle Liste der KORSO-Publikationen kann jedoch angefordert werden. Darüberhinaus ist geplant, die Projektresultate gegen Ende der Projektlaufzeit in zusammengefaßter Form zu veröffentlichen.

Auch der Beitrag "Korrekte Software: Vom Experiment zur Anwendung" (M. Broy, M. Wirsing) in diesem Band gibt einen Eindruck von einem Teilbereich der in KORSO durchgeführten Forschungsarbeit.

Um die Literaturliste oder weitergehende Informationen zu erhalten, wenden Sie sich bitte an einen der Autoren dieses Beitrags oder an:
Dr. Jochen Burghardt, GMD Forschungsstelle, Vincenz-Prießnitz-Straße 1, 76131 Karlsruhe.

Liste der KORSO-Projektpartner

GMD Sankt Augustin
Institut für Systementwurfstechnik (Dr. A. Poigné)

GMD Karlsruhe
Forschungsstelle für Programmstrukturen (Dr. J. Burghardt)

Technische Universität München
Institut für Informatik (Prof. Dr. M. Broy)

Technische Universität Berlin
Institut für Angewandte Informatik, Softwaretechnik (Prof. Dr. S. Jähnichen)

FZI Karlsruhe
(Prof. Dr. G. Goos)

Siemens AG München
ZFE BT SE 12 (Prof. Dr. W. Büttner, Dr. G. Venzl)

Technische Universität Berlin
Fachbereich Informatik (Prof. Dr. H. Ehrig, Prof. Dr. P. Pepper)

Technische Universität Braunschweig
Institut für Progr.-sprachen und Informationssysteme (Prof. Dr. H.-D. Ehrich, Dr. M. Gogolla)

Universität Bremen
Fachbereich 3 Mathematik und Informatik (Prof. Dr. B. Krieg-Brückner)

Universität Karlsruhe
Institut für Logik, Komplexität und Deduktionssysteme (Prof. Dr. P. Deussen)

Universität Karlsruhe
Institut für Logik, Komplexität und Deduktionssysteme (Prof. Dr. W. Menzel, Dr. W. Reif)

Universität Oldenburg
Fachbereich 10 Technische Informatik (Prof. Dr. W. Damm, Prof. Dr. E.-R. Olderog)

Ludwig-Maximilians-Universität München
Institut für Informatik (Prof. Dr. M. Wirsing)

Universität des Saarlandes
Fachbereich 14 Informatik (Prof. Dr. J. Loeckx)

Universität Ulm
Fakultät für Informatik (Prof. Dr. F. von Henke)

IT-gestützte Verwaltungsarbeit: Aus Erfahrung lernen - neue Wege beschreiten? (Fachbereich 6 Informatik in Recht und öffentlicher Verwaltung)

Leistungserstellungsprozesse der öffentlichen Verwaltung, ihre Führungspraxis und das Verwaltungshandeln sowie die Politikformulierung sind in mehrfacher Weise von den informationstechnischen Möglichkeiten betroffen. Es werden neue Handlungs- und Organisationsspielräume eröffnet, es entsteht neuer Regelungsbedarf, aber auch die Rechts- und Verwaltungsstrukturen müssen sich nach dem neuen technischen Hilfsmittel ausrichten. Dieser Gestaltungs- und Ausrichtungsprozeß hat in der öffentlichen Verwaltung der Bundesrepublik Deutschland bereits vor vielen Jahren begonnen, ist aber keineswegs abgeschlossen. Sowohl für die Verwaltungsreform und die Felder der Verwaltungsorganisation als auch für die Regelungsprobleme der IT-Anwendungen (Informationsrechte einschließlich Datenschutz, Standardisierungsfragen bei informationstechnischen Infrastrukturen der öffentlichen Verwaltung usw.) und die Frage der Repäsentation juristischen Wissens, seine Formulierung im Recht und der Repräsentation von Verwaltungswissen über die Umwelt der Verwaltung und ihrer eigenen Leistungsvollzüge und Steuerungsparameter befinden sich nach wie vor im Wandlungsprozeß. Hier Erreichtes aufzuzeigen und zum anderen Trends und Zukunftsaspekte darzustellen, soll der Sinn des vom Fachbereich 6 ausgerichteten Fachgesprächs sein.

Koordination: E. Fuchs, Berliner Verkehrs-Betriebe (BVG)
Hauptabteilung ODV

Konversionsprobleme der Rechtsinformatik
nach der deutschen Vereinigung

Rainer Koitz
Fachbereich Informatik
Hochschule für Technik und Wirtschaft (FH)
Friedrich-List-Platz 1, 01069 Dresden

Das zunächst als Frage zu verstehende Thema soll unter zwei Aspekten behandelt (und bejaht) werden.

Der durch das Recht bestehende Handlungs- und Gestaltungsrahmen führt in den neuen Bundesländern zu einem umfassenden Wechsel der Anforderungen, bei dem jedoch frühere Verhaltensmuster und (entgegen verbreiteter Auffassung) bestehende Invarianten zu beachten sind. Exemplarisch soll dies am Beispiel des Datenschutzes und ausgewählter privatrechtlicher Fragen bei der Nutzung von Informationstechnologien (Rechtsschutz von Software, Software-Verträge) diskutiert werden.

Nach rechtlichen Aspekten sollen abschließend beispielhaft instrumentelle Probleme erörtert werden. Hinsichtlich der Arbeitsweisen der Rechtsinformatik (wie auch der Verwaltungsinformatik) wird die disziplinäre Eigenständigkeit bejaht und mit der (Zugrundelegung der) juristischen Methodik begründet.

1. Datenschutz

Grundlegende Änderungen in den Möglichkeiten von Informationstechnologien resultieren ohne Zweifel aus dem Datenschutz. Zu beachten ist dabei die unterschiedlich ausgeprägte Überlagerung rechtlicher und informatischer Anforderungen.

Ein aus rechtlicher Sicht partiell normierter/1/, praktizierter /8/ und diskutierter/5/ Datenschutz hatte in der früheren DDR mit der Dominanz staatlicher und kollektiver Interessen einen diametral anderen Inhalt als der umfassend geregelte, gewährleistete und hinterfragte Persönlichkeitsrechtsschutz in der Bundesrepublik Deutschland. Dieser Schutz erfordert zwangsläufig die in der Datenschutzgesetzgebung vorgenommene Unterscheidung des öffentlichen und des privaten Bereichs. In letzterem ist der Datenschutz erstrangig an der privatrechtlichen Vertragseingehungsfreiheit orientiert, was so nicht immer reflektiert wird (s. etwa /4/). Noch gravierender für das Verständnis der Schutzwirkung scheinen das Rechte-/Pflichtengefüge und das Handeln der unterschiedlichen, den Datenschutz beeinflussenden Subjekte zu sein. Wird ein Automatismus, der Tätigkeit des Staates (war und) sein würde, in anderen Lebensbereichen abgelehnt, so wird er für das angestrebte Ziel informationeller Selbstbestimmung oft erwartet. Gerade das können und wollen die Regelungen zum Datenschutz nicht erreichen.

Anders als im synallagmatischen Vertragsmodell des Privatrechts "funktioniert" der Datenschutz vielmehr als und durch Wahrnehmung unterschiedlicher Befugnisse, die nur teilweise miteinander korrespondieren, durch verschiedene Subjekte. Spielen dabei auch die speichernde Stelle und der jeweils Betroffene eine bestimmende Rolle, so sind doch viele "Sicherungen" an die Tätigkeit der unterschiedlichen Datenschutzbeauftragten, der Aufsichtsbehörde und in anderer Weise an die von Dritten und von Auftragnehmern geknüpft. Konsequenz könnte die Beachtung und Ausnutzung dieses Ensembleeffekts durch die einzelnen Subjekte in einem nach ihrem Anspruch an den Datenschutz zu bestimmenden Niveau sein (ähnlich /6/,/14/).

Anders als aus dem umrissenen rechtlichen Blickwinkel werden aus informatischer Sicht verschiedentlich die zu schützenden Subjekte erweitert (s. etwa /15/, S. 264). Dafür lassen jedoch die deutschen Regelungen zum Datenschutz keinen Raum. Eine zu lösende Aufgabe ist hingegen die gegenseitige Entsprechung von Datenschutz und Datensicherheit, die gegenwärtig von Informatikern oft einseitig erfaßt wird (so die Kritik in /11/).

2. Rechtsschutz von Software

War der Urheberrechtsschutz von Software in zahlreichen anderen Staaten gesetzlich geregelt oder von der Rechtsprechung akzeptiert, so wies die singuläre Rechtsanwendung dazu in Deutschland bemerkenswerte Parallelen auf. Zwar sind "Programme für die Datenverarbeitung" seit der 1985 erfolgten Novellierung des Urheberrechtsgesetzes der Bundesrepublik Deutschland ausdrücklich in den Katalog der geschützten Werke (§ 2 Abs. 1) aufgenommen worden. Doch fixierte der BGH im gleichen Jahr mit dem Inkassoprogramm-Urteil/3/ eine extrem hohe Schwelle für die Anwendung des Werkbegriffes (§ 2 Abs. 2 UrhG) auf Software. Der Urheberrechtsschutz von Software war so von Gesetz und Rechtsanwendung bejaht, praktisch aber nur in wenigen Fällen anerkannt.

In der DDR hatte das zuständige Bezirksgericht Leipzig früh die Urheberrechtsfähigkeit von Software verneint./13/ Diese Entscheidung wurde nicht revidiert, wenn sie auch in der Literatur kritisiert wurde.(/12/, S. 46) Als vermeintliche Lösung verpflichtete der Gesetzgeber Entwickler und berechtigte Nutzer von Software, Schutzanforderungen vertraglich zu fixieren (zuletzt /2/). Von vielen Informatikern und anderen Nutzern der Informationstechnologien war jedoch der Rechtsschutz, jedenfalls der von fremder Software, nicht akzeptiert.

Die Anwendung des Rechts der Bundesrepublik Deutschland brachte dann nur vordergründig nichts Neues. Einmal sind für den Rechtsschutz von Software nunmehr auch andere Rechtsgebiete zu beachten, von denen neben dem (nur die Vertragspartner verpflichtenden) Vertragsrecht vor allem das Wettbewerbsrecht praktische Schutzwirkungen entfaltet. Zum anderen setzt insbesondere die Softwareindustrie große Hoffnungen auf die Umsetzung der EG-Richtlinie über den Rechtsschutz von Computerprogrammen vom 14. Mai 1991./20/

Zweifelsohne schafft die EG-Richtlinie Klarheit zu wichtigen Fragen, so zur Berechtigung von Vervielfältigung, Bearbeitung und Verbreitung sowie zu den Rechten mehrerer Entwickler und zur Entwicklung im Arbeitsverhältnis. Ob aber die Individualität der Schöpfung als Schutzvoraussetzung hinreichend ist, wie sich aus Art. 1 Abs. 3 ergibt, bedarf wohl noch abschließender Klärung. Zudem bringt die EG-Richtlinie Modifikationen und Erweiterungen zur Dekompilierung und zum Schutz gegen mittelbare Rechtsverletzungen, die neue Auslegungsprobleme aufwerfen. Schließlich kann auch die Frage des Rechtsschutzes von Algorithmen neu gestellt werden.

3. Software-Verträge

Unter den für die Informatik beachtlichen Verträgen haben nach Bedeutung des Anwendungsbereichs und Anzahl aktueller Probleme Software-Verträge eine exponierte Stellung. In der DDR war auf diese als spezielle Verträge über wissenschaftlich-technische Leistungen/19/ wie auch auf andere Wirtschaftsverträge das Vertragsgesetz (VG)/16/ anzuwenden.

In erheblichem Umfang waren Zustandekommen und Erfüllung von Wirtschaftsverträgen durch den Eingriff staatlicher Wirtschaftsleitung gekennzeichnet. Diese Einflußnahme zeigte sich nicht nur bei der Vertragsabschlußpflicht (§ 7 VG), sondern kennzeichnete alle Vertragsphasen. Erwähnt sei etwa die direkte Integration staatlicher Vorschriften zur Qualität (§ 42 VG). Konsequenz war, daß die Verträge, auch im Bewußtsein vieler Informatiker, ein eher bürokratisches Anhängsel an ihre Tätigkeit waren.

Andererseits sollte nicht übersehen werden, daß die Regelung vor allem der Reaktion auf Störungen im Vertragsverhältnis auch zahlreiche Bruchstücke schuldrechtlichen Handelns enthielt. Dem entsprachen durchaus Normierung (§ 16 Abs. 2 i.V.m. § 22 Abs. 4 VG) und Praxis der Entscheidungen des Staatlichen Vertragsgerichts. Die Möglichkeiten des Gläubigers bei Qualitätsmängeln (§§ 94ff. VG) wurden beispielsweise eher den Anforderungen industrieller Güterproduktion und -verarbeitung gerecht als die Regelung der §§ 462, 463, 476a, 480 BGB. Zusätzlich hatte der Gläubiger durch die Verjährungsregelung (§§ 112ff. VG) eine im Vergleich zu §§ 476, 208ff. BGB stärkere Position bei der Anspruchsdurchsetzung.

Insgesamt ergab sich so ein Widerspruch zwischen Einschätzung und Handeln, indem der Stellenwert der Verträge niedrig, die Bezugnahme bei Störungen aber durchaus verbreitet war. Beeinflußt wurde dieses Bewußtsein sicher auch durch die Regelungen des Zivilgesetzbuches und partiell des Gesetzes über internationale Wirtschaftsverträge.

Einerseits stellen sich nun bei der Vertragsvorbereitung völlig neue, umfassende Anforderungen. Vorrangig betrifft dies die Vertragsinhalte für Informationstechnologien, die wohl auch in den alten Bundesländern oft nicht von den mit Entwicklung und Nutzung befaßten Informatikern gestaltet werden. Auch hinsichtlich des Verhaltens bei der Vertragsanbahnung, so zu Beratung und Information, sind Mißverständnisse verbreitet.

Zum anderen ist bei der Vertragserfüllung, soweit der vertragliche Dispositionsrahmen nicht (zulässig) ausgeschöpft wurde, die BGB-Regelung vertraglicher Schuldverhältnisse zu beachten. So bildet die Trias aus vertraglichem und gewöhnlichem Gebrauch sowie aus zugesicherten Eigenschaften (§§ 459, 633 Abs. 1 BGB) entgegen unter Informatikern verbreiteter Diskussion (s. etwa die zu /17/) die Fehleranknüpfung. Hinsichtlich der Anspruchsdurchsetzung sei nur auf Fehleinschätzungen der Reklamation und der Verjährungshemmung hingewiesen. Die Konsequenzen erschöpfen sich keineswegs im Klageerfordernis, sondern sie reichen von der erwähnten Vertragsgestaltung bis zur Prüfung eines Beweissicherungsantrags gem. § 477 Abs. 2 BGB.

Anders als die vorher skizzierten Bereiche hat das Vertragsrecht bisher keine umfassende Novellierung erfahren. Auch aus informatischer Sicht gibt dafür die UN-Kaufrechtskonvention Anregungen (ähnlich /9/).

4. Möglichkeiten und Probleme juristischer Informationssysteme

Analysen nunmehr verfügbarer Informationstechnologien zeigen, daß in den neuen Bundesländern nach Quantität und informatischer Qualität eine exponentielle Erweiterung auch bei der Unterstützung juristischer Arbeit gegeben ist. Nur partiell wird jedoch bei Einschätzung und Nutzung die nicht statisch zu verstehende Abbildung des Objektbereichs beachtet. Für die Rechtsinformatik ist demgemäß zu prüfen, inwieweit Entwicklung und Nutzung von Informationstechnologien auf der juristischen Methodik basieren.Exemplarisch sei das für juristische Informationsrecherchesysteme (IRS) skizziert, die praktisch die Mehrzahl juristischer Informationssysteme darstellen, insgesamt unter den Hilfsmitteln der Rechtsinformatik derzeit dominieren.

Informatisch bedeutet die Nutzung eines IRS die (unterschiedliche) Iteration von Abbildung einer Originalmenge mittels einer Recherchesprache in einem Recherchefonds und von Suche mittels der Recherchesprache in diesem Fonds. Aus der Sicht juristischer Arbeit bedeutet die Nutzung eines juristischen IRS keinesfalls die Lösung eines Rechtsproblems, sondern die iterative Bereitstellung juristischer Texte zur Problemlösung in und aus einem Recherchefonds mittels einer (juristischen?) Recherchesprache.(ähnlich /21/) Neben der Präsentation der juristischen Texte an sich ist also auch die (für Speicherung und Nutzung) verwendete Recherchesprache einzuschätzen.

Elemente der Recherchesprache sind nicht nur die zur Suche verwendeten Begriffe, sondern auch zwischen ihnen bestehende Beziehungen. Diese lassen sich durch Hypertextverknüpfungen, Trunkierungen, einfache Metriken, Inhaltsverzeichnisse und Register erfassen. Wenn auch gröber als bei anderen, aufwendigeren Technologien, so erlauben diese Hilfsmittel einfache Abbildungen juristischer Arbeitsweisen. Das betrifft die Ermittlung von Beziehungen zwischen Normen und Normenkomponenten, deren Auslegung und die Strukturierung von Textmengen.(Beispiele in /7/) Auch Einbeziehung individueller Texte und Textexport können Hilfen in diesem Sinne sein. In der Summe solcher Elemente zeichnet sich ein Trend zu CD-ROM mit juristischen Texten/10/ als leistungsfähigen Hilfsmitteln juristischer Arbeit ab.

Literatur
----

 1. 5. Strafrechtsänderungsgesetz. DDR-GBl. I Nr. 29/88,
    335ff.
 2. Anordnung über die Planung, Bilanzierung und Abrechnung
    von Software. DDR-GBl. I Nr. 6/89, 100ff.
 3. BGH. NJW 86, 192ff.
 4. Eberle,C.-E.: Informationsrecht - der große Wurf?
    Zur Notwendigkeit bereichsspezifischer Regelungen
    (incl. Diskussion). In: /18/, 113-125
 5. Gerhardt,W.: Zu Schwerpunkten des Geheimnisschutzes in der
    automatisierten Datenverarbeitung. bit '85-Tagungsband I,
    0-16ff. Humboldt-Universität zu Berlin 1985
 6. Gerhardt,W.: Zur Modellierbarkeit von Datenschutz-
    anforderungen im Entwurfsprozeß eines Informationssystems.
    DuD 3/92, 126-135
 7. Herberger,M. (ed.): jur-pc CD-ROM Digest 92.
    Wiesbaden: MediConsult 1992
 8. Hillig,H.: Individuelle Betrachtungen zu Problemen der
    Datensicherheit und des Datenschutzes in der DDR.
    DuD 7/90, 339-342
 9. Hoeren,T.: EDV-Gewährleistungsrecht -
    Aktuelle Entwicklungen. CR 9/92, 533-535
10. Koitz,R.: Juristische CD-ROM - auf dem Weg von Quantität
    zu Qualität. Wirtschaftsrecht 10/92, 391-395
11. Krückeberg,F. et al.: Stellungnahme zu den Kriterien für
    die Bewertung der Sicherheit von Systemen der
    Informationstechnik (ITSEC) Version 1.2.
    Informatik-Spektrum 4/92, 221-224
12. Osterland,R. et al.: Rechtsfragen der Kooperation,
    des Schutzes und der Stimulierung von Softwareleistungen
    und -ergebnissen. Technische Universität Dresden 1986
13. Rechtsprechung: Betr. Urheberrechtlicher Schutz von EDV-
    Lösungen. Neue Justiz (Berlin/Ost) 81, 236
14. Rehaczek,K.: Wieviel Datenschutz braucht der Mensch?
    DuD 12/91 (Editorial)
15. Stahlknecht,P.: Arbeitsbuch Wirtschaftsinformatik.
    Berlin: Springer 1991
16. Vertragsgesetz. DDR-GBl. I Nr. 14/82, 293ff.
17. Volkmann,H.: Code of Conduct: Berufsauffassung und
    Berufsethik in der Informatik. In: /18/, 157-179
18. Wilhelm,E.(ed.): Information-Technik-Recht.
    Darmstadt: Toechte-Mittler 1993
19. Wirtschaftsverträge über wissenschaftlich-technische
    Leistungen. DDR-GBl. I Nr. 16/82, 325ff.
20. Witte,A.: Das EG-Recht hat Vorrang vor deutschem
    Softwarerecht. Computerwoche 16/93, 37-39
21. Wolf,G.: juris - Ein denkbar einfacher Zugang zu den
    Informationen, die Sie brauchen? jur-pc 92, 1524ff.

IT-gestützte Organisationsentwicklung in neuen und alten Bundesländern[1]

Prof. Dr. Klaus Grimmer
Forschungsgruppe Verwaltungsautomation
Universität Gesamthochschule Kassel
Mönchebergstr. 17
3500 Kassel

1. Notwendigkeit einer stabilen Verwaltung

Im bisherigen Verlauf des Wandlungs- und Integrationsprozeß des alten DDR-Systems hin zu einem rechts- und sozialstaatlichen, marktwirtschaftlichen System ist bereits sehr deutlich geworden, welche Bedeutung einer funktionsfähigen Verwaltung zukommt. Diese Beobachtung bestätigt und betont, wie notwendig stabil und sicher laufende Verwaltungsprozesse sind. Eine basale Stabilität von Verwaltungen ist somit erforderlich, damit Verwaltungsorganisationen die an sie herangetragenen Aufgabenanforderungen und Funktionen »irgendwie« erfüllen können.

Das Problem der Verwaltungen in den neuen Bundesländern besteht nun gerade darin, diese Stabilität noch nicht oder nur unzureichend ausgebildet zu haben, dabei aber andererseits unter einem besonderen »Produktionsdruck« zu stehen. Die im weiteren noch auszudifferenzierenden theoretisch-analytischen Überlegungen wie auch empirischen »Impressionen« weisen darauf hin, daß die Informations- und Kommunikationstechniken für die Lösung einer Reihe von Stabilitätsproblemen der Organisationen eingesetzt werden. Wir gehen davon aus, daß sich in den Verwaltungen der NBL technikzentrierte Organisationen herausbilden. Es handelt sich dabei um Organisationsformen, die nach anerkannter Lehrmeinung unter den Bedingungen der ABL als dysfunktional angesehen werden.

Wir vertreten die These, daß sich unter den besonderen Bedingungen des Transformationsprozesses der Aufbau technik-zentrierter Organisationen als funktional erweist. Der Einsatz von Technik hat für die Verwaltung stabilisierende Wirkung.

Allerdings: Welcher »Preis« für die Stabilisierung durch Technik längerfristig zu zahlen sein wird, kann heute nur abgeschätzt werden.

Im Vordergrund der bisherigen politik- und verwaltungswissenschaftlichen Betrachtungen zum Auf- und Umbau der Verwaltungen in den neuen Bundesländern stehen v.a.: das Setzen von Rechtsnormen, Verordnungen und formalen Organisationstrukturen, der massive Personaltransfer aus den alten in die neuen Bundesländer und die Vielzahl der Qualifizierungsmaßnahmen. Damit sind zwar zentrale Konstitutionsbedingungen rechts- und sozialstaatlicher Verwaltungsorganisationen benannt und Elemente sozial- und rechtsstaatlicher Systeme formal gesetzt. Stabile Handlungsstrukturen sind damit allerdings noch keineswegs konstituiert.

---

1 Der nachfolgende Text ist ein Auszug aus der Projektbeschreibung von M. Franz, K. Grimmer, W. Killian, R. Wirth (Forschungsgruppe Verwaltungsautomation) »Stabilisierung öffentlicher Verwaltungen im Transformationsprozeß«

Die IuK-Technik hat in diesem Zusammenhang als Medium der Systemtransformation bislang wenig Beachtung gefunden, obwohl IuK-Technik in großem Umfang eingesetzt wird und - wie wir im weiteren zeigen wollen - gerade diesen Techniken zentrale konstitutive Potentiale beizumessen sind.

2. Anforderungen an die Verwaltung in den neuen Bundesländern

Der Druck, der auf den Verwaltungen in den NBL lastet, und der für die IuK-Technik-Einführung - so unsere Vermutung - nicht konsequenzlos bleibt, ist außerordentlich hoch.

Erstens wird eine funktionierende Verwaltung eingefordert, auf deren Leistungen - beispielsweise in den Bereichen Verkehrsinfrastruktur, Telekommunikation, Grundbuchführung, Arbeitsmarktverwaltung, innere Sicherheit - eine »Normalisierung« des Alltags und der Aufbau einer rechts-und sozialstaatlichen Gesellschaft unweigerlich angewiesen sind (Funktionsdruck). Die Automatisierung sorgt dafür, daß es »irgendwie« läuft, daß Anträge bearbeitet und die Anfragen beantwortet werden können, damit finanzielle Leistungen wie Hilfe zum Lebensunterhalt, Kindergeld oder Arbeitslosenhilfe zur Auszahlung kommen. Ohne Technikeinsatz in der Massendatenverarbeitung und Bürokommunikation wären diese basalen rechts- und sozialstaatlichen Funktionsleistungen nicht denkbar.

Damit eng verbunden ist zweitens der Zeitdruck. In dem Maße, wie der Aufbau und Umbau der NBL auf Funktionsleistungen der öffentlichen Verwaltung angewiesen ist, wird ein schneller Aufbau der Verwaltungsstrukturen verlangt. Zudem bestehen bzw. bestanden in vielen Fällen zeitliche Fristen, die für die Einführung von DV-Verfahren höchst relevant waren. Als Beispiel sei auf das Einwohnerwesen hingewiesen. In der DDR wurden die Einwohnerdaten zentral in Berlin DV-technisch geführt. Diese Behörde (Zentrales Einwohnerregister, ZER) wurde jedoch aufgelöst. Kommunen, die die Daten ihrer Einwohner auf eigene DV-Anlagen übernehmen wollten, waren gezwungen, kurzfristig ein entsprechendes technisches Verfahren einzuführen. Eine ähnliche Situation ergab sich für Kommunen, deren Lohn- und Gehaltsabrechnungen von den Bezirksrechenzentren durchgeführt wurden. In Fällen, in denen das Rechenzentrum aufgelöst wurde, mußten die Kommunen entsprechende Hard- und Software zur Abrechnung im eigenen Hause bis zum Schließungstermin des Rechenzentrums aufgebaut haben.

Konzeptionell weitsichtige Planungen ebenso wie partizipativ angelegte Einführungsmodelle brauchen nun aber genau das, was unter diesen Bedingungen fehlt: Zeit. Entsprechend ist zu vermuten, daß derartige Modelle unter diesen Bedingungen nicht zum Tragen kommen.

Es ist auch von einem hohen politischen Druck auf die öffentlichen Verwaltungen auszugehen. Die Verantwortlichen wollen Erfolge ihrer Auf- und Umbaubemühungen vorzeigen, sei es durch den Abbau von Aktenbergen oder die beschleunigte Bearbeitung von Anfragen oder Anträgen. Die Einführung der technischen Systeme insbesondere bei Massenverfahren erfüllt hier mindestens zwei Funktionen. Zunächst sichern die Systeme notwendige Aufgaben der öffentlichen Verwaltung technisch ab. Die Lohn- und Gehaltsabrechnung sichert die termingerechte Bezahlung der Verwaltungskräfte, das DV-Verfahren in der KFZ-Zulassung ermöglicht die Übernahme der bundeseinheitlichen Zulassungsbedingungen, ohne die DV-technische Unterstützung der Sozialverwaltung wäre die Bearbeitung der Anträge und die Auszahlung der Hilfe zum Lebensunterhalt nicht denkbar. Der Funktionsdruck schlägt sich hier als politischer Druck nieder.

Für den Auf- und Umbau der öffentlichen Verwaltungen stehen nur sehr begrenzte finanzielle Mittel zur Verfügung (Finanzdruck). Nicht zuletzt von den finanziellen Möglichkeiten hängt es aber ab, welche Maßnahmen über die Soft - und Hardwarebeschaffung hinaus noch möglich sind. Hier sind zu nennen: technikbezogene Qualifizierungsmaßnahmen, die über eine reduzierte Bedienungseinführung hinausgehen, die Einrichtung von Büroräumen und Beschaffung von Büromöbeln, die den geltenden ergonomischen Standards genügen. Bei den Sanierungsbemühungen öffentlicher Haushalte wird zunächst und vor allen Dingen auf die Personalkosten geschaut. Iuk-technische Systeme gewinnen ihre Attraktivität bei derartigen Problemstellungen vornehmlich als Rationalisierungstechnik. Technik soll hier Personal ersetzen. Das Ziel, den Einsatz der technischen Systeme auf die Bedürfnisse der Mitarbeiter oder der Bürger auszurichten, wird unter diesen Bedingungen eher nachrangig behandelt werden.

3.   Stabilisierung durch Technik?

Wir vertreten die These, daß der Technik hier auch eine legitimatorische Funktion zukommt. Die technischen Sachsysteme in den jeweiligen Einsatzbereichen sind manifeste Symbole der Modernität. Sie vermitteln den Eindruck von Wandel und Modernisierung, sie stehen für Fortschritt und Anpassung an westliche Standards. Unabhängig davon, ob das System im konkreten Fall funktional oder dysfunktional ist, es kann etwas vorgezeigt werden.

Die Kommunen begegnen dem Druck mit umfangreichen Anschaffungen von informations- und kommunikationstechnischen Systemen. Es hat den Anschein, daß solche technischen Systeme diesen Druck mindern, notwendige Funktionen bereitstellen und in sofern stabilisierend wirken.

Mit der Einführung von auf die Aufgabenstellung westdeutscher Verwaltungen zugeschnittenen technisch-organisatorischen Systemen werden somit verdinglichte Strukturelemente ohne entsprechenden Kontext und erforderliche Kompetenzen in die Verwaltungen der neuen Bundesländer hineingetragen.

Insbesondere unter den Bedingungen der gegenwärtigen Umbruchsituation ist zu erwarten, daß iuk-technischen Systemen die Rolle eines bedeutenden formalen Strukturelementes zukommt. Sie besitzen eine stärkere Konstitutionsfunktion, als dies in gefestigten Handlungssystemen der Fall wäre. Wenn die alten Handlungsstrukturen ihre Gültigkeit und damit ihre Orientierungsfunktion für die Akteure verlieren, andererseits formale Strukturelemente - wie im Fall der Verwaltungsorganisationen - von außen nahezu alternativlos gesetzt werden, ist die handlungsorientierende und systemprägende Kraft höher einzuschätzen, als beispielsweise bei Verfahrensvorschriften oder iuk-technischen Systemen, die in festgefügte Verwaltungsorganisationen der alten Bundesländer implementiert werden.

Unsere bisherigen Überlegungen zusammenfassend lautet unser Ergebnis: Den IuK-Techniken kommt eine gewichtige strukturbeeinflussende Rolle im Transformationsprozeß zu. Die institutionellen Wirkungen der IuK-Techniken kommen besonders unter den Bedingungen instabiler Verwaltungssysteme zum Tragen. In dem Maße, wie die Verwaltungsorganisation Technik zur Lösung von Stabilitätsproblemen einsetzt, werden sich in den neuen Bundesländer technikzentrierte Verwaltungssysteme konstituieren.

4.   Ist ein zweiter Transformationsprozeß notwendig?

Erkenntnisse und Regeln für die Informatisierung von Verwaltungen, die in den alten Bundesländern mittlerweile anerkannt sind, werden vernachlässigt. Schlagwortartig sind hier zu nennen: Einbetten des IuK-Technikeinsatzes in übergreifende Organisationskonzepte, Entwicklung von Rahmenkonzepten zum IuK-Technikeinsatz, Konzeption partizipativer Technikeinführung, Informationsmanagements, Qualifizierungskonzepte, aufgabenbezogene Entwicklung; kurz: »Organisation vor Technik«.

Für die Zukunft ist jedoch eine Angleichung der Lebens- und Arbeitsverhältnisse der neuen Bundesländer an die alten Bundesländer zu erwarten. Insbesondere ist davon auszugehen, daß die Aufgaben der Kommunalverwaltungen zunehmen und differenzierter werden, daß die Ansprüche der Verwaltungsklientel immer mehr denen in den alten Bundesländern entsprechen und daß die Mitarbeiter in den Verwaltungen verstärkt die Forderung nach humanen Arbeitsbedingungen und eigenverantwortlichen Tätigkeit stellen werden. Die sozialen und verwaltungspolitischen »Kosten« der technikzentrierten Einführung fallen somit erst mittel- bis langfristig an. Es ist deshalb zu fragen, ob das sich entwickelnde technikzentrierte Verwaltungssystem künftigen Anforderungen genügen kann, ob es einer zweiten »Transformation« bedarf und durch welche vorsorgenden Maßnahmen diese unterstützt werden kann.

Modellierung von Verwaltungsvorgängen

Andreas Engel/Michael Möhring

Institut für Sozialwissenschaftliche Informatik
Universität Koblenz-Landau
Rheinau 3–4, 5400 Koblenz

1   Einleitung

Angesichts der zentralen Rolle, die Vorgänge bei der Aufgabenerledigung in der öffentlichen Verwaltung spielen, ist es verwunderlich, daß in der Verwaltungswissenschaft der Analyse von Verwaltungsvorgängen in der Vergangenheit keine besondere Aufmerksamkeit geschenkt worden ist. Zwar nahm die juristische Definiton des Verwaltungsverfahrens einen breiten Raum ein, doch es fehlt an Ansätzen einer verwaltungsorganisatorischen Analyse von Vorgängen, die Grundlage der Entwicklung von Informationssystemen für die öffentliche Verwaltung sein könnten. Nicht zuletzt aufgrund steigender Erwartungen an die softwaretechnische Unterstützung der Vorgangsbearbeitung rückt dieses Thema nun in den Vordergrund des wissenschaftlichen Interesses der Verwaltungsinformatik ([Bonin 1991, Lenk 1992, Reinermann 1992]). In dem vorliegenden Beitrag wird ein theoretischer Bezugsrahmen zur Beschreibung von Verwaltungsvorgängen vorgestellt, der auf den Konzepten der Dokumente, Funktionen und Stellen aufbaut.

2   Anforderungen an die Vorgangsmodellierung

Unter einem Verwaltungsvorgang soll vorläufig die Bearbeitung einer konkreten Menge von Dokumenten nach mehr oder weniger festgelegten Regeln durch eine oder mehrere Verwaltungsstellen verstanden werden.

Die Entwicklung von Informationssystemen zur Vorgangsunterstützung stößt bereits in den Phasen der Problembeschreibung, Organisationsanalyse und Anforderungsanalyse[1] auf methodische Probleme. Die in der öffentlichen Verwaltung eingeführten Dokumente der Organisationsbeschreibung (Stellenplan, Geschäftsverteilungsplan, Stellenbeschreibungen, Aufgabengliederungsplan, Aktenplan. etc.) enthalten zwar vielfach Aspekte, die auch für die Beschreibung und Analyse von Vorgängen zentral sind, doch es fehlt an einer einheitlichen Darstellungsform für Vorgänge.

Andererseits können auch die in den frühen Phasen des Software Engineering (Requirements Engineering) verwendeten konventionellen Entwurfsbeschreibungssprachen für transaktionsorientierte Informationssysteme (vgl. [Ebert 1992]) die spezifischen Anforderungen der öffentlichen Verwaltung in bezug auf die Vorgangsbeschreibung nicht befriedigend erfüllen (vgl. [Lenk 1992, S. 103]).

Aus diesen Gründen sehen wir es als eine wichtige Aufgabe der Verwaltungsinformatik an, ein System zur Unterstützung der Vorgangsmodellierung zu entwickeln, das auf die spezifischen An-

---

[1]Zur Unterscheidung der "frühen" Phasen in Verwaltungsprojekten vgl. [Kaack 1992].

forderungen der Verwaltung zugeschnitten ist[2]. Es sollte die Erhebung und Beschreibung von Verwaltungsvorgängen, die Analyse und Simulation von realen Abläufen in der Verwaltung, die Abgrenzung von Teilaufgaben für Vorgangsunterstützungssysteme und die Definition software-technisch umsetzbarer Anforderungen an solche Systeme erlauben.

In diesem Aufsatz wird das Konzept einer graphischen Beschreibungssprache für Verwaltungs-vorgänge vorgestellt, und einige besondere Aspekte dieser Sprache werden an einem von Bonin [Bonin 1991] dargestellten Vorgang zur kooperativen Bearbeitung eines Textes erläutert. Gegen-stand des Vorgangs ist eine Personalentscheidung in einer Behörde. Zentrales Dokument ist das Antwortschreiben an einen Stellenbewerber, das vom Entwurf bis zur Reinschrift verschiedene Verwaltungsstellen durchläuft.

2.1 Verwaltungsvorgänge aus der Stellenperspektive

Stellen sind Verwaltungseinheiten, deren Inhaber für die Bearbeitung bestimmter Vorgänge zu-ständig und verantwortlich sind. Verwaltungsmitarbeiter bearbeiten Verwaltungsfälle und treffen Entscheidungen im Rahmen bestimmter Vorschriften und Zuständigkeiten.

Statisch gesehen geht es bei der Modellierung von Verwaltungsvorgängen aus der Stellenperspek-tive darum, daß die für die Bearbeitung eines bestimmten Vorgangs zuständigen Stellen innerhalb einer Verwaltungsorganisation benannt werden. Dies setzt voraus, daß ein Modell der Stellen-struktur einer Verwaltungseinheit vorhanden ist. Es kann abgeleitet werden aus dem Stellenplan, Stellenbeschreibungen und Befragungen der Verwaltungsmitarbeiter (einschließlich der Stellenin-haber) und gibt Auskunft über die Beteiligung von Stelleninhabern an Verwaltungsvorgängen.

Abbildung 1 zeigt für das Beispiel eine graphische Repräsentation der statischen und dynamischen Stellensicht. Hierbei wird eine Stelle als Rechteck symbolisiert, das einen Kurzbezeichner für die Kennzeichnung der jeweiligen Stelle enthält. Die verwendeten Kurzbezeichner für Stellen haben folgende Bedeutung:

O	:	Oberbehörde	**W**	:	Wasserbauabteilung
L	:	Leitung der Behörde	**WL**	:	Leitung der Abteilung Wasserbau
Z	:	Zentralabteilung	**WN**	:	Dezernatsleitung Neubau
ZL	:	Leitung der Zentralabteilung	**WS**	:	Dezernatsleitung Schleusen
ZP	:	Dezernatsleitung Personal	**WW**	:	Dezernatsleitung Wehre
ZH	:	Dezernatsleitung Haushalt	**S**	:	Schreibbüro
ZO	:	Dezernatsleitung Organisation			

Hierarchische Beziehungen zwischen Stellen lassen sich über gerichtete, gestrichelte Kanten aus-drücken. Dabei bezeichnen Ausgangs- und Zielpunkt der Kanten Absender und Adressaten von Weisungsbefugnissen. Im Zusammenhang mit der Verfeinerung von Stellen lassen sich so auch mehrere Weisungen in einer Kante zusammenfassen. Das Beispiel zeigt die Oberbehörde O mit ei-nem Ausschnitt der Stellenhierarchie, in der beispielsweise alle Stellen der Abteilung Z gegenüber dem Schreibbüro S weisungsbefugt sind. Nicht direkt an der Bearbeitung des zu untersuchenden Vorgangs beteiligte Stellen werden gepunktet dargestellt.

---

[2]Der Entwurf und die Spezifikation einer Modellierungssprache zur Vorgangsbearbeitung ist ein Forschungs-schwerpunkt der Arbeitsgruppe VAMOS im Rahmen der Entwicklung eines Vorgangs- Analyse-, MOdellierungs-und Simulationssystems am Institut für Sozialwissenschaftliche Informatik der Universität Koblenz/Landau (Prof. Dr. Heino Kaack, Prof. Dr. Klaus G. Troitzsch, Dipl.-Inform. Kai H. Brassel und die Autoren dieses Beitrages).

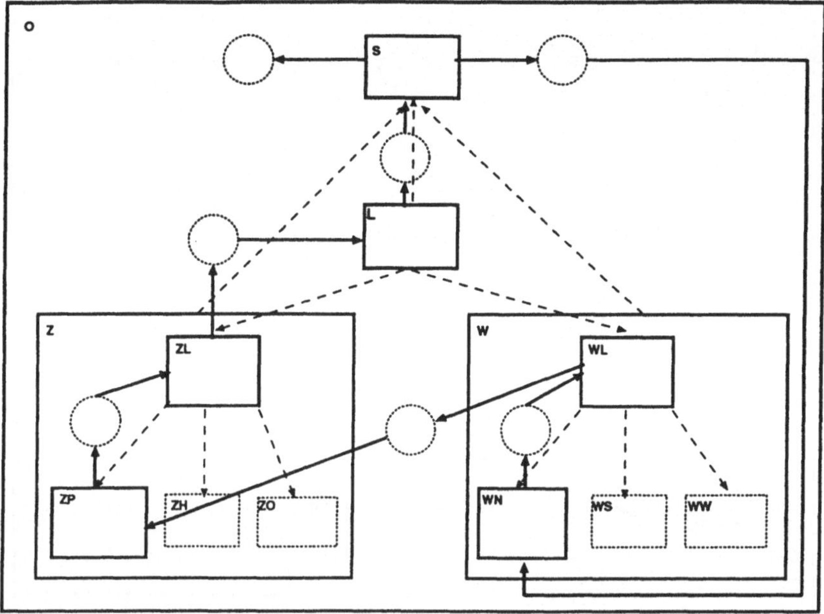

Abbildung 1: Statische und Dynamische Stellensicht

Die Beschreibung von Stellen sollte auf unterschiedlichen Ebenen möglich sein, d.h. die Beschreibungssprache muß Verfeinerungs- und Abstraktionsmechanismen zur Verfügung stellen. In dem konkreten Beispiel wird dies dadurch deutlich, daß das Schreibbüro (S) oder auch die Leitung der Behörde (L) als "Black Box", d.h. als Stelle ohne innere Struktur, beschrieben werden, während die Zentralabteilung (Z) , die Wasserbauabteilung (W), aber auch die Oberbehörde (O) selbst in einer ersten Verfeinerungsstufe mit ihren Weisungsbefugnissen dargestellt sind.

In der dynamischen Beschreibung aus Stellenperspektive wird die Abfolge der Beteiligung von Stellen an der Vorgangsbearbeitung abgebildet. Graphisch wird dies in Abbildung 1 dadurch deutlich, daß die an der Bearbeitung des Vorgangs beteiligten Stellen in ihrer Abarbeitungsreihenfolge durch gerichtete, durchgezogene Kanten miteinander verbunden werden. Da die Bearbeitung von Verwaltungsvorgängen auf Schriftlichkeit beruht und dokumentenbasiert abläuft, erfolgt die Verbindung zwischen zwei Stellen immer über ein "Dokument", das graphisch als Kreis symbolisiert wird und den jeweiligen Bearbeitungsstand "dokumentiert". Da für die dynamische Stellensicht eine genaue Charakterisierung der einzelnen Dokumente, oder wie in dem Beispiel der Antwortbrief auf die Stellenbewerbung in seinen einzelnen Bearbeitungsstufen, keine Rolle spielt, werden diese hier gepunktet dargestellt.

2.2 Verwaltungsvorgänge aus der Perspektive von Handlungsregeln

Bei der Beschreibung von Verwaltungsvorgängen aus Sicht der zu beachtenden Vorschriften und Handlungsregeln steht die Frage im Mittelpunkt, welche informationsverarbeitenden Tätigkeiten

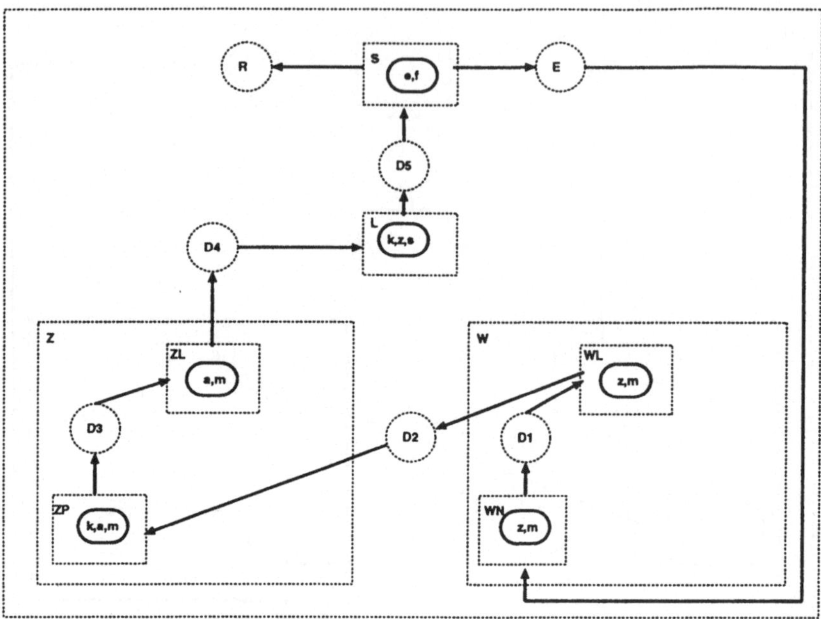

Abbildung 2: Dynamische Funktionensicht

bzw. Verwaltungsentscheidungen notwendig und zulässig sind (statischer Aspekt) und in welcher zeitlichen bzw. logischen Reihenfolge sie erfolgen müssen. Für das vorliegende Beispiel lassen sich aus statischer Sicht folgende Funktionen/Regeln für die Dokumentenbearbeitung festlegen, wobei unter Funktion bzw. Regel hier allgemein eine Abbildung verstanden werden soll, die ein Dokument von einem Zustand in einen anderen überführt:

e	:	Entwerfen	a	:	Ablehnen
m	:	Mitzeichnen	k	:	Korrigieren
s	:	Schlußzeichnen	f	:	Fertigstellen
z	:	Zustimmen			

Graphisch werden Funktionen als Rechtecke mit abgerundeten Ecken und einem (oder mehreren) Funktionsbezeichner(n) dargestellt (siehe Abbildung 2). Die Zuordnung von Funktionen zu Stellen erfolgt durch Funktionssymbole innerhalb von Stellensymbolen. Auf der dargestellten Abstraktionsstufe dienen Bezeichnerlisten als Funktionsbezeichner[3], die deutlich machen, daß an dem Eingangsdokument in dieser Stelle mehrfache Bearbeitungsschritte durchgeführt werden, die in einem weiteren Verfeinerungsschritt in bezug auf Ablauf, beteiligte interne Stellen und bearbeitete Dokumente analog beschreibbar sind. Abbildung 2 zeigt den dynamischen Ablauf des Vorgangsbeispiels aus Sicht der beteiligten Funktionen. Da Funktionen Zustandsänderungen von Dokumenten abbilden, ist auch die Reihenfolge der Funktionsaufrufe entscheidend. Sie beschreibt die Bearbeitungsfolge von Dokumenten und wird in Abbildung 2 durch gerichtete Kanten zwischen Funktions- und nicht weiter spezifizierten Dokumentknoten dargestellt.

---

[3]An dieser Stelle sind ebenso Sammelbezeichner vorstellbar.

Das betrachtete Beispiel enthält lediglich eine einfache sequentielle Abfolge[4]. Die Beschreibungssprache ist noch um Konstrukte zur Darstellung von Iterationen, die leicht durch einen zyklischen Graphen beschrieben werden können, und Alternativen zu erweitern.

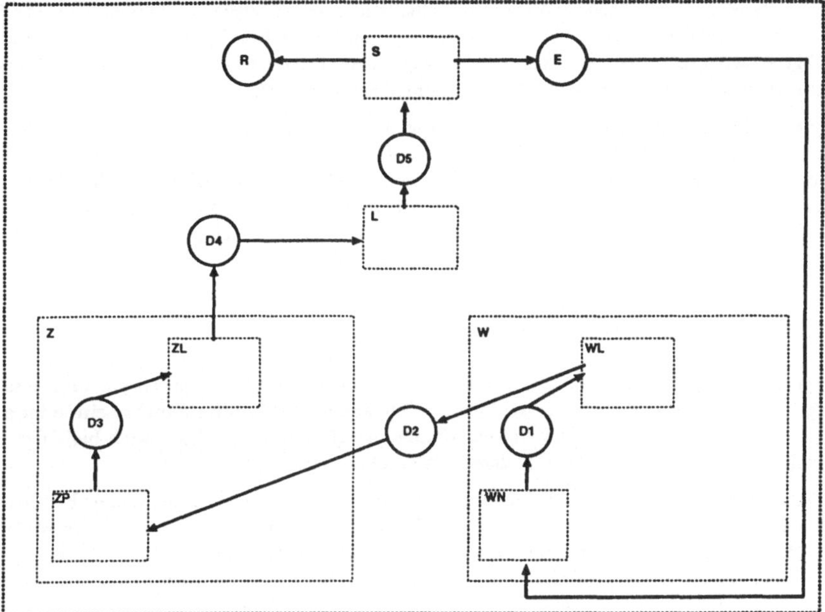

Abbildung 3: Dynamische Dokumentenensicht

2.3 Verwaltungsvorgängen aus der Dokumentenperspektive

Gegenstand der Vorgangsbearbeitung sind im wesentlichen Informationen, die in Akten zusammengefaßt und dokumentiert werden. Während bei der Beschreibung aus Sicht der Bearbeitungsvorschriften Handlungs- und Entscheidungsspielräume abgebildet werden, geht es bei der informationellen Perspektive darum, welche Informationen in welcher Reihenfolge verarbeitet werden. Bezogen auf das Anwendungsbeispiel lassen sich folgende Dokumente unterscheiden (siehe auch Abbildung 3):

E	:	Entwurf
D1,...,D5	:	Zwischendokumente
R	:	Reinschrift

---

[4]Auch die scheinbare Zyklizität im Schreibbüro (S) ist in Wirklichkeit eine sequentielle Abfolge, die erst in der Verfeinerung deutlich wird: Der Vorgang beginnt mit dem Entwurf des Dokuments (e) und endet mit der Reinschrift (R) als Ergebnis der Funktion f (Fertigstellen).

Dabei bezeichnen die Dokumente D1 bis D5 verschiedene Bearbeitungszustände des zu erstellenden Antwortbriefes, in diesem Fall die Hinzufügung der Mitzeichnungsliste, Korrekturanweisungen, Textergänzungen und -streichungen sowie Mit- bzw. Endzeichnungen (statische Perspektive). Ebenso wie bei Stellen und Funktionen sind auch bei den Dokumenten Verfeinerungen denkbar, indem zum Beispiel eine Akte in verschiedene, durch unterschiedliche Stellen und Funktionen zu bearbeitende Einzeldokumente zerlegt — und nach Bearbeitung auch wieder zusammengefügt — wird (z.B. wie bei einem Bauantrag). Ein anderer Fall liegt bei einer Personalakte vor, der immer wieder neue Einzeldokumente hinzugefügt werden.

Die dynamische Dokumentensicht in Abbildung 3 beschreibt die Abfolge der Veränderungen bezüglich des Dokuments "Antwortbrief" im Verlauf der Vorgangsbearbeitung unter Vernachlässigung der Details über die ausführenden Stellen bzw. Funktionen. Dabei startet der Vorgang mit der Erstellung des Entwurfs für den Antwortbrief im Schreibbüro. In der Praxis wird die Anforderung für diesen Entwurf, entsprechend den definierten Weisungsbefugnissen, aus einer der Abteilungen kommen (z.B. Dezernatsleitung Neubau (WN)).

2.4 Zusammenfassung und Ausblick

Die vorgestellten Darstellungsvarianten stellen mögliche Betrachtungsweisen ein und desselben Vorgangs dar, für den je nach Interessenlage des Betrachters bestimmte Aspekte ein- oder ausgeblendet, verfeinert oder abstrahiert werden können. Darüberhinaus sollten auch beliebige Kombinationen aus den grundsätzlichen Sichtweisen möglich sein.

Ein detaillierter Vergleich mit den Ausführungen bei Bonin zeigt, daß der bisher beschriebene Modellierungsansatz noch längst nicht alle Aspekte realer Vorgangsbearbeitung in Verwaltungen umfaßt. Hierzu zählen auch generelle Festlegungen, wie zum Beispiel Vertretungsregelungen bei der Vorgangsbearbeitung oder Entscheidungen unter Vorbehalt, die nur schwierig oder gar nicht graphisch beschreibbar sein werden.

Literatur

[Bonin 1991] Hinrich Bonin. *Kooperative Texterstellung.* In: VOP, Heft 4, 1991, S.205–212.

[Bonin (Hrsg.) 1992] Hinrich E. G. Bonin (Hrsg.). Verwaltungsinformatik. Konturen einer Disziplin. Mannheim/Leipzig/Wien/Zürich: BI-Wissenschaftsverlag 1992.

[Ebert 1992] Jürgen Ebert. *Beschreibungsmethoden für interaktive, transaktionsorientierte Systeme.* In: Softwaretechnik-Trends, Bd. 12, 1992, Heft 2. S. 4–19.

[Kaack 1992] Heino Kaack. *Requirements Engineering als „Anforderung" an die Verwaltungsinformatik.* Koblenz 1992 (Berichte und Materialien der Forschungsstelle für Verwaltungsinformatik, Nr. 1 — erscheint in: Hinrich Bonin (Hrsg.). Verwaltungsinformatik. Konturen einer Disziplin. Mannheim: Bibliographisches Institut 1992.

[Lenk 1992] Klaus Lenk. *Bürokommunikation: Regelungserfordernisse.* In: Bonin (Hrsg.) 1992, S. 99 –110.

[Reinermann 1992] Heinrich Reinermann. *Informationstechnik und Verwaltungsverfahren — Die theoretische Seite.* In: VOP 5, 1992, S. 321–326.

Datenschutz und Bürokommunikationssysteme in der öffentlichen Verwaltung

Sayeed Klewitz-Hommelsen
Seekatzstr. 15a
6720 Speyer

1. Einführung

Bürokommunikationssysteme sind seit längerer Zeit Gegenstand wissenschaftlicher Untersuchung unter Datenschutzaspekten. Eine Sichtung der einschlägigen Literatur dazu zeigt zugleich, daß das Thema im wesentlichen unter dem Gesichtspunkt der Datensicherheit betrachtet wird, während die datenschutzrechtlichen Aspekte eher eine untergeordnete Rolle spielen. Zugleich wird ein sprachliches Dilemma zwischen den beteiligten Wissenschaftsdisziplinen sichtbar. Während die Juristen im Zusammenhang mit dem Datenschutzrecht meist den Datenschutz i.e.S. von der Datensicherung, dem technischen Datenschutz i.S. von § 9 BDSG, unterscheiden, meinen die Informatiker und andere Disziplinen häufig mit Datenschutz nur die Aspekte der Daten- oder Systemsicherheit.[1]

Die Bedeutung der Bürokommunikation (BK) nimmt ständig zu. Dies zeigt nicht zuletzt der Stellenwert, den diese Kommunikationstechnik in den strategischen Planungen einnimmt; so fußt das Konzept Technikunterstützter Informationsverarbeitung (TuI) der KGSt in erheblichem Umfang darauf und auch die Pläne zur landesweiten Vernetzung der Länder bauen darauf auf.[2]

Es wird im folgenden aufzuzeigen sein, daß durch Einführung von Bürokommunikationssystemen der Datenschutz um ein weiteres Problemfeld bereichert wird, das bisher wenig thematisiert wurde. Zugleich soll der Versuch unternommen werden, einzelne Probleme stärker zu verdeutlichen sowie zum Teil Lösungsansätze aufzuzeigen. Wegen der verordneten Kürze der Darstellung, werde ich mich im folgenden Beitrag schwerpunktmäßig mit der elektronischen Post (electronic mail, e-mail) beschäftigen. E-mail Systeme ermöglichen eine personenorientierte, ortsungebundene, asynchrone Kommunikation mit beliebigem Inhalt.[3] Mit zunehmender Vernetzung dezentraler Arbeitsplatzrechner kommt der electronic mail immer größere Bedeutung zu.

2. Der Dateibegriff im Datenschutzrecht

Die Datenschutzgesetze regeln die Verarbeitung von personenbezogenen Daten durch öffentliche Stellen. Die älteren Landesdatenschutzgesetze stellen dabei

---

1   Vgl. etwa *Ruland 1987*: "Datenschutz in Kommunikationssystemen"; *Lippold 1989*, S. 119 ff.; *Pfitzmann 1990*: "Dienstintegrierende Kommunikationsnetze mit teilnehmerüberprüfbarem Datenschutz".

2   Vgl. *KGSt Gutachten 1990*, S. 68 ff.; (*Innenministerium Baden-Württemberg 1992*, S. 77 ff.).

3   Vgl. *Frantzen/Trox 1988*, S. 331.

noch in erster Linie auf die Verwendung solcher Daten im Zusammenhang mit Dateien ab.[4] Die neueren Gesetze abstrahieren von der Speicherform und beziehen die Verarbeitung von Daten in Akten ein; unterschieden wird dann lediglich in einzelnen Vorschriften hinsichtlich der Rechtsfolgen.[5] So muß der Betroffene beim Auskunftsanspruch bezüglich der in Akten gespeicherten Daten nähere Angaben zum Auffinden der Akten machen (§ 19 Abs. 1 S. 3 BDSG).

Durch die zunehmende Verwendung von Computern werden immer mehr personenbezogene Daten in entsprechende elektronische Systeme übernommen. Dabei spielt die weitgefaßte Definition der automatisierten Datei im Sinne des Datenschutzrechtes eine besondere Rolle. Eine solche liegt nach § 3 Abs. 2 Nr. 1 BDSG vor, wenn eine Sammlung personenbezogener Daten durch automatisierte Verfahren nach bestimmten Merkmalen ausgewertet werden kann. Aus dem Plural von "Merkmal" wird geschlossen, daß es sich um mindestens zwei Merkmale handeln muß, nach denen gesucht werden kann. Fast alle Betriebssysteme angefangen bei MS-DOS, insbesondere das vielfach favorisierte UNIX, bieten die Möglichkeit, mit einfachen Betriebssystembefehlen, beliebige Dateien (im technischen Sinne) mit personenbezogenem Inhalt nach verschiedenen Kriterien zu selektieren.[6] Dabei kennt das Datenschutzrecht keine Geringfügigkeitsschwelle für personenbezogene Informationen. Im einfachsten Fall wird nach einem bestimmten Namen und dann weiter selektiert: beispielsweise nach dem Erstellungsdatum einer Datei und dem Ersteller der Datei (UNIX) oder nach dem Unterzeichner eines Briefes. Damit unterfallen Sammlungen von Texten dem Begriff der automatisierten Datei. Zu diesem Ergebnis kommt hinsichtlich der EDV-gestützten Textverarbeitung die überwiegende Meinung in der Literatur.[7] Es kommt entscheidend auf die Anforderungen an den Grad der Automatisierung an. Muß die Selektion jedem unerfahrenen Benutzer möglich sein, oder genügt es, daß die Automatisierung der Auswertung für einen mit dem System vertrauten Fachmann möglich ist?[8] Da das Datenschutzgesetz einen umfassenden Schutz personenbezogener Daten bezweckt, dürfen die subjektiven Fähigkeiten des Bearbeiters keine Rolle spielen. Schließlich hat der Gesetzgeber in der Neufassung gerade auf das Kriterium des gleichartigen Dateiaufbaus verzichtet.[9] Diese Überlegungen gelten jedoch nicht nur für die Textverarbeitung sondern für alle unstrukturierten Daten in Dateien (im technischen Sinne), die einen Perso-

---

4   Im wesentlichen nur für die automatisierte Verarbeitung personenbezogener Daten gelten die Datenschutzgesetze von § 1 Abs. 2 Bayrisches DSG, § 1 Abs. 2 Niedersächsisches DSG, § 2 Abs. 2 Rheinland-Pfälzisches DSG, § 1 Abs. 2 Saarländisches DSG, § 1 Abs. 1 Schleswig-Holsteinisches DSG.

5   Für das BDSG 90 z.B. in den §§ 15 Abs. 5 u. 6, § 19 Abs. 1 S. 3, § 20 Abs. 1 S. 2 u. Abs. 5, 24 Abs. 1 S. 2 u. Abs. 2 S. 4 Nr. 2c).

6   Bei MS-DOS können Dateien mit Befehlen aus Toolkits (z.B. Norton Utilities) nach beliebigem Inhalt durchforscht werden. Unter UNIX sind mit den Befehlen: find, grep oder awk der Selektion kaum Grenzen gesetzt.

7   Vgl. *Bergmann e.a. 1977*, § 3 BDSG, Rz 31 f.; *Schöning 1991*, S. 326 f.; *Dörr 1992*, S. 19 ff.; *Dörr/Schmidt 1992*, § 3 Rz 6; *Runge 1992*, S. 189; differenzierend *Simitis e.a. 1992*, § 3 Rz 67 u. 76, und *Ordemann/Schomerus 1992*, § 3 Anm. 4.3; a.A. *Möhring e.a. 1987*, S. 531, allerdings noch im Hinblick auf die Regelung im BDSG 1977 und *Goldenbohm/Weise 1991*, S. 536, der die automatisierte Auswertung bei reiner Textverarbeitung nicht für gegeben hält.

8   Für den "Fachmann" spricht sich auch *Dörr 1992*, S. 20, aus.

9   Bei gleicher Überlegung kommen *Goldenbohm/Weise 1991*, S. 536, jedoch zu gegenteiligem Ergebnis.

nenbezug aufweisen. Das Merkmal der automatisierten Auswertbarkeit von Dateien bildet deshalb kaum noch eine sinnvolle Abgrenzungsmöglichkeit. Praktisch bedeutet dies, daß alle Dateien im technischen Sinne, die personenbeziehbare Informationen enthalten, unter den Begriff der automatisierten Datei fallen.

3. Personenbezogene Daten in Bürokommunikationssystemen

Besieht man sich die Struktur der Nachrichten in Message Handling Systemen nach X.400, kann man zwei Teile unterscheiden: evelope und content. Im Bereich der interpersonalen Mail enthält eine Message im content einen header und einen body. Entsprechend der Aufteilung bei der Briefpost besteht der header u.a. aus den Absender- und Empfängerangaben sowie zusätzlichen Angaben zum Betreff, zu Bezügen auf frühere Nachrichten, Dringlichkeit, weiteren Empfängern, Vertraulichkeit und dem Zeitpunkt der Absendung, während der body einer Mail beliebige Informationen enthalten kann. X.400 läßt u.a. Text-, Grafik-, Daten-, Bild- und Sprachinformationen zu.[10] Andere Mailsysteme besitzen einen strukturell ähnlichen Aufbau.

Die gesammelten Nachrichten in Eingangs- und Ausgangsverzeichnissen sind i.d.R. als automatisierte Dateien anzusehen. Viele der e-mail Anwendungssysteme (nicht nur nach dem X.400 Standard) bieten nämlich die Möglichkeit zur automatisierten Auswertung direkt an. So kann der Benutzer die Nachrichten nach beliebigen Kriterien auswerten oder sortieren, Teilmengen davon kopieren und die Selektion erneut ausführen. Finden standardisierte Nachrichtentypen, wie sie etwa im EDIFACT Standard vorgesehen sind, Verwendung, verbessert sich die Auswertbarkeit zustätzlich.

Probleme entstehen auch beim Einsatz der X.500 Directory Systeme. Der "distinguished name" besitzt die Funktion einer weltweit eindeutigen Bezeichnung einer Person. Zu einem Eintrag werden zusätzliche Attribute gespeichert, wie e-mail Adresse, Telefon- und Faxnummer sowie weitere konkrete personenbezogene Informationen. Diese sollen - ihrem Zweck entsprechend - bei Anfragen weltweit an den Anfrager übermittelt werden.[11]

4. Probleme und Lösungsansätze

4.1 X.400 Message Handling Systeme

Der Datenschutz verlangt, daß personenbezogene Daten nur erhoben und verarbeitet werden dürfen, wenn ihre Kenntnis zur Erfüllung der Aufgaben der erhebenden Stelle erforderlich ist (§§ 13 ff. BDSG). Da diese Voraussetzung unabhängig davon gilt, ob die Daten in Akten oder in Dateien verarbeitet werden, folgen aus dieser Anforderung keine besonderen Probleme für die Kommunikation.[12] Allerdings führt die große Anzahl von dezentralen Systemen sowie die

---

10 Vgl. *Beyschlag 1988a*, S. 25 ff. u. 29; detaillierter *Henshall/Shaw 1988*, S. 158 ff., 191 ff.

11 Vgl. *Heigert 1988*, S. 79 ff.; *Pawlita 1992*, S. 84 ff.

12 Es bleibt bei den allgemeinen Fragen, in welchem Umfang beispielsweise die Zuweisung einer Fachaufgabe bereits zur Datenerhebung ermächtigt und wie das Merkmal der Erforderlichkeit zu interpretieren ist (vgl. *Ordemann/Schomerus 1992*, § 13 Anm. 3.).

Komplexität ihrer Vernetzung zu einer faktischen Unkontrollierbarkeit der Datenverarbeitung.[13]

4.1.1 Personenbezogene Daten im Nachrichten Body

Sowohl vom Akteneinsichtsrecht der Verfahrensbeteiligten (z.B. § 29 BVwVfG) als auch bei der Aktenübersendung an die Gerichte sind sämtliche zum Verfahren gehördende Unterlagen betroffen. Das bedeutet das vorgangsbezogene Informationen, die über BK-Systeme ausgetauscht werden, entweder manuell in die Akte gelangen müssen oder bei einem entsprechenden Einsichtsersuchen oder einer Aktenübersendung zusätzlich bereitgestellt werden müssen.

Wie bereits oben ausgeführt, sind heute praktisch alle in universellen Datenverarbeitungsanlagen befindlichen Daten automatisiert auswertbar. Beim Auskunftsrecht nach § 19 BDSG geht der Gesetzgeber jedoch davon aus, daß der Betroffene nur bei Daten in Akten Hinweise zum Auffinden der Daten geben muß, da Daten in automatisierten Dateien ja auch automatisiert auffindbar sind. Das hat die Konsequenz, daß die für die Datenspeicherung zuständige Stelle die Auswertung auch tatsächlich vornehmen muß. Das Problem wurzelt darin, daß § 3 Abs. 2 Nr. 1 BDSG auf die abstrakte Möglichkeit zur Auswertung abstellt, § 19 BDSG aber von einer vorhandenen Auswertungsmöglichkeit ausgeht.

Ähnliche Probleme aus gleichem Grund ergeben sich daraus, daß die bekannten e-mail Systeme keine datenschutzorientierten Funktionen bieten. Einer Berichtigung, Sperrung oder Löschung von Daten nach § 20 BDSG muß sowohl beim Empfänger als auch beim Absender durchgeführt werden (d.h. in allen betroffenen dezentralen Systemen!). Für die Sperrung besitzen diese Systeme meist keine Funktionalität.[14]

Öffentliche Stellen müssen für ihre Dateien eine Reihe von Festlegungen treffen und diese nach § 26 Abs. 5 dem Bundesdatenschutzbeauftragten zuleiten.[15] So muß für die Dateien u.a. ihre Bezeichnung und Art, ihre Zweckbestimmung sowie die Art der gespeicherten Daten festgelegt werden (§ 18 Abs. 2 S. 2 BDSG). Die Vorschrift geht entgegen der weiten Fassung des Dateibegriffs in § 3 Abs. 2 BDSG erkennbar noch von der alten Vorstellung einer Datei als gleichartig aufgebauter Sammlung von Daten aus.[16] Die Zweckbestimmung für ein Verzeichnis der abgeschickten oder erhaltenen Nachrichten wird aber zwangsläufig völlig allgemein und nichtssagend bleiben. Entsprechendes gilt für die "Art der gespeicherten Daten" und den betroffenen Personenkreis. Dies gilt erst recht, wenn beispielsweise das hessische Datenschutzgesetz in § 6 Abs. 1 Nr. 2 gar die Angabe der Rechtsgrundlage für die Verarbeitung verlangt.

---

13 Vgl. *Baden-Württembergische Datenschutzbeauftragte 1985*, S. 29 ff.; *Möhring e.a. 1987*, S. 532 ff.; *Baumann 1988*, S. 12.

14 Daß die Vorschriften für Akten hier eher passen würden, zeigt ein Vergleich zwischen § 20 Abs. 4 und Abs. 5 BDSG.

15 Z.T. enthalten Landesdatenschutzgesetze noch detailliertere Normierungen (vgl. etwa in Hessen § 6 Abs. 1).

16 Vgl. § 2 Abs. 3 Nr. 3 BDSG 1977

4.1.2 Personenbezogene Daten im Nachrichten Header

Aus den Informationen im Nachrichtenheader lassen sich Kommunikationsbeziehungen über einen längeren Zeitraum (solange die Daten gespeichert sind) zurückverfolgen. Im Unterschied zur Erfassung von Telefondaten liegt hier nicht zwingend eine zentrale Erfassung der Daten vor. Nicht der Arbeitgeber kann in diesem Fall "Mißbrauch" betreiben, sondern jeder Teilnehmer an der elektronischen Kommunikation. Für die Telefondatenerfassung hat der VGH Baden-Württemberg entschieden, daß die Speicherung verschiedener Angaben für die Kontrolle und Abrechnung nicht gegen datenschutzrechtliche Vorschriften verstößt.[17] Das neue hessische Datenschutzgesetz regelt diesen Bereich ausdrücklich in § 34 und läßt die Verarbeitung zu, wenn sie zur Durchführung innerdienstlicher organisatorischer Maßnahmen erforderlich ist. Allgemein ist die Verarbeitung zulässig, wenn sie zur Aufgabenerfüllung erforderlich ist (§§ 13, 14 BDSG). Als Aufgabe kommt hier die Verbesserung der innerbehördlichen Kommunikation und damit der Effizienz in Betracht. Unter diesem Gesichtspunkt ist von einer Zulässigkeit auszugehen, insbesondere, da der Eingriff geringer als bei der Erfassung von Telefondaten ist. Unabhängig davon können die Einzelheiten der Verarbeitung auch Gegenstand von Vereinbarungen mit dem Personalrat sein. Hier läßt die Rechtsprechung auch Abweichungen zu Ungunsten von Datenschutzvorschriften zu.[18]

4.2 X.500 Directory Systeme

X.500 Directory Systeme stellen eine Reihe von Datenschutzfragen, auf die *Rihaczek* bereits vor einigen Jahren hingewiesen hat.[19] Er nennt neben anderen drei Problemkreise: (1) der distinguished name als Personenkennzeichen, (2) der Umfang der im Directory gespeicherten Informationen und (3) die weltweite Übermittlung dieser Informationen an beliebige Dritte. Zweck des distinguished name ist eine weltweit eindeutige Identifzierung eines Objekts und damit auch einer Person zu ermöglichen. Jeder Namensgeber kann Namen nur für seinen hierarchisch abgegrenzten Bereich vergeben. Im Unterschied zum Personenkennzeichen identifiziert der X.500 Name abhängig von der Organisation, in der der Betreffende arbeitet. Person und Funktion sind also verknüpft und die Adresse ändert sich, falls der Betreffende seinen Arbeitsplatz wechselt. In ein X.500 Directory dürfen nur solche Informationen aufgenommen werden, die für die Aufgabenerfüllung der Behörde erforderlich sind; für den Namen, die Rolle in der Organisation, Gruppenzugehörigkeiten, dienstleistungsspezifische Adressen und die Anschrift für dingliche Zustellungen wird dies regelmäßig zutreffen. Soweit es die interne Kommunikation betrifft, bestehen hier keine Probleme.[20] Für die externe Kommunikation wird sich dies pauschal für alle Mitarbeiter nicht feststellen lassen. So gibt es Fälle, in denen der unmittelbare Zweck der Beschäftigung darin besteht, nach außen Kontakt herzustellen (z.B. der Bürgerberater einer Kommune). Zugleich existieren Gegenbeispiele, wo die Identität der Person

---

17   VGH Baden-Württemberg RDV 1991, S. 145 ff., 147; in diesem Sinne auch *Ordemann/Schomerus 1992*, § 13 Anm. 3.1.

18   So BAG RDV 1986, S. 199 ff., S. 204; die Auffassung des BAG ist allerdings umstritten (vgl. *Ordemann/Schomerus 1992*, § 4 Anm. 2.5).

19   Vgl. *Rihaczek 1988*, S. 337 ff.

20   Wenngleich auch hier Fälle denkbar wären, in denen diese Angaben nicht allgemein abgefragt werden können sollten.

und ihre Zugehörigkeit zu einer Organisation gerade nicht erkennbar sein sollte (z.B. der verdeckte Ermittler der Polizei). Allerdings bieten die X.500 Normungen Möglichkeiten, den Zugriff auf die lokalen Daten abhängig vom Zugriff suchenden Teilnehmer und den erwünschten Daten zu beschränken.

Zur Rechtfertigung der Aufnahme von Mitarbeiterdaten in ein X.500 Directory mit freiem Zugriff auch über die Grenzen des Geltungsbereichs des Bundesdatenschutzgesetzes hinaus könnte im übrigen eine Einverständniserklärung des Mitarbeiters dienen. Zwar wird im Zusammenhang mit Arbeitsverhältnissen, die Einwilligung als Rechtfertigungsgrund wegen der u.U. eingeschränkten Freiwilligkeit kritisch betrachtet,[21] wenn der Mitarbeiter aber beispielsweise zwischen einem funktionsbezogenen Eintrag und einem personenorientierten Eintrag wählen kann, scheinen mir die Bedenken gegen die Einwilligung nicht stichhaltig.

Bei selbstverwalteten, körperschaftlich organisierten Einrichtungen (z.B. Hochschulen oder Gemeinden) läßt sich weiter überlegen, in welchem Unfang eine Beschränkung des Rechts auf informationelle Selbstbestimmung der Mitglieder durch Satzung möglich wäre. Grundsätzlich gehören auch Satzungen zu den anderen Rechtsvorschriften i.S.v. § 4 BDSG.[22] Voraussetzung wäre allerdings, daß die Satzungsermächtigung auch diese Eingriff deckt, woran zumindest Zweifel bestehen können.[23]

5. Zusammenfassung

Zusammenfassend läßt sich festhalten, daß die zunehmende Bedeutung von Bürokommunikationssystemen in der öffentlichen Verwaltung auch neue Datenschutzprobleme aufwirft. Insbesondere der weite Dateibegriff des Datenschutzrechts, der keine qualitativen oder quantitativen Untergrenzen kennt bereitet Schwierigkeiten. Mit fortschreitender Technik wird das Kriterium der automatisiert auswertbaren Datei immer unbedeutender. Alle Daten mit Personenbezug unterfallen praktisch dem Begriff der automatisierten Datei. Nachrichten in e-mail Verzeichnissen enthalten regelmäßig personenbezogene Daten, für die die Zulässigkeit der Verarbeitung festgestellt werden muß. Für die Mitarbeiterdaten im Header einer Mail wird man dies bejahen können. X.500 Directory Systeme bieten darüber hinaus Probleme, insbesondere bei der Übermittlung ins Ausland. Einwilligung und u.U. Satzungen können neben Betriebsvereinbarungen als Rechtfertigung für die Datenverarbeitung dienen.

Literaturverzeichnis:

Baden-Württembergische Datenschutzbeauftragte 1985: Die Landesbeauftragte für den Datenschutz (Hrsg.): Sechster Tätigkeitsbericht der Landesbeauftragten für den Datenschutz in Baden-Württemberg 1985, Stuttgart 1985

Baumann 1988: Baumann, Reinhold: Datenschutz angesichts neuer Technologien, RDV 1988, 9-13

---

21   Vgl. *Ordemann/Schomerus 1992*, § 4 Anm. 5.2.

22   Vgl. *Bergmann e.a. 1977*, § 4 BDSG, Rz 22 f.

23   Vgl. *Hill 1987*, S. 893 f.

Bergmann e.a. 1977: Bergmann, Lutz/Möhrle, Roland/Herb, Armin: Datenschutzrecht: Handkommentar Bundesdatenschutzgesetz, Datenschutzgesetze der Länder und Kirchen, Bereichsspezifischer Datenschutz, Loseblatt: Stand September 1991, Stuttgart 1977

Beyschlag 1988: Beyschlag, Ulf (Hrsg): OSI in der Anwendungsebene, Pulheim 1988

Beyschlag 1988a: Beyschlag, Ulf: X.400 Message Handling (1984, 1988), in: *Beyschlag 1988*, S. 25-33

Dörr 1992: Dörr, Erwin: Die Anwendbarkeit des 3. Abschnitts des BDSG auf Textverarbeitung, RDV 1992, S. 19-21

Dörr/Schmidt 1992: Dörr, Erwin/Schmidt, Dietmar: Neues Bundesdatenschutzgesetz: Handkommentar; Die Arbeitshilfe für Wirtschaft und Verwaltung, 2. Aufl., Köln 1992

Frantzen/Trox 1988: Frantzen, Viktor/Trox, Rainer: Mehr Effizienz durch Mehrwertdienste, DuD 1988, S. 329-336

Goldenbohm/Weise 1991: Goldenbohm, Wolfgang J./Weise, Karl Theodor: Erweiterter Dateibegriff im neuen BDSG, CR 1991, S. 535-537

Heigert 1988: Heigert, Johannes: Directory und Netzwerk Management, in: *Beyschlag 1988*, S. 79-97

Henshall/Shaw 1988: Henshall, John/Shaw, Sandy: OSI Explained. End-to-end Computer Communication Standards, Ellis Horwood Limited, Chichester, England 1988

Hill 1987: Hill, Hermann: Rechtsstaatliche Bestimmtheit oder situationsgerechte Flexibilität des Verwaltungshandelns, DÖV 1987, S. 885-895

Innenministerium Baden-Württemberg 1992: Innenministerium Baden-Württemberg (Hrsg.): Verwaltung 2000. Landessystemkonzept Baden-Württemberg - Statusbericht '92, Schriftenreihe der Stabsstelle Verwaltungsstruktur, Information und Kommunikation Band 10, Stuttgart 1992

KGSt Gutachten 1990: Kommunale Gemeinschaftsstelle für Verwaltungsvereinfachung: KGSt Gutachten: Technikunterstützte Informationsverarbeitung (Tul), Köln 1990

Lippold 1989: Lippold, Heiko: Bürosysteme und Informationssicherheit, DuD 1989, S. 119-124

Möhring e.a. 1987: Möhring, E./Klett, B./Laicher, E./Michael, K./Reusch, G.: Datenschutz bei individueller Informationsverarbeitung, DuD 1987, S. 530-534

Ordemann/Schomerus 1992: Ordemann, Hans-Joachim/Schomerus, Rudolf/Gola, Peter: Bundesdatenschutzgesetz (BSDG), 5. Aufl., München 1992

Pawlita 1992: Pawlita, Peter: Das X.500 Directory - ein Kernbaustein heterogener Kommunikationsnetze, PIK 1992/2, S. 84-89

Pfitzmann 1990: Pfitzmann, Andreas: Dienstintegrierende Kommunikationsnetze mit teilnehmerüberprüfbarem Datenschutz, Berlin u.a. 1990

Rihaczek 1988: Rihaczek, Karl: Fernmelde-Directory und Distinguished Name: Neue Herausforderung für den Datenschutz?, DuD 1988, S. 337-344

Ruland 1987: Ruland, Christoph: Datenschutz in Kommunikationssystemen, Pulheim 1987

Runge 1992: Runge, Gerd: Computereinsatz im Büro - eine Sicherheitsbetrachtung, DuD 1992, S. 187-192

Schöning 1991: Schöning, Udo: Das neue Bundesdatenschutzgesetz - BDSG -. Bedeutung für die Rentenversicherung, DAngVers 1991, S. 324-331

Simitis e.a. 1992: Simitis, Spiros/Dammann, Ulrich/Geiger, Hansjörg/Mallmann, Otto/Walz, Stefan: Kommentar zum Bundesdatenschutzgesetz, 4. Aufl., Baden-Baden 1992

Ergonomische Gestaltung und menschengerechter Einsatz von CAD-Systemen (FG 2.3.1 Software-Ergonomie, FG 4.2.1 Rechnergestütztes Entwerfen und Konstruieren (CAD), FA 8.2 Informationstechnik in der industriellen Arbeit)

CAD-Systeme sind mittlerweile ein wichtiger Faktor in der industriellen Produktion. Fehlende Akzeptanz durch die Benutzer aufgrund von Mängeln in der Gestaltung der Benutzeroberfläche, in der Festigung der Funktionalität oder in der Einbindung in den betrieblichen Arbeitsablauf kann einen effizienten Einsatz solcher Systeme verhindern. Für einen erfolgreichen CAD-Einsatz können die Fragen der Funktionalität, der Benutzeroberfläche und der Einbindung in die betriebliche Arbeit nicht isoliert betrachtet werden. In diesem Fachgespräch soll versucht werden, die Sichtweisen der verschiedenen Fachgruppen zusammenzuführen, eine interdisziplinäre Diskussion mit angrenzenden Wissenschaftsbereichen wie Arbeitswissenschaft oder Psychologie zu initiieren sowie die Erfahrungen von Anwendern, Benutzern und Entwicklern von CAD-Systemen aufzunehmen.

Koordination: Dr. A.M. Heinecke, Universität Hamburg

Hinweis: Aus Platzgründen konnten die Beiträge dieses Fachgesprächs nicht in den Tagungsband aufgenommen werden.

Visuelle Programmiersprachen und Systeme (Fachbereich 1 Künstliche Intelligenz)

Das Fachgespräch soll sich mit Problemstellungen beschäftigen, die beim Einsatz visueller, bildhafter Darstellungen in Benutzungsschnittstellen, bei der Programmvisualisierung und in mehrdimensionalen Programmiersprachen auftreten können. Dabei ist vorrangig an Themen gedacht, die eine Verbreitung von Grundlagenkenntnissen ermöglichen. Erwünscht sind auch interdisziplinäre Beiträge (Kognition, Psychologie, Graphikdesign, etc.), wobei jedoch auf die konkrete Umsetzung der Erkenntnisse auf die Informatik Wert gelegt wird. Das Fachgespräch soll somit dazu beitragen, die Konzepte der visuellen Programmierung und die zahlreichen Ansätze zur visuellen Gestaltung von Benutzeroberflächen auf eine solide Basis zu stellen. Im folgenden werden einige Themenbereiche aufgeführt, die gut in das Programm des Fachgesprächs passen: biologische und kognitive Grundlagen der menschlichen Perzeption, mehrdimensionale graphische Programmiersprachen, visuell unterstützte Softwarekonstruktion, wissensbasierte Präsentation von Information, automatisches Layout graphischer Darstellungen, Programmvisualisierung und -animation, systematische Verarbeitung (z.B. Parsing) visueller Information, Entwurf multi- bzw. hypermedialer Systeme. Die Liste ist als Anregung zur Beteiligung zu sehen und keineswegs vollständig.

Koordination: Dr. V. Haarslev, Universität Hamburg

Programmvisualisierung bei Sprachen der 4. Generation

Visualisierung von NATURAL-Programmen

Ludwig Coulmann

Technische Hochschule Darmstadt   Software AG
Fachbereich Informatik   Uhlandstr. 12
FG Programmiersprachen und Übersetzer 64297 Darmstadt
Alexanderstr. 10
64283 Darmstadt

Zusammenfassung

In dieser Arbeit wird Programmvisualisierung verwendet, um das Verstehen eines Programms zu erleichtern. Es wird ein Darstellungskonzept vorgeschlagen, das sich nicht auf ein einzelnes Paradigma (z.B. Kontrollfluß) beschränkt, sondern mehrere gleichzeitig berücksichtigt (Kontrollfluß, Aufrufstruktur, Datenstruktur, prozedurale und ereignisorientierte Ausführung sowie Datenbank- und Benutzerschnittstelle). Damit eignet es sich insbesondere zur Visualisierung vielschichtiger Strukturen, wie sie in Programmen der 4. Generation auftreten. Der Quelltext eines Programms wird grafisch in Form eines liegenden Baums dargestellt (Jonsson (1989) bezeichnet dies als Kaskade), der als Knoten Programmobjekte und Anweisungen enthält. Piktogramme ermöglichen einen intuitiven Zugang zu der gezeigten Information und zusätzlich kann Quelltext in der Visualisierung angezeigt werden. Ein Programmierer analysiert ein ihm fremdes Programm nach wechselnden Aspekten. Ein Aspekt könnte sein, einen groben Überblick über die Programmstruktur zu gewinnen, ein anderer, die Schnittstelle zwischen zwei Routinen genau zu verstehen. Auf Grund von Filtern kann der Programmierer dies berücksichtigen, indem er sich im ersten Fall zum Beispiel nur Objekte anzeigen läßt und im zweiten Fall nur die Variablen, die von der Schnittstelle betroffen sind. Die hier vorgestellten Konzepte für ein Visualisierungswerkzeug sind allgemeingültig. Sie wurden für NATURAL in Zusammenarbeit mit der Software AG, Darmstadt, konkretisiert. NATURAL ist eine Programmiersprache der 4. Generation, die von der Software AG entwickelt wurde und für kommerzielle Datenbankanwendungen besonders geeignet ist.

1. Programmvisualisierung

Dieser Beitrag enthält einen konkreten Vorschlag für die Visualisierung von NATURAL-Programmen und stellt die Konzepte von "NATURAL-Visualisierer" (NV) in sehr knapper Form vor. NV ist ein Werkzeug, das dem Programmierer das Erfassen der Struktur eines vorhandenen Programms erleichtert. Eine ausführlichere Darstellung findet sich in Coulmann (1992). Eine sprachunabhängige Beschreibung der Aufgaben der Programmvisualisierung und der grundsätzlichen Eigenschaften eines Visualisierungswerkzeugs sind in Coulmann (1993) enthalten.

Nach der Klassifizierung der Programmvisualisierung von Myers (1990) handelt es sich bei den vorgestellten Konzepten um statische Visualisierung des Programmcodes.

Verfahren der Programmvisualisierung haben sich in der Vergangenheit besonders für höhere Programmiersprachen (sogenannter 3. Generation) eingeführt, bei denen sich die *Ablaufrelation* zur Anzeige anbot. Bei Sprachen der 4. Generation hat der Programmierer sich auf zusätzliche Relationen zu konzentrieren, die wesentliche Programmeigenschaften beinhalten, beispielsweise die *Datenflußrelation, Datenstrukturierung, Modulstruktur, asynchrone Anweisungen* und *Umgebungsschnittstellen*. Die Vielfalt der Relationen bietet es besonders an, visuelle Methoden zu ihrer Darstellung einzusetzen.

2. Visualisierung von NATURAL-Programmen

2.1. Die Piktogramme

Piktogramme sind das zentrale Darstellungselement in NV. Sie bieten die Möglichkeit, durch ein kleines Bild auf wenig Raum viel Symbolik unterzubringen. Deshalb enthalten alle Elemente, die in der Visualisierung vorkommen, ein vorangestelltes Piktogramm, das den Typ des Elements repräsentiert. Der Benutzer kann "mit einem Blick" erkennen, um was für ein Element es sich handelt. Geeignete Piktogramme sind leichter unterscheidbar als einzelne Worte, die den Typ bezeichnen. Abbildung 1 zeigt Beispiele der verwendeten Piktogramme.

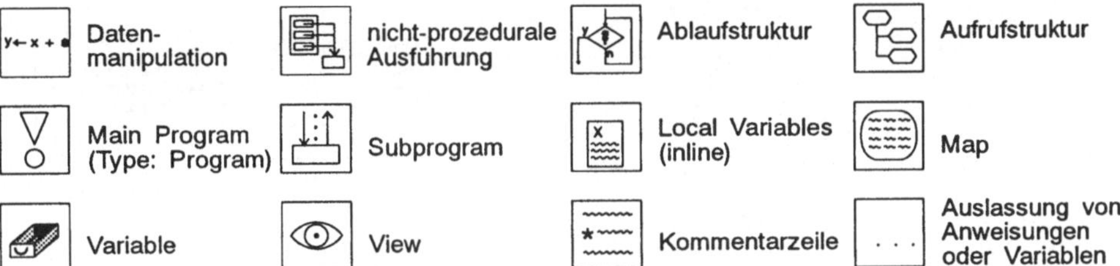

Abbildung 1. Beispiele für Piktogramme

2.2. Die Darstellung als Baum

Ein Programm wird als ein Baum dargestellt. Folgende Elemente des Programms bilden die Knoten: Objekte, Anweisungen, Variablen und Kommentare. Die Kanten stellen die Hierarchie der Elemente dar. Für Objekte ergibt sich damit die Aufrufstruktur, für Anweisungen die Verschachtelungsstruktur und für Variablen die Datenstruktur. Außerdem ist im Baum zu erkennen, welche Elemente von einem bestimmten Element verwendet werden oder von ihm abhängen. Der Quelltext, der durch einen Knoten visualisiert wird, kann zusätzlich angezeigt werden. Dies geschieht in Form eines Detailkastens, der rechts am Knoten angehängt ist. Dadurch wird die Beziehung zum Ausgangsprogramm hergestellt.
Das Visualisierungsbeispiel (Abbildung 2) stellt ein erfundenes Programm ohne Sinn dar. Es soll einen Eindruck vermitteln, wie ein NATURAL-Programm in visualisierter Form aussieht. Es enthält einige wesentliche Elemente, die vorkommen können, in komprimierter Form.

2.2.1. Die Knoten

Knoten haben die allgemeine Form wie in Abbildung 3 dargestellt. Es gibt drei verschiedene Knotenarten, die an der Umrahmung zu erkennen sind. Objektknoten haben einen sechseckigen Rahmen, Anweisungsknoten einen rechteckigen und Variablenknoten haben keinen Rahmen. Jedem Knoten ist ein Piktogramm vorangestellt.

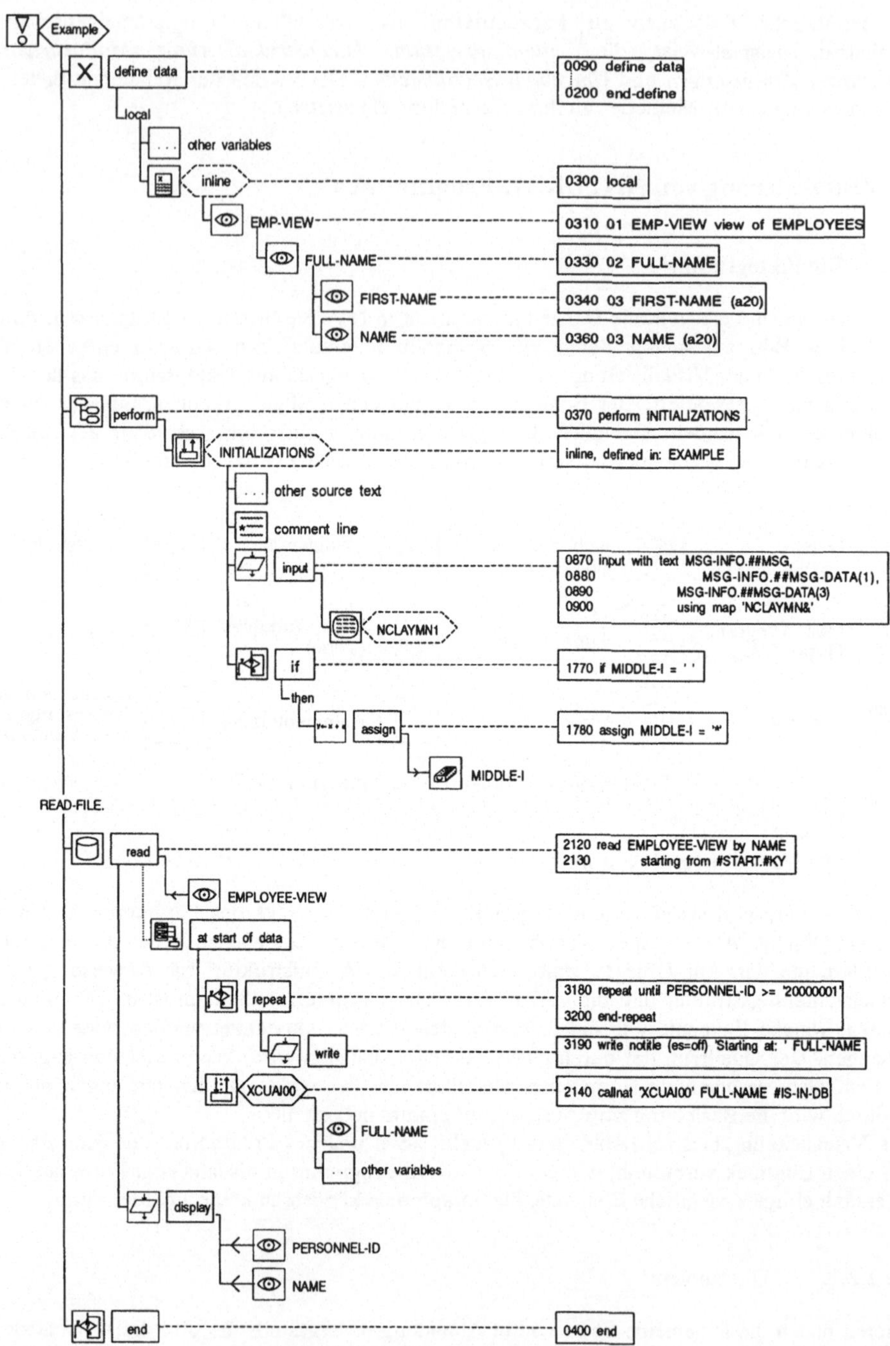

Abbildung 2. Visualisierungsbeispiel

Objektknoten stellen NATURAL-Objekte dar. Ein Anweisungsknoten repräsentiert eine NATURAL-Anweisung. Variablenknoten stellen die im Programm verwendeten Variablen in der Visualisierung dar. Innerhalb eines Operandenbaums symbolisiert der Pfeil vor dem Piktogramm, ob es sich um eine gelesene (-←-), geschriebene (-→-) oder gelesene und geschriebene (-←→-) Variable handelt. Der Detailkasten enthält den durch den Knoten visualisierten Quelltext. Je nach Bedarf des Programmierers kann er dargestellt werden oder nicht.

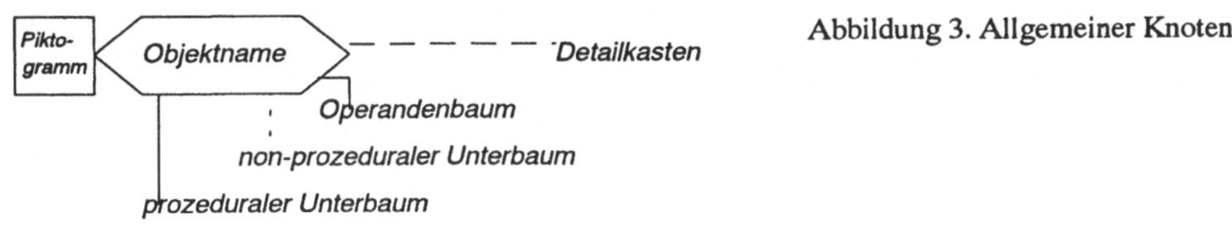

Abbildung 3. Allgemeiner Knoten

2.2.2. Die Mechanismen

Die vorgestellte visuelle Darstellung eines Programms entfaltet erst im Zusammenhang mit den Mechanismen, mit denen sie manipuliert wird, ihre volle Wirkung im Sinne der Unterstützung eines Programmierers. Durch das freie, interaktive Arbeiten mit der Visualisierung überwindet der Programmierer die Einschränkungen einer statischen Darstellung in Form von Programmtext allein. Ihm wird die Möglichkeit gegeben, Zweige ein- und auszublenden, in weitere Objekte zu verzweigen und detaillierte Variableninformationen zu erhalten.

Ein- und Ausblenden von Zweigen. Um in einem großen Baum den Überblick zu behalten und leicht durch den Baum zu navigieren, kann der Benutzer einzelne Zweige des Baums ein- und ausblenden. Indem er zum Beispiel den gesamten Zweig eines Objekts, das ihn nicht interessiert, ausblendet, erhält er eine kompakte Darstellung dessen, was ihn interessiert. Auf der anderen Seite kann er leicht Teile sichtbar machen, die bisher ausgeblendet waren, wenn es für sein Analysieren notwendig wird.

Das Ein- und Ausblenden kann sowohl global, also für die gesamte Visualisierung, als auch lokal, das heißt für einen einzelnen Zweig, erfolgen. Beim globalen Ein- und Ausblenden gibt der Benutzer an, bis zu welcher Ebene alle Zweige zu sehen sein sollen.

Verzweigen. Um ein Programm, das aus vielen Objekten besteht, als eine Einheit zu betrachten, kann das Werkzeug in alle Objekte verzweigen, die vom Aufhängerobjekt abhängen. Das können auch Hauptprogramme sein, die logisch auf einer höheren Ebene liegen, wenn sie vom Aufhängerobjekt direkt oder indirekt aufgerufen werden.

Verzweigen bedeutet hier, daß innerhalb derselben Visualisierung verschiedene Objekte eines Programms gleichzeitig dargestellt werden. Das äußert sich darin, daß es mehrere Objektknoten mit ihren Unterbäumen gibt. Ein typisches Beispiel ist ein Hauptprogramm, das zwei Unterprogramme aufruft. Die Objektknoten der Unterprogramme erscheinen als Operanden der Aufrufanweisungen.

Variableninformation. Für das Verständnis eines Programms ist es entscheidend, zu wissen, welche Variablen wie verwendet werden. Deshalb möchte ein Programmierer wissen, wo und wie eine Variable definiert ist, wenn sie ihm irgendwo im Programm begegnet. Diese Information kann er jederzeit durch einen einfachen Befehl für jede Variable abrufen. Er erhält ein Fenster eingeblendet, das die Herkunft der Variable angibt. Er erhält diese Information unabhängig davon, wo sie steht. Er braucht nicht mehr alle möglichen Module des Programms danach abzusuchen. Zu einer Variablen werden auch alle übergeordneten Gruppennamen angegeben, ebenso die in einer Variablen enthaltenen Elemente, wenn es sich um eine Gruppenvariable handelt. Außerdem werden eventuelle Redefinitionen und Kommentare, die bei der Definition stehen, angegeben. Mit diesen Informationen kann sich der Programmierer einen Eindruck von der Aufgabe und Verwendung der Variable machen. Die verschiedenen Vorkommen einer Variablen im Quelltext und die Art ihrer Verwendung kann sich der Programmierer mit Hilfe eines kontextbezogenen Variablenfilters (siehe unten) anzeigen lassen.

2.3.   Die Filter

Damit der Benutzer die Visualisierung des Programms genau seinen Bedürfnissen anpassen kann, stehen ihm Attribute zur Verfügung, die das Erscheinungsbild der Darstellung beeinflussen. Er setzt die Attribute interaktiv, während er ein Programm analysiert. Die Attributeinstellungen sind nichts Statisches sondern wechseln ständig, weil der Benutzer dadurch die Darstellung jeweils seinen wechselnden Fragestellungen anpaßt.

Damit sich der Programmierer auf das konzentrieren kann, was ihn momentan interessiert, bietet das Werkzeug Filter an. Wählt er ein Filter aus, sieht er nicht das gesamte Programm, sondern nur die Aspekte, die das Filter durchläßt. Filter werden realisiert, indem entsprechende Visualisierungsattribute gesetzt werden.

Das Werkzeug NV bietet vordefinierte Filter an, diese sind jedoch nicht starr. Sie stellen vielmehr eine Standardbelegung der Visualisierungsattribute dar. Dadurch wird das Auswählen von Attributen dem Benutzer abgenommen. Er kann sofort mit seiner Arbeit beginnen. Jederzeit können aber die Einstellungen des gewählten Filters geändert werden, um andere Programmteile oder -eigenschaften anzuzeigen. Ein Filter ist also ein vorgeschlagener Startpunkt.

Die Filter sind gleichzeitig Filterbausteine, die zu neuen Filtern mit Hilfe von UND-/ODER-/NICHT-Verknüpfungen kombiniert werden können. Der Benutzer kann sich aus den angebotenen Filtern individuelle zusammenstellen; diese kann er unter einem eigenen Namen abspeichern, um sie später wiederzuverwenden, ähnlich wie das in anderen Werkzeugen für benutzerspezifische Programmoptionen üblich ist.

3. Zusammenfassung und Ausblick

Die hier vorgestellte Visualisierung bietet sowohl die Möglichkeit einer detaillierten als auch einer komprimierten Darstellung. Die Quelltextkästen geben alle Details wieder, um ein Programm auch in seinen Einzelheiten nachvollziehen zu können. Indem der Programmierer Zweige des Baums ausblendet, komprimiert er die Darstellung auf die Teile, die für ihn momentan von Interesse sind. Dadurch daß die Visualisierung nicht auf ein einzelnes Objekt beschränkt ist, sondern alle Objekte eines Programms mit ihren strukturellen Abhängigkeiten angezeigt werden können, erhält der Programmierer eine vollständige und umfassende Repräsentation des Programms. Dabei geben ihm die Filter die Möglichkeit, nur bestimmte Aspekte des Programms herauszugreifen.

Es existieren zwei extreme Möglichkeiten, ein Programm darzustellen. Auf dem Gebiet der visuellen Programmierung wird teilweise versucht, ein Programm *nur* durch Bilder und Symbole anzugeben. Beispiele sind die Systeme *PICT* (Glinert und Tanimoto, 1984) und *HI-VISUAL* (Hirakawa et al.). Im Gegensatz dazu stellen herkömmliche Programmierumgebungen *ausschließlich* textorientierte Werkzeuge zur Verfügung. Die Kombination von bildlicher und textlicher Repräsentation in dem vorgestellten Konzept, die bereits von Winkler (1990, p. 46) erwähnt wird, verbindet die beiden Extrema. Damit wird sowohl der intuitive Zugang zu einem Programm über Bilder und Symbole als auch die präzise und knappe Darstellung durch Text ausgenutzt. Da einfache Lösungen oft die besten sind, wurde eine sehr enge Beziehung zwischen Programmtext und bildlicher Darstellung gewählt. Jeder Anweisungsknoten in der Visualisierung entspricht direkt einer NATURAL-Anweisung. Darstellungen, die abstrakter als der Programmtext sein sollen, können nur mit Benutzerbeteiligung erzeugt werden. Außerdem stehen sie in der Gefahr, dem Programmierer eine bestimmte Sichtweise aufzudrängen, die eventuell nicht seinen Bedürfnissen entspricht.

Ein allgemeines Problem der Informationsverarbeitung tritt auch bei der Programmvisualisierung auf: große Datenmengen sollen auf kleinem Raum, dem Bildschirm, dargestellt werden. Die Filterfunktion dient dazu, mit diesem Sachverhalt umzugehen, indem nur Teile der gesamten Information angezeigt werden.

Von NATURAL-Programmierern wurde angeregt, Zwischenergebnisse der Programmanalyse bei der Visualisierung abzuspeichern, wodurch eine Nachdokumentation erreicht würde. Einmal gewonnene Erkenntnisse wären später immer wieder verfügbar.

Die zukünftige Entwicklung könnte in Richtung visuelles Programmieren gehen. Die statische Visualisierung des Programmcodes ist ein erster Schritt in diese Richtung, denn die vorgestellte Visualisierung kann auch verwendet werden, um das Programm selbst zu verändern. Der Programmierer formuliert dann sein Programm, indem er Knoten und Kanten hinzufügt, löscht oder umstellt. Dadurch hat er die Struktur des Programms vor Augen. Er manipuliert das gesamte Programm als eine Einheit und nicht einzelne Objekte getrennt. Er kann jeweils den Teil des Programms detailliert darstellen, an dem er gerade arbeitet, ohne den Kontext außer Acht zu lassen.

Der Software AG möchte ich für die Unterstützung dieser Arbeit danken, insbesondere Herrn Christian Lienert und Herrn Guido Falkenberg. Herr Prof. Hans-Jürgen Hoffmann hat mir wichtige Anregungen gegeben, dafür danke ich ihm.

4. Literatur

Coulmann, L. (1992): **Visualisierung von NATURAL-Programmen**. Konzepte und Implementierung als Prototyp. Diplomarbeit, Fachbereich Informatik, Technische Hochschule Darmstadt, Darmstadt.

Coulmann, L. (1993): General Requirements for a Program Visualization Tool. **IEEE Symposium on Visual Languages 1993**.

Glinert, E.P., S.L. Tanimoto (1984): Pict: An Interactive Graphical Programming Environment. **IEEE Computer, 17**, 11, 7-25.

Hirakawa, M., S. Iwata, I. Yoshimoto, M. Tanaka, T. Ichikawa (1987): HI-VISUAL Iconic Programming. **IEEE Workshop on Visual Languages 1987**, 305-314.

Jonsson, D. (1989): Graphical Program Notations: On Tripp's Survey, the Past, and the Future. **ACM SIGSOFT Software Engineering Notes, 14**, 5, 78f.

Myers, B. A. (1990): Taxonomies of Visual Programming and Program Visualization. **Jounal of Visual Languages and Computing, 1**, 97-123.

NATURAL 2.2 Reference Manual (1991). Manual Order Number: NAT-221-030. Software AG, Darmstadt.

Winkler, J.F.H. (1990): Visualisierung in der Software-Entwicklung. **20. Jahrestagung der Gesellschaft für Informatik 1990**, 40-72.

Visuelle Spezifikation des Kerns objektorientierter Applikationen

Gerd Szwillus
Universität - GH - Paderborn
Fachbereich Mathematik/Informatik
Warburger Straße 100
D-4790 Paderborn
szwillus@uni-paderborn.de

Für die Entwicklung interaktiver, objektorientierter Applikationen hat sich das klassische Seeheim-Modell [Pfaff 85] zur Strukturierung von Benutzungsschnittstellen nicht bewährt. An die Stelle einer zentralen Dialogkontrolle tritt heute typischerweise die Idee einer gemeinsamen Objektwelt von Applikation und Benutzungsschnittstelle *("shared application model")* [Dance *et al* 87]. Allerdings hat dies die Konsequenz, daß die Codeanteile von Applikation und Benutzungsschnittstelle wieder stark durchmischt bzw. auf viele Objekte verteilt werden. Dies läuft grundsätzlich der Forderung nach Trennen der Aufgaben *Anwendungsprogrammierung* und *Schnittstellenprogrammierung* entgegen. Das Ziel dieser Arbeit ist es, eine visuelle Notation mit einer zugehörigen Methodik zu entwickeln, die es erlaubt, Applikationen mit komplexen Benutzungsschnittstellen auf der Basis der Architektur "gemeinsamer Objekte" zu entwerfen. Durch eine klare Spezifikation der Schnittstelle zwischen Applikation und Benutzungsschnittstelle, des hier so genannten **Objektkerns**, wird es möglich, die Entwicklung beider Anteile streng voneinander zu trennen.

1. Einführung

Die visuelle Darstellung des Objektkerns abstrahiert von technischen Eigenschaften einer konkreten objektorientierten Programmiersprache und besitzt andererseits genug Ausdruckskraft, um die - für den Zweck erforderlichen - Beziehungen festzulegen. Grundsätzlich ist dieser Spezifikationsschritt Teil einer Phase der objektorientierten Analyse des Anwendungsproblems - wie etwa mit OBA [Rubin und Goldberg 92] - konzentriert sich allerdings auf eine Oberflächensicht auf die Applikation: Die Teilobjektwelt, die hier festgehalten wird, beschränkt sich auf die für die **Benutzung** des Systems relevanten Objekte. In dieser Phase der Entwicklung arbeiten der Entwickler der Applikation (AP-Entwickler) und der Entwickler der Benutzungsschnittstelle (BS-Entwickler) zusammen, um diese "Vertragsgrundlage" ihrer dann weitgehend separaten Tätigkeiten festzulegen. Beide können anschließend die Teilobjektwelt unabhängig voneinander nur noch erweitern, den gemeinsamen Kern aber nicht mehr ohne explizite Absprache verändern. Erweiterungen geschehen auf beiden Seiten durch das Hinzufügen von Klassen, Methoden und Attributen. Zwischen den beiden Entwicklern besteht Einigkeit darüber, daß es genau die Klassen, Attribute und Methoden des Objektkerns sind, die bei der Benutzung sichtbar, benutzbar und ggf. veränderbar sein müssen. Ausschließlich diese Komponenten werden dem Benutzer angeboten - alle anderen Anteile der Anwendung arbeiten intern, für den Benutzer nur mittelbar durch ihre Auswirkungen sichtbar. Etwas genauer gesagt heißt das, daß nur Objekte dieser Klassen in der Benutzungsschnittstelle repräsentiert werden, daß nur die erwähnten Attribute die Darstellung beeinflussen können und daß nur die angeführten Methoden dem Benutzer zur Ausführung zur Verfügung stehen.

2. Die Objektkern-Notation

Objekte des objektorientierten Paradigmas werden als autonom handelnde Agenten aufgefaßt, die sich durch Identität, Gedächtnis und Verhalten [Booch 91] auszeichnen. Dieses Konzept legt eine Darstellung von Objekten bzw. Klassen als räumlich (optisch) zusammenhängende Strukturen nahe, wie bereits in ähnlichen derartigen Notationen ausgeführt - siehe etwa [Booch 91], [Wirfs-Brock, Wilkerson und Wiener 90], [Coad und Yourdon 91], [Felser 92]. Die Objektkern-Notation stellt Enthaltenseins-Beziehungen (wie etwa in Klassen definierte Methoden) durch Verwendung von graphischem "Ineinanderschachteln" und Verweis-Beziehungen (wie etwa die Vererbungsbeziehung) durch Linien bzw. Übereinstimmung von Namen dar. Damit rückt die Objektkern-Notation optisch und konzeptionell in die Nähe von Harel's *Statecharts* [Harel 88].

2.1 Klassen

Wesentliches Element des Objektkerns ist die Definition von Klassen. Die Darstellungen von Klassen bzw. Objekten sind flächig, damit sie die lokalen Komponenten (Attribute und Methoden) optisch umschließen können; wir verwenden Rechtecke mit abgerundeten Ecken. In der oberen Seite des Rechtecks integriert steht der Name der dargestellten Klasse. So repräsentiert das unten rechts gezeigte Rechteck einen Behälter für die Klassenstruktur der Klasse Eintragung. In dem Behälter kann man weitere Behälter unterbringen, welche die **Attribute** (siehe Abschnitt 2.2) der Klasse bezeichnen; außerdem werden die **Methoden** als in den Klassen enthalten dokumentiert (siehe Abschnitt 2.4). Wesentlich bei dieser graphischen Modellierung ist die optisch deutliche Unterscheidung zwischen als Teilen enthaltenen Datentypen und Datentypen, auf die nur verwiesen wird.

2.2 Attribute

In der Abbildung rechts erkennt man, daß Eintragung zwei Attribute enthält: einen Namen vom Typ STRING und eine Nummer vom Typ INTEGER. Die Bezeichner von Typen, die in den Kästen stehen, sind entweder die Namen von Basistypen wie STRING, INTEGER, REAL, BOOLEAN oder aber die Namen anderer, selbstdefinierter Klassen.

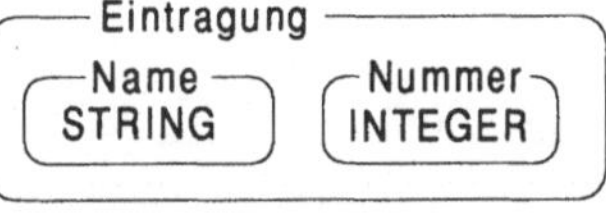

Als speziellen Basistyp gibt es auch den **Pointer** auf andere Datentypen. Dieser wird durch einen gestrichelten Pfeil mit "dickem" Startpunkt dargestellt. In der Abbildung links wird der Typ Indizierte_Eintragung gezeigt, in dem ein Verweis auf Eintragung enthalten ist - Eintragung ist nicht <u>Teil</u> der Objekte vom Typ Indizierte_Eintragung. Außerdem können strukturierte Datentypen eingetragen werden, wie etwa Felder oder Mengen; Verbünde sind durch entsprechende Schachtelung der Behälter ohnehin ausdrückbar.

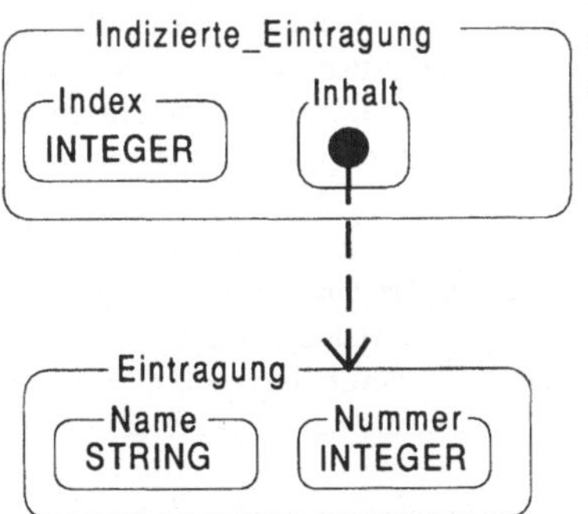

2.3 Vererbung

Vererbungsbeziehungen zwischen Klassen drückt man durch einen "erbt-von"-Pfeil aus, der von der erbenden zur vererbenden Klasse führt. Durch diese Richtung zeigt der Pfeil die Richtung an, in der man von einer angesprochenen Klasse aus ein ererbtes Attribut bzw. eine ererbte Methode suchen muß. Um den Mehrdeutigkeiten multipler Vererbung aus dem Weg zu gehen, sei hier nur einfache Vererbung erlaubt; das heißt, von jeder Klasse darf höchstens ein Vererbungspfeil ausgehen. Die Abbildung rechts zeigt die Vererbungsbeziehung zwischen den Klassen `Tier`

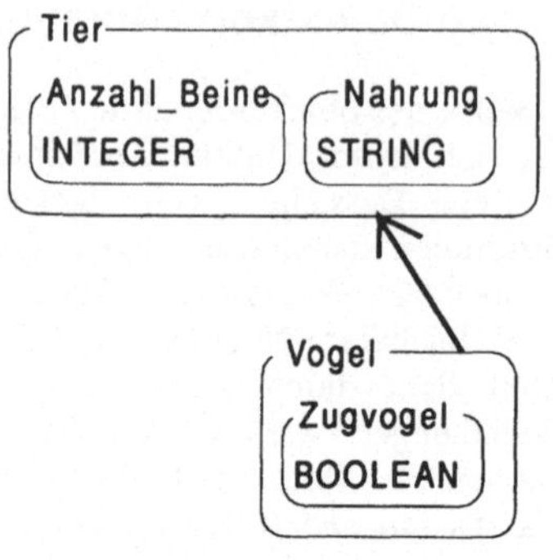

und `Vogel`. Ein Objekt vom Typ `Vogel` hat das Attribut `Zugvogel`, aber auch `Anzahl_Beine` und `Nahrung`. Zur Vermeidung der Überfrachtung von Bildern werden die ererbten Attribute (und später auch Methoden) nicht wiederholt. Nur wenn Methoden oder Attribute einer vererbenden Klasse auf tieferer Ebene überschrieben werden, wiederholt man die Symbole in den spezielleren Klassen.

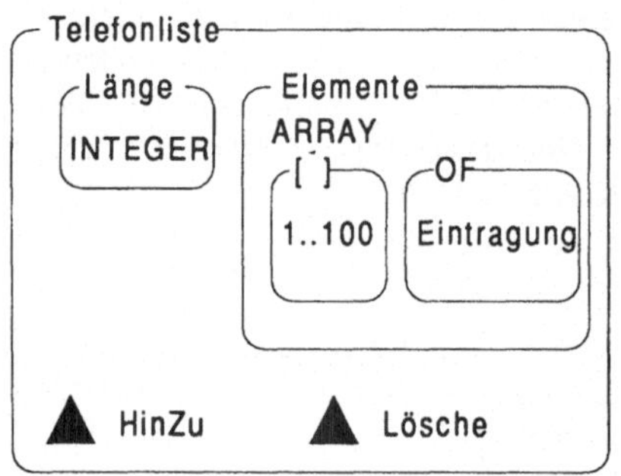

2.4 Methoden

Die Methoden werden - wie die Attribute - als graphische Objekte innerhalb des die Klasse darstellenden Rechtecks gezeichnet. Wir verwenden - in Anklang an den Buchstaben "A" - ein Dreieck als Symbol für Methoden (Aktionen). Die Abbildung links zeigt als Beispiel die Methoden `HinZu` und `Lösche` der Klasse `Telefonliste`. Die Anbindung der Parameterbeschreibung folgt der Idee, daß die Parameter einer Methode in praktisch allen Fällen als Werte für Attribute von Objekten verwendet werden. Dies ist zunächst eine rein empirische Beobachtung, die im Einzelfall auch unzutreffend sein kann, erweist sich aber als grundlegend vernünftige Technik.

Wir definieren einen Parameter für eine Methode durch Verbindung des Methodensymbols (des Dreiecks) mit einem Typkonstrukt eines Attributs eines Objektes. Dies bewirkt einerseits die Deklaration des Parametertyps - nämlich mit dem Typ des angebundenen Attributs. Andererseits dokumentiert die Verbindung die vorgesehene **Verwendung** des Parameters. Die Richtung der Pfeile zeigt den Datenfluß in die Methode oder aus der Methode heraus an und unterscheidet auf diese Weise Eingabe- und Ausgabeparameter. Falls gewünscht, kann man gestrichelte und durchgezogene Pfeile unterscheiden, um - in Analogie zu den gestrichelten Pfeilen bei Zeigern - zwischen der Parameterübergabe über Referenzen (gestrichelt) und durch Wertkopie (durchgezogen) zu unterscheiden.

Die Abbildung auf der nächsten Seite zeigt die Spezifikation der Methoden `HinZu` und `Lösche` mit ihren Eingabeparametern. Die Pfeilverbindungen treffen folgende Aussagen:

- Der Parameter `Was` von `Lösche` ist ein `INTEGER`-Wert im Unterbereich `1..100`. Da `Lösche` eine Eintragung der Telefonliste löschen soll, ist durch die Verbindung mit dem Index klar gestellt, daß der Wert `Was` den Index des zu löschenden Satz spezifiziert.

- Die Methode HinZu soll ein neues Paar (Name, Nummer), also eine neue Eintragung erzeugen. Somit sind die übergebenen Parameter Wer und WelcheNr die entsprechenden Attributwerte der neuen Eintragung.

Diese Art der Spezifikation von Parametern kann man auch durch den Zweck der Spezifikation des Objektkerns rechtfertigen, der die für die Benutzung relevanten Objekte und Attribute festlegen soll: In der fertigen Applikation muß der Benutzer die Parameter angeben; daher müssen sie im Objektkern entweder direkt als Daten auftreten, oder aber es handelt sich um reine Steuerinformationen über den vom Benutzer zu steuernden Prozeß. Wie man im zweiten Fall verfahren kann, zeigt die folgende Erweiterung unseres Beispiels.

Wenn wir zum Beispiel die Methode HinZu dahingehend erweitern wollen, daß sie einen BOOLEAN-Wert zurückgibt, der das korrekte Ausführen widerspiegelt (z.B. **true** genau dann, wenn die Methode korrekt ausgeführt wurde), so stehen wir vor dem Problem, daß sich kein Attribut kanonisch anbietet, um diese Information aufzunehmen. Die Lösung dafür ist, ein zunächst künstlich erscheinendes Objekt mit geeigneten Attributen einzuführen.

Reflektiert man den Zweck der Spezifikation des Objektkerns als Festlegung der für den Benutzer relevanten Komponenten eines Systems, so ist die eingeführte Objektart Rückmeldung keineswegs so künstlich, wie es zuerst schien. Die Festlegung, daß eine Benutzerfunktion eine Ausgabe erzeugt, macht nur dann Sinn, wenn diese intern erzeugte Information dem Benutzer auch in irgendeiner Form vermittelt wird. Somit repräsentieren Objektarten wie die gezeigte Rückmeldung Objekte der Benutzungsschnittstelle, deren sich auch die Anwendung "bewußt" sein muß, da sie sie für Mitteilungen an den Benutzer benötigt.

3. Methodischer Einsatz der Objektkern-Notation

Die Notation, wie im vorigen Kapitel eingeführt, bildet den Kern einer Entwicklungsmethodik von Benutzungsschnittstellen objektorientierter Applikationen. Dabei liegt die Betonung für den Einsatz dieser Notation bei der Definition der

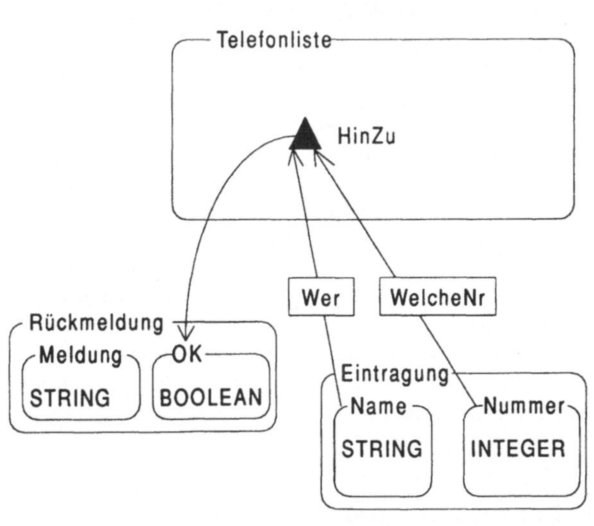

Schnittstelle zwischen Anwendung und Benutzungsschnittstelle unter dem Konzept der "gemeinsamen Objekte". Die Ermittlung der Objektkern-Struktur ist, wie die Ermittlung der Objektstruktur einer Anwendung überhaupt, ein im allgemeinen nicht-triviales Problem, dessen Behandlung unter dem Begriff *objektorientierte Analyse* zusammengefaßt wird. Unter der Überschrift "Methodischer Einsatz" soll es aber hier nicht um eine analytische Methode gehen, sondern darum, inwieweit eine Objektkern-Spezifikation als technisches Dokument Ausgangspunkt der anschließenden Software-Entwicklung sein kann.

3.1 Entwicklung der Applikation: Der Benutzer als Objekt

Ziel dieser Methodik in Bezug auf die Anwendungsentwicklung ist eine hochgradige, wenn nicht völlige Entlastung dieses Prozesses von Betrachtung von Aspekten der Benutzungsschnittstelle. Das objektorientierte Paradigma bietet hier einen naheliegenden Ansatz: Für die Anwendung ist es praktisch, den Benutzer als Objekt im Software-Sinne zu betrachten[1]. Unter diesem Denkansatz ist der Benutzer aus Sicht der Anwendung ein Objekt mit Attributen und Methoden. Daher ist dieses Objekt in der Lage, genau wie "echte" Software-Objekte, Methoden aufzurufen und Methoden zur Verfügung zu stellen. Die Art der Einbindung von Methoden und ihre Versorgung mit Parametern in der Objektkern-Notation erlaubt schon sehr früh und auf abstraktem Niveau eine Kontrolle darüber, welche Informationen der Benutzer später sehen wird und muß, um die ihm angebotenen Methoden korrekt einsetzen zu können.

Dadurch ist nach Festlegen des Objektkerns die Vorgehensweise für den Anwendungsentwickler in Bezug auf die Benutzungsschnittstelle sehr klar vorgezeichnet: Seine Aufgabe besteht in der korrekten Erstellung und Verwaltung der spezifizierten Objektwelt mit den angegebenen Attributen und Methoden. Aspekte der optischen Darstellung der Objektwelt, Interaktionstechniken zum Aufruf der Methoden und genauere Festlegung der Ausgaben an den Benutzer sind nicht seine Aufgabe. Gleichzeitig ist der Aufsatzpunkt für den Entwickler der Schnittstelle, der dem Benutzer all diese "Dienste" anbieten muß, wohldefiniert.

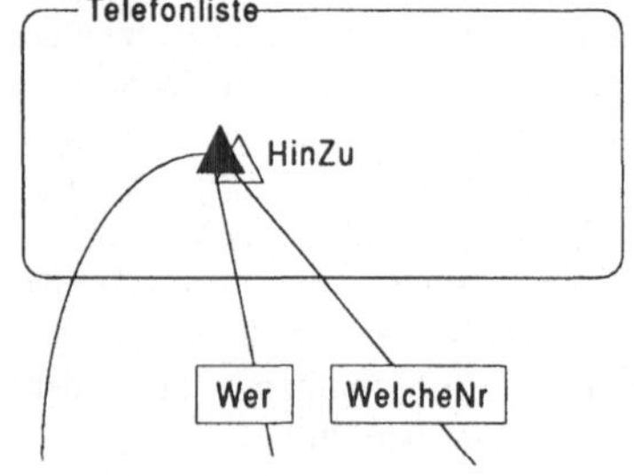

Da der Benutzer keine Software-Komponente darstellt, die der Entwickler der Anwendung kontrolliert, muß es ihm möglich sein, den Aufruf von Methoden durch den Benutzer einzuschränken. Der Entwickler weiß - aufgrund der Struktur der Anwendung - daß es nicht für jede Methode zu jeder Zeit Sinn macht, dem Benutzer zur Verfügung zu stehen. Ähnliche Abhängigkeiten existieren für alle Methoden in dem objektorientierten System, werden aber - durch "korrekte" Verwendung von Methoden durch andere Systemteile - implizit beachtet. Es ist daher sinnvoll, den dem Benutzer zur Verfügung stehenden Methoden, von seiten der Anwendung eine APPLICABLE-Funktion zuzuordnen: Diese liefert einen Booleschen Wert **true** genau dann, wenn die Methode anwendbar ist und **false** sonst. Die Entscheidung über die Anwendbarkeit sollte ein Objekt selbst steuern, daher benötigt eine APPLICABLE-Funktion keine Eingabeparameter. Da auch das Format und die Verwendung der Ausgabe implizit vordefiniert sind, ist auch keine optische Verbindung dafür im eigentlichen Objektkern erforderlich. Optisch kennzeichnen wir das Vorhandensein einer APPLICABLE-

---

[1]) Interessanterweise erscheint der Benutzer im Kontext von objektorientierter Analyse durchaus noch als "Objekt"; im endgültigen Software-System jedoch tritt an die Stelle des Benutzer-Objektes eine Sammlung von den Benutzer bedienenden Objekten - die Benutzungs<u>schnittstelle</u>.

Funktion durch Unterlegen des "Methoden-Dreiecks" mit einem weißen "Schatten", wie oben links gezeigt. Nicht jede Methode muß eine zugeordnete APPLICABLE-Funktion besitzen.

3.2 Entwicklung der Benutzungsschnittstelle

Prinzipiell geht der BS-Entwickler genauso vor, wie der Entwickler der eigentlichen Anwendung: Er erweitert den Objektkern um weitere Klassen, Attribute und Methoden. Ziel dieser Ergänzungen ist die Gestaltung der Benutzungsschnittstelle mit den Aspekten *graphische Darstellung* der Objektwelt und *Erkennen und Bearbeiten von Eingaben* des Benutzers. Dieser Gestaltungsprozeß ist durch eine Dualität der Betrachtungsweise gekennzeichnet: Auf der einen Seite müssen die bildliche Ausgabe und die Interaktionstechniken in ihrer Erscheinungsform "nach außen", also wie für den Benutzer erkennbar, beschrieben werden; andererseits müssen die Ableitung der graphischen Darstellung aus den Objekten bzw. die Wirkung der Interaktion "nach innen", auf die internen Objekte, definiert werden. In der Folge sprechen wie jeweils von der <u>externen</u> und der <u>internen Sicht</u> auf die Darstellung bzw. die Interaktionen. Technisch geht der BS-Entwickler so vor, daß er die graphische Ausgabe durch Hinzufügen graphischer Attribute und die Interaktion durch Hinzufügen von Interaktionsmethoden definiert.

4. Das Werkzeug

Eine experimentelle Version eines die Objektkern-Notation unterstützenden Werkzeugs wird zur Zeit implementiert. Dabei steht zunächst die reine Editorfunktion im Vordergrund. Für die beiden folgenden getrennten Entwicklungen von Anwendung und Benutzungsschnittstelle sind eine Reihe sehr mächtiger Anschlüsse denkbar. Zentral ist für beide Bereiche, daß das Werkzeug Mechanismen anbieten muß, um Teile des Diagramms "einzufrieren", um die Konsistenz des Objektkerns zu garantieren. Endziel wäre eine netzwerkgestützte Mehrbenutzer-Version eines solchen Editors .

5. Literatur

Booch, G
   Object Oriented Design with Applications, Benjamin/Cummings, Redwood City, CA, 1991

Coad, P; Yourdon, E
   *Object-Oriented Analysi,*Prentice-Hall, Englewood Cliffs, 1991

Dance, J R; Granor, T E; Hill, R D; Hudson, S E; Meads, J; Myers, B A; Schulert, A
   The Run-time Structure of UIMS-Supported Applications, Computer Graphics 21, 2, 1987

Felser, W
   Kreativer objektorientierter Entwurf: Methodik, Diplomarbeit, Universität - GH - Paderborn, Fachbereich Mathematik/Informatik, August 1992

Harel, D
   *On Visual Formalisms,*CACM, Vol. 31, No. 5, 1988.

Pfaff, G E
   User Interface Management Systems: Proceedings of the Seeheim Workshop, Springer-Verlag, Berlin, 1985

Rubin, K S; Goldberg, A
   Object Behavior Analysis, CACM Vol. 35, No. 9, S.48-62, 1992

Szekely, P; Myers, B A
   A User Interface Toolkit Based on Graphical Objects and Constraints, OOPSLA'88, SIGPLAN Notices, November 1988

Wirfs-Brock, R; Wilkerson, B; Wiener, L
   Designing Object-Oriented Software, Prentice-Hall, Englewood Cliffs, 1990

Eine Architektur zur Visualisierung von Datenstrukturen

Markus Geltz *

Universität Stuttgart, Institut für Informatik
Breitwiesenstr. 20-22, 70565 Stuttgart
E-mail: geltz@informatik.uni-stuttgart.de

Zusammenfassung Graphische Darstellungen haben gegenüber textuellen Darstellungen viele Vorteile. Dennoch verwenden die wenigsten Bedienoberflächen Graphik für die Darstellung von Datenstrukturen. Für Programmierer könnten Darstellungen von Datenstrukturen, wie sie sie aus Büchern kennen und auch zur Erklärung von Zusammenhängen anderen gegenüber verwenden, eine große Hilfe sein. Die vorliegende Arbeit stellt die Architektur eines Systems zur Visualisierung von Datenstrukturen vor. Über eine Taxonomie von Datentypen kann auf Beispielvisualisierungen zugegriffen werden. Durch Kombination der graphischen Darstellungen können komplexe Datenstrukturen visualisiert werden.

1 Einführung

Moderne Programmierumgebungen haben fensterbasierte, graphische, direktmanipulative Oberflächen. Bei näherer Betrachtung wird jedoch deutlich, daß graphische Darstellungen sich meist auf „Fensterdekoration" beschränken. Speziell der Inhalt (das eigentlich Darzustellende) wird meist textuell ausgegeben.

Im folgenden wird die Architektur eines Systems vorgestellt, das Datenstrukturen graphisch darstellt. Dazu werden Datenstrukturen beliebiger Programmiersprachen in ein Standardformat für Datenstrukturen abstrakter Datentypen umgewandelt. Diese werden anhand von Prototypen in graphische Datenstrukturen umgewandelt. Graphische Datenstrukturen bestehen aus einer Menge einfacher oder zusammengesetzter graphischer Datenstrukturen sowie einer Menge von Relationen, die die Anordnung der graphischen Datenstrukturen beschreiben.

2 Verwandte Arbeiten

Myers stellt in seinem Überblicksartikel ([Mye89]) einige Programmvisualisierungssysteme vor. Dabei entwickelt er eine Taxonomie der Systeme. Diese lassen sich grob in *Program Visualization Systems* und *Visual Programming Systems*

---

* Die diesem Artikel zugrundeliegenden Arbeiten werden im Rahmen eines Promotions-Stipendiums von der Robert Bosch GmbH, Stuttgart unterstützt.

unterteilen. Die Systeme zur Programmvisualisierung werden weiter in Systeme zur Daten– versus Algorithmendarstellung unterteilt. Das in diesem Artikel vorgestellte System läßt sich in den Bereich der Datenvisualisierung einordnen.

In INCENSE [Mye83] stellt Myers ein System vor, mit dem Datenstrukturen der Programmiersprache Mesa graphisch dargestellt werden können. Die Standarddatentypen der Programmiersprache sind mit sogenannten *Artists* verknüpft, die für die Darstellung jeweils eines Typs zuständig sind.

Mit TRIP ([KK91]) wird ein System zur Visualisierung abstrakter Objekte samt ihrer Relationen vorgestellt. Dabei werden die Objekte sowie ihre Anordnung deskriptiv (durch Regeln) beschrieben. Das Layout der graphischen Strukturen erfolgt bottom-up, d.h. aus einfachen Strukturen werden komplexere zusammengesetzt.

3 Visualisierung von Datenstrukturen

3.1 Graphisch versus textuell

Um Datenstukturen gut darzustellen, benötigt das Visualisierungssystem Wissen über die darzustellenden Strukturen. Eine Darstellung der Datenstruktur sollte ihrer Semantik entsprechen. Diese läßt sich am ehesten über den Datentyp der Struktur ermitteln. Gibt der Benutzer zusätzliche Typinformationen mit, so kann die Darstellung seinen Wünschen besser angenähert werden.

Um eine geeignete Darstellungsform für eine Datenstruktur zu finden, geht der Mensch meist von gebräuchlichen Darstellungen aus. So mögen für einen Informatiklaien Bäume völlig unübersichtlich sein, ein geübter Informatiker wird allein aufgrund der Darstellung einen Baum sofort erkennen und auch von anderen Strukturen unterscheiden können. Dieses Wissen der Fachleute wird jedoch meist nicht genutzt. Selbst so mächtige Werkzeuge wie symbolische Debugger stellen Datenstrukturen ausschließlich textuell dar. Dabei hat die graphische Darstellung durchaus ihre Vorteile:

- Eine graphisch dargestellte Struktur ist aufgrund ihrer Form leicht von Darstellungen anderer Datenstrukturen zu unterscheiden.
- Auch die Wiedererkennung einer bestimmten Struktur wird erleichtert.
- Nichtlineare Strukturen (wie z.B. Bäume) sind leichter zu überschauen. Zusammenhänge können so direkt dargestellt und nicht nur über Referenzen indirekt erzeugt werden.

Daneben gibt es aber auch eine ganze Reihe von Nachteilen:

- Der Zeitaufwand für Berechnung der Darstellung ist wesentlich höher.
- Auch kann der Platzbedarf bei graphischen Darstellungen um ein Vielfaches höher sein als der bei textuellen Darstellungen.
- Es fehlen allgemeine Regeln für eine „sinnvolle" Darstellung.

3.2 Eigenschaften von Daten und deren Darstellung

Wann werden graphische Darstellungen „gut" genannt?

Mackinlay stellt in [Mac86] zwei Faktoren für die "Güte" einer graphischen Darstellung heraus: effectiveness (Wirksamkeit) und expressiveness (Ausdruckskraft). Eine Darstellung muß den Wert einer Struktur darstellen können (expressiveness) und sie sollte leicht generier- und lesbar sein (effectiveness). Mackinlay stellt dabei fest, daß der Ort eines graphischen Zeichens für die Lesbarkeit einer graphischen Darstellung das entscheidende Kriterium ist, unabhängig davon, ob die darzustellenden Werte quantitativ, ordinal oder qualitativ sind.

Da Datenstrukturen entweder einfache, nicht weiter zerlegbare Daten (Werte) oder zusammengesetzte Strukturen sind, liegt es nahe, auch die Darstellungen von Datenstrukturen aus einfacheren Darstellungen zusammenzubauen. Dabei entsteht ein Netz von einfachen Daten, die sich nach [Ber74] unterschiedlich darstellen lassen. Die Gebräuchlichsten sind:

1. Darstellung als Graphen mit Objekten als Knoten und Relationen zwischen Objekten als Kanten, meist als geordnetes Feld, bei dem x- und y-Achse selbst auch eine Semantik haben können (siehe Abbildung 1).
2. Darstellung als Feld, wobei die Relation Teilmenge-Obermenge die Relation zwischen Objekten angibt. Klar ist hier, daß nicht alle Relationen zwischen Objekten auf diese Art darstellbar sind (siehe Abbildung 1 nur Knoten).

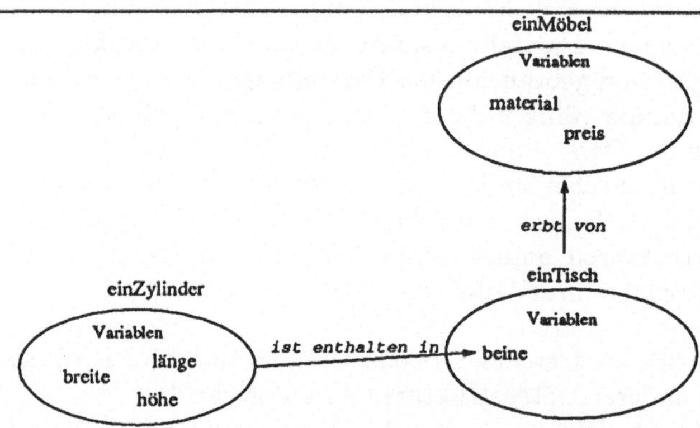

Abbildung 1 Verbindung von Graph und Feld bei der Darstellung eines Klassenentwurfs mit Vererbungsbeziehungen und Enthaltenseinsbeziehungen

Mischt man beide Darstellungen, so erhält man einen „natürlichen" Ansatz für die graphische Darstellung von Datenstrukturen. Die Enthaltenseinsrelation wird (nahezu) ausschließlich über das Enthaltensein einer graphischen Struktur in einer anderen dargestellt. Ist eine Datenstruktur an zwei Stellen referenziert, so bleibt nur die Möglichkeit von Verweisen.

Einige Beispiele für typische Darstellungen von Datenstrukturen abstrakter Datentypen finden sich in Abbildung 2. Aus diesen Darstellungen lassen sich einige Schlüsse ziehen:

- Für gute Darstellungen von Datenstrukturen gibt es meist mehrere Möglichkeiten. Wesentlich ist hier, Gemeinsamkeiten von Darstellungen herauszufinden.
- Manche Elemente der graphischen Darstellung haben eine eigene Funktion. So sind die Punkte im Keller und Puffer (siehe Abbildung 2 links und rechts) ein Zeichen dafür, daß mehr Elemente im Keller bzw. im Puffer enthalten sind als in der Darstellung zu sehen.

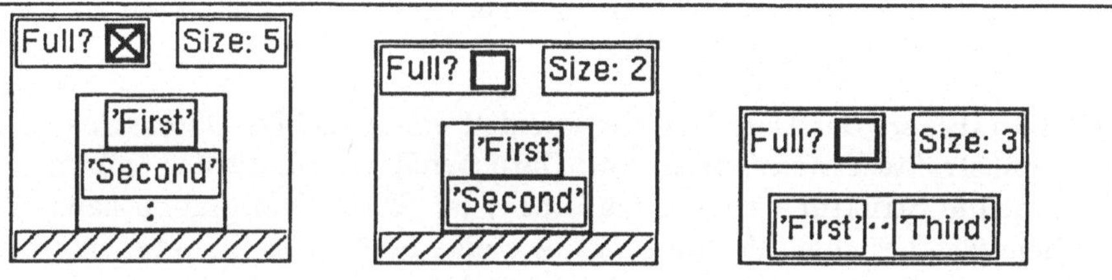

Abbildung 2 Verschiedene Darstellungen abstrakter Datentypen. Links: Typische Darstellungen eines Kellers; Mitte: Vereinfachte Darstellung eines Kellers mit weniger Elementen; Rechts: Einfache Darstellung eines Puffers

4 Aufbau des Visualisierungssystems

Um die im vorherigen Kapitel angesprochenen Punkte praktisch zu erproben, wurde ein System implementiert, mit dem beliebige Datenstrukturen visualisiert werden können. Dabei liegt im Moment der Schwerpunkt der Arbeit bei der Konstruktion von Beispiel-Visualisierungen und der Abbildung von Datenstrukturen auf abstrakte Datentypen.

Aus einer beliebigen Struktur wird sukzessive über den Einsatz von Filtern und dem Übergang über zwei temporäre Strukturen die graphische Darstellung erzeugt (siehe Abbildung 3). Die Datenstrukturen lassen sich wie folgt beschreiben:

Ausgangsstruktur beliebig

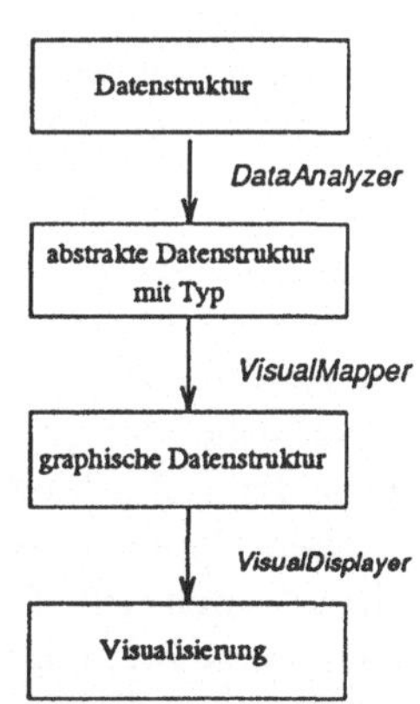

Abbildung 3 Aufbau des Systems

Abstrakte Datenstruktur Die Entsprechung zum abstrakten Datentyp. Jede
abstrakte Datenstruktur läßt sich über eine Reihe von Variablen sowie deren Werte beschreiben. Die zugehörigen abstrakten Datentypen sind genauso
beschrieben, nur enthalten die Variablen keine Werte, sondern Typinformationen.

Graphische Datenstruktur Jede graphische Datenstruktur besteht aus einer
Reihe von Komponenten, die über graphische Relationen zweidimensional
angeordnet sind. Jede Komponente ist entweder ein graphisches Primitiv
(z.B. Bild, Linie, Rechteck, Text) oder wieder selbst eine graphische Datenstruktur. Jede graphische Datenstruktur ist somit rekursiv hierarchisch.

Bildausgabe Ausgabe auf Bildschirm, Drucker, Datei möglich.

Hier wird schon deutlich, daß die abstrakte und die graphische Datenstruktur
den Kern des Systems bilden. Um von einer Struktur zur nächsten zu kommen,
benötigt man nun eine Reihe Filter.

DataAnalyzer Der DataAnalyzer wandelt eine beliebige Datenstruktur in eine abstrakte Datenstruktur um. Dazu benötigt er natürlich Informationen,
wie eine Struktur zu lesen (zu sehen) ist. Diese Information kann er vom
Benutzer beziehen, der ihm sagt, wie eine bestimmte Struktur interpretiert
werden soll. Normalerweise aber wird der Struktur über ein Regelwerk ein
Typ zugewiesen. Die Datenstruktur wird in eine abstrakte Struktur dieses
Typs gewandelt.

VisualMapper Der VisualMapper wandelt eine abstrakte in eine graphische
Datenstruktur um. Dazu benötigt er vom Typ der Datenstruktur Informationen über eine gängige Visualisierung einer Datenstruktur dieses Typs.
Der Kontext der Visualisierung, also Vorlieben des Benutzers, viel oder wenig Platz, soll dabei mit berücksichtigt werden. Für die spezielle Struktur
wird nun die Visualisierungsinformation angepasst. Dazu werden graphische
Relationen mit Inhalt gefüllt (Referenzen zu den entsprechenden Objekten)
und ausgewertet.

VisualDisplayer Der VisualDisplayer ermöglicht es, eine graphische Datenstruktur auf einem bestimmten Medium auszugeben.

5 Realisierung

Die vorgestellte Architektur wurde prototypisch in Smalltalk-80 implementiert.
Dabei lag bisher der Schwerpunkt in der Bereitstellung von abstrakten Datentypen sowie der Abbildung der Datenstrukturen auf die abstrakten und danach die
graphischen Datenstrukturen. In der Taxonomie der Datentypen sind die gängigen Grundtypen wie `Integer`, `Character`, `String`, `UndefinedObject` (nil)
und `Boolean`, sowie ein indizierter Typ `Collection` (vergleichbar dem Array in
Pascal), definiert. Dazu wurden verschiedene komplexe Typen wie `Stack`, `Buffer`
und `Tree` bereitgestellt mit unterschiedlichen Visualisierungen. Ausgangsdaten-
strukturen sind der Einfachheit halber Objekte in Smalltalk. Der Typ dieser
Objekte wird entweder vom Benutzer vorgegeben oder aus der Klassenhierarchie

ermittelt. Zudem können Klassen an bestimmte Typen der Taxonomie gebunden werden, so daß Vererbung über die Taxonomie modelliert werden kann.

Die Laufzeiten des Systems auf einer Sun 4/50 für die Visualisierung von Datenstrukturen bewegen sich zwischen 0.2 Sekunden für primitve Datenstrukturen wie Strings oder Integer und 3 Sekunden für den Keller aus der Abbildung 2 links.

6 Ausblick

Es wurde eine Architektur zur Visualisierung von beliebigen Datenstrukturen präsentiert. Die Typinformation der darzustellenden Struktur, ob vom Benutzer vorgegeben oder vom System bestimmt, ergibt zusammen mit dem Wert der Struktur die Form der Darstellung. Typen werden in einer Taxonomie angeordnet, wodurch Beschreibungen von übergeordneten Typen verwendet werden können.

Der geschilderte Ansatz hat sich bisher als tragfähig erwiesen. Er ist jedoch nur beschränkt tauglich, wenn

1. sehr große Strukturen komplett dargestellt werden sollen, da dazu spezielle Layoutalgorithmen benötigt werden.
2. sehr viele einfache Daten darstellt werden sollen. Dies ist mehr die Domäne der *Wissenschaftlichen Visualisierung (Scientific Visualization)*.

Schwierigkeiten bereitet im Moment noch die Berücksichtigung von Platz- und auch Zeitaspekten bei der Visualisierung. Wie können Regeln formuliert werden, die *vor* einer Berechnung entscheiden, ob die Berücksichtigung eines Teils der graphischen Darstellung sinnvoll ist? Ungeeignet erscheint hier die komplette Berechnung und die anschließende Beurteilung, welche graphische Darstellung berücksichtigt werden soll.

References

[Ber74] Jaques Bertin. *Graphische Semiologie.* Walter de Gruyter, Berlin, 1974.

[KK91] Tomihisa Kamada, Satoru Kawai. A General Framework for Visualizing Abstract Object and Relations. *ACM Transaction on Graphics*, 10(1):1–39, January 1991.

[Mac86] J.D. Mackinlay. Automating the Design of Graphical Presentations of Relational Information. *ACM Transactions on Graphics*, 5(2):110–141, April 1986.

[Mye83] B.A. Myers. INCENSE: A system for displaying data stuctures. *Computer graphics*, 17(3), Juli 1983.

[Mye89] Brad. A Myers. The State of the Art in Visual Programming and Program Visualization. In Alistair Kilgour, Rae Earnshaw (Hrsg.), *Graphical Tools for Software Engineers*, S. 3–24. Cambridge University Press, Cambridge, 1989. Same as Myers86.

Deklarative Spezifikation visueller Sprachen durch graphische Beispiele
oder
Ein Bild sagt mehr als tausend Formeln

Bernd Meyer

FernUni Hagen, LG Praktische Informatik IV, 5800 Hagen

bernd.meyer@fernuni-hagen.de

Trotz der zunehmenden Verbreitung visueller Sprachen sind ihre formalen Grundlagen, insbesondere ihre Spezifikation, noch unzureichend untersucht. Vor allem die Frage, ob und wie visuelle Sprachen durch ebenfalls visuelle Spezifikationen exakt beschrieben werden können, hat erstaunlich wenig Beachtung gefunden, obwohl gerade solche Formalismen die Möglichkeit zu zugleich leicht verständlichen und maschinell verarbeitbaren Spezifikationen in sich tragen. In der vorliegenden Arbeit wird ein solcher Formalismus vorgestellt, dessen Kernidee darin besteht, Logikformalismen um unifizierbare graphische Bildterme zu erweitern, die als partiell spezifizierte Beispielbilder betrachtet werden können.

1   Einleitung

Ein Blick auf den Standard-Compilerbau zeigt, daß routinemäßige Implementierung von Sprachen und exploratives Prototyping nur auf der Basis entsprechend flexibler Formalismen und Implementierungsumgebungen möglich sind. Die Entwicklung adäquater Spezifikationsmethoden und Werkzeuge muß also ein ernsthaftes Forschungsziel im Bereich visueller Sprachen sein. Im folgenden wird ein Formalismus als Grundlage solcher Verfahren vorgestellt, der auf der Erweiterung von Logikprogrammierung um unifizierbare graphische Termstrukturen beruht, die partiell spezifizierte Bilder darstellen. Alle Möglichkeiten der Logikprogrammierung von deklarativen Spezifikationen bis zu Unifikationsgrammatiken bleiben dabei erhalten.

Konzepte aus dem klassischen (textuellen) Compilerbau lassen sich nur mit unbefriedigendem Resultat auf die Beschreibung multidimensionaler Sprachen übertragen. Abgesehen von den technischen Schwierigkeiten sind derartige Spezifikationen für den menschlichen Leser kaum noch verständlich, weil von der eigentlichen Struktur der Sprache nahezu nichts mehr direkt wiederzuerkennen ist. Eine solche Methode liefert dann zwar rechnerlesbare Spezifikationen, sie ist jedoch nicht als Entwurfswerkzeug geeignet. Graphische Spezifikationen können diese Kluft möglicherweise überbrücken, weil sie die Struktur einer visuellen Sprache direkt einfangen können. Ein weiteres Problem liegt darin, daß Formalismen für multidimensionale Sprachen entweder nur ineffizient ausführbar sind oder die Klasse beschreibbarer Sprachen stark einschränken. Dieses Problem ist zwar bis zu einem gewissen Grad der Fragestellung immanent; Der im folgenden vorgeschlagene Ansatz eröffnet jedoch ein breites Spektrum von Spezifikationsmethoden, bei denen in weiten Grenzen zwischen Effizienz und Ausdrucksmächtigkeit gewählt werden kann und ist ein damit guter Kandidat für einen Formalismus, der sowohl für Menschen verständlich als auch für Maschinen ausführbar ist.

Bei der Spezifikation visueller Sprachen sind bisher sehr unterschiedliche Ansätze verfolgt worden. Direkte Übertragungen von Standard-Parsing-Algorithmen wie [CC90] verwenden sog. Positional Operators um die relative Positionierung von Symbolen anzugeben. Ein gravierender Nachteil dabei ist, daß nur baumartige Parsingstrukturen unterstützt werden können. Dieser Nachteil wird von Picture Layout Grammars überwunden, indem mittels sogenannter Remote Symbols Verbindungen zwischen verschiedenen Knoten des Syntaxgraphen geschaffen werden [GR89]. In Relational Grammars wird die Struktur der Grammatik zugunsten einer relationalen Struktur von Objektmengen und räumlichen Beziehungen gelockert [FPT+91]. Dieses Verfahren ist sehr flexibel jedoch kann seine Laufzeitkomplexität extrem hoch werden. Ein besonders interessantes und elegantes Verfahren ist in [HM90] vorgestellt worden. Hier werden Bilder durch logische Klauseln erster Stufe beschrieben. Die Grundobjekte der Bilder und deren räumliche Beziehungen werden dabei als Fakten wiedergegeben. Insbesondere wird das zu zerlegende Bild dem Parser als Faktenmenge zur Verfügung gestellt. Z.B. wird Abbildung 1 durch diese Faktenmenge (Picture Theory genannt) beschrieben:

Abbildung 1

$$line([(1,0)(2,2)], dashed) \wedge line([(6,2)(7,0)], dashed) \wedge line([(4,6)(5,8)], dashed) \wedge$$
$$line([(2,2)(6,2)], solid) \wedge line([(6,2)(4,6)], solid) \wedge line([(4,6)(2,2)], solid) \wedge$$
$$line([(4,6)(3,8)], dashed) \wedge line([(1,2)(2,2)], dashed) \wedge line([(6,2)(7,2)], dashed)$$

Mit einer Constraint-Logikprogrammiersprache ist es dann leicht möglich, komplexere Zusammenhänge abzuleiten und damit auch Parsing durchzuführen. So erlaubt z. B. die Regel

$$triangle(L1, L2, L3) \Rightarrow line([P1,P2]) \wedge line([P2,P3]) \wedge line([P3,P1]) \wedge$$
$$intersects(L1, L2, P1) \wedge intersects(L2, L3, P2) \wedge intersects(L3, L1, P3) \blacksquare \ldots$$

zu erkennen, daß in dem Bild ein Dreieck enthalten sein muß.

2 Graphen als abstrakte Bilddarstellungen: Bildterme und Bildtermgraphen

Der formalen Wohldefiniertheit und guten Lesbarkeit solcher Spezifikationen stehen zwei gravierende Nachteile gegenüber: (a) der textuelle Formalismus ist eindimensional. Dadurch wird die Anzahl der benötigten Klauseln bereits für einfache Bilder sehr groß und die intuitive Verbindung zwischen eindimensionaler Notation und mehrdimensionalem Denotat wird erschwert bzw. aufgelöst. (b) Die Verwendung einer monotonen Logik macht es unmöglich, vorgefundene Beziehungen (Axiome) während einer Ableitung ungültig zu machen. Z.B. kann keine Regel, die das Bild aus Abbildung 1 vorfindet, bewirken, daß die gestrichelten Kanten aus dem Bild „entfernt" werden. Beide Probleme lassen sich beheben, wenn zwar weiterhin Klausellogik erster Stufe verwendet wird, die Bildobjekte und -strukturen jedoch statt als Fakten als Termstrukturen in den Regeln wiedergegeben werden. Das Problem der Monotonie löst sich damit bereits. Gelingt es auch noch, diesen Termen eine graphische Darstellung zu geben, die möglichst eng mit den zu beschreibenden Strukturen korreliert ist, kann auch das zweite Problem überwunden werden. Ein solcher Formalismus faßt dann die Eigenschaften von logischen Spezifikationssprachen, Unifikationsgrammatiken [WWT91] und visuellen Spezifikationen zusammen. Man erhält also etwas wie das, was Lakin als „executable Graphics" bezeichnet hat [Lak87], jedoch nun mit einer formal definierten Semantik.

Zur Illustration ein Vergleich mit klassischer Logikprogrammierung: Mittels Term-Unifikation werden dort die syntaktischen Strukturen der Sprache selbst beschrieben. Prolog faßt mathematische Formeln als Terme aus Atomen (Zahlen, Namen), Operationssymbolen (+, -, *, /,...) und Funktionsanwendungen (g(x,y)) auf. Variablen können beliebige Termstrukturen ersetzen. So ist der Term $X + Y$ z.B. mit $3 + 4$ oder $sin(x) + cos(log(k))$ unifizierbar, wobei X an 3 bzw. $sin(x)$ gebunden wird. Regeln wie das Assoziativgesetz können damit extrem einfach dargestellt werden: $assoc(X + (Y + Z), (X + Y) + Z)$. Auf Bildterme übertragen möchte man etwa in der Lage sein, z.B. das Entfernen einer Dreiecksseite ungefähr durch eine solche Regel darzustellen: remove(△ , ◿).

Wir werden zunächst beschreiben, wie Bildterme aufgebaut sind und dann die Unifikation solcher Terme erklären. Ein Bildterm besteht wie ein normaler Term aus Operatoren und Atomen. Das Festlegen der zulässigen Atome (graphische Grundelemente wie z.B. Punkte, Linien und Kreise) und der zulässigen Operatoren (räumliche Bedingungen wie z.B. Schnitt, Berührung und Enthaltensein) bestimmt die lexikalische Ebene und damit eine konkrete Bildsprache. Auf der Basis einer Bildsprache kann man ein konkretes Bild in einen Bildterm, d.h. in eine abstrakte, skizzenhafte Notation übersetzen[1]. Bildterme sind abstrakt, weil sie nicht an eine bestimmte graphische Repräsentation gebunden sind, sie sind skizzenhaft, weil sie von der konkreten Geometrie absehen und sich nur noch auf den räumlichen Beziehungen abstützen. Eine

---

[1] Die Mehrdeutigkeiten in diesem Übersetzungsprozeß sind also auf der lexikalischen Ebene zu sehen.

gute Repräsentation für Bildterme ist eine spezielle Klasse bipartiter Graphen, die Conceptual Graphs [Sow84] ähnelt. Ein Knotentyp in diesen Graphen sind Bildobjekte, der andere räumliche Beziehungen. Objektknoten werden mit dem Objekttyp und einer eindeutigen Objektreferenz markiert, Beziehungsknoten nur mit ihrem Typ. Auf diese Weise können z.B. sowohl Abbildung 2a als auch 2b in den Graphen in Abbildung 3 übersetzt werden. Die Unterscheidbarkeit solcher Bilder wird sich später durch eine Verfeinerung der Information an Beziehungsknoten ergeben. Bildterme sind nun *partiell spezifizierte* Bilder, d.h. Bildterme geben nur die Objektkonstellationen an, die in einem Bild *mindestens* auftreten müssen, und lassen eventuelle weitere, nicht fest vorgegebene Objekte und Beziehungen im Bild zu. Jeder Bildterm kann aus einer beliebigen räumlichen Komposition von Objektvariablen und Gruppenvariablen bestehen, die in der verwendeten Bildsprache zulässig sind. Objektvariablen haben einen feststehenden Typ (*line*, *area*, o.ä.) und einen Variablennamen. Im Bild werden sie wie Objekte dargestellt, jedoch mit ihrem Namen beschriftet. Objektknoten werden mit Typ und Variablenname markiert. Eine solche Variable kann bei der Unifikation an genau ein Objekt gebunden werden. Der zweite Typ von Variablen, Gruppenvariablen, wird im Bild durch schattierte Gebiete wiedergegeben und mit einem Variablennamen beschriftet. Gruppenknoten erhalten den Typ *group*. Sie können an ganze Bildtermgraphen gebunden werden. Ein solcher Graph muß ein ausgezeichnetes *Kopfkonzept* haben, damit die Substitution der Gruppenvariable im Bildtermgraphen eindeutig ist. Bei der Substitution werden die mit der Gruppenvariablen verbundenen Kanten des Bildtermgraphen mit dem Kopfkonzept verbunden. Beziehungsknoten müssen gemäß der Bildsprache ebenfalls einen festen Typ (z.B. *intersects*, *contains*, etc.) haben. In graphischen Bildtermen sind die Beziehungen implizit durch das räumliche Arrangement der Objekte repräsentiert. Im Bildtermgraphen werden Beziehungsknoten nur mit ihrem Typ markiert. In einem wohlgeformten Bildtermgraphen hat jeder Beziehungsknoten genau zwei eingehende Kanten, die ihn mit den beiden an der Beziehung beteiligten Objektknoten verbinden, und bis zu drei ausgehende, eindeutig numerierte Kanten, die ihn mit je einem Mengenknoten verbinden. Mengenknoten werden mit dem Typ der Elemente und einer Menge von Referenzen markiert ($\boxed{\text{area: } \{*\}}$)[2]. Sie geben die durch die Beziehung definierten *Subobjekte* der beteiligten Objekte an. Z.B. unterteilen sich zwei sich schneidende Linien gegenseitig jeweils in zwei Segmente und einen gemeinsamen Schnittpunkt. Ähnliches gilt auch für die meisten anderen räumlichen Beziehungen. Die mit Beziehungsknoten verbundenen Mengen geben in der Reihenfolge der ihnen zugeordneten Kanten die Menge der Teilobjekte an, die nur zum ersten, nur zum zweiten bzw. zu beiden Ausgangsobjekten gemeinsam gehören. Subobjekte machen auch Bilder wie 2a und 2b unterscheidbar.

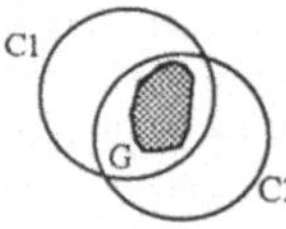

Mit diesen Elementen können *elementare Bildterme* gebildet werden. Ein zulässiger elementarer Bildterm ist immer durch einen einzigen zusammenhängenden Bildtermgraphen darstellbar. Der elementare Bildterm in Abbildung 4 wird z.B. durch den Graphen in Abbildung 5 dargestellt. *Komplexe (zusammengesetzte) Bildterme* können aus einer beliebigen Anzahl von elementaren Bildtermen bestehen und werden damit statt durch Bildtermgraphen durch Bildtermwälder[3] modelliert. Zusätzlich können komplexe Bildterme noch jeweils einen *Hintergrund* und einen *Rahmen* enthalten, die durch durchgezogene bzw. gestrichelte Rahmen dargestellt werden. Ihre Bedeutung wird im nächsten Abschnitt erläutert.

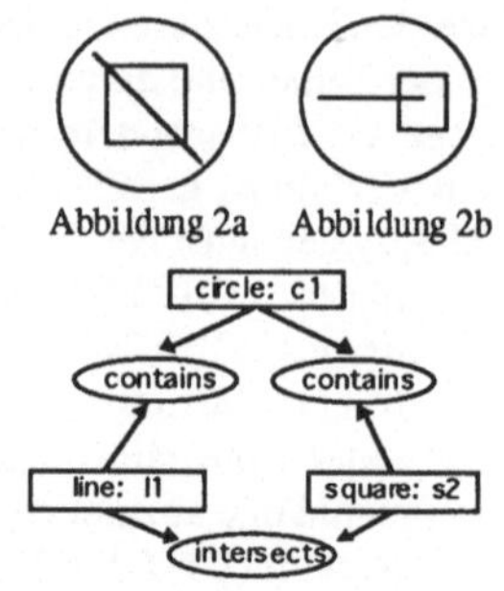

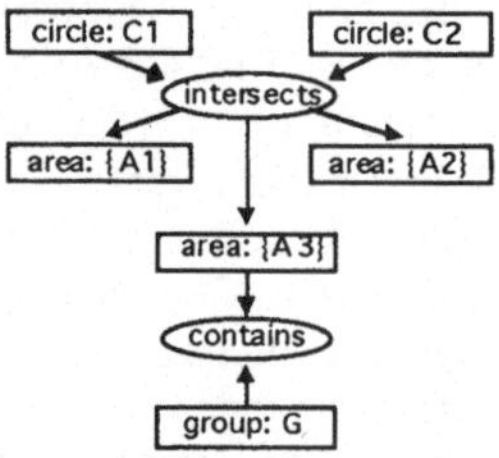

Abbildung 3

Abbildung 4

Abbildung 5

---

[2]. {*} steht für eine variable Menge von Referenten.

[3]. Die dann natürlich nicht nur Bäume, sondern beliebige gerichtete, bipartite Graphen enthalten

3 Unifikation von Bildern

Um Bildterme in Logikprogrammen wie normale Terme einsetzen zu können, muß zunächst Unifikation für Bildterme über die zugehörigen Bildtermgraphen erklärt werden. Wir werden also eine Substitutionsvorschrift für Variablen in Bildtermen festlegen, die eine Projektion π für zwei zu unifizierende Bildtermgraphen p_1, p_2 definiert, so daß gilt $\pi(p1) = \pi(p2)$. Zunächst wird die Unifikation für elementare Bildterme erklärt. Sei T die Menge aller zulässigen Bildterme. Für zulässige Projektionen $\pi: T \to T$ mit $G \mapsto G'$ gelten folgende Einschränkungen:

- Für Objektknoten $o \in G$ mit typ$(o)=t$ gilt auch typ$(\pi(o))=t$. Wenn die Referenz von o keine Variable ist, gilt: referenz(o)=referenz$(\pi(o))$.
- Für Gruppenknoten $g \in G$ ist $\pi(g) \subseteq G'$ ein zusammenhängender Bildtermgraph. Alle Kanten, die in G mit g verbunden sind, sind in G' mit dem Kopfkonzept von $\pi(g)$ verbunden.
- Für Relationenknoten $r \in G$ mit typ$(r)=t$ gilt auch typ$(\pi(r))=t$, und für jede Kante in G, die r mit einem Objektknoten o verbindet, gibt es in G' eine Kante, die $\pi(r)$ mit $\pi(o)$ (bzw. dem Kopfkonzept von $\pi(o)$) verbindet. Die Numerierung der Kanten muß übereinstimmen.

Ein Unifikator zweier Bildterme p_1, p_2 ist eine zulässige Projektion π mit $\pi(p1) = \pi(p2)$. Zwei Bildtermgraphen sind genau dann gleich, wenn es eine paarweise Zuordnung von Objektknoten aus dem ersten Graphen zu Objektknoten aus dem zweiten Graphen gibt, so daß die beiden Knoten eines Paares dieselbe Referenz tragen und durch Relationen desselben Typs verbunden sind. Bildtermwälder werden unifiziert, indem nach einer eindeutigen Variablenumbenennung eine paarweise Zuordnung elementarer Bildtermgraphen aus dem ersten Wald zu Graphen aus dem zweiten Wald getroffen wird, so daß die Paare jeweils miteinander unifizierbar sind[4]. Die Verkettung aller sich so ergebenden Projektionen für die einzelnen Paare unifiziert dann die beiden Bildtermwälder.

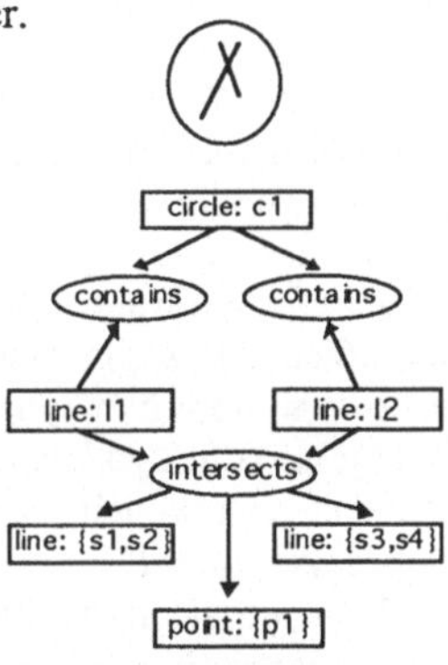

Elementare Bildterme sind aber nicht immer mächtig genug, denn es gibt keine Möglichkeit, Bilder zu beschreiben, in denen eine beliebige Anzahl von nicht spezifizierten Objekten vorkommt. Es gibt z.B. keinen elementaren Bildterm, der mit jedem beliebigen Bild unifizierbar ist, in dem sich zwei Linien schneiden. Wir erweitern deshalb zusammengesetzte Bildterme um *Hintergrund* und *Rahmen*. Anschaulich gesprochen kann der Hintergrund eine beliebige Anzahl von (nicht notwendigerweise zu einem Graphen verbundenen) Objekten aufnehmen, deren Existenz sonst möglicherweise die Unifikation verhindern würde. Er ist also selbst ein Bildtermwald. Der Rahmen hingegen enthält nur die Relationen, die nur in einem von zwei sonst gleichen Bildtermen auftreten, und zudem die direkt mit diesen Relationen verbundenen Objekte. Dies sind insbesondere Beziehungen zwischen Objekten, die in den Hintergrund „verdrängt" werden, und Objekten, die an eine der Variablen gebunden werden, sowie Beziehungen zwischen zwei Objekten, die an unterschiedliche Variablen desselben Bildterms gebunden werden. Bei der Unifikation von Abbildung 6a mit dem Bildterm in Abbildung 6b würde z.B. der Kreis an den Hintergrund und die *contains*-Beziehungen an den Rahmen gebunden. Formal ist also auch ein Rahmen ein Bildtermwald, jedoch enthält er nur solche Objekte, die schon im Hintergrund oder in einer der Objektvariablen im eigentlichen Bildterm vorkommen sowie neue Objektknoten für Subobjekte. Ein zusammengesetzter Bildterm ist also ein Tripel «T,H,R» aus einem Bildterm T, einem Hintergrund H und einen Rahmen R. Einen zusammengesetzten Bildterm stellt

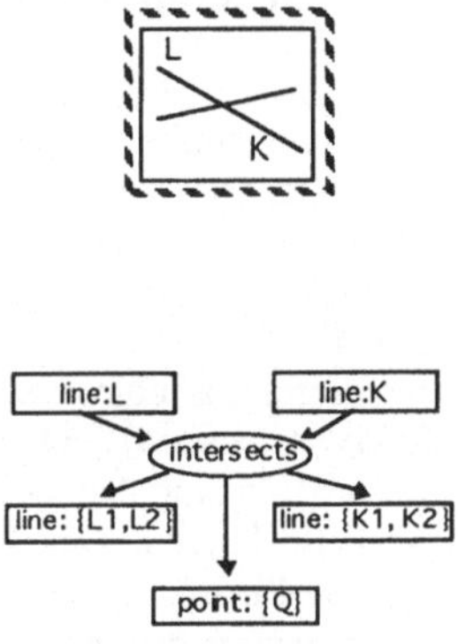

Abbildung 6a

Abbildung 6b

[4.] Natürlich darf kein Graph in mehr als einem Paar auftreten.

man sich am besten als einen übereinandergelegten Stapel von durchsichtigen Folien vor, wobei die Bindungen jeder Variablen und jedes Objekt aus T auf einer eigenen Folie notiert werden und der Hintergrund ebenfalls eine eigene Folie erhält. Der Rahmen gibt dann an, wie die Folien übereinandergelegt werden müssen, damit die räumlichen Beziehungen erhalten bleiben. Für zulässige Projektionen von Hintergrund und Rahmen gilt zusätzlich:

- *Objekt-Exklusivität*: $\pi(H)$ darf nur Objekte enthalten, die nicht in $\pi(T)$ enthalten sind.
- *Hintergrund-Maximalität*: π wird stets so gewählt, daß $\pi(H)$ maximal ist.
- *Relationen-Exklusivität*: $\pi(R)$ darf keine Beziehungen aus $\pi(T)$ oder $\pi(H)$ enthalten.
- *Rahmen-Minimalität*: $\pi(R)$ darf keine isolierten Objektknoten enthalten. $\pi(R)$ darf Objektknoten, die nicht in $\pi(T)$ oder in $\pi(H)$ sind, nur enthalten, wenn sie mindestens mit einer ausgehenden Kante einer Relation aus $\pi(R)$ verbunden, also Subobjekte sind.

Um den durch «T,H,R» notierten Bildtermgraphen zu erhalten, muß man zunächst T und H verschmelzen (notiert: $T \oplus H$) und dann diejenigen Beziehungen aus R hinzunehmen, die zwischen Objekten aus der Vereinigung von T und H bestehen (notiert: σR). Die modifizierte Bedingung für den Unifikator zweier zusammengesetzter Bildterme «T_1,H_1,R_1» und «T_2,H_2,R_2» ist dann: $\pi (T_1 \oplus H_1 \oplus \sigma R_1) = \pi (T_2 \oplus H_2 \oplus \sigma R_2)$.

Ein mit Hintergrund *und* Rahmen versehener Bildterm kann also mit jedem Bild unifiziert werden, das *mindestens* die im Vordergrund gegebenen Objekte und Beziehungen enthält, darüberhinaus aber noch beliebige weitere Objekte und Beziehungen enthalten darf.

Mit der so erklärten Unifikation können Bildterme wie normale Terme in beliebigen Logikprogrammen verwendet werden. Der Unifikator ist aber nicht immer eindeutig, so daß eine zusätzliche Ebene von Nichtdeterminismus eingeführt wird.

4   Bildtermprogramme

Im folgenden wird ein Regelsystem zur Transformation von Statecharts [Har88] beschrieben. Statecharts sind eine erweiterte Form von Zustandsdiagrammen, in denen u.a. Schachtelung von Zuständen und Subzustände verwendet werden. Transitionen einer Zustandsgruppe gelten für alle Gruppenelemente. Beide Diagramme in Abbildung 7 sind daher äquivalent. Die beiden Umrahmungen bei einigen Bildern stellen Rahmen und Hintergrund dar, deren Variablennamen (als rein syntaktische Vereinfachung) weggelassen wurden, da in jeder Regel nur je genau eine dieser Variablen auftritt. Eine weitere rein syntaktische Vereinfachung sind die kleinen Kursivbuchstaben, die für Bildobjekte vom Typ *label*, also Beschriftungen stehen und zugleich die Variablen mit dem entsprechenden Großbuchstaben an die als Markierung verwendete Zeichenkette binden. Das Hauptprädikat *simplify* definiert die Beziehung zwischen flachen Statecharts (im ersten Argument) und deren gruppierter Form (zweites Argument). Ein Diagramm kann vereinfacht werden, wenn es mindestens zwei Zustände enthält, aus denen man über gleich beschriftete Transitionen in denselben Zustand gelangen kann. Um die Vereinfachung zu erhalten, entfernt man mit jeder rekursiven Regelanwendung von *combine* einen weiteren Zustand, der ebenfalls eine derart markierte Transition hat (zweites Argument) und sammelt alle diese Zustände in einer Liste (drittes Argument). Wenn keine weiteren Zustände mehr entfernt

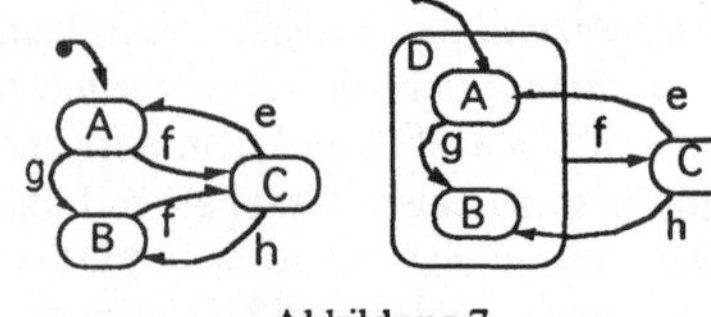

Abbildung 7

simplify([X f Z f Y] , P) :- combine([Z] , F, [X, Y], P, Z).

combine([X f Z] , F, Ss, P, Z) :- combine([Z] , F, [XISs], P, Z).

combine([X f Z] , F, Ss, [G f Z] , Z) :- superstate([XISs], G).

superstate([], [ ]).

superstate([ZIZs] , [Z G]) :- superstate(Zs, [G]).

werden können, ersetzt man die entfernten Zustände durch eine neue Zustandsgruppe, die alle entfernten Unterzustände enthält (Gruppenvariable G). Die Struktur der Gruppe wird von dem Prädikat *superstate* definiert. Das Regelsystem ist wegen *combine* nichtdeterministisch: es beschreibt alle möglichen, auch teilweise Vereinfachungen. Um nur die maximale Vereinfachung zuzulassen, müßte die Anwendbarkeit der zweiten Regel von *combine* eingeschränkt werden.

Um Programme zu erstellen, die visuelle Sprachen parsen, erzeugen oder übersetzen, lassen sich nun alle aus dem Übersetzerbau mit Prolog bekannten Techniken verwenden [CH87]. Bildtermunifikation ist jedoch sehr aufwendig. Speziell zum Parsen kann man aber Grammatiken (Picture Clause Grammars = PCG) auf der Basis syntaktisch eingeschränkter Verwendung von Bildtermen definieren, die wesentlich effizienter ausführbar sind, da statt Unifikation nur Matching geringer Komplexität auftritt [Mey92]. Die Anwendung von Bildtermen in PCGs entspricht der Anwendung von Listen in DCGs (Definite Clause Grammars [CH87]). Die einfachste Form von PCGs führt lineare Bildreduktionen durch, d.h. jede Produktionsapplikation entfernt genau ein Bildelement. In den meisten Fällen kann ein solcher Reduktionsschritt in zur Anzahl der Bildobjekte linearer Zeit ausgeführt werden.

Nicht strikt hierarchische Strukturen von Bildern, die sich z.B. in Abbildung 8 durch Überlappungen von Zustandsgruppen ergeben und die nicht baumartige Syntaxgraphen erzeugen, lassen sich durch das Konzept der Subobjekte ebenfalls leicht bewältigen. Natürlich können Bildterme selbst ebenfalls durch Bildterme beschrieben werden und eignen sich somit auch zur Metaprogrammierung [Neu88].

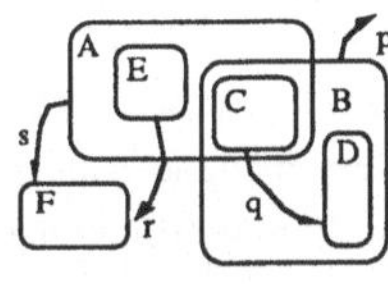

Abbildung 8

5 Schlußbemerkungen

Mit Bildtermen wurde ein Verfahren aufgezeigt, das es ermöglicht, visuelle Notationen durch graphische Beispiele formal exakt zu spezifizieren. Die verschiedenen Arten, Bildterme in Logikprogrammen einzusetzen, bieten innerhalb weiter Grenzen die Möglichkeit, wahlweise Effizienz oder Ausdrucksmächtigkeit in den Vordergrund zu stellen. Diese Flexibilität sowie ihre Lesbarkeit und die Möglichkeit, weiterhin die bereits von Logikprogrammierung und Logikgrammatiken bekannten Techniken zu verwenden, machen Bildterme zu einer vielversprechende Basis für einen allgemeinen Rahmen visueller Spezifikationen.

Literatur

[CC90]   G. Costagliola und S.-K. Chang. *DR PARSERS: a generalization of LR Parsers*. In 1990 IEEE Workshop on Visual Languages.

[CH87]   J. Cohen und T.J. Hickey. *Parsing and Compiling Using Prolog*. In ACM Transactions on Programming Languages and Systems, Vol. 9, Nr. 2, 1987.

[FPT+91]   F. Ferrucci, G. Pacini, G. Tortora, M. Tucci und G. Vitiello. *Efficient Parsing of Multidimensional Structures*. In 1991 IEEE Workshop on Visual Languages.

[GR89]   E.J. Golin und S.P. Reiss. *The Specification of Visual Language Syntax*. In 1989 IEEE Workshop on Visual Languages.

[Har88]   D. Harel. *On Visual Formalisms*. In Communications of the ACM, 31(5):1988.

[HM90]   R. Helm und K. Marriott. *Declarative Specification of Visual Languages*. In 1990 IEEE Workshop on Visual Languages.

[Lak87]   F. Lakin. *Visual Grammars for Visual Languages*. In Proceedings of the AAAI-87, 7th National Conference on AI. Seattle, 1987.

[Mey92]   B. Meyer. *Pictures Depicting Pictures: On the Specification of Visual Languages by Visual Grammars*. In 1992 IEEE Workshop on Visual Languages.

[Neu88]   G. Neumann. *Metaprogrammierung und Prolog*. Addison-Wesley, 1988.

[Sow84]   J.F. Sowa. *Conceptual Structures*. Addison-Wesley, 1984.

[WWT91]   K. Wittenburg, L. Weitzman und J. Talley. *Unification-Based Grammars and Tabular Parsing for Graphical Languages*. In Journal of Visual Languages and Computing, Vol. 2, 1991.

Visualisierungen und Benutzungsschnittstellen: Anwendungen und Forschungsfragen

Ralf Möller

Universität Hamburg, Fachbereich Informatik, Bodenstedtstraße 16, 2000 Hamburg 50

Dieses Papier beschreibt eine Anwendungsdomäne zur Einbindung von Systemen zur Visualisierungsgenerierung in eine Benutzungsschnittstelle für ein Expertensystem. Nach einem kurzen Abriß über bisherige Forschungsansätze werden neue Forschungsfragen herausgearbeitet.

1. Einleitung

Anstatt konventionelle graphische Benutzungsschnittstellen für verschiedene Anwendungen immer wieder neu von Hand zu programmieren, ist es vorteilhafter, für die Gestaltung von Graphikausgaben auf ein allgemeineres, wissensbasiertes Visualisierungssystem aufzubauen, mit dem aufgrund einer Inhaltsbeschreibung eine aufgabenangepaßte, direktmanipulative Oberfläche automatisch generiert werden kann. Durch domänenspezifisches Visualisierungswissen kann das System dann an verschiedene Anwendungssysteme gekoppelt werden. Ein solches System (namens HAM-VIS$_0$) wollen wir im Kontext einer Benutzungsschnittstelle für ein Expertensystem zur Konfiguration der Inneneinrichtung einer Flugzeugkabine konzipieren. Wir geben Beispiele für die Anwendung eines automatischen Visualisierungssystems innerhalb der Benutzungsschnittstelle und schildern, welche allgemeinen Forschungsfragen sich aus der Beispielanwendung ergeben, und wo sich Unterschiede zu bisherigen Systemen zur Visualisierungs- und Präsentationsgenerierung erkennen lassen.

1.1. Kennzeichen der Anwendungsdomäne: Das System XKL

Die Gesamtkonzeption des hier betrachteten Anwendungssystems XKL sieht vor, daß ein Kundenberater mit Hilfe eines Expertensystems innerhalb eines Beratungsgesprächs bei einem potentiellen Kunden eine kundenspezifische Inneneinrichtung für ein Flugzeug entwirft. Das Expertensystem hat die Aufgabe, die wesentlichen Randbedingungen der Konstruktion zu integrieren und zu überprüfen: Kundenwünsche, Zulassungsbestimmungen und technische Gegebenheiten. So müssen für Fluchtwege bestimmte Mindestgangbreiten eingehalten werden, vor Küchen muß eine ausreichende Arbeitsfläche zum Herausschieben der Trolleys vorhanden sein. Durch das Expertensystem XKL wird z.B. modelliert, welche und wieviele Einrichtungsgegenstände in Abhängigkeit von vorgegebenen Auslegungsparametern (z.B. Anzahl der Klassen, Anzahl der Passagiere pro Klasse sowie gewünschter Komfort für die Passagiere) für eine Flugzeugkabine des Airbus A340 benötigt werden [4]. In der XKL-Domäne sind wegen der inhärent räumlichen Problematik (Layout, Plazierung von Objekten) visuelle Darstellungsformen zur Kommunikation mit dem Benutzer prädestiniert. Die Erstellung der Benutzungsschnittstelle wird vereinfacht, wenn aufgabenangepaßte visuelle Darstellungen von Konfigurierungssituationen während des Dialoges mit dem Benutzer automatisch generiert werden können.

2. Die Grobkonzeption von HAM-VIS$_0$

Bei der Erstellung einer Visualisierung unterscheiden wir, ähnlich wie in der Textgenerierung, zwischen der Inhaltsfestlegung (What-to-say-Komponente) und der Festlegung der Ausdrucksform an der Oberfläche (How-to-say-Komponente).

2.1. Inhaltsfestlegung durch Fachdialogmodellierung

In der Konzeption des Systems XKL arbeiten Expertensystem und Benutzer zusammen, um zu einem fertigen Layout der Flugzeuginneneinrichtung zu gelangen. Beide erfüllen innerhalb des Gesamtsystems verschiedene Aufgaben und treten in einen Dialog miteinander. J.U. Möller definiert einen solchen zielgerichteten Dialog, der thematische Freiheiten und irrelevante Nebenthemen nicht zuläßt, als einen Fachdialog [6].

Da die Problemlösungsprozesse des Expertensystem i.d.R. verschieden von denen des Benutzers sind, muß die Kommunikation des Systems mit dem Benutzer explizit modelliert werden. Damit die Modellierung unabhängig von der letztendlich gewählten Kommunikationsmodalität ist (z.B. Text oder Graphik), erfolgt die Modellierung des für die Integration der Fachdialogsteuerung benötigten Wissens auf der inhaltlichen, pragmatischen und argumentativen Ebene. In [9] stellt Thiel einen ähnlichen Ansatz vor, in dem die Interaktionen eines Benutzers mit einem graphischen System und die Reaktionen des Computersystems als Beiträge zu einer "Konversation" innerhalb eines Dialoges modelliert werden. Hier dient eine Informations-Recherche-Anwendung als Untersuchungsgrundlage. Diese Fachdialogmodellierung bildet die Grundlage der Komponente zur Bestimmung des Inhaltes einer Visualisierung. Wir folgen hiermit auch dem Ansatz von Löwgren, der mit seinem Ignatius-System ähnliche Wege beschritten hat [5]. Er sieht die Notwendigkeit, die Domäneninferenzen des Expertensystems mit den Anforderungen der Dialogführung mit dem Benutzer in Einklang zu bringen. Auch er arbeitet auf der Ebene der Kommunikationsakte, um ein Expertensystem an eine (konventionell programmierte) Benutzungsschnittstelle anzukoppeln. Es handelt sich allerdings um eine Benutzerschnittstelle, die Standard-Interaktionseinheiten sowie auch Anfragemöglichkeiten mit Textschemata anbietet. Es wurden bisher Diagnose-Expertensysteme mit einer durch Ignatius gesteuerten Benutzerführung versehen. Im Bereich der Konstruktion sind jedoch vor allem visuelle Darstellungsformen von Domänenobjekten und deren Relationen notwendig.

2.2. Ein Anwendungsszenario

Betrachten wir zur Verdeutlichung der von HAM-VIS zu leistenden Dienste ein Beispiel. Nehmen wir an, der Benutzer habe schon einige Einrichtungsgegenstände plaziert. Das Expertensystem stellt fest, daß noch einige Toiletten (Lavatories) z.B. in einem Bereich der Touristenklasse zu plazieren sind. Die Wahl der konkreten Position kann beispielsweise als eine Aufgabe an den Benutzer umgesetzt werden. Nehmen wir weiterhin an, das Expertensystem kann den Bereich bestimmen, in dem die Toilette plaziert werden kann. Durch vorgefertigte Bauteile und vorgeplante Versorgungs- und Entsorgungseinrichtungen sind relativ enge Grenzen gesetzt. Der Plazierungsbereich umfaßt nur einen Teil der technisch möglichen Plazierungsfläche. Wenn nur diese Fläche(n) dem Benutzer zur Eingabe präsentiert wird, so ist die Visualisierung für einen sachkundigen Benutzer nicht adäquat. Das System sollte auch Zusatzinformationen liefern, warum der technisch mögliche Bereich nicht vollständig angeboten werden kann. In der Terminologie der Dialoggestaltung liegt hier also eine Art von Überbeantwortung im Sinne einer Erklärung vor.

Abbildung 1 zeigt eine Visualisierung, die von HAM-VIS$_0$ zur Bearbeitung der Benutzeraufgabe generiert werden könnte. Der Benutzer kann durch Mausinteraktion den Plazierungsbereich aus den vier dunkel dargestellten Alternativen wählen. Innerhalb des gewählten Bereiches kann dann eine Feinpositionierung vorgenommen werden.

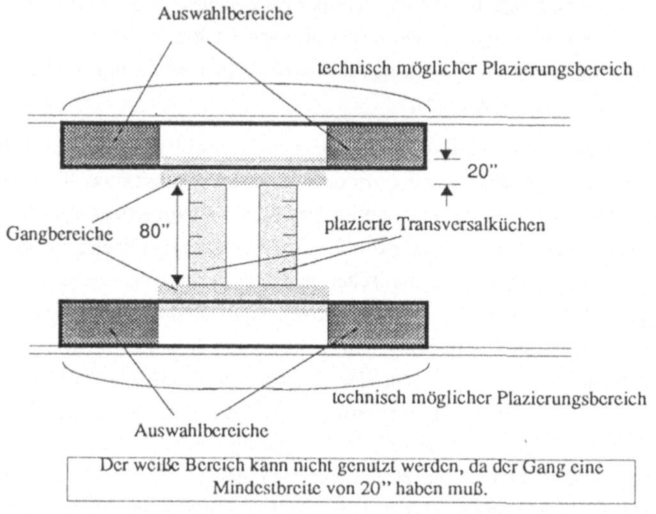

Abbildung 1. Im Sinne einer Überbeantwortung wird nicht nur der nach Berücksichtigung aller Einschränkungen mögliche Plazierungsbereich angezeigt. Durch Andeutung des Ganges wird auch dargestellt, warum der technisch mögliche Bereich nicht vollständig zur Auswahl steht.

Nicht alle Informationseinheiten sind auf einfache Weise visuell darstellbar. Ein Beispiel ist die Darstellung einer Disjunktion. Abbildung 2 gibt ein weiteres Beispiel.

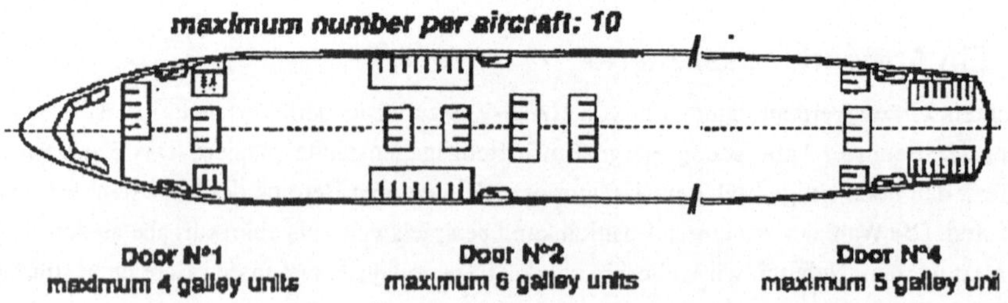

Abbildung 2. Visualisierung mit Beschriftungen, die wesentliche Teile des zu kommunizierenden Inhaltes repräsentieren.

Die dargestellte Konfiguration der Küchen in den jeweiligen Bereichen ist dabei nur als ein prototypisches Beispiel zu verstehen. Aus kommunikationstheoretischer Sicht dient die Graphik hier vor allem der einfacheren Lokalisation der in den Beschriftungen angesprochenen räumlichen Bereiche. Beachtenswert ist auch der globale Hinweis auf die Maximalanzahl der Küchen im gesamten Flugzeugrumpf. Die Gesamtdarstellung bildet offensichtlich keine prototypische Visualisierung für diese Information. Ein visuelles Mittel zur Behebung von Platzproblemen bzw. Größenproblemen sind z.B. die kleinen Striche zwischen dem Mittelteil und dem hinteren Teil der Flugzeugkabine. Der für die Graphik nicht relevante Teil zwischen diesen Hauptteilen wurde ausgeblendet. Wir betrachten die Gesichtspunkte der graphischen Aussagetechniken im nächsten Abschnitt genauer.

2.3. Bestimmung der äußeren Form

Wenn man davon ausgeht, daß die zu kommunizierenden Informationseinheiten durch die Fachdialogmodellierung automatisch bestimmt und zueinander in Beziehung gesetzt werden, so stellt sich noch die Frage, wie eine adäquate externe Darstellungsform gewählt wird ("How-to-say"-Komponente oder auch taktische Komponente genannt). Zur Wahl stehen verschiedene Modalitäten: textuell, visuell, akustisch, usw. Das System HAM-VIS$_0$ wird zunächst so konzipiert, daß das Gewicht auf der Graphikgenerierung liegt. Graphiken werden u.U. mit Zusatztexten ausgestattet. Neben den geometrischen Daten sind auch Attribute wie Farben, Strichdicken usw. vom Visualisierungssystem zu bestimmen. Dabei sind z.B. die Farben der tatsächlich ins Flugzeug eingebauten Sitze nicht relevant. Vielmehr sind bei der Farbenwahl Darstellungsgesichtspunkte zu berücksichtigen. So können z.B. zur Erledigung der Aufgabe weniger wichtige Objekte des Umfeldes mit schwachen Farben nur angedeutet werden. Weiterhin können bestimmte Konventionen der Domäne die Farbenwahl beeinflussen. Für eine Diskussion der Auswahl eines geeigneten Mediums siehe [1].

Wir gehen dabei davon aus, daß es, ähnlich wie in der natürlichen Sprache, verschiedene visuelle Ausdrucksmittel und rhetorische Schemata (domänenspezifische und domänenunabhängige Visualisierungsformen) gibt, die sich zur Übermittlung bestimmter Informationseinheiten in einer bestimmten Kommunikationssituation eignen. In Abbildung 1 ist z.B. der nicht scharf abgegrenzte Bereich des (nicht vollständig dargestellten) Ganges durch ein Rechteck ohne Umrandung repräsentiert, während für die Küchen Umrandungen verwendet werden. Die Wahl der Darstellungsattribute hängt von den rhetorischen Relationen der darzustellenden Informationseinheiten ab. Weitere Beispiele sind die Anordnung von Beschriftungen sowie die Plazierung von Zuordnungspfeilen zur Desambiguierung. Solche und ähnliche Techniken müssen in deklarativer Form als (visuelle) Ausdrucksmittel repräsentiert und der Visualisierungsgenerierungskomponente zugänglich gemacht werden.

3. Relevante Arbeiten und neue Forschungsfragen

In den vorigen Abschnitten wurde deutlich, daß sich diese Arbeit von der Vorgehensweise bei der Generierung stark an sprachverarbeitenden Systemen orientiert. Aus der Theorie der Sprachgenerierung kommen Modellierungen für intentionale und rhetorische Relationen als Grundlage für die Fachdialogmodellierung [2]. Weitere Beispiele sind: Darstellungen von Zusatzinformationen im Sinne eines kooperativen Sprechers (z.B. Überbeantwortung) sowie auch Bildung von Ausschnitten (Weglassen von Informationen im Sinne einer Ellipse). In [7] faßt J. Moore die Entwicklung von planbasierten Ansätzen zur Textgenerierung zusammen. Dabei werden Modelle zur Repräsentation von Sprechakten, Intentionen, rhetorischen Relationen zwischen Textteilen sowie auch Fokussierungsmechanismen zu einer Diskurstheorie zur Erzeugung von kohärenten Textpassagen verbunden. Kölln weist darauf hin, daß die Architektur bisheriger Systeme allerdings noch sehr auf die intendierte Anwendung hin ausgerichtet sind [2].

Im Projekt WIP [10] und COMET/IBIS [8] wurde im Bereich technischer Dokumentationen untersucht, inwieweit sich planbasierte Ansätze aus der Sprachgenerierung auch auf die Einbeziehung von Graphiken erweitern lassen. Ausgehend von einer Repräsentation von Präsentationszielen, Generierungsparametern wie etwa Benutzertyp (Novize oder Experte), Anwendungswissen und Drahtrahmenmodellen für technische Objekte kann unter Verwendung von Wissen über Präsentationstechniken eine multimodale technische Dokumentation generiert werden. Bisher wurden als Anwendungsdomänen die Generierung von Benutzeranleitungen für Espressomaschinen, Rasenmäher und Modems untersucht. Erweiterungsmöglichkeiten des WIP-Ansatzes ergeben sich durch stärkere Formalisierung der visuellen Ausdrucksmittel (formale visuelle Sprachen). Weiterhin ist die Komponente zur Modellierung des Benutzerwissens bzw. der Benutzerinferenzen im System WIP noch nicht sehr weit ausgearbeitet.

Während in bisherigen Forschungsprojekten generierte Graphiken kaum anders zu verwenden sind als solche, die auf Papier präsentiert werden, gehen wir einen Schritt weiter. Im Zusammenhang mit der Benutzerschnittstellengestaltung werden Graphiken nicht nur zur Betrachtung generiert, sondern auch als Eingabemedium genutzt. In diesem Kontext ergeben sich verschiedenartige Wechselwirkungen zwischen der What-to-say- und der How-to-say-Komponente. Diese Wechselwirkungen wurden auch im Zusammenhang mit der kohärenten Textgenerierung sowie Text- und Graphikgenerierung schon ausführlich diskutiert (siehe z.B. [10]). Werden jedoch die Möglichkeiten des Mediums Computer besser ausgenutzt und eine Interaktion unterstützt, so ergeben sich erweiterte Möglichkeiten für die Realisierung der How-to-say-Komponente. Der Benutzer kann nachträglich Verfeinerungen, Zusatzinformationen usw. anfordern.

In ihrer Arbeit zur reaktiven Erklärungsgenerierung stellt J. Moore heraus, daß eine Erklärungsgenerierung nicht als eine einmalige Handlung (One-Shot-Process) verstanden werden sollte [7]. Die notwendigen Repräsentationen zur Modellierung des Benutzers wären viel zu kompliziert, um in einem Schritt eine adäquate, kohärente Erklärung zu generieren. Auch in von Menschen gegebenen Erklärungen tritt eher eine Art Verhandlungssituation auf. Nachfragen zu stellen wird also nicht als unangenehm empfunden, sondern als Teil eines Dialoges vom Benutzer akzeptiert. Es ist also ratsam, in einem System zu Erklärungsgenerierung, Nachfragen, Wünsche nach Erläuterungen usw. explizit zu berücksichtigen und "Fragen" nicht nur als Einzelanfragen zu berücksichtigen, sondern bisher Gesagtes explizit zu repräsentieren und bei der Generierung zu berücksichtigen.

Diese Ideen können wir auch auf Visualisierungssysteme übertragen. Ein Benutzer sollte zum Ausdruck bringen können, daß er weitere Informationen benötigt (etwa durch Mausinteraktion und/ oder natürlichsprachlicher Eingabe). Ein triviales Beispiel hierfür wäre etwa eine Lupenfunktion: die Darstellung ist zu klein. Der Benutzer könnte sich aber auch z.B. eine deutlichere Herausstellung bestimmter inhaltlicher Konzepte wünschen. Ein Beispiel ist die Darstellung der Arbeitsflächen vor den Küchen, ein in der Domäne wichtiges Konzept. Um diese "Nachfrage" adäquat beantworten zu können, ist es notwendig, die Aufgabe, die einzelne Visualisierungseinheiten innerhalb der Gesamtvisualisierung übernehmen, in Strukturen eines Diskursmodelles zu speichern. Wie diese hier genannten Aspekte umgesetzt werden können, ist ein zentrales Forschungsthema der vorgestellten Arbeit.

Zusammenfassend lassen sich folgende Forschungsfragen hervorheben:

- Wie lassen sich Formalisierungen für Visualisierungen auf der inhaltlichen, pragmatischen und argumentativen Ebene (z.B. als Erklärungen) in einem Dialogkontext definieren?

- Wie kann diese Ebene in Beziehung gesetzt werden zu einer formalen Modellierung von syntaktischen Aspekten der visuellen Sprachen, die in einer speziellen Domäne verwendet werden (z.B. Bemaßungen, Darstellung der Anzahl der Trolleys in Galleys, s.o.)?

- Wie können Visualisierungen auf dieser Basis so gestaltet werden, daß sie als Eingabemedium innerhalb einer Benutzungsschnittstelle dienen können?

- Wie kann der Benutzer zu gezeigten Visualisierungen "Nachfragen" in einem Dialogkontext stellen und inhaltliche Verfeinerungen oder Ergänzungen anfordern?

- Wie können die zur Bearbeitung von "Nachfragen" notwendigen Bottom-up-Interpretationsprozesse, d.h. die Neuinterpretation der Visualisierung unter Berücksichtigung der bei der Generierung verfolgten argumentativen Ziele, modelliert werden (Diskursmodellierung)?

Für Hinweise zu diesem Papier danke ich V. Haarslev, B. Neumann und B. Pasternak.

4. Literatur

[1] Arens, Y., Hovy, E., Vossers, M., *On the Knowledge Underlying Multimedia Presentations*, in: Intelligent Multimedia Interfaces, Maybury, M. (Ed.), AAAI Press, 1992.

[2] Hovy, E., Lavid, J., Maier, E., Mittal, V., Paris, C., *Employing Knowledge Resources in a New Text Planner Architecture*, aus: Aspects of Automated NL Generation, Dale, R., Hovy, E., Rösner, D., Stock, O. (Eds.), Springer-Verlag, 1992, pp. 57-72.

[3] Kölln, M., *Diskursgenerierung - alte und neue Ansätze*, Universität Hamburg, Fachbereich Informatik, FBI-M-192/91.

[4] Kopisch, M., Günter, A., *Configuration of a Passenger Aircraft Cabin Based on a Conceptual Hierarchy, Constraints and Flexible Control*, Proc. 5th IEA/AIE-92 Industrial and Engineering Application of Artificial Intelligence and Expert Systems, Belli, F., Radermacher, F.J. (Hrsg.), Springer Verlag, 1992, pp. 421-430.

[5] Löwgren, J., *The Ignatius Environment - Supporting the Design and Development of Expert-System User Interfaces*, aus: IEEE Expert, August 1992, pp 49-57.

[6] Möller, J.U., *Leitfäden zur Modellierung von Fachdialogen zwischen Nutzern und System*, Universität Hamburg, Fachbereich Informatik, Mitteilung Nr. FBI-HH-M-211/92.

[7] Moore, J.D., *A Reactive Approach to Explanation in Expert and Advice-Giving Systems*, Doctorial Dissertation, University of California, Los Angeles, 1989.

[8] Seligmann, D.D., Feiner, S., *Automated Generation of Intent-Based 3D Illustrations*, Computer Graphics, Vol. 25, Number 4, July 1991.

[9] Thiel, U., *Konversationale Modellierung graphisch-interaktiver Syteme: Ein Beispiel*, Proceedings GWAI-90, 14th German Workshop on Artificial Intelligence, Eringerfeld, September 1990, Marburger, H. (Hrsg.), Informatik Fachberichte 251, Springer-Verlag, 1990, pp. 65-74.

[10] Wahlster, W., André, E., Finkler, W., Profitlich, H.J., Rist, T., *Plan-based Integration of Natural Language and Graphics Generation*, Research Report, DFKI, RR-93-02.

VisaVis
Eine funktionale visuelle Programmiersprache höherer Ordnung

Jörg Poswig, Lehrstuhl Informatik 1, Universität Dortmund,
Otto-Hahn-Straße 16, 4600 Dortmund 50
Telephon: ++49/231/755-6371, Fax: ++49/231/755-6555
email: poswig@jupiter.informatik.uni-dortmund.de

Dieser Beitrag stellt die visuelle Programmiersprache VisaVis vor, die dem funktionalen Paradigma folgt und Funktionen höherer Ordnung unterstützt. Vorrangig soll die für VisaVis entwickelte Interaktionsstrategie zur Erstellung visueller Programme diskutiert werden, die es erlaubt, die erforderliche Syntax aus der Sicht eines Benutzers auf wenige Regeln zu beschränken. Attribute wie Farbe und Schatten werden eingesetzt, um Interaktionszustände zu visualisieren. Der implementierte Prototyp gestattet es, visuelle Programme interaktiv aufzubauen und auszuführen. Die Realisierung ist in die objektorientierte Sprache Smalltalk eingebettet und somit zu Studienzwecken auf mehreren Plattformen verfügbar.

1. Einleitung

Im Bereich der visuellen Programmiersprachen zeichnen sich in den letzten Jahren zunehmende Forschungsaktivitäten ab. Eine Grundidee visueller Programmiersprachen besteht darin, daß die erstellte Graphik das Programm selbst ist und nicht etwa die Visualisierung eines Programms einer textuellen Sprache. Für eine Zusammenfassung bisher entwickelter Systeme verweisen wir auf Hils [Hil92]. Die derzeit prominentesten visuellen Programmiersprachen sind die kommerziell verfügbaren Systeme Prograph [Cox89] und LabView [Kod91].

Die Probleme bei der Entwicklung von visuellen Programmiersprachen sind vielschichtig. Zur Erstellung der visuellen Programme wird eine einfach zu erlernende Interaktionsstrategie erwartet. Die Syntax der visuellen Sprache selbst sollte leicht erlernbar sein. Die Darstellung visueller Programme sollte intuitiv erfaßbar sein und keine Wertzuweisungen bei der Konstruktion visueller Programme zulassen. Denn nach der Auffassung von *Reade* [Rea91] sind Wertzuweisungen in erster Linie dafür verantwortlich, daß eine Trennung von dem, was berechnet werden soll, und dem, wie es unter Berücksichtigung der Speicherverwaltung berechnet werden soll, nicht möglich ist. Somit wird in visuellen Programmiersprachen ein gewisser Grad an Abstraktion verlangt. Die Übersetzung in einen maschinenausführbaren Code sollte der zwei-dimensionalen Beschreibung Rechnung tragen, die inherent parallel ausführbare Anteile enthält. Beklagt wird in diesem Zusammenhang das Fehlen allgemein verfügbarer Werkzeuge zur Generierung von Parsern. Bei der Entwicklung textueller Sprachen sind dies in aller Regel die Werkzeuge *lex* und *yacc*. Der praktische Einsatz visueller Programmiersprachen erfordert darüber hinaus eine Vielzahl unterstützender Werkzeuge, die vorhandene Funktionen auf einfache Weise zur Verfügung stellen, bei der Fehlersuche und -vermeidung unterstützend wirken, um nur einige Aspekte zu nennen. *Selker* und *Loved* [Sel88] haben in ihrer Arbeit weitere Aspekte zusammengestellt, die ganz allgemein als Anhaltspunkte für die Entwicklung visueller Programmiersprachen dienen können.

Dieser Beitrag stellt den Prototyp der visuellen Programmiersprache VisaVis [Pos92] vor und konzentriert sich auf die realisierte Interaktionsstrategie zur Erstellung visueller Programme. In Abschnitt 2 wird die Struktur des Gesamtsystems beschrieben. In Abschnitt 3 erläutern wir die verwendete Symbolik. Die Syntax visueller Programme in VisaVis wird in Abschnitt 4 an typischen Beispielen demonstriert. Es folgt eine Beschreibung der Arbeitsumgebung anhand von Beispielen in Abschnitt 5. Grundsätzliche Unterschiede zu den prominenten Systemen Prograph [Cox89] und LabView [Kod91] entnehme der interessierte Leser bitte *Poswig et al.* [Pos92*]. Der Beitrag schließt mit einem Ausblick für zukünftige Forschungsaktivitäten. Eine Übersicht über verschiedene visuelle Programmiersprachen findet man in [VP92].

2. Das System im Überblick

Die visuelle Programmiersprache VisaVis läßt sich in 3 Ebenen gliedern (siehe Abbildung 1). Der *Visuelle Editor* und der *Container* sind die für den Benutzer sichtbaren Subsysteme. Sie dienen der Konstruktion visueller Programme und der Bereitstellung bereits existierender Funktionen.

Die Interaktion zwischen den beiden Subsystemen folgt dem sogenannten Prinzip des *Aufgreifens und Fallenlassens* - eine Basiskomponente der Interaktionsstrategie in VisaVis überhaupt. Der *Überwacher* ist verantwortlich dafür, daß bei jedem Konstruktionsschritt die Syntax von VisaVis nicht verletzt wird. Syntaktisch inkorrekte Programme werden daher vom System prinzipiell ausgeschlossen.

Der Übersetzer hat die Aufgabe, das zwei-dimensionale visuelle Programm in eine ein-dimensionale textuelle Beschreibung unter Erhaltung der im Programm vorhandenen Datenparallelitäten zu überführen. Aus diesem Grund wird das *Formale System zur funktionalen Programmierung* (FFP), das von Backus [Bac78] eingeführt worden ist, als Zielsprache verwendet, weil in diesen Systemen Datenparallelitäten explizit angeführt werden, Funktionen höherer Ordnung unterstützt werden, algebraische Eigenschaften während der Übersetzung ausgenutzt werden können und die Struktur einer maschinellen Verarbeitung unmittelbar zugänglich gemacht werden kann. Der interessierte Leser sei für weitere Details auf Poswig et. al. [Pos92] verwiesen.

Das in Smalltalk realisierte FFP-System führt das vom Übersetzer erzeugte Kompilat aus und stellt die Resultate zur Anzeige zur Verfügung.

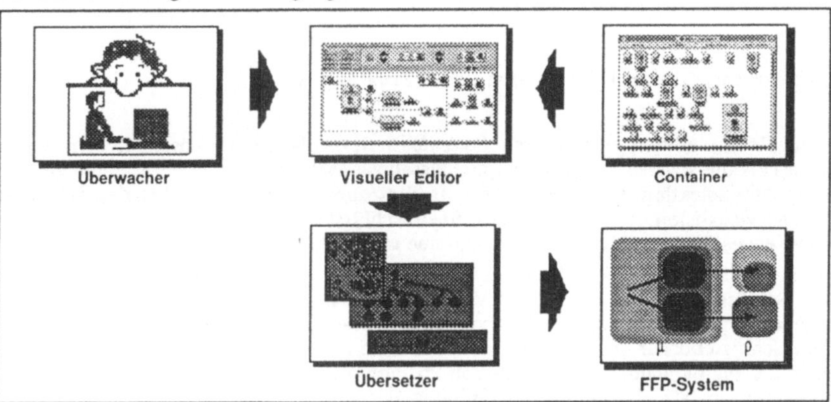

Abbildung 1: Ebenendarstellung des VisaVis-Systems

3. Die verwendete Symbolik

Die Klassifizierung der Funktionen in VisaVis ist an *MacLennan* [McL90] angelehnt (siehe Abbildung 2). Bei der grundsätzlichen Gestaltung der Piktogramme haben wir uns an der Arbeit von *Wood* [Woo87] orientiert, wo eine Reihe von Richtlinien zusammengestellt worden sind.

	Form/Metaikone	Farbe	Schatten	Blitzsymbol
0. Ordnung				
1. Ordnung				
2. Ordnung				

Abbildung 2: Attribute der in VisaVis verwendeten Symbole

Daten werden als Funktionen 0. Ordnung aufgefaßt, gewöhnliche Funktionen erhalten die Ordnung 1 und Funktionen, die gewöhnliche Funktionen als Parameter aufnehmen können, werden mit der Ordnung 2 belegt. Neben der Form der einzelnen Piktogramme symbolisiert die Farbe *grün*, daß eine Funktion in ihrem Verhalten noch nicht spezifiziert ist und der Benutzer somit *freie Fahrt* für die weitere Konstruktion des visuellen Programms hat. Die Farbe *gelb* hingegen signalisiert, daß eine Funktion in ihrem Verhalten bereits spezifiziert ist, so daß Interaktionen eingeschränkt möglich sind. Die Farbe *rot* letzlich steht für Resultate, die nur angesehen, aber nicht verändert werden können. Die Farbgebung zielt also insgesamt auf das Ampelprinzip ab, wobei die Farbe *grün* im übertragenen Sinne ein Weitergehen in der Konstruktion und die Farbe *rot* ein Stehenbleiben suggerieren soll.

Der Schatten eines Piktogramms hat tragende Bedeutung während der Konstruktion eines visuellen Programms (siehe Abschnitt 4). Visuelle Programme können in VisaVis zu einem Piktogramm der entsprechenden Ordnung kollabiert werden (siehe auch Abschnitt 4). Wenn das kollabierte Programm nicht übersetzt werden kann, weil die Beschreibung noch unvollständig ist, dann wird dies durch ein überlagertes Blitzsymbol angezeigt.

4. Die überwachte Konstruktion eines visuellen Programms

Neben dem Prinzip des *Aufgreifens und Fallenlassens*, das bereits in Abschnitt 2 erwähnt wird, wird in VisaVis die sogenannte Schlüssel-/Schlüsselloch Metapher suggeriert. Stellen wir uns vor, ein Piktogramm selektiert zu haben, dann wird dies durch eine Verstärkung des Schattens des Piktogramms visualisiert. Wir haben quasi einen Schlüssel in die Hand genommen und suchen nun ein passendes Schlüsselloch, was mitunter eine mühselige Angelegenheit sein kann.

Aus diesem Grund bestimmt der *Überwacher* für einen ausgewählten Schlüssel automatisch die passenden Schlüssellöcher. Im Editor des VisaVis Systems wird dies dadurch visualisiert, daß die entsprechenden Piktogramme ihren Schatten verlieren. Das Einbringen des Schlüssels in eines der möglichen Schlüssellöcher geschieht dadurch, daß man das Piktogramm mit der Maus *aufgreift*, über einem der Piktogramme ohne Schatten in Position bringt und einfach *fallen läßt*, indem man den Mausknopf losläßt. Dabei ist die Ordnung der Funktionen, die durch das Piktogramm repräsentiert werden, nicht von Bedeutung. Formal wird die verwendete Metapher mit *Substitution* bezeichnet.

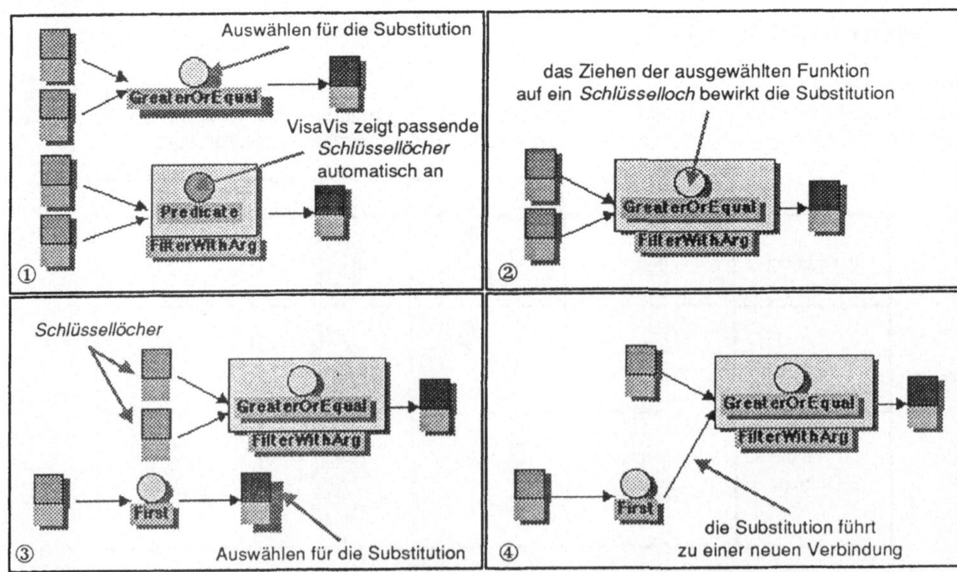

Abbildung 3: Die Konstruktion von Funktionen durch Substitution - die Syntax

Abbildung 3 zeigt zwei typische Situationen für die Substitution, die in Abbildung 4 wieder als Programmteile auftauchen werden. In Bildfolge ①/② wird durch Substitution der Parameter *Predicate* der Funktion *FilterWithArg* der Ordnung 2 spezifiziert. Die Substitution mit der Funktion *GreaterOrEqual* als Schlüssel ergibt insgesamt eine Funktion, die aus einer Eingabesequenz alle Elemente herausfiltert, die größer oder gleich einem Vergleichselement sind. Bildfolge ③/④ demonstriert, daß Verbindungen von Funktionen in VisaVis indirekt durch Substitution generiert werden. Die Funktion *First* liefert das erste Element einer Sequenz, das als Vergleichselement für den oben angesprochenen Filter herangezogen werden soll. Damit wird das Wechseln in einen anderen Modus des Editors überflüssig, der zum Beispiel das Zeichnen von Verbindungen ermöglicht.

Der Mechanismus der überwachten Substitution führt dazu, daß keine syntaktisch inkorrekten Programme konstruiert werden können. Dadurch reduziert sich die Syntax von VisaVis aus der Sicht des Benutzers auf genau diesen einen Mechanismus und ist somit denkbar einfach. Zur Abrundung der Interaktion wird in VisaVis eine einfache Möglichkeit angeboten, vorgenommene Substitutionen wieder zurückzunehmen, so daß bei Programmänderungen kein vollständiger Neuaufbau notwendig ist.

5. Die Demonstration der Arbeitsumgebung am Beispiel

Abbildung 4 zeigt die Definition der rekursiven Funktion *Quicksort* im visuellen Editor des VisaVis Systems. Der entsprechende Arbeitsbereich dient neben der Konstruktion der visuellen Programme auch zum Testen derselben. Spezielle Testumgebungen sind also nicht erforderlich.

Das visuelle Programm ① ist durch sukzessive Substitution entstanden und wird mit Hilfe eines Gummibandes selektiert.[1] Bei genauerer Betrachtung entdeckt man das Teilprogramm aus Abbildung 3 ④ in Abbildung 4 wieder, das im Sortieralgorithmus die Aufgabe hat, alle Elemente der noch zu sortierenden Sequenz zu bestimmen, die größer oder gleich einem Vergleichselement sind. Als Vergleichselement wird in diesem Fall das erste Element der zu sortierenden Liste herangezogen, die Eingabesequenz für den Filter wird durch den Rest der zu sortierenden Liste festgelegt. Die Generierung einer Sequenz, die alle Elemente enthält, die kleiner als das Vergleichselement sind, übernimmt die Funktion *FilterWithArg* mit dem Argument *LessThan*, was die effektive Verwendung von Funktionen höherer Ordnung unterstreicht. Die so bestimmten, noch zu sortierenden Sequenzen werden einer nicht weiter spezifizierten Funktion *Quicksort* zugeführt, die später als Rekursionaufruf dienen wird, um abschließend mit Hilfe der Funktion *Merge* zur sortierten Sequenz zusammengesetzt zu werden. Sollte die zu sortierende Sequenz keine Elemente mehr enthalten, dann wird durch die sogenannte *PredicateBox* der obere der beiden Zweige ausgewählt, der nur das Eingabeargument weiterreicht, so daß die Berechnung terminiert. Die Funktion *PredicateBox* ist die Realisierung der Fallunterscheidung in VisaVis und ist in dem Sinne eine generische Funktion, daß die Anzahl ihrer Parameter per Mausklick auf das schwarze Dreieck unterhalb der Metaikone nach den Anforderungen des Benutzers eingestellt werden kann. Wir erreichen dadurch, daß Fallunterscheidungen in VisaVis nicht über mehrere Fenster verteilt werden müssen, wie es zum Beispiel in Prograph der Fall ist. Man kann sich leicht vorstellen, daß bei der Verwendung von mehreren Fallunterscheidungen in einem Programm der Bildschirm schnell so viele Fenster zeigt, daß dadurch die Übersichtlichkeit visueller Programme erheblich leidet.

Aber nun zurück zur eigentlichen Definition der rekursiven Funktion. Wenn wir an dieser Stelle einmal voraussetzen, daß auch die Definition rekursiver Funktionen auf die *Substitution* zurückgeführt wird und damit anschaulich der *Schlüssel/Schlüsselloch* Metapher folgt, dann benötigen wir also zunächst einen Schlüssel. Zu diesem Zweck wird das visuelle Programm (siehe ① in Abbildung 4) kollabiert, indem wir den Knopf mit Aufschrift *collapse* drücken. Das mit ② gekennzeichnete Piktogramm in Abbildung 4 symbolisiert schließlich den resultierenden Schlüssel. Wir erinnern uns, daß die einfache Selektion durch einen Mausklick den *Überwacher* dazu veranlaßt, einen passendes Schlüsselloch zu finden. Entweder liegt dieses bereits im Arbeitbereich vor oder wird, wie in unserem Fall, in dem entsprechenden Variablenanzeigefenster

---

[1]Die Dynamik bei der Konstruktion visueller Programme in VisaVis kann die verbale Beschreibung nicht wiederspiegeln. Eine Animation, die Mitschnitte von Sitzungen zeigt, ist beim Autor erhältlich.

für unspezifizierte Funktionen ohne Schatten angezeigt. Der nächste Schritt besteht darin, daß Schlüsselloch aufzugreifen, in den Arbeitsbereich zu ziehen (siehe ③ in Abbildung 4) und fallen zu lassen, was zu einer automatischen Expansion des kollabierten visuellen Programms führt (siehe ④ in Abbildung 4). Um dem System überhaupt die Chance zu geben, eine Rekursion zu erkennen, wird der Name *Quicksort* eingegeben. Die Eingabe der Namen *sorted* und *unsorted* ist im allgemeinen nicht erforderlich. Ein erneutes Selektieren des Piktogramms ② führt dazu, daß das entsprechende Piktogramm im unspezifizierten visuellen Programm seinen Schatten verliert (siehe ④ in Abbildung 4) und wir die Substitution, wie oben beschrieben, durchführen können. VisaVis erkennt durch Namensabgleich die Rekursion und liefert als Resultat die Funktion *Quicksort*, die eine Sequenz sortiert.

Die so erzeugte Funktion kann unmittelbar getestet werden, indem die Funktion *unsorted* expandiert wird und in dem erscheinenden Werteeditor Testwerte eingegeben werden. Die Konstruktion und das Testen der Funktion ist damit ein hoch interaktiver Vorgang.

Auf Grund der Tatsache, daß VisaVis auch Funktionen der Ordnung 2 unterstützt, ist es zum Beispiel möglich, daß eine Funktion wie *FilterWithArg* von einem Benutzer selbst definiert werden kann. Außerdem sind dadurch benutzerdefinierte Kontrollstrukturen in VisaVis möglich, was in vielen textuellen funktionalen Sprachen angeboten wird und in der Welt der visuellen Programmiersprachen nur selten zu finden ist. Alternative Ansätze zur Unterstützung von Funktionen höherer Ordnung findet man in den Arbeiten von *Lau-Kee* [Lau91] (einen Vergleich mit VisaVis in [Pos92], [Pos92*]) und *Najork* [Naj91].

Abbildung 5 zeigt die Kontrollstruktur *repeat* in VisaVis als Funktion der Ordnung 2. Auch hier ist die Vorgehensweise beim Programmaufbau und der Programmdefinition analog zur Definition der Funktion *Quicksort*. Funktionen höherer Ordnung nehmen damit keine Sonderstellung ein, sondern sind quasi etwas Selbstverständliches, so daß dem Benutzer ohne großes Umdenken diese Möglichkeit der Abstraktion zur Verfügung steht.

6. Abschließende Bemerkungen und Zukunftsperspektiven

In diesem Beitrag ist die funktionale visuelle Programmiersprache VisaVis und ihre Arbeitsumgebung vorgestellt worden. VisaVis ist als Prototyp in der objektorientierten Sprache Smalltalk realisiert worden und kann auf allen gängigen Plattformen installiert werden.

Der Schwerpunkt der Diskussion liegt auf der realisierten Benutzerinteraktion - dem Mechanismus der Substitution - und der damit einhergehenden einfach zu erlernenden Syntax. Das VisaVis System garantiert syntaktisch korrekte Programme per Konstruktion. Farbe und Schatten visualisieren bestimmte Situationen im interaktiven Arbeiten mit dem Systerm eindeutig. Im Gegensatz zu anderen Ansätzen unterstützt VisaVis Funktionen höherer Ordnung.

Das Konzept von VisaVis ist offen angelegt. Datenparallelitäten, die in visuellen Programmen auf Grund der zwei-dimensionalen Beschreibung inherent vorkommen, gehen bei der Übersetzung in die Metasprache FFP [Bac78] nicht verloren und lassen somit im Prinzip eine verteilte Abarbeitung der Programme bei zukünftigen Implementationen zu.

Die derzeitigen Aktivitäten beinhalten unter anderem die Weiterentwicklung der Arbeitsumgebung, wie zum Beispiel eine strukturierte Version des *Containers* (Abbildung 1). Eine weitreichende konzeptionelle Verbesserung ist durch die Einführung vorliegender Konzepte eines inkrementellen Typinferenzsystems zu erwarten, das eine strenge Typsicherheit während der Konstruktion der visuellen Programme in VisaVis überprüfen soll. Eine Diskussion dieser Problematik im Bereich der textuellen Programmiersprachen findet man bei *Aditya* und *Nikhil* [Adi91].

7. Literaturhinweise

[Adi91]   *S. Aditya, R.S. Nikhil:* Incremental Polymorphism, Massachusetts Institute of Technology, Laboratory for Computer Science, Computation Structures Group Memo 329, June, 1991

[Bac78]   *J. Backus*: Can programming be liberated from the von Neumann style? A functional style and its algebra of programs, Communications of the ACM, Vol. 21, No. 8, August 1978, 613-641

[Cox89]   *P.T. Cox, F.R. Giles, T. Pietrzykowski*: Prograph: A step forward liberating programming from textual conditioning, IEEE Workshop on Visual Languages, 1989, 150-156

[Hil92] *D.D. Hils*: Visual Languages and Computing Survey: Data Flow Visual Pro-gramming Language*s*, Journal of Visual Languages an Computing, 3, 1992, 69-101

[Kod91] *J. Kodosky, J. MacCrisken, G. Rymar*: Visual programming using structured data flow, IEEE Workshop on Visual Languages, 1991, Kobe, Japan, 34-40

[Lau91] *D. Lau-Kee, A. Billyard, R. Faichney et. al.*: VPL: An Active, Declarative Visual Programming System, IEEE Workshop on Visual Languages, Kobe, Japan, 1991, 40-46

[McL90] *B. J. MacLennan*: Functional Programming - Practice and Theory, Addison Wesley 1990

[Naj91] *M.A. Najork, S.M. Kaplan*: The CUBE language, IEEE Workshop on Visual Languages, 1991, Kobe, Japan, 218-225

[Pos92] *J. Poswig, K. Teves, G. Vrankar, C. Moraga*: VisaVis - Contributions to Practice and Theory of Highly Interactive Visual Languages,IEEE Work. on Visual Languages,1992, Seattle, WA, 155-161

[Pos92*] *J. Poswig, K. Teves, G. Vrankar, C. Moraga*: Practice and Theory of Highly Interactive Visual Languages, Forschungsbericht Nr. 432, Universität Dortmund, 1992

[Rea91] *C. Reade*: Elements of functional programming, Addison Wesley, 1991

[Sel88] *T. Selker, L. Koved*: Elements of a Visual Language, IEEE Work. on Visual Languages,1988,38-44

[VP92] *J. Poswig, Hrsg.*: Visuelle Programmiersprachen, Seminarband zur gleichnamigen Lehrveranstaltung an der Universität Dortmund, Sommersemester 1992

[Woo87] *W.T. Wood, S.K. Wood*: Icons in every day life, Human Computer Interaction - INTERACT´87, (Bullinger, Shakel eds.), 1987

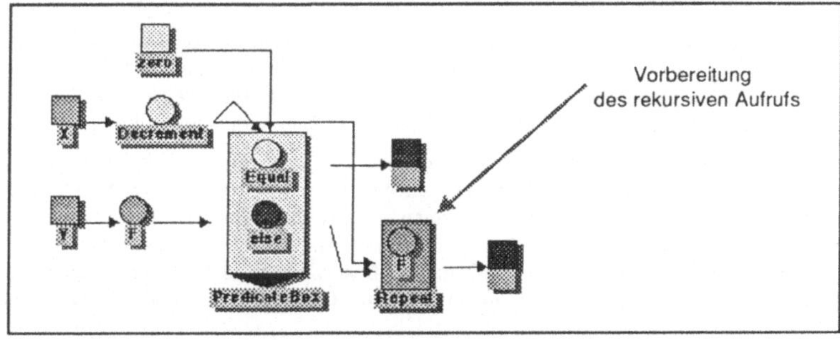

Abbildung 4: Die Definition einer rekursiven Funktion im Arbeitsbereich

Abbildung 5: Ein Beispiel für benutzerdefinierte Kontrollstrukturen in VisaVis

Spezifikation von Diagrammeditoren mit automatischer Layoutanpassung

Mark Minas
Lehrstuhl für Programmiersprachen
der Universität Erlangen-Nürnberg
Postfach 3429
91022 Erlangen
email: minas@informatik.uni-erlangen.de

Zusammenfassung

Diagramme sind ein anschauliches Mittel zur Beschreibung komplexer Zusammenhänge. Besonders im Bereich der visuellen Sprachen und Programmierumgebungen sind Diagrammeditoren mit automatischer Layoutanpassung für die interaktive Erstellung von Diagrammen wünschenswert. Zur weitgehend automatischen Generierung solcher Diagrammeditoren ist eine formale Grundlage der Diagrammbeschreibung notwendig. Der vorliegende Aufsatz führt kontextfreie Hypergraphgrammatiken als Syntaxbeschreibungsmittel für Diagramme ein. Anforderungen an das Diagrammlayout werden in Form von linearen Ungleichungssystemen formuliert, die die Attribute der Knoten und Hyperkanten in Beziehung setzen. Dieses Konzept erlaubt eine automatische Layouterstellung und Layoutaktualisierung nach Änderungen am Diagramm. Die entsprechenden Algorithmen hierfür sind angegeben.

1   Einleitung

Diagramme sind in der Informatik und hier insbesondere im Bereich der visuellen Sprachen und Programmierumgebungen ein etabliertes und anschauliches Mittel, um komplexe Zusammenhänge zu verdeutlichen. Die rechnergestützte Erstellung von Diagrammen eines bestimmten Problemkreises kann prinzipiell auf zwei Arten erfolgen. Zum einen können auf den Problemkreis zugeschnittene Diagrammeditoren die interaktive Erstellung und Änderung von Diagrammen ermöglichen, zum anderen können Diagramme mit einem einfachen Zeichenprogramm erstellt werden, das keine Kenntnis des vorliegenden Problemkreises besitzt. Im Gegensatz zur zweiten Methode gewährleistet die erste die syntaktische Korrektheit der erstellten Diagramme, eine automatische Layouterstellung und eine einfache Weiterverarbeitung. Deshalb ist die Verwendung von Diagrammeditoren zu favorisieren, ganz besonders für die interaktive Programmerstellung im Bereich der visuellen Sprachen.

Die heute noch weitgehend übliche Praxis, Diagrammeditoren von Hand und ohne formale Grundlage zu programmieren, ist unbefriedigend. Die Notwendigkeit einer formalen Grundlage für visuelle Sprachen ist jedoch allgemein akzeptiert [3]. Erst durch solche Formalismen ist eine über weite Strecken automatische Erstellung von Diagrammeditoren möglich. Auf eine analoge Entwicklung bei textuellen Struktureditoren sei an dieser Stelle hingewiesen.

Im Rahmen dieses Aufsatzes wird ein Formalismus zur Beschreibung von Diagrammen vorgestellt, wobei auf eine durchgängige Syntaxbeschreibung für Diagramme und auf eine flexible Möglichkeit der automatischen Layoutgestaltung Wert gelegt wurde. Kurz umrissen werden die Algorithmen, die die automatische Layouterstellung und Layoutänderung als Folge von Edieroperationen durchführen.

Ein erster Schritt in Richtung einer Formalisierung war die Beschreibung der Diagrammsyntax mit attributierten kontextfreien Chomsky-Grammatiken und Formulierung der Attributzusammenhänge mithilfe von Constraints (= zu erfüllende Relationen auf Attributteilmengen) in Form von Gleichungen (z.B. Vander Zandens *constraint grammars* [5]). Prinzipiell sind Zeichenkettengrammatiken aber ungünstig, da sie die mehrdimensionale Struktur von Diagrammen nicht beschreiben können. Teile der syntaktischen Beziehungen müssen somit mithilfe der Constraints ausgedrückt werden. Es fehlt also eine durchgängige Syntaxbeschreibungsmethode. Darüber hinaus ist die alleinige Verwendung von Gleichungen für die Festlegung von Layoutanforderungen unbefriedigend, da die Diagrammkomponenten dadurch oft unerwünscht starr aneinander gekoppelt werden. Eine starre Kopplung wird in den Fuzzy-Layoutregeln von Sugihara et al. [4] vermieden; jedoch beschränkt sich das Layout auf das von Graphen. Die Syntax komplexer strukturierter Diagramme, wie z.B. Struktogramme, kann nicht dargestellt werden.

Die folgenden Abschnitte beschreiben kontextfreie Hypergraphgrammatiken als durchgängige Beschreibungsmethode für die Diagrammsyntax sowie die Verwendung von linearen Ungleichungen als Constraints innerhalb der Hypergraphproduktionen, wie solche Constraintsysteme z.B. im Rahmen der automatischen Layouterstellung ausgewertet und notwendige Layoutaktualisierungen nach Änderungen durch den Benutzer in lokaler und minimaler Weise durchgeführt werden. Der Aufsatz schließt mit einer kurzen Zusammenfassung und einem Ausblick.

2 Kontextfreie Hyperkantenersetzung

Kontextfreie Hypergraphgrammatiken [1] sind analog zu kontextfreien Chomsky-Grammatiken definiert und dienen zur Generierung und Analyse von Hypergraphen. Man unterscheidet terminale und nichtterminale Hyperkanten. Für jede Hyperkante steht fest, wieviele Knoten sie besucht. Produktionen einer kontextfreien Hypergraphgrammatik bestehen in ihrer linken Seite aus einem Hypergraphen mit genau einer nichtterminalen Hyperkante und in ihrer rechten Seite aus einem beliebigen Hypergraphen, wobei jedem Knoten der linken Seite eineindeutig ein Knoten der rechten Seite entspricht. Die Anwendung einer Produktion auf einen Hypergraphen H besteht darin, die linke Seite der Produktion als Teilgraph von H durch die rechte Seite der Produktion zu ersetzen. Durch die Zuordnung zwischen Knoten der linken und rechten Seite ist festgelegt, welche Knoten der rechten Seite die der linken Seite ersetzen.

Abb. 1 stellt eine kontextfreie Hypergraphgrammatik dar. Die Ungleichungssysteme sind erst im

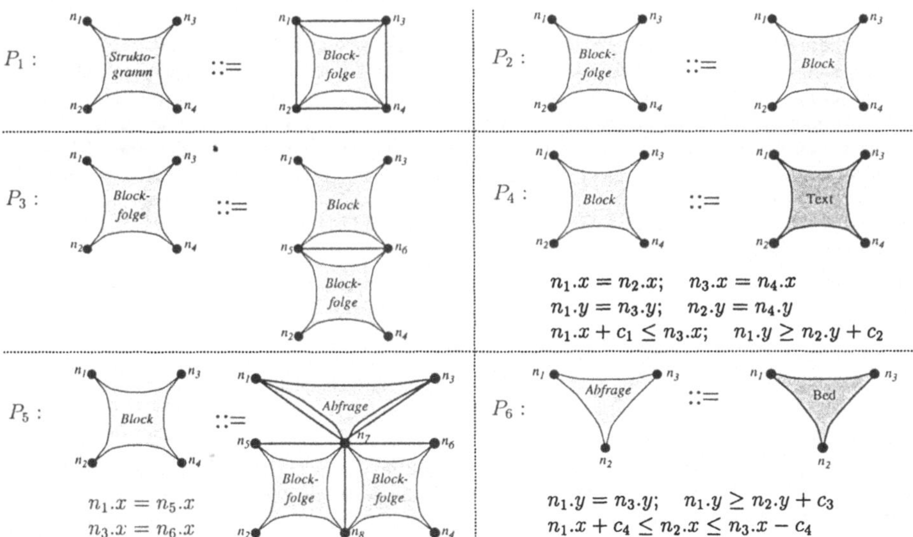

Abbildung 1: Constraint-Hypergraphgrammatik zur Erzeugung von Struktogrammen. Die Konstanten c_1, c_2, c_3 und c_4 geben Mindesthöhen bzw. Mindestbreiten an, die durch die repräsentierten Texte vorgegeben werden.

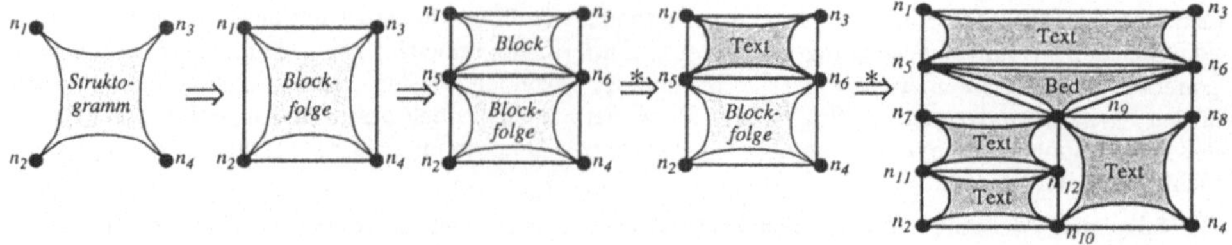

Abbildung 2: Ableitung eines Beispielstruktogramms gemäß der Grammatik in Abb. 1

folgenden Abschnitt von Bedeutung. Die Hyperkanten sind als schattierte Flächen dargestellt, die die besuchten Knoten berühren, oder in gewohnter Weise als Striche zwischen den besuchten Knoten, wenn genau zwei Knoten besucht werden. Nichtterminale Hyperkanten sind die heller schattierten, deren Bezeichnungen kursiv geschrieben sind. Die eineindeutige Zuordnung zwischen Knoten der linken und rechten Seite erfolgt durch gleiche Knotenbeschriftung.

Analog zum Startsymbol bei Chomsky-Grammatiken besitzt jede Hypergraphgrammatik einen Startgraph, im Beispiel die linke Seite von Produktion P_1. Die Menge der aus dem Startgraphen ableitbaren Hypergraphen, die nur terminale Hyperkanten besitzen (siehe Abb. 2), ist im Beispiel die Menge aller Struktogramme, die nur aus Textblöcken und Alternativen bestehen.

In einem Diagrammeditor zu einer vorgegebenen Grammatik werden Diagramme als Hypergraphen gemäß der Grammatik repräsentiert. Die Repräsentation liegt im vorliegenden Beispiel auf der Hand. Edieroperationen dürfen syntaktisch korrekte Hypergraphen nur in andere, ebenfalls syntaktisch korrekte Hypergraphen überführen, indem Ableitungen durch andere ersetzt werden. In den folgenden Abschnitten soll dargestellt werden, wie eine flexible, automatische Layoutgestaltung auf der Grundlage von Hypergraphgrammatiken zur Beschreibung der Diagrammsyntax möglich ist.

3 Constraintbasierte Attributierung

Das Diagrammlayout wird zum größten Teil durch seine geometrischen Ausmaße bestimmt. Auf diese geometrischen Ausmaße beschränkt sich im folgenden die automatische Layoutgestaltung und -aktualisierung bei Änderungen. Ähnlich Chomsky-Grammatiken wird die Layoutinformation durch Attributierung der Grammatik gewonnen. Attribute von nichtterminalen Hyperkanten und Knoten können so die aktuelle Position am Bildschirm, die Breite, die Höhe usw. wiedergeben (siehe [5]). Die Grammatik in Abb. 1 zeigt ein Beispiel, in dem allein die Attributierung der Knoten ausreicht, da die Lage der Knoten das gesamte Layout vollständig bestimmt. Im Beispiel werden jedem Knoten die Attribute x und y zugeordnet, die seine Position am Bildschirm angeben. Der Ausdruck $n_2.x$ bezeichne das Attribut x des Knotens n_2.

Anforderungen an das Layout werden in Form von Constraints formuliert. Bei Formalismen, die auf Chomsky-Grammatiken basieren (z.B. constraint grammars in [5]), sind lediglich Gleichungen erlaubt. Die Nachteile wurden in der Einleitung dargelegt. Ungleichungen sind wesentlich flexibler. Sie geben dem Layoutalgorithmus den größtmöglichen Spielraum bei einer flexiblen Layouterstellung. Das wird vor allem bei der Layoutaktualisierung deutlich (siehe Abschnitt 4). Kontextfreie, attributierte Hypergraphgrammatiken mit solchen Constraints werden im folgenden *Constraint-Hypergraphgrammatiken* genannt.

Die im vorliegenden Beispiel geeigneten Ungleichungssysteme sind in Abb. 1 den einzelnen Produktionen zugeordnet. Wird eine Produktion angewandt, so geben die zugehörigen Ungleichungen die Anforderungen an die Positionen der Knoten an, die von der Produktionsanwendung betroffen sind.

Die Gesamtheit aller Constraints, die für einen Hypergraphen aus der Sprache der Grammatik erfüllt sein müssen, bilden analog dem Ableitungsbaum einen *Constraintbaum*. In Abb. 3 ist er für den in Abb. 2 abgeleiteten Hypergraphen angegeben. Jedes Constraint trägt die Nummer der Produktion,

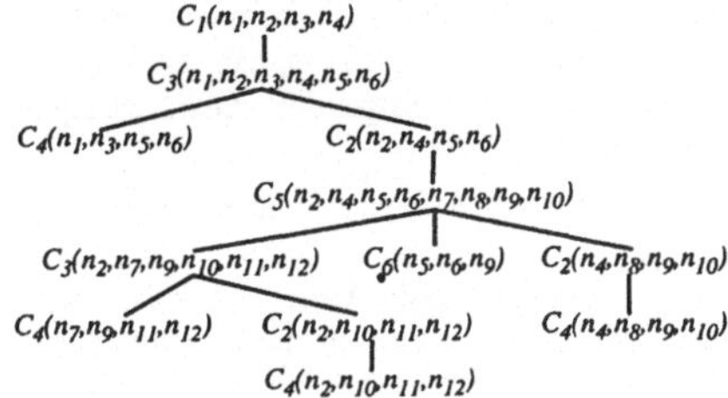

Abbildung 3: Constraintbaum des Struktogramms in Abb. 2

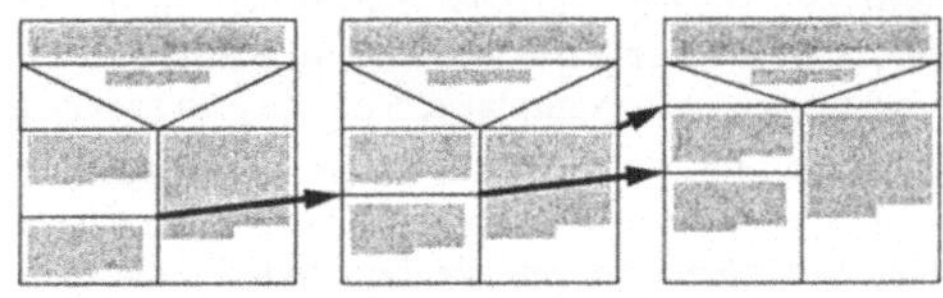

Abbildung 4: Layoutänderungen nach zweimaligem Verschieben einer Linie im Struktogramm aus Abb. 2

der es zugeordnet ist, und die Liste der Knoten, auf die es sich bezieht. Zur besseren Übersichtlichkeit wurde davon abstrahiert, daß sich die Constraints tatsächlich auf die Attribute dieser Knoten beziehen.

Der Layoutalgorithmus hat nun die Aufgabe, für alle Attribute des Hypergraphen Werte zu finden, die jedes Constraint dieses Baumes erfüllen. Da sämtliche Attributbeziehungen lineare Ungleichungen sind, ist das Standardverfahren zur Suche gültiger Attributbewertungen die *lineare Programmierung*. Dieses Verfahren wäre aber nur dann angemessen, wenn genau einmal eine solche Attributbewertung für einen gegebenen Hypergraphen gesucht würde. In Diagrammeditoren ist das jedoch nicht der Fall. Vielmehr werden Hypergraphen sukzessive verändert. Bei jeder Änderung müßte eine neue Attributbewertung vollständig neu bestimmt werden. Eine inkrementelle Änderung ist nicht möglich. Im folgenden wird stattdessen ein Lösungsalgorithmus vorgestellt, der gerade diese Eigenschaft besitzt, wie in Abschnitt 4 anhand einer Layoutänderung demonstriert wird.

Für Constraintsysteme, die sich wie hier als Bäume darstellen lassen, gibt es einen von Freuder [2] vorgestellten, effizienten Algorithmus für Constraints, die sich auf endliche Wertemengen beziehen. Der Algorithmus findet eine gültige Bewertung in linearer Zeit in der Zahl der Constraints. Im folgenden wird kurz umrissen, wie dieser Algorithmus auch auf die hier vorliegenden Constraintbäume angewandt werden kann, wobei die Wertemengen Intervalle reeller Zahlen und die Constraints lineare Ungleichungssysteme sind. Die Suche einer gültigen Attributbewertung, die damit eine Lösung des Constraintbaumes darstellt, erfolgt in zwei Phasen:

In der *Bottom-Up-Phase* werden alle Einschränkungen von den Teilbäumen zu den Vorgängerconstraints propagiert. Dazu ordnet man am Anfang jedem Constraint eine Menge von Bewertungen zu, die dieses Constraint erfüllen. Im vorliegenden Fall sind diese Mengen konvex, wenn die Bewertungen als Vektoren betrachtet werden. Anschließend wird bottom-up jedes Constraint mit seiner Bewertungsmenge besucht. Bewertungen des Vaterconstraints, die jeder Bewertung dieser Bewertungsmenge widersprechen, also inkonsistent sind, werden aus der Bewertungsmenge des Vaters entfernt. Dies geschieht dadurch, daß die konvexe Menge in den Vektorraum des Vaters projiziert und mit der dort vorliegenden konvexen Menge geschnitten wird. Existiert für den gegebenen Constraintbaum keine geeignete Attributbewertung, so kann man das bereits in dieser ersten Phase feststellen. In diesem Fall wird die Bewertungsmenge zumindest eines Constraints leer. In der *Top-Down-Phase* werden die Werte für die einzelnen Attribute ausgewählt. Dazu wird top-down jedes Constraint besucht und eine Bewertung aus der zugeordneten konsistenten Bewertungsmenge ausgewählt, die der Bewertung des Vaterconstraints nicht widerspricht. Im vorliegenden Fall erfolgt dies durch Bestimmung eines Elements aus der jeweiligen konvexen Menge. Aufgrund der Konsistenz findet man auf diese Weise eine Attributbewertung, die alle Constraints im Baum erfüllt.

4   Layoutaktualisierung

Der eigentliche Vorteil von Constraint-Hypergraphgrammatiken zeigt sich bei der inkrementellen Neuauswertung, wie sie bei der Layoutaktualisierung notwendig ist. Das Layout kann sich dadurch ändern, daß zusätzliche Komponenten hinzugefügt werden, andere entfernt und wieder andere verändert werden. In Abb. 4 wird das Layout des Struktogramms in Abb. 2 beispielsweise durch Verschieben einer Struktogrammlinie durch den Benutzer verändert. Die folgenden Ausführungen beschränken sich exemplarisch auf Layoutänderungen dieser Art.

Damit das Layout den Constraints wieder entspricht, sind im allgemeinen weitere Veränderung notwendig, von denen man sinnvollerweise zwei Eigenschaften fordert: Zum einen sollen sie sich auf eine möglichst kleine Umgebung der Stelle beschränken, an der der Benutzer eine Änderung vorgenommen hat (*Lokalität*). Zum anderen dürfen sie nur möglichst wenige Diagrammparameter anpassen (*Minimalität*). Beide Forderungen verdeutlicht Abb. 4: Die erste Linienverschiebung wirkt sich auf den Rest des Diagramms nicht aus. Die einzig betroffenen Diagrammkomponenten sind die beiden Blöcke, die an der verschobenen Linie zusammenstoßen (Lokalität). Die untere Linie des unteren Blocks wird nicht nachgezogen. Das wäre eine Veränderung des Diagramms, die zwar möglich, aber nicht notwendig ist (Widerspruch zur Minimalität). Die zweite Verschiebung erfordert weitergehende Layoutveränderungen, da der obere Block zu klein würde. Die bezüglich Lokalität und Minimalität günstigste Diagrammmodifikation ist angegeben.

Im folgenden wird die Grundidee eines Algorithmus zur Layoutaktualisierung erläutert, der auf Constraint-Hypergraphgrammatiken basiert und die Forderungen Lokalität und Minimalität erfüllt. Veränderungen am Diagramm schlagen sich für ihn als Änderung einer Menge A von Attributen nieder, deren Werte durch die Modifikation vorgegeben sind. Die Aufgabe der Layoutaktualisierung ist nun, für die restlichen Attribute ($\overline{A}$) Werte zu finden, die mit den "neuen" Werten der Attribute in A eine Lösung des Constraintbaumes bilden. Die Suche nach einer neuen Attributbewertung erfolgt analog zum Lösungsalgorithmus für Constraintbäume in einer Bottom-Up- und einer anschließenden Top-Down-Phase (siehe Abb. 5).

Zur Veranschaulichung werde Abb. 4 betrachtet. Die Menge A der vom Benutzer vorgegebenen Attributwerte ist $\{n_{11}.y, n_{12}.y\}$, der Teilbaum T_A somit der, dessen Wurzel in Abb. 3 mit $C_3(n_2, n_7, n_9, n_{10}, n_{11}, n_{12})$ bezeichnet ist. Bei der ersten Verschiebung der Linie erlaubt die konsistente Bewertungsmenge der Wurzel die Beibehaltung der Attributwerte für die Knoten n_2, n_7, n_9 und n_{10}, sowie der Attribute $n_{11}.x$ und $n_{12}.x$, da keiner der betroffenen Blöcke zu klein geworden ist. Damit ist T_A gleichzeitig der gesuchte Teilbaum T. Bei der folgenden Top-Down-Phase werden für die vier Constraints in T neue Attributwerte gesucht, wobei für die nicht in A liegenden Attribute

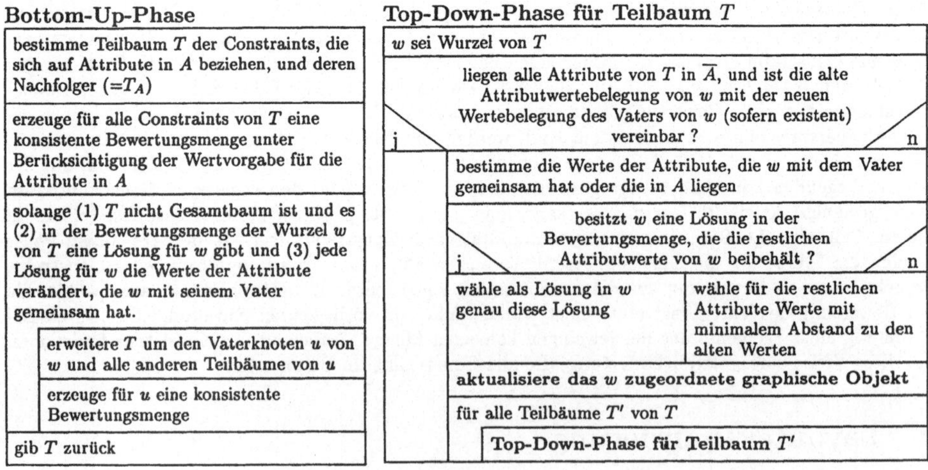

Abbildung 5: Bottom-Up- und Top-Down-Phase für die Layoutaktualisierung

die alten Werte beibehalten werden können.

Bei der zweiten Verschiebung bleibt T_A gegenüber der ersten Layoutmodifikation unverändert, jedoch gibt es keine Lösung für die Wurzel, die die Attribute der Knoten n_2, n_7, n_9 und n_{10} unverändert läßt, da der obere Block zu klein wäre. Deshalb wird nun der Teilbaum T betrachtet, dessen Wurzel $C_5(n_2, n_4, n_5, n_6, n_7, n_8, n_9, n_{10})$ ist. Die konsistente Bewertungsmenge muß nur für diese Wurzel neu bestimmt werden. Für die noch nicht betrachteten Teilbäume ist die Konsistenz der Bewertungsmengen durch die erste Lösungssuche gewährleistet. Da die Abfrage verkleinert werden kann, können die Attribute der Knoten n_2, n_4, n_5 und n_6 beibehalten werden — der Teilbaum T ist gefunden. Im Rahmen der Top-Down-Phase werden für die Knoten n_7, n_8, n_9, n_{11} und n_{12} neue y-Attribute bestimmt, die anderen Attribute können beibehalten werden.

5 Zusammenfassung und Ausblick

Zur automatischen Generierung von Diagrammeditoren fehlte bisher eine formale Grundlage für die durchgängige Beschreibung der Diagrammsyntax, die eine flexible Layouterstellung und -aktualisierung nach Veränderungen durch den Anwender erlaubt. Zur Behebung dieses Mangels wurden Constraint-Hypergraphgrammatiken eingeführt: Die Diagrammsyntax wird durch kontextfreie Hypergraphgrammatiken beschrieben, die in vielerlei Hinsicht kontextfreien Chomsky-Grammatiken ähneln, die aber die mehrdimensionale Struktur von Diagrammen zu beschreiben erlauben. Anforderungen an das Diagrammlayout werden in Form von linearen Ungleichungssystemen angegeben, die die Attribute innerhalb einer Produktion in Beziehung setzen. Grob beschrieben wurde ein Algorithmus, der für das Layout eines Diagramms, das durch einen Hypergraphen repräsentiert ist, eine geeignete Lösung sucht. Die Stärke des neuen Formalismus liegt aber vor allem in der Layoutaktualisierung, nachdem der Anwender das Diagramm verändert hat. Ein entsprechender Algorithmus wurde ebenfalls umrissen.

Als Einschränkungen im Formalismus von Constraint-Hypergraphgrammatiken sind vor allem zwei Punkte zu nennen: Zum einen ist man – zumindest zum gegenwärtigen Zeitpunkt – auf lineare Ungleichungssysteme als Layoutanforderungen beschränkt. Zum anderen ist die Menge aller Hypergraphklassen größer als die Menge der mit kontextfreien Hypergraphgrammatiken generierbaren Hypergraphklassen. Unstrukturierte Flußdiagramme sind mit kontextfreien Hypergraphgrammatiken z.B. nicht beschreibbar. Dieses Problem kann aber durch eine Zweiteilung der Hypergraphgrammatik in einen kontextfreien und einen nicht kontextfreien Anteil gelöst werden, wobei die Grundstruktur und das Layout des Diagramms allein durch den kontextfreien Anteil beschrieben wird.

Das vorgestellte Konzept hat sich zusammen mit den Algorithmen bereits in einer Implementierung bewährt. Im Rahmen von weiterführenden Arbeiten entsteht nun darauf aufbauend ein Werkzeug zur automatischen Generierung von Diagrammeditoren. Weiterhin sollen die zuvor angesprochenen Mängel des Konzepts ausgeräumt werden. Eine Kombination der linearen Ungleichungssysteme mit ausdrucksstärkeren Gleichungen ist geplant.

Literatur

[1] DREWES, F.; KREOWSKI, H.-J. A note on hyperedge replacement. In *Proc. 4th Int. Workshop on Graph Grammars and their Application to Computer Science*, LNCS 532, pp. 1–11, 1991.

[2] FREUDER, E.C. A sufficient condition for backtrack-free search. *JACM*, 29(1):24–32, 1982.

[3] GOLIN, E.; REISS, S.P. The specification of visual language syntax. *Journal of Visual Languages and Computing*, 1:141–157, 1990.

[4] SUGIHARA, K.; YAMAMOTO, K.; TAKEDA, K.; INABA, M. Layout-by-example: A fuzzy visual language for specifying stereotypes of diagram layout. In *Proc. 1992 IEEE Workshop on Visual Languages (VL'92)*, pp. 88–94, Seattle, Washington, 1992.

[5] VANDER ZANDEN, B.T. Constraint grammars – a new model for specifying graphical applications. *SIGCHI Bulletin*, 20(4):313–318, März 1989.

Cube : Eine dreidimensionale visuelle Programmiersprache

Marc Najork und Simon Kaplan
Department of Computer Science
University of Illinois at Urbana-Champaign

Zusammenfassung

Cube ist eine dreidimensionale visuelle Programmiersprache, die für eine Virtual-Reality-Programmier-umgebung entworfen wurde. Sie ist statisch typisiert und basiert auf einer höherordrigen Form von Horn-Logik. Wir stellen Cube informell anhand einer Reihe von Beispielprogrammen vor und beschreiben die ersten beiden Prototyp-Implementierungen der Sprache.

1   Einleitung

Cube [7, 8] ist eine dreidimensionale visuelle Programmiersprache, deren Ziel es ist, "Virtual Reality" als Programmierumgebung zu erschließen. Die semantische Basis von Cube ist eine höherordrige Variante von Horn-Logik; die Sprache hat ein statisches, polymorphes Typinferenzsystem. In den folgenden Abschnitten stellen wir Cube anhand einer Reihe von Beispielprogrammen vor und beschreiben die beiden vorliegenden Prototyp-Implementierungen.

Unser Design von Cube wurde stark durch die visuelle Datenflußsprache Show-and-Tell [4] beeinflußt. ESTL [6] erweitert Show-and-Tell durch ein Typinferenzsystem und durch höherordrige Funktionen. Cube wiederum erweitert ESTL um drei Aspekte: (1) Unifikation, (2) die Möglichkeit, mehrere Lösungen zu generieren, und (3) eine 3D Syntax. Unseres Wissens nach existiert nur eine andere dreidimensionale visuelle Programmiersprache, nämlich Lingua Graphica [11], eine 3D-Notation für C++ Programme. Daneben gibt es eine Reihe von (2D) visuellen Logik-Sprachen, z.B. Pictorial Janus [3], VLP [5], die "Transparent Prolog Machine" [2], und ein System von Senay und Lazzeri [10].

2   Die Sprache

Der folgende Abschnitt beschreibt Cube informell anhand einer Reihe von Beispielen. Alle Abbildungen stammen von unserer zweiten Prototyp-Implementierung.

Die elementaren syntaktischen Elemente von Cube sind *Würfel* (cubes) und *Leitungen* (pipes). Würfel repräsentieren Typen, Variablen, Prädikate, Konstruktoren, Zahlen, usw. Leitungen verbinden Variablen und Argumente. Typwürfel und -leitungen sind generell grau, während Wertewürfel und -leitungen grün sind[1].

Behälter (holder cubes) sind transparente Würfel, die Werte (d.h. andere Würfel) enthalten können. Behälter können durch Leitungen verbunden werden. Werte "wandern" durch Leitungen; zwei miteinander verbundene Behälter enthalten nach der Ausführung identische Werte, oder die Berechnung scheitert. Mit anderen Worden, verbundene Behälter werden *unifiziert*. Fig. 1 illustriert dies: Der linke Behälter enthält den Wert 1, der rechte ist leer (Fig. 1a). Nach der Ausführung enthalten beide Behälter den gleichen Wert (Fig. 1c).

---

[1]Der Benutzer kann diese Farbwerte dynamisch modifizieren.

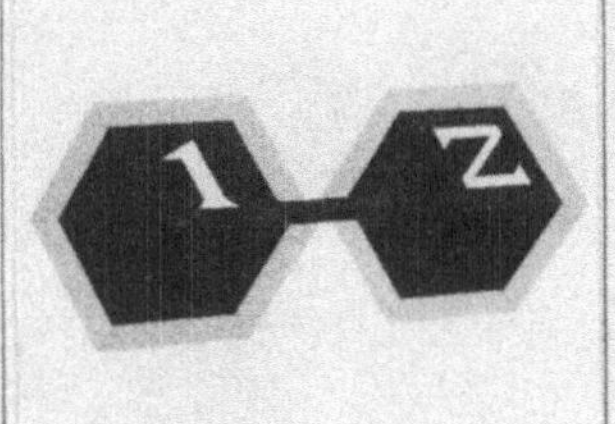

Fig. 1a: Behälter und Leitungen   Fig. 1b: Nach der Typinferenz   Fig. 1c: Nach der Ausführung

Cube hat ein statisches Typinferenzsystem. Da zwei verbundene Behälter unifiziert werden, müssen sie Werte gleichen Typs enthalten. Der Wert 1 ist eine ganze Zahl; wir repräsentieren diesen Typ durch einen Typwürfel mit einem "Z" auf seiner Oberseite (Fig. 1b).

Was aber geschieht, wenn wir keine definitiven Werte oder keine definitiven Typen bestimmen können? Mit anderen Worten, wie werden ungebundene Variablen und ungebundene Typvariablen dargestellt? Ungebundene Typvariablen werden durch einen grauen Typwürfel mit einem eindeutigen Index in der oberen linken Ecke der Oberseite des Würfels dargestellt. Derselbe Ansatz wird für ungebundene Variablen benutzt: Eine Variable vom Typ τ wird durch τ's Typwürfel mit einem eindeutigen Index in der unteren rechten Ecke der Oberseite des Würfels dargestellt; der Würfel ist grün, da er einen Wert repräsentiert. Fig. 2 illustriert dies: Ein leerer unverbundener Behälter könnte jeden Wert jedes Typs enthalten (Fig. 2a). Daher inferiert das Cube-System seinen Typ als "Ungebundene Typvariable Nr. 1" (Fig. 2b). Die Auswertungsphase füllt den Behälter dann mit dem Würfel für "Ungebundene Variable Nr. 24 des unbekannten Typs Nr. 1".

Prädikate sind in Cube Werte erster Klasse, und werden daher genau wie Zahlen als grüne, undurchsichtige Würfel mit einem *Icon* auf ihrer Oberseite dargestellt. Ihre Argumente werden ihnen durch *Portale* (ports) zugeführt. Ein Portal erscheint als eine würfelförmige Einbuchtung in der Seite eines Prädikats, mit einer transparenten Abdeckung[2] und einem Icon auf der Außenseite. Fig. 3 zeigt die Portale des vordefinierten Additions-Prädikats.

Portale sind nichts weiter als eine besondere Art von Behältern (daher die transparente "Abdeckung"), und wie jeder Behälter können sie Werte enthalten und durch Leitungen mit anderen Behältern verbunden werden. Fig. 4 illustriert dies: Die beiden "Eingangs"-Portale eines Additions-Prädikats sind mit Behältern verbunden, die die Werte 1 und 2 enthalten, das "Ausgangs"-Portal ist mit einem leeren Behälter verbunden (Fig. 4a). Dieser Behälter wird während der Auswertung mit dem Wert 3 gefüllt (Fig. 4b).

Da Cube eine Logik-Sprache ist, haben Prädikate kein vorgegebenes Eingabe/Ausgabe-Muster. Anstelle von add(1,2,X) können wir genauso gut add(X,2,3) sagen (Fig. 5). Das Additions-Prädikat wird suspendiert, solange weniger als zwei Argumente zur Verfügung stehen. Eine Ausnahme ist add(0,X,Y) und add(X,0,Y), wie in Fig. 6a gezeigt: Cube füllt die beiden leeren Behälter mit zwei identischen Würfeln, die "Ungebundene Variable Nr. 30 vom Typ Integer" darstellen (Fig. 6b).

---

[2]Tatsächlich besteht ein Portal aus einer würfelförmigen Einbuchtung, die mit einem transparenten Würfel gefüllt ist.

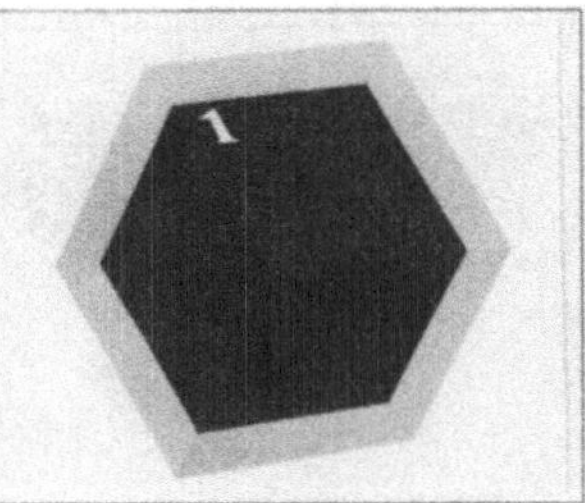

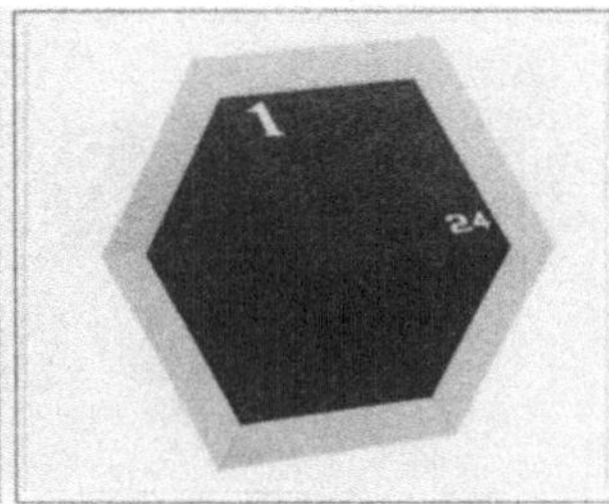

Fig. 2a: Ein leerer Behälter   Fig. 2b: Nach der Typinferenz   Fig. 2c: Nach der Ausführung

Fig. 3: Portale des Additionsprädikats   Fig. 4a: add(1,2,X) vor der Ausführung   Fig. 4b: add(1,2,X) nach der Ausführung

Prädikate sind Werte erster Klasse, d.h. sie können in Behälter gefüllt, durch Leitungen gesandt, und an andere Prädikate übergeben werden. Außerdem müssen nicht alle ihre Portale auf einmal gefüllt werden. Es ist möglich, ein Portal zu füllen, das teilweise applizierte Prädikat weiterzuleiten, und die weiteren Portale andernorts zu füllen. Damit erlaubt Cube eine Programmiertechnik, die als "currying" bekannt ist. Fig. 7 illustriert dies: Der Behälter oben links enthält das Additions-Prädikat, das mittels Leitungen nach rechts in andere Behälter weitergeleitet wird, wo ein Portal nach dem anderen gefüllt (d.h. mit einer Leitung verbunden) wird. Der zweite und dritte obere Behälter enthält je einen *Anwendungswürfel* (application holder cube): einen transparenten Würfel (d.h. einen Behälter) mit einem eingelassenen Portal. Die Anwendungswürfel sind durch Leitungen mit den Behältern links von ihnen verbunden. Während der Ausführung wird jeder Anwendungswürfel mit einem konkreten Prädikat gefüllt, die Portale des Anwendungswürfels werden mit den passenden Portalen des Prädikats in Übereinstimmung gebracht und gefüllt bzw. mit Leitungen verbunden. Der zweite obere Würfel erhält add von links und füllt das erste Portal mit 1, der dritte obere Würfel erhält add 1 von links und füllt das zweite Portal mit 2, der vierte obere Würfel schließlich erhält add 1 2 von links, und 3 fließt durch sein Portal in den unteren rechten Behälter (Fig. 7b).

Prädikatsdefinitionen bestehen aus einem transparenten *Definitionswürfel* (definition cube), der ein Icon auf seiner Oberseite trägt, welches das zu definierende Prädikat benennt. Eingelassen in die Seiten des Würfels sind Portale. Innerhalb des Würfels befinden sich lokale Typ- und Prädikatsdefinitionen, und n transparente Quader, genannt *Flächen* (planes) ($n \geq 0$). Jede Fläche repräsentiert eine Hornklausel.

Innerhalb einer Fläche können sich Behälter, Prädikate, Leitungen usw. befinden. Außerdem können Leitungen von den Portalen des Definitionswürfels zu Behältern innerhalb einer Fläche führen.

Fig. 8 zeigt die Definition des Fakultätsprädikats. Der Definitionswürfel trägt ein "!" auf seiner Oberseite, hat zwei Portale, genannt "n" (der "Eingang") und "n!" (der "Ausgang"), und enthält zwei Flächen. Die obere Fläche — der Basisfall der rekursiven Definitition — enthält zwei Behälter, die 0 und 1 enthalten, und mit den beiden äußeren Portalen verbunden sind. Die untere Fläche enthält den rekursiven Fall: das ">"-Prädikat ist mit dem "n"-Portal und einem mit 0 gefüllten Behälter verbunden. Dieses Prädikat ist erfüllbar, wenn der Wert des linken Portals größer als 0 ist, andernfalls scheitert es, und mit ihm die gesamte Fläche. Das erste Eingangs-Portal eines Minus-Prädikats ist mit dem "n"-Portal verbunden, sein zweites Eingangs-Portal mit einem Behälter, der den Wert 1 enthält, und sein Ausgang ist mit dem Eingang

 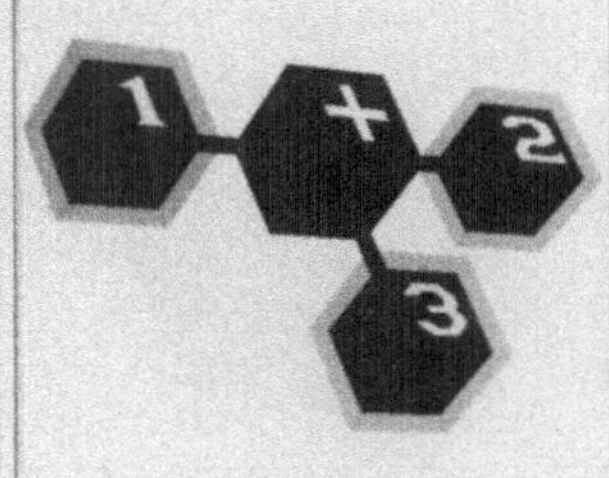 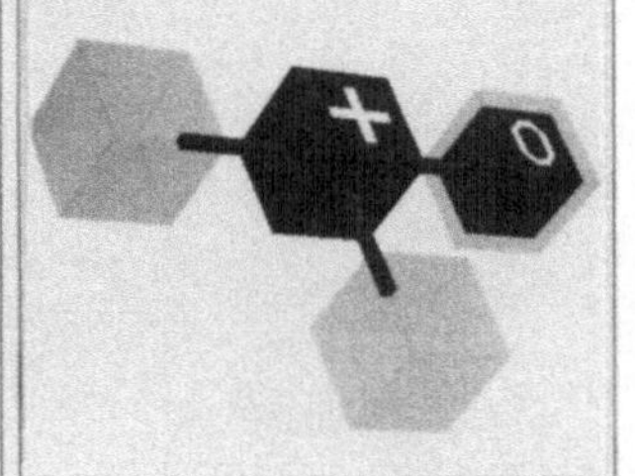

Fig. 5a: add(X,2,3) vor der Ausführung   Fig. 5b: add(X,2,3) nach der Ausführung   Fig. 6a: add(X,0,Y) vor der Ausführung

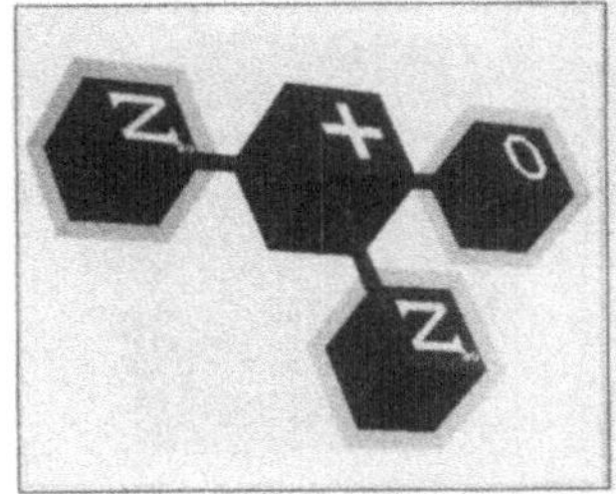

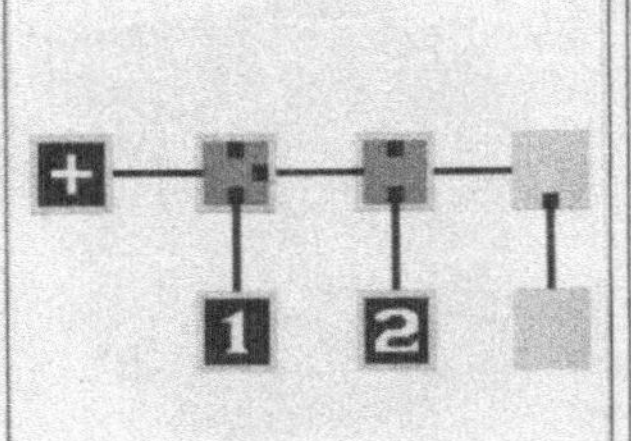

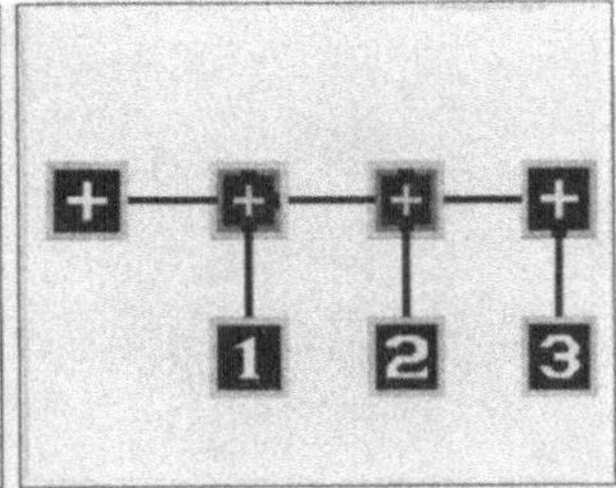

Fig. 6b: add(X,0,Y) nach der Ausführung   Fig. 7a: Stufenweise Addition   Fig. 7b: Nach der Ausführung

eines Fakultätsprädikats (d.h. einer rekursiven Referenz zu dem zu definierenden Prädikat) verbunden. Das Ausgangs-Portal dieses Fakultätsprädikats und das "n"-Portal sind mit den Eingängen eines Multiplikationsprädikats verbunden, dessen Ausgang schließlich mit dem "n!"-Portal des Definitionswürfels verbunden ist. Fig. 9 zeigt ein Programm, das diesen Definitionswürfel benutzt, um die Fakultät von 3 zu berechnen.

Cube benutzt ein Hindley-Milner-Typinferenzsystem [1], ähnlich zu den gängigen Systemen in statisch typisierten funktionalen Sprachen wie z.B. Standard ML, und erlaubt wie diese die Definition neuer Typen. Ein Typdefinitionswürfel besteht aus einem grauen transparenten Würfel, mit einem den Typ benennenden Icon auf seiner Oberseite, und Portalen für Typvariablen, welche sich per Konvention ebenfalls auf der Oberseite befinden. Innerhalb des Typdefinitionswürfels befinden sich m *Typflächen* (type planes) ($m \geq$ 1). Typflächen repräsentieren die Summanden eines Summentyps. Ein Summand besteht aus einem Konstruktor, der den Summand identifiziert, und dem Typprodukt aus n Typen ($n \geq 0$). Jede Typfläche hat ein Icon auf ihrer Oberseite, das den Konstruktor benennt, und enthält n Typwürfel für die Faktoren des Produkttyps. Jeder Faktor hat ein Icon über sich, welches ihn identifiziert. Diese Icons werden später benutzt, um die Portale von Konstruktorwürfeln (d.h. Werten) zu benennen.

Die ML-artige Definition rec type List α = nil | cons α (List α) kann durch den Typdefinitionswürfel in Fig. 10 repräsentiert werden. Fig. 13 gibt die Zuordnung von Icons zu textuellen Bezeichnern. Fig. 11 zeigt den cons-Konstruktor, Fig. 12 die Liste [1,2,3], d.h. cons 1 (cons 2 (cons 3 nil)).

Da Prädikate in Cube Werte erster Klasse sind, können wir höherordrige Prädikate definieren. Das Prädikat map in Fig. 14 hat drei Argumente. Das erste Argument ist ein binäres Prädikat (das zugehörige Portal befindet sich per Konvention auf der Oberseite des Definitionswürfels), das zweite und dritte eine Liste. $\text{map}(a, [u_1, \cdots, u_n], [v_1, \cdots, v_n])$ hält, wenn $a(u_i, v_i)$ ($1 \leq i \leq n$) hält. Dies kann mit zwei Flächen ausgedrückt werden. Die untere Fläche — der Basisfall — unifiziert die beiden Listenportale mit nil, d.h. map(a,nil,nil) hält. Die obere Fläche verbindet das linke Listenportal mit einem Behälter, der einen cons-Konstruktor enthält. Dieser spaltet das erste Element der Liste ab und leitet es zu einer Anwendung des Prädikatenarguments, während der Rest der Liste in eine rekursive Anwendung von map fließt. Die Ergebnisse der beiden Anwendungen werden wiederum durch einen cons-Konstruktor vereinigt und fließen zum rechten Listenportal. Fig. 15 zeigt die Anwendung von map auf das Nachfolger-Prädikat succ und

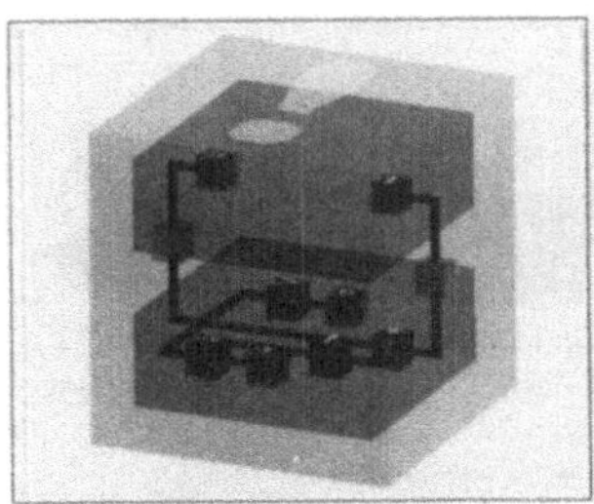

Fig. 8: Definition des Fakultätsprädikats   Fig. 9a: Fakultät von 3   Fig. 9b: Nach der Ausführung

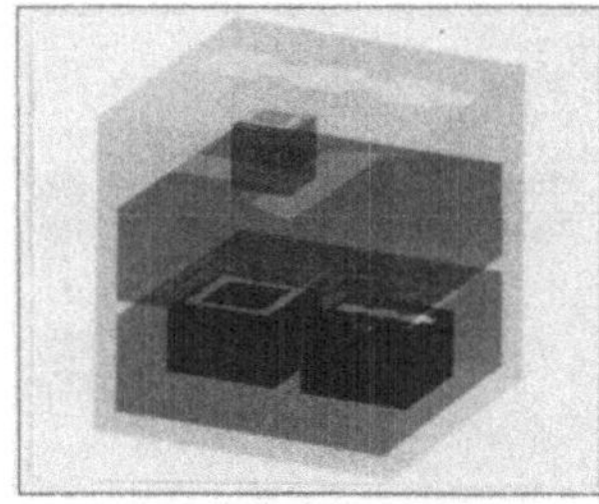

Fig. 10: Definition des Listentyps

Fig. 11: Der cons Konstruktor

Fig. 12: Die Liste [1,2,3]

die Liste [1,2,3].

3 Die Implementierungen

Die erste Implementierung von Cube bestand aus einem in C geschriebenen Renderer und einem in Lazy ML geschriebenen Interpreter. Die beiden Programme kommunizierten über Unix pipes. Der Interpreter unterhielt eine strukturierte Darstellung eines Cube-Programms, zerlegte diese Darstellung in einzelne Polygone, und sandte diese zum Renderer, welcher sie graphisch darstellte, und außerdem die Maus überwachte und Maus-Aktionen an den Interpreter zurückübermittelte. Der Renderer basierte auf dem X Window System und verfügte über sein eigenes 3D-Graphikpaket. Wir unterstützten zwei Rendering-Qualitätsstufen: eine einfache Liniendarstellung, die in Echtzeit erzeugt wurde, und eine sehr realistische Darstellung, die wesentlich teurer war (eine Szene mit $\approx$ 1000 Polygonen und einer Auflösung von 512 × 640 Pixeln benötigte etwa 6 sec. auf einer Sun SparcStation 10).

Die Wahl von Lazy ML als Haupt-Implementierungssprache ermöglichte es uns, diesen ersten Prototyp in relativ kurzer Zeit — etwa einem halben Jahr — fertigzustellen. Auf der anderen Seite machte diese Wahl unser System relativ langsam — ein Umstand, der für einen Prototypen durchaus vertretbar ist, sich aber negativ auf die Benutzerakzeptanz eines reiferen Systems auswirken würde. Daher haben wir das System kürzlich reimplementiert. Unser zweites Cube-System ist in Modula-3 [9] geschrieben; Renderer und Interpreter befinden sich im selben Prozeß. Innerhalb des Prozesses befinden sich mehrere Threads; jede Veränderung in der gezeigten Szene erzeugt sofort eine Liniendarstellung, die automatisch durch eine in einem getrennten Thread berechnete hochauflösende Darstellung ersetzt wird, falls die Szene lange genug unverändert bleibt. Die Ausführung von Cube-Programmen findet ebenfalls in einem separaten Thread statt, der Benutzer kann die Ausführung nach Belieben unterbrechen.

Erste Messungen zeigen, daß der neue Interpreter etwa fünfmal schneller ist, während die Geschwindigkeit des Renderers beinahe unverändert geblieben ist. Eine Portierung des Systems auf einen 3D-Graphikrechner ist in Vorbereitung. Außerdem arbeiten wir an der Entwicklung eines 3D-Struktureditors, der die Konstruktion von Cube-Programmen vereinfachen soll. Wir hoffen, das System im Laufe des Sommers über Internet `ftp` verfügbar zu machen.

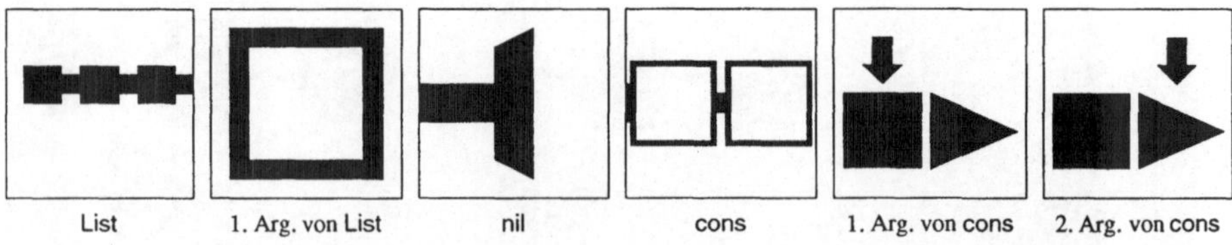

Fig. 13 : In der Listentypdefinition verwendete Icons und ihre textuellen Entsprechungen

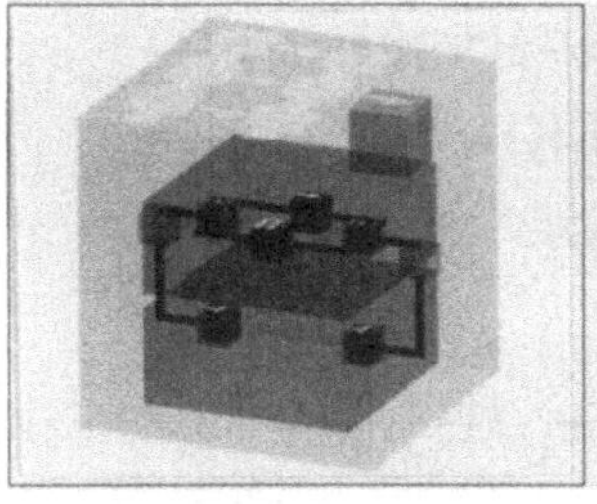  

Fig. 14: Definition des map Prädikats Fig. 15a: map von succ und [1,2,3] Fig. 15b: Nach der Ausführung

4 Zusammenfassung

Der vorliegende Artikel beschreibt Cube, eine dreidimensionale visuelle Programmiersprache, anhand einer Reihe von Beispielprogrammen. Diese Beispiele präsentieren die syntakischen Elemente von Cube — Behälter, Definitionswürfel, Referenzwürfel, Leitungen usw. — und ihre semantische Bedeutung. Mittlerweile liegen zwei Implementierungen der Sprache vor, ein C—Lazy-ML Prototyp und ein ausgereifteres und effizienteres System, das in Modula-3 geschrieben ist. Unsere nächsten Ziele bestehen in der Portierung von Cube auf einen Graphikcomputer und in der Entwicklung eines 3D-Struktureditors.

Literaturhinweise

[1] Luis Damas und Robin Milner. Principal Type Schemes for Functional Programs. In *9th ACM Symposium on Principles of Programming Languages*, 1982, pp. 207 – 212

[2] Marc Eisenstadt und Mike Brayshaw. The Transparent Prolog Machine (TPM): An Execution Model and Graphical Debugger for Logic Programming. *Journal of Logic Programming*, 5(4):277 – 342, Dez. 1988.

[3] Kenneth Kahn und Vijay Saraswat. Complete visualizations of concurrent programs and their executions. In *1990 IEEE Workshop on Visual Languages*, Skokie, IL, 1990, pp. 7 – 15.

[4] Takajuki Kimura, Julie Choi und Jane Mack. A visual language for keyboardless programming. Tech. Rep. WUCS-86-6, Dept. of Computer Science, Washington University, St. Louis, MO, März 1986.

[5] Didier Ladret und Michel Rueher. VLP : a Visual Logic Programming Language. *Journal of Visual Languages and Computing*, 2(2): 163 – 189, Juni 1991.

[6] Marc Najork und Eric Golin. Enhancing Show-and-Tell with a polymorphic type system and higher-order functions. In *1990 IEEE Workshop on Visual Languages*, Skokie, IL, 1990, pp. 215 – 220.

[7] Marc Najork und Simon Kaplan. The Cube Language. In *1991 IEEE Workshop on Visual Languages*, Kobe, Japan, 1991, pp. 218 – 224.

[8] Marc Najork und Simon Kaplan. A Prototype Implementation of the Cube Language. In *1992 IEEE Workshop on Visual Languages*, Seattle, WA, 1992, pp. 270 – 272.

[9] Greg Nelson (Ed.). *Systems Programming with Modula-3*, Prentice Hall, 1991.

[10] Hikmet Senay und Santos Lazzeri. Graphical Representation of Logic Programs and their Behavior. In *1991 IEEE Workshop on Visual Languages*, Kobe, Japan, 1991, pp. 25 – 31.

[11] Randy Stiles und Michael Pontecorvo. Lingua Graphica: A Visual Language for Virtual Environments. In *1992 IEEE Workshop on Visual Languages*, Seattle, WA, 1992, pp. 225 – 227.

Sicherheitsbewertung von IT-Systemen (Fachgruppe 2.5.3 Verläßliche Informationssysteme)

Die zunehmenden Fähigkeiten informationstechnischer (IT) Systeme und der daraus resultierende immer breiter werdende Einsatz bewirken Anforderungen an ihre Funktionalität und Verläßlichkeit, denen die üblichen IT-Systeme bisher bei weitem nicht genügen. Die hauptsächlich von nationalen Sicherheitsbehörden entwickelten Kriterien zur Bewertung der Sicherheit von IT-Systemen versuchen, einen möglichst großen Teil dieser Verläßlichkeitsanforderungen abzudecken, haben aber erhebliche Defizite im Bereich der Funktionalität. Die Sicherheitsbewertung von IT-Systemen (genannt Evaluation) durch ausgewählte Institutionen soll Entwicklern und Betreibern von IT-Systemen helfen, ihrer wachsenden Verantwortung gerecht zu werden, und so langfristig das Vertrauen der Bevölkerung in IT-Systeme sichern. Das Fachgespräch will Möglichkeiten und Grenzen dieses Ansatzes zur Steigerung der Verläßlichkeit aufzeigen, indem
- über Erfahrungen mit bisherigen Kriterienkatalogen, Spezifikationen von Funktionalität, Sicherheitsbewertungen und Akkreditierungen von IT-Systemen berichtet wird,
- Vorschläge zur Beibehaltung oder Verbesserung unterbreitet und diskutiert werden,
- prinzipielle Möglichkeiten und Grenzen informatischer, organisatorischer, finanzieller, sozialer und politischer Art sowie grundsätzliche Ergänzungen oder Alternativen zu diesem Ansatz thematisiert werden.
Kritische Fragen können lauten:
- Wer bewertet die Bewertungskriterien? Sind sie technisch und sozial vollständig, d.h. artikulieren sie z.B. auch die Interessen der Bevölkerung oder nur die des Staates, der Hersteller und Betreiber? Wer haftet z.B. bezüglich der Bedrohungen unvollständiger Kriterien?
- Wer bewertet die Bewerter? Welche Formen informatischer, organisatorischer, sozialer und juristischer (Haftung!) Kontrolle sind möglich, welche wünschenswert?
- Wie wird der Nutzen durchgeführter Sicherheitsbewertungen von den Herstellern und Anwendern von IT-Systemen bewertet? Gibt es schon Bewertungen von Betroffenen?
- Wie kann und soll die GI als technische und berufsständische Vereinigung für die Weiterentwicklung hin zu einer Verläßlichkeitsbewertung von IT-Systemen im Interesse der Gesellschaft als Ganzes und ihrer Mitglieder engagieren?

Koordination: R. Dierstein, DLR Oberpfaffenhoven

IT Security Evaluation Improvement by Application of Testing

Wolfgang Jürgensen
Danet GmbH
Otto-Röhm-Str. 71
W-6100 Darmstadt
Germany

1. Introduction

In recent years there has been increasing demand for security evaluation of information technology (IT) products and systems. In contrast to conformance testing, however, where testing can take place against a formal specification, security evaluation is still in a very subjective stage. As much objectivity as possible though remains a primary goal of security evaluation. As well, a security evaluation of an IT product or system considers both security correctness and effectiveness aspects, a distinction conformance testing does not recognize. So security evaluation and conformance testing approaches differ substantially.

Originally, the need to have a standardized approach to security evaluation of IT systems has led to the publication of the US DoD's Trusted Computer Systems Evaluation Criteria [1], which have greatly influenced current thinking about security evaluation and been an input to various national schemes for security evaluation. The military orientation of the TCSEC, however, which is not altogether applicable to the world of commercial European environments, led to the formulation of a new set of security evaluation criteria, the ITSEC [2], and an accompanying manual on how to conduct security evaluations, the ITSEM [3]. These certainly cannot deny their descendance from the TCSEC and its approach to examine the security of an IT system or product (a target of evaluation (TOE) in ITSEC/M terms) by human and therefore subjective evaluators. ITSEC (Version 1.2) has been adopted by the European Community for a trial period of two years, and ITSEM will also be adopted.

Any security evaluation conducted in order to achieve a security certificate will in the near future have to conform to ITSEC and ITSEM. So this paper will propose improvements to the current ITSEC/M-style security evaluations within the framework of these documents.

2. IT Security Evaluation According to ITSEC/M

A security evaluation basically involves three partners: the sponsor of an evaluation, who wants a system or product security evaluated, the IT security evaluation facility (ITSEF) conducting the evaluation, and the certification body formally endorsing (certifying) a completed evaluation.

In a first step the sponsor will supply deliverables describing a TOE and its security features to an ITSEF. The ITSEF will then do, as a second step, the evaluation (in the case of a concurrent evaluation, these two steps are intermixed, i.e. the sponsor may supply deliverables as he produces them, while the security evaluation is already going on based on documents already available). The ITSEF will lay down its findings in an evaluation technical report, which will be sent to the certification body in a third step. The certification body will then, in a fourth step, issue a certificate to the evaluation's sponsor certifying the evaluation.

The deliverables supplied to the ITSEF are concerned with the effectiveness and the correctness aspects of the TOE. Effectiveness aspects are represented by a suitability analysis, a binding analysis, a strength of mechanisms analysis, a list of construction vulnerabilities, an ease of use analysis and a list of operational vulnerabilities. Correctness aspects are represented by a security target, test documentation, user documentation, security components' source code etc. Extent and form of the deliverables concerned with correctness aspects depend on the target evaluation level specified in the security target.

The security target is reviewed by an ITSEF even before the actual evaluation starts in order to eliminate proposed evaluations which because of fundamental problems will not result in a certification anyway. It consists of a system security policy or product rationale (depending on the TOE's system or product nature), a specification of the TOE's security enforcing functions, the definition of security mechanisms providing the security enforcing functions, the target evaluation level (indicating the intended level of confidence in TOE correctness), and the claimed rating of minimum strength of security mechanisms.

Basically the ITSEF will always conduct the evaluation based on the sponsor's deliverables, but if clarifications prove to be necessary, it may contact the sponsor (who is obliged to provide intangible deliverables such as training or further explanations as well) or even the developer of the TOE. On the other hand, an ITSEF will conduct practical tests to see if stated or suspected vulnerabilities are exploitable (penetration tests). The tests may take place on the sponsor's or developer's premises and are not in any way standardized.

For the actual evaluation the ITSEF, while consulting with the sponsor, constructs a work programme, which will be approved by the certification body. The ITSEF examines the correctness requirements of the TOE, the development environment, the architecture correctness, the TOE's design for correctness, the TOE's implementation for correctness, the TOE's operation for correctness; it does suitability and binding analyses, assesses the TOE's construction vulnerability, the strength of its security mechanisms and its ease of use, and, finally, performs penetration tests as it sees fit.

A conducted evaluation will be internally reviewed by the ITSEF and its conclusions put into an evaluation technical report which in a conclusion states whether the TOE has satisfied its security target. The certification of the evaluation of the TOE is based on this report.

3. Analysis of ITSEC/M-style Security Evaluation

In the following, one supposed weakness in the ITSEC/M security evaluation process when applied to a large and complex software product (e.g. a communication protocol implementation) will be discussed. This weakness stems from the inherent subjectivity of security evaluation and can be partially mended by applying conformance testing principles.

Security evaluation people think of evaluation as getting a lot of documentation about a monolithic TOE, then studying it, do a number of penetration tests if they suspect vulnerabilities which could be exploited by an attacker, then write an evaluation technical report and let the certification body issue a certificate. This approach to security evaluation of software products is very justified [4], but not sufficient because of its inherent subjectivity.

Additionally, cheating by a security evaluation sponsor is easy in the case of large software products as communication protocols. For instance, let a sponsor supply a formal protocol specification in LOTOS [5]. No ITSEF evaluator without special training will be able to understand such a specification to the last feature in an affordable time.

Conformance testing people take a one layer protocol implementation, acquire a test suite based on the relevant protocol standard, embed the implementation to be tested in a system under test, execute the test suite's test cases and get a verdict. If all layer protocols of a protocol stack turn out conformant to their standard it is assumed the stack will work correctly.

So the ITSEC/M-style security evaluations are not sufficient at least for very complex software products and should be enhanced by a testing method designed to objectively judge the security of a TOE. Such a method will be proposed in the next chapter.

4. A Proposal for IT Security Evaluation Improvement

ISO 9646 [6] specifies a general methodology for testing the conformance of communication protocol implementations against specification standards. Four types of tests (basic interconnection, capability, behavior, conformance resolution) are defined, which all provide an indication of conformance. The most important tests are the behavior tests, whose concept is now used to define so-called "aggressive tests", which are proposed to be standardized tests designed to deliberately fool an implementation under (aggressive) test into a behavior considered insecure.

Definition:
An aggressive test is a behavior test checking the response of an implementation under test to invalid or inopportune events simulating an attack on the security mechanisms specified in the specification of a TOE.

On purpose, there are no limitations in combining invalid test values and inopportune timing. As well, the purpose of the test is not to find out which parameter might cause an implementation under test to crash, but to see if the attack is able compromise its security. Thus there is no need to resolve the exact cause of a security hole identified by an aggressive test. Aggressive tests are only concerned with the establishment of a security failure, not its underlying reason.

It is proposed that within protocol specifications there shall be conformance statements relating to the manner in which the protocol reacts when an attack is being made on the security of the implementation. Aggressive tests are used to check the response of an implementation under test to security attacks performed by a tester. The aggressive test, in analogy to traditional conformance tests, is a standard test case simulating a threat which should be countered by the implementation's security services and protocols.

In the area of communication protocols, close co-operation between security evaluation and conformance testing activities becomes the necessary basis for the assessment of products implementing standard security protocols. The cooperation between the security evaluation process and the conformance testing process is envisaged as follows:

Actions to be performed only once (for each protocol standard):

(1) The ITSEF performs an ITSEC evaluation of the protocol standard identifying possible ineffectivenesses due to deficiencies in the standard. This is done before the evaluation of any TOE based on that standard.

(2) The ITSEF identifies also, during the effectiveness evaluation of the protocol standard, the threats actually countered by the standard. The list of threats will be submitted to the relevant committees writing the abstract test suite for that protocol.

(3) For each threat a set of aggressive tests will be produced to verify the conformance of products claiming to implement the protocol.

Actions to be performed for each product implementing a protocol standard:

(4) The conformance test campaign including aggressive tests is performed.

(5) The conformance test report produced by the conformance testing laboratory will constitute an input for the ITSEF being charged with the security evaluation of the product. For each aggressive test resulting in a "fail" or "inconclusive" verdict a special analysis shall be conducted to find out possible vulnerabilities of the TOE.

(6) The ineffectivenesses identified in step (1) shall be re-assessed on the real TOE to check if it counters them by means of private protections.

The order of the actions above is quite important. It would be hard for the abstract test suite writer to envisage aggressive tests without any suggestion coming from the security evaluator. In fact the ITSEF, after having evaluated the standard, has the deepest knowledge of possible threats and can help the abstract test writer in developing a useful test suite. And it is impossible to achieve an objective security evaluation result without considering the verdicts of the aggressive tests of the conformance test campaign.

Thus the security evaluation of the standard provides a useful input into a conformance test campaign of an implementation because it benefits aggressive test suite development designed to detect security deficiencies in protocol implementations based on this standard. On the other hand, aggressive test results are useful inputs to the security evaluation process of IT products and systems as they may provide additional vulnerability evidence for the evaluator.

The above discussion results in the following recommendation for the security evaluation of communication protocols:

Recommendation:

ITSEFs shall supply documented information regarding potential deficiencies in protocol standards that they have evaluated, and a list of threats actually countered by the standard, to the standards body responsible for those standards. The standards body in turn should devise aggressive test suites for the implementations of these standards on the basis of their documented deficiencies. The documented results of executing aggressive test suites on TOEs shall be delivered to ITSEFs to help them conducting security evaluations of those TOEs.

5. Conclusion

The basic problem of subjectivity in the ITSEC/M security evaluation method for IT systems and products has been identified, and a proposal to rectify this by introducing the new concept of aggressive tests is forwarded.

References

[1] US Department of Defense: Trusted Computer Systems Evaluation Criteria (TCSEC), DoD 5200.28-STD, Dec. 85
[2] Information Technology Security Evaluation Criteria (ITSEC), Provisional Harmonised Criteria, V 1.2, June 1991
[3] Information Technology Security Evaluation Manual (ITSEM), Draft V0.2, 1992
[4] K. Thompson: Reflections on Trusting Trust, CACM, Vol. 27, No. 8, Aug. 84, pp. 761-763
[5] ISO: LOTOS - A Formal Description Technique Based on the Temporal Ordering of Observational Behaviour, ISO/TC97/SC21, IS 8807, 1988
[6] ISO: OSI - Conformance Testing Methodology and Framework - Part 1: General Concepts (ISO 9646-1)
[7] R. Cadwallader et al.: Infosec 92 S2013 Security Investigations Testing & Accreditation Review (SITAR) Final Report to the Commission of the European Communities, Jan. 93

Acknowledgements
The thoughts and concepts of this paper have been greatly influenced by my colleagues of the CEC SITAR Project [7]: Roy Cadwallader, Ciaran Clissman, Bruno Degiovanni (especially him, since he coined the concept of the aggressive tests), Gary Jones, Richard Lampard, Stéphane Natkin, Ahmed Patel and Patrick Stuart. Thanks are also due to the Commission of European Communities (DG XIII) for having sponsored the SITAR project within which the development of the contents of this paper was stimulated.

Hinweis:
Trotz Überschreitens der vorgegebenen max. Seitenzahl wurde durch ein Versehen des Herausgebers der Beitrag von Herrn J. Peleska in den Tagungsband aufgenommen.

Formale Spezifikation generischer ITSEC-Funktionalitätsklassen

Dr. Jan Peleska
DST Deutsche System-Technik GmbH
Geschäftsbereich Ausfallsichere Systeme
Edisonstrasse 3, D-2300 Kiel 14
Telefax: (0431)7109-503
e-mail: jap@informatik.uni-kiel.dbp.de

8. Februar 1993

Zusammenfassung

Wir skizzieren einen bei DST derzeit untersuchten Ansatz zur formalen Spezifikation der in den ITSEC beschriebenen Funktionalitätsklassen. Auf Grundlage der formalen Spezifikation läßt sich die Konsistenz der (formalen) Spezifikation eines konkreten Produktes zu den Vorgaben der ITSEC nicht nur informal motivieren, sondern mathematisch beweisen. Auf diese Weise wird die Objektivierbarkeit, die Qualität und die Effizienz des Evaluierungsprozesses gesteigert. Für die Evaluierung von Produkten gemäß Stufe E6 ist die Anwendung der hier geschilderten oder vergleichbarer Konzepte unverzichtbar.

1. Motivation

Die Evaluierung von IT-Sicherheitsprodukten gemäß den Vorgaben der ITSEC (vgl. [ITSEC]) erfordert - vor allem in den höheren Evaluierungsstufen ab E4 und den Funktionalitätsklassen ab F-B1 - einen beträchtlichen Aufwand. Aus diesem Grund werden bei DST Untersuchungen durchgeführt, welche Methoden einer Produktevaluierung maximaler Vetrauenswürdigkeit mit vertretbarem Aufwand ermöglichen.

In diesem Vortrag berichten wir über eines der hierbei erzielten Resultate: Durch Anwendung *Formaler Methoden* - dies sind Spezifikationen, welche die geforderten Systemleistungen mathematisch beschreiben, um ein Optimum an Beschreibungsgenauigkeit zu erzielen und den formalen Nachweis von Korrektheitseigenschaften zu ermöglichen - lassen sich die Funktionalitätsklassen der ITSEC als *generische Produktspezifikationen* darstellen. Der Nachweis, daß ein IT-Sicherheitsprodukt zu einer bestimmten Funktionalitätsklasse gehört, erfolgt dann in zwei Schritten:

- Instantiiere die generische Funktionalitätsklassenspezifikation mit "produktspezifischen" Datenstrukturen.

- Zeige mit Hilfe von Nachweistechniken des Refinement, daß das zu evaluierende Produkt eine konkrete   Verfeinerung der abstrakten Instantiierung ist.

Die in unserem Vortrag geschilderten Untersuchungen werden durch drei Zielsetzungen motiviert, welche in unterschiedliche Richtungen weisen:

(a) Effiziente E6-Evaluierung:
Nach [ITSEC] ist für die Evaluierung eines IT-Sicherheitsproduktes gemäß Stufe E6 eine formale Spezifikation der im Produkt enthaltenen sicherheitsspezifischen Funktionen erforderlich. Der Architekturentwurf muß ebenfalls formal vorliegen, so daß zumindest für Teile des Designs der mathematische Nachweis "Architektur implementiert Spezifikation der sicherheitsspezifischen Funktionen"   erbracht werden kann. Die hierzu erforderlichen Beweis-Aktivitäten können erheblich effizienter gestaltet werden, wenn sich verschiedene Produkte ähnlichen Typs als unterschiedliche Instantiierungen derselben generischen Produktspezifikation erkennen lassen. Für solche Produkte lassen

sich analoge Nachweisstrategien anwenden, weil sie sich auf dieselbe Referenzspezifikation, nur in unterschiedlicher Instantiierung beziehen.

(b) Anregung einer Diskussion über die ITSEC-Funktionalitätsklassen:
Die Bedeutung der Funktionalitätsklassen wird nach unseren bisherigen Erfahrungen in der aktuellen Version der ITSEC unterschätzt. Für den Endnutzer haben die in den Funktionalitätsklassen umrissenen Sicherheitsfunktionen mindestens ebenso große Bedeutung wie die - in vielen Fällen auch heute noch immer naiv als selbstverständlich vorausgesetzte - nach den E-Stufen charakterisierte Produktqualität. Dies spiegelt sich auch in zahlreichen Ausschreibungen wider, welche etwa den Einsatz eines Produktes "mit Leistungsumfang gemäß F-B1" verlangen, ohne gleichzeitig die Mindestanforderungen an die Qualität zu nennen.

Die Definition der Funktionalitätsklassen in den ITSEC enthält einige Unschärfen, wie sie für natürlich-sprachliche Spezifikationen typisch und nahezu unvermeidbar sind. Diese Unschärfen stellen leider nicht einen besonders hohen Abstraktionsgrad dar (dies wäre ja gerade wünschenswert, um möglichst viele verschiedenartige Produkte an den F-Klassen messen zu können), sie führen lediglich dazu, daß die Prüfung der Konsistenz von Produktfunktionen zu Forderungen der F-Klasse abhängig von der Evaluierungsstelle zu unterschiedlichen Auslegungen führen kann. Dies bringt wiederum hohen Arbeitsaufwand für die Zertifizierungsinstanz mit sich, welche für die "Durchgängigkeit" der Evaluierungsentscheidungen verantwortlich ist.

Die Formalisierung der F-Klassen wird zu einer Liste von Zweifelsfällen bei der Auslegung der ITSEC führen. Die Aufdeckung solcher Inkonsistenzen, Widersprüche und Mehrdeutigkeiten ist einer der wichtigsten Vorteile, welche die Anwendung formaler Spezifikationstechniken auf Basis natürlich-sprachlicher Vorgaben mit sich bringt. Die Klärung solcher Zweifelsfälle könnte die Anwendbarkeit der nächsten ITSEC-Version sehr erleichtern.

(c) Problemstellungen aus dem IT-Sicherheitsbereich bilden "Prüfsteine" für Formale   Methoden:
Eine wichtige Voraussetzung für die zunehmende Verbreitung formaler Methoden war die Erkenntnis, daß sich nicht alle Problemstellungen durch eine Standardmethode lösen lassen, sondern immer wieder eine Methodenauswahl auf Basis der Problemanalyse erfolgen muß, um zu effizienten Verfahren zu kommen. Die Anwendung formaler Methoden auf Problemstellungen der IT-Security bietet interessante neue Möglichkeiten, unterschiedliche bekannte Methoden auf diesen Eignungsaspekt hin zu vergleichen, wie dies zum Beispiel im Bereich IT-Reliablility bereits durchgeführt wurde (vgl. [PEL91]). Dies könnte zur Enwicklung neuer "sicherheitsspezifischer" formaler Methoden führen.

2. Eignungskriterien formaler Methoden für die Evaluierung von IT-Sicherheitsprodukten

Aus den zur Zeit bei DST durchgeführten Untersuchungen (vgl. [PEL93]) lassen sich bereits Erfahrungen ableiten, welche Charakteristika Formale Methoden besitzen sollten, um wirkungsvoll zur Spezifikation generischer Sicherheitsprodukte eingesetzt werden zu können:

- **Nicht-deterministische Spezifikationen:** Es muß möglich sein, mit Hilfe der zur Formalen Methode gehörigen Spezifikationssprache "unterbestimmte" Spezifikationen zu entwickeln. Die Anforderungen der ITSEC-Funktionalitätsklassen stellen "Minimal Requirements" dar, die das Verhalten eines konkreten IT-Sicherheitsproduktes natürlich nicht   in allen Einzelheiten festlegen.

- **Generische Datentypen:** Die Vorgaben der ITSEC-Funktionalitätsklassen stellen Anforderungen an die Verwaltung/Verfügbarkeit von Zugriffsrechten auf beliebige Objekte. Welche Objekttypen (Dateien, Netzwerkpakete, Chipkartenkennungen etc.) im speziellen Produkt verwaltet werden, ist dabei nicht festgelegt, damit sich möglichst viele IT-

Sicherheitsprodukte anhand der ITSEC evaluieren lassen können. Formal bedeutet dies, daß in der Funktionalitätsklassenspezifikation unbestimmte Datentypen eingeführt werden müssen. Die Formale Spezifikation wird dann für eine Evaluierung mit den konkreten Datentypen des Evaluierungsgegenstandes instantiiert.

- **Wiederverwendbare Spezifikationen:** Die unterschiedlichen F-Klassen haben zahlreiche Gemeinsamkeiten (von F-C1 bis F-B3 stellt ja jede Klasse eine Verschärfung und Erweiterung der Funktionalität der niedrigeren Klasse dar). Es erleichtert die Evaluierung (besonders dann, wenn ein bereits evaluiertes Produkt in einer neuen Version einer höheren F-Klasse zugeordnet werden soll), wenn sich in der formalen Spezifikation die Gemeinsamkeiten zwischen den F-Klassen deutlich hervorheben lassen. Dies läßt sich durch modulare Spezifikationsmethoden erreichen, welche die Wiederverwendbarkeit von Spezifikationsfragmenten in unterschiedlichem Kontext ermöglichen. Besonders praktisch ist hier, wenn sich neben den generischen Datentypen ("verwende dasselbe Spezifikationsfragment, aber in anderer Instantiierung") noch weitere objektorientierte Konzepte wie *Generalisierung* und *Spezialisierung* ("verwende dasselbe Spezifikationsfragment, aber mit folgender Zusatzbedingung...") in der Spezifikationssprache verfügbar sind.

- **Mächtige Datentypen:** Viele Charakteristika der ITSEC Funktionalitätsklassen lassen sich bereits duch Verwendung geeigneter Datenstrukturen beschreiben, ohne auf Eigenschaften spezieller Operationen eingehen zu müssen. Hierzu sind besonders *mathematische Datentypen* geeignet, welche beliebige Konstrukte aus Mengenlehre und Prädikatenlogik zur Einführung von Datenobjekten zulassen.

- **Refinement-Kalkül:** Ein entscheidender Beweggrund für die Formalisierung der ITSEC Funktionalitätsklassen ist die Möglichkeit, ein konkretes Produkt bei der Evaluierung mit Hilfe mathematischer Beweismethoden in Bezug auf seine Zugehörigkeit zu der "behaupteten" F-Klasse prüfen zu können. Daher muß die Formale Methode mathematische Konzepte mit den zugehörigen Beweisregeln zur Verfügung stellen, welche einen Nachweis über Spezifikationen in der Form *"Spezifikation S2 ist mindestens ebenso gut wie Spezifikation S1"* ermöglichen. *S1* steht hierbei für die formale F-Klassenbeschreibung, *S2* für die formale Spezifikation des Produktes. *"ebenso gut"* heißt in unserem Kontext, daß in *S2* die durch *S1* spezifizierten Mindestanforderungen in der Zugriffsverwaltung auf Objekte implementiert sind und nicht durch zusätzliche im Produkt integrierte Funktionen "korrumpiert" werden können.

- **Parallelität, Echtzeiteigenschaften:** Ein Großteil der in den ITSEC-Funktionalitätsklassen gesammelten Forderungen läßt sich formal spezifizieren, ohne auf Systemeigenschaften wie *Parallelität* in der Prozeßausführung oder *Echtzeiteigenschaften* des Systems Bezug nehmen zu müssen. Implizit wird nur gefordert, daß alle sicherheitsrelevanten Funktionen - wenn sie parallel ausführbar sind - durch nebenläufige Ausführung nicht in ihrer Stärke gemindert werden. Es gibt jedoch einige "unauffällig beigemischte" Adjektive in den F-Klassenspezifikationen, welche von der formalen Sprache mindestens die Möglichkeit zur Spezifikation von Interrupts und von Zusicherungen in Bezug auf die Existenz konstanter oberer Schranken bei der Dauer bestimmter Aktionen fordem: Für Klasse F-B2 wird etwa verlangt (vgl. [ITSEC, A.50]), daß eine Änderung von Sicherheitsstufen dem Benutzer *sofort* angezeigt wird (d.h. die Zeit vom Ereignis bis zur Anzeige muß beschränkt sein: wie hoch der Wert der oberen Schranke sein darf, damit man noch das Attribut "sofort" vergeben kann, hängt natürlich von der speziellen Anwendung ab. Für F-B3 (vgl. [ITSEC, A.77]) wird verlangt, daß ein Überwachungsmechanismus in der Lage ist, automatisch Maßnahmen in die Wege zu leiten, durch welche ein weiteres Auftreten bestimmter Ereignisse unterbunden wird (→ Spezifikation der Unterbrechbarkeit laufender Aktivitäten).

Die oben genannten Charakteristika schränken die Auswahl der verfügbaren Spezifikationssprachen stark ein: Die konventionellen CASE-Methoden wie *Strukturierte Methoden (SA, SD,...)* oder *SDL* sind für unsere Zwecke denkbar ungeeignet, da ihnen die objektorientierten Features fehlen: außerdem ist ihre

Semantik zu unscharf, um vertrauenswürdige Beweisführungen zu erlauben (siehe hierzu jedoch [PEL92]). Objektorientierte Methoden wie *Eiffel* könnten teilweise geeignet sein; es fehlen hier jedoch noch genügend mächtige Beweisverfahren für Refinement-Beweise; weiterhin lassen sich keine Forderungen spezifizieren, die sich auf Parallelität und Realzeitverhalten beziehen. Von den "echten" formalen Methoden ist beispielsweise *RSL* geeignet; hier fehlen nur Spezifikationsmöglichkeiten in Bezug auf das Echtzeitverhalten.

Bei DST hat sich der Ansatz einer kombinierten Verwendung von *Z* (vgl. [SPIV] und [WORD]) und *CSP* (vgl. [HOARE]) bewährt: Z besitzt alle erforderlichen Features, welche die Spezifikation und Verifikation der "sequentiellen Eigenschaften" erlauben; mit CSP lassen sich Parallelität, Interrupts, obere Schranken in der Ausführungsdauer und mit *Timed CSP* sogar "harte" Echtzeit-Eigenschaften spezifizieren und nachweisen. Die gemeinsame Anwendung von Z und CSP läßt sich außerdem ohne "semantischen Bruch" vollziehen: Mit Hilfe von Z kann man die kommunizierenden sequentiellen Prozesse, aus denen das parallele, mit CSP beschriebene Gesamtsystem besteht, vollständig charakterisieren.

3. Beispiel: Formalisierung benutzerbestimmbarer Zugriffsrechte

Um die in Abschnitt 1 motivierte Anwendung Formaler Methoden zu erläutern, skizzieren wir die Formalisierung einer Forderung aus der ITSEC Funktionalitätsklasse F-C1: in [ITSEC,A.9] ist die Anwendung der *benutzerbestimmbaren Zugriffsrechte* für F-C1-Produkte beschrieben:

> "Der EVG muß in der Lage sein, Zugriffsrechte von jedem Benutzer auf Objekte, die der Rechteverwaltung unterliegen, zu unterscheiden und zu verwalten. Dies geschieht auf Basis eines einzelnen Benutzers oder der Zugehörigkeit zu einer Benutzergruppe oder beidem. Es muß möglich sein, Benutzern bzw. Benutzergruppen den Zugriff auf ein Objekt ganz zu verwehren."

Ziel der Ausführungen dieses Abschnitts ist, diese Forderung zu formalisieren und das Nachweisverfahren "Produkt hat Eigenschaften der ITSEC-Funktionalitätsklasse" anhand eines Beispiels zu skizzieren. Als Beispiel-Evaluierungsgegenstand (EVG) dient eine UNIX-Implementierung, welche die Erweiterungen der Rechteverwaltung mit Hilfe von *Access Control Lists (ACL)* erlaubt (eine solche Verwaltung ist etwa in [HP-UX] beschrieben).

3.1 Formalisierung der F-C1 Forderung

In F-C1 ist von *Objekten*, *Benutzern*, und *Benutzergruppen* die Rede. Hierfür führen wir nicht näher spezifizierte Basistypen

$$[OBJECTS, USERS, GROUPS]$$

ein. Ein Objekt ist charakterisiert durch seinen "logischen Gehalt" *o:OBJECTS* und die Beschreibung seiner Zugriffsattribute gemäß F-C1. Hier interpretieren wir den obigen ITSEC-Ausschnitt so, daß zu jedem Objekt folgende Mengen definiert sind:

1. *u:*P *USERS* - Menge der zugriffsberechtigten Benutzer

2. *uDenied:*P *USERS* - Menge der explizit nicht berechtigten Benutzer

3. *g:*P *GROUPS* - Menge der zugriffsberechtigten Gruppen

Bei einem Zugriffsversuch muß der Benutzer seine Identifikation *u?:USERS* nennen und die Gruppen *g?:*P *GROUPS*, denen er beim Zugriffszeitpunkt zugeordnet ist.

Die logische Bedingung "Zugriff des Benutzers auf das Objekt ist zulässig" lautet dann formal

$$u? \notin uDenied \wedge (u? \in u \vee g? \cap g \neq \emptyset)$$

Beim "Ringen" um das Verständnis einer natürlich-sprachlichen Spezifikation ist es immer hilfreich, ein *Rückübersetzung* der mathematischen Formulierung vorzunehmen und zu prüfen, ob dieser "überarbeitete" Spezifikationstext die tatsächlichen Forderungen trifft; in vielen Fällen wird die neue Formulierung klarer und vollständiger sein als der "Urtext". Das obige Prädikat kann in flüssiger Amtssprache etwa folgendermaßen wiedergegeben werden:

"Dem Benutzer wird der Zugriff auf das Objekt gewährt, wenn er nicht zur Menge der explizit vom Zugriff ausgeschlossenen Benutzer gehört und wenn mindestens eine der beiden folgenden Bedingungen erfüllt ist:

1. Der Benutzer gehört zur Menge der explizit für den Zugriff auf das Objekt zugelassenen Personen.

2. Der Benutzer gehört mindestens einer Gruppe an, die zum Zugriff auf das Objekt zugelassen ist."

Bereits bei dem oben zitierten "unverfänglich" erscheinenden Abschnitt aus den ITSEC haben wir Interpretationen vornehmen müssen, welche durchaus diskussionswürdig sind:

- Es gibt keine Gruppen, die den Objektzugriff kategorisch ausschließen, wenn ein Benutzer diese Gruppenzugehörigkeit besitzt. Es genügt, wenn der Benutzer einer Gruppe angehört, die zum Objektzugriff zugelassen ist.

Nach unserer Auffassung ließe der Text auch die Einführung eines weiteren Zugriffsattributes in Form einer Menge *gDenied:*P*GROUPS* zu, so daß der Zugriff kategorisch verwehrt wird, wenn in der Gruppenmenge *g?* des Benutzers eine Gruppe aus *gDenied* aufgeführt ist. Daß diese Interpretation jedoch wohl nicht die beabsichtigte ist, läßt sich nur aus dem Verhalten einer konkreten Implementierung schließen, der F-C1-Eigenschaften zugesprochen werden: Im Berkely Modell der UNIX-Zugriffsrechte via ACLs kann ein Prozeß mehreren Gruppen angehören; die Modellierung von *g?* als Menge ist also adequat. Der UNIX-Zugriffsmechanismus bildet jedoch eine "ODER-Kombination" der Rechte, welche die Gruppen aus *g?* in Bezug auf das Objekt besitzen. Daher kann die Angehörigkeit zu einer vom Zugriff ausgeschlossenen Gruppe nie zum Zugriffsverbot führen, wenn der Prozeß noch mit weiteren berechtigten Gruppen ausgestattet ist oder eine Benutzer-spezifische Berechtigung vorliegt.

Der Vorteil unserer formalen Spezifikation gegenüber dem natürlich-sprachlichen Text besteht in der Eindeutigkeit, mit welcher unsere Interpretation nachvollzogen werden kann.

3.2 UNIX Access Control Lists

Zu den UNIX-Erweiterungen, die für eine F-C2 Zulassung des Betriebssystems Voraussetzung waren, gehört die Definition benutzerbestimmbarer Zugriffsrechte über *Access Control Lists (ACL)*, vgl. [HP-UX, 8-25]. Jeder UNIX-Datei wird eine Liste von Einträgen der Form

```
(user.group,rwx)
```

zugeordnet. Für `user` steht ein dem System bekannter Benutzer, `group` gibt eine UNIX-Gruppe an, und `rwx` steht für die Zugriffsrechte *Lesen, Schreiben, Ausführen* der Datei. Für `user` und `group` kann das Don´t-Care Symbol % verwendet werden. Beim Zugriff eines Benutzers auf eine Datei werden seine Benutzerkennung und Gruppenkennungen mit der ACL der Datei verglichen. Dabei werden die ACL-Einträge in folgender Ordnung untersucht:

1. `(u.g, rwx)`   spezifischer Benutzer, spezifische Gruppe

2. `(u.%, rwx)`   spezifischer Benutzer, beliebige Gruppe

3. `(%.g, rwx)`   beliebiger Benutzer, spezifische Gruppe

4. `(%.%, rwx)`   beliebiger Benutzer, beliebige Gruppe

Ein bestimmtes Paar u.g, u.%, %.g und %.% darf nur in einem einzigen ACL-Eintrag vorkommen; die Einträge `(u1.g1,r--)`, `(u1.g1,-w-)` können also nicht gleichzeitig in einer ACL stehen, wohl aber `(u1.g1,r--)` und `(u1.%,---)`.

Sobald ein passender ACL-Eintrag gefunden wurde, nach welchem der Benutzer Zugriff hätte, werden nur noch ACL-Einträge der gleichen oder höherer Spezifität untersucht. Einträge höherer Spezifität gemäß obiger Liste haben Priorität gegenüber weniger spezifischen Einträgen. Sind einem Prozeß (der als *Subjekt* im Auftrage des Benutzers agiert) mehrere Gruppen zugeordnet, werden die Zugriffsrechte aller passenden Einträge "verodert".

Beispiel: Eine UNIX-Datei habe die ACL

```
(u2.g2,r--),  (u2.%,---),  (%.g1,---),  (%.g3,r-x),  (%.g4,-w-)
```

Der Benutzer u1 gehört der Gruppe g1 an, Benutzer u2 den Gruppen g1, g2 und Benutzer u3 den Gruppen g1, g3, g4 an.

u1 hat keinen Zugriff auf die Datei, denn (u1.g1) paßt nur zum Eintrag `(%.g1,---)`, und dieser verbietet explizit jeglichen Dateizugriff. u2 darf die Datei lesen, wenn er beim Zugriff Gruppe g2 angibt; fehlt diese Gruppenkennung beim Zugriff, wird er verwehrt. Benutzer u3 hat vollständigen Zugriff, wenn er seine Gruppen g3 und g4 beim Zugriffsversuch nennt; nennt er nur g1, wird der Zugriff verwehrt; nennt er nur g4, darf er auf die Datei schreiben.

3.3 Formalisierung des ACL-Modells

Um nachweisen zu können, daß das ACL-Modell die Anforderungen des F-C1-Modells erfüllt, benötigen wir eine formale Spezifikation der in für die ACLs verwendeten Datenstrukturen sowie eine prädikatenlogische Beschreibung der Bedingungen, unter welchen dem Benutzer im ACL-Modell Zugriff auf die UNIX-Datei gewährt wird.

Sei *UXUSERS* die Menge der UNIX-Benutzerkennungen im bei diesem Betriebssystem zugelassenen Format, *UXGROUPS* die Menge der UNIX-Gruppenkennungen und $PERMISSION ::= r \mid w \mid x$ die

Menge der Zugriffsberechtigungen. Eine Datei $o{:}UXFILES$ hat dann als Zugriffsattribut die mathematisch als

$$acl{:}seq(UXUSERS \times UXGROUP \times PERMISSION)$$

beschriebene Access Control List mit der Bezeichnung acl. Die oben eingeführte (Halb-)Ordnung zwischen ACL-Einträgen läßt sich mathematisch als Vergleichsrelation "$\leq_{ACL}$" einführen; beispielsweise gilt

```
(u1.g1,rwx) ≤ACL (u1.%,rwx) ≤ACL (%.g1,rwx) ≤ACL (%.%,rwx)
```

während `(u1.%,rwx)` und `(u2.g2,rwx)` unvergleichbar sind. Mit diesen mathematischen Datentypen können wir jetzt etwa die Berechtigung eines Benutzers $u{?}{:}UXUSERS$ mit den Gruppen $g{?}{:}P\ UXGROUPS$ zum Lese-Zugriff auf eine UNIX-Datei mit gegebener acl formal spezifizieren:

$$\exists a{:}ran(acl); gr{:}g\,? \bullet$$

$$(u?, gr) \leq_{ACL} (a.u, a.g) \wedge r \in a.p \wedge$$

$$(\forall b{:}ran(acl) | b \neq a \bullet \neg((u?, gr) \leq_{ACL} b \wedge b \leq_{ACL} a))$$

Mit $a.u$, $a.g$, $a.p$ werden dabei die $UXUSERS$-, $UXGROUPS$-, $PERMISSION$-Komponenten des ACL-Eintrags a bezeichnet. Im Klartext bedeutet dies:

> Benutzer $u?$ hat Lesezugriff auf die Datei, wenn ihm eine Gruppe gr zugeordnet ist, so daß folgende Bedingungen erfüllt sind:
>
> 1. Es existiert ein zu $(u?,gr)$ passender Eintrag a in der ACL, der eine Leseberechtigung einräumt.
>
> 2. Es existiert kein von a verschiedener Eintrag in der ACL, der spezifischer als a ist und noch zu $(u?,gr)$ paßt.

3.4 Abstraktionsbeziehung F-C1-Modell ACL-Modell

Der Vorgang, eine abstrakte Spezifikation (in unserem Fall die formale F-C1-Spezifikation) durch eine konkrete (hier die UNIX-Implementierung) zu ersetzen, wird als *Refinement* bezeichnet. Die wichtigste Voraussetzung, um die abstrakte generische Spezifikation der Funktionaltätsklasse F-C1 mit der konkreten Spezifikation des UNIX-ACL-Modells vergleichen zu können, ist, die unterschiedlichen Datenstrukturen beider Spezifikationen in Beziehung zu setzen. Eine solche Zuordnung heißt *Abstraktionsbeziehung*.

Als erstes werden die generischen Datentypen *USERS, GROUPS, OBJECTS* des F-C1-Modells mit den konkreten Typen *UXUSERS, UXGROUPS, UXFILES* instantiiert. Vor der formalen Definition der Abstraktionsbeziehung untersuchen wir die Beziehung zwischen abstrakten und konkreten Datenstrukturen erst einmal informell.

Unser Beispiel hat eine beim Data-Refinement häufig auftretende Eigenschaft: Der konkrete Datenraum enthält Elemente, die im abstrakten Raum keine Entsprechung haben. Die ACL

```
(u1.%,rwx), (u1.g2,---)
```

hat kein Gegenstück im F-C1-Modell: dort kann man einen Benutzer $u1$ nur kategorisch vom Zugriff ausschließen, indem man $u1$ der Menge $uDenied$ des Objektes zuordnet. Die ACL gestattet dagegen, einen Benutzer nur in Verbindung mit einer speziellen Gruppe vom Zugriff auszuschließen.

Aus diesem Beispiel folgt, daß die Abstraktionsbeziehung der abstrakten Daten nur zu einer Teilmenge der konkreten Daten besteht. Dies ist natürlich, denn das F-C1-Modell charakterisiert Mindestanforderungen, die vom konkreten Produkt gerne übertroffen werden dürfen. Wir müssen nur nachweisen, daß sich diese Mindestanforderungen des abstrakten Datenmodells auch tatsächlich im konkreten Modell wiederfinden lassen. Informell ausgedrückt, werden die abstrakten Zugriffsattribute folgenden ACLs zugeordnet:

1. *u*:P *USERS* : Zuordnung zu ACL-Einträgen der Form

   `(u1.%,rwx), (u2.%,rwx), (u3.%,rwx),...`

2. *uDenied*:P *USERS* : Zuordnung zu ACL-Einträgen der Form

   `(u1.%,---), (u2.%,---), (u3.%,---),...`

3. *g*:P *GROUPS* : Zuordnung zu ACL-Einträgen der Form

   `(%.g1,rwx), (%.g2,rwx), (%.g3,rwx),...`

Alle ACL-Einträge von Listen, welche ein Konkretisierung von Zugriffsattributen des F-C1-Modells darstellen, haben eine der unter 1. bis 3. genannten Strukturen. Da das F-C1-Modell nicht zwischen lesendem und schreibendem Zugriff unterscheidet, haben alle assoziierten ACL-Einträge entweder `"rwx"` oder `"---"` als Zugriffsmodus.

Die Einschränkung des ACL-Wertebereichs lautet formal

$$\forall a: ran(acl) \bullet (a.u = \% \vee a.g = \%) \wedge (a.u, a.g) \neq (\%, \%) \wedge (a.p = \{r, w, x\} \vee a.p = \varnothing)$$

Dies läßt auch überflüssige ACL-Einträge der Form `(%.g1,---)` zu, was jedoch nicht stört, da ein solcher Eintrag einfach als "g1 nicht in der Menge der Gruppen g mit Zugriffsberechtigung enthalten" interpretiert wird. Eine ACL, die diesen Eintrag enthält, hat also dieselbe Bedeutung wie eine ACL, in welcher g1 in keinem Eintrag vorkommt. Dies ist ein weiteres Beispiel für typische Zuordnungen beim Data-Refinement: verschiedene Werte des konkreten Datenraumes haben im abstrakten Raum dieselbe Bedeutung. ACL-Einträge der Form `(%.%,rwx)` haben wir aus Bequemlichkeit (bzw. zum Wohle des Lesers) ausgeschlossen, da sie nur zur (für die Praxis natürlich wichtigen) Vermeidung der Angabe aller verfügbaren Gruppen/Benutzer dienen, wie es für bestimmte Ausschlußbedingungen sonst erforderlich wäre. (Z.B. für "alle Benutzer haben Zugriff auf das Objekt, mit Ausnahme von User ...") Zulassung von `(%.%,rwx)` mindert jedoch die Lesbarkeit der folgenden Formalisierungen, daher wird hier darauf verzichtet.

Die formalisierte Abstraktionsbeziehung lautet jetzt:

$$uDenied = \{a: ran(acl) | a.u \neq \% \wedge a.p = \varnothing \bullet a.u\}$$

$$u = \{a: ran(acl) | a.u \neq \% \wedge a.p \neq \varnothing \bullet a.u\}$$

$$g = \{a: ran(acl) | a.g \neq \varnothing \wedge a.p \neq \varnothing \bullet a.g\}$$

Hierbei haben wir die bei Z übliche Mengennotation verwendet: die in die Menge einzuordnenden Elemente sind durch die Ausdrücke hinter dem "$\bullet$" definiert.

3.5 Verifikation der Verfeinerung F-C1-Modell → ACL-Modell

Für sequentielle Syteme müssen zur Verifikation der Korrektheit einer Verfeinerung folgende Bedingungen bewiesen werden:

- **Initialisierungsbedingung:** Das *konkrete* System wird bei der Initialisierung in einen Zustand gebracht, der einem bei der Initialisierung des *abstrakten* Systems erreichten Zustand entspricht (d.h. über die Abstraktionsbeziehung zugeordnet ist).

- **Sicherheitsbedingung:** Wann immer der Vorzustand des abstrakten Systems die Ausführung der betrachteten Operation zuläßt, läßt auch jeder entsprechende konkrete Zustand der Verfeinerung die analoge konkrete Operation zu.

- **Lebendigkeitsbedingung:** Führt man abstrakte und konkrete Operation in einander entsprechenden Vorzuständen aus, so sind auch die Nachzustände einander über die Abstraktionsbeziehung zugeordnet.

Bei parallelen Systemen gibt es Verallgemeinerungen dieser Bedingungen, vgl. etwa [HOARE]. Um die Durchführung solcher Nachweise zu veranschaulichen, führen wir hier einen Teilbeweis der *Sicherheitsbedingung* für den Lesezugriff auf UNIX-Dateien vor:

Behauptung: Wann immer einem Benutzer im F-C1-Modell der Lesezugriff auf ein Objekt verwehrt wird, weil er zu den explizit vom Zugriff auf das Objekt ausgeschlossenen Benutzern gehört, kann dieser Benutzer auch nicht im ACL-Modell auf eine UNIX-Datei zugreifen, deren Zugriffsattribute via Abstraktionsbeziehung den Attributen des abstrakten Objektes entsprechen.

Beweis: Sei $u?$ die Kennung des Benutzers, $g?$ die Menge der Gruppen, denen er beim Zugriffsversuch zugeordnet ist. Nach Voraussetzung der Behauptung gilt

$$u? \in uDenied$$

Aus der Abstraktionsbeziehung kann man für *uDenied* eine Menge verwenden, welche über die ACL der entsprechenden konkreten UNIX-Datei definiert ist:

$$u? \in \{a{:}ran(acl)|a.u \neq \% \wedge a.p = \varnothing \bullet a.u\}$$

Sei also a ein solcher ACL-Eintrag mit $a.u = u?$ und leerer Menge $a.p$. Aus der Voraussetzung über den Datenraum des ACL-Modells, der dem F-C1-Modell zugeordnet ist, wissen wir, daß $a.g=\%$ gelten muß. Damit liegt die Ordnungsbeziehung

$$(u?,gr) \leqslant_{ACL} a$$

vor, wobei gr eine beliebige Gruppe aus $g?$ ist. Es existiert kein weiterer Eintrag mit Benutzer $u?$ in der ACL, denn der müßte nach Voraussetzung auch $\%$ als Gruppenbezeichnung haben, und doppelte Einträge der Form `(user.%, rwx)` sind in der ACL nicht zulässig. Damit ist jeder weitere Eintrag b in der ACL nicht mit a vergleichbar, oder er muß $\%$ als Benutzerkennung besitzen, was $a \leq_{ACL} b$ impliziert. Damit haben wir gezeigt

$$\exists a{:}ran(acl); gr{:}g? \bullet$$

$$(u?,gr) \leq_{ACL} (a.u,a.g) \wedge r \notin a.p \wedge$$
$$(\forall b{:}ran(acl)|b \neq a \bullet \neg((u?,gr) \leq_{ACL} b \wedge b \leq_{ACL} a))$$

Hieraus folgt, daß auch die oben angegebene Voraussetzung für den Lesezugriff auf die UNIX-Datei nicht erfüllt ist, denn dieser ist nur bei $r \in a.p$ zulässig. Damit ist dem Benutzer auch im konkreten ACL-Modell der Zugriff verwehrt, und das wollten wir ja gerade zeigen (Sie erinnern sich noch?).

4. Diskussion

In diesem Vortrag wurde eine Methode skizziert, nach welcher sich die Funktionalitätsklassen der ITSEC formal spezifizieren lassen. Auf Basis einer formalen Spezifikation läßt sich die Qualität einer Produktevaluierung erheblich verbessern. Liegt auch für das Produkt eine formale Beschreibung vor, kann man die Behauptung "Produkt ist korrekte Implementierung der gewünschten Funktionalitätsklasse" nicht nur informal motivieren, sondern auch streng mathematisch beweisen.

Dabei muß vor dem erheblichen Aufwand gewarnt werden, den eine *vollständige* Spezifikation der F-Klassen und ein *vollständiger* formaler Nachweis, daß die konkrete Implementierung eine korrekte Verfeinerung der F-Klasseninstantiierung darstellt. Neben den "üblichen" Aufwänden, welche bei Verifikationsaufgaben in fast allen Anwendungen zu finden sind, sind wir im Feld der IT-Sicherheit noch mit mehreren ganz spezifischen Aufwandsproblem konfrontiert:

- Für formale Spezifikationen im Bereich der IT-Sicherheit genügt es im allgemeinen nicht, nur das Verhalten der Operationen im Falle ihrer *Durchführbarkeit* zu beschreiben. Es ist vielmehr in besonders hohem Maße erforderlich, auch das Systemverhalten im *Ablehnungsfall*, d.h. bei Nicht-Durchführbarkeit der Operation festzulegen.

- Die Trennung der Funktionalität großer Systeme in sicherheitsrelevante und -irrelevante Funktionen ist bei der Evaluierung sicherlich erforderlich. Hierbei entsteht jedoch ein nicht zu unterschätzender Aufwand für den Nachweis, daß nicht sicherheitsrelevante Funktionen auch in jeder Betriebssituation *frei von Seiteneffekten* auf Sicherheitseigenschaften des Systems sind. (Vgl. etwa [STRA] für die Beschreibung eines perfiden Seiteneffekts der passwd-Funktion in UNIX-Systemen.)

Eine vollständige Spezifikation der F-Klassen mit ausführlichen Refinement-Beweisen für einzelne Features spezieller Produkte befindet sich derzeit in der Vorbereitung ([PEL93]). Dabei wurde die formale Spezifikationssprache Z verwendet (vgl. [SPIV], [WORD]), welche zur Beschreibung der sequentiellen Aspekte der Funktionalität von IT-Sicherheitsprodukten hervorragend geeignet ist. Alle in Abschnitt 2. genannten Kriterien für sequentielle Spezifikationssprachen werden von Z erfüllt. Zur effizienten Erarbeitung und Prüfung der Spezifikationen wurde das Tool DST-fuzz [DSTF] verwendet, welches effiziente Ein-/Ausgabe, Syntax- und Typ-Prüfung von Z-Spezifikationen erlaubt.

Die in [PEL93] ausgearbeiteten Refinement-Beweise bestätigen die Aussage, daß man es mit Nachweisverpflichtungen zu tun hat, welche zwar im einzelnen Schritt sehr einfach, aber durch ihre Menge manuell nur in Ausnahmefällen beherrschbar und noch seltener nachvollziehbar sind. Die Verwendung von Werkzeugen zur Unterstützung der Spezifikationserstellung und ihrer automatischen Überprüfung mit Hilfe von Syntax-, Type-Checkern und Beweisern ist unumgänglich, um zukünftig den hohen Qualitätsanspruch an leistungsfähige IT-Sicherheitsprodukte sowohl bei der Entwicklung als auch bei der Evaluierung mit vertretbarem Aufwand befriedigen zu können.

Danksagung Viele der in diesem Vortrag skizzierten Ideen sind durch das gute Feed-Back von den Studenten meiner Vorlesung an der Christian Albrechts Universität Kiel im Wintersemester 92/93 zum Thema *Z -Anwendungen im Bereich IT-Sicherheit* und durch Diskussionen mit meiner Kollegin Ute Hamer "gezündet" worden.

Literatur

[DSTF] Using Z and DST-fuzz, An Introduction, Deutsche System-Technik GmbH, Kiel, Februar 1993

[HOARE] Communicating Sequential Processes. Prentice-Hall (1985).

[HP-UX] HP-UX System Security, HP 9000 Computers, Hewlett Packard

[ITSEC] Kriterien für die Bewertung der Sicherheit von Systemen der Informationstechnik (ITSEC), Vorläufige Form der harmonisierten Kriterien, Juni 1991, Amt für Veröffentlichungen der Europäischen Gemeinschaft.

[PEL91] Peleska, J.: Design and verification of fault tolerant systems with CSP, Distributed Computing 5 (1991), pp- 95-106.

[PEL92] Peleska, J.: CSP, Formal Software-Engineering and the Development of Fault-Tolerant Systems. Erscheint in Vytopil, J.:Formal Techniques in Real-Time and Fault Tolerant Systems. Kluwer Academic Publishers (1993).

[PEL93] Peleska, J.: Modelling ITSEC Functionality Classes With Z. in Vorbereitung, DST Deutsche System-Technik (1993).

[SPIV] Spivey, J.M.: The Z Notation: A Reference Manuel, Prentice-Hall International, 1989.

[STRA] Strack, H.: Constructive Methods for IT-Security - the necessary Completion of "formal" Approaches. E.I.S.S. Report 12/92, Universitaet Karlsruhe (1992).

[WORD] Wordsworth J.B.: Software Development with Z. Addison-Wesley, Wokingham (U.K.) (1992).

Organisation der Informationsversorgung im Unternehmen unter besonderer Berücksichtigung von Unternehmen in den neuen Bundesländern (Fachbereich 5. Wirtschaftsinformatik)

Die Informationsverarbeitung in den ostdeutschen Bundesländern befindet sich in einem Restrukturierungsprozeß. Neue Organisationsformen bilden sich heraus - im industriellen und nichtindustriellen Bereich. Zentrierte DV-Anwendungen migrieren in verteilte heterogene Welten. Ganzheitliches Informationsmanagement wird zunehmend zur wichtigen Funktion der Unternehmensführung, Strategienbildung ist erforderlich, durch IV-Controlling ist Wirksamkeit und Wirtschaftlichkeit der Anwendung neuer Informations- und Kommunikationsttechnologien sicherzustellen, und Führungsinformationssysteme unterstützen das Management in einem härter gewordenen Wettbewerbsumfeld. Im Fachgespräch sollen aktuelle Tendenzen und neue Anforderungen an die Organisation der Informationsversorgung im Unternehmen vorgestellt und diskutiert werden.

Koordination: Prof. Dr. W. Uhr, TU Dresden

**Neustrukturierung der Informationsverarbeitung
in den ostdeutschen Bundesländern**

Dr. Mathias Weber
WEMEX service
Unternehmensverband Informationssysteme e.V.
Schönhauser Allee 121
10437 Berlin

1 Einleitung

Im Zeitraum 11/92 bis 06/93 führte der Unternehmensverband Informationssysteme e.V. (UVI)
bei ostdeutschen Anbietern und Anwendern von Datenverarbeitungs-(DV-)Systemen empirische
Erhebungen durch, deren Analyse - ergänzt durch mehr als fünfzig Gespräche mit Experten -
in Form eines Reports vorliegt [1]. Der Beitrag faßt ausgewählte Ergebnisse zusammen.

2 Neustrukturierung der DV in Wirtschaft und öffentlicher Verwaltung

Die Umstrukturierung der DV in der Wirtschaft verlief während der Etappen der "Orientierung
und Weichenstellung" (1989-90) und des "Stopfens der gröbsten Löcher" (1990-91) [2] vorerst
weitgehend synchron und unter Beibehaltung tradierter Strukturen (nahezu alle größeren
Unternehmen installierten ab Sommer 1990 unter großem Zeitdruck Mainframes zur Beherr-
schung der kommerziellen und administrativen Grundfunktionen).
Charakteristika der DV-Anwendung und -Nachfrage in der Wirtschaft waren zu dieser Zeit:
- Migration zu Original-Betriebssystemen/-Equipment (Installation vieler Alt-DV-Anlagen; oft
  ungünstige Vertragsgestaltung); Austausch von "DDR-Software-Adaptionen" gegen Originale;
  Weiterführung technisch-technologischer DV-Lösungen vorerst auf vorhandener Technik
- Nachfrage nach Hardware überstieg Nachfrage nach Software/Services bei weitem
- DV-Entscheidungsfindung: nicht selten ad hoc (Profiteure: Anbieter bewährter, nicht notwendi-
  gerweise innovativer Produkte)
- Aufkündigung der Kooperation mit ostdeutschen DV-Dienstleistern.

Schon 1992-93 (Etappe "Ernüchterung und Marktsättigungstendenzen auf niedrigem Niveau")
hatten sich in der Regel sämtliche Rahmenbedingungen für DV in den Unternehmen unerwartet
stark verändert (Eigentümer, Absatzmärkte, Umsatz, Personal, Geschäftsfelder, Organisation).
Die Hauptaktivitäten der Unternehmen verschoben sich auf die Neugestaltung bzw. Konsolidie-
rung der unternehmensinternen Organisation, die weitere DV-Stützung der Produktionsvorbe-

reitung und -durchführung, auf die Zusammenführung wesentlicher DV-Teilsysteme sowie - je nach Größe - auf die Auslagerung bestimmter DV-Dienstleistungen. Unter den DV-Anwendern fand eine - in erster Linie durch die Investoren determinierte - starke Polarisierung statt. Synchrone Entwicklungen bei der Mehrheit der Unternehmen machten einer Vielzahl von Trends in den DV-Anwender-Klassen Platz [1].

Charakteristika der DV-Nachfrage und -Anwendung in dieser Etappe waren:

● Verstärkung der Kontrolle (oft: Einfrieren, häufig Beschneidung) der DV-Budgets; starkes Schrumpfen der bzw. Trennung von DV-Teams (Outsourcing wird für viele zur Notwendigkeit)

● Geringe Nachfrage des Mittelstandes

● Forcierung des Ersatzes eigenentwickelter technisch-technologischer Software (und der RGW-Rechner) durch bewährte Standardprodukte bzw. Lösungen der Investoren

● Revision von DV-Entscheidungen des Jahres 1990 in vielen Unternehmen: Abwendung von Mainframes und überdimensionierten Softwareprodukten; steigende Nachfrage nach preiswerten, kompakten und "mitwachsenden (bzw. mitschrumpfenden)" DV-Systemen

● Zurückhaltung bei Neuinvestitionen; Ergänzungs- und Erweiterungsinvestitionen

● Abnahme der ostdeutschen Spezifik in der Nachfrage [2].

Die Herausbildung der DV in der öffentlichen Verwaltung Ostdeutschlands war durch vier Bedingungen geprägt:

- Zeitdruck (1990: Zeit nicht ausreichend für Konzeptentwicklung, für Produktvergleich und Auswertung fortgeschrittener Erfahrungen),

- fehlende Ordnungsstrukturen (DV-Dezernate in den Städte-/Gemeinde- sowie den Landkreistagen, Landesämter für Statistik und DV o.ä., kommunale Zweckverbände oder vergleichbare Zusammenschlüsse, Interministerielle Ausschüsse der Landesregierungen u.a. werden zumeist erst nach 1993 Einfluß auf die Gestaltung effektiver DV-Systeme nehmen),

- die Neuorientierung der traditionellen ostdeutschen DV-Dienstleister für die Verwaltungen (aus zahlreichen Gründen konnten sich die meisten früheren Datenverarbeitungszentren in der öffentlichen Verwaltung nur mühsam in Szene setzen) sowie durch

- den widersprüchlichen Einfluß von Landes- und Bundesbehörden (zentrale Beschaffungen - von in der DV leistungsstarken Kommunen nicht selten als "verordnetes Chaos" empfunden - für bestimmte Aufgaben auf der einen und Alleinlassen der Städte und Gemeinden bei Begleiterscheinungen der "Abwicklung" zentraler Datenspeicher auf der anderen Seite).

Wenn eine Reihe von größeren Kommunen in der Lage war, zügig eigene Verwaltungsrechenzentren aufzubauen, so ergriffen andere, die nicht über deren Potential verfügten, unter den geschilderten Bedingungen den zuerst hingehaltenen Strohhalm (Erledigung der DV in Rechenzentren der Alt-Bundesländer, Übernahme ausrangierter DV-Systeme - für deren Abholung woanders zu zahlen ist - bzw. mitunter etwas angestaubter Lösungen, womit sich über Partner-schaften die Verhältnisse der Alt-Bundesländer auch im Osten reproduzierten,

Einsatz von "quick-and-dirty"-Programmen).

Insgesamt erinnert die DV im öffentlichen Dienst gegenwärtig eher an einen Flickenteppich als an ein mit Blick auf die strategischen Möglichkeiten der DV und die spezifischen Gegebenheiten der ostdeutschen Bundesländer konzipiertes System.

Nach nunmehr drei Jahren haben die Kommunen die grundlegenden verwaltungsinternen DV-Aufgaben weitgehend unter Kontrolle; nun könnten innovative Lösungen in Angriff genommen werden, die weit in die Wirtschaft hineingreifen. Mit diesem Ziel hat eine Gruppe ostdeutscher Systemhäuser am Beispiel des Bundeslandes Mecklenburg-Vorpommern

- die Probleme aufgedeckt, die Verwaltungen, Wirtschaftsförderung, Entwicklung strukturbilden-der Wirtschaftszweige und auch die DV-Branche wechselseitig blockieren,

- Projekte zur Beschleunigung des DV-Einsatzes in Wirtschaft und Verwaltung ausgearbeitet,

- Vorschläge für weiteres koordiniertes Handeln von Landesregierung, Kommunen, Wirtschaft und DV-Unternehmen unterbreitet [3]. (Diesem Beispiel wäre Nachahmung zu wünschen.)

Zusammenfassend ergibt sich für die DV in Verwaltungen:

- Der Bedarf an neuen/weiterentwickelten DV-Systemen ist weiterhin sehr groß (es wird eher an als mit technikunterstützter DV gespart - in den Kommunen liegen wegen fehlender Mittel DV-Konzepte auf Eis, und von der Bereitstellung von Bundesmitteln hängt das Tempo des DV-Einsatzes in den Verwaltungen ab). Wegen des hohen Anteils der Verwaltungen am gesamten ostdeutschen DV-Markt rücken die Behörden ins Zentrum der Anbieterstrategien.

- Mit zeitweiliger Unterstützung der Bundes-/Landesebene für die kommunale Ebene könnten im Zusammenhang mit der Kreisgebietsreform die 1990/91 vorschnell getroffene DV-Ent-scheidungen revidiert werden.

- Die Nachfrage der kommunalen Verwaltungen wird sich vorrangig auf Integrationsdienstlei-stungen, Sicherheitskonzepte, Netzwerkmanagement, ämterübergreifende Bürokommuni-kation sowie geographische und Umweltinformationssysteme richten.

3 Neustrukturierung der in Ostdeutschland tätigen DV-Anbieter

Die Etappen der "Orientierung und Weichenstellung" (1989-90) und des "Stopfens der gröbsten Löcher" (1990-91) waren gekennzeichnet durch:

- den Zerfall der DV-Kombinate und den Zusammenbruch ostdeutscher Hardware-Hersteller

- die erste Gründungswelle ostdeutscher DV-Unternehmen (Test des Marktes)

- die Großaktionen der Marktführer zur Kundenakquisition und -bindung sowie zur Integration strategisch wichtiger Ost-DV-Teams (zuerst: Joint Ventures, später Tochtergesellschaften)
- den Vorstoß spezialisierter Service-Anbieter auf den ostdeutschen Markt
- die herausragenden Umsätze mit Hardware sowie DV-Aus- und Weiterbildung
- den noch bedeutenden Einfluß der Treuhandanstalt (über 100 DV-Unternehmen)
- den zügigen Aufbau der Vertriebsnetze westdeutscher Anbieter.

Die Etappe "Ernüchterung und Marktsättigungstendenzen auf niedrigem Niveau" (1992-93) zeichnete sich aus durch:

- die zweite Gründungswelle ostdeutscher DV-Unternehmen
- die zunehmende starke Differenzierung unter ostdeutschen Anbietern: die vorsichtige Erschließung des DV-Marktes der Alt-Bundesländer (i.d.R. mit westdeutschen Partnern) mit eigenen Produkten und Dienstleistungen wird zum strategisch entscheidenden Wachstumsfaktor für ostdeutsche Hightech-Anbieter
- langsam steigende Umsätze mit Services
- den Abschluß der Privatisierung ostdeutscher DV-Unternehmen
- die vollzogene bzw. sich andeutende Umwandlung von Anwendern zu Anbietern und teilweise Übernahme durch (internationale) Outsourcing-Unternehmen
- die gefestigten Konturen der Vertriebsnetze und das zunehmende Marktgewicht westdeutscher Anbieter und ihrer Beteiligungen
- den starken Ausbau der Positionen mittlerer DV-Unternehmen
- die Neuausrichtung der erhaltenen DVZ-Nachfolger (Aufgabe der regionalen zugunsten einer Branchen- bzw. Anwendungsorientierung)
- die beginnende Ausbildung formaler Strukturen (vorwiegend kleine und mittlere Anbieter) zur Akquisition umfangreicher Aufträge.

Unter den neugegründeten Anbietern kristallisieren sich diejenigen heraus, die DV- und ingenieurtechnisches Wissen in anspruchsvollen Lösungen für wichtige Anwendungsgebiete zu bündeln in der Lage sind und durch herausragende Dienstleistungsqualität Kunden langfristig binden.

Die gegenwärtige Situation der meisten lokalen Anbieter läßt sich wie folgt beschreiben:

- geringer oder fehlender Zugang zu den florierenden Branchen (Handel, insbesondere Bank- und Versicherungsgewerbe - in dieser Branche integrierten DV-Unternehmen aus den alten Bundesländern ohne Zeitverzug die ostdeutschen DV-Know-How-Träger)
- in anderen wachsenden Zweigen (Bauwirtschaft, Stahl- und Leichtmetallbau) wurden vorrangig reprivatisierte oder kleinere Neugründungen als Kunden gewonnen
- Umdenken der Investoren aus den Alt-Bundesländern zugunsten lokaler Anbieter vorerst nur

bei weniger lukrativen Services

- neugegründete Klein- und Kleinstunternehmen (Bedarf: No-Name-PC und kleine PC-Netze) einzige und zudem äußerst sensibel auf Konjunkturschwankungen reagierende Domäne
- auffallende Zurückhaltung bei Verwaltungen (selbst gegenüber lokalen Anbietern, die Flexibilität, hohes Serviceniveau und günstige Preise offerieren und erfolgreich Projekte für Behörden der Alt-Bundesländer bewältigt haben)
- zunehmende Schwierigkeiten bei Unternehmen mit Schwerpunkt Produktvertrieb.

Als Strategieoptionen für ostdeutsche DV-Unternehmen bieten sich an:
- Rückbesinnung auf das "Wertbeständige" im DDR-Erbe (Niveau der Ausbildung von Ingenieuren; einige Softwareprodukte zur Lösung wissenschaftlich-technischer Aufgaben, spezielles Know-how in Anwendungs- und auf softwaretechnologischem Gebiet)
- Verstärkung der Präsenz in den alten Bundesländern
- Vortasten auf besonders lukrativen Betätigungsfeldern (Beteiligung an etablierten Softwarefirmen und EG-geförderten Entwicklungen, Exklusivrechte im Vertrieb, ...)
- Verstärkte Ausprägung einer Dienstleistungsmentalität
- Kooperation (Entwicklung, Akquisition, Großaufträge, Vertrieb) und Engagement im lokalen/regionalen Umfeld (z.B. Verbände).

Erfolge verzeichneten bereits:
- wissenschafts-/technologieorientierte DV-Unternehmen, die schon seit Mitte der 80er Jahre für westdeutsche Auftraggeber gearbeitet hatten,
- in westdeutsche DV-Unternehmen eingegliederte DV-Teams sowie
- Anbieter von Nischen- und Spezial-Know-How in Form von Dienstleistungen (Wartung von Altsystemen, Auftragsentwicklung, System Engineering), eigenen Softwareprodukten oder Komponenten, die sich in das Spektrum großer westdeutsche Anbieter einordnen bzw. die Anwendungsbreite vorhandener Standardprodukte erweitern.

4 Zusammenfassung und Vorschläge

Für die nächsten Jahre wird der ostdeutsche DV-Markt insgesamt von zeitweiliger Stagnation bei gleichzeitig steigender Nachfrage nach preiswerten Kompaktlösungen und bei Wachstum in anspruchsvollen neuen DV-Anwendungsgebieten, vom Verschwinden der ostdeutschen Besonderheiten, vom weiteren Ausbau des öffentlichen Dienstes und von den enormen Anpassungsproblemen der ostdeutschen Industrie, von der Zunahme der Bedeutung vieler kleiner DV-Anwender mit schmalen DV-Budgets sowie vom verschärften Verdrängungswettbewerb unter den noch mehr als 3.000 Anbietern geprägt sein.

Mit

● koordinierten und gemeinsamen Initiativen (Vorbild: [3]) von Ländern, Kommunen, Verbänden der DV-Anbieter und -Anwender zur Bewahrung der kreativen DV-Teams und der Ansätze einer Innovationskultur,

● der Bereitschaft in Verwaltungen, lokalen Anbietern eine Chance zur Demonstration ihrer Leistungsfähigkeit zu geben,

● der Prüfung aller Möglichkeiten, vorhandene Förderprogramme für Softwareentwicklung zu öffnen und/oder für die Vereinheitlichung der DV in den Verwaltungen zu nutzen und/oder Hochschulabsolventen zu stimulieren, ihre berufliche Karriere in den neuen Bundesländern zu suchen ("Bleibeprämie" in Ergänzung zu Ostzuschlägen),

● der Ausdehnung der von deutschen Großunternehmen entwickelten "Einkaufsinitiative Ost" auf Investitionen begleitende DV-Dienstleistungen,

● der Beibehaltung der Vort-Ort-Präsenz westdeutscher DV-Unternehmen, die im Osten investiert haben, auch über die Durststrecke hinaus

könnte die weitere Erosion des DV-Innovationspotentials im Osten gestoppt werden.

Literatur

[1] Unternehmensverband Informationssysteme e.V. (Projektleiter: Mathias Weber): Software und DV-Dienstleistungen '93 - Marktentwicklung vor dem Hintergrund der Anpassungsprozesse in den neuen Ländern der Bundesrepublik Deutschland, Juni 1993.
[2] Weber, M.: Software- und Datenverarbeitungs-Dienstleistungen für Märkte im Umstrukturierungsprozeß - das Beispiel der fünf neuen Bundesländer. In: "Herausforderungen für die Informationstechnik", Internationale Konferenz in Dresden, 15.-17. Juni 1993, Konferenzband (Herausgeber: Fraunhofer-Institut für Systemtechnik und Innovationsforschung, Karlsruhe).
[3] "Studie zur Entwicklung der Anwendungen neuer Informations- und Kommunikationstechnologien im Bundesland Mecklenburg-Vorpommern", April 1993 (erarbeitet im Auftrag des Wirtschaftsministeriums in Mecklenburg-Vorpommern von einer Unternehmensgruppe unter Schirmherrschaft des Unternehmensverbandes Informationssysteme e.V.).

Der Unternehmensverband Informationssysteme e.V. dankt der IBM Deutschland GmbH (Berlin), der WEMEX data Gesellschaft für Computertechnik und Organisation mbH (Berlin), der data experts gmbh (Neubrandenburg) und der Gesellschaft zur Förderung angewandter Informatik e.V. (Berlin), die das Projekt unterstützt haben.

Erweiterte Kurzfassung des Vortrages

Organisation der Informationsversorgung im Unternehmen – Sind Outsourcing und Downsizing aktuelle Themen?

Diplom-Ingenieur Klaus Heine
Geschäftsbereichsleiter Datenverarbeitung
ALLDATA DVZ Sachsen GmbH
Marienstraße 20
O-8010 Dresden

1. Einleitung

Aus der Sicht eines verantwortlichen Leiters eines Dienstleistungsunternehmens der Informationsverarbeitung werden Verallgemeinerungen zum Informationsverarbeitungsprozeß getroffen, die auf aktuelle Zeiträume und territoriale Gegebenheiten der neuen Bundesländer Bezug nehmen. Folgende Prämissen werden als existent erkannt:

. Eine Reorganisation der Informationsversorgung im Unternehmen ist erforderlich!.
. Outsourcing und Downsizing sind aktuelle Themen!

2. Die Rolle des Dienstleisters im Informationsversorgungsprozeß im Unternehmen

Der arbeitsteilige Prozeß ist eine sinnvolle Lösung auf dem Gebiet der Informationsversorgung. Er sichert:

. schnellere Verbreitung neuer Technologien,
. kostengünstige Lösung durch konzentriertes, stetig gefordertes Know-how,
. effektive Gestaltung von Kommunikationslösungen,
. Verbreitung von Standardlösungen bei Hard- und Software,
. Konzentration von effektiven Lösungen der verschiedenen Rechnerplattformen bzw. Gestaltung von rationellen Übergangsprozessen.

3. Darstellung der Ausgangssituation aus der Sicht eines
   Dienstleisters im Zeitraum 1989 - 1993 in den neuen
   Bundesländern

Überblick über die typische Entwicklung des Übergangs ESER
zur DV-Landschaft des Jahres 1993;
Darstellung der Schwierigkeiten, jedoch auch der Chancen, die
diese Entwicklung mit sich gebracht hat.

4. Zusammenstellung der Faktoren, die eine Beurteilung von
   Outsourcinglösungen gestatten

Die angesprochenen Faktoren umfassen:

. Strategische Zwänge eines Unternehmens vor der Entscheidung: Outsourcing ja oder nein
. Ökonomische Untersuchung zur Frage: Bringt Outsourcing
  einen positiven ökonomischen Effekt?

Welche Strategie sollte ein Outsourcer im Zusammenhang mit
der Forderung der Partner für Dienstleistungen der Informationsverarbeitung entwickeln, damit sowohl heutige Bedürfnisse als auch Forderungen der nächsten Jahre erfüllt werden
können?

5. Zusammenfassende Betrachtungen zur Entwicklung von Infor-
   mationsverarbeitungsprozessen als Dienstleistung mit dem
   Ziel:

- Die Entwicklung der Verwaltung, Industrie und Wissenschaft
  ist eine Kopie von bereits existierenden Lösungen der alten
  Bundesländer - eigene Lösungen sind erforderlich.

- Die richtige Gestaltung von Informationsversorgungspro-
  zessen kann die schnellere Gesundung der Wirtschaft in den
  neuen Bundesländern wesentlich unterstützen.

- die Erkenntnisse der kurzfristigen Anpassung der Informationsverarbeitungsprozesse im Verlaufe der Jahre 1990 bis 1993 sind zur weiteren Entwicklung von moderneren, effektiven Lösungen zu nutzen, da die Ausgangsbasis, z.B. modernste Hardware, modernste Kommunikationswege und hohe Motivation aller Beteiligten, eine sehr gute Grundlage bietet.

DV-Versorgung an Hochschulen

Jochen Heinke
Technische Universität Dresden, Universitätsrechenzentrum
Mommsenstr. 13, D-01062 Dresden

Ziel des Beitrages ist es, das "Unternehmen" Universität/Hochschule den Unternehmensstrukturen in Wirtschaft, von Banken und Handel gegenüberzustellen und seine spezifische Struktur und Organisation mit den Auswirkungen auf die Strategie und Planung der DV-Versorgung zu verbinden.

Steht in Wirtschafts- und Dienstleistungsunternehmen nach wie vor die Datenintegrität in einer zunehmend heterogenen Rechnerwelt und damit ein starker Bezug zu einer zentralen Instanz im Vordergrund, so muß im Unterschied dazu an einer Universität ein mehr "förderalistisches" Organisationsprinzip bestehen, welches einerseits die Freiheit in Forschung und Lehre mit dem starken Drang zur Selbständigkeit nicht behindert, andererseits aber auch Ordnungsfunktionen für grundsätzlich zu lösende und übergreifende Probleme vorsieht.

An einer Universität gibt es *zwei grundsätzlich verschiedene Formen der Datenverarbeitung (DV):* die betriebliche und die wissenschaftliche DV.
Erstere muß die Aufgaben der Verwaltung, Bibliothek und wo vorhanden medizinischen Einrichtungen unterstützen. Die Spezifik dieser Aufgaben unterscheidet sich von denen, die vergleichbare Einrichtungen in anderen Bereichen haben, nur unwesentlich. Gesetze und Vorschriften, verbindliche technologische Abläufe, einzuhaltende Termine sowie Qualität und Revisionsfähigkeit der erzeugten Daten prägen diese Spezifik. Aus diesem Grunde verfügen diese Einrichtungen an den Hochschulen in der Regel über eigene DV-Abteilungen.

Die zweite Form, die wissenschaftliche DV, muß die *Anforderungen des Wissenschaftlers* befriedigen, die er zur Planung und Bearbeitung von Forschungsprojekten an die DV stellt. Forschungsprojekte haben drei wichtige Eigenschaften [1]: Sie sind in der Regel einmalig, sie erfordern Kreativität und sie laufen unter erheblicher Unsicherheit über den notwendigen Aufwand, die nötige Zeit, die weiteren Schritte und das erreichbare Ergebnis ab. Daraus resultiert zum einen die Forderung, daß die verfügbaren DV-Systeme bzgl. ihrer Funktionalität und Leistung dem jeweiligen Forschungsprojekt adäquat sind und zum zweiten der Wunsch nach ständiger Verfügbarkeit dieser Systeme in der Arbeitsumgebung des Wissenschaftlers.

Betrachtet man die *bisherigen technischen und organisatorischen Möglichkeiten*, die ein Wissenschaftler vorfand, so lassen sich, speziell aus der Sicht der TU Dresden, vier Phasen der DV-Entwicklung erkennen:

Phase 1 (Mitte bis Ende der 60er Jahre):
  Arbeit des Wissenschaftlers direkt am Rechner ZRA1
  - ZeissRechenAutomat1 mit Ferritkernlogik und Trommelspeicher
  - geringe Systemunterstützung (nur Formelübersetzer vorhanden)

- große Freiräume für wenige Nutzer

Phase 2 (70er Jahre):

Arbeit mit Stapelverarbeitungs-Betriebsystemen im closed-shop-Betrieb
- verfügbare Rechner R300, ESER I (IBM360), BESM6 (UdSSR)
- gesicherte Systemumgebung
- hoher Organisationsgrad im RZ bedingt starke Reglementierung der Nutzer
- lange, durch den Nutzer nicht beeinflußbare Wartezeiten

Phase 3 (80er Jahre und Anfang der 90er):

Arbeit mit Timesharing-Betriebssystemen
- verfügbare Rechner PDP/VAX, ESER II (IBM370), IBM3090, SNI VP200-EX
- hohe Systemunterstützung, ständige Erhöhung der Performance
- Terminalnetze ermöglichen zunehmend die Nutzung der Ressourcen vom Arbeitsplatz aus
aber die Abhängigkeit vom RZ bleibt

Phase 4 (seit Anfang der 90er Jahre):

Rasante technische Entwicklung und rapider Preisverfall führen zu einem verstärk-
ten Einsatz von Arbeitsplatzrechnern mit
- großer Leistungsfähigkeit der Hard- und Software
- hohem Komfort
- günstigen Preisen
begleitet vom Aufbau lokaler Netze und erster campusweiter Verbindungen mit
Anschluß an Weitverkehrsnetze.

Der Nutzer ist endlich frei und unabhängig vom Rechenzentrum !

Aber: Neue technische Konzepte, Lösungen und Möglichkeiten erfordern auch andere or-
ganisatorisch-technologische Abläufe und Zuständigkeiten.

Aus dieser Entwicklung ergeben sich mehrere Fragen:

Reicht die am Arbeitsplatz verfügbare DV-Technik in jedem Falle aus ?
Wer plant, beschafft und betreibt diese Technik ?
Ist dezentral Kompetenz zur Beherrschung dieser Technik vorhanden?
Welche personellen und finanziellen Aufwendungen sind notwendig ?
Wer plant und betreibt das campusweite Kommunikationsnetz ?

In den alten Bundesländern ist man auf Grund der technischen Entwicklung schon Ende
der 80er Jahre mit diesen Fragen konfrontiert worden. In zahlreichen Beiträgen, z.B. [1],
[2], [3], hat man sich damit auseinandergesetzt und letztlich hat die Kommission für Re-
chenanlagen der DFG mit ihrem Ende 1991 veröffentlichten Strategiepapier "Zur Ausstattung der Hochschulen in der Bundesrepubik Deutschland mit Datenverarbeitungska-
pazität für die Jahre 1992 bis 1995" für die aus den o.g. Fragen resultierenden Probleme
einen Lösungsansatz erarbeitet. Dieser Ansatz heißt **"Kooperatives DV-Versorgungssystem"**. In ihm werden alle DV-Systeme der Universität mit den sie verbindenden
Kommunikationsstrukturen als eine zusammenwirkende Einheit gesehen, in der sich die
zentrale und die dezentrale Betriebsverantwortung nicht entgegenstehen, sondern vielmehr so verteilt sind, daß das Gesamtsystem seine Aufgaben mit insgesamt möglichst
geringem Aufwand gut erfüllt.

Den *technischen Lösungen* für ein kooperatives DV-Versorgungssystem liegt das Client-Server-Prinzip zugrunde, welches die Entwicklung der Informationsverarbeitung nachhaltig beeinflußt und mit dessen Durchbruch in der zweiten Hälfte der 90er Jahre zu rechnen ist. Der Weg aus den jetzt vorherrschenden proprietären Umgebungen hin zu Client-Server-Architekturen bedarf einer Übergangszeit. Sie ist einmal notwendig, weil gegenwärtig erst eine geringe Anzahl echter Installationen vorhanden ist, mithin Erfahrungen für einen professionellen Betrieb in der erforderlichen Breite fehlen. Zum anderen müssen auch die Anwendungen aus konventionellen DV-Strukturen auf Client-Server-Plattformen umgestellt werden. Dabei sind zahlreiche Schwierigkeiten zu überwinden, mangelt es noch an geeigneten Werkzeugen zur Unterstützung der Umstellungen. Der finanzielle Aufwand für den Wandel in der DV-Versorgung an den Hochschulen ist ebenfalls nicht zu unterschätzen. Werden für die Beschaffung und den Betrieb zentraler Rechner vielleicht Kosten eingespart, so wirken sich im Endgerätebereich die wachsende Zahl von PC und WS, der Bedarf an neuer Software sowie der erforderliche administrative Aufwand kostensteigernd aus.

Neben dieser Hürde erscheint eine zweite, weit höhere. Ziel eines kooperativen DV-Versorgungssystems ist es, dem Wissenschaftler in seiner Arbeitsumgebung die Nutzung aller verfügbaren realen und virtuellen Ressourcen zu ermöglichen. Dazu bedarf es geeigneter *Organisationsformen und Koordinierungsmaßnahmen*, deren Wirksamkeit durch Regeln und Vorschriften, vor allem aber durch miteinander kooperierende und handelnde Menschen bestimmt wird. DV-Versorgung ist ein Prozeß von außerordentlicher Dynamik und umfaßt die Bereiche Planung/Bereitstellung, Betrieb und Nutzung. Er ist begleitet von der Ausdehnung der organisatorischen Verantwortung für alle drei Bereiche in die Institute und Fachbereiche. Analog wie bei den technischen Lösungen für Client-Server-Systeme ist auch bei der Organisation und dem Betrieb verteilter Systeme ein Defizit an Konzepten und Erfahrungen festzustellen. Niemand kann heute sagen, ob verteilte Systeme überhaupt bzw. bis zu welchem Grad beherrschbar sind.

Trotz oder gerade wegen der zunehmenden Dezentralisierung durch den Einsatz leistungsfähiger Rechner am Arbeitsplatz und - teilweise erst im Aufbau befindlicher - campusweiter Kommunikationsnetze scheint also nach wie vor eine *zentrale Instanz* für die Planung, Beschaffung und Koordinierung sowie Bereitstellung von DV-Technik und DV-Dienstleistungen erforderlich zu sein. Diese zentrale Instanz ist nicht notwendigerweise eine strukturelle Einheit, sondern gewinnt ihre Funktionalität aus dem Zusammenwirken verschiedener Verantwortungsbereiche der Hochschule wie z.B. der Zentralen Beschaffung, Planungsgremien und dem Hochschulrechenzentrum, wobei die anstehenden Probleme bei der DV-Versorgung in kooperativer Zusammenarbeit mit den Wissenschaftlern gelöst werden müssen. Das setzt voraus, daß die zentrale Instanz die Wissenschaftler als fachkundige und selbstbewußte Partner begreift und daß die Wissenschaftler ihr Mißtrauen gegenüber dieser zentralen Instanz ablegen. Die mentale Bewältigung dieses Prozesses scheint eine der größten Herausforderungen für alle Beteiligten zu sein. Bei der Suche nach geeigneten technologischen Lösungen für moderne Formen der DV-Versorgung könnte das Client-Server-Prinzip ein hilfreicher Ansatz sein.

Im Spiegel dieser Entwicklung befinden sich die *Rechenzentren an den deutschen Hochschulen* hinsichtlich ihrer Aufgaben und ihres Selbstverständnisses im Wandel. Für die erfolgreiche Bewältigung dieses Prozesses haben die Hochschulrechenzentren in den neuen Bundesländern günstige Voraussetzungen, da durch den Umbau der Hochschullandschaft viele Altlasten abgebaut werden.

Der an der TU Dresden vom Universitätsrechenzentrum eingeschlagene *Weg zu einem Service- und Kompetenzzentrum* und der bisher erreichte Stand werden kurz skizziert:

1. Die gegenwärtige Ausstattung des URZ der TU Dresden entspricht dem *traditionellen DV-Versorgungskonzept*, nach 1989 geprägt durch die Installation zentral betriebener Rechner (VAX-Cluster, IBM 3090-200E und Vektorrechner SNI/Fujitsu VP200-EX).

2. Die DV-Ausstattung in den Instituten und Fachbereichen mit größtenteils vernetzten Arbeitsplatzrechnern wächst kontinuierlich, eine Bedarfsdeckung ist jedoch nicht abzusehen.

3. Der Wandel in der DV-Versorgung bewirkt für die Hochschulrechenzentren eine entscheidende *Veränderung ihrer bisherigen Aufgaben* von der Bereitstellung und dem Betrieb zentraler Rechner einschließlich der Beratung und Betreuung der Benutzer zu einem Service- und Kompetenzzentrum für die Betreiber und Benutzer dezentraler DV-Technik. Im einzelnen sind dies:
  - Betrieb der zentralen Ressourcen (Server und Services)
  - Betrieb des hochschulweiten Netzes
  - Bereitstellung einer Gruppe von Spezialisten für DV-Fragen der Anwender (Kompetenzzentrum)
  - Unterstützung der Hochschule bei Planung, Standardisierung und Koordinierung in übergreifenden DV-Fragen.

4. Der sich in den neuen Bundesländern vollziehende tiefgreifende Strukturwandel der gesamten Hochschullandschaft bietet den Hochschulrechenzentren die Chance, ihre künftige *Struktur und innere Organisation* den veränderten Aufgaben und Erfordernissen anzupassen. Das URZ der TU Dresden hat dies getan und seine zugewiesenen Haushaltsstellen folgenden vier Komplexen zugeordnet:
  - Leitung, Systemplanung und Verwaltung
  - Zentrale DV-Versorgung mit den Abteilungen Vektor-/Parallelrechner, Zentrale Server und Anwendungen
  - Netze und Kommunikationsdienste
  - Dezentrale DV-Versorgung (Investberatung, Implementierung, Instandhaltungsservice und Poolbetrieb).

Mit dieser Struktur
  - orientiert sich das URZ an den o.g. künftig zu lösenden Aufgaben
  - berücksichtigt es spezifische Besonderheiten an der TU Dresden
  - ist es offen für künftige Entwicklungen.

5. Das Universitätsrechenzentrum hat *konzeptionelle Vorstellungen zur zukünftigen DV-Versorgung* frühzeitig mit TU-Gremien und dem Sächsischen Staatsministerium für Wissenschaft und Kunst beraten und Herstellerfirmen in diese Diskussion einbezogen. Gegenwärtig gibt es zwei Hauptforderungen:
  - zügiger Aufbau des TU-Campusnetzes als Voraussetzung für eine kooperative DV-Versorgung (HBFG-Vorhaben Nr. 2028)

- Erarbeitung eines technischen und organisatorischen Gesamtkonzeptes zur DV-Versorgung an der TU Dresden mit klarer Abgrenzung zentraler und dezentraler Komponenten und Verantwortlichkeiten als Planungs- und Beschaffungsgrundlage sowie zur Sicherung des Betriebes des künftigen Versorgungssystems.

6. Der bereits genannte Strukturwandel an den Universitäten und Hochschulen läßt es gegenwärtig an der TU Dresden noch nicht zu, ein vollständiges DV-Versorgungskonzept zu erarbeiten. Zuviel ist noch in Bewegung, Fakultäten sind noch im Aufbau begriffen, Personalentscheidungen erst teilweise gefallen, konkrete Bedarfszahlen noch nicht überall abhebbar. Andererseits haben insbesondere die naturwissenschaftlichen und technischen Fakultäten bereits detaillierte Vorstellungen zur Ausgestaltung ihrer DV-Versorgung vor Ort und den daraus resultierenden Anforderungen an das URZ entwikkelt.

7. Der 1. Bauabschnitt für das TU-Campusnetz (1993/94) hat den *Aufbau eines leistungsfähigen Backbone-Netzes* zum Ziel, welches möglichst viele Gebäude erfaßt. Verkabelungen in den Gebäuden selbst sind teilweise durch Eigenleistungen der Institute entstanden bzw. sind oder werden bei Gebäuderekonstruktionen/-neubauten vorgesehen oder als Bestandteil von CIP-/WAP-Vorhaben (zum Anschluß an das TUD-Campusnetz) geplant. In nachfolgenden Bauabschnitten ist das Backbone-Netz auf weitere Gebäude zu erweitern. Das Vorhaben ist bisher mit vielen bürokratischen Hemmnissen belastet gewesen, wodurch die angestrebten Ziele nicht erreicht worden sind.

8. Das Universitätsrechenzentrum wird sich künftig auf *einen* Standort konzentrieren. Damit sind die verbliebenen personellen sowie die räumlichen und technischen Ressourcen effizienter einsetzbar. Die frei werdenden Räume werden im Rahmen der TU-Gesamtentwicklung dringend für andere Vorhaben benötigt, so daß dieses Bestreben von der Universitätsleitung nachdrücklich unterstützt wird. Im Rahmen dieser Standortkonzentration sind erhebliche Mittel für Sanierungen und Umbauten erforderlich, damit das URZ seine angestrebte Funktionalität erreichen kann.

9. Die Reduzierung der Standorte schließt ein, daß die derzeit betriebenen Systeme IBM 3090 und VAX-Cluster durch eine moderne technische Ausstattung abgelöst werden. Die IBM 3090 geht am 30.6.93 außer Betrieb, die VAX-Rechner werden schrittweise bis Mitte Oktober 93 abgeschaltet.
Die Modernisierung der technischen Plattform beruht auf einem *Konzept für einen Zentralserver*, welches durch eine TU-Arbeitsgruppe erstellt wurde. Ausgehend von diesem Konzept wurde ein HBFG-Antrag beim Sächsischen Staatsministerium für Wissenschaft und Kunst eingereicht und von dort mit einer Empfehlung zur Annahme an die DFG weitergeleitet. Damit sollen in einer ersten Ausbaustufe Dienste auf der Basis eines Workstation-Clusters über das Campusnetz bereitgestellt werden (Printen/Plotten, File-, Backup- und Archive-Services sowie in bescheidenem Umfang Computleistung). Zum Erlernen des künftigen Betriebes gibt es ein Pilotprojekt mit drei verclusterten Workstations.

10. Für die Unterstützung und Betreuung der Nutzer und Betreiber dezentraler DV-Technik wurde ein *Servicekonzept* entwickelt und erste Schritte zu seiner Umsetzung eingeleitet. Den Instituten werden Leistungen und Dienste vorallem in den Bereichen Investberatung, Implementierung und Instandhaltung für PC, WS und lokale Netze angebo-

ten. Dabei gibt es eine abgestimmte Zusammenarbeit mit der Verwaltung (SG Zentrale Beschaffung und SG Forschungsförderung).
Desweiteren ist das URZ verantwortlich für die Beschaffung von Software für die gesamte Universität, sowohl aus Investitions- als auch aus Institutsmitteln. Im Weiterbildungsprogramm des URZ werden vorrangig Lehrgänge für PC-Anwendungen, Rechnernutzung unter UNIX und Dienste im Wissenschaftsnetz angeboten.

Mit diesen ersten Schritten hat sich das URZ auf einen schwierigen Weg begeben. Ein erfolgreiches Voranschreiten wird sich nicht im Selbstlauf vollziehen, sondern harte und kontinuierliche Arbeit aller an diesem Prozess Beteiligten erfordern.

Literatur:

[1] Wall, D.: DV-Versorgungskonzepte und Organisationsstrukturen. In: IBM-Hochschulkongress '89, Berlin, Band 1, Referat Nr. 121
[2] Haupt, D.: Das wissenschaftliche Rechenzentrum in einem mehrstufigen Versorgungskonzept. In: a.a.O., Referat Nr. 122
[3] Grimm, R.: Der Arbeitsplatz des Wissenschaftlers und die dezentralen Rechnerressourcen. In: a.a.O., Referat Nr. 132

IV-Controlling beim Einsatz moderner Informations- und Kommunikationssysteme im Unternehmen
- Ergebnisse einer empirischen Untersuchung -

Univ.-Prof. Dr. Cornelia Zanger

Rheinisch-Westfälische Technische Hochschule Aachen

Institut für Betriebswirtschaftslehre

Templergraben 64

D-52062 Aachen

Dipl.-Ing.-Ök. Katrin Schöne

Technische Universität Dresden, Fakultät Wirtschaftswissenschaften

Lehrstuhl Wirtschaftsinformatik insbes. Informationssysteme in Industrie und Handel

Mommsenstr. 13

D-01069 Dresden

1 Problemstellung

Die rasche Entwicklung und der breite Einsatz moderner Informations- und Kommunikationssysteme im Unternehmen führten dazu, daß das Management der Informations-Infrastruktur zur eigenständigen betrieblichen Aufgabe avancierte.

Die strategische Bedeutung ebenso wie die mit der Einführung von Informations- und Kommunikationssystemen verbundenen bedeutenden Investitionskosten und laufenden Folgekosten begründen die von Wissenschaft und Unternehmenspraxis vertretene Auffassung, durch den Einsatz von Controllingmechanismen den wirtschaftlichen Erfolg der Informationsverarbeitung zu steuern [1].

IV-Controlling wird als Aufgabenbereich des Informationsmanagements angesehen, dessen Ziel die Planung, Überwachung und Steuerung des effizienten Einsatzes von Informations- und Kommunikationssystemen im Unternehmen darstellt. IV-Controlling nimmt als Managementaufgabe somit eine Schnittstellenfunktion zwischen Controlling und Informationsverarbeitung ein [2].

Der wissenschaftliche Ansatz des IV-Controlling wurde bisher vor allem präskriptiv entwickelt [3]. Der wissenschaftliche Input kam sowohl aus dem Bereich des Controlling [4] als auch des Informationsmanagements [5]. Vorgeschlagen wird die Differenzierung in einen strategischen und operativen Bereich des IV-Controlling.

Aufgabe des strategischen IV-Controlling ist vor allem die zukunftsorientierte Planung und Steuerung des Einsatzes der Informations- und Kommunikationssysteme sowie die Erschließung von Erfolgspotentialen für das Unternehmen.

Der Schwerpunkt des IV-Controlling ist auf die Aufbereitung von entscheidungsrelevanten Informationen für das Top-Management gerichtet. Dazu bedarf es der Nutzung wirksamer Instrumente - größtenteils Instrumentarien und Methoden der strategischen Planung, die hinsichtlich ihrer Aussagen an die Informations- und Kommunikationssysteme anzupassen sind - wie z. B. Portfolio-Controlling, strategische Kosten-Nutzen-Rechnung usw.

Im Gegensatz dazu beschäftigt sich das operative IV-Controlling neben der wirtschaftlichen Kontrolle und Steuerung des Betriebes und der Wartung der Informations- und Kommunikationssysteme auch mit dem gesamten Lebenszyklus von Informations- und Kommunikationsprojekten, woraus ein recht breites Aufgabenspektrum resultiert, z. B. transparente Kosten- und Leistungsplanung, -überwachung und -abrechnung, IV-Budgetplanung und -kontrolle, operative Koordinierung des Ressourceneinsatzes für die Nutzung der Informations- und Kommunikationssysteme im Unternehmen, Überwachung von Projekten im gesamten Lebenszyklus, Erstellung von Erfahrungsbilanzen und -statistiken über wirtschaftliche Kennzahlen vergangener Perioden oder Projekte.

Als wesentliche Instrumente des operativen IV-Controlling werden Accounting, IV-Kosten- und Leistungsrechnung, Kennzahlen/Kennzahlensysteme, Budgetierung, Projektcontrolling und Wirtschaftlichkeitsrechnung genannt, wobei eine komplexe und wirklichkeitsnahe Abbildung von problem- und benutzerrelevanten Informationen im Vordergrund stehen muß.

Die praktische Umsetzung des IV-Controlling-Konzeptes steht heute in vielen Unternehmen noch am Anfang. Das bezeugen erste empirische Untersuchungen zum IV-Controlling, wie sie von Krcmar vorgelegt wurden [6].

Als Problemfelder für eine empirische Überprüfung konzeptioneller Ansätze für das IV-Controlling zeigen sich unter anderem:
- die Zielorientierung des IV-Controlling
- die Aufgabenabgrenzung des IV-Controlling
- der Methodeneinsatz im IV-Controlling
- die effiziente Einordnung der Aufgaben des IV-Controlling in die Organisationsstruktur des Unternehmens
- die Dimensionierung des IV-Controlling in Abhängigkeit von der Unternehmensgröße und dem Umfang des DV-Einsatzes.

Diese Fragestellungen wurden im Rahmen eines durch die Deutsche Forschungsgemeinschaft geförderten Projektes zur Entwicklung eines Entscheidungsunterstützungssystems für ausgewählte betriebliche Führungskräfte, darunter der IV-Controller, aufgegriffen.

2 Gestaltung der empirischen Untersuchung

Grundlage der praktischen und theoretischen Analyse des IV-Controlling bildet eine Teilerhebung im deutschsprachigen Raum.

Als Erhebungsmethode wurde die schriftliche Befragung gewählt, welche vor allem aus Kosten-, Zeit- und personellen Gründen am günstigsten und zur Erkenntnisgewinnung ausreichend erschien.

Zur Befragung wurde ein Fragebogen bestehend aus 24 Fragen (teilweise auch mit Unterfragen) entworfen.

Die Zielgruppe dieser Erhebung bildeten Geschäftsführer, IV-Leiter, Informationsmanager und IV-Controller von Großunternehmen.

Die Umfrage fand im Zeitraum Mitte Dezember 1992 bis Mitte März 1993 statt. Insgesamt wurden 436 Fragebögen verschickt. Davon konnten 71 beantwortete Fragebögen für die Auswertung verwendet werden. Die Rücklaufquote beträgt demzufolge 16,3 %.

Allein die Hälfte der an der Umfrage beteiligten Unternehmen bildet die Branche Stahl, Maschinen- und Fahrzeugbau (26,76 %) zusammen mit der Branche Banken, Versicherungen und Dienstleistungen (25,35 %).
Weitere wichtige Branchen wie Elektrotechnik, Nachrichtentechnik, Optik (14,08 %) sowie Chemie, Öl, Kunststoffe, Gummi (11,27 %) sind ebenfalls im Fragebogenrücklauf vertreten, gefolgt von einer geringen Anzahl Unternehmen unterschiedlicher Branchenzugehörigkeit.

3 Ergebnisse der empirischen Untersuchung

Aus dem umfangreichen empirischen Material sollen im folgenden drei Schwerpunkte herausgegriffen werden, die neue, weiterführende Ergebnisse zum Entwicklungsstand, der Zielorientierung und einer effizienten Organisation des IV-Controlling vermitteln.

3.1 Entwicklungsstand des IV-Controlling

Im Vergleich zu der bereits zitierten Untersuchung von Krcmar, die einen Implementierungsstand des IV-Controlling 1991 mit 63,1 % (Ansätze und jahrelange Erfahrungen) ausweisen [7] zeigt die Untersuchung von 1993 einen tendenziell steigenden Entwicklungsstand des IV-Controlling (81,6 %), der sich wie folgt darstellt: 56,3 % der befragten Unternehmen realisieren eine Aufgabe IV-Controlling und arbeiten an der Verbesserung der Konzepte, bei 22,5 % ist der Aufgabenbereich im Aufbau begriffen und 2,8 % waren der Meinung, die Aufgabe bereits auf hohem Niveau zu erfüllen.
Die restlichen Unternehmen befanden sich in der konzeptionellen Phase (8,5 %) bzw. bei der langfristigen Planung der Einführung des IV-Controlling (2,8 %). Kein Konzept oder keine Einführungsabsichten äußern 7 % der befragten Unternehmen.

3.2 Zielorientierung des IV-Controlling in Unternehmen

In Weiterführung der Untersuchungen von Krcmar, der eine Priorität langfristiger Ziele des IV-Controlling vor kurzfristigen Zielen, wie z. B. der Kostenkontrolle findet [8], wurde nach einer Wichtung strategischer und operativer Ziele zum gegenwärtigen und zukünftigen Zeitpunkt gefragt (vgl. Abbildung 1).

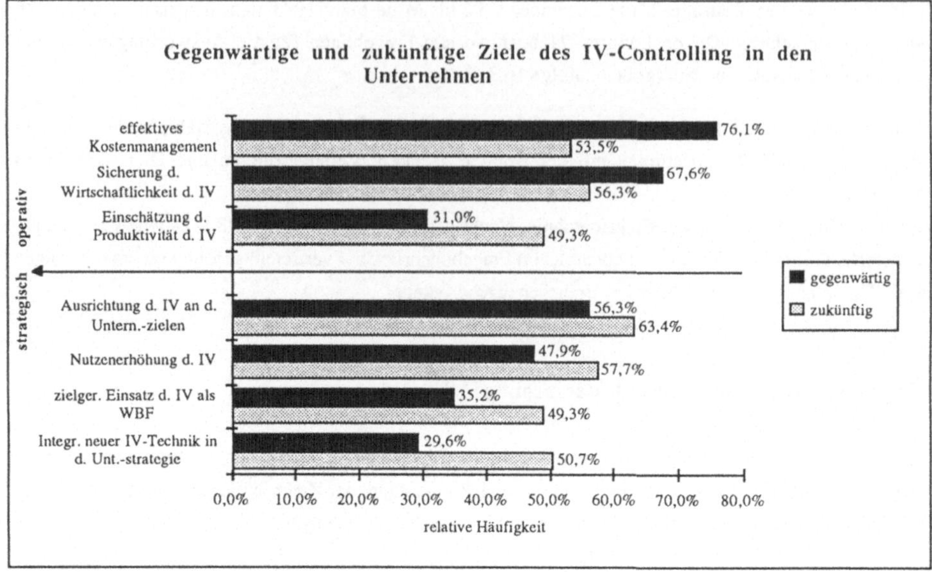

Abbildung 1:   Gegenwärtige und zukünftige Ziele des IV-Controlling

Für den gegenwärtigen Zeitpunkt liegt die Priorität der Zielorientierung im operativen IV-Controlling. Gegenwärtige Hauptziele bilden ein effektives Kostenmanagement (76,1 %) und die Sicherung der Wirtschaftlichkeit der Informations- und Kommunikationssysteme-Infrastruktur (67,6 %). Strategische Ziele, wie zielgerichteter Einsatz der Informationsverarbeitung als Wettbewerbsfaktor (35,2 %) und Integration neuer IV-Technik in die Unternehmensstrategie (29,6 %), besitzen eine vergleichsweise untergeordnete Bedeutung.

Die häufigste Nennung des Zieles effektives Kostenmanagement überrascht nicht, wenn man bedenkt, daß in den meisten Unternehmen der IV-Bereich sehr kosten- und abschreibungsintensiv ist.

Man kann dieses Ergebnis deshalb als eine Bestätigung für die in den meisten Unternehmen erkannte Notwendigkeit ansehen, dringend kurzfristig eine höhere Kostentransparenz für die gesamte Informations-Infrastruktur zu schaffen. Das heißt, gegenwärtig überwiegt eine operative Orientierung des IV-Controlling.

Vergleicht man nun die oben genannten Ziele mit den Nennungen der zukünftigen Ziele, so lassen sich verschiedene interessante Veränderungen feststellen.

Hauptziele sind jetzt die Ausrichtung der Informationsverarbeitung an den Unternehmenszielen (63,4 %) und deren Nutzenerhöhung (57,7 %) sowie die Sicherung der Wirtschaftlichkeit der Informationsverarbeitung (56,3 %).

Im Vergleich dazu hat das operativ orientierte gegenwärtige Hauptziel des IV-Controlling, nämlich ein effektives Kostenmanagement, stark an Bedeutung verloren und wird nur noch von 53,5 % aller Befragten als ein zukünftiges IV-Controlling-Ziel gesehen. Auffällig ist auch der kontinuierliche Zuwachs der Nennungen des Einsatzes der Informationsverarbeitung als Wettbewerbsfaktor und der Einschätzung der Produktivität der Informationsverarbeitung sowie die Integration von neuer IV-Technik in die Unternehmensstrategie. Gerade dieses letzte Ziel hat bei der Gegenüberstellung aller gegenwärtigen und zukünftigen Ziele die größte "Stimmzunahme" erreicht.

3.3 Organisatorische Einordnung des IV-Controlling im Unternehmen

Die Einordnung der "neuen" Aufgabe IV-Controlling in bestehende aufbauorganisatorische Strukturen stellt gegenwärtig ein Hauptproblem für ein effizientes IV-Controlling dar.

Bei der Auswertung der Umfrage zur aufbauorganisatorischen Implementierung des IV-Controlling ergaben sich folgende Ergebnisse:

-   Ergänzung des Aufgabenbereiches im Informationsmanagement (33,3 %)
-   Schaffung einer Gruppe IV-Controlling im Bereich Informationsverarbeitung (27,5 %)
-   Ergänzung des Aufgabenbereiches im Controlling (18,8 %)
-   Ergänzung zum Aufgabenbereich des Informationsmanagement und Controlling (10,10 %)
-   sonstige unternehmensspezifische Aufbauorganisation (10,10 %).

Weiterführend wurde nach der Zuordnung der Instanz für das IV-Controlling gefragt (vgl. Abbildung 2).

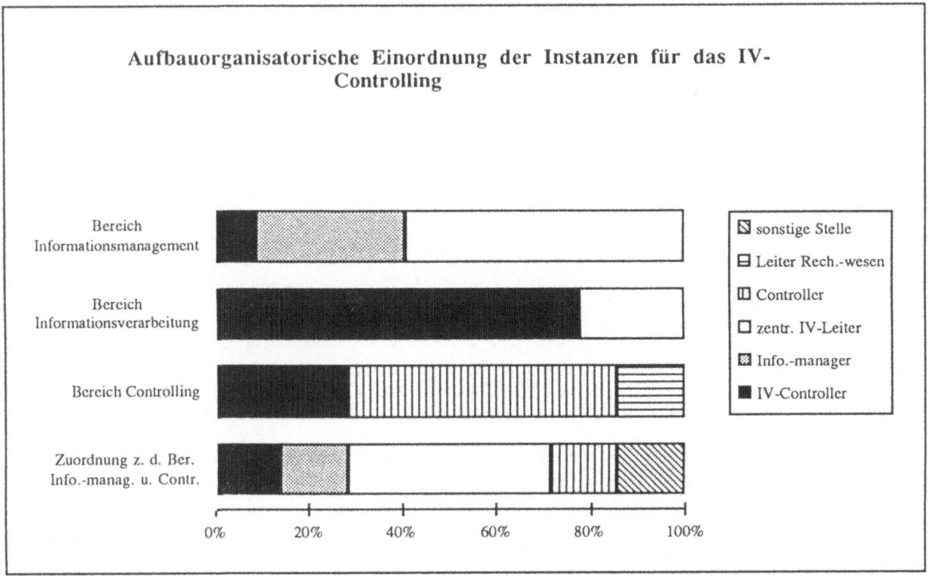

Abbildung 2:   Instanzen für das IV-Controlling

Wird das IV-Controlling ergänzend dem Aufgabenbereich des Informationsmanagements zugeordnet, dann sind mit einer Häufigkeit von 47,8 % die zentralen IV-Leiter, bei 30,4 % die Informationsmanager (sowie mit je 4,3 % die IV-Controller, Controller, Controller und zentrale IV-Leiter, zentrale IV-Leiter und Leiter Rechnungswesen) verantwortlich.

Vergleicht man die betriebliche Aufbauorganisation mit der Zuordnung des IV-Controlling zur verantwortlichen Stelle, so läßt sich feststellen, daß für die Gruppe IV-Controlling innerhalb des IV-Bereichs mit 76,5 % der IV-Controller (Guppenleiter) verantwortlich ist, bei den restlichen Befragten der zentrale IV-Leiter.

Falls eine Zuordnung des IV-Controlling zum Bereich des Controlling erfolgte, dann liegt zu 69,2 % auch die Verantwortlichkeit beim Controller bzw. mit 15,4 % beim Leiter Rechnungswesen oder es gibt im Bereich Controlling einen Controller mit der Zuständigkeit für das IV-Controlling, was allerdings nur bei 15,4 % auftritt.

4 Schlußbemerkung

Zusammenfassend läßt sich feststellen, daß für den untersuchten Bereich das IV-Controlling zunehmend als Möglichkeit verstanden wird, kurzfristig die Kostenstruktur und -entwicklung beim Einsatz von Informations- und Kommunikationssystemen transparenter zu machen.

Langfristig kann das IV-Controlling vor allem dazu beitragen, Informations- und Kommunikationssysteme als strategischen Wettbewerbsfaktor im Unternehmen erfolgreich einzusetzen.

Anmerkungsverzeichnis:

[1]   vgl. Heinrich 90, Krcmar 90, Nilsson 92, Sokolovsky 90, Seibt 90.
[2]   vgl. Seibt 90.
[3]   vgl. Heinrich 90, Horvath 91, Krcmar 91, Seibt 90.
[4]   vgl. Horvath 91.
[5]   vgl. Heinrich 90, Krcmar 90, Sokolovsky 92.
[6]   vgl. Krcmar 92.
[7]   vgl. Krcmar 92, S. 13.
[8]   vgl. Krcmar 92, S. 12.

Literaturverzeichnis:

Heinrich 90   Heinrich, L. J.; Burgholzer, P.: Informationsmanagement - Planung, Überwachung und Steuerung der Informations-Infrastruktur; München/Wien 1990.

Horvath 91   Horvath, P.: Effektives Informationscontrolling; in: Office Management 1991 (1-2), S. 12-15.

Krcmar 92   Krcmar, H.: Informationsverarbeitungs-Controlling in der Praxis; in: Information Management 1992 (2), S. 6-18.

Krcmar 91   Krcmar, H.: Informationsverarbeitungs-Controlling: Was ist IV-Controlling? Organisation, Erfolgsfaktoren; in: Information Management 1991 (1-2), S. 6-11.

Krcmar 90   Krcmar, H.: IV-Controlling Zielsetzung und Erfolgsfaktoren; in: Information Management 1990 (3), S. 6-15.

Nilsson 92   Nilsson, R.: Controlling und Informationswirtschaft; in: DV-Management 1992 (2), S. 53-58.

Ruthekolck 90   Ruthekolck, T.: Informations-Controlling - Optionen der organisatorischen Gestaltung; in: Information Management 1990 (3), S. 28-33.

Seibt 90   Seibt, D.: Informationsmanagement und Controlling; in: Wirtschaftsinformatik 1990 (2), S. 116-126.

Sokolovsky 90   Sokolovsky, Z.; Kraemer, W.: Controlling der Informationsverarbeitung; in: Information Management 1990 (3), S. 16-27.

Sokolovsky 92   Sokolovsky, Z.: IV-Controlling konzeptionelle Überlegungen und praktische Erfahrungen; in: Office Management 1992 (4), S. 14-20.

Stab oder Linie? - Aufgabengerechte Gestaltung der
Organisationsstruktur des Informationsmanagements

Dr. Knut Hildebrand
Universität Würzburg, Lehrstuhl für BWL und Wirtschaftsinformatik
Josef-Stangl-Platz 2, 97070 Würzburg

1 Ganzheitliches Informationsmanagement - vom Wunsch zur Wirklichkeit

Der *Wunsch* bzw. das Ziel ist bekannt: ein ganzheitliches Informationsmanagement, wie es beispielsweise dem Stadium 6 bei *Nolans* "Stage Theory" oder der Phase "Integration" bei *Nagel* entspricht [vgl. Nola79, Nage90]. Dies bedeutet unter anderem: Integration der Anwendungsbereiche auf der Grundlage gemeinsamer Datenbestände und Informationsflüsse, strategische Planung und Kontrolle der Informationsverarbeitung sowie Unterstützung der Unternehmensziele und -strategien. Letztendlich wird die Informationsverarbeitung integraler Bestandteil der Unternehmensstrategie, um so Wettbewerbsvorteile gezielt zu planen und zu realisieren. Aus dieser Zielvorstellung läßt sich unmittelbar der Aufgabenumfang ableiten: *Informationsmanagement* beinhaltet alle Aufgaben bezüglich der Planung, Organisation, Gestaltung, Koordination und Kontrolle von Information und Kommunikation im Unternehmen.

Wie aber sieht die *Wirklichkeit* in vielen Unternehmen aus? Oftmals so: Stau der Anwendungsprojekte (viel Wartung, wenig Neuentwicklung), kaum übergreifende Planung und Priorisierung der IS-Investitionen, veraltete Technologien, mangelhafte Berücksichtigung der Ressource Information im Wettbewerb, Insellösungen, unzureichendes Datenmanagement, Kommunikationsprobleme zwischen Fachabteilung und Informationsverarbeitung (IV) und mangelhafte Endbenutzerunterstützung - um nur einige Probleme zu nennen. Daher muß, damit der Wunsch Wirklichkeit wird, die schon von *Szyperski* aufgestellte Forderung nach einem zentralen Informationsmanagement umgesetzt werden [vgl. Szyp85]. Wie dies organisatorisch gestaltet werden kann, wird im folgenden dargestellt.

2 Aufgabenstruktur des Informationsmanagements

Die Strukturierung der Aufgaben des Informationsmanagements kann in drei Ebenen unterschiedlicher Bedeutung und zeitlicher Tragweite vorgenommen werden [vgl. Brom91, Hein90, Rauh90]:

1. Strategische Aufgabenebene
   Sie beinhaltet richtungsweisende, langfristige Prognose-, Planungs- und Führungsaufgaben, die für die Informationsverarbeitung von grundsätzlicher Bedeutung sind.
2. Taktische Aufgabenebene
   Aufgaben dieser Ebene ergeben sich aus den strategischen Entscheidungen. Sie umfassen mittelfristige Aktivitäten des Informationsmanagements, die im wesentlichen die Planung, Überwachung und Steuerung der Komponenten der Informations-Infrastruktur (insbesondere ihre Realisierung und Aufrechterhaltung) betreffen.
3. Operative Aufgabenebene
   Am Betrieb und an der Nutzung der vorhandenen Informationssysteme orientieren sich die operativen Aufgaben.

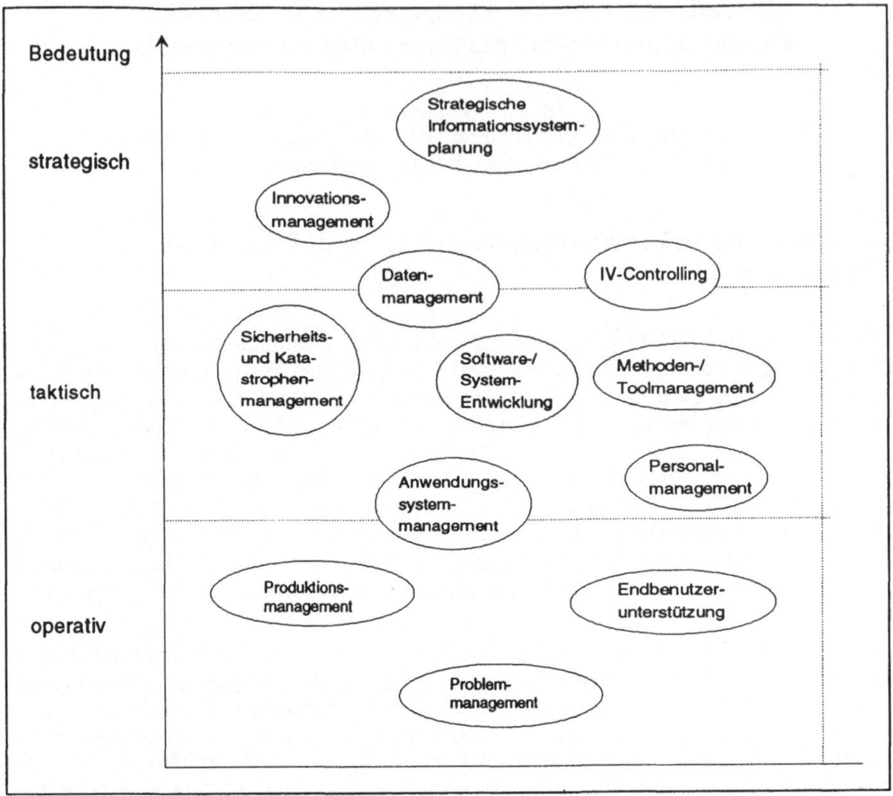

Abb. 1: Einordnung der Aufgaben des Informationsmanagements nach ihrer Bedeutung

Als ungefähren Zeithorizont gibt *Rauh* mehr als sieben Jahre (strategisch), ein bis sieben Jahre (taktisch) und unter einem Jahr (operativ) an [vgl. Rauh90]. Die einzelnen Aufgaben lassen sich graphisch nach ihrer Bedeutung anordnen, wobei die Positionierung nicht den Anspruch der Allgemeingültigkeit erfüllen soll (Abb. 1). Dies ist notwendig, da unternehmensindividuelle Erfordernisse durchaus auch andere Gewichtungen verlangen. Im einzelnen fallen zwölf verschiedene Aufgaben an, die im folgenden skizziert werden.

2.1 Strategische Aufgaben

Die wichtigste Aufgabe ist die *Strategische Informationssystemplanung*. Sie beinhaltet den Gestaltungsprozeß für die Planung, Erstellung und Entwicklung der Informationssystemarchitektur. Des weiteren ist das *Informationsverarbeitungs-Controlling* zu erwähnen. Das IV-Controlling umfaßt das Setzen von Zielen sowie die Überwachung und Steuerung der Zielerreichung; die Rückkopplung zwischen der Zielerreichung und der Zielsetzung ist wichtig für alle Aktivitäten der Bereitstellung und Nutzung von IV-Systemen/Infrastrukturen. Das IV-Controlling muß dafür Sorge tragen, daß nur ökonomisch bzw. strategisch sinnvolle Investitionen durchgeführt werden [vgl. Soko92]. Schließlich dient das *Innovationsmanagement* der Beobachtung und Beeinflussung der Technologieentwicklung sowie der Planung neuer Komponenten für die IV-Infrastruktur.

2.2 Taktische Aufgaben

An der Nahtstelle zwischen strategischen und taktischen Aufgaben liegt das *Datenmanagement*. Es ist verantwortlich für die Administration, Selektion, Modellierung und Qualitätskontrolle der relevanten Daten aus der betrieblichen Realwelt [vgl. Szid92]. Die *Software- und Systementwicklung* betreut die Umsetzung der Anwendungssystemplanung in Form von konkreten Entwicklungsprojekten. Ebenfalls auf der taktischen Ebene ist das *Methoden- und Toolmanagement* angesiedelt; ihm obliegen Auswahl, Entwicklung und Implementierung von Methoden, Techniken und Tools (Werkzeugen).

Das *Personalmanagement* umfaßt die Führungsaufgaben des Personalwesens, soweit es sich dabei um das IV-Personal handelt. Dazu gehören einerseits die Angestellten der EDV-Abteilung, andererseits die Mitarbeiter der Fachabteilungen, die bei der Systementwicklung mitwirken bzw. die die Anwendungssysteme nutzen [vgl. Hein90]. Das *Sicherungs- und Katastrophenmanagement* hat die Sicherheit, Verfügbarkeit, Zuverlässigkeit und Funktionsfähigkeit der gesamten Informations-Infrastruktur zu gewährleisten. Dazu gehört auch das Erkennen von Gefahren und Risiken in diesem Bereich, verbunden mit der Entwicklung und Implementierung eines Vorsorgekonzepts [vgl. Schw91]. Die Betreuung der Anwendungssysteme im Hinblick auf die betrieblichen Anforderungen und auf die Unternehmensziele gehört zu den Aufgaben des *Anwendungssystemmanagements* [vgl. Lehn88].

2.3 Operative Aufgaben

Die wichtigste operative Aufgabe ist das *Produktionsmanagement*. Es ist zuständig für die Planung, Überwachung und Steuerung der Betriebsmittel und verfolgt das Ziel, sie für die Benutzer effizient und effektiv zu nutzen. Die *Endbenutzerunterstützung* (Benutzerservice) ist typischerweise im Bereich der Individuellen Datenverarbeitung (IDV) zu finden; sie führt die zentrale Anwenderberatung und -betreuung durch. Die Aufgabe des *Problemmanagements* ist es, Fehler im Systembetrieb möglichst frühzeitig zu erkennen und umgehend zu beseitigen [vgl. Hein90].

3 Eingliederung des Informationsmanagements im Unternehmen

Für die organisatorische Absicherung des Informationsmanagements gibt es noch keine allgemein akzeptierte und eindeutige Empfehlung. Dennoch kann davon ausgegangen werden, daß die historisch älteste Form, die IV als Teil einer Fachabteilung, sich nicht anbietet, da diese Gestaltungsmöglichkeit nicht der gewachsenen Verantwortung entspricht. Sinnvoller sind dagegen die folgenden Strukturen.

3.1 IV-Abteilung als Stabsstelle

Die erste Variante, die IV-Abteilung als Stabsstelle der Unternehmensleitung, kommt dem Anspruch einer hohen Positionierung in der Unternehmenshierarchie entgegen. Auch Biethahn unterstützt diese Ansicht, da nur durch eine möglichst hohe Ansiedlung im hierarchischen Gefüge des Betriebes eine unabhängige, abteilungsübergreifende und damit integrale Datenverarbeitung realisiert werden kann. Andernfalls sind viele abteilungsübergreifende Informationsversorgungsfunktionen nicht oder nur schwer durchführbar [vgl. Biet90].

Vorteile bestehen bei dieser Einordnung vor allem für die zentrale Planung aller Informationsverarbeitungsaufgaben. Jedoch kann die Isolation der IV-Abteilung zu einer Distanz führen, die dann in nicht problemadäquaten Lösungen für die Fachabteilungen ihren Ausdruck findet. Da der Stab keine Weisungsbefugnis hat, muß die Steuerung durch gezielte und fundierte Beratung erfolgen.

3.2   Mehrstufige IV-Organisation

Mertens befürwortet, daß die Stabsstelle der Unternehmensleitung den IV-Instanzen in den Geschäftsbereichen in begrenztem Maß Weisungen erteilen darf. Der Ansatz sollte vor allem bei divisionalisierten Unternehmen mit einer mehrstufigen IV-Organisation gewählt werden, um so einerseits die Synergieeffekte einer einheitlichen Ausrichtung (Hardware, Software usw.) nutzen zu können, andererseits aber die Leiter der Unternehmensbereiche nicht zu sehr - wie bei einer ausschließlich zentralen IV-Lösung - in der Nutzung der Informationstechnik einzuschränken. Generell stellt die Stabsstelle vor allem für Industrie- und Handelsbetriebe eine Lösung dar, weil sie dem übergreifenden Charakter der Informationsverarbeitung entspricht [vgl. Mert85].

3.3   IV-Abteilung als Linienabteilung

Die Einbindung der Datenverarbeitung als Linienabteilung der zweiten Ebene, d.h. als gleichberechtigte Hauptabteilung, kommt dann in Frage, wenn die Informationsverarbeitung eine hohe Bedeutung im Unternehmen hat. Das ist dort der Fall, wo keine physischen Produkte hergestellt werden (d.h. vor allem Produktion von Information), insbesondere bei Banken und Versicherungen [vgl. Mert85]. Die Nachteile dieser Organisationsform sind darin zu sehen, daß Konkurrenzprobleme mit anderen Abteilungen entstehen können, die einer ganzheitlichen Informationsversorgung und -verwaltung nicht dienlich sind (daher oft die Bildung von Lenkungsausschüssen für die Priorisierung der Projekte).

4   Gestaltung der internen Aufbauorganisation

4.1   Linien-Organisation

Martiny/Klotz beziehen sich in ihrer Darstellung der Aufbauorganisation der Informationsverarbeitung auf die Linien-Organisation in größeren Unternehmen. Sie definieren dazu sechs Teilbereiche der Informationsverarbeitungsfunktion [vgl. Mart89]:
- Datenadministration,
- Anwendungsentwicklung,
- Planung und Betrieb technischer Einrichtungen,
- Betriebswirtschaft,
- Forschung & Entwicklung (Innovationsmanagement) und
- Nutzerservice.

Diese werden noch tiefer gegliedert, wobei im Einzelfall unternehmensindividuelle Einflußfaktoren zu berücksichtigen sind. Kritisch ist anzumerken, daß die Strategische Informationssystemplanung, als eine zentrale Aufgabe des Informationsmanagements, nicht ausdrücklich angesprochen wird.

4.2 Stab-Linien-Organisation

Neben der reinen Linien-Organisation findet man auch die Stab-Linien-Organisation, in der die Stäbe Beratungs- und Planungsaufgaben wahrnehmen. In der Gliederung des EDV-Bereichs nach *Koreimann* sind die Anwendungsentwicklung und die Datenbankverwaltung als Linienabteilungen gestaltet. Ebenso wird auch das Rechenzentrum (Produktion) von der Anwendungsentwicklung getrennt. Diese wiederum kann nach Projekten gegliedert werden, wobei die Matrix-Organisation als empfehlenswert zu betrachten ist. Die Stabsfunktionen umfassen: Datensicherung, Planung und Methoden. Die letztgenannte Stelle nimmt dabei im Rahmen der EDV-Organisation den Rang einer Forschungs- und Entwicklungsabteilung ein [vgl. Kore87]. Das Personalmanagement und das IV-Controlling sind organisatorisch nicht explizit berücksichtigt.

4.3 Stab-Linien-Organisation: ein neuer Ansatz

Im folgenden wird eine Organisationsstruktur vorgestellt, in die - auf der Basis des Stab-Linien-Modells - alle im zweiten Kapitel aufgezeigten Aufgaben einzuordnen sind. Die Aufbauorganisation des Informationsmanagements (Abb. 2) besteht aus den fünf Linienabteilungen
- Datenmanagement,
- Software-/Systementwicklung,
- Produktion/Rechenzentrum,
- Anwendungssystemmanagement und
- Endbenutzerunterstützung/Problemmanagement.

Des weiteren gehören zwei Stabsabteilungen dazu. Der erste Stab beschäftigt sich mit der Sicherheit der Informationsverarbeitung, mit den Methoden und Werkzeugen und mit den Aufgaben des Personalmanagements. Zusammen mit den fünf Linienabteilungen werden damit alle taktischen und operativen Anforderungen abgedeckt. Im zweiten Stab sind alle strategischen Aufgaben des Informationsmanagements - Planung, Controlling und Innovationen - zusammengefaßt. Gerade im Hinblick auf die strategische Bedeutung der Information erfolgt an dieser Stelle zum einen die erforderliche Kopplung an die Unternehmensstrategie, zum anderen werden hier innovationstechnologische Konzepte entwickelt, die wiederum Wettbewerbsvorteile hervorbringen können [vgl. Hild92].

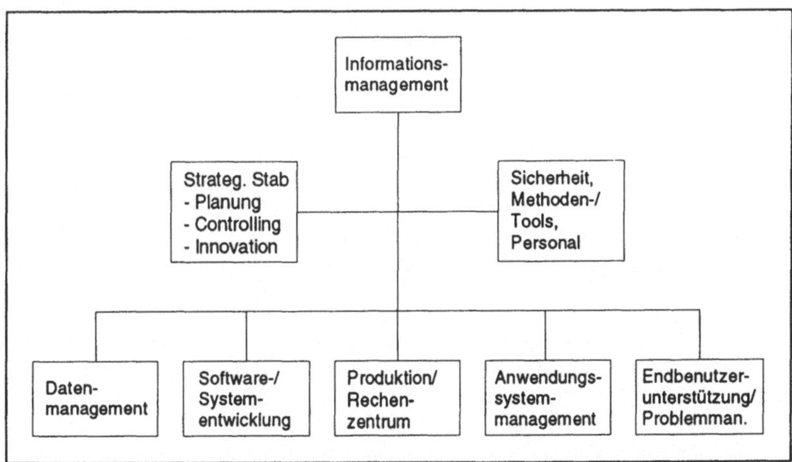

Abb. 2: Aufbauorganisation des Informationsmanagements (große Abteilung)

Auch bei der Gestaltung des Aufbaus einer Informationsmanagement-Abteilung sind mehrere Implementierungsvariationen - über diesen "großen" Ansatz hinaus - denkbar. Insbesondere kleinere Abteilungen sind in der Regel dadurch charakterisiert, daß entweder Stellen fehlen, oder aber daß sie weniger tief untergliedert (bzw. mehrere Stellen zusammengefaßt) sind. Die "kleine" Lösung bietet sich daher für Unternehmen an, die keine stark gegliederte Struktur in ihrer Informationsverarbeitung besitzen, oder die bestrebt sind, bisher getrennte Aufgabenbereiche zu reorganisieren. In der Stabsstelle sind alle strategischen Aufgaben zusammengefaßt; zusätzlich finden sich hier auch die taktischen Aufgaben, die die Sicherheit, die Methoden und Werkzeuge sowie das Personal betreffen. Das Problemmanagement und die Endbenutzerunterstützung bilden die Abteilung "Unterstützung", das Anwendungssystemmanagement wird von der Produktion miterledigt (Abb. 3).

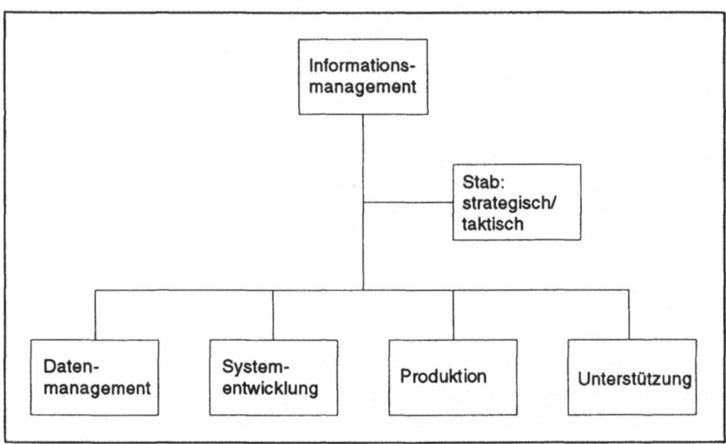

Abb. 3: Organisatorische Gestaltung des Informationsmanagements (kleine Abteilung)

5   Neue Länder, neue Konzepte?

Unterscheiden sich die Aufgaben des Informationsmanagements in den neuen Bundesländern von denen in den alten? Wohl kaum. Daher können die beschriebenen Konzepte der organisatorischen Gestaltung des Informationsmanagements natürlich auch von Mecklenburg-Vorpommern bis Sachsen verwendet werden.

Abschließend sei noch auf das Outsourcing hingewiesen. Dieses "neue" Konzept, das oft aus Kostengesichtspunkten durchgeführt wird, hat auch organisatorische Konsequenzen für die Informationsverarbeitung im Unternehmen. Der Begriff Outsourcing steht für die vollständige oder teilweise Auslagerung der Informationsverarbeitung an externe Dienstleistungsfirmen. Das Outsourcing umfaßt dabei solche Dienste wie Beratung, Analyse, Konzeption, Schulung, Programmierung und Facilities Management. Während die ersten Formen weitgehend bekannt und akzeptiert sind, bedeutet Facilities Management die Beauftragung eines unternehmensexternen Dienstleisters mit der Entwicklung, Einführung und Durchführung der Informationsverarbeitung eines Unternehmens [vgl. Herb90, Herr91].

Somit ist Outsourcing im Endeffekt also nur ein neuer Name für die in der Informationsverarbeitung längst bekannte Fremdausübung einer betrieblichen Funktion. Der Vorteil für Betriebe in den neuen - aber auch alten - Ländern liegt vor allem darin: Sie können eine Entlastung von den IV-Aufgaben durch erfahrene Spezialisten erhalten und sich dadurch auf das eigentliche Kerngeschäft besser konzentrieren. Hinzu kommt eine geringere Kapitalbindung (für Hard- und Software) und - ganz entscheidend - die Kalkulierbarkeit der IV-Kosten. Allerdings kann auch im Extremfall einer vollständigen Auslagerung der unternehmensinterne Aufgabenträger dem betriebsfremden Organ die Verantwortung für die Aufgabenlösung nicht überlassen [vgl. Selc71]. Das Informationsmanagement trifft nach wie vor die Entscheidungen über die zu erstellenden Leistungen und die dazugehörende Kontrollfunktion.

Literatur

Biet90   Biethahn, J.; Muksch, H.; Ruf, W.: Ganzheitliches Informationsmanagement, Band 1, Grundlagen, München, Wien 1990.

Brom91   Brombacher, R.: Effizientes Informationsmanagement - die Herausforderung von Gegenwart und Zukunft, in: Jacob, H.; Becker, J.; Krcmar, H. (Hrsg.), Integrierte Informationssysteme, Wiesbaden 1991, S. 111-134.

Hein90   Heinrich, L.J.; Burgholzer, P.: Informationsmanagement: Planung, Überwachung und Steuerung der Informations-Infrastruktur, 3. Aufl., München, Wien 1990.

Herb90   Herbers, R.: Der Unterschied besteht vor allem im Etikett: Facilities Management ist tot - es lebe das Outsourcing, in: Computerwoche, Nr. 33, 17. August 1990, S. 33-34.

Herr91   Herrmann, G.: Neue Organisationsformen des IV-Betriebes: Outsourcing, Facilities Management, in: HMD, 158/1991, S. 8-15.

Hild92   Hildebrand, K.: Informationsmanagement - Status quo und Perspektiven. Ergebnisse einer empirischen Untersuchung, in: Wirtschaftsinformatik, 5/1992, S. 465-471.

Kore87   Koreimann, D.S.: Einführung der dezentralen Datenverarbeitung, in: Koreimann, D. S. u.a., Das Zusammenspiel von zentraler und dezentraler Datenverarbeitung, Sindelfingen 1987, S. 45-83.

Lehn88   Lehner, F.: Anwendungssystem-Management, in: HMD, 142/1988, S. 47-61.

Mart89   Martiny, L.; Klotz, M.: Strategisches Informationsmanagement: Bedeutung und organisatorische Umsetzung, München, Wien 1989.

Mert85   Mertens, P.: Aufbauorganisation der Datenverarbeitung: Zentralisierung - Dezentralisierung - Informationszentrum, Wiesbaden 1985.

Nage90   Nagel, K.: Nutzen der Informationsverarbeitung: Methoden zur Bewertung von strategischen Wettbewerbsvorteilen, Produktivitätsverbesserungen und Kosteneinsparungen, 2. Aufl., München, Wien 1990.

Nola79   Nolan, R.L.: Managing the Crisis in Data Processing, in: Harvard Business Review, 2/1979, S. 115-126.

Rauh90   Rauh, O.: Informationsmanagement im Industriebetrieb: Lehrbuch der Wirtschaftsinformatik auf der Grundlage der integrierten Datenverarbeitung, Herne, Berlin 1990.

Schw91   Schwarze, J.: Einführung in die Wirtschaftsinformatik, 2. Aufl., Herne, Berlin 1991.

Selc71   Selchert, F.W.: Die Ausgliederung von Leistungsfunktionen in betriebswirtschaftlicher Sicht, Berlin 1971.

Soko92   Sokolovsky, Z.: Controlling des Informationsmanagements - Gegenwart und Zukunftsperspektiven, in: Information Management, 2/1992, S. 24-35.

Szid92   Szidzek, A.: Systementwicklung: Datenmanagement - Basis einer erfolgreichen Informationsverarbeitung, in: WiSt, 6/1992, S. 307-308.

Szyp85   Szyperski, N.: Gesamtbetriebliche Perspektiven des Informationsmanagements, in: Strunz, H. (Hrsg.), Planung in der Datenverarbeitung, Berlin u.a. 1985, S. 6-20.

Entwicklung eines Führungsinformationssystems als verteilter Hypertext auf Client/Server-Basis

Heiko D. Schinzer[1], Eric Schoop[2]
[1] *Universität Würzburg, Lehrstuhl für Betriebswirtschaftslehre und Wirtschaftsinformatik,
Prof. Dr. Rainer Thome, Neubaustr. 66, 97070 Würzburg, (0931) 3501-243*
[2] *Technische Universität Dresden, Fakultät Wirtschaftswissenschaften, Lehrstuhl für Wirtschaftsinformatik,
insb. Informationsmanagement, Mommsenstr. 13, 01069 Dresden, (0351) 463-3879*

Zusammenfassung

Gegenstand dieses Beitrages ist eine effizientere Unterstützung betrieblicher Entscheidungsprozesse durch Konzeption und Modellierung eines verteilten Führungsinformationssystems, wie es im Forschungsprojekt EUKLID („Entscheidungsunterstützung kaufmännischer Leistungsprozesse durch individuelle Datenverarbeitung") derzeit als Hypertextsystem auf Client-Server-Basis implementiert wird. Im Vordergrund der Prototypentwicklung steht die Abbildung von Systemmerkmalen wie eine adaptierbare Oberfläche mit intuitiver Nutzbarkeit, die individuelle Konfiguration alternativer Sichten auf verteilte Informationsbestände sowie die Integration betriebswirtschaftlicher Funktionsbausteine zur Datenauswertung im Rahmen von Entscheidungsprozessen. Zielgruppe sind insbesondere Führungskräfte in mittelgroßen Unternehmen. Die von ihnen benötigten Endbenutzersysteme müssen auf unmittelbar eingängige Weise den Zugriff auf betriebswirtschaftliche Informationen ermöglichen, die in verteilten Datenbanksystemen und als unformatierte Datenbestände in einer heterogenen DV-Welt abgelegt sind.

1 Ausgangssituation und Problemstellung

Die Tätigkeitsinhalte betrieblicher Entscheidungsträger sind zu großen Teilen durch Improvisation bestimmt, einzelfallorientiert, von hoher Komplexität und kaum vorhersagbar. Mit zunehmender Hierarchiestufe wird nicht nur der Verantwortungskreis weiter, sondern auch die Charakteristik der Entscheidungssituation immer unschärfer. Während in fast allen Betriebsbereichen der Computer als Werkzeug für eine effiziente Aufgabenerfüllung nicht mehr wegzudenken ist, stellt hier die Individualität von Problemstellungen, Lösungswegen und persönlichen Führungsstilen eine hohe Hürde für Verbesserungen mittels Computerunterstützung dar [ScSc92, 44].

Ausgehend von dem noch uneinheitlich definierten Begriff der Führungsinformationssysteme (FIS) in Forschung, Lehre und Praxis [RoDe88, Grof92, HiMo92 u.a.] soll im folgenden ein FIS als ein System verstanden werden, das der rechnergestützten Versorgung der Unternehmensführung mit nachgefragten Informationen dient [Grof92, 23]. Mit der immer stärkeren Computerisierung auch kleiner und mittelgroßer Unternehmen wächst der Bedarf an dieser neuen Generation von Informationssystemen mit speziellen Anwendungseigenschaften für die Unternehmensführung. Erleichtert wird ihre Einführung durch den anstehenden Generationswechsel im Management. Beim Führungsnachwuchs ist eine zunehmende Offenheit gegenüber dem Einsatz von Computern zur Vorbereitung und Unterstützung von Entscheidungen zu beobachten. Sie dürfte sich vor dem Hintergrund der aktuellen Erfordernisse hinsichtlich Reagibilität und Flexibilität der Unternehmen in härter umkämpften, globalen Märkten künftig noch verstärken [BuHK90, 41].

Die mittlerweile im Rahmen marktfähiger Entwicklungsumgebungen verfügbaren Instrumente – wie direkt manipulierbare, intuitiv benutzbare Oberflächen, Hypermedia-Konzepte und objektorientiertes Design sowie auf Architekturseite die Verteilung von Präsentations-, Verarbeitungs- und Speicherleistung nach dem Client/Server-Prinzip – ermöglichen eine effizientere Entwicklung anpassungsfähiger, benutzerorientierter Applikationen. Die wichtigsten Merkmale dieser Ansätze sind:

- höhere Individualität und Adaptierbarkeit der Benutzerumgebung,
- freiere, selbstbestimmte Navigation des Anwenders im weitverzweigten Informationsraum,
- flexiblere Aufbereitung und Weiterverarbeitung der Informationen und
- funktionale und räumliche Aufteilung in voneinander weitgehend unabhängige, botschaftengekoppelte Back-End- und Front-End-Komponenten zur Informationsverwaltung beziehungsweise -manipulation.

Sie erscheinen besonders geeignet, die o. a. Probleme bei der Unterstützung von Führungskräften überwinden zu können.

2 Aufbau des Führungsinformationssystems EUKLID

Das verteilte Führungsinformationssystem EUKLID wird mit Hilfe der zuvor genannten Instrumente für den Einsatz auf vernetzten Arbeitsplatzrechnern entwickelt. Im Vordergrund stehen Konzeption und Entwicklung graphischer Manipulations- und Navigationswerkzeuge, die es auch sporadischen Anwendern ermöglichen, komplexe Anfragen an eine zentrale Unternehmensdatenbank oder an dezentrale Datenspeicher im Informationsverbund zu stellen und die Ergebnisse lokal in der persönlich präferierten Softwareumgebung zielorientiert weiterzuverarbeiten [ScSc93, 15].

Neben der Umsetzung der generellen Anforderungen, die an ein FIS gestellt werden, konzentriert sich die Entwicklung von EUKLID vor allem auf die unmittelbare Verfügbarkeit beliebiger, entscheidungsrelevanter Informationen. Dabei spielt die endbenutzerorientierte Aufbereitung betrieblicher Kennzahlen, die aus internen und externen Daten gewonnen werden, eine wichtige, aber nicht die allein entscheidende Rolle. Nur wenn zusätzlich auch nicht formatierte Datenbestände – wie persönliche Notizen, Absprachen, Projektberichte, Gutachten oder Expertisen – dem Entscheider im richtigen Moment und Kontext zur Verfügung gestellt und damit in die Entscheidungsfindung einbezogen werden können, läßt sich der Informationsgrad einer Entscheidung und damit der Nutzen des Systemeinsatzes für die Führungskraft deutlich erhöhen.

Der spezifische EUKLID-Arbeitsplatz wird auf Basis einer relationalen Unternehmensdatenbank (derzeit unter ORACLE realisiert) und etablierten Bürowerkzeugen zur Textverarbeitung, Tabellenkalkulation und Graphikerstellung konfiguriert (Bild 1). Während der in Abschnitt 2.2 vorgestellte HEUREKA-Ansatz die zentrale Koordination aller im Rechnernetz gespeicherten Objekte – Bürodokumente, Datenbankanfragen ("Views", "Stored Procedures"), Anfrageergebnisse ("Snap Shots") und deren Auswertungen sowie die zwischen ihnen angelegten Verknüpfungen – gewährleistet [ScSc93, 16], erfolgen die Zugriffe auf die betriebswirtschaftlichen Datenbestände über den in Abschnitt 2.3 erläuterten EIDOS-Ansatz.

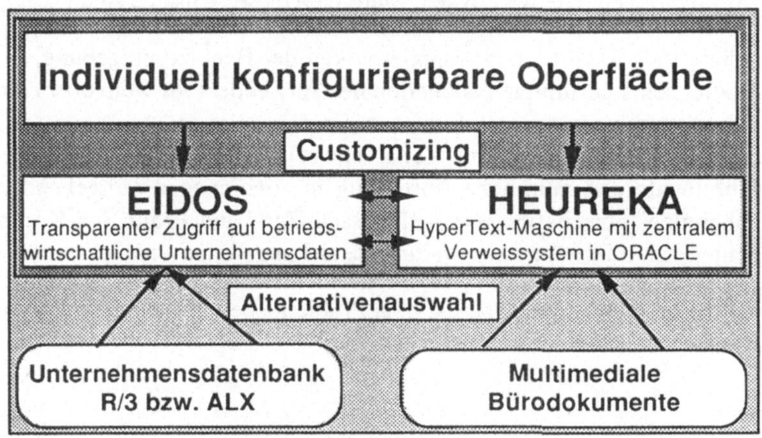

Bild 1: Aufbau des Führungsinformationssystems EUKLID

2.1   Client/Server-Architektur

Um dem Bedarf der Zielgruppe – geringe Lern- und sporadische Arbeitszeiten sowie intuitiv verständliche Zugriffe auf Informationen beliebiger Modalität – zu genügen, wird EUKLID als Client/Server-System realisiert [ScSc93]. Dabei werden als endbenutzerorientierte Client-Stationen Apple Macintosh Computer eingesetzt, die auf heterogene Server – einen Apple Macintosh Rechner mit dem zentralen Hypertext-Verweissystem und eine SNI RM/400 mit der zentralen Unternehmensdatenbank – zugreifen (siehe Bild 2). Das UNIX-System steht einer virtuellen Unternehmung – Projekt VULCAN [Thom92, 157-161] – unter der betriebswirtschaftlichen Standardsoftware R/3 als Daten- und Applikationsserver zur Verfügung. Durch die jeweilige Verwaltung der zentralen Unternehmensdaten sowie der Hypertextmaschine unter Oracle kann für die *connectivity* im Systemverbund auf eine einheitliche SQL-Schnittstelle zurückgegriffen werden. Zudem sind zentrale Dienste wie Mehrbenutzer-Verwaltung und Gewährleistung von Datenschutz und Datensicherung standardmäßig realisiert.

Auf jedem Arbeitsplatzrechner im EUKLID-Netz wird eine vom Anwender individuell personalisierbare Client-Komponente unter HyperCard implementiert. Sie deckt die Funktionsbereiche "Interaktion" und "Präsentation" ab und stellt Vorverarbeitungsleistung für die Objekt-/Verknüpfungsverwaltung im Netz sowie für die Datenbankzugriffe zur Verfügung. Anschließend werden hier die Anfrageergebnisse in Endbenutzerapplikationen der Büroumgebung weiterverarbeitet.

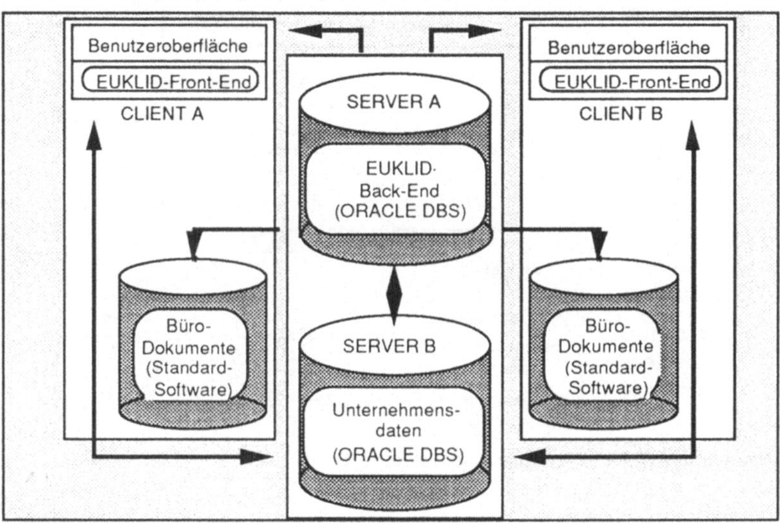

Bild 2: Informationsaustausch bei EUKLID

2.2   Hypertext-Architektur

Das EUKLID-Back-End orientiert sich am geschichteten Dexter Hypertext Referenzmodell [HaSc90] und wird im Projekt mit dem Kürzel HEUREKA bezeichnet (Hypertextbasierte Entscheidungsunterstützung als Rückkopplung von Erkenntnissen aus kooperativen Anwendungen). Ein auf dem Server unter Oracle zentral verwaltetes Verweissystem auf alle im Kooperationverbund geführten Dokumente und die zwischen ihnen existierenden Bezüge bildet die vorliegenden Informationen als komplexen, verteilten Hypertext mit einer Vielzahl von *nodes* und *links* ab. Die auf den einzelnen Arbeitsstationen unter HyperCard realisierten Client-Komponenten greifen auf diesen Server zu und erlauben ihren jeweiligen Anwendern den Aufbau persönlicher Sichten und deren graphische Präsentation im Sinne individueller Hypertext-Browser für eine kontextbezogene Navigation und Orientierung im Informationsnetz. Die Darstellung der verknüpften Objekte erfolgt in Form hierarchischer und referentieller *"fish eye" views*, die eine dynamische Beschreibung der Hypertext-Struktur aus Sicht des aktuellen Standortes ermöglichen, von dem aus wichtige Bezugsobjekte näher, unwichtigere dagegen weiter entfernt oder gar nicht eingetragen werden. Bild 3 verdeutlicht die Software-Architektur der HEUREKA-Komponente.

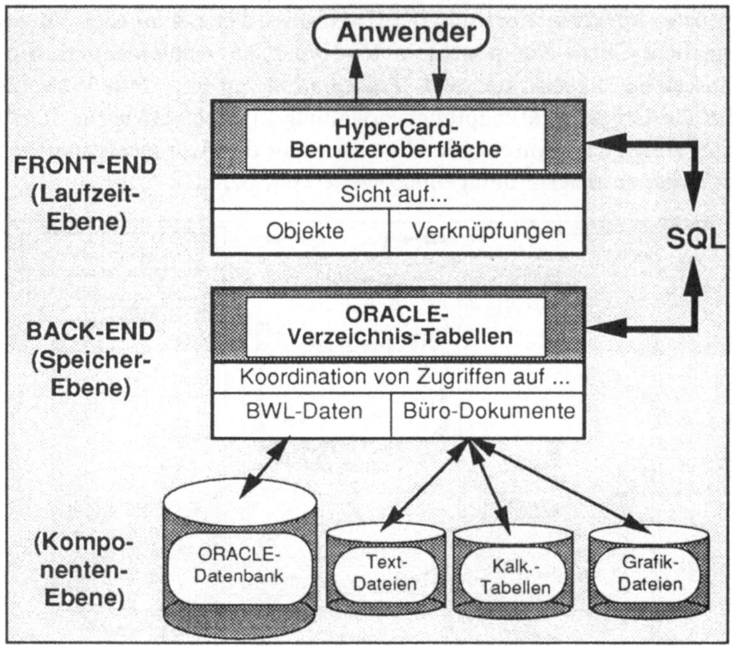

Bild 3: Architektur des Hypertext-Verweissystems in EUKLID

2.3   Betriebswirtschaftliches Modell

Die betriebswirtschaftliche Methodenbibliothek EIDOS (Erfolgsfaktor Induzierte Dynamisch Orientierte Sichtweise auf betriebswirtschaftliche Informationen) umfaßt neben den Methoden (Portfolio, Soll/Ist-Vergleiche u.a.) vor allem Selektionsmechanismen, die es dem Entscheider ermöglichen, eine aufgetretene Problemstellung zu lösen. Jedes Entscheidungsproblem verursacht einen bei Führungskräften einzelfallorientierten Informationsbedarf. An seinem EUKLID-Arbeitsplatz kann der Anwender mit individuell ausgewählten Methoden nun problem- und zielorientiert kritische Erfolgsfaktoren zur Lösung heranziehen. EUKLID erzeugt daraus im Bedarfsfall dynamisch eine Projektion auf die selektierten Datenbestände, fordert diese Informationen vom BACK-END an und verwendet zur Auswertung die ausgewählte Methode (Bild 4). Diese Selektionen sind im Gegensatz zu anderen FIS nicht vorgefertigt, sondern werden während der Laufzeit dynamisch generiert. Dies hat den Vorteil, daß der bei Führungskräften nur schwer und nie exakt zu ermittelnde Informationsbedarf nicht schon bei der Einführung des FIS festgelegt sein muß. Der Entscheider kann kreativ mit dem System arbeiten und je nach Problemstellung neue Projektionen generieren.

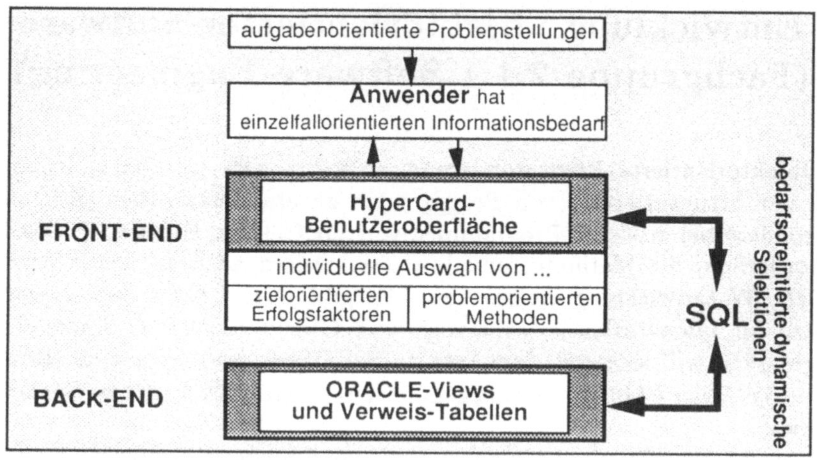

Bild 4: Architektur der EIDOS-Komponente in EUKLID

3 Ausblick

FIS sind dann erfolgreich, wenn der Anwender sie an seine Bedürfnisse anpassen kann. Mit EUKLID wird Entscheidern ein Instrumentarium an die Hand gegeben, das weder in der Auswahl der Werkzeuge noch in deren Anpassung an die individuellen Arbeitsgewohnheiten Einschränkungen auferlegt. Mit der betriebswirtschaftlichen Methodenbibliothek EIDOS und der Hypertextmaschine HEUREKA werden innerhalb eines geschlossenen FIS zwei einander ergänzende Ansätze für ein individuelles, dynamisches Informationsmanagement verfolgt, die insbesondere bei nicht planbaren, komplexen und zeitkritischen Entscheidungsproblemen künftig zu neuen Lösungswegen führen können. EUKLID ermöglicht die flexible, individuelle Aufbereitung nachgefragter Informationen in nur kurzer Bearbeitungszeit – das Treffen der Entscheidung selbst obliegt jedoch weiterhin notwendigerweise dem Entscheider.

Literatur

[BuHK90] Bullinger, Hans-Jörg, Huber, Heinrich, Koll, Peter: Chef-Informationssysteme: Navigationsinstrumente für das Topmanagement: Office Management, 1990 6, 40-44.

[Grof92] Groffmann, Hans-Dieter: Kooperatives Führungsinformationssystem. Grundlagen - Konzept - Prototyp.Wiesbaden 1992.

[HaSc90] Halasz, Frank; Schwartz, Mayer: The Dexter Hypertext Reference Model. In National Institute of Standards and Technology (NIST) (Hrsg.), Hypertext Standardization Workshop. Gaithersburg, MD: Workshop Documents, Document HT-9, 1990.

[HiMo92] Hichert, Rolf; Moritz, Michael: Management-Informationssysteme. Praktische Anwendungen. Berlin Heidelberg 1992.

[RoDe88] Rockart, John F.; DeLong, David W.: Executive Support Systems - The Emergence of Top Management Computer Use. Illinois 1988.

[ScSc92] Schoop, Eric; Schinzer, Heiko D.: Management mit Maus und Monitor. Zur Abbildung betrieblicher Entscheidungsprozesse. In: cogito 8 (1992) 1, S. 44 - 47.

[ScSc93] Schoop, Eric; Schinzer, Heiko D.: Entwicklung von Client/Server-Applikationen am Beispiel zweier prototypischer Projekte. Zur Veröffentlichung in der Zeitschrift Wirtschaftsinformatik eingereicht.

[Thom92] Thome, Rainer: Learning by Doing mit VULCAN. In: Computer, Software und Vernetzungen für die Lehre. Das Computer-Investitions-Programm (CIP) in der Nutzanwendung, Dette, Klaus (Hrsg.). Berlin Heidelberg 1992.

Entwicklung objektorientierter Software
(Fachgruppe 2.1.1 Software-Engineering)

Die Objektorientierte Programmierung ist dabei, sich als eine nützliche Methode zur Strukturierung von Programmen zu etablieren. Um ihr Potential insbesondere bei größeren Programmen voll zur Geltung kommen zu lassen, ist es erforderlich, die Methodik und ihre Denkweisen auch in den frühen Phasen der SW-Entwicklung einzusetzen. Es gibt auch bereits seit einiger Zeit Ansätze für Objektorientiertes Design und Objektorientierter Analyse. Das Fachgespräch will sich mit dem Einsatz der Objektorientierung in allen Phasen der SW-Entwicklung beschäftigen. Insbesondere sind folgende Aspekte von Interesse:
- Berichte über praktische Erfahrungen mit der Objektorientierung - Einfluß der Objektorientierung auf den SW-Entwicklungszyklus
- Einfluß der Objektorientierung auf die erstellte SW
- Testbarkeit von OO-SW, Stärken und Schwächen von OO-Methoden und -Sprachen.

Koordination: Prof. Dr. J.F.H. Winkler, Universität Jena

Wiederverwendung von Analyseergebnissen durch den Einsatz von objektorientierten Problembereichsmodellen

Dipl.-Math. Wieland Appelfeller
Universität Osnabrück, Fachgebiet BWL/ Wirtschaftsinformatik I

1 Einleitung

Als einer der Hauptvorteile von objektorientiert entwickelten Programmen wird immer wieder die hohe Wiederverwendbarkeit genannt /LEW 92, S. 41/, /COX 91, S. 26-27/. Gegenstand der Wiederverwendung ist aber nicht allein der Code eines Programms. Orientiert man sich bereits in den Phasen Analyse und Design an Objekten und Klassen, so ergeben sich auch hier hohe Wiederverwendungspotentiale.

Die vorliegende Arbeit zeigt auf, wie unter Verwendung eines objektorientierten Problembereichsmodells die Wiederverwendung in der Analysephase im hohen Maß gesteigert und dadurch die gesamte Durchführung der objektorientierten Analyse (ooA) vereinfacht werden kann. Um zu verdeutlichen, welche Schwierigkeiten sich aus der Vielgestaltigkeit eines Problembereichs ergeben können, ist als Beispiel der Bereich der Lagerlogistik gewählt worden.

2 Wiederverwendung in der Analysephase

Wird im Softwareentwicklungsprozeß nicht am Punkt Null begonnen, sondern vorhandene Software in die Entwicklung neuer Produkte mit einbezogen, so spricht man von Wiederverwendung /END 88, S. 86/. In Abgrenzung zur Wiederverwendung ist Wiederverwendbarkeit ein Maß für die Leichtigkeit, mit der früher abgeleitete Komponenten in neuen Situationen eingesetzt werden können /PRI 87a, S. 7/.

Die Wiederverwendung beschränkt sich, wie bereits angedeutet, jedoch nicht auf die Software. PRIETO-DIAZ stellt die Behauptung auf, daß die Problembereichsanalyse der Schlüsselfaktor für die Wiederverwendung ist. Unter Problembereichsanalyse versteht er eine Vorstufe der Systemanalyse. Während in der Systemanalyse Modelle für einzelne spezielle Systeme entwickelt werden, wird in der Problembereichsanalyse ein Generalisierungsprozeß auf der Menge aller denkbaren Systeme eines speziellen Problembereichs durchgeführt. Ergebnis ist ein Problembereichsmodell, das die gemeinsamen Charakteristika der konkreten Systeme des betrachteten Bereichs beschreibt.Wird bei der Systemanalyse ein Problembereichsmodell eingesetzt, so erhält der Systemanalytiker ein Rahmenwerk, auf dessen Basis er die Spezifikation für sein spezielles System ableiten kann /PRI 87b, S. 347-348/.

3 Ein objektorientiertes Problembereichsmodell für die Lagerlogistik

3.1 Beschreibung des Vorgehens und Anforderungen an das Modell

Die Erstellung des in der Überschrift genannten Problembereichsmodells fand im Rahmen einer Kooperation des Lehrstuhls für Wirtschaftsinformatik der Universität Osnabrück mit dem Paderborner Softwarehaus TEAM GmbH statt. Gegenstand dieser Kooperation ist die Entwicklung objektorientierter Software unter den in der Praxis bestehenden Anforderungen. Insbesondere soll untersucht werden, wie weit sich der Anpassungsaufwand von Standardsoftware mit Hilfe des durchgängigen Einsatzes objektorientierter Methoden reduzieren läßt.

Neben Lehrbüchern zur Lagerlogistik und Pflichtenheften mehrerer Läger dienten Lagerbesichtigungen und Diskussionsrunden mit Problembereichsexperten als Informationsquelle zur Ableitung der Anforderungen an das Modell. Eine detaillierte Auflistung dieser Anforderungen kann hier nicht erfolgen. Deshalb wird lediglich als zentrale Aufgabe der Lagerlogistik die Steuerung, Realisierung und Kontrolle der Güterflüsse in einem Lager herausgestellt /PFO 88/. Das Problembereichsmodell soll die Gemeinsamkeiten aller Lagersysteme hinsichtlich dieser Aufgabe und der nicht im Detail aufgeführten Anforderungen durch die Darstellung von Lagerstrukturen und den in Lägern auftretenden Abläufen objektorientiert beschreiben.

Für die Erstellung und Notation des Problembereichsmodells wurde die ooA-Methode von COAD und YOURDON /COA 91/ verwendet, bei der das Analysemodell in folgenden fünf Schritten konstruiert wird: (1) Bestimmen von Klassen und Objekten. (2) Identifizieren von Strukturen (Vererbung, Part-Of). (3) Identifizieren von Subjekten (Gruppen von logisch zusammengehörenden Klassen). (4) Definieren von Attributen und Instanzverbindungen. (5) Definieren von Methoden und Nachrichtenverbindungen.

Diese Tätigkeiten, die normalerweise für die Analyse konkreter Systeme durchgeführt werden (ein Anwendungsbeispiel wird in /STA 93/ gezeigt), haben sich bei der Erstellung des Problembereichsmodells ebenfalls als zweckmäßig erwiesen. Bei ihrer konkreten Ausführung müssen jedoch einige Besonderheiten beachtet werden, die mit dem Anspruch des Problembereichsmodells in Zusammenhang stehen. So kann nach dem Studium unterschiedlicher konkreter Lagersysteme nicht direkt mit der Bestimmung von Klassen und deren Attributen und Methoden begonnen werden. Es muß vielmehr zunächst eine Trennung stattfinden zwischen

– Strukturen und Abläufen, die in allen oder mehreren der betrachteten Systeme auftreten, sich in ihrem Aufbau ähneln und deshalb als gemeinsames Merkmal in das Problembereichsmodell eingehen und
– Strukturen und Abläufen, die in einem oder wenigen der betrachteten Systeme auftreten und deshalb in einer Art Subklassenkatalog des Problembereichsmodells berücksichtigt werden.

Für die mehreren Systemen gemeinsamen Merkmale werden zunächst geeignete Klassen definiert und deren Strukturbeziehungen herausgestellt. Jeder dieser Klassen werden dann möglichst allgemein gehaltene Attribute und Methoden zugeordnet. Für die spezielleren Merkmale einzelner Systeme werden keine vollständigen Klassen definiert. Es werden vielmehr Subklassen der Problembereichsmodellklassen benannt, mit deren Namen ein möglicher speziellerer Einsatzzweck für ein konkretes System angedeutet wird. Das Ergebnis ist der erwähnte Subklassenkatalog des Problembereichsmodells.

3.2 Beschreibung des Modells

Das Problembereichsmodell besteht aus neun Subjekten, die insgesamt 109 Klassen enthalten und diese nach logischen Aspekten gruppieren. Die einzelnen Subjekte sowie die dazugehörigen Klassen können an dieser Stelle nicht alle detailliert vorgestellt werden. Aus diesem Grund erfolgt lediglich eine Aufzählung der Namen der Subjekte: *Information Wareneingang /Wa-*

reneingangsprüfung, Information Lager, Information Warenausgang/Materialbereitstellung, Lagersystem, Artikel und Lagerungs- und/oder Transporteinheit, Information Verpackerei/Umpackerei, Information Transport, Information Personal, Schnittstellen von/zur Lagerlogistik.

Exemplarisch wird in Abbildung 1 das Subjekt *Lagersystem* im Detail vorgestellt.

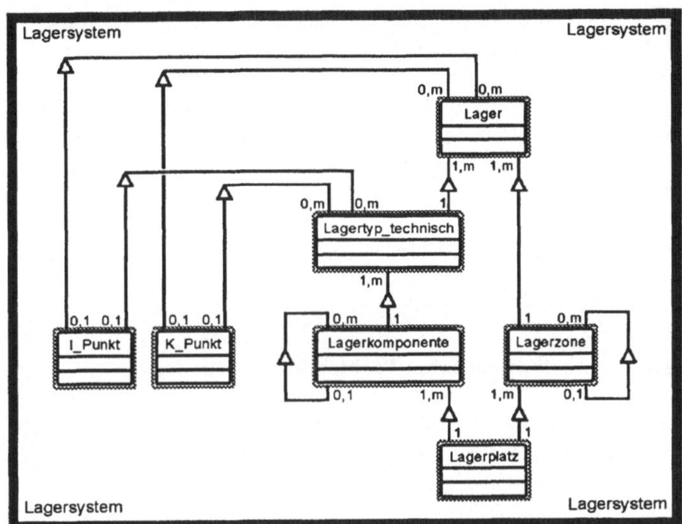

Abbildung 1: Struktureller Aufbau des Subjekts Lagersystem

Eine Ergänzung zum Problembereichsmodell stellt der in Abschnitt 3.1 bereits erläuterte Subklassenkatalog dar. Auch hierfür soll nur eine exemplarische Darstellung erfolgen: Die Klasse *Lagertyp_technisch* enthält u. a. folgende Subklassen: *Bodenlager, Blocklager, Regallager, Hochregallager, Satellitenlager, Verschieberegallager, Tanklager, Kleinteilelager.*

4 Der Übergang vom Problembereichsmodell zum konkreten Modell

Um vom Problembereichsmodell ein beliebiges konkretes Modell des betrachteten Problembereichs abzuleiten, ist ein mehrstufiges Vorgehen erforderlich. Die nachfolgend aufgeführten zehn Schritte geben eine Orientierungshilfe für den Ableitungsprozeß an. Die einzelnen Aktivitäten müssen dabei nicht streng sequentiell durchgeführt werden. Es ist möglich, Schritte vorzuziehen oder zu überspringen. Ferner hat der Ableitungsprozeß iterativen Charakter; viele der aufgeführten Aktivitäten werden mehrfach durchgeführt.

Ein mehrstufiges Vorgehen zur Ableitung von konkreten oo-Analysemodellen:

- Grobstudium des Problembereichsmodells auf Subjektebene.
- Identifikation der für das konkrete Modell relevanten Subjekte.
- Detailliertes Studium dieser Subjekte.
- Identifikation und Übernahme der benötigten Klassen bzw. Klassengruppen inklusive der sie verknüpfenden Struktur- und Instanzbeziehungen.

- Aufsplittung von rekursiven Ganz-Teil-Strukturen.
- Ggf. Anpassung der Klassennamen durch geeignete Auswahl aus Subklassenkatalog oder Vergabe von selbst gewählten Namen.
- Überprüfung und ggf. Anpassung der Kardinalität von Ganz-Teil-Strukturen und Instanzverbindungen.
- Falls erforderlich Ergänzung weiterer im Problembereichsmodell nicht vorhandener Klassen und ggf. Verknüpfung über Struktur- und Instanzbeziehungen.
- Detailliertes Studium von Attributen und Methoden der aus dem Problembereichsmodell übernommenen Klassen. Für die Anpassung der Attribut- und Methodenschicht an das konkrete Modell sind folgende Schritte möglich:
  - Unveränderte Übernahme von Attributen und Methoden des Problembereichsmodells,
  - Übernahme von Attributen und Methoden des Problembereichsmodells nach deren Modifikation,
  - Eliminieren von Attributen und Methoden des Problembereichsmodells und
  - Ergänzen neuer Attribute und Methoden.
- Bestimmen von Attributen und Methoden der Klassen, die nicht vom Problembereichsmodell abgeleitet worden sind.

5 Vorteile durch den Einsatz des objektorientierten Problembereichsmodells

Der Einsatz des Problembereichsmodells hat eine Vereinfachung des oo-Analyseprozesses zur Folge, die in vielen Fällen durch die Wiederverwendung des Problembereichsmodells bedingt ist.

Wiederverwendet wird die Grobstruktur des Problembereichsmodells. Das Problembereichsmodell gibt eine Zerlegung des Problembereichs in Gruppen von logisch zusammengehörenden Klassen vor. Da über das Entwerfen von oo-Systemen auf Abstraktionsebenen oberhalb des Klassenniveaus kaum Kenntnisse bzw. Regeln existieren, wird damit zum einen der Entwurfsprozeß oberhalb des Klassenniveaus vereinfacht, zum anderen ermöglicht diese Grobstrukturierung eine schrittweise Erarbeitung des Problembereichs. Ferner wird eine Arbeitsteilung begünstigt; diese bleibt aber aufgrund vieler Querbeziehungen schwierig.

Wiederverwendet werden ein großer Teil der Klassen des Problembereichsmodells. Durch die Vorgabe der Klassen, der sie verbindenden Strukturen und möglicher Subklassen, entfällt für große Teile des konkreten Modells die Suche nach den richtigen Abstraktionen. Diesem Vorteil kommt aus folgenden Gründen eine besonders hohe Bedeutung zu: Erstens hat die Projekterfahrung gezeigt, daß das Auffinden geeigneter Klassen in einigen Fällen mehrere Anläufe und somit viel Zeit erfordert. Zweitens wird mit den Klassen des Problembereichsmodells und den sie verbindenden Strukturen eine nach vielen Diskussionen mehrfach überarbeitete und somit gut durchdachte Systemarchitektur übernommen.

Wiederverwendet werden einzelne Attribute und Methoden des Problembereichsmodells. Für die Klassen des Problembereichsmodells werden Attribute und Methoden vorgegeben. Der Analytiker braucht bei den Attributen lediglich eine Auswahl zu treffen und spezielle Attribute zu ergänzen. Er kann sich von den durch die Methoden vorgegebenen Abläufe inspirieren lassen, einige Abläufe zu übernehmen oder verändert zu übernehmen.

Das Problembereichsmodell deckt den Problembereich vollständig und nicht nur in Teilaspekten ab. Soll zunächst nur ein Teilgebiet des Problembereichs modelliert werden, gibt das Problembereichsmodell Hinweise, wie dieser zu modellieren ist, damit spätere Erweiterungen möglich sind, ohne die Gesamtarchitektur zu verändern.

Einige Vorteile des Problembereichsmodells sind direkt auf den Einsatz objektorientierter Konzepte zurückzuführen:

- Das Modell basiert auf Objekten bzw. Klassen. Diese Zusammenfassungen von Daten und den sie manipulierenden Methoden stellen stabile Problembereichselemente dar. Beispiel: Eine Klasse *Artikel* wird in einem Lagerlogistiksystem immer vorkommen. Auch wenn ihre einzelnen Attribute und Methoden in den verschiedenen Systemen bei weitem nicht alle übereinstimmen, so ist die Klasse immer wesentlicher Bestandteil der Architektur.
- Das Modell hat insgesamt eine auf verkapselten Elementen gegründete, dezentrale Grundstruktur. Diese beiden Eigenschaften sind Voraussetzung für Wiederverwendbarkeit und Erweiterbarkeit und unterscheiden das Modell von hierarchisch strukturierten, primär ablauforientierten Modellen wie z.B. SA-Diagrammen.

Als Resümee kann festgehalten werden, daß der Einsatz eines Problembereichsmodells bei der Erstellung mehrerer konkreter Systeme in einem Anwendungsbereich eine erhebliche Zeit- und damit auch Kostenersparnis erwarten läßt. Somit könnte das in der Praxis auftretende Problem unter Zeit- und Kostendruck erstellter, qualitativ schlechter Analysemodelle durch die Wiederverwendungsmöglichkeiten eines Problembereichsmodells entschärft werden. Da die Erstellung mehrerer Systeme in einem Anwendungsbereich vorwiegend von spezialisierten Softwarehäusern realisiert wird, ist hier das potentielle Einsatzfeld der Problembereichsmodelle zu suchen.

6 Ausblick und Abgleich mit anderen Ansätzen

Eine Besonderheit des entwickelten Problembereichsmodells ist die Eigenschaft, daß beim Ableitungsprozeß nicht primär mit Vererbung, d.h. Ergänzung von vorhandenen Attributen und Methoden und ggf. Redefinition von Methoden gearbeitet wird. Vielmehr werden die einzelnen Klassen zum Teil modifiziert in das konkrete Modell übernommen. Diese Modifikation schließt neben der Ergänzung von Attributen und Methoden auch deren Eliminierung ein. Durch diesen Sachverhalt unterscheiden sich Problembereichsmodelle von den für die Design- und Implementierungsphase seit längerer Zeit, insbesondere für die Entwicklung graphischer Benutzeroberflächen, propagierten Frameworks /DEU 89/, /WIR 90/.

Der Grund für den bei Problembereichsmodellen gewählten und im Vergleich zu Frameworks wenig eleganten Ableitungsprozeß liegt in der Vielfältigkeit des Problembereichs. Die Gemeinsamkeiten <u>aller</u> denkbaren Lagerlogistiksysteme sind sehr gering. Würde man im Problembereichsmodell lediglich diese Gemeinsamkeiten abbilden, würde sich ein weitgehend inhaltsleeres Grundgerüst aus Identifikationsnummern und trivialen Methoden ergeben, das für den Einstieg in die Modellierung nur wenig Hilfestellung gibt. Deshalb wurden bewußt Informationen aufgenommen, die zwar in vielen, aber nicht in allen denkbaren Lagersystemen in der gleichen Weise abgebildet werden.

Ein weiterer Grund für den Einsatz des vorgestellten Ableitungsprozesses hängt mit der Übersichtlichkeit des Analysemodells zusammen. Würde der Anpassungsprozeß für das konkrete Modell primär mit Vererbung realisiert, so könnte dies zu einer Verdopplung der Klassenanzahl führen. Dadurch würde das Analysemodell aber durch die hinzukommenden Vererbungsbeziehungen wesentlich unübersichtlicher. Die Eignung des Modells als Grundlage für die

Kommunikation zwischen Systemanalytiker und Problembereichsexperten wäre in Frage gestellt.

Aus dem Projekt mit seinen ersten Ergebnissen ergeben sich zum gegenwärtigen Zeitpunkt folgende Fragestellungen: (1) Sind der Problembereich Lagerlogistik und die beschriebenen Generalisierungsschwierigkeiten repräsentativ für andere Problembereiche? (2) Wie sieht bei Einsatz eines Problembereichsmodells der weitere Softwareentwicklungsprozeß aus, wenn auch in den auf die Analyse folgenden Phasen Wiederverwendung eingesetzt werden soll?

Nach Einschätzung des Autors wird es die dargestellten Generalisierungsschwierigkeiten auch in diversen anderen Problembereichen geben. Eine Untersuchung mehrerer Problembereiche müßte diese These überprüfen. Die in der Analysephase eingesetzten Mittel zum Ableiten des konkreten Modells können in den späteren Phasen sicher nicht eingesetzt werden, da sie programmiertechnisch mit dem Vererbungskonzept nicht umsetzbar sind. Damit muß aber der Einsatz von Frameworks, wie er in dem relativ anwendungsunabhängigen Bereich der grafischen Benutzeroberfläche praktiziert wird, in schlecht generalisierbaren Problembereichen angezweifelt werden.

Die weitere Projektarbeit soll am Beispiel der Lagerlogistik untersuchen, wie auch bei vielgestaltigen Problembereichen eine Wiederverwendung in der Design- und Implementierungsphase ermöglicht werden kann.

Der Dank des Verfassers gilt allen am Projekt Beteiligten, insbesondere cand. rer. pol. Andreas Vogel, der durch seine im Abschluß befindliche Diplomarbeit viel zum Entstehen des vorliegenden Aufsatzes beigetragen hat.

Literaturverzeichnis

/COA 91/ COAD, P., YOURDON, E.: Object-Oriented Analysis. New Jersey, 1991

/COX 91/ COX, B. J., NOVOBILSKY A. J.: Object-Oriented Programming An Evolutionary Approach. 2. Auflage, Massachusetts, New York, Bonn u.a., 1991

/DEU 89/ DEUTSCH, L. P.: Designing Reuse and Frameworks in the Smalltalk-80 System. In: BIGGERSTAFF, T.J., PERLIS, A.J.: Software Reusability, Volume II. Massachusetts, New York, Bonn u.a., 1989, S. 57-71

/END 88/ ENDRES, A.: Software-Wiederverwendung: Ziele, Wege, Erfahrungen. In: Informatik Spektrum, 11/1988, S. 85-95

/LEW 92/ LEWIS, J. A., HENRY, S. M., KAFURA, D. G.: On the relationship between the object oriented paradigm and software reuse: an empirical investigation. In: Journal of object oriented Programming, 7/8, 1992

/PFO 88/ PFOHL, H.: Logistiksysteme. 3. Auflage, Berlin, Heidelberg u.a, 1988

/PRI 87a/ PRIETO-DIAZ, R., FREEMAN, P.: Classifying Software for Reuseability. In: IEEE Software, 1/1987, S. 1-16

/PRI 87b/ PRIETO-DIAZ, R.: Domain Analysis for Reusability. In: COMPSAC 87, S. 23-29

/STA 93/ STAHLKNECHT, P., APPELFELLER, W.: Die objektorientierte Analysemethode von Coad und Yourdon: Anwendung und Bewertung am Beispiel eines Lagerverwaltungssystems unter besonderer Berücksichtigung der Wiederverwendung. Zur Tagung "Objektorientierte Methoden für Informationssysteme" im Juni 1993 in Klagenfurt angenommen

/WIR 90/ WIRFS-BROCK, R. J., JOHNSON, R. E.: Surveying, Current Research in Object-Oriented Design. In: Communications of the ACM, 9/1990, S. 104-122

Ein objektorientierter Baukasten für CNC-Maschinen
für die Zellsteuerung von flexiblen Fertigungszellen

Hans Albrecht Schmid und Jochen Peters
FB Informatik, FH Konstanz

1. Einleitung

Im CIM-Projekt der FH Konstanz arbeiten die Fachbereiche Maschinenbau, Informatik und Sozialwissenschaften zusammen. Ein Projektziel ist, die vorhandene Maschinen und Geräte (wie z.B. eine CNC-Drehbank, eine CNC-Fräsmaschine und einen Laserscanner) durch einen Portalroboter, welcher die Lagerhaltung, den Transport von Paletten, und die Handhabung von Werkstücken durchführt, zu einer flexiblen Fertigungszelle bzw. einem flexiblen Fertigungssystem zu verknüpfen. Der Einfachkeit halber werden wir in der Folge nur die Bezeichnung "Fertigungszelle" verwenden.

Die Zellsteuerungssoftware wird für einen PC oder eine UNIX Workstation als Zellrechner von einem Projektteam der Informatik mit C++ erstellt. Einen Überblick über den Stand der Technik zur Steuerung von flexiblen Fertigungszellen bzw. -systemen geben [PSW91] und [Hi89]. In diesem Bereich sind uns keine objektorientierten Ansätze bekannt, bezüglich objektorientierter Leitstände sei auf [NNR92] verwiesen.

Unser Ansatz ist, die Zellsteuerungssoftware nicht auf unsere spezifische Fertigungszelle, d.h. ihre spezielle Gerätekonstellation zuzuschneiden, sondern in Form eines objektorientierten Baukastens zu realisieren. Dabei werden wiederverwendbare (Software-) Bausteine in Form von Klassen erstellt, erprobt und geprüft. Aus ihnen lassen sich (eventuell nach Ergänzungen) Zellsteuerungen für andere Konstellationen von flexiblen Fertigungszellen zusammensetzen. Falls es dabei erforderlich sein sollte, erlaubt es bekanntlich die objektorientierte Vorgehensweise, daß vorhandene Bausteine mit Hilfe von Ableitung durch Vererbung erweitert und ausgewechselt werden können, ohne ihren Quellcode abzuändern oder rekompilieren zu müssen.

Um eine einfache Anpaßbarkeit an verschiedene Zellkonstellationen zu erreichen, muß von konkreten CNC-Maschinen und Geräten abstrahiert werden. Es wird das generalisierte Konzept einer "CNC-Maschine" entwickelt, die als (generalisiertes) Modell alle Aufträge ausführen kann, welche verschiedenen realen CNC-Maschinen gemeinsam sind.

Ein CNC-Maschinen Modell muß seine Aufträge an eine reale CNC-Maschine zur Ausführung weiterleiten. Dazu wird die DNC-Kopplung der realen Maschine benutzt. Wegen der großen Mannigfaltigkeit von DNC-Kopplungen reduzieren wir diese auf ihre Komponenten: die Schnittstelle zum Übertragungsmedium, die Übertragungsprozedur, und das Telegrammprotokoll. Für jede dieser Komponenten stellen wir alternative Bausteine bereit. Wir zeigen dann, daß diese Bausteine auf zwei Arten zu größeren Bauteilen zusammengebaut werden können, zum einen mit sehr großer Flexibilität und Variabilität, wobei jedoch einiges Wissen über die einzelnen Bausteine erforderlich ist, zum anderen auf Standardvarianten eingeschränkt, was sehr viel einfacher ist, weil dabei die Teilbausteine nicht in Erscheinung treten. Es werden zwei entsprechende Konstruktionsschemata eingeführt, die sich zusammen in einem Baustein realisieren lassen.

2. Steuerung von flexiblen Fertigungszellen bzw. -systemen

Eine flexible Fertigungszelle besteht aus einer CNC-Maschine mit Handhabungsgeräten und Pufferlagern, ein flexibles Fertigungssystem aus mehreren solchen, die durch ein Transportsystem mit einem (oder mehreren) Lagern verkettet sind, aus einem Bediener und einer Steuerung.

Die Zellsteuerung ist in verschiedenen Stufen automatisiert. Beim manuellen, zentralisierten Ablauf erhalten alle Geräte ihre Befehle wie z.B Start eines CNC-Programms oder das Laden desselben in die Maschine durch interaktive Bedienereingabe. Beim vollautomatischen Ablauf wird die Fertigung auf der Basis von vorher erstellten Belegungsplänen für die einzelnen Maschinen und von Arbeitsplänen durchgeführt, welche die für einen Arbeitsvorgang benötigten Betriebsmittel wie z.B. Ausgangsteil, Werkzeuge, CNC-Programme usw. genau beschreiben. Auf die Zellsteuerung und die verschiedenen möglichen Automatisierungsstufen soll in dieser Arbeit nicht näher eingegangen werden.

In beiden Fällen schickt die Zellsteuerung Befehle zur Durchführung der einzelnen Arbeitsschritte, die zusammen einen Arbeitsvorgang bilden, an die verschiedenen Maschinen. Dieser Zusammenhang ist in Abb. 1 - für den Zweck dieser Arbeit stark vereinfacht - in Diagrammform nach Coad/Yourdon dargestellt:

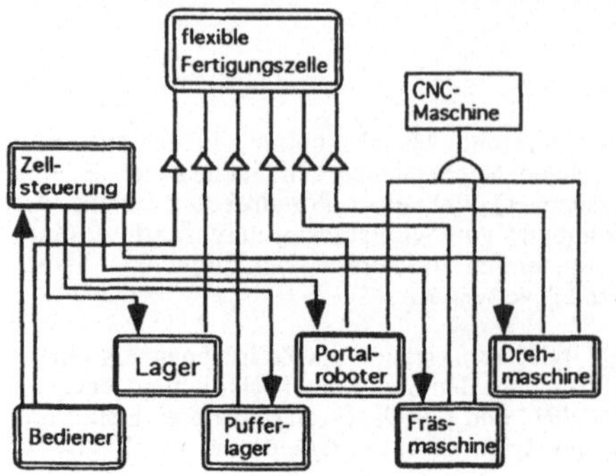

Abb.1 Klassendiagramm einer flexiblen
Fertigungszelle (stark vereinfacht)

Zur Übermittlung der Befehle an die CNC-Maschine wird deren DNC-Schnittstelle benutzt. Leider ist die DNC-Schnittstelle verschiedener CNC-Maschine nicht einheitlich, sondern die verwendete Übertragungsschnittstelle, Übertragungsprozeduren und Telegrammformate differieren stark voneinander. (MMS als Bestandteil von MAP ist ein Ansatz zur Vereinheitlichung, aber z.B. für unsere Steuerungen nicht verfügbar!)

Dies bildet kein Problem, wenn eine Zellsteuerung für eine bestimmte Fertigungszelle erstellt wird, da diese direkt auf die vorhandenen CNC-Maschinen ausgerichtet werden kann und entsprechende Fallunterscheidungen für die verschiedenen Maschinen enthält. Soll jedoch eine Zellsteuerung für verschiedene Konstellationen von CNC-Maschinen erstellt

werden, wäre das unter diesen Bedingungen zumindest recht aufwendig und schwierig. Diese Problematik läßt sich nur dadurch vermeiden, daß wir von den unterschiedlichen Eigenschaften realer CNC-Maschinen abstrahieren.

3. Die (generalisierte) CNC-Maschine

Der Begriff CNC-Maschine wird von uns recht weit gefaßt, er geht von Werkzeugmaschinen über Roboter bis zu Meßmaschinen. Wir definieren eine generalisierte (Klasse) CNC-Maschine, die von den verschiedenen Arten der Bearbeitung (wie z.B. Fräsen, Drehen oder Messen) und den weiteren unterschiedlichen Eigenschaften realer CNC-Maschinen wie z. Bsp. ihrer DNC-Ankoppelung abstrahiert. Sie hat damit die Fähigkeiten , die (praktisch) allen CNC-Maschinen gemeinsam sind. Konkrete CNC-Maschinen werden als Spezialisierung der abstrakten CNC-Maschine betrachtet, wie Abb.1 zeigt.

Obwohl mit realen CNC-Maschinen ganz verschiedene Bearbeitungsvorgänge durchgeführt werden, ist ihnen gemeinsam, daß
- CNC Programme geladen und rückübertragen werden können,
- Daten geladen und rückübertragen werden können,
- Parameter geladen und rückübertragen werden können,
- ein geladenes CNC-Programm angewählt, gestartet, gestoppt und gelöscht werden kann
- der Betriebszustand der Maschine initialisiert und abgefragt werden kann.
Somit läßt sich also eine abstrakte CNC-Maschine in Form einer (abstrakten) Klasse in C++ (siehe [WF90], [St92]) definieren, wobei aus Platzgründen nur ein Teil der Methoden der Schnittstelle aufgeführt wird:

```
enum ProgramCtrl { Select, Start, Stop, Delete };

class CNC_Machine   // Copyright (c) 1993, H. A. Schmid, J. Peters, FH Konstanz
{ public:      //private elements not shown
    CNC_Machine( /*to be discussed later*/);
    virtual Status UploadProgram( Filename F, NumberOnMachine Nr) = 0;
    virtual Status DownloadProgram( Filename F, NumberOnMachine Nr) = 0;
    virtual Status DownloadData( Filename F,) = 0;
    virtual Status UploadData( Filename F) = 0;
    virtual Status Reset ( void );
    virtual Status Control( ProgramCtrl C, NumberOnMachine Nr );
    //further functions not shown
};
```

Von ihr werden Klassen konkreter CNC-Maschinen durch Vererbung abgeleitet. Dadurch wird sichergestellt, daß jede konkrete CNC-Maschine mindestens alle Fähigkeiten, d.h. Methoden der abstrakten CNC-Maschine besitzt.

4. Bausteine zur DNC-Kopplung von CNC-Maschinen

Zur DNC-Kopplung von CNC-Maschinen an Zellrechner werden häufig eine RS232/V24 Leitung und zunehmend auch lokale Netze/Busse verwendet. In der Folge wird wegen der größeren Verbreitung die Kopplung über RS232 betrachtet. Die Kommunikation zwischen der Steuerung der CNC-Maschine und dem Zellrechner wird über verschiedene Protokollebenen abgewickelt, typischerweise über eine Telegrammebene und eine Übertragungsprozedur wie z.B. LSV2.

Die von den Steuerungsherstellern angebotene Kopplungssoftware an einen PC als Zellrechner ließ sich nicht für unsere Zwecke verwenden, hauptsächlich deswegen, weil sie keine Programmschnittstelle (API) zur Anbindung an ein Zellsteuerungsprogramm zur Verfügung stellt. Daher erwies es sich als notwendig, die Kopplungssoftware selbst zu erstellen. Sie muß modular, flexibel und erweiterbar sein, weil in der Fertigungswelt
1. verschiedene physikalische Übertragungsmedien wie z.B. RS232/V24 oder Ethernet benutzt werden,
2. der Zugriff auf die V24-bzw. serielle Schnittstelle unter verschiedenen Plattformen wie z.B. DOS, OS/2, Windows oder UNIX nicht einheitlich ist,
3. verschiedene Übertragungsprotokolle für dasselbe Übertragungsmedium und auch innerhalb desselben Übertragungsprotokolls wie z.B. LSV2 verschiedene Varianten benutzt werden,
4. weil die Telegramme, die auf den Übertragungsprotokollen aufsetzen, nicht einheitlich sind, sondern von jedem Hersteller nach eigenem Bedarf festgelegt werden.

Wir erfüllen diese Forderungen, indem wir einen Bausteinkasten zur DNC-Kopplung erstellen, der es erlaubt, Telegrammprotokoll, Übertragungsprotokoll und Basissoftware mit Übertragungsschnittstelle frei zu kombinieren.

Die Unabhängigkeit von der Plattform wird erreicht, indem wir (anstelle wie bei Benutzung von C mit Hilfe des Präprozessors) eine Klasse Übertragungsschnittstelle (class SerialCom) einführen, welche die Anbindung an die serielle Schnittstelle vornimmt und eine einheitliche Programmschnittstelle unabhängig vom Trägersystem hat. Dies geschieht in Form einer abstrakten Klasse mit rein virtuellen Funktionen:

```
class SerialCom    // Copyright (c) 1993, H. A. Schmid, J. Peters, FH Konstanz
{  //private not shown
  public:
    SerialCom( const SerialComInitdata& S);
    virtual Status Send( const Data& D) = 0;
    virtual Status Receive( Data& D) = 0;
    virtual Status Send( const char C) = 0;
    virtual Status Receive( char& C) = 0;
};
```

Für jede Plattform wird davon eine (konkrete) Klasse wie z.B.
```
    class SerialComDos: public SerialCom { ...};
```
durch Vererbung abgeleitet.

Auf der nächsthöheren Schicht sind verschiedene Übertragungsprozeduren wie z. B. LSV2, 3964 zu unterstützen. Daher wird wieder eine abstrakten Klasse mit rein virtuellen Funktionen definiert und für jede spezielle Übertragungsprozedur eine (konkrete) Klasse durch Vererbung abgeleitet.

Die Benutzung einer (d.h. eines Objekts) Übertragungsschnittstelle durch die Klasse Übertragungsprozedur erfolgt, indem diese entweder ein konkretes Objekt (einer abgeleiteten Klasse) oder einen Zeiger auf ein (abstraktes) Objekt der abstrakten Basisklasse einbettet:

```
class Transmission
{  //either
    SerialComDos TheSerialCom;    //allows no exchange of base system
    //or
    SerialCom* TheSerialComptr;    //allows easy exchange of base system
```

```
public:
  //not shown
};
```

Die Einbettung des konkreten Objekts TheSerialCom würde zur Folge haben, daß zur Auswechslung der Plattform eine Änderung des Quellcodes der Klasse Übertragungsprozedur inklusive Rekompilierung erforderlich ist; außerdem wäre der Objektcode mehrfach vorhanden. Bei der Verwendung von Templates [St92] zur Variation der eingebetteten Klasse ist zwar keine Veränderung des Quellcodes erforderlich, aber die Instantiierung eines Templates hat ebenfalls eine Rekompilation und mehrfaches Vorhandensein des Objektcodes zur Folge. (Im Übrigen wurde die Verwendung von Templates im Jahre 1992 wegen der mangelnden Verbreitung entsprechender Kompiler bewußt nicht in Erwägung gezogen und wird in dieser Arbeit nicht behandelt.) Daher ist die erste Vorgehensweise nicht zur Erstellung eines Baukastens geeignet, während die zweite Alternative durch entsprechende Initialisierung des Zeigers unter Ausnützung des Polymorphismus inklusive dynamischen Bindens (weshalb die Funktionen der Klasse SerialCom als virtual definiert sind) eine Auswechslung der Plattform ohne Änderung bzw. Rekompilierung des Quellcodes erlaubt. Dies stellt einen wesentlichen Vorteil der Objektorientierung im Vergleich zur Objektbasierung (von z.B. Ada) dar.

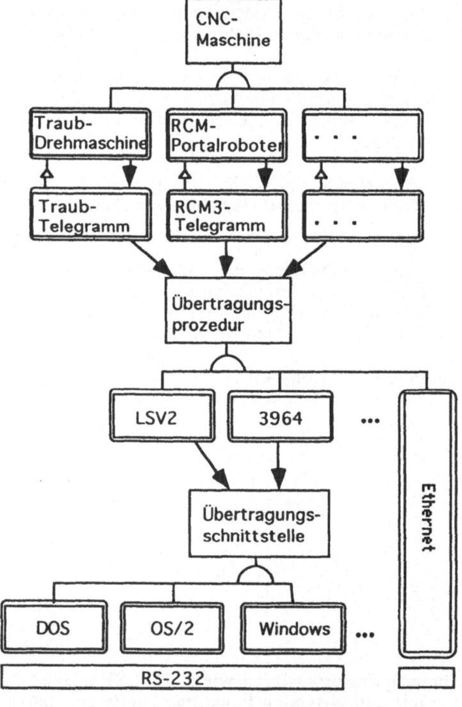

Abb.2 Struktur der CNC - Maschine

Eine Klasse Telegramm benutzt ein Objekt der Klasse Übertragungsprozedur, um den Telegramminhalt über die Leitung zu schicken und das Antworttelegramm der Gegenseite zu empfangen. Bei der Einbettung dieses Objekts gehen wir wie bei der Klasse Übertragungsprozedur gezeigt vor. Da es verschiedene Telegrammprotokolle gibt, erstellen wir verschiedene konkrete Telegrammklassen wie z.B. TelegrammRCM, TelegrammTraub, usw.

Es ist jedoch nicht sinnvoll, eine abstrakte Basisklasse Telegramm zu definieren und die konkreten Telegrammklassen von ihr abzuleiten. Der Grund dafür ist, daß die Funktionen der Klasse CNC-Maschine eigentlich nichts anderes als eine Abstraktion der vorhandenen Telegrammarten darstellen. Damit ist jede konkrete Klasse CNC-Maschine eine dünne Schicht ("thin layer"), die nichts als die Umsetzung eines Befehls wie z.B. ProgrammLaden ("LoadProgram") in den entsprechenden Telegrammaufruf vornimmt. Hinzu kommt, daß eine konkrete Klasse CNC-Maschine wie z.B. Traub-Drehmaschine nur eine einzige Art, d.h. Klasse von Telegrammen wie z.B. Traub-Telegramm zur Kommunikation verwendet. Daher benutzt eine konkrete Klasse CNC-Maschine direkt die jeweils entsprechende konkrete Telegrammklasse (d.h. eigentlich ein davon eingebettetes Objekt).

Insgesamt ergeben sich die in Abb.2 in Form eines Coad/Yourdon Diagramms dargestellten Beziehungen zwischen den verschiedenen Klassen. Wir haben es dreimal mit einer Spezialisierung durch Vererbung, zweimal mit dynamischem Binden der Benutzt-Beziehung mittels Polymorphie, und einmal mit festem (statischem) Binden zu tun.

Nachteile des dynamischen Bindens mittels virtueller Funktionen sind einerseits der zusätzliche Overhead für den indirekten Ansprung der Funktion (was im Normalfall vernachlässigt werden kann), andererseits, was in unserem Fall problematischer ist, daß kein "inline"-Code für Funktionsaufrufe erzeugt werden kann. Der Prozeduraufrufoverhead bei einem Referenzparameter nach Messungen [Ha92] (386 PC, 20 Mhz, Benutzung des segmentierten Speichermodells) beträgt etwa 1,5 mikrosec. Dieser Overhead stellt bzgl. des Aufrufs der Klasse Übertragungsschnittstelle bei einer Übertragungsrate von 9600 Baud, wie sie im DNC-Bereich üblich ist, kein Problem dar (etwa 1000 Zeichen * 3 mikrosec = 3 millisec entspricht 0,3% Overhead).

Trotzdem haben wir bei der Gestaltung der Schnittstelle der Klasse Übertragungsschnittstelle (class SerialCom) darauf geachtet, daß die Funktion Send nicht für jedes Zeichen (z.B. eines CNC-Programms) separat aufgerufen werden muß, sondern daß ihr auch ein Block von Zeichen übergeben werden kann, um den Overhead zu reduzieren.

5. Variabler Zusammenbau der Bausteine

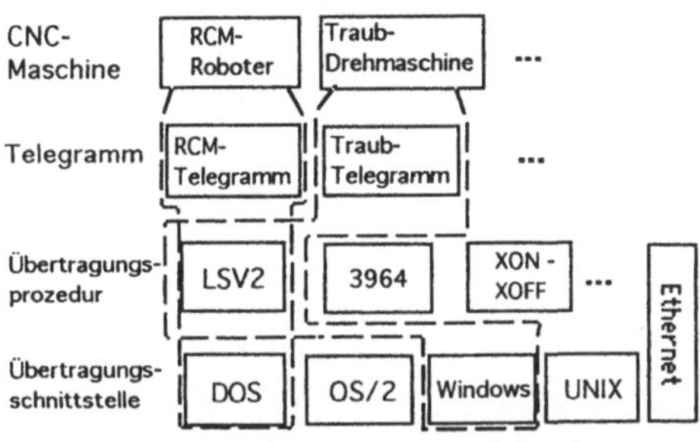

Abb. 3   Baukasten für CNC - Maschinen

Eine konkrete CNC-Maschinen-Klasse wie z.B. die Klasse class TraubTNS60, die einen bestimmten Typ von realen CNC-Maschinen modelliert, ist aus den oben besprochenen Baustein-Klassen entsprechend den Eigenschaften ihrer DNC-Schnittstelle zusammenzubauen. Abb.3 zeigt den Baukasten und zwei konkrete CNC-Maschinen "RCM-Roboter" und "Traub-Drehmaschine", die aus den einzelnen Bausteinen zusammengesetzt sind.

Im Folgenden soll bottom-up demonstriert werden, wie der Zusammenbau im Detail verläuft. Zum variablen Zusammenbau von zwei Bausteinen wird der Konstruktor der benutzenden Klasse verwendet.

Der Konstruktor der Klasse Übertragungsprozedur

```
class Transmission   // Copyright (c) 1993, H. A. Schmid, J. Peters, FH Konstanz
{  SerialCom* Connectionptr;
   TransmissionInitdata Initdata;
 public:
   Transmission( SerialCom* Sptr, const TransmissionInitdata& T) {Connectionptr = Sptr; Initdata = T; }
   void Send( const Data& D)  { /*...*/ Connectionptr->Send( D ); /*...*/ }
   //further functions not shown
};
```

erhält als Eingabeparameter einen Zeiger auf die zu benutzende Übertragungsschnittstelle und die Initialisierungsdaten der Übertragungsprozedur wie z.B. "Time Out"-Zeiten und Anzahl der Wiederholungen bei Fehlern. Er initialisiert seine privaten Elementdaten entsprechend. Zum Senden von Daten über die serielle Schnittstelle wird dann, wie angedeutet, der übergebene Zeiger auf das Übertragungsschnittstellen-Objekt verwendet.

Das bedeutet allerdings, daß der Benutzer einer Übertragungsprozedur sich zuerst ein Übertragungsschnittstellen-Objekt anlegen muß, bevor er ein Übertragungsprozedur-Objekt anlegen kann:

```
SerialComInitdata      S = ...;
SerialComDos           UsedSerialCom( S);

TransmissionInitdata   Tr = ...;
TransmissionLSV2       UsedTransmission( &UsedSerialCom, Tr);
```

Beim variablen Zusammenbau der Klassen Telegramm und Übertragungsprozedur sind die Verhältnisse analog, so daß die Statements

```
TelegramInitdata       Te = ...;
TelegramTraub          UsedTelegram( &UsedTransmission, Te);
```

zur Definition eines Telegramms erforderlich sind.

Der Zusammenbau einer konkreten Drehmaschine mit einem Telegramm kann unter der in Abschnitt 4 gemachten Annahme, daß z.B. eine Klasse TraubTNS60 stets mit einem TraubTelegramm arbeitet, fest durchgeführt werden und muß nicht variabel gehalten werden. Somit wird ein TraubTelegramm-Objekt als Element in diese Klasse eingebettet.

Einige Parameter (die Maschinennummer, Maschinenbezeichnung, Aufstellungsort) dienen sozusagen zur Personalisierung eines CNC-Maschinen-Objekts. Sie sind allen CNC-Maschinen gemeinsam und werden deshalb in der Klasse

```
class CNC_Machine    // Copyright (c) 1993, H. A. Schmid, J. Peters, FH Konstanz
{ MachineNumber      MachineNo;
  MachineIdentifier  MachineId;
  Location           MachineLocation;
 public:
  CNC_Machine( MachineNumber N, MachineIdentifier I, Location L)
              { MachineNo = N; MachineId = I; MachineLocation = L; }
  //further functions not shown here
};
```

definiert und initialisiert, während die durch Vererbung abgeleitete Klasse

```
class TraubTNS60: public CNC_Machine
{ TelegramTraub      MyTelegramTraub;
 public:
  TraubTNS60( MachineNumber N, MachineIdentifier I, Location L,
             Transmission* Transmissionptr, TelegramInitdata T)
  : CNC_Machine( N, I, L), MyTelegramTraub( Transmissionptr, T)
  {;}
  //further functions not shown here
};
```

das Telegrammobjekt einbettet. Ihr Konstruktor erhält sowohl die allgemeinen als auch die spezialisierten Parameter und gibt sie per Element-Initialisierungsliste an die Basisklasse und das eingebettete Telegrammobjekt weiter.

Obwohl dieser Vorgang nicht ganz trivial ist, stellt er doch für den Benutzer einer TraubTNS60 keine Schwierigkeit dar, da er vor ihm verborgen ist. Er legt mit der Definition

```
TraubTNS60 TraubTNS601( 1, "Kolbendreher", "Platz17", &UsedTransmission, TheTelegramInitdata);
```

die Maschine zur Verwendung in der Zellsteuerung an.

Was dem Benutzer jedoch Schwierigkeiten bereiten könnte, ist, daß er jeweils ein Objekt Übertragungsschnittstelle und Übertragungsprozedur ("Transmission"), wie auf den vorigen Seiten gezeigt, zusätzlich zur CNC-Maschine definieren und initialisieren muß. Dabei muß er wissen, welche Übertragungsprozedur und serielle Schnittstelle für den DNC-Anschluss der TraubTNS60 erforderlich sind. Dies ist der Preis, der für die Variabilität und Flexibilität des Zusammenbaus zu bezahlen ist.

6. Vorgeplanter Zusammenbau der Bausteine

Deshalb sollen sozusagen Standard-CNC-Maschinen definiert werden, die nicht jedesmal auf diese Weise zusammengebaut werden müssen. Wir erreichen das durch die Definition eines zweiten überladenen Konstruktors, dem als Parameter alle benötigten Bausteine der CNC-Maschine mitgegeben werden. Diese dürfen allerdings nicht die Form von Zeigern auf Objekte haben, weil dann die betreffenden Objekte vor dem Konstruktoraufruf definiert werden müssen, sondern die Form von Aufzählungskonstanten, welche die Art der benötigten Objekte angeben. Der Konstruktor erzeugt auf Basis dieser Information die benötigten Objekte dynamisch und weist sie dem als Datenelement vorhandenem Zeiger auf das betreffende Objekt zu.

Dies wird zunächst für die Klasse Übertragungsprozedur gezeigt, welche sich die durch einen Parameter angegebene Art von Übertragungsschnittstelle als Objekt selbst anlegt:

```
enum KindofSerialCom { DOS, OS2, WINDOWS, UNIX };

Transmission::Transmission(const TransmissionInitdata& T, KindofSerialCom K,
                  const SerialComInitdata& S    )      // Copyright (c) 1993, H. A. Schmid,
{   Initdata = T;                                      // J. Peters, FH Konstanz
    switch( K)
      {   case DOS:             TheSerialComptr = new SerialComDos( S); break;
          case OS2:             TheSerialComptr = new SerialComOS2( S); break;
          case WINDOWS:         TheSerialComptr = new SerialComWINDOWS( S); break;
          case UNIX:            TheSerialComptr = new SerialComUNIX( S); break;
      }
}
```

Für eine konkrete Telegrammklasse wie z.B. TelegrammTraub gibt es üblicherweise nur eine
Übertragungsprozedur, die von ihr unterstützt wird. Dann kann die Case-Anweisung entfallen und im
überladenen Konstruktor direkt das entsprechend Übertragungsprozedurobjekt angelegt werden.
Ansonsten läuft das Ganze wie bei Transmission ab. In beiden Fällen müssen dem Konstruktor zusätzlich
die Parameter übergeben werden, welche an den Konstruktor Transmission durchgereicht werden:

```
TelegramTraub::TelegramTraub(     const TelegramInitdata& Te, const TransmissionInitdata& Tr,
                  KindofSerialCom Ks, const SerialComInitdata& S )
{   Initdata = Te;                    // Copyright (c) 1993, H. A. Schmid, J. Peters, FH Konstanz
    Transmissionptr = new TransmissionLSV2( Tr, Ks, S);
}
```

Der überladene zweite Konstruktor einer konkreten CNC-Maschinenklasse erhält die gleichen Parameter
wie der erste, oben besprochene Konstruktor und zusätzlich alle Parameter, welche er dem überladenen
Konstruktor TelegramTraub durchreicht:

```
TraubTNS60( MachineNumber N, MachineIdentifier I, Location L,
        const TelegramInitdata& Te = TeDefault, const TransmissionInitdata& Tr = TrDefault,
        KindofSerialCom Ks = KsDefault, const SerialComInitdata& S = SDefault )
    : CNC_Machine( N, I, L), MyTelegramTraub( Te, Kt, Tr, Ks, S)
    {;}
```

Somit haben wir das Ziel erreicht, daß der Benutzer unseres Baukastens eine "Standard"-CNC-Maschine
definieren kann, ohne sich um all die Bausteine zu kümmern. Da wir den Parametern des Konstruktors
zusätzlich noch die Standardwerte, mit denen die DNC-Ankopplung für einen bestimmten Maschinentyp
durchgeführt wird, in Form von Voreinstellungswerten vorgegeben haben, kann der Benutzer des
Bausteinkastens jetzt einfach schreiben:

```
TraubTNS60 TraubTNS601( 1, "Kolbendreher", "Platz17");
```

und er hat eine Standard-TraubTNS60-Maschine mit Nummer 1, Bezeichnung Kolbendreher (nicht
Kolbenfresser!) an Platz 17 in seiner Zellsteuerung zur Verfügung.

Dieses Verfahren erfordert bei der Benutzung von Standardmaschinen z.B. auf verschiedenen Plattformen
keine Rekompilation. Sein einziger Nachteil ist, daß der Objektcode für alle Klassen, die in den Switch-
Statements innerhalb der verschiedenen Konstrukoren vorkommen, beim Binden einer Standardmaschine
vorhanden sein muß und eingebunden wird. Dies bedeutet erstens, daß der ausführbare Code etwas größer
ist, als für eine Maschine erforderlich. Das größere Problem ist aber, daß sich z.B. bei der Kompilation auf
DOS kein lauffähiger Objektcode für UNIX erzeugen läßt.

Die Lösung ist, daß wir für die verschiedenen Plattformen verschiedene Bibliotheken vorsehen, von denen
jede für die anderen Plattformen nur Dummy-Objektmodule enthält. Z.B. enthält die DOS-Bibliothek für
die Klasse Übertragungsschnittstelle nur lauffähigen Objektcode für die Klasse SerialComDOS, für alle
anderen Klassen nur Dummy-Code. Somit ist also beim Wechsel von einem auf ein anderes Trägersystem
wie z.B. von DOS auf OS/2 (vorausgesetzt der Kompiler erzeugt identischen Objektcode für die beiden
Trägersysteme) keine Rekompilation von Standard-CNC-Maschinen, sondern nur ein neues Binden mit
einer anderen Bibliothek für die Übertragungsschnittstelle erforderlich.

Auf diese Weise haben wir erreicht, daß ein Benutzer unseres Baukastens Standard-Bauteile verwenden kann, ohne daß er die einzelnen Bausteine selbst zusammenbauen muß. Will er Nicht-Standard-Bauteile verwenden, so muß er diese aus den Bausteinen selbst zusammenbauen. In beiden Fällen ist keine Abänderung und Rekompilation des Quellcodes erforderlich.

7. Erfahrungen

Die erste, allerdings noch sehr rudimentäre Version einer manuell bedienten Zellsteuerung wurde im Sommer 1991 erstellt und seitdem mit gutem Erfolg eingesetzt. Sie wurde - obwohl in C++ - objektbasierend nach dem Verkapselung-, Geheimnis- und Schichtenprinzip in Form von Datenobjekt-Modulen realisiert. Dies hatte zur Folge, daß zur Unterstützung verschiedener CNC-Maschine die "include"-Befehle eines Moduls an der Stelle, wo ein anderer Modul als Objekt eingebettet wird, modifiziert werden mußten und eine Rekompilation erforderlich war. Da zu diesem Zeitpunkt unser Projektziel die Erstellung einer Zellsteuerung für unsere konkrete Fertigungszelle war, störte uns das nicht.

Nachdem wir (erst!) 1992 (trotz längerer Kenntnis der objektorientierten Vorgehensweise!) realisiert hatten, daß wir uns auf der Basis der Objektorientierung wesentlich ehrgeizigere Ziele setzen konnten, erforderte die Umstellung der objektbasierenden Objektmodule in objektorientierte Bausteine eine manuelle Überarbeitung jedes Moduls. Insgesamt ergab sich eine größere Zahl von kleineren Änderungen. Der benötigte Zeitaufwand betrug für jeden der Module trotzdem nur wenige Tage, wobei die saubere Definition der neuen Schnittstelle den größten Anteil erforderte.

Die Bausteine für zwei CNC-Maschinen (Drehmaschine und Portalroboter) sind (Anfang 1993) erstellt und in eine manuell bedienbare Zellsteuerung mit CUA-Oberfläche integriert.

8. Dank

Zunächst sei den ungefähr 20 Studenten des Studiengangs Technische Informatik gedankt, die seit SS 1991 an der Definition und Erstellung der Module, die Vorläufer des jetzigen Bausteinkastens sind, im Rahmen eines Praktikumprojekts mit großem Interesse, Engagement und fachlichem Können beteiligt waren. Unser besonderer Dank gilt Herrn Dipl-Inform. (FH) Thomas Failer, der die Klasse TelegramRCM3 realisierte, und Herrn cand.inform. Gerd Pfeiffer, der im Rahmen seiner Diplomarbeit zur Zellsteuerung Anregungen zur endgültigen Definition der Klasse CNC-Maschine machte.

Ebenso geht unser Dank an das Ministerium für Wissenschaft und Forschung des Landes Baden-Württemberg, das im Rahmen des CIM Schwerpunktprogramms für die Fachhochschulen in Baden-Württemberg unser Projekt unterstützt und damit erst möglich gemacht hat.

9. Literatur

[CY91]   P.Coad, E.Yourdon: Object-Oriented Analysis;
         Prentice-Hall, Englewood Cliffs, NJ, 1991
[Ha92]   A. Hasler: Überprüfung der Funktion und Effizienz einer C++-Klassenbibliothek von
         wiederverwendbaren abstrakten Datentypen, Diplomarbeit FB Informatik, FH Konstanz, 1992
[Hi89]   G.Hirschberg: Produktionsautomatisierung und Flexibilität aus der Sicht des Informatikers;
         In:INFINA 1989, VDI-Bericht 723, 1989, S.13 - 31
[NRR92] M.Nietsch, M.Rinschede, C.Rautenstrauch: Konzeption und Entwicklung eines
         Objektmodells für einen individualisierbaren Leitstand;
         In: Goerke, Rininsland, Syrbe (eds), Information als Produktionsfaktor,
         Springer Berlin, 1992, S.597 - 606
[PSW91] G.Pritschow, G.Spur, M.Weck (eds.) Leit- und Steuerungstechnik in flexiblen
         Produktionsanlagen, Hanser, München, 1991
[St92]   B. Stroustrup: Die C++ Programmiersprache;
         Addison-Wesley, Bonn, 1992
[WF90]   K.Weiskamp, B.Flamig: The complete C++ Primer;
         Academic Press, Boston, 1990

Objektorientierte Softwareentwicklung im Rahmen eines Ausbildungsprojektes

Antje von Knethen, Joachim Müller, Andreas Spillner
Universität Bremen, Studiengang Informatik
Postfach 33 04 40, 28334 Bremen

Zusammenfassung

Dieser Artikel berichtet über ein Ausbildungsprojekt im Studiengang Informatik an der Universität Bremen. Ziel des Projektes ist die objektorientierte Entwicklung eines Werkzeuges zur Unterstützung bestimmter Testmethoden. Die gesammelten Erfahrungen mit einem objektorientierten Vorgehen bei der Softwareerstellung im Ausbildungsbereich werden erörtert.

1 Einleitung

An der Universität Bremen im Studiengang Informatik steht das selbständige Arbeiten in Projekten im Mittelpunkt der studentischen Ausbildung im Hauptstudium. Ausbildungsprojekte werden mit einem Stundenumfang von insgesamt 24-30 Semesterwochenstunden und mit 15 bis 20 Teilnehmenden durchgeführt. In der Regel wird unter praxisähnlichen Bedingungen ein größeres Softwareprodukt erstellt und dabei der Softwareentwicklungsprozeß weitgehend durchlaufen (Erstellung einer Anforderungsdefinition, Entwurf und Spezifikation, Implementierung, Test, Integration und Auswertung des Projektes). Während des Projektes erfahren die Studierenden, daß die Entwicklung von Software weit mehr ausmacht als reine Programmierung. (Beschreibungen von zwei durchgeführten Projekten sind in [3] und [10] nachzulesen.)

Die Studierenden haben im Grundstudium u.a. folgende Kenntnisse erworben: In den ersten drei Semestern wurden im Rahmen der Veranstaltung *Algorithmen und Programmierung* grundlegende Konzepte vermittelt. Als Programmiersprache diente in den ersten beiden Semestern die funktionale Sprache *Miranda* [9]. Im darauffolgenden Semester stand die Vermittlung von Datenstrukturen im Vordergrund. Die Übungsaufgaben waren in MODULA-2 [12] zu programmieren. Die praktischen Übungen im Grundstudium sind von Kleingruppen zu bearbeiten und behandeln eher ein stark abgegrenztes Teilproblem. Die arbeitsteilige Erstellung von umfangreichen Softwaresystemen wird erst in der Softwaretechnik-Veranstaltung problematisiert und in den Projekten im Anschluß an das Grundstudium vertieft.

Im Projekt ProTest (*Programme Testen*) wurde zu Beginn der Projektarbeit die grobe Zielrichtung von den Betreuenden vorgestellt und festgelegt: Es soll ein Werkzeug zur Unterstützung des Softwaretests entwickelt werden. Die grundlegenden Testmethoden wurden vermittelt und anschließend im Projektplenum ausgiebig diskutiert. Es sollen die Verfahren *Statische Analyse*, *Statische Anomalieanalyse* und der *Zweigüberdeckungstest* in einem Werkzeug realisiert werden.

Die Statische Analyse untersucht den Programmtext des Testobjektes und stellt die gewonnenen Informationen den nachfolgenden Testverfahren zur Verfügung (in Form von Listen und Graphen). Darüber hinaus können statisch unerreichbare Programmstellen erkannt werden. Bei der Statischen Anomalieanalyse wird der (möglicherweise) fehlerhafte Gebrauch der Variablen aufgedeckt. Wenn beispielsweise ein zugewiesener Wert einer Variablen nicht verwendet sondern überschrieben wird, so ist dies ein Hinweis auf eine mögliche Fehlerquelle im Programm. Der Zweigüberdeckungstest dient der Überprüfung der erreichten Testüberdeckung durch die bereits durchgeführten Testläufe (in Bezug auf die Zweige eines Testobjektes). Hierzu ist eine Instrumentierung des Testobjektes und eine anschließende Auswertung notwendig. Auf die Testverfahren wird hier nicht näher eingegangen. Ausführliche Beschreibungen der Verfahren sind beispielsweise in [4] zu finden.

2 Objektorientierte Softwareentwicklung

Im ersten Semester des Hauptstudiums wurde in unterschiedlichen Veranstaltungen das Thema Objektorientierung behandelt (Softwaretechnik-Vorlesung, spezielle Seminare). Darüber hinaus gab es die Vorlesung *Grundlagen objekt-orientierter Programmierung*. Diese wurde von fast allen Projektteilnehmenden besucht und es konnte auf den dort vermittelten Stoff in der Projektarbeit zurückgegriffen werden. Den beiden Betreuern des Projektes ist die Objektorientierung aus Büchern und Veranstaltungen vertraut, es fehlte ihnen jedoch größere praktische Erfahrung mit dem Einsatz des Paradigmas.

Nach ausgiebiger Diskussion hat sich das Projekt entschlossen, das Werkzeug objektorientiert zu erstellen. Ein Hauptargument war die Möglichkeit, Erfahrungen mit Objektorientierung bei der Softwareentwicklung im Studium zu sammeln.

2.1 Anforderungsdefinition

Bei der Anfertigung der Anforderungsdefinition spielte die Objektorientierung noch keine sehr große Rolle. Das Werkzeug wurde in die vier Teilsysteme *Statische Analyse*, *Anomalieanalyse*, *Zweigüberdeckung* und *Benutzungsschnittstelle* aufgeteilt. Die Anforderungen an jedes Teilsystem wurden definiert und die Verbindungen zwischen den Teilsystemen beschrieben. Bei diesen ersten Überlegungen stand der Datenfluß zwischen den Teilsystemen noch stark im Vordergrund.

Um den Übergang zur Objektorientierung zu erleichtern, wurde zu jedem Teilsystem ein Objektmodell angefertigt. In diesem Modell wurden erste Objekte identifiziert und die entsprechenden Funktionalitäten der Objekte vermerkt. Im nachhinein betrachtet muß allerdings festgestellt werden, daß das Modell nicht sehr hilfreich war und bei der späteren Arbeit kaum Berücksichtigung fand.

Als Implementierungssprache wurde $C++$ [8] gewählt, da der Wunsch der Studierenden bestand, sowohl an den Rechnern der Universität (*SUN-Workstations* unter *UNIX*) als auch an den Rechnern zu Hause (diverse PCs unter MS-DOS) die Programmteile zu entwickeln. Testobjekte sind Programmoduln der Programmiersprache MODULA-2.

2.2 Systemdesign und Entwurfsspezifikation

Um aus der Anforderungsdefinition einen objektorientierten Entwurf zu erstellen, wurde das in der Vorlesung *Grundlagen objekt-orientierter Programmierung* vorgestellte Vorgehen verwendet [1]. Es beruht auf dem von Wirfs-Brooks, Wilkerson und Wiener beschriebenen Verfahren [11]. Einzelne Punkte zum Verfahren werden im folgenden näher beschrieben sowie auf Schwierigkeiten hingewiesen und Änderungen vorgeschlagen. Eine Bewertung des Gesamtvorgehens ist im Rahmen dieses Artikels nicht möglich und würde auch die gewonnenen Erfahrungen aus einem Ausbildungsprojekt überbewerten. (Einzelheiten zum Gesamtvorgehen sind der Originalliteratur zu entnehmen.)

Das Verfahren erweckt den Anschein, daß ein genaues Abarbeiten der einzelnen Schritte geradezu zwangsläufig zu einem guten objektorientierten Entwurf führt. Dieser Eindruck wird auch durch die gegebenen Beispiele verstärkt. Die Beispiele sind allerdings so gewählt, daß eine objektorientierte Umsetzung recht einfach möglich ist. Bei anderen Problemstellungen läßt sich das Verfahren nicht so leicht übertragen - jedenfalls wurde diese Erfahrung im Projekt gemacht.

Das Verfahren zerfällt in zwei Phasen: die Entdeckungs- und die Analysephase. In der Entdeckungsphase werden die Klassen (*classes*), die Verantwortlichkeiten (*responsibilities*, im wesentlichen verbergen sich dahinter die öffentlichen Methoden) und die Zusammenarbeit (*collaborations*, *benutzt*-Beziehungen) ermittelt und festgelegt. Es entsteht ein vorläufiger Entwurf. Die Analysephase umfaßt die Aufstellung von Vererbungshierarchien, die Abgrenzung von Teilsystemen und eine Protokollierung der Ergebnisse in Form von präzisen Spezifikationen. Resultat ist die endgültige Entwurfsspezifikation.

Diese klare Trennung der einzelnen Phasen konnte im Projekt nicht eingehalten werden. Beim Fortschreiten des Entwurfs wurden neue Klassen entdeckt, die ins System einzufügen waren. Eine lineare Abfolge der Bearbeitung der einzelnen Schritte war deshalb nicht möglich. Rückgriffe mit entsprechenden Überarbeitungen waren notwendig.

Das Verfahren schlägt zur Findung der Klassen folgendes Vorgehen vor: Aus der Anforderungsdefinition sollen mittels Extrahierens von Substantiven die Klassen und durch Aufsammeln der Verben die entsprechenden Verantwortlichkeiten ermittelt werden. Bei umfangreichen Anforderungsdefinitionen ist dieses Vorgehen nicht praktikabel. Es entstehen lange, völlig unstrukturierte Listen. Es ist äußerst mühsam, aus diesen Listen Zusammenhänge zwischen den einzelnen Worten zu erkennen. Schon beim Aufsammeln sollte eine Vorstrukturierung vorgenommen werden. Zu unterscheiden ist (soweit zu diesem Zeitpunkt bereits möglich), welches Substantiv ein Objekt, ein Attribut oder eine Klasse beschreiben könnte. Es sollte unbedingt darauf geachtet werden, daß Informationen zu einer Sache (aus der modellierten Welt) nicht an unterschiedlichen Stellen vermerkt und daß zugehörige Verantwortlichkeiten zusammen mit den Informationen notiert werden.

Nach dem Erstellen der Liste von möglichen Klassen und Verantwortlichkeiten sollte die Anforderungsdefinition nochmals mit großer Sorgfalt durchgesehen werden, um eventuell noch nicht berücksichtigte Aufgaben festzustellen und Ergänzungen bei den Klassen und Verantwortlichkeiten vorzunehmen. Im nachhinein betrachtet finden sich fast alle Namen der im Entwurf spezifizierten Klassen auch als Substantive in der Anforderungsdefinition wieder (z.B. Menüpunkt, Statuszeile, Drucker, Instrumentierung, Kontrollflußgraph).

Bei der Findung der Klassen trat folgendes Problem auf: Wann soll eine neu erkannte Verantwortlichkeit einer neuen Klasse übertragen werden, und wann ist es sinnvoller, eine bereits identifizierte Klasse zu erweitern? Das Verfahren bietet zu diesem Punkt wenig Unterstützung an. Die noch nicht vorhandene Erfahrung der Studierenden mit Modularisierung im allgemeinen und Objektorientierung im besonderen wirkt sich hier aus.

Zur Beschreibung der in der Entdeckungsphase gefundenen Klassen sieht das Verfahren Klassenkarten vor, die folgende Informationen beinhalten: den Klassennamen, die Art der Klasse (abstrakt oder konkret), die Listen der Ober- und Unterklassen, die einzelnen Verantwortlichkeiten und die entsprechenden Zusammenarbeiten. Im Projekt haben sich folgende Änderungen als sinnvoll erwiesen: Die bereits bekannten Attribute einer Klasse wurden in dieser frühen Phase zum besseren Verständnis der Klasse hinzugenommen. Methoden, die nur klassenintern benutzt werden, werden zusätzlich (als private Methoden) notiert. Durch diese Ergänzungen werden möglicherweise Implementierungsentscheidungen vorweggenommen. Dem Projekt erschien das Vorgehen allerdings sinnvoll, um zu verhindern, daß bereits vorhandene Überlegungen verloren gehen. Die Vermischung von Entwurf und Implementierung wurde akzeptiert, da eine strikte Trennung der einzelnen Softwareentwicklungsphasen in der Praxis schwer durchzuhalten ist. Als weitere Änderung wurde die Liste der Unterklassen gestrichen, da eine Klasse keine Informationen über ihre Unterklassen benötigt.

Der nächste Schritt des Verfahrens ist die Analysephase. In dieser Phase werden die gewonnenen Informationen genauer betrachtet und eventuelle Umstrukturierungen vorgenommen. Hierzu dienen unter anderem die Erstellung von Vererbungshierarchiegraphen, Venn-Diagrammen (die gemeinsame Verantwortlichkeiten darstellen) und Zusammenarbeitsgraphen, des weiteren die Bestätigung von konkreten und abstrakten Klassen, die Konstruktion von Kontrakten (Gruppierung von Zusammenarbeit zwischen Klassen bzw. Teilsystemen), sowie die Identifikation von Teilsystemen. Ausführliche Klassen-, Teilsystem- und Kontraktspezifikationen sind als nächste Schritte anzufertigen.

Im Projekt ergaben sich im Laufe dieser Phase die folgenden Änderungen zum Verfahren. Die Vererbungshierarchiegraphen spielten keine bedeutende Rolle, da es problembedingt im System keine umfangreiche Klassenhierarchie gibt. Dies ist bei anderen Problemstellungen mit mehrfachem Erben sicherlich anders. Venn-Diagramme wurden kaum angewendet, da bei der genaueren Betrachtung von Klassen und deren Verantwortlichkeiten Gemeinsamkeiten offensichtlich waren. Zusammenarbeitsgraphen wurden für die einzelnen Teilsysteme angefertigt und waren da auch nützlich beim Erkennen von problematischen Klassen, bei denen eine weitere Aufteilung erforderlich wurde, und bei der Reduzierung der Kommunikation zwischen den Klassen. Ein Zusammenarbeitsgraph mit allen Details für das komplette System wurde nicht angefertigt, da dieser zu unübersichtlich wurde.

Bei der ausführlichen Klassenspezifikation wurden die Klassenkarten in zwei Bereiche aufgeteilt (Abb. 1). Der eine Bereich enthält alle öffentlichen Informationen (Klassenname, abstrakt/konkret, Oberklassen, Beschreibung der Klasse und Verantwortlichkeiten). Im zweiten Bereich sind private Informationen niedergelegt (private Methoden, Attribute, Kontrakte (Klasse als Kunde) und gegebenenfalls weitere Implementierungshinweise). Dieses Vorgehen diente dazu, zusammengehörende Informationen an einer Stelle aufzuschreiben. Werden Verantwortlichkeiten oder Attribute geerbt, so wird dies explizit vermerkt (Name der Oberklasse in eckigen Klammern). Dadurch werden die Erweiterungen deutlich, die eine Unterklasse vornimmt.

Klasse: Statuszeile   (konkret)

Oberklassen: Fenster

Beschreibung: Steuert die Ausgabe in der Statuszeile auf dem Bildschirm. Die Statuszeile enthält Meldungen über den Fortschritt des Testvorgangs im jeweiligen Teilsystem.

Verantwortlichkeit: ... [Fenster]

Verantwortlichkeit: TeilsystemnameSetzen
Parameter: Teilsystemname : STRING
Beschreibung: setzt den Teilsystemnamen für die folgenden Ausgaben

Verantwortlichkeit: TestzustandAusgeben
Parameter: Text : STRING
Beschreibung: gibt den angegebenen Testzustand und den zuletzt gesetzten Teilsystemnamen aus

---

private Methode: StatuszeileLöschen
Parameter: keine
Beschreibung: löscht den Inhalt der Statuszeile des Bildschirms

Attribute: ... [Fenster]
                Teilsystemname : STRING
                ZeileLeer : BOOLEAN

Kontrakte (Klasse als Kunde): keine

Implementierungshinweise: keine

Abb. 1: Die zwei Bereiche der Klassenspezifikation "Statuszeile"

Kontrakte dienen zur Abstimmung der Zusammenarbeit zwischen den Teilsystemen und sind daher besonders wichtig. In Erweiterung des Verfahrens werden die entsprechenden Verantwortlichkeiten mit den Parametern in die Kontraktspezifikationen aufgenommen. Die benötigten Informationen stehen so an einer Stelle zur Verfügung (Abb. 2). Dadurch wird vermieden, daß die Informationen aus den Klassenbeschreibungen ermittelt werden müssen. Die Kontrakte helfen auch bei der Aufdeckung von Unstimmigkeiten innerhalb der Teilsysteme.

Kontrakt: Zustand Statische Anomalieanalyse

Lieferant: Statuszeile

Kunde: Anomalieanalyse

Beschreibung: Dient der Ausgabe des Zustandes der Statischen Anomalieanalyse in der Statuszeile
Verantwortlichkeiten: TestzustandAusgeben (Text : STRING)
                       TeilsystemnameSetzen (Teilsystemname : STRING)

Abb. 2: Kontraktspezifikation "Zustand Statische Anomalieanalyse"

Das verwendete Vorlesungsskript [1] ist inzwischen in überarbeiteter Form als Buch [2] erschienen und enthält ebenfalls Modifikationen des ursprünglichen Verfahrens.

Die Entwurfsphase erstreckte sich über das gesamte Wintersemester 92/93 und dauerte somit weit länger als ursprünglich geplant. Ein Grund war die Schwierigkeit, mit dem neuen Paradigma umzugehen und von der funktionalen Sicht wegzukommen, was besonders denjenigen schwer fiel, die bereits Erfahrungen im funktionalen Entwurf hatten. Ein weiterer Grund ist darin zu sehen, daß ein objektorientierter Entwurf nicht geradlinig entsteht; auch hier sind Zyklen, Rückschritte und Überarbeitungen erforderlich. Die Anzahl der Klassen nahm während der Erstellung des Entwurfs zu. Die Feststellung von Meyer [6], daß wegen mangelnder Erfahrung zunächst zu viele Klassen entstehen, kann daher nicht bestätigt werden. Eine zusätzliche Schwierigkeit liegt in der konsequenten Anwendung der Objektorientierung bis ins letzte Detail. Auch Verbunde sollten mit den zugehörigen Operationen zu einer Klasse zusammengefaßt werden. Dieses wurde zu Beginn des Entwurfs nicht so strikt beachtet, führte dann aber zu Klassen, die mehrfach verwendet werden.

2.3 Implementierung und Test

Das ProTest-Projekt befindet sich zur Zeit (Mai 1993) in der Phase der Implementierung. Es wird eine abgemagerte Version des Testwerkzeuges realisiert. Für die Erstellung der Benutzungsschnittstelle werden entsprechende Klassenbibliotheken und Werkzeuge eingesetzt ([5]).

Fundierte Erkenntnisse zur Praxis der objektorientierten Programmierung liegen noch nicht vor. Es ist allerdings offensichtlich, daß C++ eine Sprache ist, die ein objektorientiertes Vorgehen nicht erzwingt. Ein sehr disziplinierter Umgang mit den unterschiedlichen Möglichkeiten der Sprache ist daher erforderlich. Im Projekt wurden Richtlinien zur Programmierung und zur Umsetzung der Objektorientierung erarbeitet, um hier eine Unterstützung anzubieten. Daß C++ persistente Objekte nicht unterstützt, ist ein weiterer erheblicher Nachteil. Wenn die Objektorientierung bis ins Detail verfolgt wird, so wie es im Projekt angestrebt ist, sollte eine Sprache zur Implementierung verwendet werden, die dieses Konzept ausreichend unterstützt.

Einige der aufgetretenen Probleme haben ihre Ursache auch darin, daß bisher das Programmsystem nur statisch gesehen wurde und es noch keine Festlegungen gab, wann Objekte erzeugt und wie die Zugriffe auf diese Objekte ermöglicht werden.

Zum Testen von objektorientierter Software gibt es bisher wenig konkrete Ansätze (s. z.B. [7]). Inwieweit sich der Testvorgang von objektorientierter und herkömmlicher Software unterscheidet, ist noch unklar. Da sich das Projekt mit dem herkömmlichen Testen auseinandergesetzt hat und diese Testmethoden den Teilnehmenden vertraut sind, wird sich deutlich zeigen, wo die Gemeinsamkeiten und die Unterschiede beim Test liegen.

2.4 Integration und Einsatz

Eine sehr wichtige Erfahrung für die Projektteilnehmenden ist die Integration der separat entwickelten Systemteile. Spätestens hier zeigt sich, wie gut der Entwurf und wie genau die Spezifikation waren und wie strikt sie bei der Umsetzung eingehalten wurden. Diese Phase wird das gesamte Projekt noch einmal erheblich herausfordern und sehr arbeitsintensiv sein. Um die Integrationsphase zu erleichtern und Probleme frühzeitig zu erkennen, wird angestrebt, während der Implementierung eines Teilsystems bereits vorhandene Komponenten der anderen Teilsysteme einzubeziehen.

Entstehen soll ein lauffähiger Prototyp, der am Projekttag im Studiengang vorgeführt werden kann. Der Projekttag findet am Ende jedes Sommersemesters statt. Die Projekte stellen dort ihre Ergebnisse der Öffentlichkeit vor. Zum eigentlichen Einsatz der Softwareprodukte kommt es meist nicht. Das ist auch nicht Sinn von Ausbildungsprojekten. Die Fortführung und Vervollständigung der Arbeiten kann in Form von Diplomarbeiten erfolgen.

3 Resümee

Bei der Softwareentwicklung im Rahmen des Ausbildungsprojektes ProTest steht das zu erstellende Produkt zunächst im Vordergrund (die Vorstellung von einem nützlichen und komfortablen Testwerkzeug motiviert die Teilnehmenden doch sehr). Eigentliches Ziel des Projektes ist es aber, den recht steinigen Weg von einer Produktidee bis zum einsetzbaren Prototypen zu thematisieren und die typischen Probleme erfahrbar zu machen.

Dafür scheint die objektorientierte Vorgehensweise besonders gut geeignet zu sein. Zum einen, weil dabei schon in frühen Phasen eine Zerlegung des Gesamtsystems in möglichst unabhängige, überschaubare Komponenten (Objekte) angestrebt wird. Dies erleichtert den arbeitsteiligen Entwurf des Systems unter Beteiligung aller Projektteilnehmenden; eine Aufgabe, die in realen Softwareprojekten in der Regel nur von wenigen Personen wahrgenommen wird. Durch die zur Verfügung stehende Zeit beim Bremer Projektstudium ist es möglich, sich intensiv mit dem Entwurf auseinanderzusetzen, was zu umfassenden Erfahrungen führt. Das *bottom-up*-Vorgehen fördert zum anderen die Identifizierung mehrfach verwendbarer Komponenten (Klassen). Über die Funktionalität solcher Komponenten müssen sich mehrere Gruppen einigen, was die Problematik der arbeitsteiligen Entwicklung besonders deutlich werden läßt. Die Notwendigkeit der strikten Einhaltung der Spezifikation wird klar.

Ein weiterer Vorteil ist die Beibehaltung der objektorientierten Sichtweise über die einzelnen Softwareentwicklungsphasen hinweg. Die sonst nötigen Transformationen werden vermieden, die verbleibenden Phasenübergängen gemildert. Vererbung und der damit zumeist in Verbindung gebrachte Vorteil einer Wiederverwendung spielen im Projekt nur eine untergeordnete Rolle. Über die Tauglichkeit dieser Konzepte wie auch über den grundsätzlichen Einfluß der Objektorientierung auf die Qualität des Softwareproduktes können (zur Zeit noch) keine Aussagen getroffen werden.

Zusammenfassend läßt sich feststellen, daß das objektorientierte Vorgehen für Ausbildungszwecke sehr gut geeignet ist; der Softwareentwicklungsprozeß wird dadurch aber nicht automatisch zu einer einfachen Aufgabe. Die oft verbreitete Euphorie im Zusammenhang mit dem objektorientierten Vorgehen muß gedämpft werden.

Literatur

1. Claussen, U.: *Grundlagen objekt-orientierter Programmierung*. Skript zur Vorlesung im WS 91/92 im Studiengang Informatik an der Universität Bremen, 1991
2. Claussen, U.: *Objektorientiertes Programmieren*. Springer Lehrbuch, Springer Verlag, 1993
3. Franck, R.; O. Langmack; A. Spillner; Th. Weitzel; C. Wickboldt; G. Winter: Das Projekt EVA - Ein Ausbildungsprojekt im Bereich der Qualitätssicherung. *Informatik-Spektrum*, 1987 (10), S. 159-163
4. Liggesmeyer, P.: *Modultest und Modulverifikation - State of the Art*. B.-I. Wissenschaftsverlag, Reihe Angewandte Informatik, 1990
5. Linton, M.A.; J.M. Vlissides; P.R. Calder: Composing User Interfaces with InterViews. *IEEE Computer*, Vol. 22, No. 2, Februar 1989, S. 8-22
6. Meyer, B.: *Object-Oriented Software Construction*. Prentice Hall, 1988
7. Overbeck, J.: Test Activities for Objekt-Oriented Software Development. In P. Liggesmeyer, H.M. Sneed, A. Spillner (Hrsg.): *Testen, Analysieren und Verifizieren von Software*. Informatik aktuell, Springer Verlag, 1992, S. 168-176
8. Stroustrup, B.: *The C++ Programming Language*. Addision Wesley, 1991
9. Turner, D.: An Overview of Miranda. *SIGPLAN Notices*, Dezember 1986, S. 158-166
10. Vosseberg, K.; A. Spillner: Das Koks-Projekt - das Bremer Projektstudium am Beispiel vorgestellt, *Software Engineering im Unterricht der Hochschulen*, Teubner-Verlag, 1993
11. Wirfs-Brooks, R.; B. Wilkerson; L. Wiener: *Designing Object-Oriented Software*. Prentice Hall, 1990
12. Wirth, N.: *Programming in MODULA-2*. Springer-Verlag, 1982

Das ProTest-Projekt hat folgende Teilnehmende: Martin Abastos, Frank Behrens, Dieter Borbel, Rosemarie Callies, André Eller, Michael Ewald, Torsten Hilbig, Wiebke Hoffmann, Frank Ihlo, Michael Johannhanwahr, Thorsten Kammeier, Antje von Knethen, Piotr Kontowicz, Zeliha Küçükçankaya, Joachim Müller (Wissenschaftlicher Mitarbeiter), Michael Obsadny, Andreas Oetken, Volker Paul, Andreas Spillner (Hochschuldozent i.V.), Joachim Veen.

Erfahrungen mit Software-Metriken im objektorientierten Entwicklungsprozeß

Christof Ebert, Ivan J. Morschel

Universität Stuttgart, Institut für Regelungstechnik und Prozeßautomatisierung

Pfaffenwaldring 47, D-70550 Stuttgart, e-mail: ebert@irp.e-technik.uni-stuttgart.dbp.de

Zusammenfassung

Der folgende Beitrag versucht eine Einordnung und Diskussion von Metriken für den objektorientierten Entwicklungsprozeß. Da Qualitätsfaktoren, wie Zuverlässigkeit, Wartbarkeit und Wiederverwendbarkeit während des Entwicklungsvorgangs nicht oder nur unzureichend direkt meßbar sind, ist es die Aufgabe der analytischen Qualitätssicherung, Kennzahlen einzusetzen, die als prädiktive Indikatoren für die Gewährleistung solcher Faktoren dienen können. Diese Vorhersagefunktion, die wir auch zur statistischen Validierung einsetzen, basiert auf der Fähigkeit, möglicherweise problematische Komponenten (Klassen, Klassenhierarchien, Methoden) aus der Gesamtheit aller neu entwickelten Komponenten aufzuspüren. Grundlage für die getroffenen Aussagen hinsichtlich der Validierung und Eignung bestimmter Metriken sind verschiedene Projekte, die Echtzeitanforderungen beinhalten, grafische Oberflächen aufweisen und sowohl industrieller als auch universitärer Herkunft sind. Bei den verwendeten Programmiersprachen dominieren *Smalltalk* und *C++*. Das größte (industrielle) Projekt beinhaltet ungefähr 400 Klassen und wurde mit einem Aufwand von zwanzig Personenjahren entwickelt.

Einleitung

Und wirklich hat alles, was erkannt wird, Zahl.

Philolaos von Kroton

Software-Qualität ist der Grad der Gewährleistung bestimmter geforderter Qualitätsfaktoren. Die Einhaltung solcher Qualitätsfaktoren ist zunächst immer mit einem höheren Entwicklungsaufwand verbunden (Qualitätsmaßnahmen). Teilweise können sich einzelne solcher Faktoren widersprechen oder sich gegenläufig verhalten. Qualitätssicherung verlangt deshalb bereits zum Zeitpunkt der Anforderungsanalyse die Festlegung von relevanten Qualitätsfaktoren. Qualitätsfaktoren und indirekte Indikatoren für die Erfüllung bestimmter Qualitätsfaktoren werden als Qualitätsmaße bezeichnet. Dabei ist vor allem die Indikatorwirkung von syntaktischen und semantischen Analysen einzelner Produkte (sogenannte *Komplexitätsmetriken* [1,2]) für die Qualitätssicherung wichtig. Der folgende Beitrag versucht eine Einordnung und Diskussion solcher Metriken für den objektorientierten Entwicklungsprozeß. Wir konzentrierten uns bei der Auswahl auf die Qualitätsfaktoren Zuverlässigkeit, Wartbarkeit und Wiederverwendbarkeit, weil diese Faktoren für Zertifizierungen interessant sind. Da diese Faktoren während des Entwicklungsprozesses nicht oder nur ungenügend direkt meßbar sind, ist es die Aufgabe der analytischen Qualitätssicherung, Kennzahlen einzusetzen, die als Indikatoren für die Einhaltung bestimmter Faktoren dienen können.

Bei den hier diskutierten Kennzahlen handelt es sich also um indirekte Qualitätsmaße, die in verschiedenen Untersuchungen an realen Projekten zeigten, daß sie zur Vorhersage der tatsächlich interessierenden Qualitätsfaktoren dienen können. Diese Vorhersagefunktion, die wir auch zur statistischen Validierung einsetzen, basiert auf der Fähigkeit, möglicherweise problematische Komponenten (Klassen, Klassenbäume, Methoden) aufzuspüren. Erfahrungsgemäß sind es nämlich immer nur verhältnismäßig wenige Komponenten, die sich für die meisten Probleme verantwortlich zeigen

(Pareto-Prinzip). Für tiefgreifendere Betrachtungen dieses Themas verweisen wir auf [1]. Gerade mit der wachsenden Bedeutung objektorientierter Konzepte, beispielsweise bei der Entwicklung grafischer Oberflächen oder Client/Server-Transaktionssysteme, und den Anforderungen hinsichtlich der Gewährleistung eines zeitgemäßen Entwickungsprozesses (vgl. Produkthaftung, Zertifizierung nach DIN/ISO 9000) gewinnen die beschriebenen kennzahlen-basierten Verfahren der analytischen Qualitätssicherung bei der Entwicklung objektorientierter Systeme an Bedeutung. Beinahe alle Konzepte für objektorientierte Software-Systeme, die veröffentlicht wurden, haben einige Grundgedanken gemeinsam, die durch die Verwendung der Prinzipien der *Objekte*, *Klassen* und *Vererbung* charakterisiert werden. Die Grundprinzipien wurden bereits vielfach definiert, was nicht zuletzt auch zu einer Verwirrung in der Terminologie geführt hat, die ihresgleichen sucht. Um auf unnötige Wiederholungen zu verzichten, soll hier die Nomenklatur von Korson und McGregor verwendet werden ([3]; vergleiche [4]; aber auch deutsch in [5]). Es gibt keine allgemeine Definition für "objektorientiert" und eine "objektorientierte Vorgehensweise" läßt per se keinerlei Rückschlüsse auf erreichbare Qualitätseigenschaften zu [3,6].

Im Gegensatz zu den bisherigen Veröffentlichungen auf diesem noch jungen Gebiet versuchen wir nicht, Maße zu definieren und diese statistisch zu validieren, sondern von einer bestimmten Zielsetzung kommend mögliche Einflußfaktoren zu bestimmen und diese dann zu quantifizieren. Bei dieser Quantifizierung bauen wir auf die Arbeiten von Buth [5] und Chidamber et al [7] auf, die jedoch in erster Linie die maßtheoretischen Aspekte beleuchteten. Statistische Validierungen selbst wurden in diesem Bereich noch nicht veröffentlicht, denn die wenigen Ansätze (z.B. Rocacher [8] oder Moreau [9]) untersuchten zwar Verteilungen, ohne jedoch deren Validität zu diskutieren. Keine der bekannten Arbeiten stellt allerdings einen Bezug zwischen Metriken und der praktischen Entwicklung her. Dabei sollte doch das grundlegende Prinzip sein, *Metriken als Mittel zum Zweck der Entwicklung "besserer" Systeme* einzusetzen und nicht nur als zusätzliches Analyse-Tool im Browser. Grundlage für die getroffenen Aussagen hinsichtlich der Validierung und Eignung bestimmter Metriken sind verschiedene Projekte, die Echtzeitanforderungen beinhalten, grafische Oberflächen aufweisen und sowohl industrieller als auch universitärer Herkunft sind. Bei den verwendeten Programmiersprachen dominieren *Smalltalk* und *C++*. Das größte (industrielle) Projekt beinhaltet ungefähr 400 Klassen und wurde mit einem Aufwand von zwanzig Personenjahren entwickelt.

Kennzahlenverfahren im Projektmanagement

Gerade aufgrund der objektorientierten Vorgehensweise mit ihrer frühzeitigen und phasenübergreifend durchgängigen Spezifikation von Objekten mit bestimmter Funktionalität und Schnittstellen sind viele Produkteigenschaften bereits zum Zeitpunkt des Entwurfs zu messen (Objektschnittstellen, Objektgröße u.a.), was natürlich auch die Möglichkeit einer frühzeitigen Korrektur gibt. Festzuhalten ist an dieser Stelle, daß die traditionellen Maße nicht uneingeschränkt bei objektorientierten Systemen einzusetzen sind. Dies beginnt bei den einfachen Quellcode- und Kontrollfluß-basierten Maßen (zylomatische Komplexität, Software Science u.a.), die bestenfalls noch zu internen Untersuchungen einzelner Methoden anwendbar sind und führt bis hin zu hybriden Schätzverfahren (Function Points, Cocomo). Bei all diesen traditionellen Verfahren sind die Eingangsgrößen (Zeilen, Daten, Funktionen, Parameter, Module) aus den Ergebnissen strukturierter Techniken zu bestimmen, während die internen Abhängigkeiten und Modelle auf ganz anderen Vorgehensmodellen als dem hier zugrundegelegten basieren [1]. Schließlich sind im gesamten Prozeß viele neue und unbekannte Größen und Abhängigkeiten zu berücksichtigen, die in der traditionellen strukturierten Vorgehensweise (SA, JSD, SD, etc.) keine Rolle spielten. Ein Beispiel für solche Verlagerungen ist der Schwerpunkt der Analysephase (OOA u.a.) im Entwicklungsprozeß, in dessen aufwendigen iterativen Vorgehen eine optimale Klassenstruktur (unter den Gesichtspunkten der Kopplungsminimierung, der Wiederverwendung und Wiederverwendbarkeit etc.) festgelegt werden muß. Der in diese Anfangsphase gesteckte Aufwand rechtfertigt sich, weil anders als bei traditionellen funktional- *und* daten- strukturierenden Analyseverfahren die gefundenen Objekte und deren Beziehungen konsistent weiterverwendet werden können und damit den Aufwand in späteren Phasen verringern. In einem Experiment, bei dem es konkret um den Vergleich von Projekten in *C* bzw. *C++* bei identischer Aufgabenstellung ging, stellte Moreau fest, daß bei der Realisierung in *C++* die klassischen Software-Metriken zwar höhere Werte lieferten (Anzahl von Daten, Operationen), daß allerdings der Entwicklungsaufwand nur etwa halb so groß war [9].

Aufgrund bekannter Prinzipien und Methoden zur Entwicklung "guter" objektorientierter Software [10,6] kann versucht werden, deren Einhaltung zu quantifizieren und anhand von speziellen Kennzahlen zu überprüfen. Die Grundlage einer solchen Überprüfung ist gleich wie bei den bisher bekannten Software-Metriken [1] eine Abbildung von gewünschten Qualitätsfaktoren (Wiederverwendbarkeit, Wartbarkeit, u.a.) oder Prozeßkennzahlen (z.B. Aufwand) auf frühzeitig meßbare Produkteigenschaften. Wie bereits in der Einleitung erwähnt, interessieren wir uns bei den hier beschriebenen Kennzahlen für jene, die eine hohe Vorhersagekraft für die Qualitätsfaktoren Zuverlässigkeit, Wartbarkeit und Wiederverwendbarkeit haben. *Zuverlässigkeit* bezieht sich auf die fehlerfreie Ausführung bestimmter festgelegter Funktionalitäten. *Wartbarkeit* orientiert sich am Aufwand, korrektive oder additive Änderungen durchzuführen. *Wiederverwendbarkeit* schließlich ist der Grad, zu dem Systemkomponenten ohne Änderungen in anderen Software-Projekten einsetzbar sind. Obwohl sich fast alle Anwender unmittelbar nur für den Aspekt der Zuverlässigkeit interessieren, gewährleisten gerade die beiden anderen Faktoren langfristige Vorteile, die sich durchaus auch monetär quantifizieren lassen [11]. Wiederverwendbarkeit setzt immer eine gute Ausgangsqualität voraus, weswegen allein dieser eine Aspekt wiederum viele andere Faktoren subsummiert. Konkreter, eine Klasse, die sich als schwer verständlich oder unzuverlässig herausgestellt hat, wird wohl niemals für die Wiederverwendung in Betracht kommen.

Im folgenden werden verschiedene Maße für objektorientierte Software charakterisiert und klassifiziert (vgl. Appendix). Die Klassifizierung ist nahezu sprachunabhängig und drückt die Komplexität in verschiedenen Faktoren aus, die bereits an einer anderen Stelle beschrieben wurden [2]. Aufgrund der nicht möglichen Abbildbarkeit herkömmlicher Komplexitätsmaße für prozedurale Systeme werden bei den meisten aufgeführten Maßen auch Richtlinien skizziert, deren Einhaltung zur Verbesserung von einzelnen genannten Qualitätsfaktoren führen kann. Eine solche Qualitätsmodellierung kann natürlich wegen der noch fehlenden statistischen Basis nur rudimentär sein, aber sie hilft immerhin bei der Auswahl von Maßen zur Unterstützung objektorientierter Software-Systeme. Die vorgestellten Maße sind teilweise bereits an anderer Stelle erwähnt worden [5,7,8,9,11] und in wenigen Fällen auch bereits einer exakteren maßtheoretischen Betrachtung [7] beziehungsweise einer statistischen Untersuchung [8,9] unterworfen worden.

Bei der Bestimmung von Kennzahlen für objektorientierte Systeme ist die Trennung zwischen Klassen in der vorhandenen Klassenbibliothek und neuen oder geänderten Klassen oder Methoden exakt zu beachten. So wie bei prozeduraler Software die Wiederverwendung bereits existierender Bausteine einen ganz anderen Aufwand verursacht als deren Neuimplementierung - nicht notwendigerweise einen kleineren, denn bereits vorhandene Bausteine können auch Wartungsarbeiten veranlassen, die aufgrund einer schlechten Strukturierung oder Dokumentation der zu ändernden Komponenten viel mehr Aufwand beanspruchen und doch zu schlechterer Qualität führen, als dies bei einer Neuimplementierung der Fall wäre - gilt dies auch für objektorientierte Klassenbibliotheken. Beispielsweise ist es auch von Unterschied, ob eine Sammlung von Maßen für ein objektorientiertes Produkt, wie es in *Smalltalk* komplett mit der gesamten vorhandenen Klassenbibliothek ausgeliefert wird, bestimmt wird (z.B. Tiefe der Klassenhierarchie), oder ob eine solche Analyse nur für die für das neue Produkt durchgeführten Änderungen erstellt wird, um auf diese Weise verschiedene Ansätze zu vergleichen. Damit sind also drei unterschiedliche Gruppen von Klassen zu unterscheiden:

1. bereits vorhandene Klassen oder Methoden, die unverändert wiederverwendet werden können und somit mit dem kleinsten Aufwand verbunden sind.

2. in der Klassenbibliothek vorhandene Komponenten, die in veränderter Form eingesetzt werden. Solche Änderungen können, wie es bereits oben angedeutet wurde, einfach oder kompliziert sein.

3. neue Komponenten, die aus in der Klassenhierarchie höher stehenden Klassen abgeleitet werden. Auch bei solchen Erweiterungen ist der Aufwand vom Aufbau und der Struktur der bereits vorhandenen Klassenhierarchie abhängig. Wie später gezeigt wird, kann die Struktur der Klassenhierarchie mittels sinnvoll eingesetzter Komplexitätsmaße optimiert, wenigstens aber analysiert, werden.

Einsatz in der Praxis

Die beschriebenen Maße für objektorientierte Software-Systeme sind nochmals tabellarisch zusammengefaßt (Abb. 2), so daß ihr Einsatzzeitpunkt sowie die untersuchten Merkmale im Zusammenhang erkennbar sind. Die Tabelle faßt alle Maße zusammen, mit denen wir im Rahmen unserer Analysen gearbeitet hatten. Jene im oberen Bereich sind für Untersuchungen von Kategorien mehrerer Klassen oder eines Gesamtsystems interessant und damit natürlich sehr projektabhängig. Bei dieser Zusammenstellung beachteten wir die Anwendbarkeit auf *Smalltalk* oder *C++*. Leider sind gerade die für die Verständlichkeit und Wiederverwendbarkeit wichtigen Kopplungsmaße in einer nichttypisierten, interpretierten Sprache, wie *Smalltalk*, nicht oder nur sehr ungenau zu bestimmen. Demzufolge bietet *C++* mehr Möglichkeiten für quantitative statische Analysen. Darüber hinaus ist diese Beobachtung ein Indiz für die schlechtere Wartbarkeit von *Smalltalk*-Programmen für nicht an der Entwicklung beteiligt gewesene Personen. Falls nämlich die Kommentare dürftig ausfallen, helfen beim Gesamtverständnis dann nur noch Laufzeitbetrachtungen, die selbstverständlich nur ausschnittsweise Momentaufnahmen erlauben. Ein Ansatz, der für *Smalltalk* versucht, solche dynamischen (also zur Laufzeit bekannten) Untersuchungen zu erstellen und die Ergebnisse bereits frühzeitig im Rahmen eines intelligenten tutoriellen Systems zur Unterstützung beim objektorientierten Programmieren einzusetzen, wird in [12] beschrieben. Das Werkzeug, *SmallCritic* [12] unterstützt den Lernenden bei der Einhaltung von Richtlinien zur Unterstützung von Qualitätsfaktoren, wie Verständlichkeit, Lesbarkeit oder Wiederverwendbarkeit, beim Erlernen der Programmiersprache *Smalltalk*.

Zusammenfassend ist festzustellen, daß objektorientierte Entwicklungen die intendierten Ziele, nämlich Erhöhung der Qualitätsmerkmale Wiederverwendbarkeit, Erweiterbarkeit, Korrektheit und Robustheit sowie Verbesserung der Produktivität dann erreichen können, wenn bei der Entwicklung dieser Systeme die folgenden Prinzipien beachtet werden:

❑ Einbindung geeigneter Archivierungsprinzipien mit Werkzeugen zum Finden wiederverwendbarer "Software-Bausteine" (Klassen);

❑ saubere Dokumentation aller Klassen, vor allem der von außen verwendbaren Methoden und Instanzvariablen, der einer bestimmten Klasse bekannten externen Methoden, bereits eingeführter virtueller Methoden und deren intendierte Funktionalität, sowie wenn möglich auch eine Kennung zur Klassifizierung und zum automatischen Aufspüren mit Bibliotheksverwaltungswerkzeugen;

❑ konsequente und ausschließliche Nutzung von objektorientierten Prinzipien, insbesondere bei Hybridsprachen (z.B. bei *C++* keine Verwendung selbständiger Funktionen oder keine Definition von Objekten ohne Methoden);

❑ gut strukturierte Klassenfestlegung mit hoher Kohäsion in den Klassen und geringer Kopplung zu anderen, nicht untergeordneten, Klassen;

❑ Grundlage der Vererbungsstruktur (einfach oder mehrfach) sollte die Abstraktion der späteren Anwendung sein;

❑ Vermeidung von häufigen Änderungen geerbter Klasseneigenschaften (gerade dieser offensichtliche Grundsatz wird bei Prototyping-Ansätzen häufig verletzt, weswegen zur frühzeitigen Entwicklungsunterstützung auch im Prototyping diese Restriktion als Warnung, bei der Auslieferung eines Produktes aber als ernstzunehmendes Kriterium verstanden werden sollte);
❑ übersichtliche Schnittstellengestaltung ohne komplizierte Verflechtungen;
❑ Vermeidung redundanter Strukturen, die durch unüberlegtes Kopieren bereits vorhandener Klassen entstehen können und zu einem Mehraufwand bei späteren Änderungen führen.

Diese Prinzipien sind natürlich unvollständig und oberflächlich, aber sie signalisieren, ähnlich wie bei der strukturierten Programmierung imperativer Sprachen (z.B. "Verwende keine mehrfachen Rücksprünge aus Prozeduren!"), daß es auf eine exakt definierte Vorgehensweise und deren Einhaltung ankommt. Bei einer undisziplinierten Vorgehensweise ist das entwickelte Programmsystem sonst unverständlich und keineswegs wiederverwendbar. Viele Prinzipien müssen außerdem an sprachliche Besonderheiten angepaßt werden, denn jede objektorientierte Sprache hat ihre speziellen Eigenarten. Wiederverwendbare Software-Bausteine können auch in prozeduralen Sprachen unter Beachtung der Konzepte von Modularisierung, strukturierter Programmierung u.a. entwickelt werden, wenn man sich an die Regeln hält. Objektorientierte Methoden zur Software-Entwicklung helfen dabei, aber sie müssen ebenfalls genauestens beachtet werden. Dies ist dann auch der Einsatzpunkt zur Anwendung von Komplexitätskennzahlen für solche Entwicklungen als frühzeitig einsetzbarer Indikator für die Einhaltung der genannten Richtlinien zur Verbesserung der Software.

Literatur

[1] Kitchenham, B.: Development in Software Metrics in the Last Decade. *Proc. of Eurometrics '92*, Commission of the European Community, Brussels, Belgium, pp. 17 - 26, 1992.

[2] Ebert, C. and A. Riegg: A Framework for Selecting System Design Metrics. *Proc. of Int. Symp. on Software Reliability Eng.*, IEEE Computer Soc. Press, Los Alamitos, CA, USA, 1991.

[3] Korson, T. and J. D. McGregor: Understanding Object-Oriented: A Unifying Paradigm. *Communications of the ACM*, Vol. 33, No. 9, pp. 40 - 60, 1990.

[4] Booch, G.: Object Oriented Development with Applications. Addison Wesley, Redwood City, CA, USA, 1991.

[5] Buth, A.: Softwaremetriken für objekt-orientierte Programmiersprachen. *Arbeitspapiere der GMD*, Nr. 545. GMD, Birlinghoven, 1991.

[6] Lieberherr, K. J. and I. M. Holland: Assuring Good Style for Object-Oriented Programs. *IEEE Software*, Vol. 6, No. 9, pp. 38 - 48, 1989.

[7] Chidamber, S. R. and C. F. Kemerer: Towards a Metric Suite for Object Oriented Design. *Proc. of Conf. on Object-Oriented Programming Systems, Languages, and Applications (OOPSLA). Sigplan Notices*, Vol. 26, No. 11, Nov. 1991.

[8] Rocacher, D.: Smalltalk Measure Analysis Manual. *Report, ESPRIT Project No. 1257 MUSE*, France, Aug. 1990.

[9] Moreau, D. R. and W. D. Dominick: A Programming Environment Evaluation Methodology for Object-Oriented Systems Parts I and II. *Journal of Object-Oriented Programming*, Vol. 3, Mai rsp. Sep. 1990.

[10] Grams, T.: Denkfallen beim objektorientierten Programmieren. *Informationstechnik it*, Vol. 34, No. 2, S. 102 - 112, 1992.

[11] Pfleeger, S. L. and J. D. Palmer: Software Estimation for Object Oriented Systems. *Fall international Function Point Users Group Conference*, San Antonio, TX, USA, pp. 181 - 196, Oct. 1990.

[12] Morschel, I.: An Intelligent Tutoring System for the Learning of Object-Oriented Programming. EAEEIE Conf., Prague, CR, 8.-10. Sep. 1993.

Appendix: Komplexitätsmaße für objektorientierte Beschreibungen

Maß	Einsatz-zeitpkt	OO Vorgehen	Qualitäts-faktor	Gren-zen
Anzahl der Klassen	E	Def	V W	
Anzahl abstrakter Klassen	E P	Def	W	
Anzahl der Vorgängerklassen	E	Def	T V Z	
Anzahl der Nachfolgeklassen	E	Def	T W Z	
Anzahl von Änderungen ererbter Eigenschaften	P	Def Met	Ä T V Z	
Größe einer Klasse (Anz. Methoden)	P	Met	W Z	< 30
Größe einer Klasse (Anz. Instanzvar.)	P	Def	W Z	< 5
Methodenkomplexität (Kontrollfluß)	P	Met Kom	Ä T Z	< 10
Klassenkohäsion	E P	Def Met	V W	
Anzahl von verwendbaren Methoden	E	Def Met Kom	Ä	
Fan-Out (Anzahl der Methodenaufrufe)	E P	Kom	Ä T V W Z	< 20
Fan-Out (Anzahl beteiligter Klassen)	E P	Kom	Ä T V W Z	< 5
Fan-In (Anzahl aufgerufener Methoden)	E P	Kom	Ä T V W Z	< 20
Fan-In (Anzahl beteiligter Klassen)	E P	Kom	Ä T V W Z	< 5
Schachtelungstiefe der Methodenverwendung	P	Met Kom	Ä T V W Z	< 5
Anweisungsdichte	P	Def Met	Ä V W	1 ... 5
Namensgebung	E P	Def	Ä V W	> 7
Editierdistanz	E P	Def	Ä V W	> 3

Abkürzungen:

Einsatzzeitpunkt

Def:	Objektdefinition und -attribute
Met:	Objektmethoden
Kom:	Objektkommunikation

Zusammenhang mit objektorientiertem Vorgehen [5]

E:	Entwurf
P:	Programm

Qualitätsfaktor

Ä:	Änderbarkeit / Wartbarkeit
T:	Testbarkeit
V:	Verständlichkeit
W:	Wiederverwendbarkeit
Z:	Zuverlässigkeit

Testen Objektorientierter Software

P. Jüttner, S. Kolb, S. Sieber
Zentralabteilung Forschung und Entwicklung
Siemens AG München

Die objektorientierte Programmierung (OOP) erfordert neuartige Programment-wicklungsmethoden und damit auch neue Testverfahren. Das heißt, daß herkömmliche Tests an die OOP angepaßt und neue Verfahren und Strategien entwickelt werden müssen. Dabei müssen sowohl die typischen Features der OOP (Klassenkonzept, Vererbung, Datenkapselung, ...) als auch OO-Analyse- und -Designverfahren (OOA/OOD) berücksichtigt werden. Im hier vorgestellten Projekt [3] wurden Teststrategien für objektorientierte Software zu entwickelt und zwei Testsysteme für die objektorientierte Programmiersprache Object-CHILL [1] implementiert. Dabei war sowohl der Test einzelner Klassen als auch der Integrationstest zu berücksichtigen. Beide Testsysteme sind seit über einem Jahr bei der SIEMENS AG im Einsatz.

1 Motivation und Überblick

Klassen sind die Bausteine eines objektorientierten Programms. Deshalb ist der Klassentest der erste Schritt im objektorientierten Test. Dabei muß die spätere Verwendung einer Klasse noch keine Rolle spielen, da eine Klasse im Rahmen der Wiederverwendung in verschiedenen Anwendungen zum Einsatz kommen kann. Somit ist der Klassentest auch eine der Grundlagen der Wiederverwendung. Eine nicht genügend ausgetestete Klasse führt zur Wiederverwendung von Fehlern und verringert u.U. die Motivation, fremde Klassen einzusetzen.
Mit dem Test einzelner Programmbausteine kann noch keine Qualitätsaussage über das Gesamtprogramm getroffen werden. Dazu sind weitere Tests in Form eines Integrations- und Systemtests notwendig [4,5]. Systemtests beziehen sich meist auf ein ganzes Programm aus Benutzersicht und sind im wesentlichen unabhängig vom Programmierstil. Dagegen wird beim Integrationstest das Zusammenspiel der einzelnen Programmbausteine getestet. In der OOP werden Klassen zu einem Programm integriert, in dem gemäß dem verwendeten objektorientierten Analyse- und Designverfahren Objekte instantiiert und Methoden aufgerufen werden. Damit ergibt sich die Notwendigkeit im Rahmen eines Integrationstests zu überprüfen, ob während des Ablaufs eines Programms die spezifizierten Objekte existieren und die richtigen Methoden mit den richtigen Parametern an den richtigen Objekten in der richtigen Reihenfolge aufgerufen werden.

2 Test von Klassen

Klassen bestehen aus Attributen und Methoden, die auf diesen Attributen arbeiten. Im Rahmen des Klassentests sind die Methoden einer Klasse zu testen.

2.1 Test der Methoden einer Klasse

Beim Methodentest kann analog zu bekannten Testverfahren für Prozeduren zwischen Black-Box-Tests und White-Box-Tests von Methoden unterschieden werden. Beim White-Box-Test einer Methode kann ein bestimmtes Überdeckungsmaß, z.B. Statement-Überdeckung, angestrebt werden. Beim Black-Box-Test hingegen ist zu überprüfen, ob eine Methode im Vergleich zu ihrer Spezifikation die richtigen Ergebnisse zurückliefert und, neu in der OOP, ob eine Methode die erwünschte Wirkung auf das gerufene Objekt hat, d.h. ob die Methode die Attribute des gerufenen Objekts in der richtigen Weise verändert. Der Ablauf eines Black-Box-Tests einer Methode m einer Klasse K gestaltet sich folgendermaßen:

1.) Vereinbarung eines Objekts o von K.
2.) Geeignete Initialisierung von o (z.B. durch Konstruktor, durch Aufruf bereits getesteter Methoden von K, durch ein geeignetes Testwerkzeug)
3.) Vereinbarung der Parameterobjekte $o_1, \dots, o_n$ von m, ebenfalls mit geeigneter Initialisierung. (ggf. Vereinbarung eines Ergebnisobjekts falls m ein Funktionsergebnis zurückliefert)
4.) Aufruf von m: o.m $(o_1, \dots, o_n)$
5.) Überprüfung der Ergebnisse von m, d.h. der Attributwerte der Ergebnisobjekte.
6.) Überprüfung des Zustandes von o, d.h. der Attributwerte von o.

Das Initialisieren und Überprüfen der Attributwerte wird durch die Datenkapselung erschwert, weil private Attribute nicht zugänglich sind. Deshalb wird eine Möglichkeit benötigt, auch auf gekapselte Attribute zuzugreifen. Einen zusätzlichen Einfluß auf das Testen hat in der OOP die Vererbung. Falsch ist es, zu glauben, ererbte Methoden einer Oberklase müßten in Unterklassen nicht mehr getestet werden. Wie an dem folgenden Object-CHILL Beispiel gezeigt wird, müssen u.U. ererbte Methoden einem erneuten Test unterzogen werden:

```
C : MODULE CLASS                        /* Spezifikation DER KLASSE C   */
    GRANT M, N, CPTRMODE PREFIXED C;    /* Exportierte Größen           */
    SYNMODE CPTRMODE  = REF C;          /* Mode f. Pointer auf Klasse C */
    M : PROC(CPTR CPTRMODE); END M;     /* Schnittstelle der Methode M  */
    N : PROC(); END N;                  /* Schnittstelle der Methode N  */
END C;
C : MODULE BODY                         /* Implementierung der Klasse C */
```

```
  M : PROC(CPTR CPTRMODE);          /* Implementierung von M       */
   CPTR->.N();                      /* Aufruf der Methode N        */
  END M;
  N : PROC(); ...;  END N;          /* Irgendein Methodenrumpf      */
END C;
D : MODULE CLASS IS_A C            /* D ist Unterklasse von C      */
  GRANT N PREFIXED D;               /* Exportierte Größen           */
  N : PROC(); END N;                /* Reimplementierung von N      */
END D;
D : MODULE BODY                    /* Implementierung der Klasse D */
  N : PROC(); ...; END N;           /* Irgendein Methodenrumpf      */
END D;
MAINPROG : MODULE                  /* Hauptprogramm               */
  SEIZE CLASS C, D;                 /* Import von C und D           */
  DCL OBJECT1 C;                    /* Erzeugen eines Objekts von C */
  DCL CPTR C!CPTRMODE;              /* Pointer auf C vereinbaren    */
  DCL OBJECT2 D;                    /* Erzeugen eines Objekts von D */
  CPTR : = ADDR(OBJECT1);           /* Pointer zeigt auf Objekt1    */
  OBJECT1.M(CPTR);            /* In M wird das originale N von C benutzt */
  CPTR : = ADDR(OBJECT2);           /* Pointer zeigt auf Objekt2     */
  OBJECT1.M(CPTR);        /* In M wird das reimplementierte N von D benutzt */
END MAINPROG;
```

Aufgrund von Polymorphismus und dynamischem Binden wird nur beim ersten
Aufruf von M die Originalmethode N aus C aufgerufen, beim zweiten Aufruf
jedoch die Redefinition von N aus D. Das heißt, daß je nach Typ des aktuellen
Parameterwerts von M verschiedene Codeteile ausgeführt werden, obwohl M nur
in einer Fassung vorliegt. Man sieht hier, daß die unveränderte Methode M einem
Neutest unterzogen werden muß und zwar nicht nur in der neuen Unterklasse D,
sondern auch in der alten, völlig unveränderten Klasse C. Verallgemeinert ergibt
sich, daß ererbte Methoden ggf. in Ober- und Unterklasse neu getestet werden
müssen, falls aufgrund von Polymorphismus und dynamischem Binden unterschiedliche Abläufe in Oberklasse und Unterklasse zustande kommen können.
Probleme dieser Art sind neuartig und charakteristisch für die OOP.

2.2 Test des Zusammenspiels der Methoden einer Klasse

In einer Klassen müssen nicht nur die einzelnen Methoden sondern auch ihr
Zusammenspiel getestet werden. Das ist notwendig, weil die Methoden einer
Klasse in beliebiger Reihenfolge aufgerufen werden können und die Aufruf-
reihenfolgen während der Implementierung i.a. nicht vorhersehbar sind.

Aufgrund eines Fehlers kann es vorkommen, daß eine Methode "nach außen" (d.h. bzgl. Ergebnis bzw. Ergebnisparameter) korrekt arbeitet, jedoch das Aufrufobjekt in einem Zustand "hinterläßt" (z.B. durch Setzen eines Attributes auf einen undefinierten Wert), mit dem weitere Methoden nicht mehr sinnvoll arbeiten können. Beim Black-Box-Test des Methodenzusammenspiels einer Klasse ist also der Tatsache Rechnung zu tragen, daß die Attribute globale Variable für die Methoden sind und exzessiv benutzt werden. Selbstverständlich sind beim Test des Zusammenspiels der Methoden einer Klasse auch ihre ererbten Methoden mit einzubeziehen. Gerade hier ist wegen der getrennten Entwicklung der Unter- und Oberklassen die Fehlermöglichkeit besonders groß. Ein Test des Zusammenspiels der Methoden einer Klasse besteht aus mehrfacher Anwendung der Schritte 1.) bis 6.) aus Kapitel 2.1 für verschiedene Methoden am selben Aufrufobjekt in geeigneter Reihenfolge. Die Testdaten sind dabei so zu wählen, daß "typische" Anwendungen der Kombination von Methoden berücksichtigt werden, aber auch so, daß "Grenzfälle" des Methodenzusammenspiels abgedeckt werden. Ein Grenzfall liegt dann vor, wenn z.B. der Aufruf einer Methode m_1 Voraussetzung für einen Aufruf einer Methode m_2 ist oder auch, wenn ein weiterer Aufruf einer Methode nach einer bestimmten Aufruffolge nicht zulässig ist.

2.3 Realisierung eines Testwerkzeugs zum Klassentest

Für den oben beschriebenen Test von OBJECT-CHILL-Klassen wurde ein Testsystem entwickelt. Es verarbeitet die zu testenden Klassen in einem Präprozessorlauf und erzeugt daraus einen Testrahmen. Dabei wird zu jeder Klasse die Menge der bei ihren Objekten aufrufbaren (d.h. auch ererbten) Methoden mit Parameter- und Ergebnistypen ermittelt. Daraus wird der testlingsabhängige Teil des Testrahmens generiert, der übersetzt und mit den konstanten Teilen (z.B. Kommandointerpreter) zusammengebunden wird, um einen ablauffähigen Testrahmen zu erhalten. Ein Testrahmen verarbeitet interaktiv oder aus Datei eingegebene Kommandos. Die Kommandosprache ist die Benutzerschnittstelle der Testrahmen. Sie erhöht den Komfort beim Test erheblich, da sie das Übersetzen und Binden von Testfällen überflüssig macht und eine gute Unterstützung für schnelle, flexible Test darstellt. Die Kommandosprache stellt die für den Klassentest benötigten Kommandos wie Vereinbaren und Löschen von Objekten, Setzen und Ausgeben von Datenattributen von Objekten, Methodenaufruf und andere bereit.

3 Integrationstest

Unter einem Integrationstest wird im folgenden ein Test verstanden, bei dem das Zusammenspiel von Klassen überprüft wird. In einem OO-Programm werden, wie in der OOA/OOD spezifiziert, Objekte instantiiert und deren Methoden aufgerufen (Objektkommunikation). Diese beiden Vorgänge, welche bei dem vorhergehenden Klassentest nicht in dieser Form erfaßt werden, können nur am ablaufenden OO-Programm getestet werden. Hierbei sind zwei wesentliche neue Testaspekte zu beachten:

1.) Welche Objekte welcher Klassen existieren zu welchen Zeitpunkten?

2.) Wie kommunizieren die Objekte miteinander?

Die Existenz von Objekten muß besonders getestet werden, da in OO-Programmen die Instantiierung und Lebensdauer von Objekten stark dynamisch ist. Darüberhinaus ist das Instantiieren von Objekten ein wesentliches Ergebnis der OOA/OOD. Es liegt also nahe, beim Integrationstest Objektexistenz und Objektkommunikation mit der Spezifikation aus der OOA/OOD-Phase zu vergleichen. Der Test der Objektkommunikation ist also geeignet um Fehler wie falsche Klassenzugehörigkeit eines Objekts, Aufruf einer Methode am falschen Objekt, Aufruf einer falschen Methode einem Objekt, Aufruf einer Methode mit falschen Parameterwerten, fehlende Löschung eines dynamisch instantiierten Objekts und andere zu entdecken. Manche dieser Fehler sind zwar ähnlich auch bei nicht objektorientierten Programmen vorhanden, jedoch ergibt sich in der OOP durch Features wie Polymorphismus, Reimplementierung, Overloading und implizite Methodenaufrufe eine höhere Fehlerwahrscheinlichkeit.

In Object-CHILL gibt es mehrere Arten von Klassen: Module-, Region- und Concurrent-Klassen. Erstere entsprechen den aus anderen OO-Sprachen (C + +, Eiffel) bekannten Klassen. Concurrent-Klassen bieten parallel ablaufende Objekte, deren Verhalten dem von Prozessen unter UNIX ähnelt. Die Kommunikation zwischen ihnen erfolgt durch asynchrone Methodenaufrufe. (Ein rufendes Objekt wartet nicht auf die Beendigung einer gerufenen Methode. Zur gleichen Zeit auftretende Methodenaufrufe werden gepuffert und nach dem FIFO-Prinzip prioritätsgesteuert abgearbeitet.) Um im Rahmen eines Integrationstests derartige parallele Abläufe testen zu können, müssen, zusätzlich zu oben, die an einem Objekt wartenden Methodenaufrufe ausgegeben und verändert werden können. In der Praxis ist es weiter erforderlich, noch nicht zur Verfügung stehende Concurrent-Objekte über die Generierung und Unterdrückung von Methodenaufrufe zu simulieren. Weiterhin ist es notwendig, eine Übersicht über alle aktuell existierenden Objekte und deren Status (z.B. wartend auf einen Methodenaufruf) erhalten zu können, da bei Concurrent-Objekten die zeitliche Reihenfolge der Aufrufe die Programmlogik wesentlich bestimmt.

3.1 Realisierung eines Testwerkzeugs zum Integrationstest

Für Concurrent-Klassen wurde ein Testsystem für den Test der Objektkommunikation entwickelt. Es gliedert sich in zwei Teile: Einen Präprozessor und einen Ablaufteil. Der Präprozessor verarbeitet die Spezifikationen der zu testenden Klassen und erzeugt daraus Symbolinformationen über Methoden und deren Parameter. Die Kommunikation zwischen Concurrent-Objekten wird über Interrupts des zugrundeliegenden Betriebssystems realisiert. Das Testsystem ist Teil der Interrupt-Behandlung und realisiert seine Leistungen durch Kenntnis der generierten Symbolinformationen, durch Modifikation der Interrupt-Parameter und durch Informationen, die vom Betriebssystem geliefert werden. Die zu testende Software selbst wird vom Testsystem nicht verändert. Die Syntax und Semantik der Bediensprache des Testsystems wurde, soweit möglich, an die Bediensprache des in Kapitel 2 beschriebenen Klassentestsystems angelehnt. Beim Auftreten einer Objektkommunikation wird der Tester durch Protokollierung der Kommunikation mit Objektnamen und Klassenzugehörigkeit von Sender und Empfänger und Name der gerufenen Methode informiert. Nun können Methodenparameter ausgegeben oder verändert werden, Objektstatusinformationen ausgegeben werden, Methodenaufrufe generiert, unterdrückt oder zugestellt werden.

4 Zusammenfassung

Als neuer Programmierstil erfordert die OOP neue Teststrategien und neuartige Testwerkzeuge sowohl für den Test einzelner Klassen als auch für den Integrationstest. Die hier beschriebenen Testwerkzeuge unterstützen die vorgestellten Teststrategien als erster Schritt zu einem kompletten objektorientierten Testvorgehen. Dabei sind diese Teststrategien auch auf andere objektorientierte Sprachen anwendbar.

5 Literatur

[1] Winkler, J.F.H.: Object-CHILL - Eine objektorientierte Erweiterung von CHILL, Tagungsband TOOL 90, Karlsruhe November 90
[2] Perry, D.E.; Kaiser, G.E.: Adequate Testing and Object-Oriented Programming. Journal of Object-Oriented Programming, Januar / Februar 1990.
[3] Günther, W.; Wackerbarth, G.: An object oriented approach for structuring ISDN call processing software Proceedings from Software Engineering for Telecommunications Systems (SETSS 92), Florenz 1992
[4] Spillner, A.: Testmethoden und Testdatengewinnung für den Integrationstest modularer Softwaresysteme in: P.Liggesmeyer, H.M.Sneed, A. Spillner (Hrsg.) Testen, Analysieren und Verifizieren von Software Springer Verlag Berlin 1992
[5] Spillner, A.: Integrationstest großer Softwaresysteme in: Theorie und Praxis der Wirtschaftsinformatik, Heft 166 Juli 1992 Forkel Verlag

Erfahrungen bei objektorientierter SW-Entwicklung für ein großes Projekt: 10 Thesen

Stefan Geyer, Wolfgang Günther, Siegfried Paul
Siemens AG, Bereich Öffentliche Kommunikationsnetze, Zentrallaboratorium, München

1. Einleitung

Im Jahr 1989 wurde im Zentrallaboratorium des Bereichs Öffentliche Kommunikationsnetze der Siemens AG das "OOT-Pilotprojekt" (OOT: Object Oriented Techniques) gestartet. Ziel des Projekts war, die Anwendbarkeit von OOT im Bereich der Vermittlungssysteme zu erproben. Das technische Umfeld des Projekts läßt sich folgendermaßen charakterisieren:

- Das Vermittlungssysstem besteht aus mehreren Steuerrechnern, deren Software in einem Fall nach den Prinzipien von OOT entwickelt wurde. Dieser eine Steuerrechner SC (Switching Control) hat keine eigene Bedienoberfläche und ist nur über systeminterne Nachrichten zu erreichen.
- Innerhalb von SC existiert neben OOT Software auch konventionelle Software. Die konventionelle SW umfaßt im wesentlichen das Betriebssystem, das von einem vorhandenen Vermittlungsrechner stammt und um die Unterstützung der OOT Software erweitert wurde. Die OOT Software ist in Object CHILL [WD92] geschrieben, während die konventionelle SW in CHILL [Z.200] implementiert wurde. Object CHILL ist eine objektorientierte Erweiterung von CHILL.

Die folgenden Kenndaten veranschaulichen den Umfang des Projekts:

- An der Entwicklung der OOT Software waren bis zu 40 Mitarbeiter involviert.
- Es wurden ca. 350 Klassen erarbeitet. Der Umfang dieser Klassen beläuft sich auf etwa 150000 Lines of Code (Kommentar- und Leerzeilen nicht mitgerechnet).

Dank des OOT-Pilotprojektes konnten vielfältige und umfassende Erfahrungen hinsichtlich der Anwendbarkeit von OOT für große SW-Systeme gewonnen werden. Vor dem Hintergrund dieses Erfahrungsschatzes wurden zehn Thesen formuliert, die in Abschnitt 2 vorgestellt und erläutert werden. In Abschnitt 3 wird eine zusammenfassende Bewertung gegeben.

2. Die 10 Thesen

These 1: Objektorientierte SW-Entwicklung kann relativ problemlos auf der Basis vorhandener Entwicklungsprozesse eingeführt werden. Der Übergang zu objektorientierten Techniken ist ein evolutionärer Schritt.

Die Erfahrung im OOT-Pilotprojekt hat gezeigt, daß der konventionelle SW-Entwicklungsprozeß mit den Phasen Analyse, Entwurf, Implementierung, Verbund- und Systemtest für eine objektorientierte Entwicklung verwendet werden kann. Es hat sich allerdings als sinnvoll erwiesen, die Entwurfsphase in die zwei Teilphasen Grobentwurf und Feinentwurf zu unterteilen und an die Belange der OOT anzupassen. Der Grobentwurf beinhaltet die Schritte Identifizieren der Objekte, Beschreibung der statischen und dynamischen Objektbeziehungen, Klassifikation der Objekte mit Beschreibung der Vererbungsbeziehungen und Spezifikation des "public interface" aller Klassen. Der Feinentwurf enthält die Beschreibung des internen Entwurfs der Methoden, den "private part" der Klassen. Die sonstigen Phasen des Entwicklungsprozesses können ohne Änderungen für die objektorientierte SW-Entwicklung übernommen werden. Die Analysephase mit der funktionalen Beschreibung des Systems ergab die herkömmliche Einteilung des Systems in die bekannten Applikationen Vermittlungstechnik, Sicherungstechnik und Betriebstechnik. Trotz herkömmlicher Analyse findet nach unserer Phaseneinteilung ein großer Teil der objektorientierten Analyse im ersten Entwurfsschritt des Grobentwurfs statt, allerdings unter der Randbedingung der obigen Einteilung. Die Durchführung der Offline-Tests und der Verbundtests entspricht dem herkömmlichen Vorgehen. Auch das Durchführen der erforderlichen Integrationsschritte, das Testen auf dem Host und dem Zielrechner, ändert sich nicht.

Tools und Methoden können abgesehen von einer Basis (Compiler, Sprachen) sukzessive eingeführt werden und, nachdem erste Erfahrungen gemacht wurden, ergänzt und an neue Erkenntnisse angepaßt werden. So hat sich zum Beispiel gezeigt, daß eine einfache grafische Notation für die Darstellung der Objektbeziehungen unbedingt erforderlich ist. Diese Notation (s. auch These 4) wurde nachträglich eingebracht.

These 2: Ein gutes objektorientiertes Design benötigt mehr Entwicklungsaufwand als bisher und ist immer das Ergebnis eines iterativen Prozesses.

Oder anders ausgedrückt, man sollte nicht zu blauäugig an die Entwicklung objektorientierter Software herangehen. Die zweifellos vorhandenen Vorteile des objektorientierten Ansatzes, wie z.B. verbesserte Erweiterbarkeit, Modularisierung und Wartbarkeit, sind nicht ohne zusätzlichen Aufwand im Entwurfsprozeß zu erreichen. Dies gilt vor allem für große Projekte. Anzustreben sind übersichtliche und klare Software-Strukturen, die durch Programmbausteine (Klassen) mit einem hohen Wiederverwendungspotential unterstützt werden ("A class should represent a well-defined abstraction, not just a bundle of methods and variable definitions." [JF88]).

Ein gutes objektorientiertes Design wird in der Regel nicht in einem Schritt und quasi von selbst erarbeitet, sondern ist immer das Ergebnis eines arbeitsintensiven, iterativen Prozesses.

These 3: Eine mächtige Tool-Umgebung ist wünschenswert, aber keine unbedingte Voraussetzung.

Es ist offensichtlich, daß die Entwicklung großer SW-Systeme ohne den Einsatz von mächtigen Werkzeugen nicht möglich ist; dazu gehören Programmiersprachen, Editoren, Testsysteme, Konfigurations-Management-Systeme. Dennoch ist gerade bei der Objektorientierung häufig der Ruf nach immer neueren und besseren Werkzeugen, ohne die nichts möglich sei, zu vernehmen. Aber Werkzeuge allein gewährleisten keine gute Software, auch nicht bei der Objektorientierung. Die wesentlichen Entscheidungen und kreativen Leistungen werden immer noch von menschlichen Entwicklern erbracht.

In vielen Fällen genügen die vorhandenen Werkzeuge auch den Ansprüchen der objektorientierten SW-Entwicklung. Für die Analyse- und Design-Phase können häufig konventionelle Spezifikationstechniken und einfache grafische Darstellungsmittel eingesetzt werden, um die vielfältigen Beziehungen zwischen

Objekten und Klassen sichtbar zu machen. Kleinere Anpassungen von vorhandenen Werkzeugen, z.B. SDL-Editoren und -Codegeneratoren, Debuggingsysteme, sind ebenfalls kein grundsätzliches Problem. Ein Klassenverwaltungssystem (CLASSLIB) muß während der frühen Entwicklungsphasen nicht unbedingt vorhanden sein. In der Wartungsphase und bei Weiterentwicklungen hat sich die CLASSLIB jedoch als sehr nützlich erwiesen, da sie stets den jeweils aktuellen Stand der Klassen und ihrer Beziehungen (Vererbung, generische Ausprägung, Export/Import) verwaltet und sichtbar machen kann.

These 4: Bei objektorientierter SW steigt der Bedarf nach Visualisierung der Struktur. Nicht nur die Vererbungshierarchie ist von Interesse, sondern auch viele andere Objektbeziehungen.

Je besser die Visualisierung eines Entwurfs ist, desto besser ist die Lesbarkeit und Verständlichkeit und desto einfacher die Durchführung eines Reviews. Beim objektorientierten Grobentwurf ist die Visualisierung besonders wichtig, da die verschiedenen statischen Beziehungen zwischen den Klassen (Vererbungshierarchie) und Objekten (Benutzt-, Enthalten-in- und Instanziierungsbeziehungen) nur grafisch richtig erfaßt werden können. Für die Darstellung der Objektbeziehungen wurde eine eigene einfache Grafikform entwickelt (siehe [GGP93]). Diese erlaubt es anhand von sechs verschiedenen Objekt-Symbolen und nur zwei verschiedenen Typen von Beziehungspfeilen, alle im OOT-Pilotprojekt vorkommenden Objektbeziehungen darzustellen. Dadurch ist die Erstellung der Diagramme sehr einfach. Die Objektdiagramme sind eine gute Basis für Diskussionen und eine deutliche Verbesserung der Dokumentenqualität. Eine Symbolbibliothek unterstützt die Erstellung dieser Objektdiagramme. Die Einarbeitungszeit in diese neue Notation war kurz, es wurde keine Verwirrung gestiftet durch Symbolvielfalt, der bisherige Editor konnte weiterverwendet werden, und die Lesbarkeit der Objektdiagramme ist sehr gut.
Die dynamischen Objektbeziehungen werden mit herkömmlichen Darstellungsformen (Message Sequence Charts [Z.120]) sichtbar gemacht.

These 5: Bei objektorientierter SW-Entwicklung mit einer Trennung zwischen Grob- und Feinentwurf sind die Schnittstellen zwischen den Subsystemen früher festgelegt.

Durch die Trennung von Grob- und Feinentwurf ergibt sich der große Vorteil, daß mit dem Abschluß der Grobentwurfsphase bereits die "public parts" der Klassen mit der Definition aller Export-Schnittstellen vorliegen. Die Beschreibung dieser sogenannten Klassenspezifikationen geschieht bereits in der Programmiersprache Object CHILL. Damit können zum Ende des Grobentwurfs die Export- und Teile der Import-Schnittstellen zwischen Klassen und Subsystemen vom Compiler geprüft werden. Zusätzlich bietet das durchgeführte Review eine gewisse Sicherheit für den weiteren Entwurf der klasseninternen Abläufe. Dieser Feintwurf kann dann relativ unabhängig für die einzelnen Klassenrümpfe erfolgen.
Im Lauf der Entwicklung hat sich gezeigt, daß während des Feinentwurfs Aspekte erkannt wurden, die auch Auswirkungen auf den Grobentwurf hatten (vgl. These 2). Trotzdem kann die Aufteilung der Entwurfsphase insgesamt nur positiv bewertet werden.

436

These 6: Die Mehrfachverwendung objektorientierter SW-Komponenten muß durch organisatorische Maßnahmen unterstützt werden, sie geschieht nicht von selbst.

Jahrzehntelange Erfahrungen haben gezeigt, daß die Mehrfach- und Wiederverwendung von existierenden (und nicht nur objektorientierten) Software-Komponenten zwei wesentliche Hürden zu nehmen hat. Erstens ein technisches Problem: Software ist nicht ausreichend genug spezifiziert, hat keinen allgemeinen Charakter und ist überhaupt schwer zu finden. Zweitens ein psychologisches Problem beim Entwickler selbst: Der Einzelne nimmt selten die Mühe auf sich, vorhandene Software auf ihr Wiederverwendungspotential zu prüfen, stattdessen wird zum x-ten Mal das Rad neu erfunden. Während der objektorientierte Ansatz im technischen Bereich starke Unterstützung bietet, ist die psychologische Hemmschwelle bei objektorientierter Software-Entwicklung in gleicher Weise vorhanden.

Um also die Vorteile der Objektorientierung zu nutzen, sind organisatorische Maßnahmen zu ergreifen, die diese Hürden beseitigen helfen. Im OOT-Pilotprojekt entscheidet eine Koordinationsrunde über wichtige Entwurfsalternativen und Klassen, die allgemein genug sind, um als Standardklasse in die CLASSLIB aufgenommen zu werden, d.h. es ist ein Informations- und Entscheidungsgremium. In anderen Projekten (siehe [C92]) hat man ebenfalls gute Erfahrungen damit gemacht, aus jedem Teilprojekt einen Vertreter in eine solche Runde zu schicken, um sich gegenseitig über den Projektstand und die entworfenen Klassen zu informieren. Etwas extremer ist der Ansatz, für Klassen, die so gut spezifiziert sind, daß sie von anderen übernommen werden, eine Prämie zu bekommen, d.h. je stärker man bei der Entwicklung von Klassen über ihre spezielle Aufgabe hinweg auf eine Verallgemeinerung achtet, um so eher ist sie in anderen Projekten einsetzbar.

Es muß gewissermaßen ein Klima geschaffen werden, daß Entwickler ein Interesse daran haben, möglichst allgemein verwendbare Klassen zu entwerfen. Und es müssen Organisationsformen geschaffen werden, die die Verbreitung von Klassen ermöglichen. Denn eine Klasse kann noch so gut sein, wenn sie keiner kennt, wird sie auch nicht mehrfach und von anderen verwendet.

These 7: Objektorientierte SW-Strukturen sind feingranularer, sie erleichtern die Wiederverwendbarkeit.

Aus den in Abschnitt 1 genannten Zahlen ergibt sich ein mittlerer Umfang je Klasse von etwas über 400 LOC (Lines of Code). Im Vergleich zu früheren konventionellen Projekten erhöht sich bei objektorientierter SW die Anzahl der Programmbausteine. Objektorientierte SW-Strukturen sind feingranularer als konventionelle. Die Gründe dafür sind:

- Konventionelle SW im Bereich der Vermittlungssysteme wird vor allem funktional zerlegt. Bei objektorientierter SW wird demgegenüber der Datenaspekt stärker betont, so daß Datenstrukturen, die bei funktionaler SW in der Regel lediglich Teil einer SW-Komponente sind, jetzt zu Klassen werden. Beispiele dafür sind alle Formen von Listen, Tabellen, Puffer oder Relationen.

- Werden zu große Klassen gebildet, so können Anteile, die einander ähnlich sind und mehrfach auftreten, nicht zusammengefaß werden. Bei Zerlegung einer großen Klasse in mehrere kleine Klassen besteht die Möglichkeit, derartige Anteile in eine Oberklasse zu legen.

- Es hat sich herausgestellt, daß sehr umfangreiche Klassen für die Wiederverwendbarkeit in neuen Systemversionen nicht gut geeignet sind. Will man nämlich hierzu die Vererbung nutzen, so wird in vielen Fällen Code vererbt, der in der neuen Systemversion gar nicht mehr gebraucht wird. Neue Systemversionen sind erfahrungsgemäß nicht immer nur Spezialisierungen von vorhergehenden, sondern sollen zum Teil die Funktionalität der alten Systemversionen gar nicht mehr bieten. Die Lösung ist nun, kleinere Klassen zu bilden, so daß dann die nicht mehr benötigte Funktionalität einfach weggelassen werden kann. Für die verbleibenden Klassen kann zur Einbringung der neuen Funktionalität die Vererbung genutzt werden, ohne daß in größerem Umfang toter Code in der neuen Systemversion mitgeführt werden muß.

These 8: Objektorientierte SW-Strukturen sind leichter zu begreifen.

Jede Applikation der Software des Switching Control (Vermittlungs-, Betriebs-, Sicherungs-SW) konnte nach dem gleichen Muster strukturiert werden. Die Objekte ließen sich stets einer von drei Schichten, der Monitor-, der Vorgangsobjekt- oder der Ressourcenschicht zuordnen. Die Monitorobjekte bilden die Außenhaut einer Applikation. Sie empfangen die Anreize einer Applikation und verteilen diese an das zuständige Vorgangsobjekt. Die Vorgangsobjekte steuern einen für die Applikation charakteristischen Vorgang. Sie leben so lange wie ein Vorgang zu steuern ist. Für ihren Ablauf benötigen sie den Zugriff auf die Ressourcenobjekte, die die Datenbasis einer Applikation darstellen und physikalische und logische Systemressourcen beschreiben und verwalten.

Nachdem dieses Schichtenmodell von allen Teilen der objektorientierten SW angewendet wurde, ist die Objektstruktur einer Applikation sehr leicht zu erfassen. Zudem ist sowohl bei den Vorgangs- wie auch bei den Ressourcenobjekten der direkte Bezug zu Systemeinheiten wie auch zu Begriffen der Anwendungswelt vorhanden. Somit werden gerade für diese Fälle die SW-Abbilder unmittelbar begreifbar.

These 9: Es gibt die Mehrfachverwendung von Klassen über Vererbung hinaus.

Es gibt viele Möglichkeiten, Klassen zu verwenden; eine davon ist die Vererbung, die als ein Grundprinzip der Objektorientierung gilt. Eine weitere Verwendungsweise wird durch generische Klassen unterstützt, ist also auch in erster Linie ein sprach-technisches Mittel. Eine generische Listen-Klasse ist mit minimalem Aufwand für jede Art von Elementtyp einsetzbar. Im OOT-Pilotprojekt ist neben der reinen Vererbung die spezielle Ausprägung von generischen Klassen die am häufigsten eingesetzte Art von Mehrfachverwendung. Wünschenswert ist die zukünftige Möglichkeit von Container-Klassen, die beliebige Typen von Elementklassen gleichzeitig aufnehmen können.

Weiterhin wird von der Möglichkeit Gebrauch gemacht, Objekte aus mehreren Objekten zusammenzusetzen. Dabei kommt es vor, daß Objekte einer Klasse Teil von Objekten verschiedener Klassen sind. Derartige Elementarobjekte müssen so konzipiert werden, daß sie als Teil eines Ganzen funktionieren und in verschiedenen Umgebungen einsetzbar sind (so wie eine genormte Schraube sowohl im Flugzeugbau als auch für eine Kinderschaukel verwendet werden kann). Im OOT-Pilotprojekt wird die Komposition von komplexen Objekten aus einfacheren Objekten, die nach außen nicht mehr sichtbar sind, hauptsächlich in der Datenbasis eingesetzt.

These 10: Die Laufzeiteffizienz verschlechtert sich unwesentlich.

Zwei Faktoren haben bei objektorientierter SW Einfluß auf die Laufzeiteffizienz:
1. die zusätzliche Indirektionsstufe bei polymorphen Methodenaufrufen.
2. Die Verwaltung des Heapspeichers für Objekte wird aufgrund der objektorientierten SW-Struktur häufiger genutzt als bei konventioneller SW.

Faktor 1 kann vernachlässigt werden. Messungen haben ergeben, daß bei Polymorphie ein Methodenaufruf 5 - 6% länger dauert als ein gewöhnlicher Prozeduraufruf. Der Faktor 2 ist schwerer zu quantifizieren, da er von der Struktur der jeweils betrachteten Applikation abhängt. Der Vergleich mit konventioneller Vermittlungs-SW hat gezeigt, daß dort die Speicherverwaltung nur etwa halb so oft in Anspruch genommen wird wie bei dem objektorientierten Pendant. Unter Berücksichtigung des Laufzeitanteils der Speicherverwaltung bei einem typischen Vorgang (z.B. Verbindungsaufbau) ergibt sich in diesem Fall ein Laufzeitverlust von etwa 10%. Angesichts der stetigen Verbesserung der Prozessorleistungsfähigkeit wird dieser Faktor bald auch nicht mehr ins Gewicht fallen.

3. Zusammenfassung

Die Einführung der objektorientierten SW-Entwicklung ist ein evolutionärer Schritt. Auf vorhandene Entwicklungsprozesse, Methoden und Tools kann aufgesetzt werden, und eine sukzessive Anpassung an die Erfordernisse von OOT ist möglich. Die Entwurfsphase stellt bei OOT höhere Anforderungen an die Entwickler, das Entwurfsergebnis ist aber insgesamt transparenter. Die Entwurfsschritte innerhalb des Grobentwurfs wurden meist mehrmals zyklisch durchlaufen bis der endgültige Entwurf feststand. Die Wiederverwendung von Klassen innerhalb von Folgeprojekten muß noch genauer untersucht werden. Erste Ergebnisse zeigen eine gute Wiederverwendungsrate besonders bei den Klassen, deren Größe überschaubar ist, und bei deren Entwurf die Wiederverwendung von vorneherein ein wichtiges Entwurfskriterium war. Einige Klassen, deren Größe sich während der Implementierung als kaum mehr handhabbar erwies, wurden noch während der Entwicklung in kleinere Einheiten aufgeteilt. Wichtig bei einer ersten Entwicklung in objektorientierter Technik ist, daß man auf neue Erkenntnisse und Probleme flexibel reagiert und die angewandten Entwurfsmethoden unter Umständen anpaßt. Zusammenfassend muß gesagt werden, daß die Einführung der OOT zwar nicht alle Probleme löst, aber insgesamt auch bei großen Projekten im Bereich der Entwicklung von Vermittlungssystemen lohnend ist.

Literaturverzeichnis

[C92]   Constantine, L.: Objects by Teamwork, Proceedings OOP'92, München, 5.-7. Febr. 1992

[GGP93]   Geyer, S.; Günther, W.; Paul, S.: Object Oriented Design Method for Switching System Software, Proceedings ICC'93, Genf, 23.-26. Mai 1993

[JF92]   Johnson, R.E.; Foote, B.: Designing Reusable Classes, JOOP, June/July 1988

[WD93]   Winkler, J.F.H.; Dießl, G.: Object CHILL - An Object Oriented Language for Telecom Applications, Proceedings ISS'92, Yokohama, Oktober 1992

[Z.120]   CCITT Recommendation Z.120, Message Sequence Charts (MSC)

[Z.200]   CCITT Recommendation Z.200, CCITT High Level Language, Genf, 1988

Informatik und die Künste
(Fachgruppe 8.3.4 Informatik und Kultur)

In dieser Gruppe werden traditionsgemäß die wechselseitigen Bezüge zwischen Kunst, Kultur und Informatik behandelt. Damit wird versucht, den bevorzugt technischen Fragestellungen der Informatik ein Gegengewicht zu geben. Dies ist insbesondere wegen des immer stärkeren Übergreifens der Informatik auf diese Gebiete dringend geboten. Sie nehmen einerseits Informatikleistungen als nützliches Arbeitsmittel in Anspruch und erkennen andererseits besonders deutlich die möglichen Verluste. In diesem Widerspruch bewegen sich auch erneut die ausgewählten Themen. Sie stellen natürlich nur eine kleine Auswahl der Möglichkeiten und Probleme dar. Es ist aber ein größerer Diskussionszeitraum für weiterführende Fragestellungen geplant.

Koordination: Prof. Dr. H. Völz

Bilder in der Sprache

Hartmut Sörgel
Humboldt-Universität Berlin
FB Germanistik
Clara - Zetkin - Straße 1
1086 Berlin

Schriftbildtextl

> Die Bilder tanzen,
> wenn sie Texte schreiben.
> Der Schreiber hört
> dem Hörer zu.
> Beim Schreiben spricht der Hörer.
> Er sieht ihn
> durch die Bilder schreitend tanzen.
> im Kleid aus Worten
> durch die Bilder tanzend schweben.

Sinneseindrücke und Sprache sind eng verbunden, so eng, daß sie oft nicht zu trennen sind. Die Augen, unmittelbar auf alles Sichtbare reagierend, haben daran den größten Anteil. Es scheint sogar so, als ob Sprache ohne das Visuelle gar nicht existieren könnte, eine so umfangreiche Rolle spielt es in ihr.

Einen Teil des Visuellen hat die Sprache in sich aufgenommen, einen Teil nimmt sie beständig neu auf, und ein dritter Teil ist ihr mehr oder weniger notwendiger Begleiter.

Der Teil, den sie aufgenommen hat, ist untrennbar mit der Grammatik und dem Wortschatz verschmolzen. In der Grammatik versteckt er sich vor allem in der Deixis, im Wortschatz in den Begriffen. Begriffe entstammen meist anschaulichen Vorstellungen. Die Astronomen benennen z.B. bestimmte Himmelskörper mit ' Roter Riese' oder ' Weißer Zwerg' und allbekannt sind inzwischen die rätselhaften 'Schwarzen Löcher'. Derartige anschauliche Begriffe füllen die Terminologien der Wissenschaften wie auch aller anderen Wissens- und Daseinsbereiche.

Die Deixis beruht darauf, daß ein Sprecher von einem gedachten Achsenkreuz aus formuliert, in dessen Zentrum er sich befindet. Er geht, wie ein Beobachter in der relativen Physik, von seiner Zeit und von seinem Ort aus. Ein Hörer versucht sich an dessen Stelle zu setzen, um das Gesagte für sich anschaulich zu machen.

Diese Vorstellung widerspricht der oft behaupteten Linearität der Sprache. Sie ist nur scheinbar, dem Augenschein nach linear, weil eine Schriftzeile so ausieht, als ob ihre Elemente nebeneiander an ihr aufgehängt wären. Tatsächlich zerdehnt aber nur der Moment des Satzes wegen der grammatischen Arbeit, die er leistet, das, was danach im Kopf des Hörers sofort wieder zu größeren Einheiten zusammengefügt wird. Das ist wiederum eine grammatische Arbeit .Der Hörer deutet-bedeutet das Gehörte. Er macht sich, und das ist eine der wichtigen grammatischen Arbeiten, die deiktischen Elemente des Satzes anschaulich.

Auf diese Weise ergibt ein Text ein Netz, welches über die Erscheinungen geworfen diese in seine Struktur aufnimmt und sie, so uns anverwandelt, abbildet. Wir erkennen die Welt, indem wir von ihm ablesen, was sie uns ' bedeutet'.

Die beiden letzten Sätze stecken voller bildlicher Ausdrucksweisen. Auch insofern lebt die visuelle Vorstellungskraft in der Sprache und belebt sie.

Ist die Deixis ein Bestandteil der Grammatik und sind die Begriffe und andere anschauliche Ausdrucksweisen fester Bestandteil des Lexikons, so kommen täglich neue hinzu oder werden nur für kurze Zeit verwendet oder einmalig gebildet und verschwinden wieder.

Sprache existiert in drei Daseinsformen, mündlich, schriftlich und elektronisch.

Insofern hätte, wenn hier von 'Sprecher' und 'Hörer' die Rede war, auch der jeweilig entsprechende Ausdruck der anderen beiden Daseinsformen genannt werden müssen.
Sprache enthält die drei Ebenen : Parasprache, Prosodie und Grammatik.
Zur Parasprache gehören Gestik und Mimik. Sie sind aus der mündlichen Rede nicht wegzudenken. Erst die Schrift läßt die Frage aufkommen, ob sie überhaupt zur Sprache gehören. Dabei ist gerade die Schrift ein ganz besonders visuelles Element in der Sprache.
Davon kommen wir bis heute nicht los, indem wir sie immer auch als Grafik, z.B. in der Polygrafie, behandeln.
Die Prosodie läßt sich vor allem auditiv deuten, obwohl sie, wird sie deiktisch eingesetzt, auch Visuelles anzeigt. Die Parasprache ist ganz visuell, denn wir nehmen sie mit den Augen war. Die Grammatik und die Prosodie übersetzen das Sichtbare in grammatische Mittel der Betonung, der Syntax , der Konjugation, der Wortwahl und anderer Mittel.
In der mündlichen Sprache, die bis jetzt am häufigsten gebraucht wird und die wichtigste Dialogform ist, verwenden wir alles noch selbstverständlich. Schriftlich versuchen wir, was verlorenging, vor allem die Parasprache, irgendwie zu ergänzen durch besondere Handschriften, durch neue Dialogformen wie Briefe und andere Mittel.
Die elektronische Sprache, das ist die mittels elektronischer Medien übertragene, entwickelt sich gerade.
Sie bringt wahrscheinlich ungeahnte Möglichkeiten neuer Dialogformen als auch bisher unmögliche Datenumwandlungen mit sich. Die Sprecher könnten zwischen verschiedenen Kodierungen wählen, oder zwischen ihnen hin und her springen. Auf diese Weise wird, was gesagt wird, tatsächlich zum Bild oder zu Musik oder diese ihrerseits zu Bewegungen oder Sprache.
Entspräche das mehr als bisherige Formen unserer Art zu denken? Würden Gedanken 'sichtbar'?
   Der Titel dieses Beitrags gilt auch umgekehrt.:
Die Sprache in Bildern
Vor allem in der bildenden Kunst gehören Buchstaben, Wörter und Texte von Anfang an dazu.
Kein Bild kommt ohne Titel aus und laute er auch: ohne Titel. Diese Umkehrung, zu der noch viel zu sagen wäre, zeigt ebenfalls, wie sehr Bild und Sprache aufeinander angewiesen sind und sich ergänzen.

Grafische Notation menschlicher rhythmischer Bewegungen in einem interaktiven multimedialen System

- Abstract -

Wolfgang M.Schwarz
Technische Universität Dresden
Fakultät Informatik

Dresden hat eine vieljährige innige Beziehung zu Musik und Tanz, wie auch in diesemJahr wieder die Musikfestspiele und das damit verbundene "Tanzpodium" belegten.Herausragende Persönlichkeiten dieser Tradition waren die Tanzpädagoginnen G.Palucca(1902-1993) und M.Wigman. Besonders in den zwanziger Jahren dieses Jahrhunderts entwickelte und verbreitete sich der moderne Ausdruckstanz. Immer stärker wurde das Interesse an einer Notation der Bewegungsabläufe, dem 1928 der bedeutende ungarische Tanzpädagoge Rudolf von Laban mit seiner Kinetographie (besonders im englischen Sprachraum Labanotation genannt) entsprach. Diese Darstellung wird beispielsweise an der Folkwang-Hochschule gelehrt[1]. Über einen grafischen Editor zu dieser Tanznotation veröffentlichten Brown und Smoliar[2].

1955 wurde die von Joan und Rudolf Benesh geschaffene Notation in die professionelle Tanzwelt eingeführt[3]. Sie ist - wie die normale Notenschrift - auf ein fünf zeiliges Liniensystem angepaßt. Singh et al. berichteten 1983 über einen entsprechenden interaktiven, mausgesteuerten grafischen Editor.

Das Lehrbuch [4] gibt einen guten Einblick in beide Tanznotationen.

Inzwischen gibt es mit Pencomputer und Multimedia bei Beachtung spezieller ergonomischer Gesichtspunkte neue Möglichkeiten, Rechner für Tätigkeiten und Ausbildung in weiteren Berufen zu nutzen.

An der Fakultät Informatik entsteht auf der Basis von Studentenarbeiten eine Zwischensprache MoMo (ModelMotion), mit der man unterschiedliche Ein- und Ausgabeanforderungen erfüllen kann. Insbesondere werden neben den Erfordernissen der Tanznotationen auch medizinische Gesichtspunkte berücksichtigt[5].

Literatur

[1] Eckerle,Christine
    Einführung in die Kinetographie Laban
    Folkwang-Hochschule Essen, 1982, 92 S.(Privatdruck)
[2] Brown, M.D., Smoliar, S.W.
    A Graphics Editor for Labanotation
    in: Computer Graphics 10(1976), n.2, p.60-65
[3] Singh, B. et al.
    A Graphics Editor for Benesh Movement Notation
    in: Computer Graphics 17(1983), n.3, p.51-62
[4] N.N.
    Dance Notation for Beginners
    Labanotation by A. K. Brown
    Benesh Movement Notation by M. Parker
[5] Lindemann, K. et al. (Hsg.)
    Lehrbuch der Krankengymnastik, Band 4
    G.Thieme Verlag Stuttgart 1967

Bildwelten der virtuellen Realität

Sabine Thürmel
Leerbichlallee 19
82031 Grünwald

1 Einleitung

Computersimulationen können eine Faszination ausüben, die weit über ihr eigentliches Ziel hinausreichen. "The day I played God" überschrieb Elmer-Dewitt (in (ELMER-Dewitt 1990)) seine Erfahrungen mit SIMEARTH, einem Computerspiel, das es erlaubt, eine Evolutionstheorie des Lebens auf der Erde digital nachzuvollziehen und dabei Entwicklungen interaktiv zu beeinflußen. Die Begeisterung für die "Ereigniswelten" (Weibel 1993) ist bei denen, die sich der Virtuellen Realität verschrieben haben, sogar noch gesteigert. Wie zu Zeiten der Anfangseuphorie um die Künstliche Intelligenz, kennen auch die an das Gebiet *Virtuelle Realität* geknüpften Erwartungen kaum Grenzen. Die Realität dieses Forschungsfeldes sieht dagegen viel bescheidener aus. Dies wird u.a. in (Bishop/Fuchs 1992) bzw. (Arthur 1992) detailliert ausgeführt.

Im Bereich *Virtuelle Realität* (VR) wird daran gearbeitet, mögliche Welten am Computerbildschirm dreidimensional darzustellen. Es werden Hilfsmittel, wie Datenhandschuhe und stereoskopische Brillen entwickelt, so daß die Systembenutzer das Gefühl haben, ein virtueller Doppelgänger von ihnen agiere in der dargestellten Welt. Oder wie es in (Walker 1990: 444) charakterisiert wird: es entsteht eine "threedimensional interaction experience that includes the illusion that they are inside a world rather than observing an image". Solche Systeme haben schon heute z.B. in der naturwissenschaftlichen Forschung, der Ingenieursarbeit, der Medizin und last but not least bei den Computerspielen ihren Einzug genommen. Einen persönlich enthusiastisch gefärbten, ausführlichen Überblick bietet (Rheingold 1992). Zur Ernüchterung ist eine Auswertung des Stands der Technik durch (Bishop/Fuchs 1992) geeignet. Im Übrigen bietet (Helsel/Roth 1991) auf rund 120 Seiten einen sehr guten Überblick.

In dieser Arbeit möchte ich zunächst die Bildwelten der Virtualen Realität näher charakterisieren. In einem zweiten Schritt wird die VR als Teil unserer medialen Wirklichkeit beschrieben. Die VR wird als Sinnbild und fördernde Kraft der Derealisierungstendenz dargestellt. So wird augenscheinlich, daß die VR als Teil der technischen Kultur und des dadurch induzierten Lebengefühls zu verstehen ist.

2 Klassifikation virtueller Welten

"Whenever you ´re interacting with a computer, you are not conversing with another person. You are exploring another world" (Walker 1990: 443). Zumindest theoretisch lassen sich drei Typen solcher Welten unterscheiden:
1. das Abbild, dessen Zweck es ist, einen Spiegel, ein Modell, eine Karte der Realität (Baudrillard 1987: 78) zu bieten.
2. das verfremdete Bild. Hier sind Aspekte der Realität verfremdet oder verzerrt. Es kann, aber muß keine fiktionalen Anteile enthalten.
3. das rein fiktive Bild, bei dem, abgesehen von der Präsenz virtueller Dopppelgänger realer Personen, die Realität, wenn überhaupt, höchstens allegorisch beschrieben ist.
Die ingenieursmäßige Forschung und die Modellierung biotechnischer Prozesse können auf virtuellen Welten von Typ 1 basieren. Surreale Darstellungen sind eindeutig vom Typ 2 und die adventure games von Typ 3. Nicht immer aber ist die Zuordnung so klar. Die Typisierung vorgegebener virtueller Welten ist vom aktuellen Stand der Kultur abhängig. Heute sind die meisten Menschen davon überzeugt, daß sich die Erde um die Sonne bewegt. Wir haben ein heliozentrisches Weltbild. Vor fünfhundert Jahren war die allgemeine Überzeugung, daß sich die Sonne um die Erde bewegt. Damals meinte man, daß geozentrische Weltbild sei vom Typ 1 und das heliozentrische vom Typ 2. Heute ist es genau umgekehrt. So kann ein- und dasselbe Modell als zu einer Zeit als gänzlich falsch und zu einer anderen als die Realität widerspiegelnd angesehen werden. Überdies gilt hier, was Baudrillard schon für konventionelle Massenkommunikationsmittel ausführt (Baudrillard 1987: 24ff): die Grenzen zwischen Abbild und Fiktion können völlig unkenntlich sein.

Dort, wo unter dem Stichwort Telepräsenz (Stone 1990) an der Mischung realer und virtueller Bilder gearbeitet wird. verwischen sich Abbilder und Bilder ohne Urbild.

Denoch hat eine solche Taxonomie virtueller Welten ihren Zweck. Sie kennzeichnet insbesondere, wie die intendierte Rückkopplung zwischen Realität und virtueller Welt beschaffen ist.

Modellwelten werden insbesondere in (technischen) Designprozessen und bei der Simulation, sei es von Techniken (z.B. virtuelle Operationen) oder von Strategien, genutzt. Überdies gibt es Systeme, bei denen in der virtuellen Welt ausgelöste Aktionen identische in der Realität auslösen. Wie in (Rötzer 1993) ausgeführt wird, wird es durch "Telepräsenz und Telemotorik möglich, sich eigentlich gleichzeitig in drei Welten zu befinden: in jener Welt deren Ort und Zeit durch die Singularität des eigenen Körpers begrenzt ist, und in der virtuellen Welt, in die man eintritt, wenn man den Datenhelm und den Datenhandschuh anzieht, und in der Welt, in der sich beispielsweise ein Roboter befindet, den man mit seinen Bewegungen steuert und mit dessen Sensorium man sich orientiert." Die intendierte Kopplung kann also darin bestehen, in der VR zu agieren, um in der zugehörigen Urbildrealität Aktionen auszulösen. Häufiger noch wird das Abbild dazu genutzt, um virtuelle Experimente durchzuführen, sei es zur Schulung z.B. angehender Mediziner (Beerlage 1993) oder in der Forschung.

Ein erster Schritt intendierter Verfremdung findet sich schon in vielen VR-Modellwelten: Bereiche, die sich der direkten Erfahrung verschliesen, werden virtuell erfahrbar gemacht. Ein Simulationsprogramm zum "molekularen Andocken" erlaubt es dem miniaturisierten Anwender durch gegenständliche Modelle komplexer Moleküle gleichsam hindurchzufliegen. Durch einen sogenannten Force-feedback-Arm erfährt der Forscher direkt an seinem Arm, welche Wirkung ein Molekül bei der Verbindung mit einem anderen aufbaut (Brooks 1990). In diesem Zusammenhang kann man aber auch an die Visualisierung von Luftschadstoffen wie auch atomarer Strahlung denken. Hier findet eine Sensibilisierung für Bereiche statt, die unserer natürlichen sinnlichen Wahrnehmung verschlossen sind. Die Interaktion in solchen Modellwelten ist zweckorientiert, basierend auf vorgegebenen Transformationsregeln. Sie werden getragen von form- und reizorientieren (Force-feedback Arm) Interaktionen im virtuellen Raum. Das Paradigma einer "eleganten" Formel wird von der sinnlichen Wahrnehmung verbundenen, ästhetischen Kriterien abgelöst. Die Vorstellungskraft ist auf Veränderung ausgerichtet. So kann auch hier die eigene Kreativität mit ins Spiel kommen. Sie ist hier nicht auf das beschränkt, was für Bolz in (Bolz 1993) das Charakteristikum der Kreativität schlechthin ist: die Selektion. Ganz wesentlich wird (innerhalb der Systemgrenzen) die benutzergesteuerte Variantengenerierung unterstützt.

Ein Hauptcharakteristikum der verfremdeten und insbesondere der rein fiktionaler Welten ist, daß hier die Interaktion zum Spiel wird. Die Schnittstelle zwischen Benutzer und System ist wie zwischen Zuschauer und Bühne, nur daß der Zuschauer zugleich Akteur im doppelten Wortsinn, Handelnder sowie Schauspieler, ist, der sich den vorgegebenen Rahmenregeln anpassen muß, will er oder sie mit den simulierten Objekten sowie den virtuellen Doppelgängern anderer Personen interagieren.

3 Die Virtuelle Realität und die heutige Lebenswelt

Die VR nimmt gewisse Tendenzen unserer Lebenswelt und Forschungswelt auf und verstärkt sie. Das Ziel naturgetreuer Simulationen resp. die Darstellung überzeugender fiktionaler Welten gab es schon vor der VR. Interaktive Techniken sind schon lange gang und gäbe. Aber eine "hands-on experience" im fast wörtlichen Sinne, ein "aktives Eintauchen" in die Simulationen, dies haben erst die VR-Systeme zum Ziel.

Die produktive Stimulation durch die VR hat aber auch ihre ganz klaren Grenzen. Welsch spricht in ähnlichem Zusammenhang von einem möglichen "Umschlag gegenwärtiger Ästhetisierung in Anästhetisierung" (Welsch 1990: 31f). Gerade wenn die virtuelle Welt mehr konsumiert als aktiv (mit)gestaltet wird, ist Anästhetisierung im Sinne einer Narkotisierung ("im doppelten Sinn von Betäubung und Berauschung", ibidem) gegeben. Der mögliche (zeitweise) Rückzug aus der Realität, das Abkapseln in Welten berechenbarer Abenteuer setzt nur den bekannten Trend "cocooning" fort, den Trend des sich Einspinnens in eine Privatwelt, wann immer es möglich ist. Auch wenn man in

Systemen wie "Virtual Reality for two" auf virtuelle Doppelgänger anderer Personen treffen kann, ist man in der VR allein. Man ist Mittelpunkt einer abgeschlossenen, nach vorgegebenen Regeln definierten Welt. Narzistisch kann man sein Alter Ego in der Virtuellen Realität betrachten, im Spiel mit ihm leiden und fühlen. Beisenharz nennt dies "narzistische Projektion" (Beisenherz 1988). Nicht so individualistisch gesehen, kann man sagen, daß die VR genau zum gesellschaftlichen Trend einer vorgeblichen "Erlebnisgesellschaft" paßt, in der sich selbst Kaufhäuser als "Erlebnishaus" bezeichnen. Simulation soll synonym zu Erlebnis werden, obwohl hier wie im Konsumrausch unsere Begrenztheit ausgeblendet ist. Dies ist ja gerade ein Charakteristikum der überzeugenden virtuellen Welten, daß wir uns als in (virtuellen) Raum und Zeit nicht begrenzt erfahren.

Ehrlicher ist die Sprache Weibels, der von "kontextgesteuerten Ereigniswelten" (Weibel 1993) spricht, wenn Veränderungen im Umfeld, der Beobachter, eine andere Apparatur oder ein sich selbst stimulierendes VR System Veränderungen in der dargestellten Bildwelt hervorruft. Hier kann dann auch der Schritt von der benutzerzentrierten Systembetrachtung zum begrenzt autopoetischen System gemacht werden.

Die VR ist überdies Sinnbild und Förderer von Derealisierungstendenzen unserer Zeit. Sinnbild, dadurch, daß sie, wie es Baudrillard schon vom Fernsehen sagt (Baudrillard 1987: 24ff.), bei fast vollständiger, realer Immobilität eine potentielle Ubiquität, eine absolute Mobilität ermöglicht. In virtuellen Gebäuden ist man mit einem Fingerzeig im ersten Stock. Man kann aber genauso Molekülmodelle durchfliegen, oder sich auf eine Reise durch ein Modell des eigenen Körpers machen. Simulationen können sich verselbständigen, so daß in der Tendenz die Überzeugung Baudrillards sich bewahrheitet: "Heutzutage funktioniert die Abstraktion nicht mehr nach dem Muster einer Karte, des Duplikats, des Spiegels und des Begriffs. Auch bezieht sich die Simulation nicht mehr auf ein Territorium, ein referentielles Wesen oder auf eine Substanz. Vielmehr bedient sie sich verschiedener Modelle zur Generierung eines Realen ohne Ursprung oder Realität, d.h. eines Hyperrealen" (Baudrillard 1978: 7).

Literatur:

Arthur Ch. 1992. " Did reality move for you?" *New Scientist*, May 23. London.

Baudrillard J. 1978. "Die Präzession der Simulacra" in *Agonie des Realen* Berlin: Merve, 7-70.

Baudrillard J. 1987. *Das Andere selbst*. Wien: Edition Passagen.Das Andere selbst.

Bishop, G./ Fuchs H. 1992. "Research Directions in Virtual Environments", Report of an NSP Invitational Workshop.

Beerlage, A. 1993 "Der virtuelle Froschversuch", *Die Zeit* Nr. 19.

Beisenherz, G. 1988. "Computern und Gefühle", in *Medien im Allltag von Kindern und Jugendlichen* Deutsches Jugendinstitut (Hg.): Weinheim.

Bolz N. 1993. "Die rechnergestützte Einbildungskraft" Vortrag bei der *Interface II*.

Elmer Dewitt Ph. 1990. "The Day I played GOD, *Time Magazine* 52.

Helsel S./ Roth J. (Hg) *Virtual Reality: Theory, Practise and Promise*. London: Meckler.

Rheingold, H. 1992. *Virtuelle Welten Reisen im cyberspace*. Reinbek: Hamburg.

Rötzer, F. 1993. "Vom Bild zur Umwelt" Vortragsmanuskript zu *Interface II*.

Stone, R. 1990. " Virtual Reality in Telerobotics" in *Computer Animation 1990* Magnenat- Thalmann, N./ Thalmann ,D. (Hg) Springer: Heidelberg.

Walker J. 1990 "Through the Looking Glass" in *The Art of Human-Computer Interface Design* Laurel B. (Hg), Addison-Wesley: Menlo, Park, CA, 439-447.

Weibel P. 1993. "postontologische Kunst - zur Konstruktion kontextkontrollierter Ereigniswelten" Vortrag bei der *Interface II*.

Welsch W. 1990. *Ästhetisches Denken*. Stuttgart: Reclam.

Zur Ästhetik von Getting-lost-in-hyperspace

Kurd Alsleben
Paulinenallee 58, 22769 Hamburg
Hochschule für bildende Künste Hamburg

Einleitung

Das aus Fachgesprächen und Literatur wohlbekannte Wort "Getting lost in hyperspace" bedeutet für den Informatiker Gefahr - für den Datenkünstler deutet es jedoch Vergnügen an. Der Unterschied ist ohne Frage hintergründig, ich möchte hier aber nicht essayistische, sondern einige systematische Gedanken ausführen.

1. Funktionale Sichtweise

Informatik ist, wenn ich es richtig beobachte, auf Funktionieren ausgerichtet. Um für eine Hypertextnutzung ein vorgegebenes Funktionieren, sei es gesetzt oder selbstverständlich, zu sichern, bedarf es besonderer Maßnahmen. Solcher Mentalität mag der Ausruf "Getting lost in hyperspace" entspringen.

2. Poetische Sichtweise

Im üblichen Sinne wird bei Kunstschönem unterschieden in (1) poietische Sichtweise des Künstlers und (2) rezipierende Sichtweise des Publikums. Solche für Werke passende Unterscheidung stimmt für Verkehre nicht mehr, denn im Verkehr gibt es kein Publikum. Mit der Telematik wird wiederentdeckt, daß seit eh und je nicht nur Werke, sondern auch Verkehre schöne Kunst sein können.[1] Auf einer Podiumsdiskussion über Informationsästhetik in Berlin betonte unlängst auch *Elisabeth Rohmer-Moles*, daß die Einteilung von Künstler, Publikum und Kritiker, gänzlich neu durchdacht werden müsse.[2]

Menschlicher Verkehr, oder gerade er, zumal, wenn er schön ist, läuft nicht zufällig ab, sondern wird durch die Beteiligten über ästhetische, sozialpsychologische und andere Repertoires und Konventionen gestaltet. Dabei geht es, wie *Volker Lettkemann* schreibt, für die Beteiligten nicht um künstlerische Komposition sondern um Improvisation, die auch auf Artistiken fußt. Zeitgemässe künstlerische Poietik wird um das Gestalten von Verkehren erweitert sein müssen.[3]

Ein einflußreicher Fall einer solchen Erweiterung der Poetik ist die Form der, mit dem Prisma-Preis ausgezeichneten, Hypertext-Korrespondenz "Schwamm", die *Detlev Fischer* 1989 begann (17 "HyperCard"-Stapel). Diese Form ist endlos dehnbar, aufsaugend, labyrinthisch oder durchlässig, sie ist für jederzeitiges und jederartiges Aufnehmen und Umwandeln, das ohne Abschluß bleiben darf, geeignet. Es ist offensichtlich, daß dies eine Form ist, die die Improvisationen eines Verkehrs möglich macht. Der Leser wird in der Beschreibung der fischerschen Schwammform die Idee des Getting-lost-in-hyperspace, nun zum Positiven gewendete, wiedererkennen.

Im Grunde ist das mit dem vorliegendem Beitrag angesprochene "Hyperspace"-Ästhetikkapitel aber nicht mit Telematik entstanden, es fällt in ihr nur auf. Auch ist es nicht an Verkehre gebunden, sondern betrifft ebenfalls Werke aller Zeiten.[4]

2.1 Artikulatorischer Gesichtspunkt

Das Wort artikulieren sei hier nicht lautlich gemeint, sondern stehe für "wahrgeben", mit urheberischer Konotation, das einen Unterschied bedeutet zu umsetzen, aufbereiten, übersetzen und ähnliche Wörter. Wo es um dieses Umsetzen in einen Hypertext geht - Umsetzen eines linear artikulierten Buches, "Computer als Medium" zum Beispiel, oder eines linear artikulierten Vortrages und so weiter, die "Flusser-Lecture" zum Beispiel, - ist das Getting-lost-in-hyperspace ein biederes, ein auszuräumendes Problem.

Beim Artikulieren in der nichtsequentiellen Form des Hypertextes ist "getting lost in hyperspace" wohl grundsätzlich unvermeidlich. Unsere Tugend, den Beziehungsreichtum der Ideen beim Artikulieren (bis auf Fußnoten) zusammenzustreichen, wurde mitbestimmt durch das literale Medium. Vorm Computer nun mag man an der Tugend festhalten wollen (unter Umständen deontische Stützprogramme schreibend - ich glaube "Storyspace, serious hypertext" ist eines), jedoch wird vom neuen Medium her diese Tugend nicht weiter nahegelegt. Es besteht die nicht unbedeutende Frage, ob die Tugend upzudaten sei, ob ein anderes Umgehen mit dem Beziehungsreichtum, als ihn im Artikulieren jeweils wegzustreichen, mental willkommen ist. Den Getting-lost-in-hyperspace-Komplex zum Blühen zu bringen, um seine Bedeutung wahrnehmen zu können, finde ich darum erstrebenswert.

Ausweitung

[1] Verkehr der Publikum hat, gehört zu Bühnenkunst, show o.ä. Künstlerischer Verkehr ist, wie *Claudia Schmölders* von der Gesprächskunst sagt, offiziös und nicht öffentlich. Frühe Verkehre schöner Kunst mögen Gemeinschaftstänze gewesen sein. In der Antike gab es die ars sermonis, man traf sich etwa zu neun Personen zum Essen und Trinken und führte geregelte Unterhaltung. Syposionale Heiterkeit, Freundlichkeit und Aufrichtigkeit, Kunst der Andeutung, urbaner Witz, zwangloses Assozieren kamen, so wird beschrieben, zusammen zu einer Rhyth-

mik von Scherz und Ernst, von Nachdenklichkeit und fröhlicher erholsamer Rede. Inbegriff der Gesprächsregeln sei das Verbot der Rechthaberei gewesen. In der Barockzeit entfaltete sich in den, sich vom Hofe emanzipierenden, bürgerlichen Salons die Konversationskunst. *Madeleine de Scudéry* schreibt (um 1680) vom sanften Zauber und der Schönheit der Konversation oder von Häusern, wo man sich sehr schlecht unterhält, und "...daß es mir niemand widerreden würde, wenn ich bezeugte, daß ich Euch niemals etwas habe sagen hören, das nicht gefällig, galant und taktvoll gewesen wäre; und daß niemand als Ihr die Kunst, zu gefallen, zu bezaubern und zu unterhalten, so gut verstanden hat wie Ihr." Künste des Verkehrens hat die Galerieästhetik in Vergessenheit gebracht, aber Anfang der 80er

"Als die Marquise de Mirliflor von Liebesflammen sprechenhörte, glaubte sie, daß sie der Gegenstand der selben sein könnte. - Als Monsieur Jabot die Hitze im Rückenspürte, läuft er neunmal in seinem Zimmer herum und ruft: Ich brenne!...Ich brenne! - Die Marquise zweifelt nicht mehr, daß sie eine ganz außergewöhnliche Leidenschaft eingeflößt hat." *(s. Fortsetzung)*

Jahre, wurde der Verkehr in Computernetzen künstlerisch aufgegriffen. Erste Versuche machten seinerzeit *Robert Adrian* (A), *Roy Ascott* (GB), *Bill Bartlett* (C), *Bruce Breland* (USA), *Wau Holland* (D), *Matthias Lehnhardt* (D), *Carl Eugen Loeffler* (USA), einflußreich sind *Peter Glaser, Heiko Idensen und Mathias Krohn* (D). Das Bestreben, die Ideen mit einem Massenmedium zu verbinden, war Pontons bekannte "Piazza virtuale".

[2] Explizite als Kommunikation wurde Kunst in den 60er Jahren von der Informationsästhetik dargestellt. Ihr war die Kommunikationskette mit Sender, Empfän-

ger und externem Beobachter zugrundegelegt, und sie nutzte vor allem statistische und semiotische Methoden und Klassifikationen. Früheste Arbeiten verfaßten *Wilhelm Fucks, André Abraham Moles, Max Bense* in den 50er Jahren. Sie war vor 30 Jahren die unangefochten führende Ästhetik-Bewegung und gab in den Anfängen der Computerkunst wichtigste Stimuli, doch erwies sich das Modell der Kommunikationskette aus heutiger Sicht als unfruchtbar. Eigentlich war es schon in den 50er Jahren im Verhältnis zur Partizipationskunst, die gleichzeitig entstand (*Karl Gerstner* u.a.), nicht stimmig. (Partizipationskunst erlebt zur Zeit als Interaktive Kunst ein spätes stürmisches elektronisches Come-back.) Zu einem Podiumsgespräch über Retrospektive und Prospektive der Informationsästhetik

"Hilfe! Feuer! Hilfe! Feuer! - Die Marquise, die >Welch Feuer! Welch Feuer< versteht, wird in ihren Ideen noch bestärkt. - Die Hunde bemerken einen Bratengeruch und werden lebhaft. - Der Hund der Marquise ebenfalls. - Das Feuer erreicht die Flinte, und diese geht los." Aus: Rodolphe Töpffer, Histoire de Mr. Jabot. Genéve 1833.

trafen sich im Mai dieses Jahres in Berlin *Kurd Alsleben, Helmar Frank, Rul Guzenhäuser, Elisabeth Rohmer-Moles, Horst Völz, Elisabeth Walther-Bense* und *Matthias Lehnhardt*. Diskutiert wurde das Verhältnis zwischen Informationsästhetik und heutiger Telematikkunst, vor allem die Erfahrung des Verkehrs, weil sie den Begriff des Publikums aufhebt. *Georg Nees* und andere hatten sich entschuldigt, nicht erreicht werden konnten *Karl Otto Götz* und *Wilhelm Fucks*.

[3] Ein Genre von Verkehren der Telematikkunst ist Hypertext-Korrespondenz, von deren Erfahrungen und Überlegungen hier die Rede ist. Eine ihrer grundlegenden Intentionen ist das Wahrnehme oder Bestaunen der Anderweite des jeweils

Anderen. Dafür bedarf es Konventionen/Formen und Artistiken, die sich tendenziell natürlich auf das Gesamtsensorium beziehen. Zu diesem Punkt verweise ich auf die Beiträge von *Antje Eske, Nicola Nissen* u.a. im diesjährigen 'HyperKult III' in Lüneburg der GI-Fachgruppe 8.3.1 Computer als Medium.

[4] Der Getting-lost-in-hyperspace-Topos ist in der alten Kunst sehr verbreitet. Um den Leser an ein bekanntes Beispiele aus der Literatur zu erinnern, sei "Don Quixote" genannt; *Miguel. de Cervantes* schreibt, besonders auch im fünften Buch, mehrere zum Teil tief verschachtelte erzählte Erzählungen von höchst vernetzter Komplexität (Cardenio & Lucinde / Fernando & Dorothea; Anselmo & Camilla / Lotario; Mohrin & Gefangener / Richter / Klara & Luis). Andere schöne Beispiele, die Laien weniger bekannt sein mögen, sind die komischen Bildromane (1833ff) *Rodolphe Töpffers*, die "Was ist das für Sudelei? Soll das Goethe gelobt haben? ...verfilzt, verschlungen und zusammenmontiert..." genannt wurden. *Achim Lipp*, der 1986 durch seine Ausstellungen in Florenz und Hamburg "Kunst im Netzwerk" das Europäische Museumsnetzwerk der Europäischen Gemeinschaft initiierte, wird in seinem Vortrag aus der bildenden Kunst bestimmte Beispiele zeigen, Bilder von Kunst- und Wunderkammern. Ich sah unlängst ein grosses schönes Gemälde dieser Art aus dem Prado von *Jan Bruegel* in Kooperation mit *Peter Paul Rubens* und *David Teniers* gemalt. Sein Betrachten ist, wegen Verkehrungen im Darstellen, mit reichen sinnlichen und semantischen Mitteln, der (phantastischen) Wirklichkeit im Bild und den Wirklichkeiten in den Bildern im Bild, verirrend. Irritierung ist eine Basisartistik der schönen Künste.

Künstlerische Darstellungssysteme für Bewegungsverläufe

Th. M. Dalmare, SIDIMG
Studio für interdisziplinäre und intermediale Grundlagenforschung
contact over Kraus, NeuenheimerLandstr.56
69120 Heidelberg

Bewegungen von "etwas" darzustellen ist besonders spannend wenn die darstellenden
Materialien bzw. Werkzeuge, im folgenden zusammengefaßt zu dem Begriff Medien , sich
nicht bewegen - wie gelingt dieses "Kunst"-stück ? Bewegungen mit Farbe, Tinte, in Stein,
in Architektur zu fassen ist paradox, doch es gelang/ gelingt in bescheidenem- wenn auch
unzulänglichem Maße durch
- gezielt ausgenutzte, evtl. brachliegend unentdeckte, Wahrnehmungs-oder Kognitions-
  fähigkeiten des Menschen (z.B. Äquiluminiszenz, mentale Repräsentationen/
                            Operationen, Assoziationen)
- Symbolvereinbarung   (in der Wissenschaft z.B. das Symbol Pfeil als Zeitachse oder
                            Geschwindigkeitsvektor oder die Notensymbole als
                            Darstellungssystem für musikalische Bewegungsverläufe)
- psycho-physiologische Sympathien/ Resonanzen
- kulturhistorische Anpassung

Beim Schreiben, Musizieren, beim Objekte, physikalische Prozesse, agierende Personen
durch die Kamera betrachten vergeht Zeit...nicht nur linear extrapolierend vorwärts
sondern auch mit Rückschlüssen, Zurückversetzungen und Querverweisen. Dabei fühlen
wir ganz klar, daß "etwas"in Bewegung ist mit den Worten, Noten, daß da ein Film abläuft. Wir fühlen auch, daß wir den Gesamtablauf und die Morphologie der klanglichen/
visuellen Ereignisse nicht auf "einen Blick", wie beim Tafelbild, erfassen und "Überblick"-
mäßig wiedergeben zu vermögen. Jeder Versuch bliebe Fragment oder FrameFreeze oder
Slapstickmovie und wir hätten immer das Gefühl, etwas weggelassen zu haben von der
Gesamtbewegung, der wir doch irgendwie (wo war die Bewußtheit für die Einzelereignisse?) gefolgt sind/ folgen mußten hin zu ein/ zwei Worten, mit denen wir abschließend
die Ereignisse zusammenfassen zu vermögen: der Film war hektisch oder die Musik war
swingend. Doch wie kann ein Bild den Charakter der Ereignisse zusammenfassend
darstellen ?
Es gibt keinen Ausweg aus dem Paradoxon - es gibt nur viele Wege der Annäherung
In diesem Beitrag werden dazu historische und zeitgenössische und autorengezeichnete
Beispiele aus der Bildenden Kunst gezeigt. Im besonderen sollen die Beispiele zur Frage
fújhren, inwieweit die Eigenschaft (der Symbolmanipulation) des neuen Mediums
Computer neue künstlerische Darstellungs/-Gestaltungsmöglichkeiten von Bewegungs-
verläufen eröffnet.

Dargestellt werden Bewegungsverläufe	mit traditionellen Medien -----------	mit elektronischen Medien ------------
von organischen Objekten physikalischen Prozessen	Bewegungsnotationen **Abb.1**	Animationssoftware AAA , *
von Ikonik	Bilderrätselgeschichten **Abb.2**	Video/-Computer- animationen "Metamorphose" "L´ Amore", C A S, *
von Film (-Szenischem)	Regieboard Storybook **Abb. 3**	
von Musik (-Liedhaftem)	graph.Notationen **Abb. 4**	

* = Die Darstellung erfolgt unter den besonderen Aspekten von symbolischer Prägnanz, Abstraktionsgrad, kohärenter Designarchitektur. Die Aspekte sind abgestimmt auf die Erfordernisse einer Implementierung.

Darstellung von Bewegungsverläufen mit elektronischen Medien

Neben der überragenden Fähigkeit, *Zustände* und statische Zusammenhänge von gegenständlicher und psycho-sozialer Realität - emotional/ mental verdichtet - abbilden zu können, versuchte man in der Bildenden Kunst auch die Eigen/ -innere *Dynamik* bzw. die gerichtete *Bewegung* der Realität darzustellen. Jedoch bleiben alle Darstellungen gebunden an die Statik + Erdschwere der traditionellen Medien und an die Unveränderlichkeit des Abbild- Daseins mit seinen zugehörigen Gestaltungsgesetzen.
Ein neues Werkzeug, der Computer, und ein neues Material mit besonderen ästhetischen Qualitäten, das Licht auf dem Monitor (anstatt auf dem betrachteten realen Objekt, Landschaft, Subjekt, Material), eröffnen den Bildenden Künsten neue Möglichkeiten, Gestaltungszusammenhänge von bewegter Realität respektive ihrer modellhaften Abstraktion zu entwickeln. Mit denselben Realitäten beschäftigt sich bereits seit einigen Jahren auch die Wissenschaft -ihre wissenschaftliche Betrachtung richtet sich auf Dynamische Systeme, Selbstorganisationsprozesse, Chaosverhalten (die den Begriff der Bewegung prompt implizieren) und abstrahiert sie mathematisch. Was dabei an logischen Zusammenhängen zur Anschauung kommt ist ästhetisch perfekt (wie immer, wenn Mathematik bildnerische Gestalt als Graph,als Skulptur annimmt) und es wird das bildnerische Vokabular der Menschen respektive der Künste erweitert.
Für die Wirklichkeitswahrnehmung/- konstruktion in der Kunst hat die Abbildung und Parametrisierung rein physikalischer oder mathematischer Modelle bzw.Realitäten nur Sekundärbedeutung; die Aufgabe der Kunst, auch der sog.Computerkunst, sollte sich wohl eher darin finden, das psycho-soziale Verhältnis der Menschen zu den Realitäten bzw. deren Modellen aufzuzeigen, zu verdichten oder symbolisch durchzuspielen "als ob"es real wäre. Dann wäre es z.B. unwichtig, einen Wasserfall in seinen Bewegungsstrukturen von Turbulenzen, Strömung etc. physikalisch perfekt abzubilden wenn seine Bewegungs-

charakteristik nur als symbolisches Geschehen integriert werden soll in die Gestaltung eines umfassenderen, menschliches Handeln und Fühlen betreffenden Bedeutungszusammenhanges

Imperatives: Zur Bedeutung soll kommen die Visualisierung der dynamischen Aspekte des Mensch- seins.

Konjunktives: Jedes Medium hat seine bestimmten eigenen Aussagemöglichkeiten- und Grenzen (bildnerisch Aussagen machen über bestimmte Aspekte in der Totalität innerer+ äußerer Welten des Mensch-Seins). Das Medium Computer mit seiner Fähigkeit zur Symbolmanipulation respektive Informationsverarbeitung (Symbole + Informationen über die Aspekte) könnte etwas darstellen von den Realitäten der heftigen, sich schnell ändernden und hochkomplexen gesellschaftlichen und geistigen Bewegungen, in die die Menschen seit einigen Jahrzehnten eingebunden sind. Ein langsames Medium, z.b. Steinskulptur, Malerei, kann dem nur unvollkommen folgen. Die bildnerische Darstellung dieser Bewegungen kann nur durch eine adäquate Symbolik, z.B. zu physikalischen oder biologischen Prozessen (= unendliche Vielfalt!), erfolgen; anders geht es nicht.

	der Quelle	ist	Symbol	für .....
	des Bächleins		"	"
Die Bewegungscharakteristik	des Flusses "	"		"
	des Wasserfalls	"		"
(des physikalischen Prozesses,	des Meeres	"		"
über den Informationen im Rechner	der Tränen "	"		"
verarbeitet werden gemäß einer	des Blutes, das pulsiert			"
mathematischen Symbolik)	der Kapillaren	"		"

Nur der Computer könnte so komplexe Bewegungstopologien bzw. die davon abgeleiteten Bewegungssymboliken wie z.B. die von Wasser (es gibt auch einfachere) generieren, könnte sie schnell morphieren, überführen in andere, verschiedene vernetzen, filtern, überlagern, zerstören, hierarchisieren, selbstorganisieren, etc. Alle diese Manipulationen durch den Computer könnten ein bildnerisches Geschehen zeitigen, das in uns semantische, mentale, seelische Prozesse auslöst, die vielfältig und bewegt sind "als ob" wir es als tatsächliches reales Geschehen erleben würden.

Faktisches: Mit "als ob"- Symbolik hat man in der Kunst immer schon arbeiten müssen, z.B. die Härte, das Bearbeiten eines Steines ist (unter anderem) Symbol für....., eine aufsteigende Tonfolge ist klangliches Symbol für "als ob" sich etwas erheben würde, eine Kathedrale ist gebautes Symbol für "als ob" Geistig/ Religiöses ein Gebäude darstellen könne (die Kathedrale oder Musik waren auch immer Symbol für reale, durch mathematisierte Naturwissenschaften nachprüfbare kosmologische oder numerische Zusammenhänge)

Imperatives: Also richten wir den Blick ganz neu auf die Potenzen zur Symbolbildung/ zur Ikonik, die in Bewegungsvorgängen/ im Geschehen unserer bio-physikalischen Welt stecken! Verlassen wir unsere *abbild* - haften Seinszustände... und sei es erstmal nur im Trockentest am Computer - per aktiver Gestaltung/ Erforschung auf zwei Topics hin:

1.   Bewegungssymbolik / Geschehenssymbolik
   Basale Eigenschaften von Bewegungsverläufen, Darstellbarkeit, Semantik, Vernetzung, Modularität, strukturelle Eigenschaften (wie z.B. Selbstähnlichkeit)
   Konnotation: Bewegungssymbolik von Körpersprache, Gestaltbildung durch BWG

Die Forderung dieses bildnerischen Ansatzes respektive seiner ihm zu Grunde liegenden
Sichtweise ist focussiert in 4 Sätzen:

Bewegung ist alles   -   (gegenständliche) Abbildung ist nichts

(Ab) Bild - in - Bewegung   statt   (abgebildete) Bewegung - im - Bild

Licht (bild) - in - Bewegung   statt   Bewegung - im - Licht

Bildverlaufssymbolik   statt   Symbolik laufender Bilder

Das Bild selber soll z.B. *fließen, vibrieren* (z.B. an attraktiven Bildstellen oder an zeitlich
spannenden Punkten) und nicht irgendein abgebildetes Objekt/ Sujet. Der Prozeß der
Bedeutungssuche/- zuweisung/- assoziation zum Objekt/ Sujet würde von der Wahrnehmung und Bedeutung der Bewegung, die wir ja thematisch herausstellen / darstellen
wollen, unnötig ablenken. Um das "Bild -in- Bewegung" zu bringen ist man nicht an die
Abbildung eines konkreten, diese Bewegung und Bedeutung erzeugenden Objekt/
Sujets gebunden. Unterlassen wir jede illustrative Objektbeschreibung/- repräsentation
im mathematischen Modell/-Bildraum. Nutzen wir stattdessen diesen Raum für die viel-
fältigsten, aufwendigsten, ungewöhnlichsten Möglichkeiten der (bildnerischen)Symbol-
manipulation, die uns das innere Wesen oder die Zusammenhänge von Bewegungsverläufen pur + klar + abstrakt darstellbar und nachfühlbar machen lassen. "...Was sich
da...bewegt, ist dann eine rein symbolische Abbildung des Bewegungsverlaufes *Fließen*
und ist gleichzeitig Symbol für die Bewegung des Materials Licht, durch das die Bewegung
ihren sichtbaren Ausdruck erhält" (WIENER APPELL). Beim ikonographischen Bild ist eine
bestimmte statische Farbverteilung/ -auftrag, evtl. in Gestalt eines Wasserfalls, auf der
Leinwand das materialhafte Symbol für *Fließen* ; z.B. Farbe, die gespachtelt wird, kann
schlecht den Eindruck von *Fließen* hervorrufen.
Die enttäuschten Objektfetischisten werden durch ihre Fähigkeit zur mentalen Repräsentation von - bei der abstrakten Darstellung verloren gegangener - Gegenständlichkeit
getröstet werden.

2.   Bringen wir die traditionellen ikonographisch symbolhaften

Ab   -

Menschen -   } Bilder, die wir von uns haben, in Bewegung !

Welt   -

Darstellung von Bewegungsverläufen mit traditionellen Medien

Die Aufgabe ist, den Verlauf der klanglichen/ visuellen Einzelereignisse (= Bewegung), die
in einem irgendwie gearteten, manchmal hochkomplexen (Komplexität, die der Künstler
eher intuitiv fühlt als logisch argumentativ beschreiben kann wie seine Kollegenexperten
in der Kognitionspsychologie, theoretischen Physik, Mathematik, und darzustellen
versucht mit seinen Methoden, Wichtungen, Meßkriterien), x-dimensionalen, physikalischen, klanglichen, psychischen Raum entlang eines irgendwie vor -oder zurücklaufen-
den, evtl. auch gekrümmt verworfenen Zeitfeldes/- pfeiles stattfinden, auf eine
2- dimensionale (Bild) Fläche zu projizieren oder zu einer 3 -dimensionalen (skulpturalen)
Masse zu organisieren. Die auf der Fläche + Skulptur herrschende Zeitdimension ist
gering (Okulomotorik) , was man dann nennt: *einen Überblick haben* .

Durch die Projektion lassen sich Einzelereignisse des Gesamtablaufes, die symbolisch besonders prägnant/ charakteristisch sind, herausstellen und es können Strukturen der klanglichen/ visuellen Bewegung sichtbar werden, die im Sog der realen Ereignisse, der Rezeption, des Passierens der Bewegung übersehen wurden, die ungenutzt blieben für die gestalterische Dichte bzw. für die Intensität der Rezeption.

Literatur

Jean E.Charon — Der Geist der Materie, Ullstein 1984

A.Köstler — Die Wurzeln des Zufalls, Suhrkamp 1980

E. Pöppel — Vom Vorteil des Vorurteils,

H. Wäßle — Informationsverarbeitung im visuellen System der Säugetiere,

H. Marko — Grundlagen der Information und Kommunikation
in: Verhandlungen der Gesellschaft Deutscher Naturforscher und Ärzte, 113.Versammlung
Wissenschaftliche Verlagsanstalt mbH, Stuttgart 1985

H.J.Freud — Selbstorganisation des Nervensystems,

H. Haken — Vom Chaos zu Ordnung und weiter ins Chaos,

S.Großmann — Selbstähnlichkeit - das Strukturgesetz im und vor dem Chaos,
in: Verhandlungen der Gesellschaft Deutscher Naturforscher und Ärzte, 115. Versammlung
Wissenschaftliche Verlagsanstalt mbH, Stuttgart 1989

M.S. Livingstone — Kunst, Schein und Wahrnehmung, Spektrum der Wissenschaft, 03/ 1988

Th. M. Dalmare — "WIENER APPELL",
in: CAD/ Computergraphik 3/ 4 Nov.1990,
Austrian Computer Graphic Association - TU Wien

J.Michell — Die Geomantie von Atlantis-Wissenschaft und Mythos derErdenergien
Goldmann Verlag 1984

Bilder, Skulpturen

C.D. Friedrich, Naturalisten, Niederländische Genremalerei, Barocke Skulptur, Kinetische Skulptur, Van Gogh, P. Klee, frühe Revolutions- und NS-Filme, ARS-Electronica Beiträge: C.Sims, L.Cuba

Abb.1: Viper; ikonographische Form, die aus dem Bewegungsmuster einer Weide abgeleitet wurde

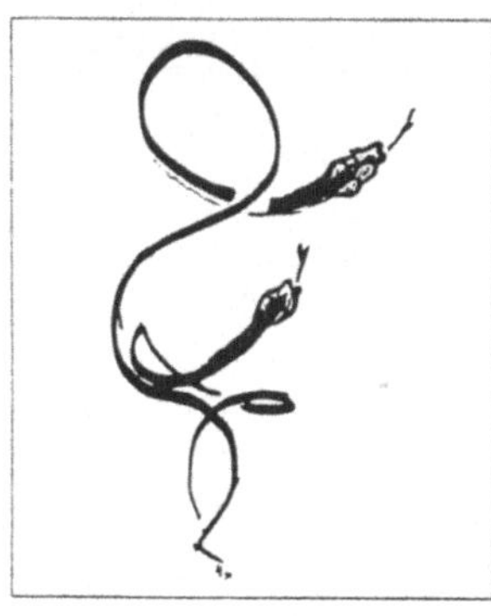

Bewegungsmuster einer Weide

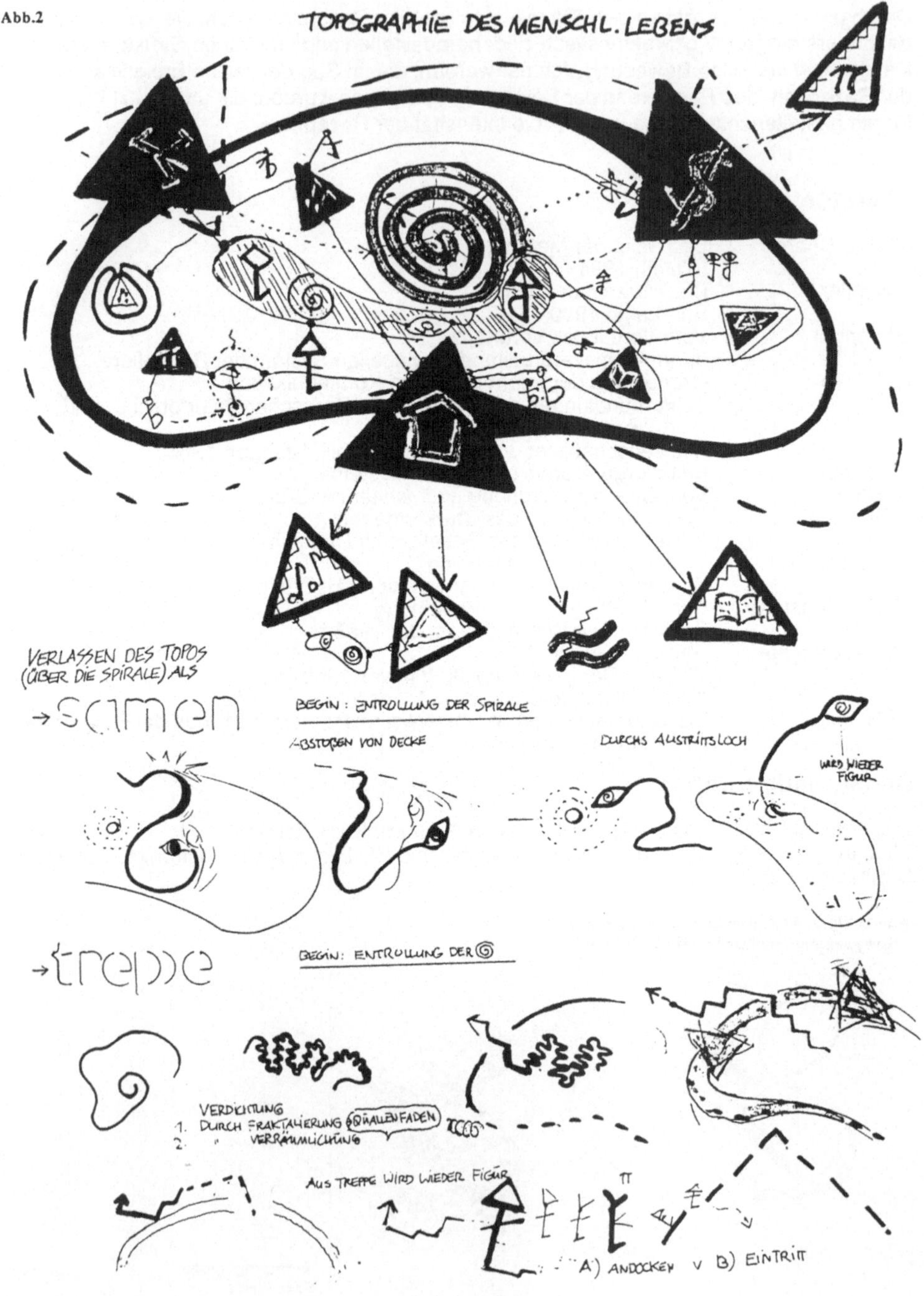

Abb.2
TOPOGRAPHIE DES MENSCHL. LEBENS
VERLASSEN DES TOPOS
(ÜBER DIE SPIRALE) ALS
→ samen
BEGIN: ENTROLLUNG DER SPIRALE
ABSTOSSEN VON DECKE
DURCHS AUSTRITTSLOCH
WIRD WIEDER FIGUR
→ treppe
BEGIN: ENTROLLUNG DER
VERDICHTUNG
1. DURCH FRAKTALIERUNG (QUALLENFADEN)
2. " VERRÄUMLICHUNG
AUS TREPPE WIRD WIEDER FIGUR
A) ANDOCKEN v B) EINTRITT

Abb. 3

L'AMORE
t = 0
L'AMORE · Bremen, Wien 1989-92
Video/-Computeranimation
ORIGINAL

Mauricio Kagel, Transición II

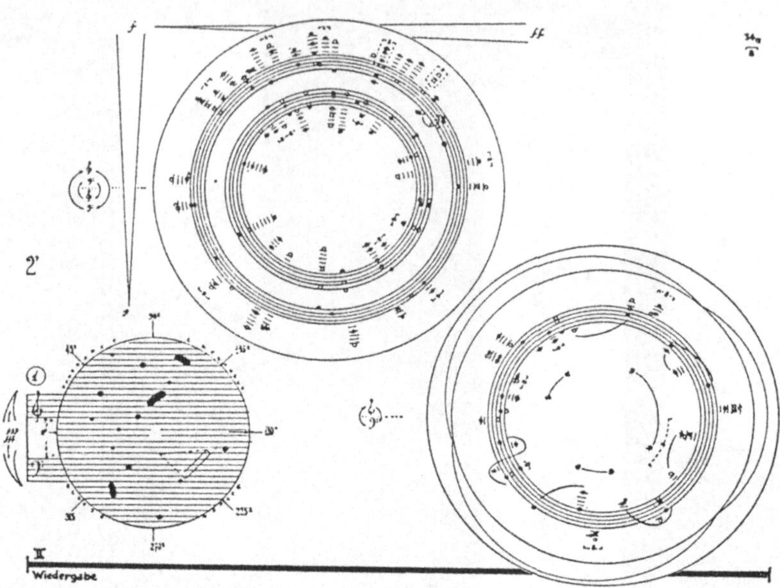

Anestis Logothetis, Mäandros

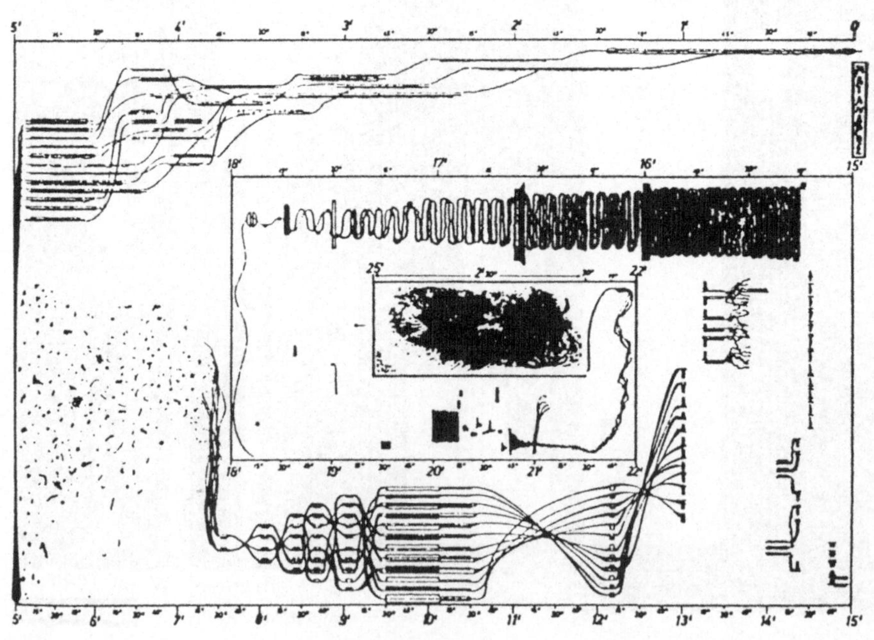

Neue Paradigmen in Informationssystemen und Datenbanken: Deduktion, Verteilung, Objektorientierung
(Arbeitskreis „Grundlagen von Informationssystemen" im FA 2.5 in Zusammenarbeit mit FG 2.5.1 Datenbanken und FG 2.5.2 EMISA)

Auf dem Gebiet der Informationssysteme und Datenbanken hat sich in den letzten Jahren der Einfluß neuer Paradigmen aus anderen Bereichen der Informatik verstärkt, so etwa die Integration deduktiver und objektorientierter Techniken und der Trend zu verteilten Systemen. Andere aktuelle Einflüsse sind die Entwicklung aktiver Datenbanksysteme und die Integration von Datenbanken und Informationssystemen in eine Umgebung heterogener, autonomer und offener Systeme. Eine Aufgabe der zukünftigen Forschung und Entwicklung wird die Integration dieser bisher oft unabhängigen Richtungen sein. Ziel des Fachgespräches ist es, den aktuellen Stand der erwähnten Entwicklung darzustellen und Perspektiven für eine zukünftige Integration aufzuzeigen.

Koordination: Dr. G. Saake, TU Braunschweig

Zur Entwicklung zuverlässiger Informationssysteme in KorSo*

S. Conrad, G. Denker, M. Gogolla, R. Herzig, N. Vlachantonis, H.-D. Ehrich

Technische Universität Braunschweig, Informatik, Abt. Datenbanken
Postfach 3329, D-38023 Braunschweig, Germany
e-mail: `conrad@idb.cs.tu-bs.de`

Zusammenfassung

Innerhalb des KorSo-Projektes verfolgt unsere Gruppe das Ziel, die Entwicklung zuverlässiger Informationssysteme auf der Basis formaler Spezifikationen zu unterstützen. Dazu konzentriert sich unsere Arbeit auf die Spezifikationssprache TROLL *light*, die es erlaubt, Teile der zu modellierenden Welt als eine Gemeinschaft nebeneinander bestehender und miteinander kommunizierender Objekte zu beschreiben. Auf diese Weise bestimmen wir sowohl die Struktur als auch das Verhalten der konzeptionellen Objekte. Unsere Spezifikationsumgebung für TROLL *light* erlaubt die Animation von Spezifikationen ebenso wie das Beweisen von Eigenschaften der Spezifikationen unter Verwendung von Theorembeweisern.

1   Einleitung

In den letzten Jahren wurden unterschiedlichste Ansätze zur Spezifikation komplexer Softwaresysteme vorgeschlagen, z.B. Spezifikation von Funktionen (VDM, Z), abstrakte Datentypen, Prädikatenlogik und ihre Erweiterungen wie temporale und modale Logik, semantische Datenmodelle und Ansätze zur Prozeß–Spezifikation (CCS, CSP, Petri–Netze).

Jede dieser Spezifikationsmethoden scheint aber für sich alleine betrachtet nicht für die konzeptionelle Modellierung von Informationssystemen angemessen zu sein. Denn das Ziel der konzeptionellen Modellierung ist es, eine erste präzise Beschreibung des zu modellierenden Weltausschnitts — die sogenannte Diskurswelt (engl. Universe of Discourse) — zu liefern. Betrachtet man aber eine solche Diskurswelt näher, wird klar, daß sie aus komplex strukturierten Entitäten mit zeitabhängigem Verhalten besteht. Die Entitäten existieren nebeneinander und kommunizieren miteinander. Die Idee der objektorientierten Spezifikation ist es nun, Entitäten der realen Welt als formale Objekte in einer Spezifikationssprache darzustellen. Erste Vorschläge für Sprachen zur Spezifikation von Objekten sind beispielsweise OBLOG und CMSL. In unserem Projekt arbeiten wir mit der Spezifikationssprache TROLL *light* [CGH92], ein Dialekt der Sprache TROLL [JSHS91]. In TROLL *light* kann man sowohl die Struktur als auch das Verhalten von Entitäten der realen Welt charakterisieren.

Das Ziel des KorSo–Projektes, in dem wir als Teilvorhaben eingebunden sind, ist es, formale Methoden und Techniken für den Entwurf von Softwaresystemen hoher Qualität zu entwickeln, zu verbessern und zu konsolidieren. Daher beschäftigt sich das Gesamtprojekt mit Fragestellungen wie der angemessenen Darstellung der informellen Anforderungen, der schrittweisen Entwicklung und Verfeinerung des Entwurfs sowie der Validation und

---

*Die hier vorgestellte Arbeit wird vom Bundesministerium für Forschung und Technologie unter der Förderungsnummer 01 IS 203 D (KorSo = KORREKTE SOFTWARE) unterstützt.

Verifikation von Resultaten. Unser Teilvorhaben behandelt die Entwicklung zuverlässiger Informationssysteme auf der Grundlage von TROLL *light*-Spezifikationen. Das Ziel der vorliegenden Arbeit ist es, das Spektrum unserer Aktivitäten zu skizzieren, die vom Sprachentwurf über Implementierungsaspekte bis hin zu Fragen der Logik und Semantik reichen. Die Semantik unserer Sprache basiert auf theoretischen Grundlagen, die in einer Reihe von Artikeln (z.B. [EGS92, SE91]) entwickelt wurden. Daneben haben wir auch andere semantische Ansätze betrachtet. So skizzieren wir in [VHG$^+$93] eine Transformation von TROLL *light*-Spezifikationen in die logische Programmiersprache Maude, die Nebenläufigkeit mit Objektorientierung verbindet.

Es gibt eine Reihe anderer Forschungsprojekte, die sich mit ähnlichen Fragestellungen befassen. Das Ziel des Verbundprojektes STONE ist die Entwicklung einer Software–Entwicklungsumgebung für Schulungszwecke. Eine Grundidee in STONE ist, daß das objektorientierte Paradigma auf alle Teile des entwickelten Systems Anwendung findet. Ein weiteres Resultat des Projektes ist das objektorientierte Datenbanksystem OBST. Das Ziel des DAIDA–Projekts besteht darin, eine Software–Entwicklungsumgebung für den Entwurf und die Implementierung von Informationssystemen zu entwickeln. Dieser Ansatz wurde vom IRIS–System fortgesetzt, das Entwürfe für Informationssysteme aus Anforderungsspezifikationen generiert. Außerdem gibt es einen Ansatz zur Übersetzung eines semantischen Datenmodells in objektorientierte Datenbanksysteme. CADDY ist ein CASE–Tool, das auf einem erweiterten Entity–Relationship Modell basiert. Es integriert Werkzeuge zum konzeptionellen Entwurf von Datenbanken und zum Prototyping von Datenbank–Schemata.

Der Rest der vorliegenden Arbeit gliedert sich wie folgt. In Abschnitt 2 werden die Konzepte unserer Spezifikationssprache TROLL *light* kurz skizziert. In Abschnitt 3 wird die Bedeutung von Zertifikation, also Validation und Verifikation von Spezifikationen, diskutiert. Abschnitt 4 stellt kurz die TROLL *light*-Entwicklungsumgebung für den Entwurf von Informationssystemen vor. Im letzten Abschnitt wird der Stand der Implementierung der TROLL *light*-Entwicklungsumgebung dargestellt.

2 Konzepte von TROLL *light*

TROLL *light* ist eine Sprache zur Beschreibung von strukturellen und dynamischen Eigenschaften von Objektes. Die Beschreibung von strukturellen Eigenschaften orientiert sich in weiten Teilen an semantischen Datenmodellen.

- Die in einem Zustand beobachtbaren Eigenschaften eines Objektes werden durch Attribute beschrieben. Einfache Attribute sind daten– oder objektwertig. Darüber hinaus erlauben vordefinierte Sortenkonstruktoren wie *set* oder *tuple* auch die Spezifikation komplexer Attributbereiche.

- TROLL *light*-Objekte sind in Objekthierarchien, die sich aus Unterobjektbeziehungen ergeben, organisiert. Eine Unterobjektbeziehung ist hierbei als eine exklusive „Teil von"– bzw. Komponentenbeziehung zu verstehen.

- Normalerweise werden Attributwerte direkt durch das Eintreten gewisser Ereignisse bestimmt. Daneben ist es auch möglich, abgeleitete Attribute zu spezifizieren, d.h. Attribute, deren Inhalte sich aus anderer gespeicherter oder abgeleiteter Information bestimmen. Zur Formulierung von Ableitungsregeln stellt TROLL *light* einen SQL–ähnlichen Anfragekalkül zur Verfügung.

- Der Anfragekalkül von TROLL *light* unterstützt auch die Spezifikation statischer Integritätsbedingungen.

Die Beschreibung von dynamischen Eigenschaften basiert auf der Spezifikation von Ereignissen. Ereignisse sind Abstraktionen von zustandsverändernden Operationen auf Objekten.

- Objektereignisse werden durch eine endliche Menge von Ereignisgeneratoren beschrieben. Jeder Ereignisgenerator kann mit einer Liste von Parametersorten versehen sein. Ein Ereignisgenerator mit aktuellen Parameterwerten liefert ein Ereignis.

- Die Auswirkung von Ereignissen auf Attribute werden durch Auswertungsregeln beschrieben.

- Ereignisse in verschiedenen Objekten können durch Interaktionsregeln synchronisiert werden.

- Die möglichen Ereignisfolgen können mit Hilfe CSP-ähnlicher Prozeßbeschreibungen auf zulässige Folgen eingeschränkt werden.

Den Rahmen zur Beschreibung all dieser Objekteigenschaften bilden *Templates*. Templates besitzen folgenden Aufbau:

```
TEMPLATE
    DATA TYPES      Deklaration von verwendeten Datentypen
    TEMPLATES       Deklaration von anderen verwendeten Objektbeschreibungen
    SUBOBJECTS      Unterobjektbeziehungen
    ATTRIBUTES      Attribute
    EVENTS          Ereignisgeneratoren
    CONSTRAINTS     statische Integritätsbedingungen
    VALUATION       Auswirkung von Ereignissen auf Attribute
    DERIVATION      Ableitungsregeln für abgeleitete Attribute
    INTERACTION     Synchronisierung von Ereignissen in verschiedenen Objekten
    BEHAVIOR        Beschreibung zulässiger Lebensläufe
END TEMPLATE
```

Neben den Bemühungen, allgemeine theoretische Grundlagen für objektorientierte Sprachkonzepte zu entwickeln, sind auch speziell für TROLL *light* semantische Untersuchungen gemacht worden. Vielversprechend erscheinen die Arbeiten, die auf dem Gebiet der Nebenläufigkeit im Zusammenhang mit Objektorientierung von Meseguer erstellt wurden. Auf dieser Basis wurde von Meseguer die logische Programmiersprache Maude entwickelt, die auf einer fundierten Modelltheorie basiert. Einer unserer Ansätze zur Semantik von TROLL *light* beschäftigt sich deshalb mit der Übersetzung von TROLL *light*-Konzepten nach Maude, um die Vorteile der zugrundeliegenden Theorie auszunutzen.

3 Zertifikation

Ein Schwerpunkt unseres Projektes ist Zertifikation. Unter diesem Begriff werden verschiedene Aspekte zusammengefaßt: Validation, Konsistenz und Verifikation. Mit diesen Aspekten beschäftigen wir uns, um die Entwicklung zuverlässiger Informationssysteme innerhalb der oben vorgestellten Umgebung zu gewährleisten. Im folgenden erläutern wir kurz unsere Vorstellungen zu Validation und Verifikation. Konsistenzprüfungen sind natürlich für alle Entwicklungsschritte notwendig, um frühzeitig Hinweise auf einfache Fehler zu bekommen.

Validation bedeutet, die entworfene Spezifikation zu testen und dabei festzustellen, ob sie eine angemessene Abbildung des modellierten Weltausschnittes darstellt. Dies geschieht mit Hilfe eines Animationssystems.

Unter Verifikation verstehen wir das Beweisen von Eigenschaften spezifizierter Objekte. Dies ist nötig, da man in der Regel nicht alle beabsichtigten Eigenschaften von Objekten direkt in ihre Spezifikation schreibt. Dies würde zu sehr umfangreichen Spezifikationen führen, die letztendlich nicht mehr lesbar wären. Außerdem wären dadurch viele Eigenschaften redundant spezifiziert. Deshalb wird es oft nötig sein, zusätzliche Eigenschaften, die nicht explizit in der Spezifikation stehen, für die spezifizierten Objekte zu beweisen. Dafür wird ein Verifikationskalkül zusammmen mit einem Ableitungssystem benötigt, um diese Eigenschaften ausdrücken und Beweise über sie führen zu können.

Um das Rad nicht neu zu erfinden, haben wir uns an in der Literatur vorgeschlagenen Kalkülen für Objekte orientiert und daraus einen auf unsere Spezifikationssprache angepaßten entwickelt. Die Betrachtung einzelner Objekte stellt in allen uns bekannten Ansätzen kein Problem dar. Hingegen gibt es für die Behandlung mehrere Objekte, die miteinander kommunizieren können, bis heute nur wenige, zumeist rudimentäre Ansätze.

Zur Unterstützung des Beweisens von Objekteigenschaften wird schließlich Werkzeugunterstützung benötigt. Dazu werden wir bestehende Beweissysteme in unsere Entwicklungsumgebung integrieren. Dabei muß allerdings betont werden, daß wir davon ausgehen, daß in einer konkreten Entwicklung eines Informationssystems nur kritische Eigenschaften der Objekte formal bewiesen werden. Dies liegt vor allem darin begründet, daß ein vollständig automatisches Beweisen in der Regel nicht möglich ist und daß interaktives Beweisen am Rechner sehr langwierig werden kann und damit vermutlich auf geringe Akzeptanz stoßen wird.

4 Die TROLL *light*-Entwicklungsumgebung

Für die Unterstützung der Spezifikation von Informationssystemen mit TROLL *light* ist eine integrierte CASE–Umgebung wünschenswert. Einer der wichtigsten Zwecke der TROLL *light*-Entwicklungsumgebung ist die Zertifikation, die Validierung und Verifikation beinhaltet. Ein anderer Zweck, der in Zukunft betrachtet werden soll, ist die Transformation von TROLL *light*-Spezifikationen in ausführbaren Programm–Code.

Im ersten Schritt des Software–Entwicklungsprozesses, der Anforderungsanalyse, wird im wesentlichen informal gearbeitet. Dieser Schritt führt zu einer Entwurfsphase, in der ein realer Weltausschnitt in einer abstrakten TROLL *light*-Spezifikation modelliert wird. Von nun an kann die TROLL *light*-Entwicklungsumgebung für die folgenden Schritte der Entwicklung verwendet werden.

1. **Validierung/Animation:** Die TROLL *light*-Spezifikation wird mit einem Animator prototypisch ausgeführt. Der Animator stellt Objektfenster zur Verfügung, die es den Benutzern ermöglichen, Objekte zu beobachten, neue Objektfenster durch Verfolgen der Unterobjektbeziehungen oder der objektwertigen Attribute zu öffnen, Zustandsübergänge durch Anklicken von Ereignissen zu initiieren, Anfragen an Objektzustände zu stellen, etc. Dies soll den Entwicklern helfen, die informale Sicht auf den realen Weltausschnitt mit der aktuellen Spezifikation zu vergleichen.

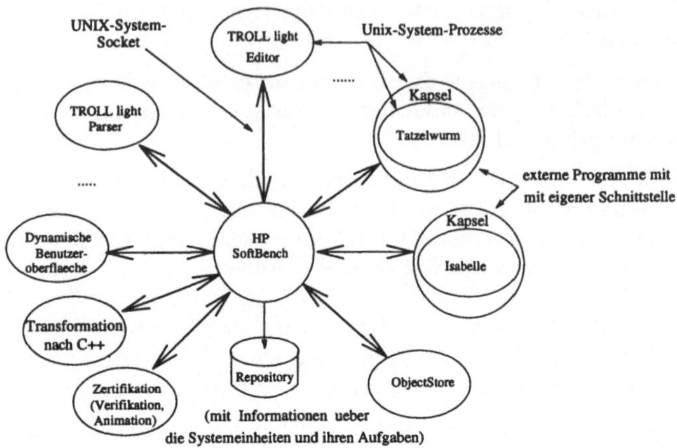

Abbildung 1: Architektur der TROLL *light*–Entwicklungsumgebung

2. **Verifikation:** Die TROLL *light*–Spezifikation wird bzgl. Inkonsistenzen, Mängeln und Zusicherungen geprüft.

3. **Modifikation:** Validierung und Verifikation können Ergebnisse liefern, die es nötig machen, die TROLL *light*–Spezifikation zu verändern.

4. **Transformation:** Die Spezifikation wird in möglicherweise mehreren Schritten in Richtung eines ausführbaren Programm–Codes transformiert.

Technische und konzeptionelle Aspekte. Die Architektur der TROLL *light*–Entwicklungsumgebung, wie sie in Abbildung 1 skizziert ist, stellt eine offene Struktur dar, die in der Lage ist, Programme und Tools (Systemeinheiten) jeder Art im Arbeitsbereich der Benutzer zu integrieren. Alle Systemeinheiten laufen innerhalb ihrer eigenen Systemprozesse fast unabhängig voneinander und können darüber hinaus auf mehrere Maschinen verteilt werden. Diese verteilte Architektur wurde gegenüber einer monolithischen bevorzugt, da sie in der Lage ist, existierende Tools und Programme, die in verschiedenen Programmiersprachen geschrieben sind, zu integrieren.

Der Systemkern der TROLL *light*–Entwicklungsumgebung ist der Kommunikationsmanager *HP SoftBench*, der alle Systemeinheiten, die zur Umgebung gehören, miteinander verbindet. Dadurch wird eine lose aber funktionsintegrierende Kopplung der Systemeinheiten erreicht. Der Kommunikationsmanager verwaltet darüber hinaus Informationen über alle Systemeinheiten und deren Dienste in einem lokalen Repository.

Das dynamische Einbinden von neuen Systemeinheiten in die Umgebung ist ein essentieller Aspekt des Systems. Diese Systemarchitektur läßt sich als eine weitere Schicht über der Betriebssystemebene auffassen, die einen einheitlichen Rahmen für die Integration von Tools schafft.

Die Basisversion der TROLL *light*–Entwicklungsumgebung wird im wesentlichen einen Parser für TROLL *light*, ein Repository für das strukturierte Abspeichern von Spezifikationen, ein Animationssystem, ein Zertifikationssystem und daran angeschlossen Theorembeweiser enthalten.

5   Stand des Projektes

Teile der TROLL *light*–Entwicklungsumgebung sind bereits implementiert. Die Arbeiten am TROLL *light*–Parser sind abgeschlossen, und Spezifikationen können mit Hilfe von ObjectStore in strukturierter Form abgelegt werden. Die erste Komponente eines Zertifikations–Tools, das die Überprüfung der Konsistenz von Spezifikationen gestattet, ist auf der Basis des Theorembeweisers Tatzelwurm implementiert.

Zur Zeit haben ca. 15 Studentinnen und Studenten ihre Studien– oder Diplomarbeiten im Projekt erstellt oder sind bei der Anfertigung ihrer Arbeit. Die gegenwärtigen Implementierungsarbeiten betreffen im wesentlichen den TROLL *light*–Animator, die Benutzerschnittstelle und die Kommunikationskomponente. Bis zum Ende des Projektes im März 1994 bleibt noch viel Arbeit zu tun, aber unsere bisherigen Ergebnisse lassen uns hoffen, daß dann die wichtigsten Teile der TROLL *light*-Entwicklungsumgebung realisiert sind.

Danksagung: Kolleginnen und Kollegen der Abt. Datenbanken an der TU Braunschweig und KorSo–Projektpartner haben durch Fragen und Anregungen zu dieser Arbeit beigetragen. Eine Vorversion des ursprünglichen Textes ist von Karl Neumann kritisch durchgesehen worden.

Anmerkung: Leider kann aus Platzgründen nur diese stark verkürzte Fassung abgedruckt werden. TROLL *light* wird in [CGH92] detailiert beschrieben. Eine ausführlichere Darstellung der Entwicklungsumgebung ist in [VHG+93] zu finden, insbesondere ist dort eine ausführliche Literaturliste zu finden, die alle hier erwähnten Ansätze und Arbeiten berücksichtigt.

Literatur

[CGH92]   S. Conrad, M. Gogolla und R. Herzig. TROLL light: A Core Language for Specifying Objects. Informatik-Bericht 92–02, Technische Universität Braunschweig, 1992.

[EGS92]   H.-D. Ehrich, M. Gogolla und A. Sernadas. Objects and their Specification. In M. Bidoit und C. Choppy, Herausgeber, *Proc. 8th Workshop on Abstract Data Types*, S. 40–66. LNCS 655, Springer, Berlin, 1992.

[JSHS91]   R. Jungclaus, G. Saake, T. Hartmann und C. Sernadas. Object-Oriented Specification of Information Systems: The TROLL Language. Informatik-Bericht 91–04, Technische Universität Braunschweig, 1991.

[SE91]   A. Sernadas und H.-D. Ehrich. What Is an Object, After All? In R. Meersman, W. Kent und S. Khosla, Herausgeber, *Object-Oriented Databases: Analysis, Design and Construction (Proc. 4th IFIP WG 2.6 Working Conference DS-4, Windermere (UK))*, S. 39–70, Amsterdam, 1991. North-Holland.

[VHG+93]   N. Vlachantonis, R. Herzig, M. Gogolla, G. Denker, S. Conrad und H.-D. Ehrich. Towards Reliable Information Systems: The KORSO Approach. In C. Rolland, Herausgeber, *Proc. 5th Int. Conf. Advanced Information Systems Engineering.* Springer, LNCS Series, 1993. *To appear.*

Spezifikation und Verarbeitung von Ereignissen
in aktiven Datenbanken

Helge Behrends und Heinrich Jasper
Universität Oldenburg
Fachbereich Informatik
Postfach 2503
D-W-2900 Oldenburg
E-Mail: {behrends, jasper}@informatik.uni-oldenburg.de

Zusammenfassung

Ein aktives Informationssystem realisiert eine andauernde Interaktion mit seiner Umgebung, etwa den Benutzern oder anderen Softwarekomponenten, und führt definierte Aktionen beim Auftreten spezifizierter Ereignisse aus. Eine Aktion kann sowohl die Änderung des DB-Zustands, als auch eine Benachrichtigung der Umgebung z.B. in Form eines Signals an den Benutzer oder an eine Komponente sein.

Ereignisse werden prinzipiell durch Operationen oder Zustandsänderungen ausgelöst, wie z.B. Eintreffen eines Änderungswunsches eines Benutzers oder Erreichen einer definierten Zeitmarke. Ereignisse können auch komplexer Natur sein, wobei sie aus einfacheren Ereignissen kombiniert und dabei auch in zeitlicher Relation zueinander gesetzt werden.

In dieser Arbeit wird der sprachliche Aspekt aktiver DB-Systeme beleuchtet, insbesondere die Teilsprache ADL zur Beschreibung von komplexen Ereignistypen. Diese wird in eine Entwicklungsumgebung - A.I.S. - integriert, die auf einem existierenden DBMS aufbaut. Vorgestellt werden die Syntax der Sprache zur Beschreibung komplexer Ereignisse, die (EC)*A-Regeln von ADL und ihre Einbettung in das Datenmodell des DBMS. Weiterhin wird ein Verarbeitungsmodell für das Erkennen komplexer Ereignisse angegeben.

1. Einleitung

Traditionell sind Datenbanken passiv in dem Sinne, daß sie lediglich auf direkte, durch Ausdrücke der jeweiligen Datendefinitions- und -manipulationssprache spezifizierte Interaktionen reagieren. Üblicherweise sind diese Reaktionen entweder Antworten zu Abfragen oder Meldungen von Konsistenzverletzungen bei Änderungen. Demgegenüber (re)agieren aktive Datenbanken zusätzlich automatisch mit vordefinierten Aktionen auf Situationen, die durch Ereignisse und Bedingungen beschrieben werden. Dafür werden u.a. von [Dayal et al.'88], [McCarthy/Dayal'89] und [Rosenthal et al.'89] sogenannte ECA-Regeln (Event-Condition-Action-Rules) eingeführt, die jeweils eine Sequenz von Ereignissen, Bedingungen und Aktionen spezifizieren.

Während sich die meisten Ansätze für aktive Datenbanken auf Update- und Zeitereignisse zusammen mit DB-Operationen zur Überprüfung von Bedingungen beschränken, betrachten wir in dem hier vorgestellten Ansatz insbesondere anwendungsspezifische Ereignisse, die über sehr lange Zeiträume beobachtet werden müssen, bevor ihre abschließende Gültigkeit festgestellt werden kann. Beispiele hierfür sind etwa die eventuell über Jahre notwendige Beobachtung einer Region, bevor in der zugehörigen menschlichen Population eine signifikante Krebshäufung erkannt werden kann (wie in [Appelrath et al.'93] ausführlich beschrieben) oder die mehrmonatliche Überwachung von Dokumenten in einem Repository, das bei Eintreten spezifizierter Zustände die nachfolgenden Aktionen des Software-Entwicklungsprozesses anstoßen soll (siehe [Jasper'93]). Für die Beschreibung des aktiven Verhaltens in solchen Anwendungen benutzen wir die Sprache ADL (Activity Description Language), die auf (EC)*A-Regeln basiert.

Diese Regelsprache wird als Teil der integrierten Entwicklungsumgebung für aktive Informationssysteme A.I.S. (Aktive Informationssysteme) realisiert, die auf einem modular erweiterbaren Kernsystem aufbaut. In den (EC)*A-Regeln können Ereignisse, Bedingungen und Aktionen mittels Sprachkonstrukten aus den im Kernsystem integrierten AADTs (Aktiven Abstrakten Datentypen) von Datenbank, Zeit und UIMS beschrieben werden. Ein AADT ist in dem hier benutzten Verständnis durch einen abstrakten Datentyp und einer Menge primitiver Ereignistypen definiert, liefert also zur Laufzeit einzelne, atomare Ereignisse und führt aufgerufene Operationen durch. Das Kernsystem wird für die jeweilige Anwendungsumgebung durch AADTs erweitert, um anwendungsspezifische Ereignisse und Aktionen beschreiben zu können.

Im 2. Abschnitt werden die (EC)*A-Regeln für die Spezifikation komplexer Ereignisse und nachfolgender Aktionen vorgestellt. Der 3. Abschnitt behandelt die Verwaltung von ADL-Programmen in einer objektorientierten DB und ein Ansatz zur Realisierung des Verarbeitungsmodells, der die lang dauernde Überwachung von Ereignissen durch das Konzept der persistenten Speicherung von schon erkannten Teilereignissen mittels DB-Techniken unterstützt.

2. (EC)*A-Regeln

(EC)*A-Regeln beschreiben in ihrem jeweiligen "(EC)*"-Teil Situationen, in denen die im "A"-Teil angegebenen Aktionen ausgeführt werden sollen. Situationen können, wie auch schon in oben aufgezählten Ansätzen gezeigt, durch auftretende Ereignisse (E) und geltende Bedingungen (C) spezifiziert werden. Bei den klassischen ECA-Regeln [Dayal et al.'88] kann nur genau ein Bedingungsteil an das eine Situation auslösende Ereignis gebunden werden. Ein solches Ereignis setzt sich jedoch zumeist aus mehreren Einzelereignissen (im folgenden atomare Ereignisse genannt) zu komplexen Ereignissen zusammen.

Der (EC)*-Ansatz greift diese Tatsache auf und läßt explizit die Spezifikation von Bedingungen für jedes Teilereignis (atomar- oder schon zusammengesetztes Ereignis) zu. Dies ermöglicht bei den für unsere Anwendungen relevanten komplexen Ereignissen eine frühzeitige Erkennung nicht relevanter Teilereignisse durch Prüfung der jeweiligen Parameter in den Bedingungen. Das führt unserer Meinung nach zu einer Veringerung des Verarbeitungsaufwandes bei der Erkennung komplexer Ereignisse. Eine (EC)*A-Regel besteht also aus einem komplexen (EC)*-Teil (identifiziert durch die event_id) zusammen mit einer auszulösenden Aktion (identifiziert durch die action_id), die jeweils einzeln definiert werden.

```
rule_spec ::= "RULE" rule_id
              "ON" event_id
              "DO" action_id [act_param_list]
              "STATUS" (active | deactive)
              ["EXPLAIN"string]
        "END_RULE"
```

Der "STATUS" einer Regel kann entweder active oder deactive sein. Deaktivierte Regeln haben keinen Einfluss auf das aktuelle Verhalten einer Anwendung, können aber bei Bedarf explizit aktiviert werden. Der "EXPLAIN" Teil einer Regel dient dazu, das evtl. für den Benutzer unerwartete Verhalten einer Anwendung aufgrund der durch irgendein Ereignis ausgelösten Regelausführung zu erläutern.

Atomare Ereignisse

Atomare Ereignisse werden von den einzelnen AADTs der jeweiligen projektspezifischen A.I.S.-Umgebung "gefeuert", typischerweise nach oder vor der Ausführung von Operatoren oder Programmteilen in der Anwendung. Im folgenden betrachten wir neben den vordefinierten AADTs für DB, Zeit und UIMS beispielhaft die AADTs aus der in [Appelrath et al.'93] beschriebenen Anwendung: ein Geo- und ein Statistik-AADT. Für atomare Ereignisse stehen im Kernsystem jeder A.I.S.-Anwendung zur Verfügung:

- *Ereignisse der DB*: Das Datenmodell kennt als Ereignistypen die Datenbankoperationen *Einfügen*, *Löschen* und *Ändern* sowie *Lesen* von Daten.
- *Ereignisse des Zeit-AADTs*: Das zugrundeliegende Zeitmodell basiert auf Teilen des Intervalkalküls aus [Allen'83], erweitert um absolute und relative Zeitpunkte als Zeitobjekte. Zeitereignisse werden bezüglich Zeitpunkten, Zeitintervallen oder Zeitspannen definiert.
- *Ereignisse des UIMS*: Dies sind Ereignisse, die von einer Benutzungsschnittstelle erzeugt werden. Beispielsweise kann das Selektieren eines Menüpunktes ein Ereignis auslösen, siehe [Götze'92].

Weiterhin bieten die AADTs der hier betrachteten A.I.S.-Umgebung folgende atomare Ereignistypen:

- *Statistik*: Der Statistik-AADT stellt Verfahren für statistische Tests bereit. Als Ereignisse werden signifikante Fallzahlen, Quoten oder Risiken zu Krebserkrankungen und -todesfällen gemeldet.
- *Geomodell*: In Verbindung mit Datenbankereignissen werden komlexe Geo-Ereignisse gemeldet, wie z.B. das Definieren oder Ändern einer Region.

Komplexe Ereignisse

Praxisrelevante Situationen der realen Welt können zumeist nicht durch ein einziges Ereignis zusammen mit einer Bedingung spezifiziert werden. Notwendig ist die Kombination von Ereignissen zu komplexen Ereignissen. Hierfür stehen in der (EC)*A-Sprache eine Reihe von Operatoren zur Verfügung, wie sie in gleicher oder ähnlicher Art in [Chakravarthy/Mishra'91, [Gatziu/Dittrich'93], [Gehani et al.'92] beschrieben werden. Als Junktoren werden die Konjunktion "AND" und die Disjunktion "OR" von Ereignissen sowie das "NOT" als Definition des Nichteintretens eines Ereignisses innerhalb eines definierten Zeitraums angeboten. Um auch ein zeitlich aufeinanderfolgendes Auftreten von Ereignissen definieren zu können wird der Sequenz-Operator "SEQ" verwendet.

Oft sollen Anwendungen (wie z.B. die aktive DB für die Krebsforschung [Appelrath et al.'93]) das wiederholte Auftreten eines Ereignisses erkennen. Dies bietet der Zähl-Operator "COUNT", der das Auftreten von Ereignissen zählt und bei einer vordefinierten Anzahl als zusammengesetztes Ereignis meldet (z.B. (COUNT 3 OF (SEQ(E1, E2)) wird gemeldet, wenn dreimal die Sequenz (E1, E2) aufgetreten ist). Unter Verwendung eines Operators und zweier Ereignisse (atomar oder komplexe) entsteht so ein neues komplexes Ereignis einer höheren Abstraktionsstufe.

Auf jeder dieser Abstraktionsstufen kann im (EC)*A-Modell unter Verwendung des Sprachkonstrukts "WHERE" zusammen mit der Abgrenzung der Abstraktionsstufe durch eckige Klammern eine Bedingung angegeben werden (z.B. (COUNT 3 OF [(SEQ(E1, E2) WHERE (xy < 100)]) gibt eine Bedingung (xy < 100) an, die gelten muß, wenn die Sequenz E1, E2 eingetreten ist). Die folgende EBNF beschreibt die Möglichkeiten zur Komposition von Ereignissen in ADL, wobei atomic_event für atomare Ereignisse und comp_event für komplexe Ereignisse steht.

```
event_type      ::=    atomic_event
                     | comp_event
                     | "["atomic_event "WHERE" condition"]"
                     | "["comp_event "WHERE" condition"]".
atomic_event    ::=    db_event
                     | time_event
                     | user_event
                     | geo_event
                     | statistic_event.
db_event        ::=  ["PRE"|"POST"]"("insert"|"update"|"delete"|"read").
comp_event      ::=    event_id
                     | "("event_type")"
                     | event_type "AND" event_type
                     | event_type "OR" event_type
                     | "SEQ" "("event_list")"
                     | "COUNT" num "OF" event_type
                     | ["NOT"] event_type        "BETWEEN" interval
                     |         event_type["NOT"]"BETWEEN" interval
                     | comp_event ["NOT"]"DURING" num time
                     | "EVERY" num time "BETWEEN" interval.
interval        ::=    "("event_type["+" num time],event_type["+" num time]")".
time            ::=    "YEAR"|"MONTH"|"WEEK"|"DAY"|"HOUR"|"MINUTE".
event_list      ::=  event_type {","event_type}.
```

Desweiteren kann jedes Ereignis (atomar oder komplex) mit einer eindeutigen Identifikation versehen werden, indem der gebildete Ausdruck als Objekt spezifiziert wird.

```
event_spec ::= "EVENT" event_id "="
                  (event_type)
               "END_EVENT"
```

Der Vorteil eines eindeutigen Identifikators anstelle eines komplexen Ausdrucks besteht in dessen mehrfacher Wiederverwendbarkeit in unterschiedlichen Regeln und bei der Komposition komplexer Ereignisse (siehe comp_event ::= event_id).

Bedingungen

An jedes Ereignis, komplex oder atomar, kann unter Verwendung der "WHERE"-Konstrukts eine Bedingung geknüpft werden. Bedingungen können Vergleiche von Ausdrücken oder Ereignis-Parametern sowie umfangreichere Funktionsaufrufe beinhalten.

```
condition       ::= expr relop expr
                  | "(" condition  ")"
                  | condition "AND" condition
                  | condition "OR" condition
                  | "NOT" condition
expr            ::= "(" expr ")"
                  | ("+" | "-") expr
                  | expr op expr
                  | num
                  | string
                  | qualident
                  | function_call.
function_call ::= function_id expr_list.
function_id     ::= ident.
```

Auch Bedingungen können wie Ereignisse mit Operatoren (z.B. "AND", "OR") zu komplexeren
Bedingungen kombiniert werden.

Aktionen

Im A-Teil einer Regel können mehrere Methoden bzw. Funktionen durch entsprechende Kontroll-
Strukturen aneinandergereiht aufgerufen werden.

```
action_spec     ::= "ACTION" action_id [form_param_list] [ ":" type ] "IS"
                            statement_seq
                    "END_ACTION".
statement_seq ::= statement { ";" statement }
                  | "IF" condition "THEN" statement "ELSE" statement
                  | "REPEAT" statement "UNTIL" condition.
statement       ::= action_call | method_call | fire_event.
```

Eine einmal definierte Aktion kann in mehreren ADL-Regeln genutzt werden, indem sie jeweils durch
ihren Identifikator referenziert wird.

3. Verwaltung und Verarbeitung von ADL-Programmen

A.I.S. soll als DB-Entwicklungsumgebung die Spezifikation des aktiven Verhaltens ebenfalls in einer
Datenbank speichern, wobei wir einen objektorientierten Ansatz verfolgen. Die Regeln werden in einer
Klasse RULE verwaltet, die die Komponentenklassen (EC) * und ACTION besitzt. Damit sind auch Ereignisse als Objekte einer eigenen Klasse definiert, so daß eine gößere Flexibilität für das Zusammensetzen komplexer Ereignistypen existiert. Bedingungen werden nicht als eigene Objekte verwaltet, sondern sind Teil eines (EC) *-Objekts, da sie konsequent an jeweils eine atomare oder komplexe Ereignis-
spezifikation gekoppelt sind. Eine Aktion ist eine Aneinanderreihung von Methodenaufrufen, die zusammen eine Einheit bilden und ebenfalls als Objekt gekapselt wird.

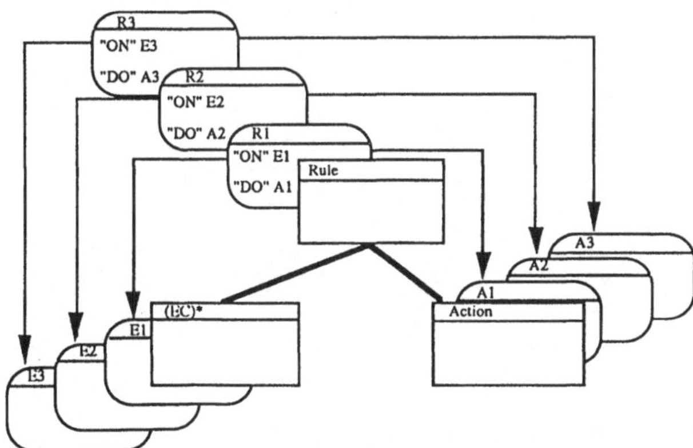

Abb. 1 Beispielobjekte

In einem Regeleditor werden Ereignisse und Aktionen entsprechend der erlaubten Syntax definiert. Regeln werden unter Verwendung bereits definierter Ereignisse und Aktionen spezifiziert. Anschließend erzeugt die Regelverwaltung mit Hilfe eines Scanners und Parsers aus den definierten Regeln die Menge der in den Klassen RULE, (EC)* und ACTION zu speichernden Objekte. Dabei werden identische Ereignis- oder Aktionsspezifikationen nur einmal gespeichert und in der zugehörigen Regeln entsprechend referenziert. Abbildung 1 stellt eine Extension dar, die erzeugte Objekte und deren Referenzen nach Durchführung dieses Vorgangs dar.

Erkennungsprozeß für komplexe Ereignisse

Das Erkennen von komplexen Ereignissen wird für alle Regeln durch einen zentralen Complex Event Detector gesteuert. Atomare Ereignisse unterschiedlicher Typen werden von den erzeugenden AADTs dem zentralen Complex Event Detector gemeldet und dort verwaltet. Es werden entsprechende Stellen in erweiterten Prädikaten-/ Transitionsnetzen (siehe Abb. 2) markiert, wodurch der aktuelle Erkennungsprozeß weitergeführt wird.

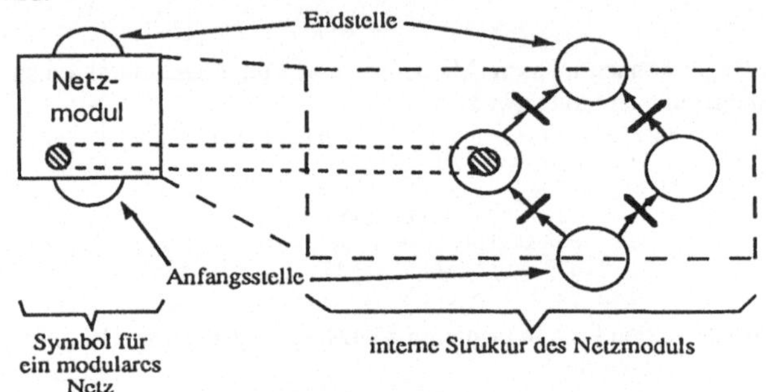

Abb. 2: Darstellung von modularen Netzen

Für diese erweiterten Prädikaten-/ Transitionsnetze gilt:
- Sie sind schachtelbar unter Verwendung von Netzmodulen;
- die Transitionen können mit einem Zeitintervall $[t_{min}, t_{max}]$ beschriften werden, sodaß die Transition frühestens nach Ablauf der Zeit t_{min}, jedoch spätestens bis zum Ablauf der Zeit t_{max} schaltet;
- es kann eine Reihenfolge der Bearbeitung der Marken (z.B. FIFO) festgelegt werden und
- es können Bedingungen (Prädikate) für das Schalten der Transitionen angegeben werden.

Für jedes komplexe Ereignis ist solch ein Netz definiert und befindet sich in einem lokalen Zustand, der wiederspiegelt, welche Teilereignisse eingetreten sind. Der lokale Zustand beschreibt damit den jeweils bis zum aktullen Zeitpunkt durchgeführten Erkennungsprozeß. Abb. 3 zeigt ein solches modulares Netz mit integriertem Teilnetz.

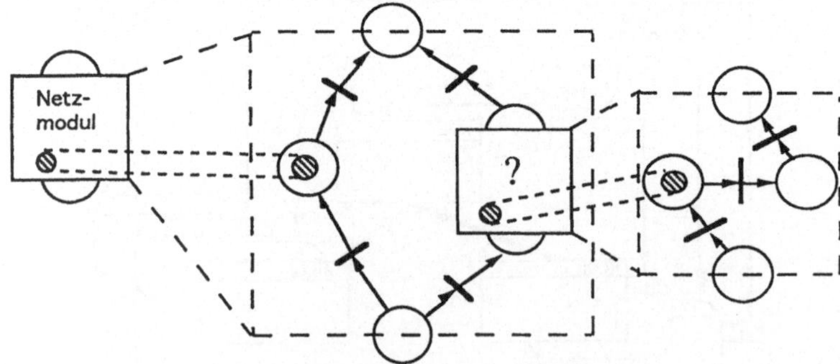

Abb. 3: Modulares Netz mit integriertem Teilnetz

Auftreten und Überwachung von Ereignissen über lange Zeiträume

Viele Anwendung, z.B. aktive DB für die Krebsforschung [Appelrath et al.'93] oder aktive Repositories [Jasper'93], stellen als Anforderung an eine aktive Datenbank das Überwachen von Ereignissen über sehr lange Zeiträume. Das Auftreten von Krebsfällen kann sich mitunter über Jahre hinziehen und muß entsprechend für das Auftreten komplexerer Ereignisse, z.B. "50 Lungenkrebsfälle in 2 Jahren", festgehalten werden. Es ergibt sich daher für aktive Datenbanken die Forderung, daß Zustände vom Erkennungssystem dauerhaft festgehalten werden müssen.

Daher werden in unserem System Ereignisse, die als Teile von noch nicht eingetretenen komplexen Ereignissen Relevanz haben, persistent gespeichert. Die Entwicklungsumgebung A.I.S. bietet dafür ein objektorientiertes DB-Schema an, in dem aufgetrete Ereignisse als Objekte entsprechender Klassen gespeichert werden können. Wie Eingangs beschrieben sind atomare Ereignisse bestimmten AADTs zugeordnet, die durch eine eigene Klassen beschrieben werden. Für jedes Auftreten eines atomaren Ereignisses, wird ein Objekt der entsprechenden Klasse erzeugt. Komplexe Ereignisse, die am Auftreten des atomaren Ereignisses interessiert sind, werden über eine Referenz mit dem erzeugten Objekt verbunden. Wird ein komplexes Ereignis erkannt, wird kein Objekt erzeugt, da es sich unserer Meinung nach um eine abstrakte Komposition einer Menge von atomaren Ereignissen handelt und keinem realen Objekt der "Wirklichkeit" entspricht.

4. Ausblick

Die A.I.S.-Entwicklungsumgebung wird z.Z. mit Hilfe einer studentischen Projektgruppe (zwölf Personen über ein Jahr) auf der Basis von ORACLE und O_2 realisiert, wobei Active_ INEKS, ein System zur aktiven Krebsepidemiologie, als Anwendung dient. Es exitiert bereits eine protoypische Implementierung eines Compilers und Laufzeitsystems für die oben beschriebene Sprache.

In einem nächsten Schritt werden Werkzeuge für den Entwurf von aktiven Informationssystemen entwickelt, die insbesondere auf grafischen Konzepten aufbauen. Weiterhin werden Werkzeuge für die Simulation des Verhaltens aktiver Informationssysteme realisiert, die für den Test von ADL-Programmen unabdingbar sind.

Literatur

Allen'83 — J. F. Allen, "Maintaining Knowledge about Temporal Intervals", Communications of the ACM, S832-843, 1983

Appelrath et al.'93 — H.-J. Appelrath, H. Behrends, H. Jasper, H. Ortleb, "Die Entwicklung aktiver Datenbanken am Beispiel der Krebsforschung", Proc. Datenbanken für Büro, Technik und Wissenschaft, BTW'93, Springer Verlag, 1993.

Chakravarthy/Mishra'91 — S. Chakravarthy, D. Mishra, "An Event Specification Language (Snoop) For Active Database and its Detection", Uf-CIS Technical Report TR-91-23, 1991.

Dayal et al.'88 — U. Dayal, B. Blaustein, A. Buchmann, U. Chakaravarthy, M. Hsu, R. Ledin, D.R. McCarthy, A. Rosenthal, S. Sarin: "The HiPAC Project: Combining Active Databases and Timing Constraints", SIGMOD RECORD Vol. 17, March, 1988.

Gatziu/Dittrich'93 — Stella Gatziu, Klaus R. Dittrich: "Eine Ereignissprache für das aktive, objektorientierte Datenbanksystem SAMOS", Proc. Datenbanken für Büro, Technik und Wissenschaft, BTW'93, Springer Verlag, 1993.

Gehani et al.'92 — N. Gehani, H. V. Jagadish, O. Shmueli: "Event Specification in an Active Object-Oriented Database", Proc. of the ACM SIGMOD International Conference on Management of Data, 1992.

Genrich'87 — H.J. Genrich: "Predicate/Transition nets", in W.Brauer, G. Rozenber (Eds), "Advances in Petri Nets", Springer Verlag, LNCS 254, 1987.

Götze'92 — R. Götze: "Object-Oriented Specification of Complex Dialogues", Proc. Eurographics Workshop on Object-Oriented Graphics, Champery, 1992.

Jasper'93 — H. Jasper: "Implementing Active Repositories as Active Databases", 1993, eingereicht zur Veröffentlichung.

McCarthy/Dayal'89 — D.R. McCarthy, U. Dayal: "The Architecture Of An Active Data Base Management System", Proc. of the ACM SIGMOD International Conference on Management of Data, 1989.

Rosenthal et al.'89 — Arnon Rosenthal, Sharam Charavarthy, Barbara Blaustein: "Situation Monitoring for Active Databases", Proc. of the 17th International Conference on Very Large Data Bases, Barcelona, 1991.

From Multi-User to Shared Object Systems:
Awareness about Co-Workers
in Cooperation Support Object Databases

John A. Mariani [1]
Lancaster University
Lancaster, LA1 4YR,
England
jam@comp.lancs.ac.uk

and

Wolfgang Prinz
GMD
Schloß Birlinghoven
53757 St. Augustin, Germany
prinz@gmd.de

Abstract

This paper presents a new paradigm of awareness about cooperating partners in an object oriented database system. Given a collaborative object store, users who are accessing objects or navigating through the system should be aware of "nearby" users and their activities, and given the opportunity to communicate with those users, hence abolishing the isolationism enforced by current database technology. This paper thus examines the different levels of awareness that should be provided, and also potential spatial metrics that are required to give some meaning to "nearby". Based on these considerations, we will show that it is possible to calculate the mutual awareness of users in an object system based on their behaviour, i.e. their actions and operations in the system.

1. Introduction and Motivation

Object stores and Object Oriented Database Systems (OODBS) find application in areas such as Software Engineering Environments, Office Information Systems and CAD/CAM Design Environments. These areas require databases that are able to store fine-grained highly structured objects, and to handle few instances of many types. They are also required to allow dynamic schema evolution. OODBs meet these requirements in a number of ways.

The application areas of OODBs are also bound by a common need : that of supporting the collaboration amongst groups of users. As such, OODBs find themselves being used by CSCW (Computer Support for Collaborative Work) applications. CSCW applications make demands of database systems in general that fundamentally challenge some of the core features of such systems (Rodden et al., 1992).

For example, at first glance, information sharing would appear to be a fundamental function of a database system. But database systems are traditionally concerned with the maintenance of consistency. This is achieved by locking and transaction mechanisms. The result of this is that users are in fact isolated from each others activities, i.e. they are not, or only in conflict situations, aware of the actions of other users in the same information domain. We argue that cooperation is facilitated and can be much better supported when users are aware of other users with similar interests or involvement in similar activities. Therefore we have to extend the concept of multi-user access to that of shareability.

We define shareability as follows :

$$shareability = multi\text{-}user\ access + identified\ locking + awareness$$

There is an important distinction between shareability and multi-user access. Traditional DBMS have long supported multi-user access, but they achieve this by enforcing the illusion of single-user activity. Shareability arises when one has a multi-user system but allows simultaneous access to an object or, at least, access to information about that object i.e., it is currently locked, by whom, and why. This is what we mean by identified locking. Given this kind of information, a user may enter into a discussion with the lock holder, and this gives a basis for negotiation and possible collaboration.

---

[1] This work was carried out while this author was a visiting scientist at GMD.

Awareness means awareness of users who are working on or with objects "nearby". This very metaphor introduces concepts of spatial metrics that are required to define how "near" one object is to another in order that we can generate appropriate awareness factors amongst users.

Our vision is the following: given a collaborative object store, users who are accessing objects or navigating through the system should be aware of "nearby" users and their activities, and given the opportunity to communicate with those users, hence abolishing the isolationism enforced by current database technology. This paper thus examines the different levels of awareness that should be provided, and also potential spatial metrics that are required to give some meaning to "nearby". Based on these consideration we will show that it is possible to calculate the mutual awareness of users in an object system based on their behaviour, i.e. their actions and operations in the system. We refer to a generic COS (Collaborative Object System) in order to present some proposed mechanisms for supporting awareness.

2. Awareness at a Single Object Level : Local Awareness

A first approach on awareness - that of awareness at the level of a single object - is presented in this section. In general, within COS like systems, the model of user access is typically browsing or navigation through the objects and relationships. There is a sense of a position within the object store. We believe awareness should be presented related to this "current" position.

In other words, two (or more) users who are simultaneously using the same object should be able to "rendezvous" at that object by being aware of each other and having the ability to communicate with each other. However, we also believe that the awareness factor between the two users should not always be 100%. This is because there are several different ways of "using" or accessing an object. A user could be reading or updating the object. A user could be accessing the object as part of a query i.e. the object is referenced as part of a "get me the object IDs of all people objects representing employees" query. In the case of displaying or updating the whole or part of an object, then awareness between the users should be 100%. In the case of an object being "touched" by a query, then awareness should be reduced.

For example consider the following: a user issues a search which "touches" a great many objects. If (say) every one of these objects are currently also being "touched" by many other users, then the issuing user will be swamped by the information that a lot of other users are "touching" objects that he has just accessed. On the other hand, the other users will also be made aware that the issuing user has just "touched" their objects.

These consideration show that each lookup operation cannot be treated in the same way. We need a weighting for each operation that expresses its relevance for awareness calculations. Operations which potentially touch a large set of objects (e.g. search) are less weighted than an operation that points to exactly one object (e.g. read). The domain for all factors is the interval from zero to one, where zero means no awareness and one means maximum awareness. We will see later that this is useful when different factors are multiplied in order to keep the result in a finite interval.

Obviously, these measures are very much application dependant and it is necessary that, for different applications, different factors can be defined on similar operations. Another approach for weighting can be based on the type of lock that is placed on an object. We have decided to choose the operation based approached as it provides a finer granularity.

The weighting of query operations must be further refined to reflect the fact that different queries result in different numbers of retrieved objects. A user who finds three objects by a search is obviously more aware of these objects than one who finds hundreds of objects. Therefore we need to incorporate the number of retrieved objects per single operation (n) into the awareness factor (AF) calculations for object which directly accessed. For that we propose the following formula:

$$A : \text{AF of a direct accessed object} = \text{Operation Weighting Factor} \cdot \frac{1}{\sqrt[m]{n}}$$

We use the root of n rather than just simply n as we require a shallow curve of awareness rather than the sharp drop off in awareness that $\frac{1}{n}$ would give us. The parameter m defines the shallowness of the curve.

With formula A we have assumed that all objects are the same. The awareness factor was calculated without considering the object itself, i.e. only the operations by which it was access are discussed. But it is obvious that there are some objects we are more aware about than others, so we cannot treat them as all equal. Consequently, each object has itself an importance factor between 0 (very simple data objects) and 1 (objects which appear blinking on a screen, objects which change their appearance, video or audio objects, etc.). This must be taken into account when we calculate the awareness a user has of an object. So formula A must be extended by including the importance factor (IF) of an object:

$$B : \text{AF of a direct accessed object} = \text{OWF} \cdot \frac{1}{\sqrt[m]{n}} \cdot \text{Importance Factor}$$

The default importance factor of objects can be specified for their types and it can be modified for each instance individually. The importance factor is only considered when an object is retrieved for displaying it and not when the user interacts with an object, e.g. when he modifies it (because then the object is very important for him).

3. Awareness of Users accessing "nearby" objects : Spatial Metrics

So far we have only considered awareness issues for the case that users "meet" on the same object. But, even more interesting and important is the case where users operate on objects which are near to each other. The term "near" is very vague and cannot be transferred into elements of the object model very easily. For example, consider the application area of shared text / graphic editing.

Here, paragraphs, sentences, letters, headings, etc. or graphical entities like lines, points, rectangles, etc. can be identified as objects. The most obvious measure for the distance between two objects is their distance within the whole text or graphic. However, these metrics cannot be measured in the same units. While in a graphic the distance can be measured in a length metric (e.g. cm), in a text it is more reasonable to measure the distance in paragraphs, sections, or chapters. So, in one example the distance is calculated by an external measure, i.e. their geometrical position, and in the other it is measured counting the number of the same or related other objects.

Unfortunately in a general COS the questions of nearness cannot be answered in as straightforward a fashion as in this example where they can be answered from the application context. In a COS, there may be instances of objects which do not belong within a surrounding clustering object. Therefore other commonalties between objects must be identified. These might be:

Relations between objects derived from the object schema:
- objects of the same type or type hierarchy
- objects of the same class
- objects which share values
- etc.

Relations between objects whose semantic can be used to express a distance between objects.
- paragraph objects in a text
- graphic objects contained in a drawing space
- documents object contained in a folder or linked by a semantical relation based on their content
- objects representing people belonging to the same project or institute: organisational distances
- etc.

The distance factor that is assigned to any of these relations is also a value between zero and one, where zero represents an infinite distance and one no distance.

In areas such as machine learning, there has been considerable work on conceptual clustering (looking for conceptual closeness of information). There are a number of systems which are capable of analysing data and to cluster the information into a number of concepts. (Michalski and Stepp, 1983)(Lebowitz,

1987)(Fisher, 1987). For example, in some systems, this process is used to raise the level of semantics in the data by introducing higher-level sets of entities which share attributes. This would be appropriate for the support of the spatial metrics and concepts outlined in this paper, essentially by indicating group membership (and thus conceptual closeness of terms, data and objects).

In general we can say: a relation with distance factor 1,0 is primarily used to describe "contained in" relations, i.e. a relation that groups or clusters objects together into an **awareness space**. An awareness space is a set of objects which are related to a clustering object. A clustering object is therefore an object that can be used to specify a user's **awareness focus**. Thus, if a user is accessing such an object he is also highly aware of all objects clustered by that object. Examples of such objects are objects representing a folder of documents, a graphic object that is composed by other objects, or a room in a virtual world. These examples raise two important issues.

First, relations are not symmetric in respect to their distance factors: when a user accesses a folder of documents he is more aware of the documents in the folder than he is aware of the folder when he just accesses a documents of the folder he found by a search for example. Therefore relations need also a distance measures for their inverse. These measures can be the same, but often they will differ.

Second, the awareness of related objects depends very much on their number. When accessing a folder with just a few documents, the user is more aware of these than when accessing a folder with lots of documents. Therefore, when the awareness factor of a related object is calculated the number of related objects must be considered.

The following function is proposed to calculate the awareness factor (AF) of a related object.

C : AF of a related object = AF of the direct accessed object (calculated with formula **B**)
- relation distance factor
- $\dfrac{1}{\sqrt[m]{n}}$
- importance factor

Lets consider an example. A user accesses an object representing a folder with an open command. This operation has the operation weighting factor 1,0 and the object the importance factor 0,9. The AF (formula B) of that object is then 0,9, i.e. the user is aware of that object with 90%. Included in that folder are 20 documents. Each document is represented as an object, linked to the folder with an included-in relation. This relation has the distance 0,8 and the importance of each document is 0,7. Then, using 4 as a value for m, the awareness factor of each related object is:

$$0,9 \cdot 0,8 \cdot \frac{1}{\sqrt[4]{20}} \cdot 0,7 = 0,24 \approx 24 \ \%$$

Thus, the user is aware of the folder with 90% and of each document with 24%.

4. How aware are users of each other?

Until now, we have discussed the awareness factor for objects a user is accessing directly or indirectly (through an awareness space). How do we use these results to calculate the mutual awareness of two or more users?

Lets extend the example we have used in the previous section where one user (user A) has just opened a folder of documents by another user (user B) who has currently opened one of these documents for editing (document X) and another one for reading (document Y). We know the awareness factors of user A (from the example presented above):

folder:	90%
each document with	24%.

In order to calculate the awareness factors of user B we make the following assumptions:
- a) editing a document has the factor 1,0 and reading it has factor 0,8
- b) the relation distance of a document to the folder is 0,3
- c) the distance of the documents in a folder is 0,4

The resulting awareness factors are:

folder:	30%	(from point b) above)
document X:	100%	(edited document)
document Y	56%	(importance • reading)
all other documents:	33%	(OWF(editing) • distance $0,4 \cdot \dfrac{1}{\sqrt[4]{20}}$)

The mutual awareness of both users is now calculated by the maximum of their average awareness factors of those objects where both factors are greater than zero. This results in the following mutual awareness for the various objects:

folder:	60%
document X:	62%
document Y:	40%
all other documents:	28%

The resulting awareness of both users is then approximately 62%. Other calculations of mutual awareness are possible, but this is very application dependant.

5. Awareness in Time

How do we handle the situation where a user has "touched" an object but some time has passed since s/he referred to that object? Our awareness factor equation needs to be extended to support the concept of fading awareness. This means that the event objects must be maintained over a period of time. Fading of the awareness factor depends on "how long ago" the event occurred.

This could be measured in a number of ways. We could use the passage of real time. Every event object is time stamped, and when it is used in an awareness calculation, the amount of time that has passed since the event occurred is taken into consideration.

Another possibility is to number every user's instructions; then we measure "how long ago" according to the number of instructions issued by the user since the instruction that raised the event.

We assume that a combination of both will be suitable.

6. Further issues - Display and Security

We must bear in mind that any such display of information should not disturb (or annoy) the user. Two views are possible:

- the awareness between each other and
- the awareness of a user on an object.

The latter is important for objects which are active, i.e. which change their status or which give acoustic or visual signals.

We must consider where to display the awareness information. We might choose to display it with the object or in a separate display. If it is displayed with the object then we could argue that it is associated with the user's current focus of attention. On the other hand, it might obscure the information which is actually part of the object. If it is displayed separately, then the user can choose to ignore it and use the system as if they were the sole user. They would only need to look at the awareness information if they were actively interested in it. Perhaps we could use a hybrid solution, where the awareness information can be popped-up on the object or perhaps a system-wide flag may be available, to switch the awareness information display on and off. In the above argument, we are assuming that a list of user names (or graphical representations) might appear alongside the object (or in a separate list of objects), and perhaps the type of access might also be displayed.

Turning to more graphical solutions, it might be nice to use a radar screen approach, with blips on the radar to represent users and their distance from the centre to represent (weakening) awareness. This is a 2D approach, but we only have a sensible definition for one of the dimensions (distance from centre).

Perhaps the other dimension is a cosmetic one, applied in order to fit a number of blips on the screen. Another possibility would be to use the other dimension to represent the passage of time. We could perhaps use a graph view of the current locale of the object store, with the objects appearing as nodes in the graph with users attached.

Even if the provision of awareness information proves useful, it is apparent that it involves a privacy problem since awareness can be provided only when user actions are traced and evaluated. The dichotomy between privacy and attempts to facilitate cooperation is an important one which cannot be ignored. Some aspects of the awareness mechanism proposed in this paper are relevant :

- Users who try to touch a large set of objects, in order to see where other users are working, will have no success because of the relative weighting factors.
- WISYYSM: When I see you, you see me. The system fully supports mutuality of awareness. Whenever I´m aware of somebody s/he's aware of me, so that I can see if somebody is tracing me. This gives us a mechanism for detection of privacy breaches.

7. Current Work : Implementation and Experimentation

We believe that the notions outlined in this paper must be tried out in a practical experiment in order to

- discover the ramifications of these mechanisms to the overall system performance. For example, we realise that the continual raising and recording of events make considerable demands on the underlying COS. We hope to uncover some filtering mechanisms that can usefully cluster and compact event objects on generation, therefore reducing the overall number of events that need to be recorded and stored.
- fine tune the awareness constants and formulae given in this paper. These are, at the moment, only first approximations based on intuition, and need to be refined based on experience of use.
- explore the possibilities of presenting the awareness information to the user in a meaningful way.

In order to do this, we are using the TOSCA (Prinz, 1993) system as a testbed.

8. Conclusions

This paper has presented a new paradigm, that of providing awareness in object systems. The approach is based on the weighting of operations in respect to their relevance for cooperating users. We have shown that is possible to calculate the mutual awareness of users in an object system based on their behaviour, i.e. their actions and operations in the system.

There are still a number of open issues and decisions to be made. For example, a lot of evaluation is required in order to get a good measure for the awareness factors. Nevertheless, it is intended that the prototyping activity outlined above will provide the evaluation required to settle on awareness factors, performance analysis and on HCI issues.

9. References

Fisher, D. H. 1987. Knowledge Acquisition via Incremental Concept Clustering. *Machine Learning* 2: 139-172.

Lebowitz, M. 1987. Experiments with Incremental Concept Formation: UNIMEM. *Machine Learning* 2: 101-138.

Michalski, R. S. and R. E. Stepp. 1983. Automated Construction of Classifications: Conceptual Clustering Versus Numerical Taxonomy. *IEEE Transactions on Pattern Analysis and Machine Intelligence* 5 (4): 396-409.

Prinz, Wolfgang. 1993. TOSCA: Providing Organisational Information to CSCW applications. In *ECSCW '93: Third European Conference on Computer Supported Cooperative Work, Milan.* to appear

Rodden, Tom, John A. Mariani, and Gordon Blair. 1992. Supporting Cooperative Applications. *Computer Supported Cooperative Work (CSCW): An International Journal* 1: 41-68.

OMNIS/Myriad: Elektronische Verwaltung und Publikation von multimedialen Dokumenten

R. Bayer
Bayerisches Forschungszentrum für Wissensbasierte Systeme
(FORWISS) und Institut für Informatik, TU München
Orleansstr. 34, 8 München 80

1. Ziele

Mit der Konzeption und Konstruktion des Systems OMNIS/Myriad wurden im Vergleich zu konventionellen Bibliotheks- oder Dokumentenverwaltungs-Systemen folgende Ziele verfolgt:

1. Wesentliche Verbesserung der Recherche und der Präsentation von Dokumentenbeständen für den Nutzer solcher Systeme.
2. Drastische Senkung der Gesamtkosten, insbesondere der Personalkosten bei der Erfassung und inhaltlichen Erschließung von wissenschaftlicher Literatur und technischen Dokumenten.
3. Bereitstellung solcher Systeme auf modernen Client/Server-Architekturen anstelle der bisherigen Großrechner-Systeme.

2. Die Grundprinzipien von OMNIS/Myriad

Um diese Ziele zu erreichen bricht Omnis/Myriad bewußt mit den Traditionen der herkömmlichen Dokumentenverwaltung in Büros und der Katalogisierungsverfahren in Bibliotheken [1], [5]. OMNIS/Myriad beruht sowohl bei der Ablage bzw. Archivierung als auch bei der Nutzung, d.h. beim Retrieval und bei der Wiedervorlage, auf wenigen, sehr einfachen Grundprinzipien.

Grundprinzipien der Ablage:

1. **Einscannen:** Das Dokument wird mit einem Scanner als Bild eingelesen.
2. **OCR:** Das Bild wird mit OCR (optical character recognition) Verfahren in Text umgesetzt.
3. **Bild und Text:** Das Dokument wird in Bildform (non coded information NCI) und in Textform (coded information CI) in einer multimedialen Dokumentenbank abgelegt.

Grundprinzipien der Nutzung

1. **Assoziative Anfrage:** Gesuchte Dokumente werden durch Begriffe und Phrasen spezifiziert, die der Mensch mit diesen Dokumenten assoziiert.
2. **Volltextsuche:** Dokumente werden durch eine Volltextsuche gefunden, wenn irgendwo im gesamten Textkorpus des Dokumentenbestands Textmuster enthalten sind, die zur Anfrage passen.
3. **Präsentation als Bild:** Gefundene Dokumente (Treffer) werden originalgetreu als Bild auf dem Bildschirm des Rechners am Arbeitsplatz präsentiert.

3. Offene Fragen

Ob ein solcher Ansatz tragfähig ist, war zunächst völlig unklar. Es gab eine ganze Reihe offener technischer Fragen, von denen hier nur die wichtigsten aufgezählt werden:

1. Wie muß man einscannen, damit sowohl für OCR als auch für die Lesbarkeit am Bildschirm gute Ergebnisse erzielt werden?
2. Wie gut ist die Qualität von OCR? Ist automatische Korrektur nötig oder überhaupt möglich?
3. Wie schnell und gut ist die Bildkompression? Was ist der Speicherbedarf für ein komprimiertes Bild?
4. Ist Volltextrecherche über einen großen Dokumentenbestand schnell und mächtig genug?

5. Kann ein Datenbankserver gleichzeitig Anfragen beantworten und das Blättern durch Dokumente unterstützen?

6. Ist ein LAN fähig, Bilder mit hinreichender Frequenz und Schnelligkeit an eine große Zahl von Clients zu übertragen?

7. Können Bilder in einem Clientrechner der heutigen CIP oder WAP Klasse hinreichend schnell per SW dekomprimiert und am Bildschirm präsentiert werden?

8. Ist die Lesbarkeit eines Dokumentes auf dem Bildschirm akzeptabel?

9. Kann ein Server eine ausreichende Anzahl gleichzeitiger Benutzer bedienen?

10. Sind die Antwortzeiten aus Sicht eines Benutzers an einem Client zufriedenstellend?

4. Erläuterung der Grundprinzipien

Die einfachen Grundprinzipien von OMNIS/Myriad sollen nun kurz erläutert werden, wobei auch auf die Klärung der technischen Fragen eingegangen wird:

Der überwiegende Teil von Bürodokumenten und von wissenschaftlicher Literatur liegt auf Papier gedruckt vor. Einscannen ist das billigste und beste Verfahren, um den Inhalt von Papierdokumenten wieder originalgetreu und DV-gerecht als elektronisches Bild verfügbar zu machen. Einscannen ist wesentlich einfacher und billiger als die heute noch weit verbreitete, aber umständliche Deskription von Dokumenten mit Schlüsselbegriffen oder die Ablage in einem hierarchischen Ordnersystem. Interessante Dokumente "gehören" nämlich fast immer in mehrere Ordner und sind deshalb nur sehr schwer wieder zu finden, eine alltägliche Erfahrung aller Geistesarbeiter.

Die Deskription und Katalogisierung in wissenschaftlichen Bibliotheken erfolgt heute im sogenannten Bibliotheksverbund. Sie ist mühsam und verschlingt einen Großteil der Bibliotheksetats, mindestens 30 DM pro Buch allein an Personalkosten.

OMNIS/Myriad erreicht die inhaltliche Erschließung, die für den Nutzer von Literatur von fundamentaler Bedeutung ist, indem das Bild mit OCR-Verfahren in Text umgesetzt wird. Diese Verfahren sind heute gut, aber bei weitem nicht perfekt. Durch Verbindung mit Wörterbüchern und einem halbautomatischen Abgleich sowie durch trainierbare oder sogar automatisch lernende Verfahren kann aber eine sehr hohe Qualität der Texterkennung erreicht werden.

Die Ablage des Dokumentes in Bild- und in Textform ist für die Nutzung wichtig. Die Textform wird für die Recherche verwendet, um gesuchte Dokumente wieder finden zu können. Die Bildform wird für das Retrieval und die Präsentation benötigt, da die originalgetreue Bildform jeder anderen Präsentation weit überlegen ist und viel Information enthält, z.B. Zeichnungen, Formeln, Photografien, die bei der Umsetzung in die Textform verloren gehen. Ein Bild ist besser als tausend Worte!

Sofern ein Dokument schon in DV-gerechter Form z.B. als Textdatei vorliegt, können die Grundprinzipien natürlich noch vereinfacht werden. Oberstes Ziel ist es, den bisher sehr arbeitsaufwendigen Ablage- bzw. Katalogisierungsvorgang wesentlich zu vereinfachen und mindestens um den Faktor zehn billiger zu machen. Das wird klar anhand der Betrachtung, welche der Arbeitschritte einer konventionellen Ablage in OMNIS/Myriad nicht mehr durchgeführt werden:
- keine Deskribierung mit Hilfe von Schlüsselbegriffen durch hochqualifizierte Sachbearbeiter, wie z.B. Bibliothekare [6], [7], [8], oder Richter bei Juris.
- keine hierarchische Ablage in Ordnersystemen, die vom Archivar zeitaufwendige Überlegungen für die Vergabe von Aktenzeichen bzw. Signaturen erforden.

Der Arbeitsaufwand, der für die Ablage eines Dokumentes bzw. für die Katalogisierung eines Buches erforderlich ist, wird in OMNIS/Myriad im Vergleich zu konventionellen Verfahren drastisch reduziert und erfordert außerdem keine Fachkenntnisse.

Ich komme nun zu den Grundprinzipien der Nutzung: Eine möglichst freie und natürliche Assoziation von Begriffen und Phrasen mit den gesuchten Dokumenten ist erforderlich, um die Benutzung eines solchen Systems so einfach zu gestalten, daß man sie nicht erst erlernen muß, sondern intuitiv gleich richtig beherrscht. Die Anfragesprache muß so einfach sein wie das "Hinwerfen" einiger Begriffe und Textfragmente, die für eine perfekte Sekretärin ausreichen, um genau das gewünschte Dokument schnell zu finden und vorzulegen.

Es wird oft bezweifelt, daß auf diese Weise gesuchte Dokumente hinreichend präzise spezifiziert werden können. Nach unserer Beobachtung und Erfahrung ist die Präzision hervorragend. Boolesche Kombinationen einfacher Begriffe bringen keine ausreichende Präzision, aber Phrasen sind die "Fingerabdrücke" von Dokumenten. Die Analogie mit Musikliteratur ist aufschlußreich: Das Vorkommen von mehreren Tönen (Boolesche Kombination) besagt nichts, aber schon eine kurze Tonfolge (Phrase), selbst ein Fragment eines musikalischen Themas, identifiziert das Werk eindeutig innerhalb der gesamten Musikliteratur.

Die assoziative Abfragesprache soll beispielhaft erläutert werden:
1. bayer
2. bayer rudolf
3. optimi%
4. logic program%
5. mit ... Grüßen
6. logic program% & optimi%
7. logic program & optimi% & (bayer | freytag)
8. #6 - prolog

Bedeutung der Anfragebeispiele:
Treffer sind jeweils alle Dokumente, in denen die obigen Suchmuster im Text vorkommen. Zusammenfassend stützt sich die Freitext-Anfragesprache auf Einzelbegriffe, die Wildcards wie % und _ enthalten können, auf Phrasen, Abstandssuche und auf beliebig tief geschachtelte, logische Verknüpfungen einfacherer Anfragen. Der Bezug auf eine frühere Anfrage, z.B. #6, dient der bequemen Abkürzung und der schnelleren Beantwortung der neuen Anfrage.

Volltextsuche:
Ein vollständiges Retrieval der gesuchten Dokumente erreicht man nun durch eine Volltextsuche über den gesamten Textkorpus des Dokumentenbestandes. Dabei werden die in der assoziativen Anfrage enthaltenen Textmuster mit dem Text des Dokumentes verglichen, bei Übereinstimmung ist das Dokument ein "Treffer". Erscheint die Treffermenge als zu groß, so wird sie interaktiv durch eine Verschärfung der Anfrage eingeschränkt.

Die Grundprinzipien der Ablage und der Nutzung von Dokumenten sind sehr einfach und überzeugend. Die Herausforderung und die Kunst des Informatikers bestehen natürlich darin, Systemarchitekturen, Datenstrukturen, Algorithmen und Benutzerschnittstellen zu entwerfen und zu implementieren, die diese wenigen und einfachen Prinzipien zur Realität werden lassen. Mit den technischen, insbesondere aber den algorithmischen Fortschritten der Informatik in neuester Zeit ist es möglich geworden, Systeme zu realisieren, die diesen Grundprinzipien folgen und trotzdem hervorragende Kosten- und Leistungsmerkmale aufweisen.

5. Systemarchitektur
Sowohl die Archivierung als auch das Retrieval von Dokumenten erfordert eine Reihe von quasi-parallel arbeitenden Prozessen. Da aus Gründen der Arbeitsökonomie und der gleichzeitigen Bedienung vieler Nutzer auch viele dieser Prozesse gleichzeitig ausgeführt

werden müssen, benötigt man zumindest für die Dokumentenbank-Server leistungsstarke Multiprozeßrechner. Außerdem bieten sich moderne Client/Server Architekturen mit schnellen Lokalnetzen an, um eine gute Arbeitsaufteilung zwischen Client- und Serverrechnern vornehmen zu können. So sind die Server z.B. zuständig für die Speicherung der Dokumente und die Abarbeitung der Volltextrecherchen, die Clients für die Benutzerführung, die Dekompression der Bildform und die Präsentation der Dokumente am Bildschirm.

Bei der Implementierung von OMNIS/MYRIAD wurden die folgenden kommerziellen Produkte integriert:

Server Rechner	:	SUN Sparc oder HP 9000
Client Rechner	:	beliebige UNIX Rechner
Lokalnetz	:	Ethernet mit TCP/IP
Dokumentenbanksystem	:	TransBase [10] und Myriad [4]
Client Oberfläche	:	Motif
OCR Software	:	Omnipage und Mentalix
Scanner	:	HP

6. Technische Kenngrößen

Nun sollen die unter 3. aufgeworfenen Fragen so weit wie möglich beantwortet werden:

1. Für die OCR-Verfahren ist scannen mit 300 dpi erforderlich, für die Präsentation am Bildschirm sind 150 dpi ausreichend. Vergrößerung und Verkleinerung (Zooming) erfolgt per Software.

2. Einscannen und OCR-Umsetzung einer DIN A4 Seite voll Text erfordert mit halbautomatischer Textkorrektur etwa drei Minuten, das meiste davon Scan- und Rechenzeit.

3. Die Archivierung von Text und Bild erfolgt im Dokumentenbanksystem MYRIAD. Ein Bild erfordert in komprimierter Form etwa 30-50 KB, i.e. etwa 10 000 - 20 000 Seiten pro Festplatte mit 1 GB oder pro CD-ROM mit etwa 600 MB Kapazität. Der Archivierungsvorgang dauert wegen der Aufbereitung des Textes für eine schnelle Volltextsuche etwa 20 sec pro Seite auf einem 10 MIPS Rechner und kann durch Batch Archivierung erheblich beschleunigt werden. Der Text benötigt weniger als 10% des Speicherbedarfs für die Bildform.

4. Die Volltextsuche erfolgt im Server, da sie über den gesamten zentralen Textbestand geht. Die Informatik hat in den letzten Jahren eine Reihe hocheffizienter Verfahren zur Volltextsuche entwickelt. Sie benötigen für Texte von 100 MB etwa 1-2 sec für einfache bis mittlere Anfragen. Hochrechnungen ergeben, daß auch Texte von insgesamt 1 GB Speichervolumen in weniger als 5 sec durchsucht werden können. Sehr komplexe Anfragen können auch deutlich länger dauern, sind im praktischen Gebrauch aber selten.

5. Die Volltextrecherche stellt die Hauptbelastung des Servers im interaktiven Betrieb dar. Pro Recherche erfolgen anschließend meist mehrere Retrieval- und Präsentationsvorgänge, die den Server nur minimal belasten.

6. Ein heutiges LAN reicht, um Bilder in komprimierter Form schnell zu übertragen.

7. Bilddekompression und Präsentation erfolgen auf dem Clientrechner in ca 1 sec.

8. Auf dem Client-Bildschirm werden Bilder mit 150 dpi präsentiert. Dadurch paßt eine halbe DIN A4 Seite in voller Breite auf den Schirm und ist sehr gut lesbar.

9. Ein Server kann viele Clients bedienen.

10. Anforderung eines Dokumentes vom Client aus, Retrieval aus der Dokumentenbank im Server, Übertragung des Bildes in komprimierter Form über Ethernet, Dekompression des Bildes im Client und Präsentation auf dem Schirm dauern etwa 2 sec.

7. Kosten

7.1 Systemkosten: Rechner- und SW-Kosten sind stark im Fluß und liegen derzeit etwa bei je 10 - 30 TDM. Wesentlich wichtiger erscheinen die Speicherkosten, da es sich ja typisch um große Dokumentenbestände, z.B. die graue Literatur eines Lehrstuhls oder den Gesamtbestand einer Fakultätsbibliothek handelt. Derzeit kostet ein GB Festplattenspeicher etwa 2000.- DM, ein GB CD-Speicher weniger als 100 DM. Das sind bei 20.000 DIN A4 Dokumentenseiten etwa 10 Pf bzw. 1 Pf pro Seite, also bis zu einer Größenordnung billiger als eine XEROX-Kopie.

7.2 Personalkosten: Die Personalkosten für die Katalogisierung eines Buches in einer wissenschaftlichen Bibliothek liegen derzeit bei mindestens 30 DM mit stark steigender Tendenz [2], [3]. Nach unserer Erfahrung ist es möglich, die gesamte Arbeitszeit für die Archivierung einer Seite, i.e. einscannen, Umsetzung mit OCR, Textkorrektur, Archivierung, auf etwa 3 Minuten zu drücken, das entspricht Lohnkosten von etwa 1 DM pro Seite, und damit auch pro Zeitschriftenaufsatz. Wesentlich dabei ist allerdings, daß die Arbeitsvorgänge für verschiedene Dokumente - meist jeweils zwei - sorgfältig miteinander verzahnt ausgeführt werden, um Wartezeiten für den menschlichen Archivierer zu vermeiden. Dies erfordert eine leistungsstarke und multiprozeßfähige Workstation zum Einscannen und Archivieren. Die folgende graphische Darstellung zeigt die Arbeitsschritte und ihre zeitliche Verzahnung für mehrere Dokumente:

Arbeitsschnitte / Zeitabschitte						
1. Mensch: Dokument einlegen Scan starten	D2			D3		
2. Rechner: Scannen und Speichern		D2			D3	
3. Mensch: Bereich wählen OCR starten			D2			D3
4. Rechner: OCR ausführen	D1			D2		
5. Mensch: korrigieren, Maske füllen, Archivierung starten		D1			D2	
6. Rechner: archivieren			D1			D2

Jedes Dokument durchläuft 6 Arbeitsschritte, wovon jeweils 3 alternierend von Mensch und Rechner ausgeführt werden. In einem bestimmten Zeitabschnitt arbeiten Mensch und Rechner gleichzeitig an verschiedenen Arbeitsschritten zweier verschiedener Dokumente, wobei der Mensch aber zusätzlich durch den Rechner unterstützt werden muß. Deshalb ist eine starke multiprozeßfähige Archivierungsstation erforderlich.

8. Anwendungen und Erfahrungen

OMNIS/MYRIAD kommt in der Fakultät für Informatik an der TU München flächendeckend zum Einsatz. Diese Installation besteht aus 7 MYRIAD Servern, je einer für 5 über München verteilte Standorte der Informatik, 1 Server für die Fakultätsbibliothek und 1 Server für einen Lehrstuhl der Fakultät für Mathematik. Alle Mitarbeiter der Fakultät für Informatik und alle Studenten der Informatik (insgesamt ca. 2500 Personen) haben über ihre Arbeitsplatzrechner als Clients des Systems Zugang zu den Servern. Der Netzbetrieb auch über längere Glasfaserstrecken quer durch München arbeitet problemlos. Derzeit sind folgende Dokumentenbanken verfügbar:

InfoMathBib: Die Katalogisate der Fakultätsbibliothek, die auf diese Weise einen bequem benutzbaren und allgemein verfügbaren OPAC (online public access catalogue) auf UNIX und PC Basis erhalten hat. Diese Katalogisate wurden vom Bibliotheks-Verbund Bayern übernommen und vollautomatisch in OMNIS/Myriad eingespielt.

BayerBib: Die graue Literatur, d.h. technische Berichte, Zeitschriftenaufsätze, Workshop-Proceedings, Diplomarbeiten, etc. des Lehrstuhls. Alle Lehrstühle der noch klein, befindet sich aber im raschen Aufbau, der durch eine Fördermaßnahme des "Stifterverbandes der Deutschen Wissenschaft" unterstützt wird.

StudiumInfo: Eine Datenbank von Dokumenten, die von allgemeinem Interesse für die Studierenden der Informatik sind, z.B. Vorlesungsinhalte, Studien- und Prüfungsordnungen, Teile des Vorlesungsverzeichnisses, Vorlesungsskripten, etc.

Eine Reihe weiterer Dokumentenbanken befinden sich im Planungsstadium, z.B. Deckblätter von Neuerscheinungen von Zeitschriften, Schriftgutarchive für die Sekretariate der Lehrstühle, persönliche Archive für die elektronische Post von Mitarbeitern, Titelblätter der Öttingen-Wallerstein Bibliothek von Handschriften und Drucken des 15.-19. Jahrhunderts (DFG-Projekt mit der UB-Augsburg).

9. Ausblick

Die heutigen Arbeitsplatzrechner und Lokalnetze haben ausreichende Leistung und Kapazität, um solche Dokumentenverwaltungssysteme mit Client/Server Architektur aufzubauen. Es ist jedoch zu erwarten, daß die Speicheranforderungen rapide ansteigen werden, wenn solche Systeme sich im alltäglichen Gebrauch durchgesetzt haben.

Die Lösung des Speicherproblems werden wahrscheinlich CD-Jukeboxen bringen. Das Abziehen einer Festplattendatenbank (nachdem sie gefüllt ist) auf CD wird in Kürze ein Routinevorgang sein und nur wenige Hundert DM kosten. CD-Jukeboxen werden durch die Hifi-Technik sehr billig zur Verfügung gestellt, ca. 1500.- DM für einen Wechsler für 10 CD. Die Zugriffsgeschwindigkeiten zu CDs können durch intelligente Caching-Technik [4], [9], [10] fast die Leistungsfähigkeit von Festplatten erreichen.

Diese Überlegungen eröffnen die Perspektive, in Zukunft auch sehr große Dokumentenbestände, z.B. ganze Lehrbuchinhalte und Bibliotheken, in elektronischer Form zur Verfügung zu stellen.

Literatur:

[1]   R. Bayer: OMNIS/Myriad: Vorreiter einer neuen Generation von Bibliothekssystemen, Institut für Informatik, TU München, 7.10.1991

[2]   Private Mitteilung, Universitätsbibliothek TU München

[3]   Stellungnahme zu den Zentralen Fachbibliotheken in der Bundesrepublik Deutschland, Wissenschaftsrat, Köln 1988

[4]   TransAction Software GmbH: Das innovative Volltext-Datenbank-System MYRIAD. TransAction, München 1991

[5]   R. Bayer: Elektronische Bibliotheken oder die Metamorphose der Bücher, Institut für Informatik, TU-München, 21.7.1992

[6]   Regeln für die alphabetische Katalogisierung RAK Band 1 bis 6, Dr. Ludwig Reichert Verlag, Wiesbaden 1983-1989

[7]   Regeln für den Schlagwortkatalog RSWK, Deutsches Bibliotheksinst. Berlin 1986

[8]   Regeln für die alphabetische Katalogisierung RAK-Karten, Dr. Ludwig Reichert Verlag, Wiesbaden 1987

[9]   Myriad System and Administration Guide Version 3.0, TransAction Software GmbH, München, 1992.

[10] TransBaseCD System Guide. TransAction Software GmbH, München, 1992

[11] D. Willis: A. Hybrid Systems Approach to Preservation of Printed Materials. The Commisssion on Preservation and Access, Washington D.C., 1992

[12] A. R. Kenney, L. K. Personius: Joint Study in Digital Preservation Phase 1. The Commission on Preservation and Access, Washington D.C., 1992

Anwendung und Programmierung von verteilten und parallelen Rechnersystemen (FB 0 Grundlagen der Informatik und FB 3 Technische Informatik und Architektur von Rechnersystemen)

Mehrrechnersysteme, die aus vielen miteinander kommunizierenden Prozessoren bestehen, finden mittlerweile nicht nur im Bereich der Forschung, sondern auch in der industriellen Praxis zunehmend Verwendung. Beispiele hierfür sind Rechner mit gemeinsamem Speicher (Multiprozessoren) und Systeme mit verteiltem Speicher aus einigen hundert Einzelrechnern (Multicomputer); aber auch vernetzte Workstation-Cluster werden gelegentlich zum „parallelen bzw. verteilten Rechnen" genutzt. Der Einsatz solcher Systeme erfordert neben geeigneten Algorithmen auch neue Techniken der Programmierung im weitesten Sinne. Wurden Parallelrechner früher lediglich als interessante Forschungsobjekte von Informatikern betrachtet, so hat sich in den letzten Jahren ein dramatischer Wandel vollzogen. Massiv parallele Systeme sind als kommerzielle Produkte von einer Reihe von Herstellern verfügbar und werden zunehmend im Produktionsbetrieb eingesetzt. Die im Wettbewerb stehenden Firmen versuchen sich Anteile in einem schnell wachsenden Zukunftsmarkt für parallele Systeme zu sichern. Die 90er Jahre versprechen den Durchbruch des parallelen und verteilten Rechnens auf fast allen Anwendungsfeldern. Kommerzielle Anwender beginnen bereits mit einer Portierung und Anpassung ihrer Anwendungssoftware an massiv parallele Rechnerarchitekturen. Durch diesen Anwenderdruck entsteht ein hoher Bedarf an Methoden und Werkzeugen zur Vereinfachung des Einsatzes und der Programmierung von verteilten und parallelen Rechnern. Im Fachgespräch sollen sowohl die algorithmischen und prinzipiellen Probleme und Lösungen zur Beherrschung der Parallelität und Verteiltheit zur Sprache kommen, als auch Techniken, Konzepte und Paradigmen zur Vereinfachung der parallelen und verteilten Programmierung diskutiert werden. Ferner sollen Methoden und Werkzeuge vorgestellt werden, welche den Einsatz und die Programmierung von Parallelrechnern vereinfachen. Besonderes Gewicht sollte dabei auf die praktische Einsetzbarkeit der Methoden und Werkzeuge für die bertragung von realistischen Anwendungen auf verteilte und parallele Rechnersysteme gelegt werden.

Koordination: Prof. Dr. F. Mattern, Universität des Saarlandes
Prof. Dr. W. Reisig, Technische Universität München
Dr. habil. T. Bemmerl, Intel GmbH Europäisches Zentrum für Supercomputerentwicklung (ESDC)

Massively Parallel Computing in a Production Environment
iPSC/860 Installation at KFA Jülich

R.Berrendorf, U.Detert, J.Docter, U.Ehrhart, M.Gerndt, I.Gutheil, R.Knecht

Research Centre Jülich
Central Institute for Applied Mathematics
Postfach 1913
D-5170 Jülich

Abstract. The Research Centre Jülich installed the first Intel Paragon production system in Europe. Prior to that installation an Intel iPSC/860 system was made available last year to allow users to develop parallel programs for such an architecture. This article describes all aspects of the iPSC/860 installation, such as system access, system administration, operating, user support, and applications. KFA is cooperating with Intel on the evaluation of the Paragon software and the development of necessary tools.

1   Introduction

The Research Centre Jülich (KFA) is the largest federal research center in Germany. It is a center for multi-disciplinary research including solid state physics and materials research, information technology, environmental research and life sciences, energy technology, and fusion research, as well as accelerator and nuclear physics. The Central Institute for Applied Mathematics (ZAM) is responsible for planning, installation, management, and operation of the central computer systems and of the KFA-wide computer networks and communication systems.

ZAM also runs the supercomputer systems for HLRZ (Centre for High Performance Computing) as installed at KFA. HLRZ serves about 150 user groups at universities and research laboratories all over Germany. The supercomputer systems available at KFA are: CRAY X-MP/416, CRAY Y-MP8/832, iPSC/860, and Paragon XP/S.

The iPSC/860 system [2] was installed in January 1992. The Paragon [3], the newest development of Intel Supercomputer Systems Division, has been installed in December 1992 and will replace the iPSC/860 as soon as possible. Both systems are distributed memory multiprocessors with a high number of processors. Together with Intel, KFA will develop methods and tools which help to bridge the gap between the current usage of such systems, i.e. as test beds for parallel programming, and their usage in a production environment.

Specific requirements in a production environment for the successful usage of a massively parallel system arise from different areas: operating and system administration (Section 3), program development for a large spectrum of application fields, and production runs of real applications (Section 4). Therefore, KFA is evaluating methods and tools provided by the vendor to fulfill these requirements as well as looking for new tools (Section 5). [1] is an extended version of this article.

2 iPSC/860 Architecture and Programming Interface

The iPSC/860 is a parallel computer with up to 128 compute nodes connected together in a hypercube network. Each node consists of an Intel i860 microprocessor with a peak performance of 60 MFLOPS with 64 bit arithmetic (80 MFLOPS for 32 bits). To deliver scalable I/O bandwidth Intel developed the Concurrent File System (CFS) which consists of dedicated I/O-nodes with an Intel i386 node processor. Files are striped over all available I/O-nodes in blocks of four Kbyte. Access to the hypercube is provided by a front end machine, the System Resource Manager (SRM), a PC running UNIX System V.

The programming model for this type of machine is the message passing model: only the local memory is accessible directly by the CPU, every information exchange between two nodes has to be programmed explicitly with calls to message passing library routines for both communicating nodes.

3 Installation

3.1 Configuration

The iPSC/860 installation at KFA consists of 32 compute nodes with 16 Mbyte memory each, a CFS with 7 disks (4.7 Gbyte) connected to four I/O nodes, and a tape drive for 2.3 Gbyte Exabyte tapes.

In a multi-user environment the SRM is not powerful enough for program development and access to the iPSC/860. Intel offers cross development software and remote host software for different platforms and KFA installed a two processor Sun 670MP Model 120 with 4 Gbyte disk storage to act as an additional host for the iPSC/860. The cross compilers on the Sun generate iPSC/860 code and the remote host software allows to run parallel programs transparently from the Sun.

The iPSC/860 node hardware has been pretty reliable after exchanging one board shortly after the installation. The CFS showed hardware errors only once and one of the disks had to be replaced. The disk of the SRM had several harddisk errors, it had to be reformatted, which meant a reinstallation of the whole software and reloading the user files from backup.

3.2 System Administration

Users can run parallel jobs on the iPSC/860 either interactively or by submitting batch jobs. Since the 32 nodes are a limited resource only small subcubes are allowed to be allocated for the necessary interactive program development. For long production runs or to make test runs with a higher number of nodes users submit batch jobs. KFA uses the Multiuser Accounting, Control, and Scheduling System (MACS) for batch processing based on the Network Queueing System (NQS). It manages allocation of subcubes in a priority-based and resource availability-based way. Jobs can be submitted both from the SRM and remotely over the network from the Sun.

The efficient use of the parallel machine is determined by the number of nodes provided for interactive and batch processing and the configuration parameters of the batch queues, i.e. the number of nodes and the job time limit. Since most of KFA's 40 active users per month are developing new programs, 3/4 of the entire nodes are reserved during daytime for interactive work. This strategy limits system utilization since not all interactive nodes are usually kept busy.

At night, all 32 nodes are reserved for batch jobs. To optimize throughput, those jobs using all the nodes have to run first because otherwise too many nodes would remain idle when MACS tries to free nodes to load big jobs. The overall utilization of the system is currently near to 80 %.

3.3 Operating

After a startup of the SRM the iPSC/860 has to be initialized by a bootcube command to allow user access. The inadequate status of the NX/2 software makes it necessary to reboot the iPSC/860 from time to time, because unexperienced users can cause a system crash.

The Intel-provided command only performs initialization of the nodes. To easily reestablish its specific operating environment KFA developed a procedure that makes sure NQS jobs are stopped, saves old logfiles for further error analysis, initializes the nodes, starts event logging, and restarts NQS again.

An automatic backup of the SRM disk is done by storing about 50 Mbyte of user files regularly to the CRAY NFS-mounted filesystems. An extract of all KFA-modified or added system files is backed up every night to automatically save administrative changes. The CFS is irregularly backed up to the iPSC/860 Exabyte tape by making image copies of every disk. This allows only to restore the whole CFS, not single files. The standard UNIX tar utility is not usable because user access has to be disabled for several hours.

3.4 Software deficiencies

The integration of the iPSC/860 in the production environment at KFA and the experience with real applications revealed several software deficiencies:

- Although the compilers perform a lot of advanced optimizations the node performance is still unsatisfying. The main reason is that the compilers are not able to restructure the code such that temporal locality is increased. Reuse of cached data is extremely important for good node performance due to the inappropriate memory bandwidth of the i860.

- The NFS of the UNIX System V has no userid mapping feature, which means user directories can not be mounted unless it is guaranteed that the numerical userids are identical on the exporting workstation and on the SRM. Only system software can be exported in a read-only mode.
- The batch system lacks of a fairshare scheme to prevent one user from monopolizing the queues and a more flexible mechanism to schedule interactive versus batch processing nodes. The interaction between NQS and other components like error handling, restart function, and remote queueing systems needs improvement.
- The system logs do not contain enough consistent information to generate accounting reports according to KFA's standards. The connect time to a cube determines the time to be accounted on the iPSC/860 although the user might be inbetween two test runs or has simply forgotten to release the cube.
- Other desirable features would be a billing unit formula to define the jobs' costs, a possibility for the user to choose whether the job is to process with a high or low priority and a mechanism to automatically prevent users from accessing the system after too extensive use.

4 Applications and User Support

Currently, more than 20 user projects are active on the machine, some of which have already published results that were obtained on the iPSC/860. The research areas are solid-state physics, polymer simulations, many-particle systems, high-energy physics, plasma physics, theoretical chemistry, environmental research, structural mechanics, mathematics, and computer science. About two thirds of these projects are based outside KFA. [4] gives an overview of the performance results and experiences of the users during program development.

Due to the relatively poor node performance and the moderate number of nodes, applications normally do not significantly exceed the performance of a single CRAY processor if the program is vectorizable.

For KFA's users who are involved in longterm research projects with many collaborators inside and outside KFA a seamless integration of the iPSC/860 in the production environment of the computing center is essential. Therefore a high system reliability and an extensive user support are important. These users have CRAYs readily available as a computing device and because of the complexity of their applications they are not willing to spend a large amount of their time on the parallelization effort. The existing parallel performance analysis tools are considered difficult to use or even of little help and programmers who are used to the CRAY are missing a tool that tells the MFLOP rate per node.

5 Research Projects

The requirements for efficient utilization of massively parallel systems are only partly fulfilled by the current software environment. Therefore KFA started new research and development activities in three different areas: system administration, program parallelization, and programming models.

5.1 System Administration

Running a massively parallel system in a supercomputer center requires a lot more administrative tasks than in a laboratory environment. The necessities are seen in central user administration, improved operating facilities, automatic restart after system failure, optimized batch processing, resource control on a user and user group basis, and extensive accounting information. To achieve improvement of the Intel system software in some or all of the above fields, KFA will evaluate the Paragon Software, feeding back to Intel the longterm experiences with running large IBMs and two CRAY systems. KFA and Intel agreed on MACS, developed by San Diego Supercomputer Center (SDSC), to start the evaluation of the Paragon software.

5.2 Program Parallelization

Parallelization of sequential programs for distributed memory machines generally involves non-local modifications to the program code. Thus, for large applications, it may be very time-consuming even to experiment with different parallelization strategies for only relatively small computational kernels. Due to the non-existence of efficient automatic parallelization tools KFA is developing TOP^2, an interactive programming environment supporting partial parallelization of large applications for distributed memory multiprocessors [5].

The goal of TOP^2 is to make manual parallelization easier. It allows the user to start with a compute-intensive subroutine to test the parallel implementation and select a well suited parallelization strategy. The basic means to do that are directives which specify the input/output variables and distributions for input/output arrays. TOP^2 then generates a parallel program skeleton where the parallel algorithm has to be implemented by the user. Communication between the remaining sequential part and the parallelized part can be implemented via disk I/O or via remote message passing.

5.3 Programming Models

Program development in the message passing programming model is usually found to be more complicated than programming in the shared memory programming model. The shared memory programming model can be provided either by hardware, such as the Kendall Square systems, by the operating system, e.g. shared virtual memory systems (SVM) like Koan, or by the compiler, e.g. HPF compilers.

KFA is looking at SVM systems since that approach can be implemented on every distributed memory system and will be supported on Paragon as part of the OSF/1 release. SVM systems will only be efficient if applications are mapped to the hardware such that a high degree of locality of reference in individual processors is provided. As a first step KFA will develop a Fortran language interface and performance analysis tools. The tools should give feedback to application programmers as well as to compiler and operating system developers designing and implementing techniques to enhance efficiency of applications on SVM systems.

6   Conclusion

This article describes KFA's experience with the installation of an iPSC/860 system in its computer center. This installation was intended to be a test bed for the computer center staff as well as the users.

The Paragon is a distributed memory multiprocessor similar to the iPSC/860. Instead of a hypercube network a two-dimensional mesh network with a much higher bandwidth (200 Mbyte/s in each direction) connects the nodes. Each node consists of two i860XP processors, one for application programs and operating system purposes, and the other to handle message passing. The i860XP is the successor of the i860XR used in the iPSC/860 nodes. Its clock frequency of 50 MHz, the larger caches, and the higher memory bandwidth will give more than 25% performance increase. The system currently installed at KFA consists of 72 compute nodes and five I/O and service nodes. Two RAID disks are connected to the I/O nodes. The I/O and service nodes can be used for user login and interactive program development.

User programs written for the iPSC/860 will run on Paragon after recompilation without any changes. Although the entire software environment is different from that on the iPSC/860, the experience gained during the last year with the iPSC/860 enables KFA to evaluate the Paragon software and to contribute a lot of valuable information to its evolution.

References

1. R. Berrendorf, U. Detert, J. Docter, U. Ehrhart, M. Gerndt, I. Gutheil, R. Knecht: *Massively Parallel Computing in a Production Environment: iPSC/860 Installation at KFA Jülich*, Forschungszentrum Jülich, Interner Bericht, KFA-ZAM-IB-9304, 1993
2. R. Berrendorf, J. Helin, *Evaluating the basic performance of the Intel iPSC/860 parallel computer*, Concurrency - Practice and Experience, 4(3), 223-240, 1992
3. R. Esser, R. Knecht, *Intel Paragon XP/S – Architecture and Software Environment*, Forschungszentrum Jülich, Interner Bericht, KFA-ZAM-IB-9305, 1993, to be published in: Proceedings Supercomputing '93, Mannheim
4. R. Esser, R. Knecht (eds.), *Applications on KFA's Intel iPSC/860*, Forschungszentrum Jülich, Interner Bericht, KFA-ZAM-IB-9218, 1992
5. U. Detert, H.M. Gerndt, *TOP²: Tool Suite for Partial Parallelization*, Forschungszentrum Jülich, Interner Bericht KFA-ZAM-IB-9219, 1992

Simulation Neuronaler Netze auf Massiv Parallelen Rechnern

Andreas Zell, Niels Mache, Markus Hüttel, Michael Vogt

Universität Stuttgart,
Institut für Parallele und Verteilte Höchstleistungsrechner (IPVR),
Breitwiesenstr. 20-22, D-70565 Stuttgart
E-mail: zell@informatik.uni-stuttgart.de

Abstract

Wir beschreiben hier Erfahrungen mit drei verschiedenen Implementierungen mehrstufiger vorwärtsgerichteter neuronaler Netze auf einem massiv parallelen SIMD-Rechner, einer MasPar MP-1216 mit 16384 Prozessoren. Zwei der Implementierungen wurden als knoten- und trainingsmusterparallele Simulatorkerne des Stuttgarter Neuronale Netze Simulators (SNNS) entwickelt, die dritte war eine kantenparallele Prototyp-Implementierung. Alle parallelen Implementierungen liefern bei optimaler Netztopologie sehr hohe Leistungsdaten: unsere Höchstwerte von 348 MCPS und 129 MCUPS für Backpropagation auf der MP-1216 und von 972 MCPS und 360 MCUPS auf einer MP-2216 gehören zu den weltweit höchsten publizierten Werten für universelle SIMD-Parallelrechner ohne Neuro-Hardware.

1   Einführung und Motivation

Da neuronale Netze aus einer großen Zahl einfacher Einheiten (Zellen, künstlichen Neuronen) bestehen, die parallel arbeiten und Information über ein Netzwerk gerichteter Verbindungen (links, connections) austauschen, erscheint es naheliegend, diese auf Parallelrechner mit sehr vielen (tausenden) Prozessoren abzubilden, die über ein Kommunikationsnetzwerk miteinander kommunizieren. Existierende kommerziell verfügbare Parallelrechner dieses Typs besitzen meist eine SIMD-Architektur, d.h. alle Prozessoren führen zu einem Zeitpunkt synchron die gleichen Instruktionen auf den verteilten Daten durch. Zu diesen Rechnern zählen die Connection Machine CM-2, die MasPar MP-1 und MP-2 und die AMT DAP. Die in letzter Zeit verfügbar gewordenen MIMD-Rechner wie die Connection Machine CM-5, Intel Paragon oder Parsytec Gigacluster-Systeme haben derzeit noch praktische Grenzen (Preis, Verfügbarkeit der Prozessoren), die die ausgelieferten Systeme zumeist deutlich unter Tausend Prozessoren hält, auch wenn manche theoretisch höher skalierbar sind. Wir beschreiben hier verschiedene parallele Implementierungen neuronaler Netze auf dem SIMD-Parallelrechner MasPar MP-1216 mit 16384 Prozessoren.

Es ist bekannt, daß die direkte 1:1-Abbildung von Neuronen auf Prozessoren in der Regel eine sehr schlechte Wahl ist. Sie ist nur dann sinnvoll, wenn das neuronale Netz eine Topologie hat, die sich einfach auf die Kommunikationstopologie des Parallelrechners abbilden läßt. Nun besitzen die SIMD-Parallelrechner zwar eine universelle Kommunikationsstruktur, mit der sich beliebige Prozessoren Nachrichten zusenden können, diese ist aber deutlich langsamer als die zusätzlich existierenden lokalen Kommunikationsnetzwerke, ein 4- bzw. 8-Nachbar-Gitter. Da die Kommunikationszeit der Prozessoren bei den einfachen Verarbeitungsoperationen der künstlichen Neuronen ein entscheidender Zeitfaktor ist versuchen fast alle effizienten Implementierungen neuronaler Netze auf SIMD-Rechnern eine Abbildung von Neuronen auf Prozessoren zu finden, die nur das Nachbar-Gitter benötigt. Glücklicherweise gibt es eine Reihe von Methoden, vorwärtsgerichtete Netze effizient auf Parallelrechner abzubilden. Einige davon sind in [Singer 90] beschrieben, wir stellen hier unsere Implementierungen vor, die momentan mit zu den effizientesten gehören. Zwei der hier vorgestellten Simulatoren wurden als parallele Simulatorkerne für den Stuttgarter Neuronale Netze Simulator (SNNS) entwickelt, der dritte als Prototyp zum Vergleich einer anderen Abbildung des Netzes auf die Prozessoren.

2 Der Stuttgarter Neuronale Netze Simulator

Der Stuttgarter Neuronale Netze Simulator [Zell et al. 90, 91a, 91b, 92, 93a, 93b], ist ein Simulator für Unix Workstations (Sun, DEC, HP, IBM), der am Institut für Parallele und Verteilte Höchstleistungsrechner (IPVR) der Universität Stuttgart seit mehreren Jahren entwickelt wird. Er hat sich für die Forschung über Lernalgorithmen und ihre Effizienz, zur Visualisierung neuronaler Netze und zu Fragen massiv paralleler Implementierungen als gut geeignet erwiesen. SNNS wird eingesetzt zur Erkennung handgeschriebener Zeichen, Mustererkennung, Vorhersage von Börsenkursen, Geräuschreduktion in Systemen zur Spracherkennung, Stoßdämpfer-Entwicklung, Proteinstrukturvorhersage, Lastbalancierung in Elektroenergiesystemen, EEG Signalklassifikation, Bahnkorrektur in Teilchenbeschleunigern und andere "echte" Probleme.

2.1 Struktur von SNNS

Die parallele Version von SNNS besteht aus zur Zeit aus drei Komponenten: dem sequentiellen Simulatorkern auf Unix Workstations, einem parallelen Simulatorkern für die MasPar MP-1 und der graphischen Oberfläche unter X-Windows [Zell et al. 93b].

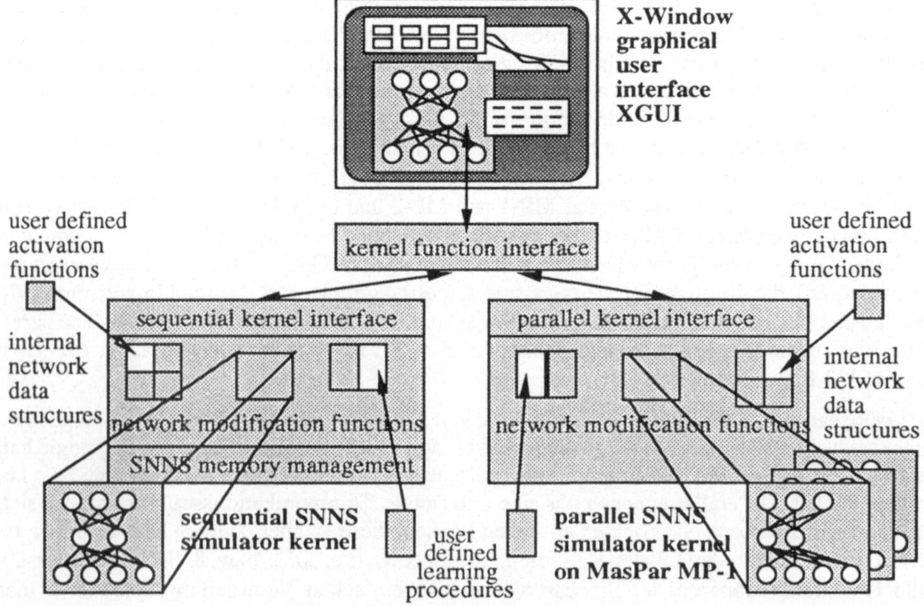

Abb. 1 Struktur des Stuttgarter Neuronale Netze Simulators bestehend aus sequentiellem Simulatorkern, parallelem Simulatorkern und graphischer Oberfläche.

Jeder Simulatorkern operiert auf seiner internen Repräsentation der neuronalen Netze und führt alle Aktionen der Lern- und Arbeitsphase durch. Er ist eng gekoppelt mit der graphischen Benutzeroberfläche über eine Funktionsschnittstelle. Die Simulatorkerne sind aus Effizienz- und Portabilitätsgründen in C bzw. AMPL, einem parallelen ANSI-C-Derivat für den Parallelrechner geschrieben. Die SNNS-Simulatorkerne führen alle Arbeiten der Netze in der Lern- und Arbeitsphase durch.

Die graphische Benutzeroberfläche, basierend auf X-Windows X11R5, ist ein Werkzeug zur Konstruktion und zur Visualisierung und interaktiven Modifikation von Netzen. Netze können durch die Graphikoberfläche während der Simulation verändert werden. Zellen können eingefügt, entfernt oder in ihrer Aktivierung verändert werden. Verbindungen können eingefügt, gelöscht, umgedreht oder in ihrer Stärke verändert werden. Die meisten Modifikationen können direkt auf der visuellen Repräsentation der Netzwerktopologie durchgeführt werden.

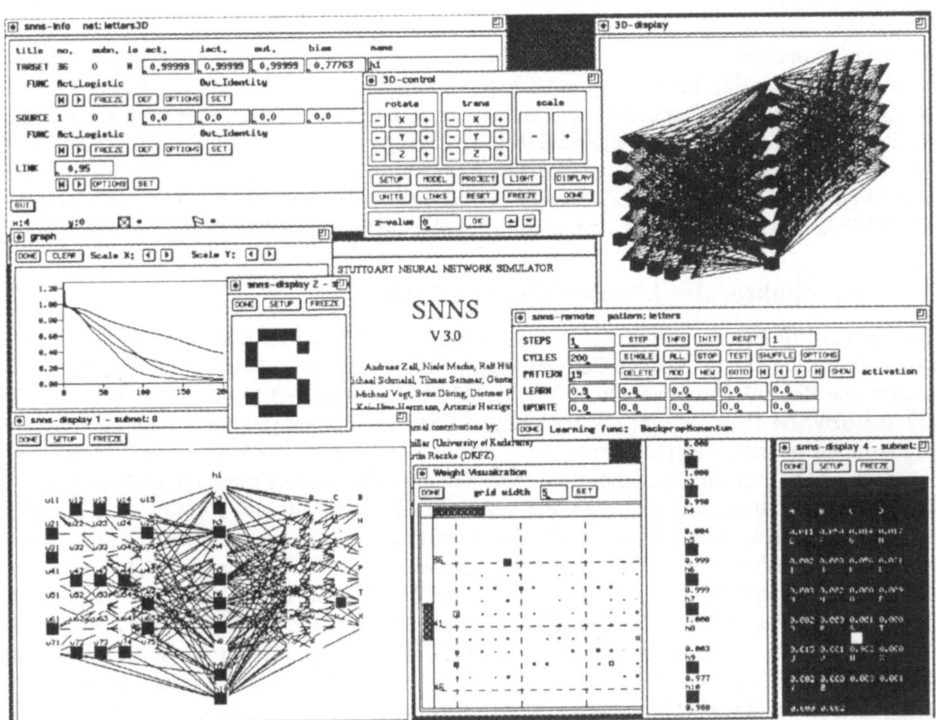

Abb. 2 Graphische Benutzeroberfläche von SNNS mit einem einfachen Netz zur Buchstabenerkennung: *info panel* (oben links), *3D control panel* (oben Mitte) und *3D-display* (oben rechts), *error graph* (Mitte links), *SNNS banner* (Mitte), *remote panel* (Mitte rechts), *2D-display* (unten links), *Hinton diagram* (unten Mitte), zwei *2D-displays* (unten rechts)

2.2 Von SNNS unterstützte konnektionistische Modelle

Vom Konzept her unterstützt SNNS eine große Zahl neuronaler Modelle. Jedes Netzwerk, das als gerichteter, gewichteter Graph dargestellt werden kann, kann simuliert werden. Die meisten Benutzer von SNNS benutzen jedoch einfache feedforward-Netze mit einer oder zwei Ebenen verdeckter Neuronen mit sigmoiden Aktivierungsfunktionen, obwohl die SNNS-Datenstrukturen auch rekurrente Netze unterstützen. Folgende Lernverfahren sind derzeit in

SNNS Vers. 3.0 implementiert [Zell et al. 93b]: verschiedene Varianten von Backpropagation [Rumelhart, McClelland 86], Quickprop [Fahlman 88], Backpercolation1 [Jurik 89], Rprop [Riedmiller, Braun 91], Cascade Correlation [Fahlman 90], Recurrent Cascade Correlation, Counterpropagation [Hecht-Nielsen 89], Radial Basis Functions [Poggio,Girosi 89] [Vogt 92], ART-1, ART-2 und ARTMAP [Carpenter, Grossberg 88], Time-Delay-Netze [Waibel 89] Backpropagation through time und Dynamisches LVQ [Schmalzl 93].

2.3 Einige Anwendungen von SNNS

SNNS wird derzeit in über 300 Installationen weltweit verwendet, davon ca. je ein Drittel in Deutschland, dem übrigen Europa und den USA. Sein Hauptanwendungsbereich ist die universitäre Forschung, aber auch Firmen nutzen verstärkt SNNS als Werkzeug, um optimale Lernverfahren, Netzwerkgrößen und Lernparameter für Anwendungen zu bestimmen. Einige Anwendungen von SNNS sind: rotationsinvariante Mustererkennung (zweidimensionale Bilder flacher Werkstücke) [Zimmerer 91], skalierungs- und positions-invariante Erkennung handgeschriebener segmentierter Zeichen [Veigel 91], Kurzzeit-Prognose des Aktienkurses von Chemieaktien [Kubiak 91], Erkennung und Klassifikation exogener und endogener Komponenten ereigniskorrelierter hirnelektrischer Potentiale, Geräuschreduktion und Erkennung gesprochener Sprache in Telefonsystemen [Sienel 91], Vorhersage der Sekundärstruktur von Proteinen aus der Aminosäuresequenz [Schnabel 92], Temperatursteuerung von Aluminiumschmelzöfen, Bahnstabilisierung von Teilchen in einem Ringbeschleuniger, Stoßdämpferentwicklung und Bilderkennung von Texturen mit neuronalen Architekturen [BITEX 92].

3 Architektur der MasPar MP-1 und MP-2

Die MasPar MP-1216 ist ein SIMD-Parallelrechner mit 16.384 Vier-Bit-Prozessoren. 32 Prozessoren sind auf einem einzigen Chip integriert, 32 Chips passen auf ein Board. Unser Modell besitzt eine Höchstleistung von 26.000 MIPS (32 Bit Addition) und 1.500 bzw. 600 MFLOPS (32 Bit bzw. 64 Bit). Es gibt zwei getrennte Kommunikationssysteme: einen dreistufigen Kreuzschienenverteiler (router) der bis zu 1024 simultane Verbindungen zwischen je zwei Prozessoren zuläßt, und ein torroidales 8-Nachbar-Gitter (X-Net). Die Kommunikationsbandbreite ist im ersten Fall (router) max. 1.5 GB/s, im zweiten Fall (X-Net) bis zu 24 GB/s. Dies macht deutlich, daß es vorteilhaft ist, das lokale Gitter so viel wie möglich zu nutzen, da hierbei die Kommunikationsbandbreite viel größer ist. Die neuere Systemfamilie MasPar MP-2 hat genau die gleiche interne Struktur, ist binärkompatibel zur MP-1, besitzt jedoch 32-Bit-Prozessoren, die sie um den Faktor 3-4 schneller machen. Die MasPar kann mit parallelen Versionen von C (AMPL) und Fortran programmiert werden MPPE (MasPar parallel programming environment), ein integriertes, auf X-Windows basierendes Entwicklungssystem, erleichtert die Programmentwicklung und Fehlersuche.

4 Parallele Simulatorkerne von SNNS für die MasPar

Von unserer Gruppe wurden mehrere massiv parallele Simulatorkerne für mehrstufige feedforward-Netzwerke für den Parallelrechner MasPar MP-1216 entwickelt. Ziel war die Simulation großer neuronaler Netze, speziell für Aufgaben der Bildverarbeitung, und Mustererkennung. Die parallelen Simulatorkerne wurden als Alternative zu dem sequentiellen Kern konzipiert. Aus der Graphikoberfläche heraus ist es möglich, zwischen beiden Kernen zur Laufzeit umzuschalten, vorausgesetzt, der Benutzer beschränkt sich auf mehrstufige feedforward-Netze.

Nach Vergleich einiger in der Literatur vorgeschlagener Ansätze zur Parallelisierung neuronaler Netze ([Singer 90], [Grajski et al. 90], [Chinn et al. 90] und [Zhang et al. 89]) entschieden wir uns zuerst für eine Kombination von Zellen-Parallelität und Trainingsmuster-Parallelität.

4.1 Erste Parallele Implementierung

Die Implementierung des ersten parallelen Simulatorkerns [Mache 92] benutzt folgende Technik: Alle verdeckten Neuronen und Ausgabeneuronen eines vertikalen Schnitts durch das Netzwerk werden auf einen einzelnen Prozessor (PE) der MasPar abgebildet. Jeder Prozessor speichert die Gewichte all seiner Eingabeverbindungen. Die Zellaktivierung wird für alle Zellen einer Ebene parallel berechnet. Dafür wird eine Zahl von Prozessoren benötigt, die der Breite der breitesten verdeckten Schicht oder Ausgabeschicht entspricht. Ist die Zahl der Eingabeneuronen größer als die Zahl der Neuronen anderer Ebenen (was meist der Fall ist), so speichert ein zusätzlicher Prozessor die übrigen Komponenten der Eingabemuster und sendet sie bei Bedarf an seinen linken Nachbarn. Die Prozessoren sind in einer logischen Ringarchitektur angeordnet, die mit dem X-Net sehr einfach realisiert werden kann (evtl. mit Kopieren an den Rändern). Während der Vorwärts- oder Rückpropagierung werden die Zwischenwerte für die Netzeingabe bzw. das akkumulierte Fehlersignal zyklisch nach links geschoben. Die Gewichte werden mit einem Verschiebefaktor von 1 in jedem Prozessor gespeichert. Dies erlaubt es, daß alle Zellen einer Ebene die Berechnung der Summe aller gewichteten Ausgaben der Vorgängerzellen in n Schritten berechnen, wenn n die Größe der Vorgängerschicht ist. Da die Breite eines feedforward-Netzes oft viel kleiner ist als die Zahl der Prozessoren der MasPar werden viele Kopien des gleichen Netzwerks mit verschiedenen Eingabemustern parallel auf der Maschine trainiert. Dadurch müssen Gewichtsänderungen für jedes Netzwerk einzeln berechnet werden, aber nur die Summe der einzelnen Änderungen wird auf alle entsprechenden Gewichte der Netzwerkkopien angewandt. Dies ergibt einen "batch"-Lernalgorithmus, bei dem die "batch"-Größe ein Vielfaches der Zahl der gleichzeitig trainierten Netze ist.

Ein Vorteil dieses Ansatzes ist, daß die Zahl der benötigten Prozessoren unabhängig von der Größe der Eingabeschicht ist, die meist viel größer ist als die anderen Schichten. Somit kann eine größere Zahl von Netzen parallel trainiert werden. Nachteilig ist, daß ein PE mehr Musterkomponenten als die anderen speichern muß. In einer SIMD-Maschine mit identischer Speicherallokation für alle Prozessoren ist dies der begrenzende Faktor für die Zahl der Muster, die im Speicher der PEs gehalten werden können. Da die Mustertransferzeit der begrenzende Faktor in unserer ersten Implementierung war, wurde eine zweite Implementierung durchgeführt.

4.2 Zweiter paralleler SNNS-Simulatorkern auf der MasPar MP-1

Die zweite Implementierung [Mache 92] hatte die Eliminierung des I/O-Bandbreitenproblems des Mustertransfers der ersten Implementierung zum Zweck. Ziel war es, möglichst viele Trainingsmuster in regelmäßiger Anordnung im parallelen PE-Speicher zu halten, auch wenn dafür mehr Prozessoren benötigt werden. Alle Neuronen eines vertikalen Schnitts durch das Netzwerk einschließlich der Eingabeneuronen werden auf einen einzelnen Prozessor (PE) der MasPar abgebildet. Dafür wird eine Zahl von Prozessoren benötigt, die der Breite der breitesten verdeckten Schicht oder Ausgabeschicht entspricht. Dies ist in Fig. 3 dargestellt.

4.3 Eine parallele Prototyp-Implementierung

Die dritte Implementierung [Hüttel 92] ist kein vollständiger SNNS-Kern, sondern eine Prototypimplementierung zum Test einer anderen Abbildung der Netzwerktopologie. Sie unterstützt nicht alle Kernfunktionen, kann aber SNNS Netzwerkdateien lesen.

Zuerst wird das Netzwerk um eine Bias-Zelle pro Ebene erweitert sowie um "Dummy"-Zellen, um jede Ebene auf die Größe n zu bringen. Alle Zellen benachbarter Ebenen sind vollständig verbunden. Die Gewichte von und zu Dummy-Zellen sind mit Null initialisiert und werden durch eine Maske vor Änderungen geschützt. In unserer Terminologie werden Gewichte von Neuron i zu Neuron j mit w_{ij} bezeichnet.

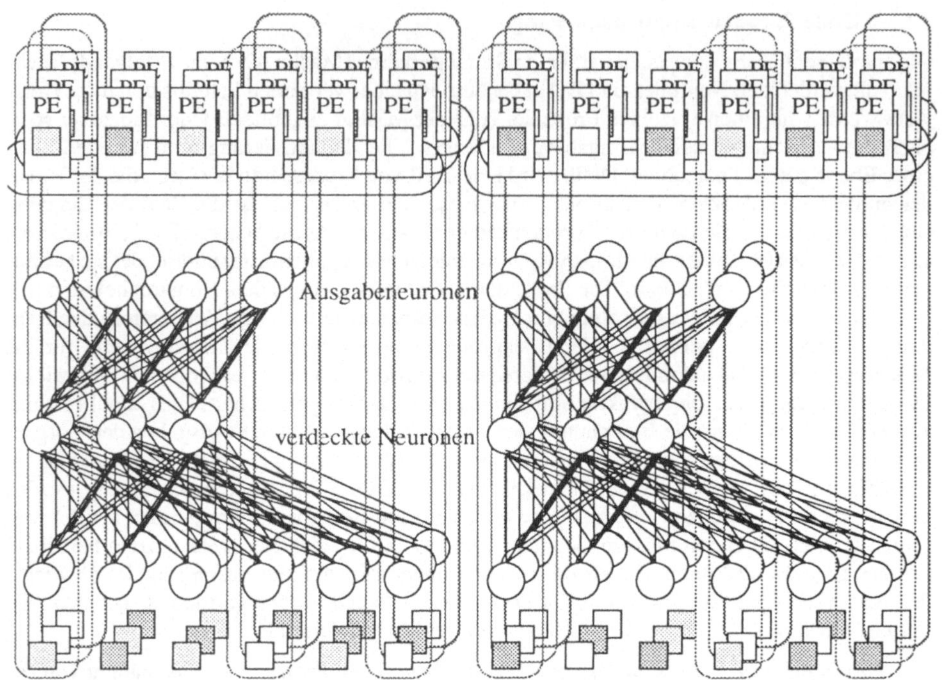

Abb. 3 Zweiter paralleler SNNS-Kern mit einem 6-3-4 feedforward-Netz: alle Neuronen einer Spalte und ihre Eingangsverbindungen werden auf einen Prozessor abgebildet, alle Neuronen einer Ebene werden parallel trainiert (Knoten-Parallelität). Viele Kopien des Netzwerks werden mit versch. Eingabemustern parallel trainiert (Trainingsmusterparallelität).

Wenn die Gewichtsmatrizen benachbarter Ebenen mit W_r, r = 1...m bezeichnet werden und r ist ungerade, dann werden die Ausgangsverbindungen w_{ij} von Zelle i auf Spalten des Prozessorfeldes abgebildet; ist r gerade, werden die Ausgangsverbindungen w_{ij} von Zelle i auf Zeilen des Prozessorfeldes abgebildet.

4.4 Leistungsdaten der parallelen Implementierungen auf der MasPar

Die parallelen SNNS-Kerne auf der MasPar liefern beeindruckende Leistungswerte. Die erste Implementierung des parallelen Simulatorkerns lieferte für ein optimales 128-128-128-Netzwerk, 176 MCPS (million connections per second) in der Arbeitsphase und 67 MCUPS (million connection updates per second) in der Lernphase für Backpropagation auf der MP-1216, während NETtalk mit 98 MCPS und 41 MCUPS trainiert wurde. Diese Meßwerte beinhalteten allerdings nicht die Zeit für den Mustertransfer, die um Größenordnungen höher lag. Die zweite, optimierte, Implementierung [Mache 92], [Zell et al. 93a] erreicht für das 128-128-128-Netz 348 MCPS und 129 MCUPS für Backpropagation auf der MP-1216. Das NETtalk-Netzwerk liefert 47 MCPS und 17.6 MCUPS. Diese gemessenen Zeiten beinhalten jetzt die Zeit für den Mustertransfer. Die dritte (Prototyp-) Implementierung mit Kanten-Parallelität und Trainingsmuster-Parallelität, die aber nicht der SNNS-Schnittstelle entsprach, lieferte 136 MCUPS für ein 127-127-127 Netz [Hüttel 92].

Maschinentyp	Betriebssystem	Recall (MCPS)	Training (MCUPS)
DECstation 5000/200	Ultrix V4.2	0,733	0,248
Sun SPARCStation 10/20	Sun-OS 4.1.3	1.895	0,750
IBM RS 6000/320H	AIX V.3.1	2.207	0,814
HP 9000/730	HP-UX 8.0.7	2,147	1,093
MasPar MP-1216, Implem. 1, ohne Mustertransferzeit	MPPE 3.0	67,000 max. 176,000	42,000 max. 98,000
MasPar MP-1216, Implem. 2, incl. Mustertransferzeit	MPPE 3.1	47,000 max. 348,700	17,600 max. 129,000
MasPar MP-1216, Prototyp	MPPE 3.1	?	max. 150,000
MasPar MP-2216, Implem. 2, incl. Mustertransferzeit	MPPE 3.2beta	max 972.000	max 360,000
MasPar MP-2216, Prototyp	MPPE 3.2beta	?	max. 432,000

Tabelle 1: Benchmark-Ergebnisse der sequentiellen und parallelen Simulatorkerne von SNNS (Nettalk-Netzwerk, Standard-Backpropagation)

Auf einer MasPar MP-2216 (einem MP-2-System mit 16384 32-Bit-Prozessoren) erreicht man mit der zweiten Implementierung sogar maximal 972 MCPS beim Recall und 360 MCUPS beim Lernen, der parallele Prototyp trainiert mit bis zu 432 MCUPS. Dies sind derzeit weltweite Spitzenwerte für "general purpose"-Parallelrechner ohne spezielle Neuro-Hardware.

Man beachte, daß diese Leistungen erst nach einer längeren Optimierung und nach mehreren Änderungen des parallelen Kerns erreicht wurden. Unsere größte Hürde war dabei der langsame Transfer der Trainingsmuster zwischen dem Unix-Workstation-Frontend und dem parallelen Backend. Viel Arbeit wurde daher darin investiert, die Trainingsmuster in großen Blöcken zu laden und so viele wie möglich im verteilten PE-Speicher zu halten.

5 Literatur

[Carpenter, Grossberg 88] Carpenter, G.A., Grossberg, S.: The ART of Adaptive Pattern Recognition by a Self-Organizing Neural Network, IEEE Computer, March 1988, 77-88
[Chinn et al. 90] G. Chinn, K.A. Grajski, C. Chen, C. Kuszmaul, S. Tomboulian: Systolic Array Implementations of Neural Nets on the MasPar MP-1, MasPar Corp. Int. Report
[Fahlman 88] Fahlman, S.E.: Faster Learning Variations on Backpropagation: An Empirical Study, in [Touretzky et al. 88]
[Fahlman 90] S. E. Fahlman, C. Lebiere: The Cascade Correlation Learning Architecture, Report CMU-CS-90-100, Computer Science, CMU, Pittsburgh, PA 15213, 1991
[Grajski et al. 90] K.A. Grajski, G. Chinn, C. Chen, C. Kuszmaul, S. Tomboulian: Neural Network Simulation on the MasPar MP-1 Massively Parallel Processor, INNC, Paris, 1990
[Hecht-Nielsen 88] Hecht-Nielsen, R.: Neurocomputing, Addison-Wesley, 1990
[Hübner 92] R. Hübner: 3D-Visualisierung der Topologie und der Aktivität neuronaler Netze, Diplomarbeit Nr. 846, Universität Stuttgart, Fakultät Informatik, Jan. 92
[Hüttel 92] M. Hüttel: Parallele Implementierungen mehrstufiger feedforward-Netze auf einem

SIMD-Parallelrechner, Studienarbeit Nr. 1124, Univ. Stuttgart, Fak. Informatik, Juli 92

[Jurik 89] M. Jurik: Backpercolation, (probably unpublished) paper distributed by Jurik Research and Consulting, PO 2379, Aptos, CA 95001 USA

[Mache 92] N. Mache: Entwicklung eines massiv parallelen Simulatorkerns für neuronale Netze auf der MasPar MP- 1216, Diplomarb. Nr. 845, Univ. Stuttgart, Informatik, Feb. 92

[Poggio, Girosi 89] T. Poggio, F. Girosi: A Theory of Networks for Approximation and Learning, A.I. Memo No. 1140, A.I. Lab., M.I.T., 1989

[Rumelhart, McClelland 86] Rumelhart, D.E., McClelland, J.A., the PDP Research Group: Parallel Distributed Processing, Vol. 1, 2, MIT Press, Cambridge MA, 1986

[Schmalzl 93] M. Schmalzl: Lernverfahren neuron. Netze mit automatischer Bestimmung der Netzwerktopologie, Diplomarbeit Nr. 968, Univ. Stuttgart, Fakultät Informatik, Jan. 93

[Schnabel 92] O. Schnabel: Sekundärstrukturvorhersage von Proteinen mit Time-Delay-Netzwerken, Studienarbeit Nr. 1097, Univ. Stuttgart, Fak. Informatik, Mai 92

[Sienel 91] J. Sienel: Kompensation von Störgeräuschen in Spracherkennungssystemen mittels Neuronaler Netze, Studienarbeit 1037, Univ. Stuttgart, Fakultät Informatik, Okt. 91

[Singer 90] A. Singer: Implementations of Artificial Neural Networks on the Connection Machine, TMC Tech. Rep. RL 90-2, Jan. 1990 (also in Parallel Computing, Aug. 1990)

[Touretzky 89] Touretzky, D.: Advances in Neural Information Processing Systems 1, Morgan Kaufmann, 1989

[Touretzky et al. 88] Touretzky, D., Hinton, G., Sejnowski, T.: Proc. of the 1988 Connectonist Models Summer School, June 17-26, Carnegie Mellon Univ., Morgan Kaufmann, 1988

[Veigel 91] A. Veigel: Rotations- und translationsinvariante Erkennung handgeschriebener Zeichen mit neuronalen Netzwerken, Diplomarbeit Nr. 811, Universität Stuttgart, Fakultät Informatik, Sept. 91

[Vogt 92] M. Vogt: Implementierung und Anwendung von "Generalized Radial Basis Functions" in einem Simulator neuronaler Netze, Diplomarbeit Nr. 875, Univ. Stuttgart, Fakultät Informatik, Jan. 92

[Waibel 89] A. Waibel: Consonant Recognition by Modular Construction of Large Phonemic Time-Delay Neural Networks, in [Touretzky 89] pp. 215-223

[Zhang et al. 89] X. Zhang, M. Mckenna, J.P. Mesirov, D. L. Waltz: An efficient implementation of the Back-propagation algorithm on the Connection Machine CM-2, TMC TR

[Zell et al. 90] A. Zell, Th. Korb, T. Sommer, R. Bayer: A Neural Network Simulation Environment, Proc. Applications of Neural Networks Conf., SPIE Vol. 1294, pp. 535-544

[Zell et al. 91a] A. Zell, Th. Korb, N. Mache, T. Sommer: SNNS, Stuttgarter Neuronale Netze Simulator, Nessus-Handbuch, Universität Stuttgart, Fakultät Informatik, Bericht 3/91

[Zell et al. 91b] A. Zell, N. Mache, T. Sommer. T. Korb: Recent Developments of the SNNS Neural Network Simulator, Applic. of Neural Networks Conf., Proc. SPIE´s 1991 Aerospace Sensing Intl. Symp., Vol. No. 1469, April 1991, Orlando, Florida, pp. 708-719

[Zell et al. 92] A. Zell (Ed.), Workshop: Simulation Neuronaler Netze mit SNNS, Univ. Stuttgart, Fakultät Informatik, IPVR, Bericht 10/92, Sept. 1992, 150 pp.

[Zell et al. 93a] A. Zell, N. Mache, M. Vogt, M. Hüttel: Problems of Massive Parallelism in Neural Network Simulation, Proc. IEEE Int. Conf. on Neural Networks, San Francisco, CA, March 28 - April 1, 1993, Vol. 3, pp. 1890-1895

[Zell et al. 93b] A. Zell, N. Mache, R. Hübner, G. Mamier, M. Vogt, K.-U. Herrmann, M. Schmalzl, T. Sommer, A. Hatzigeorgiou, S. Döring, D. Posselt: SNNS User Manual, Version 3.0, Universität Stuttgart, Fakultät Informatik, Report No. 3/93

[Zimmerer, Zell 91] P. Zimmerer, A. Zell:Translations- und rotationsinvariante Erkennung von Werkstücken mit neuronalen Netzen, Mustererkennung 1991, 13. DAGM Symposium, Okt. 1991, München, Informatik-Fachberichte 290, Springer, pp. 51-58

Objektorientierte Programmierung massiv paralleler MIMD-Computer

O. Nowak

Parsytec Eastern Europe Parallele Computer GmbH

Abstract. Der folgende Beitrag beschreibt einen objektorientierten Ansatz für die Programmierung massiv paralleler MIMD-Computer. Kerngedanke dieses Ansatzes ist es, über die Bereitstellung eines minimalen Satzes systemspezifischer Basisklassen das notwendige Gerüst für die Formulierung hochparalleler Probleme bereitzustellen und die effiziente Abbildung auf supermassiv parallele Rechner gewährleisten zu können. Basierend auf Parix, der neuen Programmierumgebung der Parsytec-GC-Rechner, entstand das Modell einer *hierarchischen virtuellen Maschine*, die es erlaubt, Applikationen sowohl mit dem CSP (*Communicating Sequential Processes*)- als auch mit dem BSP (*Bulk Synchronus Parallel*)-Modell über die Programmiersprache C++ zu programmieren.

1 Einleitung

Massiv parallele Computer (MPC) eröffnen den Weg zu völlig neuen Dimensionen der Rechnerleistung. Diese Eigenschaft bewirkt, daß der Kreis derer, die ihre Applikationen auf MPC portieren, ständig wächst und daß Fachleute aus unterschiedlichsten Bereichen nicht umhinkommen, sich mit diesen innovativen Computersystemen auseinanderzusetzen. Daraus resultiert wiederum ein immer stärker werdender Ruf nach adäquaten Mitteln und Methoden zur Programmierung der MPC, die sich vorrangig auf 3 Zielrichtungen konzentrieren:

- Sie müssen die Möglichkeit geben, sehr große Prozessorzahlen ($\geq$ 1000) überhaupt und dann auch effizient programmieren zu können.
- Die Programmiermethoden für MPC haben in Einklang mit den Entwicklungen auf dem softwaretechnologischen Sektor zu stehen.
- Die bisher durch die breite Palette der sequentiellen Rechner geprägten (Komfort)-Standards, wie Programmiersprachen, Oberflächen, Tools, Bibliotheken usw. sollten bestehen bleiben.

Diesen 3 Punkten versuchen die Programmierumgebungen heutiger MPC zunehmend Rechnung zu tragen. Eine noch sehr junge und deshalb auch sehr zukunftsorientierte Vertreterin dafür ist PARIX. PARIX (*Parallel Extensions to UNIX*) ist die neue Softwareplattform zur Programmierung der transputerbasierten Parallelrechner der Parsytec- GC-Serie.

2 Das Programmiermodell von PARIX

Die eindeutige Stärke von PARIX besteht in der Unterstützung einer einfachen Programmierung großer Prozessorzahlen[1]. Parix wurde nach folgenden Richtlinien entworfen:

- Ausgehend von der Tatsache, daß es nahezu unmöglich ist, 1000 und mehr Prozessoren einzeln zu programmieren, wurde Parix das SPMD (*Single Program Multiple Data*) - Modell zugrunde gelegt.
- Die Interprozessorkommunikation wird über *Virtuelle Topologien* beschrieben. Sie gestatten es, beliebige Kommunikationsstrukturen unter den Prozessoren aufzubauen.
- Die Resourcen der an den Parallelrechner angeschlossenen UNIX-Workstations werden über Parix-Bibliotheken nutzbar gemacht.

Aufgrund der hierarchischen Schichtung verschiedener Abstraktionsniveaus bietet PARIX einen offenen Zugang für die Implementierung anderer Programmiermodelle bzw. -umgebungen. Zwei Entwicklungsrichtungen sind diesbezüglich von besonderem Interesse.

3 BSP - Modell und objektorientierte Ansätze

Ausgehend von vorrangig datenparallel programmierten Applikationen (SPMD) ist man bemüht, eine explizite Ausdrucksform der Kommunikationsbeziehungen zu vermeiden. Insbesondere durch die sich derzeit in Entwicklung befindlichen *High Performance Fortran*-Dialekte, wie z.B. *Fortran D*[1], wird versucht über eine geeignete Anfangsverteilung der Datenstrukturen und über die Etablierung globaler Namensräume die notwendigen Kommunikationsbeziehungen zu verdecken. Aus Sicht der Systemsoftware erfordert diese Herangehensweise die Bereitstellung eines *globalen Speicher Modells* mit entsprechenden Synchronisationsmitteln, z.B. die *barriers* des *bulk synchronous parallel* (BSP) - Modells [4].

Die objektorientierte Programmierung beruht auf dem Modell der Programmerstellung als Reihe abstrakter Datentypinstanzen. So sehr das objektorientierte Design seine Stärken für die softwaretechnolgischen Aspekte der Programmentwicklung bewiesen hat, ein überzeugender Ansatz für die Programmierung von MPC steht noch aus. Allerdings zeigen sowohl der Druck potentieller Anwender nach Objektorientiertheit für MPC, als auch eine Vielzahl von gegenwärtig laufenden Arbeiten, daß es durchaus sinvoll ist, objektorientierte Ansätze in die Überlegung zu neuen Programmiermodellen von MPC aufzunehmen [2].

---

[1] gegenwärtig wird die Prozessorzahl durch die Hardware der GC-Linie auf 16348 begrenzt

4   Objective Parix

Das nachfolgend vorgestellte objektorientierte Modell entstand im Rahmen des Projekts REFLEX (Simulation eines Hand-Auge-Systems in reflektiver neuronaler Architektur). Dieses Projekt ist ein durch das BMFT gefördertes Verbundvorhaben der Neuroinformatik und beinhaltet unter anderem Untersuchungen zur effizienten Abbildung verschiedener Typen neuronaler Netze auf MPC. In diesem Zusammenhang entstand eine durch konkrete Anwenderbedürfnisse gekennzeichnete Konzeption einer auf C++ basierenden Schale für Parix [3].

Das Modell unterscheidet grundsätzlich zwischen aktiven und passiven Basisklassen. Es existieren genau 2 aktive Basisklassen, die Klasse der *virtuellen Maschine* (`class VM`) und die Klasse der *virtuellen Prozessoren* (`class VP`). Eine Applikation wird durch eine hierarchische Konstruktion aus abgeleiteten *virtuellen Maschinen* und *virtuellen Prozessoren* gebildet. Darüber hinaus wird ein Set passiver Basisklassen bereitgestellt, die es gestatten, die kooperativen Beziehungen der aktiven Objekte zu beschreiben. Das sind vor allem:

class Shape: Die *Shape* beschreibt den Ausschnitt des Koordinatenraumes, den die aktiven Objekte der jeweiligen *virtuellen Maschine* einnehmen.

class Topology: Über *Topologien* wird die Konnektivität der aktiven Objekte einer *virtuellen Maschine* beschrieben.

class GlobalMem: Die Klasse *GlobalMem* beschreibt einen globalen Namensraum verteilter Daten eines bestimmten Types.

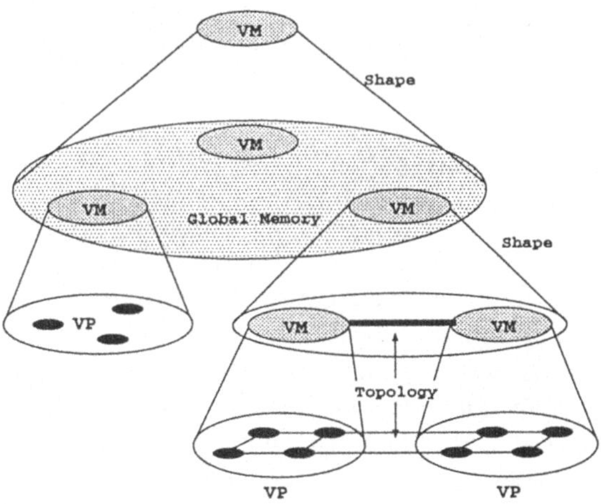

Fig. 1. Beispiel einer hierarchischen Konstruktion abgeleiteter Basisklassen

Alle genannten passiven Basisklassen können über die einzelnen Hierarchiestufen *virtueller Maschinen* hinweg *gefaltet* (verknüpft) werden. Auf diese Weise lassen sich komplexe bzw. irreguläre Strukturen durch Einfügen entsprechender Stufen *virtueller Maschinen* aus einfachen Grundstrukturen bilden (siehe Fig. 1).

Zur Veranschaulichung soll die Umsetzung eines *mehrschichtigen Perceptrons* unter Verwendung des CSP-Modells skizziert werden. Das Perceptron besteht aus einer *Inputlayer* der Größe **IN**, einer *Hiddenlayer* der Größe **HN** und einer *Outputlayer* der Größe **ON**. Zwischen den einzelnen Schichten besteht jeweils eine Vollvermaschung (siehe Fig. 2).

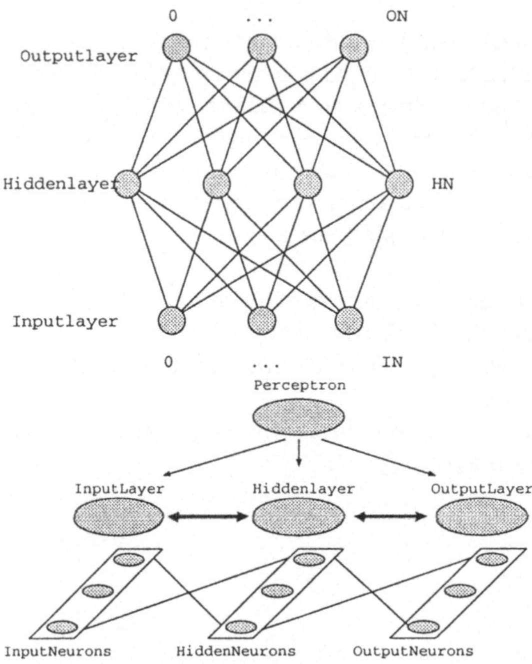

Fig. 2. Struktur und Dekomposition des Perceptrons

Für die Programmierung dieses Problems bietet sich Untersetzung der initialen Klasse **Perceptron** in 3 Unterklassen **InputLayer**, **HiddenLayer** und **OutputLayer** an. Alle Klassen werden von der Basisklasse **VM** abgeleitet. Die 3 Unterklassen erzeugen ihrerseits wiederum jeweils ein Objekt der Klasse **InputNeurons**, **HiddenNeurons** bzw. **OutputNeurons**. Diese Klassen entstammen jedoch jetzt der Basisklasse **VP**. Das heißt, die Objekte dieser Klasse erzeugen eine der jeweiligen *Shape* entsprechende Anzahl virtueller Prozessoren, die alle die Konstruktormethode dieser Klasse ausführen (siehe Fig. 2).

Das **main**-Programm besteht aus der Erzeugung und der Löschung eines Objektes der Klasse **Perceptron**. Die Klasse **Perceptron** spezifiziert ihrerseits nur die *Shape*- und die *Topologie*-Struktur ihrer Hierarchiestufe:

```cpp
class Perceptron: VM {
    Topology * top; VM * in, * hid, *out;
    public:
        Perceptron(); ~Perceptron();
};
Perceptron::Perceptron () {
    shape = new Shape (1, 3); // hier ist die Struktur ein 1-dim. Raum
    top   = new Pipe (3);     // ... und die Topology eine Pipe
    in    = new InputLayer(top);
    hid   = new HiddenLayer (top);
    out   = new OutputLayer (top);
}
```

In ähnlicher Weise werden die einzelnen Layer beschrieben. Als Beispiel soll hier
die *Hiddenlayer* dienen:

```cpp
class HiddenLayer: VM {
    Topology * itop, * otop; VP * n;
    public:
        HiddenLayer(); ~HiddenLayer();
};
HiddenLayer::HiddenLayer (Topology *top) {
    shape = new Shape (1, HN);                       // 1-dim. der Groesze HN
    itop = new Mesh (HN) * top->directions[0]; // falten der Top. "itop"
    otop = new Mesh (HN) * top->directions[1]; // ... und "otop"
    n    = new Hiddenneuron (itop, otop);
}
```

Nach der Dekomposition des Problems in Substrukturen erfolgt schließlich über
die Klasse der *virtuellen Prozessoren* die Implementierung der Algorithmen in
den Substrukturen. Das *Hiddenneuron* soll wiederum als Beispiel dienen:

```cpp
class HiddenNeurons: VP {
    public:
        HiddenNeurons(); ~HiddenNeurons();
};
HiddenNeurons::HiddenNeurons (Topology * itop, * otop) {
    int i; double W[HN];                 // Wichtungsfaktoren
    // Die Initialisierung der Wichtungsfaktoren ist nicht gezeigt
    for (i= 0; i < itop->nDirs; i++) { // fuer alle Richtungen von itop
        in = (i + MyID) \ nProc;       // Bestimmen der aktl. Richtung
        itop->Directions[in] << value; // Empfang  von der Inputlayer
        input *= W[in];                // Wichtung des Wertes
    }
    // senden an OutputLayer und Backpropagation ...
}
```

Die Ausführung dieses Programms ist unabhängig von der Zahl der physikalisch
zur Verfügung stehenden Prozessoren. Das Mapping der virtuellen Prozessoren

auf die realen Prozessoren erfogt über virtuelle Funktionen der Basisklassen. Es kann durch das Ersetzen dieser Funktionen in den abgeleiteten Klassen beeinflußt werden.

In analoger Weise ist das hier dargestellte Problem mit globalen Speicherobjekten realisierbar. In diesem Fall würde die Vernetzung der einzelnen Neuronenschichten als Gewichtsmatrix der Hidden- bzw. Outputschicht aufgefaßt werden. Das Gesamtproblem ist dann über eine Dekomposition in 2 virtuelle Maschinen lösbar.

5 Aussichten

Die Forderung nach objektorientierten Methoden ist auch für die Programmierung massiv paralleler Rechner unverkennbar. Das hier vorgestellte Konzept von *Objective Parix* versucht einen diesbezüglichen Zugang aufzuzeigen. Mit dem Modell der *virtuellen Maschine* wird es möglich, mit den Abstraktions- und Strukturierungsmitteln der objektorientierte Methoden eine sehr feinkörnige Parallelität über das Programmiermodell von Parix zu formulieren. Zusätzlich erlaubt dieses Modell die wahlweise Programmierung über einen CSP- und BSP-orientierten Ansatz. Die Frage, welche Variante zu bevorzugen ist, läßt sich sicher nicht pauschal beantworten. Natürlich schwebt über der Implementierung eines globalen Speichers auf einer Maschine, die nur verteilten Speicher unterstützt, immer das Damokles-Schwert der Nichtakzeptanz aufgrund einer scheinbar unvermeidbaren Ineffizienz. Dennoch, gerade über das objektorientierte Modell, das die notwendigen Ausdrucksmittel für die Zuordnung von Daten und verarbeitenden Instanzen bereitstellt, ist eine a priori Entscheidung zugunsten des CSP-Modells für jegliche Art von Applikation der falsche Weg. Insofern sind interessante Ergebnisse bei der Programmierung der in dem REFLEX-Projekt zu untersuchenden neuronalen Netzwerktypen auf MPC zu erwarten.

References

1. G. Fox et al. Fortran D Language Specification. Technical Report Rice COMP TR90-141, Dep. of Computer Science, Rice University, 1990.
2. Wolfgang Schröder-Preikschat (Hrsg.). PEACE - The Evolution of a Parallel Operating System. Technical Report 646, Gesellschaft für Mathematik und Datenverarbeitung mbH, 1992.
3. O. Nowak. Systemsoftware für die Simulation neuronaler Netze auf MIMD-Computern. In *Proceedings, Statusseminar Neuroinformatik*, 20.-21.10. 1992.
4. L. G. Valiant. A Bridging Model for parallel Computation. *Communication of the ACM*, Seiten 103–111, 1990.

Multiagentenkoordination durch Marktmechanismen

Norbert Kuhn, Jürgen Müller
Deutsches Forschungszentrum für Künstliche Intelligenz
Stuhlsatzenhausweg 3
6600 Saarbrücken

ZUSAMMENFASSUNG

Es wird gezeigt wie Elemente aus der betriebswirtschaftlichen Analyse zusammen mit Ansätzen aus der Verteilten Künstlichen Intelligenz bei der Lösung von Koordinations- und Dekompositionsproblemen in Multi-Agenten-Systemen (MAS) eingesetzt werden können. Der vorgestellte Ansatz führt zu einem Kooperationsmodell, das sowohl in rein maschinellen MAS, als auch beim computerunterstützten kooperativen Arbeiten als Vorsegmentierung der zu bearbeitenden Aufgaben Einsatz findet.

1 EINLEITUNG

Die Idee des verteilten Programmierens hat mit dem *Paradigma der kooperierenden Experten* seit etwa dem Beginn der siebziger Jahre im Bereich der Künstlichen Intelligenz Verbreitung gefunden. Als Vertreter dieser ersten Ideen sind beispielsweise D. Lenat [11] und vor allem C. Hewitt zu nennen, dessen ACTOR-Ansatz als eine Möglichkeit zur Implementierung des kooperativen Problemlöseansatzes gedacht war [9] und der damit den Grundstein zu einer Reihe von Sprachentwicklungen für die Implementierung verteilter Problemlösungen gelegt hat, die nach diesem Modell aufgebaut sind, wie z.B. CSSA [14,17].
Aus den verschiedenen Ansätzen hat sich - zuerst in den USA und in den letzten Jahren zunehmend auch in Europa - der Bereich der *Verteilten Künstlichen Intelligenz* (VKI, oder: Distributed Artificial Intelligence, DAI) entwickelt. Als Bezeichnung für die einzelnen Einheiten, die an einer Problemlösung mitwirken, hat sich der Begriff *Agent* eingebürgert, als Oberbegriff für eine abstrakte oder physikalische Einheit, die in der Lage ist zu agieren, zu interagieren und deren Aktionen das Wissen, die Beobachtungen und das Wissen über und die Interaktionen mit anderen Agenten berücksichtigt. Systeme, die aus mehreren solcher Agenten bestehen heißen *Multi-Agenten-Systeme* (MAS). Einen Überblick über die Anwendungsbereiche und wichtige Arbeiten aus diesem Gebiet findet man beispielsweise in [3].
Im Fokus der VKI heute liegen vor allem Organisationsformen von Multiagentensystemen und insbesondere die darin vorhandenen Formen von Interaktionen zwischen den einzelnen Agenten. Unser hauptsächliches Interesse gilt dabei den *kooperativen Multiagentensystemen*, die dadurch gekennzeichnet sind, daß die Agenten aktiv (*bewußt*) auf einen gemeinsamen Zweck hin arbeiten, wobei die Einzelaktivitäten der Beteiligten durch Abmachungen und Verhandlungen koordiniert werden (siehe z.B. [8]). Dies bedeutet im einfachsten Fall, daß die Agenten nur versuchen müssen, sich nicht gegenseitig durch ihre Aktionen zu behindern. Im Idealfall müssen die Agenten die Fähigkeit besitzen, die Auswirkungen ihrer Aktionen auf die Gemeinschaft der Agenten einschätzen zu können.
Im folgenden werden wir Lösungsansätze zur Modellierung kooperativen Verhaltens im Bereich der Multiagentenplanung, d.h. der Planung in Multiagentensystemen, angeben. Sie basieren auf der Idee der Steuerung durch Preise bzw. Kostenschätzungen und werden zur Zeit in unserem Forschungsprojekt AKA-Mod am Deutschen Forschungszentrum für Künstliche Intelligenz (DFKI) implementiert. Der Ansatz ist Bestandteil einer Implementierung zur Modellierung einer Menge von unabhängig agierenden Speditionen mit dem Namen MARS [4] in diesem Projekt.
Ziel der Planungskomponente darin ist es, Elemente aus der betriebswirtschaftlichen Analyse zusammen mit Ansätzen aus der Verteilten Künstlichen Intelligenz bei der Lösung von Koordinations- und

Dekompositionsproblemen in Multiagentensystemen (MAS) einsetzen zu können und darauf aufbauend ein Kooperationsmodell zu entwickeln.

2 MULTIAGENTENPLANUNG

Im Unterschied zur Einzelagentenplanung, bei der man für einen Agenten, der in einer mehr oder weniger isolierten Welt agiert, eine Folge von Aktionen auswählt, muß bei der Multiagentenplanung ein Plan (bzw. mehrere Pläne) für mehrere ausführende Agenten erstellt werden. Die Existenz anderer Akteure in der Welt hat für den einzelnen Agenten zur Konsequenz, daß sich der Zustand der Welt, in der er sich befindet nicht mehr nur ausschließlich durch seine eigenen Aktionen ändert. Daher müssen bzw. können Aktionen anderer Akteure bereits in der Planungsphase des Einzelagenten berücksichtigt werden.

Prinzipiell gibt es bei der dezentralen Multiagentenplanung die fünf Phasen - Aufgabendekomposition - Individualplanung - Koordination der Pläne - (Teil-) Aufgabenerledigung - Lösungssynthese (s. auch [2, 3, 6, 10, 13]). Die erste Phase besteht aus dem Finden einer geeigneten *Aufgabendekomposition*, d.h. einer möglichst optimalen Aufteilung der zu erledigenden Aufträge auf die zur Verfügung stehenden Agenten. Die zweite Phase wird in den meisten Systemen nach Standardverfahren abgehandelt, wobei das Einbeziehen von anderen Akteuren in die eigene Planung bzw. das Einbeziehen von unvorhergesehenen Aktionen neue Verfahren fordert (z.B. [2]). Gehen wir von der Annahme aus, daß die Agenten nur unvollständiges Wissen über die anderen Akteure haben und somit deren Aktionen nicht voraussehen können, so ist für das effektive Lösen einer gemeinsamen Aufgabe eine dritte Phase nötig, die der *Koordination der Individualpläne* , auf die wir im folgenden Kapitel genauer eingehen werden. Auf die letzten beiden Phase wollen wir hier nicht weiter eingehen, da sie keine wesentlichen Aspekte der Verteilten KI beinhalten. Gegebenenfalls sei zur Übersicht auf [13] verwiesen.

Ausgehend von einer genaueren Betrachtung der Möglichkeiten zur Plankoordination möchten wir unser Modell zur dezentralen Planung in Multiagentensystemen entwickeln, das es erlaubt, die (dezentrale) Aufgabendekomposition und die (dezentrale) Plankoordination nach derselben Methode durchzuführen.

2.1 KOORDINATION VON INDIVIDUALPLÄNEN

Bei der Planung von Aktionen, die zur Erfüllung ihrer vorgegebenen Aufgaben notwendig sind, werden die einzelnen Agenten Aktionsfolgen (Pläne) entwickeln, durch die sie sich möglicherweise behindern, andererseits aber auch eventuell unterstützen könnten. Aufgabe der Plankoordination ist es nun, alle negativen Beziehungen zwischen den Individualplänen aufzulösen und möglichst alle positiven Beziehungen auszunutzen.

Zu den negativen Relationen zwischen verschiedenen Agenten zählt jegliche Art von Ressourcenkonflikten. Für diese Konflikte sind oft bekannte Techniken aus dem Bereich der "klassischen" verteilten Systeme, wie Verteilte Betriebssysteme oder Verteilte Datenbanksysteme anwendbar. Dort wurden Verfahren entwickelt, um mit solchen Situationen umzugehen (z.B. Semaphore, Monitore, Sperrkonzepte [16, 18]). Für manche Ressourcenkonflikte sowie für viele positive Relationen lassen sich aber mit Mechanismen, die das vorhandene Wissen der Agenten ausnutzen bessere, sprich effizientere Koordinationsergebnisse erzielen. Entsteht beispielsweise eine Konkurrenz beim Zugriff auf eine gemeinsame Ressource, so kann dieser unter Umständen durch eine Verhandlung über die Belegungszeiträume der Konflikt aufgelöst werden. Der Erfolg der Verhandlung hängt neben dem "Maß der gegenseitigen Beeinträchtigung" auch von dem von einer Einigung erhofften Gewinn ab (hier: der kurzfristige Verzicht auf eine Ressource sowie die Hoffnung auf das gleiche Entgegenkommen bei der umgekehrten Situation).

Die einfachste, zugleich aber auch populärste Form der Verhandlungsführung ist das Kontraktnetz-Verfahren nach Davis und Smith [6]. Hier geben die Agenten einem zentralen Anbieter ihre Angebote für gewisse Teilaufträge ab. Der Anbieter (Kontraktor) wählt die besten Angebote aus und informiert die ausgewählten Agenten über den Zuschlag des Auftrags an sie. In der klassischen Form übernehmen die

Agenten den Auftrag und gehen zur Individualplanung über. Häufig ist es jedoch so, daß bei Benachrichtigung das Angebot nicht mehr aktuell ist, weil sich die Randbedingungen für den Agenten geändert haben oder weil nur ein Teil des Angebots akzeptiert wird. Neuere Arbeiten [12] greifen diese Probleme auf, indem sie das Protokoll, also den Ablauf der Verhandlungen, erweitern. In jedem Fall gibt es jedoch einen zentralen Koordinator, der die Zuweisung vornimmt. Echte Verhandlungen zwischen den Agenten sind dabei nicht vorgesehen.

3 EIN KOORDINATIONSMODELL AUF KOSTENRECHNUNGSBASIS

Das von uns verwendete Koordinationsmodell versucht eine Auflösung von Konflikten so spät als möglich zu ermöglichen. Es beruht auf einer Art von Kostenrechnung der Agenten:
Die Agenten haben für einen fest gewählten Zeitraum einen Etat, aus dem sie die von ihnen genutzten Ressourcen bezahlen müssen. Im Rahmen des ihnen zur Verfügung stehenden Etats versuchen die Agenten für den Etatzeitraum die Erledigung einer Menge von Aufträgen, für die sie die dazu benötigten Ressourcen bezahlen können, einzuplanen. Der Preis für die Ressourcen (in der Literatur oft auch mit dem Begriff Lenkpreis bezeichnet [15]) wird mit dem Start des Systems festgelegt, kann aber nach dem Prinzip von Angebot und Nachfrage variieren. Der tatsächliche Preis für eine Ressource steht für einen Agenten also erst im Moment der Belegung fest. Weicht er von den erwarteten Kosten ab, so hat sich für den einzelnen Agenten natürlich auch die Voraussetzung für die Planung geändert: manche eingeplante Ressourcen sind eventuell zur geplanten Belegungszeit so teuer, daß er sie sich gar nicht mehr leisten kann oder will, andere hingegen sind billiger als erwartet. Beide Preisänderungen können zu Planrevisionen führen: Unter Umständen muß man übernommene Aufgaben wieder abgeben oder man kann mehr erledigen als man sich ursprünglich vorgenommen hatte.
Ausgehend von einem formalen Modell werden wir verschiedene Regelungsmechanismen zur Verbesserung der Auslastung der Ressourcen unter Berücksichtigung der Maximierungsregel der Agenten diskutieren. Dabei wird der Fokus auf der Kostenfunktion liegen, die im folgenden in verschiedene Richtungen variiert wird.

3.1 Preise, Kosten und Nutzen

Der Preis P_r^t einer Ressource r zum Zeitpunkt t setzt sich zusammen aus einem Grundpreis G_r und einem Auf- oder Abschlag.
 Nehmen wir zunächst an, daß sich dieser Aufschlag an der Anzahl der für r zum Zeitpunkt t zugriffswilligen Agenten (Länge l der Warteschlange Q_r) orientiert, so erhalten wir also $P_r^t \approx G_r + l(Q_r^t)$. Während der Grundpreis einer Ressource als konstant angenommen wird, ist die Länge der Warteschlange zeitabhängig. Insbesondere soll der Aufpreis bzw. der Abschlag davon abhängen, ob die Warteschlange wächst oder schrumpft. Ferner sei ε_r der Aufpreisfaktor für Ressource r pro Warteschlangenelement. Daraus ergibt sich der relative Preis einer Ressource r zum Zeitpunkt t:

$$(1) \qquad P_r^t := G_r + (\Sigma_{1..t} (l(Q_r^t) - l(Q_r^{t-1}))\varepsilon_r$$

Die Kosten $K_{a,r}^t$, die einem Agenten a entstehen, wenn er eine Ressource r zu einem Zeitpunkt t benutzen will, setzen sich dann aus dem aktuellen Preis P_r^t der Ressource und Zusatzkosten $Z_{a,r}^t$ für die Bereitstellung der Ressource für a zusammen. Somit ist

$$(2) \qquad K_{a,r}^t := P_r^t + Z_{a,r}^t .$$

Nehmen wir an, ein Agent hat eine Liste von n Aufträgen $A_1 .. A_n$ mit den zugehörigen Auftragswerten $W_1 .. W_n$, so kalkuliert sich der Nutzen N_a^t eines Agenten a für die Abarbeitung aller Aufträge zu einem Zeitpunkt t als

$$(3) \qquad N_a^t := \Sigma_{i=1..n} (W_i - \min_r \{ K_{a,r}^t \})$$

Die Agenten versuchen prinzipiell ihren Nutzen zu optimieren, das heißt der Gesamtnutzen soll sich über die Zeit maximieren. Also $N_a := \max_t \{ N_a^t \}$.

3.2 Einfache Steuerung über den Grundpreis

Durch die geeignete Wahl der Grundpreise ist es bereits möglich, Konflikte in einfacher Weise auflösen oder gar nicht erst entstehen zu lassen. Dies möchten wir an einem kleinen Beispiel demonstrieren.

Beispiel: Angenommen, es gibt zwei Agenten a_1 und a_2 und zwei gleiche Ressourcen r_1 und r_2 mit den assoziierten Grundpreisen $G_1 = G_2$. Will Agent a_i die Ressource r_j nutzen, so entstehen ihm die Kosten $K_{i,j} := G_j + Z_{i,j}$ bei leerer Schlage und idealisierter Zeit.

	r1	r2
a1	1	4
a2	1	2

Ergeben sich die Zij gemäß nebenstehender Matrix, so gilt für beide Agenten, daß die Bereitstellungskosten der Ressource r1 günstiger ist als die von r2. Daher werden beide Agenten versuchen, r1 zu buchen.

Dadurch sind wir in einer Situation, in der es um die Belegung der Ressource r_1 einen Konflikt gibt, obwohl die identische Ressource r_2 ungenutzt bleibt.

Setzt man nun jedoch G_1 zu G_1+2, so sieht man, daß sich dadurch für den Agenten a_2 die geringeren Bereitstellungskosten für r_1 nicht mehr lohnen und er statt dessen die Ressource r_2 buchen wird.

3.3 Dynamische Steuerung über Warteschlangen

Da der Grundpreis einer Ressource als konstant angenommen wird, eignet sind der darauf basierenden Steuerung der Ressourcenbelegung in dynamischen Systemen enge Grenzen gesetzt. Ein Ansatz für eine Auslastungssteuerung, die sich dynamisch und dezentral auf die aktuellen Situation einstellt, bringt die Länge der Warteschlange additiv in den Lenkpreis ein. Ist der Grundpreis einer Ressource niedrig, so ist der Agent bereit, eine längere Wartezeit auf sich zu nehmen. Andererseits sind Ressourcen, die im Grundpreis teuer sind genau dann attraktiv, wenn die zugehörigen Warteschlangen kurz sind. Um zu erreichen, daß sich der Preis mit der Länge der Warteschlange proportional verändert wird mit der Preisberechnung nach (1) vorgegangen. Je nach Wahl der ε_r kann die Steuerung von statisch bis (fast) nur von der Warteschlange abhängig eingestellt werden.

3.4 Optimierung durch Austausch mit Aufschlag

Während der Agent sich bei der einfachen Steuerung immer hinten in die Warteschlange einreihen muß, ist es bei der Variante des Austauschs mit Aufschlag möglich, daß sich der Agent jeden beliebigen Platz in einer Warteschlange kaufen kann. Sei $l(Q_r) =: n$ die Länge der Warteschlage der Ressource r. Das Einfügen eines neuen Auftrags an der Stelle i in der Schlange kostet dann $P_r := G_r + (i-1)*\varepsilon_r + (n-i)$. Das heißt zunächst, daß der Preis sich zusammensetzt aus dem Preis für das Einfügen in eine Warteschlange der Länge i-1 plus die Übernahme des Verlustes, der den anderen Agenten entsteht, indem sie eine Stelle zurückfallen. In unserer Rechnung ist dies gerade die Länge der Restschlange mal ε_r.

Damit eine Optimierung erreicht werden kann, ist es nötig, daß die Agenten die Ressourcen wechseln können. Das Problem dabei ist, daß die Ressourcen selbständig ihre Preise nach der Auftragslage ausrichten und somit bei Auftragslöschungen falsch kalkuliert haben. Üblicherweise umgeht man dieses Problem, indem man voraussetzt, daß ein gebuchter Auftrag in jedem Fall von der Ressource ausgeführt wird. Diese Voraussetzung widerspricht jedoch einer natürlichen Verhaltensmodellierung. Insbesondere dann, wenn wir den Ressourcen verschiedene Abarbeitungsgeschwindigkeiten unterstellen und somit sowohl günstigere Preise als auch eine schnellere Verarbeitung erreicht werden kann, indem die Ressource gewechselt wird. Ist dies der Fall, so müssen dem Agenten zusätzliche Kosten, etwa ein Strafzins, berechnet werden, die in die Bereitstellungskosten mit eingerechnet werden können. So ergeben sich die Kosten des Agenten aus $K_{a,r} := P_r + j*\varepsilon_r$, wobei j die Stelle ist, wo der Auftrag ausgefügt wurde. Damit wächst der Nutzen

eines Agenten bei der Durchführung eines Ressourcenwechsels von r' nach r genau dann, wenn gilt, daß
$(i-1) *\varepsilon_r + (n-i) < j*\varepsilon_r'$.

3.5 Versteigerungen

Die obige Vorgehensweise unterstützt die auftragslagenorientierte Festlegung des Ressourcenpreises. Sie unterdrückt jedoch den Handlungsspielraum der Agenten, die durch den Einschub weiter nach hinten geschoben wurden. Unter Umständen wären auch sie bereit, einen höheren Preis zu bezahlen. Diese neue Form des Ressourcenkonflikts kann durch ein Versteigerungsverfahren unter den konkurrierenden Agenten aufgelöst werden. Die Rolle des Auktionators kann der betroffenen Ressource zufallen. Dadurch wird auch das oben erwähnte Problem der adäquaten Kostenfunktionen für die Ressource etwas kompensiert: aus den bei den Versteigerungen erzielten Preisen läßt sich zumindest für die nahe Zukunft ein geeigneter Lenkpreis ablesen, der bei längerer Zeit der Nichtbeachtung durch die Agenten wieder nach unten korrigiert werden muß.

3.6 Optimierung durch Zusammenlegen

Eine sehr weit verbreitete Möglichkeit Kosten für Ressourcen zu sparen besteht darin, diese gemeinsam zu nutzen. In Multiagentensystemen, in denen die Agenten nach Gewinnmaximierung streben, ist dies ein Hauptanreiz zur Auslösung von Kooperation im Sinne von gegenseitig unterstützender Handlung. Ein Beispiel eines solchen Systems, auf das diese Kriterien zutreffen ist die Transportdomäne. Daraus ist auch das nachfolgende Beispiel entlehnt.

Beispiel: Die Spedition S_1 mit Sitz in Saarbrücken hat den Auftrag, ein Gut g_1 von Saarbrücken nach München zu transportieren. Dafür erhält sie einen Erlös in Höhe von 14 Kosteneinheiten (KE). Die mit der Auftragsausführung verbundenen Kosten betragen 12 KE (10 KE für die Hin- und Rückfahrt + 2 KE für das Be- und Entladen). Die Spedition S_2 mit Sitz in München hat den Auftrag, ein Gut g_2 von München nach Kaiserslautern zu transportieren. Dafür erhält sie einen Erlös in Höhe von 14 KE. Die mit der Auftragsausführung verbundenen Kosten betragen 10 KE.

Aus der Sicht des Gesamtsystems wäre es nun sinnvoll, wenn eine der beiden Speditionen beide Güter transportieren würde. Dazu tauschen die beiden Speditionsagenten die erwarteten Zusatzkosten bei der Übernahme des jeweils anderen Transportauftrags aus. Nach unserer Berechnungsweise wären dies in diesem Fall 2 KE für die Spedition S_1 (für Be- und Entladen) und 4 KE für die Spedition S_2 (2 KE für das Be- und Entladen und 2 KE für die Fahrten zwischen KL und SB).

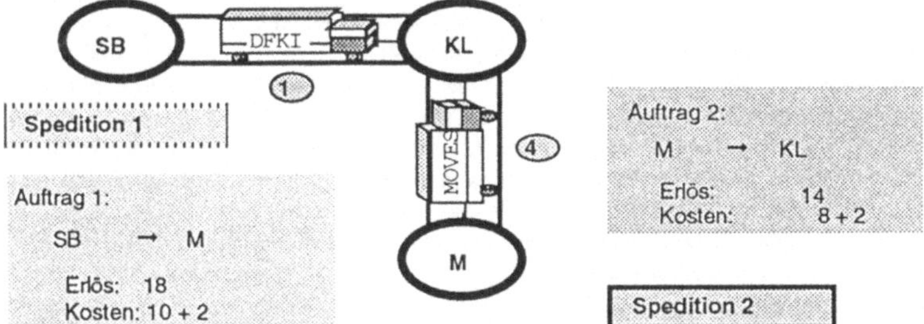

Die Tatsache, daß die Zusatzkosten geringer sind, als die ursprünglichen Kosten zeigt den beiden Speditionen, daß Kooperation sinnvoll ist. Eine geeignete Heuristik (z.B. Erlös-Kosten Quotient des bisherigen Auftrags) würde bewirken, daß der gesamte Transportauftrag durch Spedition S_1 durchgeführt wird.

Das Beispiel zeigt auch, wie man die Kostenrechnung auch zur Steuerung der Aufgabendekomposition einsetzen kann: Im Gesamtsystem befinden sich zu jedem Zeitpunkt eine Menge offener Aufträge. Die einzelnen Agenten schätzen nun die für sie entstehenden Kosten und Nutzen bei der Übernahme eines Auftrags ab und bewerben sich um die Zuteilung der für sie günstigsten Aufträge. Die dabei entstehenden Konflikte können z.B. nach dem Prinzip der Versteigerung aufgelöst werden. Damit bietet dieses Modell eine uniforme Sicht auf Aufträge und Ressourcen.

4 ZUSAMMENFASSUNG

Wir haben skizziert, wie man mit Hilfe von Kostenfunktionen sowohl Aufgabendekomposition als auch Plankoordination in Multiagentensystemen modellieren kann.

Das in dieser Arbeit vorgestellte Konzept wurde im Projekt AKA-Mod in das MARS-System ([4]) zur Modellierung einer Menge von kooperierenden Speditionen integriert, das auf SUN / UNIX Workstations implementiert wurde. Ein ähnlicher Optimierungsansatz, der ebenfalls auf einer Kostenrechnung der Agenten und dem Austausch von Transportaufträgen zwischen LKWs beruht, wird unter dem Namen *Simulated Trading Verfahren* an der Universität Köln entwickelt [1]. Weiterhin zu nennen ist die Modellierung der Speditionsdomäne durch sogenannte Teilintelligente Agenten an der Universität Nürnberg [7]

Unsere weitere Arbeit stützt sich auf ein in [5] vorgestelltes Verhandlungsmodell für die Kooperation von Agenten. Dieses Modell wird zur Zeit mit dem hier vorgestellten Kostenrechnungsansatz verknüpft, um dadurch ein vollständig dezentrales (d.h. ohne die vermittelnde Rolle z.B. von Ressourcen) Dekompositionsmodell zu implementieren.

LITERATUR

[1] Bachem A., Hochstättler W., Malich M.: *Simulated Trading: A New Approach For Solving Vehicle Routing Problems*; Techn. Bericht 92.125, Mathematisches Institut Universität zu Köln", 1992

[2] Beetz M.: *Decision-theoretic Transformational Planning*, DFKI Research Report RR-92-07, 1992.

[3] Bond A., Gasser L.: *Readings in Distributed AI*, Morgan Kaufmann, Los Angeles, 1988.

[4] Buchheit M., Kuhn N., Müller J., Pischel M.: *MARS: Modeling a Multi-Agent Scenario for Shipping Companies*; Proc. of Europ. Simulation Symposium (ESS), Dresden, 1992

[5] Bussmann S., Müller H.-J.: *A Communication Structure for Cooperating Agents*, COMPUTERS and AI, Volume I, 1993

[6] Davis R., Smith R.G.: *Negotiation as Metaphor for Distributed Problem Solving*, in [2], 1988

[7] Falk J., Spieck S., Mertens P..: *Unterstützung der Lager- und Transportlogistik durch Teilintelligente Agenten*; Information Management, Nr. 2, 1993

[8] Grunwald, Lilge (Hrsg.): *Kooperation und Konkurrenz in Organisationen*, UTB 1982.

[9] Hewitt C.: *Viewing Control Structures as Patterns of Passing Messages*, Artificial Intelligence (8), 1977

[10] Kuhn N., Müller H.-J., Müller J. P.: *Task Decomposition in Dynamic Agent Societies*, Proc. of the Intern. Symp. on Autonomous Decentralized Systems (ISADS), Tokyo, Japan, 1993

[11] Lenat D. B., *Beings: Knowledge as Interacting Experts*, Proc. of the Intern. Joint Conf. on Artificial Intelligence, 1975

[12] Lux A., Bomarius F., Steiner D.: *A Model for Supporting Human Computer Cooperation*, Proc. of the AAAI-92, Workshop on Coordination among Heterogeneous Systems, 1992

[13] Martial, F. v.: *Coordinating Plans of autonomous agents*, Dissertation, Universität Saarbrücken, 1992.

[14] Mattern, F.: *Verteilte Basisalgorithmen*, Informatik Fachberichte Nr. 226, Springer Verlag, 1989.

[15] Meyer, G.: *Dezentrale Planung - Betriebswirtschaftliche Analyse ausgewählter Dekompositionsmodelle*, Verlag Dr. Peter Mannhold, Düsseldorf 1980.

[16] Nehmer J.: *Softwaretechnik für verteilte Systeme*, Springer-Verlag Berlin Heidelberg, 1984

[17] Nehmer J., Haban D., Mattern F., Wybranietz D., Rombach H. D.: *Key Concepts in the INCAS Multicomputer Project*, IEEE-Transactions Software Engineering SE-13 (8), 1987

[18] Rahm, E.: *Der Database-Sharing-Ansatz zur Realisierung von Hochleistungs-Transaktionssystemen*; Informatik Spektrum (12), 1989

Ein paralleler Kontrollalgorithmus für die wissensbasierte Bildanalyse

V. Fischer, H. Niemann, D. Paulus und A. Winzen

Friedrich-Alexander-Universität Erlangen-Nürnberg
Lehrstuhl für Informatik 5 (Mustererkennung)
Martensstr. 3, D – 91058 Erlangen

Zusammenfassung. Der vorliegende Beitrag stellt einen Kontrollalgorithmus für ein wissensbasiertes Bildanalysesystem vor, bei dem ein Schwerpunkt auf die effiziente Nutzung und Repräsentation problemabhängigen Wissens gelegt wurde. Der Algorithmus arbeitet auf einer Wissensbasis, die als semantisches Netzwerk organisiert ist, und faßt die Zuordnung zwischen Modell und Sensordaten als ein kombinatorisches Optimierungsproblem auf, daß durch ein iteratives, stochastisches Relaxationsverfahren gelöst wird.
Komplexität und Rechenzeitbedarf praktisch interessanter Anwendungen motivieren die skizzierte objektorientierte Realisierung und die Untersuchung von Parallelisierungsmöglichkeiten.

1   Einleitung

Wissensbasierte Bildverarbeitungsysteme zum praktisch einsetzbaren "Rechnersehen" müssen größte Datenmengen unter sehr restriktiven Zeitbedingungen verarbeiten. So erfordert beispielsweise die Echtzeitinterpretation von 512 × 512-Farbbildfolgen, die mit einer Videogeschwindigkeit von 25 Bildern pro Sekunde aufgenommen werden, eine Rechenleistung von etwa 100 GIPS [5].

Bei den erkennbaren Grenzen konventioneller Rechner scheint der Einsatz von Parallelrechnern derzeit die einzige Möglichkeit zu sein, die erforderliche hohe Rechenleistung zur Verfügung zu stellen. Um darüber hinaus auch komplexere Anwendungen zu erschließen, ist die Realisierung großer und verteilter Softwaresysteme notwendig, die ein hohes Maß an Strukturiertheit und Effizienz der Programme erfordert.

Vor dem Hintergrund dieser Anforderungen – hohe Verarbeitungsgeschwindigkeit und verläßliche Software – beschreibt der vorliegende Beitrag einen parallelen Kontrollalgorithmus für ein objektorientiertes wissensbasiertes Bildanalysesystem.

2   Semantische Netze für die Musteranalyse

Die Interpretation komplexer Sensordaten setzt die Darstellung und Nutzung problemspezifischen Wissens voraus. Semantische Netze repräsentieren Wissen durch gerichtete, markierte Graphen, deren Knoten Begriffe oder Ereignisse aufnehmen und deren Kanten Beziehungen zwischen diesen darstellen. Unter den Vorteilen des Formalismus, die mittlerweile zu zahlreichen Implementierungen (z.B. [4]) geführt haben, sind die objektzentrierte Repräsentation und effiziente, parallele Inferenzmethoden hervorzuheben (z.B. [10]).

Das ERlanger semantische NEtzwerkSysTem ERNEST [7] ist eine Systemschale für die Interpretation komplexer Sensordaten, die in verschiedenen Bereichen der wissensbasierten Bildanalyse eingesetzt wird (z.B. [6]). Zur Repräsentation des Modells $\mathcal{M}$ eines Anwendungsbereiches werden die relevanten Begriffe in Konzepten C abgelegt, die über drei Kanten (Spezialisierung V, Bestandteil P, Konkretisierung K) zueinander in Beziehung gesetzt werden können. Eigenschaften von Konzepten werden durch Attribute A beschrieben; Strukturrelationen S stellen Beziehungen zwischen diesen her. Eine Bewertung G komplettiert die Konzeptdefinition:

$$\begin{aligned}
C = (\ &(D : T_C), (A : (T_A \mapsto F))^*, (S(A_C, A_P, A_K) \mapsto F)^*, \\
&([[(P_{ci} : C)^*, (P_{cd} : C)^*, (K : C)^*]^*_{OBL}, \\
&[(P_{ci} : C)^*, (P_{cd} : C)^*, (K : C)^*]^*_{OPT})^*, \\
&(V : C)^*, (G \mapsto F))
\end{aligned} \tag{1}$$

Bestandteile und Konkretisierungen können als obligatorisch oder optional markiert werden, um die Repräsentation verschiedener Varianten eines Begriffes in einem Konzept zu ermöglichen. Zur Modellierung kontextsensitiver Beziehungen werden kontextabhängige (P_{cd}) von –unabhängigen Bestandteilen (P_{ci}) unterschieden. Eine genaue Definition der Netzwerksprache und eine ausführliche Diskussion der Entwurfskriterien findet sich in [7].

Neben den Konzepten existieren zwei weitere Knotentypen, die Instanz I und das modifizierte Konzept Q. Instanzen stellen (Teil-)ergebnisse des Analyseprozesses dar und modifizierte Konzepte repräsentieren an eine konkrete Analysesituation angepaßtes Wissen.

Ziel der Analyse ist die Bildung einer Instanz zu einem Analyseziel C_g. Diese soll optimal zu den Ergebnissen $\mathcal{A}$ einer initialen Segmentierung passen und zum Modell $\mathcal{M}$ in der Wissensbasis kompatibel sein:

$$I^*(C_g) = \mathrm{argmax}_{I(C_g)}\{G(I(C_g))|\mathcal{M}, \mathcal{A}\} \tag{2}$$

Das durch (Gl. 2) gegebene Optimierungsproblem wird vom Kontrollalgorithmus des Systems als Zustandsraumsuche aufgefaßt [7] und mit Hilfe eines modifizierten A^*-Algorithmus [8] gelöst. Im folgenden wird ein massiv-paralleler Kontrollalgorithmus vorgestellt, der eine iterative Verbesserung einer Interpretation vornimmt.

3   Massiv-parallele Kontrolle

Grundvoraussetzung für die Entwicklung eines schnellen Kontrollalgorithmus ist die Abbildung geeigneter Elemente der Wissensbasis auf die Prozessoren eines parallelen Rechensystems, wobei die Verbindungen zwischen den Rechnerknoten die inferentiellen Abhängigkeiten repräsentieren. Um zu vermeiden, daß sehr komplex aufgebaute Konzepte den "Flaschenhals" der Analyse bilden, nehmen wir eine feingranulare Parallelisierung vor, wozu der Datenfluß zwischen den zu berechnenden Substrukturen der Konzepte (Attribute, Relationen, Kanten, Bewertung, vgl. Gl. 1) ermittelt und auf die Prozessoren verteilt wird.

Da der entstehende Datenflußgraph nur von der Syntax des Netzwerkes, nicht aber von den Zwischenergebnissen der Analyse abhängt, muß er lediglich einmal vor der Analyse generiert werden. Durch die automatische Transformation der Wissensbasis bleibt die ergonomische Adäquatheit der Repräsentation für den Anwender erhalten. Eine detaillierte Beschreibung des Vorgehens findet sich in [3]. Sowohl die Wissensbasis als auch die Segmentierungsergebnisse werden in einer objektorientierten Klassenhierarchie repräsentiert [9], die eine effiziente Realisierung verschiedener Kontrollparadigmen und eine flexible Anpassung an unterschiedliche Anwendungen ermöglicht.

Der iterativ-optimierende Kontrollalgorithmus verbindet eine datengetriebene Instantiierungsphase mit einem stochastischen Relaxationsverfahren, das die berechnete Interpretation schrittweise verbessert. Die datengetriebene Instantiierung aktiviert die an die Knoten des Datenflußgraphen gebundenen Methoden zur Berechnung und Bewertung von Attributen, zur Überprüfung von Relationen und zur Bewertung von Kanten und Konzepten. Die parallele Berechnung beginnt mit den Schnittstellenattributen, die direkt auf die initiale Segmentierung A zugreifen, und endet mit der Bewertung der Analyseziele. Aufgrund unsicherer Sensordaten bzw. fehlerhafter Segmentierungsergebnisse werden dabei konkurrierende Teilinterpretationen erzeugt. Experimentelle Untersuchungen zeigten, daß der zu erzielende Speed-Up bei einem rein datengetriebenen Vorgehen durch die Verarbeitung einer Vielzahl alternativer Hypothesen auf höheren Ebenen des Graphen begrenzt ist [3].

Zur Umgehung der skizzierten Problematik bietet sich eine iterative Lösung der durch Gl. 2 definierten Optimierungsaufgabe an. Durch die Verarbeitung genau einer Hypothese pro Knoten in jedem Iterationsschritt erreichen wir zudem eine – im Gegensatz zur Zustandsraumsuche mit Hilfe des A^*-Algorithmus – lineare Speicherplatzkomplexität.

Eine initiale Interpretation erhalten wir durch eine (gegebenenfalls zufällige) Gewichtung der Zuordnungen zwischen den Segmentierungergebnissen und den Schnittstellenattributen und eine anschließende datengetriebene Instantiierung unter Verwendung der stärksten Zuordnung. Dem Prinzip des *Simulated Annealing* (z.B. [1]) folgend, wird die Güte der Zuordnung durch eine Energiefunktion ermittelt, in die neben der Bewertung der Analyseziele auch die Anzahl der nicht instantiierten Knoten des Datenflußgraph eingeht. Anschließend wird die Zuordnung durch eine Manipulation der Gewichte verändert und die Energie des neuen Zustands bestimmt. Einen Zustand geringerer Energie akzeptieren wir mit einer Wahrscheinlichkeit von $P = 1$; eine Verschlechterung, die durch eine positive Energiedifferenz ΔU angezeigt wird, wird mit $P = exp(-\Delta U/T)$ beibehalten. Der Startwert T_0 des als *künstliche Temperatur* bezeichneten Kontrollparameters

T wird so gewählt, daß anfangs nahezu jeder Zustandsübergang zulässig ist.

Essentiell für das Erreichen eines globalen Minimums der Energiefunktion, das der besten Instanz $I^*(C_g)$ eines Analyseziels entspricht, ist ein sehr langsames, logarithmisches Absenken ($T_n \propto T_0/\log n$) des Kontrollparameters T. Die restriktiven Zeitanforderungen unserer Anwendungen legen jedoch eine exponentielle Absenkung der Temperatur nahe, z.B. $T_n = T_0 \cdot a^n$ mit $a = 0.99$. Zudem bietet es sich an, zu untersuchen, wie der Optimierungsprozeß durch eine Parallelisierung verkürzt werden kann.

In Anlehnung an [2] definieren wir zunächst die Konvergenzgeschwindigkeit v des Verfahrens als Wahrscheinlichkeit dafür, das ein nach n Iterationen angenommener Zustand z_n ein globales Minimum ist (Gl. 3),

$$v = P(z_n \in Z_{min}) \tag{3}$$

und untersuchen im folgenden zwei parallele Varianten des Simulated Annealing.

Bei einer simultanen, unabhängigen Suche (*independent multiple search annealing*) wird auf jedem der p zur Verfügung stehenden Prozessoren ein bezüglich der Wahl des Kontrollparameters identischer Algorithmus mit einem zufällig gewählten Anfangszustand $z_{0,p}$ ausgeführt. Können in der zur Verfügung stehenden Rechenzeit auf einem Monoprozessorsystem N Iterationen berechnet werden, so führt im p-parallelen Fall jeder Prozessor s Iterationen, $N/p - 1 < s \leq N/p$, unabhängig von allen anderen aus. Als gemeinsames Ergebnis der parallelen Suche wird von den p Zuständen $z_{s,1}, \ldots, z_{s,p}$ derjenige mit geringster Energie akzeptiert. Das Verfahren besitzt ein besonders günstiges Kommunikationsverhalten, da die Prozessoren lediglich am Ende der Suche ihre Ergebnisse austauschen müssen.

Im Unterschied dazu wird beim zweiten Verfahren, das in der Literatur auch als *multiple trial annealing* referiert wird, nach jedem Iterationsschritt eine gemeinsame Konfiguration für alle Prozessoren erzeugt, wodurch ein wesentlich höherer Kommunikationsaufwand entsteht. Bei der parallelen Erzeugung von Folgezuständen wird der aktuelle Zustand in jedem Schritt auf p Prozessoren geladen, die dann unabhängig voneinander eine Iteration durchführen. Als Ergebnis wird wiederum der Zustand mit minimaler Energie von allen Prozessoren angenommen.

Erste Experimente mit beiden Verfahren verwenden ein Modell $\mathcal{M}$ und segmentierte Bilder $\mathcal{A}$, die im Mittel 17 Millionen konkurrierende Zuordnungen zulassen. Im sequentiellen Fall benötigen beide Verfahren ca. 500 Iterationen, um mit einer Wahrscheinlichkeit $P \approx 0.9$ eine optimale Zuordnung $I^*(C_g)$ zu finden. Die Konvergenzgeschwindigkeit für $p = 1, \ldots, 5$ Prozessoren ist in den Abbildungen 1 und 2 dargestellt. Können nur wenige Iterationen ausgeführt werden, deuten die Ergebnisse auf eine höhere algorithmische Effizienz des multiple trial annealing. Gilt unser Interesse eher einer sehr genauen Lösung sind mehr Iterationen erforderlich, und die multiple unabhängige Suche erweist sich als vorteilhafter, da dann auf jedem Prozessor genügend viele Zustände generiert werden. Zum Erreichen des theoretisch optimalen, linearen Speed-Ups [2] sind weitere Verbesserungen der Energiefunktion und der Abkühlstrategie notwendig.

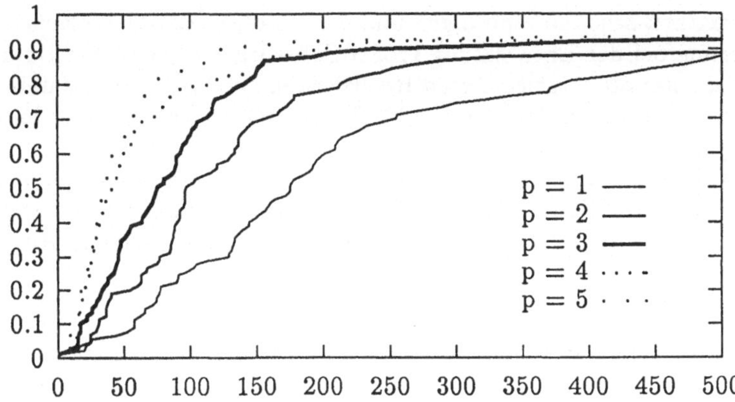

Bild 1. Konvergenzgeschwindigkeit und Speed-Up des Multiple-Trial-Annealing.

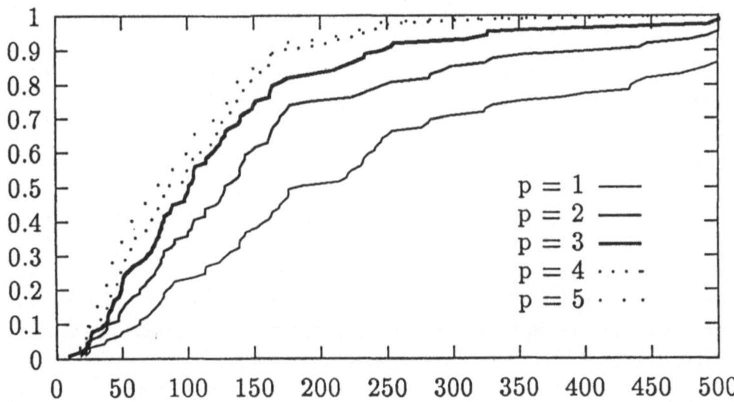

Bild 2. Konvergenzgeschwindigkeit und Speed-Up der simultanen, unabängigen Suche.

4 Zusammenfassung und Ausblick

Im vorliegenden Beitrag wurde ein Kontrollalgorithmus für die wissensbasierte Bildanalyse mit semantischen Netzen vorgestellt. Der Algorithmus nutzt sowohl die auf der Netzwerkebene vorhandene Parallelität zur Instantiierung als auch die Möglichkeit, das übergeordnete kombinatorische Suchverfahren zur Optimierung einer Interpretation durch Parallelverarbeitung zu beschleunigen.

Erste Ergebnisse mit zwei parallelen Annealing-Algorithmen zeigen bereits zufriedenstellende Speed-Ups, die aber durch weitere Verbesserungen der Energiefunktion und des Abkühlplanes noch zu steigern sein dürften.

Unsere Erfahrungen mit Algorithmen der ikonischen und symbolischen Bildverarbeitung zeigen den Nutzen einer flexiblen, dynamisch adaptierbaren Hardware für zeitkritische Anwendungen und die Vorteile der objektorientierten Programmierung bei der Entwicklung großer Softwaresysteme. Diese Überlegungen münden in einer objektorientierten Realisierung der Wissensbasis und der automatischen Generierung der Modelle [9] für die 3D-Analyse in einer industriellen Fertigungsumgebung.

In der Entwicklung komplexer Systeme für realistische Anwendungen und der zu erzielenden Steigerung der Rechenleistung sehen wir die wesentlichen Chancen des Einsatzes von Parallelrechnern für anspruchsvolle Aufgaben der wissensbasierten Bildanalyse.

Danksagung Die Autoren danken der Deutschen Forschungsgemeinschaft, die Teile der beschriebenen Arbeiten im Rahmen des Sonderforschungsbereichs 182 "Multiprozessor- und Netzwerkkonfigurationen" fördert.

Literatur

1. E. Aarts, P. van Laarhoven: *Simulated Annealing: Theory and Applications*, John Wiley & Sons, New York, 1987.
2. R. Azencott (Hrsg.): *Simulated Annealing. Parallelization Techniques.*, Wiley–Interscience Series in Discrete Mathematics and Optimization, John Wiley & Sons, Chichester, 1992.
3. V. Fischer, H. Niemann: *Parallelism in a Semantic Network for Image Understanding*, in A. Bode, M. Dal Cin (Hrsg.): *Parallelrechner: Theorie, Hardware, Software, Anwendungen*, Lecture Notes in Computer Science, Springer-Verlag, Berlin, Heidelberg, New York, erscheint 1993.
4. A. Kobsa: *Utilizing Knowledge: The Components of the SB-ONE Knowledge Representation Workbench*, in J. Sowa (Hrsg.): *Principles of Semantic Networks. Explorations in the Representation of Knowledge*, Morgan Kaufman Publishers, Inc., San Mateo, CA., 1991, S. 457 – 486.
5. S. Levitan, C. Weems, A. Hanson, E. Riseman: *The UMass Image Understanding Architecture*, in L. Uhr (Hrsg.): *Parallel Computer Vision*, Academic Press, Inc., Boston, 1987, S. 215–248.
6. H. Niemann, H. Brünig, R. Salzbrunn, S. Schröder: *Interpretation of Industrial Scenes by Semantic Networks*, in *Proc. of the IAPR Workshop on Machine Vision Applications*, Tokyo, 1990, S. 39–42.
7. H. Niemann, G. Sagerer, S. Schröder, F. Kummert: ERNEST: *A Semantic Network System for Pattern Understanding*, *IEEE Trans. on Pattern Analysis and Machine Intelligence*, Bd. 12, Nr. 9, 1990, S. 883–905.
8. J. Nilsson: *Principles of Artificial Intelligence*, Springer-Verlag, Berlin, Heidelberg, New York, 1982.
9. D. W. R. Paulus, A. Winzen: *Knowlege Based Object Recognition and Model Generation*, in *Proceedings Europto 93, Computer Vision for Industry*, Berlin, erscheint 1993, Proc. No. 1989.
10. L. Shastri: *Semantic Networks: An Evidential Formalization and its Connectionist Realization*, Pitman and Morgan Kaufmann Publishers, Inc., London and San Mateo, Ca., 1988.

CoDraft: An Object–Based Drafting Tool on Top of Group Communication Services

T. Kirsche, R. Lenz, H. Lührsen, K. Meyer–Wegener, H. Wedekind
University of Erlangen–Nuremberg, IMMD VI, Martensstr. 3, 91058 Erlangen, Germany

M. Bever, U. Schäffer, C. Schottmüller,
IBM European Networking Center, Vangerowstr. 18, 69115 Heidelberg, Germany

Abstract

Over the past few years, cooperation has become a key topic in computer science. This paper presents a cooperation tool named CoDraft and details the problems in developing it on top of today's communication services. Then, a group communication platform tailored to the needs of cooperative applications is presented. Finally, an outlook on the implementation of CoDraft on top of our group communication platform is given.

1   Introduction

Cooperation is a key factor in producing better and faster results in an information society [Nais84]. With the advent of networking infrastructure and technology combined with the availability of high performance workstations, the development of cooperative applications such as desktop conferencing and distributed graphical editing can be carried out. Electronic meeting support [Joha88] is provided by these applications, i.e. they support cooperation between geographically distributed users and allow them to work simultaneously on a common task.

Communication in a group of instances is a difficult concern, and therefore portable cooperative applications should not be built dependent upon properties of underlying network technologies. Essentially, multiparty communication should be performed by dedicated communication services rather than by the application. Communication requirements for cooperative applications like multicasting, group management, and voting are not sufficiently supported by present communication services.

In the following, we first present a graphical cooperation tool named CoDraft [KLLM93], which is implemented on top of a general–purpose transport system in order to study the suitability of point–to–point communication services for cooperative applications. In section 3 deficiencies of the communication services currently used are identified and potential improvements outlined. Section 4 introduces a new communication platform for cooperative work tailored to specific communication requirements of cooperative tools like CoDraft. Section 5 summarizes our work and gives an outlook on further activities.

2   A short introduction to CoDraft

CoDraft is a distributed drafting tool for interactive sessions between remote participants. CoDraft allows creation and modification of geometrical objects like lines, circles, rectangles, free–hand drawings, and textual annotations. Additionally, existing layouts in common raster image formats (e.g. TIFF, SunRaster, GIF) can be copied into the common drawing board. Figure 1 shows a typical screen layout.

The drawing tools provided are similiar to the common Paintbrush software. A *Telepointer* pull-down menu button invokes a distributed mouse cursor. That is, the mouse movement of the invoking CoDraft instance is replicated on all other screens. The mouse cursor is now used as a computerized and distributed index finger. In a separate GlobalView window, a complete, but drastically reduced view of the drawing surface can be displayed. Important design decisions leading to CoDraft's system architecture were:

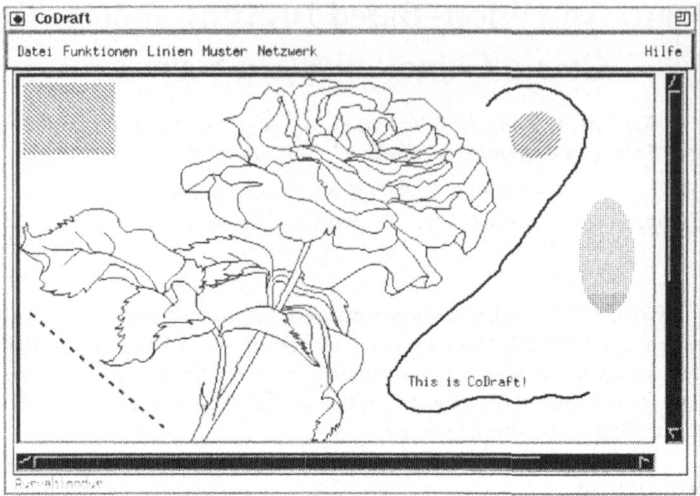

Fig. 1: CoDraft principal layout

- *symmetry.* All users hold equal rights, i.e. there is no chairperson or moderator who decides whether a new member is invited or calls on participants to speak. Functionally equivalent Co-Draft instances run at each participating site. Each CoDraft instance has its own copy of all common data and is solely responsible for maintenance of these local replica.

- *autonomy.* Each participant may decide when to leave the discussion, what to draw on a section of the board, and what part of the drawing to look at.

- *use of logical point-to-point connections.* No use is made of some net topology to ensure portability in LANs and WANs. Each participant maintains point-to-point connections to all other participants.

Arguments for these design decisions are given in [KLLM93]. Their consequences and impact on communication services are discussed in the next section.

3 CoDraft on top of conventional communication services

This section describes how CoDraft was built on top of a transport system providing point–to–point communication services according to ISO/OSI layer 4. It is our objective to identify points in application programming which could be improved by more adequate communication services for cooperative work.

3.1 Group management

Remote CoDraft instances involved in a discussion share a common drawing board and thus form a group of communicating programs. In fact, most of the messages exchanged must simply be sent to all other group members. This is accomplished by n-1 send operations. The structure of the group is highly dynamic, i.e. participants may join or leave the conference at any time during the discussion. Since each CoDraft instance must know all other group members, group management must be performed. CoDraft instances have to maintain connections to ensure that messages can always be sent to all other participants despite dynamic group changes.

CoDraft currently implements a native protocol to deal with invitations, group augmentations, and leavings. Under extraordinary circumstances, inconsistent replicas of data might be produced while augmenting the group. For example, an invited member could receive modification messages before context transfer is completed.

3.2   Packetizing of messages

Most objects on the drawing surface can be expressed in few geometric terms. For example, the outline of circles, squares, and rectangles is sufficiently described by the smallest enclosing rectangle, which is simply transmitted as a pair of x/y-coordinates. For free-hand paintings and raster images, however, bulk data transfer is needed. Compression of data and especially packetizing have to be done by CoDraft.

3.3   Locking for consistent object modification

Because of the fully distributed architecture of CoDraft, no central arbiter can detect and solve access conflicts of any kind. Instead, external decisions (with user interaction) and internal decisions (where CoDraft instances vote) are made. An example of an external decision is the *delete-all-objects* operation, which is executed only if all participants agree. Internal decisions mainly cope with object identifiers, which are used to create and gain part-time access to CoDraft objects.

Updates to existing objects are based on standard mouse drawing–tool techniques: point and click selects an object. Only after they are highlighted by the system can they be modified, e.g. moved, enlarged, rotated, etc. CoDraft in particular queries the other sites before highlighting the object (figure 2). They reply whether they currently do or do not lock the object. Only if no other site locks the same object, is the user allowed to proceed with the modification. This can be regarded as a voting procedure.

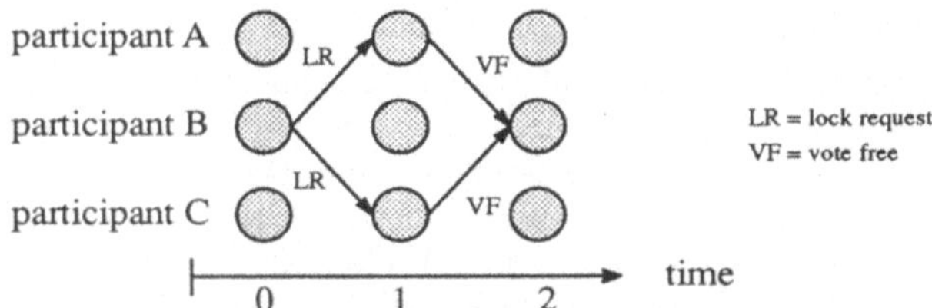

Fig. 2: Lock request and positive votes received from two participants

Consequences of this application-based voting mechanism include knowledge of the number of participants in order to count votes. Surveillance of timeout conditions and collecting and counting votes takes extra effort, although in most cases a single, common vote (e.g. yes or no, free or locked) suffices. Finally, the configuration of the group must not be altered during voting.

3.4   Creating unique object–identifiers

Currently, CoDraft avoids conflicts and errors caused by different message arrival orders due to concurrent multicasts at different sites [BiJo87; Maye92]. In particular, CoDraft coordinates the creation of unique and totally ordered object identifiers. These identifiers define a unique stacking order of all objects on the drawing board. Creating object identifiers is done by voting as follows. If a group member needs a new object identifier, the highest ID of the local stacking order is incremented and prelocked locally. Then, all other members are asked whether this ID is already locked, prelocked, or free. According to the answers, either the new ID can be locked, or a subsequent ID has to be selected and tested in the same way.

The built-in locking mechanism produces much network traffic. Even without conflicts, 2(n-1) messages are needed to introduce a new object identifier. Moreover, there is a potential for livelocks. If at least two participants pre-lock the same ID simultaneously, they might enter an infinite request-reject loop. In the current stage of development, CoDraft tackles this problem in a brute-force manner, but should provide more sophisticated mechanisms later on [RiAg81].

3.5   Selective transmission of messages

Some messages sent in a CoDraft conference don't need to be processed by all receivers. These are messages containing rubberbanding information, i.e. screen positions of an object's geometrical contour during creation, resizing, or movement. Rubberbanding messages allow some animation effects, thus closely coupling participants to ongoing work. Therefore, these messages can be suppressed or processed optionally depending on processing capabilities or network bandwidth. There are two aspects in CoDraft, where the effort for rubberbanding is discretionary. First, the sender may choose to create rubberbanding messages on a work load basis. Second, every receiver may simply skip incoming rubberbanding messages. Since rubberbanding generates lots of messages, it is worth the effort to decouple fast sender machines from slow receiver machines.

4 Multiparty Communication Platform

In order to provide communication services for cooperative applications, a multiparty communication platform was developed comprised of services for managing groups of application instances, multicasting data, performing votes in a group, and transfering files to more than one target.

4.1 Application Specific Group Management Service

In CoDraft sessions, communication takes place within arbitrary groups of CoDraft instances. Maintaining groups and their members requires a group management service [Cher86; Hugh88]. It handles a group of instances as a single entity and assigns a unique group identifier. The group identifier is used to address a group without taking heed of the actual members of the group, their addresses, or other attributes.

With respect to the specific requirements of CoDraft, an application specific group management service has been developed which comprises service primitives to create a group, to invite new participants, to join a session, to query the list of group members, to leave a session, and to uninvite participants. If all group members have left a group, the group is removed. Group changes can be prevented temporarily by locking groups. Additionally the service supports the transfer of the actual state of the CoDraft session to a new participant in order to provide him with a copy of the current CoDraft drawing board.

4.2 Multicast Distribution Service

In order to support a CoDraft instance sending messages to all CoDraft group instances within a single send operation, a multicast distribution service has been developed. It provides naming transparent distribution of data to a group of targets and guarantees reliable transfer by avoiding bit and package errors (duplication, loss, and wrong sequence) unless a permanent site failure or a network partition occurs. The sender may specify the percentage of targets that must receive the data in order to regard the transfer as successful (k–reliability [Cher86]). With k–reliability equal to zero per cent, the transmission is successful even if no target received the package correctly; with k–reliability equal to 100 per cent, all targets must get the package correctly for a successful transmission.

4.3 Multiparty File Transfer Service

The platform also comprises a multiparty file transfer service to support the distribution of raster images. It transfers files from a source instance's file system to the file systems of a group of target instances. File transfer is used, because raster images are usually stored as files and because file transfer provides fast and reliable data exchange using protocols which are tailored to the transfer of bulk data.

The multiparty file transfer service provides naming transparency using a unique group identifier in order to address the target instances in a multiparty file transfer. Each target instance sends replies to the source instance indicating success or failure of the file transfer. Reply handling transparency [LiCh90] guarantees that a source user instance need not to be aware of individual replies. The multiparty file transfer service collects these replies and generates a single reply indicating success or failure of the whole multiparty file transfer.

The multiparty file transfer service guarantees best effort reliability. The file is transferred without bit errors, loss, or duplication of file data, if no permanent site failure or network partition occurs. Additionally, the multiparty file transfer service allows a source user to specify the expected k–reliability.

After the multiparty file transfer of a raster image file has been terminated successfully, the initiating source sends a message to all other participants. The message contains the name and the image format of the file actually sent. After the receipt of this message, all CoDraft instances load the raster image from the file to the local copy of the common drawing board.

4.4 Voting Service

In order to fulfill a common task, cooperative applications like CoDraft require dynamically established consensus among the participants on application–defined issues. Examples in the CoDraft application are obtaining unique object identifiers and acquiring locks on objects. Dynamically established consensus is usually achieved by means of voting mechanisms.

Consequently, the platform provides a voting service comprising three phases. In the first phase, an arbitrary participant (the requestor) distributes an issue to all group members (voters) using the send–issue service. An issue might be a question, a proposal, or a request. Its type is transparent to the voting service and has to be specified by the service user. In a second phase, the voters send their votes back to the requestor. Having received the votes, the service provider runs a user–defined evaluation–function. This function has been passed over together with the send–issue service allowing the user to abstract from the list of votes and to receive only a final voting result. For example, a CoDraft application instance using the voting service for acquiring locks on objects is interested only in the question whether all participants voted "free" or whether at least one participant voted "prelocked" or "locked". In an optional third phase the requestor may inform the voters about the result of the vote. The voting service guarantees reliable transfer of the transmitted issues, votes, and results.

4.5 Concurrent use of services of the Multiparty Communication Platform

Since CoDraft instances may call service procedures at any point in time, service calls of different CoDraft instances are performed concurrently. Concurrent multicasts lead to the problem of different receive orders of service data units at the targets. In [BiJo87] services are specified which guarantee well–defined receive orders, e.g., total ordering. However, total ordered messages do no prevent that a sequence of related object modifications issued by one participant (e.g., draw circle, enlarge circle, fill circle) is interrupted by a modification of another participant on the same object (e.g., delete circle). CoDraft realizes exclusive object access for well–defined sequences of object modifications by means of locking. Since locking prevents concurrent object modifications, concurrent multicast distribution containing object modifications on the same object do not occur. Therefore, in CoDraft there is no concurrent multicast ordering problem as far as object modifications are concerned. Consequently, the multicast distribution service does not need to provide ordered delivery for concurrent multicasts.

Group changes and multicast data distribution are also invoked concurrently. In order to avoid inconsistencies, the multiparty communication platform guarantees that all group members receive data messages either before or after a group change occurs, but uniformly for all participating sites [Maye92].

As far as the state transfer in the invite and join services of the application specific group management service is concerned, it is guaranteed that the new member gets a complete copy of the state of the common drawing board together with all other messages, which are currently on the way. Additionally, the state transfer is completed before any other message is delivered to the new member. Duplicate messages might occur during this procedure and must be discarded by the application.

Application specific voting and multiparty file transfer implies the exchange of a sequence of data messages between a source and target instances. Group changes during transmission of those sequences of data units lead to inconsistency. The multiparty communication platform solves this problem by temporarily locking the group.

5   Conclusion and Outlook

So far, a set of multiparty communication services more appropriate to support cooperative applications than point–to–point communication services has been described. Now we are focusing on problems related to the implementation of these services. Since cooperative applications like CoDraft support an interactive style of interworking, the communication system has to provide sufficient performance in terms of response time and throughput. One approach to meet this requirement is to exploit lower layer multiparty communication services like multicasting which may contribute to reduce response times.

Of course, services like group management, multicasting, voting and locking could be provided by every application itself. Built on top of a communication system providing only basic capabilities, everything would work quite well from the user's point of view. Nevertheless, we emphasize that communication services should provide such services because of the following reasons:

- Most cooperative systems have similar requirements to a communication system as CoDraft. Development of further cooperative applications could be simplified by group communcation services.

- Lower layer physical broadcast capabilities and multicast routing or switching technologies can be exploited to enhance performance.

- Since our group communication platform provides a functional specification, the implementation can be improved when new technologies like high speed communication networks are widely available.

In order to validate our approach, the multiparty communication platform is currently implemented and integrated with the existing CoDraft application. Subsequently, we will measure the performance of the resulting prototype in terms of response time, throughput, and network load. As a long term goal, further cooperative applications will be developed on top of our multiparty communication platform.

References

BiJo87   **Birman K.P., Joseph T.A.:** *Reliable Communication in the Presence of Failures.* ACM Transactions on Computer Systems, Vol. 5 (1), Feb 1987, pp. 47–76

Cher86   **Cheriton D.R.:** *Request–Response and Multicast Interprocess Communication in the V Kernel,* LNCS 248: Networking in Open Systems, Springer Verlag, 1986

Hugh88   **Hughes L.:** *A Multicast Interface for Unix 4.3,* Software – Practice and Experience, Vol. 18 (1), Jan. 1988, pp. 15–27

Joha88   **Johansen R.:** *Groupware: Computer Support for Business Teams,* Macmillan Inc., New York, 1988

KLLM93   **Kirsche T., Lenz R., Lührsen H., Meyer–Wegener K., Wedekind H.:** *CoDraft – eine verteilte Architektur zur Unterstützung von Gruppenarbeit durch Multimediale Objekte,* in: Effelsberg W., Rothermel K.: Verteilte Multimedia–Systeme, 1993, pp. 160–173

LiCh90   **Liang L., Chanson S.T., Neufeld G.W.:** *Process groups and group communications,* IEEE Computer, 2/90, pp. 56–66

Maye92   **Mayer E.:** *Concurrent Multicast Checkpointing,* in: Proc. IFIP WG 6.5 International Conference on Upper Layer Communication, Architectures, and Applications, Vancouver, May 1992

Nais84   **Naisbitt J.:** *Megatrends – 10 new directions transforming our lives,* Futura Publ., London et al., 1984

RiAg81   **Ricart G., Agrawala A.K.:** *An Optimal Algorithm for Mutual Exclusion in Computer Networks,* Comm. of the ACM, Vol. 24 (1), Jan. 1981, pp. 9–17

Kooperation und Konkurrenz
(Fachbereich 2 und Graduiertenkolleg
„Kommunikationsbasierte Systeme")

Die Programmierung nebenläufiger verteilter Systeme hat heute in zahlreichen
Anwendungsbereichen eine erhebliche Bedeutung erlangt. Die Beschreibung der
Konkurrenz zwischen Prozessoren und der Kooperation von Prozessen durch
Synchronisation und Kommunikation spielt hierbei eine zentrale Rolle und ist
heute im Bereich prozeduraler Programmierung wohlverstanden.
In diesem Fachgespräch sollen neuere Forschungsergebnisse betrachtet werden,
die Problemfehler jenseits der klassischen prozeduralen Programmierung be-
handeln. Hierzu gehören andere Programmierparadigmen, wie z.B. funktionale,
logische und objektorientierte Programmierung, aber auch formale Spezifikationstechniken und fehlerorientierte echtzeitfähige Programme.
Alle Referenten sind Mitglieder im Graduiertenkolleg „Kommunikationsbasierte
Systeme" in Berlin, das einen Forschungsschwerpunkt in diesem Bereich hat.

Koordination: Prof. Dr. G. Hommel, TU Berlin

Combined Algebraic Specification Techniques for Concurrent and Distributed Systems

Hartmut Ehrig
Computer Science Department, Technical University of Berlin,

May 1993

ABSTRACT

Starting with an overview of techniques for process description on one hand and data type specifications on the other hand different combinations of both are discussed as specification techniques for concurrent and distributed systems. Two of these combined techniques are discussed in more detail. In the first case we start from Petri nets and algebraic specifications leading to algebraic high-level nets. These are high-level nets where data elements of an algebra are allowed as token on the places,and equations as constraints for the transitions. In the second case we start from basic process algebras, an axiomatic version of processes in the sense of Milner's CCS, and the notion of projection spaces, an algebraic version of metric spaces. The combination of both with algebraic data type specifications leads to projection specifications, a recently developed algebraic specification technique for concurrent and distributed systems.

ACKNOWLEDGEMENTS

For fruitful discussions concerning the topic of this paper I am grateful to several members of the ESPRIT Basic Research Working Groups COMPUGRAPH and COMPASS and for excellent typing to Helga Barnewitz. Special thanks go to Andreas Heise and Martin Große-Rhode, my co-authors of the joint paper [EGH 92], and to Julia Padberg and Leila Ribeiro as co-authors of [EPR 93], [PER 93], and [RPE 93]. These papers include all the technical details and examples which had to be omitted from this paper because of space limitations. Partial support for all these papers was given by the ESPRIT-projects COMPUGRAPH and COMPASS and the DFG-Graduate College "Communication Based Systems" in Berlin.

1. INTRODUCTION: Overview of Specification Techniques

The purpose of this paper is to give an overview of algebraic specification techniques for concurrent and distributed systems and to introduce two specific techniques in more detail. They are based on two different process description paradigms, the "interleaving" and the "true concurrency" concept for the interaction of processes, but on the same algebraic data type description technique. We start with a short overview of process description methods, data type specification techniques and the combination of both for the specification of concurrent and distributed systems.

1.1 Process Description Methods

Probably the most prominent method for the description and analysis of nonsequential processes are Petri nets which were already introduced in the early 60's by Petri [Pet 62]. In the beginning mainly condition event and place transition systems have been studied where in the first case at most one token and in the second case several indistinguishable token on each place are allowed. Although Petri nets are able to express "true concurrency" using a partial order of events the main drawback in the beginning was the lack of a suitable algebraic theory to calculate the behaviour of processes. Today there is a large amount of theory for description and analysis of different kinds of Petri nets (see e.g. [Rei 85], [Sta 90]) and also an elegant algebraic approach to Petri nets considered as monoids in [MM 90], which has been extended to abelian groups in [HD 90] and [EPR 93].

The most prominent calculus for concurrent processes is probably Milner's calculus of communicating systems, short CCS, (see [Mil 89]). The semantics of CCS-processes is based on action trees, i.e. trees where the edges are labeled with elementary actions, branching represents nondeterministic choice of actions and concurrency of sequences of actions is represented by interleaving of the sequences. For this reason CCS is based on the interleaving paradigm for concurrency of processes.
Of course, also several other interesting process description techniques and languages have been introduced in the literature, like Habermann's path expressions, and Hoare's calculus of synchronized processes, short CSP, labeled transition systems, the actor model of computation, temporal logic and graph transformation models in the sense of the ESPRIT Basic Research WG COMPUGRAPH. But it would go beyond the scope of this paper to discuss them in more detail.

1.2 Data Type Specification Techniques

There are two prominent data type specification techniques and languages, which are based on set theory, called VDM (see [Jon 86]) and Z (see [Spi 89]). The main paradigm of the algebraic approach, however, is that data types are algebras (see [GTWW 75]) and parameterized data types are functors between categories of algebras (see [TWW 78]). In fact, there are several different algebraic specification techniques and languages for data types and software systems depending on the kind of signature, axioms, semantics and structuring techniques for algebraic specifications. Algebraic specifications with initial algebra semantics in the sense of [GTWW 75] and [EM 85] are suitable for the design of data types and software systems.

In order to show the relationship between the initial algebraic technique on one hand and the set theoretical approach as used in VDM and Z mentioned above let us cite an interesting result of Hodges [Hod 91], which might result in a Church's thesis for data type specification functors: Hodges shows that under suitable restrictions the specification functors defined by the initial algebraic semantics, by domain theoretical and by set-theoretical techniques are all equivalent as functors in the sense of category theory.

1.3 Specification of Concurrent and Distributed Systems

Although process description methods as mentioned in 1.1 can already be used for the specification of small concurrent and distributed systems it has turned out that most practical examples of such systems really need an explicit data type specification part. Hence it makes sense to combine process description and data type specification techniques as mentioned in 1.1 and 1.2 respectively, in order to specify concurrent and distributed systems.

The combination of Petri nets and algebraic specifications has been studied in [Vau 86], [Hum 89], [Rei 91], and [DHP 91] leading to the notion of algebraic high-level nets which are discussed in section 2 of this paper in some more detail.

Using processes in the sense of CCS a combination with algebraic data type specifications in the sense of ACT ONE (see [EM 85]) was the starting point for the specification language LOTOS for concurrent and distributed systems. LOTOS has received already the status of an ISO-standard. It has been developed within the ESPRIT projects SEDOS and LOTOSPHERE. A purely algebraic approach is the combination of process algebras in the sense of [BK 86], projection spaces, a variant of metric spaces, and algebraic data type specifications leading to the notion of projection specifications which are discussed in section 3 of this paper in some more detail.

Finally let us note that there are also other interesting examples for the combination of data type and process techniques in the literature, like OBJSA-Nets, a purely algebraic approach combining nets and algebraic specifications in the sense of new versions of OBJ, the SMOLCS-approach by Astesiano and his group in Genova, combining labeled transition systems with algebraic specifications, stream processing functions in the sense of Broy, combining domain theoretical aspects and algebraic specifications, and concurrently executable modules in the sense of the π-language within the EUREKA project ESF, combining path expressions with algebraic module specifications.

2. FROM PETRI NETS TO ALGEBRAIC HIGH-LEVEL NETS

Inspired by Meseguer and Montanari [MM 90], where Petri nets are considered as monoids, we use abelian groups to be able to apply techniques from linear algebra for the analysis of nets like calculation of invariants.

In our notion of place-transition nets markings are elements of a free abelian group which allows to have a positive as well as a negative number of tokens on each place so that switching of a transition is not prohibited by missing tokens on the input places. This notion is adequate for the calculation of invariants of place-transition nets and for the structural theory of nets including compositionality (see [HD 90]). In order to model the fact that a transition is not enabled because of missing tokens on the input places or limited capacity of output places we introduce the notion of a place-transition net with capacities. For reasons of symmetry we assume to have a minimal capacity Cmin for all places - which usually is taken to be zero - and a maximal capacity Cmax such that each consistent marking m - including the initial marking init - satisfies Cmin $\leq$ m $\leq$ Cmax.

Taking Cmin to be zero and Cmax to be one for each place we obtain elementary nets in the sense of Rozenberg which roughly correspond to condition event systems in [Rei 85] and to the original version of Petri nets in [Pet 62]. Nets of this kind have been extensively studied in the literature leading to interesting results concerning safety, liveness, reachability of markings, compositionality and different kinds of semantics for processes, especially true concurrency of processes (see [Rei 85], [Sta 90], [MM 90], [HD 90]).

Unfortunately elementary and place-transition nets tend to become very large and intractable for software specifications of concurrent and distributed systems. As pointed out in the introduction this problem was the motivation to introduce colored nets [Jen 81] and high-level nets [JR 92] including combinations of Petri nets with algebraic specifications in [Vau 86]. This idea was extended to the notion of algebraic high-level nets in [Hum 89], [DHP 91] and [EPR 93]. The high-level counterpart of place-transition nets and place-transition nets with capacities are algebraic high-level (AHL) nets and algebraic high-level nets with capacities. In fact the flat version of each type of algebraic high-level net is the corresponding type of place-transition net. In [EGH 92] we have presented a specification of a flexible manufacturing system using algebraic high-level nets with capacities. For basic results of algebraic high-level nets concerning invariants, net properties, different kinds of semantics and compositionality results we refer to [Hum 89] and [DHP 91]. In [EPR 93], [PER 93] and [REP 93] we have extended algebraic high-level nets by a concept of high-level refinement which allows to replace a subnet of a given net by a more detailed version. This is done in the framework of high-level-replacement systems (see [EHKP 92]), a generalization of graph grammars, which are applied to algebraic high-level nets. In fact, several nontrivial compatibility results between different kinds of transformations and horizontal structuring can be obtained as applications of the general theory of high-level replacement systems in [EHKP 91] and [PER 93]. The software engineering motivation is given in [REP 93].

3. FROM PROCESS ALGEBRAS TO PROJECTION SPECIFICATIONS

In this section we want to give the basic ideas how to come from process algebras (see [BK 86], [BW 90]) to projection specifications (see [EPBRDG 90], [GR 89]), an algebraic specification technique for combined data type and process specifications. Processes are represented by action trees, the basic semantical level of Milner's CCS (see [Mil 89]). Process algebras (PA) in the sense of Bergstra and Klop [BK 86] can be considered as an algebraic version of the basic notions of CCS, although the action prefix operator in CCS is generalized to process composition in PA. The specification **bpa** of basic process algebras is an algebraic specification in the sense of [EM 85]. Hence basic process algebras in the sense of [BK 86] are **bpa**-algebras in the sense of [EM 85]. We are especially interested in the initial model T_{bpa}, representing finite processes, and in the initial continuous model CT_{bpa}, representing finite and infinite processes, while in [BK 86] and [BW 90] especially graph models of **bpa** are studied, where processes are represented by action graphs instead of action trees. The step from finite to infinite processes is done using the standard completion procedure of metric spaces applied to process domains, where the metric on processes is defined via projections. In [EPBRDG 90] we have introduced projection spaces as a variant of metric spaces to define this completion procedure in the context of algebraic specifications and continuous algebras. The notion of projection specification allows to specify projections for each sort of the specification leading to a projection space - and hence also a metric space - for each domain of the corresponding algebras, called projection algebras. For process domains where processes are represented by action trees the n-th projection corresponds to a cut of the action tree at level n from the root. For data domains we are able to specify "discrete" projections leading to a discrete metric on the data domains so that the completion procedure does not change the data domains. This allows to consider projection specifications as a unified algebraic framework for combined data type and process specifications. In fact basic process algebras are a special case of projection algebras because **bpa** can be extended to a projection specification **p-bpa** by adding projection operations for data and process sorts as mentioned above. In [EPRDG 90] we construct the initial model T_{PS} and the initial continuous model CT_{PS} for each projection specification PS and show how to solve recursive equations within the framework of projection specifications generalizing basic techniques of recursive process specifications within CCS and process algebras. In [EGH 92] we present in addition to the net-specification of a flexible manufacturing system mentioned in section 2 also a corresponding specification using recursive projection specifications.

4. CONCLUSION

In this paper we have given a short overview of combined algebraic specification techniques for concurrent and distributed systems with special emphazise on algebraic high-level nets and projection specifications.

In the first case we combine algebraic data type specifications with Petri nets, and in the second case with processes in the sense of CCS. Several new results for algebraic high-level nets in combination with high-level-replacement systems have been obtained recently in [EPR 93], [PER 93] and [REP 93].

Of course, it is difficult to give general guidelines which specification technique to use for which kind of practical examples. Petri nets and CCS in combination with data types have been used for a large number of practical specifications of concurrent and distributed systems. In both cases corresponding specification languages and support tools have been developed already, especially in Europe in the ESPRIT project LOTOSPHERE and the ESPRIT BRA DEMON during the last decade.

REFERENCES

[BK 86]   Bergstra, J.A., Klop, J.W.: Algebra of Communicating Processes; CWI Monographs I series, Proc. of the CWIU Symp. Math. and Comp. Sci., NH Amsterdam 1986, pp. 89-138

[BW 90]   Baeten, J.C.M.; Weijland, W.P.: Process Algebra, Cambridge Tracts in Theoretical Computer Science 18 (Cambridge University Press), 1990

[DHP 91] Dimitrovici, C.; Hummert, U., Petrucci, L.: Semantics, Composition and Net Properties of Algebraic High-Level Nets, Springer LNCS, 483, 1991

[EHKP 92] Ehrig, H.; Habel, A.; Kreowski, H.-J.; Parisi-Presicce, F.: Parallelism and Concurrency in High-Level-Replacement Systems. MSCS 1 (1992), pp. 361-404

[EGH 92] Ehrig, H.; Große-Rhode, M.; Heise, A.: Specification Techniques for Concurrent and Distributed Systems. Techn. Report TU Berlin, FB 20, No. 92-05

[EM 85]   Ehrig, H.; Mahr, B.: Fundamentals of Algebraic Specification 1. Equations and Initial Semantics. EATCS Monographs on Theoretical Computer Science, Vol. 6, Springer (1985)

[EPBRDG 90] Ehrig, H., Parisi-Presicce, F., Boehm, P., Rieckhoff, C., Dimitrovici, C., Große-Rhode, M.: Combining Data Type and Recursive Process Specifications using Projection Algebras. Theoretical Computer Science 71 (1990), pp. 347-380 (North-Holland)

[EPR 93] Ehrig, H.; Padberg, J.; Ribeiro, L.: Algebraic High-Level Nets: Petri Nets Revisited. Techn. Report TU Berlin, FB 20, No. 93-06

[GR 89]   Große-Rhode, M.: Parameterized Data Type and Process Specifications using Projection Algebras, in: Categorical Methods in Computer Science - with Aspects from Topology, (H. Ehrig, H. Herrlich, H.-J. Kreowski, G. Preuß, eds.), Springer LNCS 393 (1989), 185-197.

References (cont'd)

[GTWW 75] Goguen, J.A.; Thatcher, J.W.; Wagner, E.G.; Wright, J.B.: Abstract data types as initial algebras and the correctness of data representations. Proc. of Conf. on Computer Graphics, Pattern Recognition and Data Structures, 1975

[HD 90] Heise, A.; Dimitrovici, C.: Transformation und Komposition von p-Netzen unter Erhaltung wesentlicher Eigenschaften. Techn. Report 342-29-90 A, Sonderforschungsbereich 342: Methoden und Werkzeuge für die Nutzung paralleler Rechnerarchitekturen, 1990

[Hod 91] Hodges, W.: The meaning of Specifications I: Domains and Initial Models, Internal Report, University of London, 1991

[Hum 89] Hummert, U.: Algebraische Theorie von High-Level-Netzen. Master's thesis, TU Berlin, 1989

[Jen 81] Jensen, K.: Coloured Petri nets and the invariant-method. Theoretical Computer Science, 14, 1981

[Jon 86] Jones, C.B.: Syntactic Software Development using VDM, Prentice Hall, 1986

[JR 92] Jensens, K.; Rozenberg, G.: High-Level Petri Nets: Theory and Applications, Springer Verlag, Berlin 1992

[Mil 89] Milner, R.: Communication and Concurrency, Prentice Hall, 1989

[MM 90] Meseguer, J.; Montanari, U.: Petri nets are monoids. TCS, 88, 1990

[PER 93] Padberg, J.; Ehrig, H.; Ribeiro, L.: Algebraic High-Level Net Transformation Systems, Technical Report TU Berlin, FB 20, No. 93-12

[Pet 62] Petri, C.A.: Fundamentals of a Theory of Asynchronous Information Flow, Inform. Processing 1962, Proc. of the IFIP Congress 1962, Munich; North Holland Publishing Company Amsterdam (1962), pp 386-390

[Rei 85] Reisig, W.: Petri Nets. Springer Verlag, Berlin-Heidelberg-New York, 1985

[Rei 91] Reisig, W.: Petri nets and algebraic specifications. TCS, 80, pp 1 - 34, 1991

[REP 93] Ribeiro, L.; Ehrig, H.; Padberg, J.: Formal Development of Concurrent Systems using Algebraic High-Level Nets and Transformations. Submitted 1993

[Spi 89] Spivey, J.M.: The Z Notation, A Reference Manual, Prentice Hall, 1989

[Sta 90] Starke, P.: Analyse von Petri-Netz-Modellen. Teubner Verlag, Stuttgart, 1990

[TWW 78] J.W. Thatcher, E.G. Wagner, J.B. Wright: Data type specification: parameterization and the power of specification techniques. 10th Symp. Theory of Computing (1978), 119-132. Trans. Prog. Lang. and Syst. 4 (1982), 711-732

[Vau 86] Vautherin, J.: Parallel systems specifications with colored Petri nets and algebraic abstract data types. In 7th European Workshop on Applications and Theory of Petri Nets, 1986

Programmierung fehlertoleranter, verteilter Echtzeitsysteme *

Günter Hommel

Technische Universität Berlin, Institut für Technische Informatik
Franklinstr. 28/29, D–10587 Berlin

1 Einführung

Klassische Echtzeitprogrammiersprachen hatten kaum Ausdrucksmittel zur Beschreibung von Nebenläufigkeit, Kommunikation und zur Verteilung von Programmen auf die Knotenrechner. Die Implementierung erfolgte mit Hilfe von Funktionen, die das Echtzeitbetriebssystem zur Verfügung stellte.

Es mußten also Sprachkonzepte entwickelt werden, die die Realisierung eines verteilten Echtzeitsystems erlauben. Es werden insbesondere nebenläufige Verteilungseinheiten benötigt, die über Nachrichten kommunizieren und sich dadurch auch synchronisieren. Erweiterungen von PEARL zur Beschreibung von Verteilungseinheiten und deren physikalische Verteilung auf die einzelnen Rechner wurden schon sehr früh (Steusloff 1981) vorgeschlagen. Eine weitere Sprache, die die Verteilung von Programmeinheiten erlaubt, ist CONIC (Kramer et al. 1985, Magee et al.1989). Ein Vergleich dieser Konzepte findet sich in Hommel (1985).

Mit der Möglichkeit, Verteilungseinheiten zu definieren und ihre physikalische Verteilung zur Laufzeit zu ändern, d.h. das System zu rekonfigurieren, können fehlertolerante Systeme entwickelt werden. Sprachelemente zur Realisierung fehlertoleranter Systeme wurden ebenfalls schon in einer Erweiterung von PEARL (Steusloff 1981), als auch in CONIC beschrieben. Die Weiterentwicklung dieser beiden Ansätze unter Berücksichtigung von Sprachkonzepten der Programmiersprache Ada (DoD 1983) führte letztlich zu PEARL für Mehrrechnersysteme (DIN 1987). Eine Beschreibung findet sich z.B. in Herrtwich und Hommel (1989).

Bei der Entwicklung von Ada wurden Programmiersprachenkonzepte für Nebenläufigkeit und Kommunikation bei der Sprachentwicklung berücksichtigt. Allerdings ist die Programmierung verteilter Systeme nicht mit der im Standard definierten Sprache möglich. Da heute praktisch alle realistischen Echtzeitsysteme verteilt sind, gab es zahlreiche Ansätze zur Erweiterung von Ada (Atkinson et al. 1988; Cornhill et al. 1989; Fantechi et al. 1986; Knight und Urquhart 1987; Van Scoy et al. 1989; Volz et al. 1985).

Die im folgenden vorgestellte Sprache GranAda (Müller und Hommel 1992; Hommel 1992) wurde an der TU Berlin entwickelt. Sie basiert auf Ada und ermöglicht die Programmierung fehlertoleranter, verteilter Echtzeitsysteme.

* Diese Arbeit wurde von der Deutschen Forschungsgemeinschaft (DFG) unter dem Kennzeichen Ho 1257/2-1 gefördert

2 Sprachkonzepte von GranAda

In GranAda sind alle Sprachkonstrukte von Ada verfügbar, insbesondere also nebenläufige Prozesse, Synchronisation und Kommunikation mit Hilfe des Rendezvous-Mechanismus, Zeitsteuerung über delay-Anweisungen und Anweisungen zur Ausnahmebehandlung. Die Semantik dieser Sprachelemente muß für verteilte Anwendungen teilweise präzisiert werden (vgl. Abschnitt 2.2).

Zusätzlich werden Verteilungseinheiten, in GranAda *grains* genannt, eingeführt. Eine getrennte Konfigurationssprache wird zur Beschreibung der Abbildung der Verteilungseinheiten auf die Knoten des verteilten Systems benutzt. Diese Sprache wird ebenfalls zur Beschreibung von Rekonfigurationen im Fehlerfall und zum Austausch von Komponenten während des laufenden Betriebs benötigt. Auf diese Weise können unterschiedliche Fehlertoleranzmaßnahmen realisiert werden (vgl. Abschnitt 2.3).

2.1 Spezifikation der logischen Verteilung

Da Ada prinzipiell die Benutzung prozeßglobaler Objekte erlaubt, ist die Verteilung von Prozessen auf verschiedene Knoten problematisch. Aus diesem Grund wurden Verteilungseinheiten (grains) eingeführt, die auch gleichzeitig im Fehlerfall die Rolle von Ersatz- und Austauscheinheiten übernehmen. Jede Verteilungseinheit besteht aus mindestens einem Ada-Prozeß . Eine Verteilungseinheit wird durch einen Spezifikations- und Implementierungsteil beschrieben:

```
grain EXAMPLE_GRAIN is          grain body EXAMPLE_GRAIN is
   task TASK1 is ...               task body TASK1 is ...
   task TASK2 is ...               task body TASK2 is ...
   TASK3 : TASK3_TYPE;            ...
end EXAMPLE_GRAIN;              end EXAMPLE_GRAIN;
```

2.2 Kommunikation und Synchronisation in GranAda

Im Prinzip besteht durch die Einführung von Verteilungseinheiten keine Einschränkung bei der Auswahl von Kommunikationsprimitiven. So wäre beispielsweise problemlos die Integration von asynchronem Nachrichtenaustausch über Ports möglich gewesen.

Es liegt allerdings nahe, die in Ada ohnehin angelegten Möglichkeiten zur Kommunikation mit dem Rendezvous-Mechanismus konsistent auf einen Fernrendezvous-Mechanismus zu erweitern. Diese in GranAda realisierte Lösung hat den Vorteil, daß lokale und ferne Rendezvous-Aufträge im Programm völlig transparent sind. Selbstverständlich ist das volle Rendezvous-Konzept z. B. einschließlich selektiver und zeitüberwachter Aufrufe sowie selektiver und zeitüberwachter Annahme von Rendezvous-Anträgen in GranAda verfügbar. Die einzige semantische Einschränkung bei Fernrendezvous besteht darin, daß Adressen, die als Rendezvous-Parameter übergeben werden, nicht dereferenziert werden dürfen. Diese Entscheidung erschien in Hinblick auf Echtzeitanwendungen sinnvoller, als eine Abbildung solcher Zugriffe auf ineffizienten Nachrichtenaustausch über das Netz.

2.3 Systemkonfiguration

Das Laden der Verteilungseinheiten auf die Knotenrechner erzeugt die aktuelle Systemkonfiguration. Häufig wird in verteilten Systemen eine automatische Lastverteilung erwartet. In Echtzeitsystemen ist eine solche automatische Verteilung nicht erwünscht. Hierfür gibt es mehrere Gründe. Prozesse bedienen häufig Geräte, die hardwaremäßig bestimmten Knoten zugeordnet sind, d.h. sie sind ortsgebunden. Weiterhin ist das Zeitverhalten von Systemen nicht reproduzierbar, bei denen zu beliebigen Zeiten Rekonfigurationen zum Lastausgleich stattfinden. Es ist nicht das Betriebsziel eines Echtzeitsystems, alle Rechner gleichmäßig auszulasten, entscheidend ist vielmehr sein deterministisches Zeitverhalten.

In Echtzeitsystemen gehört die Planung der Konfiguration und Rekonfiguration zu den wichtigsten Entwurfsentscheidungen, deren Einfluß auf das Zeitverhalten sorgfältig analysiert werden muß. Eine explizite Abbildung von Verteilungseinheiten auf die Knoten muß also mit Hilfe von Konfigurationsanweisungen durchgeführt werden.

Die Definition der Verteilungseinheiten erfolgt in GranAda wie oben beschrieben im Programm. Das Erzeugen einer bestimmten Konfiguration selbst wird getrennt in einer Konfigurationssprache ausgedrückt. Diese Trennung erlaubt eine hohe Flexibilität, da Rekonfigurationen ohne Änderung und Neuübersetzung des GranAda-Programms durchgeführt werden können.

Auf diese Weise können auch Wartung und Änderungen langlebiger Systeme durchgeführt werden. Notwendig ist hierzu, daß Anweisungen der Konfigurationssprache zur Laufzeit des verteilten Echtzeitsystems möglich sind. Dies ist sowohl auf der Kommandoebene des Betriebssystems sinnvoll (etwa für Wartungsarbeiten) als auch in Programmen.

Gerade hierdurch wird auch die Implementierung fehlertoleranter Systeme ermöglicht. Die Konfigurationssprache beschreibt die im Fehlerfall auszutauschenden redundanten Verteilungseinheiten und die Strategie, wie im Fehlerfall rekonfiguriert werden soll. Verteilungseinheiten sind dabei die kleinsten austauschbaren Einheiten im Reparaturfall. Im folgenden werden die Operationen der Konfigurationssprache auf den Verteilungseinheiten beschrieben.

Erzeugen und Laden von Verteilungseinheiten. Ein GranAda-Programm besteht aus mindestens einer Verteilungseinheit. Bei der Übersetzung werden ausführbare Codestücke erzeugt, die den Verteilungseinheiten entsprechen. Ein Laufzeitprozeß ist zuständig für die Erzeugung einer bestimmten Konfiguration, bei der u.a. diese Codestücke auf die unterschiedlichen Rechner geladen werden. Hierzu führt er eine create-Anweisung aus, die folgende Syntax hat:

```
create [warm | cold backup]
    grain(<number>) <actual name>
    [is <specified name>]
    at <physical node name>
    [priority is <number>]
    [parameter is <string literal>]
    [reconfiguration is upward | demand]
```

Die create-Anweisung ordnet einer im Programm spezifizierten Verteilungs-einheit (specified name) einen aktuellen Namen zu und macht sie dem System bekannt. Diese Möglichkeit ist dann sinnvoll, wenn mehrere Instanzen von Verteilungseinheiten aus einer Schablone erzeugt werden. Im einfachsten Fall stimmt der aktuelle Name mit dem im Programm spezifizierten Namen überein. Sollen Verteilungseinheiten redundant auf mehrere Knoten geladen werden, ist es notwendig, mehrere Instanzen einer spezifizierten Verteilungseinheit zu erzeugen. Im folgenden Beispiel werden zwei Instanzen auf zwei Rechnern erzeugt:

```
create grain(1) ROBOT1 is ROBOT at NODE1
create grain(1) ROBOT2 is ROBOT at NODE2
```

Primäre Verteilungseinheiten tragen die Ordnungsnummer 1 (grain(1)). Ersatzkomponenten für warme oder kalte Redundanz tragen höhere Ordnungsnummern, haben aber den gleichen aktuellen Namen wie die zuvor erzeugte primäre Verteilungseinheit.

Zu welchem Zeitpunkt Verteilungseinheiten auf die Knotenrechner geladen werden, wird durch die Art der gewünschten Redundanz bestimmt. Primäre Verteilungseinheiten und Ersatzkomponenten für warme Redundanz werden sofort bei der Systeminitialisierung geladen, wohingegen Ersatzkomponenten für kalte Redundanz erst im Fehlerfall geladen werden.

Zusätzlich können Verteilungseinheiten Ladeprioriäten erhalten. Dies ist nützlich, wenn z.B. ein Knoten ausfällt und Verteilungseinheiten dieses Knotens auf einen anderen Knoten verlegt werden müssen. Können nämlich nicht alle Verteilungseinheiten zusätzlich dort untergebracht werden, entscheidet die Ladepriorität, welche Dienste des Systems fallengelassen werden.

Starten, Anhalten und Entfernen von Verteilungseinheiten. Nach dem Erzeugen und eventuellen Laden werden nur primäre Verteilungskomponenten explizit durch eine Start-Operation gestartet. Ersatzkomponenten bleiben passiv, bis eine Primärkomponente ausfällt. In diesem Fall wird die Ersatzkomponente automatisch gestartet.

Primär- und Ersatzkomponenten müssen durchaus nicht identisch sein, sondern können als Instanzen unterschiedlicher Verteilungseinheiten erzeugt werden. Wenn die Schnittstellen identisch sind, können auf diese Weise auch alternative Dienste implementiert werden.

Durch eine Stop-Operation wird die Ausführung einer Verteilungseinheit angehalten, wobei die Verteilungseinheit diese Operation akzeptieren muß. Eine laufende Verteilungseinheit kann eine Stop-Operation durch Annahme eines Rendezvous-Antrags behandeln. Dadurch wird ein geordneter Abschluß, eventuell unter Sicherung des internen Zustandes, ermöglicht.

Eine Delete-Operation zum Entfernen einer Verteilungseinheit löscht das zugehörige ausführbare Codestück im System, falls dieses nicht noch von einer anderen Instanz der Verteilungseinheit benutzt wird.

3   Fehlertoleranz in GranAda

GranAda unterstützt die Implementierung fehlertoleranter verteilter Echtzeitsysteme durch Möglichkeiten zur Erkennung und Behandlung von Fehlern. Im folgenden können diese Möglichkeiten nur kurz angesprochen werden. Eine genauere Darstellung enthält (Müller und Hommel 1992 und Hommel 1992).

3.1   Fehlererkennung

In GranAda stehen zwei Mechanismen zur Erkennung von Komponentenfehlern zur Verfügung. Die vordefinierte Ausnahme TASKING_ERROR wird bei dem das Fernrendezvous beantragenden Prozeß ausgelöst, wenn das Rendezvous deshalb nicht zustande kommt, weil der Auftragnehmerprozeß nicht (mehr) erreicht werden kann. Dies entspricht der in Ada üblichen höchstens-einmal-Semantik.

In Ada kann auf diese Weise zwar der das Rendezvous beantragende Prozeß den Ausfall des Auftragnehmerprozesses erkennen, allerdings kann der Auftraggeberprozeß einen Ausfall des Auftragnehmerprozesses nicht feststellen. Es gibt Anwendungsfälle, in denen hierdurch der ausgefallene Auftraggeberprozeß den Zugang zum intakten Auftragnehmer für andere Auftraggeber blockiert. Aus diesem Grund wurde in GranAda ein Überwachungsmechanismus implementiert, der nicht nur den Ausfall einer Komponente, sondern auch den Neustart einer Komponente erkennt. Diese Geburts- und Todesanzeigen werden anderen Prozessen in Form von Rendezvous-Anträgen zur Verfügung gestellt. Das Laufzeitsystem garantiert hierbei eine obere Zeitschranke bis zur Erkennung solcher Geburts- und Todesfälle.

3.2   Fehlerbehandlung

Fehler in Echtzeitsystemen werden am effizientesten anwendungsspezifisch mit Hilfe von vorwärtsgerichteten Fehlerbehandlungsstrategien behandelt. Dies erfolgt in Ada mit Hilfe von Ausnahmebehandlungsroutinen, die für jede zu erwartende Ausnahme implementiert werden. Auf diese Weise kann in einem Auftraggeberprozeß auf den Ausfall des Auftragnehmerprozesses reagiert werden, da in diesem Fall die Ausnahme TASKING_ERROR ausgelöst wird.

Andererseits kann eine erhöhte Verfügbarkeit eines Systems trotz Komponentenausfällen (insbesondere Prozessorausfällen) nur durch Replizierung von Hardware- und Software-Komponenten erreicht werden. In diesem Fall werden rückwärtsgerichtete Fehlerbehandlungsstrategien angewandt; Fehler werden als unerwartete, asynchrone Ereignisse betrachtet.

Die Replizierung von Verteilungseinheiten und ihre Verteilung auf unterschiedliche Knoten wurde bereits oben angesprochen. Eine Todesanzeige hat nun zur Folge, daß automatisch eine Ersatzkomponente gestartet wird, d.h. solche Fehler werden für das Anwendungsprogramm völlig transparent behandelt. Erst wenn keine Ersatzkomponente mehr verfügbar ist, wird die Todesnachricht explizit den anderen Prozessen zur Verfügung gestellt, die dann für eine explizite Fehlerbehandlung verantwortlich sind.

4 Danksagung

Das GranAda-Projekt wird von Peter Müller geleitet, dessen kontinuierliches Engagement zu einer lauffähigen Implementierung auf VAX-Rechnern geführt hat. Wolfgang Brandenburg war bei der Erstellung der druckreifen Version dieses Papiers behilflich.

Literatur

Atkinson, C., Moreton, T., Natali, A.: Ada for Distributed Systems. The Ada Companion Series, Cambridge University Press (1988)

Cornhill, D.T., Rakesh, J., Kamrad II, J.M.: Ada Program Partitioning Language: A Notation for Distributing Ada Programs. IEEE Trans. Software Eng. 15(3) (1989) 271–280

DoD: Reference Manual for the Ada Programming Language. ANSI/MIL-STD-1815A (1983)

DIN: Informationsverarbeitung – Programmiersprache PEARL – Mehrrechner-PEARL. DIN 66253, Teil 3, Entwurf, Beuth-Verlag, Berlin, Köln (1987)

Fantechi, A., Inverardi, P., Lijtmaer, N.: Using High Level Languages for Local Computer Network Communication: A Case Study in Ada. Software-Practice and Experience 16(8) (1986) 701–717

Herrtwich, R.G., Hommel, G.: Kooperation und Konkurrenz. Springer-Verlag, Berlin (1989)

Hommel, G.: Language Constructs for Distributed Programs. In M. Paul, H.J. Siegert (Eds.): Distributed Systems – Methods and Tools for Specification. LNCS 190 (1985) 287–341

Hommel, G.: A Distributed, Fault-Tolerant Real-Time Language. Proc. 1st NATO ASI on Real-Time Computing, St. Martin (1992) (to appear).

Knight, J.C., Urquhart, I.A.: On the Implementation and Use of Ada on Fault-Tolerant Distributed Systems. IEEE Trans. Software Eng. 13(5) (1987) 553–562

Kramer, J., Magee, J.: Dynamic Configuration for Distributed Systems. IEEE Trans. on Software Eng. 11(4) (1985) 424–436

Magee, J., Kramer, J., Sloman, M.: Constructing Distributed Systems in Conic. IEEE Trans. on Software Eng. 15(6) (1989) 663–675

Müller, P., Hommel G.: GranAda: A Programming Environment for Implementing Distributed Real-Time Applications. Proc. 1992 Int. Symp. on Artificial Intelligence in Real-Time Control (to appear)

Steusloff, H.: The Impact of Distributed Computer Control Systems of Software. Digital Computer Applications to Process Control, Pergamon Press (1981) 529–536

Van Scoy, R., Bamberger, J., Firth, R.: An Overview of DARK. Ada Letters 9(7) (1989) 91–101

Volz, R.A., Mudge, T.N., Naylor, A.W., Mayer, J.H.: Some Problems in Distributing Real-Time Ada Programs across Machines. Ada Letters 5(2) (1985) 72–84

Objektorientierter Entwurf verteilter Programme

- Kurzfassung -

Klaus-Peter Löhr
Institut für Informatik
Freie Universität Berlin
lohr@inf.fu-berlin.de

1 Einleitung

Objektorientierte Softwareentwicklung ist mehr als nur objektorientierte Programmierung. In den letzten Jahren hat sich die Erkenntnis durchgesetzt, daß Objektorientierung vor allem für die frühen Phasen der Softwareentwicklung hilfreich ist, weil sie einen natürlichen Übergang von der Problemstellung über die Analyse und Modellierung zum Entwurf erlaubt. Zudem unterstützt sie mit dem *Vererbungsprinzip* die Wiederverwendung von Entwürfen und Implementierungen und legt die Entwicklung von Programmfamilien nahe. Objektorientierter Softwareentwurf ist mittlerweile eine gesicherte Disziplin. Es gibt eine ganze Reihe einschlägiger Lehrbücher, für die stellvertretend [Rumbaugh et al. 91] [Jacobson et al. 92] und [Horn/Schubert 93] genannt seien.

Die *nichtsequentielle Programmierung* hat durch die Objektorientierung neue Anstöße bekommen. Der klassische, an der Maschine (Prozessor) orientierte Prozeßbegriff tritt in den Hintergrund zugunsten des mehr problemorientierten Ansatzes, zwischen *passiven* und *aktiven Objekten* zu unterscheiden (oder auch jedes Objekt als prinzipiell aktiv zu begreifen). Es gibt eine Vielzahl von Vorschlägen für nichtsequentielle objektorientierte Programmiersprachen, teilweise auch mit verteilten Implementierungen. Die interessierte Leserin sei auf [Papathomas 89] und [Agha et al. 91] verwiesen.

Vergleichsweise gering entwickelt ist die objektorientierte *Modellierungs- und Entwurfsmethodik* für nichtsequentielle und verteilte Systeme. Das von der European Space Agancy (ESA) verwendete Hierarchical Object-Oriented Design (HOOD) [Robinson 92] ist auf Ada ausgerichtet. Der Name suggeriert zwar Objektorientierung, tatsächlich gibt es aber weder Klassen (im Sinne von Klassenbasierung) noch Vererbung. [Rumbaugh et al. 91] propagieren eine Modellierungsmethodik, bei der Objekte grundsätzlich als aktiv angesehen werden und ein *Ereignis* für den Zustandsübergang eines oder mehrerer Objekte verantwortlich ist. Für die Modellierung der Zustandsübergänge werden Statecharts verwendet [Harel 88]. Eine systematische Einbeziehung der Vererbung führt zu *Objectcharts* [Coleman et al. 92].

[Gomaa 93] behandelt Modellierung und Entwurf von Systemen zur *Prozeßsteuerung*, wobei aber die Vererbung eine untergeordnete Rolle spielt und Erkenntnisse aus der nichtsequentiellen objektorientierten Programmierung kaum berücksichtigt sind.

Das Thema kann auf dem beschränkten Platz, der hier zur Verfügung steht, nicht in hinreichender Detaillierung behandelt werden. Interessenten an einer ausführlichen Darstellung seien auf [Löhr 93] verwiesen, wo auch eine Fallstudie behandelt wird.

2 Modellierung

Die Analyse der Problemstellung führt zu einem *Modell*, dessen Spezifikation - informell oder formal - Zustände und Zustandsübergänge beschreibt. Die objektorientierte Vorgehensweise strukturiert den Zustandsraum durch die Ermittlung von *Klassen* von Objekten mit zugehörigen *Attributen* sowie *Beziehungen* zwischen Objekten. Im weiteren Fortgang der Analyse werden *Ereignisse* identifiziert, die das Modell von einem Zustand in den nächsten überführen. Bei einem solchen Zustandsübergang sind i.a. mehrere Objekte beteiligt. Der Übergang wird als zeitlos angesehen und kann z.B. prädikativ beschrieben werden durch Angabe einer Voraussetzung (precondition) und eines Effekts (postcondition). Auf der Modellierungsebene wird damit in mehrfacher Weise einerseits von der Realität, andererseits von der Implementierung abstrahiert:

- Attribute und Objektbeziehungen bilden die Basis der Modellspezifikation. Sie haben nicht notwendig Entsprechungen in Entwurf oder Implementierung.

- Es bleibt offen, wer oder was der Auslöser eines Ereignisses ist. Ein Zustandsübergang kann stattfinden, wenn die zugehörige Voraussetzung erfüllt ist. Das Modell kennt auch keine Unterscheidung zwischen aktiven und passiven Objekten[1].

- Wenn ein Ereignis nur ein Objekt betrifft, kann es mit einer *Operation* auf diesem Objekt identifiziert werden. Wiederum bleibt offen, ob diese Operation "von außen getriggert" wird oder ob das Objekt sie "autonom" ausführt.

- "Gleichzeitige" oder "überlappende" Zustandsübergänge gibt es im Modell nicht - auch wenn in der Implementierung möglicherweise auf einen strengen wechselseitigen Ausschluß verzichtet werden kann.

Einem Modell kann man nicht ansehen, ob es möglicherweise *verteilt* implementiert wird. Allerdings kann eine in der Problemstellung angelegte Verteilung modelliert werden, wenn dies gewünscht ist: Nachrichtenkanäle lassen sich als Objekte modellieren.

Vererbung bezieht sich zunächst auf die Attribute, muß aber auch konsistent mit den Ereignissen sein: wenn ein Ereignis ein Objekt einer Oberklasse A betrifft, muß es auch die Objekte aller Unterklassen von A betreffen, eventuell in spezialisierter Form (dann als Analogon zur Erweiterung einer ererbten Operation bei der objektorientierten Programmierung).

---

[1] Vgl. den Nikotinsüchtigen [MacAuslan 92]: "Is the cigarette vending machine 'serving' the smoker (= 'client') by supplying cigarettes, or is the smoker 'serving' the machine (= 'client') by supplying coins?"

3 Entwurf

Die Objektorientierung erlaubt zwar einen relativ glatten Übergang vom Modell zum
Entwurf. Dies darf aber nicht zu der Ansicht verführen, Entwurf sei lediglich eine Art
Verfeinerung des Modells. Zum einen sind die *Assoziationen* zwischen den Modellklassen von anderer Natur als die *benutzt-Beziehungen* zwischen den Entwurfsklassen.
Zum anderen können sich im Entwurf andere Vererbungsbeziehungen als im Modell
als sinnvoll erweisen. Und natürlich wird es - konstruktionsbedingt - i.a. deutlich
mehr Entwurfsklassen als Modellklassen geben.

Für ein nichtsequentielles System ergibt sich mit dem Übergang vom Modell zum
Entwurf und damit zu benutzt-Beziehungen zwischen Klassen bzw. Objekten eine Unterscheidung zwischen *aktiven, reaktiven,* und *passiven* Klassen bzw. Objekten. Ein
passives oder reaktives Objekt wird durch *Aufruf* von einem anderen Objekt in einen
neuen Zustand gebracht; bei einem reaktiven Objekt gibt es zudem Operationen, bei
denen der Aufrufer asynchron fortfahren kann, d.h. bevor der Zustandsübergang des
Aufgerufenen abgeschlossen ist. Ein aktives Objekt ist zu *autonomen* Zustandsüber-
gängen fähig (was nicht ausschließt, daß es auch aufgerufen werden kann).

Es erweist sich als praktisch, wenn man die Operationen einer Entwurfsklasse nach
Belieben als autonom, asynchron oder synchron charakterisieren kann. Bei der
Ermittlung der Operationen leistet das Modell allenfalls bei denjenigen Klassen Hilfe,
die an Modellklassen angelehnt sind. Ansonsten ist - wie bei jeder Entwurfsmethode -
Erfahrung und Ingeniosität des Entwerfers gefragt, der die bevorstehende
Implementierung in den Grundzügen bereits im Kopf haben und damit wissen muß,
auf welche Funktionalitäten anderer Klassen die Implementierung einer Klasse
abgestützt wird.

Auch im Entwurf gibt es Ereignisse - die Zustandsübergänge der Entwurfsobjekte, die
durch die Ausführung der Operationen bewirkt werden. Ein Modellereignis wird i.a.
durch eine Sequenz von Entwurfsereignissen repräsentiert. Der Entwurf kann zulassen, daß zwei oder mehr solcher Sequenzen verschränkt ablaufen; entscheidend ist,
daß der Effekt jedes möglichen verschränkten Ablaufs der Modellspezifikation genügt[2]. (Beachte, daß damit noch nichts über etwaige Sperrmaßnahmen in den Implementierungen der Operationen gesagt ist!)

Die Voraussetzung einer *nichtautonomen* Operation besteht aus *zwei* Teilen: ein
Wächter (guard) legt fest, *wann* die Operation ausgeführt werden kann - ähnlich wie
bei den Modellereignissen; ein Prüfer (checker) legt fest, *ob* die Operation überhaupt
ausgeführt werden kann - was der Implementierung nahelegt, im negativen Fall ein
Ausnahmeereignis zu melden.

Die skizzierte Vorgehensweise erlaubt es, im Entwurfskontext auf einen Prozeßbegriff
- der zu implementierungsnah ist - zu verzichten. Das hat den Vorteil, daß Nichtse-

---

[2] Mit anderen Worten: Das Korrektheitskriterium ist Serialisierbarkeit. Manchmal wird auf Serialisierbarkeit
verzichtet; dann müssen aber bereits im Modell "zusammenfallende" Ereignisse vorgesehen und spezifiziert
werden.

quentialität und Vererbung konfliktlos koexistieren. In einer Vererbungshierarchie von Entwurfsklassen können nicht nur passive, sondern auch reaktive und aktive Klassen enthalten sein; asynchrone und autonome Operationen werden in gleicher Weise vererbt wie synchrone Operationen. Diese Vorgehensweise entspricht einem Ansatz, wie er in [Löhr 92] für die nichtsequentielle objektorientierte Programmierung vorgestellt wird.

Wegen der möglicherweise vorhandenen Asynchronie kann der Entwurf verteilt sein, auch wenn im Modell keine Verteilung angelegt ist. Der Aufruf einer asynchronen Operation ist nämlich äquivalent zum Nachrichtenaustausch zwischen zwei unabhängigen Aktivitäten. Es empfiehlt sich, keine speziellen Voraussetzungen über die Reihenfolge des Eintreffens von in Folge versandten Nachrichten beim Zielobjekt zu machen. Damit liegt dann ein *verteilter Entwurf* vor, der die Eigenschaften eines real verteilten Systems antizipiert. Ein Konzept wie das des *virtuellen Knotens* [Robinson 92] ist in der Entwurfsphase *nicht* zwingend erforderlich und bewirkt eher eine zu frühe Festlegung auf bestimmte Implementierungsentscheidungen.

4 Und die "verteilte Implementierung"?

Wie der Übergang vom Entwurf zur Implementierung erfolgt hängt von der verwendeten Programmiersprache ab. Es ist bekannt, wie mühsam die Umsetzung eines objektorientierten Entwurfs in eine prozedurale Sprache ist. Im nichtsequentiellen Fall kommt hinzu, daß die Implementierungssprache häufig veraltete bzw. nicht zur Objektorientierung passende Prozeß- und Synchronisationskonzepte hat, die zu weiteren Brüchen beim Umsetzen des Entwurfs führen. Die Benutzung von Sende- und Empfangsoperationen schließlich, mit denen das Betriebssystem die Interprozeßkommunikation - auch im Netz - unterstützt, bedeutet den Übergang zu einem völlig anderen Kommunikationsparadigma.

Anzustreben ist stattdessen *Verteilungstransparenz:* die Implementierungssprache sollte eine möglichst strukturtreue Umsetzung des Entwurfs ermöglichen, wobei der bei einer physisch verteilten Realisierung notwendige Nachrichtenaustausch nicht explizit programmiert, sondern durch die Technik des *Fernaufrufs* realisiert wird. In diesem Bereich ist die Entwicklung weiter fortgeschritten als bei Modellierung und Entwurf. Eine verteilte Ausführung wird für verschiedene objektorientierte Sprachen unterstützt, die teils ohne, teils mit Berücksichtigung einer verteilten Implementierung entworfen wurden (siehe etwa [Bennet 90], [Finke et al. 93] bzw. [Raj et al. 91], [Achauer 93]). Zu erwarten ist, daß mit der Entwicklung sprachunabhängiger Plattformen wie Corba [OMG 92] für weitere Sprachen verteilte Implementierungen verfügbar werden.

Literatur

[Achauer 93] B. Achauer: Implementation of Distributed Trellis. Proc. ECOOP '93, Kaiserslautern, July 1993

[Agha et al. 91] G.A. Agha, C. Hewitt, P. Wegner, A. Yonezawa (eds.): Proc. OOPSLA/ECOOP '90 Workshop on Object-Based Concurrent Programming. ACM OOPS Messenger 2.2, April 1991

[Bennet 90] J.K. Bennet: Experience with Distributed Smalltalk. Software - Practice & Experience 20.2, February 1990

[Coleman et al. 92] D. Coleman, F. Hayes, S. Bear: Introducing objectcharts or how to use statecharts in object-oriented design. IEEE-TSE 18.1, January 1992

[Finke et al. 93] S. Finke, P. Jahn, O. Langmack, K.-P. Löhr, I. Piens, Th. Wolff: Distribution and inheritance in the HERON approach to heterogeneous computing. Proc. 13. ICDCS, Pittsburgh, IEEE May 1993

[Gomaa 93] H. Gomaa: Software Design Methods for Concurrent and Real-Time Systems. Addison-Wesley 1993

[Harel 88] D. Harel: On visual formalisms. CACM 31.5, May 1988

[Horn/Schubert 93] E. Horn, W. Schubert: Objektorientierte Software-Konstruktion. Hanser 1993

[Jacobson et al. 92] I. Jacobson, M. Christerson, P. Jonsson, G. Övergaard: Object-Oriented Software Engineering. Addison-Wesley 1992

[Löhr 92] K.-P. Löhr: Concurrency annotations. Proc. OOPSLA '92, Vancouver, ACM October 1992

[Löhr 93] K.-P. Löhr: Object-oriented modeling and design of concurrent systems. Report B-93-4, Institut für Informatik, Freie Universität Berlin, Juli 1993

[MacAuslan 92] J. MacAuslan: A note on "Towards a type theory for active objects". ACM OOPS Messenger 3.3, July 1992

[OMG 92] Object Management Group: The Common Object Request Broker: Architecture and Specification. OMG Document #91.12.1

[Papathomas 89] M. Papathomas: Concurrency issues in object-oriented programming languages. In D.C. Tsichritzis (ed.): Object-oriented development. Centre Universitaire d'Informatique, Université de Genève 1989

[Raj et al. 91] R.K. Raj, E. Tempero, H.M. Levy, A.P. Black, N.C. Hutchinson, E. Jul: Emerald: a general-purpose programming language. Software - Practice & Experience 21.1, January 1991

[Robinson 92] P. Robinson: Hierarchical Object-Oriented Design. Prentice-Hall 1992

[Rumbaugh et al. 91] J. Rumbaugh, M. Blaha, W. Premerlani, F. Eddy, W. Lorensen: Object-Oriented Modeling and Design. Prentice-Hall 1991

Coordination and Logic Programming

Bernd Mahr and Robert Tolksdorf

Technical University Berlin, Department for Computer Science
Funktionales und Logisches Programmieren
Sekr. FR 6–10, Franklinstr. 28/29, D-10587 Berlin
e-mail: {mahr|tolk}@cs.tu-berlin.de

This paper discusses coordination in the context of logic programming. After a short introduction to logic programming, the discussion of the coordination model Linda versus concurrent logic processing is reviewed. We then describe the coordination of logic programms with the coordination language ALICE.

1 Logic Programming

A logic program P is composed of facts and *clauses* of the form *head* $\leftarrow$ *body*, and used to answer questions formulated as queries. *Inference rules* from the underlying fragment of first-order logic are used to infer if a query is consequence of the facts and clauses of P. Inference rules are resolution which combine rules for identity, instantiation, generalization, conjunction and modus ponens.

In the case of an existential query the question has to be answered if there is at least one ground fact that can be inferred and is an instance of the query. An instance is a clause that results from applying a substitution and a substitution is a definite set of pairs denoting the replacement of free variables by terms.

We can then define "being a consequence of a logic program": An existential quantified atom Q is the logical consequence of a program P if in P exists a rule R with an instantiation $A \leftarrow B_1, \ldots, B_n$, where $B_1, \ldots, B_n$ are logic consequences of the program and A is an instantiation of Q.

Based on this definition an abstract interpreter can be defined for logic programs (we follow [SS86] here). It takes the program P and the variable-free query Q and tries to find a proof of Q from P. It works on a resolvent $A_1, \ldots, A_n$ that is initialized with Q. As long as this resolvent is not empty, it chooses a goal A_i and a rule $A \leftarrow B_1, \ldots, B_n$ with $A_i = A$. It then replaces the goal in the resolvent with the (conjunctive) body of the rule, giving the new resolvent $A_1, \ldots, A_{i-1}, B_1, \ldots, B_n, A_{i+1}, \ldots, A_n$. If the resolvent is empty, Q is deducible from the facts and rules of P in the underlying logic.

For an existential clause as a query, the substitution of free variables in the query forms the answer substitution. An interpreter for a complete model of logic programming uses the mechanism of unification to determine such a substitution.

A unifier of two terms T_1, T_2 is a substitution θ whose application to the terms results in the same term (written $T_1\theta = T_2\theta$). The most general unifier of two terms is a substitution for which no substitution θ' exists that is more general. Such a substitution would have the form $\theta' = \theta \circ \sigma$, i.e. be the result of applying a substitution σ on θ. An interpreter with unification chooses a goal from the resolvent and a clause A' such that A and A' unify with the most general unifier θ. Renaming ensures that variable-names from the A'-clause do not overlap with those used before in the interpretation. Then, A is replaced by the body of A' and θ applied to the resolvent and the initial goal G.

The two choices that the interpreter takes are: Which goal is to be reduced and which clause is used to reduce it. The first is called and-nondeterminism and stems from the conjunction of the goals in the resolvent, the second is or-nondeterminism given by the disjunction of rules with matching heads.

The definition of a sequential logic programming language includes deterministic rules about choices. PROLOG, for example, reduces a clause from left to right and chooses the matching clause appearing textual first in the program.

For the case of concurrent logic programming, one distinguishes between don't-know determinism, where the execution of the program is responsible to make the correct choice, and don't-care nondeterminism, where wrong choices are admitted and partial results that follow from the choice become visible.

Don't-care nondeterminism has been the basis for a family of concurrent logic programming languages (see [Sha89]). A concurrent logic program is a logic program with don't-care nondeterminism and augmented with synchronization.

Each goal is seen as a process and the program forms a network of processes. Goals communicate via shared logical variables and are synchronized by guards. Thus clauses have the form $head \leftarrow guard|body$ and are called guarded Horn clauses. The guard defines under which condition the clause can be used for reduction if the head matches. As a reduction results in a number of new goals, it creates processes for concurrent logic programming.

If guards are restricted to contain primitive predicates they are called *flat*, *non-flat* otherwise. Flat concurrent logic languages are less complex and have been the main focus of research on parallel logic programming.

Reduction suspends a goal, if its arguments are not instantiated. Thus the matching of two goals A and A' is defined to be succeeding, if A is an instance of A', failing, if they cannot be unified and suspending otherwise, as A could become an instance of A' by the instantiation of shared variables by other goals.

2 Coordination

Goals in logic programming can be seen as the active entities in the execution of a logic program. Finding a substitution is the actual computation they fulfill. Communication via shared variables, synchronization by instantiation and guards and creation of new activities by reduction can be viewed as the *coordination* of the computational activities. Viewed this way, coordination abstracts from computation. In the following we focus on coordination and present a model for coordination that is free from computational considerations. From the model point of view much of the issue of control in logic programming, sequential or parallel, turns out to be a matter of coordination.

Linda ([CG89]) is a model for parallel and distributed processing that is based on uncoupling by means of a a shared data space, called the *tuple space*.

It provides particular operations on the tuple space which together form a co-ordination language ([GC92]), i.e. a language focussed on: (1) the creation of activities, (2) their synchronization, (3) the communication amongst activities. The tuple space is a collection of finite ordered sets, called *tuples*. The fields of a tuple have a type and are either an actual value or a placeholder for a value, in which case they are called formals.

A tuple is placed in the tuple space by an agent performing an **out**-operator. From there it can be read or withdrawn by other agents using the **rd** or **in**-operators, which both take a tuple-template as an argument. The tuple space is then searched for a tuple that matches the template. Matching tuples have and identical number of fields which are pairwise of the same type. For actuals the values must be identical, whereas formals match any value of the given type.

If no matching tuple is available, the **in** and **rd** block, until some other agent performs an **out** with a matching tuple. As a result of the match, formal fields in the tuple-template are filled with the values found in the matching tuple. The agent receives this tuple as the result of the **in** or **rd** operation. The embedding of Linda in a concrete programming language performs some form of binding of the matched values to program variables used in the template.

The blocking of **in** and **rd** together with the value-binding to formals provides a powerful combination of synchronization techniques with communication. The fourth operation of Linda, **eval**, creates new processes by means of active tuple-fields that denote functions to be computed. After their parallel evaluation, a tuple containing the results is put into the tuple space. For details on Linda we refer the reader to the literature (see [CJY92] for a formal description).

The claim of Gelernter and Carriero that Linda is a more general model for parallel processing than others led to discussions in which the models were compared. We summarize the confrontation of Linda and concurrent logic programming here. In [Cor89] Ehud Shapiro argues that Linda is Prolog without logic but including concurrency. In his view, the tuple-space could be represented by a multiset of unit-clauses in the Prolog database of facts. in and out could then be mapped to the *assert* and *retract* mechanisms, where he views matching as a degenerated form of unification.

He observes a difference in the provision of concurrency: Whereas Linda's tuple-space operations are concurrent by definition with a blocking **in**, sequential Prolog does not know about parallelism – which makes the *retract* failing instead of blocking. He gives an executable specification of the Linda operators by a set of Flat Concurrent Prolog (FCP) clauses that implement **in**, **rd** and **out**.

Shapiro concludes that Linda-functionality is enclosed in concurrent Prolog and can be made available explicitly by some Prolog-clauses. He therefore argues that concurrent logic programming is a general and versatile programming model that has more expressiveness while retaining efficiency.

Gelernter and Carriero provide in their answer to Shapiro and in [CG89] and [GC92] a number of arguments for their view that Linda is more practical and more elegant for parallel computing than Concurrent Logic Programming.

They argue by examples, that Linda-code is easier to understand compared to Concurrent Logic programs. They claim that the latter tends to force the programmer to produce complex solutions to simple problems and suspect this to be caused by selecting a wrong abstraction level and making built-in primitives for parallelism too predetermined for a certain programming style.

They see a difference between – e.g – FCP and Linda in the fact that FCP is a complete language whereas Linda just focuses on the separated aspect of coordination. They argue that introducing several FCP-variants cannot strengthen confidence in the generality of these variants w.r.t. unanticipated problems.

Their concept of separating computation from coordination and embedding Linda in a host language should make it easier for programmers to move from a sequential to a parallel language. So they would supply him or her with a Prolog-embedding of Linda instead of introducing a new, parallel Prolog-variant.

In addition to these arguments, it turns out that the separation of coordination becomes even more important with the advent of open distributed systems. Examing such a system with its high amount of heterogeneity and dynamics in the systems structure ([Tol92]) leads to the neccissity to provide agents that perform computation with a coordination-abstraction that leaves details of, for example, distribution and parallelism completely open ([Tol93b]). As an open system is dynamically evolving, decisions on coordination cannot be taken in advance by the agents or their programmers.

Following these observations we are convinced that a solution to the coordination problem, especially when open systems are concerned, can be found by using a coordination language separated from a sequential programming language for computation.

3   Coordinating Logic Programs with ALICE

The philosophy of Linda has been adopted by a number of coordination languages based on a similar paradigm (we name ESP [Cia93] and Linear Objects [AP91]). In the following we use the coordination language ALICEto define a coordination model for a logic program. We introduce the language here as far as we need it in the following section; for a complete definition see [Tol93a].

In ALICE data and activities are represented as tuples in an agent-space. An example-tuple is $\langle 1, 10, T \rangle$, a tuple with three tuple fields of which two are numbers, the third contains a boolean value. Tuple fields can be values from a set of types, such as number or boolean. For every type, a bottom element exists, such as $\perp_{boolean}$ or $\perp_{number}$. Active entities in ALICE are agents that reside in tuples, also. They are executions of sequential processes. Processes are sequential compositions of a number of coordination operators and local computations formulated in some computational language. The operators are in and out. They operate on the agent space and can remove or add a tuple.

An agent $(local.out(\langle 1, 10, T \rangle))$ first performs local computation and puts the above example tuple into the agent space. Afterwards the agent terminates.

The in-operator searches for a tuple in the agent space that matches a specific template. A template is the specification of tuple. A matching tuple in the agent space has to be in a match-relation with the template and is withdrawn from the agent space and given to the agent. The matching rules state that matching tuples have to be of the same length and their fields have to match. Two fields are matching, if their type is the same and their values are identical. Thus the template $\langle 1, 10, T \rangle$ matches the example-tuple. The bottom-values included in every type are defined to be matching with every other value of the same type.

Thus, the agent $\langle in(\langle \bot_{number}, 10, \bot_{boolean} \rangle) . local . out(\langle T, T \rangle) \rangle$ would take the example tuple, perform some computation and then place a tuple $\langle T, T \rangle$ in the agent space. If there was no matching tuple present, it would block and wait for such a tuple to be entered in the agent space. Note that we abstract from the details of local computation, we only use coordination primitives in the agents.

In the agent space, all agents work in parallel. They are synchronized by the existence of tuples only. There is no notion of coordination within the local computation and there is no notion of computation in ALICE. Here is a list of some more details of ALICE that we use in the following.

(1) Nested tuples are possible, i.e. $\langle 1, \langle T, 10 \rangle, T \rangle$

(2) They can contain process-fields, i.e. $\langle T, in(\langle \bot_{number}, 10, \bot_{boolean} \rangle) . local . out(\langle T, T \rangle) \rangle$ can be withdrawn by $in(\langle \bot_{boolean}, \bot_{Process} \rangle)$.

(3) Tuples containing a single process field are executed as agents in the agent space. Thus $out(\langle in(\langle \bot_{number}, 10, \bot_{boolean} \rangle) . local . out(\langle T, T \rangle) \rangle)$ starts an agent.

(4) Agents have a local memory of tuples; an executing agent is a three field tuple at a detailed view: $\langle\!\langle data, executed, to\_execute \rangle\!\rangle$. A new agent has the form $\langle\!\langle ,, P \rangle\!\rangle$. Data can be initialized: $\langle out(\langle in(\langle \bot_{number}, 10, \bot_{boolean} \rangle) . local \ldots \rangle_{\{\langle 10, T \rangle\}}) \rangle$ generates the agent $\langle\!\langle \langle 10, T \rangle,, in(\langle \bot_{number}, 10, \bot_{boolean} \rangle) . local \ldots \rangle\!\rangle$.

(5) An agent can execute a local agent space with the in-operator. It is initialized with a number of tuples and agents. While the agent blocks, the agents in the local agent space work until they all have terminated or blocked. This result on termination is returned as a boolean tuple. The operation $in(c: \{\langle 10 \rangle, \langle in(\langle \bot_{number} \rangle) \rangle\})$ will result in c denoting $\langle T \rangle$

Taking the view of coordination, the following entities have to be coordinated: The goals in the current resolvent have to find a rule with a matching head and a rule that is applied outputs a number of goals, according to the rule-body.

We now define agents that specify the coordination in a simple interpreter for a logic program with ground queries. The structure of a rule gives the specification of a rule-agent that applies it. For example, for a rule $son(X,Y) \leftarrow father(Y,X), male(X)$ the following agent outputs new agents for the new goals:

$$son\text{-}agent: \langle\!\langle \{x,y\},, out(\langle goal \rangle_{\{father, y, x\}}) . out(\langle goal \rangle_{\{male, x\}}) \rangle\!\rangle$$

A complete rule can be represented as a tuple containing the head of the rule as tuple fields and the specification of the agent derived from the body of the rule. For the example, this is the tuple $\langle son, \bot_{Tuple}, \bot_{Tuple}, son\text{-}agent \rangle$. Such a tuple has to be generated for each rule. A fact is a rule without a body, so the last field of the tuple is empty $(\langle male, isaac, \rangle)$. Goals are agents that find matching rules, and output the corresponding rule-agents. They can be specified by

$$\text{goal: } \langle\!\langle \{a\},,\text{in}(\langle(|a|),r{:}\bot_{\text{Process}}\rangle).\text{out}(\langle p\rangle_{\{|a|\}}) \rangle\!\rangle$$

If the program P is represented as a tuple P that contains all rules and facts in the form shown above as tuples and Q is a variable free query, then an agent can test if Q is a consequence of P in a local agent space, represented as a tuple:

$$\langle\!\langle \{p,q\},,\ldots\text{in}(c{:}\{(|r|),(\text{goal})_{\{q\}}\})\ldots \rangle\!\rangle$$

With these short specifications, we have given a description of the coordination between goals and rules. Its three constituents are: (1) Creation of activities: Reduction means generating a number of new goals that have to find a matching rule. (2) Synchronization of activities: A goal can be reduced when a matching rule is found which is an action determined by the rule-body. (3) Communication between activities: A rule-agent is initialized with the instantiated variables.

We have shortly described logic programming. We have reviewed the programatic discussion of CLP vs. a coordination like Linda. We take the view that the separation of computation and coordination is a promising approach of dealing with concurrency. We favor the use of a separate coordination language to specify of how computation is coordinated as it gives a suited level of abstraction. We have shortly shown by using ALICE how such a specification looks like.

References

[AP91] Jean-Marc Andreoli and Remo Pareschi. Linear Objects: Logical Processes with Built-in Inheritance. *New Generation Computing*, 9(3-4):445–473, 1991.

[CG89] Nicholas Carriero and David Gelernter. Linda in Context. *Communications of the ACM*, 32(4):444–458, 1989.

[Cia93] Paolo Ciancarini. Coordinating Rule-Based Software Processes with ESP. Technical Report UBLCS-93-8, University of Bologna, 1993.

[CJY92] Paolo Ciancarini, Keld K. Jensen, and Dani Yankelevich. The Semantics of a Parallel Language based on a Shared Dataspace. Technical Report TR 26/92, University of Pisa, 1992.

[Cor89] Technical Correspondence. Linda in Context. *Communications of the ACM*, 32(10):1244–1258, 1989.

[GC92] David Gelernter and Nicholas Carriero. Coordination Languages and their Significance. *Communications of the ACM*, 35(2):97–107, 1992.

[Sha89] Ehud Shapiro. The Family of Concurrent Logic Programming Languages. *ACM Computing Surveys*, 21(3):412–510, 1989.

[SS86] Leon Sterling and Ehud Shapiro. *The Art of Prolog*. The MIT Press, 1986.

[Tol92] Robert Tolksdorf. HDM described from ODP viewpoints. Technical Report 1992/9, Technische Universität Berlin, Fachbereich 20 Informatik, 1992.

[Tol93a] Robert Tolksdorf. Alice - Basic Model and Subtyping Agents. Technical Report 1993/7, Technische Universität Berlin, Fachbereich 20 Informatik, 1993.

[Tol93b] Robert Tolksdorf. Laura: A Coordination Language for Open Distributed Systems. In *Proceedings of the 13th IEEE International Conference on Distributed Computing Systems ICDCS 93*, 1993. To appear.

Funktionale Programmierung für massiv parallele Systeme[*]

Peter Pepper, Jürgen Exner, Mario Südholt

Technische Universität Berlin, Fachbereich Informatik

Abstract

Zur Programmierung paralleler Systeme ist ein wesentlich höheres Abstraktionsniveau nötig, als es die heute gängigen Sprachen bieten. Ein möglicher Ansatz sind hier Funktionale höherer Ordnung („Skeletons"), die auf geeigneten Algebren der Datenpartitionierung aufbauen. Die Idee dieser Methode wird hier exemplarisch – soweit der beschränkte Platz dies zuläßt – anhand eines ausgewählten Beispiels vorgeführt.[2]

1 Ziel unserer Methodik

Von der Hardwareseite her sind moderne Parallelrechner heute ziemlich ausgereift. *Das große Problem ist aber nach wie vor die Software.*

Parallelisierende Compiler für FORTRAN- oder C-Dialekte nutzen erfahrungsgemäß nur zu einem Bruchteil die verfügbaren Parallelisierungspotentiale aus. Bei funktionalen Sprachen stößt man auf gravierende Probleme bei der Granularitätssteuerung, weshalb die Idee bisher auch nur bei Shared-Memory-Maschinen einigermaßen zufriedenstellend funktioniert. *Parallele Sprachen* sind häufig sehr architekturspezifisch, was zu einem *Verlust der Portabilität* führt.

Diese Beobachtungen haben uns dazu geführt, nach einem Programmiermodell zu suchen, das auf folgenden Arbeitshypothesen basiert:

These: *Wir müssen „parallel denken".*
Es macht keinen Sinn, eine sequentielle Lösung im nachhinein parallelisieren zu wollen. Denn die in der Aufgabe steckende inhärende Parallelität wird dabei meist so weit verschüttet, daß nur noch Bruchteile davon restaurierbar sind.
These: *Formale Entwicklungsmethoden sind für parallele Programme unerläßlich.*
Durch die höhere Komplexität steigt die Fehleranfälligkeit enorm. Zugleich liegt es in der Natur der Sache, daß Testen noch hoffnungsloser wird. Also sind formale Verfahren die einzige Chance, Korrektheit zu gewährleisten.
These: *Funktionale Sprachen sind das ideale Ausdrucksmittel für parallele Programme.*
Funktionale Sprachen erlauben uns in natürlicher Weise „parallel zu denken", ohne daß komplexe explizite Parallelitätssteuerung nötig ist. Außerdem sind funktionale Sprachen sehr gut für formale Entwicklungen geeignet.

---

[*] Diese Arbeit wurde teilweise gefördert durch das Bundesministerium für Forschung und Technologie (BMFT) im Rahmen des Projekts „KORSO – Korrekte Software".
[2] [PES93a] ist eine ausführlichere Darstellung dieser Arbeit.

die „transitive Hülle" von $\mathcal{G}$.

FUN reachable : node × node → bool

Die Lösungsidee soll hier nur kurz skizziert werden. Wir färben der Reihe nach die Knoten schwarz und betrachten jeweils nur Pfade, deren *innere* Knoten schwarz sind. Diese Idee führt auf drei Gesetze, die zusammen eine rekursive Funktion darstellen (wobei $N = \text{Nodes}(\mathcal{G})$ die Knotenmenge von $\mathcal{G}$ sei):

$$
\begin{aligned}
&\textbf{LAW reachable}\,(x,y) = \text{reaches}\,(N)(x,y) \\
&\textbf{LAW reaches}\,(\emptyset)(x,y) = \text{edge}\,(x,y) \\
&\textbf{LAW reaches}\,(S \cup \{a\})(x,y) = (\text{reaches}\,(S)(x,y) \vee \\
&\qquad\qquad\qquad\qquad (\text{reaches}\,(S)(x,a) \wedge \text{reaches}\,(S)(a,y))
\end{aligned}
\tag{1}
$$

Für die weiteren Diskussionen verabreden wir folgende Festlegungen:

- Mit $a_1, \ldots, a_n$ bezeichnen wir die Knoten in der Reihenfolge ihrer Schwarzfärbung.
- Mit $S_0 = \emptyset$, $S_i = S_{i-1} \cup \{a_i\}$ bezeichnen wir die entsprechenden Mengen.

Für eine parallele Implementierung, müssen wir zunächst zwei Aspekte klären: die *Partitionierung* des Datenraums und den resultierenden *Datenfluß*. Im folgenden wollen wir zeigen, wie das im Zusammenspiel zwischen *intuitiven Ideen* und *formalem Rechnen* geschehen kann.

Partitionierung des Datenraums bedeutet die Verteilung der Daten auf die verfügbaren Prozessoren. Als Heuristik für die Wahl einer geeigneten Verteilung kann dabei die Minimierung des notwendigen Datenflusses zwischen den Prozessoren dienen.

Unter den verschiedenen Möglichkeiten zur Partitionierung (s. [PES93a]) wählen wir diejenige aus, die den einzelnen Knotenpaaren jeweils eigene Prozessoren zuordnet. Der Einfachheit halber machen wir dabei zunächst einmal die — unrealistische — Annahme, daß wir tatsächlich N^2 Prozessoren zur Verfügung haben, die logisch als $N \times N$ Matrix angeordnet sind. (Diese Annahme revidieren wir am Ende des Abschnittes.) In einer ad-hoc Notation formulieren wir das hier so:

PROCESS $P_{x,y}$ COMPUTES
− reachable(x,y)

Zur Beschreibung des **Datenflusses** gehen wir in zwei Etappen vor:

1. *Logischer Datenfluß:* Für jeden Prozessor $P_{x,y}$ ist zu klären, welche Eingabedaten (Ströme) benötigt werden. Dabei bleibt zunächst völlig offen, woher diese Datenströme kommen
2. *Realer Datenfluß:* Anschließend wird festgelegt, *wie* diese Datenströme erzeugt werden. Das läßt sich im allgemeinen nicht ohne Berücksichtigung der konkreten Zielarchitektur machen.

Logischer Datenfluß: Die Rekursionsgleichung (1) zeigt, daß der Prozessor $P_{x,y}$ im i−ten Schritt die Werte der Prozessoren P_{x,a_i} und $P_{a_i,y}$ braucht. Insgesamt erhält $P_{x,y}$ also einen Datenstrom[4] R_x entlang der Zeile und einen Datenstrom C_y entlang der Spalte.

---

[4] Um die zugrundeliegenden Datenflüsse zu beschreiben, benutzen wir das Konzept der *Ströme*, die im wesentlichen endliche oder unendliche Sequenzen darstellen.

Zur Bestimmung des *Anwendbarkeitsbereiches* der Methodik nehmen wir zunächst eine grobe Einteilung in zwei Kategorien vor (die wir konzeptuell verstanden wissen wollen, nicht software- oder gar hardwaretechnisch).

Verteilte Systeme bestehen aus mehreren interagierenden Prozessen. Das Kommunikationsmodell basiert im allgemeinen auf Client-Server-Beziehungen, und die einzelnen Prozesse realisieren normalerweise ganz unterschiedliche Funktionen. *Massiv parallele Systeme* bestehen aus vielen Prozessen, die dieselbe Funktion – oder höchstens einige wenige Funktionen – auf viele Datenelemente anwenden („Datenparallelität").

Unsere Methodik bezieht sich auf die zweite Kategorie, wobei wir dem SFMD-Paradigma („single-function multiple-data") folgen.[3]

Entsprechend den modernen Entwicklungen im Bereich der Rechnerarchitekturen gehen wir von einer **MIMD-Maschine mit verteiltem Speicher** aus. *Intensive Kommunikation zwischen den (lokalen Speichern der) Prozessoren reduziert bei diesem Modell durch die hohen Latenzzeiten die Effizienz.* Es muß also ein wesentliches Ziel der Programmierung sein, die Kommunikation zu minimieren – ohne dabei die Programmierung unnötig komplex zu machen.

Unser Ansatz basiert auf dem Zusammenspiel zweier Konzepte:

Datenpartitionierung: Wir gehen davon aus, daß wir parallele Algorithmen für Datenstrukturen einer Größe N entwerfen und uns für die Verarbeitung q Prozes-soren zur Verfügung stehen. Dabei machen wir die — im allgemeinen realistische — Annahme, daß $q \ll N$ gilt. Deshalb müssen die Daten geeignet auf die Prozessoren verteilt werden. Dabei ist es das Ziel unseres Ansatzes, die relevanten Verteilungstechniken als „Algebren der Datenpartitionierung" zu formalisieren.

Skeletons: Wir beschreiben Algorithmen unter Verwendung spezieller Funktionen höherer Ordnung, die wir „Skeletons" nennen. Diese Funktionen müssen zwei Bedingungen erfüllen: Zum einen müssen sie nützlich für die Formulierung von Algorithmen sein (auf möglichst hohem Abstraktionsniveau). Und zum anderen müssen sie effizient auf parallelen Rechnern implementierbar sein (und zwar auf möglichst vielen unterschiedlichen Architekturen).

In der hier vorliegenden Arbeit wollen wir versuchen, die Grundidee der Methodik *exemplarisch* vorzuführen. Wir betrachten dazu einen bekannten Algorithmus und seine Parallelisierung. Dabei werden einige Skeletons und Partitionierungen beispielhaft vorgeführt. In anderen Arbeiten studieren wir eine Reihe von weiteren wichtigen Skeletons und Partitionierungen (s. [Pep93]) und führen die formalen Konzepte genauer aus (s. [PES93b]). Ähnliche Ansätze werden auch von anderen Autoren verfolgt, z.B. [DFH+92], [Col89].

2 Parallelisierung des Floyd-Warshall Algorithmus

Zur Illustration betrachten wir den bekannten Algorithmus von Warschall. Gegeben sei ein gerichteter Graph $\mathcal{G}$ durch seine charakteristische Funktion `edge(x, y)`. Gesucht ist

---

[3] Wir nehmen zwar an, daß die Ideen grundsätzlich auch auf die erste Kategorie anwendbar sind, aber um konkrete Aussagen zu machen, muß dieser Bereich noch gründlicher untersucht werden.

- Broadcasting auf Maschinen mit verteiltem Speicher
- Shared-Memory (or virtual Shared-Memory)
- Systolischer Algorithmus

Die dritte Variante wollen wir hier kurz skizzieren: Betrachten wir zwei Prozessoren, die benachbart sind (in dem Sinn, daß sie für die beiden Elemente (x, a_i) und (x, a_{i+1}) zuständig sind). Dann können wir ein Design wie in der folgenden Abbildung wählen:

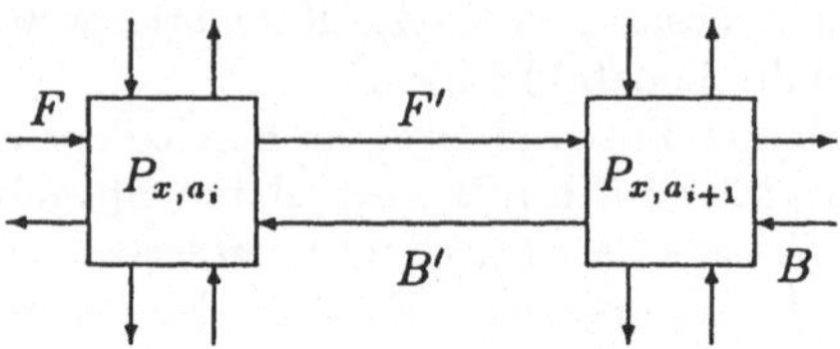

Wenn wir — als Induktionsidee — davon ausgehen, daß folgendes gilt:

$$F = R_x[1 .. (i-1)]$$
$$B = R_x[(i+2) .. n]$$

dann können wir die Eingabeströme jeweils durchreichen und das vom Prozessor selbst berechnete Element anhängen. Damit gilt dann:

$$F' = F + \!\!\! + r_{x,a_i} = R_x[1 .. i]$$
$$B' = r_{x,a_{i+1}} + \!\!\! + B = R_x[(i+1) .. n]$$

Das bedeutet, daß jeder Prozessor den ganzen Strom R_x aus seinem linken und rechten Eingabestrom zusammensetzen kann (analog kann der Spaltenstrom C_y zusammengesetzt werden):

$$R_x = F + \!\!\! + r_{x,a_i} + \!\!\! + B'$$

Bei einer genaueren Analyse zeigt sich, daß dieses Modell die Parallelität nicht allzu gut ausnutzt, da Prozessoren immer wieder auf die nächsten Eingabedaten warten müssen. Das liegt jedoch daran, daß im Augenblick die Granularität viel zu klein ist. Dieses Warteproblem tritt bei entsprechender Datenpartitionierung nicht mehr auf.

Daher wollen wir die unrealistische Annahme aufgeben, daß wir pro Matrixelement einen Prozessor zur Verfügung haben. Stattdessen betrachten wir jetzt die Situation, daß wir q Prozessoren haben, mit $q \ll N^2$. Dann müssen wir die Matrix in q Bereiche partitionieren. Für eine nützliche Partitionierung bieten sich zwei Möglichkeiten an:

1. *Zuteilung von gesamten Spalten (Zeilen)*: Hierbei werden jedem Prozessor alle Matrixelemente einer festen Anzahl von Spalten (Zeilen) zugeordnet.
2. *Zuteilung von Kacheln*: Hierbei wird einem Prozessor je eine quadratische Teilmatrix der gesamten Matrix zugeordnet.

Formale Rechnung: Die Technik besteht hier darin, die rekursiven Aufrufe mit „fremden" Parametern durch entsprechende Datenströme zu ersetzen — also den *impliziten* Datenfluß *explizit* zu machen. Wir definieren deshalb zwei Ströme R_x und C_y vermöge

$$R_x[i] \stackrel{\text{def}}{=} \text{reaches}\,(S_{i-1})(x,\, a_i);$$
$$C_y[i] \stackrel{\text{def}}{=} \text{reaches}\,(S_{i-1})(a_i,\, y)$$

Damit läßt sich die Rekursion in (1) umformen in

$$\text{reaches}\,(S_i)(x,\, y) = \text{reaches}\,(S_{i-1})(x,\, y) \vee (R_x[i] \wedge C_y[i]).$$

Durch einfache Induktion folgt sofort:

$$\text{reachable}\,(x, y) = \text{edge}\,(x,\, y) \vee (R_x[1] \wedge C_y[1]) \vee \ldots \vee (R_x[n] \wedge C_y[n])$$
$$= \text{edge}\,(x,\, y) \vee (\vee/\,(\wedge * (R_x,\, C_y)))$$

Hierbei bezeichnet „ $*$ " den Operator „apply-to-all" und „ $/$ " den Operator „reduce" über Listen (oder entsprechend allgemeinen polymorphen Datentypen; s. [Bir89]).

Realer Datenfluß: Offensichtlich bleibt noch das Problem zu lösen, wie die Ströme R_x und C_y tatsächlich erzeugt werden. Sei a_i das Element, das im i-ten Schritt schwarz gefärbt wird. Sinnvollerweise muß dann der Prozessor P_{x,a_i} verantwortlich sein für die Berechnung des Elements $r_{x,a_i} \stackrel{\text{def}}{=} \text{reaches}\,(S_{i-1})(x,\, a_i)$ und entsprechend $P_{a_i,y}$ für $c_{a_i,y} \stackrel{\text{def}}{=} \text{reaches}\,(S_{i-1})(a_i,\, y)$. Dann gilt:

$$r_{x,a_i} = \text{edge}(x, a_i) \vee (\,\vee/\,(\,\wedge * (R_x[1 .. i-1],\, C_y[1 .. i-1]))))$$
$$c_{a_i,y} = \text{edge}(a_i, y) \vee (\,\vee/\,(\,\wedge * (R_x[1 .. i-1],\, C_y[1 .. i-1]))))$$

Damit gilt:

$$R_x = r_{x,a_1} + \!\!\!+\, r_{x,a_2} + \!\!\!+ \ldots + \!\!\!+\, r_{x,a_n}$$
$$C_y = c_{a_1,y} + \!\!\!+\, c_{a_2,y} + \!\!\!+ \ldots + \!\!\!+\, c_{a_n,y}$$

Definition der Prozesse: Aufgrund der obigen Ableitungen hat also jeder Prozessor $P_{x,y}$ drei Funktionen zu berechnen. (Dabei nehmen wir an, daß x im i-ten und y im j-ten Schritt schwarz gefärbt wird.)

```
PROCESS P_{x,y}  COMPUTES
```
$$- \text{reachable}(x, y) = \text{edge}\,(x,\, y) \vee (\vee/(\wedge * (R_x,\, C_y)))$$
$$- r(x, y) \qquad\quad = \text{edge}\,(x,\, y) \vee (\vee/(\wedge * (R_x[1 .. j-1],\, C_y[1 .. j-1])))$$
$$- c(x, y) \qquad\quad = \text{edge}\,(x,\, y) \vee (\vee/(\wedge * (R_x[1 .. i-1],\, C_y[1 .. i-1])))$$

Die dabei auftretenden Teilausdrücke nur einmal zu berechnen ist eine Optimierung, die von einem guten Compiler automatisch erledigt werden kann.

Wir haben jetzt eine relativ abstrakte Beschreibung des Algorithmus auf der Basis von Funktionen höherer Ordnung und Stromgleichungen. Solche funktionalen Formen stellen *Skeletons* dar, vorausgesetzt, daß wir ihnen entsprechende Implementierungsmuster auf verschiedenen parallelen Architekturen zuordnen können. Mögliche Ansätze dazu wären (s. [PES93a]):

Man rechnet schnell nach, daß die zweite Lösung in der Größenordnung $\frac{\sqrt{q}}{2}$ weniger Kommunikationen benötigt als die erste.

Diese Neuverteilung der Daten auf Prozessoren hat natürlich sowohl eine Anpassung der Stromdefinitionen als auch der Funktionen, die die Prozessoren ausführen, zur Folge. Mit Hilfe unserer Funktionale ist diese Adaption allerdings relativ trivial. Details gehen aber über den Rahmen dieses Papiers hinaus.

3 Diskussion

Auch wenn die Beschreibung weitgehend informell war, sollten die obigen Skizzen doch helfen, das grundlegende *Prinzip der Skeletons* klarzumachen: Skeletons sind funktionale Programmformen auf hohem Abstraktionsniveau, mit denen Implementierungen auf unterschiedlichen (parallelen) Architekturen assoziiert sind.

Die Skeletons selbst lassen sich ebenfalls wieder in verschiedene Abstraktionsniveaus klassifizieren, so daß eine Programmentwicklung über mehrere Stufen hinweg möglich ist.

Die Forschung auf diesem speziellen Gebiet steht noch ziemlich am Anfang. Wir haben inzwischen eine Reihe von wichtigen Programmiermustern — Skeletons und Partitionierungen — identifiziert (s. etwa [Pep93] oder [DFH$^+$92]); diese Sammlung wird zur Zeit vervollständigt und systematisch aufbereitet.

Danksagung: Wir danken unseren Kollegen aus dem Berliner OPAL-Projekt für eine Reihe anregender Diskussionen zu den hier präsentierten Ideen. Niamh Warde war eine große Hilfe bei der Erstellung des Manuskripts.

References

[Bir89]   R. S. Bird. Lectures on constructive functional programming. In Manfred Broy, editor, *Constructive Methods in Computing Science*. Springer Verlag, 1989. Proceedings International Summer School, Berlin.

[Col89]   M. Cole. *Algorithmic Skeletons: Structured Management of Parallel Computation*. MIT Press, 1989.

[DFH$^+$92] J. Darlington, A. J. Field, P. G. Harrison et al. Parallel programming using skeleton functions. Personal Communication. Will be presented at PARLE '93, May 1992.

[Pep93]   P. Pepper. Deductive derivation of parallel programs. In R. Paige, J. Reif, and R. Wachter, editors, *Parallel Algorithm Derivation and Program Transformation*. Kluwer Academic Publishers, 1993. To appear. Also: Technical Report 92-23, Technische Universität Berlin, July 1992.

[PES93a]   P. Pepper, J. Exner, and M. Südholt. Functional programming of massively parallel systems. Technical Report 93-16, Technische Universität Berlin, 1993. To appear.

[PES93b]   P. Pepper, J. Exner, and M. Südholt. Towards an algebraic theory for the derivation of parallel programs. In *Formal Methods in Programming and their Applications*, Lecture Notes in Computer Science. Springer Verlag, July 1993. To appear.

F&E–Projekte

Projekte und Erfahrungen der AKI (Arbeitsgemeinschaft der deutschen KI-Institute)

Die AKI umfaßt das Bayerische Forschungszentrum für Wissensbasierte Systeme (FORWISS) in Erlangen-München-Passau, das Deutsche Forschungszentrum für Künstliche Intelligenz (DFKI) in Kaiserslautern-Saarbrücken, das Forschungsinstitut für anwendungsorientierte Wissensverarbeitung (FAW) in Ulm, den Forschungsverband „Anwendungen der Künstlichen Intelligenz" in Nordrhein-Westfalen und das Labor für Künstliche Intelligenz (LKI) in Hamburg. Die AKI versteht sich als Plattform für anwendungsorientierte Forschung und Entwicklung in allen Teilbereichen der Künstlichren Intelligenz. Es wird über fünf Projekte aus dem Spannungsfeld zwischen Grundlagenforschung und Anwendung berichtet.

Koordinaton: Prof. Dr. B. Neumann, Universität Hamburg, FB Informatik

Verkaufs-Assistenten und Expertisesysteme

P. Mertens und H. Popp
Bayerisches Forschungszentrum für Wissensbasierte Systeme (FORWISS)
Am Weichselgarten 7
91058 Erlangen-Tennenlohe

1 Einleitung

FORWISS als gemeinsames Institut der drei Trägeruniversitäten Erlangen-Nürnberg, Passau und TU München besteht aus den sechs Forschungsgruppen: Kognitive Systeme (KS), Programmiersysteme (PS), Wissensbasen (WB), Wissensverarbeitung (WV), Wissenserwerb (WE) und Wirtschaftsinformatik. Da wissensbasierte Systeme immer mehr als - freilich sehr wichtige - Teillösungen eines komplexen Softwaresystems auftreten, besteht die Herausforderung für die Forschungsgruppe Wirtschaftsinformatik (FG WI) darin, wissensbasierte Module in Entscheidungsunterstützungs-, Dispositions- und Beratungssysteme einzubringen. Die Forschung der Gruppe konzentriert sich auf Wissensbasierte Expertisesysteme und Verkaufs-Assistenten, siehe Abbildung 1.

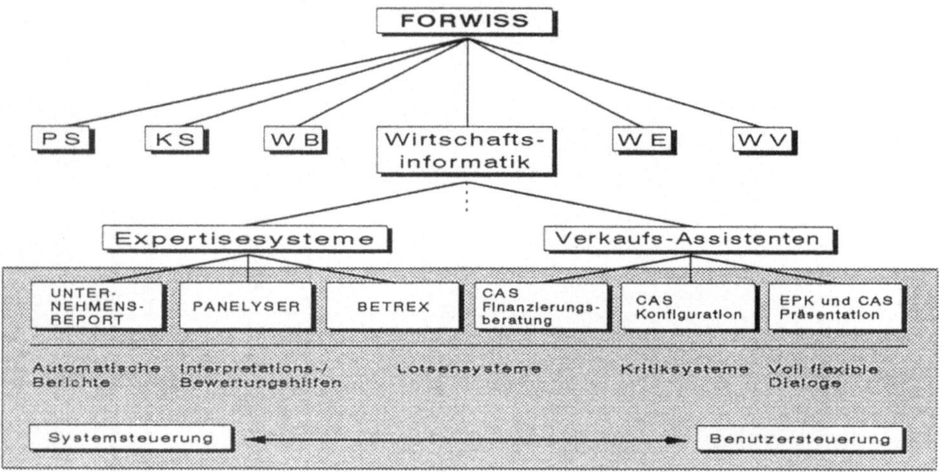

Abbildung 1: Forschungsschwerpunkte der FG WI

2 Verkaufs-Assistenten

Der Vertrieb klärungs- und erklärungsbedürftiger Produkte sieht sich mit ständig steigenden Erwartungen der Kunden konfrontiert. Diese fordern qualitativ hochwertige Beratungsleistungen nicht nur auf technischem Gebiet, sondern zunehmend auch in anderen Bereichen, wie z.B. bei Fragen zur Finanzierung, möglichst aus einer Hand.
Das Assistenzsystem Computer Aided Selling (CAS), entwickelt in Kooperation mit der Olivetti-Gruppe, beinhaltet Bedarfsanalyse, Produktpräsentation, Selektion/Kalkulation,

Konfigurationstest sowie Finanzierungs- und Subventionsberatung. Ein multimedialer, elektronischer Katalog (*Produktpräsentation*) stellt die verschiedenen Produkte mit Text, Grafik und Video dar (voll flexibler Dialog). Bei Bedarf sind dann auch sehr detaillierte Informationen durch eine umfangreiche Hypertextfunktionalität abrufbar. Zusätzliche Funktionen wie Index, Glossar, graphische Kapitelübersichten sowie ein kontextabhängiges Hilfesystem assistieren ungeübten Benutzern. Für die Erstellung solcher Elektronischer Produktkataloge sollen im Projekt EPK, das von der Stiftung Industrieforschung gefördert wird, Möglichkeiten und Grenzen eines Generators eruiert werden.

Haben Kunden noch keine präzisen Vorstellungen über die benötigten Produkte, ist es sinnvoll, mit Hilfe einer vorgelagerten *Bedarfsanalyse* das Produktspektrum einzugrenzen. Zur Ermittlung der Kundenanforderungen betrachtet das System u. a. die Branche, den Beruf oder die betriebliche Funktion des Kunden. Durch ein implizit generiertes Benutzermodell ergeben sich Empfehlungen für mögliche Anwendungen (Branchenpakete und/oder Standardsoftware zur Büroautomation). Mit dem Ergebnis der Bedarfsanalyse, einem mit einer Fuzzy-Entscheidungskomponente ermittelten Ranking der Produkte, wechselt der Benutzer dann direkt zur Präsentation der entsprechenden Erzeugnisse. In der *Produktauswahl* kann ein Angebot mit allen Preisen und Bestellnummern generiert werden. Während der Auswahl wird in Form eines Kritiksystems überprüft, ob die neu hinzukommenden Produkte zu den bereits vorhandenen passen (*Konfigurationstest*). Bei Inkompatibilitäten (Festplatte paßt nicht zu Rechnermodell) kritisiert das System den Benutzer, wobei es Vorschläge anbietet. CAS bietet darüber hinaus nach der Angebotserstellung eine wissensbasierte *Subventions- und Finanzierungsberatung* an, realisiert durch Kombination von Hypertext und KI-Komponenten (vgl. Ponader u.a. 1992).

3 Expertisesysteme

DV-Systeme zur Auswertung von Rechnungswesen-/Unternehmens-/Panel-Daten produzieren in der Praxis immer wieder extrem umfangreiche Zahlentabellen (Zahlenfriedhöfe). Deshalb sind insbesondere ungeübte Benutzer, wie z.B. Führungskräfte mit technischem Ausbildungshintergrund oder gelegentliche Anwender aus den Fachabteilungen, häufig überfordert, entsprechende "Reports" zielgenau anzufordern und in vertretbarer Zeit durchzuarbeiten.

Daher entwickelt die FG WI mehrere Expertisesysteme, die aus dem Grunddatenbestand Informationen selektieren, verbale Gutachten, Übersichtstabellen sowie Graphiken ableiten und die Berichte in Form und Inhalt - weitgehend automatisch - auf die spezifische Situation des jeweiligen Berichtsempfängers im Unternehmenskontext abstimmen.

Je nach Anwendungsklasse ergibt sich bei Expertisesystemen eine unterschiedlich starke Einbeziehung des Benutzers. Sie reicht von Lotsensystemen (Hilfe bei der Navigation durch die Datenfluten) im Projekt BETREX bis hin zu Bewertungshilfen und automatischen Berichten, wie in den Projekten PANELYSER und UNTERNEHMENSREPORT (vgl. Mertens 1993). Diese drei Projekte erfordern Forschungen zu Präsentations- und Textgeneratoren, zum Aufbau von Modellen über Benutzer/Empfänger und Unternehmen, zum Einsatz von Multimedia und Fuzzy-Technik, zur Datenfilterung und -erklärung sowie zur Modularisierung von Wissensbasen.

3.1 Expertisesystem im Controlling

Das von der DFG und der SAP AG in Walldorf geförderte Projekt BETREX, ein wissensbasiertes Expertisesystem im Controlling, soll aus dem Grunddatenbestand von Rechnungswesenprogrammen weitgehend automatisch verbale und graphische Gutachten, abgestimmt auf den jeweiligen Berichtsempfänger, ableiten. Zur Datenselektion wurde ein Datenmustererkennungs-Verfahren implementiert, das die heruntergeladenen relativ wenig verdichteten Ergebnisdaten zunächst mit Clusteranalysen zu Gruppen zusammenfaßt und mit einem Aussagenfilter die generierten Informationen hinsichtlich ihrer Redundanz und Bedeutung für den Anwender bzw. Empfänger überprüft (vgl. Hagedorn 1993).

3.2 Wissensbasierter Unternehmensreport

Das Kooperationsprojekt mit der DATEV eG in Nürnberg, UNTERNEHMENSREPORT, beinhaltet ein integrierendes Expertisesystem zur automatischen Erstellung von benutzergerechten Unternehmensdiagnosen auf der Grundlage der Buchhaltungs- und Jahresabschlußzahlen. Ein in der Praxis bereits eingeführtes XPS für die Auswertung zweijähriger Daten wird weiterentwickelt, so daß es aus einer umfassenden Perspektive heraus - in Abhängigkeit von der Unternehmenslage - differenziert unter-, zwei-, fünfjährige, projizierte Plan- und/oder Branchendaten auswertet und eine knapp formulierte, aber alle wesentlichen Gesichtspunkte umfassende Expertise erstellt.

3.3 Intelligentes Auswertesystem für Paneldaten

Aus dem Handelspanel (Datensammlung über Abverkäufe des Handels, Bestände, Einkäufe, Preise usw.) der GfK AG, Nürnberg, ermittelt das von uns mitentwickelte und schon in der Praxis operierende wissensbasierte System PANELYSER wesentliche Marktanteilsverschiebungen, prüft, ob diese Marktentwicklungen langfristigen Trends unterliegen, und betreibt Ursachenforschung für die spezifischen Veränderungen (vgl. Beys u.a. 1992). Weitere Auswertesysteme der GfK produzieren umfangreiche Zahlentabellen und Grafiken, die sich stark unterscheiden. Hierfür werden intelligente Zusammenfassungen geschaffen, die unter einer einheitlichen Benutzeroberfläche unabhängig davon, aus welchen Systemen die Daten kommen, gleichartige Präsentationen erzeugen.

4 Literaturverzeichnis

BEYS, O.; FISCHER, M.; TREPMAKER, S.; MERTENS, P.: Wissensbasierte Analyse von Handelspaneldaten, Marketing ZFP 14 (1992) 3, S. 157-166.

HAGEDORN, J.: BETREX, interner FORWISS-Halbjahresbericht 1993.

PONADER, M.; MERTENS, P.; BREUKER, J.; LÖDEL, D.; POPP, H.: Integration von Hypermedia- und KI-Komponenten am Beispiel eines umfassenden Angebotsunterstützungssystems, in Nagl, M. (Hrsg.) Software- und Information-Engineering, ONLINE 93, Band VI, (1993) S. C613.01-C613.18.

MERTENS, P.: Neuere Entwicklungen des Mensch-Computer-Dialogs in Berichts- und Beratungssystemen, Signale aus der Wissenschaftlichen Hochschule für Unternehmensführung Koblenz 8 (1993) 1, S. 49-55.

Logikbasierte Planerkennung für intelligente Hilfesysteme

Mathias Bauer und Gabriele Paul
DFKI
Stuhlsatzenhausweg 3
66123 Saarbrücken
e-mail: {lastname}@dfki.uni-sb.de

1 Einleitung

Das Ziel intelligenter Hilfesysteme ist es, den Benutzer eines komplexen Anwendungssystems optimal zu unterstützen. Dabei ist Planerkennung eine wesentliche Voraussetzung für kooperatives Verhalten des Systems. Im Rahmen des Projekts PHI (Planbasierte Hilfesysteme) am DFKI wurde ein neuer logikbasierter Ansatz zur inkrementellen Planerkennung in der Modallogik LLP entwickelt. Wir unterscheiden dabei zwei Phasen der Planerkennung: Mittels abduktiven Schließens wird die Menge aller gültigen Planhypothesen bestimmt, aus denen durch probabilistische Selektion die "besten" ausgewählt werden, um jederzeit angemessene Hilfe gewährleisten zu können.

2 Motivation

Pläne zu erkennen, heißt die Pläne oder Ziele eines Benutzers ausgehend von den vorhandenen Evidenzen zu identifizieren. Diese Evidenzen umfassen z.B. die Aktionen des Benutzers oder auch Informationen über seine Präferenzen, die in einem Benutzermodell abgelegt sein können (vgl. z.B. [Car90]).

Zu wissen, welche Ziele ein Benutzer verfolgt, ist eine entscheidende Voraussetzung für kooperatives Verhalten von Hilfesystemen (s. [GL92]). Planerkennungskomponenten bei Benutzerschnittstellen erlauben zum Beispiel, die zukünftigen Aktionen eines Benutzers vorherzusagen und bilden damit die Basis für *semantische Planvervollständigung*. Das heißt dem Benutzer kann die automatische Ausführung des Restplans vom System vorgeschlagen werden. Desweiteren ist das Erkennen von *suboptimalem Benutzerverhalten* eine Voraussetzung für aktive Hilfe in Form von optimalen Planvorschlägen. Können außerdem die Ursachen für einen Fehler bei der Planausführung festgestellt werden— wie z.B. eine unerfüllte Planvorbedingung—so ist es möglich, dem Benutzer eine *flexible Fehlerbehandlung* anzubieten, die seinem aktuellen Kontext angepasst ist. Kooperativere Hilfesysteme können auch durch den Einbau von *Planüberwachungs-* oder *Lernkomponenten* erreicht werden, die auf Planerkennungsergebnissen aufbauen.

Es ist wichtig, daß solche Systeme neben einer praktischen Anwendbarkeit auch formal fundiert sind (vgl. [GL92]). Ihre Funktionalität sollte dabei die Vorhersage möglicher Nachfolgeaktionen, inkrementelle Erkennung nach jeder Beobachtung sowie eine (probabilistische) Bewertung der Planhypothesen umfassen. Dies wird im Rahmen von PHI auf der Basis eines formalen Rahmens realisiert: Durch abduktives Schließen in der Modallogik LLP wird inkrementell die Menge der jeweils gültigen Planhypothesen bestimmt.

Durch eine auf Dempster-Shafer-Theorie basierende Selektion ist es möglich, jederzeit die "beste" Hypothese auszuwählen, um gezielt Hilfe anbieten zu können. Da LLP Kontrollstrukturen wie Schleifen und Verzweigungen erlaubt, ist diese Logik insbesondere für Anwendungen aus dem Bereich der Kommandosprachen geeignet (vgl. [BDK92]). Die Anwendbarkeit des vorgestellten Ansatzes wurde durch eine Implementation im Bereich der elektronischen Post demonstriert.

3 Planerkennung in PHI

In diesem Abschnitt wird die prinzipielle Funktionsweise der einzelnen Komponenten des Planerkenners erläutert. Die Gesamtarchitektur ist in Abbildung 1 dargestellt.

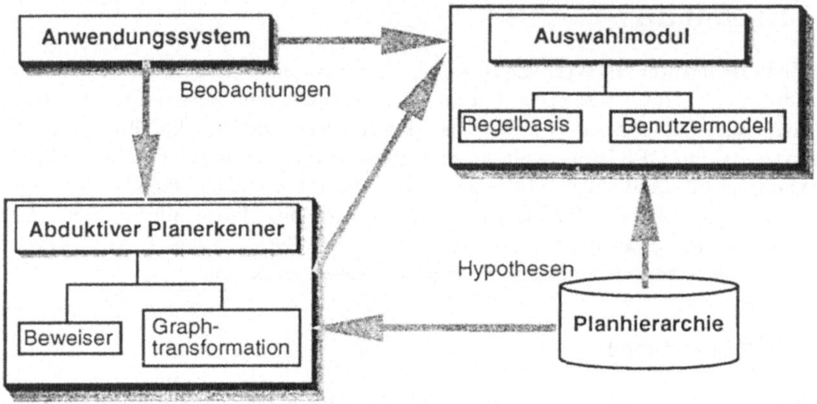

Abbildung 1: Architektur

In einer Planhierarchie (vgl. [Kau87]) ist das Wissen bzgl. der Dekomposition von Plänen in einzelne Aktionen sowie bzgl. Abstraktionsbeziehungen zwischen Plänen bzw. Aktionen in Form von LLP-Formeln gespeichert. Im PHI-Gesamtsystem ist eine Planungskomponente integriert, die diese Planhypothesen dynamisch generiert und somit die Erstellung einer solchen Planbibliothek ersetzt (vgl. [BBD+93]). Da der Schwerpunkt hier jedoch auf der Planerkennung liegt, wird von einer statischen Wissensbasis in Form einer Planhierarchie ausgegangen.

Vom Anwendungssystem—hier der elektronischen Post—erhält der abduktive Planerkenner zu jedem Zeitpunkt die aktuelle Benutzeraktion sowie Informationen über den Systemzustand. Abduktion bedeutet generell das Schließen von Beobachtungen auf mögliche Erklärungen, d.h. Pläne werden als Hypothesen angesehen, die eine beobachtete Aktion dann erklären, wenn diese unter Berücksichtigung des zur Verfügung stehenden Wissens aus ihnen ableitbar ist (im logischen Sinne).[1] Da klassische abduktive Ansätze auf Prädikatenlogik basieren, wurde hier für den Fall der temporalen Modallogik LLP ein verallgemeinertes Abduktionsprinzip mit einer schwächeren Definition des Erklärungsbegriffs entwickelt. Das Grundprinzip dabei ist, die beobachteten Aktionen in die Planhypothesen so "einzubauen", daß z.B. temporale Abstraktionen, d.h. fehlende Angaben über eine zeitliche Reihenfolge der einzelnen Aktionen, aufgelöst werden können.

Diese sog. *konkretisierten* Hypothesen werden mittels eines Graphalgorithmus erzeugt, der die inhärente temporale Struktur der entsprechenden LLP-Formeln aus der Plan-

---

[1]Für einen detaillierten Überblick über abduktive Ansätze sei auf [Pau93] verwiesen.

hierarchie explizit macht. Zur Generierung abstrakterer Hypothesen wird zusätzlich ein Sequenzenkalkülbeweiser verwendet.

Das Ergebnis dieses Vorgehens ist eine Menge gleichermaßen plausibler Erklärungen für die beobachteten Aktionen des Benutzers. Um jedoch gezielt Hilfe leisten zu können, ist es notwendig, jederzeit ein Auswahlkriterium zur Verfügung zu haben, das die spezifischen Benutzerpräferenzen berücksichtigt.

Zu diesem Zweck existiert eine auf den Benutzer zugeschnittene a-priori Bewertung der Wahrscheinlichkeit der einzelnen Hypothesen in Form eines Benutzermodells sowie eine Menge gewichteter Regeln, die Aussagen über die Stärke des Zusammenhangs zwischen Beobachtungen und Hypothesen repräsentieren. Die formale Basis für diese Bewertungen ist die Dempster-Shafer-Theorie (vgl. [Sha76]), eine Verallgemeinerung klassischer Wahrscheinlichkeitstheorie, die die Berücksichtigung unvollständigen Wissens sowie inkrementelle Aktualisierungen auf der Basis neuer Evidenzen erlaubt.

Mit Hilfe dieser numerischen Werte ist es jederzeit möglich, eine aktuelle Quantifizierung der Gültigkeit aller Hypothesen auf der Basis der letzten Beobachtung und der Informationen aus dem abduktiven Erkennungsprozeß zu berechnen und somit die bestmögliche Hilfe anzubieten.

4 Zusammenfassung

Es wurde ein neues Konzept der Planerkennung vorgestellt, das auf einem verallgemeinerten Ansatz der Abduktion in einer Modallogik und einer anschließenden probabilistischen Auswahl der entstandenen Hypothesen beruht. Somit kann zu jedem Zeitpunkt die plausibelste Planhypothese bestimmt werden, was eine adäquate benutzeradaptierte Hilfe ermöglicht. Da in der verwendeten Logik programmiersprachenähnliche Kontrollstrukturen auftreten können, ist sie besonders für Anwendungen im kommandosprachlichen Bereich (wie Bedienung komplexer Softwaresysteme) geeignet. Dies wurde im Rahmen des PHI-Projektes am DFKI durch eine Implementation mit der Anwendungsdomäne elektronische Post unter UNIX demonstriert.

Literatur

[BBD+93] M. Bauer, S. Biundo, D. Dengler, J. Köhler, and G. Paul. PHI—a logic-based tool for intelligent help systems. In *Proceedings of the 13th International Joint Conference on Artificial Intelligence*, Chambéry, France, August 1993. Morgan Kaufmann Publishers.

[BDK92] S. Biundo, D. Dengler, and J. Köhler. Deductive planning and plan reuse in a command language environment. In *Proceedings of the 10th European Conference on Artificial Intelligence*, pages 628–632, 1992.

[Car90] S. Carberry. *Plan Recognition in Natural Language Dialogue*. MIT Press, Cambridge, MA, 1990.

[GL92] B. Goodman and D. Litman. On the interaction between plan recognition and intelligent interfaces. *User Modeling and User-Adapted Interaction*, 2(1-2):83–116, 1992.

[Kau87] H. Kautz. *A formal theory of plan recognition*. PhD thesis, University of Rochester, 1987.

[Pau93] G. Paul. Approaches to abductive reasoning—an overview. *Artificial Intelligence Review*, 1993. (forthcoming).

[Sha76] G. Shafer. *A Mathematical Theory of Evidence*. Princeton University Press, Princeton, 1976.

Erfahrungen aus einem Projekt im Bereich der NC-Arbeitsplanung

N. Kratz
FAW Ulm

Zusammenfassung : In gleichem Maße wie wissensbasierte Methoden für die Praxis relevant werden, stellt sich das Problem der Integration in bestehende Anwendungssysteme und Organisationsstrukturen als ein entscheidender Faktor für den Erfolg entsprechender Entwicklungsprojekte heraus. Anhand eines konkreten Projektbeispiels aus dem Bereich der NC-Arbeitsplanung werden diese Integrationsproblematik aufgezeigt und Lösungsansätze für konkrete Integrationsprobleme diskutiert.

Problembeschreibung

Der NC-Arbeitsplanung kommt im Hinblick auf die heute von vielen Unternehmen angestrebte Verkürzung der Durchlaufzeiten eine entscheidende Bedeutung zu. Hierbei steht im Sinne einer Prozeßkette die Durchgängigkeit, d.h. die Vermeidung von Neueingaben, im Vordergrund der Verbesserungsansätze. Das Projekt GENOA (Generieren und Optimieren von Arbeitsplänen) zielt dabei primär auf die Automatisierung und Rationalisierung der innerbetrieblichen Arbeitsplanung.

Die wesentliche Grundlage für dieses Vorhaben liegt in einem durchgängigen, übergreifenden CAD-/CAP-/CAM-(NC-) Datenmodell, wodurch ein direkter Informationsfluß zwischen allen am Produktentstehungsprozeß beteiligten Komponenten sichergestellt ist. Ein weiterer Schwerpunkt dieses Projektes liegt auf der Verbesserung bestehender NC-Programme, wobei insbesondere die auftragsbedingten Nebenzeiten auf modernen NC-Werkzeugmaschinen minimiert werden können. In diesem Zusammenhang ist es das Ziel, die Reihenfolge der einzelnen Arbeitsgänge hinsichtlich der Minimierung von Maschinen-Nebenzeiten (Verfahrwege, Anzahl der Werkzeugwechsel und Anzahl der Aufspannungen) bzw. hinsichtlich der Gesamtkosten zu optimieren. Im Rahmen des GENOA-Systems werden hierzu leistungsfähige Optimierungsalgorithmen eingesetzt.

Für das Projekt GENOA ergeben sich mehrere konkrete Anwendungen. Dies betrifft einerseits die innerbetriebliche Arbeitsplanung und andererseits die Angebotserstellung. Bei der Angebotserstellung wird anhand der vom Kunden gelieferten Daten (Zeichnungen, Stückzahlenangaben) die Frage geklärt, welche Maschinen zu welchen Kosten die herzustellenden Werkstücke fertigen können. Für diese Form der Angebotserstellung sind derzeit Durchlaufzeiten von 2-3 Monaten und Bearbeitungszeiten von 2-4 Wochen durchaus branchenüblich. Mit Hilfe von GENOA wird angestrebt, die Durchlaufzeit auf 2-4 Wochen und die reine Bearbeitungszeit sogar auf nur 1 - 3 Tage zu reduzieren.

Neben einer allgemeinen Integrationsleistung zum Aufbau einer durchgängigen Verfahrenskette von der Konstruktion bis zum Technologieeinsatz werden im Rahmen des Projektes schwerpunktmäßig zwei Teilaspekte betrachtet.

Aufgrund der zunehmenden Spezialisierung ist es für den Arbeitsplaner kaum möglich, alle für die Bearbeitung notwendigen Nebenbedingungen (z. B. Wahl der Werkzeuge und die sich daraus ergebenden Bearbeitungsrichtungen / Anzahl der Aufspannungen) zu beachten. In aller Regel hängt die Güte eines NC-Programms jedoch von den Erfahrungen des Arbeitsplaners ab. Will man die vorwiegend erfahrungsbasierte Vorgehensweise objektivieren und damit für eine Vielzahl von Anwendungen verfügbar machen, so bietet sich der Einsatz wissensbasierter Techniken an.

Analysiert man vorhandene NC-Programme, so stellt man fest, daß in der Vergangenheit die Nebenzeiten kaum verringert werden konnten, wohingegen sich die Hauptzeiten zum Teil drastisch verkürzt haben. Aufgrund der vom FAW geführten Gespräche ist davon auszugehen, daß in vielen NC-Programmen ein Rationalisierungspotential bezüglich der Nebenzeiten von 10 bis 40 % (abhängig von der Komplexität der Aufgabenstellung) besteht. Dieses Potential kann auf der Basis geeigneter Optimierungsalgorithmen genutzt werden.

Realisierung

Das FAW konnte mit Hilfe eines realisierten Prototypen die Machbarkeit einer EDV-gestützten, durchgängigen Verfahrenskette aufzeigen (siehe Abb. 1). Dieser Prototyp besteht im wesentlichen aus den vier Komponenten :

* Konstruktion,
* Operationsplanung,
* Optimierung und
* NC-Programmierung.

In der Komponente Konstruktion werden sogenannte CAD-Makros (Synonyme: Feature, Haupt- und Nebenformelemente) verwendet, mit deren Hilfe ein Werkstück unter Berücksichtigung fertigungstechnischer Gegebenheiten geometrisch und funktional komplett beschrieben wird. Die für die Fertigung relevanten Informationen (z. B. Toleranz- und Oberflächenangaben) werden damit nicht nur in der Konstruktionszeichnung festgehalten, sondern zudem in Form von Parametern den einzelnen Konstruktionselementen direkt zugeordnet.

Die auf diese Weise vorliegende Beschreibung eines Werkstücks dient der Komponente Operationsplanung als Eingangsinformation, um die einzelnen Operationen innerhalb einer Aufspannung zu ermitteln und damit, bei simultanem Zugriff auf eine Bibliothek der vorhandenen Werkzeuge und möglichen Bearbeitungsverfahren, die notwendigen Fertigungsverfahren und Werkzeuge zu bestimmen. Gleichzeitig werden die bei der Fertigung einzuhaltenden Reihenfolge-Restriktionen (Präzedenzen) aufgrund der vorhandenen Technologieparameter festgelegt.

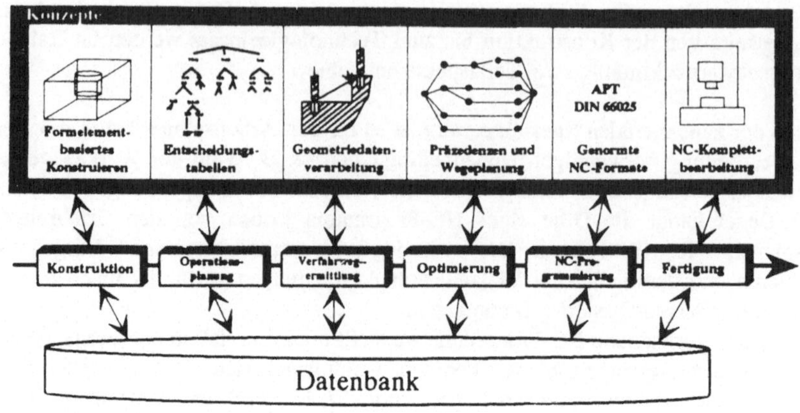

Abb. 1: Architektur des Systems GENOA

Die Komponente Optimierung hat die Aufgabe, im Hinblick auf eine wirtschaftliche Fertigung nicht nur eine technologisch machbare, sondern die vor allem in Bezug auf Nebenzeiten bzw. Nebenkosten möglichst optimale Reihenfolge der einzelnen Arbeitsgänge zu ermitteln. Ausschlaggebendes Kriterium beim Optimieren ist das Minimieren der mit der Fertigung verbundenen Nebenzeiten (bzw. der Gesamtkosten), die von der Zahl der Werkzeugwechsel, der Zahl der Tischdrehungen sowie der Länge der Verfahrwege abhängen. Das Ergebnis der Optimierung ist ein optimierter Arbeitsplan.

Die Komponente NC-Programmierung zielt auf eine Leistungssteigerung bestehender NC-Programmiersysteme sowie der dabei erzeugten NC-Programme ab. Diese Leistungssteigerung soll durch die weitgehende Automatisierung der Code-Generierung aus den in der Datenbank verfügbaren Informationen realisiert werden.

Die Integration des Gesamtsystems wird mit Hilfe einer relationalen Datenbank vorgenommen, welche einerseits die von den Komponenten Konstruktion, Operationsplanung und Optimierung generierten Daten aufnimmt und andererseits diese den betroffenen Systemteilen wiederum zur Verfügung stellt.

Ein Ziel der bisherigen Arbeiten war es, die Funktionalität bestehender Software-Systeme so weit als möglich zu nutzen und damit die Integration in eine bestehende Datenverarbeitungsumgebung zu erleichtern. Der derzeitige Prototyp verfügt über ein umfassendes Datenmodell, wobei die einzelnen Zwischenergebnisse in einer relationalen Datenbank abgespeichert werden (INGRES). Als CAD-System wird derzeit das System AUTOCAD verwendet. Zur Repräsentation und Verarbeitung des Arbeitsplanungs-Knowhows wird das Entscheidungstabellensystem ENGIN genutzt. Die Algorithmen der Optimierungskomponente wurden in C programmiert, wobei die derzeit vorhandene Benutzeroberfläche auf X-WINDOWS und MOTIF basiert.

Gerade an diesem Beispiel wird deutlich, wie sich im Rahmen eines integrierten Gesamtsystems für dezidierte Teilaufgaben (Verarbeitung von Erfahrungswissen, Optimierung) wissensbasierte Techniken sinnvoll einsetzen lassen.

Reconstructing the Collisions of Elementary Particles
An activity of AI-application in North-Rhine Westphalia

K.-H. Becks[*], A. Bergmann[+], W. Burgard[+], A. B. Cremers[+], A. Hemker[*]

Forschungsverbund KI-NRW

Institut für Informatik III, Universität Bonn

Römerstr. 164, D-53117 Bonn

1   Introduction

One of the major research fields of the North-Rhine Westphalian research co-operative on artificial intelligence is the development of knowledge based systems which solve complex problems and are tightly coupled with real world processes. Two groups at the universities of Wuppertal and Bonn are co-operating on artificial intelligence applications in high energy physics experiments such as the DELPHI-experiment [1, 2, 3, 8]. The DELPHI-experiment is part of the electron positron accelerator ring LEP at CERN. In the collider ring electrons and their anti-particles, the positrons, are accelerated in opposite directions. Each time an electron collides with a positron, in a so called event, many new and partially short-living particles arise. The finally produced particles can be identified with the help of large detector systems, one of which is the DELPHI detector [5]. The processes after the electron positron annihilation are described by the Standard Model of elementary particle physics. The validation of the Standard Model is a major goal of the LEP experiments.

In the bubble chamber experiments of the fifties particle physicists were able to interpret an event by visual inspection. They reconstructed the processes in an event bearing in mind the model of particle physics. Of course, this "manual" procedure is not feasible anymore. The higher energies lead to very complex event topologies and the progress in theoretical understanding requires from a potential event interpreter an immense spectrum of detailed knowledge. The Standard Model is aware of hundreds of elementary particles which can emerge from dozens or hundreds of interactions. At present the most important tool for the data interpretation is a simulation program called Monte Carlo (MC) generator. A MC generator implements the Standard Model of particle physics to simulate collision events. The database of the generator contains a description of particle types and their properties (mass, charge, spin, average lifetime, etc.) and a list of interactions, the particles may undergo. The actual analysis techniques generally follow statistical procedures. To obtain an evaluation of the model, distributions of simulated events are compared with measured events. The huge amount of data is reduced to only a few physical, statistical, and geometrical values which are sensitive to the physical question under investigation. Especially when looking at single events, the data reduction gives results without great evidence.

---

[*] Fachbereich Physik, Universität-GH Wuppertal, Gaußstr. 1, D-42097 Wuppertal

[+] Institut für Informatik III, Universität Bonn, Römerstr. 164, D-53117 Bonn

In this paper we present a novel data analysis system for the reconstruction of physical collision events which is based on the Standard Model of elementary particle physics. The difficulty the system has to cope with is that the inference engine in principle has to revert the actions of a MC generator. Starting from the detected particles, an event is reconstructed step by step backwards, using only particles and interactions predicted by the Standard Model. Physical laws are used to restore the data (momentum, energy) of short-living particles. Generally the reconstruction task can be identified as a word puzzle problem of a context-free, attribute coupled, and probabilistic grammar [7]. The task is to find a permutation of the detected particles such that the resulting word can be derived by the substitution rules of the grammar. Unfortunately, this problem is NP-complete. For a typical DELPHI event at the Z^0 mass, the number of possible reconstruction steps exceeds 10^{36}.

2   The Reconstruction of Physical Events

The basic idea of the system is to represent rules describing physical interactions by production rules. Fortunately, the knowledge acquisition process can be automated in our case, because the physical knowledge is available and collected in the MC generators. The resulting rule set, however, contains about 4600 production rules.

The typical way out of NP-completeness is to reduce the complexity by incorporating additional, generally heuristic meta-knowledge, which focuses the global search into promising areas of the problem space or performs a fine-tuned local search. Unfortunately, control constructs to partition the rule set, and meta-rules for activating or deactivating rule subsets are not available. Furthermore, the constraints reducing the huge search space are sparse and weak. Thus any deterministic and sequential control strategy would have no chance to find the global solution in an acceptable time scale.

To overcome this bottleneck we use a genetic algorithm whose self-organising property guides the search of the production system. The missing meta knowledge is replaced by the general operators selection and recombination. Starting from a population of incomplete solutions the recombination operator generates new paths or partial proofs. The selection operator ensures that above averaged solutions are preferably followed up. The application of a genetic algorithm, however, requires a sophisticated representation of solutions, as bit strings are not suitable for representing complex data structures like inference trees. Accordingly, the recombination operators have to be adopted in order to provide valid solution paths only.

The complete system is implemented on the Connection Machine CM-2, which belongs to the class of Single Instruction Multiple Data (SIMD) computers. Therefore, the design of algorithms has to follow the data parallel paradigm [7]. The efficiency loss expected from the more complex coding of chromosomes is compensated by mapping single genes and not, as usual, single chromosomes or sub-populations, on single processors of the CM-2. This additional parallelisation potential can be utilised in all steps of the genetic algorithm. The core of the production rule system is a data parallel version of the well known Rete match algorithm [6] with some application dependent simplifications. The time used for the matching phase depends only on the number of working memory elements but not on the number of production rules. Furthermore, the parallel production rule system can be applied on different working memories in parallel which results in an additional speed up.

3 Application of the System and Future Work

To show the physical relevance of the approach we applied the reconstruction system to the problem of quark flavour tagging (neglecting the problem of possibly noisy and incomplete input data) [7]. The results were compared with a conventional discriminant analysis and a neural network approach. In all cases the reconstruction system provides the best purity to efficiency ratio. Beyond this better ratio, the reconstruction system gives results with higher quality. In contrast to the other methods, the employed knowledge based module allows an explanation of each classification.

Actually, we are working on an improvement of the control of the genetic algorithm. In its current version the system uses an (1+1)-evolution strategy to control the genetic algorithm according to the observed entropy. In [4] a fuzzy control system for a genetic algorithm is described which gives promising improvements compared with a (1+1)-evolution strategy. The advantage of a fuzzy controller is that available knowledge about reasonable parameter settings can directly be incorporated into the control system. Our long term goals are the re-implementation of the reconstruction system on the CM-5 and the integration into the DELPHI-experiment.

4 References

1.   Becks, K.H., Burgard, W., Cremers, A.B., Hemker, A., and Ultsch, A. Parallel Process Interfaces to Knowledge Systems. In *Parallel Processing in Neural Systems and Computers*. North Holland, Eckmiller, R., Hartmann, G., and Hauske, G., 1990.

2.   Becks, K.H., Burgard, W., Cremers, A.B., and Hemker, A. A Genetic Algorithm for the Reconstruction of Physical Events. In *Cognitiva, Proceedings of international Conference, Madrid*, Elsevier Science Publishers B.V. (North Holland), 1990.

3.   Becks, K.H., Hemker, A., Ortmann, J., Schlageter, G., Meyer, R., and Cremers, A.B. DELPHI-EXPERT: An Expert System for Error Diagnosis in High Energy Physics Detectors. In *Industrial and Engineering Applications of Artificial Intelligence and Expert Systems, 5th Int. Conf. IEA/AIE-92*, Belli, F. and Radermacher, F.J., Springer-Verlag, 1992, pp. 585-593.

4.   Bergmann, A. *Adaptive Steuerung von Strategieparametern bei genetischen Algorithmen*, Diploma thesis, in German, University of Bonn, 1993.

5.   DELPHI Collaboration The DELPHI Detector at LEP. *Nuclear Instruments and Methods in Physics Research A 303*(1991), 233-276.

6.   Forgy, C.L. Rete: A fast Algorithm for the many Pattern / many Object Pattern Match Problem. *Artificial Intelligence 19*(1982), 17-37.

7.   Hemker, A. *Ein wissensbasierter genetischer Algorithmus zur Rekonstruktion physikalischer Ereignisse*, Ph.D. dissertation, Bergische Universität-GH Wuppertal, 1992.

8.   Seidel, F., Becks, K.H., Block, F., Dahm, J., and Langefeld, P. B-Quark Tagging using Neural Networks and Comparison with Classical Method. In *New Computing Techniques in Physics Research II*, World Scientific, 1992.

Wissensbasierte Zeichnungsanalyse -
Von Einzellösungen zu generischen Systemkomponenten

Boris Pasternak

Labor für Künstliche Intelligenz • Universität Hamburg
Bodenstedtstr. 16 • 22765 Hamburg
email: pasternak@informatik.uni-hamburg.de

1. Einleitung

Mit der Einführung von CAD-Systemen entsteht in vielen Firmen der Bedarf, vorhandene Papierzeichnungen nachträglich zu erfassen und in den aktuellen Konstruktions- und Fertigungsprozeß zu integrieren. Speziell in den Anwendungsbereichen Maschinenbau, Elektrotechnik, Elektronik und Architektur existieren häufig große Archive von Papierzeichnungen, die das Wissen und die Erfahrung von Jahrzehnten repräsentieren. Eine Konvertierung dieser Archive in CAD-Modelle würde die Wiederverwendung archivierter Zeichnungen erheblich erleichtern. Aus Kosten- und Effizienzgründen sollte diese Konvertierung weitgehend automatisiert erfolgen und die Ergebnisse sollten an dem weiteren Verarbeitungsprozeß ausgerichtet sein.

Bisher sind einige spezialisierte Konvertierungswerkzeuge für die Anwendungsfelder Maschinenbau [Jose92, Past92a, Vaxi92], Elektronische Schaltpläne [Kuner86], Landkarten und Verlegepläne für Telefon- und Stromleitungen entwickelt worden. Diese Werkzeuge unterscheiden sich zwar bezüglich Zweck und Anwendungsbereich (Domäne), lösen jedoch Instanzen eines gemeinsamen generischen Problems:

Die Überführung von Papierzeichnungen in eine rechnerinterne Repräsentation und die Interpretation dieser Repräsentation gemäß graphischer Konventionen und Domänenwissens.

Diese Gemeinsamkeit zeigt sich nicht in den Lösungen. Bisher werden unterschiedliche Techniken zur Interpretation und Wissensrepräsentation verwendet, bei denen das graphische Wissen häufig in Erkennungsprozeduren kodiert ist, die weder transparent noch adaptierbar sind.

1.1 Struktur von Systemen zur Zeichnungsanalyse

Um Ansatzpunkte für den Einsatz generischer Lösungen bei der Analyse- oder Konvertierung von Zeichnungen aufzuzeigen, fassen wir Teilaufgaben entsprechend deren Abhängigkeit von Anwendungsbereich und Systemkontext zusammen. Bild 1 zeigt diese Aufgabengliederung.

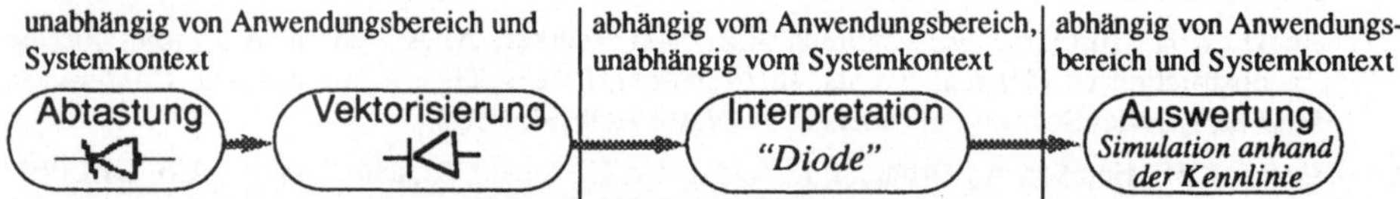

Bild 1: Gliederung eines Zeichnungsanalysesystems in Funktionseinheiten

Abtastung & Vektorisierung extrahieren graphische Primitive aus der Papierzeichnung. Die Techniken zur Vektorisierung und Zeichenerkennung sind so gut verstanden, daß zumindest bei kontrastreichen Vorlagen kommerziell verfügbare Lösungen eingesetzt werden können, die unabhängig von Anwendungsbereich und Auswertungskontext sind.

Interpretation klassifiziert Gruppen von graphischen Primitiven zu Einheiten mit Bedeutung mittels Anwendung graphischer Konventionen und Wissens über den Anwendungsbereich. Für diese Teilaufgabe wird im Folgenden eine generische Lösung vorgestellt.

Auswertung verwendet die durch *Interpretation* erkannten Objekte und Strukturen in der Zeichnung für Aufgaben, die durch den Systemkontext vorgegeben sind, wie z.B. Schaltkreissimulationen, Anbindung an CAD- oder Datenbanksysteme.

1.2 Struktur eines generischen Interpretationssystems

Um eine generische Lösung für die Interpretationsaufgabe zu entwickeln, fassen wir die vom

Anwendungsbereich unabhängigen Elemente in einem Kernsystem zusammen, das anhand einer Wissensbasis, in der die zu erkennende Objekte der Domäne spezifiziert werden, zu einem konkreten Interpretationssystem spezialisiert wird. Bild 2 zeigt schematisch die wesentlichen Komponenten dieses Kernsystems und deren Interaktion mit der Wissensbasis.

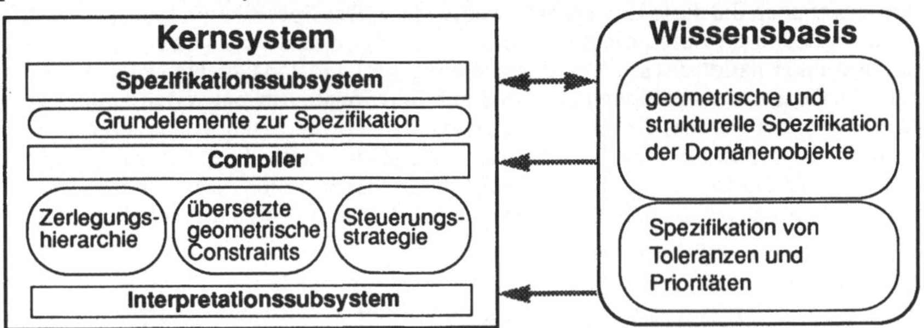

Bild 2: Zusammenwirken von generischem Kernsystem und domänenspezifischer Wissensbasis

Das Kernsystem besteht aus einem Spezifikationssubsystem, das die Spezifikation von komplexen graphischen Objekten durch Verknüpfung vordefinierter Grundelemente ermöglicht, einem Compiler, der die Spezifikation in effiziente Erkennungsprozeduren übersetzt, und einem Interpretationssubsystem, das anhand dieser Erkennungsprozeduren Domänenobjekte in der Zeichnung wiedererkennt. Die wesentlichen Eigenschaften dieser Systemstruktur sind: Gute Wartbarkeit, leichte Adaptierbarkeit und effiziente Objekterkennung durch Auswertung der übersetzten Objektspezifikationen.

2. Repräsentation graphischer Objekte

Die Ergebnisse der Vorverarbeitung (Abtastung, Vektorisierung) werden durch Instanzen vordefinierter Klassen graphischer Primitive (Linie, Kreisbogen, Text, etc.) repräsentiert. Diese allgemeine Repräsentation kann in geeigneten Domänen in einen Graphen transformiert werden, sofern *eine* lokale, geometrische Relation gefunden wird, die als Kante des Graphen die Grundzüge des Fortschreitens der Interpretation steuert. Direkte Nachbarschaft ist eine solche Relation, die bei einigen Zeichnungstypen eindeutig einen Graphen aufspannt, der für bestimmte Interpretationsaufgaben geeignet ist, z.B. Liniengraphen zur Schaltsymbolerkennung [Kuner86] oder Werkstückgraphen zur Feature-Erkennung [Klauck92]. Für ein generisches System wird jedoch eine allgemeinere Objektrepräsentation benötigt, die eine effiziente Auswertung von *unterschiedlichen* geometrischen Bedingungen unterstützt.

2.1 Repräsentation von geometrischen Eigenschaften

Zur Interpretation von graphischen Objekten sind deren geometrische Eigenschaften von besonderem Interesse. Das Kernsystem stellt vordefinierte Lageeigenschaften (Position, Orientierung, umgebendes Rechteck) und Formeigenschaften (Krümmung, Länge) bereit.
Jede generische Objektbeschreibungen der Wissensbasis nennt die auf das Objekt zutreffenden geometrischen Eigenschaften. Bei jeder Instantiierung eines graphischen Objektes werden dessen geometrische Eigenschaften an konkrete Werten gebunden. Zu jeder Eigenschaft existieren Datenstrukturen und Suchfunktionen, die einen schnellen Objektzugriff bei Angabe der gesuchten Eigenschaftsausprägungen erlauben (Buckets, R-Trees).

3. Deklarative Spezifikation graphischer Objekte

Das Spezifikationssubsystem des Kernsystems stellt eine deklarative Spezifikationssprache zur Beschreibung der generischen Zeichnungsobjekte bereit und erlaubt die Zusammenfassung einzelner Objektspezifikationen zu Wissensbasen. Zur Adaption des Systems an Interpretationsaufgaben in neuen Domänen muß lediglich die Wissensbasis getauscht werden. Die Spezifikationssprache besteht aus geometrischen Beschreibungselementen, die auf einem kleinen Satz von geometrischen Basisrelationen und -prädikaten basieren. Die Relationen und Prädikate behandeln Objekteigenschaften, Toleranzen und strukturelle Relationen zur Modellierung von Zerlegungs- und Spezialisierungsbeziehungen.

3.1 Geometrische Spezifikation

Die Spezifikation von geometrischen Zusammenhängen zwischen graphischen Objekten erfolgt durch attributierte Relationen zwischen den für diese Objekte definierten geometrischen Eigenschaften. Die auf einem festen Satz von Eigenschaften definierten Relationen sind somit auf alle Objekte anwendbar, die diese Eigenschaften aufweisen. Das Spezifikationssubsystem stellt vordefinierte Prädikate zur Beschreibung von Form und Lage einzelner Objekte und Relationen zur translations- und rotationsinvarianten Beschreibung der Lage von Objekten zueinander zur Verfügung. Aus diesen Basisrelationen können durch funktionale Attributwertverknüpfungen neue Relationen gebildet werden, die eine domänenadäquate Formulierung von graphischem Wissen unterstützen [Past92b]. Der Compiler des Kernsystems übersetzt die Relationen und Prädikate der Objektspezifikation in Suchfunktionen, mit denen nach Berechnung der Eigenschaftsausprägungen der gesuchten Objekte ein effizienter Objektzugriff möglich ist.

3.2 Spezifikation von Toleranzen

Da durch Abtastung und Vektorisierung in der Regel ungenaue graphische Primitive erzeugt werden, sieht das Kernsystem einen für die geometrische Spezifikation transparenten Toleranzmechanismus vor. Diese explizit spezifizierten Winkel- und Abstandstoleranzen werden bei der Auswertung der geometrischen Spezifikation automatisch berücksichtigt.

3.3 Spezifikation von strukturellen Beziehungen

Das Kernsystem ermöglicht die Modellierung von strukturellen Zusammenhänge zwischen graphischen Objekten durch die Verwaltung von Bestandteil- und Spezialisierungsrelationen. Bestandteilrelationen werden z.B. dazu verwendet, die geometrischen Beziehungen zwischen Bestandteilen von Objekten formulieren zu können.

4. Interpretationsmechanismus

Der Interpretationsprozeß beginnt mit dem Einlesen der graphischen Primitive und dem Erzeugen von Instanzen der zugehörigen generischen Objekte. Jede Instanz aktiviert diejenigen generischen Objekte, deren Spezifikationen eine derartige Aktivierung vorsehen. Aktivierte generische Objekte, deren zur geometrischen Überprüfung notwendigen generische Bestandteile vollständig instantiiert sind, werden auf Erfüllung der spezifizierten geometrischen Bedingungen überprüft.

Die Überprüfung der geometrischen Bedingungen beginnt mit der aktivierenden Instanz. Die Bedingungen der geometrischen Spezifikation werden zur schrittweisen Bindung von Instanzen an die generischen Bestandteile des Objektes verwendet. Wurde ein Satz von Instanzen gefunden, der alle geometrischen Bedingungen der Objektspezifikation erfüllt, wird eine Instanz dieses Objektes erzeugt und mit den Bestandteilen verbunden.

5. Zusammenfassung

Die Gliederung des Interpretationssystems in Kernsystem und Wissensbasis ist die Grundlage für die geforderte Generizität und Adaptierbarkeit. Der deklarative Spezifikationsformalismus erlaubt eine übersichtliche und sehr explizite Repräsentation geometrischen Wissens. Die Verwendung von geometrischen Eigenschaften als Schlüssel zum Objektzugriff in Verbindung mit der automatischen Übersetzung von geometrischen Bedingungen in Objektsuchfunktionen gewährleistet eine effiziente Auswertung der Objektspezifikationen.

6. Literaturverzeichnis

[Jose92]   S. H. Joseph, T. P. Pridmore: *Knowledge-Directed Interpretation of Mechanical Engineering Drawings.* IEEE Transact. on Pattern Analysis and Machine Intel., Vol. 14, No. 9, 1992, pp. 928-940

[Klauck92] Ch. Klauck, A. Bernardi, R. Legleitner: *FEAT-REP: Representing Feature Languages in CAD/CAM.* Proc. International Conference on Manufacturing Automation, Univ. of Hong Kong, 1992, pp. 500-505

[Kuner86] P. Kuner et al.: *Wissensbasierte Mustererkennung in gestörten Linienbildern gestützt auf Verfahren der Graphentheorie, der ganzzahligen Opt. und des Praedikatenkalküls.* Proc. 8th DAGM 86, pp. 159-163

[Past92a] B. Pasternak, G. Gabrielides, R. Sprengel: *WIZ - A Prototype for Knowledge-Based Drawing Interpretation.* Proc. 5th IEA/AIE, Paderborn, 1992, pp. 164-173

[Past92b] B. Pasternak, R. Sprengel: *Spezifikation und Typisierung von Vektorzeichnungen.* Proc. 14th DAGM, Dresden, 1992, pp. 379-384

[Vaxi92]   P. Vaxivière, K. Tombre: *Celesstin: CAD Conversion of Mechanical Drawings.* IEEE Computer, July 1992, pp. 46-54